CW01661666

SERVIR L'ÉTAT FRANÇAIS

DU MÊME AUTEUR

Le Régime de Vichy, « Repères », La Découverte, 1997.

Marc Olivier BARUCH

SERVIR L'ÉTAT FRANÇAIS

L'administration en France
de 1940 à 1944

Préface de Jean-Pierre Azéma

POUR UNE HISTOIRE DU XXe SIÈCLE

FAYARD

© Librairie Arthème Fayard, 1997.

Préface

Pour qui veut comprendre, en balayant assertions approximatives et jugements à l'emporte-pièce, le fonctionnement du régime de Vichy, disons-le d'emblée, cet ouvrage est fondamental.

À l'heure actuelle, trop souvent des journalistes bâclant leur copie ou des hommes politiques en mal d'effets oratoires continuent d'affirmer que les Françaises et les Français ne connaissent toujours rien de la France de Vichy, et accusent à cette occasion les historiens d'esquiver une période qui serait taboue, par frilosité intellectuelle ou partisane.

C'est pourtant l'inverse qui est vrai, car ces quatre années noires sont devenues la période de la France contemporaine qui a été la plus scrutée, décodée, disséquée. Il serait donc plus exact, si l'on veut faire le point sur ce que nous savons sur elles, de dire que ces années-Vichy ont été revisitées selon un rythme discontinu, en fonction d'une part de l'ouverture des archives publiques, mais aussi du questionnement des Français à l'égard de cette histoire proche. Et le livre de Marc Olivier Baruch, à cet égard, marque une étape fondamentale de cette progression.

Dans les années qui ont suivi la Libération, les contemporains ont d'abord cherché à comprendre, à l'occasion des procès intentés aux responsables et aux hauts commis de l'État français, quelle avait été l'ampleur de la Collaboration, considérée, à l'époque, comme une variante de la trahison au profit de l'ennemi héréditaire.

Analyser le régime proprement dit ne paraissait ni urgent ni même opératoire. Chacun semblait se contenter de la thèse proposée par le chef de la France libre : dès le mois de juin 1944, De Gaulle donnait quitus au peuple français pour son attitude durant les années sombres en lui affirmant qu'il était demeuré sain dans ses profondeurs. Et il précisait en particulier, le 25 juillet devant l'Assemblée consultative provisoire : « la grande majorité des serviteurs de l'État [...], pendant les années terribles de l'Occupation et de l'usurpation, ont avant tout cherché à servir de leur mieux la chose publique ».

Les premières analyses du fonctionnement de l'État français s'intéressent, dans les années cinquante et soixante, aux allées du pouvoir, au renouvellement du personnel politique, à cet amalgame de « vieux Romains » (les réactionnaires arrivés en force dans l'été 1940) et de « jeunes cyclistes » (des technocrates tout aussi à l'aise dans ce régime autoritaire embarqués par Darlan dans son paquetage), attelés, les uns et les autres, à la mise en œuvre de cette révolution culturelle que devait être la Révolution nationale. Bref, c'était ce Vichy vu d'en haut qui focalisait l'attention, une attention d'ailleurs assez limitée, portée au régime.

Ce n'est que quelques années plus tard que l'on a commencé à s'interroger à Vichy vu d'en bas, aux Français sous Vichy. Non seulement de nombreuses études régionales voyaient le jour, mais surtout l'accent était mis sur les modalités de la politique d'exclusion et de répression, pour répondre, notamment, aux exigences de la mémoire douloureuse de la communauté juive et au désir de tous les citoyens de mieux comprendre.

Puis on se mit à scruter le Français moyen, l'évolution de son moral, l'ambivalence de ses attitudes, pour définir cet attentisme qu'il adopte à partir de la fin de l'année 1941. Dans la foulée, allait se construire une histoire des représentations, des enjeux et des rejeux de mémoire, dont la nécessité et la possibilité était apparue lors des débats que suscitaient les inculpations de Français pour crimes contre l'humanité.

L'ouvrage de Marc Olivier Baruch vient à son heure. L'étude minutieuse du fonctionnement de trois ministères, ceux de l'Intérieur, de l'Éducation nationale et des Finances, lui permet de relancer une triple enquête : de visiter de manière profondément renouvelée les allées du pouvoir, de scruter au plus près les rouages de la machine étatique, tout en établissant un bilan des retombées des politiques d'exclusion et de répression sur les réprouvés du régime.

Marc Olivier Baruch, produit croisé de l'École polytechnique et de l'E.N.A., a travaillé au ministère de la Culture, sous la férule bienveillante de ce grand serviteur de l'État qu'a été Jean Gattégno, auquel on aime que ce livre soit dédié. S'intéressant par curiosité professionnelle et familiale au vécu de l'administration française durant les années sombres, il a pu constater que les études restaient muettes sur le sujet ou, quand elles l'abordaient, ce qui n'était pas fréquent, s'en tenaient à des propos lénifiants.

Lui entendait répondre à ce qui lui paraissait être – et à juste titre – une question centrale : comment des fonctionnaires, formés à l'école républicaine, ont-ils servi un État autoritaire qui foulait aux pieds les principes de la démocratie libérale ont-ils fini, au moins pour un certain nombre d'entre eux, par se montrer complices de la politique répressive menée par l'occupant, contribuant par là même à l'aggraver ? Sans doute l'étude pionnière de Philippe Burrin (*La France à l'heure allemande,* publiée aux éditions du Seuil en 1995) avait-t-elle déjà ouvert la voie en soupesant les « accommodements » de plusieurs catégories de Français à la présence des Allemands. De même, l'ouvrage de François Bloch-Lainé et de Claude Gruson (*Hauts Fonctionnaires sous l'Occupation*, paru aux éditions Odile Jacob en 1996) avait-il fourni les témoignages précieux de deux jeunes hauts fonctionnaires affrontés à ces temps d'airain. Mais les pratiques de la fonction publique sous l'Occupation n'avaient jamais été analysées de manière systématique.

Et voilà qui nous permet d'échapper à deux discours tenus parallèlement quoique contradictoires : les uns, surtout depuis la mode rétro, autrement dit depuis le début des années 70, se complaisent à la description de fonctionnaires veules et abouliques, alors que d'autres s'en tiennent à la version défendue officiellement, bien à l'abri dans le bunker d'une mémoire figée, affirmant que la majorité des serviteurs de l'État ont su faire leur devoir civique, malgré les contraintes, pourtant très pesantes, de ces heures difficiles.

L'ouvrage utilise bien les analyses maintenant classiques des différentes étapes de l'évolution du régime : temps d'abord triomphant de la refonte de la société selon le catéchisme de la Révolution nationale, proconsulat musclé de Darlan pariant sur la victoire du Reich, retour aux affaires de Laval qui accepte sans grands états d'âme d'alimenter en biens et en hommes la machine de guerre allemande, acculée à mener une guerre totale, émergence enfin d'un impitoyable État milicien.

Mais ce sont bien les fonctionnaires français qui tiennent les premiers rôles dans l'intrigue de l'ouvrage. Il montre que Vichy, comme dans bien d'autres domaines, cherchera d'abord à éradiquer ce qui lui semblait les miasmes de l'ancien régime. Grâce à la loi du 17 juillet 1940 qui lui permettait de révoquer *ad nutum* qui lui déplaisait, l'épuration dans la haute fonction publique fut menée tambour battant. En même temps, le régime construisait du neuf et de fait, un certain nombre de réformes (l'étatisation des polices, la création de préfets régionaux, voire l'esquisse d'un statut des fonctionnaires) devaient lui survivre. Mais ce prurit réformateur se heurta d'un côté aux contraintes de l'Occupation et de l'autre à la toute-puissance maintenue du ministère des Finances, et notamment de la direction du budget, très vite inquiète de la progression du nombre de fonctionnaires, nombre dont la réduction avait pourtant été proclamée *urbi et orbi*. Cela dit, il est clair que l'administration profita du plaisir indiscutable d'être débarrassée des pressions et du contrôle exercés par les parlementaires. Enfin seule, elle pouvait s'étaler. Il est vrai qu'elle était maintenant soumise à des chefs dont le rôle était exalté. Mais c'étaient des chefs en qui, le plus souvent, elle se reconnaissait, à commencer par les préfets devenus de véritables satrapes dans leur département.

Comment cette administration, qui sentait que son rôle s'étoffait, envisageait-elle de servir l'État français, sous le regard ou la férule de l'occupant ? Le livre montre que les fonctionnaires ont tenu en lisière ceux qui, fascinés par le modèle nazi – et ils étaient minoritaires –, professaient ouvertement des opinions collaborationnistes. En revanche un certain nombre de responsables ont pu s'accommoder de la présence de l'Occupant soit par ambition personnelle soit que, frappés du syndrome de la rivière Kwai, ils aient cherché à faire mieux que l'Allemand. Quant à l'attitude à l'égard du régime, elle posa moins de problèmes car, jusqu'à l'automne 1943, la fidélité au « Maréchal », étayée ou non par une prestation de serment à la personne du chef de l'État, est un sentiment largement partagé.

On s'explique que le nombre de fonctionnaires résistants, c'est-à-dire, il faut le préciser, ceux qui sont entrés en résistance en tant que fonctionnaires, ait été relativement modeste : le NAP et le Super-NAP, ces deux instances de la résistance qui, sous l'impulsion de Claude Bourdet, sont chargés de pénétrer et d'investir administrations et ministères, recrutent bien peu d'agents. Faute d'entrer dans la résistance active, un bon nombre de fonctionnaires ont préféré pratiquer ce que les historiens allemands derrière Martin Broszat ont dénommé *Resistenz*, terme que l'on traduit de façon approximative par « résistance civile », un mélange d'inertie et d'obstruction. C'est cette mauvaise volonté systématique qui a été mise en œuvre pour retarder le départ des requis du STO, alors qu'elle avait été, il faut le dire, bien moins nette lorsqu'il aurait été possible de s'opposer à la rafle des Juifs traqués. Cette prise de distance s'est en tout cas accrue après que le régime eut perdu à leurs yeux ce qui lui restait de légitimité, après la capitulation en rase campagne de Philippe Pétain dans la crise de l'automne 1943 et lorsque s'installe un État milicien de plus en plus collaborationniste qui prétendait de surcroît contrôler les administrations responsables de la police, du système pénitentiaire, de l'information.

Ce livre est le fruit d'une thèse d'État avec les avantages mais sans les inconvénients inhérents au genre. L'historien, évidemment, apprécie l'apparat critique important nourri à des sources nouvelles, appuyé sur une somme de lectures époustouflante et nourries d'archives roboratives. Mais par le maintien des notes en bas de page, ce dont il faut remercier l'éditeur, ces recherches sont immédiatement accessibles, avec une lecture toujours aisée, au public moins averti, qui pourra suivre dans le détail une argumentation de bout en bout rigoureuse.

Tout bien pesé, comment apprécier l'attitude de ces fonctionnaires confrontés à gros temps ? Marc Olivier Baruch porte sur la majorité de ces serviteurs de l'État un jugement plutôt pessimiste. Jusqu'au printemps de 1944, ils allaient confondre devoir d'obéissance à ce qu'ils estimaient être le pouvoir légitime et formalisme bureaucratique avec éthique de responsabilité – le plus souvent au détriment des impératifs de l'éthique de conviction.

Jean-Pierre AZÉMA

À la mémoire de Jean Gattégno

Pour me convaincre, on m'avait dit : « Le pauvre, il ne savait pas... Il ignorait tout ce qui se passait, les camps d'extermination et le reste... Il a été entraîné, mal conseillé... Il était jeune. [...] Je vous assure, il ne savait pas. » Mais, dites-moi, comment se fait-il que d'autres aient su ? Le petit Guy Moquet, fusillé à Châteaubriant, il savait. Les sept lycéens de Buffon, qui sont morts après avoir écrit à leurs parents de courts billets qu'on ne peut lire sans être bouleversé jusqu'au tréfonds, oui, ces enfants, eux, ils savaient. [...] Tous les morts, tous, jeunes et vieux, hommes, femmes, enfants, savaient ce qui se passait. Car il s'est passé quelque chose.

Jean CASSOU, *La Mémoire courte*

Il ignorait qu'on peut être coupable par manque d'imagination.

Paul GADENNE, *La Plage de Scheveningen*

Avant-propos

Pour faire un livre d'histoire, il faut lire des archives. C'est Hervé Bastien, dont la disparition prématurée nous prive d'une intelligence rare, qui m'a appris l'archivistique : je garde de lui un souvenir ému.

Lorsque, comme c'est le cas ici, ce livre est tiré d'une thèse, le soutien d'un directeur aussi précis que Jean-Pierre Azéma est un atout considérable. Cette thèse a aussi bénéficié des conseils des historiens qui ont bien voulu s'y intéresser. J'adresse donc mes remerciements amicaux à Alain Bancaud, Yves Beauvois, Jean-Marc Berlière, Nathalie Carré de Malberg, Denis Peschanski, Renée Poznanski, Henry Rousso, Claude Singer, Dominique Veillon, Danièle Voldman, Olivier Wieviorka.

Les stimulantes critiques de mon jury de thèse, que présidait Serge Berstein et dans lequel m'ont fait l'honneur de siéger Danièle Lochak, François Bédarida et François Bloch-Lainé, me furent précieuses, et je suis également reconnaissant à Pierre Birnbaum de ses encouragements.

S'il n'aurait pu être publié sans éditeur – merci donc à Denis Maraval –, ce livre n'aurait pas été écrit sans accès aux sources : à Alain Erlande-Brandenburg, à Chantal Bonazzi et Paule René-Bazin, à François Gasnault, à Étienne Hustache, à Olivier Corpet, à Jean Astruc enfin, j'adresse l'expression de toute ma gratitude.

Grâce à la compréhension du ministère de la Culture à mon égard, j'ai pu disposer du temps nécessaire à la rédaction de ma thèse, puis de ce livre : que Francine Mariani-Ducray en soit tout particulièrement remerciée, et à travers elle l'ensemble de ce ministère.

En m'éclairant de leurs conseils et en acceptant mes états d'âme, mes parents, mes sœurs, mes amis – à commencer par les Verdurin, mais aussi Frédéric Asselineau, Martine Blanc-Montmayeur, Estelle Berger, François Géraud, Barbara Jankowski, Jean-Claude Groshens, Alain Massuard, Philippe Urfalino – m'ont aidé à mener ce travail à bien ; c'est aussi à eux que s'adressent ces remerciements.

Et Michel Dreyfus sait tout ce que je lui dois.

Introduction

« Oui, la folie criminelle de l'occupant a été secondée par des Français, par l'État français », déclarait, le 16 juillet 1995, à l'occasion du cinquante-troisième anniversaire de la rafle du Vélodrome d'Hiver, le président de la République française. *« Non, Vichy n'a pas de comptes à rendre »*, répondait en chœur, et avec des motivations bien entendu différentes, l'étrange confédération de ceux qui, confondant l'ordre du symbolique et celui du réel, entendaient une fois encore tirer à eux la mythologie gaullienne pour laquelle Vichy n'était pas en France, de ceux ensuite qui, par fidélité à un homme qui s'était toujours refusé à reconnaître les responsabilités réelles de l'État français, assumaient avec lui des ambiguïtés pourtant intimement liées à un parcours personnel, de ceux enfin qui, nostalgiques de l'époque où leurs idées étaient au pouvoir, accusaient le nouvel élu de « payer sa dette ».

Qui, soucieux de mieux maîtriser les termes d'un débat aussi vif, aurait l'idée de chercher dans les ouvrages se proposant de retracer l'histoire de l'administration française quelques éléments sur la la fonction publique entre 1940 et 1944 risquerait d'être déçu. Au mieux y apprendrait-il que l'État français promulgua en septembre 1941, pour la première fois dans l'histoire administrative du pays, un statut des fonctionnaires, au demeurant abrogé à la Libération. Vouloir en savoir plus serait chimérique, lui sera-t-il encore indiqué :

> Il faut avoir administré dans une période de crise pour comprendre les difficultés de ces années et saisir ces situations insaisissables, qui exigent de l'historien une grande prudence : rien n'est plus facile que de juger et de condamner pour l'historien de cabinet, qui ignore la difficulté de décider. [...] C'était une période où la vie administrative était très difficile pour les hauts fonctionnaires de métier ; il n'était pas aisé parfois de trouver son chemin, de faire face à l'événement, d'essayer de sauvegarder les intérêts du corps administratif. [...] N'oublions pas que quelquefois l'intérêt de l'État

– ou l'intérêt général – commandait que l'on occupât ou conservât tel poste, à telle date et dans telle circonstance, et qu'il est impossible de juger honnêtement ce choix après*.

Ainsi laissé dans l'ignorance ou cuirassé de doutes, comment le lecteur saurait-il que, les 16 et 17 juillet 1942, ce furent des policiers français qui – certes à la demande des autorités allemandes – procédèrent à l'arrestation de 13 000 juifs parisiens ? Comment saurait-il que, un peu plus de vingt mois plus tôt, ce fut un gouvernement français qui, de sa propre initiative, édicta un statut des juifs, excluant notamment des fonctions publiques ceux dont le sang n'était pas assez pur, car trois au moins de leurs grands-parents allaient, ou étaient allés, à la synagogue ? Que le silence dont est ainsi recouverte l'administration française des années noires soit propice à toutes les réécritures – y compris les plus manichéennes ou les plus masochistes qui, pour peu, iraient jusqu'à oublier que l'armée allemande occupait les trois cinquièmes, puis la totalité, de la France métropolitaine – est une évidence. Mais c'est aussi un anachronisme, car la question de l'État était au cœur des analyses que l'on traçait à Vichy comme à Londres, même si, de la reconnaissance partagée de l'excessive faiblesse de l'État républicain d'avant-guerre, on ne donnait les mêmes causes ni ne tirait les mêmes conclusions d'un côté et de l'autre de la Manche.

Sans que l'administration se confonde juridiquement avec l'État, elle en constitue l'ossature, comme le rappelle sa définition contemporaine d'« ensemble des services et agents chargés d'assurer l'application des lois et la marche des services publics conformément aux directives du gouvernement [1] ». L'étude de l'appareil administratif constitue donc le point de passage obligé de toute recherche des mécanismes de fonctionnement, mais aussi des ambitions, d'un État autoritaire tel que le fut en France le régime de Vichy. Comme l'écrivait voici plus de vingt ans l'historien Pierre Barral, « l'administration est un des pivots essentiels du régime de Vichy. Elle le doit à ce qu'elle incarne la continuité de l'État dans les épreuves nationales et aussi, sur un plan moins noble, à ce que ses membres tiennent à maintenir leur influence [2] ».

De cette double fonction de l'administration, symbole d'abord, réalité ensuite, découle la nature des questions que l'on peut se poser sur son attitude durant les années sombres.

Il s'agira d'abord de savoir comment et pourquoi les fonctionnaires de la République, sans doute républicains, sans conteste patriotes, se sont adaptés à

* Guy Thuillier et Jean Tulard, *Histoire de l'administration française*, PUF, « Que-sais-je ? », 1984, pp. 91, 94 et 95. Refusant, comme ils l'expliquent, de porter un jugement sur l'attitude des fonctionnaires, les auteurs se contentent pour citation d'époque d'une phrase tirée des Souvenirs d'Henri du Moulin de Labarthète, où l'ancien directeur du cabinet civil du maréchal Pétain évoquait « la vieille administration solide au poste, et bientôt résistante, l'honneur même de la France au cours de ces années tragiques », *Le Temps des illusions. Souvenirs (juillet 1940 - avril 1942)*, Genève, éditions du Cheval ailé, 1946, p. 429. Les développements de Guy Thuillier et Jean Tulard sur l'administration de Vichy ne sont pas modifiés dans la deuxième édition, mise à jour en 1994, de leur ouvrage.

un ordre nouveau, exceptionnel à double titre. Exceptionnel parce que, comme dans les autres pays de l'Europe continentale écrasés par la Wehrmacht, le territoire était occupé et les actes de gestion contrôlés par l'ennemi, mais exceptionnel aussi parce que la forme politique du gouvernement du pays constituait une rupture brutale avec soixante-dix ans de pratique républicaine. Cette facilité de l'administration à se couler dans le moule de l'autoritarisme n'est évidemment pas sans poser problème.

Il conviendra cependant de se demander dans quelle mesure le pouvoir politique a voulu, pu et su se faire obéir de ses agents, et leur faire accepter son modèle de fonctionnement de l'État. Si l'époque, vue après-coup, apparaît comme une étape importante dans le processus d'accroissement de l'emprise de l'administration sur la société française, on cherchera à mettre en évidence cette prise d'autonomie du « pouvoir administratif », en tentant d'en approcher les causes comme les traductions dans le fonctionnement de l'appareil d'État.

On se gardera à cet égard de minimiser la part des contraintes nées de la situation. À qui connaît la fin de l'histoire, il est facile de remonter le cours du temps pour décerner brevets ou mauvais points. Mais l'événement impose ici sa loi de manière d'autant plus impérieuse que, comme le faisait remarquer René Rémond en 1970, « ces quatre années comptent à tous égards comme dix ou vingt : de l'été de 1940 à l'été de 1944, tout a changé [3] ». Vichy ne fut pas un bloc, et se trouve au contraire scandé par toute une série d'évolutions qui purent être autant de ruptures. On s'attachera donc à tenir compte, presque au mois le mois, de l'évolution des événements extérieurs et intérieurs, notamment lorsqu'il s'agira de mesurer l'implication de l'administration française dans la collaboration : quand et à partir de quel seuil faut-il ainsi considérer que « servir face à l'ennemi » c'était servir l'ennemi ?

Les limites chronologiques ne semblent guère devoir poser de difficultés de principe : s'achevant avec le mois d'août 1944 – le fantôme de pouvoir sans troupes, ni territoire ni légitimité qu'est la « délégation gouvernementale française » de Sigmaringen n'entre pas dans notre champ –, notre étude devrait commencer en juin ou en juillet 1940, alors que se mettent en place, sous la direction du maréchal Pétain, le dernier gouvernement de la Troisième République puis le premier gouvernement de l'État français. Nous en élargirons toutefois l'amont jusqu'au milieu des années trente, afin d'apprécier l'état de l'appareil administratif dont hérita Vichy.

Deux autres délimitations de frontières seront moins évidentes. Et tout d'abord celle susceptible de remettre en cause la validité de la commode simplification qui permet, par l'usage de l'article défini, de traiter de l'administration ou de la fonction publique comme s'il s'agissait d'ensembles posés *a priori*. Dans un article publié en 1966 au sein d'une livraison spéciale de la revue *Sociologie du travail* consacrée – déjà – à « l'administration face aux problèmes du changement », Jacques Lautman et Jean-Claude Thoenig ne voyaient dans « l'image d'une administration publique unie et dont les segments poursuivraient les mêmes finalités sur la base d'une représentation commune de la société [qu']un stéréotype enseigné dans certaines écoles ou le produit de rationalisations exagérées [4] ».

L'administration n'existe donc pas, et pourtant elle existe. À condition bien entendu de parvenir à en circonscrire les limites. Il sera ici, pour l'essentiel, traité de cette partie de l'administration dont administrer est le métier, métier différent de celui consistant à porter le courrier, à surveiller les frontières ou à enseigner. Si, dans les pages qui suivent, nous rencontrons un professeur, c'est sans doute que, devenu inspecteur d'académie ou recteur, il sera entré dans la hiérarchie administrative de l'Éducation nationale et si un contrôleur des douanes fait son apparition ce sera parce que, directeur régional ou rattaché à l'administration centrale, il eut de délicats problèmes d'épuration à gérer. Au sein de l'ensemble ainsi réduit demeure évidemment une hétérogénéité sociale forte, encore accentuée sous Vichy par l'invocation incessante des principes d'autorité et de hiérarchie, entre fonctionnaires de commandement et fonctionnaires d'exécution : les distinctions qui en découlent seront mises en lumière ici, chaque fois que cela sera nécessaire, comme elles l'étaient d'ailleurs le plus souvent dans les analyses contemporaines de l'événement. Au bénéfice de cet inventaire, nous ne renoncerons pas à l'usage de l'article défini.

Ces réserves nous conduisent néanmoins à expliciter le matériau à partir duquel nous nous proposons d'éclairer le comportement de la fonction publique française entre 1940 et 1944. On essaiera en effet de s'en tenir le plus possible ici, sans s'attacher à l'étude du contenu des politiques sectorielles, à ceux des rouages de l'État qui ont pour mission essentielle de faire fonctionner l'appareil administratif. Trois ensembles seront à ce titre privilégiés, dont deux sont classiques : le ministère de l'Intérieur d'une part, maître à la fois de l'organisation administrative territoriale et de la police, le ministère des Finances d'autre part, et plus particulièrement la direction du budget, qui dispose d'un droit de regard, et souvent de veto, sur les mesures politiques et administratives faisant appel aux finances publiques. Mais on reviendra aussi très largement sur l'organe de coordination mis à la disposition des chefs de gouvernement depuis 1935, sous le titre d'abord de secrétariat général de la présidence du Conseil, puis, sa dénomination vichyssoise épousant les dévolutions successives du vrai pouvoir, sous celui de secrétariat général de la vice-présidence du Conseil et de secrétariat général du chef du gouvernement.

C'est essentiellement à partir de l'archive, et peu du témoignage, qu'est construit ce travail. Ce parti pris exige des justifications.

Si nous avons cru pouvoir privilégier les sources contemporaines de l'événement, c'est d'abord parce que la norme est la matière même de la production administrative, de sorte que le papier est le premier des témoins de l'activité d'une administration. Nous sommes certes conscient qu'il serait hasardeux de confondre un texte officiel avec le contenu de la politique qu'il entend régir, dans la mesure où il y a entre eux toute la distance entre intentionnalité et réalité. Le texte est néanmoins déjà utile comme révélateur de cette intentionnalité, et il l'est d'autant plus que l'on descend dans la hiérarchie des normes. Ce que la loi entend faire – les exposés des motifs sont à cet égard souvent des textes qui méritent intérêt – le décret le précise et la circulaire l'explicite et plus encore si, comme c'est souvent le cas dans plusieurs séries d'archives que nous avons consultées *, les dossiers conservent la trace des versions préparatoires, des transmissions entre services et des brouillons.

Conservée dans la forme où elle fut produite, l'archive administrative doit non seulement être lue pour ce qu'elle contient, mais aussi être interrogée sur ce qu'elle ne dit pas. Le vide d'un dossier peut être en soi un élément d'information **, et il convient d'interroger le document non seulement dans son contexte (que penser de la présence d'un document dans le dossier d'une autorité qui n'avait pas normalement à en connaître ?) mais aussi dans sa forme. Telle circulaire déjà connue peut être instructive par le « papillon » qui l'accompagne, et l'on peut apprendre beaucoup d'une lettre au texte banal, en regardant de près ses formes ou ses marges ; la comparaison entre la qualité et du signataire et le nom du rédacteur, la nature de l'en-tête, l'étude des dates de rédaction, d'envoi et de réception, la liste des destinataires sont autant d'éléments susceptibles de nous renseigner sur le contexte politico-administratif, comme le sont évidemment aussi les annotations manuscrites du destinataire, et jusqu'aux lapsus du rédacteur ou de sa secrétaire.

L'infinie variété de l'archive donne, à qui rouvre tel dossier de la vice-présidence du Conseil, à qui feuillette le pelurier du directeur du budget ou à qui parcourt les notes d'Abel Bonnard, toute la richesse d'une réalité administrative figée à l'instant où elle cesse d'être vivante. Circulaires, lettres, notes manuscrites, brouillons, comptes rendus de conversations téléphoniques, annotations enfin font revivre, sans qu'ils soient parasités par le double effet de filtre et de reconstruction que génère souvent le souvenir, les enjeux effectifs de l'époque. Quel témoignage recueilli aujourd'hui nous en apprendrait autant sur le fonctionnement du régime que ces quelques mots du maréchal Pétain refusant de signer la nomination du directeur de l'Enseignement primaire en écrivant, en marge du décret qui lui est proposé : « M. Jolly est un franc-maçon avéré » ? Maurice Lagrange se serait-il souvenu et nous aurait-il rappelé la remarque révélatrice qu'il avait portée au crayon sur

---

* En particulier dans les archives du secrétariat général de la vice-présidence du Conseil (sous-série F60) ou dans les papiers des cabinets civil et ministériel du chef de l'État (sous-série 2AG).

** C'est ainsi par exemple que, bénéficiant d'une large dérogation que nous avait accordée le ministre de l'Éducation nationale pour consulter les dossiers de fonctionnaires de ce ministère, nous avons symboliquement voulu commencer par voir celui de Louis Planté, chef du bureau du cabinet du ministre depuis Léon Bérard, que Vichy porta aux fonctions de chef des services administratifs et financiers. Ce dossier contenait, en tout et pour tout, l'ampliation de l'arrêté nommant Planté au grade de chef de service, texte sans intérêt majeur et susceptible d'être facilement trouvé au *Journal officiel*. Les poubelles de la rue de Grenelle avaient dû être fortement sollicitées au milieu du mois d'août 1944.

le compte rendu de la réunion interministérielle au cours de laquelle fut constaté l'échec des associations professionnelles de fonctionnaires: « Si on m'avait écouté, on n'en serait pas là aujourd'hui » ? Tel chef de bureau du ministère de l'Éducation nationale aurait-il su que, fort bien noté jusqu'alors, il vit son appréciation pour 1941 rectifiée par son directeur, qui estimait que l'intéressé « démontr[ait] parfois une sensibilité un peu délicate [... et que] son souci d'assurer une administration "humaine" entraîn[ait] quelque lenteur dans les décisions » ?

Ce recours limité aux témoins n'est pas pour autant un dogme, et l'ouvrage aurait sans conteste gagné à des rencontres plus nombreuses que celles qu'ont bien voulu nous accorder Claude Bourdet et François Bloch-Lainé. À cet égard, le tableau aurait évidemment été différent si la thèse dont il est tiré avait été commencée quinze ans plus tôt: dans une situation où les archives étaient moins largement ouvertes qu'elles ne le sont aujourd'hui*, la rencontre aurait été instructive avec Maurice Lagrange, Jean Jardel ou Robert Lacoste, acteurs qui n'ont pas laissé de Souvenirs. Mais Jardel, Lagrange et Lacoste sont morts, comme le sont la plupart des hommes qui comptèrent dans la vie politique et administrative de la France occupée. Beaucoup d'entre eux, toutefois, ont publié leurs Mémoires, pour certains peu après les faits: c'est le cas de Joseph Barthélemy et de Du Moulin de Labarthète, deux fort bonnes plumes qui nous en apprennent beaucoup sur les ambitions et les illusions, le fonctionnement et les dysfonctionnements du régime. Il en va de même des Souvenirs de Bouthillier et de Carcopino, qui datent des années cinquante, et de ceux de Berthelot, publiés en 1968[5]. Dictés par un fort besoin d'autojustification, ces ouvrages doivent évidemment être rapprochés des actes de leurs auteurs tels qu'on peut les relever à la lecture de livres et de journaux contemporains des événements. Journaux aux deux sens du terme : la source de presse est utile – mais on se souviendra qu'elle était largement contrôlée – mais moins que ne sont les notes prises au jour le jour par des témoins. Le journal de Pierre Nicolle, représentant du petit patronat, qui n'aimait ni les juifs, ni les francs-maçons, ni les « synarques », et surtout les *Éphémérides de quatre années tragiques* de Pierre Limagne, recueil commenté des informations dont disposait le chroniqueur politique de *La Croix,* constituent des sources précieuses, auxquelles il sera très souvent fait appel[6].

Ce livre recourt largement à la citation, et longuement dans les cas où il nous a paru nécessaire de pouvoir suivre le fil d'une démonstration juridique ou administrative. On trouvera aussi en annexe des documents, d'origine et de statuts variés, extraits pour l'essentiel de la masse – dont seule une faible

* Les archives me semblent nettement moins «interdites» que n'a pu l'écrire Sonia Combe, *Archives interdites, Les peurs françaises face à l'histoire contemporaine,* Albin Michel, 1994. Fonctionnaire du ministère de la Culture, et ayant eu accès à 99% des dossiers pour lesquels une dérogation était nécessaire, j'apporte sans doute, en creux, de l'eau au moulin polémique de cet auteur. Le lecteur jugera si les pages qui lui sont proposées ici relèvent de l'histoire officielle.

part a été à ce jour exploitée – des archives produites par l'administration française entre 1940 et 1944. Ils éclairent, parfois d'une lumière froide, l'attitude d'une administration placée dans un contexte dont il convient de ne jamais sous-estimer ce qu'il pouvait avoir de dur et d'éprouvant. Il fallait survivre, et le monde n'est pas fait de héros. Sans anticiper sur le contenu de ce livre, on notera toutefois que certains surent, plus ou moins rapidement, discerner que les fins l'emporteraient sur les moyens. Leur action, leur sacrifice parfois, contribua à ramener le débat à ses enjeux éthiques, qui se résument à quelques questions simples : jusqu'où obéir, qu'est-ce que servir, et pour qui le faire ?

CHAPITRE PREMIER

L'héritage

À la veille de la guerre, l'administration française ne se portait pas bien. Malgré les analyses des nombreux experts ès réforme de l'État qui passaient au crible ses dysfonctionnements, rien ne semblait de nature à la faire évoluer. Même le Front populaire, animé d'intentions positives à l'égard des fonctionnaires, petits et moyens surtout, qui constituaient une part de son électorat, ne sut promouvoir les réformes qu'ils attendaient.

L'impossible réforme de l'État

Le thème de la réforme de l'État était pourtant l'un de ceux qui suscitaient, depuis la Victoire, une effervescence oratoire d'autant plus intense que son contenu, se situant sur plusieurs plans distincts, restait ambigu. Il s'agissait en effet, selon les auditoires et les circonstances, soit de modifier les relations entre les pouvoirs constitutionnels, soit de remodeler tout ou partie de l'organisation administrative du pays. Unis dans l'esprit de leurs nombreux théoriciens autour du concept de rationalisation, les deux processus allaient connaître des évolutions divergentes. Le premier, réveillant à gauche des résonances boulangistes, se heurta en outre à la radicalisation des méthodes de gouvernement d'André Tardieu, qui s'en était fait l'apôtre [1]. L'appel à une réelle remise en cause des mœurs et méthodes politiques qui suivit le 6 février 1934 aurait pu permettre un rééquilibrage des pouvoirs au profit de l'exécutif, mais Gaston Doumergue – vieillard sorti de sa retraite pour sauver le pays menacé, selon un modèle qui sera repris quelques années plus tard * – ne sut pas profiter de l'émotion et de l'inquiétude qui régnaient alors pour imposer

* Le maréchal Pétain était ministre de la Guerre dans ce gouvernement. Il déclara par la suite avoir souhaité se voir attribuer le poste de ministre de l'Éducation nationale, pour « [s]'y occuper des instituteurs communistes ».

une modification substantielle des règles du jeu parlementaire, et quitta le pouvoir début novembre 1934[2]. Lorsqu'il fut acquis que la réforme constitutionnelle en resterait au stade des intentions, on se réorienta vers la perspective, plus modeste mais non moins présentable, de la réforme administrative. C'est le successeur de Doumergue, le modéré * Pierre-Étienne Flandin, qui signa le 31 janvier 1935 un décret portant organisation d'un organe tout récemment apparu, le secrétariat général de la présidence du Conseil, structure administrative légère chargée d'aider le président du Conseil dans sa tâche d'arbitrage et de coordination de l'action gouvernementale. Malgré l'importance, appelée à s'accroître sensiblement quelques années plus tard, de la structure ainsi créée, force était de reconnaître que la montagne de la réforme de l'État avait, comme souvent, accouché d'une souris.

Tardieu, désormais exclu du pouvoir et renonçant à se présenter aux élections législatives du printemps 1936, consacra toute son énergie à dénoncer les vices du système parlementaire, dans les deux volumes de sa *Révolution à refaire*, publiés en 1936 et 1937 chez Flammarion et qui furent de gros succès de librairie. Le second, au titre explicite de *La Profession parlementaire*, était une attaque en règle contre le régime parlementaire, comme en témoignait la lecture de la seule table des matières : les titres des chapitres étaient autant de dénonciations des tares du parlementarisme depuis le « despotisme » jusqu'à la « corruption », en passant par la « médiocrité », l'« irresponsabilité » ou l'« esclavage ». Sans porter un jugement aussi violent, le sociologue Maxime Leroy voyait dans l'accroissement du pouvoir du Parlement, et surtout de ses commissions permanentes, les prémisses d'un « gouvernement autoritaire s'organis[ant] dans le mystère des bureaux parlementaires, dans le demi-silence des commissions, avec une stabilité qui frappera bientôt les observateurs du régime parlementaire[3] ».

Le foisonnement rénovateur

Cette critique des abus d'un parlementarisme s'opposant à la nécessaire restauration de l'autorité de l'État était l'un des éléments les plus usuels, et somme toute des plus banals, de la critique menée par les groupes d'origine et de finalité diverses réunis sous le terme, commode mais ambigu, de « non-conformistes des années trente[4] ». Il serait hors de propos – et quelque peu fastidieux, compte tenu du nombre de ces « mouvements de jeunesse aux noms impressionnants mais à la vie brève », selon l'expression de Stanley Hoffmann[5] – d'en analyser à nouveau les projets et la composition[6]. Le plus célèbre d'entre eux fut sans doute l'Ordre nouveau de Robert Aron et Arnaud Dandieu, apparu en 1930 et dont la courte existence – il disparut en 1937 – fut

* Signe sans doute que la réforme de l'État, et même la simple réorganisation administrative, répugnaient à un Parti radical marqué par la pensée d'Alain et se satisfaisant de ce fait assez bien d'un État inefficace. Seuls les jeunes radicaux, derrière Émile Roche, Jean Zay, Jacques Kayser et Pierre Mendès France, affichaient des idées et une volonté modernisatrices.

ponctuée par la publication de deux livres, *Décadence de la Nation française* en 1931 et *La Révolution nécessaire* en 1933. N'hésitant pas devant les aphorismes définitifs (« La révolution c'est l'ordre et l'ordre c'est la révolution », écrivait la revue *Ordre nouveau* en août 1933), le groupe s'intéressait surtout à « la redécouverte dans la philosophie publique contemporaine de l'homme-en-tant-qu'être-social, sous le vocable plutôt vague de personnalisme. La résurrection des groupes, poursuit Stanley Hoffmann, était le fait d'hommes qui dénonçaient la doctrine d'Alain ou de l'État jacobin, mais étaient eux-mêmes divisés entre les partisans d'organisations démocratiques et les doctrinaires des élites et de groupes autoritaires [7] ».

Cette césure se retrouvait dans les cercles construits autour d'hommes engagés dans la production : patrons comme Ernest Mercier, président-fondateur du Redressement français qui ne faisait pas mystère de ses sympathies de droite et d'extrême droite, et Auguste Detœuf, auquel on doit les célèbres *Propos de O. L. Barenton, confiseur,* ou « ingénieurs venus en particulier de l'École polytechnique où la vieille tradition saint-simonienne d'illuminisme mâtiné de technologie fleurissait à nouveau [8] ». Cette dernière définition vise surtout X-Crise, mouvement né des efforts de réflexion et de la volonté d'action de quelques jeunes polytechniciens conduits par John Nicoletis et Gérard Bardet et marqués par l'influence de Jean Coutrot, qui s'intéressa rapidement au projet [9]. Malgré ou grâce à la diversité des orientations qui y étaient défendues, depuis le libéralisme militant d'un Jacques Rueff jusqu'au socialisme planiste d'un Jules Moch, X-Crise fut l'un des plus actifs creusets de la pensée technicienne et chercha effectivement à moderniser les méthodes d'organisation économique et politique, ce dont Vichy fera grand usage. Ses rangs, comme ceux des *Nouveaux Cahiers* publiés à partir de mars 1937 par un groupe animé par Barnaud et Detœuf [10], furent en effet fréquentés par des hommes appelés à jouer un rôle, plus ou moins actif et plus ou moins durable, dans le régime né de la défaite, dans lequel ils virent l'avènement du gouvernement technicien qu'ils appelaient de leurs vœux. Comme on le verra, les deux lignes de force de la pensée modernisatrice s'y trouvèrent en effet à l'honneur, avec la restauration de l'efficacité de l'exécutif trop longtemps brimé par un parlementarisme stérile, et la primauté de la communauté sur l'individu. Cette dernière idée constituait la base d'un corporatisme déjà très en vogue avant-guerre, celui qu'évoquait par exemple Maxime Leroy à propos de la création, par une loi du 19 mars 1936, du Conseil national économique :

> Ce n'est plus l'individu qui parle à l'État, c'est le groupe. Le groupe chassé de l'État par Sieyès et Le Chapelier y rentre à l'appel d'Édouard Herriot, de Poincaré, de Painlevé, de Paul-Boncour, leurs successeurs, sous la pression de la CGT. [...] Il a fallu plus d'un siècle pour désindividualiser l'État, le déjuridiser en partie sous cette pression de groupes professionnels, puissance formidable dont on ressent les effets sans pouvoir la chiffrer exactement. [...] Ce ne sont plus des opinions, mais des intérêts et des compétences qui sont directement appelés à se concerter sur les grands problèmes d'État, sur un plan nouveau, qui n'est ni le plan du droit public ni le plan du droit privé, qui est un mélange de ces deux droits [que nous appellerons] pour le moment

> droit économique, en attendant que l'on ait trouvé quelques adjectifs expressifs plus exacts [11].

Cet « adjectif expressif », certains l'avaient trouvé, et Leroy lui-même qui avait intitulé « l'État corporatif » la partie de son ouvrage consacrée à la place des groupes organisés dans la conduite des affaires publiques. Les exemples italiens et surtout portugais étaient alors étudiés de très près. Beaucoup de patrons cherchaient en effet du côté de Lisbonne des alternatives à un syndicalisme de lutte des classes, qu'ils fussent sensibles à une approche paternaliste, tel Jules Verger, promoteur des « associations professionnelles mixtes », ou qu'ils se montrassent plus résolument modernisateurs comme Raoul Dautry, qui publia en 1932 ses *Conversations avec Salazar*. L'œuvre du dictateur portugais confirmait à leurs yeux que le corporatisme n'était pas une chimère, puisqu'une constitution avait pu être donnée en 1933 au Portugal, qui construisait « l'État social et corporatif en rapport étroit avec la constitution naturelle de la société. Les familles, les paroisses, les communes, les corporations où se trouvent tous les citoyens avec leurs libertés juridiques fondamentales sont les organismes qui composent la Nation et, comme tels, ils doivent intervenir directement dans la constitution des corps suprêmes de l'État; voilà une expression plus fidèle que n'importe quelle autre du système représentatif [12] ».

Dans les années qui suivirent, les thèses corporatistes gagnèrent de l'influence en France. Elles marquèrent notamment un point au sein du patronat lorsque Claude-Joseph Gignoux, proche de la sensibilité des petits patrons, remplaça René Duchemin, négociateur des accords Matignon de 1936, comme président de la Confédération générale de la production française (CGPF). L'Université n'était pas non plus en reste : dès 1934 Maurice Bouvier-Ajam avait créé un Institut d'études corporatives et sociales, auquel participèrent des universitaires comme les juristes Félix Olivier-Martin, Louis Le Fur et Achille Mestre. Le doyen de la faculté de droit de Bordeaux, le célèbre publiciste Roger Bonnard, publia ainsi en 1937 *Syndicalisme, corporatisme et État corporatif*, qui vint rejoindre les nombreux ouvrages déjà consacrés au sujet *, à commencer par ceux dus à Bouvier-Ajam lui-même **. On aurait tort de n'associer cette vogue du corporatisme qu'aux cercles de droite ou aux milieux techniciens qui se déclaraient volontiers « ni de droite ni de gauche ». La partie du patronat qui y adhéra le plus volontiers était certes celle de la

---

* Témoigne de cette vogue le nombre d'ouvrages consacrés aux questions de corporatisme et de corporations. En 1946, *La Librairie française*, catalogue récapitulatif des ouvrages publiés entre 1933 et 1945, compte 54 titres comportant le mots « corporation » ou « corporatisme », alors qu'il n'en existait aucun pour la période précédente, s'achevant en 1933.

** La première édition de son ouvrage de base, *La Doctrine corporative*, fut publiée en 1937 en coédition entre Sirey et l'Institut d'études corporatives et sociales. Cet ouvrage connut cinq éditions : la cinquième et dernière, en 1943, fut profondément refondue pour tenir compte de l'actualité du corporatisme dans l'État français. Le professeur Baudin, qui signait la préface, évoqua ainsi les luttes opposant partisans et adversaires du corporatisme à propos de l'application de l'article 39 de la Charte du travail.

petite et moyenne industrie, dont on retrouva des hommes influents à Vichy, tels Gignoux, Verger ou Nicolle. Mais il était aussi des voix moins réactionnaires pour souligner que la crise du parlementarisme se réglerait par le développement de la représentation des groupes organisés*. En outre, le recours à l'arbitrage obligatoire et la négociation des conventions collectives, imposés par des lois votées sous le premier gouvernement de Front populaire, s'inscrivaient pour les contemporains dans l'esprit du corporatisme, par l'association qu'ils impliquaient des groupes professionnels à deux missions essentielles de l'État, la régulation de l'activité sociale et la production de normes obligatoires[13].

Moderniser de l'intérieur

Une réflexion existait aussi au sein de l'État sur les modes idéaux d'organisation. Née à la suite de la Grande Guerre, notamment dans le milieu des industries et manufactures de l'État, elle avait trouvé ses théoriciens en Henri Fayol, ingénieur des Mines, qui publia en 1917 son *Administration industrielle et générale* appelée à faire date, et en Henri Chardon, conseiller d'État, qui avait écrit entre 1905 et 1925 plusieurs ouvrages sur l'organisation de l'État, notamment *Le Pouvoir administratif* en 1911[14]. Leurs idées, apparues avant le premier conflit mondial – taylorisme appliqué à l'administration pour l'un, recherche systématique de méthodes de rationalisation pour l'autre – semblaient quelque peu passées de mode lorsqu'elles resurgirent, à la fin des années trente, dans les projets d'organisation rationnelle de l'État proposés par leurs fils spirituels. Un homme comme Raoul Dautry s'inscrivait dans ce lignage[15]. Marqué tant par la pensée « managériale » de Fayol que par celle de Chardon**, Dautry, directeur général du réseau de chemin de fer de l'État depuis novembre 1928, fut chargé à la mi-1935 par Laval, alors président du Conseil, de mettre en œuvre dans l'État les principes d'organisation qu'il avait eu l'occasion de perfectionner dans ses fonctions antérieures***. Participant de près à la rédaction de nombre des décrets-lois publiés par vagues en juillet et octobre 1935****, il s'attacha aussi à conduire de manière rationnelle les mesures de déflation des effectifs et des moyens de la fonction publique[16]. Il

* Ainsi Georges Gurvitch qui revint sur cette idée dans un livre de 1935, *L'Expérience juridique et la philosophie pluraliste du droit.*

** Qu'il côtoyait régulièrement puisque le conseiller d'État présidait depuis 1931 le « comité du réseau », haut conseil consultatif des chemins de fer de l'État.

*** Et pour la réalisation desquels il s'était entouré d'hommes, issus pour l'essentiel des grands corps techniques et administratifs de l'État, qu'il laissa derrière lui lorsqu'il quitta en juin 1937 ce qui était en train de devenir la SNCF. Nombre des hommes du « clan Dautry » furent présents dans les cercles décisionnels ou consultatifs de l'État français, qui puisa largement dans les rangs des modernistes de la SNCF. Berthelot, Bichelonne, Jean Jardin, Georges Lamirand, Robert Garric et Frédéric Surleau étaient ainsi issus du réseau d'amitiés et de fidélités tissé par Dautry.

**** Dont l'ampleur faisait dire à Joseph Barthélemy que « ce n'est plus le gouvernement qui légifère mais le bureau », cité par R. Baudouï, *op. cit.*, p. 153.

s'entoura ainsi de tout ce que la France comptait d'experts en organisation scientifique du travail, pour animer les « commissions de la hache » chargées de remettre en cause, chapitre par chapitre, les dépenses de l'État. Certains de ces experts se retrouvaient aussi dans L'État moderne, groupe constitué par un chef de bureau du ministère des Finances, Georges Mer, qui avait fondé en 1928, avec quelques collègues engagés comme lui dans le syndicalisme « constructif », une revue portant ce nom [17]. Son ambition était reflétée par le manifeste qu'elle publia, à l'ocasion du lancement de sa nouvelle formule, dans sa livraison d'octobre 1937 :

> *L'État moderne* n'est pas un organe politique. Conçue suivant une formule nouvelle, cette revue se propose d'étudier les divers aspects des problèmes que soulève la réorganisation de l'État, des administrations et des institutions publiques, en vue de leur adaptation rapide aux besoins de la vie moderne. *L'État moderne* poursuit cette réforme par la collaboration des parlementaires, des techniciens, des contribuables et usagers. *L'État moderne* est une revue éminemment constructive. Les réformes proposées comportent la rédaction des textes nécessaires pour leur mise en application rapide. [...] « Indépendance, technicité, collaboration, réalisation », telle est la devise de *L'État moderne.*

Le groupe manifestait un intérêt majeur pour les questions de rationalisation, qui lui paraissaient constituer le socle sur lequel devait se bâtir l'État rénové. C'est ainsi que Jean Milhaud, Claude Bourdet, mais aussi Jean Coutrot [18], leur inspirateur, participèrent, aux côtés de professeurs de droit de sensibilités politiques diverses – de René Cassin à Joseph Barthélemy – aux séances de travail de L'État moderne, confiant également des articles à la revue, qui appelait de plus en plus fréquemment de ses vœux la réforme administrative*. Dans les derniers mois de la Troisième République, l'antiparlementarisme discret dont Mer s'était fait le héraut, dans la revue comme dans ses ouvrages [19], devint plus visible. C'est ainsi qu'en mai 1939, lors du déjeuner mensuel de la revue, Joseph Patouillet, directeur de la publication, accueillit l'hôte d'honneur, Marcel Déat, par une allocution aux accents nettement antiparlementaires sur le « service de l'intérêt général ». La réponse de Déat, « Pour une action cohérente », renchérit sur le même thème, et l'on put constater, dans les livraisons suivantes, à côté de critiques toujours plus vigoureuses des milieux parlementaires, l'influence croissante des thèmes corporatistes qui parcouraient les cercles rénovateurs**.

---

* Le numéro de janvier 1939 fut ainsi tout entier consacré à ce sujet, en reprenant les conclusions développées lors de journées de travail du CNOF. Bourdet y signa un article sur « la normalisation des services publics », et Coutrot un texte sur « l'art d'être ministre », dans lequel il plaidait pour des ministres apolitiques, non issus des rangs parlementaires.

** Joseph Patouillet avait ainsi estimé, en février 1939, que « l'ordre dans l'État ne peut venir que de l'organisation disciplinée des groupements qui se constituent à l'intérieur de lui. Tel est le problème de la réforme de l'État. L'organisation du syndicalisme, la collaboration du syndicalisme dans l'organisation politique, la réforme constitutionnelle, puis la réforme administrative, ce sont là les données du problème qui se pose au

Groupes, comités et plans

Cette floraison idéologique eut sa traduction concrète dans la multiplication des plans, projets et programmes de rénovation de l'État publiés sous forme de livres, brochures ou articles dans la seconde moitié des années trente. La plupart d'entre eux mêlaient considérations relatives à l'équilibre des pouvoirs publics constitutionnels et volonté d'amélioration du fonctionnement administratif. On passera ici rapidement en revue – en insistant sur leurs propositions d'ordre administratif – les travaux du Comité technique pour la réforme de l'État, piloté par Jacques Bardoux, ceux du Comité du Plan de Charles-Albert, appuyé par Déat, enfin des projets de réforme administrative de Georges Mer. Depuis 1934 travaillait autour de Jacques Bardoux, sénateur du Puy-de-Dôme, un Comité technique pour la réforme de l'État qui avait redonné une actualité aux projets de l'ancien Redressement français, dont il réunissait quelques membres, à commencer par son fondateur, Ernest Mercier. Élargi au cercle, décidément très actif, des professeurs de droit et de sciences politiques – dont plusieurs allaient faire parler d'eux sous Vichy * –, le Comité publia, d'abord sous forme de fascicules, ses projets de réorganisation politique et constitutionnelle, avant de les réunir dans un ouvrage, dont l'introduction confirmait que c'était nettement à droite, dans la continuité de la pensée antimarxiste, voire antidémocratique, du Redressement français, que se situait le soubassement idéologique des réformes projetées :

> Le Nombre, parce qu'il ne délègue pas ses pouvoirs, dans un scrutin honnête et libre, après avoir reçu une formation civique et une éducation morale ; parce qu'il recourt à l'intermédiaire de partis inféodés à l'esprit de classe et marqués d'une mystique de révolution ; parce qu'enfin il demeure, plus encore que les oligarchies, moins sensible à l'intérêt général qu'aux intérêts particuliers, le Nombre exerce sur l'État moderne une action dirimante. Mais elle eût été plus tôt enrayée, si la prépondérance des masses inéduquées et inorganisées avait été compensée par un renforcement, en nombre et en valeur, des élites professionnelles et politiques. Or, il apparaît que, décimées par la guerre, elles ont, en outre, été affaiblies par les heures faciles de l'après-guerre et par les passagères euphories de sa prospérité. Seul ce double fléchissement, qui a porté simultanément sur les cadres des administrations

gouvernement de demain. Pour sa réalisation, il faut des hommes de volonté et d'action décidés à s'entourer, non de politiciens ou de mandarins, mais de techniciens sûrs et animés du sens de l'intérêt général. C'est à cette condition que sera acquise l'autorité indispensable ; cette autorité n'est pas inconciliable avec nos institutions actuelles, avec le régime même qui a fait la grandeur de la France », *L'État moderne*, 12e année, n° 2, février 1939, p. 115. Cette conclusion « républicaine autoritaire », bien conforme à l'esprit du daladiérisme, n'était pas antinomique d'une dérive plus autoritariste, qui conduisit Georges Mer à saluer dans les colonnes de sa revue, en février 1940, les réalisations du régime portugais.

* Tels Raphaël Alibert, Joseph Barthélemy ou Gilbert Gidel, qui fut recteur de Paris sous l'Occupation.

publiques et sur ceux des partis politiques, peut expliquer pourquoi le courant d'opinion qui, né d'une saine réaction contre l'opportunisme et ses Panamas, le naturalisme et ses grossièretés, avait porté Raymond Poincaré à l'Élysée et Maurice Barrès à l'Académie, dicté la Loi de trois ans et désigné Lyautey pour l'œuvre marocaine, s'est ralenti et morcelé au lendemain d'une victoire qui aurait dû l'accroître et l'unifier [20].

Issu d'autres milieux, le Comité du Plan n'avait ni à invoquer de tels parrainages ni à prendre de telles revanches. Il s'inspirait, sans les décalquer directement, des tendances planistes proposées par Henri de Man, en opposant à la faillite du système capitaliste libéral une rationalisation de la production, qu'il revenait à l'État, acteur essentiel de la vie économique, de conduire. Si, pour ce faire, il ne fallait pas craindre de mettre entre parenthèses l'idée même de légalité, le retour au fonctionnement normal des institutions ne devait pas signifier le retour d'« un régime politique qui, faute d'avoir été purgé de ses vices, nettoyé de ses tares, remettrait en question les premiers résultats acquis. C'est dans un style nouveau, sous le signe d'un ordre nouveau que, dans tous les domaines, devra reprendre le cours régulier de la vie publique [21] ». Les deux grandes tendances qui ne cesseront de sous-tendre les choix contradictoires de Vichy en matière d'organisation – le libéralisme de Bardoux opposé au dirigisme du Comité du Plan – apparaissent ici dans leur opposition. S'y ajoutait, courant que l'on retrouvera lui aussi à Vichy, l'apport des professionnels de la vie administrative. Ainsi Mer, dont le livre-programme, également publié en 1936, se voulait d'abord pragmatique :

> L'heure n'est plus aux longues cogitations ni aux palabres. Dans les semaines ou dans les mois qui vont venir, de gré ou de force, selon la volonté libre de la masse ou par l'ordre d'une dictature abusant des circonstances, la réforme se fera parce qu'il faut qu'elle se fasse, parce qu'un âge nouveau de l'humanité est arrivé et qu'à ce stade du progrès toutes les institutions doivent s'adapter, qu'il s'agisse du statut politique et constitutionnel, des rapports économiques nationaux et internationaux, des rouages administratifs ou de la carte fiscale. [...] C'est sur le plan de l'action que nous avons le ferme propos d'envisager la réforme de l'État. Voué par métier à agir, nous ne pouvons concevoir une idée sans nous préoccuper de savoir si elle peut être réalisée. C'est pourquoi la réforme de l'État ne nous intéresse du point de vue métaphysique ou doctrinal que dans la mesure où elle est susceptible de devenir positive et utile à l'intérêt général. Nous n'avancerons rien que nous ne serions préparé à mettre en œuvre sous notre propre responsabilité [22].

Les propositions émanant de ces diverses sources faisaient preuve d'une réelle technicité en matière de réforme administrative, appréhendée à partir des grandes questions que constituaient la réforme des structures gouvernementales, la rationalisation du travail des bureaux et l'association des fonctionnaires à l'organisation de l'État. Tous s'accordaient sur la nécessité de conforter l'exécutif en dotant le président du Conseil, dégagé de toute autre charge ministérielle, d'un état-major et de services d'autant plus efficaces qu'ils seraient resserrés. Le comité présidé par Bardoux allait plus loin en proposant d'en faire un « Premier ministre » dont la capacité d'action et la stabilité seraient garanties non seulement par des réformes d'ordre constitutionnel, mais aussi par le contrôle qu'il assurerait des services essentiels de l'État *. Ce Premier ministre devait être aidé dans sa tâche par un secrétaire général à la présidence du Conseil, « technicien professionnel et fonctionnaire permanent », ayant rang de sous-secrétaire d'État et destiné à devenir « le chef moral des administrations centrales ». Par parallélisme, la fonction de secrétaire général permanent serait généralisée dans les onze ministères qui, selon le Comité, suffisaient pour gérer la France, mais la prééminence de la présidence du Conseil se lisait dans le fait que le projet n'accordait à ces secrétaires généraux que le rang de conseiller d'État[23]. Cette solution, directement inspirée de la tradition britannique que connaissait parfaitement Bardoux **, n'apparaissait pas aussi nécessaire dans les autres projets. Plutôt que d'ajouter à la pyramide hiérarchique un étage supplémentaire, c'est par des changements internes que Mer proposait de remédier aux maux dont souffrait l'organisation administrative : routine, refus des responsabilités, cristallisation des procédures, tous blocages que résumait et expliquait le principal d'entre eux, la sclérose des chefs. Pour lui, la réforme administrative devait donc consister avant tout en la « bousculade des chefs en place [24] ».

Des problèmes non réglés

L'état des lieux

Mais quelle était exactement cette administration que l'on entendait ainsi réformer ? La plupart des observateurs soulignaient, comme Mer, que le processus de rationalisation devait se donner pour but que la France occupe « moins de fonctionnaires, mais mieux payés ». Les politiques déflationnistes menées par les gouvernements Tardieu, Flandin et Laval qui se succédèrent entre 1932 et 1935 s'étaient donné comme but de réduire les dépenses de l'État, donc le nombre de fonctionnaires. Elles n'y étaient pas véritablement parvenues, comme le montre le tableau suivant :

* « Il importe surtout de faire de la présidence du Conseil, pour les administrations centrales et pour l'administration préfectorale, un centre d'organisation et un organe d'impulsion. Et cela ne veut pas dire seulement que le Conseil d'État et la Cour des comptes doivent mettre à la disposition du Premier ministre l'un sa section de législation, enfin reconstituée et l'autre ses moyens de contrôle, enfin mobilisés. Les sous-préfets, recrutés au même concours que les auditeurs au Conseil d'État, les préfets, choisis pour un tiers en dehors du cadre normal, les préfets-gouverneurs, animateurs des régions économiques, relèveront désormais de la présidence du Conseil [...]. Enfin arraché à l'atmosphère et libéré de l'emprise du ministère de l'Intérieur, le corps préfectoral cessera d'être électoral pour redevenir administratif, renouera les traditions interrompues et entreprendra une tâche économique », *op. cit.*, pp. 19-20.

** Il était l'auteur d'un *Essai d'une psychologie de l'Angleterre contemporaine*, qui comptait sept volumes.

nbre (en milliers)	**1914**	**1922** [a]	**1927**	**1931**	**1937**
Titulaires	366	435	411	425	440
Auxiliaires	10	71	54	55	109
Ouvriers	92	119	95	102	112
Total civils	*468*	*625*	*560*	*582*	*661*
Militaires	152	152	154	?	209
Total général	*620*	*777*	*714*	*?*	*870*

a. À partir de 1922, les chiffres prennent en compte les services d'Alsace-Lorraine, soit 30 000 agents cette année-là.

S'ils permettent de faire justice du lieu commun d'une croissance démesurée du nombre de fonctionnaires, ces chiffres [25] mettent en évidence à la fois l'augmentation continue de l'auxiliariat comme substitut à la création d'emplois publics et la stratification de la fonction publique. Les fonctionnaires *stricto sensu*, répondant tant à la définition statutaire qu'au stéréotype courtelinesque, étaient en passe de devenir minoritaires dans l'administration. En 1937, ils ne représentaient plus que les deux tiers des personnels civils de l'État au lieu de 80 % à la veille de l'autre guerre. Leur place relative avait en effet diminué au profit des trois autres catégories d'agents publics. Des militaires d'abord – que l'on verra jouer un rôle important à Vichy dans la mise en place d'un nouveau modèle administratif – mais aussi des deux ensembles, à peu près équivalents en nombre, formant le prolétariat de la fonction publique. Prolétariat sociologique des ouvriers des établissements industriels de l'État, syndiqué à l'extrême gauche, et de ce fait longtemps tenu à distance par la hiérarchie *, et prolétariat fonctionnel des auxiliaires, recrutés sans concours, en dehors de toute protection réglementaire et de toute garantie de stabilité, et mal payés : sur 109 000 auxiliaires, 100 000, selon une note de 1937 de la direction du budget [26] touchaient moins de 11 500 francs par an **. Dans leur

* En septembre 1934, le directeur des Monnaies et médailles fut explicitement autorisé par son ministre « à ne pas avoir de relations avec les représentants du syndicat unitaire des ouvriers des Monnaies et Médailles, en raison de l'orientation politique de ce syndicat, affilié à la CGTU ». En novembre 1935, le même directeur, qui avait signalé au ministre la fusion du syndicat CGT avec le syndicat unitaire, « prélude à d'importants reclassements dans les syndicats de fonctionnaires », reçut pour directive « pour éviter de marquer une hostilité de principe aux représentants du nouveau syndicat, tout en se gardant d'affermir leur autorité sur le personnel ouvrier, de n'accepter d'entretenir de relations avec ces délégués que s'ils y apportent toute la correction désirable et se montrent modérés dans l'expression de leurs opinions », SAEF B 48414.

** Sachant que

1 F de	1937	1938	1939	1940	1941	1942	1943	1944
vaut en 1997	2,91 F	2,57 F	2,39 F	2,04 F	1,74 F	1,45 F	1,16 F	0,95 F

ensemble, les traitements de la fonction publique restaient faibles, puisque plus des quatre cinquièmes des fonctionnaires titulaires touchaient moins de 23 000 francs. Il n'y avait que 3 000 hauts fonctionnaires, soit 0,3 % des effectifs de l'administration, pour percevoir un traitement supérieur à 60 000 francs. Même si, malgré les prélèvements successifs effectués sur les traitements publics au nom de la politique d'économie budgétaire, le pouvoir d'achat des fonctionnaires n'avait pas diminué – les gouvernements étant contraints de lâcher du lest face à l'ampleur de l'action revendicative des syndicats de fonctionnaires –, la médiocrité des rémunérations administratives restait réelle. La dernière augmentation des traitements, accompagnée d'une remise en ordre des grilles dont le nombre était passé de 483 à 150, datait de 1930[27]. Les traitements avaient alors connu une hausse nominale impressionnante, avec un accroissement moyen de 500 % par rapport à ceux de l'avant-guerre. Il ne s'agissait en fait que d'une remise à niveau, surtout sensible au bas de la hiérarchie. La frustration était aussi morale, due aux attaques contre le « bureaucrate budgétivore », qu'une partie de l'opinion et de la classe politique rendait responsable du piteux état où se trouvait l'économie du pays.

Ce n'était pas le mode de fonctionnement administratif qui était de nature à apaiser cette frustration. À l'exception des brillants sujets passés des « écuries » de l'École libre des sciences politiques à l'inspection des Finances[28] ou au Conseil d'État, et des rédacteurs dont le passage par un cabinet ministériel accélérait la carrière qui pouvait alors être très rapide, la progression d'un fonctionnaire moyen était particulièrement lente. À titre d'exemple, au ministère de l'Éducation nationale, il fallait en moyenne dix ans pour passer du grade de rédacteur, niveau le plus élevé de recrutement initial, à celui de sous-chef de bureau, grade dans lequel on attendait – sept ans dans le meilleur des cas, et parfois en vain – qu'un emploi de chef de bureau se libérât. Le bâton de maréchal était constitué par le grade de sous-directeur, très rarement obtenu*. En l'absence de dissociation du grade et de l'emploi, principe qui n'apparaîtra dans la gestion de la fonction publique qu'avec le statut d'octobre 1946, les carrières étaient aléatoires, sensibles non pas tant au coup de pouce politique qu'à la décision des supérieurs hiérarchiques directs. Les cadres administratifs moyens, chefs et sous-chefs de bureau, s'efforçaient en conséquence de se faire apprécier de leur directeur. Celui-ci jouait un rôle primordial dans le déroulement d'une carrière puisque, composant avec ses homologues le conseil des directeurs, il participait à la confection du tableau d'avancement proposé au ministre. L'obéissance constituait à cette fin un atout essentiel, pas nécessairement l'indépendance d'esprit.

---

* Au ministère de l'Éducation nationale, en 1936, ne figurait au tableau d'effectifs qu'un seul emploi de ce type, pour 19 postes de chefs de bureau, 27 de sous-chefs et 67 de rédacteurs, décret du 3 juin 1936, AN 312 AP 8.

Syndicalisme et statut

L'émergence d'un contre-pouvoir syndical venait néanmoins tempérer ce que la gestion des personnels pouvait avoir d'arbitraire ou de paternaliste. Indiscutable en fait, puisque le principal groupement de fonctionnaires, la Fédération générale des fonctionnaires (FGF), compta jusqu'à 260 000 adhérents *, le syndicalisme des fonctionnaires n'avait pourtant aucune base légale, en raison des hésitations des majorités parlementaires successives à mettre à l'ordre du jour un débat nécessairement vif sur un sujet que des circulaires avaient provisoirement réglé. Chautemps, ministre de l'Intérieur du Cartel des Gauches avait en effet signé, le 25 septembre 1924, une instruction recommandant, comme « utile à la bonne marche des services et à la paix sociale, l'entretien de rapports réguliers et confiants » avec les syndicats de fonctionnaires. Les hommes politiques conservateurs se scandalisaient de cette reconnaissance officieuse d'une réalité illégale. Doumergue rejetait ainsi catégoriquement le droit syndical des fonctionnaires, présenté comme « la prétention absurde et inacceptable d'une minorité turbulente, généralement peu attachée à sa tâche et qui veut asservir l'État et non le servir [29] ». Mais nul n'était plus virulent que Tardieu exprimant son indignation, dans un chapitre de *L'Heure de la décision* intitulé de manière significative « La révolte des employés », devant « l'absurde prétention des fonctionnaires syndiqués à remplacer l'État et à l'administrer, de façon autonome, au bénéfice du socialisme [30] ». Cette position politique était confortée par la jurisprudence comme par la doctrine **, mais évidemment combattue par les militants syndicaux qui

* En 1937, après la réunification syndicale entre CGT et CGTU. Comme l'ensemble du mouvement syndical, le syndicalisme des fonctionnaires connut un important reflux à partir de 1938, contrepartie des vagues massives d'adhésion constatées dans les premiers temps du Front populaire. Mais le mouvement restait important, puisque la FGF pouvait encore revendiquer en 1938 180 000 adhérents, auxquels s'ajoutaient les 30 000 agents de la Fédération autonome, proche des communistes, surtout active au ministère des Finances où elle regroupait notamment les personnels des douanes et des contributions indirectes qui n'avaient pas suivi la FGF lors de son ralliement à la CGT réformiste en 1927. Voir sur ces questions les travaux de Jeanne Siwek-Pouydesseau, *Le Syndicalisme des fonctionnaires jusqu'à la guerre froide*, Lille, Presses universitaires de Lille, 1989, spécialement pp. 123-191, et « Le syndicalisme des fonctionnaires (1900-1981) », *Vingtième Siècle, revue d'histoire*, n° 37, janvier-mars 1993, pp. 115-126.

** L'édition de 1943 du *Précis de Droit administratif* du doyen Bonnard, qui reprenait pour l'essentiel le texte de la deuxième édition publiée en 1935, citait ainsi, pour souligner l'illégalité des syndicats de fonctionnaires, quelque douze arrêts du Conseil d'État intervenus entre 1922 et 1935, en les accompagnant d'un commentaire dont seule la dernière phrase trahissait la date de rédaction : « Si le régime de la fonction publique admettait et admet encore des atténuations à la subordination hiérarchique, il est certain que le syndicat de fonctionnaires devait en fait entraîner une atténuation excessive de la subordination et se constituer en oligarchie dressée contre l'État. C'est qu'en effet le syndicat de fonctionnaires devait prendre et avait pris en fait cet esprit de lutte des classes qui animait les syndicats ouvriers en général. Il devait être ainsi amené forcément à exagérer les atteintes à la subordination hiérarchique et à se dresser contre l'État pour y créer finalement le

voyaient dans leurs propositions d'association des agents au fonctionnement des services le moyen de rendre l'action de l'État plus harmonieuse, partant plus efficace. Qu'ils fussent défenseurs, comme Georges Mer, du « syndicalisme d'État, réformiste par essence, [qui doit] servir, comme les plus purs républicains, les intérêts généraux de la Nation [31] » ou, comme la FGF animée par deux fonctionnaires détachés du ministère des Finances, Charles Laurent et Robert Lacoste, de revendications plus catégorielles, les groupements de fonctionnaires entendaient bien être partie prenante des projets de rénovation de l'État*.

Directement lié à la question du syndicalisme des fonctionnaires, et corollairement à celle de la grève dans les services publics, se posait le problème du statut des fonctionnaires. La plupart des plans et des orateurs convenaient de la nécessité d'un tel statut, mais l'accord sur le mot recouvrait de profondes divergences sur la chose, comme en témoignait l'évolution des socialistes en la matière. Alors qu'ils avaient milité, au début du siècle, pour un statut garantissant les droits minimaux des fonctionnaires, ils manifestèrent leur vive opposition lorsque, sous le même vocable, le gouvernement Doumergue entendit écrire la charte des devoirs intangibles des serviteurs de l'État. C'est cette attitude que reflétait Léon Blum en stigmatisant, dans trois éditoriaux du *Populaire* publiés entre le 20 octobre et le 2 novembre 1934, un projet derrière lequel il voyait la main d'un Tardieu cherchant à « domestiquer les fonctionnaires » et à « faire régner un nouvel ordre moral dans l'administration [32] ». Le ton était d'autant plus vif que le texte du gouvernement prévoyait, conformément aux idées défendues par Tardieu, l'interdiction de la grève des fonctionnaires. Celle-ci était en effet considérée, tant par la jurisprudence que par la doctrine, comme un acte mettant à ce point en danger la continuité du service public que son exercice privait le fonctionnaire de toutes les garanties prévues par la procédure disciplinaire**. La nécessité de prendre position sur de telles questions, aux implications politiques évidentes, bloquait depuis le début du

trouble et le désordre, voire même l'anarchie dans la fonction publique. Ce syndicalisme, qui n'était qu'une démocratisation de la fonction publique poussée à l'extrême, constituait un facteur de désordre et d'anarchie. Aussi, la Révolution nationale dont un des objets essentiels était de restaurer l'autorité de l'État, devait nécessairement opérer la réforme des groupements de fonctionnaires », LGDJ, 1943, pp. 500-501.

* Lacoste, responsable du journal de la FGF, la *Tribune des Fonctionnaires*, participa ainsi aux rencontres de Pontigny organisées en 1938 par les *Nouveaux Cahiers* avec des organisations ouvrières et patronales suédoises.

** Le Conseil d'État confirma cette position dans un arrêt *Demoiselle Minaire* du 22 octobre 1937, fondé non plus sur l'existence, qu'il avait posée dans un arrêt de 1909 unanimement critiqué par la doctrine, d'un contrat de travail de droit public entre l'État et le fonctionnaire, contrat que ce dernier romprait en faisant grève, mais sur la simple affirmation – « qui n'était pas une explication », soulignait le doyen Bonnard – que « les fonctionnaires, en se mettant en grève, se pla[çaient] eux-mêmes en dehors de l'application des lois et règlements ». Il est intéressant de noter que c'est Maurice Lagrange, dont il sera largement question par la suite, qui était commissaire du gouvernement dans l'affaire Minaire.

siècle le vote d'une loi portant statut des fonctionnaires, statut dont tous reconnaissaient l'urgence pour remplacer l'empilement anarchique de règlements s'appliquant, non sans incohérence entre eux, aux diverses catégories de fonctionnaires.

Le Front populaire face aux fonctionnaires

Envers la FGF qui avait nettement pris parti en faveur de son accession au pouvoir, le Front populaire se sentait des obligations. Issu du Conseil d'État, Léon Blum connaissait bien l'administration, qu'il avait jadis dénoncée comme « organisme clos qui se suffit à lui-même [33] ». Il choisit comme secrétaire général de la présidence du Conseil Jules Moch, jeune polytechnicien que son rôle actif dans X-Crise avait préparé à réfléchir à l'administration des hommes et des choses [34]. S'il n'eut guère le temps – il fut élu en 1937 député de Sète – ni le loisir de rénover de l'intérieur le fonctionnement de la machine gouvernementale, Jules Moch ne resta cependant pas inactif face aux problèmes des fonctionnaires. Il fut le principal animateur d'une « Commission consultative sur les questions concernant les fonctionnaires », créée par arrêté du 20 octobre 1936 [35], et installée par Léon Blum lui-même le 12 décembre suivant. La commission, qui comprenait trois représentants de la FGF, décida de se réunir toutes les semaines pour traiter d'abord de la question des auxiliaires, auxquels il avait été massivement recouru pour continuer à faire fonctionner les services sans créer officiellement d'emplois de fonctionnaires. Sur le rapport d'Émile Courrière, chargé de mission au secrétariat général de la présidence du Conseil *, la commission apprit en décembre 1936 que l'administration française employait 112 000 auxiliaires, dont 60 000, soit plus de la moitié, aux PTT, le reste se répartissant entre les Finances, l'Instruction publique et la Guerre [36]. Ses réunions se poursuivirent ensuite jusqu'au 28 mai 1938, sans aboutir à des conclusions décisives en la matière, pas plus d'ailleurs que sur la question de la collaboration du personnel avec les administrations, mise à l'ordre du jour à partir de février 1937 [37].

S'agissant de la reconnaissance des syndicats de la fonction publique, autre sujet délicat, le gouvernement Blum mit neuf mois avant de décider de mettre la loi en accord avec le fait. Ce n'est que le 29 avril 1937 qu'il déposa un projet de loi étendant aux fonctionnaires le bénéfice de la loi du 21 mars 1884 sur les syndicats, non sans l'introduire par un long exposé des motifs qui précisait prudemment que, « comme le déclarait M. Poincaré le 29 novembre 1926, "la loi de 1884 et le droit de grève sont deux choses différentes" [38] ». Le texte ne fut cependant pas débattu : une série de vicissitudes ** retarda son examen

* Ancien secrétaire général de la Fédération postale CGT, Courrière rejoignit à Vichy le cabinet de René Belin.

** Le rapporteur désigné par la Chambre pour examiner le projet était le député communiste du Gard Fernand Valat. Il fit savoir au gouvernement que le texte comportait une erreur majeure de forme, la loi de 1884 ayant été codifiée dans le livre III du code du travail, qui l'avait donc formellement abrogée. Pensant lui répondre, le secrétariat général de

jusqu'au printemps 1938, époque qui vit, après la chute du gouvernement Chautemps et une nouvelle expérience Blum qui ne dura pas plus d'un mois, la fin du Front populaire.

Enfin, dans le domaine, tout aussi sensible, des traitements, l'action du Front populaire ne fut pas non plus à la hauteur des espoirs que les fonctionnaires avaient mis en lui. Malgré son rejet de la politique déflationniste, le gouvernement Blum n'osa pas appliquer à la fonction publique les préceptes keynésiens de reprise par le développement du pouvoir d'achat*. Il n'y eut même pas de revalorisation générale des traitements, qui ne furent améliorés que par la création, par un décret du 29 octobre 1936, de suppléments provisoires de traitement, puis, par une loi du 26 mars 1937[39], d'une indemnité spéciale temporaire réservée aux agents dont le traitement ne dépassait pas 30 000 F. Ces mesures de rattrapage furent insuffisantes : selon un mémoire syndical de juin 1938, seuls les traitements inférieurs à 9 000 F avaient augmenté, de 5 %, depuis 1930. Ceux compris entre cette somme et 14 000 F avaient stagné, l'évolution étant même négative pour les cadres moyens et supérieurs, jusqu'à une baisse de revenu réel de 15 % pour les traitements supérieurs à 100 000 F[40]. En fait, très vite, même les traitements du bas de l'échelle se virent entamés par la poursuite de l'inflation : à la veille de la guerre, le salaire d'un instituteur était devenu, pour le rester durablement, inférieur à celui d'un ouvrier qualifié, de sorte que, aussi tard que le 13 juillet 1939, les renseignements généraux pouvaient informer le président du Conseil de l'inquiétude des agents publics devant la hausse du coût de la vie[41].

Les bonnes intentions du gouvernement de Front populaire à l'égard des fonctionnaires ne s'étaient donc pas traduites par des avancées significatives.

---

la présidence du Conseil fit part de son accord sur la modification projetée à… Xavier Vallat, député d'extrême droite de l'Ardèche. On finit par retrouver le bon Valat, dont le rapport fut déposé le 27 janvier 1938. Le 7 février suivant, Chautemps put ainsi annoncer à Charles Laurent, qui s'inquiétait de l'état d'avancement du projet, son inscription à l'ordre du jour.

* Dès 1935, Jean Coutrot, les avait pourtant préconisés, dans une note au titre explicite de « Comment le relèvement des traitements des fonctionnaires peut conduire au relèvement technique et donc économique du pays ». Il proposait à la FGF de travailler avec le Centre national de l'organisation française, qu'il dirigeait, pour atteindre trois objectifs : « Réajuster les traitements des fonctionnaires dans des conditions acceptables pour le budget et par l'opinion publique, réaliser la "réforme administrative" dont on parle depuis toujours sans avoir jamais pu définir ni sa nature exacte ni ses modalités d'exécution, ni le moteur dont l'énergie permettrait de réaliser ces modalités. Pour la Fédération : reconquérir si possible pour les fonctionnaires l'antique prestige de la noblesse de robe, museler les attaques d'une partie de l'opinion contre les "budgétivores voraces" et les "M. le Bureau inertes et incompétents". Pour le gouvernement : ne pas compromettre l'équilibre budgétaire, resserrer la collaboration avec ses agents fonctionnaires, faire accepter par toute l'opinion publique l'indispensable relèvement des traitements. » Coutrot souhaitait que les fonctionnaires fussent associés au travail d'enquête qu'appellerait ce projet, non seulement parce qu'ils étaient les mieux à même d'indiquer les « besognes et méthodes dont ils ressentent profondément l'absurdité », mais aussi parce que leur participation « aux études d'organisation et au renouvellement des méthodes offr[ira] un débouché salutaire aux énergies qui, inemployées, fermentent », AN F60 282.

On en restait à la situation paradoxale d'un pouvoir refusant de reconnaître les syndicats de fonctionnaires, mais acceptant de les associer à la gestion de la carrière des agents. Au niveau national ou départemental, les commissions chargées d'examiner avancements et mutations réunissaient des représentants de syndicats, en théorie illégaux, et des délégués des administrations. C'est en pensant à de telles structures que les conservateurs pouvaient dénoncer, comme Tardieu, « l'État dans l'État » et la collusion du régime avec le syndicalisme « révolutionnaire », ou estimer, avec Léon Bérard, que le ministre n'était plus que « l'ambassadeur envoyé par un État qui décline à un État qui grandit[42] », à savoir l'ensemble des fonctionnaires syndicalisés.

Le redressement Daladier

Pourtant, l'optique avait sensiblement changé depuis l'arrivée d'Édouard Daladier au pouvoir en avril 1938[43], et plus encore depuis que Paul Reynaud avait, en novembre de la même année, pris la responsabilité du ministère des Finances. Le souci de concertation céda alors en effet la place à une nette volonté de reprise en main, et l'on vit se généraliser la procédure des décrets-lois*.

Ceux que Daladier et Reynaud firent signer, le 12 novembre 1938, au président de la République prévoyaient – outre l'abrogation de fait des quarante heures, véritable chiffon rouge agité devant la CGT avec laquelle le gouvernement était décidé à en découdre – la création par décret d'un « comité de réorganisation administrative » chargé de proposer toutes les mesures de réorganisation permettant de « réformer l'administration française, rechercher exactement quelle est sa mission, rechercher ensuite quelles sont les meilleures méthodes pour qu'elle puisse la remplir ». Tâche « aussi utile qu'urgente », comme l'exposait le rapport de présentation du décret qui posait un diagnostic d'inspiration très fayoliste :

* Dans sa livraison de juin 1939, *L'État moderne* traitait la question sur le mode plaisant, en célébrant en ces termes la réélection d'Albert Lebrun à la magistrature suprême : « M. Albert Lebrun succède à M. Albert Lebrun. Tout est pour le mieux dans la plus moderne des Républiques. Et la machine à signer reprend le cours de ses implacables exercices mécaniques. Elle est, aujourd'hui, parvenue à un degré de perfectionnement inimaginable. Tous les records mondiaux de vitesse ont été battus : jamais le nombre de décrets présidentiels n'a atteint un tel chiffre, dans aucun temps et dans aucun pays. [...] Cela s'explique : d'abord, l'État augmente la portée de ses interventions et de son pouvoir réglementaire. Il veut tout faire et il fait tout faire par son "chef". En outre, le pouvoir législatif est mort : il a délégué ses attributions à l'Exécutif. Il n'y a plus de lois : il n'y a plus que des décrets-lois. M. Albert Lebrun a signé des tonnes de décrets-lois. Nul n'a osé, encore, en faire la statistique. Tous les sous-chefs de bureau de toutes les administrations ont déversé, sur la table du Président de la République, leurs fonds de tiroirs. Avaient-ils, en panne, une affaire qui les embêtait ? Vite, un décret-loi pour la "solutionner" ! Tant pis si le Président attrape la crampe des écrivains ! », Paul Allard, « Le chef de l'État », *L'État moderne*, juin 1939, pp. 364-368.

> Notre organisation administrative française remonte dans ses principes au début du dix-neuvième siècle. Depuis lors, des services se sont ajoutés, d'autres ont été supprimés, des changements profonds ont été apportés à la structure de la fonction publique, à l'organisation et au fonctionnement des grands services d'intérêt général. Mais il faut remarquer qu'à aucun moment le cadre administratif de la nation n'a été reconstruit d'une façon logique. Des réformes ont été entreprises, mais, sans exception, elles ont toujours été partielles et, par là, insuffisantes. La valeur des fonctionnaires n'est pas en cause. La compétence, le dévouement des agents de la République sont hors de pair. Mais leurs efforts se heurtent à une organisation vieillie [44].

Le gouvernement avait prévu déjà « une mesure qui ne préjuge[ait] en rien des conclusions auxquelles aboutira le comité, mais qui [était] de nature à faciliter sa tâche ». Fort de représentants dans chaque ministère, le comité, rapidement rebaptisé par l'opinion et la presse « Comité de la hache », eut en effet pour première mission d'établir, dans les trois mois, un programme de limitation du recrutement des fonctionnaires. Il était aidé dans sa tâche par des rapporteurs « ayant tout pouvoir pour inspecter les services et prendre connaissance des pièces et dossiers utiles à leur mission », choisis pour la plupart parmi les jeunes recrues des habituels sérails : sur 80 rapporteurs, le Conseil d'État en fournit 20, la Cour des comptes et l'inspection des Finances 16 chacune et les grands corps techniques de l'État 17 ingénieurs [45]. On comptait parmi eux beaucoup d'hommes issus des cercles de réflexion organisationnels. Beaucoup aussi que Vichy fit accéder, au premier ou au deuxième rang, tout en haut de la pyramide du pouvoir : il en fut ainsi de Jean Berthelot, futur secrétaire d'État aux Communications, alors délégué auprès du ministère des Travaux publics [46], ou de Maurice Lagrange, maître des requêtes au Conseil d'État, rapporteur de la « mission chargée des questions spéciales concernant les fonctionnaires * », appelé à jouer un rôle clé à Vichy où il tenta, depuis le secrétariat général de la vice-présidence du Conseil, de construire la fonction publique de l'État nouveau.

Ainsi charpenté, le comité travailla avec célérité. Florian-Henri Chardon **, chef de la mission du Comité de la hache auprès de la présidence du Conseil, traça, dans un rapport de cent cinquante pages remis le 14 mars 1939, un diagnostic précis et argumenté des maladies dont souffrait le corps administratif français, en soulignant d'emblée l'enjeu politique de sa mission :

> Le monde observe, en ce moment, le redressement que tente la France sous le signe de la liberté ; il se demande si un pays démocratique peut se relever de lui-même en conciliant l'autorité et la responsabilité avec le fonctionnement du régime parlementaire. Il s'agit en effet, pour la France, d'éviter les expériences redoutables auxquelles l'anarchie démocratique a conduit les pays qui

---

* Présidée par un inspecteur général des Finances, Xavier Colas des Francs de Parabère, plus tard président de l'Union nationale des fonctionnaires catholiques.

** Maître des requêtes au Conseil d'État, il était le fils d'Henri Chardon. Il fut pendant quelques semaines directeur du cabinet de Joseph Barthélemy, deuxième garde des Sceaux de l'État français. Il mourut en 1941.

> sont actuellement pourvus d'un régime totalitaire. Il faut concilier l'exercice du contrôle par les élus du suffrage universel et leurs délégués les ministres avec les notions d'ordre, d'autorité, de compétence et de responsabilité sans lesquelles il n'y a ni vie ni progrès pour une Nation. [...] Il s'agit de tenter une organisation rationnelle de la République qui n'a jamais été sérieusement essayée depuis soixante ans en France, de faire la redistribution des forces que comporte une démocratie, de reconstruire l'autorité sur des bases nouvelles, de la délimiter et de ne la placer que là où elle est associée à la responsabilité de la bonne exécution des services publics [47].

Le rapport distinguait le pouvoir politique, « basé sur la volonté du plus grand nombre et réalisé par l'élection » du pouvoir administratif, « basé sur la compétence, la permanence, le dévouement, et réalisé par les procédés rationnels de la sélection », et qui apparaissait comme « une condition essentielle du progrès et de la grandeur de la Nation [48] ». Pour assurer le maintien de ce dévouement aux intérêts généraux de la Nation, « sentiment obscur, profond, [...] forme spéciale de patriotisme qui s'est manifestée en France à travers des générations de fonctionnaires », un soin tout particulier devait être apporté au choix des plus hauts cadres administratifs, dont le nombre devait être réduit et la responsabilité accrue : « Dans une démocratie, soulignait le rapporteur, pas de dictateurs, des directeurs, de bons directeurs, c'est plus modeste mais aussi plus sûr [49]. » Chardon proposait également d'augmenter les moyens du secrétariat général de la présidence du Conseil. Ce secrétariat général avait en effet rencontré quelques difficultés à trouver sa place entre des administrations centrales arc-boutées sur leurs prérogatives et le sous-secrétaire d'État à la présidence du Conseil, fonction gouvernementale que les présidents du Conseil successifs ne jugèrent pas utile de supprimer malgré la création du secrétariat général*. Même lorsqu'il pouvait compter, comme Jules Moch, sur la pleine confiance du président du Conseil, le secrétaire général ne disposait pas des moyens institutionnels lui permettant de remplir sa fonction de coordination. Pourtant, continuait Chardon, il était indispensable de « transform[er] la présidence du Conseil en organe de commandement et d'action en vue de permettre au Président d'être véritablement le chef suprême du gouvernement », disposant de services étoffés dans trois domaines : la statistique et la documentation, l'information et la propagande, la sûreté nationale et la police [50].

* Cela explique le fait qu'en cinq ans cinq secrétaires généraux se succédèrent, venus d'horizons administratifs ou professionnels variés. Issu du Conseil d'État, mais ayant déjà à son actif une carrière de préfet et de directeur au ministère de l'Intérieur, Léon Noël, proche de Flandin, fut le premier secrétaire général de la présidence du Conseil, mais n'occupa le poste que quelques mois, étant nommé ministre de France à Varsovie en mai 1935. Georges Dayras, maître des requêtes au Conseil d'État et futur secrétaire général à la Justice pendant toute la durée de Vichy, lui succéda jusqu'à juin 1936, époque où Léon Blum le remplaça par Jules Moch. Plusieurs hauts fonctionnaires de Vichy firent leurs classes au sein du secrétariat général, tels Léopold Chéneaux de Leyritz, futur préfet régional de Toulouse, et René Gazagne, qui fut directeur du statut des personnes au commissariat général aux questions juives.

Quelle politisation ?

À plusieurs reprises dans son rapport, Chardon avait eu l'occasion de déplorer « l'intrusion progressive de la politique dans les questions de personnel [51] ». S'agissant d'un thème qui constituera l'un des piliers de la critique du fonctionnement administratif de « l'ancien régime » par Vichy, il est nécessaire d'en prendre une juste mesure. Le principe du « testament ministériel » – par lequel un ministre procédait, dans les quelques semaines qui suivaient la fin de ses fonctions, à des nominations exceptionnelles au bénéfice de ses proches – avait beau avoir été interdit par la loi de finances du 13 juillet 1911, il restait de fait en vigueur, par accord tacite entre le ministre sortant et son successeur*. La recommandation d'un parlementaire influent, et mieux encore un passage dans un cabinet, constituaient à l'évidence un tremplin, dont pouvaient bénéficier quelques hauts fonctionnaires, parfois jeunes, pour accéder aux fonctions recherchées de directeur. Encore celles-ci étaient-elles moins instables qu'elles n'ont pu le devenir depuis lors, et il n'était pas rare de voir un directeur occuper son poste pendant une dizaine d'années, s'imposant ainsi à tous les hommes qu'un aussi long intervalle avait pu voir se succéder dans le fauteuil ministériel correspondant**. Ces éléments ne suffisent pas à considérer l'administration républicaine comme minée par la corruption politique. Publiant, en 1939, dans une série de monographies consacrées à l'organisation constitutionnelle des grands pays, une étude de l'administration française, l'universitaire américain Walter R. Sharp, spécialiste de la question***, n'y observait pas les prémisses d'un système des dépouilles à la française :

> Dans les administrations centrales, la protection contre le favoritisme politique et le développement de règles de recrutement par concours ont été définies de manière réglementaire, ministère par ministère. Les fonctionnaires

* Cette pratique n'était pas neuve, critiquée dans des termes comparables en 1914 comme caractéristique de « la République des camarades » par Robert de Jouvenel, qui décrivait « la population flottante de jeunes gens qui, n'ayant ni carrière, ni aptitudes spéciales, ni traitements précis, souhaitent préciser leurs aptitudes indécises et se spécialiser dans les carrières avantageuses. Ceux-là sont tous plus ou moins secrétaires de députés et finissent par devenir plus ou moins collaborateurs de ministres, [...] car ils sont ambitieux », *La République des camarades*, Grasset, 1914, p. 111. Rien n'avait changé vingt-cinq ans plus tard, comme en témoignait Jean Zay en dénonçant « la carrière des préfets livrée au hasard, tout chef de cabinet sans diplôme – ou presque – devant normalement finir préfet, pour peu qu'il eût quelque entregent et un peu de protection parlementaire », *Souvenirs et Solitude*, Julliard, 1945, p. 315.

** Cette tendance a été mise en évidence et analysée en détail par type de ministères, pour le début du siècle, par Christophe Charle, *Les Hauts Fonctionnaires en France au XIXe siècle*, Gallimard-Julliard, collection « Archives », 1980, pp. 177-178 et *Les Élites de la République 1880-1900*, Fayard, 1987, pp. 425-430.

*** Professeur à l'Université du Wisconsin, on lui doit l'une des rares synthèses publiées avant guerre sur la fonction publique française, *The French civil service : bureaucracy in transition*, New York, Macmillan, 1931.

> ont toujours la faculté de porter devant le Conseil d'État ce qu'ils considéreraient comme des discriminations à leur égard. Il a été ainsi construit, au nom de la défense des droits individuels, une telle muraille que les nominations politiques sont aujourd'hui limitées à un petit noyau de hauts fonctionnaires, tels les ambassadeurs, les gouverneurs des colonies, les préfets et quelques-uns des directeurs d'administration centrale, mais pas tous. Dans la réalité, ces postes sont d'ailleurs confiés non à des hommes politiques, mais à des fonctionnaires de métier ou à des professeurs d'université en détachement. La politique joue encore un rôle en matière de promotion ou d'affectation dans quelques secteurs ministériels, mais il est honnête d'affirmer que c'est aujourd'hui le mérite qui est le facteur décisif dans le déroulement des carrières administratives en France [52].

Pourtant, alors que la politisation de l'administration française semblait sensiblement moins forte en 1939 qu'elle ne l'était cinquante ans plus tôt, elle n'en restait pas moins vivement ressentie par les hauts fonctionnaires, en majorité conservateurs, qui allaient prendre la responsabilité de l'administration de Vichy, et propager ainsi l'image d'un appareil administratif gangrené par la politique. La résonance du thème récurrent de la politisation des nominations de hauts fonctionnaires se trouva accrue, à la fin des années trente, par le brouillage des repères politiques et idéologiques, que décrit avec précision Pierre Laborie [53]. La violence de l'opposition politique et sociale au Front populaire, exacerbée par les craintes portées par la guerre d'Espagne, fit basculer une partie des classes dominantes dans une attitude de critique systématique des institutions. À partir de là, toute nomination était *a priori* suspecte, tout comme l'était la volonté d'associer plus directement les syndicats de fonctionnaires à la gestion publique. La véritable critique ne portait donc pas tant sur l'infiltration de l'administratif par le politique que sur le choix du Front populaire de négocier avec les syndicats de fonctionnaires. C'est à partir de ce glissement que se construisit l'image d'une administration politisée à l'extrême dans les années trente.

La résolution avec laquelle le gouvernement Daladier affronta la grève générale du 30 novembre 1938 et la sévérité avec laquelle il conduisit la répression des fonctionnaires grévistes * témoignent du renversement de tendance à

* Le 28 novembre, un décret plaça en état de réquisition « l'ensemble des agents des services publics de l'État, des départements et des communes ». Une circulaire envoyée le même jour par la présidence du Conseil rappela aux ministres que la grève, étant illicite dans les services publics, plaçait le fonctionnaire gréviste hors de toute protection réglementaire, l'exposant à une révocation immédiate. Sur l'attitude du gouvernement face à cette grève, voir Antoine Prost, « Le climat social », dans *Édouard Daladier chef de gouvernement, op. cit.*, pp. 107-109, ainsi que les souvenirs d'André Delmas, alors secrétaire général du Syndicat national des instituteurs, *Mémoires d'un instituteur syndicaliste*, Albatros, 1979, pp. 373-383. Encore en janvier 1939, face à une campagne de presse l'accusant de faiblesse vis-à-vis des grévistes, Jean Zay indiqua au président du Conseil, qui s'en inquiétait, qu'il avait demandé aux préfets de tenir des réunions exceptionnelles des conseils départementaux de l'Éducation nationale pour annuler toutes les promotions prévues pour des instituteurs ayant fait grève, AN 312 AP 8.

la veille de la guerre : à une phase de concertation succédait une phase de reprise en main, bien en harmonie avec la valorisation de l'autorité dont était imprégné le rapport Chardon. Celui-ci pouvait donc escompter que ces suggestions seraient entendues, et que l'administration française allait enfin se moderniser, en profitant du discrédit dans lequel était tombé un Parlement conscient de ses faiblesses mais inapte, comme l'avait montré l'expérience avortée de 1934, à se réformer. La montée en puissance devait faire pièce à un parlementarisme incapable, par manque de technicité ou par démagogie, de faire prévaloir l'intérêt général sur les intérêts particuliers.

L'ADMINISTRATION DE LA DRÔLE DE GUERRE

L'entrée en guerre

Après avoir montré sa fermeté, le gouvernement Daladier se soucia, à partir du début de 1939, de préparer les services publics à une guerre qui paraissait inéluctable. Un décret du 21 avril porta à quarante-cinq heures la durée du travail dans les administrations et établissements industriels de l'État, la circulaire d'accompagnement, signée de Paul Reynaud, précisant qu'était « expressément interdit tout supplément de rémunération du fait de l'augmentation de la durée du travail[54] ». Corrélativement, les dispositions du décret-loi du 10 décembre 1938, qui excluaient toute création d'emploi de fonctionnaire sauf dérogation explicite donnée par le Comité de la hache, renforcées par des décrets des 24 janvier et 20 mars 1939, furent appliquées de manière stricte. La vie administrative subit le contrecoup de l'accélération des événements internationaux intervenue au cours de l'été 1939. Si l'on prit encore des mesures importantes – tel le Code de la famille promulgué sous forme de décret-loi le 29 juillet[55] – la préparation à la guerre devint le principal sujet de préoccupation. Une série de textes, édictés en application de la loi du 19 mars 1939 habilitant le gouvernement à prendre par décret-loi toute mesure nécessitée par les besoins de la défense nationale, s'efforcèrent d'adapter l'organisation administrative à la guerre qui s'annonçait. Ainsi le décret-loi du 27 juillet 1939[56] rappelant sous les drapeaux plusieurs classes de Français prévoyait-il que les vacances qui en découleraient dans les services publics seraient comblées par le recours aux services de fonctionnaires retraités, l'application des règles de cumul d'un traitement avec une pension de retraite se trouvant à cette fin provisoirement suspendue.

Une fois la guerre déclarée, on s'inquiéta de replier les administrations. Pendant le courant du mois de septembre, de nombreux services rejoignirent les affectations qui avaient été prévues pour eux, pour l'essentiel dans des châteaux de la Loire. Mais, rien ne bougeant lors des premiers mois de guerre, le gouvernement se demanda assez vite s'il ne convenait pas de faire revenir à Paris les services repliés, et ce d'autant plus que la commission des finances de la Chambre s'émeuvait de la création « presque chaque jour » d'emplois destinés à remplacer ceux des fonctionnaires repliés. Le ministère des Finances lui emboîta le pas et suggéra, subtile dialectique, « non point de rapatrier à Paris les services repliés mais, dans tous les cas où le maintien à Paris de certains services apparaît indispensable, d'assurer le fonctionnement de ces services par des agents repliés qui, dans la plupart des cas, sont insuffisamment utilisés dans les départements de correspondance [57] ». Dès la fin de septembre 1939, une enquête avait été diligentée auprès des différents départements ministériels pour leur demander s'ils envisagaient le retour à Paris de leurs services repliés. L'Éducation nationale répondit, par exemple, que le rappel du personnel à Paris serait très onéreux, dans la mesure où il faudrait continuer à louer des espaces de repliement nécessaires en cas de nouvelle évacuation. Elle signalait en outre que les locaux d'abri du ministère seraient insuffisants en cas d'alerte de jour pour tout le personnel. En février 1940, tirant la synthèse des réponses qu'il avait reçues, le secrétaire général de la présidence du Conseil préconisa le *statu quo*, en estimant que « le gouvernement prendrait une très grave responsabilité en ramenant intégralement à Paris les services des administrations centrales. On ne manquerait pas de lui adresser de véhéments reproches si une nouvelle évacuation était rendue nécessaire [58] ». Les fonctionnaires n'étaient pas concernés seulement par ces questions géographiques : le 1er septembre, un décret avait précisé leur situation administrative pendant la durée des hostilités [59], suspendant notamment tout avancement*. La tendance autoritaire à l'œuvre dans les services publics depuis l'automne 1938 trouvait avec ce texte des raisons nouvelles de s'appliquer : non seulement le recours aux organismes consultatifs avait été réduit au minimum, mais un décret-loi du 18 novembre 1939 [60] vint encore considérablement simplifier les procédures disciplinaires, à tel point que la direction du personnel du ministère des Finances se crut tenue d'inviter la hiérarchie à appliquer ces dispositions « en tenant compte à la fois du caractère d'exception de la procédure nouvelle et de ce qu'une révision des mesures intervenues pourra être sollicitée à la fin des hostilités ** ».

---

* Le texte précisait en outre qu'afin de sauvegarder les droits des agents appelés sous les drapeaux aucun recrutement à titre définitif ne pourrait intervenir dans la fonction publique pendant la durée des hostilités. Quelques semaines plus tard, une circulaire refusa l'attribution d'indemnités aux fonctionnaires repliés puisque, « conservant le bénéfice de leur traitement, [ils] peuvent être considérés comme favorisés par rapport à de nombreuses autres catégories de citoyens [et] sont à certains points de vue dans une situation que pourraient envier certains de leurs collègues maintenus à des postes plus exposés », circulaire du président du Conseil et du ministre des Finances, 25 septembre 1939, SAEF B 18477.

** Note interne du 22 novembre 1939, SAEF B 48428. Cette perception, par les instances politiques et administratives, du caractère exorbitant de dispositions justifiées par un état de guerre qu'on imaginait sans doute très provisoire, constitue une différence essentielle entre ces mesures – faites effectivement pour mettre à l'écart des services publics les agents « douteux » – de celles prises ultérieurement, grâce à des dispositifs comparables, par Vichy. En 1939, on s'inscrivait encore dans la légalité républicaine, que l'on mettait, à titre exceptionnel et provisoirement, entre parenthèses. À partir de l'été 1940, c'est un régime nouveau qu'il s'agissait de construire.

Épurer : la première vague

La signature du pacte germano-soviétique, le 23 août, avait conduit à la dissolution des organisations communistes par le décret-loi du 26 septembre 1939[61]. L'application de ces mesures à la fonction publique fit l'objet d'instructions du ministre de l'Intérieur, Albert Sarraut, dont une circulaire du 24 octobre demandait aux préfets de le « renseigner exactement sur l'attitude des fonctionnaires et sur la situation militaire de toute personne, fonctionnaire ou non, dont l'attitude ou l'action, si elle ne tombe pas sous le coup de la loi, paraîtrait appeler l'éloignement du poste ou de l'emploi qu'elle détient actuellement[62] ». Cette épuration, la première de celles que fut appelée à connaître la fonction publique dans les années qui allaient suivre, fut menée sans faiblesse dans l'État comme dans les services municipaux, les plus touchés. Au 1er mars 1940, elle avait conduit à 649 sanctions au sein de l'administration de l'État, dont 382 révocations ou licenciements[63]. La détermination du gouvernement se lit avec une parfaite netteté dans la circulaire secrète adressée le 5 avril aux préfets par le ministre de l'Intérieur, Henri Roy, aux fins de « clore toute discussion d'ordre juridique que d'aucuns, par crainte peut-être de prendre leurs responsabilités, pourraient tenter d'ouvrir sur ce domaine ». La plupart des arguments, et le ton, de bien des textes de la période à venir étaient déjà présents, *mutatis mutandis*, dans cette circulaire :

> La seule question qui se pose est celle de savoir s'il est de l'intérêt public de débarrasser une administration publique ou une entreprise d'intérêt national d'individus suspects d'activité communiste, ou, d'une façon générale, d'individus dangereux pour la défense nationale. Je pense qu'il est inutile d'insister sur l'évidence de la réponse. [...] Il importe peu que l'agent dont il s'agit exécute apparemment de façon convenable la tâche technique qui lui est confiée. La faute, le manquement du fonctionnaire ou de l'agent qui le rend passible d'une sanction disciplinaire ne sont pas seulement ceux qu'il commet dans l'exercice de ses fonctions, mais également ceux qui peuvent réagir sur l'exercice de ses fonctions ou de son métier. La jurisprudence administrative est même allée plus loin : elle a admis en 1930, et cette interprétation a été depuis confirmée, que la révocation d'un fonctionnaire peut être motivée par des faits antérieurs à son entrée au service public. [...] Quoi qu'il en soit, il convient d'en finir avec cette irritante question de la présence dans les services publics de serviteurs félons : l'épuration doit être achevée dans un temps très court ; elle comporte, par elle-même, une valeur de sécurité et une valeur d'exemple. Elle doit être juste, mais elle doit aussi être totale. Le gouvernement attache à la solution de ce problème une importance capitale. Aucune tolérance ou négligence dans l'exécution des présentes instructions ne sera tolérée[64].

Pour bien montrer que le gouvernement n'entendait « tolérer aucune tolérance », un décret-loi vint préciser, le 9 avril 1940, que « la suspension [des fonctionnaires] ayant appartenu à un parti ou à une organisation dissous pourra être prononcée s'ils n'ont pas clairement manifesté par leur attitude ou leur manière de servir qu'ils ont rompu complètement tout lien de solidarité avec les activités interdites par la loi[65] ».

Un été perturbé

C'est cette administration, ainsi égayée dans la campagne tourangelle et épurée, qui eut à affronter le choc de la débâcle. Les témoignages ne manquent pas[66] pour décrire l'affolement des Français qui, à partir du début de juin, vinrent grossir le flot des réfugiés belges que les avancées allemandes avaient jetés, dès le 12 mai, sur les routes de France. L'attitude de l'administration refléta l'improvisation et le désarroi qui furent, de manière évidente, ceux de l'ensemble des pouvoirs publics. L'analyse des vingt-cinq circulaires émises par le ministère de l'Éducation nationale entre le début de l'offensive allemande et le départ de Paris du ministre, Yvon Delbos, le 10 juin *, montre les limites de la capacité d'une administration centrale à s'adapter à des circonstances exceptionnelles. Alors que des textes des 12 et 16 mai fixaient, comme si de rien n'était, les dates des examens et celles des vacances scolaires, les instructions se multiplièrent pendant la seconde quinzaine de mai pour inciter les responsables locaux à prendre des initiatives en matière d'accueil des réfugiés et à faire preuve de souplesse dans l'organisation des examens. Et tandis que le ministre lançait, le 23 mai, un martial ordre de service **, l'administration mettait en œuvre, trois jours plus tard, les plans d'évacuation qui venaient d'être arrêtés. Parallèlement, les services que n'avait pas encore touchés l'onde de choc de la débâcle vaquaient imperturbablement à leurs occupations habituelles. Le 19 mai, le directeur de l'enseignement primaire rappela que les fonctionnaires pourraient, en 1940, continuer à bénéficier de la gratuité de traitement dans les établissements thermaux de l'État, et l'on vit encore partir d'Azay-le-Rideau, le 1er juin, une circulaire sommant les préfets de procéder d'urgence à l'étude des demandes d'attribution de primes à la première naissance, l'arrêté nécessaire à l'application de cette mesure, attendu depuis mars du ministère des Finances, venant d'être publié au *Journal officiel*! Il est vrai qu'il s'agissait d'une demande isolée, dans un ensemble de textes relatifs à l'accueil des enfants réfugiés, au report des dates d'examen ou au paiement des instituteurs repliés.

* Départ raconté de manière tragi-comique par Louis Planté, inamovible chef du bureau du cabinet depuis Léon Bérard, dans ses souvenirs, *Au 110 rue de Grenelle. Souvenirs, scènes et aspects du ministère de l'IP-Éducation nationale*, Raymond Clavreuil, 1967, p. 232. Planté devait, sous Vichy, cumuler ses fonctions d'avant-guerre avec celles de responsable des services administratifs et financiers.

** « À l'heure actuelle, aucun directeur, recteur, doyen, inspecteur d'académie, chef d'établissement ne doit être ailleurs qu'à son bureau, qui est son poste de commandement. Je ne saurais admettre qu'aucune obligation extérieure m'expose à ne pas le rencontrer, ou à ne pas rencontrer un suppléant autorisé, quand j'ai à lui donner des ordres », AN F17 13318. Le ministre était Albert Sarraut, décidément maître dans l'art des proclamations sans effet : c'est lui qui, président du Conseil lors de l'entrée des troupes allemandes en Rhénanie, avait déclaré le 8 mars 1936 : « Nous ne laisserons pas Strasbourg exposé sous le feu des canons ennemis. »

La situation se révélait extrêmement confuse sur le terrain. Tous les comportements se rencontrèrent, et il est difficile de tracer un tableau moyen de l'attitude des pouvoirs locaux pendant ces semaines, d'autant que la réalité fut rapidement réécrite, d'abord pour des raisons politiques par le régime nouveau, puis après guerre à des fins justificatives. Alors que pour Pierre-Henry, son historiographe quasi officiel, le corps préfectoral « fit preuve dans son ensemble d'un admirable courage civique * », les historiens sont aujourd'hui plus nuancés. Yves Durand, à partir de l'analyse des rapports rédigés par les maires du Loiret sur les événements survenus dans leur commune entre le 14 et le 30 juin 1940, souligne combien les populations eurent le sentiment d'avoir été abandonnées au désordre et souvent au pillage par une administration peu consciencieuse[67]. L'impact de ce qui fut ressenti comme une désertion des corps administratifs constitués fut considérable, et détermina largement, au moins dans les premiers temps, l'attitude des Français à l'égard du régime à venir. Le même auteur, évoquant « la chute de tout cadre moral autant qu'administratif » et « la très large aspiration au retour d'une autorité administrative française protectrice des droits du vaincu[68] », soulignait le besoin de retour à l'ordre que les populations trouvèrent dans l'incarnation de la stabilité et de l'enracinement que leur offrait le maréchal Pétain. L'armistice fut accueilli avec soulagement, et l'administration put se remettre au travail pour faire redémarrer un pays matériellement et moralement meurtri. L'expérience de Vichy pouvait commencer.

---

* *Histoire des Préfets, Cent cinquante ans d'administration provinciale, 1800-1950,* Nouvelles Éditions latines, 1950, p. 322. Cet ouvrage souvent cité nous paraît devoir plus s'imposer par la masse d'informations qu'il fournit que par l'analyse qui la sous-tend, qui reflète un parti pris systématiquement favorable à l'attitude du corps, y compris sous Vichy. À ce titre, l'ouvrage est intéressant dans sa valorisation de l'obéissance, privilégiée sur tout autre comportement. On notera que Pierre-Henry est également l'auteur d'un *Mémorial du Maréchal Pétain,* publié en 1965. L'auteur rappelle quand même que « certains préfets crurent bien faire en se repliant devant l'ennemi, sous des prétextes divers qui ne furent pas tous jugés valables par le gouvernement ».

CHAPITRE II

L'heure des ruptures

Elle commença tambour battant, depuis la petite ville d'eaux qu'avait choisie pour résidence * le gouvernement dont le maréchal Pétain assumait depuis le 16 juin la direction. Ce gouvernement avait fait le choix de l'armistice, en se ralliant, lors des jours dramatiques de la mi-juin en Touraine, à l'analyse du vieux maréchal pour lequel « le devoir du gouvernement est, quoi qu'il arrive, de rester dans le pays. Priver la France de ses défenseurs naturels, c'est la livrer à l'ennemi. C'est tuer l'âme de la France, c'est par conséquent rendre impossible sa renaissance [1] ». Cette renaissance, d'autant plus nécessaire que « tout était pourri », comme le dira Pétain quelques mois plus tard [2], devait façonner un pays nouveau qui, depuis l'abîme où l'avait précipité le régime défunt, trouverait son salut dans une régénération profonde. Pays nouveau, et d'abord État nouveau. Convaincues que la raison majeure de la défaite française résidait dans la faiblesse de l'État, les équipes au pouvoir entendirent profiter des circonstances pour construire un État fort, en rejetant le modèle démocratique et parlementaire. Choix évidemment et éminemment politique, majoritairement influencé par la pensée d'extrême droite, mais empruntant çà et là des éléments au mélange composite des diverses idéologies présentes à Vichy. Il se traduisait par une volonté de rupture qui allait s'afficher dans chacune des politiques, dans chacun des actes du régime qui, de République française, était devenu – le changement d'intitulé est significatif – État français. En quelques semaines furent pris un ensemble de textes qui, des actes constitutionnels aux circulaires, entendaient enfin procéder à cette réforme de l'État, à sa reconstruction plutôt, que la

---

* Vichy avait pour lui son infrastructure hôtelière et peut-être la proximité de Châteldon, bourgade voisine dont Laval possédait le château. Lyon eût été une capitale plus logique de cette part de France non occupée, mais son maire radical, Édouard Herriot, président de la Chambre des députés, était l'un des symboles du régime déchu. Et Clermont-Ferrand était une ville trop ouvrière.

République avait été incapable de mener à bien. Très rapidement, les derniers parlementaires, survivants de la scène politique d'avant guerre, quittèrent le gouvernement. Le choix des ministres devait en effet illustrer la volonté du régime nouveau de privilégier, sur la politique qui avilit, d'une part la compétence technique des grands corps de l'État, d'autre part, sans qu'il leur fût tenu compte d'une quelconque responsabilité dans la défaite, la vocation naturelle des officiers à tenir les emplois de chef.

Vieilles idées, nouvelles revanches

La mystique Pétain

La rupture avec le régime républicain fut également sensible dans l'ordre symbolique. La figure du chef de l'État remplaça celle de Marianne sur les timbres-poste et l'intitulé du *Journal officiel* fut modifié pour devenir, le 4 janvier 1941, *Journal officiel de l'État français**. Devenu l'incarnation de l'État, le vainqueur de Verdun allait voir se construire autour de lui un culte qui n'évita que rarement le mauvais goût, que ce soit dans l'ordre littéraire, avec les hagiographies de René Benjamin [3], ou en matière artistique, des plus humbles créations artisanales aux prestigieux vases de Sèvres portant francisque et étoiles [4]. On ne s'attardera pas ici sur les manifestations, excessives ou dérisoires, de ce maréchalisme primitif: si le Maréchal faisait la France**, disait la France par ses messages, c'est parce que, tout simplement, il était la France, comme s'en gargarisait la propagande en reprenant à l'envi les paroles du cardinal Gerlier, archevêque de Lyon, s'exclamant à la mi-novembre 1940: «Pétain, c'est la France et la France aujourd'hui c'est Pétain [5].» Il y eut indéniablement, extrêmement forte dans la France de 1940 mais pas éteinte dans celle de 1944, une «mystique Pétain», construite sur l'image du héros de Verdun sorti de sa retraite pour servir une dernière fois la Patrie [6]. Aux Français assommés par la défaite, et qui attendaient «la cohésion nationale retrouvée, la réconciliation dans l'équité, l'assurance de l'ordre, la garantie d'une protection efficace [7]», il avait, dès son premier appel radiodiffusé, le 17 juin 1940, fait le don de son imposante et vieille personne [8] – il avait quatre-vingt-sept ans – ne demandant en retour que l'obéissance et le sacrifice.

Ce sacrifice, que lui-même avait accompli en quittant sa paisible retraite pour sauver le pays à l'une des heures les plus noires de son histoire, évoquait des souvenirs historiques. Plus qu'à Cincinnatus, auquel aurait pu faire penser

---

* Dès le 17 juillet 1940, une loi avait modifié la formule exécutoire des jugements, en vigueur depuis 1871: ce n'était plus «la République», mais «Le Maréchal de France, chef de l'État français» qui «mand[ait] et ordonn[ait] à tous huissiers sur ce requis, etc.»

** Une brochure du secrétariat général à la jeunesse récapitulant, en octobre 1940, l'action du gouvernement était intitulée: «Le Maréchal refait la France», AN 2AG 607.

la communauté de carrières, le Maréchal fut en effet comparé à Jeanne d'Arc, qui avait le double mérite d'être une paysanne française et d'avoir eu à ferrailler contre l'Anglais*. Or Jeanne d'Arc était une sainte, de sorte que la métaphore glissa naturellement du Maréchal-Jeanne d'Arc vers le Maréchal-Christ, qu'évoquait Pierre Taittinger en dédiant ses *Leçons de la défaite* « au maréchal Pétain qui s'est sacrifié pour permettre, nouveau Christ, la rédemption de la France vaincue[9] ». Poussée jusqu'aux limites du blasphème – on en jugera par cette « prière au Maréchal » : « Notre Père qui êtes à notre tête, que votre nom soit glorifié, que votre règne arrive. [...] Et délivrez-nous du mal, Ô Maréchal[10] ! » – mais tolérée par une Église catholique qui considérait avoir tout à gagner du nouveau régime, cette identification ne pouvait qu'accentuer l'obéissance due, sans réflexion inutile, aux commandements du chef de l'État.

Le vieil ordre nouveau

Relayé par celui de l'Église, le discours vichyssois faisait grand usage des valeurs catholiques d'expiation et de rédemption. La défaite n'était plus un accident de l'histoire, mais le témoignage de la colère divine devant la dérive d'une France qui avait choisi de revendiquer plutôt que de servir – ce qui n'empêchait pas d'en rendre responsables les hommes politiques républicains. « Qu'aurions-nous fait d'une victoire facile ? », s'interrogeait à la fin de juin 1940 Mgr Saliège, archevêque de Toulouse[11], et l'on entend des relents d'Apocalypse dans la définition de la Révolution nationale que donna Pétain devant le Conseil national : « La Révolution nationale signifie la volonté de renaître, affirmée soudain du fond de notre être, un jour d'épouvante et de remords[12]. » Ce discours de régénération par la souffrance et le méaculpisme se complétait d'un appel aux valeurs de la France « éternelle** », le régime républicain n'étant plus alors qu'une parenthèse contre nature, lors de laquelle avait triomphé une pure abstraction, la souveraineté du peuple.

* De toute une littérature édifiante, on retiendra le parallèle émouvant tracé par Abel Bonnard à peine nommé ministre, entre les deux sauveurs historiques de la France, la Pucelle d'Orléans et le vainqueur de Verdun : « Quand Jeanne d'Arc intervint dans le drame de notre histoire, la France n'était représentée que par le dauphin, jeune homme faible, indécis, troublé, qui ne se croyait pas né pour le trône, et qu'elle rejoignit pour lui rendre confiance en lui-même. Dans notre malheur d'aujourd'hui, nous sommes plus favorisés qu'elle. Nous avons un chef évident, dont aucun de nous ne peut douter : c'est le Maréchal. Si Jeanne d'Arc revenait, elle irait droit à lui pour le reconnaître et le saluer, et ils n'auraient qu'à croiser leurs regards pour s'apercevoir qu'ils sont de la même race et qu'ils sont d'accord. », message du ministre de l'Éducation nationale à lire dans les classes le 9 mai 1942, AN F17 13321. On consultera sur ce sujet la contribution de Gerd Krumeich, « The cult of Joan of Arc under the Vichy régime », dans G. Hirschfeld et P. Marsh (dir.), *Collaboration in France: Politics and Culture during the nazi occupation, 1940-1944*, Oxford / New York / Hambourg, Berg éditeur, 1989, pp. 92-102.

** Mais en fait bien datée : il s'agissait de la France prérévolutionnaire, société d'ordres, rurale et catholique.

Si ce rejet du libéralisme politique, économique et intellectuel reprenait quelques-uns des traits essentiels du maurrassisme, celui-ci ne suffit pas à résumer le fourre-tout idéologique vichyssois qui traduit, plus que les idées propres du maréchal Pétain, l'hétérogénéité des appuis de ce premier Vichy.

« Pense Pétain et tu vivras français », écrivait la propagande sous la photo du chef aux yeux si bleus. Mais il faut être Henri du Moulin de Labarthète, inspecteur des finances devenu directeur du cabinet civil du maréchal Pétain, pour trouver à cette pensée un ensemble homogène d'inspirateurs et une philosophie politique charpentée *. Plus prosaïquement, les opinions politiques du chef de l'État – dans lesquelles Jean-Pierre Azéma voit un « pot-pourri, somme toute banal, d'idéologies fleurissant à la fin du dix-neuvième siècle : pessimisme fondamental, moralisme sentencieux, élitisme antidémocratique, construction organisatrice de la société, nationalisme défensif et replié sur lui-même [13] » – traduisaient deux caractéristiques essentielles de Philippe Pétain. À la sagesse conservatrice des vieillards, il ajoutait les principes simples de commandement et d'obéissance qui font la force des armées :

> Tout était à refaire. Il fallait obéir à l'urgence, mais avant tout procéder avec méthode. On n'aurait rien pu faire sans d'abord rétablir l'ordre et l'autorité. Mais qu'est-ce que l'ordre sinon la discipline ? Qu'est-ce que l'autorité si ce n'est le commandement ? On apprend beaucoup de choses dans l'armée. Des choses vieilles et simples, mais bien utiles ! Par exemple ceci que, de tout temps, un chef n'a pu commander à plus de cinq sous-ordres. Cela commence au caporal et finit au sommet de la hiérarchie. Toujours le même compte, un homme qui décide, quatre hommes qui obéissent et transmettent. Ainsi de la pointe à la base. Il faut une règle à la portée des énergies humaines. [...] La force réelle d'un peuple est dans le contrôle de chaque devoir. Qu'est-ce que gouverner si ce n'est établir la véritable liaison sociale, c'est-à-dire la liaison hiérarchique, avec la présence d'un chef à tous les éléments de la chaîne [14] ?

Membre de l'Académie française, ne dédaignant pas de faire connaître, comme plusieurs des hauts gradés de l'époque, son point de vue sur les grandes questions du moment, notamment en matière d'éducation de la jeunesse, le maréchal Pétain avait été influencé, dans les années trente, par le maurrassisme diffus des cercles politiques de droite qu'il fréquenta alors, relayé par plusieurs de ses mentors que l'on devait retrouver à Vichy. Ainsi de Raphaël Alibert, maître des requêtes ayant quitté le Conseil d'État en 1924

* « Il y a dans les idées du Maréchal – qui n'hésite pas, d'ailleurs, à se réclamer de Renan et même de La Fontaine – du Joseph de Maistre, du Le Play, du Taine, du Tourville, du Bourget, du La Tour du Pin, du Maurras, du Salazar. Peut-être même du Barrès. On y retrouve, à travers un constant appel au redressement intellectuel et moral, une conception organiciste de la société, les colonnes et les hauts-reliefs d'une architecture politique, fondée sur "l'harmonie de l'autorité et des libertés", un sens, aussi, de l'État, de l'État fort dont notre jeunesse avait eu le pressentiment et même la révélation », *op. cit.*, p. 160.

pour entrer dans les affaires privées, où il n'avait que moyennement réussi. Professeur de droit public à l'École libre des sciences politiques, il participa dès l'origine au Redressement français, faisant preuve, dans l'une et l'autre de ces occupations, d'un fort attachement à la pensée maurrassienne, dont il adopta notamment l'antisémitisme et le monarchisme. Féru de réforme de l'État, il avait animé dès 1927 la commission créée sur ce sujet au sein du Redressement français, puis participé, en s'y impliquant fortement, aux travaux pilotés sur le même thème par Jacques Bardoux. Son influence était forte sur le maréchal Pétain, auquel il s'était efforcé de faire comprendre le fonctionnement d'un État. D'abord sous-secrétaire d'État à la présidence du Conseil dans le cabinet de juin 1940, il devint le premier garde des Sceaux du nouveau régime, qu'il contribua à marquer de l'empreinte maurrassienne. Celle-ci était également donnée par deux proches du Maréchal, son médecin et secrétaire particulier, le jeune docteur Ménétrel, et René Gillouin, philosophe qui avait milité, avant guerre, dans les partis de droite et, esprit éclectique, s'était aussi intéressé aux efforts de rénovation menés par X-Crise et Jean Coutrot[15].

Les influences maurrassiennes

De la pensée de Maurras, le régime, à l'heure où il lui fallait définir ses options initiales, retint la nécessité de lutter contre trois des « quatre états confédérés » constitutifs de « l'anti-France », à savoir, pour reprendre les termes du maître de Martigues, « le juif, le métèque, le maçon* », ainsi que les grandes exclusives portées par l'Action française contre l'intellectualisme, l'individualisme et l'égalitarisme**. Dans des milieux intellectuels fascinés, dès l'avant-guerre, par les expériences et les idéologies des pays totalitaires, l'anti-intellectualisme marquait des points au détriment de l'idéalisme néo-kantien qu'essayait de défendre, vaille que vaille, la Sorbonne. Après la défaite, ses adeptes furent renforcés dans leur conviction que l'enseignement fondé sur le primat de la raison, tel que le concevait la République, était un poison mortel dont la France avait failli périr. Le discours anti-intellectualiste ne connut plus de limites, d'autant que l'exemple venait d'en haut. Dans un article consacré à l'Éducation nationale, que publia le 15 août 1940 la *Revue des Deux Mondes*, Pétain rappelait son attachement à la primauté de la discipline sur l'esprit:

* Mais pas le quatrième, le protestant. René Gillouin était protestant et le pasteur Boegner, chef de l'Église réformée, avait ses entrées auprès du chef de l'État. Voir les actes du colloque tenu du 19 au 21 novembre 1992 au Palais du Luxembourg, « Les protestants français pendant la Seconde Guerre mondiale », supplément au *Bulletin de la Société d'histoire du protestantisme français*, n° 3, juillet-septembre 1994.

** Olivier Wormser vit dans le maurrassisme la seule source idéologique de la Révolution nationale (*Les Origines doctrinales de la Révolution nationale – Vichy 10 juillet 1940-31 mars 1941*, texte publié par Plon en 1971, mais rédigé au printemps 1941). Cette position est excessive, mais il n'en demeure pas moins que les grandes lignes du discours politique du premier Vichy suivent de près la doctrine de Maurras, même si les réalisations effectives furent tout autres.

> Il y avait à la base de notre système éducatif une illusion profonde : c'était de croire qu'il suffit d'instruire les esprits pour former les cœurs et pour tremper les caractères. Il n'y a rien de plus faux et de plus dangereux que cette idée. La volonté humaine ne va pas naturellement à la fermeté, à la constance, au courage. Ils ont besoin, pour y atteindre et pour s'y fixer, d'une vigoureuse et opiniâtre discipline. [...] La discipline de l'école doit épauler la discipline de la famille. Ainsi, et ainsi seulement, se forment les hommes et les peuples forts. Une autre grave erreur de notre enseignement public, c'est qu'il était une école d'individualisme. Je veux dire qu'il considérait l'individu comme la seule réalité authentique et en quelque sorte absolue.

La critique s'élargissait d'elle-même à l'individualisme, dans la mesure où elle visait la pédagogie positiviste dans son ensemble. Ainsi, lorsque René Gilloun dénonçait, dans un mémoire adressé à Pétain en août 1940, « les méfaits de l'individualisme, du rationalisme, de l'optimisme et d'une absurde confiance dans la vertu de l'instruction pour la formation de la personne [16] », c'étaient les fondements philosophiques de la République qui se trouvaient remis en cause. À l'individualisme « destructeur de la famille dont il brise ou relâche les liens, destructeur du travail à l'encontre duquel il proclame le droit à la paresse, destructeur de la patrie dont il ébranle la cohésion quand il n'en dissout pas l'unité [17] », le régime opposait le communautarisme : c'était la communauté qui faisait l'homme, car « qui est incapable de s'intégrer à un groupe, d'avoir l'esprit d'équipe, le sens vital de la coopération, ne saurait prétendre à servir, c'est-à-dire à remplir son destin d'homme [18] ». La littérature produite par Vichy sur la communauté, l'un de ses mots-fétiches, est pratiquement inépuisable [19], qui attaque sans relâche « le vain égalitarisme », abstraite application de l'individualisme à la sphère politique. Antithétique de l'ordre naturel, qui exigeait des chefs issus d'une rigoureuse sélection des élites, il conduisait au parlementarisme, triomphe de la dictature du nombre et des intérêts particuliers. Maurrassienne enfin était l'exaltation du terroir face à la ville et de la « petite patrie » contre le centralisme parisien. À la ville corruptrice s'opposaient la sérénité et la force retrouvées par l'enracinement dans le sol natal, à l'ouvrier revendicatif et au fonctionnaire stérile l'agriculteur nourricier et l'artisan créateur. Tout un pan idéologique du régime, qui ne s'exprima pas par le seul retour à la terre [20], trouvait là ses origines, même s'il rencontra bien des difficultés à se concrétiser *.

Un fourre-tout idéologique

Pour autant, le courant maurrassien était loin de former la seule source d'inspiration politique d'un régime qui abritait des sensibilités aussi bigarrées que celle de Du Moulin de Labarthète, dans lequel Joseph Barthélemy voyait « se rencontr[er], sans se heurter apparemment, les idées extrêmes de la droite

---

* L'écart entre l'idéologie du régime et ses réalisations trouve ici une illustration concrète : le projet décentralisateur et régionalisant cher à Maurras resta à l'état de discours, la mise en œuvre de la réforme provinciale conduisant à l'instauration d'un rouage d'État fortement concentré, les préfectures régionales, voir *infra*, pp. 242 *sq.*

et de la gauche ; ses relations et ses sympathies personnelles s'étendaient de l'Action française jusqu'au syndicalisme le plus avancé[21] ». Cette description fait sans doute la part trop belle au progressisme de cet inspecteur des Finances qui avait à ce point critiqué la République – après l'avoir combattue dans la rue le 6 février 1934 – que celle-ci, pourtant peu encline à la sévérité envers ses hauts serviteurs, l'avait placé en disponibilité d'office. Elle n'en souligne pas moins la réelle hétérogénéité d'un régime qui, à l'image de l'une de ses principales éminences, réunissait en lui-même le conservatisme et l'attrait pour l'ancienne France des « vieux Romains » et le souci de moderniser l'organisation économique et le fonctionnement de l'État cher aux « jeunes cyclistes », selon l'expression devenue célèbre du ministre Henry Moysset. Ces derniers, qui jugeaient le nouveau climat propice à la mise en œuvre de leurs projets de rénovation d'avant guerre, côtoyaient nombre d'autres hommes, souvent jeunes, qui comme eux ne se voulaient « ni de droite ni de gauche » : « planistes » et réformateurs de l'État de toutes obédiences, personnalistes et démocrates-chrétiens aussi, dont l'influence se manifesta notamment dans les rangs des services chargés de la jeunesse et inspira la philosophie de l'école nationale des cadres d'Uriage[22]. Le christianisme social était en effet l'un des ingrédients du mélange, syncrétique et un peu fourre-tout, des doctrines, plus ou moins harmonieusement amalgamées dans la philosophie de la Révolution nationale grâce au ciment de l'anticommunisme.

Les droites y étaient largement majoritaires, « cléricales ou laïques, politiques ou socioprofessionnelles, extrémistes ou modérées, quasi unanimes, à quelques hérétiques près, en 1940 [...] donnant au régime, de la plus modérée à la plus révolutionnaire, le noyau dur de ses fidèles[23] ». Comparés à cette présence, les rangs de la gauche étaient évidemment plus clairsemés. Le plus en vue des hommes de Vichy qui n'avaient pas milité à droite avant guerre n'était pas un politique, mais un syndicaliste, René Belin, ancien membre du bureau confédéral de la CGT où il représentait la tendance anticommuniste regroupée derrière l'hebdomadaire *Syndicats.* Il avait été choisi par Laval pour le portefeuille de la Production industrielle et du Travail afin de faire un peu contrepoids, au sein du gouvernement, à la présence massive des droites[24]. Les députés de gauche, marqués par leur soutien récent au Front populaire, n'étaient pas *personae gratae,* à l'exception de quelques individualités issues des tendances « néo », socialiste ou radicale, les plus notables se situant dans l'orbite de cette « dérive fasciste » décrite par Philippe Burrin[25]. Tel était notamment le cas de Gaston Bergery, qui participa à la rédaction de l'important message lu par le chef de l'État le 11 octobre 1940* et qui, faute de

* Ph. Burrin, *op. cit.*, p. 363. Ce texte, organisé en trois têtes de chapitre (« Politique extérieure : un régime national », « Politique intérieure : un régime hiérarchique et social », « Politique économique : l'économie coordonnée et la monnaie au service de l'économie ») parut suffisamment significatif de l'ordre nouveau que le régime entendait voir régner en France pour figurer, encore en 1943, en introduction du *Bottin administratif,* à la place qu'occupe de nos jours la Constitution. On en trouvera le texte en annexe 2, p. 633.

voir ses services récompensés par un portefeuille ministériel, fut nommé ambassadeur à Moscou puis, après juin 1941, à Ankara. De même, on ne peut que difficilement compter comme hommes de gauche d'anciens socialistes comme Déat et Marquet, sortis de la SFIO en 1933 et que leur évolution vers le pacifisme et l'anticommunisme avait rapprochés de la droite *.

Revanches ou réactions ?

Imprégnation d'Action française, rejet de l'élection et critique acerbe du parlementarisme signaient le retour de principes politiques que plus de soixante ans de pratique républicaine paraissaient avoir définitivement périmés. Venaient s'y ajouter des données plus conjoncturelles, nées des expériences politiques ayant servi de repoussoir aux équipes désormais au pouvoir. Le souvenir du Cartel des gauches et surtout celui, plus récent, du Front populaire étaient fréquemment rappelés comme signes annonciateurs d'un déclin qui, par reconstruction, devait inéluctablement conduire à la défaite. La guerre d'Espagne avait également contribué à créer une cassure entre les deux approches idéologiques, en matière de politique extérieure mais aussi de politique intérieure, que résumaient les termes d'antifascisme et de pacifisme. Comme l'écrit Pierre Laborie, « la guerre civile [espagnole] est une des clés indispensables à la compréhension du fonctionnement de l'imaginaire politique entre 1936 et la Libération [26] ».

Vichy traduisit en actes cette volonté de revanche en créant à la fin de juillet 1940 une Cour suprême de justice chargée de juger les gouvernants qui, « trahi[ssant] les devoirs de leur charge », étaient à ses yeux les responsables directs de la défaite. En refusant de s'intéresser à des faits antérieurs à juin 1936, cette cour avait une mission clairement politique à l'encontre des deux chefs du Front populaire qui comparurent devant elle, Édouard Daladier et surtout Léon Blum, qui représentait tout ce que le régime détestait **. Édouard Herriot, moins impliqué dans la politique active au cours des années trente, ne fut pas inquiété, mais le Cartel des gauches n'en fut pas moins fréquemment attaqué aussi bien pour sa reconnaissance, pourtant ambiguë, du syndicalisme des fonctionnaires « destructeur de l'État » que pour ses velléités, pourtant timides, d'anticléricalisme « destructeur de l'ordre social ». Construisant ainsi, en négatif, son Panthéon des quelques hommes d'État de la Troisième République qui eurent la volonté de se dresser face au système parlementaire, mais que celui-ci écrasa de sa molle

* Après l'échec de son projet de parti unique (voir *infra*, p. 59), Déat n'apporta plus à Vichy qu'un soutien très sélectif, en choisissant de rallier le camp collaborationniste parisien. Devenu leader du Rassemblement national populaire, il critiqua violemment le pouvoir vichyssois, accablant la Révolution nationale de ses sarcasmes dans ses éditoriaux quotidiens de *L'Œuvre*. Ce n'est qu'en mars 1944, et sous la très insistante pression des Allemands, qu'il accéda à un portefeuille ministériel.

** On se remémorera le formidable capital de haine que vouaient l'extrême droite et une bonne partie de la droite classique à Léon Blum en lisant l'ouvrage de Pierre Birnbaum, *Un mythe politique : « la République juive »*, Fayard, 1988.

inertie - Poincaré, Millerand*, Tardieu parfois furent ainsi présentés comme des précurseurs –, le nouveau régime alla surtout chercher à l'extérieur du monde républicain ses modèles, qui exaltaient d'abord l'autorité. Il les trouva dans l'univers militaire, dont les valeurs et les grands noms régnaient à Vichy[27], comme dans l'expérience salazariste dont on a déjà souligné la capacité d'attraction de l'extrême droite française d'avant guerre.

L'autorité d'abord

Ayant réussi à rejeter sur le pouvoir civil la responsabilité de la défaite, généraux et amiraux paradaient dans les allées de Vichy, comme s'en offusquait un Claudel constatant en décembre 1940 que « les militaires qui sont responsables de notre défaite et qui ont donné l'exemple de la débandade essaient de rejeter la faute sur les autres. À Vichy, on ne voit que des galonnés[28] ». Si l'armée en tant que telle n'était pas au pouvoir, les militaires, eux, s'y agrippaient, entendant bien profiter de la position où était parvenu le premier soldat de France pour prendre leur revanche. La période qui va de 1940 à 1944 représente ainsi le point de tangence, dans l'histoire de la France contemporaine, entre ordre constitutionnel et régime militaire**. Les valeurs militaires, vantées dans les discours du chef de l'État, avaient vocation à pénétrer l'ensemble de l'État, comme le demandait le commandant Cèbe, membre du cabinet militaire du chef de l'État, qui opposait, en août 1940, « l'officier qui par définition appartient à une élite noble, et dont l'inexpérience administrative ne saurait être un obstacle, [car] un officier est, pendant toute sa carrière, élève ou instructeur, [et qui pourrait remplir] certaines fonctions particulièrement actives (inspecteur du travail, ingénieur des ponts et chaussées, etc.), d'autant que les fonctionnaires qui les exercent ne sont pas toujours à la hauteur de leurs tâches » à « la partie improductive du pays, au goût du fonctionnarisme, cet idéal, devenu aussi peu viril que possible, d'une partie de la jeunesse instruite[29] ».

Le nouveau régime français affichait aussi intérêt et sympathie envers ce qui se faisait au Portugal. Salazar avait eu, lui aussi, pour ambition de construire un État nouveau, et ses sources d'inspiration - catholicisme, corporatisme, autoritarisme - étaient proches de celles auxquelles aimaient se référer les nouvelles équipes au pouvoir en France. La brochure publiée par Salazar en

* À l'ancien président de la République qui lui adressa ses vœux pour 1942 (« Que Dieu vous protège et que, pour le salut de la France, il vous permettre longtemps encore de présider à ses destinées »), Pétain répondit : « Bien souvent je songe, au milieu des difficultés qui m'assaillent, à toutes celles qui compliquèrent la tâche du chef de l'État courageux et entreprenant que vous fûtes entre 1920 et 1924 », 2 janvier 1942, AN 2AG 458.

** Il est à cet égard significatif que la préférence protocolaire ait été donnée, lors des réunions du Conseil des ministres, au titulaire du portefeuille de la Guerre sur celui qui, dans la tradition républicaine, était le premier des ministres, le garde des Sceaux. Joseph Barthélemy en montra quelque amertume, ce dont s'amusait du Moulin de Labarthète, *op. cit.*, p. 145.

1937 chez Flammarion (éditeur avant guerre des œuvres du maréchal Pétain), sous le titre significatif de *Comment on relève un État**, offrait, à partir d'éléments tirés des discours du dictateur portugais, un petit vade-mecum pour constituer un État nouveau, corporatif et hiérarchisé. On y trouvait ainsi la description des bases « antiparlementaires, antidémocrates, antilibérales, et corporatives[30] » de la « dictature nationale » qui se voulait aussi éloignée du parlementarisme britannique que des totalitarismes fascistes[31]. Le parallèle était frappant avec le programme de Vichy, à tel point que les quatre chapitres de la brochure *(Révolution nationale, Principes d'un ordre nouveau, Le Nouvel État, L'Économie corporative)* correspondaient, mot à mot, aux projets politiques et sociaux de l'entourage du chef de l'État français. On croit lire les discours du premier Vichy lorsque, dès l'ouverture du texte, étaient évoqués les effets politiques du « désordre établi » régnant au Portugal avant l'avènement de Salazar :

> Au sommet – un peu cause, un peu effet de tous les autres désordres – le fonctionnement irrégulier des pouvoirs publics. Quelles que fussent la valeur des hommes et la droiture de leurs intentions, les partis, les factions, les groupes politiques croyaient représenter de droit la démocratie et exerçaient de fait la souveraineté nationale, organisant en outre les séditions. La présidence de la République n'avait ni force ni stabilité. Le Parlement offrait constamment le spectacle du désaccord, du tumulte, de l'incapacité législative ou de l'obstructionnisme, et scandalisait le Pays par ses procédés et par la qualité de son travail. Les ministères manquaient de forte cohésion ; ils ne pouvaient pas gouverner, même quand leurs membres désiraient le faire. L'administration publique, au lieu de représenter l'unité et l'action progressive de l'État était, au contraire, le symbole vivant du manque de collaboration générale, de l'irrégularité, de la non-coordination donnant naissance au scepticisme, à l'indifférence, au pessimisme des meilleurs[32].

Refaire l'État français

C'est bien un régime s'inspirant du modèle salazariste qu'entendait construire l'État français. Le 10 juillet 1940, le Parlement, symbole martelé de l'incapacité et de la corruption du régime révolu, avait abdiqué sa souveraineté en confiant au maréchal Pétain, par 569 voix contre 80, la mission de donner au pays une nouvelle Constitution, qui devait « garantir les droits du travail, de la famille et de la Patrie[33] ». Les déclarations de Laval lors des débats qui avaient précédé le vote du texte laissaient penser qu'un quatrième terme

* Dans la « Collection à 1 fr. 95 », présentée par l'éditeur comme regroupant « des volumes traitant de tous les grands problèmes qui sollicitent l'attention des esprits les plus avertis d'aujourd'hui, [écrits par] des sommités intellectuelles et morales universellement réputées ». Parmi ces dernières, on pouvait noter le général Weygand, sur deux sujets d'actualité (*Comment élever nos fils ?* et *La France est-elle défendue ?*), Maurice Bedel, auteur de pamphlets antisémites, pour *La France des Français, et l'autre…*, ou encore Abel Bonnard, qui y avait publié un volume sur *Les Bêtes, nos amies.*

aurait pu figurer en bonne place dans la devise du futur régime, celui d'autorité. On s'en aperçut dès le lendemain lorsque le maréchal Pétain détermina, par des « actes constitutionnels », ses propres pouvoirs. Ils étaient ceux d'un dictateur. À partir de là, le régime se construisit vite. Au bout de quelques semaines, il avait déjà adopté les caractéristiques essentielles de l'ordre juridique nouveau qui allait régir la France dans le cadre de la délégation de pouvoir constitutionnel donnée par l'Assemblée nationale au « gouvernement de la République sous l'autorité du maréchal Pétain ». Au cours de l'été, des options d'ordre politique vinrent préciser la nature du régime nouveau : le refus du parti unique écartait l'hypothèse totalitaire, tandis que le choix des ministres confirmait la volonté de construire un État fort, autoritaire et efficace.

La confusion des pouvoirs

Les pouvoirs du maréchal Pétain furent définis, les 11 et 12 juillet, par quatre actes constitutionnels. Le premier ne manquait pas d'audace puisque, en une phrase dont les réminiscences monarchiques enchantèrent Maurras [34] – « Nous, Philippe Pétain, maréchal de France, vu la loi constitutionnelle du 10 juillet 1940, déclarons assumer les fonctions de chef de l'État français » –, il créait l'État français, et supprimait la République en abrogeant l'amendement Wallon du 25 février 1875 qui avait institué la fonction de président de la République. Si l'acte numéro 4 ajoutait à l'aspect monarchique du régime en personnalisant la succession du chef de l'État, au profit de Laval qui prenait ainsi figure de « dauphin », c'était l'acte numéro 2, le plus long, qui tenait lieu de définition de l'organisation constitutionnelle sous laquelle la France allait vivre pendant quatre ans. À l'exception de la déclaration de guerre, qui nécessitait l'assentiment préalable d'assemblées à créer *, le chef de l'État avait tous les pouvoirs :

> Il a la plénitude du pouvoir gouvernemental, nomme et révoque les ministres qui ne sont responsables que devant lui, exerce le pouvoir législatif en Conseil des ministres, assure l'exécution des lois, nomme à tous les emplois civils et militaires pour lesquels la loi n'a pas prévu d'autres modes de désignation [35].

Enfin, le 27 janvier 1941, l'acte constitutionnel numéro 7 accorda au chef de l'État un pouvoir judiciaire propre, en l'autorisant à prononcer des sanctions – allant jusqu'à la détention dans une enceinte fortifiée – à l'égard des ministres, hauts dignitaires et hauts fonctionnaires « ayant trahi les devoirs de leur charge », y compris contre ceux ayant quitté leurs fonctions, pourvu que ce fût depuis moins de dix ans. Un seul homme détenait, dans le système constitutionnel ainsi mis en place, l'ensemble des trois pouvoirs,

* L'acte constitutionnel numéro 3 laissa certes subsister les assemblées parlementaires de la Troisième République, mais les ajourna aussitôt « jusqu'à nouvel ordre ».

exécutif, législatif et judiciaire. Cette confusion des pouvoirs, dans laquelle Montesquieu voyait le principe du gouvernement despotique, avait été remise à l'honneur par les régimes dictatoriaux que connaissaient depuis près de quinze ans un nombre croissant de pays européens. Comme l'indiqua du Moulin de Labarthète à Pétain, les actes constitutionnels lui donnaient plus de pouvoirs que n'en avait eu Louis XIV : le chef de l'État en tira une vanité devant laquelle, dans ses Souvenirs, son ancien directeur de cabinet quittait le domaine de la louange pour tracer, à petites touches, un portrait peu flatteur de l'homme d'État Pétain, évoquant successivement de « légères marques de sénilité », une « obstination à se considérer, jusqu'au fond de l'impasse, comme l'incarnation vivante de la Nation », son « harpagonisme politique [36] » enfin. En témoignait le plaisir naïf qu'avait le chef de l'État français à rappeler que le sommet de l'*Estado novo* portugais était aussi occupé par un maréchal, mais que lui, Pétain, cumulait les pouvoirs de Carmona avec ceux de Salazar [37].

Le pouvoir donné au chef de l'État de faire la loi constituait la rupture la plus marquante avec l'ordre constitutionnel républicain, et l'on ne saurait se contenter d'y voir l'aboutissement du processus de dessaisissement du législatif résultant, à la fin de la Troisième République, de la multiplication des décrets-lois [38]. Entre cette dernière procédure, dont la doctrine se demandait d'ailleurs si elle était conforme à l'esprit de la Constitution républicaine, et l'ordre juridique nouveau posé par Vichy s'étendait tout l'espace qui sépare l'exception de la règle. Le maréchal Pétain avait en effet reçu le pouvoir législatif dans sa plénitude, à la seule condition de faire délibérer le Conseil des ministres sur ceux de ses textes ayant valeur législative. Les juristes – professeurs de droit et Conseil d'État confondus – en déduisirent que, bien que ne représentant plus l'expression de la volonté générale, « la loi [ainsi édictée] ne [pouvait] jamais être illégale, et [était] ainsi toujours insusceptible d'un recours juridictionnel de légalité * ».

* R. Bonnard, *op. cit.*, p. 304. On ne peut que saluer, par opposition, la liberté d'esprit de Julien Laferrière, professeur à la faculté de droit de Paris, qui estima, dans son *Nouveau Droit public de la France* (Paris, Sirey, 1941, p. 9), que « la loi, œuvre personnelle du Maréchal, [n'est plus] l'expression de la volonté générale. L'auteur de la loi actuelle est le chef de l'État, c'est-à-dire un organe qui, dans notre système d'autorités, relève du contrôle juridictionnel, et qui doit en relever aussi bien pour ceux de ses actes qui sont l'exercice du pouvoir législatif, étant donné que dans la nature et les éléments internes des manifestations de ce pouvoir aucune donnée ne répugne au contrôle juridictionnel ». On peut rêver devant l'usage qu'aurait pu faire de cette analyse un Conseil d'État intellectuellement audacieux. Laferrière indiquait toutefois, en conclusion de son analyse, que « ce serait là une grosse innovation dans notre système de droit public et nous ne nous étonnerions pas qu'elle se heurte à de fortes résistances ». Il continua néanmoins à défendre ce point de vue, par exemple dans son cours de licence professé en 1942, *Le Nouveau Gouvernement de la France, les Actes constitutionnels de 1940-1942*, Sirey, 1942, p. 172.

Une dictature non totalitaire

Le régime ainsi institué était autoritaire, despotique même, mais pas totalitaire. Dès l'origine, Pétain, qui n'aimait pas les partis, même uniques, écarta la proposition, avancée par Déat et Bergery, de créer un parti unique, qui aurait constitué le fer de lance du nouveau régime[39]. À l'exception de Déat qui refusa, les parlementaires porteurs du projet furent éloignés de Vichy, étant envoyés en mission d'inspection dans diverses parties du territoire *. Faute de parti unique, la mobilisation des énergies fut confiée à la Légion française des combattants, créée par une loi du 29 août 1940, qui rassemblait en un organisme unique les anciens combattants, dont toutes les associations antérieures étaient dissoutes. Sa mise en œuvre fut confiée à Xavier Vallat, député d'extrême droite, grand mutilé de guerre, qui venait d'être nommé secrétaire général aux Anciens Combattants. Il s'agissait, en l'absence de relais parlementaire, de profiter de la fidélité à la personne du Maréchal des anciens combattants – essentiellement ceux de 14-18, mais les statuts prévoyaient également la participation des combattants des toutes récentes campagnes, auxquels une place était réservée au sein des instances dirigeantes du mouvement – pour en faire des relais privilégiés, dans les deux sens, entre le pouvoir et la population. L'article 2 de la loi qui créait l'organisme nouveau lui donnait pour tâche « de grouper, au service du pays, tous les anciens combattants, d'organiser l'entraide combattante, d'assurer la collaboration des anciens combattants à l'œuvre des pouvoirs publics dans le cadre des communes, des départements, des provinces et de la Nation[40] ». C'est cette dernière mission qui était évidemment la plus novatrice, la plus lourde aussi de désillusions à venir.

La Légion, comme on allait désormais la nommer **, devait « orienter dans le sens de l'idéologie nouvelle les actes de l'administration et faire passer peu à peu dans les faits les préceptes de l'ordre nouveau[41] ». Elle tira de ces termes une volonté de regard sur les affaires publiques, insistant pour contrôler l'activité des différents échelons de l'État, notamment l'administration préfectorale. Mais celle-ci n'entendait nullement se laisser placer sous la tutelle des « yeux et oreilles du Maréchal » et fut aidée dans cet objectif, en zone occupée, par une ordonnance allemande prise le 22 septembre, mais volontairement antidatée du 27 août pour s'appliquer à la Légion, qui interdisait la création de toute association nouvelle en zone occupée : les Allemands visaient directement le nouvel organisme, qu'ils jugeaient paramilitaire et dont ils n'appréciaient guère l'idéologie résolument conservatrice. Ainsi limitée à la zone sud,

* Ces *missi dominici* firent parvenir d'instructifs rapports sur l'état de l'opinion et le fonctionnement du pays. Voir *infra*, p. 123, l'exploitation qui en fut faite.

** D'où des difficultés de langage lorsqu'apparut, un an plus tard, la Légion des volontaires français contre le bolchevisme (LVF). Dans la suite de cette ouvrage, comme il est de coutume, le terme « Légion » se rapportera toujours à la Légion française des combattants, devenue en août 1941 Légion française des combattants et des volontaires de la Révolution nationale.

la Légion n'accéda jamais pleinement au rôle de force politique : le projet, lancé en janvier 1941, de créer un vaste Comité de rassemblement pour la Révolution nationale, qui aurait regroupé des forces politiques et sociales favorables au Maréchal pour faire contrepoids aux initiatives des collaborationnistes parisiens, fit long feu en quelques semaines. Avec lui disparurent – au moins jusqu'à l'instauration de l'État milicien du premier semestre de 1944 – les derniers avatars de parti unique à Vichy. Le régime s'installa alors dans sa forme de « dictature pluraliste [42] », dans laquelle l'exécutif détenait tous les pouvoirs.

Ministres ou techniciens ?

Il fallut le remodeler en conséquence, ce qui passait par la nomination de ministres d'un genre nouveau. Dans l'ordre constitutionnel républicain, le ministre jouait un double rôle, à la fois personnage politique, membre d'un gouvernement collectivement responsable devant la souveraineté nationale, et autorité administrative, chef d'un département ministériel spécialisé. Le schéma mis en place sous Vichy était différent. L'acte constitutionnel numéro 2 plaçait en effet les ministres sous la dépendance directe du chef de l'État, devant lequel ils étaient individuellement et directement responsables, y compris sur le plan pénal. Il n'existait plus ni responsabilité collective ni solidarité du gouvernement – le seul organe collectif cité dans les actes constitutionnels était le Conseil des ministres, indispensable à l'exercice du pouvoir législatif du chef de l'État – mais seulement une juxtaposition de chefs de départements ministériels. Dans la réalité, cependant, il en alla tout autrement, et l'on vit émerger à partir de l'arrivée de Darlan aux affaires, en février 1941, la figure centrale de vice-président du Conseil. Le Laval de l'automne 1940 en avait déjà le titre, mais fut empêché de remplir la fonction par les improvisations nées de la mise en place du régime, puis par les oppositions qu'il rencontra dans les milieux d'obédience pétainiste, oppositions qui devaient conduire à sa mise à l'écart le 13 décembre 1940. Les deux mois qui suivirent avaient vu la mise en place du « comité directeur », où trois ministres (Flandin, Darlan, Huntziger) se partageaient les responsabilités et préparaient les décisions du Conseil des ministres [43]. Darlan se comporta ensuite comme un véritable « premier ministre [44] », ayant autorité sur les autres ministres qu'il estimait placés sous ses ordres. L'apparition de ce deuxième échelon hiérarchique, qui s'appuyait sur le renforcement du secrétariat général de la vice-présidence du Conseil, conçu comme structure de coordination et d'arbitrage interministériel *, contribua à diminuer encore le rôle politique des membres du gouvernement. Les souvenirs des anciens responsables de Vichy ** sont unanimes pour

* Voir *infra*, pp. 184 *sq.*

** Qu'il faut bien entendu lire en gardant à l'esprit la fonction de ces textes. Il s'agit, pour des acteurs essentiels du régime, de minimiser leurs responsabilités, en s'attachant par exemple à souligner la coupure entre « le Vichy de Pétain et le Vichy de Laval ». En outre, dans la conception du pouvoir qui est encore la leur lorsqu'ils rédigent après guerre leurs

souligner que les ministres n'étaient plus des personnages politiques, mais des « chefs de bureau d'état-major * » ou de « très hauts chefs de service [45] ».

Cette tendance, qui traduisait l'aversion de Pétain pour la politique, terre d'élection des « mensonges qui nous ont fait tant de mal », fut accrue par l'élimination des derniers parlementaires du gouvernement. Après le remaniement du 6 septembre 1940, qui vit le départ des cinq anciens députés ou sénateurs que comptait le cabinet, Laval restait seul de cette espèce. Flandin le remplaça dans cette catégorie après le 13 décembre, mais son passé de politicien suscitait la méfiance de Pétain, qui lui reprocha en outre d'avoir fait la part trop belle aux parlementaires dans le Conseil national mis en place au début de 1941 **. À partir de l'arrivée aux affaires de Darlan, le gouvernement ne compta plus aucun homme ayant exercé des responsabilités ministérielles avant 1940. On vit, en contrepartie, s'accroître le rôle des ministres « techniciens », auxquels les tout derniers gouvernements de la Troisième République avaient mis le pied à l'étrier. Avec Bouthillier, Carcopino, Joseph Barthélemy ou encore Berthelot, le pouvoir put s'enorgueillir d'avoir fait accéder les compétences au pouvoir : un ancien secrétaire général de la rue de Rivoli se voyait en effet chargé des Finances, le recteur de l'académie de Paris de l'Éducation nationale, un professeur de droit de la Justice, un ingénieur enfin des Communications. Dans le schéma d'élimination du politique voulu par le régime, de tels choix présentaient une logique indiscutable. En faisant venir aux affaires des spécialistes des domaines qu'ils avaient à administrer, le pouvoir répondait aux critères de sélection des élites qu'il avait lui-même posés. La véritable légitimité étant devenue celle du métier et de la communauté, de grands professionnels reconnus par leurs pairs étaient des ministres plus conformes à l'ordre des choses que des hommes politiques aux portefeuilles interchangeables, détenteurs partiels et provisoires d'une autorité abstraite que ne venait étayer aucune compétence technique. Le risque existait pourtant de voir la logique de corps l'emporter sur celle de l'intérêt général, l'opportunité d'une réforme étant d'abord appréciée

---

Mémoires, le terme « politique » est toujours connoté de manière péjorative. Pour un homme comme Bouthillier, dont les Souvenirs sont à cet égard très révélateurs, la grandeur de Vichy et de ses ministres fut d'avoir administré le pays, dans un contexte particulièrement ardu, en dehors de préoccupations d'ordre politique.

* Jérôme Carcopino, *Souvenirs de sept ans (1937-1944)*, Flammarion, 1953, p. 299. L'ancien ministre ajoute toutefois que, « dans le compartiment étanche et restreint qui lui était imparti, [chaque ministre] était entièrement libre de ses mouvements, jusqu'au moment où le commandant en chef, c'est-à-dire le Maréchal, le rappelait à l'ordre ou le renvoyait. [...] Dès la première semaine de mon arrivée à Vichy, j'acquis la révélation du pouvoir immense que conférait, dans une stricte subordination au chef de l'État, une telle autonomie gouvernementale : chaque ministre, pourvu qu'il fût capable d'obéir à sa conscience jusqu'à la démission inclusivement, était aussi maître chez lui que le charbonnier du proverbe », *ibid.*

** Ce fut une des causes de la disgrâce de Flandin, l'autre résultant du refus des Allemands de poursuivre avec lui les négociations commencées avec Laval sur le thème de la collaboration. Voir Olivier Wieviorka, « Vichy a-t-il été libéral ? Le sens de l'intermède Flandin », *Vingtième Siècle, revue d'histoire*, n° 11, juillet-septembre 1986, pp. 55-65. Sur le Conseil national, voir *infra*, pp. 213-214.

en fonction des attentes du milieu dont étaient issus tant le ministre que ses collaborateurs : le régime ne sut pas toujours y échapper.

Le discours de rupture

À l'instrument administratif qu'il avait reçu en héritage, le nouveau pouvoir avait de nombreux reproches à faire. « L'ancien régime * » était doublement coupable : coupable d'abord d'avoir toléré l'intolérable politisation de la fonction publique, mais plus coupable encore d'avoir entraîné la France dans « la nuit où nous a plongés l'affreuse aventure [46] » en déclarant la guerre à la sauvette sans avoir les moyens de la gagner. Mais qu'y avait-il à attendre d'un « régime où le principe de l'irresponsabilité était posé de la base au sommet de l'État : irresponsabilité du corps électoral, irresponsabilité du pouvoir législatif, irresponsabilité du pouvoir exécutif », dont on ne pouvait que « sorti[r] par la porte du malheur [47] » ? Ce fut l'objet de bon nombre de discours ministériels de souligner la rupture essentielle intervenue entre l'ancien régime et l'ordre nouveau. En outre, critiquer ainsi le régime précédent, « de la base au sommet de l'État », c'était faire masse d'un ensemble et donc diffuser dans l'administration le sentiment de culpabilité nécessaire à la reprise en main de fonctionnaires qui, pour aider le chef de l'État à conduire l'effort de redressement national, devaient faire amende totalement honorable. L'instruction adressée en août 1940 par Adrien Marquet, ministre de l'Intérieur, aux préfets – restés à cette date ceux de la République – est une bonne illustration de ce processus, jusque dans son style qui évoquait la proclamation militaire plus que la circulaire administrative :

> Il faut changer un esprit, des méthodes, des hommes.
>
> Rien ne ressemble à ce que vous avez connu dans votre carrière.
>
> Hier, à la moindre difficulté, vous vous tourniez vers le pouvoir central. Vous l'encombriez de vos demandes.
>
> Le détail le submergeait.
>
> L'essentiel lui échappait.
>
> Maintenant, par la difficulté des communications, [...] vous devez être des hommes d'initiative.
>
> Vous étiez des agents d'exécution, vous serez désormais des hommes d'action.
>
> Ceux qui n'ont ni le goût, ni la volonté d'entreprendre, avec le sens d'une responsabilité accrue, ne sont plus à leur place dans l'administration de la Nation.
>
> Votre carrière ne dépend plus de l'importance de vos protecteurs, mais de votre initiative, de votre conscience, de votre travail et de votre amour de la patrie blessée [48].

* C'est-à-dire la République. Par cette captation d'héritage sémantique, similaire à celle qui qualifiera de « Révolution nationale » un programme essentiellement traditionaliste et contre-révolutionnaire, les équipes nouvelles, tout en posant des principes qui prennent le contre-pied de ceux de 1789, voulaient croire possible de rejouer, dans le bon sens, le bouleversement révolutionnaire – ou au moins elles voulaient le faire croire. Voir sur ce point l'analyse acérée de Gérard Miller, « Les douze Révolutions nationales », *op. cit.*, pp. 101-106.

Si tous les messages adressés alors par les ministres à leurs services* et par les préfets aux maires désormais placés sous leurs ordres n'étaient pas d'aussi martiale facture, aucun ne manquait de souligner l'ampleur du changement qui venait de s'effectuer en France. Plus que sur les trois valeurs qui constituaient la devise du nouvel État, ils insistaient sur la renaissance de l'ordre, de l'autorité et de la hiérarchie. Comme tous les Français, mais à un degré supérieur parce que leur métier leur imposait l'obéissance, les fonctionnaires furent invités à suivre le chemin que leur traçait le Chef : il ne s'agissait de rien de moins que de reconstruire la France.

* Voir en annexe 3, p. 645, la proclamation de Bouthillier aux agents du ministère des Finances, datée du 25 septembre 1940.

CHAPITRE III

Une France souveraine ?

Reconstruire l'État, ambition première du régime, n'avait de sens que si, malgré les circonstances, il y avait effectivement un État à servir. L'armistice, inévitable à partir du moment où le gouvernement avait décidé de rester en métropole, en fournit les éléments. Bien qu'imposant le fractionnement du pays et la mise en place d'un appareil d'occupation complexe et ramifié, il avait l'avantage de reconnaître la souveraineté du gouvernement français sur l'ensemble du territoire national. C'était là une condition nécessaire à la réussite du projet de redressement de la France, de toute la France, qui valait bien que fussent supportées les lectures unilatérales de ses clauses par un occupant qui ne cessa de définir comme il l'entendait les règles du jeu. La collaboration en découla, qui cherchait, après quatre mois d'armistice et face à une évolution militaire très différente de celle imaginée en juin précédent, à donner à une France souveraine toute sa place dans une Europe qui ne pouvait être qu'allemande.

Un pays soumis

Les conditions de l'armistice

Ayant estimé que les conditions de l'armistice étaient « dures, mais pas déshonorantes [1] », le gouvernement français mit un point d'honneur à s'y conformer, persuadé d'avoir évité le pire qu'aurait été à ses yeux la « polonisation », c'est-à-dire la nomination d'un gouverneur général allemand, civil ou militaire, chargé de régir le pays. Sous cet angle, les vingt-quatre articles du texte signé à Rethondes le 22 juin [2] maintenaient les apparences. La souveraineté du gouvernement français était reconnue sur l'ensemble du territoire, y compris dans la portion – égale aux trois cinquièmes de la superficie totale du pays – occupée par les troupes allemandes, au nord d'une ligne qui « partait de la frontière espagnole à l'est de Hendaye pour remonter à l'est de

Bordeaux, Angoulême et Poitiers, s'incurvait brusquement vers l'est au sud de Tours, passait par Moulins et Chalon-sur-Saône, atteignait enfin au nord de Genève la Suisse[3] ». L'article 3 du texte, conforme aux règles du droit de la guerre, posait que « les services administratifs français du territoire occupé [devaient] se conformer aux règlements des autorités militaires allemandes et collaborer avec ces dernières d'une manière correcte ». Formellement, l'administration se trouva donc engagée dans la collaboration dès le 22 juin 1940, et Stanley Hoffmann a pu avec raison rappeler que « la coexistence de deux bureaucraties sur le même territoire faisait qu'il était impossible aux Français de pratiquer le silence de la mer[4] ». Mais l'administration française tint, dès l'origine, à faire montre de professionnalisme, et même de fair-play : tirant les leçons de la situation nouvelle dans laquelle la défaite et l'armistice avaient placé le pays, le préfet de la Gironde rappela aux sous-préfets et chefs de service placés sous son autorité leur devoir de « respecter les droits de la puissance occupante [qui] s'exercent notamment par des ordonnances dont l'exécution ne doit, en aucune manière, être contrariée. Vous devez, avec dignité, remplir et faire remplir par vos subordonnés les obligations qui en découlent. Nous devons faire honneur aux engagements pris par notre gouvernement. C'est la tradition de la France[5] ».

La France devait non seulement accepter une occupation qui visait à « sauvegarder les intérêts du Reich allemand » (article 2), mais aussi en supporter le coût : l'article 18 imposait le versement de frais d'occupation, dont le montant fut fixé de manière unilatérale par l'Allemagne à 20 millions de Reichsmarks par jour, soit 400 millions de francs*. La contrainte économique et financière se doubla du maintien dans le jeu allemand d'une carte majeure, celle du million et demi de prisonniers de guerre dont la libération – qui préoccupa le régime tout au long de son existence – ne devait intervenir qu'après signature du traité de paix[6]. L'Allemagne se réservait la possibilité de dénoncer à tout moment l'armistice – et donc celle de reprendre le combat, alors que les forces françaises avaient été démobilisées, à l'exception d'une armée de 100 000 hommes destinée à permettre le maintien de l'ordre – si le gouvernement français ne remplissait pas ses obligations. Au total, les contraintes étaient lourdes, surtout dans la perspective d'une guerre longue qui s'imposa à partir du début de l'automne puisque, contrairement aux prédictions de Weygand, la « volaille britannique » ne s'était pas laissé plumer. Pourtant, au moment où il fut signé, l'armistice apparut aux Français comme un geste salvateur, surtout parce qu'il signifiait la fin des hostilités. Du Moulin de Labarthète se voulait rétrospectivement plus lucide, en écrivant que l'armistice « ne pouvait être évité. [...] Il ménageait, en certains points, l'avenir. Nous nous doutions bien qu'il ne serait pas respecté, par ceux-là

* Le cours officiel du change avait été fixé par l'Allemagne à 20 francs pour un mark, ce qui correspondait à une dévaluation de fait du franc de 20 % par rapport au mark, et accroissait d'autant le pouvoir d'achat des occupants.

même qui nous l'avaient imposé. [...] Notre dessein n'en était pas moins de nous en tenir, provisoirement, à ses termes, puis de l'éluder, de gagner du temps[7] ».

La France scindée : une partition évolutive

Loin de permettre une attitude aussi favorable, les Allemands montrèrent rapidement que les termes de la convention ne constituaient à leurs yeux qu'une borne minimale des obligations imposées à la France. Le territoire français fit en effet l'objet d'une partition allant bien au-delà de la seule séparation en zone occupée et zone non occupée prévue par le texte *. Dès avant l'armistice en effet, les deux départements du Nord et du Pas-de-Calais avaient été rattachés à l'administration militaire allemande de Belgique, dont le siège était à Bruxelles. Tout en justifiant cette partition par les opérations militaires à venir contre la Grande-Bretagne, les occupants maintinrent la séparation après l'automne 1940, alors même que les plans de débarquement en Angleterre étaient abandonnés. Le motif n'était pas crédible stratégiquement, et cachait mal des projets plus globaux de création, au moment du traité de paix, d'une zone de semi-germanité incluant le nord de la France, la Belgique, voire les Pays-Bas[8]. Pour le gouvernement de Vichy, qui associait étroitement souveraineté nationale et maîtrise de l'intégrité territoriale, la menace était permanente d'une scission, facilitée par l'existence de deux surveillances allemandes indépendantes et donc de deux législations d'occupation non coordonnées. Plus douloureuse encore fut l'évolution de l'Alsace et de la Lorraine[9]. Alors même que l'Allemagne avait solennellement reconnu, le 6 décembre 1938, les frontières orientales de la France, et que la convention d'armistice était muette sur ce point, la germanisation du Bas-Rhin, du Haut-Rhin et de la Moselle fut immédiatement mise en œuvre. Les deux départements alsaciens furent rattachés au *Gau*** de Bade, la Moselle à celui du Palatinat. Dès la fin du mois de juin, les préfets et sous-préfets français restés sur place furent arrêtés, en attendant d'être expulsés, et les *Gauleiter* s'attachèrent à faire fonctionner l'administration de ces départements annexés *de facto* sur des bases et avec des agents allemands, mais sans que soit prononcé leur rattachement formel au Reich. À cette annexion de fait, violation on ne peut plus flagrante de la convention d'armistice, le gouvernement français ne réagit pas de manière active, mais par une note circonstanciée et ferme, qu'Hitler choisit de considérer comme non avenue ***. Passés dans les faits sous administration allemande, les départements d'Alsace et de Lorraine demeuraient français en droit. Le préfet du Bas-Rhin exerçait ses fonctions depuis Périgueux, où s'était également repliée la municipalité de Strasbourg,

* Voir en annexe 1, p. 632, la carte des occupations du territoire français.

** District d'organisation du parti nazi, placé sous la férule d'un *Gauleiter*. Il y en avait trente-deux en Allemagne.

*** Remise le 3 septembre par le général Huntziger à la commission d'armistice de Wiesbaden. « Cette note nous soulagea », écrit du Moulin de Labarthète, *op. cit.*, p. 42.

tandis que le Haut-Rhin avait désormais pour chef-lieu Agen et la Moselle Montauban. Les fonctionnaires français des trois départements qui y étaient affectés, repliés en zone libre, continuèrent à toucher leur traitement. En décembre 1940, saisie des difficultés matérielles des agents français restés en poste en territoire sous administration allemande, la direction du budget proposa à son ministre une solution combinant rappel des principes et intérêt des bénéficiaires :

> En droit, il n'est pas douteux qu'en vertu de la convention d'armistice du 22 juin 1940, le gouvernement allemand s'est engagé à donner au gouvernement français toutes facilités pour administrer les territoires occupés ; cette clause ne comportant aucune exception pour les départements du Haut-Rhin, du Bas-Rhin et de la Moselle, c'est théoriquement au seul gouvernement français qu'il appartient de statuer sur les mesures qui peuvent s'imposer en vue d'adapter aux nouvelles conditions économiques la rémunération des fonctionnaires en service dans ces départements. Sans doute est-il difficile, sans exposer à des sanctions les fonctionnaires intéressés, de leur prescrire d'adopter dans la pratique une attitude aussi rigoureusement conforme aux principes. Il semble néanmoins qu'il ne soit pas sans intérêt, du point de vue politique, d'affirmer le maintien de la souveraineté française sur l'ensemble des territoires occupés y compris les trois départements dont il s'agit, en fixant par un décret les avantages accordés aux rares fonctionnaires qui y sont restés. L'introduction, dans ces trois départements, de la monnaie allemande s'étant traduite par une hausse des prix d'environ 100 %, il ne paraît pas excessif de fixer l'indemnité proposée à 100 % pour les chefs de famille et à 80 % pour les célibataires. La dépense résultant de cette indemnité serait d'ailleurs minime, en raison du très petit nombre de fonctionnaires de l'État français en service dans ces départements [10].

Une zone interdite s'étendait au nord de la Somme et de l'Aisne, fractionnant les départements du même nom. Beaucoup plus vaste, une zone réservée fut créée qui recouvrait, dans des frontières inspirées de celles de l'ancienne Lotharingie *, les territoires situés au nord-est de la Meuse, de l'Aisne et de la Saône, soit, en tout ou partie, huit départements français. Zone réservée et zone interdite n'eurent pas de définition juridique, mais leur existence n'en était pas moins évidente. La ligne ainsi définie par les occupants, qui lui donnèrent les noms de « ligne noire », « ligne nord-est » ou « ligne du Führer [11] », était en effet gardée par des troupes allemandes qui en interdisaient le retour à tout réfugié. Il fallut dix-huit mois de pourparlers pour que ces troupes en soient retirées en décembre 1941, la suppression définitive intervenant en

---

* Elle était délimitée par une ligne partant des Ardennes, à l'ouest de Mézières, pour rejoindre Dole, par Saint-Dizier et Langres. Dans un rapport d'août 1941, Ingrand donne à cette zone le nom de « zone interdite de l'est ». Les dénominations des différentes zones étaient en effet peu normalisées, et l'historiographie fonctionne depuis cinquante ans sur les mêmes incertitudes. Nous avons adopté ici les définitions figurant dans le *Guide des sources de la Seconde Guerre mondiale*, Paris, Archives nationales, 1995. La carte qui y est reproduite est celle établie par Germaine Willard et Roger Bourderon dans le tome VI de leur *Histoire de la France contemporaine*, publié en 1980 aux Éditions sociales.

mai 1943. Ces deux initiatives étaient, en tout état de cause, fort inquiétantes car elles paraissaient délimiter des zones dont la « germanité », plus ou moins mythique *, était susceptible de conduire à leur rattachement au Reich lors du traité de paix. Dans toute cette portion du territoire français, les fonctionnaires ne furent autorisés à reprendre leur poste qu'après accord de l'autorité militaire allemande, auprès de laquelle ils devaient solliciter un laisser-passer. Le retour des réfugiés y était en outre interdit, les terres ayant vocation à être colonisées par des populations de « souche pure » du Reich, ce à quoi s'employa une société allemande, l'*Ostland*. Enfin, toutes ces partitions étaient évolutives, en fonction des événements militaires : à partir d'avril 1941, on vit ainsi apparaître une « zone interdite côtière », bande de vingt à trente de kilomètres de large courant tout le long de la façade maritime ouest du pays, de Dunkerque à Hendaye. En 1942, les rapports des préfets soulignèrent les difficultés nées de l'existence de cette nouvelle zone interdite, « certains départements [étant] coupés en deux par une frontière plus difficile à traverser que la ligne de démarcation [12] ».

C'est donc un territoire profondément morcelé que dut gérer l'administration française pendant la durée de l'occupation : en zone nord, seuls douze départements n'étaient pas partagés par une des lignes délimitant les sept ** zones que connut la France, lignes dont la police était assurée par les troupes de l'occupant qui disposait ainsi d'un outil puissant pour doser la part d'autonomie qu'il entendait laisser aux autorités françaises. Dans ces conditions, on mesure à la fois le caractère très relatif de la notion de souveraineté sur laquelle Vichy fondait une large part de sa légitimité et la complexité de l'administration quotidienne du pays. L'existence de ces zones – qui correspondaient à des régimes d'occupation différents dans leur exercice quotidien, sinon en droit – avait en effet des conséquences importantes en matière de gestion administrative. Ainsi, dans la « zone rattachée », les autorités allemandes exercèrent une forme de « régime d'exception » – le terme est de la direction des services de l'armistice – en intervenant de manière massive dans le fonctionnement des services publics, et en limitant fortement les prérogatives et les moyens reconnus aux représentants des pouvoirs publics français. Carles, préfet du Nord, resta ainsi plusieurs mois sans véritable capacité d'action, ne recevant qu'au compte-gouttes des renforts en personnel, le retour des fonctionnaires ayant quitté leur poste pendant l'exode et la nomination de nouveaux agents ne pouvant intervenir qu'après accord des autorités d'occupation. Henri Deroy, à l'époque secrétaire général aux Finances

---

* Il fut interdit aux éditeurs scolaires français de laisser publier dans les manuels que « les invasions germaniques [avaient] contourné le massif des Vosges, laissant sur le versant occidental un peuplement d'origine non germanique », note DGTO du 17 janvier 1941, indiquant « qu'il faut surveiller ces négociations directes entre autorités allemandes et éditeurs », AN F60 1555.

** Huit en comptant la zone d'occupation italienne, formée des départements situés sur la rive gauche du Rhône, qui exista entre novembre 1942 et juillet 1943.

publiques, rappela après guerre combien il était difficile de gouverner cette zone. S'y rendant pour la première fois à la fin de 1941, il y fut frappé par « l'accueil réservé aux visiteurs parisiens par les préfets et les [hauts] fonctionnaires des Finances, [signe de] la grande satisfaction qu'éprouvaient ces derniers de renouer, après des mois d'isolement, des contacts directs avec les représentants du ministère et aussi [de] l' "esprit de corps" avec lequel tous s'étaient efforcés de rétablir, dans des moments très difficiles, un fonctionnement aussi régulier que possible [13] ». La situation était comparable dans l'ensemble de la zone interdite, où l'interdiction de retour des fonctionnaires ne fut levée de manière générale que le 30 août 1941 [14]. Pour autant, ce retour ne fut ni immédiat ni total, les autorités ministérielles françaises éprouvant les plus grandes difficultés à obliger les agents repliés à regagner des postes situés dans des régions où les conditions de l'occupation étaient, de notoriété générale, particulièrement dures *. Le ministère des Finances n'y mit pas du sien : il fallut attendre octobre 1941 pour que des majorations d'ancienneté fussent accordées aux fonctionnaires en poste dans la zone réservée **. Un an après le début officiel de la politique de collaboration, le régime prenait acte de l'échec de sa tentative de retour à l'unité administrative du pays.

La surveillance allemande

Des pouvoirs rivaux

Vu du côté allemand, l'armistice présentait, entre autres avantages, celui d'économiser les effectifs nécessaires à l'administration directe d'un pays aussi vaste que la France. Le dispositif d'occupation mis en place chercha donc, sans parvenir à une allocation optimale de moyens incompatible avec le caractère polycratique du régime nazi [15], à permettre le contrôle, à coût minimal, d'une administration française regardée initialement avec méfiance : n'avait-elle pas servi fidèlement le Front populaire ? La capacité d'action allemande se trouva toutefois limitée par l'absence de coordination entre des services d'occupation poursuivant des buts différents. Au bout de quelques semaines, « le chaos s'était instauré dans les compétences et les statuts [16] » entre les multiples autorités allemandes chargées de surveiller le gouvernement français. Le principal conflit était localisé, dans la topographie parisienne,

---

* C'est ainsi qu'en septembre 1941, en indiquant aux recteurs que le retour des enseignants titulaires d'un poste dans les collèges et lycées des académies de Lille, Nancy et Besançon était autorisé par les autorités allemandes, le directeur de l'enseignement secondaire insistait sur « le caractère impératif du retour » en demandant « des sanctions disciplinaires à l'encontre des agents qui ne répondraient pas à l'appel », circulaire du 4 septembre 1941, AN AJ16 2545.

** Par une loi du 21 octobre 1941 (*Journal officiel* du 24 octobre 1941). Devant l'aggravation de la situation de ces derniers agents, la loi fut modifiée par un décret du 26 juin 1943 (*Journal officiel* du 7 juillet 1943), la majoration d'ancienneté des agents de la zone côtière étant alors fixée au double de leur durée de présence dans cette zone.

entre la rue de Lille, siège de l'« ambassade * » confiée à Otto Abetz, et l'hôtel Majestic, avenue Kléber, où s'étaient installés les services du haut commandant militaire en France (*Militärsbefehlshaber in Frankreich*, ou MBF **). Ces derniers étaient organisés en un état-major militaire et un état-major administratif *(Verwaltungsstab)*, lui même subdivisé entre une section administrative *(Verwaltungsabteilung)*, dirigée par Werner Best, jeune membre du parti nazi qui avait exercé les fonctions de juriste pour la Gestapo, et une section économique *(Wirtschaftsabteilung)*, confiée au docteur Elmar Michel, plus représentatif des quelque 1 100 agents, issus pour l'essentiel de la fonction publique professionnelle, que comptèrent les services du MBF ***. Le tableau était encore compliqué par l'existence, à Wiesbaden, d'une commission d'armistice, seule compétente pour traiter des questions liées à l'application de la convention d'armistice. La France y fut représentée, à partir de septembre 1940, par le général Doyen pour les questions militaires et par le gouverneur de la Banque de France, Yves Bréart de Boisanger, pour les questions économiques. La situation se stabilisa dans une forme de spécialisation des rôles : Abetz privilégiait le contact avec les milieux politiques, intellectuels et de presse tandis que le général von Stülpnagel était le véritable interlocuteur du gouvernement pour les questions administratives – ce dernier terme étant à prendre au sens large, incluant notamment les questions de police jusqu'à la mi-1942. Ce quasi-monopole des contacts bilatéraux avec les administrations françaises – conforté par son monopole de l'outil concret que constituait la délivrance des *Ausweis* nécessaires pour circuler d'une zone à l'autre – formait la véritable force du MBF, encore accrue par le fait qu'il avait autorité sur l'appareil territorial d'occupation, organisé en *Feldkommandantur* et *Oberfeldkommandantur*.

Le contrôle des textes officiels

Ainsi structurées, les autorités d'occupation s'attachèrent à affûter leurs instruments de surveillance des autorités françaises. Elles disposèrent rapidement d'une arme efficace avec la maîtrise de la publication des textes législatifs et réglementaires français au *Journal officiel*. La formalité était nécessaire, compte tenu des difficultés de communication entre les deux zones, et

---

* À strictement parler, le terme était impropre dans la mesure où la France et l'Allemagne n'avaient pas rétabli, faute de traité de paix, les relations diplomatiques rompues lors de la déclaration de guerre. Le gouvernement allemand n'était donc pas représenté par un ambassadeur auprès du gouvernement de Vichy, ville où il avait toutefois nommé un consul général.

** Trois généraux allemands se succédèrent dans les fonctions de MBF : le général en retraite Streccius fut le premier, d'août à novembre 1940. Il fut alors remplacé par Otto von Stülpnagel, auquel succédera en février 1942 son cousin Heinrich von Stülpnagel.

*** E. Jäckel les répartit en « 600 fonctionnaires de très haut grade, 400 de haut grade et 100 de grade moyen », et précise leur origine en dénombrant « 65 % de fonctionnaires des diverses administrations auxquels on pouvait joindre des juristes, professeurs, archivistes, etc., 20 % venant des organismes économiques tels que chambres de commerce ou offices de ravitaillement, 15 % des professions libérales et des secteurs de l'économie privée », *op. cit.*, pp. 96-97.

aussi parce qu'un texte ne pouvait avoir d'effet à l'égard des tiers qu'après avoir été publié *. Dans la mesure où le gouvernement était particulièrement soucieux de maintenir l'unité administrative, et donc juridique, du pays, la législation se devait d'être unique. La publication d'un *Journal officiel* valable pour la seule zone libre, échappant ainsi au contrôle allemand, aurait eu pour inconvénient majeur, aux yeux du régime, de laisser au vainqueur le pouvoir de définir par ordonnances la législation qui s'appliquerait à une portion du territoire français.

La loi du 16 août 1940 sur les comités d'organisation donna l'occasion de l'un des premiers bras de fer entre autorités françaises et allemandes : le MBF exigea en effet de la viser avant publication au *Journal officiel*, en indiquant qu'il devrait désormais en être de même pour toute réglementation française applicable en zone occupée. Jean-Pierre Ingrand, délégué à Paris du ministre de l'Intérieur, jugea cette demande inacceptable, dans la mesure où, si « les autorités allemandes [s'étaient] arrogé le droit de suspendre l'application des textes français, de les modifier ou même de les abroger », il n'en était pas moins impossible « d'admettre que tous les textes élaborés par le gouvernement français soient soumis à accord préalable des autorités allemandes [17] ». Cherchant une « formule transactionnelle », il proposa que le gouvernement français s'engage à communiquer aux autorités allemandes de Paris « les seuls textes susceptibles d'intéresser directement les droits de la puissance occupante », notamment les textes relatifs à la police, à la presse, à la radio et aux réfugiés. Le MBF disposerait d'un délai de six jours pour faire connaître sa position et d'un autre délai de même durée, après publication d'un texte au *Journal officiel*, pour demander qu'il y soit apporté des modifications ou des aménagements. Le MBF ne se satisfit pas de cette concession, qui n'était pourtant pas mince puisqu'elle lui donnait un droit de contrôle *a posteriori* sur toute la réglementation française et, s'impatientant, soumit le 10 septembre un ultimatum aux autorités françaises. Si, avant le 13 à 17 heures, le gouvernement français ne s'était pas engagé par écrit à lui soumettre tous ses textes avant publication au *Journal officiel*, une ordonnance allemande stipulerait qu'aucune réglemenatation française ne serait applicable dans les territoires occupés sans autorisation allemande expresse [18]. La France s'inclina, ne sauvant qu'avec peine les apparences : le général de La Laurencie, délégué général du gouvernement dans les territoires occupés, adressa, quelques heures avant l'expiration de l'ultimatum, une lettre au chef de l'administration militaire allemande pour préciser qu'il maintenait les termes de sa proposition précédente, mais en faisant entrer sous l'expression « textes susceptibles

---

* Quelques textes, d'ordre interne à l'administration, ne firent toutefois pas l'objet d'une publication au *Journal officiel*, en raison de leur caractère secret ou confidentiel. Il s'agissait pour l'essentiel soit de décrets portant promotion d'officiers, soit de statuts de corps dont le caractère civil cachait mal les finalités militaires, telle la loi du 4 février 1942 relative au statut des ingénieurs des services et fabrications chimiques. On trouvera nombre de ces textes aux Archives nationales, sous la cote F60 7.

d'intéresser les droits de la puissance occupante » l'ensemble de la production législative et réglementaire française [19].

L'épisode laissa des traces, en montrant clairement au gouvernement français son état de vassalité. Il crut pouvoir en sortir par le haut, en posant six semaines plus tard, à Montoire, le principe de la collaboration d'État. Pourtant, quelques jours seulement après cette entrevue, la position allemande se durcit encore. Le 28 octobre, le MBF exigea que les textes publiés au *Journal officiel* sans lui avoir été communiqués au préalable – dans la mesure où ils n'étaient applicables qu'en zone libre – « comportassent dorénavant, dans leur contexture même, une disposition expresse relative à cette limitation de leur champ d'application [20] ». Tout en faisant remarquer que la procédure imposée six semaines plus tôt avait été appliquée sans faille et qu'il n'y avait donc pas lieu, à ses yeux, de la modifier, La Laurencie répondit en mêlant arguments juridiques et considérations patriotiques, soulignant qu'il était « difficile d'envisager une pareille mesure qui modifierait d'une manière particulièrement pénible pour la dignité nationale la forme de certaines lois françaises » et qu'on rencontrerait « des inconvénients très graves et très évidents à rompre, pour des raisons temporaires, l'unité de la législation française [21] ». Il fut entendu et le contrôle allemand resta, dans ses grandes lignes, fixé par l'arrangement de septembre 1940. Si l'administration militaire allemande, constatant une bonne volonté certaine chez ses interlocuteurs, relâcha sa pression sur les textes purement techniques, son pouvoir de censure demeurait entier, et trouvait à s'exercer face à toute réforme d'envergure : le Majestic suivit ainsi de très près l'extension à la zone occupée d'une des innovations administratives majeures du régime, l'institution de préfets régionaux chargés de deux secteurs clés en matière de tranquillité et d'ordre publics, la police et le ravitaillement *.

Des nominations sous influence

Le contrôle des nominations de fonctionnaires était une deuxième arme puissante aux mains des occupants. Méfiant, le MBF avait exigé, le 31 août 1940, un droit de regard général sur les nominations de fonctionnaires français, mais ses services se révélèrent vite incapables de faire face à la masse de propositions dont il furent saisis **. Alibert s'en entretint à la fin d'octobre avec Streccius [22], mais aucune décision ne fut prise avant la fin de l'année. Ce n'est en effet que le 23 décembre 1940 que von Stülpnagel, successeur de Streccius, décida qu'à compter du lendemain seraient seules soumises à autorisation allemande les nominations de directeurs dans les administrations centrales et les services extérieurs, de préfets et de fonctionnaires de rang équivalent. Bien entendu, précisait le général, « la puissance occupante

---

* Voir *infra*, p. 244.

** Treize au ministère de l'Éducation nationale pour les deux premières semaines d'octobre 1940, AN F17 13374.

continue à se réserver le droit d'exiger la révocation des fonctionnaires qui ne collaboreraient pas correctement avec les services de l'administration militaire allemande[23] ». Avant d'être communiquée au gouvernement français, la teneur de cette décision avait été soumise aux différentes sections de l'administration militaire allemande, qui indiquèrent que le contrôle extrêmement strict effectué jusqu'alors paraissait superflu. La section économique, estimant que la surveillance de toutes les nominations était à la fois irréaliste par son ampleur et peu efficace, compte tenu de la difficulté d'obtenir des informations fiables sur tous les agents concernés, proposait de n'exiger une procédure d'autorisation explicite que pour la nomination des plus hauts fonctionnaires, susceptibles d'influer sur la mise en œuvre de la collaboration *. Quelques jours plus tard, et sans que le renvoi de Laval, intervenu entre-temps, eût changé sa manière de voir, la *Verwaltungsstab* fit part au général von Stülpnagel des trois raisons qui militaient pour un assouplissement du contrôle des nominations. En terme de principe d'abord, « l'administration allemande n'a[vait] pas fondamentalement l'intention d'intervenir pour qu'une personne donnée puisse occuper un poste donné, ou le conserver ; même le fait qu'un fonctionnaire ait travaillé un certain temps loyalement et sans frictions avec les services de l'administration militaire n'est pas une raison suffisante pour s'opposer à son remplacement ». Le MBF ne pouvait en outre, deuxième argument, que se féliciter du comportement du gouvernement français, qui « s'[était] efforcé de ne nommer que des fonctionnaires possédant les capacités nécessaires pour assurer une bonne collaboration avec [ses] services ». Enfin, troisième raison, les autorités allemandes avaient tout intérêt à remplacer un contrôle nominatif systématique, qui risquait de ne pas être toujours approprié faute d'une connaissance suffisante du personnel administratif français, par l'édiction de règles générales :

> En renonçant au contrôle des mesures individuelles, il sera plus facile de donner au gouvernement français des orientations générales sur la manière dont les postes de la fonction publique doivent être pourvus et occupés dans les territoires occupés, notamment en ce qui concerne les juifs, les francs-maçons et les anciens membres des partis politiques. Il est très vraisemblable que l'ensemble de la politique du personnel pourrait être influencée conformément à nos vœux par des orientations générales de ce type de façon beaucoup plus fiable que par le contrôle des mesures individuelles. [...] En outre, le gouvernement français ne pourrait plus se décharger sur nous, même partiellement, de ses responsabilités en ce qui concerne les situations individuelles[24].

* « Le maintien d'un droit d'examen préalable et de refus n'est pas nécessaire. S'agissant par contre de la nomination des hauts fonctionnaires des administrations centrales, il apparaît approprié de maintenir les restrictions faites jusqu'à présent, car le choix des personnalités de l'administration centrale française est d'une importance particulièrement déterminante pour la collaboration », note du chef de la *Wirtschaftsabteilung* au MBF, 9 décembre 1940, AN AJ40 541.

Cette dernière phrase faisait référence à la pratique de certaines autorités administratives françaises d'imputer aux exigences des occupants des évictions dont elles ne souhaitaient pas assumer elles-mêmes la responsabilité. La note allemande, par ailleurs d'une grande lucidité, pêchait ici par excès d'optimisme : six mois après la mise en place du nouveau dispositif censé éviter ce type de mésaventure, le recteur de l'académie de Bordeaux apprit de la bouche du *Feldkommandant* de la ville que sa mutation pour Rennes ne répondait pas à une demande allemande, mais était une pure initiative française, contrairement à ce qui lui avait été annoncé. Le MBF réagit dans le cas d'espèce par une plainte officielle, en demandant aux autorités françaises de prendre leurs responsabilités lorsqu'elles voulaient limoger un haut fonctionnaire, et de ne pas faire systématiquement endosser la paternité de toutes les décisions délicates à la puissance occupante[25]. Cela ne dut pas suffire pour mettre fin à une pratique dont l'écho était remonté jusqu'au maréchal Pétain, qui s'en plaignit à la même époque auprès de Maurice Martin du Gard : « Je connais l'antienne. Quand quelqu'un vous déplaît, on dit : "Les Allemands n'en veulent pas." Et moi, j'apprends cela après tout le monde. Mais moi, je vous le dis, c'est toujours pour mettre des amiraux[26]. » Du côté allemand, les choses étaient toutefois loin d'être toujours claires, la multiplicité des centres de décision conduisant à une certaine confusion. Ainsi, lorsque l'ambassade demanda en décembre 1941 à être associée à la surveillance de la nomination des fonctionnaires français en poste dans les territoires occupés, « pour autant que l'importance politique de ces nominations l'exigeait[27] », le Majestic lui rappela des instructions datant de juin précédent, aux termes desquelles elle ne serait consultée que si le *Militärsbefehlshaber* lui-même le demandait. Quelques mois plus tard, la position avait évolué : il fut décidé, en février 1942, que l'avis de la rue de Lille serait systématiquement recueilli sur la nomination des hauts fonctionnaires français, mais que cet avis ne serait que consultatif[28]. La situation se compliqua encore avec l'autonomisation des services allemands de police à partir de l'été 1942*.

À ces difficultés près, la coopération se poursuivit sans heurts majeurs entre administrations françaises et services d'occupation. Encore améliorée, au printemps 1941, par la centralisation des propositions françaises par la DGTO[29], elle fonctionnait à la satisfaction des autorités allemandes. À Best qui se demandait, en avril 1942, s'il ne convenait pas d'en revenir à un contrôle systématique préalable, ses services répondirent non seulement qu'un tel dispositif entraînerait un surcroît de travail difficilement absorbable, mais qu'il serait en outre inopportun « pour des raisons tactiques », et ce d'autant plus que la « révocation de préfets, secrétaires généraux et maires n'a que très rarement été exigée ». Pour les mêmes raisons, la *Verwaltungsabteilung* repoussait la suggestion, émise par son chef, d'une communication préalable des propositions de sanctions disciplinaires frappant des fonctionnaires français.

* Voir *infra*, p. 372.

Soucieux de ne pas paraître s'immiscer formellement dans le fonctionnement de l'administration française, et lucides sur l'impopularité de la collaboration, les fonctionnaires du Majestic rejetaient tout ce qui « pourrait faire croire que nous voulons passer de la surveillance passive à une véritable intervention active, contraire à notre tactique de non-intervention directe dans les affaires intérieures françaises. En outre, cela pourrait être considéré comme une mesure de protection prise par l'administration allemande en faveur des fonctionnaires qui travaillent bien avec nous, avec le risque que cette "protection" ne se retourne contre le protégé [30] ».

Surveillance donc, tout au long de l'Occupation – de sorte qu'on peut légitimement considérer qu'aucun directeur de ministère et qu'aucun haut fonctionnaire de l'administration préfectorale de Vichy n'a été nommé sans l'accord au moins tacite des autorités allemandes – mais aussi volonté de ne pas empiéter sur des responsabilités dont le MBF souhaitait au contraire qu'elle fussent pleinement assumées par les autorités françaises. Il y eut certes des refus explicites de nominations proposées – sans doute peu nombreux dans la mesure où Vichy assumait une part d'autocensure, en évitant d'avancer des noms dont il pouvait imaginer qu'ils risqueraient d'être rejetés. Il y eut aussi des retards dans ces nominations, parce que les services du Majestic hésitaient ou ne comprenaient pas le sens des intentions, réelles ou supposées, du gouvernement français : Jérôme Carcopino, secrétaire d'État à l'Éducation nationale et à la Jeunesse, en fit l'expérience au printemps 1941, devant attendre de nombreuses semaines avant d'être autorisé à procéder aux nominations rendues nécessaires par la refonte de l'organigramme de son ministère [31]. Mais il y eut aussi – plus nombreuses à mesure que, le temps passant, le niveau d'engagement en faveur de la collaboration exigé par l'occupant de la haute fonction publique française ne cessait de s'élever – des demandes allemandes de voir certains fonctionnaires quitter leur poste, parce qu'ils n'avaient pas fait ce qu'on attendait d'eux. Le phénomène fut plus sensible dans les quelques domaines qui faisaient l'objet d'une attention permanente et soutenue des autorités d'occupation : conscientes du rôle charnière rempli par l'administration préfectorale, elles procédèrent ainsi en 1943 à un classement de l'ensemble des préfets et sous-préfets en fonction de leur implication dans la collaboration [32].

La souveraineté par la collaboration

Malgré l'étroitesse du territoire qu'il régissait effectivement* et les limitations apportées à deux de ses prérogatives essentielles – choix des hauts fonctionnaires et capacité à édicter des normes –, le gouvernement français continuait à se vouloir souverain. Il releva toujours, en essayant le plus souvent de s'y opposer, les entorses apportées par l'occupant au plein exercice de son

* Marcel Peyrouton, secrétaire d'État à l'Intérieur de septembre 1940 à février 1941, le rappellait dans ses Souvenirs : « Nous n'avions d'action que sur les services de la zone libre », *Du service public à la prison commune*, Plon, 1950, p. 109.

autorité. Estimant qu'il ne pourrait sortir d'une situation devenue intenable que par le haut, il fit le choix de la collaboration, qu'étayait sa vision d'une Europe durablement allemande. En attendant la paix, il importait de montrer au vainqueur que la France méritait sa confiance, mais que son gouvernement avait besoin, pour être crédible, de maîtriser les outils de sa souveraineté, signes tangibles de son indépendance.

Le piège de la souveraineté

Dès le 17 juillet 1940, Marquet, ministre de l'Intérieur, avait nettement indiqué aux préfets qu'ils devaient se considérer comme toujours pleinement responsables des affaires publiques du pays : « Sous les seules réserves imposées par les droits de la puissance occupante, écrivait-il, les autorités administratives et judiciaires françaises conservent la liberté d'exercer leurs fonctions. Vous devez donc éviter de remettre aux autorités allemandes le soin de résoudre des difficultés dont le règlement vous incombe. De même, vous devez rappeler aux populations que toute demande, de quelque nature qu'elle soit, doit être exclusivement présentée à l'autorité française normalement compétente à qui il appartient d'y donner suite elle-même[33]. » Dans la pratique, tout dépendrait des limites que le vainqueur entendait poser à la notion de « droits de la puissance occupante ». Une analyse interne au ministère de l'Intérieur semblait se résigner à un « pouvoir d'appréciation de l'occupant fatalement très large [lui permettant], pour assurer l'ordre et la vie publics, soit de suspendre telle ou telle partie de la législation en vigueur, soit même d'édicter de son propre chef des règles obligatoires[34] ». Les autorités territoriales françaises avaient déjà eu l'occasion de s'en rendre compte. La délégation française auprès de la commission allemande d'armistice dénonçait fréquemment des interventions allemandes allant bien au-delà des seuls éléments susceptibles de mettre en cause la sécurité des troupes d'occupation[35]. S'il s'agissait d'initiatives isolées d'une *Feldkommandantur* soucieuse de faire du zèle, le MBF cherchait à aplanir les difficultés : ainsi, au début d'octobre 1940, la *Wirtschaftsabteilung* décida-t-elle, sur demande des autorités françaises, de mettre un terme à l'anarchie régnant, sur le terrain, en matière de réquisitions. La DGTO diffusa d'abord la traduction, puis l'original de la réponse positive qu'elle avait reçue, en priant les préfets de « le présenter à la *Kommandantur* locale afin que [leurs] démarches relatives aux réquisitions abusives aient plus de poids[36] ».

Les incursions allemandes hors du champ que leur ouvrait la convention d'armistice n'en continuèrent pas moins. Devant leur multiplication, le gouvernement Darlan tenta une contre-offensive en juin 1941, en s'efforçant de sensibiliser les fonctionnaires français aux limites qu'il convenait de poser aux exigences allemandes. Il se heurta toutefois à l'attitude des quelques zélateurs de la collaboration : la direction des services de l'armistice avait ainsi protesté, en mars 1941, contre la réponse favorable de l'administrateur général de la Bibliothèque nationale, Bernard Faÿ, à une demande du MBF de disposer de rapports mensuels sur les bibliothèques de zone occupée. Interrogé à son tour sur cet « abus de pouvoir de l'administration allemande », Brinon justifia l'attitude de Faÿ qui, estimait-il, avait agi « afin d'éviter une mainmise qui n'aurait pas manqué de se produire, au besoin avec l'emploi de la force en cas de refus de notre part de remettre les rapports demandés [37] ». C'est précisément contre ce défaitisme devant les exigences allemandes, nourri dans le cas de Faÿ et de Brinon par un collaborationnisme bon teint, qu'entendait réagir Vichy. Le 7 juin 1941, Darlan mit ainsi nettement les points sur les *i* en rappelant aux ministres leurs responsabilités :

> Des fonctionnaires français se voient imposer par les autorités locales d'occupation des exigences abusives *, qui ne sont compatibles ni avec la législation française, ni avec les textes des traités en vigueur. Rien ne justifie cette politique qui tend à prendre la surveillance sur la direction des services publics en zone occupée, et qui met en péril l'autorité du gouvernement dans cette partie du territoire national. Tout abandon de notre part fournit à l'autorité occupante une base juridique que ne lui accorde pas la convention d'armistice pour tirer de ce principe de nouvelles conséquences et amplifier l'empiétement commis tout d'abord. [...] Vous voudrez bien rappeler à vos représentants dans les territoires occupés que les droits de la puissance occupante ont des limites, que l'occupation ne détruit pas les prérogatives de l'État français souverain et qu'il appartient aux fonctionnaires de faire respecter ces prérogatives. Vous prescrirez à ces fonctionnaires de ne pas donner suite aux ordres des autorités d'occupation s'ils les jugent incompatibles avec les textes des traités en vigueur sans en référer au préalable à leur département ministériel ou s'il y a lieu au gouvernement [38].

Transcrivant ces principes en instructions aux préfets de zone occupée et de zone interdite, Darlan, avec sa casquette de ministre de l'Intérieur, leur ordonnait, s'ils constataient « de la part des autorités locales d'occupation des actes inacceptables pour la sauvegarde de la souveraineté française ou l'exercice de notre administration » – étaient particulièrement visés « les agissements excessifs de la société Ostland » – d'en saisir Ingrand, qui porterait l'affaire au niveau politique. Encore convenait-il de respecter un minimum de formes, en ne donnant pas à l'affaire « l'aspect d'une plainte officielle, [mais celui d']un mode d'information ou d'une demande de "consultation". Il importe avant tout d'éviter qu'une situation déjà en elle-même délicate puisse être rendue encore plus difficile à résoudre par une présentation défectueuse [39] ». Il ne s'agissait plus ici de protestations solennelles, formellement déconseillées, mais de tenter de jouer des sensibilités différentes, en matière de collaboration, entre services allemands concurrents pour obtenir des uns ce que les autres refusaient. Ce jeu ne se révéla pas immédiatement efficace : six semaines plus tard, Ingrand fut en effet amené à réitérer de telles instructions, en demandant aux préfets « si les autorités locales allemandes [leur avaient] demandé des rapports sur la situation politique, administrative et financière du département ou des arrondissements [40] ».

---

* Le texte en prenait pour exemples des demandes de libération de prisonniers de droit commun, de contrôle des finances municipales, de déplacement d'officiers de gendarmerie.

Face à ces atteintes répétées à la souveraineté française, le gouvernement de Vichy pouvait réagir de deux manières, qu'il employa simultanément. D'une part protester, en tentant de limiter les terrains offerts à la faim d'intervention de l'occupant ; mais cette lutte était inégale, les Français n'étant que rarement vainqueurs sur ce terrain essentiellement juridique, malgré les efforts de la délégation de Wiesbaden. D'autre part s'efforcer de transformer en initiatives françaises des exigences ennemies, afin de ne pas paraître céder devant la contrainte. Ce choix, qui plaçait les autorités politiques françaises en position de précéder la demande de l'occupant pour ne pas donner l'impression de la suivre, correspondait bien à ce que les Allemands attendaient de la collaboration.

Vers la collaboration

Une forme minimale de collaboration, on l'a vu, était obligatoire pour les autorités administratives françaises. Collaboration « courtoise et loyale », qui n'excluait « [ni] dignité ni fermeté », comme l'avait recommandé aux préfets, le 2 septembre 1940, le délégué général du gouvernement dans les territoires occupés. Il en donnait la traduction concrète, en précisant qu'il convenait de « transmettre les ordonnances et ordres qui s'imposent à la population aux termes de la convention d'armistice. Mais il faut veiller à leur exécution sans les prendre à notre compte pour que la population fasse bien une nette distinction [41] ». Les choix faits par le régime allaient tendre à atténuer la netteté de cette distinction.

Dans un message publié le 11 octobre, le maréchal Pétain déclarait souhaiter, pour l'avenir des relations franco-allemandes, « une paix toute nouvelle de collaboration », terme dont il précisa les contours et les finalités dans l'intervention radiodiffusée qui, le 30 octobre, exposa à des Français on ne peut plus surpris les résultats de l'entretien qu'il avait eu six jours plus tôt avec Hitler en gare de Montoire*. C'était « dans l'honneur et pour le maintien de l'unité française, une unité de dix siècles, dans le cadre d'une activité constructive du nouvel ordre européen » que le vainqueur de Verdun déclarait « entre[r] dans la voie de la collaboration », dont il attendait des conséquences rapides et concrètes : « Ainsi, dans un avenir prochain, pourrait être allégé le poids des souffrances de notre pays, amélioré le sort de nos prisonniers, atténuée la charge des frais d'occupation. Ainsi pourrait être assouplie la ligne

* On a beaucoup écrit sur Montoire, notamment du côté des thuriféraires du régime, mais sans que cette production massive traduise un accord sur le fond. Si Louis-Dominique Girard, qui fut le dernier chef de cabinet de Pétain, y vit un « Verdun diplomatique » – c'est le titre de son ouvrage paru en 1948 aux éditions André Bonne – où Hitler se serait fait berner, du Moulin de Labarthète insista au contraire sur le caractère improvisé de la rencontre, imposée par Laval à un Pétain réticent, et qui n'aboutit qu'à ce que « la vapeur allait être [...] renversée, et le vocabulaire politique de la France s'alourdir d'un mot nouveau, qui couvrirait bientôt toutes les compromissions, toutes les trahisons », *op. cit.*, p. 58. On se reportera aux travaux de Jean-Baptiste Duroselle et à la récente mise au point de François Delpla, *Montoire*, Albin Michel, 1996.

de démarcation et facilités l'administration et le ravitaillement du territoire [42]. » Il s'agissait bien là, en effet, des principales préoccupations que rencontrait le gouvernement dans la gestion du pays. Retour des prisonniers, assainissement des finances publiques et défense de la souveraineté nationale auraient en effet permis d'améliorer sensiblement la situation politique, économique et sociale et donc de donner à la Révolution nationale le socle de stabilité nécessaire à son enracinement dans la société française. Tous ces paramètres, que l'armistice avait réglés d'une manière rigoureuse – que l'on avait espérée à Bordeaux provisoire, dans l'attente de la conclusion prochaine d'un traité de paix – étaient des cartes que détenaient les seuls Allemands. Si Hitler avait été heureusement surpris par la manière vigoureuse dont les forces fidèles à Vichy avaient défendu Dakar, les 23 et 24 septembre, face à la tentative de débarquement des Français libres [43], il n'était pas pour autant prêt à accorder des concessions dont trois mois de régime d'armistice avaient montré l'inutilité.

Vichy eut un avant-goût de ce marché de dupes lorsqu'Hitler donna son aval, contre l'avis d'Abetz et du MBF, à l'expulsion, demandée par le *Gauleiter* Bürckel au nom de la politique de germanisation, de quelque 100 000 Français originaires de Lorraine [44]. Commencée le 11 novembre, et terminée dix jours plus tard, l'opération eut un profond retentissement en France où elle contribua à lever les quelques illusions qu'avait pu inspirer aux Français l'idée d'une collaboration équilibrée. Dans son Journal, à la date du 14 novembre, Pierre Limagne évoquait à la fois une note du Conseil des ministres protestant contre l'expulsion des Lorrains et une réunion des directeurs de journaux qui estimèrent que « la collaboration a échoué [...] : 95 % des Français sont contre les Allemands [45] ». La propagande de Vichy avait pourtant fait de son mieux pour désamorcer l'inquiétude de l'opinion. Par des instructions secrètes, les préfets avaient reçu consigne de Peyrouton d'indiquer au plus grand nombre possible d'interlocuteurs « que le chef de l'État et le gouvernement sont seuls susceptibles de juger la réalité de la situation née de la défaite ; ils ont autant que quiconque le souci de l'honneur national ; ils poursuivront unanimement la seule politique susceptible d'assurer le salut du pays dans la prospérité reconquise, en dépit des injures et des mensonges de tous les métèques et capitalistes attachés à égarer l'opinion française * ».

La collaboration politique, née en octobre 1940, et la collaboration administrative, qui l'avait précédée, fonctionnèrent selon des rythmes et avec des calendriers différents. Alors que les hauts fonctionnaires chargés par Vichy des relations franco-allemandes allaient essayer de tirer immédiatement de

t. Circulaire DGTO du 29 octobre 1940, AN F1a 3677. Le ministre de l'Intérieur demandait également aux préfets « de surveiller étroitement les réactions de l'opinion publique et de prendre discrètement toutes mesures préventives qui s'avéreraient nécessaires pour assurer le maintien de l'ordre », signe que le gouvernement, sensible à l'importance du tournant imprimé dans le cours des relations entre la France et son ennemi d'hier, craignait des réactions hostiles, voire des manifestations.

Montoire des résultats concrets, la partie allemande refusait au contraire d'y voir le motif d'avancées qui ne sauraient résulter dans leur esprit que de la docilité française *. En revanche, les crises politiques entre les deux pays ne semblent pas avoir eu d'impact direct sur les relations entre administration française et administration militaire allemande : on a vu que les événements du 13 décembre ne changèrent pas la décision du Majestic d'assouplir les modalités de contrôle des nominations de fonctionnaires français. La collaboration minimale imposée par l'article 3 de la convention d'armistice apparaît comme une toile de fond que venaient enrichir, de manière plus ou moins fournie selon les époques, les acquis de la collaboration politique. Une neutralité tempérée par les obligations nées de l'occupation aurait été un modèle concevable de relations entre administration française et autorités d'occupation. Elle n'intervint pratiquement jamais, passé le premier choc frontal de l'arrivée des troupes allemandes. Le courant d'échanges noué entre administrations, au niveau national comme au niveau local, aboutit à poser les bases d'un système politico-administratif dans lequel la collaboration n'était plus imposée, mais rendue légitime par les choix du régime. La position du maréchal Pétain, engageant son poids et son prestige personnels – « C'est moi seul que l'Histoire jugera », affirma-t-il dans son message du 30 octobre 1940 –, en faveur d'une collaboration d'État active, eut pour effet de contribuer à faire du « travail en commun » avec l'occupant une obligation professionnelle du fonctionnaire. Alors que l'opinion revint rapidement des illusions qu'elle avait pu un temps nourrir face à la collaboration, la fonction publique fut plus lente à parcourir le même chemin.

L'adaptation aux contraintes

Dans l'immédiat, la principale difficulté que rencontrait l'administration française ne relevait pas de questions de conscience, mais était d'ordre strictement matériel. Il n'était évidemment pas simple de gouverner la France depuis une petite station thermale de l'Allier, et encore moins lorsque les liaisons entre capitale provisoire et capitale historique étaient contrôlées par une puissance étrangère. À l'existence de deux capitales comme aux difficultés de communications, il fallait s'adapter, d'autant que la représentation à Paris du gouvernement français, la Délégation générale du gouvernement dans les territoires occupés, ne se contentait pas de jouer le seul rôle de relais.

* C'est ainsi par exemple qu'en novembre, à Wiesbaden, Hemmen, chef de la délégation économique allemande, répliqua sèchement à Duchemin, qui évoquait au nom du patronat français le nouveau cours des choses découlant de la rencontre de Montoire, qu'il trouvait « tout à fait déplacée l'allusion qui [venait] d'être faite à la rencontre du Führer et du maréchal Pétain. Il y a là un événement politique qui n'a rien à voir avec les négociations que nous menons ici, et je proteste formellement contre l'usage que vous prétendez en faire. Nous venons ici pour négocier sur la base de la convention d'armistice », cité par Yves Durand, *Vichy (1940-1944), op. cit.*, p. 43.

Retourner à Paris ?

En juillet 1940, la présence du gouvernement à Vichy semblait une simple péripétie, appelée à prendre fin dès la normalisation des conditions de fonctionnement des pouvoirs publics. Comme l'indiquait la convention d'armistice, « le gouvernement français est libre de choisir son siège dans le territoire non occupé, ou bien, s'il le désire, de le transférer même à Paris. Dans ce dernier cas, le gouvernement allemand s'engage à accorder toutes les facilités nécessaires au gouvernement français et à ses services administratifs centraux, afin qu'il soit en mesure d'administrer de Paris les territoires occupés et non occupés ». Rien ne saurait mieux, aux yeux du maréchal Pétain et de son équipe, symboliser le succès de la politique de présence scellée par l'armistice que le retour des pouvoirs publics à Paris. Les quelques administrateurs qui y étaient restés, ou retournés, soulignaient en effet le danger qu'il y aurait à laisser trop longtemps seule, face aux initiatives de l'ennemi, une population choquée et désemparée *. Dès le début de juillet, le gouvernement français avait fait demander par sa délégation à Wiesbaden les conditions de son retour à Paris. Eberhard Jäckel relate avec précision la manière dont l'Allemagne sut s'affranchir de l'obligation qu'elle s'était elle-même donnée **. Tout en accumulant les réponses dilatoires, elle n'en prit pas moins quelques mesures conservatoires ***, tandis que les services français se préoccupaient des modalités concrètes du retour du gouvernement à Paris. Le 25 juillet, le secrétariat général de la présidence du Conseil demanda aux différents ministères si des dispositions matérielles spécifiques étaient à prévoir [46], et en était déjà à imaginer quelles autorités iraient à Paris et quelles autres séjourneraient à Versailles. Dans cette ville – qui redeviendrait le siège du gouvernement dans la mesure où il apparaissait que les Allemands l'évacueraient plus facilement que Paris – devaient être installés le sommet de l'État (chef de l'État et vice-président du Conseil), ainsi que les ministères régaliens (cabinet et « échelon léger » des ministères de l'Intérieur, des Affaires étrangères, et des départements militaires). Tous les autres services formant l'administration centrale du pays devaient rejoindre Paris.

---

* Bouthillier cite dans ses Souvenirs (*Le Drame de Vichy*, tome II, *Finances sous la contrainte*, Plon, 1951, p. 247) une lettre que lui adressa en ce sens, le 1er juillet 1940, le préfet de la Seine, tandis que, par une note du 26 juillet 1940, le secrétaire général de la DGTO donnait au gouvernement cinq raisons militant pour son retour à Paris : « Mesurer son manque d'indépendance ; satisfaire la psychologie populaire ; faire taire les extrémistes de la presse parisienne ; se faire respecter de l'Allemagne ; éviter que les Allemands ne créent un gouvernement en zone nord », AN 2AG 458.

** *Op. cit.*, pp. 127-131. L'Allemagne confirmait ainsi que, comme le déclara en Conseil des ministres le général Huntziger, « l'armistice ne lie pas le vainqueur ». Qu'un ministre français soutînt ce point de vue mettait Joseph Barthélemy en fureur, comme il l'écrivit dans ses Souvenirs, *op. cit.*, p. 336.

*** Par exemple l'interdiction faite fin juillet 1940 à l'état-major de la Marine de s'installer au palais de Trianon « parce que Versailles doit être gardé libre (gouvernement français) », Jäckel, *op. cit.*, p. 129, note.

Le gouvernement n'était toutefois pas unanime sur cette question. À la mi-octobre, les ministères se partagèrent entre ceux qui approuvaient sans réserves le retour à Paris (Intérieur, Instruction publique) et ceux qui s'y opposaient formellement (Marine, pour « sauvegarder la dignité du gouvernement », Guerre qui estimait les « garanties insuffisantes » et Affaires étrangères, pour lesquelles « ce retour sera présenté comme un asservissement de la France »). Les ministères des Communications et de la Production industrielle étaient hésitants, estimant que le retour à Paris n'était concevable, pour l'un « que si la politique de collaboration n'[était] pas à sens unique » et pour l'autre « que si la presse [était] suffisamment contrôlée [47] ». Rien ne se fit dans la foulée de Montoire, les Allemands attendant de mesurer les retombées précises des pourparlers bilatéraux qui devaient suivre [48]. Un séjour du maréchal Pétain à Versailles étant prévu pour décembre, ils interrogèrent la partie française sur « les intentions du Maréchal sur la durée de son séjour à Versailles, et la nécessité de maintenir en permanence à Versailles, même après le retour du gouvernement, des éléments affirmant la continuité de l'occupation [49] ». Du côté français, le projet d'installation à Paris paraissait aussi suffisamment avancé pour que la direction du budget s'y ralliât, annonçant le 9 décembre aux services des Beaux-Arts l'ouverture d'un crédit d'un million de francs « destiné à couvrir les dépenses prévues pour la remise en état, en vue de l'installation des services publics à Versailles, de deux immeubles réquisitionnés [50] ». Les événements du 13 décembre fournirent à Berlin l'occasion parfaite de remettre en cause un projet de transfert qui ne l'avait jamais enthousiasmé [51]. L'une des conséquences du renvoi de Laval fut ainsi d'ancrer l'État français dans la ville thermale où il croyait au début de l'été n'avoir à faire qu'une brève escale. Le régime de Vichy ne devint pas, à partir de 1941, régime de Versailles, et Paris continua de n'être capitale que pour le collaborationnisme *.

Il redevint aussi, sans être siège du gouvernement, capitale administrative. Des fonctionnaires repliés y étaient revenus depuis le début de juillet, après que l'amiral Fernet, secrétaire général du Conseil supérieur de la défense nationale, eut indiqué que les Allemands « admettaient le principe du retour des fonctionnaires, par zones successives liées au retour des réfugiés [52] ». Le retour à Paris des administrations centrales devait toutefois faire l'objet d'un accord, au cas par cas, des autorités occupantes. Cet accord fut obtenu sans difficultés pour les services purement techniques, afin de faciliter la remise en marche rapide des pouvoirs publics dans les territoires occupés. Dès le 19 juillet 1940, le ministre des Finances avait informé ses collègues de la décision du gouvernement, « pour assurer un fonctionnement normal des services publics, de réinstaller à Paris les administrations centrales, en procédant, par

* À tel point qu'une note des renseignements généraux indiquait en août 1941 que « selon certains milieux politiques, le gouvernement fera tout son possible pour ne pas rentrer à Paris, car si le retour se produisait, M. Laval reviendrait au pouvoir », note du 23 août 1941, AN F7 15286.

priorité, au transfert des services financiers (budget et comptabilité) [53] ». Les incertitudes ultérieures sur le siège définitif du gouvernement conduisirent, dans les faits, à la mise en place d'une administration dédoublée, découlant de la « cristallisation » des positions observée par René Belin dès le début de l'automne 1940 :

> Dans les premières semaines, on avait pu considérer comme acquise une prochaine installation du gouvernement à Versailles. [...] Le gros des administrations centrales avait donc été rapatrié à Paris, exception faite des services auxquels un caractère particulier interdisait tout voisinage immédiat avec l'occupant – essentiellement les ministères politiques et militaires. Ne demeuraient en zone non occupée, à titre provisoire, en dehors des cas précités, que des échelons légers à Vichy même et dans les localités avoisinantes. Mais il fallut renoncer à l'installation du gouvernement à Versailles et la situation provisoire se cristallisa. Nul besoin d'être versé en science bureaucratique pour imaginer quelles complications ont pu résulter de ce labyrinthe administratif*.

La situation était enchevêtrée. En 1940 et au début de 1941, alors que les membres du gouvernement n'étaient pratiquement pas autorisés à se rendre à Paris, la règle de partage entre Paris et Vichy réservait à cette dernière ville les ministres et leurs cabinets, ainsi que tous les services qui, par la matière qu'ils traitaient ou par leur fonction, détenaient une part essentielle de la souveraineté de l'État. C'est ainsi par exemple que le directeur du budget travaillait à Vichy, même si le gros de sa direction, sous l'autorité du directeur adjoint, avait retrouvé la rue de Rivoli depuis juillet 1940, et que le ministère de l'Intérieur était tout entier à Vichy, n'étant représenté dans les territoires occupés que par un « préfet délégué auprès de la délégation générale du gouvernement dans les territoires occupés », entouré de collaborateurs issus des principaux services du ministère, notamment policiers. La tendance, tout au long de l'Occupation, fut au retour des administrations vers Paris, où elles étaient moins à l'étroit et plus dans leurs habitudes qu'à Vichy. Un annuaire publié par la DGTO au printemps 1941 indiquait comme présents à Paris tous les directeurs des ministères de l'Agriculture, de la Production industrielle et des Communications, et la plupart de ceux des ministère des Finances et du Ravitaillement. En juillet 1941, on annonçait le retour de Belin et du ministère du Travail [54]. L'Éducation nationale, la direction des affaires communales et départementales du ministère de l'Intérieur et le Conseil d'État suivirent pendant l'été 1942, malgré quelques réticences allemandes, le MBF jugeant

* Témoignage du 6 mars 1970, *Le Gouvernement de Vichy 1940-1942, op. cit.*, p. 97. Dans ce labyrinthe, les administrations purent bénéficier de leurs archives retrouvées. En janvier 1941, la direction des services de l'armistice signalait en effet qu'en ce qui concernait les ministères techniques, les Allemands ne faisaient plus de difficultés pour restituer les dossiers qu'ils avaient saisis lors de leur avancée de juin. En revanche, les documents qui gardaient une valeur politique forte, notamment toutes les archives des départements militaires, du ministère des Affaires étrangères et de la présidence du Conseil, restaient entre leurs mains, AN F60 291.

« inopportun le renforcement des échelons parisiens des ministères français[55] ». Le mouvement continua l'année suivante, avec le retour place Vendôme de la quasi-totalité des services du ministère de la Justice[56]. Retenus à Paris par des raisons techniques, ou politiques, les ministres eurent tendance à oublier Vichy, à tel point que Darlan, vice-président du Conseil, dut leur rappeler, en janvier 1942, que « leur présence à Vichy [était] nécessaire pour les contacts indispensables avec le chef de l'État et le vice-président du Conseil[57] ». Rappel à l'ordre réitéré deux semaines plus tard : aucun membre du gouvernement n'avait pu être trouvé à Vichy pour réagir aux incidents provoqués dans plusieurs villes du sud du pays par les difficultés de ravitaillement. « La présence des ministres s'impose également en zone libre, qui doit elle aussi être gouvernée », rappela Darlan qui demanda à tous les ministres de « désigner un haut fonctionnaire qualifié pour [les] représenter et prendre toute décision utile en [leur] absence[58] ».

La capitale provisoire

Seul Pétain, qui avait fait connaître le 13 août 1940 son souhait de gouverner la France depuis Paris, dut attendre le 26 avril 1944 pour être autorisé à y passer une journée. Il dut donc se contenter, pendant toute la durée de l'Occupation, de Vichy, capitale factice en laquelle Déat voyait un « gouvernement en hôtel meublé, enracinement dans un parc thermal [et] signe qu'on redoute, par-dessus tout, la vraie terre de France * ». Le souci polémique l'emportait une fois de plus sur la peinture de la réalité lorsque le même Déat présenta Vichy comme un lieu où « tout [était] organisé pour le plaisir, rien pour le travail ». Car les autorités prirent très au sérieux le problème chronique posé par la pénurie de locaux susceptibles d'accueillir des services administratif. La Légion en fit l'expérience dès novembre 1940, qui invoqua en vain le haut patronage du « Premier médaillé militaire de France » pour tenter d'obtenir une amélioration de son hébergement **. La situation empira lorsque se confirma le caractère durable de l'implantation dans la capitale provisoire. Les archives contiennent de très nombreux courriers insistant, entre mars et octobre 1941, sur la nécessité de « faire de la place » à Vichy[59], et ce d'autant plus que le courant électrique y était produit en quantité insuffisante. En décembre 1941, les ministres se déclarant dans l'impossibilité de garantir la bonne marche des services si le courant continuait à être coupé pendant la journée, Darlan ordonna de le rétablir aux horaires de bureau et de doter les locaux administratifs de poêles à accumulation, permettant le stockage du courant de nuit[60].

---

* *L'Œuvre*, 28 janvier 1942. Guère plus aimable, il qualifiait dix-huit mois plus tard la capitale provisoire de « promenade d'égrotants entre des grilles », *ibid.*, 4 juin 1943.

** Baudouin, secrétaire d'État à la présidence du Conseil, répondit sèchement que « le Maréchal de France, Chef de l'État, Président du Conseil, ne peut intervenir pour arbitrer un différend sur l'installation matérielle de la Légion française des combattants », 4 novembre 1940, AN F60 50.

Le secrétariat général de la vice-présidence du Conseil, chargé de la vie matérielle du gouvernement, devait en effet faire face à la fois à l'accroissement des effectifs publics, aux demandes de relogement de services supportant difficilement des conditions matérielles qu'ils avaient crues provisoires*, à des considérations plus politiques enfin, comme celles émises par le cabinet du chef de l'État, qui souhaitait, pour assurer « la sécurité et la dignité du Maréchal », ne laisser à l'hôtel du Parc que la vice-présidence du Conseil et les Affaires étrangères[61]. Malgré la création d'un service central du logement dirigé par le général commandant la place de Vichy, décidée lors d'une réunion interministérielle tenue à l'hôtel Thermal le 15 juillet 1941[62], la situation continua à se dégrader. Les mesures contenues dans le discours du 12 août 1941 du chef de l'État** entraînèrent aussi d'importants déménagements, où des considérations matérielles se mêlaient à d'autres, plus politiques. Les assemblées parlementaires virent ainsi leurs bureaux exilés vers La Bourboule, Châtel-Guyon et Le Mont-Dore, tandis qu'il fallut faire de la place au nouveau commissariat général du pouvoir. Ce mouvement, qui traduisait à sa manière la réorientation politique du régime, se poursuivit au cours du second semestre, certains services techniques de la Défense nationale et des Finances quittant Vichy pour respecter la priorité de relogement désormais donnée au commissariat général aux Sports, au secrétariat d'État à l'Intérieur et aux services de l'Information[63]. La pénurie de locaux dépassa vite le seul cas de Vichy, où la situation était à ce point tendue que la tenue concomitante de réunions organisées isolément par les différents ministères y posait des problèmes quasi insolubles de logements des fonctionnaires convoqués***. En février 1942, face aux difficultés rencontrées pour réquisitionner des locaux à Clermont-Ferrand et dans les deux localités voisines de Royat et Chamalières, il fallut interdire l'installation de nouveaux services administratifs dans l'agglomération de la métropole auvergnate[64]. Ces problèmes se doublaient de l'obsédante question du ravitaillement. Sous l'impulsion de Jacques Chevalier, devenu en février 1941 secrétaire d'État à la Famille après sa sortie forcée du ministère de l'Éducation nationale pour cause de cléricalisme exacerbé, et qui se préoccupa à ce titre des difficultés rencontrées par les fonctionnaires chargés de famille, nombre de popotes furent créées, qui fonctionnèrent trop bien : en mars 1942, il fallut remonter jusqu'à Darlan pour obtenir que le garde des Sceaux accepte de classer un trafic de pommes de terre impropres à la consommation dont s'était

* Pour l'Éducation nationale, voir ce que dit Carcopino de ses locaux ministériels, *op. cit.*, p. 287. Tous les acteurs présents à Vichy ont insisté sur le caractère spartiate de leurs conditions de travail, tel du Moulin de Labarthète (*op. cit.*, p. 172), qui estimait qu'un peu plus de luxe n'aurait pas nui au prestige de l'État nouveau.

** Voir *infra*, pp. 298 *sq.*

*** Il fut décidé en conséquence que les convocations de plus de dix personnes seraient à l'avenir portées trois semaines à l'avance à la connaissance du commandant de la place d'armes. Un appel était également lancé à la solidarité des différents départements ministériels pour qu'ils se prêtent les chambres disponibles, circulaire de la vice-présidence du Conseil, 6 février 1942, AN F60 109.

rendu coupable le préfet responsable du ravitaillement du ministère de l'Intérieur *. La vie à Vichy tenait ainsi à la fois de la capitale d'opérette et de la sous-préfecture de garnison [65].

D'une zone l'autre

Ces questions de ravitaillement, évidemment sensibles, rappellent que les fonctionnaires avaient à subir les mêmes contraintes, liées à l'Occupation, que l'ensemble des populations. Comme elles aussi, ils virent leur vie professionnelle, et parfois leur vie familiale, considérablement gênées par le blocage des communications. Tous les témoins rappellent ainsi les grandes difficultés découlant, dans le fonctionnement administratif le plus banal, de l'existence de la ligne de démarcation. Les échanges entre services ministériels repliés à Vichy et administrations centrales revenues à Paris étaient limités et contrôlés. Les laisser-passer entre zones n'étaient ainsi délivrés avec parcimonie **, les ministres eux-mêmes ne recevant qu'au compte-gouttes l'autorisation de sortir de la zone sud : après un premier voyage à Paris en septembre 1940, Belin se vit interdire le passage de la ligne de démarcation de décembre 1940 à avril 1941 [66], sort qu'il partagea avec Bouthillier *** et plus généralement avec tous les ministres que l'Allemagne soupçonnait d'avoir ourdi l'opération du 13 décembre. Pendant toute la période où Flandin fut le principal ministre, les membres du gouvernement furent pratiquement interdits de visite en zone occupée. Selon Pierre Nicolle, représentant à Vichy du petit patronat, les Allemands n'avaient pas caché la finalité politique de cette paralysie de la vie administrative, « leur ordonnance interdisant aux ministres, aux hauts fonctionnaires et aux politiciens le passage de la ligne de démarcation [devant être] maintenue aussi longtemps que le remaniement ministériel ne sera pas chose faite [67] ». La situation s'améliora par la suite, notamment lorsque, le gouvernement Darlan tissant des liens plus étroits avec les autorités allemandes, la collaboration d'État semblait devoir devenir une réalité. Joseph Barthélemy décrivait pourtant le mélange de facilités et de petites humiliations qui resta le lot des ministres :

---

* Dans sa note en réponse, Joseph Barthélemy indiquait que, « dans le département de l'Allier, tout le trafic illicite a lieu au profit des popotes de l'amirauté ou des ministères », 3 mars 1942, AN F60 291. Le procureur général de Riom avait proposé de poursuivre pour l'exemple, en signalant qu'il « se colport[ait], à tort certainement, dans l'état d'esprit du public de Vichy que le personnel de certaines grandes administrations ne souffr[ait] pas des restrictions ; un classement sans suite serait susceptible de donner quelque appui à ces malveillantes insinuations », lettre au garde des Sceaux, 26 juin 1941, *ibid.*

** C'est ainsi qu'en ce qui concerne l'Éducation nationale, directeurs d'administration centrale et recteurs dont l'académie s'étendait sur les deux zones ne furent autorisés à franchir qu'une fois la ligne de démarcation au cours du mois de septembre, traditionnellement l'un des plus chargés dans ce ministère, lettre du MBF à la DGTO, 6 septembre 1940, AN F60 1501.

*** Témoignage d'Henri Deroy, qui précisait que, dans l'immédiat après-13 décembre, la tension était telle qu'il fut également interdit aux directeurs en poste à Paris de se rendre à Vichy, *Le Gouvernement de Vichy, op. cit.*, p. 101.

> Les membres du gouvernement avaient des facilités pour l'exercice de leur mission ; mais il ne faut rien exagérer. Ils pouvaient envoyer chaque jour à leur ministère un certain nombre de lettres, mais à condition que le nombre accordé ne fût pas dépassé et à condition aussi que ces lettres fussent dactylographiées ; ils disposaient également d'un nombre déterminé de coups de téléphone, dont la durée ne devait pas être exagérée. [...] Il existait aussi des facilités pour le passage de la ligne. Darlan se bornait à téléphoner pour annoncer son passage. Mais le menu fretin – dont j'étais – devait au préalable obtenir une autorisation. Elle n'arrivait souvent qu'après d'assez longs délais. Je dus rester plusieurs mois sans prendre contact avec mes services de Paris. Dans la suite, les ministres pouvaient obtenir des « permanents », c'est-à-dire des autorisations valables pour un nombre indéterminé de voyages jusqu'à une date fixée à l'avance [68].

Il ne s'agissait pas là de paroles verbales, comme le démontra la mésaventure survenue à Jean Borotra en juin 1941 lorsque, se présentant à un poste allemand gardant l'entrée au Pays basque, il ne dut qu'à sa véhémence de ne pas subir de fouille corporelle, sa qualité de membre du gouvernement n'ayant pas impressionné le factionnaire chargé d'appliquer les ordres *. Berthelot, s'étant rendu sans autorisation dans les secteurs sensibles de Bordeaux et de La Rochelle, en fut expulsé par les Allemands, qui saisirent cette occasion pour redemander, « afin d'éviter des incidents qui ne pourraient que nuire à une bonne entente, qu'il soit tenu compte de la décision du MBF du 30 juin 1941, [aux termes de laquelle] les voyages des ministres français en territoire occupé doivent être soumis à agrément préalable et annoncés en temps utile [69] ». Mais c'est la zone interdite qui restait le plus fermement verrouillée : lorsque Borotra s'y rendit sans autorisation allemande, le gouvernement français fut vertement tancé par Abetz [70], et en octobre 1941 Caziot, ministre de l'Agriculture, apprit à Amiens, alors qu'il se trouvait en route pour un déplacement officiel dans le Nord, que sa visite n'agréait plus à la puissance occupante [71]. En juillet 1943 encore, les autorités d'occupation rappelèrent au gouvernement français que les fonctionnaires désireux d'entrer en zone interdite étaient dans l'obligation d'obtenir, au préalable, un laisser-passer régulier [72].

Le courrier administratif, dont l'occupant pouvait craindre qu'il ne servît de canal à la transmission d'informations codées entre les zones, était tout aussi surveillé. Les plis officiels ne pouvaient franchir la ligne de démarcation que s'ils étaient entièrement dactylographiés, la simple présence d'un visa manuscrit suffisant pour que les autorités allemandes refoulent le document [73]. À partir de février 1942, une déclaration écrite fut exigée de toute personne

* « Le 13 juin 1941, lors de son passage de la ligne de démarcation, M. Borotra a été mis en demeure de se dévêtir au poste d'Orthez. Ayant fait état sans succès de ses fonctions gouvernementales, M. Borotra indiqua alors qu'officier des deux guerres, il donnait sa parole d'honneur qu'il n'avait sur lui aucune lettre ni document interdit, mais qu'il refusait de se laisser fouiller. Il y aurait lieu que de tels faits, préjudiciables au prestige des membres du gouvernement, ne se renouvellent pas, et il serait désirable que des dispositions spéciales soient prises à l'égard de ceux-ci », note de Rodel, chargé de mission pour les questions concernant la jeunesse et les sports à la DGTO, 11 juillet 1941, AN F1a 3655.

autorisée à transporter des dossiers lors de son passage de la ligne de démarcation *. Encore les autorités d'occupation ne se privèrent-elles pas de faire sentir au gouvernement français qu'il ne s'agissait là que de facilités qu'elles lui accordaient, susceptibles d'être revues en fonction de l'état des relations franco-allemandes. La fin de 1941, époque de tension entre le gouvernement français et les autorités d'occupation, vit ces dernières interdire aux fonctionnaires traversant la ligne d'emporter leurs dossiers avec eux **. Ce n'est qu'une fois Laval revenu au pouvoir que fut mis en place, en juin 1942, un « courrier interministériel interzone », qui assurait deux fois par jour le transport, hors des circuits postaux usuels, des correspondances officielles urgentes [74]. Les avatars de cette question, modeste dans son principe mais fondamentale pour un bon fonctionnement administratif, confirment que les Allemands ne renonçaient pas à jouer des facilités de communications comme d'un outil politique, sans compter qu'ils ne se privaient pas d'examiner la teneur des messages échangés entre les zones. Le pouvoir vichyssois ne pouvait ni s'en étonner ni s'en offusquer, lui qui avait inventé un système comparable pour espionner les correspondances des Français [75]. Mais il prit ses précautions pour en neutraliser les effets, en mettant sur pied un dispositif de numérotation des plis officiels permettant d'identifier par un contrôle rapide à l'arrivée les plis interceptés par les occupants [76]. Les communications téléphoniques étaient également contrôlées: dans leur contenu d'abord, ce qui conduisit en janvier 1942 le secrétariat général de la vice-présidence du Conseil à insister sur les dangers du téléphone ***. Mais la pression pouvait parfois être plus directe, les Allemands

* « Je m'engage à observer les ordonnances dans le sens le plus strict et surtout à ne transporter aucun courrier ou autre communication susceptible de porter préjudice aux intérêts du Reich Grand Allemand et des États alliés ou amis. J'ai été averti qu'une contravention aux ordonnances mentionnées ci-dessus m'exposerait à une poursuite en correctionnelle, selon le § 3 de l'ordonnance du 30 décembre 1940 concernant le trafic postal et les télécommunications dans les territoires occupés de l'Ouest, à moins que je ne sois, d'après d'autres décrets, passible d'une peine plus sévère », circulaire aux ministres, 10 avril 1942, AN F60 109. Par égard pour la qualité de membre du gouvernement, le MBF avait décidé que « les ministres, secrétaires d'État et secrétaires généraux [étaient] dispensés de la déclaration, tout en restant soumis aux obligations qui y [étaient] mentionnées ».

** Note du cabinet du secrétaire général à la police, 7 janvier 1942, AN F1a 3683. La négociation menée par la DGTO pour assouplir un tel oukase, dont l'application aurait considérablement compliqué le fonctionnement de l'administration française, aboutit quelques semaines plus tard, comme l'indiquait une circulaire du délégué du ministre de l'Intérieur dans les territoires occupés, 2 mars 1942, AN F1a 3680. Mais la liste des privilégiés autorisés à transporter dossiers et courrier administratif – pour l'essentiel des hauts fonctionnaires, préfets ou directeurs – fut, elle aussi, sujette aux fluctuations du climat politique franco-allemand. Ainsi, en octobre 1942, les Allemands diminuèrent-ils du tiers le nombre d'agents du ministère de l'Éducation nationale habilités à transporter courrier et dossiers, AN F17 13373.

*** « Les services allemands écoutent et exploitent les conversations téléphoniques échangées entre les deux zones. Il semble même que des mesures particulièrement préjudiciables aux intérêts français aient été décidées par les autorités allemandes à la suite de conversations téléphoniques inutiles ou inopportunes. Vous voudrez bien inviter vos

n'hésitant pas à suspendre ou à rationner les communications téléphoniques. En août 1941, ils exigèrent une révision de la liste des bénéficiaires de lignes téléphoniques interzones [77], tandis qu'en mai 1943 trois départements ministériels, dont certains agents avaient profité de leurs lignes officielles pour passer des communications privées, se les virent suspendues pendant un mois [78].

Vichy à Paris

On comprend, dans ces conditions, l'importance du rôle joué par l'instance officielle de représentation du gouvernement en France occupée, la délégation générale du gouvernement dans les territoires occupés. Outil nouveau, mais essentiel, il serait ce que son titulaire en ferait. Sous l'impulsion de celui qui occupa le poste de janvier 1941 à la fin de l'Occupation, Fernand de Brinon, cette délégation prit une tournure résolument politique, en devenant un des hauts lieux du collaborationnisme. Deux hommes très différents l'avaient précédé, qui concevaient tout autrement leur mission. Dès le 6 juillet 1940, le président allemand de la commission d'armistice de Wiesbaden avait demandé au chef de la délégation française la désignation à Paris d'un interlocuteur de haut niveau pour l'administration militaire allemande. Deux jours plus tard, l'ambassadeur Léon Noël, l'un des signataires de la convention d'armistice, fut désigné pour « représenter le gouvernement de la République comme délégué général auprès du chef de l'administration militaire allemande dans les territoires occupés, ainsi que d'assurer la coordination des services administratifs établis dans ces territoires [79] ». Il était difficile d'imaginer nomination plus susceptible de déplaire aux occupants. Léon Noël avait en effet derrière lui une longue carrière partagée entre des postes d'administration intérieure et des fonctions diplomatiques qui l'avaient conduit à Prague de 1932 à 1935, puis à Varsovie jusqu'à la guerre. Il avait d'ailleurs continué à exercer son ambassade auprès du gouvernement polonais en exil pendant la drôle de guerre, ce qui, ajouté au fait qu'il avait été, entre la fin de 1927 et la mi-1930, délégué auprès du haut commissaire français dans la Rhénanie occupée, le rendait *persona non grata* auprès des nouveaux maîtres de Paris*. Abetz se plaignit dès le 18 juillet à Berlin d'un

---

services à ne faire usage du téléphone, pour correspondre avec la zone occupée, que pour des questions dont les services allemands peuvent sans inconvénients avoir connaissance. Il conviendra d'interdire également les conversations "à mots couverts" qui sont souvent aussi bien comprises des services qui exploitent les écoutes que des interlocuteurs eux-mêmes », circulaire « très secret » du 16 janvier 1942, AN F60 109. Une telle recommandation ne pouvait qu'inciter les services à écrire plus – alors qu'on leur demandait avant guerre de se moderniser, en évitant d'écrire chaque fois qu'une communication téléphonique était possible – et aboutissait en conséquence à accentuer l'aspect paperassier du régime.

* Il avait auparavant été préfet du Haut-Rhin, directeur de la Sûreté générale et secrétaire général du ministère de l'Intérieur, avant d'exercer pendant quelques mois la charge de secrétaire général du gouvernement, dont il fut le premier titulaire en 1935. Sur Léon Noël, voir la thèse d'Yves Beauvois, *Carrière et engagement politique de l'ambassadeur Léon Noël 1888-1987*, Institut d'études politiques de Paris, 1997.

délégué général qui « fai[sai]t montre de toute la mauvaise volonté imaginable[80] », et obtint rapidement de Laval son remplacement[81]. Léon Noël avait de toute façon pris les devants : tirant les leçons de l'ostracisme dans lequel le tenait l'occupant, et du peu d'empressement de Vichy à lui donner les moyens politiques et administratifs de remplir sa mission, il adressa dès le 19 juillet sa démission au chef de l'État et se retira le 19 août. Il fut remplacé par un délégué général plus acceptable par les Allemands, le général Benoît Fornel de La Laurencie, ancien commandant de l'école de cavalerie de Saumur*. C'est pourtant la politique, ignorée par La Laurencie, qui eut sa revanche après le 13 décembre. Le délégué général, sans avoir nécessairement compris ce qui se jouait, fit procéder à l'arrestation de Déat sur ordre du ministre de l'Intérieur, acte qui lui coûta son poste. Dans la longue liste des représailles par lesquelles les occupants firent payer le renvoi de leur protégé figura en effet le remplacement du délégué général par un homme qui aurait leur entière confiance. Ce fut Fernand de Brinon, qui prit ses fonctions le 18 décembre. Jouissant, pour cause de collaborationnisme sans faille, du soutien allemand, il occupa, avec des titres divers**, ses fonctions jusqu'à la fin du régime, poursuivant une stratégie personnelle dans laquelle la délégation générale occupait une place nettement plus politique qu'administrative.

Tel n'aurait sans doute pas été le cas si Léon Noël avait eu le temps de mettre en pratique ses conceptions centralisées du rôle de délégué général. Constatant que, « par suite de l'interruption de toutes communications entre les deux zones, l'administration des territoires occupés échappera en fait à l'action directe du gouvernement tant que son siège restera fixé en zone libre », Noël demanda que fût publiée au *Journal officiel* une instruction ministérielle précisant son rôle en matière de coordination des services publics dans les territoires occupés. Il souhaita également disposer du pouvoir d'adresser aux préfets des instructions précisant les modalités d'application des textes gouvernementaux. Cette double demande trahissait la difficulté, rapidement ressentie par Noël, de faire accepter par des administrations en partie réinstallées à Paris le rôle central qu'il entendait faire jouer à sa délégation. Les ministères qui, avant guerre, n'acceptaient qu'avec réticence la fonction de coordination du secrétariat général du gouvernement, étaient peu enclins à abdiquer leurs pouvoirs, dans la situation exceptionnelle que connaissait le pays au deuxième semestre de 1940. Une instruction du 5 octobre 1940 confia certes au délégué général, auquel était reconnue « qualité pour prendre des

* Dont la mission devait, selon l'historien Henri Michel, « se borner à l'application de la convention d'armistice, avec le commandement militaire allemand, “entre soldats”, [...] laissant la bride sur le cou à Pierre Laval, assisté de Brinon, pour la vaste manœuvre qu'il a imaginée d'un accord dépassant la convention d'armistice, à mettre au point avec les autorités politiques, donc avec Abetz, par-dessus la tête des militaires », *Paris allemand*, Albin Michel, 1981, p. 147.

** Lors de son retour au pouvoir en avril 1942, Laval en fit un ministre, en lui donnant le titre de secrétaire d'État auprès du chef du gouvernement.

décisions sur toute question exigeant une solution urgente », une double fonction : « coordination des services publics en zone occupée » et « droit de regard sur le fonctionnement des services régionaux et départementaux intéressant la vie administrative et économique en zone occupée ». Mais ces termes généraux étaient susceptibles d'interprétations variables en fonction des circonstances. Le premier changement de délégué général, correspondant à la stabilisation du fonctionnement des services publics et l'élargissement des priorités gouvernementales, donna au général de La Laurencie un champ d'intervention d'emblée plus vaste que celui de son prédécesseur, qui s'était surtout intéressé à la remise en route de l'activité économique et administrative du pays. Lorsque l'ordre nouveau se mit en place, et avec lui l'épuration des services publics, le général demanda à plusieurs reprises aux préfets de faire montre de toute la fermeté nécessaire. Représentant du gouvernement en zone occupée, le délégué général se devait de refléter les choix idéologiques du régime nouveau. Prônant, dans un domaine bien particulier, le redressement moral du pays, il se heurta, du côté allemand, à des nécessités dictées par des exigences matérielles – le repos du guerrier –, comme en témoignait cette circulaire de novembre 1940 :

> De très nombreuses publications pornographiques, dont la diffusion a été autorisée par les autorités allemandes, sont encore offertes au public. [...] Après les déclarations réitérées du gouvernement concernant la défense de la moralité publique et de l'esprit familial, le public français honnête s'attend à voir enfin disparaître, de façon définitive, ces publications, souvenirs d'une tenue morale aujourd'hui inadmissible. Vous prendrez les mesures qui s'imposent pour interdire la mise en vente et la diffusion de ces publications. Si vous rencontriez quelques difficultés auprès des représentants des autorités allemandes en province, vous voudrez bien me le faire savoir au plus tôt, afin que je prenne contact avec leurs chefs directs à l'hôtel Majestic [82].

Mais il ne s'agissait là que d'affaires vénielles, la rue de Grenelle * mettant d'abord un point d'honneur à remplir, dans l'esprit de collaboration posé par la convention d'armistice, sa fonction de transmission aux autorités publiques françaises des décisions prises par les autorités d'occupation. Le 27 octobre 1940 fut ainsi adressée aux préfets l'ordonnance allemande du 18 octobre sur les entreprises juives, accompagnée d'instructions leur indiquant qu'ils n'avaient pas à « se borner à un pur et simple enregistrement des déclarations », mais devaient « informer les intéressés qu'ils encourent des sanctions graves en cas de défaut de déclaration », et « [se] prononcer sur les cas douteux [83] ».

Le vrai pouvoir administratif

Pendant son bref passage, le général de La Laurencie se chargea également d'organiser ses services. En octobre 1940, ceux-ci furent construits autour de

---

* La DGTO était alors installée au 127, rue de Grenelle, dans les anciens locaux du ministère du Travail. Elle rejoignit en juillet 1941 la place Beauvau.

deux cabinets, l'un civil, l'autre militaire, et d'un secrétariat général confié à l'inspecteur des Finances Boissieu, qui coordonnait l'activité de quatre services. Le jurisconsulte du ministère des Affaires étrangères était à la tête d'un petit service juridique chargé d'interpréter les exigences allemandes à la lumière du droit des gens et qui travaillait avec le service de liaison, dont la mission était « d'étudier et de soumettre à l'autorité d'occupation les questions donnant lieu à litige ». Mais les deux sections les plus importantes du secrétariat général étaient d'une part le service économique, dirigé par un inspecteur des Finances assisté d'un conseiller référendaire à la Cour des comptes, qui assurait la liaison avec les ministères des Finances, de la Production industrielle et de l'Agriculture, dont dépendaient les questions de ravitaillement, et d'autre part le service administratif. Chargé de l'examen et du suivi de toutes les questions ressortissant au ministère de l'Intérieur, ce service avait un rôle primordial qu'il remplit d'autant mieux que son titulaire, Jean-Pierre Ingrand, qui resta à son poste pendant toute la durée de l'Occupation *, disposait de toutes les capacités administratives qui, après le départ de Noël, manquaient aux délégués généraux successifs. Ce jeune maître des requêtes au Conseil d'État – il était né en 1905 – avait suivi Charles Pomaret, dont il dirigeait le cabinet, du Travail à l'Intérieur. Nommé le 27 juin 1940 directeur de l'administration départementale et communale, il n'occupa guère ce poste, puisqu'il rejoignit Paris en juillet 1940, avec le titre de délégué spécial aux questions administratives, qu'il troqua bientôt pour celui de préfet, délégué du ministre de l'Intérieur dans les territoires occupés. L'arrivée de Brinon allait encore conforter sa puissance. Le nouveau délégué n'était pas, comme Noël, un homme issu de l'appareil administratif, pas plus qu'il ne disposait, comme le général de La Laurencie, de la confiance de la hiérarchie militaire présente à Vichy. Son passé, et ce que l'on savait de ses opinions, n'étaient en outre pas faits pour inspirer une confiance quelconque à son égard au sein des administrations qu'il avait pour tâche de coordonner.

Se sentant plus fait pour la grande politique franco-allemande que pour envoyer des circulaires aux préfets, de Brinon fut heureux de se décharger sur un homme du sérail des questions d'ordre administratif. C'est Ingrand qui, malgré son jeune âge et grâce à la confiance que lui portèrent les ministres de l'Intérieur successifs, joua ce rôle, jusqu'à devenir « le véritable directeur du personnel pour la zone occupée et la zone interdite, inspirateur et pratiquement maître des mouvements [préfectoraux], voire un véritable ministre *in partibus*[84] ». Le fait qu'il ne fut pas issu de la carrière préfectorale, mais du plus respecté des grands corps de l'État, le Conseil d'État, ne constitua pas pour lui un handicap, mais au contraire un atout, en lui offrant le détachement et le prestige indispensables pour asseoir sa légitimité sur l'ensemble de l'administration de zone occupée. Alors que son collaborationnisme

* À la Libération, il trouva refuge en Argentine, où il poursuivit une carrière dans les affaires. Il y présida également l'Alliance française jusqu'à sa mort, survenue en 1993.

militant marginalisait de plus en plus Brinon aux yeux de l'appareil administratif, on assista à une double montée en puissance d'Ingrand, à la fois comme délégué du ministre de l'Intérieur et comme responsable de la section administrative de la DGTO. Disposant à double titre, par délégation directe du ministre de l'Intérieur et au nom du délégué général, de l'autorité sur les préfets de zone nord, il fut en mesure de s'imposer aux différents ministères comme point de passage obligé entre administration centrale et échelon départemental. En faisant signer par Brinon, le 19 février 1941, afin d'« assurer le rôle de coordination des services publics que [lui] a confié le chef de l'État », une note aux ministres leur demandant d'adresser à la DGTO, avant leur envoi, « toutes les circulaires adressées aux préfets de zone occupée et qui ne sont pas signées par le ministre ou le secrétaire d'État lui-même[85] », Ingrand se donnait les moyens de contrôler le flux administratif, voire de l'orienter, en se réservant la possibilité d'accompagner l'expédition de ces circulaires de son propre point de vue.

Le service dirigé par Ingrand se rapprochait, par ses ambitions centralisatrices, du modèle imaginé en juillet 1940 par Léon Noël. Il s'efforçait en effet de jouer un double rôle de coordination des relations avec l'occupant et de tutelle de l'administration française de zone occupée. La rationalité de ce schéma trouva toutefois ses limites, en ce qui concerne les relations avec l'occupant, dans la parcellisation du processus de décision politico-administratif mis en place pour le règlement des questions relatives à l'Occupation – d'autant plus qu'au dispositif complexe de l'appareil allemand d'occupation était venu s'ajouter, en février 1941, un nouvel échelon du côté français, la délégation aux relations économiques franco-allemandes confiée à Jacques Barnaud. Son pouvoir était en revanche certain sur le haut personnel administratif de zone occupée : centralisant, sur demande allemande, les propositions de nomination de hauts fonctionnaires, et disposant de facilités de déplacement, il était l'un des très rares responsables français capables de porter sur les membres du corps préfectoral un jugement assis sur l'examen de leur activité. Si, fort de son rôle d'interlocuteur privilégié du MBF, il était en mesure de régler des questions pendantes entre administration d'occupation et services français, son autorité sur ces services ne fut jamais totale, et il ne parvint pas à étendre sa sphère d'influence au-delà de l'ensemble, certes fort étendu, du ministère de l'Intérieur, rencontrant même quelques difficultés avec les services actifs de police qui auraient préféré faire cavalier seul.

Les administrations centrales n'entendaient en effet pas se laisser dépouiller de leurs prérogatives, et s'opposèrent aux essais de coordination que voulait leur imposer la DGTO. Ce combat fut mené sur plusieurs fronts : front administratif d'abord, dans la mesure où la délégation générale n'apparaissait pas comme un modèle d'efficacité. Adressant aux préfets, en janvier 1941, le récapitulatif des textes qu'elle leur avait envoyés depuis juillet précédent[86], elle reçut dans les semaines qui suivirent des réponses dont il découlait que trente circulaires, en moyenne, n'étaient jamais parvenues à leur destinataire, le chiffre étant encore supérieur pour les sous-préfets qui faisaient fonction de préfets dans les départements traversés par la ligne de démarcation : à ceux de Bayonne et d'Autun, il manquait ainsi quarante séries d'instructions, dysfonctionnement qu'il semblait difficile d'imputer aux seules difficultés de communication. Front politique ensuite : une délégation générale qui aurait eu à sa tête un personnalité de poids, susceptible de parler avec crédibilité au nom du chef de l'État et légitime à ce titre aux yeux d'une fonction publique encore largement maréchaliste, aurait peut-être pu lui imposer son autorité. Mais la collusion ouverte du délégué général avec l'occupant lui ôtait toute capacité de se poser en chef de l'administration de la zone occupée, et ce n'est pas son accession, en avril 1942, à des fonctions gouvernementales qui lui procura un surcroît d'autorité. À de multiples reprises, la DGTO se vit ainsi court-circuitée par des initiatives prises par les administrations et couvertes par des ministres jaloux de leur indépendance *.

* Lorsque, le 19 novembre 1940 (*Journal officiel* du 27 novembre 1940), le ministre de la Guerre créa de sa propre initiative une sous-direction des prisonniers de guerre, localisée à Paris, « chargée de traiter, en accord avec les autorités militaires d'occupation, les questions d'application pratique concernant les prisonniers de guerre français, et notamment ceux de zone occupée », la direction du budget s'opposa à cette création, volant ainsi, pas forcément volontairement, à la rescousse de la DGTO que cette implantation ne pouvait que marginaliser. La rue de Rivoli fit en effet fermement remarquer au ministère de la Guerre l'irrégularité formelle qu'il avait commise en instituant par arrêté ce service, alors qu'une loi était exigée pour toute création d'emplois nouveaux, lettre du 9 décembre 1940, SAEF B 11854. Le ministre des Finances soulignait en outre que cette illégalité se doublait d'une hérésie juridique, dans la mesure où l'arrêté pris par le secrétaire d'État à la Guerre renvoyait à un décret pour ses modalités d'application.

CHAPITRE IV

La Révolution administrative nationale

En même temps qu'il construisait le cadre administratif imposé par les circonstances, le gouvernement prenait un ensemble de mesures qui, sans encore constituer une politique de la fonction publique, visaient à réorienter l'appareil administratif français afin de lui faire partager les valeurs sur lesquelles devait se construire l'État nouveau. On cherchera à percevoir ici comment furent reçues et appliquées, au quotidien, ces mesures qui entendaient appliquer à la fonction publique les principes de la Révolution nationale. Pour guider sur le chemin de l'ordre nouveau des administrations par essence patriotes, le triptyque fondateur du régime se déclinait en « Travail, Famille, Autorité ». On assista ainsi à la transposition dans l'ordre administratif des valeurs proposées au pays, qu'il s'agisse de la vertu rédemptrice du travail, de l'exaltation du modèle familial, du culte enfin du chef et de l'autorité.

Réaffirmer l'autorité

Le discours de régénération allait trouver un champ d'application idéal dans le thème du redressement d'un appareil d'État présenté comme asservi aux clientélismes de toutes sortes. Doublement soumis à l'autorité du gouvernement, en tant que Français et en tant que serviteurs de l'État, les fonctionnaires étaient appelés à s'associer avec cœur aux réformes venues d'en haut. Sous la double invocation de l'autorité et de l'unité, l'administration française devait démontrer son efficacité et sa loyauté. Comment le faire mieux qu'en participant au culte du chef qui symbolisait en sa seule personne l'autorité du soldat et l'union nationale autour du père de la Patrie ?

Images et paroles du Chef

Pour encenser le régime naissant et la haute figure de son chef, la pratique administrative de l'automne 1940 ne fut avare ni de superlatifs ni d'initiatives : une véritable industrie se développa ainsi, au profit du Secours national, autour de la vente des portraits du Maréchal. Toutes les administrations furent appelées à se mobiliser pour assurer le succès de cette campagne, témoignage de l'unité retrouvée du pays autour de son chef en même temps qu'œuvre de charité. Le mouvement fut lancé le 9 octobre 1940 par Peyrouton, qui demanda que le portrait du chef de l'État fût affiché sur les murs « des établissements publics, notamment des préfectures et mairies, des établissements d'instruction, des bureaux de poste », les préfets étant incités à montrer leur zèle patriotique en centralisant des commandes aussi importantes que possible. Mais l'intendance dérapa : en décembre, la DGTO constatait qu'aucune suite n'avait encore été donnée aux commandes transmises aux services du ministère de l'Intérieur *. Que l'on ne parvînt pas, même dans le domaine fortement symbolique de la diffusion de l'image officielle du chef suprême, à éviter de tels dysfonctionnements était révélateur des difficultés, appelées à se perpétuer, que rencontrait le régime pour administrer le pays. Comme plus tard le serment demandé à des strates entières de la fonction publique, la vente des portraits du Maréchal devait témoigner de l'attachement de l'ensemble des fonctionnaires à la personne du chef de l'État. Le zèle des facteurs, qui en étaient les principaux placiers, fut stimulé par la création d'un double intéressement : intéressement collectif, « une ristourne de 10 % du produit de la vente [étant] faite en faveur des œuvres des PTT », mais intéressement individuel aussi : « L'administration, indiqua le secrétaire d'État Berthelot, se propose d'adresser à ceux des agents qui se distingueront par leur zèle des témoignages de satisfaction, sous forme de lettres de félicitations, dont un exemplaire sera classé à leur dossier. De son côté, le Secours national offrira à ces agents un portrait spécial de luxe signé par le Chef de l'État [1]. »

C'est toutefois la contrainte qu'il fallut parfois employer face aux esprits forts qui entendaient se soustraire à l'exercice de vénération imposée. En février 1941, Joseph Barthélemy se plaignait auprès du secrétaire général du chef de l'État de l'attitude du bâtonnier de l'ordre des avocats, Jacques Charpentier, qui refusait, malgré les demandes de quelques jeunes avocats parisiens et en dépit de la menace de fermeture des locaux de l'ordre, d'y apposer le portrait officiel du maréchal Pétain. L'indignation du garde des Sceaux se doublait d'inquiétude lorsqu'il constatait « qu'il y a des hommes qui n'ont pas encore compris toute la réalité de la situation et qui ne connaissent pas encore nos devoirs envers M. le Maréchal. [Or] M. le bâtonnier Charpentier fait partie du comité budgétaire institué par M. le ministre des Finances, et il est précisément chargé du budget de mon département [2] ». Mais, dans l'administration *stricto sensu*, les choses étaient plus faciles. En ces premiers temps du régime, les protestations de dévouement affluaient, parfois sollicitées comme dans cette circulaire de septembre 1940 par laquelle le nouveau préfet de la

* C'est ainsi par exemple que le préfet du territoire de Belfort, qui avait demandé en novembre 1940 262 grands portraits et 130 petits, n'en avait reçu en tout, à la fin de février 1941, que 20, lettre du 27 février 1941, AN F1a 3630.

Gironde, Pierre-Alype, insistait auprès des maires sur l'esprit de repentir et d'obéissance qu'ils devaient développer chez leurs administrés :

> Tous les Français ont le devoir de méditer les erreurs et les fautes qui ont provoqué la défaite de notre pays. M. le Maréchal Pétain les met en lumière ; il énonce les principes et prescrit les disciplines qui désormais encadreront notre vie nationale. Il s'agit de véritables commandements auxquels tous doivent se plier avec obéissance et dévouement. Il faut que chaque Français, jusque dans les plus petites communes, reçoive les mots d'ordre du chef de l'État qui assureront le salut de notre Patrie. Il faut préparer à la France un nouveau destin digne de son histoire et conforme à ses plus nobles traditions[3].

Une seconde circulaire, datée du 22 octobre, était plus impérative encore, rappelant le rôle de relais dévolu aux magistrats municipaux qui devaient « afficher le récent message où M. le Maréchal Pétain pose, avec le haut prestige qui s'attache à sa personne, les problèmes de la réforme de l'État français et de la rénovation de notre Pays, sous le triple signe de l'Autorité, de la Discipline et du Travail. Mais vous n'aurez pas fait tout votre devoir, continuait le préfet, en accomplissant ce geste. Il vous appartient de conseiller à vos administrés la lecture attentive de ce message et de bien mettre en lumière l'œuvre de reconstruction accomplie par M. le Maréchal Pétain pour sauver la Patrie, lui rendre sa place dans le monde et assurer le bonheur du peuple français. Je compte sur vous[4] ». Plus encore que l'ensemble des Français, les fonctionnaires furent marqués par le culte maréchaliste, dans la mesure où chez eux s'y superposait la propension à l'obéissance que tout régime attend de ses serviteurs*, et que Vichy sut exploiter en faisant du retour au principe d'autorité, censé s'être dilué dans le syndicalisme et la politisation de la fonction publique, la clé de voûte de sa conception de l'État.

Des chefs partout

Lorsque, un an après son accession à la tête de l'État, Pétain estima que « l'heure [était] venue de porter nos regards vers l'avenir et de préparer les institutions définitives à l'abri desquelles la France blessée achèvera son relèvement[5] », il afficha de manière nette la valeur qui primerait dans l'État nouveau : « La discipline, écrivait-il alors, est l'ABC de la fonction publique. L'État est autoritaire et il est hiérarchique. C'est le chef qui exerce l'autorité à l'école, au syndicat, à la corporation, *dans la famille*, dans l'usine, à l'atelier, *dans la société*, dans le département, dans la commune. Mais d'abord dans

* Et que confirmait le Conseil d'État, dont la jurisprudence rappelait de manière constante que l'obéissance était le devoir premier du fonctionnaire. Un arrêt de 1908 (*Boutevilliers*, 13 mars 1908, *Rec.*, p.258, cité par Éric Desmons, « Le droit de résistance du fonctionnaire », *Droits*, n° 15, avril 1992, pp. 101-111) avait ainsi posé « qu'il n'appartient pas au subordonné d'apprécier la régularité de l'acte qu'il doit exécuter », à charge pour l'administration, en contrepartie, de protéger l'agent public contre les conséquences pénales qui pourraient résulter de l'application d'un acte illégal.

l'État. Nous n'admettrons plus cette autorité qui se dilue en même temps que cette responsabilité qui se dissout[6]. » Ce culte de l'autorité, qui ne dépassait guère les idées simples, toutes d'obéissance et de discipline, en vigueur dans les casernes, conduisait à ce que l'État nouveau brise les entraves au plein exercice du pouvoir hiérarchique. Pour que les cadres administratifs puissent, eux aussi, devenir des chefs au sens complet du terme, il convenait d'éliminer les influences susceptibles de limiter leur pouvoir de décision. La loi du 12 juillet 1940 suspendit, d'abord jusqu'au 31 octobre 1940 *, l'obligation de consulter les organismes où siégeaient des délégués syndicaux. Le secrétaire d'État à l'Instruction publique, Georges Ripert, demanda en novembre 1940 aux recteurs de veiller à ce que le texte de la loi ne fût pas détourné par la pratique, signe sans doute qu'un *modus vivendi*, dont le régime ne voulait à aucun prix, se mettait en place çà et là entre partenaires administratifs et syndicaux d'hier :

> Il m'a été rendu compte que les délégués du personnel aux conseils départementaux de l'enseignement primaire obtenaient des audiences en cette qualité. Comme le plus souvent ces délégués sont les anciens membres des bureaux des sections départementales du syndicat national des instituteurs, ces errements constituent le moyen détourné de rendre inopérante [la loi]. Les avis des conseils départementaux étant suspendus, vous n'accorderez audience aux instituteurs et institutrices membres de ces conseils qu'à titre purement personnel, et ne traiterez avec eux que les sujets qui les concernent personnellement. Je considérerai comme une faute grave tout manquement à ces instructions[7].

Symétriquement, le plein exercice de leurs responsabilités par les chefs nécessitait que ceux-ci, détenteurs de l'autorité que leur déléguait le chef de l'État, fussent protégés contre les revendications des intérêts particuliers. Non sans témoigner d'un certain angélisme – et accueillie avec un scepticisme certain dans le public –, une circulaire du 25 août 1940 interdit officiellement les recommandations qui « alourdissent l'administration, développent le favoritisme et découragent souvent les meilleurs ** », en s'efforçant d'en supprimer les causes, à savoir « les retards de l'administration à répondre aux demandes ou aux réclamations, même fondées ». Invités à « faire examiner avec célérité les demandes faites par les intéressés eux-mêmes », les ministres devaient également prévoir la mise en place, dans leur département, d'un service spécialement chargé d'examiner les réclamations du public. Derrière ces mesures modestes – et inappliquées *** – il ne s'agissait de rien de moins que

* Comme la plupart des textes pris initialement à titre provisoire, celui-ci, prorogé à plusieurs reprises, fut finalement maintenu en vigueur jusqu'à la fin des hostilités.

** Note du 22 août et circulaire du 25 août 1940, AN F60 284. L'article 18 du statut des fonctionnaires du 14 septembre 1941 alla jusqu'à rendre passible d'une sanction disciplinaire « tout fonctionnaire qui a sollicité ou provoqué une recommandation à son profit ».

*** Pour des raisons pratiques, la mise en place de ce service ne devait intervenir qu'après le retour du gouvernement à Paris. Ce retour ne se faisant qu'en ordre dispersé, il n'y eut pas de mesure générale imposant la création de ces services. L'idée fut remise à l'ordre du jour pendant l'été 1942 par Laval, qui créa un « bureau des requêtes » au sein du secrétariat général du chef du gouvernement.

de bouleverser le fonctionnement d'une administration qui, une fois débarrassée des clans qui l'avaient, disait-on, colonisée, devait agir au profit de la communauté nationale tout entière, avec l'ardeur provenant du sentiment de participer pleinement à la tâche commune, le redressement du pays. Dans la France de l'été et de l'automne 1940, chacun ne devait plus songer, en suivant le modèle d'abnégation que donnait le Maréchal, qu'à retrousser ses manches et se consacrer tout entier, par son labeur, à la reconstruction du pays.

La vertu du travail

Si les pouvoirs publics eurent d'abord à cœur, non sans succès, de remettre de l'ordre dans une administration totalement désorganisée, cette remise en ordre ne devait pas être que matérielle. En régime autoritaire, la fonction publique se devait de donner l'exemple d'une communauté unie : la loi du 15 octobre 1940 créant les associations professionnelles de fonctionnaires (APF) précisa les bases selon lesquelles devait être organisée cette communauté.

Le retour à l'ordre

Le retour à l'ordre fut une préoccupation essentielle des pouvoirs publics au cours des mois de juillet et août 1940. Il intervint en trois mois, ce en quoi Yves Bouthillier vit une forme de guérison miraculeuse, « comme l'équilibre physiologique réapparaît dans un organisme qui surmonte l'action de microbes infectieux », et ce tant par le « processus d'élimination des facteurs de désordre » qu'en raison de « l'effet de la seule présence du maréchal Pétain et de son gouvernement » et du « choc psychologique décisif créé par l'union des Français autour du Maréchal * ». Nul doute que ce facteur psychologique eut un effet profond sur une fonction publique capable de se raccrocher à un chef clairement identifiable et à la parole duquel l'obéissance allait de soi. Tout étant à faire, elle essaya de tout faire. Les priorités étaient nombreuses, puisqu'il s'agissait de faire revivre un pays brisé par les opérations militaires, désorganisé par l'exode, paralysé par sa défaite. Dès le 12 juillet, Léon Noël avait sollicité des préfets un état des lieux de leur circonscription, distinguant la situation des services de l'État de celle des communes [8]. Fortes de ces renseignements, les administrations centrales et départementales s'efforcèrent de faire redémarrer l'activité du pays, tâche compliquée par les difficultés de ravitaillement et par la montée du chômage. Tout n'était pas réglé à la fin de l'année 1940, notamment dans les zones les plus touchées par les combats ou l'exode : « Pour vous comme pour moi, écrivait en janvier 1941 le préfet de la

---

* *Op. cit.*, p. 249. On notera la présence de l'image médicale (« microbes infectieux ») rapprochée de la référence au « processus d'élimination » commencé en juillet. Cette métaphore sera l'une des plus fréquemment utilisées par les divers soutiens du régime, notamment pour justifier toutes les mesures d'exclusion.

Marne, René Bousquet, aux maires du département, rien n'est plus douloureux que le spectacle quotidien des difficultés matérielles et morales dans lesquelles se débattent certains de nos compatriotes. Rien n'est plus décourageant, pour tous ceux qui souffrent, que l'impression, confuse ou réelle, que l'impossible n'est pas fait pour leur venir en aide et pour soulager leur infortune. Devant le malheur, nous devons joindre nos efforts pour agir avec rapidité et efficacité. La souffrance, elle, n'attend pas[9]. » À l'image du chef suprême, chaque service se préoccupait de reconstruction[10] : reconstruction des bâtiments scolaires pour la direction de l'enseignement secondaire qui, dès le début d'août 1940, s'efforçait d'organiser la rentrée prochaine, et reconstruction des circuits de trésorerie pour le ministère des Finances, qui mit à la disposition des entreprises, sous forme d'avances, les liquidités nécessaires à la reprise de l'activité économique. Bref, comme l'écrivit Bouthillier, « chacun administrait sa maison[11] ».

Au travail !

Encore fallait-il, pour que cette administration fût harmonieuse, que les agents publics que l'exode avait disséminés, sur ordre ou de leur propre initiative, dans la partie non occupée du pays fussent en mesure de regagner le lieu d'exercice de leurs fonctions, et que des affectations fussent proposées à ceux issus de la zone où le retour était interdit. Le ministère de l'Intérieur rappela d'ailleurs aux préfets que c'était « un devoir de solidarité nationale et une œuvre de bonne administration que de contribuer au reclassement d'employés que les circonstances douloureuses de l'heure présente [avaient] mis en marge de la vie sociale[12] ». Tous les ministères n'y mirent pas le même zèle, à telle enseigne que le directeur du personnel du ministère des Finances s'indigna en octobre 1940, auprès de son collègue chargé du budget, de ce que « les divers ministères continuent à se désintéresser à ce point de leurs personnels : il existe ainsi un nombre important d'agents qui n'ont rétabli aucun lien avec leurs administration d'origine[13] ». Ainsi saisie, la direction du budget prépara un communiqué annonçant qu'elle refuserait à l'avenir « le paiement de toute rémunération aux agents qui n'auraient pas fait toute diligence en vue de reprendre contact avec leur administration et de se mettre à la disposition de celle-ci », mais le cabinet du ministre refusa sa publication « qui aurait pour inconvénient de faire apparaître que de nombreux fonctionnaires continuent à être payés alors qu'ils ne font rien en ce moment[14] ». La rue de Rivoli rappela toutefois aux ministres que, s'ils ne donnaient rapidement à leurs agents des affectations précises, il conviendrait d'envisager des mesures de dégagement des effectifs[15]. Dûment chapitrées, les administrations gestionnaires de personnel s'efforcèrent de régler la question, qui ne se posa plus, à la fin de l'année, que pour quelques ministères (Instruction publique, services d'Alsace-Lorraine et les trois ministères militaires) et quelques départements de repli (Charente, Maine-et-Loire, Loiret). Dans les autres cas, la reprise du cours presque normal des choses, alliée aux puissants outils de régulation des flux de fonctionnaires dont le gouvernement avait confié la maîtrise aux ministres – notamment la loi du 17 juillet 1940 sur le relèvement de fonctions, étudiée au chapitre suivant – permettait d'envisager l'avenir avec optimisme, comme le faisait Berthelot en février 1941 :

> Tout le personnel de mon administration se trouvant dans les situations précitées est utilisé au mieux des intérêts du service. [...] En raison de la baisse du trafic, un certain nombre d'agents ne sont pas encore utilisés à plein rendement. Mais l'application des lois du 3 octobre 1940 fixant le statut des juifs, du 17 juillet 1940 relatives à la nationalité et au retrait de fonctions, et du 11 octobre 1940 sur le travail féminin aura pour effet de faire cesser très prochainement cette situation. Du reste, le trafic en voie de croissance y contribuera. Dans ces conditions, le reclassement des agents en question dans d'autres administrations n'est pas à envisager [16].

La fonction publique retrouvait ainsi, petit à petit, un mode de fonctionnement presque usuel. Y contribua notamment l'abrogation, par décret du 15 octobre 1940 [17], des dispositions du décret-loi du 1er septembre 1939 relatives à la suspension des avancements pendant la durée des hostilités. Même si la moitié des emplois vacants continuaient à être mis de côté pour préserver les droits des prisonniers de guerre [18], l'automne 1940 marqua pour ceux des fonctionnaires non visés par les lois d'exclusion le début d'une normalisation qui ne put que conforter leur ralliement au régime.

Une administration unie : les associations professionnelles de fonctionnaires

Alors que les bases de l'État nouveau se mettaient ainsi en place, le gouvernement entendait apporter sa réponse à la question, toujours pendante, du syndicalisme dans la fonction publique. Réponse bien entendu compatible avec les principes nouveaux : à un syndicalisme de revendication, ferment de déliquescence qu'il convenait de combattre avec d'autant plus d'énergie qu'il battait en brèche la conception d'une communauté administrative unie derrière ses chefs pour régénérer le pays, le régime opposa l'approche corporatiste et organique de l'association professionnelle, unique sinon obligatoire, appelée à collaborer avec la hiérarchie en vue de l'amélioration de l'intérêt commun. « L'esprit revendicatif, passant du social au politique et réciproquement, nous a perdus parce qu'il nous a dissociés et décomposés », devait énoncer le chef de l'État dans un message du 4 juin 1941 [19]. Que dire alors du syndicalisme de ceux dont le métier était d'obéir, les fonctionnaires ? Pour Peyrouton, ministre de l'Intérieur, la loi devait rappeler l'illégalité des syndicats de fonctionnaires, et prononcer la démission d'office de tous les fonctionnaires y ayant exercé des responsabilités. La vive protestation de René Belin, secrétaire d'État à la Production industrielle – annonçant en Conseil des ministres qu'en tant qu'ancien secrétaire général de la fédération CGT des PTT, il ne pourrait alors que présenter sa démission – conduisit le chef de l'État à demander au ministre de l'Intérieur de revoir sa copie, en liaison avec Belin. Deux principes devaient figurer dans le texte futur : l'affirmation d'un droit d'association des fonctionnaires, avec des aménagements tenant compte du caractère particulier des fonctions publiques, et l'absence de sanctions à l'encontre des militants des anciens syndicats[20]. Ces deux éléments figurèrent effectivement dans la loi sur les associations professionnelles de fonctionnaires, adoptée le 15 octobre par le Conseil des ministres sur le rapport d'Alibert*, mais qui ne fut publiée que le 5 novembre 1940 au *Journal officiel.* Dans l'intervalle, le texte avait été soumis aux autorités d'occupation, qui lui apportèrent une réponse révélatrice de leur conception des relations avec le gouvernement français : « Les autorités allemandes, était-il indiqué dans une note interne, sont indifférentes à la manière dont les fonctionnaires français sont organisés. La loi a pour avantage de placer les organisations de fonctionnaires sous la direction du gouvernement. Le gouvernement français peut donc, à tout moment, en être rendu responsable. Nous n'avons donc aucune objection à faire à cette loi[21]. »

Le dispositif du 15 octobre 1940, caractéristique de la conception autoritariste et corporatiste de la fonction publique qu'avait la Révolution nationale, mérite analyse. Maurice Duverger, dans un ouvrage de 1941 sur « la situation des fonctionnaires depuis la Révolution de 1940 », consacrait de longs développements à cette loi, dans laquelle il voyait « l'une des plus importantes réformes du nouveau régime politique[22] ». Si l'existence des groupements d'agents publics était formellement reconnue par l'article premier du texte – c'était une première en droit français –, tout éloignait ces groupements du syndicalisme honni. Ils ne pouvaient remplir leur seule mission, « la représentation des intérêts professionnels », que « dans le respect de l'autorité de l'État et dans la mesure compatible avec l'intérêt général », et de manière extrêmement parcellisée** : uniques par catégorie professionnelle, les nouvelles associations ne pouvaient regrouper que des fonctionnaires d'un même cadre ou exerçant des fonctions de même nature, à l'exception de ceux « participant directement à l'exercice du pouvoir ». Leurs statuts devaient en outre être agréés par le secrétaire d'État compétent, qui devait également donner son accord à la nomination de leurs dirigeants, choisis – pour une durée ne pouvant excéder cinq ans et non renouvelables, afin de ne pas reconstituer de permanents syndicaux – parmi les fonctionnaires en activité***. Si les associations possédaient des capacités juridiques comparables à

* L'intervention de ce troisième homme, attestée par le communiqué officiel reproduit le 17 octobre par *Le Temps,* nous paraît de nature à amoindrir le rôle que se donne Belin dans ses Souvenirs. Si, comme il l'écrit, c'est à Peyrouton et à lui que fut confiée la tâche de préparer un projet, pourquoi le texte fut-il présenté par le garde des Sceaux ?

** Afin d'éviter l'apparition, à nouveau, d'une fédération aux effectifs nombreux, légitime pour traiter de questions globales concernant la fonction publique. Les principes nouveaux de gouvernement excluaient, de manière plus formelle encore, l'idée que puissent se reconstituer des confédérations syndicales, qui allaient être dissoutes le 9 novembre. On notera qu'en 1937 Xavier Vallat, Philippe Henriot et Jean Le Cour Grandmaison – les deux premiers appelés à jouer un rôle de premier plan aux deux extrêmités du régime – avaient déposé une proposition de loi visant à interdire les confédérations syndicales.

*** « De cette façon, écrivait Maurice Duverger, les dirigeants d'associations ne pourront pas se montrer trop indépendants, puisqu'ils demeurent toujours dans les liens de la subordination hiérarchique », *op. cit.*, p. 134.

celles des anciens syndicats, leurs pouvoirs réels étaient limités : elles ne pouvaient qu'émettre des vœux ou donner des avis au ministre compétent, qui disposait du pouvoir de proposer au gouvernement la dissolution d'une association professionnelle « dont l'activité serait contraire à l'intérêt national ». Les dirigeants qui auraient laissé les associations se pervertir ainsi étaient d'ailleurs passibles de sanctions pénales allant jusqu'à cinq ans de prison. Enfin, tous les groupements de fonctionnaires existant à la date de publication de la loi étaient dissous de plein droit et leurs biens attribués aux associations nouvelles.

Un décret du 9 février 1941 [23] confia au ministre de l'Intérieur le suivi d'ensemble des associations professionnelles de fonctionnaires, en l'autorisant à prendre toutes mesures à l'encontre des groupements qui se seraient constitués hors des dispositions légales. Ce contrôle, extrêmement serré à tous les maillons de la chaîne, contribua à faire de ces associations le point de tangence, jamais retrouvé par la suite, entre la fonction publique professionnelle et ce que l'idéologie de la Révolution nationale pouvait comporter de corporatisme. Comme le soulignait Maurice Duverger, « l'adoption du système de l'association unique est donc conforme à la fois au caractère autoritaire et au caractère organique du nouveau régime politique instauré à la suite de la révolution de 1940 : à son caractère autoritaire, car il permet à l'État de surveiller efficacement l'activité des associations de fonctionnaires ; à son caractère organique, car il fait de ces associations de véritables organes publics, représentant la profession * ». Ce caractère quasi public imposait de réserver la conduite des associations à des agents parfaitement loyaux. Aussi les préfets furent-ils invités à vérifier que les dirigeants des syndicats dissous ne puissent se glisser dans les mailles, étroites, du nouveau dispositif, comme s'en inquiétait en novembre le secrétaire d'État à l'Instruction publique, secteur dans lequel le syndicalisme avait été puissant, en imaginant tous les cas de figure :

> Si les promoteurs d'une association se présentent à vous, recevez-les et prenez connaissance de ce qu'ils ont fait ou ont l'intention de faire. S'ils reconstituent sous une forme détournée les anciens syndicats, interdisez-leur aussitôt toute propagande. N'acceptez pas, à plus forte raison, que les anciens dirigeants des syndicats se présentent comme promoteurs de ces associations. S'ils s'appliquent à réaliser une association qui est dans l'esprit de la loi, rendez-moi compte dès que possible, en me renseignant sur la personnalité des promoteurs de l'association, sur les groupements corporatifs, politiques ou autres dont ils ont déjà fait partie et sur leurs projets actuels. S'ils ne se présentent pas à vous, convoquez-les, afin de me renseigner, et invitez-les à attendre mon agrément. Si plusieurs groupements de même catégorie cherchent à se constituer,

* *Op. cit.*, p. 124. Une controverse l'opposa sur ce sujet au juriste Georges Scelle, professeur à la faculté de droit de Paris, qui mettait en avant, dans un article de *Droit social*, la perte totale de liberté d'association qui résultait de la nouvelle législation. Ce qui, concédait Maurice Duverger, n'était vrai que si l'on mettait l'accent, comme on était habitué à le faire sous « l'ancien régime », sur le caractère revendicatif des groupements de fonctionnaires, alors qu'il fallait désormais les considérer sous leur aspect organique.

> avertissez-les que la loi n'en autorise qu'un seul, et que le meilleur moyen d'avoir l'agrément légal des autorités compétentes est de constituer l'union la plus large possible [24].

L'hypothèse du trop-plein, évoquée *in fine*, fut loin de se réaliser. Les associations professionnelles de fonctionnaires furent en effet mal reçues au sein de la fonction publique, la rigueur des intentions de leurs promoteurs se révélant très supérieure aux attentes des intéressés*. Le texte avait pourtant rencontré l'appui de la plupart des soutiens du régime, depuis les milieux conservateurs jusqu'à l'Action française. *Le Temps*, journal qui représentait bien l'état d'esprit des premiers, put ainsi se réjouir, à l'annonce de la loi, de la volonté gouvernementale de « restituer à [l'État] l'indépendance qui lui est indispensable, et pour cela de détruire ou de rendre à leur fonction propre, pour le plus grand bien de la nation, les organismes nuisibles qui s'étaient formés en marge du pouvoir ou qui, utiles à leur origine, avaient dépassé leurs limites naturelles et empiété sur les droits de la collectivité [25] », puis revenir sur le sujet en octobre en se félicitant de ce que « le temps [était] passé où des fédérations groupant des agents appartenant à diverses administrations et constituant une véritable féodalité nouvelle exerçaient sur les pouvoirs publics une pression inadmissible et ruinaient l'autorité gouvernementale** ». La loi eut un autre fervent partisan en Maurras, qui félicita le nouveau régime, dans l'ouvrage qu'il lui consacra en 1941, d'avoir ressuscité un État jusque-là paralysé par « un million de petits suzerains érigés en souverains presque indépendants, une poussière de fonctionnaires, follement jaloux de leurs « droits » imaginaires, composant à l'État le plus triste des maîtres ». C'en était fini de cet « État miteux et gâteux [qui] les payait mal, les récompensait tout de travers, et ne les associait qu'à la misère et à la veulerie de son propre destin ». Les

* Voir *infra*, pp. 281 *sq*.

** « Les associations de fonctionnaires », 17 octobre 1940. Replié à Lyon, le quotidien, dont le directeur Émile Mireaux fut durant l'été secrétaire d'État à l'Instruction publique, consacra au cours du second semestre de 1940 un grand nombre d'éditoriaux aux fonctionnaires, se réjouissant par exemple de la loi du 17 juillet sur le relèvement de fonctions («Avec le communisme au service d'un État étranger et le syndicalisme international, ces administrations échappaient à l'autorité non seulement de l'État, mais même de la nation française », 21 juillet), comme de celle, de même date, excluant les agents nés de père étranger («L'administration doit être nationale, elle doit être française. Le plus humble comme le plus élevé des fonctionnaires, détenteur d'une parcelle de l'autorité, sera issu du terroir. L'esprit de cosmopolitisme disparaîtra dans les services publics, et la dignité de la fonction et de celui qui en aura la charge ne pourra qu'en être rehaussée », même date). L'ensemble de ces analyses furent reprises dans une série de quatre articles, publiés entre le 24 décembre 1940 et le 1er janvier 1941, qui s'attachaient à définir le rôle des fonctionnaires, les « commandements » du fonctionnaire, les devoirs de l'État, la hiérarchie et enfin le prestige qui devaient être ceux de la fonction publique (ces textes sont reproduits en annexe 13, p. 672). Sur ce journal, qui menait déjà avant guerre de vigoureuses campagnes contre le syndicalisme des fonctionnaires, on lira la contribution d'Alain-Gérard Slama au colloque de 1970 de la FNSP, « Un quotidien républicain sous Vichy: "Le Temps" (juin 1940-novembre 1942) », *Revue française de science politique*, vol. XXII, n° 4, août 1972, pp. 719-749.

chefs des administrations avaient maintenant la pleine autorité sur leurs agents, grâce à la disparition des garanties du fonctionnaire, « créatrices d'un arbitraire nouveau, collectif et irresponsable[26] ».

Un modèle familial ?

Privilégiée parmi les communautés sur lesquelles le pétainisme entendait reconstruire la France, la famille était la cellule de base sur laquelle toutes les autres se construisaient, l'atome en dessous duquel plus rien n'avait de sens, surtout pas l'individu. C'est que, comme l'écrivait Pétain philosophant sur « la politique sociale de l'avenir[27] », « le droit des familles est antérieur et supérieur à celui de l'État ». La métaphore familiale fut donc souvent à l'honneur tout au long du régime. Au-delà de la Mère-Patrie et du Maréchal-Père, le langage administratif allait fréquemment recourir à la même image, qu'il s'agisse des « familles professionnelles » de la Charte du travail ou de « la grande famille des serviteurs de l'État » à laquelle s'adressa Bouthillier en présentant les mesures prises à l'automne 1941 en faveur des fonctionnaires[28].

Famille des fonctionnaires, familles de fonctionnaires

Mais le régime, qui accordait une telle force aux valeurs familiales, ne pouvait pas se contenter de métaphores, et conduisit une politique familiale qui s'inscrivait dans une continuité que rappelait Michel Debré dans le premier volume de ses Mémoires[29]. Le monde de l'administration n'en fut pas absent : navré de voir les fonctionnaires se contenter d'engendrer un ou deux enfants, le gouvernement posa les jalons d'une politique familiale dans la fonction publique. On trouve ainsi trace, parmi les multiples projets de l'été 1940, d'une première esquisse de « statut de la famille française dans la fonction publique[30] », préparé par Ybarnegaray, secrétaire d'État à la Famille et à la Santé. Quittant le gouvernement en septembre 1940, Ybarnegaray n'eut pas le temps de voir aboutir son projet, qui fut repris, au début de 1941, par Jacques Chevalier. Le nouveau secrétaire d'État à la Famille travailla rapidement, et put présenter en juin 1941 en Conseil de cabinet une « loi fixant le statut provisoire de la famille française dans la fonction publique », texte justifié par le fait que « la politique familiale que le gouvernement a décidé de poursuivre doit s'affirmer en premier lieu dans l'administration, et particulièrement dans l'administration centrale[31] ». La seule innovation réelle d'un projet que le secrétaire d'État reconnaissait lui-même comme « d'effet assez limité » résidait dans l'attribution de bonifications d'ancienneté aux fonctionnaires pères d'au moins trois enfants. Mais Bouthillier, reprenant à son compte la position négative de la direction du budget sur le texte, demanda qu'il y fût renoncé dans la mesure où il était impossible d'en prévoir le coût[32]. Le gouvernement fut d'autant moins porté à écarter cette forte objection que le projet n'avait plus de véritable défenseur après la mise à l'écart de Chevalier, le 12 août 1941. Le secrétariat général de la vice-présidence du Conseil, pourtant partisan ardent d'une politique familiale dans la fonction publique, n'avait en effet pas pris le relais, se faisant alors fort de faire aboutir le projet, autrement plus ambitieux, de traitement familial sans se rendre compte que la réaction de la direction du budget sur la petite mesure de Jacques Chevalier n'était qu'un avant-goût de la bataille résolue qu'elle conduirait contre le traitement familial *.

Le président de la Ligue des fonctionnaires pères et mères de famille, de son métier rédacteur au Commissariat général à la famille, ne fut pas plus heureux avec un projet de loi visant à instituer des « délégués familiaux d'administration » dans chaque administration, projet qu'il s'était cru autorisé, en novembre 1941, à adresser en haut lieu à la suite d'une audience que lui avait accordée quelques semaines plus tôt le chef de l'État. Ce projet, caractéristique de l'esprit du pétainisme administratif, jugeait « indispensable d'instaurer, au sein même des administrations de l'État et des grands services publics, le "climat familial" qui leur fait encore défaut, et sans lequel il serait vain d'espérer un redressement moral au bénéfice de la famille française. [...] La doctrine familiale de notre association, écrivait le promoteur du texte, pénétrant peu à peu tous les échelons de la hiérarchie, permettrait à l'administration française de prendre conscience du rôle éminent qu'elle doit jouer dans le redressement du pays, en plaçant la famille à la base des institutions nationales [33] ». Comme pour montrer que le sujet n'était décidément plus à l'ordre du jour, non seulement cette proposition ne reçut aucune suite, mais la Ligue des fonctionnaires pères de famille, loin de se voir transformer, comme le demandait son président, en « association familiale unique, groupant sous le haut patronage [du chef de l'État] tous les chefs de famille fonctionnaires pour promouvoir l'esprit familial dans les administrations et entretenir entre tous ses adhérents un lien réel de solidarité familiale », fut dissoute, au nom de la conception rigoureuse que se faisait le Conseil d'État des associations professionnelles de fonctionnaires **.

Trop de fonctionnaires : l'abaissement des limites d'âge

Au lendemain de l'armistice, le gouvernement se trouvait confronté à un difficile problème d'ajustement entre les besoins des services et la situation anarchique des effectifs. Tandis que plusieurs dizaines de milliers de fonctionnaires avaient été faits prisonniers, le ralentissement de l'activité économique menaçait la France d'un inquiétant accroissement du chômage. Le gouvernement, dans sa recherche d'économies budgétaires, s'efforça de diminuer le nombre de fonctionnaires, d'autant que la réduction drastique des effectifs

---

* Voir *infra*, pp. 276 *sq.*

** Statuant sur le rapport du conseiller Giscard d'Estaing, la Haute Assemblée estima en effet, en décembre 1941, que, « dans les associations constituées par des fonctionnaires en vue de la défense d'une nature spéciale d'intérêts, les membres cumulent la qualité de fonctionnaire et celle de titulaire des intérêts dont le groupement assure la représentation », situation contraire à la lettre de la loi du 15 octobre 1940 qui n'autorisait que la défense des intérêts professionnels ; commission instituée pour l'examen de toutes les questions concernant les fonctionnaires, 29 décembre 1941, AN F60 245.

militaires imposée par l'armistice replaçait sur le marché du travail nombre d'officiers et de sous-officiers « civilisés » malgré eux. Si leur situation administrative et financière avait été tant bien que mal réglée par des lois qui, les 25 et 26 août, créèrent la position nouvelle de « congé d'armistice », il existait pour les pouvoirs publics une obligation morale de les employer. C'est ce qu'exprimait le commandant Cèbe, membre du cabinet du Maréchal, dans ses notes, déjà citées, du 11 août 1940 : autant il convenait « de réduire le nombre de fonctionnaires, d'en abaisser la limite d'âge, de prendre des mesures d'éviction radicale des femmes » afin de « faire apparaître les carrières de fonctionnaires aussi hérissées de difficultés et d'aléas que les autres* », autant il était « du devoir de l'État de maintenir au service de la Nation des hommes qui par définition appartiennent à une élite morale », à savoir les anciens militaires. Leur place ne devait pas être dans les bureaux, dont « on grossirait les effectifs, déjà beaucoup trop importants », mais dans « certaines fonctions actives (inspection du travail, ingénieur des ponts et chaussées), d'autant que les fonctionnaires qui les exercent ne sont pas toujours à la hauteur de leur tâche [34] ».

Ces réflexions simples étaient caractéristiques de l'image, largement présente dans les hautes sphères du régime, d'une fonction publique pléthorique, source de bureaucratie et de déficit budgétaire, et sans doute mal pensante. Elles militaient pour des coupes claires dans les rangs des administrations : l'abaissement des limites d'âge devait y contribuer, qui permit, au cours du second semestre de 1940, la sortie des effectifs de nombre de hauts fonctionnaires d'« ancien régime » : ce fut le cas des agents des affaires étrangères le 13 août, du corps préfectoral le 12 septembre, des fonctionnaires en poste en Algérie le 5 octobre, des gouverneurs et résidents des colonies enfin le 26 novembre [35]. D'autres mesures susceptibles de créer des vacances d'emplois furent envisagées [36] : le 30 octobre 1940, en pleine contradiction avec les projets visant à instaurer une politique familiale dans la fonction publique, une loi supprima les prolongations de durée de services pour charge de famille**. Le ministère des Finances proposa également, en novembre, le licenciement des auxiliaires embauchés depuis le début des hostilités, en suggérant que soient d'abord remerciés « les agents des deux sexes venus de l'agriculture ou originaires de localités de moins de deux mille habitants », puis « les personnels féminins autres que veuves de guerre ou soutiens de famille ou femmes de soldats non encore démobilisés ».

* Condition nécessaire pour réduire « l'afflux de jeunes candidats, alors qu'au contraire la confusion qui résulte des déplacements de population a conduit à délivrer le baccalauréat avec une bienveillance inaccoutumée, créant ainsi une fausse élite trop nombreuse n'ayant aucun goût pour le travail manuel pourtant indispensable », AN F60 286.

** *Journal officiel* du 31 octobre 1940. Interdisant le maintien dans les cadres au-delà de l'âge limite fixé par les statuts de chaque corps, elle fut modifiée en janvier 1941, pour permettre aux membres de l'enseignement atteints par la limite d'âge de terminer l'année scolaire.

Contingences et idéologie : le sort des femmes fonctionnaires

Autant que le retour à la terre, celui des femmes au foyer apparaissait en effet comme une priorité de la future politique de la fonction publique. Rajeunie par l'abaissement des limites d'âge, l'administration sur laquelle le régime comptait pour conduire le redressement national devait aussi être virilisée : il convenait donc d'y réduire sensiblement la place des femmes. Vichy apportait ainsi, sans atermoiements, sa réponse à une question elle aussi largement discutée avant-guerre : si le Conseil d'État avait reconnu en 1936 que « les femmes ont l'aptitude légale aux emplois dépendant des administrations centrales des ministères », c'était pour admettre d'un même mouvement que le gouvernement pouvait, pour des raisons liées à l'organisation du service, s'opposer à leur recrutement et restreindre leurs droits à avancement*. L'absence d'un statut général fixant les règles de recrutement de la fonction publique conduisait à des situations diversifiées : ni les Finances ni l'Intérieur n'admettaient les candidatures féminines à l'emploi de rédacteur et, dans l'ensemble de l'administration, les femmes exerçant des fonctions de chef de bureau se comptaient sur les doigts de la main. Le régime nouveau renversa la perspective, à la fois parce qu'il lui fallait créer des vacances d'emploi et parce qu'il était persuadé que la place des femmes n'était pas dans les bureaux. Là où la jurisprudence, prenant acte de l'évolution des mœurs et des réalités économiques et sociales, avait posé le principe d'un libre accès, tempéré par les nécessités du service, la loi du 11 octobre 1940 relative au travail féminin [37], premier texte législatif qui définit la place des femmes dans les services publics, leur y réserva une portion plus que congrue.

Le texte, qui se présentait comme destiné à lutter contre le chômage, contenait cinq types de dispositions, visant toutes le même but. Il posait d'abord,

---

* Arrêt *Demoiselle Bobard*, 8 juillet 1936, *Recueil Lebon* p. 721, et conclusions du commissaire du gouvernement Latournerie dans *Dalloz* 1937, 3, 38. L'affaire avait été jugée à propos d'un recours dirigé contre un décret par lequel, le 15 août 1934, l'accès aux emplois supérieurs (sous-chef et chef de bureau) au sein du ministère de la Guerre avait été interdit aux fonctionnaires de sexe féminin, tandis qu'un *numerus clausus* y était créé pour les autres emplois, fixé à 25 % pour les rédacteurs et à 50 % pour les commis. Guy Thuillier (« La révolution féminine des bureaux (1900-1940) », in *La Bureaucratie en France aux XIXᵉ et XXᵉ siècles, op. cit.*, pp. 549-576), fait remarquer que le rapport de présentation du texte soulignait que la conférence des directeurs, réunie sous la présidence du ministre, qui était alors le maréchal Pétain, avait souhaité à l'unanimité de ses membres que les femmes n'aient plus à l'avenir accès aux emplois supérieurs. En réponse aux protestations de Cécile Brunschvicg, présidente de la section du travail du Conseil national des femmes françaises, le ministre suivant, le général Maurin, avait mis l'accent sur la nécessité pour les rédacteurs de son ministère de disposer « des connaissances toutes spéciales que seul permet d'acquérir un certain temps de service militaire effectif ». L'argument convainquit le Conseil d'État, qui se prononça peu de temps après que trois femmes – dont Cécile Brunschvicg – eurent fait leur entrée au gouvernement (le commissaire du gouvernement avait clairement mis en lumière cette contradiction). Paradoxalement, c'est sous Vichy que le ministère de la Guerre s'inquiéta à nouveau de ce texte, pour proposer des compensations aux agents dont la carrière était ainsi freinée, lettre du directeur du budget au secrétaire d'État à la Guerre, 2 mai 1941, SAEF B 11856.

pour l'avenir *, le principe d'interdiction du recrutement des femmes mariées – ou vivant en concubinage notoire – dans tout emploi public, à la seule exception de celles dont le mari n'avait pas de ressources. Il disposait ensuite que toutes les femmes fonctionnaires ayant dépassé l'âge de cinquante ans seraient mises à la retraite, et autorisait les ministres à placer en congé sans solde tout fonctionnaire féminin, quel que fût son âge, sous réserve que son mari subvînt aux besoins du ménage. Pour ne pas pénaliser les familles nombreuses, cette disposition ne s'appliquait pas aux ménages comptant trois enfants ou plus. La loi adopta également le principe du *numerus clausus*, en renvoyant à des arrêtés ministériels le soin de définir, pour chaque catégorie d'emplois, le pourcentage maximum de personnel féminin autorisé. Enfin, des mesures furent prises pour inciter les jeunes femmes à contracter mariage, avec l'instauration d'un pécule. Mais la complexité du dispositif était telle qu'en 1942, à une jeune employée qui lui demandait si le texte s'appliquait, le cabinet du chef de l'État dut répondre par la négative, non sans avoir déploré qu'une initiative aussi intéressante fût restée lettre morte, en raison du mauvais vouloir du ministère des Finances **.

Les autres dispositions du texte n'avaient pas non plus suscité l'enthousiasme des services, qui mesuraient à la fois son caractère chimérique et la désorganisation effective qu'entraînerait sa mise en œuvre. C'est ainsi qu'au ministère de l'Éducation nationale, où les femmes formaient une proportion importante des corps enseignants primaire et secondaire, le directeur de l'enseignement supérieur était intervenu, dès le 17 octobre, pour souligner les dangers d'une application brutale de la loi. Dans sa première mouture, le texte prévoyait en effet de placer toutes les femmes mariées en position de congé sans solde, ce qui n'aurait pas manqué de provoquer de réelles difficultés dans les écoles ***. Le ministère des Finances n'était guère plus favorable au projet, même si Bouthillier avait recommandé à ses collègues, en décembre 1940, de ne pas combler, « en vue de ménager l'avenir », les nombreuses vacances découlant, dans les emplois précédemment occupés par des

* Et à titre provisoire, mais sans qu'aucun terme soit fixé dans le texte à ce provisoire.

** Position que partageait le cabinet d'Abel Bonnard : « La loi du 11 octobre 1940 n'a fait l'objet d'aucune instruction de la part du ministère des Finances. [...] Récemment encore, des échanges de vue ont eu lieu entre services, et la question a été de nouveau posée de savoir si l'article 4 pouvait être appliqué. Aucune réponse précise n'a été donnée et la question est toujours en suspens. Cet état de choses est tout à fait regrettable », lettre du directeur du cabinet du ministre de l'Éducation nationale au chef du cabinet civil, 20 mai 1942, AN 2AG 577.

*** Le secrétaire général de l'Instruction publique répondit le 23 octobre 1940 que « l'article 6 du projet de loi était finalement devenu « les agents mariés du sexe féminin *pourront* être mis en position de congé sans solde », ce qui permet au ministre de maintenir certains agents en activité, à titre exceptionnel », AN F60 426. On remarquera que ces deux courriers sont postérieurs à la date de la loi (11 octobre), mais antérieurs à celle de sa publication au *Journal officiel*, le 27 octobre. Il apparaît donc qu'un texte de loi signé pouvait encore être modifié dans l'intervalle, parfois assez long, qui séparait sa date officielle de celle de sa publication.

femmes, de l'application des lois d'exclusion [38]. Si, en mars 1941, il faisait référence à la publication imminente d'une instruction sur les modalités d'application de la loi – censée être entrée en vigueur cinq mois plus tôt – pour refuser aussi bien le durcissement du texte souhaité par le ministre de la Guerre que l'application de règles d'indemnisation plus généreuses demandée par le secrétaire d'État aux Communications [39], à partir d'avril une révision de la loi fut annoncée, « pour tenir compte de la structure actuelle de la main-d'œuvre, moins abondante qu'elle ne l'était en octobre dernier [40] ». Un nouveau projet fut examiné en août suivant, que Bouthillier, fervent partisan du maintien des femmes à la maison et surtout ennemi juré des couples de fonctionnaires, n'approuva qu'avec réticence. Il reconnaissait en effet que « les dispositions envisagées peuvent paraître insuffisantes, notamment parce qu'elles [...] ne permettent pas d'écarter des emplois publics les femmes mariées dont le mari dispose de ressources importantes. D'une manière générale, ajoutait le ministre, et pour des motifs d'ordre administratif et social aussi bien que d'ordre familial, il conviendrait de réduire dans une large mesure le nombre de ménages de fonctionnaires. Les solutions diverses qui ont été examinées à cet égard ne sont pas, je l'avoue, pleinement satisfaisantes. Mais je tiens à préciser qu'à mon sens cette question importante devra être reprise et réglée [41] ». Ce ne fut pourtant pas le cas, la politique de l'emploi féminin cessant vite d'être à l'ordre du jour. Toutefois, tandis que les ministères continuaient à recruter des auxiliaires féminins – et parmi elles d'anciennes fonctionnaires âgées de plus de cinquante ans mises à la retraite par application du texte d'octobre 1940 –, le statut des fonctionnaires posa, à l'automne 1941, le principe selon lequel « les femmes ont accès aux emplois publics, dans la mesure où leur présence dans l'administration est justifiée par l'intérêt du service [42] ». Était ainsi reconnue, dans une logique proche de celle adoptée par le Conseil d'État en 1936, l'aptitude légale des femmes aux fonctions publiques, ce dont se réjouissait une étudiante en droit, Simone Verdeau, qui soutint en décembre 1941 une thèse sur le sujet. Elle n'en déplorait que plus vivement la loi d'octobre 1940, texte d'exception dont elle soulignait les effets pervers autant que le caractère rétrograde :

> Les mesures de cette nature, discutées déjà en raison des effets économiques qu'elles entraînent, car, pour compenser la perte de son gain habituel qui diminue le pouvoir d'achat de la famille, la fonctionnaire licenciée réduit ses dépenses en proportion, [...] posent en outre de graves problèmes du point de vue des intérêts de la femme. [...] Des problèmes concernant la dignité morale de la femme sont à envisager. Trop souvent, son indépendance économique seule en est la base. Des problèmes concernant la faculté de fonder le foyer auquel une jeune fille aspire devront attirer l'attention du législateur. La conservation de la profession et du gain qu'elle lui assurait est souvent une condition indispensable à la fondation de ce foyer. [...] Il n'est pas douteux que l'émancipation de la femme, l'égalisation progressive des sexes ne soient l'un des traits caractéristiques de l'évolution des idées et de la civilisation modernes. Remonte-t-on la pente des temps ? Une simple loi, d'ordre économique, ne nous paraît pas pouvoir y réussir [43].

On voit sur cet exemple comment l'ambition qu'avait le pouvoir de « remonter la pente des temps » dut s'effacer devant les réalités nées de la guerre et de l'occupation : dans les services publics comme dans le reste de la société, le rôle des femmes était nécessairement appelé à s'accroître, ne serait-ce que pour remplacer le million et plus d'hommes prisonniers [44]. Il fallut attendre le retour au pouvoir de Laval pour que le droit fût mis en accord avec le fait, avec l'abrogation en septembre 1942 de la loi d'octobre 1940 [45]. C'en était fini de la tentative de retour à un mythique ordre ancien [46] que, dans ce domaine comme dans tant d'autres, le Vichy des premiers temps s'était donné comme idéal.

CHAPITRE V

Les réprouvés

« La France nouvelle réclame des serviteurs animés d'un esprit nouveau, elle les aura », avait solennellement proclamé le chef de l'État le 13 août 1940 [1]. C'était en fait d'abord l'esprit avec lequel l'État regardait ses fonctionnaires qui était nouveau : dans la conception organiciste qui prévalait désormais, le fonctionnaire ne devait pas seulement un service à l'État, il était un rouage de l'État. Son être devenant aussi important que son travail, c'est l'ensemble de sa personne qu'il convenait de juger, depuis ses choix politiques passés jusqu'à sa vie privée et au nombre de ses enfants. L'État avait ainsi été amené, indiquait un jeune professeur de droit, à exclure de ses rangs, par une « législation, évidemment sévère, destinée à redonner aux cadres administratifs un esprit vraiment français [2] », ceux de ses agents dont les quartiers de « francité » étaient insuffisants pour en faire des membres pleins de la communauté nationale, qu'ils fussent juifs ou nés de père non français, ainsi que les francs-maçons, acceptables toutefois s'ils s'engageaient à rompre tout lien avec des loges au demeurant dissoutes. S'y ajoutait la possibilité offerte au gouvernement de relever de ses fonctions, sans formalité, tout agent dont il doutait qu'il pût participer loyalement à l'entreprise de redressement national. Le présent chapitre présente ensemble ces quatre instruments d'exclusion, au risque d'une certaine confusion pour le lecteur. Mais cette confusion même, cet amoncellement sont caractéristiques de cette « période d'adoption de mesures coercitives visant l'instauration d'un certain nombre de disciplines * » : les directions du personnel devaient traiter

* Définition du second semestre de 1940 dans une note de la vice-présidence du Conseil relative à la préparation d'un document sur « l'œuvre législative de l'État nouveau », 2 mai 1941, AN F60 592.

ensemble ces questions, dont la mise en œuvre fut coordonnée, au sein de la vice-présidence du Conseil, par un même homme, Maurice Lagrange. Il n'est donc pas sans intérêt de tenter – sur les deux plus importants d'entre eux : le relèvement de fonctions et le statut des juifs – une analyse comparative de l'application de ces textes, dont la publication intervint en deux temps : une semaine après la création du nouveau régime, le 17 juillet 1940, étaient édictées les lois relatives aux fonctionnaires nés de père non français et au relèvement de fonctions, et moins d'un mois plus tard celle interdisant les sociétés secrètes. La préparation du statut des juifs fit l'objet de plus de soins, puisque c'est le 3 octobre 1940 qu'il fut signé par le chef de l'État et l'ensemble des ministres.

Une fonction publique nationale

Le paradoxe de la politisation

La définition, par la loi, de ces catégories de « réprouvés [3] », ne choqua pas les juristes, qui s'attachèrent au contraire à leur trouver un fondement dans l'évolution de la nature même du régime. Un professeur en début de carrière comme Georges Burdeau, en opposant « la trilogie – hiérarchie, autorité, responsabilité – qui inspire l'ordre nouveau [et dont] le régime politique autoritaire n'est qu'un aspect » au « régime précédent [qui], dans sa passion égalitaire, bannissait tout ce qui pouvait rappeler l'autorité [4] », se trouvait sur la même ligne de pensée qu'un aussi éminent publiciste que le doyen Bonnard déclarant à l'automne 1940 : « Les changements seront profonds. Ils atteindront les grands principes dominant notre droit public depuis la Révolution de 1789, soit le libéralisme individualiste, la démocratie et la séparation des pouvoirs. [...] Ces principes seront écartés non pas parce qu'ils auraient fait leur temps, ayant été utiles à un moment donné, mais parce qu'ils sont radicalement mauvais en eux-mêmes comme destructeurs de l'État, étant antinomiques avec l'idée même d'État. Ce sont des erreurs absolues tant théoriques que pratiques [5]. » Ces principes abrogés, rien n'empêchait l'État autoritaire de devenir un État politique, en droit d'exiger que ses serviteurs s'engagent pleinement à ses côtés :

> Sous le régime précédent on avait tendu de plus en plus à ne considérer la fonction publique que sous son aspect technique et à en éliminer au contraire tout caractère politique. Le résultat de cette « dépolitisation » de la fonction publique, quant aux choix des fonctionnaires, était qu'on ne réclamait de ces derniers qu'une aptitude professionnelle, que des capacités techniques. Depuis la révolution de 1940, au contraire, on a abandonné l'idée d'une « dépolitisation » complète de la fonction publique. L'administration étant la collaboratrice du gouvernement dont elle fait appliquer les directives, on a estimé que les fonctions publiques présentaient toujours un certain caractère politique, à côté de leur caractère purement technique. Il est donc indispensable que les candidats à ces fonctions justifient d'une certaine aptitude politique à les exercer, à côté de leur capacité professionnelle [6].

Face à une rupture aussi nette avec les deux principes essentiels sur lesquels était construite l'administration républicaine, l'égalité d'accès aux fonctions publiques et la neutralité politique, les milieux conservateurs, qui n'avaient pas eu de mots assez durs avant guerre pour fustiger la politisation de l'administration, ne trouvèrent rien à redire. Ils applaudirent au contraire, avec *Le Temps*, à l'ensemble de ces épurations, en constatant que « les pleins pouvoirs, cela n'est rien, c'est une fiction si les hommes qui les exercent sont trahis par l'impéritie des exécutants [7] ». Le quotidien partageait la conception organiciste et nationale d'un fonctionnaire tout entier au service de l'État, consacrant en novembre un éditorial à la « dignité de la fonction publique », où il justifiait l'épuration par l'abandon de « l'invraisemblable conception que le fonctionnaire, en dehors de son service, était entièrement libre de ses paroles et de ses attitudes » :

> Comment a-t-on pu concevoir qu'un instituteur, qu'un professeur pourraient, hors de leur chaire, dans leur vie privée, tenir des propos, prononcer des discours en opposition directe avec leur enseignement ? Ils sont chargés de l'éducation des enfants de France, ils ont le devoir de leur faire aimer la patrie, de leur inculquer une morale civique et sociale – et, hors de leur service, ils iraient prêcher l'antipatriotisme et la lutte de classes ! Un magistrat chargé d'appliquer la loi aurait-il la faculté de se tenir en marge de la loi dans sa vie privée ? La réforme entreprise est une simple réforme de bon sens – et la liberté personnelle du fonctionnaire n'en saurait souffrir. Tout au contraire, nous pensons que l'immense majorité des serviteurs de la nation se sentira libérée par la destruction d'un sophisme qui, en dernière analyse, justifiait une dégradante duplicité. Le prêtre doit avoir la foi qu'il répand. Le fonctionnaire doit être digne de sa mission, et cette mission lui impose une certaine réserve d'attitude dans sa vie privée. Son activité privée ne peut être en contradiction avec sa vie publique. La fonction et le fonctionnaire y gagneront en valeur morale [8].

Des Français insuffisamment français

« Le loyalisme à l'œuvre de rénovation nationale ne peut sincèrement être le fait que des membres de la communauté nationale », soulignait Georges Burdeau [9], auquel faisait écho Maurice Duverger en rappelant que le nouveau pouvoir « a jugé que les naturalisés ne possédaient pas [l']aptitude politique à exercer une fonction publique, à cause de leur origine étrangère [10] ». Cette analyse s'était traduite par un ensemble de trois mesures, intervenues dès la première semaine du régime, visant à limiter la place dans l'État des Français issus, à la première ou à la deuxième génération, de l'immigration. Le champ politico-administratif fut le premier touché : la loi du 12 juillet 1940 [11] – c'était l'une des toutes premières du régime – disposa en effet que « ne peuvent appartenir à un cabinet ministériel que les personnes nées de parents français ». Cette première pierre du dispositif d'exclusion des emplois publics des Français ne pouvant justifier d'un ancrage plurigénérationnel dans le sol de la patrie avait une portée essentiellement symbolique, voire fantasmatique : dans l'imagerie d'extrême droite qui s'était développée avec vigueur en France dans les années trente, et plus encore depuis le Front populaire, une place de choix était réservée au « métèque » profitant de complicités dans l'appareil d'État pour s'élever jusqu'à ses plus hauts niveaux, mais en restant caché, par exemple dans l'ombre d'un cabinet ministériel. Quoi de plus dangereux qu'un conseiller du prince qui ne serait français que par raccroc * ?

D'une ampleur plus vaste fut la loi du 17 juillet 1940 sur les fonctionnaires nés de père non français, qui réservait aux « Français nés de père français » les emplois publics [12]. La Troisième République avait certes déjà restreint, par une loi du 19 juillet 1934 [13], l'entrée des naturalisés dans la fonction publique : en interdisant leur accès aux emplois publics d'État pendant une durée de dix ans à compter de la date de leur naturalisation, elle leur imposait une forme de stage d'accoutumance aux valeurs françaises, en le justifiant d'ailleurs plus par la nécessité de protéger la main-d'œuvre nationale que par l'incapacité essentielle des naturalisés à détenir une parcelle de la souveraineté nationale. Pour Vichy, l'interdiction d'exercer une fonction publique était au contraire consubstantielle au fait de ne pas être né dans une lignée française. La « francité » ne pouvait s'obtenir par quelque stage que ce soit, fût-ce une scolarité complète dans des institutions scolaires ou universitaires françaises, en lesquelles le régime n'avait d'ailleurs guère confiance, et moins encore par le succès à des concours de recrutement, qui ne mesuraient que des capacités abstraites et rien du sens national indispensable à tout agent de l'État nouveau. La conception pétainiste de l'éducation insistait au contraire sur le rôle formateur essentiel de la famille. Comment imaginer donc qu'un père non français puisse transmettre à ses enfants le culte des valeurs leur permettant de régir, fût-ce d'un niveau modeste, la France éternelle ?

La démonstration ne valait pas seulement pour l'avenir. Tous les fonctionnaires, terme entendu au sens large **, nés de père non français durent quitter leur emploi, du professeur d'université à la fille de salle, la seule exception générale posée par le texte concernant les anciens combattants et leur famille directe ***, s'être battu pour la France rattachant de manière suffisamment forte les naturalisés à la communauté nationale pour leur permettre de participer au service public. S'y ajoutait la possibilité pour le gouvernement de

* L'obsession antisémite était sous-jacente dans ce rejet de l'étranger. Pour un florilège sur le thème du juif apatride s'emparant des leviers de la véritable puissance politique, voir Pierre Birnbaum, *Un mythe politique : « la République juive », op. cit.*, et Ralph Schor, *L'Antisémitisme en France pendant les années trente*, Bruxelles, Complexe, 1992, notamment pp. 169-181.

** Alors que le texte de 1934 ne s'appliquait qu'aux emplois d'État, la loi du 17 juillet 1940 concernait également le personnel des collectivités locales. Dans des villes de forte immigration, cette disposition bloqua le processus d'intégration sociale, comme à Marseille où, dès le mois d'octobre 1940, 661 employés municipaux furent déclarés démissionnaires d'office, AN 2AG 460.

*** Alors que le statut des juifs, s'inspirant d'une logique comparable, n'étendra pas à la famille d'un juif ancien combattant le droit à maintien en fonctions.

prononcer, après avis du Conseil d'État, des dérogations individuelles, tandis qu'une loi du 14 août régla la situation des Alsaciens-Lorrains, oubliée dans la hâte des semaines précédentes, et celle des enfants naturels nés de mère française, qui échappèrent aux rigueurs du texte[14]. Ces modifications furent confirmées par la loi du 3 avril 1941 qui, tout en toilettant les textes, s'attacha à définir les droits à pension des agents exclus, et imagina d'élargir le champ des dérogations aux « naturalisés pour services exceptionnels* ». Même si la politique des dérogations fut relativement généreuse, les textes restèrent d'une grande rigueur idéologique : la qualité de Français n'était pas de celles que le gouvernement entendait laisser se dévaloriser par une extension excessive de son champ. Cette crispation sur une conception étroite de la nationalité, caractéristique des périodes de crise, fut encore accentuée par la loi du 22 juillet 1940[15] qui, en posant le principe d'une révision de toutes les naturalisations intervenues en application de la loi du 10 août 1927 qui en avait assoupli les modalités, donnait satisfaction à une vieille revendication de l'extrême droite**. Le régime compléta enfin son inventaire des Français indignes à ses yeux de porter le nom de français en excluant de la communauté nationale, par des mesures individuelles de retrait de la nationalité, ceux qui avaient opté pour la « dissidence » gaulliste ou choisi l'émigration.

L'ennemi maçon

« Parlons franc, écrivait du Moulin de Labarthète, nous n'aimions, ni les uns ni les autres, la franc-maçonnerie. Le Maréchal faisait même profession de la détester. "Un juif, disait-il, n'est jamais responsable de ses origines ; un franc-maçon l'est toujours de son choix." [...] Ce n'était pas par "cléricalisme", mais par souci d'hygiène civique que nous souhaitions porter des coups à l'hydre aux mille têtes[16]. » Troisième des « états confédérés » de Maurras***, la franc-maçonnerie, sans être citée en tant que telle, fut interdite par une loi du 13 août 1940 portant interdiction des associations secrètes. Son exposé des motifs, signé par Alibert et Marquet, insistait sur le complot ourdi contre la

* Article 2 de la loi du 3 avril 1941 relative à l'accès aux administrations publiques, *Journal officiel* du 2 juin 1941. Lesdits « services exceptionnels » devant être définis par une loi ultérieure qui ne vit jamais le jour, on n'alla donc pas plus loin. N'aboutit pas non plus un projet du ministère de la Justice, qui proposa à la fin de 1941 d'autoriser l'accès aux emplois publics des Français nés de père étranger mais de mère française, en faisant remarquer que « dans la transmission des caractères héréditaires l'influence de la mère se fait sentir aussi bien que celle du père et qu'il n'est pas possible de méconnaître le rôle prépondérant de la mère dans l'éducation et la formation des enfants », lettre du ministre des Finances au garde des Sceaux, 3 janvier 1942, SAEF B 11 859.

** Quinze mille personnes perdirent ainsi la nationalité française, parmi lesquels environ six mille juifs, pour lesquels la mesure était le plus souvent synonyme de déportation, voir Bernard Laguerre, « Les dénaturalisés de Vichy » dans *Vingtième Siècle, revue d'histoire*, n° 20, octobre-décembre 1988, pp. 3-15.

*** Pour qui « le maçon [est] le plus dangereux de tous, puisque c'est dans la loge que se syndique tout ce que la synagogue et le monde métèque comptent de moins français », *La Seule France, Chronique des jours d'épreuve*, Lyon, Lardanchet, 1941, p. 210.

France par la franc-maçonnerie, complot dont la fonction publique constituait l'un des principaux bras séculiers :

> Aucun gouvernement ne peut admettre, et dans les circonstances présentes moins que jamais, l'existence de groupements poursuivant une activité clandestine ou secrète. Il serait totalement inadmissible que l'œuvre entreprise en vue du redressement national pût être combattue par des organisations d'autant plus dangereuses qu'elles restent cachées, qu'elles recrutent un grand nombre de leurs membres parmi les fonctionnaires, et que leur activité tend trop souvent à fausser les rouages de l'État et à paralyser l'action du gouvernement[17].

L'article 5 du texte exigeait des fonctionnaires – et plus généralement de tous les agents des collectivités publiques* – une déclaration écrite sur l'honneur « soit [de] n'avoir jamais appartenu à une des organisations définies à l'article premier, soit [d']avoir rompu toute attache avec elle et [de] ne jamais adhérer à une telle organisation au cas où elle viendrait à se reconstituer ». La démission d'office sanctionnait les éventuelles fausses déclarations, également passibles de peines pénales. Sous réserve d'une telle déclaration – atteinte évidente à la liberté de conscience –, les fonctionnaires liés à la maçonnerie restaient en place. Tout en luttant contre les « puissances occultes », le régime ne les regardait en effet pas comme suffisamment dangereuses pour que leurs membres fussent irrécupérables, comme l'étaient les juifs et les personnes nées de père non français en raison de leur appartenance trop récente ou incertaine à la communauté nationale. À moins que, plus prosaïquement, le gouvernement n'ait alors reculé devant l'ampleur de l'épuration qu'il aurait dû mettre en œuvre, et qui ne lui fit plus peur un an plus tard, lorsque conjoncture internationale et piétinement de la Révolution nationale provoquèrent un raidissement du régime, se traduisant par l'accentuation de la répression **. En outre, depuis juillet 1940, le pouvoir pouvait utiliser à sa guise, y compris donc contre quelques fonctionnaires francs-maçons ou supposés l'être, le relèvement de fonctions, instrument puissant en raison de sa portée absolument générale.

UNE FONCTION PUBLIQUE LOYALE

Un outil commode

Le même 17 juillet 1940, qui avait vu l'enracinement dans une lignée nationale remplacer la citoyenneté française comme condition d'accès à la fonction publique, fut promulguée une loi, appelée à un large avenir jusqu'à la fin du régime, qui autorisait le gouvernement à relever de ses fonctions, « nonobstant toute disposition législative et réglementaire contraire, par décret pris sur

---

* Terme là aussi entendu au sens large, puisque l'obligation de déclaration était étendue aux employés des entreprises concessionnaires de service public et à celles recevant une subvention de l'État ou d'une autre collectivité publique.

** Voir *infra*, p. 299 *sq.*

le seul rapport du ministre compétent et sans autres formalités», tous les agents publics[18]. La mesure était d'usage particulièrement simple, n'ayant pas à être motivée, de sorte que son champ d'application s'étendit rapidement au-delà des seules frontières de l'État. Entre août et octobre 1940, de nouveaux textes en élargirent l'usage au personnel des départements, des communes, de l'Algérie et des colonies. L'épuration des entreprises liées d'une manière ou d'une autre à l'État fut aussi prise en compte, avec l'application du texte à la SNCF puis à toute entreprise ayant une concession de service public ou recevant des subventions publiques. Ne furent pas non plus oubliés les conseillers prud'hommes, les membres des tribunaux de commerce, les officiers publics et ministériels d'Algérie et des colonies – mais pas ceux de métropole, comme le faisait remarquer Maurice Duverger, en conclusion d'un paragraphe prenant des allures d'inventaire[19]. Mais ce que le dispositif avait d'ampleur et de souplesse était compensé par son caractère provisoire, le gouvernement n'étant habilité à prononcer des relèvements de fonctions que jusqu'au 30 octobre 1940.

Les agents auxquels était appliquée la loi – le texte étant d'emploi fréquent, on inventa pour les désigner le néologisme de «juilletisés» – percevaient leur traitement pendant trois mois, à l'issue desquels devait être intervenu, si on ne souhaitait pas prononcer leur radiation définitive des cadres, un arrêté ministériel les reclassant dans un emploi comportant nécessairement une rémunération inférieure à celle précédemment perçue[20]. Dans le cas contraire, ils bénéficiaient de la jouissance immédiate d'une pension de retraite, à taux plein ou partiel selon la durée de leurs services*. Estimant ainsi avoir traité avec équité «les éléments qui, en raison soit de leur origine, soit de leur activité antérieure, se montreraient incapables de collaborer sincèrement et efficacement à l'œuvre de redressement national[21]», le régime fit du relèvement de fonctions un usage massif.

La première mise en œuvre

Dès l'été 1940, il eut en effet à cœur de libérer l'État de tous ceux, regroupés sous le terme inquiétant «d'incapables moraux», qu'il jugeait susceptibles de s'opposer à la mise en œuvre de l'ordre nouveau. Pourtant, si l'on en croit les reconstructions d'après guerre, les ambitions de renouvellement des cadres auraient été des plus limitées. Du Moulin de Labarthète affirme ainsi avoir plaidé pour «une épuration souple et rapide de quatre à cinq cents personnes au maximum», qui aurait frappé quelques grands noms au niveau national et, dans chaque département, «un chef de division rétif,

---

* Le montant de la pension, conformément aux règles classiques, était proportionnel à la durée des services accomplis, pouvant donc être très faible pour un fonctionnaire ne comptant que peu d'ancienneté supplémentaire à quinze ans. S'ils ne bénéficiaient pas de l'ancienneté ouvrant réglementairement droit à pension, ils étaient placés en position de disponibilité spéciale, percevant alors durant quelques mois – de quatre à neuf selon leur situation de famille et leur ancienneté – une indemnité égale à la moitié de leur traitement.

un inspecteur d'académie réfractaire – ou plus simplement le secrétaire de cet inspecteur d'académie, nabot généralement fielleux et bancal – tel ou tel vétérinaire congestif, tel ou tel directeur encombrant des services agricoles ou des contributions indirectes. En bref, les fortes têtes, les "esprits indurés" hostiles, par principe, à tout redressement entrepris sous la direction du Maréchal et qu'une mise à la retraite anticipée, un transfert discret dans une autre région ou, dans les cas graves, la suspension, ramèneraient peut-être à la raison [22] ». Sur le moment toutefois, les perspectives semblaient plus ambitieuses. Tous les ennemis politiques d'hier, et ceux attendus pour demain, furent visés. Le travail avait certes déjà été largement conduit par le régime précédent à l'égard des agents suspectés de communisme, le décret-loi du 26 septembre 1939 restant évidemment en vigueur. Mais l'ordre nouveau se voyait bien d'autres ennemis que les seuls communistes. À l'Éducation nationale par exemple, il convenait de se méfier des instituteurs, vecteurs nocifs de l'esprit ancien. Émile Mireaux, ministre entre juillet et septembre 1940, après avoir donné comme premier motif d'application de la loi les « abandons de poste ou manquements graves au cours des récents événements * », demanda une enquête précise sur le loyalisme de maîtres qu'il voulait imaginer « convaincus qu'ils n'étaient pas indemnes de toute responsabilité indirecte dans les malheurs qui frappent cruellement la communauté française. J'attends de votre loyalisme, poursuivait le ministre à l'attention des recteurs, que vous me signaliez sans la moindre hésitation, avec la certitude qu'en agissant ainsi vous témoignerez de votre amour de la France, ceux de ces maîtres que vous jugeriez indignes de continuer à donner l'instruction à la jeunesse de France [23] ».

À cet objectif politique venait s'ajouter, chez les hauts responsables administratifs, une volonté de revanche contre les syndicats de fonctionnaires qu'ils n'avaient jamais voulu reconnaître comme légitimes. Des faits anciens qu'une intervention syndicale avait pu conduire à ne pas punir aussi sévèrement que l'administration l'aurait souhaité furent ainsi passés en revue, à la lumière des nouvelles possibilités offertes par le relèvement de fonctions **. Mais on devait aussi profiter de la souplesse du texte pour purger les services d'agents devenus inefficaces, comme l'indiquait le directeur général des douanes à ses directeurs régionaux à la fin d'août 1940. Tout en estimant dangereux de procéder à de trop nombreuses suppressions d'emploi, qui risquaient de placer les services dans l'incapacité de faire face à leurs obligations en cas de reprise

---

* Qui furent sévèrement sanctionnés, le ministre ayant la main lourde face à des attitudes dont les pouvoirs publics précédents avaient peut-être montré l'exemple, mais désormais jugées indignes de l'autorité dont devait faire preuve la fonction publique. Il prononça la révocation des chefs d'établissement ayant quitté leur poste malgré un ordre formel, et le déplacement vers un poste inférieur de ceux l'ayant fait avec l'assentiment des autorités civiles ou militaires locales, circulaire aux recteurs et inspecteurs d'académie, 8 août 1940, AN F17 13318.

** La direction du personnel du ministère des Finances réexamina pendant l'été 1940 toutes les sanctions disciplinaires intervenues depuis 1931, y compris donc celles ayant fait l'objet de mesures d'amnistie, SAEF B 53030.

des relations internationales, il trouvait « conforme aux directives du gouvernement et à l'esprit de la loi d'utiliser les possibilités offertes pour éloigner des cadres les agents dont le maintien en fonctions s'est révélé, à des titres divers, indésirable[24] ». Initialement outil d'épuration politique, la loi du 17 juillet 1940 devenait un moyen de gestion administrative, en permettant de sortir des cadres les agents peu opérationnels, sans contrainte juridique ni, parfois, morale : le ministre de l'Éducation nationale releva ainsi de ses fonctions un chef de bureau grand mutilé de guerre[25], tandis qu'au ministère des Finances, parmi les appréciations très négatives justifiant certaines mises à l'écart (« intempérance caractérisée », « véritable déchet », « détraqué physiquement et moralement », etc.), on trouvait une référence à un agent « dont le rendement limité [était] dû à une affection contractée en service[26] ».

La sévérité fut encore plus de mise après qu'un premier bilan, construit sur les rapports de parlementaires envoyés en mission par le chef de l'État, avait montré l'inquiétant maintien en fonctions d'agents jugés peu fiables, ennemis virtuels, sinon déclarés, de l'entreprise de redressement national. Le résumé des rapports des *missi**, dû au commandant Cèbe, constatait le maintien de l'influence des « partisans de l'ancien régime, qui exploitent l'instabilité ministérielle et profitent de l'antimilitarisme qui règne dans l'opinion pour rejeter sur les militaires la responsabilité de la défaite ». Ces « résidus de l'ancien Front populaire » continuaient à disposer de relais dans les administrations, grandes et petites :

> On signale partout que les hommes sont les mêmes, qu'on retrouve les « maffias » d'autrefois, continuant à fournir leurs partisans. Le nombre de fonctionnaires des préfectures et des mairies, du personnel enseignant, des PTT, des services publics en général, contre lesquels il faut sévir est élevé, mais l'action est indispensable. [...] Certains fonctionnaires mènent contre le gouvernement une action sournoise en freinant l'action gouvernementale et en répondant aux réclamations, d'un air entendu : « Adressez-vous au gouvernement Pétain. » Cependant, il faut distinguer entre les bons et les mauvais fonctionnaires et ne pas les attaquer en bloc comme on a trop l'habitude de le faire. Cela provoque chez certains fonctionnaires qui ont l'ardent désir de servir un malaise qui risque, en se développant, de les rejeter dans l'opposition. Il faut mettre un terme à cet état de choses essentiellement préjudiciable en réalisant d'abord une épuration, en faisant ensuite du fonctionnaire l'auxiliaire du pouvoir central, avec l'autorité dont il a besoin dans ses rapports avec le public[27].

Le balancement permanent du régime, dans sa relation à l'égard de la fonction publique, entre persuasion et contrainte, transparaît déjà dans ce document qui date de ses premiers mois. Cette ambivalence justifiait la double fonction de l'épuration : moyen de défense lorsqu'elle était effective, elle était aussi force de dissuasion lorsqu'elle restait à l'état de menace. Disposant avec elle des moyens de se faire obéir, l'État nouveau pouvait parallèlement

* Officiellement « commissaires du Maréchal, chef de l'État », voir *supra*, p. 59.

rappeler à chacun de ses agents qu'il était détenteur d'une parcelle de la puissance publique, et associé à ce titre à l'œuvre de redressement national. Dans un premier temps, il convenait de montrer sa force. On imagine en effet assez bien, à la lecture de la synthèse que lui adressa le commandant Cèbe, quelle dut être la réaction de Du Moulin de Labarthète dont les regrets rétrospectifs devant « l'esprit de fresque, la décapitation par série, la suppression quasi généralisée d'opposants plus virtuels que réels, l'éternelle loi des suspects* » sont ainsi eux-mêmes fort suspects. L'exemple venait en effet de haut, le chef de l'État n'incitant pas à la mansuétude lorsque, dans son allocution du 13 août 1940, il déclarait avoir « pu constater en mainte circonstance, avec une peine réelle, que les intentions du gouvernement étaient travesties et dénaturées par une propagande perfide, et que des mesures mûrement réfléchies étaient empêchées de porter leurs fruits par l'inertie, l'incapacité ou la trahison d'un trop grand nombre d'agents d'exécution[28] ».

L'examen des directives ministérielles exposant l'esprit dans lequel devait être appliquée la loi reflète, à l'opposé de bien des réécritures modératrices d'après-guerre[29], le climat et les intentions de l'époque. Ministre de l'Intérieur depuis quelques jours, Peyrouton insistait ainsi sur le fait que « la réforme de l'administration française [était] subordonnée à l'élimination préalable des cadres administratifs des fonctionnaires que leurs faiblesses physiques, intellectuelles ou morales rendraient inaptes à collaborer à la création de l'ordre nouveau ». La loi du 17 juillet devait être appliquée avec rapidité et ampleur, pour écarter tous les agents qui « paraiss[ai]ent devoir compromettre par leurs insuffisances le succès de l'œuvre entreprise[30] ». À l'Éducation nationale, la circulaire qu'adressait le ministre Ripert aux autorités académiques était empreinte de la même sévérité :

> J'ai l'intention de prononcer le relèvement des fonctions d'un certain nombre de fonctionnaires ou d'agents. Cette mesure doit atteindre deux (*sic*) catégories de fonctionnaires et d'agents :
>
> – 1°) ceux qui, en raison de leur état de santé, de leur affaiblissement intellectuel ou de leur absence totale d'énergie sont dans l'impossibilité de remplir utilement leurs fonctions ;
>
> – 2°) ceux qui, dans ces dernières années, ont consacré une partie de leur temps à une agitation politique contraire aux intérêts de la France et persévèrent dans leur action, ou ceux qui se sont livrés dans le passé à des manifestations publiques de désordre social de nature à faire disparaître leur autorité morale ;
>
> – 3°) ceux qui ont été nommés aux fonctions qu'ils occupent par pure faveur politique et sans titre réel**.

---

* *Op. cit.*, p. 275. Le premier terme de cette énumération est une allusion à une plaisanterie de l'époque devant l'ardeur répressive de Raphaël Alibert : « Raphaël, disait-on, aime peindre à la fresque. »

** Circulaire aux recteurs et inspecteurs d'académie, 15 novembre 1940, AN F17 13318. « Agitation politique contraire aux intérêts de la France » et « manifestations publiques de désordre social de nature à faire disparaître leur autorité morale » étaient des allusions transparentes aux événements de l'été 1936 et à la grève du 30 novembre 1938.

Enfin, au ministère des Finances, même si Bouthillier avait promis, dans sa lettre du 25 septembre 1940 adressée à tous les agents, « qu'aucune opinion professée naguère ne [serait] un titre à la malveillance gouvernementale[31] », les circulaires de ses directeurs étaient plus nuancées. Si l'instruction, déjà citée, du directeur général des douanes insistait à la fin d'août sur les relèvements pour « rendement insuffisant » ou « moralité déficiente ou douteuse », elle n'en écartait pas des motifs tels que « profession d'idées subversives, agitation ou menées à caractère révolutionnaire, incitation à l'indiscipline[32] ».

Un bilan en demi-teinte

Malgré ces appels à la sévérité, la machine à épurer ne produisit pas les effets attendus. En mars 1941, le secrétariat général de la vice-présidence du Conseil traçait un bilan morose : malgré une prorogation de la date de validité de la loi jusqu'au 31 mars 1941[33], le fer n'avait été porté assez loin, ni avec assez de vigueur, que ce soit dans l'enseignement ou à l'égard des anciens syndicalistes. « Des réactions systématiques, notait Lagrange, sont enregistrées dès qu'on touche à un militant syndicaliste : ceux-ci entendent rester "tabous". Or, d'une manière générale, les dirigeants syndicalistes, grâce à l'appui bienveillant des administrations de l'ancien régime, s'étaient plus ou moins complètement affranchis de leurs fonctions professionnelles. Ce sont donc, par principe, de médiocres ou de mauvais professionnels[34]. » S'indignant de la campagne de presse qui, en zone occupée, cherchait « à apitoyer les masses sur "les innombrables instituteurs relevés de leurs fonctions par vengeance politique", alors qu'on a agi avec un excès de mansuétude, en ne relevant que 200 membres de l'enseignement primaire sur un total de plusieurs dizaines de milliers », il dénonçait « un mouvement orchestré tendant à conserver intactes les prérogatives que s'étaient acquis *(sic)* les leaders cégétistes[35] ». Dans ces conditions, estimait la vice-présidence du Conseil, le gouvernement se devait de maintenir le relèvement de fonctions en vigueur aussi longtemps que l'effort d'assainissement des cadres n'aurait pas été conduit à son terme. Pour étayer par des données chiffrées cette proposition, contradictoire avec le choix initial d'une épuration facile à mettre en œuvre mais provisoire, Lagrange fit signer le 9 mars 1941 par Henry Moysset, nouveau secrétaire général de la vice-présidence du Conseil, un questionnaire demandant aux ministres un bilan de l'application du texte de juillet 1940 prorogé *. Ses résultats conduisirent Darlan à prolonger de six mois encore le relèvement de fonctions **, comme il en

* Les administrations devaient faire connaître le nombre total d'agents relevés de leurs fonctions, en indiquant combien avaient été reclassés, et en fournissant un état nominatif pour les hauts fonctionnaires, entendus comme l'ensemble formé par « les membres des grands corps de l'État, les sous-directeurs et emplois plus élevés, et les emplois assimilables », AN 2AG 28.

** Loi du 29 mars 1941, *Journal officiel* du 30 mars 1941. L'exposé des motifs de cette loi est important, qui annonçait la mise en chantier du statut des fonctionnaires, voir *infra*, pp. 269 *sq.*

fit part aux ministres dans une circulaire du 29 avril 1941 [36], accompagnée du tableau d'application de la loi, ministère par ministère, qui permet de tracer l'état des lieux après six mois de « juilletisation * ». On constatait surtout une très grande disparité entre ministères. La palme revenait au ministère de l'Intérieur, qui alignait un score de 3 329 relèvements de fonctions, dont 2 873 agents de collectivités locales, et au secrétariat d'État à la Guerre, qui avait écarté 671 agents en n'en reclassant que 5, et annonçait une prochaine charrette de 950 fonctionnaires et ouvriers de zone occupée. Mais le secrétariat général de la vice-présidence du Conseil ne put s'empêcher d'observer que le secrétaire d'État au Travail n'avait relevé de leurs fonctions que 3 inspecteurs du travail sur 286, et que 194 instituteurs et institutrices seulement s'étaient vu appliquer la loi. Plus critiquable encore était l'application du texte par le ministre des Affaires étrangères, qui ne l'avait mise en œuvre qu'une seule fois **.

Or, écrivait Lagrange, « les secrétariats d'État qui estiment inutile une prolongation sont précisément ceux qui ont le moins usé de la loi ». En effet, aucun des trois ministères qui, aux yeux de la vice-présidence du Conseil, avaient sous-utilisé l'outil d'épuration n'estimait nécessaire sa prorogation, le secrétariat d'État au Travail allant même jusqu'à suggérer « l'établissement de dispositions statutaires spéciales donnant des garanties aux intéressés ». La position de l'Éducation nationale était moins favorable à ses agents : partageant la position de plusieurs autres administrations, elle jugeait en effet souhaitable l'intervention d'un texte permanent « permettant de relever de ses fonctions après enquête tout fonctionnaire ayant commis une faute professionnelle ou ayant eu une attitude antinationale ». Ce n'était pas tant le principe du relèvement de fonctions qui posait problème que le fait de prolonger au coup par coup un texte de circonstance, position défendue également par le ministère de l'Agriculture, qui jugeait que « des textes permettant de relever les fonctionnaires sans formalités mais sous certaines garanties devraient intervenir à titre définitif » et par la Marine qui rejoignait la demande d'enquête préalable à la sanction et estimait qu'une motivation écrite, en écartant tout risque d'arbitraire, rendrait le texte plus acceptable par les fonctionnaires, donc plus efficace. La circulaire du 29 avril ne tint pas compte de ces demandes, auxquelles une réponse devait être apportée par le statut des fonctionnaires dont le gouvernement avait annoncé la mise en chantier en même temps qu'il prorogeait à nouveau la loi du 17 juillet 1940. Elle mettait au contraire l'accent sur « la nécessité absolue de mettre à profit le nouveau

* Voir ce tableau en annexe 8, p. 685. On y remarque que le nombre d'agents du ministère des Finances relevés de fonctions était de 1 166, là où Bouthillier n'en comptait que 725 le 31 décembre précédent. Les deux chiffres sont à la rigueur compatibles, si l'on considère que le relèvement de fonctions est un processus qui s'est poursuivi tout au long du premier trimestre de 1941, mais la modération dont se crédite le ministre dans ses Souvenirs ne correspond en tout cas pas à la réalité de l'épuration réalisée dans ses services lorsqu'il en avait la responsabilité.

** Usant il est vrai 20 fois de la révocation, et 16 fois de la retraite anticipée, « pour des motifs du même ordre que ceux prévus par la loi du 17 juillet 1940 ».

délai [...] pour parachever l'œuvre de renouvellement qu'a eu en vue la loi du 17 juillet 1940, dans les administrations et services où cette loi n'a encore reçu qu'un commencement d'application[37] ». De fait prorogé jusqu'à la fin des hostilités, et utilisé à de multiples reprises jusqu'à la fin du régime *, le relèvement de fonctions finit par constituer l'un des éléments les plus permanents de la politique de la fonction publique sous Vichy **.

Une fonction publique sans juifs

Il nous faut nous arrêter un peu plus longuement sur le statut des juifs d'octobre 1940, à la fois parce qu'il constitue l'une des ruptures les plus nettes avec l'ordre juridique républicain et parce que l'administration fut à la fois acteur essentiel et terrain prioritaire de sa mise en œuvre. On gardera toutefois présent à l'esprit, ce faisant, que placer cette question au cœur des interrogations actuelles constitue, selon la juste formule de Renée Poznanski, « la revanche de l'historiographie sur l'histoire[38] ». Il serait en effet anachronique de considérer comme central ce qui ne devint assez vite, pour les administrations, qu'un dossier presque banal. Peu important en volume, élément parmi d'autres de la politique de redressement de l'État, il ne posait guère de difficultés de principe à une population imprégnée de l'antisémitisme et de la xénophobie qu'avaient contribué à banaliser avant guerre discours politique et presse d'extrême droite. Ce n'est qu'avec l'extension des rafles qu'à partir de l'été 1942 le régime se heurta d'un côté aux exigences allemandes, de l'autre à un réveil, progressif et limité, des consciences, amplifié par la position des Églises.

Une mesure française

Si sa réalisation allait constituer une première dans l'ordre juridique français, l'idée d'un statut des juifs avait derrière elle une histoire, remise au goût du jour, au milieu des années trente, par l'exemple allemand. Dans *Je suis partout*, Brasillach et Rebatet retrouvaient les accents de l'antisémitisme début du siècle pour réclamer l'exclusion totale des juifs des fonctions publiques d'où, estimaient-ils, ils régentaient la France[39]. Des hommes que Vichy rendra célèbres en la matière, tels Xavier Vallat, alors député de l'Ardèche, ou Louis Darquier, dit Darquier de Pellepoix, conseiller municipal de Paris, purent tenir lors de l'arrivée au pouvoir de Léon Blum des propos ouvertement

---

* Par une ironie de l'histoire, un des derniers usages massifs du texte intervint en janvier 1944, pour éloigner de Vichy quelques-uns des plus fervents partisans du maréchal Pétain, tel le général de La Porte du Theil.

** De multiples références à ce texte émailleront donc le présent ouvrage. Pour en alléger la lecture, il sera désigné, par la suite, par l'expression « loi du 17 juillet 1940 » sans plus de précision, tandis que la loi de même date relative aux fonctionnaires et agents nés de père non français sera citée avec son intitulé complet.

antisémites sans provoquer l'indignation à droite *. Mais, pas plus que les éructations antisémites de Céline, de tels projets semblaient ne jamais devoir quitter le domaine du pamphlet. Les premiers mois de Vichy, où gravitaient, autour de Raphaël Alibert, des équipes influencées par l'Action française et sensibles au thème de l'infection de la France par le « virus juif », démontrèrent qu'il n'est pas d'idée qui ne soit susceptible de se transcrire en termes de droit positif. Le projet d'un statut des juifs chemina, dès l'été 1940, dans l'État français **, parallèlement à la préparation des premières ordonnances contre les juifs prises par les Allemands en zone occupée. Parallèlement mais indépendamment, bien qu'on ait voulu présenter cette législation – aussi bien du côté de ses victimes, qui refusaient d'accepter que des autorités publiques françaises aient pu être à l'origine d'une telle négation des principes républicains, que dans les témoignages des anciens dignitaires du régime, dont la fonction d'autojustification était évidente – comme imposée par l'occupant. Dès 1946 pourtant, du Moulin de Labarthète rappelait que « l'Allemagne ne fut pas à l'origine de la législation de Vichy [qui] fut en quelque sorte spontanée, autochtone [40] », tandis que, quelques années plus tard, Xavier Vallat se félicitait de l'origine bien française des statuts, en soulignant que « M. Raphaël Alibert est resté à Vichy pendant tout le second trimestre [*sic*] de 1940 et n'a donc eu aucun contact avec les autorités d'occupation ; et, d'autre part, on n'a trouvé aucune trace dans les archives, tant allemandes que françaises, d'aucune conversation relative à la question juive, antérieure au premier semestre de 1941, époque à laquelle M. Alibert cessa d'appartenir au gouvernement [41] ».

L'étude précise de la chronologie croisée des textes antisémites pris par Vichy et par les autorités d'occupation, entre la fin de septembre et le milieu d'octobre 1940, interdit en outre de considérer que c'est au nom de la défense de la souveraineté nationale que Vichy réagit à la première ordonnance allemande contre les juifs, en date du 27 septembre, par l'édiction d'un statut valable pour l'ensemble du pays. Cet argument joua certainement pour partie, mais il ne fut pas déterminant. Les autorités gouvernementales françaises furent mises au courant dès le début de septembre des projets d'ordonnance allemande contre les juifs de zone occupée, et en reçurent confirmation par une note du 24 septembre du général de La Laurencie. Le délégué général dans les territoires occupés indiquait, après avoir détaillé les mesures prévues ***, que

* Lors du débat d'investiture du gouvernement Blum, Vallat constata, pour le déplorer, que « pour la première fois, ce vieux pays gallo-romain va être gouverné par un juif ! », et déclara préférer à la tête du pays « plutôt un paysan ayant de la terre de France à ses souliers qu'un talmudiste subtil », 6 juin 1936, *Journal officiel, débats de l'Assemblée nationale*, 7 juin 1936.

** Serge Klarsfeld rapporte les propos de Charles Pomaret, alors ministre du Travail, auquel Alibert déclara le 1er juillet 1940 être en train de préparer, avec son directeur du cabinet de Font-Réaulx, « un texte aux petits oignons » contre les juifs, *Le Statut des juifs de Vichy. Documentation*, textes rassemblés et présentés par Serge Klarsfeld, Les Fils et Filles de déportés Juifs de France (FFDJF), 1990, p. 30.

*** Après avoir posé sa définition du juif (celui qui appartient ou appartenait à la religion juive, ou qui a plus de deux grands-parents juifs, définis par leur appartenance à la

« l'administration allemande a[vait] interrogé ses services pour savoir si des mesures de législation antisémite étaient envisagées [en zone libre] ». Il ajoutait n'avoir su que répondre, faute d'informations reçues de Vichy et concluait : « Il ne s'agit pas, je tiens à le préciser, d'une demande des autorités allemandes tendant à introduire une telle législation[42]. » Le lendemain, le général reçut de Paul Baudouin une note qu'il devait remettre aux Allemands pour protester non sur le fond* – qui n'était pas évoqué – mais contre des mesures « dépass[ant] l'exercice des droits reconnus à la puissance occupante » et intervenant « dans un domaine qui relève des seules autorités françaises[43] ». Mais cette violente réaction contre une législation « romp[ant] l'unité administrative de la France, pourtant reconnue par la convention d'armistice[44] », resta verbale, le gouvernement français n'en tirant aucune conclusion concrète. Alors qu'il aurait été concevable de refuser le concours des services préfectoraux pour l'application de ce que Baudouin présentait comme un « acte unilatéral des autorités allemandes », ces services se virent directement et largement impliqués dans la mise en œuvre des ordonnances de l'occupant, collaborant ainsi à la confection des fichiers départementaux qui trouvèrent leur plein usage lors des rafles de 1942. On voit ainsi se mettre en place le type de raisonnement qui conduira, quelque vingt mois plus tard, à associer sans réserve la police française aux opérations conduisant à la déportation des juifs de France.

D'ores et déjà leur élimination des domaines essentiels de la vie nationale constituait, au début de l'occupation, un point de convergence entre Allemands et nouveaux maîtres de la France, l'un de ceux aussi par lesquels Vichy jugait possible de se concilier les bonnes grâces de l'occupant. Travaillant sur les archives allemandes, Philippe Burrin a extrait des rapports rédigés pour Berlin par le *Militärsbefehlshaber in Frankreich* à la mi-juillet le compte rendu d'entretiens que venaient d'avoir Abetz et Laval d'une part, Grimm et Flandin d'autre part. L'un et l'autre de ces anciens chefs de gouvernement de la Troisième République, vieux routiers du parlementarisme, y

---

religion juive), l'ordonnance prise le 27 septembre par les autorités d'occupation édicta l'interdiction de retour en zone occupée des juifs l'ayant quittée, l'obligation de recensement de tous les juifs présents en zone occupée, l'apposition enfin d'une affiche sur les « entreprises juives ». La note du général de La Laurencie anticipait toutefois sur le calendrier, en annonçant comme imminent le recensement des « entreprises juives », mesure qui ne fut édictée que par une seconde ordonnance allemande, le 18 octobre 1940. On trouvera le texte de ces ordonnances dans Serge Klarsfeld, *Le Calendrier de la persécution des Juifs en France*, FFDJF, 1993, pp. 23-24 et 31.

* On notera la différence avec la situation qui se présenta dans d'autres pays occupés, tels les Pays-Bas. Les secrétaires généraux, auxquels les Allemands avaient confié la fonction de régir le pays sous leur étroit contrôle, y protestèrent collectivement contre l'édiction d'une législation antisémite, tout en estimant nécessaire, *in fine*, d'en recommander l'exécution à l'administration d'État et aux collectivités locales placées sous leur autorité. Voir les analyses précises de Gerhard Hirschfeld, *Nazi rule and Dutch collaboration, The Netherlands under German occupation 1940-1945*, Oxford/New York/Hambourg, Berg éditeur, 1988 (édition allemande, 1984), pp. 142-146 et 157-159.

faisaient assaut d'antisémitisme. Le premier, alors vice-président du Conseil, annonçant ses intentions en matière de politique intérieure, se prononçait en faveur du parti unique et de la rédaction rapide d'une loi excluant juifs et francs-maçons des fonctions publiques. Le second, auquel les événements offriraient quelques mois plus tard une des toutes premières places dans l'État, ne s'embarrassait pas plus de républicanisme, en répondant le 16 juillet 1940 à son interlocuteur allemand qui lui déclarait que « ce ne serait que lorsque la France se serait complètement débarrassée de la juiverie et de la franc-maçonnerie que l'on pourrait attendre de l'Allemagne une collaboration avec elle » qu'il avait « recommandé à Laval d'introduire le plus rapidement possible une législation faisant des juifs des étrangers et les excluant de tous les emplois publics[45] ». Les anciens partisans de Vichy pourront bien expliquer après guerre, histoire nationale à l'appui, que l'antisémitisme d'État tel qu'ils le concevaient n'avait que peu à voir avec l'antisémitisme racial d'Hitler, il n'en existait pas moins, entre vichyssois et nazis, un accord de principe sur le fait que les juifs n'avaient plus leur place dans la communauté nationale.

Variables selon les préoccupations de chacun, diverses hypothèses avaient été envisagées pour les écarter de cette France nouvelle que le régime se proposait de construire : en septembre, Peyrouton soumit ainsi à Bouthillier un projet « d'installation de deux mille israélites à Madagascar ». Avant de se prononcer, la direction du budget, souhaitant en savoir plus, posa des questions extrêmement concrètes : les frais de transport et de première installation auxquels serait exposé le Trésor public devaient-ils être considérés comme des dépenses définitives ou seulement, hypothèse susceptible de faciliter un accord, comme « des avances remboursables par les nouveaux colons » ? Le ministère de l'Intérieur entendait-il poursuivre l'opération sur les exercices budgétaires à venir[46] ? L'idée, qu'appuyait Peyrouton, ancien gouverneur des colonies[47], n'eut pas de suite, mais son émergence montre que l'on ne peut faire peser sur le seul Alibert la responsabilité d'une exclusion dont se préoccupaient nombre de ministres. C'est Alibert néanmoins qui, comme garde des Sceaux, eut la mission de traduire dans la loi l'antisémitisme d'État dont il n'était d'ailleurs pas le moins fervent partisan. Le gouvernement choisit en effet l'arme juridique, qui retrancherait plus efficacement les juifs de la communauté nationale que la transportation de quelques-uns d'entre eux vers les terres chaudes. On continua donc à préparer activement un texte de loi *, qui fut discuté le 1er octobre 1940. Lors de ce « long Conseil des ministres,

* Le compte rendu sommaire du Conseil de cabinet tenu le 30 septembre résumait ainsi sous le titre générique « statut des israélites, avant-dernière discussion », la liste des points ayant reçu l'accord des ministres en vue de leur présentation au chef de l'État le lendemain : « Mesures diverses (200 000 israélites étrangers) : résidence d'établissement, camps de concentration ; révision des noms patronymiques (épuration) ; les écarter de toute fonction privée ayant incidence sur l'éducation ou l'action sur le moral ; dans le délai de deux mois à compter de la promulgation pour les fonctions publique, pour les autres

indique Paul Baudouin, c'est le Maréchal qui se montre le plus sévère. Il insiste en particulier pour que la Justice et l'Enseignement ne contiennent aucun juif* ».

Le texte appelé à devenir la loi du 3 octobre 1940 portant statut des juifs fut adopté à l'issue de cette séance. Il ne fut publié au *Journal officiel* que le 18 octobre, ayant dû recevoir le visa allemand entre-temps. Le général de La Laurencie, que décidément l'on n'entendait pas mêler de trop près au travail gouvernemental, semble ne pas avoir été associé à cette transmission, puisque le 16 octobre – alors que tout le monde savait que le projet discuté en Conseil des ministres était en cours de publication ** – le délégué général dans les territoires occupés indiquait à nouveau à sa tutelle que, « sauf instruction de [sa] part, [il] laissera[it] entendre [aux autorités d'occupation] que le gouvernement français n'[était] pas disposé à étendre, pour le moment, à la zone libre les dispositions qui [pourraient] être édictées dans la zone occupée [48] ». À cette même date, avant-veille de la promulgation de la loi, la présidence du Conseil, qui coordonnait l'activité législative du gouvernement, fit une revue de détail pour vérifier que le texte était prêt à être appliqué. Tout en estimant qu'il était temps de mettre le général de La Laurencie dans la confidence, il posa deux séries de questions, l'une d'organisation (« s'assurer auprès du garde des Sceaux que c'est bien lui qui est chargé de suivre la question des juifs »), l'autre de fond : « Dans quel cas le conjoint (qui remplace le troisième grand-parent) doit-il être considéré comme juif ? Dans quels cas les grands-parents sont-ils juifs ? Faut-il prendre comme critérium la religion, comme le fait le chef de l'administration militaire en France dans l'ordonnance du 30 septembre [49] ? »

« Est regardé comme juif... »

La question était d'importance. C'est qu'en effet la loi allait, pour la première fois dans l'histoire du droit français, définir ce qu'était un juif. Le critère de la religion, utilisé par les Allemands, semblait difficile à retenir dans un pays qui avait séparé les Églises de l'État : « Est regardé comme juif, disposa donc l'article 1er de la loi, toute personne issue de trois grands-parents de race juive, ou de deux grands-parents de la même race, si son conjoint lui-même est juif [50]. » On conçoit les interrogations de la présidence du Conseil devant

---

professions, dans un délai d'un mois à partir du règlement d'administration publique ; note explicative (ministère de l'Intérieur), presse et radio ; rappel de la nécessité de communiqués substantiels de vulgarisation pour tout acte important », AN F60 588.

* Paul Baudouin, *Neuf Mois au gouvernement*, La Table ronde, 1948, p. 366. Le secrétaire d'État aux Affaires étrangères rapporte que le sujet fut discuté pendant deux heures, ce qui contredit l'excuse avancée par du Moulin de Labarthète, d'après qui les questions importantes étaient toujours évoquées à la sauvette, « en fin de séance du Conseil, au milieu du bruit des chaises, dans la fumée des cigarettes » (*op. cit.*, p. 119), ce qui permettait aux mauvais ministres d'extorquer sa signature au bon souverain.

** Pierre Limagne en fit mention dès le 1er octobre, *op. cit.*, p. 31.

le caractère à la fois sibyllin et tautologique de cette définition, d'autant que le concept de race n'avait évidemment pas de précédent dans le droit français[51]. Cette imprécision, que le second statut, du 2 juin 1941, ne leva que partiellement, allait être à l'origine d'une jurisprudence fournie des juridictions administratives et judiciaires, et donner naissance à une nouvelle branche du droit, sur laquelle se penchèrent quelques universitaires intéressés par la nouveauté de la matière, le droit antisémite[52]. En même temps qu'il posait la faculté pour le gouvernement d'instaurer par décret en Conseil d'État un *numerus clausus* dans les professions libérales, le texte* se concentra sur deux catégories de professions desquelles « l'influence juive » devait être au plus vite extraite : la presse et le cinéma d'une part, dont l'article 5 interdisait l'exercice par des juifs, la fonction publique d'autre part, objet des articles 2 et 3 du statut.

L'article 2 énumérait « les fonctions et mandats dont l'accès et l'exercice sont interdits aux juifs ». Leur liste répondait à une double préoccupation : celle d'abord d'empêcher qu'une part autre que purement résiduelle de la puissance publique fût exercée par des juifs, d'où l'interdiction de toute fonction d'autorité – de chef de l'État à sous-préfet, en passant par directeur de ministère ou gouverneur des colonies – et l'exclusion totale des juifs, quel que soit le niveau de leur emploi, des corps participant à la puissance régalienne de l'État : police, diplomatie et justice. Dans l'armée toutefois, seules les fonctions d'officiers étaient alors fermées aux juifs. Mais il s'agissait aussi de lutter contre l'« influence juive ». Un juif ne pouvait donc appartenir à quelque assemblée élue que ce soit, pas plus qu'il ne pouvait être enseignant. On était en effet enclin à penser, à Vichy, que la guerre avait été perdue non par les militaires, qui peuplaient les allées du régime, mais dans les salles de classe et sur les bancs de l'Université, où avaient été professées les théories égalitaires et dénigrées les valeurs d'autorité. Il était donc impératif d'ôter la tâche de régénérer la jeunesse à ceux qui, par essence, ne pouvaient comprendre les valeurs de la France pas plus qu'ils ne pouvaient – même si les apparences indiquaient le contraire – s'y assimiler.

Le gouvernement déclarait pourtant s'être interdit de « faire œuvre de représailles contre les juifs[53] », comme le montrait, estimait-il, le caractère « équilibré » du statut. Non seulement celui-ci définissait, à l'article 7, les droits à pension des agents exclus, mais son article 3 autorisait les juifs anciens combattants à conserver leur emploi, si celui-ci ne relevait pas des fonctions interdites par l'article 2. Furent donc admis à conserver un emploi public, par nature subalterne, les anciens combattants titulaires de la carte du combattant 1914-1918, ceux cités au cours des campagnes de 1914-1918 ou 1939-1940, ceux enfin titulaires de la Légion d'honneur à titre militaire ou de la médaille militaire**. L'article 8 permit en outre de relever des interdictions

---

* Dont on trouvera le texte complet en annexe 4, p. 647.

** Aucune femme ne pouvait donc être relevée des interdictions posées par le statut, qui allait ainsi dans le même sens que la législation spécifique, déjà évoquée, visant à restreindre la place des femmes dans l'administration.

édictées par le texte les personnes « qui, dans les domaines littéraire, scientifique et artistique, [avaient] rendu des services exceptionnels à l'État français ». Chaque dérogation devait faire l'objet d'un décret individuel pris en Conseil d'État, « dûment motivé » et publié au *Journal officiel**. L'article 9 élargit enfin le champ d'application de la loi à l'Algérie, aux colonies, aux protectorats et aux territoires sous mandat – toutes zones dans lesquelles l'unité juridictionnelle avec la métropole n'était pas totale, et où ne se posait aucun risque d'ingérence de la réglementation allemande d'occupation. Il existait en revanche en Algérie un antisémitisme ancien et fort[54], auquel Vichy venait de donner une satisfaction majeure avec l'abrogation, par la loi du 7 octobre 1940[55], du décret du 24 octobre 1870, dit décret Crémieux, qui avait accordé la nationalité française aux juifs indigènes. Il s'agissait là d'une mesure d'ordre purement idéologique, que même ceux qui estimaient « [qu']une réaction s'impos[ait] contre les juifs en Algérie » ne réclamaient pas, soulignant au contraire le risque de désorganisation complète de la magistrature, des services publics et de l'Université qui pourrait en découler[56]. En retirant la nationalité française aux juifs indigènes, on les excluait du même coup de l'administration puisque les fonctions publiques ne peuvent être exercées que par des nationaux. Une telle conséquence paraissait de peu de poids, la mesure visant au contraire à montrer clairement que les temps avaient changé **.

Le désarroi

Ce « tragique de sa situation de fonctionnaire soudain rejeté par son État institutionnalisé et ouvert à tous les talents », qu'évoque Pierre Birnbaum à propos du capitaine Dreyfus[57], bien des agents publics qui, sans doute, se vivaient d'abord comme français, puis comme fonctionnaires et seulement ensuite comme juifs, durent en ressentir toute l'intensité en découvrant au *Journal officiel* le texte d'exclusion *** qu'accompagnaient, largement

---

* Cette multiplication des contraintes, imposée par le texte, de peur sans doute de voir se développer une politique trop laxiste de dérogations, se révéla constituer un carcan tel que même Xavier Vallat le jugea excessif. Le second statut abandonna en conséquence le principe de la publication au *Journal officiel* que contrôlait l'occupant, mais maintint le passage obligé par le Conseil d'État, qui fit systématiquement preuve de rigueur, voir *infra*, p. 164.

** « Le décret Crémieux appartenait à cette catégorie d'abus et d'injustices que le maréchal Pétain a dénoncés dès son arrivée au pouvoir. Pris dans les premiers jours du régime défunt, le décret de Crémieux ne symbolisait que trop le rôle toujours plus ambitieux et dangereux que tant de juifs devaient y jouer. Sans retard, le nouvel État français a su abolir ce vestige d'une époque révolue », *Bulletin de presse du service de propagande du secrétariat général à la Jeunesse*, octobre 1940, AN 2 AG 607.

*** Pierre Laroque, maître des requêtes au Conseil d'État, évoquait ainsi « le sentiment de voir la terre se dérober sous [s]es pieds » lorsqu'il fut contraint de quitter le cabinet de René Belin, « qui avait envisagé de [lui] confier un poste de directeur régional des assurances sociales », *Au service de l'homme et du droit. Souvenirs et réflexions*, Association pour l'histoire de la Sécurité sociale, 1993, pp. 126-127. Claude Singer, à partir de nombreux témoignages sur « la dernière classe » de plusieurs enseignants atteints par le statut, rappelle leur amertume et leur abattement, qui contrastaient avec l'indifférence de la plupart

reproduites dans la presse, les déclarations, plus blessantes encore, par lesquelles le pouvoir justifiait la mesure. Un communiqué officiel rappela ainsi « les effets fâcheux de l'activité [des juifs] au cours des années récentes durant lesquelles ils eurent dans la direction de nos affaires une place prépondérante » et aussi combien « spécialement dans les services publics, si réelles que soient d'honorables exceptions dont chacune pourrait fournir un exemple, [leur] influence s'est fait sentir, insinuante et finalement décomposante ». Pour autant, poursuivait le communiqué, aucune volonté de revanche n'animait un gouvernement qui, « dans son œuvre de reconstruction nationale, [avait] dû, dès les premiers jours, étudier le problème des juifs et celui de certains étrangers qui, ayant abusé de notre hospitalité, n'ont pas peu contribué à la défaite ». Tout en « respect[ant] les personnes et les biens des Juifs* », la loi « les empêch[ait] seulement d'assurer certaines fonctions sociales, d'autorité, de gestion, de formation des intelligences, l'expérience lui ayant prouvé, comme à tous les esprits impartiaux, que les juifs les exerçaient dans une tendance individualiste jusqu'à l'anarchie** ». Le Conseil d'État n'eut donc pas à chercher beaucoup lorsque, dans son rôle de conseiller du gouvernement, il eut à évaluer l'étendue qu'il convenait de donner à certains termes de la loi. Pour établir, conformément à sa pratique, « l'intention du législateur », il put ainsi se rallier à l'argumentation émanant d'un gouvernement désireux d'éliminer des services publics cette « influence des juifs, insinuante et finalement décomposante ».

Les protestations des intéressés furent de peu d'effet. Le grand rabbin de Paris, Julien Weill, écrivit au chef de l'État pour lui faire part de l'émotion de la communauté dont il avait la charge face à « des mesures qui bless[ai]ent profondément l'esprit de justice », mais n'en réaffirma pas moins que, « quelles que soient les rigueurs de la loi nouvelle, [...] les citoyens français de religion juive restent fidèlement attachés à leur patrie ». À cet appel, le secrétariat général de la présidence du Conseil, notant dans la marge qu'il convenait de « prendre acte poliment » de ce plaidoyer en faveur de l'appartenance

de leurs collègues, et le soulagement de l'administration académique lorsqu'elle put constater l'absence de quelque réaction collective que ce soit, *Vichy, l'Université et les Juifs*, Les Belles-Lettres, 1992, pp. 158-170, réédition Hachette, « Pluriel », 1996.

* Ce n'est en effet que le 22 juillet 1941 que fut promulguée la loi « relative aux entreprises, biens et valeurs appartenant aux Juifs », qui mit en œuvre le processus d'»aryanisation économique », par la nomination d'administrateurs provisoires des entreprises, immeubles et biens possédés par les juifs.

** Cité par S. Klarsfeld, *Le Calendrier, op. cit.*, pp. 29-30. Le caractère raciste de la législation apparaissait dans la phrase par laquelle s'ouvrait le dernier paragraphe du communiqué : « Notre désastre nous impose l'obligation de regrouper les forces françaises dont une longue hérédité a fixé les caractéristiques », qui continuait ainsi : « Il ne s'agit pas là de facile vengeance, mais d'indispensables sécurités. Le gouvernement pourra d'ailleurs affranchir de certaines limitations, qu'il prescrit dans l'intérêt vital de la France, ceux des Juifs qui auront bien mérité de la patrie. Et cette réserve prouve dans quel esprit d'humanité il s'est efforcé de régler une question dont l'actuel bouleversement a démontré le caractère universel. »

entière des « citoyens français de religion juive » à la nation française*, prépara à la signature du maréchal Pétain une réponse sèche, sous forme d'un accusé de réception agrémenté de quelques réflexions sur la raison d'État :

> Par votre lettre du 23 octobre 1940, vous m'avez fait part de l'émotion qu'éprouve la Communauté israélite de Paris à la suite de la loi portant statut des Juifs. L'obéissance à la loi est un des principes essentiels de tout État et une des conditions indispensables au relèvement de la France que je poursuis, vous le savez, de toutes mes forces, en faisant appel au dévouement et, si besoin est, à l'esprit de sacrifice de tous mes concitoyens, dans quelque situation qu'ils se trouvent placés. Je suis heureux de constater que vous êtes animé de ces mêmes sentiments et je vous remercie de les avoir exprimés. Veuillez agréer, etc.[58].

Privilégiant l'exclusion des juifs de la sphère politico-administrative et du domaine de l'esprit, et laissant espérer la diminution de leur nombre dans les professions libérales, la loi du 3 octobre 1940, complétée pour l'Algérie par l'abrogation du décret Crémieux, répondait aux aspirations les plus traditionnelles de l'antisémitisme d'État. Le cabinet du maréchal Pétain insistait d'ailleurs pour que les promesses contenues dans le texte ne restent pas lettre morte. Le 22 novembre, le général Laure, secrétaire général du chef de l'État, demandait ainsi à l'amiral Fernet, secrétaire général de la présidence du Conseil, « que l'accès des juifs aux professions dites libérales soit au plus tôt réglementé, comme le laisse espérer l'article 4 de la loi du 3 octobre 1940[59] ». Comparant les législations allemande et française, la présidence du Conseil constatait en outre leur parfaite complémentarité : « Le but des ordonnances allemandes est d'enlever aux juifs toute influence économique. Le but des ordonnances françaises est de leur enlever l'influence politique, artistique, et littéraire. En zone occupée, elles se complètent. En zone libre... ** » Des points de suspension étaient effectivement nécessaires pour souligner l'ampleur du changement qui, avec ce texte comme point d'orgue, venait d'être apporté à la conception républicaine de la citoyenneté, comme l'exposait, là encore avec précision, Maurice Duverger :

> Le statut des juifs aboutit à créer une distinction entre les nationaux d'origine de race juive et les nationaux d'origine de race française. Aux seconds seuls s'appliquera désormais le principe de l'égalité d'accès aux fonctions publiques. [...] La raison d'être de l'incapacité des juifs d'accéder aux fonctions publiques est la même que celle de l'incapacité frappant les naturalisés :

---

* « Ils savent que, si la France a été battue par les armes, aucune force humaine n'a pu et ne pourra jamais avoir raison de son âme noble et chevaleresque. La France doit se relever et nous sommes unanimes à donner notre entier concours à son gouvernement malgré l'état d'infériorité où nous sommes réduits. Les sympathies que les croyants de tous les cultes nous témoignent nous ont montré que les épreuves infligées à notre malheureux pays n'ont fait que fortifier les liens moraux qui unissent tout notre peuple sans distinction de religion dans l'amour commun de la Patrie », 23 octobre 1940, AN F60 490.

** Les points de suspension sont dans le texte, qui est vraisemblablement du commandant Cèbe, « Note sur les mesures contre les juifs », 28 octobre 1940, AN F60 490.

> la protection de l'intérêt des services publics. [...] Mais les mesures prises à l'égard des juifs sont plus rigoureuses et plus étendues que les mesures prises à l'égard des naturalisés. Cela s'explique par le fait qu'on a jugé les juifs plus dangereux politiquement que les naturalisés : l'intérêt public conduisait donc à adopter à leur égard une réglementation plus stricte [60].

EXCEPTION ET ROUTINE : L'APPLICATION DU STATUT DES JUIFS

Réglementation plus stricte, mise en œuvre sans concessions. Confrontée, pour exclure les fonctionnaires juifs, à des questions inédites – comment définir juridiquement un juif ? – ou rarement posées – où devait s'arrêter la notion de fonctionnaire ? –, l'administration de l'État français y répondit avec pragmatisme, cherchant toujours à parfaitement appliquer la volonté du législateur nouveau. Les difficultés ne manquaient pourtant pas, s'agissant d'un dossier qui n'avait aucun précédent susceptible d'en éclairer le déroulement.

Deux questions inédites

Suivons toujours Maurice Duverger, qui avait facilement mis en lumière, au vu de quelques mois d'application du statut, le caractère tout à fait insatisfaisant de la définition des juifs, quel que fût le critère auquel on recourût. « Si l'on adopte le critère religieux, soulignait-il, il est à craindre que la plupart des juifs ne feignent une conversion apparente, et ne parviennent ainsi à éluder l'application de la loi. Si l'on adopte le critère racial, il est très difficile de déterminer les caractères qui permettront d'établir l'appartenance ou la non-appartenance à la race juive : la définition scientifique de la race, d'après les caractères ethniques, étant impossible à utiliser, on en sera réduit au système de la déclaration, qui ouvre la porte à toutes les contestations [61]. » Il est vrai que les moyens mis en œuvre par les différentes administrations pour déterminer qui était juif n'étaient ni homogènes ni juridiquement inattaquables. Si, dans une circulaire du 21 octobre 1940, le secrétaire d'État à l'Instruction publique demanda aux recteurs et aux inspecteurs d'académie de dresser des listes de fonctionnaires de l'enseignement « qui, de notoriété publique ou à [leur] connaissance personnelle, [devaient] être, aux termes de l'article premier, regardés comme juifs [62] », le ministère des Finances choisit de déplacer la difficulté vers les intéressés, en faisant signer par chaque agent une déclaration selon laquelle, informé de l'existence de la loi, il affirmait ne pas correspondre à la définition du juif qu'elle donnait *.

---

* La hiérarchie ne devait toutefois pas être absente de la mise en œuvre du texte, étant chargée de déterminer quels agents rempliraient la déclaration particulière demandée à ceux « considérés comme juifs pour l'application de la loi ». Une double exigence d'efficacité – l'ensemble des opérations devant être réalisé en une semaine – et d'information du personnel était attendue d'eux, le texte précisant que « MM. les directeurs généraux, directeurs et chefs de services voudront bien attirer l'attention de tous les agents sur les sanctions disciplinaires auxquelles ils s'exposeraient en souscrivant une déclaration inexacte, ou en

Avant d'en être ainsi réduite au régime de la déclaration – que la plupart des ministères mirent en œuvre après qu'une réunion interministérielle en eut constaté, le 16 décembre 1940, les avantages – l'administration avait cherché à définir des éléments d'appréciation objectifs de la « qualité de juif ». À la mi-novembre s'engagea ainsi une controverse entre le ministère de la Justice, dont la direction civile était compétente en matière d'état des personnes, et le ministère de l'Intérieur, d'abord soucieux d'efficacité administrative. Après avoir remarqué « qu'en l'absence de documents sur cette matière spéciale il [était] actuellement difficile d'émettre un avis motivé », le premier proposa de s'inspirer des moyens de preuve posée par la législation allemande, qui s'appliquait désormais en Alsace : le critère religieux devait être le premier pris en compte, « tout grand-parent faisant partie de la communauté religieuse juive [étant] considéré comme étant de pure race juive [63] », mais le ministère de la Justice reconnaissait que son application pouvait poser des difficultés en France, où les actes d'état civil ne comportaient pas de mention de la religion. En cas de doute, poursuivait la note, il conviendrait de recourir à des éléments de fait, tels « l'aspect de certains noms patronymiques, le choix des prénoms figurant sur les actes d'état civil, et le fait que les ascendants auraient été inhumés dans un cimetière israélite [64] ». La présidence du Conseil, jugeant ces suggestions intéressantes, en adressa copie le 23 novembre à tous les ministères. Pourtant, dans une très longue réponse, le ministère de l'Intérieur s'employait à écarter systématiquement ces propositions, soulignant par exemple que l'étude du nom et des prénoms ne pouvait fournir que des indices, ou mettant en évidence « la relativité du critère fondé sur le sang ». Cinq pages de cette eau lui permettaient de conclure que « l'unité de critère conduit à un écueil. Elle aboutirait à une application fragmentaire de la loi, ce qui ne répond pas à la pensée du législateur, ni aux nécessités publiques ». Pour ne pas en rester à ce constat peu constructif, ce ministère proposait « une solution qui présente surtout des avantages pratiques, puisqu'elle permet une application normale du texte, et qu'elle sauvegarde, par l'exercice d'un recours, les situations individuelles ». Le principe en était effectivement simple, et d'application aisée : « Pour l'administration, devra être considéré comme juif tout individu présumé tel. Toute décision prise en vertu de cette présomption sera tenue pour valable et exécutée d'office comme toute décision administrative *. »

---

s'abstenant de souscrire la déclaration individuelle ci-dessus prévue. Ils risqueraient, en outre, de se voir privés des avantages prévus à l'article 7 de la loi ou de tous les autres avantages qui pourraient être consentis ultérieurement », note du directeur du personnel, du matériel et du contentieux à l'attention de tous les services, 18 novembre 1940, AN F60 490.

* « La présomption en vertu de laquelle un individu est présumé juif est une présomption de fait. Elle s'appuie sur un ensemble d'éléments tels que la race, la religion, le nom, la tradition qui, pris isolément, pourraient paraître insuffisants mais qui, réunis, contribuent à donner à un individu une sorte de possession d'état. [...] La présomption est susceptible de preuve contraire, devant les tribunaux judiciaires. [...] La situation

Si l'on prévoyait, dès avant la publication de la loi, des difficultés quant à la définition de ce qu'était juridiquement un juif, il n'était guère plus simple de savoir ce qu'il fallait entendre par l'expression de « fonctions publiques » qui figurait à l'article 3 du statut. L'expérience des premières semaines d'application montra en effet que chaque ministère en avait retenu sa propre acception. Ainsi, si le secrétaire d'État à l'Instruction publique ne traitait, dans ses instructions du 21 octobre, que de la situation des « fonctionnaires », le ministre des Finances avait pris soin de signaler que la déclaration prévue par sa circulaire du 18 novembre était attendue de « tous les agents, titulaires, auxiliaires, contractuels, etc. ». La différence était d'importance, quand on se souvient que près du cinquième des effectifs publics était constitué d'auxiliaires. Un grand pas vers la solution de cette difficulté fut franchi avec l'avis rendu le 12 décembre 1940 par le Conseil d'État. En réponse à un courrier du 18 novembre du secrétaire d'État au Ravitaillement, demandant s'il convenait d'inclure les auxiliaires dans le champ d'application du texte, la Haute Assemblée, fidèle à sa pratique antérieure, chercha à connaître les intentions du législateur, fût-il désormais unique. Il déroula à cette fin un raisonnement solidement argumenté, aux termes duquel « l'exercice d'une fonction publique [était] un fait, indépendant du statut juridique de celui qui l'exerce » :

> Le texte de la loi est clair : il n'est pas possible de considérer que son article 3 s'applique ou non selon que celui qui l'exerce est placé ou non sous le régime juridique général des fonctionnaires. C'est seulement de l'analyse des fonctions elles-mêmes que peut-être trouvée une base pour l'application de la loi ; il apparaît que l'intention du législateur a été d'interdire aux juifs l'accès et l'exercice de toutes les fonctions de nature à conférer une influence ou une autorité quelconque *.

Des enjeux bureaucratiques

Armé de ce vademecum qu'il avait contribué à faire émerger, et abandonnant la critique des imperfections du texte de la loi – même si un courrier du

---

administrative de l'intéressé, s'il est fonctionnaire, [devra en ce cas] être rétablie, l'administration s'inclinant toujours devant les décisions de l'autorité juridictionnelle. Cette solution présente un certain nombre d'avantages : elle est très souple dans son application, puisqu'elle ne comporte pour l'administration aucune recherche d'état civil, souvent difficile ; elle s'accorde avec les principes du décret administratif, en vertu desquels exécution préalable est due aux mesures administratives, le contrôle juridictionnel pouvant s'exercer a posteriori. Il est donc loisible à l'administration de prendre à l'égard de ses agents présumés juifs toutes mesures de cessation de fonctions qu'elle estime nécessaires dans l'intérêt public ; elle ne lèse aucun intérêt légitime », projet de lettre, sans date, du ministre de l'Intérieur (direction du personnel, du matériel et de la comptabilité) au garde des Sceaux, ministre de la Justice, direction civile, AN F1bI 981.

* Avis n° 224.011 du Conseil d'État, commission instituée pour l'examen des questions concernant l'accès aux emplois dans les administrations publiques, 12 décembre 1940, AN AJ38 119. Présidée par le vice-président du Conseil d'État, Alfred Porché, cette commission comprenait des représentants de toutes les sections du Conseil. Elle donna ultérieurement naissance à une commission relative à l'application du statut des juifs.

27 novembre au ministère de la Justice proposait encore des modifications visant à rendre plus difficiles les mariages mixtes* –, le secrétariat général de la présidence du Conseil s'attacha à piloter l'application concrète du texte. L'enjeu était pour lui stratégique, devant lui permettre de faire la preuve de sa capacité à conduire les réformes de fond concernant l'ensemble de l'administration. À trop attendre en effet, il risquait de voir la fonction de coordination interministérielle assumée par d'autres : si l'Intérieur gardait sur ce sujet un profil bas, les ministères de la Justice, dont le titulaire avait tenu le premier rôle dans la rédaction du texte, et des Finances, parce que rien d'administratif n'aurait su lui être étranger, étaient tout prêts à définir, ensemble le cas échéant, les règles permettant de donner à l'application de la nouvelle législation l'uniformité qui lui avait jusqu'alors manqué. Les Finances prirent l'initiative : le 27 novembre, Yrissou, chef adjoint du cabinet de Bouthillier, fit savoir au cabinet d'Alibert qu'il acceptait la tenue, sous la présidence du ministère de la Justice, d'« une conférence chargée d'examiner les divers problèmes posés par l'application des lois des 17 juillet et 14 août sur l'accès aux emplois dans les administrations publiques, du 17 juillet sur les magistrats et fonctionnaires ou agents civils et militaires relevés de leurs fonctions, et du 17 octobre [*sic*] sur le statut des juifs[65] », lois qui nécessitaient « de nombreux éclaircissements ». Devaient participer à cette réunion les principaux ministères concernés soit par nature – la présidence du Conseil et l'Intérieur – soit en raison de l'importance des effectifs qu'ils géraient : Production industrielle, Instruction publique, PTT, ainsi qu'un ministère militaire**. Le secrétariat général de la présidence du Conseil vit d'un mauvais œil cette initiative, dont les deux promoteurs critiquaient à cette époque, chacun de son côté, la manière dont il assurait la coordination interministérielle***. Aussi prit-il de court ses deux adversaires, en convoquant le 12 décembre tous les ministères à une réunion, fixée au lundi 16, ayant pour objet « d'adopter des règles communes tant pour l'interprétation des dispositions [de la loi du 3 octobre 1940] susceptibles de prêter à controverse que

---

* Il ne s'agissait pas, comme dans le droit national-socialiste ou fasciste, de prohiber ces mariages au nom de la pureté de la race, mais de constater que le fait que le statut du 3 octobre ne s'appliquait qu'aux juifs et non à leurs conjoints posait des inconvénients en cas de mariage mixte. La direction civile du ministère de la Justice répondit le 3 janvier suivant qu'une modification de la législation lui semblait inutile, parce qu'elle ne saurait être rétroactive et que « l'aide et l'assistance [étaient] des devoirs essentiels entre époux ». Enfin, il y aurait « de sérieux inconvénients au point de vue social », concluait le secrétaire général du ministère de la Justice, à ce que l'aggravation des formalités du mariage aboutît à encourager l'union libre, AN F60 490.

** Un seul ministère militaire suffisait dans la mesure où avait été créé, installé au secrétariat d'État à la Marine, un secrétariat de coordination chargé de définir, sur chaque question d'ordre administratif, une position commune aux trois départements militaires.

*** On trouve aux Archives nationales, dans les cartons F60 51 et 52, les réponses aigres-douces adressées en novembre et décembre par la présidence du Conseil à ces deux ministères, qui se plaignaient de ne pas être suffisamment associés aux décisions gouvernementales.

pour les mesures d'exécution, et d'étudier les modifications à [cette] loi qui paraîtraient nécessaires [66] ».

Lors de cette réunion * furent débattues les modalités d'élimination des juifs de la fonction publique, jusque dans leurs implications administratives les plus complexes, par exemple en matière de droits à pension. On n'en resta pourtant pas à des propos purement techniques. À la question, posée par la représentante du ministère de la Production industrielle, de savoir si une atténuation des rigueurs du statut n'était pas envisageable en faveur des membres de la famille d'un juif ancien combattant, Jean Delvolvé, membre du cabinet d'Alibert, répondit fermement par la négative, en estimant que « le Juif fait partie d'une communauté nationale ». Lagrange, qui présidait la réunion, approuva cette position en rappelant qu'« il faut une interprétation stricte de la loi, autrement on laissera passer la moitié des cas ». L'important était pour lui « de s'attacher à un certain nombre de présomptions précises », même s'il reconnaissait que cette approche « n'est peut-être pas très juridique et est un peu arbitraire ». Il en allait de même du contrôleur général Migeon, directeur de l'administration au secrétariat d'État à la Guerre, qui justifiait son point de vue par des raisons tactiques : « L'on pouvait espérer certaines sympathies de la part des Juifs, tandis que maintenant, ces sympathies, il ne faut plus y compter. Par conséquent, si vous introduisez des exceptions, vous introduisez des ennemis. » De la réunion, la présidence du Conseil tira deux conclusions majeures ** : la première était qu'il convenait de modifier la loi, pour que les dérogations autorisées par l'article 8 du statut ne pussent être accordées que sur avis conforme – et non sur avis simple – du Conseil d'État, comme c'était le cas pour les fonctionnaires nés de père non français. Mais, dès le 21 décembre, les ministres réunis en Conseil de cabinet écartèrent cette suggestion, et il fut au contraire décidé que le Conseil des ministres pourrait toujours être saisi, nonobstant un avis défavorable du Conseil d'État, d'un décret de dérogation [67]. La seconde conclusion, qui visait à mieux définir les emplois publics restant ouverts aux juifs anciens combattants, fut suivie de plus d'effets.

Lors de la réunion, il avait été demandé à chaque département ministériel de déterminer les emplois qu'il convenait d'interdire comme « conférant influence ou autorité dans l'État », conformément à la définition que venait de donner le Conseil d'État. Deux mois plus tard, forte des réponses qui lui étaient parvenues, la vice-présidence du Conseil indiqua aux administrations gestionnaires de personnel quelles étaient les limites étroites des emplois autorisés au titre de l'article 3. La définition donnée par le Conseil d'État

---

* Réunion dont nous disposons, chose relativement rare, du procès-verbal écrit après coup en même temps que du compte rendu intégral. Ces deux documents, sur lesquels je remercie Renée Poznanski d'avoir attiré mon attention, sont conservés aux Archives nationales sous la cote F60 490. Nous nous permettons de renvoyer le lecteur à la publication que nous avons faite de l'essentiel du compte rendu dans la revue *Le Banquet*, n° 9, 2ᵉ semestre 1996. On en trouvera un extrait en annexe 5, p. 651.

** Outre le principe, déjà évoqué, de recourir systématiquement au principe de la déclaration pour déterminer le champ d'application du texte.

devait être lue, estimait-elle, en n'oubliant pas de « tenir compte, dans les emplois subalternes, de la nature du service auquel collabore l'agent », afin d'éviter que des documents confidentiels pussent passer entre les mains d'agents par essence peu fiables *. Plus perverse, dans son aveuglement, que ce recours à un antisémitisme somme toute assez traditionnel, fut la référence au principe d'égalité des fonctionnaires devant le service public qui sous-tendait la seconde restriction :

> Enfin, il est indispensable de prendre en considération les emplois par eux-mêmes subalternes qui, sans conférer directement ni influence ni autorité, ouvrent des perspectives normales d'avancement vers des emplois conférant, quant à eux, influence ou autorité. L'accès de cette catégorie d'emplois ne peut être autorisé aux juifs, par le motif qu'on ne saurait interdire tout avancement à un agent lorsque le cadre auquel il appartient comporte normalement cet avantage de carrière.

Autrement dit, qui peut le moins peut le plus, et l'on parvenait ainsi, en se rattachant formellement à une jurisprudence issue, avant guerre, du souci de protéger les fonctionnaires contre l'arbitraire, à repousser à l'envi les frontières de l'exclusion. « Semble être interdit aux juifs, concluait la circulaire, l'accès des emplois suivants » :

> 1°) Tous les emplois quelconques dans les administrations centrales n'ayant pas un caractère principalement technique.
>
> 2°) Dans les administrations centrales des départements ayant un caractère principalement technique, tous les emplois non subalternes et parmi les emplois subalternes tous les emplois de titulaires ou d'auxiliaires comportant un avancement de grade. Seul pourrait être admis l'exercice de fonctions purement subalternes (ex. : dactylographes, garçons de bureau), à condition que ces fonctions soient exercées dans un service purement technique du ministère.
>
> 3°) Dans les services extérieurs devraient être interdits tous les emplois autres que ceux d'ouvrier (à l'exception d'ouvrier des établissements militaires) et de personnel subalterne de bureau des services techniques, lorsqu'il s'agit d'emplois ne comportant pas normalement l'accès hiérarchique à des fonctions conférant une influence ou une autorité quelconque (ex. : certains emplois de comptables, d'auxiliaire de bureau ou de service d'études des Ponts et Chaussées [68]).

Le commissariat général aux questions juives

Ce texte, écrit par une administration encore républicaine huit mois plus tôt, frappe par sa dureté. Les agents qu'il visait ne devaient pas s'attendre à un quelconque laxisme dans sa mise en œuvre, dont le suivi fut confié, quelques semaines plus tard, à l'entité dont les occupants avaient réclamé avec insistance la création au sein de l'administration française, le commissariat général aux questions juives (CGQJ). Pour obtenir la création de cet « office central

---

* Le 13 décembre, Delvolvé avait rappelé que « dans une préfecture une dactylographe à la journée peut parfaitement avoir sous les yeux des documents importants ».

juif », comme ils l'appelaient, et conformément à une ligne de conduite expérimentée dès le début de l'Occupation, les Allemands avaient en effet menacé d'instituer, sous leur seule autorité, un organisme chargé de l'application de leur législation antisémite en zone occupée. Soucieux de voir son autorité reconnue sur l'ensemble du territoire, le gouvernement français accéda à l'exigence allemande. Ayant obtenu la création, par la loi du 29 mars 1941 [69] qui le rattachait à la vice-présidence du Conseil *, du commissariat général, les autorités d'occupation se montrèrent conciliantes pour le choix du titulaire du poste, en acceptant le nom de Xavier Vallat, jusqu'alors secrétaire général aux Anciens Combattants, et initiateur à ce titre de la Légion. Ce dernier pouvait certes se prévaloir d'un remarquable pedigree en matière d'antisémitisme, même s'il correspondait moins à la sensibilité raciste de l'antisémitisme hitlérien que des hommes comme Bernard Faÿ, Vacher de Lapouge, Darquier de Pellepoix ou même Céline, dont l'administration allemande avait envisagé la nomination. Les missions du commissariat général furent rapidement élargies, une loi du 19 mai 1941 le chargeant non seulement de « proposer [...] toutes mesures propres à mettre en œuvre les décisions de principe arrêtées par le gouvernement relativement à l'état des juifs, à leur capacité civile et politique, à leur aptitude juridique à exercer des emplois, des fonctions, des professions », mais aussi d'« assurer la coordination nécessaire entre les différents secrétariats d'État pour l'application de ces diverses dispositions et décisions, et suivre cette application [70] ».

Il est difficile, comme le notent Michael Marrus et Robert Paxton [71], de déterminer de manière univoque l'attitude de l'administration française par rapport au commissariat général aux questions juives. En tant qu'organe de coordination, il eut à partager l'hostilité dont les ministères faisaient preuve à l'égard des administrations apparues depuis l'armistice **. Hostilité, mais pas ostracisme : les plus hauts responsables administratifs n'hésitaient pas à adresser des recommandations au commissariat général ***, auxquels les moyens budgétaires ne firent en outre jamais défaut. Le commissaire général se vit ainsi attribuer le plus haut traitement de la fonction publique, celui alloué aux secrétaires généraux, et une réelle générosité de la rue de Rivoli fit croître de 12,6 à 31,2 millions de francs le budget du CGQJ entre 1941 et 1942 ****.

* Le commissariat général passa le 1er septembre 1941 sous le contrôle du secrétaire d'État à l'Intérieur, pour revenir le 6 mai 1942 sous l'autorité du chef du gouvernement.

** Voir *infra*, pp. 201-204.

*** Il en alla ainsi, en octobre 1941, de Jardel, devenu secrétaire général de la vice-présidence du Conseil, qui appuya vivement son « protégé » Antignac, lorsque ce dernier sollicita un poste de directeur régional aux questions juives, lettre à Xavier Vallat, AN 2AG 537, ou du vice-président du Conseil d'État, Porché, qui proposa le nom de quatre maîtres des requêtes lorsqu'il fut interrogé par Dayras, secrétaire général du ministère de la Justice, que Laval avait chargé de trouver un adjoint présentable pour Darquier de Pellepoix, cité dans une note de Dayras à Laval, 29 avril 1942, AN 2AG 536.

**** Le ministre, secrétaire d'État à l'Économie nationale et aux Finances à M. le commissaire général aux questions juives, 4 décembre 1941, SAEF B 11858. Le détail de

Insatisfait de cette hausse pourtant substantielle, Vallat revint à la charge en janvier 1942, en demandant à la direction du budget de porter les effectifs du commissariat général de 767 à 1 087 agents. Après avoir invoqué les conditions de principe s'opposant à une telle demande, qui intervenait juste après les conférences budgétaires de fin d'année, le ministre des Finances, « étant donné les considérations invoquées », accepta le recrutement exceptionnel de 100 agents supplémentaires [72].

Il existait en effet une forte pression politique pour que la nouvelle structure reçoive des moyens massifs, alors que les administrations anciennes étaient plus dubitatives sur la réalité de ses besoins. Dans une note pour le cabinet du ministre, le directeur du personnel du ministère de l'Intérieur adoptait ainsi une ironie prudente face à l'inflation de créations d'emplois demandées par le commissariat général à l'appui d'un projet de réorganisation présenté au début de 1942, en estimant « ne pas dispose[r] des éléments nécessaires pour apprécier si le grand nombre de postes créés, notamment de directeurs et chefs de service, correspond aux besoins réels de l'organisation nouvelle. On peut douter en effet que la réorganisation des services du CGQJ nécessite la création de 7 directeurs, 15 sous-directeurs, 42 chefs de bureau et 112 sous-chefs [73] ». Mais la question était d'ordre politique : dans les derniers jours du gouvernement Darlan, et sans même attendre les résultats d'une enquête de l'inspection des Finances sur le fonctionnement du CGQJ, la direction du budget lui accorda la création de 15 emplois*. Deux mois plus tard, la tutelle du commissariat général étant passée sous l'autorité du chef du gouvernement, le ministre des Finances Cathala ne disposait plus d'aucun moyen pour s'opposer aux exigences de Darquier de Pellepoix : 177 postes lui furent alors encore alloués [74], portant le total des effectifs à un peu plus d'un millier de personnes, chiffre stable jusqu'à la fin du régime [75]. Mais la quantité ne suppléait pas à la qualité, comme le retraçait le bilan établi par les services administratifs du commissariat général en mars 1944 :

> Agents temporaires d'un organisme temporaire, les employés du commissariat ne sont attachés à leurs fonctions par aucune préoccupation d'avenir : aucune perspective de carrière à faire, aucun souci de mériter l'estime de chefs aussi éphémères qu'eux-mêmes ne vient susciter leur zèle et provoquer entre eux l'émulation. Peut-on s'étonner dès lors que, hormis ceux qui par pure conscience professionnelle se consacrent entièrement à leur tâche, la masse ne voie dans son travail qu'un gagne-pain passager, et que quelques caractères faibles ne sachent pas résister à des sollicitations intéressées [76] ?

---

la négociation budgétaire est instructif : l'augmentation demandée par Xavier Vallat s'élevait à 18,6 millions, dont 13,7 pour le recrutement de personnel (les dotations devaient passer de 7,3 à 21 millions) et 4,9 pour le fonctionnement matériel (de 5,2 à 10,1). La direction du budget ne parvint à réduire cette demande, exceptionnelle par son ampleur (+ 150 %), que de 1,3 million.

* Le ministre, secrétaire d'État à l'Économie nationale et aux Finances à M. le commissaire général aux questions juives, 11 avril 1942, SAEF B 11860.

La faible qualification des agents du commissariat général se traduisit par une administration brouillonne : la direction du budget dut éprouver une réelle délectation à rappeler en avril 1941 au commissariat général, entité censée assurer le suivi de la réglementation antisémite, le contenu des dispositions prévues par le statut en matière d'indemnisation des fonctionnaires juifs*. Erreurs de date, mépris des formes et oublis de transmission étaient monnaie courante place des Petits-Pères : incidents bureaucratiques certes banals, mais susceptibles de contribuer au discrédit dans lequel le commissariat général était tenu par la fonction publique professionnelle. Celle-ci n'hésitait pourtant pas à recourir à ses conseils pour être éclairée sur l'application de la législation nouvelle, alors même que la seule demande d'un avis sur un cas concret était susceptible d'attirer l'attention des services du commissariat général sur des situations qu'ils n'auraient pu autrement connaître. Affichant, du moins à l'époque de Xavier Vallat, une conception légaliste de sa mission, le commissariat général rassurait les services soucieux de bonne administration et désireux d'éviter d'éventuels recours contentieux. La direction du statut des personnes, qui suivait les questions d'épuration, comme le service de la législation et du contentieux, qui préparait les textes officiels, étaient ainsi pour les administrations des interlocuteurs importants, leur production soulignant un souci constant d'exactitude juridique**.

Améliorer le dispositif

Vallat, antisémite scrupuleux, s'était en effet montré soucieux, dès sa prise de fonctions, de clarifier la législation qu'il avait pour responsabilité d'appliquer. Une première extension des fonctions totalement interdites aux juifs avait été apportée par une loi du 11 avril 1941 [77], qui donnait satisfaction à la demande des départements militaires d'étendre l'exclusion des juifs aux sous-officiers et aux membres corps « civilisés » par des lois d'août et septembre 1940, tels le contrôle et l'intendance. Il s'agissait de mettre le droit en accord

---

* « Vous faîtes observer que les fonctionnaires comptant plus de quinze ans de service mais qui n'ont pas encore atteint l'âge prévu pour l'ouverture du droit à une pension de retraite sont privés de tout émolument après leur radiation des cadres, [et donc] moins bien traités que ceux ayant moins de quinze ans de service. Vous m'avez demandé s'il n'y avait pas lieu de modifier à ce sujet la législation. J'ai l'honneur de vous faire connaître que l'article 7 de la loi du 3 octobre 1940 et l'article 3 de la loi du 3 avril 1941 stipulent que les fonctionnaires israélites qui comptent plus de quinze ans de service ont toujours droit à la jouissance immédiate d'une pension, quel que soit leur âge. [...] Vous serez donc d'accord avec moi pour estimer qu'il n'y a pas lieu de modifier à leur égard la législation en vigueur », 11 avril 1942, SAEF B 11856.

** Un échange de courriers, au printemps 1942, entre le commissariat général et le préfet de Seine-Inférieure permit ainsi de définir la base législative précise sur laquelle fonder l'exclusion d'un notable juif du conseil d'administration d'un hospice pour éviter toute difficulté d'ordre juridique. La question avait été portée à la connaissance du préfet par une dénonciation émanant du PPF, avril-juin 1942, AN AJ38 119.

avec le fait puisque, par des circulaires du 24 octobre 1940, les ministres chargés des trois armes avaient interdit tout engagement ou réengagement de juif. Sous l'impulsion de Vallat et en liaison étroite avec le secrétariat général de la vice-présidence du Conseil, un travail plus ambitieux de refonte du statut avait également été conduit, afin de prendre en compte les réponses apportées tant par la jurisprudence que par la pratique aux ambiguïtés de rédaction et aux difficultés d'application de la loi du 3 octobre 1940. La loi du 2 juin 1941, second statut des juifs[78], élargissait la définition donnée huit mois plus tôt : était juif quiconque, de religion juive, avait au moins deux grands-parents juifs, ainsi que toute personne, quelle que fût sa confession, dont trois grands-parents au moins étaient « de race juive » c'est-à-dire, indiquait la loi, appartenaient à la religion juive. Celle-ci se présumait par la non-appartenance à une autre religion, les conversions postérieures au 25 juin 1940 n'étant pas prises en compte. Une loi du même 2 juin 1941, en prescrivant le recensement de toutes les personnes juives au sens du nouveau statut, chercha à faciliter leur identification physique. Il s'agissait là de la première mesure imposée par Vichy à tous les juifs, français ou étrangers, présents dans les deux zones.

Dans la fonction publique, la liste des emplois interdits par l'article 2 s'accroissait peu par rapport à celle découlant de la modification d'avril précédent relative aux fonctions militaires. Seules étaient rajoutées l'appartenance au corps des ingénieurs de l'aéronautique ainsi que les fonctions impliquant un rôle de médiation ou de jugement : citoyens de deuxième classe, il était exclu que des juifs pussent être jurés ou arbitres. Afin de lever les ambiguïtés du texte précédent, le statut du 2 juin 1941 prit en compte les observations du Conseil d'État : le nouvel article 3 faisait ainsi explicitement référence aux « fonctions ou emplois » accessibles aux juifs anciens combattants. Les titres ou distinctions militaires exigés pour bénéficier des dispositions de cet article étaient plus rigoureusement définis *, mais les pupilles de la Nation et les ascendants, veuves ou orphelins de militaires morts pour la France entraient désormais dans le champ des bénéficiaires de cet article, dispositions susceptibles d'entraîner quelques réintégrations – dont la vice-présidence du Conseil tint à rappeler qu'elles n'étaient pas de droit, mais soumises à l'appréciation discrétionnaire de l'administration. En revanche, il fut spécifié que les conjoint ascendants et descendants d'un prisonnier de guerre ne devaient pas être inquiétés, le statut ne s'appliquant à un prisonnier ou à sa famille qu'à l'issue d'un délai de deux mois suivant sa libération. Les termes

* C'est ainsi qu'une croix de la Légion d'honneur n'ouvrait accès aux fonctions publiques que si elle avait été obtenue pour faits de guerre, et non simplement à titre militaire et que le critère « avoir été cité à l'ordre du jour au cours de la campagne 1939-1940 » devenait « avoir fait l'objet, au cours de la campagne 1939-1940, d'une citation donnant droit au port de la Croix de guerre instituée par le décret du 28 mars 1941 » ; voir, sur les effets de ces modifications, J. Lubetzki, *La Condition des juifs en France sous l'occupation allemande. La législation raciale,* éditions du CDJC, 1945, p. 41.

du statut du 2 juin 1941 avaient été pesés par les juristes qui secondaient Xavier Vallat*, à l'issue de concertations interministérielles et dans une ambiance plus sereine que celle, fiévreuse, de l'été et du début de l'automne 1940. Le texte apparaissait donc, sinon comme définitif, du moins comme stabilisé dans ses grandes lignes. Le gouvernement compléta encore un peu par la suite la liste des interdictions pour y ajouter les fonctions de chef de division de préfecture et celles, nouvellement créées, d'intendant pour les affaires économiques et d'intendant de police [79]. Mais il n'y eut pas de troisième statut, bien que le commissariat général y eût travaillé dès la fin de 1941. Le ministère des Finances informa ainsi, en mars 1942, le vice-président du Conseil d'État que « la notion de juif sera élargie [80] ». De cet élargissement, le directeur du personnel de ce ministère précisa un mois plus tard la nature. Après dix-huit mois de pratique, on s'apprêtait à revenir au pragmatisme prôné dès l'origine par le ministère de l'Intérieur, non sans compliquer encore les critères de définition de la qualité de juif :

> Serait considéré comme juif celui ou celle dont la majorité des ascendants au premier ou au second degré est de race juive, celui ou celle qui appartient à la religion mosaïque, et celui ou celle dont la moitié des ascendants au premier et au deuxième degré est de race juive, ou qui compte dans la même ligne un ascendant du premier degré et un ascendant du deuxième degré de race juive si son conjoint est juif ou si, avant le 25 juin 1940, il n'a pas adhéré à une autre religion que la religion mosaïque. [...] Toute personne serait tenue d'apporter la preuve de sa non-appartenance à la race juive s'il était relevé à son égard ou à l'égard de ses ascendants ou descendants une présomption d'appartenance à cette race tirée notamment de l'aspect du nom patronymique, du choix du prénom, de l'exercice du culte ou de la pratique d'une cérémonie rituelle israélite, de l'inhumation dans un cimetière juif ou de la participation à une communauté ou à un groupement confessionnel israélites [81].

La note soulignait encore qu'il fallait s'attendre à ce que la liste des emplois interdits soit étendue en ce qui concerne les Finances, et qu'un régime spécial serait vraisemblablement mis en œuvre en Algérie. Mais ce projet n'eut pas de suite, Darlan faisant sienne l'opinion exprimée par l'amiral Auphan, qui estima, le 15 mars 1942, « qu'une nouvelle définition du Juif donnerait au public l'impression d'une improvisation et imposerait à [ses] services un travail inutile [82] ». Le changement de commissaire général, en mai 1942, et la priorité donnée alors à la participation policière française aux rafles dans les deux zones firent passer au second plan les préoccupations juridiques, qui avaient moins leur place dans l'antisémitisme raciste de Darquier de Pellepoix que dans l'antisémitisme d'État de Vallat. Elles n'en réapparurent pas moins à intervalles réguliers, comme dans le programme qu'exposait le commissaire général aux questions juives dans l'entretien qu'il accorda le 1er février 1943 au *Petit Parisien.* Parmi les cinq mesures qu'il citait comme urgentes figuraient

* Dont Jean Giroud, maître des requêtes au Conseil d'État, qui fut nommé directeur de la législation et du contentieux au CGQJ.

ainsi d'une part la promulgation d'un « statut des demi-juifs qui se verraient écartés des fonctions publiques et de certaines autres professions » et d'autre part « l'interdiction aux juifs, sans aucune dérogation, d'exercer des fonctions publiques * ».

La mise en œuvre du texte du 2 juin 1941, dont la matière n'était plus inédite, généra moins de travail que celle du premier statut. On décida toutefois, à l'issue d'une réunion animée le 23 juillet 1941 par Jean Giroud, directeur de la législation et du contentieux au CGQJ, de demander à chaque agent regardé comme juif une déclaration spéciale, qui ne faisait pas double emploi avec le recensement général prévu par la loi du 2 juin 1941. Afin de s'assurer de l'aryanité des nouvelles couches de la fonction publique, une déclaration comparable serait exigée non seulement de toute personne nouvellement engagée, mais aussi de tout candidat à un concours administratif[83]. Et ce ne furent pas moins de quatre réunions successives qui se tinrent dans le seul après-midi du 28 juillet[84], pour traiter en comité restreint (vice-présidence du Conseil, budget, intérieur, colonies et guerre) de sujets aussi précis que les modalités de cessation de fonctions des personnels d'outre-mer ou l'indemnisation des personnels ne pouvant prétendre à une pension de retraite. Si la réunion du 23 juillet avait rappelé qu'avec le nouveau texte, qui prenait en compte les avancées jurisprudentielles, il ne pouvait plus exister aucun doute quant au champ d'application du statut dans la fonction publique, les auxiliaires étant touchés aussi bien que les titulaires, elle ne s'était pas étendue sur les cas particuliers. Le commissariat général poussa, au cours de l'été et de l'automne, les administrations à repérer les fonctionnaires qui avaient échappé à la rigueur du texte précédent, mais le résultat dut être jugé insuffisamment concluant, puisqu'une nouvelle réunion interministérielle se tint le 4 novembre 1941, sous la présidence de Lagrange, pour rappeler les dispositions sévères de l'article 3. La position très stricte qu'entendait adopter le gouvernement y fut rappelée, que résumait bien la circulaire adressée aux préfets, le 22 septembre 1941, par le secrétaire général pour l'administration du ministère de l'Intérieur ** :

> L'avis du Conseil d'État basé sur la loi du 3 octobre 1940 précisait que l'intention du législateur avait été d'interdire aux juifs l'accès et l'exercice de toutes les fonctions publiques de nature à conférer une influence ou une autorité quelconque. Cette interprétation de la loi permettait encore aux juifs d'accéder à certains emplois subalternes. [...] La loi nouvelle concerne non seulement les titulaires d'une fonction mais encore d'un emploi. De plus, elle

* En août 1942, Pierre Nicolle avait déjà évoqué, pour s'en réjouir, cette éventualité. Constatant que « les scandales récents [c'est-à-dire la multiplication des tentatives de passage en zone sud] commencent à énerver fortement l'opinion publique », il indiqua qu'il était envisagé « de supprimer à tous les israélites le droit d'entrer dans les administrations de l'État et des départements », *op. cit.*, t. II, p. 21.

** Il s'agissait de Maurice Sabatier, qui fut nommé par Laval, au printemps 1942, préfet régional à Bordeaux.

> s'applique aux agents des entreprises bénéficiaires d'une concession ou d'une subvention – lesquels ne participent en aucune manière à l'exercice de la puissance publique et dont la fonction ne saurait, la plupart du temps, conférer influence ou pouvoir. [...] En accord avec M. le commissaire général aux questions juives, je vous informe qu'aucun israélite, s'il ne bénéficie des exceptions expressément prévues par la loi, ne peut être employé à quelque titre que ce soit dans une administration ou un service public exploité en régie ou concédé, ni même dans une entreprise subventionnée [85].

La traque

C'est bien dans l'esprit de ce texte que Vallat avait conçu sa mission de déjudaïsation de la fonction publique. Sous son impulsion puis, dans une optique différente, sous celle de Darquier de Pellepoix, le CGQJ traqua avec vigilance les plus petites parcelles « d'influence ou d'autorité » susceptibles d'être encore détenues par des juifs dans l'État. Les dossiers conservés aux Archives nationales [86] sont ainsi remplis d'échanges entre commissariat général d'une part, ministères ou nouveaux organismes gestionnaires d'un service public d'autre part : dans leur recherche des fonctionnaires juifs ayant échappé aux rigueurs du premier statut, les services de Vallat purent bénéficier de l'aide apportée par des administrations désireuses d'appliquer le statut avec rigueur et minutie, tel le secrétariat d'État à l'Agriculture qui rappela, en juillet 1941, avoir demandé depuis décembre 1940 des précisions sur la situation des lieutenants de louveterie [87]. L'inventaire des fonctions interdites se poursuit, presque cocasse s'il n'avait été tragique pour les intéressés qui perdaient ainsi toute possibilité de ressources : brigadier d'octroi (fonction considérée comme relevant d'une mission de police [88]), magasinier-chef d'une caisse de crédit municipal (organisme jouissant d'un monopole et donc assimilé par les services du commissariat général à une entreprise concessionnaire [89]), vendeur de billets de la Loterie nationale (activité considérée comme relevant de la profession bancaire [90]), porteur employé par une société concessionnaire d'un service de pompes funèbres [91] – toutes fonctions depuis lesquelles les juifs menaçaient la solidité de l'État français ! Greffiers de tribunal aussi, bien qu'ils fussent titulaires de leur charge, comme le rappela au début de 1941 le Conseil d'État [92]. La même sévérité conduisit à prohiber l'exercice de fonctions honorifiques, par une interprétation stricte de l'interdiction faite de siéger dans « toute assemblée issue de l'élection * », de même que les fonctions bénévoles : les juifs qui seraient membres des commissions administratives des hôpitaux ou des conseils d'administration des bureaux de bienfaisance

---

* C'est ainsi que la participation de M. Pontremoli, ancien directeur de l'École des Beaux-Arts, aux séances de l'Académie des Beaux-Arts ne fut pas autorisée, note du 28 mai 1942, AN AJ38 119. En revanche, s'agissant de l'honorariat, le CGQJ admet la présence de magistrats honoraires juifs à une audience solennelle de rentrée, dans la mesure où l'assistance à une telle séance « ne comporte aucune prérogative impliquant voix délibérative », lettre au ministre de la Justice, 13 mai 1942, *ibid.*

devaient en être exclus*. Quand il fut ministre de l'Éducation nationale, Abel Bonnard alla plus loin en demandant aux associations placées sous sa tutelle non seulement de se soumettre aux dispositions du texte, mais encore de s'abstenir de les critiquer. Renouvelant, en mai 1942, la subvention versée par son département à l'Œuvre du vêtement des écoliers, il indiqua à son secrétaire général avoir « relevé avec regret dans le compte rendu moral présenté à l'assemblée générale du 22 mars 1942 un passage où vous regrettiez la disparition prématurée de M. et Mme Lévy, ex-membres du conseil de votre œuvre. Je vous serais infiniment obligé de bien vouloir comprendre, ajoutait le ministre, qu'il est nécessaire de vous pénétrer de l'esprit de la Révolution nationale et, en particulier, de ne pas formuler de critiques, même indirectes, à l'égard de décisions prises sur ordre du Maréchal, chef de l'État. Il serait désirable au contraire que, dans la mesure où cela vous est possible, vous puissiez vous associer à l'œuvre de redressement des esprits qui conditionne le relèvement politique et matériel du pays [93] ».

En même temps qu'il veillait à l'extension du champ d'application du statut, le commissariat général vérifiait que les critères posés par l'article 3 pour autoriser le maintien en fonctions étaient limitativement entendus. Ne purent en bénéficier ni un fonctionnaire titulaire d'une croix des services volontaires [94] ni le détenteur d'une croix de guerre dont l'homologation n'avait pas été publiée au *Journal officiel*[95]. Le CGQJ chaussait là les bottes du secrétaire général de la présidence du Conseil qui, pour l'application de la loi du 3 octobre 1940, prenait déjà soin de consulter les services du ministère de la Guerre avant d'accepter qu'une décoration ouvre droit au bénéfice de l'article 3 [96]. Administration de mission, le commissariat général chercha toujours, comme les quelques exemples qui précèdent l'ont montré, à donner aux textes leur interprétation la plus stricte. Refusant de suivre son service juridique, qui estimait en avril 1941 que « la loi du 3 octobre 1940, étant un texte d'exception, [devait] être interprétée restrictivement [97] », le commissaire général eut recours à des considérations d'opportunité lorsque les dispositions normatives étaient insuffisantes. Il en alla ainsi des prestataires occasionnels du service public, situation que le statut n'interdisait pas explicitement mais dont les juifs se virent exclus grâce au rappel, par le CGQJ, d'autres instruments de la panoplie antisémite, *numerus clausus* pour les professions libérales, mais aussi, en zone nord – malgré la conception ombrageuse qu'avait Vichy de la souveraineté française –, ordonnances allemandes : celle du 26 avril 1941, qui interdisait aux juifs les postes en contact avec le public, fut ainsi mise à profit pour prononcer l'éviction de juifs de leurs postes de médecins des hôpitaux [98]. En dernier recours, le commissariat général en appelait à de pures considérations d'opportunité. Ce sont de simples instructions qui

* Si un avis du Conseil d'État limita, le 24 janvier 1942, l'application de cette disposition aux membres élus, Vallat jugea qu'il convenait d'élargir le dispositif et qu'une décision administrative devait retirer leur mandat aux membres nommés, lettre à la vice-présidence du Conseil, 6 mars 1942, AN AJ38 119.

étendirent aux experts agréés par les administrations[99] et aux architectes concourant pour la réalisation d'une construction publique * les interdictions posées par le statut, et le médecin scolaire du lycée Janson-de-Sailly perdit son poste après avoir été informé par Vallat que « le ministre de l'Éducation nationale et à la Jeunesse et [lui]-même estim[aient] qu'il n'[était] pas opportun de conserver à l'heure actuelle un médecin juif dans un lycée[100] ». C'est enfin la responsabilité propre des ministres qui était mise en cause lorsque le CGQJ leur demandait de ne plus confier à des juifs des petits travaux de secrétariat rémunérés à la tâche **.

PROTÉGER LES SIENS ?

Servant un État qui avait fait des juifs ses ennemis, les fonctionnaires d'autorité, pour exercer correctement leur métier, devinrent antisémites. Non certes à la manière raciste et agitée du nazisme militant, mais comme les gens bien élevés qu'ils étaient, et à des degrés variables. Plus une administration estimait détenir une partie du pouvoir d'État, plus elle partagea l'idéologie d'exclusion consubstantielle à la Révolution nationale. Au contraire, les ministères dont la mission était plus technique que régalienne tentèrent de protéger les leurs, y parvenant d'ailleurs plus facilement pour les fonctionnaires relevés de fonctions que pour les juifs.

Antisémitisme politique et priorités techniques

Si l'antisémitisme « raisonnable » mis en œuvre par les administrations chargées, au niveau central, de la construction de l'État nouveau n'évitait pas les connotations ouvertement xénophobes ou racistes, celles-ci étaient monnaie plus courante dans les services attachés, sur le terrain, au succès de la Révolution nationale. Les préfets du premier Vichy, comme ses hauts dignitaires, partageaient l'hostilité du régime envers les juifs. On en suivra l'évolution dans les rapports mensuels de Marcel Ribière ***, préfet des Alpes-Maritimes où s'étaient réfugiés de nombreux juifs, aisés pour la plupart, dans lesquels il voyait d'abord une nuisance politique et économique :

---

* « Les architectes engagés par l'administration en vue d'une opération particulière peuvent être considérés comme des fournisseurs et ne sont pas soumis aux prescriptions de la loi du 2 juin 1941. [Néanmoins], il importe que les administrations publiques prennent un soin tout particulier à éviter que de telles activités soient confiées à des juifs », lettre au secrétaire d'État à l'Agriculture, 24 novembre 1941, AN AJ38 119.

** « Ni les lois françaises ni les ordonnances allemandes ne vous font une obligation de les licencier. Mais ce licenciement vous apparaîtra sans doute préférable, car il serait inopportun de laisser à la disposition des juifs des renseignements qui peuvent intéresser l'économie nationale », lettre au secrétaire d'État à l'Économie nationale et aux Finances, 23 septembre 1942, AN AJ38 119.

*** Issu du Conseil d'État, il était le beau-frère de Pierre-Étienne Flandin.

Les campagnes d'hostilité, de défiance à l'égard du gouvernement sont incontestablement alimentées par l'élément israélite et étranger. Cet élément riche, habitué à vivre de luxe, est particulièrement sensible aux restrictions. D'autre part, ses tendances politiques le portent à critiquer systématiquement toutes les initiatives du gouvernement actuel. En ce qui concerne spécialement le problème des israélites, j'estime qu'il y aurait le plus gros intérêt à leur interdire l'accès des Alpes-Maritimes, ou tout au moins à créer un camp de rassemblement où ils seraient massés. Neuf fois sur dix, à la base des affaires de marché noir, de propagande gaulliste, de propos antigouvernementaux se trouvent des israélites [101].

En décembre 1941, à propos de la mise en œuvre des lois d'aryanisation économique, le préfet indiqua que « la population [avait] appris par la lecture des premières listes publiées que le nombre et la valeur des biens [appartenant à des juifs] étaient bien supérieurs à ce que l'imagination pouvait concevoir. Le nettoyage de certains milieux monopolisés pour ainsi dire par les affairistes juifs a par conséquent rencontré l'approbation générale* ». Aussi tard qu'en été 1942, alors que la population était partout émue par le spectacle des rafles [102], Ribière se voulait encore rassurant :

Les arrestations de Juifs ressortissants des pays occupés [...] ont incontestablement heurté l'opinion ; très rapidement, en effet, s'est répandu le bruit que les Juifs allaient être conduits à la ligne de démarcation. L'opinion, qui aurait admis avec un soupir de soulagement l'internement de ces Juifs en France, a été surprise qu'ils soient remis aux Allemands. Mais c'est là un sentiment passager, les Juifs s'étaient rendus si encombrants dans la région, ils étaient si nombreux et étalaient avec une telle impudence leur luxe que la masse du peuple n'est pas, dans l'ensemble, mécontente de les voir partir [103].

Cette analyse de la position de l'opinion laisse clairement voir les sentiments personnels du préfet, que ne cachait pas plus le général de La Porte du Theil, commissaire général aux Chantiers de la jeunesse, en évoquant sans souci excessif de la nuance le cas particulier qu'il rencontrait en Algérie :

La question juive, réduite dans la Métropole à la définition des individus de race juive, est résolue par la fixation de certaines limites à leur activité politique ou professionnelle. Au regard du stage dans les chantiers de la jeunesse, n'était que les israélites sont peu perméables à l'œuvre d'éducation morale poursuivie par les chantiers et que rien de bon ne peut venir d'eux, leur présence n'a pas jusqu'à présent été la source d'inconvénients : leur répartition à chaque appel entre les 46 groupements de zone libre les dissémine suffisamment. On n'a jamais affaire qu'à des individus, [ce qui n'est pas le cas en Algérie, où] les juifs mettent autant d'empressement et d'assurance à vouloir

* 5 janvier 1942, AN F1cIII 1137. Le préfet indiquait toutefois que la population avait regretté que des exceptions n'aient pas été prévues « en faveur de quelques établissements de fondation très ancienne où des Français de vieille date dans cette ville possèdent des intérêts ». Le choix des administrateurs provisoires avait également surpris : « Il convient, a-t-on entendu dire, que le gouvernement national ne laisse pas se renouveler les méfaits que la République judéo-maçonnique avait tolérés dans les liquidations du "milliard des congrégations". »

pénétrer dans les chantiers qu'ils en apportaient jadis à esquiver leurs obligations militaires [104].

Transmettant le projet à l'étude du CGQJ, Carcopino, dont dépendaient les chantiers, avait en effet fait sienne la proposition d'en dispenser les juifs, afin de « mettr[e] une barrière de plus entre eux et les fonctions publiques [105] », reprenant à son compte, quoi qu'il ait écrit par la suite *, le caractère inassimilable des juifs. L'attitude d'un homme comme Darlan paraît à cet égard révélatrice. Dans ses Souvenirs, Carcopino indique que l'amiral avait déclaré en Conseil des ministres : « Les Juifs apatrides qui depuis une quinzaine d'années se sont abattus sur notre pays ne m'intéressent pas. Mais les autres, les bons vieux Juifs de France, ont droit à toute protection que nous pouvons leur donner [106]. » Mais rien dans le comportement de Darlan ne concrétisa cette dernière intention, et c'est au contraire pendant qu'il fut aux affaires que la législation antisémite de Vichy s'alourdit sensiblement. Alors que le second statut était en cours d'élaboration, Darlan était en effet conscient de la rigueur accrue que devait entraîner le nouveau texte, mais se satisfit de l'assurance purement verbale que les dispositions dérogatoires permettraient à la plupart des juifs assimilés de longue date d'échapper aux rigueurs du texte **. Il ne donna donc pas d'instructions précises à ses collaborateurs immédiats, pour les inciter à contrer les initiatives de Vallat. À supposer même qu'il n'ait pas partagé l'antisémitisme, affiché ou latent, de son entourage ***, Darlan était trop engagé dans la politique de collaboration pour se soucier du sort de quelques millers de juifs, attitude qui conduisit Laval et Bousquet aux impasses qu'on sait lorsque la question ne se posa plus en terme de sortie du service public mais de déportation ****.

La problématique était d'ordre moins stratégique au sein des ministères techniques, dans lesquels, à côté d'attitudes comparables à celle déjà rencontrées

* Voir, dans l'ouvrage cité de Claude Singer, l'analyse de la politique antisémite que Carcopino mit en œuvre dans l'Université française. L'auteur souligne la part de réécriture que contiennent les *Souvenirs de sept ans* de l'ancien secrétaire d'État à l'Éducation nationale.

** Dans ses *Carnets* (Fayard, 1992, p. 115), le pasteur Boegner rapporte en effet que Darlan lui déclara, à la fin du mois de mai, à propos du statut en préparation : « L'article premier est très dur, mais [grâce à l'article 8] tous les juifs français depuis un temps assez long et ceux qui ont des services de guerre pourront échapper à la loi », ce qui était une interprétation très optimiste du texte à venir.

*** Qui était loin d'être imperméable à l'antisémitisme : le capitaine de vaisseau Fontaine, aide de camp de l'Amiral (« avec lequel il ne fait qu'un », selon du Moulin de Labarthète, *op. cit.*, p. 144), transmettait ainsi, à l'automne 1941, au secrétariat général de la vice-présidence du Conseil, « de la part de l'Amiral de la Flotte, pour aiguiser les armes qu'il forge ce jour contre l'Éducation nationale, qui a besoin d'être vertement secouée », une dénonciation, d'une grande violence verbale, du fonctionnement de l'école primaire supérieure de Bellac. On y apprenait que cet établissement n'avait pas de médecin scolaire, « en raison de la volonté bien arrêtée de certains services de la préfecture de ne nommer à ce poste, à l'exclusion de tous les autres médecins de la commune, que le docteur Abraham Ben-I-Chou (aujourd'hui Benichou, Albert), originaire du ghetto de Bel-Abbès où il faisait des conférences aux jeunesses communistes », 12 novembre 1941, AN F60 427.

**** Voir *infra*, pp. 398 *sq.*

– ainsi de Berthelot se désintéressant du sort des élèves juifs de l'École polytechnique [107] – l'application des lois d'octobre 1940 et juin 1941 se heurta parfois à une forme d'opposition larvée. Mettant en avant la nécessité dans laquelle elles se trouvaient de mobiliser toutes leurs forces pour atteindre les objectifs fixés par le Maréchal, ces administrations purent freiner, parfois de manière efficace, le processus d'exclusion. Ce furent d'abord des considérations d'ordre personnel qui jouèrent en faveur de hauts fonctionnaires dont on ne souhaitait pas se défaire. Au début de 1941, Lagrange écrivit ainsi à Bouthillier pour constater que « M. Valensi, ex-auditeur au Conseil d'État, conseiller technique auprès de [son] département, devait être licencié et ne l'est toujours pas [108] ». Cette situation parut suffisamment exemplaire pour qu'une circulaire indiquât le même jour à tous les membres du gouvernement que le réemploi hors hiérarchie de fonctionnaires juifs exclus ne pouvait intervenir qu'après accord du Conseil des ministres [109]. Cette procédure n'avait pas été suivie par le secrétaire d'État à la Production industrielle qui avait confié, avec le titre de chargé de mission, un bureau de la direction du commerce intérieur à Jean Cahen-Salvador, maître des requêtes qui venait d'être exclu du Conseil d'État alors même qu'Alibert lui avait publiquement adressé, en août 1940, ses « félicitations les plus vives » pour les deux citations qu'il avait obtenues lors de la campagne de France. En mai 1941, sur intervention de Vallat, Tracou, directeur du cabinet de Darlan, appelait l'attention de Pucheu, alors secrétaire d'État à la Production industrielle, sur « la situation de l'industrie textile de la région de Roanne qui est envahie par des industriels juifs grâce à l'intervention d'un fonctionnaire de [son] département, M. Cahen-Salvador », dont il demandait la mise à l'écart. La réponse détaillée de Charles Vidal, directeur adjoint du cabinet, montrait à la fois l'existence et les limites de la marge de manœuvre dont pouvait disposer une administration désireuse de ne pas tirer toutes les conséquences du statut :

> Les décisions [...] auxquelles fait allusion votre lettre [...] ne sauraient engager que ma seule responsabilité. M. Cahen-Salvador, dont les services passés indiquent qu'il a toujours été un fonctionnaire sincèrement soucieux de servir l'État conformément aux prescriptions de ses chefs, et insoupçonnable de toute préoccupation étrangère à la mission de l'administration, ne saurait faire l'objet d'aucune méfiance et ne mérite en l'espèce aucun reproche. Il ne m'échappe pas, cependant, que les circonstances actuelles ne rendent pas souhaitable son maintien au poste où il se trouve présentement et où il a, d'ailleurs, rendu les plus signalés services. Les nouvelles mesures concernant les juifs, que le gouvernement prépare et qui auront pour effet de limiter l'activité commerciale de ces derniers, risquent de rendre sa position délicate ou pénible. J'envisage donc de l'affecter à un service où ses connaissances seront utilisées, sans que sa présence puisse faire naître aucune remarque regrettable d'ordre confessionnel [110].

Dès janvier 1941, le secrétaire d'État aux Communications avait élargi le débat, passant de l'examen de situations individuelles à des observations plus générales. Transmettant à la présidence du Conseil la lettre d'un préfet de zone interdite contraint de se séparer d'un ingénieur des ponts et chaussées, juif, qui ne pourrait pas être remplacé, Berthelot soulignait le risque de pénurie de cadres supérieurs qui naîtrait d'une application trop brutale des lois d'exclusion, alors même que manquaient déjà les prisonniers de guerre [111]. L'argument selon lequel il pouvait y avoir des juifs irremplaçables, bien qu'incompatible avec les bases mêmes de la Révolution nationale*, fut réutilisé à de multiples reprises par les administrations techniques, et même par le secrétaire d'État à la Marine, l'amiral Auphan, qui justifia le recrutement sur contrat de deux ingénieurs des industries navales en présentant comme indispensable leur apport « dans un domaine technique où ils sont particulièrement qualifiés [112] ». Cet argument fut reçu avec des fortunes diverses : Lagrange l'écarta en novembre 1941 face à un représentant du commissariat général au chômage qui estimait que la participation à un chantier de travaux intellectuels ne devait pas être assimilée à l'exercice d'une fonction publique**. Mais Charles Jacob, directeur général du CNRS, obtint quelques résultats lorsqu'il alla voir Vallat en novembre 1941 puis Darquier en octobre 1942 pour leur exposer la situation particulière des boursiers juifs. Demandant en leur faveur, « non pour [leur] rendre service mais dans l'intérêt de l'administration et de la recherche », une dérogation globale, dans la mesure où la procédure prévue par le statut lui paraissait « un peu compliquée [113] », il n'eut pas entière satisfaction, mais son intervention conduisit à un gel du dossier aussi longtemps que Vallat fut en fonctions.

De manière plus générale, l'esprit de corps existant dans les administrations régies par les grands corps techniques (Mines, Ponts et Chaussées) aboutit ainsi à protéger ceux de leurs membres exposés aux lois d'exclusion, soit que des reclassements aient pu intervenir dans le secteur privé***, soit

---

* L'amiral Platon le rappela vertement, en octobre 1942, à Jardel, alors secrétaire général du chef de l'État, qui était intervenu en faveur d'une assistante sociale que le statut conduisait à devoir interrompre son activité : « La question se pose en termes simples. Nous avons, *a priori*, ouvert de larges portes aux dérogations qui s'imposaient (au nom du bon sens, de l'humanité) à l'application de nos règles. Nous avons en outre accordé des dérogations à titre individuel, soit dictées par des considérations de justice ou de charité que nos règles n'avaient pu prévoir, soit imposées par des recommandations sans autre fondement que la puissance des recommandants – tout comme sous l'ancien régime. Ces dérogations, surtout les dernières, ont convaincu les juifs – ils ne sont pas difficiles à convaincre de ce point de vue – que la loi française n'est pas faite pour eux. Ils se livrent, en chaque cas, à l'égard de l'autorité, à une épreuve de force. Dans le cas de Mlle J., il s'agit de proclamer par une mesure d'exception en sa faveur qu'elle est indispensable à l'œuvre qu'elle dirige et à laquelle je m'intéresse autant que quiconque. Je vous réponds qu'elle n'est pas indispensable, pas plus que n'importe quel autre juif à n'importe quelle autre œuvre. [...] Si les assistantes sociales menacent, en cas de départ de Mlle J., de partir avec elles, il y a là un véritable défi, pour ne pas dire un complot : nous ne pouvons que relever le défi et briser le complot », lettre du 5 octobre 1942, AN 2AG 538.

** Gazagne, directeur du statut des personnes au CGQJ, déclara à ce propos qu'« il se préoccup[ait] davantage du sort des travailleurs manuels que de celui des intellectuels juifs », réunion du 4 novembre 1941, déjà citée, AN AJ38 119.

*** Le ministère de la Production industrielle indiqua en avril 1942 que tous les ingénieurs du corps des mines atteints par le statut avaient pu retrouver une situation civile, AN AJ38 119.

que ces corps aient fait valoir que des raisons impérieuses, dont il était difficile au commissariat général ou à la vice-présidence du Conseil d'apprécier le bien-fondé, militaient pour que soient tolérés, dans des emplois éminemment techniques, des ingénieurs juifs. Le directeur régional aux affaires juives de Toulouse résumait bien la situation lorsque, se plaignant en juin 1942 du manque de coopération du service des Ponts et Chaussées des Pyrénées-Orientales, il rapporta les propos de son responsable qui lui avait déclaré, « adoptant une formule très employée dans les milieux officiels de Perpignan, que ce serait une catastrophe que de se séparer des juifs dont il s'agit. [...] Il estime qu'il ne s'agit pas d'agents de l'État, mais de simples salariés[114] ». C'était là le deuxième argument mis en avant par plusieurs administrations nouvelles qui, lorsqu'elles n'insistaient pas sur l'utilité sociale de leur mission, jouaient de leur jeunesse administrative – qui donnait à leur personnel un statut particulier, le plus souvent celui d'agents contractuels de l'État – pour garder leurs agents juifs. Or, si les termes du premier statut pouvaient, lus avec indulgence, ne pas être appliqués aux contractuels, la définition donnée par la loi du 2 juin 1941 visait précisément à les englober dans le champ de l'exclusion. Si la motivation précédemment mise en avant perdait de sa pertinence juridique, les administrations pouvaient toujours arguer de la complexité d'une législation trop rapidement mouvante pour justifier leurs difficultés de compréhension, même si celles-ci, quinze mois après la publication du nouveau texte, n'étaient pas imputables à la seule inertie administrative*. D'autres exemples d'une modeste « résistance passive » peuvent d'ailleurs être décelés, telle la non-prise en compte, par les administrations gestionnaires de personnel, de la situation spécifique des fonctionnaires détachés, ce qui évitait d'avoir à leur appliquer le statut ou, plus démonstratif encore, le sort réservé aux auxiliaires.

Si l'argument mis en avant par Lagrange, lors de la réunion du 13 décembre 1940, pour exclure ces derniers était bien peu juridique (« On les exclut aux Finances. Du moment qu'on les exclut dans certaines administrations centrales, je crois qu'il faudrait les exclure partout »), il n'en décida pas moins, en mars 1941, que le secrétaire d'État aux Communications pourrait maintenir les auxiliaires juifs en fonction et réembaucher comme auxiliaires les anciens titulaires licenciés « qui en paraiss[ai]ent dignes** ». Cette concession fut de courte durée, la lettre du second statut, que rappela Lagrange lors des réunions de l'été 1941, excluant expressément les auxiliaires. Les services de Berthelot maintinrent pourtant leur point de vue[115] qui provoqua, lorsqu'il

* Dans l'exemple des Ponts et Chaussées des Pyrénées-Orientales, plusieurs mois furent ainsi gagnés : c'est le 3 septembre qu'arriva de Paris l'ordre de licencier ces agents, ordre non exécuté puisqu'il fit l'objet de rappels en novembre 1942 et février 1943, AN AJ38 146.

** Ce point est d'autant plus à remarquer que c'est en fait Lagrange qui donna son aval à une solution que Berthelot n'avait évoquée que pour la repousser, craignant qu'elle n'apparaisse comme « susceptible d'être interprétée comme un moyen de mettre la loi en échec », lettres des 24 février et 1er mars 1941, AN F60 490.

l'apprit, la colère du CGQJ : Vallat demanda en mars 1942 la « régularisation » de cette situation illégale, à savoir le licenciement immédiat de tous les auxiliaires juifs n'entrant pas dans le champ de l'article 3 du statut. Une deuxième demande, trois mois plus tard, resta sans effet, de sorte que Darquier de Pellepoix dut saisir, fin août 1942, le chef du gouvernement pour obtenir qu'un rappel à l'ordre soit adressé au secrétaire d'État aux Communications [116]. Cet exemple confirme donc que, de la candeur feinte à la grève du zèle, les moyens d'inaction ne manquaient pas. On doit constater que seules quelques administrations à vocation technique tentèrent d'utiliser la marge de manœuvre née de leur parfaite connaissance des règles et des cultures administratives pour en faire bénéficier les fonctionnaires juifs.

La juilletisation en panne

Si ce réflexe de protection des siens ne joua ainsi que partiellement au profit des juifs, contrebalancé qu'il était par la très ferme volonté gouvernementale de voir ceux-ci exclus des fonctions publiques, il trouva en revanche dans le relèvement de fonctions de quoi s'appliquer à plein. On en donnera pour exemple l'évolution, durant la première année du régime, de l'application de la loi du 17 juillet 1940 dans le secteur sensible des douanes [117]. Commencé en août 1940, le processus d'épuration y fut relancé fin octobre par Bouthillier, qui demanda aux directeurs de son administration de ne pas hésiter à sanctionner « toute activité individuelle de nature à nuire au bon fonctionnement des services ou à entraver l'œuvre gouvernementale ». Après avoir interrogé tous ses directeurs régionaux, et après consultation des préfets, le directeur général des douanes put adresser au cabinet du ministre, le 6 janvier 1941, un bilan aussi positif que laconique : rien n'était à signaler. Les périphrases se multipliaient au contraire pour souligner la loyauté du personnel : ici les agents « [faisaient] preuve de zèle et de dévouement », là ils manifestaient « leur attachement unanime au chef de l'État », là encore on ne pouvait leur reprocher « aucun acte répréhensif du point de vue politique * ». Ces louanges faites, il était quand même des agents envers lesquels les directeurs régionaux se montraient sévères, à commencer par ceux faisant montre d'une insuffisance professionnelle caractérisée :

> En accord avec les préfets, il y a lieu de considérer comme répréhensibles et passibles de sanctions immédiates ceux [des agents] qui, par leur indolence caractérisée, leur manque de zèle professionnel et leur mauvaise tenue se présentent soit comme des serviteurs déficients, soit comme des

* Le directeur régional de Boulogne-sur-Mer allait jusqu'à prévenir les objections de ceux qui auraient pu s'étonner de ce que « les enquêtes [n'aient] rien révélé à la charge des agents de [sa] circonscription », en rappelant que si certaines brigades des grands ports manifestaient avant-guerre « un fâcheux état d'esprit qui trouvait principalement sa source et son inspiration dans la propagande communiste », la mobilisation puis les mesures prises par les derniers gouvernements de la Troisième République avaient eu pour effet que « si tous n'[avaient] pas abandonné leurs idées d'antan, nul que je sache n'a[vait] manifesté par actes ou discours qu'il réprouvait l'action générale du gouvernement actuel ».

> fonctionnaires ayant perdu le respect de leurs fonctions et peu soucieux du prestige des Pouvoirs publics et de la Nation. M. le Préfet de la Haute-Savoie m'a fait remarquer, fort judicieusement, à cet égard, que l'intempérance, déjà condamnable en soi, l'est davantage encore si l'on considère la puissance de discrédit qu'elle dégage. [...] Il est certain que, pris de boisson ou débraillé, le douanier, actif ou sédentaire, apparaît comme un singulier représentant de l'ordre nouveau, et de l'ordre tout court[118].

Rappelant que son prédécesseur avait formulé, dès septembre 1940, des propositions de relèvement de fonctions touchant 14 agents (10 pour intempérance, un pour affection nerveuse, un pour rendement professionnel insuffisant, un pour défaillance intellectuelle et un pour absence de valeur professionnelle et morale *), propositions jusque-là non suivies d'effet, il les renouvela en leur ajoutant trois demandes nouvelles, dont deux concernaient des agents pris de boisson, et la troisième un « agent médiocre et de faible rendement, qui passait pour avoir été le chef de cellule au parti communiste, demeur[ait] sympathisant communiste et manifest[ait] en public des idées nettement contraires à l'action du gouvernement ». Pourtant, même dans des cas aussi caractérisés, l'administration centrale n'était pas aussi sévère qu'on aurait pu l'imaginer, recourant au changement d'affectation dans l'intérêt du service plutôt qu'au relèvement de fonctions pour éloigner certains agents des influences néfastes qu'ils étaient censés subir. Dans leur nouvelle affectation, ces agents faisaient l'objet d'une surveillance particulièrement attentive de leur hiérarchie, peu désireuse de les voir ternir le tableau d'honneur du dévouement dans leur circonscription **.

Le tournant répressif de l'été 1941 *** conduisit à utiliser le relèvement de fonctions dans des buts plus ciblés, en même temps que l'administration centrale cherchait à corriger ce que la première vague de sanctions, intervenue dans l'atmosphère troublée de l'automne 1940, pouvait avoir eu d'arbitraire. Les cibles furent mieux définies, qu'il s'agît des agents ralliés à De Gaulle ****

---

* Cet agent était accusé d'avoir « dicté à son jeune fils et signé d'un nom d'emprunt une lettre calomnieuse adressée au ministre des Finances, dans laquelle il accusait tout gratuitement d'activité communiste plusieurs de ses collègues et certains de ses chefs ».

** Le directeur régional de Brest écrivait ainsi, le 6 février 1941 : « L'administration a affecté dans ma circonscription quatre agents considérés comme suspects du point de vue national. Ils exercent dans des localités où toute tentative de propagande de leur part aurait peu de chance de trouver d'écho. Je me suis en outre attaché à les placer sous les ordres de chefs de poste dignes de confiance. J'ai vu personnellement ces agents à plusieurs reprises, je ne leur ai pas laissé ignorer que je veillerais attentivement à leur conduite et que je réprimerai sévèrement tout manquement ou toute incartade de leur part. Aucun d'eux, jusqu'à présent, n'a donné prise à la critique. Je dois avouer cependant que le brigadier L., agent particulièrement sournois, ne m'inspire aucune confiance, que les agents spécialisés M. et V., ainsi que le préposé P., me paraissent des extrémistes convaincus, attendant patiemment dans l'espoir qu'un jour leurs idées pourront triompher. »

*** Voir *infra*, pp. 297 *sq.*

**** Ainsi, en septembre 1941, le secrétaire d'État aux Colonies ne rencontra pas de difficultés pour obtenir la révocation d'un agent des Finances qui, depuis son poste

ou de ceux suspectés de communisme*: la direction du personnel du ministère des Finances réfléchissait ainsi, en septembre 1941, à la nécessité d'un nouveau train de «juilletisations [119]». Mais cette utilisation politique de l'outil impliquait, en contrepartie, de cesser d'en faire un instrument indifférencié de revanche. Telle était d'ailleurs la position de Darlan, qui estimait que l'administration ne fonctionnerait correctement que si, selon ses propres termes, l'« ère de la terreur blanche » prenait fin :

> Dans un pays qui, depuis soixante-dix ans, n'a vécu que de politique, il est difficile de confier exclusivement les fonctions publiques à des hommes qui se sont tenus à l'écart de la politique. On ne peut confier les postes de l'administration exclusivement à des hommes de « droite », sinon c'est la réaction abominée par le plus grand nombre. Il faut donc prendre des hommes de toutes opinions pourvu qu'ils soient nationaux et convaincus de la nécessité d'un redressement national. [...] Les fonctionnaires doivent être assurés que, s'ils font leur devoir, ils ne seront pas révoqués ou mis à la retraite. Certaines décisions devront être revues. [...] J'ai pris comme règle de conserver les fonctionnaires en place, à l'exception de ceux qui ont abandonné leur poste, [qui] s'acquittent mal de leurs fonctions, ou [qui] sont des adversaires déclarés du Maréchal [120].

Si le vice-président du Conseil gardait un autre fer au feu, en rappelant qu'il « [avait] toujours la possibilité de révoquer les autres», ses remarques reflétaient bien l'état d'esprit d'administrations centrales que l'expérience d'un an de fonctionnement de la loi poussait à une certaine clémence, comme le montrera un détour vers la frontière pyrénéenne, toujours dans le secteur des douanes. Dès l'automne 1940, la direction générale des douanes avait fait comprendre à l'autorité préfectorale qu'elle n'entendait pas sacrifier ses agents sans preuves, même dans cette zone où, pendant la guerre d'Espagne, cette administration avait été conduite à faire preuve d'une souplesse qui lui était désormais lourdement reprochée et que sanctionna à l'automne 1940 une épuration en profondeur**. Aussi, lorsqu'une note de police dénonça dans des termes très violents, à la même époque, la brigade des douanes de Cerbère comme «Front populaire à 100 %» – ajoutant d'ailleurs que «la

---

d'Afrique-Équatoriale française, avait télégraphié en juin à «l'ex-général de Gaulle»: «Ancien combattant sincère et discipliné vous informe toujours disposé à accepter toutes conditions lui seront imposées pour défense Patrie», SAEF B 53030.

* Deux semaines après le début de l'offensive allemande en URSS, le Conseil de cabinet étudia, à la demande de Bouthillier, les problèmes posés par « la répression des menées communistes dans les administrations », ordre du jour du conseil de cabinet, 5 juillet 1941, AN 2AG 28.

** Une note de la direction régionale de Perpignan faisait état, en novembre, du grand nombre de sanctions intervenues dans les Pyrénées-Orientales depuis septembre 1940 («une révocation pour attitude politique, sept relèvements de fonctions [dont] un pour moralité douteuse et six pour actes d'indiscipline et attitude politique avant la guerre, douze changements d'office d'agents en raison de leur passé politique») et en proposait une vingtaine d'autres, réparties dans la proportion inverse entre motifs professionnels (onze) et raisons politiques (sept), 25 novembre 1941, SAEF B 53030.

police, la gendarmerie et la gare sont à mettre dans le même sac que les préposés communistes des douanes» –, un rapport fut aussitôt demandé au préfet: celui-ci ne fournissant aucun élément précis, le directeur général classa l'affaire au début de février 1941 [121]. Ybarnegaray, député d'extrême droite du Pays basque et éphémère ministre de la Jeunesse pendant l'été 1940, revint à la charge, en obtenant que Darlan adresse à Bouthillier, à la fin de juillet 1941, un ordre on ne peut plus précis: «Il m'est signalé que le personnel des douanes en fonctions à la frontière espagnole ne fait pas preuve de tout le loyalisme désiré. Je vous demande d'effectuer dans le plus bref délai une mutation générale de tout ce personnel [122].» Alors que ces lignes, d'une brièveté et d'un ton tout militaires, ne semblaient appeler d'autres suites que leur mise en œuvre immédiate, la sanction sembla si lourde et si délicate à exécuter que le ministère des Finances alluma tout de suite un contrefeu: il ne fallut que deux jours à Bouthillier pour donner acte à Darlan de ses exigences. Le ministre lui indiqua toutefois qu'il avait envoyé sur place un inspecteur général des finances, Guyot, et l'administrateur de la direction générale des douanes, Guillemin, afin d'étudier avec les préfets les modalités concrètes d'application de la mesure.

Partis le 1er août, les deux missionnaires tirèrent rapidement leurs conclusions, puisque, dès le 11 du même mois, le directeur régional des douanes de Toulouse put envoyer à Paris le rapport qu'ils lui avaient remis. Comme le reconnaissaient ses auteurs, ce rapport «ne correspond[ait] pas à la demande du vice-président du Conseil ni aux instructions du ministre»: il alignait en effet argument sur argument pour proposer à Bouthillier de ne pas donner suite à la demande de mutations collectives, mesure qui ne serait «ni nécessaire, ni équitable, ni opportune» et qui risquerait en revanche d'avoir des effets contraires au but recherché. Alternant remarques d'équité et considérations liées à l'intérêt du service, le rapport soulignait en outre les dangers politiques de l'opération:

> [La mesure] frapperait certainement de bons agents et leurs familles, lésant ainsi des intérêts légitimes et respectables; elle pourrait aliéner au gouvernement des esprits qui lui sont aujourd'hui acquis ou ralliés et elle pourrait en détourner d'autres qui sont susceptibles de venir à lui; elle atteindrait sans nécessité démontrée 665 agents dont 634 pères de famille et 976 enfants, soit plus de deux mille personnes; elle occasionnerait des dépenses importantes pour le budget et des troubles certains dans le fonctionnement du service; elle entraînerait le remplacement des fonctionnaires frappés par d'autres agents dont le loyalisme ne serait pas davantage assuré.

Pour les deux hauts fonctionnaires parisiens, l'analyse qui avait motivé l'ordre de Darlan méritait d'être affinée. Conviction ou calcul, leur vocabulaire devenait agressif pour évoquer le rôle politique que «l'ancien régime» avait fait jouer aux douanes, pour leur plus grand malheur. Sans doute «les rapports faits à la vice-présidence du Conseil [étaient-ils] des échos attardés des événements d'Espagne: à ce moment, nos agents ont été complètement dévoyés, [...] ont ouvertement sympathisé avec la lie de la population espagnole. [...] Il en est résulté pour elle un discrédit qu'il est encore malaisé d'effacer des esprits». Mais ces temps étaient révolus, rappelaient les deux représentants de l'administration centrale. Conscients de la marge d'indépendance – qui risquait de paraître excessive aux yeux du ministre – qu'ils avaient prise par rapport aux instructions dont ils étaient porteurs, ils ne manquaient pas d'étayer leurs conclusions sur l'avis des autorités politiques et administratives locales. Les positions de la Légion furent ainsi validées lorsqu'elles étaient favorables aux agents des douanes – le colonel, vice-président du mouvement dans les Pyrénées-Orientales, indiqua ainsi ne connaître « aucun fait qui puisse faire croire qu'ils font une politique d'opposition » – et relativisées dans le cas contraire : lorsque la même autorité estimait que les douaniers étaient loin de s'être ralliés au gouvernement, « [c'était] là une opinion personnelle qui repose non pas sur des faits actuels ni même récents, mais sur l'attitude de ce personnel à l'époque de la guerre civile espagnole, attitude profondément vivace dans les esprits, ce qui rend les agents des douanes a priori suspects aujourd'hui de manque de loyalisme ». C'est surtout l'opinion des préfets, « particulièrement qualifiés puisqu'il s'agit d'une question d'ordre exclusivement politique », qui fut mise en avant pour appuyer la solution d'apaisement proposée. Or ceux-ci – à commencer par le préfet des Pyrénées-Orientales, Belot, dont une note ultérieure indiqua que, « marin, son avis doit présenter dans la circonstance un grand poids auprès de l'amiral Darlan » – affirmaient n'avoir aucun problème avec les douaniers. Il était donc de l'intérêt de tous, concluait Guillemin, de maintenir un *statu quo* qui avait fait ses preuves :

> Ce n'est pas au moment où nous constatons un redressement si souhaitable et si réconfortant qu'il faut le compromettre par des mesures inopportunes. Laissons donc les chefs agir ; ils ont obtenu des résultats suffisamment probants pour qu'on leur fasse confiance. [...] Ces conclusions, formulées en plein accord avec les préfets, [et qui] s'inspirent en outre des intérêts de l'administration, ont été formulées par M. l'inspecteur général des Finances Guyot et moi-même avec la conviction de remplir ainsi notre mission avec discernement, conscience et honnêteté.

Bouthillier ne désavoua pas ses enquêteurs. Adressant à Darlan, au début de septembre, les rapports en sa possession, il opposa au monolithisme de la demande initiale un tableau nuancé qu'il justifiait par la prise en compte des réalités locales. Dans la petite partie de la région frontalière située en zone occupée, c'est l'« oisiveté » découlant de l'interdiction allemande de toute surveillance douanière par des Français qui était en cause, le ministre se déclarant désireux de « mettre rapidement bon ordre à cet état de choses ». En revanche, en zone libre, « l'enquête n'a[yant] pas révélé une diminution du loyalisme des douaniers », il n'envisageait que quelques sanctions individuelles, lorsque des faits précis avaient été relevés à l'encontre d'agents encore insoumis au régime nouveau. Il y en eut environ une dizaine, pour l'essentiel des mutations d'office, réponse minimale à la demande initiale de 665 mutations. L'intervention, non dépourvue d'esprit de corps, de l'administration centrale lui avait ainsi permis de protéger efficacement des agents dont elle connaissait les anciens penchants vers la gauche et l'extrême gauche. Les milieux collaborationnistes virent dans des comportements de ce type la preuve irréfutable du laxisme de ceux que *Les Nouveaux Temps* présentaient en juillet 1941 comme des « chefs flottants, indécis, attentistes ou roublards qui ont fait depuis un an la mentalité des administrations telle que nous l'avons décriée », auxquels ils se plaisaient à opposer la vigueur des termes par lesquels le préfet de la Seine faisait part à ses subordonnés de sa volonté de recourir massivement, désormais, au relèvement de fonctions :

> Les menées des agents à la solde de l'étranger, écrivait le préfet, doivent se heurter à la compréhension qu'ont les fonctionnaires de leur devoir d'hommes et de Français. Ils ne sauraient oublier qu'ils sont avant tout des serviteurs de l'État et des collectivités qui les emploient. [...] Il importe peu que les agents coupables ou suspects d'intelligences gaullistes ou communistes exécutent d'une façon convenable la tâche administrative qui leur est confiée. Les circonstances actuelles sont trop graves pour que l'administration n'apprécie pas que le premier acte raisonné contre ces véritables trahisons est de vouloir les prévenir. Il faut, sans aucune arrière-pensée, dans l'étroite discipline de notre esprit public, une unanime volonté de labeur et d'action [123].

Quels reclassements ?

Passé ses premiers temps d'application, le relèvement de fonctions, définitivement inscrit dans l'arsenal répressif du gouvernement, fonctionna au moins autant comme menace que comme sanction effective. Les fonctionnaires se révélèrent beaucoup moins difficiles à manier qu'on ne l'avait imaginé : après la démonstration de force, la mansuétude était concevable, de sorte que les reclassements, mesures discrétionnaires, furent nombreux à partir du début de 1941, ne se limitant pas aux obscurs ou aux sans-grade. Avant même le retour de Laval, des préfets juilletisés durant l'été 1940 revinrent en grâce. Du haut en bas de l'échelle se mettaient ainsi en œuvre les principes qu'indiquait Maurice Duverger :

> Le relèvement de fonctions est prononcé contre le fonctionnaire à cause de son attitude d'hostilité à l'égard du gouvernement, qu'on estime susceptible de nuire à un exercice convenable de la fonction publique. Le reclassement de ce fonctionnaire peut être ensuite prononcé soit parce qu'une enquête approfondie a fait apparaître fausse ou tout au moins exagérée l'appréciation qui a été ainsi faite de l'attitude du fonctionnaire, soit parce qu'on juge que, dangereux dans telle fonction, il sera inoffensif dans telle autre, soit encore parce qu'on estime que la mesure dont il a été frappé l'a incité à réfléchir et à adopter une attitude plus conciliante [124].

Il est en revanche peu de cas où le pouvoir estima qu'un fonctionnaire juif, « dangereux dans telle fonction, sera[it] inoffensif dans telle autre », selon l'expression de Xavier Vallat lui-même, qui avait proposé à Darlan d'essayer de trouver des postes de reclassement destinés à accueillir des fonctionnaires anciens combattants frappés d'interdiction professionnelle parce qu'ils exerçaient leurs fonctions dans des domaines désormais totalement fermés, tels que la justice, la diplomatie, la police et surtout l'enseignement. À titre d'exemple, indiquait le commissaire général, « un professeur agrégé pourrait trouver un emploi dans l'administration des finances, comme celui de receveur de l'enregistrement ou de percepteur [et] un ancien agent de police pourrait faire un concierge de tribunal, un appariteur de faculté [125] ». Ces généreuses propositions furent évoquées lors d'une réunion tenue sous la présidence de Lagrange le 4 novembre 1941. Celui-ci indiqua, en ouvrant la séance, que le reclassement n'était en aucune façon un droit, mais une faculté laissée à l'initiative du gouvernement. Giroud, responsable des questions juridiques au CGQJ, rappela la demande faite par le commissariat général, le 21 avril précédent, pour obtenir des ministères des listes d'emplois permettant le reclassement, tandis que Gazagne, autre représentant du commissariat général, soulignait que « les juifs doivent être considérés comme étant particulièrement inaptes à certains emplois, par exemple la propagande ». Si les départements techniques furent à nouveau les plus ouverts*, les ministères régaliens s'en tinrent à une position de principe, construite sur le fait que l'article 2 du statut avait explicitement exclu les juifs de tous les emplois dans leur domaine : tel fut le sens de la réponse du ministère des Affaires étrangères [126] et de celle du ministère de l'Intérieur [127].

Le ministère des Finances, administration dont les effectifs nombreux auraient permis de réelles possibilités de reclassement, par exemple dans les emplois cités dans la note de Vallat, adopta une position identique, tout en la justifiant autrement. Pour le ministre des Finances, « M. Jacques Rueff, seul fonctionnaire de [son] administration à tomber sous le coup des dispositions de l'article 2, ayant bénéficié d'une dérogation au titre de l'article 8, la question ne se pos[ait] pas et il n'y a[vait] donc pas lieu de fournir des listes d'emplois de reclassement** ». C'était là ne pas répondre, par esprit de corps jouant en sens inverse de celui constaté dans les administrations techniques, à la question posée : même le commissariat général se choqua de cette mauvaise foi, et Vallat fit préparer une lettre ferme demandant à la rue de Rivoli une liste d'emploi de reclassements. On trouve ce projet dans les dossiers du CGQJ, portant l'annotation manuscrite : « Non envoyée, ordre de Monsieur le commissaire général. » Compte tenu des délais mis par les

* Le secrétariat général aux Travaux publics transmit ainsi le 17 juillet 1942 au CGQJ une longue liste d'emplois d'accueil potentiels, allant de fonctions de responsabilité administrative (conseiller technique, chef et sous-chef de bureau, rédacteur) ou technique (ingénieur et vérificateur des Poids et Mesures, ingénieur des TPE, chef de travaux) jusqu'à des niveaux plus modestes (commis d'ordre, expéditionnaire, auxiliaire temporaire, adjoint technique, dessinateur préparateur, etc. »), AN AJ38 146.

** AN AJ38 119. Le ministère des Finances confirma sa position le 15 juillet suivant, par un courrier qui, après avoir fait référence à la lettre du 28 mai, se terminait ainsi : « Étant donné les dispositions statutaires réglementant l'accès aux fonctions dans mes divers services et la nature spéciale des emplois qui y sont tenus, il ne m'est pas possible d'envisager le reclassement des fonctionnaires juifs relevant d'autres départements ministériels », AN AJ38 1145.

administrations à proposer des postes de reclassement, le commissariat général avait changé de chef, et l'antisémitisme raciste de Darquier de Pellepoix ne se revêtait plus des oripeaux d'humanité dont l'antisémitisme d'État de Vallat s'était voulu porteur. À quelques exceptions près, les réactions des administrations avaient donc été comparables à celle qu'avait publiquement affirmée le secrétariat d'État à l'Aviation au cours de l'une des réunions consacrées au problème du reclassement : « Nous ne souhaitons aucun reclassement de juifs dans nos services. » Faut-il s'en étonner, lorsque l'on sait qu'à la même époque, le manuel tiré du cours de droit constitutionnel professé à Dijon par Georges Burdeau sortait largement de la description académique pour évoquer le statut des juifs :

> Le redressement de l'esprit public [...] est la tâche la plus urgente, car c'est d'elle que dépendent tous les aspects du redressement national. [...] Il faut éliminer ou mettre hors d'état de nuire les éléments étrangers ou douteux qui s'étaient introduits dans la communauté nationale. [...] La sauvegarde de l'esprit français exige la mise sur pied de tout un système de défense contre les influences nocives, de protection et d'encouragement au profit des éléments sains. [...] Le statut des juifs [...] est inspiré par cette constatation de fait qu'étant donné ses caractères ethniques, ses réactions, le juif est inassimilable. Le régime considère qu'il doit être tenu à l'écart de la communauté française [128].

Une question réglée

En février 1942, s'opposant à une refonte visant à mieux articuler entre elles les lois d'exclusion, le ministère des Finances estima que « ces textes ne sont certes pas parfaits mais ont le mérite d'avoir été appliqués [129] ». La formule était particulièrement adaptée en ce qui concernait la législation antisémite. Le Conseil d'État, par des avis techniques et subtils*, comme l'administration active chargée d'appliquer en matière d'exclusion pas moins de 168 lois ou décrets pour la seule période allant d'octobre 1940 à janvier 1942 [130], avaient en effet agi avec tout le professionnalisme exigé par la

* Voir, par exemple, l'avis du 5 mars 1941 sur la situation d'une personne ayant deux grands-parents juifs, baptisée avant le 25 juin 1940 et dont le conjoint, doté de la même hérédité, est décédé. Le Conseil estima que la personne en question ne pouvait conserver son emploi que « si le décès [était] antérieur à la date à laquelle la personne aurait dû être licenciée par application de la loi du 2 juin 1941 ». Ou, pour le versant technique, l'avis du 11 décembre 1941 sur les droits à pension des fonctionnaires juifs titulaires de la Caisse intercoloniale ou des caisses locales de retraite, AN AJ38 119. Ces avis – que l'on retrouve çà et là dans les dossiers d'archives, et dont l'étude systématique à partir d'une collection complète serait instructive – constituent un ensemble plus significatif que les trente arrêts jugeant des contentieux nés de l'application des statuts, dans la mesure où l'on remonte ainsi à l'automne 1940, alors que les délais d'instruction des dossiers contentieux, accrus par l'éloignement à Royat, ne donnent aucune indication antérieure à avril 1942, époque à laquelle les circonstances avaient changé.

complexité d'une matière radicalement neuve, mais qui se banalisa rapidement*. C'est dans ce passage de l'exception à la routine, facilité par le rôle légitimateur des juristes, que se situe l'un des plus inquiétants enseignements de la période.

Dérogations et bilans

La politique des dérogations fut tout aussi révélatrice. Tout antisémite ayant son bon juif, le statut, avait défini juridiquement, par la notion de « services exceptionnels », ce que pouvait être un juif acceptable par l'État français. La procédure, hérissée de formalités destinées à rendre difficiles les passe-droit, passait par la consultation du Conseil d'État, qui adopta en la matière une interprétation stricte des intentions du législateur**. Proche de celui-ci, Jean Delvolvé, parlant au nom du garde des Sceaux lors de la réunion du 13 décembre 1940, avait indiqué qu'il ne devait guère y avoir dans la fonction publique française plus de cinq ou six personnes « de race juive » ayant rendu les « services exceptionnels » qu'exigeait l'article 8 du statut, et avait pu prédire « sans trop [s]'engager que le Conseil d'État sera extrêmement sévère en cette matière, étant donné qu'il se conforme aux termes de la loi. Il suffit de la lire. » Il n'avait pas tort : un document émanant de la direction du statut des personnes du CGQJ, qui peut être daté du dernier trimestre de 1941***, évoque 201 demandes, 10 dérogations accordées sur avis favorable du Conseil d'État, et 82 refusées à la suite d'un avis défavorable. Ces chiffres sont compatibles avec ceux tirés d'une note du

* L'expression « ne pas être juif au sens de la loi du 3 octobre 1940 » (puis « au sens de la loi du 2 juin 1941 » après la promulgation du second statut) devint en effet une constante dans tous les textes relatifs à la fonction publique. La nomenclature budgétaire fut également adaptée à la situation nouvelle : lorsqu'en 1942, par souci de simplification administrative, on fusionna en un seul les quatre chapitres de rémunération des professeurs de l'enseignement secondaire, un article « Relevés de fonctions (israélites, etc.) » y fit son apparition. Cette modification fut entérinée par le budget de l'exercice suivant, qui comportait un chapitre spécifique, « Application des lois et règlements relatifs à l'accès aux emplois des administrations publiques et concernant les fonctionnaires civils et militaires relevés de leurs fonctions », subdivisé en trois articles (art. 1 : application de la loi du 3 avril 1941 concernant l'accès aux emplois dans les administrations publiques ; art. 2 : application de la loi du 17 juillet 1940 modifiée concernant les magistrats, fonctionnaires et agents civils ou militaires relevés de leurs fonctions ; art. 3 : application de la loi du 2 juin 1941 (statut des juifs).

** Jean Massot, citant les Souvenirs de Carcopino et ceux de Du Moulin de Labarthète, analyse « la conception parfaitement cohérente mais aux résultats impitoyables » (*Vichy et les Français, op. cit.*, p. 320), qu'eut le Conseil d'État des « services exceptionnels ». Sans doute ne suivra-t-on pas l'ancien directeur du cabinet civil lorsqu'il sous-entend que cette rigueur pouvait avoir pour but de « compromettre l'œuvre gouvernementale », mais on peut souligner que la position froide ainsi adoptée par le Conseil d'État eut au moins le mérite – sans doute le seul – de placer le pouvoir devant ses responsabilités.

*** Par son en-tête (ministère de l'Intérieur), qui le situe entre septembre 1941 et mai 1942, et la référence qui y est faite à « l'application toute récente des décrets sur les professions libérales », dont les principaux furent publiés entre juillet et septembre 1941, AN AJ38 146.

30 janvier 1943 citée par Joseph Billig[131]: 19 dérogations (dont 10 professeurs de l'enseignement supérieur et 3 ingénieurs des mines) au titre du premier statut, et 18 personnes (dont 7 ingénieurs des ponts et chaussées, 5 officiers et 4 professeurs de l'enseignement supérieur) au titre du second. C'étaient au total 1 % des fonctionnaires atteints par le statut qui avaient pu bénéficier de dérogations. Assurément, le processus de dérogation resta, comme l'avait voulu le législateur, exceptionnel.

On dispose de plusieurs documents chiffrés permettant de mesurer les effets de l'application des statuts des juifs à la fonction publique. Le plus complet est celui adressé le 2 avril 1942 par Xavier Vallat, en réponse à une demande des autorités d'occupation en date du 16 janvier. Ce tableau détaille par ministère le nombre de fonctionnaires juifs exclus*: ils étaient 3422, dont 2910 au titre du premier statut et 512 du second, répartis entre la zone occupée (753) et la zone non occupée** (2669). En l'absence d'informations, et pour cause, sur le nombre de fonctionnaires juifs employés avant guerre, il est difficile de mesurer le degré d'application des mesures antisémites dans les différents ministères. On est toutefois conduit, en comparant ce tableau aux informations transmises trois mois plus tôt par le CGQJ aux mêmes autorités allemandes[132], et qui aboutit au chiffre de 1947 exclusions au titre du premier statut, à faire plusieurs remarques. Il apparaît en premier lieu que, si les ministères dont les effectifs étaient les plus élevés furent naturellement les plus touchés, c'est au sein de l'armée que l'exclusion fut la plus massive: réunies, les trois armes ont représenté 37 % des agents atteints par le statut, le ministère de l'Éducation nationale venant ensuite, avec 32 %. Cette situation est d'autant plus remarquable que les chiffres de janvier 1942 étaient sensiblement inférieurs, avec seulement 150 fonctionnaires exclus de l'armée (64 à la Guerre, 14 dans la Marine, 72 à l'Aviation). On peut enfin souligner que, contrairement à ce qu'écrivait Vallat au MBF en lui transmettant le tableau de janvier 1942, le deuxième statut entraîna effectivement des licenciements. La proportion en fut en moyenne de 15 %, mais on constatait un sensible dépassement de ce chiffre dans les ministères du Travail (61 %), des Finances (32 %) et de la Guerre (19 %). Comme on l'a vu, le CGQJ, alors même qu'il était engagé dans la tâche autrement plus vaste de l'aryanisation économique, continuait à épurer systématiquement la fonction publique.

La ventilation entre zones mérite également d'être étudiée: on lit dans le tableau le poids prédominant (78 %) de l'exclusion dans la zone non occupée. Or la répartition des effectifs de la fonction publique entre les deux zones de métropole devrait être, en première analyse, proportionnelle à leur superficie respective. L'effet du repliement des administrations centrales en zone sud et la limitation à cette même zone de l'existence de l'armée d'armistice en accroissent naturellement le poids relatif, mais seule la prise en compte des

* On trouvera ce tableau complet (AN AJ38 119) reproduit en annexe 7, p. 655.

** Incluant, pour certains ministères au moins (comme les PTT qui l'indiquent explicitement), l'Algérie.

effets de l'application des statuts en Algérie paraît pouvoir expliquer la forte disparité constatée. C'est donc majoritairement en Afrique du Nord qu'ont été frappés les fonctionnaires juifs[133]. Ils y occupaient des postes sans doute plus dispersées qu'en métropole, notamment dans la catégorie des petits fonctionnaires dont la part « d'influence ou d'autorité » ne pouvait être que très limitée. Il s'est bien agi d'exclure pour exclure, dans la même logique que celle ayant présidé à l'abrogation du décret Crémieux. L'antisémitisme algérien, avec son histoire et sa vitalité propres, agit comme un révélateur des finalités proprement racistes du projet d'épuration de la fonction publique française.

Routine et légitimation

Danièle Lochak, étudiant l'élaboration par la doctrine d'un « droit de l'antisémitisme », a bien mis en évidence l'effet de légitimation né du décalque des formes et des acquis du droit positif[134]. Cette fonction de légitimation suivit, dans la fonction publique, un chemin comparable, dont témoigne « le fonctionnement très mécanique, qui laisse un goût amer » du Conseil d'État qu'évoque Jean Massot[135], et dont la Haute Assemblée ne se départit même pas en faveur de deux de ses présidents de section, Jacques Helbronner, directeur de cabinet de Painlevé au ministère de la Guerre en 1917 et proche de ce fait du maréchal Pétain*, et Georges Cahen-Salvador, qui avait sans conteste rendu depuis vingt ans des services exceptionnels à l'État dans ses fonctions successives de directeur chargé de mettre en place les régimes de retraite, de secrétaire général du Conseil national économique et de président de la section de l'Intérieur du Conseil d'État, fonction qu'il exerçait depuis 1936. Évoquant l'antisémitisme au sein de la haute administration d'avant guerre, François Bloch-Lainé opposait la situation de l'inspection des Finances, où l'antisémitisme était presque inconnu parce que les juifs y étaient peu nombreux, de celle du Conseil d'État[136].

Conforté par des juristes – conseillers d'État ou professeurs de droit – qui estimèrent de leur devoir d'aider à appliquer ou à expliquer l'antisémitisme d'État, le pouvoir eut également recours au professionnalisme d'une administration pour faire de l'exclusion des fonctionnaires juifs un dossier administratif parmi d'autres, dans la conduite duquel se mêlaient considérations juridiques, querelles bureaucratiques (entre administrations centrales et services extérieurs ou entre organes de coordination et ministères spécialisés), vindictes personnelles sans doute aussi parfois**, mais que ne venait alimenter

* Président du Consistoire central, il fut arrêté et déporté à l'automne 1943.

** On peut citer la tentative, sans suite semble-t-il, du commissariat général de voir appliquer le statut aux conseillers du commerce extérieur, personnalités non membres de l'administration chargées de promouvoir les intérêts de leur profession sur les marchés internationaux. Mécontent de ce que son point de vue n'ait pas été pris en compte par le ministère de la Production industrielle, autorité de tutelle de ces conseillers, un cadre du ministère des Finances en informa par téléphone le CGQJ, qui intervint auprès des ministres concernés dans le sens que l'on devine, compte rendu d'une conversation téléphonique avec le commissaire général, sd, AN AJ38 119.

aucune considération ouvertement et directement idéologique. Aux yeux du fonctionnaire chargé de la mettre en œuvre, la politique d'exclusion inscrite dans le cadre du nouvel ordre législatif défini par l'État français n'était pas discutable – ne serait-ce que parce que discuter la loi ne fait pas partie des missions des agent publics : c'est au contraire leur conscience professionnelle de loyaux serviteurs de l'État qui fit obligation aux fonctionnaires d'alors d'en rendre l'application techniquement irréprochable et au Conseil d'État de rechercher, comme il le faisait lorsque la loi émanait des élus du suffrage universel, les intentions du législateur *. L'administration était en outre soucieuse se présenter comme mue par le seul intérêt national et nullement, comme avait tenu à l'affirmer le gouvernement dès la publication du texte d'octobre 1940, par l'esprit de vengeance. C'est ainsi que, consulté par le CGQJ qui s'interrogeait sur la nécessité de continuer à verser leur traitement aux rabbins d'Alsace-Lorraine, le ministère de l'Intérieur estima que la réponse ne saurait être que positive, dans la mesure où il y allait « d'une question d'honnêteté ** ».

L'application des statuts des juifs à la fonction publique fournit un bon exemple du mécanisme de légitimation mis en œuvre par le régime pour se faire obéir de son administration. À aucun moment, le caractère spécifique

* Sur les intentions du législateur, l'extrait suivant du procès-verbal de la réunion du 4 novembre 1941 se passe de commentaire : « M. Lagrange : La loi actuelle est-elle susceptible de recevoir une interprétation souple ? M. Gazagne [directeur du statut des personnes au CGQJ] répond négativement. – M. Lagrange : Si le Conseil d'État est consulté, il demandera à connaître l'intention du législateur. – M. Gazagne : C'est d'exclure les juifs de tous les emplois. – M. Lagrange : Il est donc inutile de demander l'avis du Conseil d'État », AN AJ38 119.

** 16 octobre 1941, AN AJ38 1145. Raul Hilberg a analysé le puissant ressort psychologique qui explique ce besoin d'évacuation de toute pensée explicitement antisémite, dont on retrouve de très nombreux exemples dans les souvenirs publiés après guerre par les acteurs du régime. Ce qu'il écrit, parlant des fonctionnaires allemands impliqués dans la réalisation du génocide, de « l'insistance avec laquelle l'administrateur affirmait qu'il n'agissait pas par vindicte personnelle » peut être décalqué, en faisant évidemment toute la différence qui s'impose entre l'extermination et l'exclusion, à leurs homologues français chargés d'appliquer, entre 1940 et 1944, la législation antisémite de Vichy : « Dans l'esprit du bureaucrate, le devoir était la voie dont il ne s'écartait pas, il était son "destin". Le bureaucrate allemand établissait une distinction très nette entre son devoir et ses sentiments personnels. Il certifiait qu'il ne "haïssait" pas les Juifs, il allait même parfois jusqu'à s'écarter du droit chemin pour accomplir quelque "bonne action" au bénéfice de ses relations ou amis juifs. Lorsque débutèrent les procès des criminels de guerre, il ne se trouva pratiquement aucun accusé qui ne pût prouver qu'il avait aidé un professeur de physique demi-juif, ou usé de son influence pour permettre à un chef d'orchestre juif de conserver un peu plus longtemps son emploi, ou qu'il était intervenu en faveur d'un couple de mariage mixte pour une histoire d'appartement. Ces "bonnes actions", bien que négligeables comparées aux mécanismes de destruction que ces individus mettaient en place au même moment, jouaient un rôle psychologique considérable. Elles séparaient le "devoir" des sentiments personnels. Elles préservaient un sentiment d' "honnêteté". Celui qui détruisait les Juifs n'était pas "antisémite" », *La Destruction des Juifs d'Europe*, Fayard, 1988, p. 884.

de l'exclusion n'est mis en lumière, le texte devant apparaître plutôt comme une continuité que comme une rupture. La rupture fondamentale, et revendiquée, était celle du changement de régime, qui de démocratique était devenu autoritaire * : la « Révolution de 1940 », la substitution d'un ordre politique nouveau à l'ordre ancien apparaissent alors comme des événements de nature historique et politique qui dépassent la sphère d'action administrative. Il faudrait en savoir plus sur la sociologie politique de la haute fonction publique de l'entre-deux-guerres pour mesurer son imprégnation à l'antisémitisme et à la xénophobie véhiculés avant guerre par l'extrême droite. En première analyse toutefois, l'administration qui fut celle de la République, sans doute plus marquée par le radicalisme que par l'esprit d'Action française, ne professait guère d'antisémitisme, même si ces représentants de la moyenne bourgeoisie qu'étaient les fonctionnaires des administrations centrales purent ne pas rester insensibles à la force du discours xénophobe des années trente. Vichy développa cette identification entre juif et étranger : le discours tenu sur les juifs par la haute administration pétainiste ne cessait de répéter que, même masqué derrière un vernis d'assimilation plus ou moins épais, le juif restait un étranger en France, qui n'avait donc sa place ni dans la communauté nationale ni *a fortiori* dans l'État. Cette analyse trouvait sa traduction dans le lien fait entre les modalités d'application du premier statut et celles de la loi du 17 juillet 1940 sur les fonctionnaires nés de père non français. Au service du pouvoir, la fonction publique, qui avait déjà vu édicter les lois du 17 juillet, épurant les cadres des éléments politiquement douteux et des agents de souche insuffisamment nationale, prit l'exclusion des juifs comme une étape complémentaire, et somme toute naturelle, du processus de construction de l'administration nouvelle.

D'autres mécanismes, relevant plus du fonctionnement bureaucratique que du contexte politique, se mêlèrent pour faire de l'application de ces mesures d'exclusion une parfaite réussite administrative. Il s'agit d'abord, et avant tout, du primat de l'obéissance, vertu cardinale dont le régime rappelait en toute occasion l'absolue nécessité, en l'opposant au laisser-aller qu'avait entraîné le développement du syndicalisme des fonctionnaires. Entra également en ligne de compte une forme d'intégrisme juridique, qui accordait le dernier mot à la norme de droit, et plus précisément à la lettre de la norme. Ce fut enfin la mobilisation d'une forme de conscience professionnelle – que nous ne pouvons aujourd'hui que juger dévoyée, mais qui joua un rôle important dans la relation entre le régime et ses fonctionnaires – lorsqu'il était fait appel à toute la créativité et à l'assiduité ** de l'administration pour trouver des solutions à un problème qui n'avait pas de précédents. C'est, pour résumer, la dialectique

---

* Maurice Duverger emploie très souvent cette distinction, pour exposer le contexte dans lequel doivent être lues les mesures radicalement nouvelles prises par le régime.

** La participation de l'ensemble des départements ministériels aux réunions interministérielles portant sur l'application des statuts est rappelée en tête de chaque procès-verbal.

de l'obéissance et de la conscience qui se trouve ici mise en évidence : plus encore que le juriste, l'administrateur a joué, avec la froideur du professionnel plutôt qu'avec la passion de l'idéologue, son rôle dans la mise en place du processus d'exclusion. Pourtant, « la lettre tue », comme le rappellent les conclusions de Raul Hilberg sur les responsabilités mises en œuvre dans le génocide :

> La destruction des Juifs ne fut pas accidentelle. Aux premiers jours de 1933, lorsque le premier fonctionnaire rédigea la première définition du « non-aryen » dans une ordonnance de l'administration, le sort du monde juif européen se trouva scellé [137].

CHAPITRE VI

Organiser l'État nouveau

S'il était indispensable, aux yeux des nouveaux maîtres du pays, d'épurer la fonction publique de ses agents insuffisamment français, la régénération de l'État ne pouvait provenir de ce seul coup de balai. De profondes modifications s'imposaient aussi dans le fonctionnement d'un régime que le maréchal Pétain présenta un jour comme « vieux avant de naître », tant l'influence parlementaire était supposée l'avoir corrompu de l'intérieur. Les projets de réforme administrative se multiplièrent, portés par les hauts fonctionnaires des cercles modernisateurs de l'avant-guerre désormais soucieux de donner au régime autoritaire ses nécessaires organes de commandement et de coordination. Commencé dès l'été 1940, le renforcement des rouages centraux s'accéléra un an plus tard, lorsque Darlan voulut se doter d'un secrétariat général puissant, capable de relayer ses ordres avec efficacité. Mais c'était compter sans les pesanteurs qui opposaient entre eux les principaux corps de l'État, qui surent toutefois s'unir, non pour faire avancer la Révolution nationale comme l'escomptait le pouvoir, mais pour contrer avec succès toute tentative d'intrusion dans l'État d'éléments étrangers à la sphère de l'administration professionnelle : la Légion comme les organismes nouveaux inventés par le régime pour conduire les politiques qu'il jugeait prioritaires en firent l'amère expérience. Lorsque Darlan quitta le pouvoir, à la mi-1942, les volontés de réorganisation administrative proclamées depuis l'été 1940 avaient fait plus de déçus que d'heureux.

Administration et organisation

L'organisation au pouvoir ?

Tout en jetant les bases d'un ordre constitutionnel antirépublicain, le régime affichait une ferme volonté de rationalisation. Le pouvoir nouveau donné au chef ne prenait en effet tout son sens que s'il trouvait à s'exercer dans une organisation modernisée par l'abandon des vains formalismes, à commencer par ceux entravant l'action gouvernementale. Constatant le foisonnement, au cours des mois de juillet et août 1940, de mesures souvent improvisées et peu homogènes, l'entourage administratif du chef de l'État s'efforça de remettre un peu d'ordre dans le travail gouvernemental. Il était d'abord nécessaire de protéger le Maréchal lui-même, sommet vers lequel affluaient tous les projets. Fernet, secrétaire général de la présidence du Conseil, limita ainsi à « quatre à cinq pages d'un exposé clair et de dactylographie aérée, quelle que soit l'importance de la question », les documents adressés au chef de l'État[1]. Importante compte tenu de la personnalisation du pouvoir, cette instruction ne réglait pas toutes les insuffisances constatées au cours de l'été en matière de coordination entre ministères. Alibert, lors du Conseil de cabinet du 26 septembre, revint longuement sur cette question, pour souligner le danger qu'il y aurait à continuer à travailler en ordre dispersé alors que devaient se mettre en place les projets essentiels destinés à donner son visage à l'État nouveau, qu'il s'agisse de l'organisation des professions ou de la réforme régionale. Fut alors mis en place un « comité de rédaction », qui préparait les textes, et une « commission de prise en considération », qui les approuvait avant de les transmettre au Conseil de cabinet, qui les relisait, puis au Conseil d'État, qui en vérifiait la rigueur juridique, et au Conseil des ministres enfin, qui les adoptait définitivement[2]. Ce système, formalisé à l'extrême, ne fonctionna pas de manière aussi harmonieuse qu'imaginé. Quelques jours après l'élimination de Laval, on expérimenta la formule plus resserrée du « comité directeur », regroupant les trois principaux ministres de la nouvelle équipe, Darlan, Flandin et le général Huntziger, chargés respectivement de superviser la politique intérieure, l'action économique et les questions militaires. Ce comité, intermédiaire entre le Conseil des ministres et un conseil privé du chef de l'État, préparait les grandes lignes de l'action gouvernementale, les soumettait à l'approbation du maréchal Pétain, puis contrôlait les conditions de leur mise en œuvre[3].

Ce fonctionnement pyramidal convenait au vainqueur de Verdun, qui y voyait une transposition du mode de commandement militaire. Mais la rénovation de l'État passait aussi par une réforme en profondeur d'une administration dans laquelle le nouveau pouvoir voyait le reflet des tares du régime précédent : méthodes périmées, clientélisme outrancier, politisation poussée à l'extrême, incapacité enfin à se moderniser. C'en était fini, proclamait-on, du vieil ordre bureaucratique, l'heure étant au contraire venue d'appliquer à l'administration les acquis de l'organisation scientifique du travail. Ceux qui les avaient tant étudiés avant guerre surent entendre ce discours vigoureux émanant du pouvoir et lui firent parvenir leurs plans de modernisation de l'appareil administratif. Un des proches de Raoul Dautry, Frédéric Surleau, nommé en mars 1939 par le gouvernement Daladier administrateur de Marseille dont le maire avait été démis de ses fonctions, proposa dès le 18 juillet 1940 son plan de rénovation administrative :

> La transformation constitutionnelle de la France sera certainement accompagnée d'une réorganisation profonde de sa structure administrative. Les défauts de l'administration française sont en effet flagrants et leur existence a pesé lourdement sur les destinées du pays. On s'est plaint souvent avec raison de la routine, de la complexité des rouages, du formalisme bureaucratique de nos administrations. Ces plaintes ont eu un retentissement fâcheux en Alsace et Lorraine après l'occupation française *(sic)*. L'administration de la Guerre elle-même a souffert gravement des lenteurs et du manque d'originalité de ses bureaux et de ses services techniques. Il ne suffit plus de dénoncer ou de plaisanter « les bureaux ». La France a vu s'effondrer sa puissance militaire et ses institutions. Pour se refaire, elle a un besoin impérieux d'une administration nouvelle, ardente, rompant délibérément avec les anciens errements. Il faut, là aussi, porter la hache dans les organisations vétustes et rebâtir [4].

Cette entrée en matière, bien dans l'air du temps, précédait le catalogue détaillé des mesures à prendre, dont beaucoup étaient de l'ordre de l'évidence (« limitation des fonctions de contrôle à leur rôle véritable, suppression des organismes parasitaires, développement de l'initiative, renforcement de la notion de responsabilité ») ou des bonnes intentions (« réduction du nombre des échelons de la hiérarchie, développement du contact direct, sélection rigoureuse des cadres »). Plus originale fut l'idée, émise quelques mois plus tard par un ingénieur des ponts et chaussées, de créer un service central de réforme et de codification qui s'autofinancerait en vendant « les textes [...] aux chefs de service qui ne savent plus où les trouver [5] ». Les premières mesures effectives de rationalisation, sensiblement moins audacieuses, se donnaient des objectifs très concrets, telle la normalisation des documents administratifs [6]. Ce furent parfois les circonstances qui entraînèrent des innovations : à la fin de septembre 1940, on retint ainsi le principe d'expérimenter dans plusieurs ministères parisiens, vivant désormais à l'heure allemande (décalée de deux heures sur l'heure française), des essais de journée continue, de 9 h à 16 h 30 avec une pause de trente minutes pour le déjeuner. Pour le général de La Laurencie, « l'expérience ainsi tentée [était] extrêmement importante pour améliorer les conditions d'existence et de travail du personnel. L'adoption de la journée continue de travail peut être un facteur considérable de progrès social, comme l'a été, il y a vingt ans, dans des circonstances également tragiques, l'institution de l'heure d'été * ». Malgré – ou à cause de – la modestie de ces réalisations, la tendance organisationnelle

* Cité dans une note du 21 décembre 1940 du délégué général du gouvernement dans les territoires occupés au secrétariat général de la présidence du Conseil, AN F60 52. Le général ajoutait qu'on pourrait en outre « envisager à partir de mars ou d'avril la combinaison de la journée continue avec la semaine anglaise, en avançant d'une heure l'arrivée au bureau et en récupérant ainsi la vacance du samedi après-midi ». Nous n'avons pas trouvé trace de la suite réservée à cette proposition : si elle fut effectivement expérimentée, ce serait à un général de cavalerie que, par combinaison de la semaine anglaise et de l'heure allemande, la fonction publique française devrait l'apparition du week-end.

redonna de la voix à partir de 1941. La stabilisation politique née de l'installation au pouvoir de Darlan et de son équipe « technocratique » vit à nouveau se multiplier, de la part de rénovateurs récents ou patentés, les projets de construction d'une administration modèle. Les premiers furent les plus imaginatifs, tel Pierre Jouanlanne, ingénieur à Pau, qui exposa dans *France, revue de l'État nouveau* ses projets de création d'un « service général de l'organisation et du contrôle du fonctionnement des administrations publiques de l'État français » construit selon des principes qu'on ne pouvait qu'approuver*. Le chiffrage du projet était d'une précision déroutante : au prix de la création de 38 emplois, et pour un coût annuel de 1 900 000 francs, l'auteur se faisait fort d'améliorer le rendement du personnel administratif de 30 % et celui des crédits de 60 à 70 % !

Des techniciens de la chose publique

Ce rénovateur solitaire ne fut pas entendu par l'entourage du maréchal Pétain**, qui accorda en revanche du crédit aux propositions que lui fit le Comité d'études pour la France, groupe de pensée qui, depuis l'automne 1940, s'intéressait particulièrement à la réforme administrative. On y trouvait en effet nombre de ces modernisateurs de la chose publique persuadés déjà avant guerre que l'on pouvait faire de la bonne administration sans manches de lustrine. Jeunes hauts fonctionnaires critiques du parlementarisme à la française[7], que l'on retrouva au Comité de la hache, ou hommes issus de l'entreprise – notamment de ce haut lieu de l'organisation qu'était la SNCF*** – beaucoup avaient participé aux Nouveaux Cahiers. Le Comité d'études pour la France se présentait ainsi comme comme un groupe « [d']hommes de bonne volonté de toutes origines, patrons et ouvriers, citadins et paysans, manuels et intellectuels, [associés], avec le seul souci de bien servir la France, dans la recherche de solutions françaises aux [...] problèmes d'ordre immédiat ou d'avenir concernant le relèvement matériel et moral du pays[8] ». Malgré cette description, les citadins étaient dans le Comité plus

* « Instaurer ou restaurer l'ordre et la discipline dans les administrations et les y maintenir ; les débarrasser des innombrables parasites qui les encombrent et les paralysent ; offrir à chacun les moyens de donner toute sa mesure et par là de s'inscrire à la place qui lui revient sur l'échelle des valeurs ; arrêter et prévenir les fausses destinations données aux crédits et vérifier leur bon emploi ; transformer ou tout au moins modifier ce qui existe, créer ce qui manque, faire de nos administrations autrement que sur le papier un organisme vivant », *France, revue de l'État nouveau*, n° 5, décembre 1942, p. 756.

** Sur l'épais dossier comprenant l'ensemble des correspondances adressées par l'intéressé à Vichy à partir d'octobre 1940, du Moulin de Labarthète avait écrit : « Sans intérêt pour le cabinet civil », AN F60 284.

*** Soulignons le rôle joué au sein du régime de Vichy par des hommes passés par la SNCF, pépinière de technocrates depuis le passage de Dautry à la tête du réseau de l'État : en furent notamment issus un ministre (Berthelot), un secrétaire général (Filippi, second secrétaire général aux affaires économiques) mais aussi Fournier, chef du service de contrôle des administrateurs provisoires, fusionné en 1941 avec le commissariat général aux questions juives, et le dernier délégué à l'équipement national, Surleau.

nombreux que les ruraux *, et les hommes de bureau l'emportaient largement sur les ouvriers **. Le président était Guillaume de Tarde, qui avait fréquenté la plupart des cercles de réflexion des années trente, du Redressement français à X-Crise, et des Nouveaux Cahiers à l'Europe Nouvelle, flanqué d'Auguste Detœuf et de Frédéric Surleau. Roger Dumas, directeur de la région Sud-Ouest de la SNCF, occupait la place centrale de secrétaire général d'une structure qui s'enorgueillissait de la participation de personnalités de poids, tels Roger Seydoux, directeur de l'École libre des sciences politiques, André Siegfried, illustre professeur de ce même établissement, Gabriel Dayras, inspecteur général des Finances dont le frère était secrétaire général du ministère de la Justice, ou Georges Lefranc, éminent représentant des courants planistes au sein de la SFIO.

La qualité de ses membres, ainsi que le patronage au moins officieux que lui accordaient les milieux administratifs ***, expliquent l'attention apportée par l'entourage du chef de l'État aux conclusions du Comité, qui prenait ainsi un relief particulier parmi les très nombreuses sociétés de pensée dont la création avait été suscitée par la Révolution nationale et l'activité stimulée par l'étouffement du débat public. En témoignaient non tant l'exercice imposé constitué par les paroles aimables du maréchal Pétain, soulignant en mai 1942 « [sa] satisfaction [devant des] rapports substantiels, qui ont apporté une contribution précieuse aux pouvoirs publics et dont il a été tenu le plus grand compte, [et son] désir de voir se développer l'œuvre entreprise [9] », que les louanges, allant au-delà des compliments d'usage, dont Lavagne, chef du cabinet civil, accompagna en novembre 1942 l'envoi à Abel Bonnard d'un rapport du Comité sur la santé des enfants scolarisés ****. En matière de réforme administrative aussi, le Comité, par l'intermédiaire de sa commission

---

* Les « membres agriculteurs » étaient pour l'essentiel de hauts responsables d'organismes financiers ou corporatifs du monde rural.

** Les « membres ouvriers », issus du syndicalisme, n'étaient que 5 sur les 32 personnes que comptaient les organes dirigeants : Gaston Tessier, ancien secrétaire général de la CFTC, et quatre responsables de l'ancienne CGT : Marcel Roy, ancien secrétaire de la fédération des métaux, qui rejoindra la frange de gauche de la collaboration, Albert Gazier, responsable des employés de la région parisienne, Louis Saillant, ancien secrétaire de la fédération du bâtiment et du bois (tous trois participeront à la fondation du Centre d'études économiques et syndicales, noyau de la Résistance syndicale) ainsi que l'ancien secrétaire du comité économique de la même CGT, Christian Pineau, fondateur du mouvement Libération-Nord.

*** La quasi-totalité des secrétaires généraux de ministère figuraient, avec le titre de conseiller, dans la liste des membres du comité publiée en mai 1941, AN 2AG 440.

**** « Le Maréchal, qui depuis près de deux ans suit et encourage les remarquables travaux du Comité d'études pour la France, a longuement arrêté son attention sur l'étude ci-jointe qui vient de lui être adressée. [...] Ce rapport revêt toute l'autorité qui s'attache à l'incomparable qualité des travaux du Comité d'études pour la France. Ce rapport est le fruit de longs efforts entrepris par les meilleurs esprits, mûri avec le souci d'approcher au plus juste la réalité de la façon la plus objective et la plus indépendante », lettre à M. le ministre, secrétaire d'État à l'Éducation nationale, 2 novembre 1942, AN F17 13357.

administrative, avait fait des propositions. Il n'y avait pas, à ses yeux, de petits sujets et les premières études furent consacrées, en octobre et novembre 1940, à la propreté des locaux de l'administration puis à la suppression de l'attente dans les services publics. Au printemps 1941 furent évoqués le « renouvellement des méthodes d'administration » puis « l'amélioration du rendement des services de l'État ». À l'issue d'une longue analyse, le Comité proposait de faire renaître, sans le nom, le Comité de la hache, sous la forme d'une commission « composée de fonctionnaires et de personnalités ayant acquis dans les affaires privées l'expérience pratique du fonctionnement des services complexes, [ainsi que] de spécialistes de l'organisation du travail et [chargée] d'opérer, dans le sens des économies d'effectifs et de dépenses, une réorganisation d'ensemble des services de l'État[10] ». Il suggérait aussi, en dénonçant des lois « mal conçues, peu cohérentes, à la rédaction obscure et confuse », que soit confiée au Conseil d'État la mission de « rationaliser, simplifier, clarifier et codifier » la législation française. La Haute Assemblée voyait ainsi confortés ses espoirs de coordonner l'activité législative de l'État nouveau. Espoirs déçus cependant car, si tous convenaient de l'absolue nécessité de coordonner l'action administrative, chacun entendait bien être le seul coordonnateur.

Rationalisation et polycratie

La coordination ou la cour ?

Pour des hommes férus de rationalisation, la coordination, point de passage de toute réforme de l'État, était rendue plus nécessaire encore par la nature du pouvoir nouveau : en l'absence de solidarité ministérielle et de responsabilité collective du gouvernement, un risque majeur existait de voir chaque ministre, qui n'avait de comptes à rendre qu'au seul chef de l'État, tenter d'obtenir par tout moyen l'approbation, écrite ou verbale, tenant lieu de ligne politique. Pendant les premiers temps du régime, la situation se caractérisa par un flou certain. Ainsi au niveau ministériel : Laval, nommé vice-président du Conseil le 26 juin 1940, pouvait légitimement s'attendre à coordonner l'action gouvernementale. Or cette mission resta confiée à Alibert puis à Baudouin, nommé à la fin d'octobre secrétaire d'État à la présidence du Conseil, lot de consolation après son éviction des Affaires étrangères. La situation était tout aussi enchevêtrée du côté des hauts fonctionnaires : à la mi-juillet 1940, un marin proche de l'Action française, le vice-amiral Fernet, jusqu'alors secrétaire général du Conseil supérieur de la défense nationale, avait été nommé secrétaire général de la présidence du Conseil. Mais, dans le même mouvement, on avait aussi doté du titre de secrétaire général l'officier que le maréchal Pétain, cette fois-ci en tant que chef de l'État et non plus en tant que président du Conseil, avait placé directement auprès de lui, le général Laure. Des conflits n'allaient pas tarder à éclater entre ces deux autorités.

Ils se cristallisèrent, dans l'ambiance de cour qui régnait autour de la personne de Pétain, sur des questions de représentation, comme en témoigne une note de septembre 1940 :

> Une expérience de sept semaines a montré qu'entre [les] différents rouages les liaisons nécessaires n'étaient pas toujours établies et qu'une incertitude flottait encore dans les attributions des uns et des autres. Il suffit d'un peu de logique et d'un peu de bonne volonté pour venir à bout de ces difficultés.
>
> Le secrétaire général de la présidence du Conseil dispose évidemment, du fait de la réunion sur la tête du Maréchal des fonctions de président du Conseil et de président d'État (*sic*) de fonctions plus étendues que celles des anciens secrétaires généraux de la présidence du Conseil. Seul il a qualité pour traiter auprès du Maréchal les problèmes d'ordre administratif et pour lui rappeler les actes et décisions du gouvernement. La Maison (militaire et civile) doit s'interdire toute intervention dans ce domaine et, lorsqu'elle se trouve saisie de questions s'y rapportant, en saisir immédiatement le secrétaire général de la présidence du Conseil.
>
> En revanche, le secrétaire général de la présidence du Conseil doit s'interdire tout caractère de représentation. Il n'a pas plus à accompagner le Maréchal dans ses promenades à pied ou en voiture qu'à faire figurer ses adjoints – d'ailleurs personnellement appréciés – aux repas du chef de l'État. Le secrétaire général de la présidence du Conseil est en définitive un personnage d'autorité, qui doit disposer d'une audience immédiate et, territorialement, d'un accès direct auprès du chef de l'État, mais qui n'a pas à paraître à ses côtés, au moins à l'extérieur[11].

En conclusion de cette littérature extravagante, qui tient plus du duc de Saint-Simon que de la circulaire, était proposé un pacte de non-agression. Faute de pouvoir, comme Alibert, être à la fois présent à la table et au bureau, on se tint à une cote mal taillée : « À moi la parade, à toi les affaires. » L'ambiguïté de la fonction de secrétaire général, qui se manifestait ici sur des questions protocolaires, se retrouva *mutatis mutandis* dans presque tous les départements ministériels, où elle avait été systématisée par une loi du 15 juillet 1940[12].

Les secrétaires généraux, patrons des administrations centrales ?

De même que la France s'était donné un chef unique, chaque cellule de l'État devenu autoritaire se devait d'avoir un responsable clairement défini. Paradoxalement, le régime en nomma au moins deux. Au ministre, qui présentait désormais plus les caractéristiques d'un très haut chef de service que celles d'un homme politique, était venu s'ajouter le secrétaire général, échelon que la République avait parfois expérimenté mais sans le généraliser. Dès son message du 11 juillet 1940, Pétain avait assigné aux secrétaires généraux un rôle clé dans la remise en ordre des rouages de l'État :

> Il faut que l'impuissance de l'État cesse de paralyser la Nation. [...] Douze ministres se répartiront l'administration du pays. Ils seront assistés par des secrétaires généraux qui dirigeront les principaux services de l'État, des gouverneurs placés à la tête des grandes provinces françaises. Ainsi

> l'administration sera à la fois concentrée et décentralisée. Les fonctionnaires ne seront plus entravés dans leur action par des règlements trop étroits et par des contrôles trop nombreux. Ils seront plus libres ; ils agiront plus vite, mais ils seront responsables de leurs fautes. [...] Nous ferons une France organisée où la discipline des subordonnés réponde à l'autorité des chefs dans la justice pour tous. Dans tous les ordres, nous nous attacherons à créer des élites et à leur conférer le commandement, sans autre considération que celle de leurs capacités et de leurs mérites [13].

Aux vingt et un secrétaires généraux qu'elle avait institués, la loi avait donné une ample mission : « [Recevant] les instructions du ministre dont ils dépendent, [les secrétaires généraux] sont responsables devant lui de la marche des services. » On avait beaucoup discuté, avant guerre, de l'opportunité de créer cette fonction, inspirée du *permanent under-secretary* britannique. Si le comité animé par Jacques Bardoux y voyait « l'élite compétente et permanente sans laquelle il est impossible aux ministres, agents de liaison auprès des Assemblées, d'assurer la vitalité du pouvoir exécutif et la gestion de l'État moderne [14] », le rapport Chardon de 1939 avait au contraire déconseillé d'adapter en France ce qu'il considérait comme un article d'importation, proposant plutôt de renforcer le rôle et les moyens des directeurs d'administration centrale. Ainsi ne courrait-on ni le risque de créer des strates nouvelles, qui conduisaient à la dilution des responsabilités, ni celui d'accroître la politisation de la haute fonction publique, par des nominations dans lesquelles interviendraient nécessairement des considérations extra-professionnelles. Si, pour Bouthillier, le secrétaire général instauré par Vichy avait pour mission de « faire inlassablement entendre la voix du réel », un facteur plus conjoncturel intervint aussi : le nouveau pouvoir se méfiait trop du personnel administratif républicain pour ne pas vouloir le faire surveiller au plus haut niveau. Les premières nominations reflétèrent cette nécessité, conduisant à des choix politiques qui provoquèrent l'ironie du président du Sénat :

> La foire aux emplois est ouverte. On vient de créer vingt postes de secrétaires généraux de ministère. Dans son allocution du 11 juillet, le Maréchal l'avait annoncé, en proclamant que « la faveur ne distribuera plus les prébendes et que l'appel aux vraies compétences commence ». Ce matin, le poste de secrétaire général aux PTT est pourvu. Qui est nommé ? Un technicien des PTT ? Un fonctionnaire éprouvé ? Non. Un avocat, ancien député, ancien ministre de l'Agriculture en chômage, que Laval a pris, dès Bordeaux, à son cabinet et a employé ici pour toutes ses intrigues [15].

La remarque, qui visait Pierre Cathala, futur ministre des Finances de Laval, aurait aussi bien pu s'appliquer aux nominations intervenues au secrétariat général à l'Information, confié au député Jean Montigny, ou à l'Instruction publique, qui échappa de peu à René Gillouin, conseiller du chef de l'État, pour échoir à Jacques Chevalier, certes professeur de philosophie à la faculté des lettres de Grenoble, mais aussi filleul du maréchal Pétain. Dans les ministères techniques toutefois, ce furent de hauts fonctionnaires qui furent choisis, tels Jean Bichelonne à la Production industrielle et Jean Berthelot, qui ne refusa le poste de secrétaire général aux Communications que pour accepter, quelques semaines plus tard, le portefeuille ministériel correspondant. D'autres techniciens surent échapper aux tentations politiques, tels Vincent di Pace aux PTT ou l'ingénieur des ponts et chaussées Maurice Schwartz aux Travaux et Transports, et passèrent sans encombre la période de l'Occupation. L'effet de ces nominations à des emplois assortis des plus hauts traitements de la fonction publique, alors qu'on ne cessait de prêcher l'effort et le sacrifice, ne fut pas des meilleurs*, d'autant que quelques exemples soulignaient le caractère très relatif de « l'appel aux vraies compétences ». En quelques mois, Cathala passa ainsi, clair archétype du secrétaire général politique, du secrétariat général du ministère de l'Agriculture à celui du ministère de l'Information, qu'il quitta une semaine après la chute de son protecteur Laval. On vit également deux secrétaires généraux, Peyrouton à l'Intérieur en septembre et Chevalier à l'Instruction publique en décembre, succéder à leurs ministres qui avaient cessé de plaire. Nourrie par ces quelques exemples – auxquels s'ajouta plus tard celui de Bichelonne –, la tentation était forte pour le secrétaire général de se considérer comme un ministre-bis, voire comme un ministre tout court. L'exemple le plus net est celui de René Bousquet, secrétaire général à la Police à partir d'avril 1942, qui put jouer les Fouché au petit pied grâce à la très large délégation de pouvoir qu'il détenait du chef du gouvernement**.

Mais, même lorsqu'il ne se prenait pas pour le ministre, le secrétaire général avait une position ambiguë. À l'Instruction publique par exemple, le secrétaire général Terracher se heurta à l'opposition des directeurs que les quelques semaines de secrétariat général de Chevalier*** avaient mis sur leurs gardes. En l'absence de tout texte définissant les compétences du secrétaire général – aucun ministre ne se hâtant d'adopter une telle définition –, la plupart des administrations auraient pu faire leur la description, peu juridique mais assez réaliste, qu'en donna Louis Planté : « La fonction ayant été rodée dans son principal, son exercice en fut continué au petit bonheur et sans autre délimitation que celle qui pouvait lui venir de la résistance ou de l'acquiescement des parties[16]. » On était loin du schéma idéal, où le secrétaire général aurait été « le pivot administratif du ministère, la cheville ouvrière de cette

* Une note d'août 1940 – non signée, mais dont l'auteur parvint à avoir accès direct au Maréchal – estimait certes « la création des secrétaires généraux parfaite, les hommes désignés excellents », mais rappelait que « l'opinion publique, qui ne connaît pas tout, juge sur les apparences et déclare avec quelques raisons : on a nommé vingt fonctionnaires à haut traitement de plus, mais qu'attend-on pour faire dans les administrations publiques l'abattement de personnel qui s'impose ? », note remise au maréchal Pétain, 9 août 1940, AN 2AG 613.

** D'autant que Laval, en tant que ministre de l'Intérieur, avait choisi de ne pas avoir de cabinet. Sur cette période, voir *infra*, pp. 336 et 389.

*** Selon Louis Planté, ce dernier se considérait comme « une sorte de super-directeur interposé entre le ministre et les directeurs techniques, assez mécontents pour leur part de le trouver sur leur route et de ne pouvoir faire appel en toutes circonstances, comme autrefois, au ministre même », *op. cit.*, p. 282.

organisation si complexe, l'homme qui compose le dossier à l'instant où son ministre lui en inspire l'esprit. [...] Il est la lettre et la continuité. Il a la gestion totale du ministère. Il est à la fois le guetteur, l'agent de liaison, le transmetteur d'ondes[17] ». L'appareil administratif, par nature peu enclin à la nouveauté – et moins encore dans une époque où la simple gestion était déjà chose difficile – s'attacha en effet à réduire ce que la fonction pouvait avoir de novateur jusqu'à se trouver face à un échelon auquel il était accoutumé. Il y eut certes quelques tentatives visant à marquer le territoire du secrétaire général de manière autonome, telles la création d'un « conseil d'administration » du ministère de la Justice, présidé par le secrétaire général alors qu'y siégeait aussi le directeur du cabinet du ministre[18], et celle du conseil général des PTT, vaste instance consultative qu'il revenait au secrétaire général de présider[19]. Mais le secrétaire général se glissait le plus souvent – comme le firent les secrétaires généraux du ministère des Finances, chargés l'un des finances publiques et l'autre de l'économie nationale – dans la peau d'un directeur général *, en mettant l'accent sur l'aspect administratif d'une fonction hybride par nature. On peut globalement retenir la description, sévère mais réaliste, que donnait Joseph Barthélemy de ce qu'il qualifiait « d'institution absurde dans un régime où les ministres ne sont pas des hommes politiques, mais eux-mêmes des fonctionnaires » :

> Le régime avait mis des secrétaires généraux partout, par une imitation aveugle et peu intelligente de l'Angleterre. [...] Le secrétaire général est antiministre, il est aussi antibureaux. Il tend à être l'organe exclusif de communication entre les bureaux et le ministre. Dès lors, les chefs se trouvent diminués de ne plus avoir accès direct auprès du ministre. Les affaires s'engorgent au secrétariat général. Les directeurs sont de mauvaise humeur, etc. Le secrétaire général fait double emploi avec le directeur du cabinet, et avec le chef du cabinet. Il entend être autre chose qu'un collaborateur du ministre ou son représentant. Il veut avoir un pouvoir propre. [...] Il y a plus grave encore : le secrétaire général a une tendance à parler comme ministre, à engager son département ministériel. Les secrétaires généraux avaient entre eux des conférences régulières. D'autre part, un chef du gouvernement ayant des tendances policières choie le secrétaire général pour lui faire espionner le ministre ; c'est à lui qu'il adresse ses instructions. Laval recevait souvent les secrétaires généraux à sa table[20].

---

* Significative de la minceur de la frontière qui séparait les fonctions de secrétaire général de celles de directeur général est la décision de Carcopino d'octroyer le titre de secrétaire général à Louis Hautecœur, directeur général des beaux-arts, aux seules fins de rehausser son prestige et son traitement. Si Carcopino rappelait ce fait pour souligner l'ingratitude de l'intéressé, qui insista dans ses Souvenirs sur le peu d'intérêt que portait le ministre aux questions relatives aux beaux-arts, le cadeau se révéla *a posteriori* empoisonné, ouvrant à son bénéficiaire après la Libération – comme à tous les secrétaires généraux du régime – le douteux privilège d'une instruction devant la Haute Cour de justice, procédure à laquelle il aurait échappé s'il était resté directeur général.

Conseil d'État ou Conseil de l'État français ?

Soucieux de construire un État rationnel, le régime accompagna la mise en place des secrétaires généraux d'un effort comparable de valorisation du Conseil d'État, gardien de l'ordre juridique, auquel était dévolue la mission de ne pas laisser « l'autorité basculer dans l'arbitraire[21] ». L'assemblée du Palais-Royal, transplantée à Royat*, fut associée à l'action gouvernementale – dans le discours comme dans les textes – jusqu'à constituer un rouage privilégié de l'État nouveau dont il fut, sur plusieurs sujets sensibles, le conseiller écouté[22]. Dès le 20 août 1940, une loi remplaça la section du travail, créée en 1934 pour suivre les questions sociales, par une section de législation, chargée d'examiner les projets de lois préparés par les services de la présidence du Conseil[23]. Évoquant un mois plus tard la nécessité de mieux coordonner les institutions de l'État nouveau, Alibert annonçait une réforme du Conseil d'État visant à l'associer pleinement à l'œuvre de redressement national[24]. Une loi du 18 décembre 1940 concrétisa cette intention. Abrogeant un nombre considérable de textes antérieurs – les plus anciens remontaient à 1790, le plus récent était la loi du 20 août précédent –, elle les remplaça par un texte de 83 articles, définissant tant la composition du Conseil que les positions statutaires de ses membres et les règles de la procédure contentieuse. Si nombre de ces dispositions étaient d'ordre purement technique, l'accent était aussi mis sur le rôle accru de conseil du gouvernement que devait jouer la Haute Assemblée.

C'est ainsi que le nombre de conseillers d'État en service extraordinaire, fixé à 40, dépassait celui des conseillers d'État en service ordinaire, limité à 36. Parmi ceux-là, on comptait tous les secrétaires généraux de ministère, aussi longtemps que duraient leurs fonctions, ainsi que, nommées pour une durée limitée, « des personnalités qualifiées dans les différents domaines de l'activité nationale ». Le statut des membres du Conseil était également assoupli grâce à la création de la position « hors cadres » qui leur permettait d'exercer, pendant sept ans au plus, des fonctions actives au sein de l'État, d'autres collectivités publiques, voire d'organismes privés contrôlés par l'État. Les articles 19 (« Le Conseil d'État participe à la confection des lois, dans les conditions fixées par la Constitution. Il prépare et rédige les textes qui lui sont demandés, et donne son avis sur les projets établis par le gouvernement ») et 20 (« Le Conseil d'État peut, de sa propre initiative, appeler l'attention des pouvoirs publics sur les réformes d'ordre législatif ou réglementaire qui lui paraissent conformes à l'intérêt général ») de la loi du 18 décembre ne pouvaient qu'être favorablement reçus par une assemblée qui n'avait cessé de déplorer, sous le régime républicain, d'être tenue à l'écart du processus de préparation des textes. Une circulaire, cosignée par le garde des Sceaux et le ministre chargé

* Station thermale voisine de Clermont-Ferrand, donc relativement éloignée de Vichy. Le Conseil d'État vécut cette localisation comme un double exil : loin de Paris, mais aussi loin du pouvoir.

des services de la présidence du Conseil insista, à l'extrême fin de l'année, sur les innovations ainsi apportées au travail administratif. Il convenait, sans attendre la future Constitution, de mettre en œuvre ces « innovations importantes, dont l'intérêt mérit[ait] d'être particulièrement souligné [25] ». Les administrations étaient donc invitées à tenir le Conseil au courant de leurs projets et à lui donner tous éléments utiles d'information et toute facilité d'accès aux dossiers lorsque le gouvernement aurait décidé de lui confier la rédaction d'un texte. De son côté, comme le prévoyait son règlement intérieur avant même l'intervention de la loi du 18 décembre, l'assemblée de Royat s'était organisée de manière à pouvoir répondre aux demandes qui lui seraient faites pour l'application des textes « susceptibles de mettre en jeu des principes juridiques d'un caractère nouveau ». Des commissions spéciales, composées de tous les présidents de section – dont Georges Cahen-Salvador, encore président de la section de l'Intérieur – et de quelques conseillers d'État, avaient été mises en place pour examiner les modalités d'application des lois de juillet 1940 *.

Ces commissions, prévoyait le texte qui les créait, pouvaient entendre les membres du Conseil en fonctions dans l'administration active. Il ne s'agissait pas d'une clause de style. L'osmose était devenue réelle entre le Conseil d'État et l'échelon le plus politique de l'administration, formé par les membres des cabinets, les secrétaires généraux et directeurs des administrations centrales ainsi que les quelques chargés de mission de la vice-présidence du Conseil. Le régime recourut en effet largement au Conseil d'État pour y trouver ses plus hauts cadres administratifs : au début de 1942, sur 17 membres du Conseil d'État hors cadres, on en comptait 14 placés dans cette position depuis l'été 1940 pour exercer de hautes fonctions publiques au sein de l'État français [26]. Jean Massot a certes raison de souligner qu'on ne saurait se fonder sur les parcours d'Ingrand, de Dayras, secrétaire général à la Justice pendant la quasi-totalité du régime, et moins encore sur celui d'Alibert ** pour porter un jugement sur l'attitude de leurs pairs. Si plusieurs conseillers d'État ou maîtres des requêtes n'occupèrent que des postes techniques, il en est d'autres dont les fonctions impliquaient l'adhésion effective *** aux priorités du régime. En

* « Commissions spéciales 1936-1949 », archives du Conseil d'État, IV/3/4. Jusqu'en février 1942, une commission *ad hoc* fut créée pour examiner les conditions d'application de chacune des lois nouvelles relatives à la fonction publique. À partir de cette date, il fut décidé qu'une seule commission étudierait toutes les questions posées par le gouvernement, à l'exception de celles concernant le statut des juifs d'une part, l'accès aux fonctions publiques d'autre part.

** L'auteur rappelle qu'Alibert n'appartenait plus au Conseil d'État lorsqu'il fut nommé membre du gouvernement Pétain. C'est au contraire lorsqu'on voulut le remercier qu'on lui trouva un poste de conseiller d'État, le gouvernement refusant finalement de lui en confier la vice-présidence comme l'hypothèse en avait été soulevée en janvier 1941, le compte rendu du conseil de cabinet du 8 janvier 1941 évoquant la « nomination possible de M. Alibert comme président *(sic)* du Conseil d'État avec un certain délai après son départ du gouvernement », AN F60 588.

*** Adhésion qui pourra être amenée à se distendre par la suite, ce qui servit à justifier après la Libération l'absence ou la légèreté des sanctions – souvent revues par le Conseil

outre, la mission de bureau de placement dans la haute fonction publique, que remplit traditionnellement le Conseil d'État au profit de ses membres, ne s'arrêta pas aux portes des organismes aux missions tristement novatrices : jusqu'en mai 1942, le poste de chef du service de la législation au commissariat général aux questions juives fut ainsi occupé par le maître des requêtes Jean Giroud, ancien sous-directeur au ministère de la Justice, dont Porché ne réclama le retour qu'en contrepartie de l'affectation d'un autre maître des requêtes qui, avec le titre de commissaire adjoint aux questions juives, aurait eu pour mission d'encadrer Darquier de Pellepoix sur les plans juridique, administratif et financier *.

On ne tiendra pas compte, pour juger de l'intensité des liens tissés entre l'administration active de Vichy et le Conseil d'État, de la qualité de conseiller d'État en service extraordinaire donnée aux secrétaires généraux de ministère : la plupart d'entre eux, comme s'en plaignit en octobre 1943 le vice-président Porché devant Gabolde, étaient des inconnus dans la maison, « certains même, tout en mettant volontiers leur nouveau titre en vedette, [n'ayant] pas seulement pris la peine de se faire installer [27] ». Jouait en revanche, entre le Conseil d'État et ceux de ses membres détachés dans la haute administration de l'État nouveau, un fort sentiment d'appartenance commune, comme le montre le cas de Maurice Lagrange. Né en 1900, il avait fait l'essentiel de sa carrière au sein de la Haute Assemblée, accédant à vingt-neuf ans aux fonctions recherchées de commissaire du gouvernement. Il n'était sorti du Palais-Royal que pour s'occuper, au sein du Comité de la hache, des questions relatives aux fonctionnaires et c'est tout naturellement qu'il se retrouva, dès 1939 puis à Vichy, chargé des mêmes dossiers à la présidence du Conseil. Jusqu'au retour de Laval aux affaires en avril 1942 **, il n'est ainsi pas de texte concernant la fonction publique – des lois d'exclusion au statut des fonctionnaires – qui ne porte l'empreinte de Maurice Lagrange, aux avis duquel les commissions spécialisées du Conseil d'État attachaient la plus grande importance.

Lagrange rendit la politesse en se faisant le relais, dans les échelons du pouvoir qu'il fréquentait, de la volonté du Conseil d'État, privé à Royat de ses archives et de sa bibliothèque, de retrouver la capitale. Mais les négociations

---

d'État à l'occasion de recours contentieux – qui frappèrent ces hauts fonctionnaires, dont plusieurs ne manquèrent pas de mettre en avant une activité résistante.

* À la demande de Darquier de Pellepoix, Porché accepta de retarder le retour de Giroud jusqu'à ce que celui-ci ait pu achever la rédaction des textes qu'il était en train de préparer. Georges Monier, retenu pour le poste de commissaire adjoint alors qu'il n'était que le quatrième dans l'ordre préférentiel établi par le vice-président du Conseil d'État, démissionna au bout de quelques semaines, lettres des 15, 16 et 18 mai 1942, archives du Conseil d'État, VI/4/8, et note du 29 avril 1942 (sans origine), AN 2AG 536.

** Lagrange réintégra alors le Conseil d'État, y poursuivant une carrière sans encombre. Nommé conseiller d'État en avril 1945, il se spécialisa après guerre dans les questions coloniales, puis européennes ; il fut notamment avocat général auprès de la Cour de justice de la CECA (1952) puis de la Cour de justice des communautés européennes (1958-1964).

avec les autorités d'occupation furent longues : commencées en novembre 1941, elles n'aboutirent qu'en juin 1942[28]. Dans l'intervalle, l'activité contentieuse de la Haute Assemblée céda par la force des choses le pas devant sa fonction de conseil du régime. Celui-ci lui en sut gré, faisant preuve envers elle d'égards qui n'étaient pas que protocolaires : le vice-président du Conseil d'État figurait ainsi sur la liste des autorités destinataires des notes et circulaires adressées aux ministres et secrétaires d'État[29]. S'ils constituaient les seules preuves de l'adhésion du Conseil d'État à l'œuvre du régime, tous les indices évoqués ci-dessus, pour significatifs qu'ils soient, pourraient paraître ténus. On a mis cependant en lumière au chapitre précédent, à propos de l'exclusion des fonctionnaires juifs, la réelle proximité de pensée entre le régime et le Conseil d'État *, que confirmera l'étude de sa position face au statut des fonctionnaires. Cette adhésion aux thèses de la Révolution nationale trouve de multiples causes, certaines tenant aux hommes, d'autres à l'institution. Pour établir rigoureusement ce que pourraient être les premières, il faudrait des études prosopographiques sur l'origine sociale, la formation, les parcours professionnels et idéologiques des hommes composant le Conseil d'État de l'immédiat avant-guerre. Les secondes, explorées par des travaux récents, à commencer par ceux, déjà cités, de Danièle Lochak, ont souligné la fonction de légitimation remplie par les plus hauts juristes de l'État : en adhérant si facilement au nouveau corpus législatif dont il ne relevait pas la rupture idéologique avec l'ordre républicain, le Conseil d'État en facilitait l'acceptation par l'administration tout entière. On l'avait connu plus audacieux en matière de défense des libertés publiques.

Une semi-coordination : le secrétariat général de la vice-présidence du Conseil

Mais l'esprit du temps était plus à l'autorité qu'à la liberté, comme le montra la réforme, intervenue en septembre 1941, du secrétariat général de la vice-présidence du Conseil. La structure était jeune : ce n'est en effet qu'en janvier 1935 – après une éphémère tentative conduite trois ans plus tôt par Paul Reynaud, titulaire d'un portefeuille inédit de « ministre du Contrôle des administrations publiques » dans le cabinet Tardieu de février 1932 ** – qu'avait été créé un secrétariat général de la présidence du Conseil, composé de chargés

* Que rejoignit à la fin de 1940, par une nomination au tour extérieur de maître des requêtes Jean Delvolvé, magistrat de l'ordre judiciaire jusque-là détaché au cabinet d'Alibert.

** Reynaud, qui était en même temps garde des Sceaux et vice-président du Conseil, n'eut que le temps de créer un corps de contrôle des administrations publiques, chargé d'une triple fonction («centralisation, arbitrage, rationalisation»), mais le projet n'eut pas de suite, le gouvernement Tardieu tombant en mai 1932. Voir Édouard Bonnefous, *La Réforme administrative*, Presses universitaires de France, 1958, p. 67.

de mission qui pouvaient appartenir aux grands corps administratifs et techniques de l'État mais aussi être choisis, « en raison de leur compétence particulière », hors de l'administration [30]. En cinq ans d'existence, et avec des titulaires aux sensibilités aussi diverses que, entre autres, Léon Noël et Jules Moch, le secrétariat général avait surtout fait la preuve de sa difficulté à remplir sa fonction de coordination pour le compte du chef du gouvernement, face à des administrations désireuses de n'abdiquer aucun de leurs pouvoirs. Le dernier secrétaire général nommé par un gouvernement républicain, Marcel Oudinot, en poste depuis août 1939, n'avait pas mis longtemps à constater que, même en période de guerre, le chef du gouvernement ne disposait pas des moyens de se faire véritablement obéir. Aussi proposa-t-il en mars 1940 un « plan de réorganisation de la présidence du Conseil », visant à l'ériger en « superministère sans lequel les autres ne pourraient pas agir et [en] organe effectif d'action à la disposition du chef du gouvernement* ». Ni la République finissante ni Vichy commençant dans la précipitation que l'on sait n'étaient en mesure d'imposer un tel objectif. En février 1941, Darlan, nommé vice-président du Conseil, fut chargé, « sous la haute autorité du Maréchal, chef de l'État, [de] dirige[r] et contrôle[r] l'action des ministres et des secrétaires d'État pour tout ce qui concerne l'application des décisions de principe et de celles relatives à la politique générale du gouvernement [31] ». Fermement résolu à exercer cette fonction de premier des ministres, il se fit rattacher, par un décret du 23 février 1941, les services administratifs de la présidence du Conseil auxquels il parvint à donner un rôle important en matière de coordination politico-administrative. Son secrétariat général eut en effet pour principale fonction de veiller à la mise en œuvre de ce « pouvoir général d'investigation, d'instruction, de vérification » que, selon le juriste Julien Laferrière, la loi avait conféré au vice-président du Conseil « en vue de veiller à ce que [chaque ministre] interprète exactement et applique réellement la volonté politique du chef de l'État [32] ».

* Ce « super-ministère » devait être constitué par « les services généraux dont la tâche [était] proprement gouvernementale et non pas administrative [à savoir] : les services de police et de renseignement (direction de la sûreté nationale, 5e bureau militaire, préfecture de police), les services des fonds spéciaux des différents ministères concentrés en un service central; la direction du personnel du ministère de l'Intérieur (les préfets, agents du pouvoir central dans les départements, doivent être à la nomination et sous la direction effective du chef du gouvernement) ; les services d'information, de presse, de cinéma, de radiodiffusion; une section diplomatique recevant directement les rapports des ambassadeurs et chargée de la liaison avec le Quai d'Orsay; le secrétariat général de la présidence du Conseil chargé de l'étude des questions générales, de la coordination des différentes administrations, de l'examen des projets de loi, de la signature administrative, des questions de personnel et de comptabilité », note du 15 mars 1940, AN F60 577. Le rédacteur du texte, conscient des difficultés qu'il y aurait à faire valider par le gouvernement un projet dépouillant aussi nettement le ministère de l'Intérieur de ses prérogatives essentielles, avait rajouté à la main: « Le ministère de l'Intérieur serait reconstitué par addition de la Santé publique, du service des réfugiés, des services d'Alsace-Lorraine, etc. ».

Un outil de pouvoir

Fin mars 1941, le service des contrôles techniques *, jusque-là placé auprès du secrétaire d'État à la Guerre, fut rattaché à Darlan, qui tirait aussi son autorité d'un cumul impressionnant de portefeuilles : il resta jusqu'à avril 1942 ministre de la Marine et ministre des Affaires étrangères, et ne perdit en juillet 1941 la responsabilité de l'Intérieur que pour gagner un mois plus tard, avec le titre de ministre de la Défense nationale, l'ascendant sur les trois secrétariats d'État militaires **. « L'Amiral de la Flotte, vice-président du Conseil », avait, dès son arrivée aux affaires, confié le secrétariat général de la vice-présidence du Conseil à l'un de ses proches, Henry Moysset, en remplacement de Fernet, nommé secrétaire général du Conseil national. Jusqu'alors chargé des affaires administratives au ministère de la Marine, Moysset *** avait derrière lui une double carrière d'homme de cabinet – il avait dirigé à plusieurs reprises le cabinet de Tardieu – et d'universitaire, comme professeur de politique étrangère à l'École de guerre et historien du socialisme proudhonien. Sa nomination traduisait la volonté de Darlan de garder la haute main sur la coordination administrative, en l'attribuant à un homme qui ne manquait pas d'idées sur « la fonction principale de l'État nouveau **** ». Le nouveau secrétaire général se trouvait flanqué de deux adjoints, Paul Marion, chargé de l'information, et Jacques Benoist-Méchin, aux fonctions éminemment politiques[33]. Sa fidélité à Darlan valut à Moysset d'être élevé, le 9 juin 1941, au rang de secrétaire d'État à la vice-présidence du Conseil *****, tout en gardant

* Il avait pour mission d'informer le gouvernement de l'état de l'opinion à partir de l'analyse d'échantillons de correspondances interceptées et de communications écoutées.

** Cette pratique des casquettes multiples, dont Laval fera également après avril 1942 grand usage, donna à cette coordination des aspects parfois bouffons. Il pouvait en effet advenir que certaines de ces casquettes ne fussent pas d'accord entre elles, ce qui conduisait à des courriers burlesques où, certes par délégataires interposés, Darlan s'écrivait pour répondre négativement à l'une de ses propres demandes. La coordination n'en était en outre pas vraiment simplifiée : il ne fallut pas moins de sept pages pour préciser les différents en-têtes et adresses officiels de « l'Amiral de la Flotte F. Darlan, vice-président du Conseil, ministre secrétaire d'État aux Affaires étrangères, ministre secrétaire d'État à la Marine, commandant en chef des forces navales françaises », circulaire du 15 février 1941, AN F60 580. Un chargé de mission fut même spécialement chargé d'assurer la liaison entre le secrétariat particulier de l'amiral et la vice-présidence, « notamment pour traiter directement les affaires courantes concernant la vice-présidence du Conseil reçues au secrétariat particulier de l'amiral », ordre de mission du 16 septembre 1941, AN F60 580.

*** « Personnage clé mais peu connu » pour Denis Peschanski, qui le définit comme « le seul intellectuel de grande envergure directement associé au gouvernement de Vichy », Denis Peschanski, *Vichy 1940-1944, op. cit.*, pp. 12 et 245. Deux textes de Moysset (« Les conditions d'une renaissance française », d'octobre 1941, et « L'appel du vide », daté d'octobre 1942) sont reproduits dans le même ouvrage, pp. 246-264.

**** Qu'il définissait en ces termes : « Recréer les chefs naturels, recréer un système hiérarchique qui distribue, dans l'État autoritaire, le droit de commander du sommet à la base », *ibid.*, p. 14.

***** En même temps d'ailleurs que Benoist-Méchin. Dans le remaniement du gouvernement Darlan qui suivit le discours « du vent mauvais », Moysset devint « ministre d'État,

ses anciennes fonctions. Cette situation étonnante d'un secrétariat général dirigé par un secrétaire d'État dura quelques mois, le temps pour Darlan de réorganiser les services de la vice-présidence du Conseil. Le colonel Poincignon, qui, avec le titre d'adjoint du secrétaire général, s'occupait du travail quotidien du secrétariat général, y avait réfléchi dès le printemps, produisant en mai 1941 un premier bilan des réalisations administratives du régime. Si, indiquait le document, la période commençant avec l'arrivée de Darlan « pren[ait] nettement un caractère constructif avec un rythme de travail législatif productif vivement accéléré, les mesures gouvernementales, procédant visiblement des tendances et de l'activité diverses des administrations centrales, sembl[ai]ent cependant plus imposées par les circonstances qu'inspirées par une doctrine cohérente, [faute d']un organe supérieur d'études, soustrait à l'emprise des affaires courantes, et travaillant pour une autorité qui s'exercerait sur toutes les administrations centrales, [et d']une impulsion politique centrale qui, sur le plan établi par l'organe supérieur d'études, prescrirait l'ordre d'urgence des travaux législatifs et administratifs à mettre en chantier[34] ». Toutefois, avertissait Poincignon, « l'application de ces deux principes exigerait probablement un aménagement rationnel de tous les moyens de gouvernement ». Il y travailla, aidé de Moysset, pendant l'été 1941, période durant laquelle, comme le souligne Pierre Laborie, « le malentendu entre Vichy et les Français commence à s'épaissir[35] ». Il se faisait jour aussi au sein de la fonction publique, comme le reconnaissait lucidement la vice-présidence du Conseil, qui établit alors un bilan sans fard de l'impuissance constatée au sommet de l'État :

> Vue sous l'angle de la vice-présidence du Conseil, la situation se présente ainsi :
>
> – Pratiquement, il n'y a pas de vice-présidence du Conseil : les secrétaires d'État ne sont ni dirigés, ni coordonnés, ni arbitrés. Seul le ministre des Finances contrôle toutes les administrations, pour le plus grand dommage de toutes, car ce n'est pas son métier.
>
> – Si, en politique extérieure, il existe une orientation étudiée, en politique intérieure elle est absente. Le gouvernement n'a jamais défini sa position pour ce qui concerne les affaires intérieures.
>
> – La vice-présidence du Conseil n'est pas au courant de la situation intérieure du pays. Il n'y a pas d'organisme capable de l'y mettre.
>
> – Le pays ne sait pas ce que veut le gouvernement.
>
> – Sauf en ce qui concerne la Marine, les secrétaires d'État n'ont pas en main leurs administrations, qui le plus souvent les trahissent. Chose grave, ils ignorent la situation économique exacte du pays, ils ne connaissent pas ses réactions sociales, qu'ils ne « voient » qu'à travers les rapports de quelques fonctionnaires ou chefs de groupement.
>
> – Il résulte de tout ceci que le pays n'est pas administré et, par conséquent, pas gouverné. Il est désaxé. Le gouvernement est dans l'impossibilité, étant donné son organisation actuelle, de le gouverner, de l'administrer et de préparer son avenir immédiat et plus lointain.

---

chargé de la coordination des institutions nouvelles », fonctions qui, selon du Moulin de Labarthète, « équivalai[ent], très exactement, à cracher en l'air », *op. cit.*, p. 122.

– La Révolution nationale, qui pourtant, il ne faut pas s'y tromper, est une réaction et une évolution attendue du pays, beaucoup plus que ne semble le penser le gouvernement, est devenue en réalité et aux yeux de tous un mot vide de sens.

– Choisis parmi des gens « essentiellement » d'ancien régime, par leur caractère, leur formation, leurs attaches et leur âge, les réformateurs – le plus souvent sans compétence – (personnes, institutions ou groupements) chargés de préparer les réformes politiques, administratives et sociales profondes et nécessaires se sont montrés nettement inférieurs à leurs tâches.

– Enfin, du point de vue de la défense nationale, les armées ne sont pas commandées : les armées de terre et de l'air achèvent de mourir.

– À noter, pour terminer, qu'il n'y a même pas un budget prévu pour la vice-présidence du Conseil[36].

Ce bilan pessimiste ne conduisait toutefois pas à la résignation, mais à une proposition de réorganisation de la vice-présidence du Conseil selon un modèle strictement pyramidal. Flanqué de deux adjoints, chargés « d'une part, de le tenir directement en contact permanent avec le pays [...] et d'autre part, d'être en quelque sorte sa "pensée", de prévoir et orienter* », le secrétaire général devait commander à quatre services, dont un « secrétariat général des affaires administratives » particulièrement étoffé, regroupant les activités relevant des ministères de la Justice, des Affaires étrangères, de l'Intérieur, des Finances, de l'Agriculture et du Ravitaillement, de l'Éducation nationale, des Colonies et de l'Afrique du Nord. Véritable chef de toute l'administration du pays – y compris, dans ce schéma maximaliste, en matière de politique étrangère et coloniale –, le secrétaire général des affaires administratives aurait pleine autorité sur les secrétaires généraux de ministère et l'ensemble des préfets. Le texte décrivait avec une précision toute militaire les conditions d'exercice d'une autorité qui se rapprochait plus du *debriefing* d'état-major que de la conduite des affaires publiques :

> Une fois par semaine, il réunit absolument obligatoirement les secrétaires généraux ou les directeurs de cabinet (s'il y a plusieurs secrétaires généraux) des secrétariats d'État dont il s'occupe. Ces secrétaires généraux doivent absolument assister en personne à ces réunions et ne jamais se faire représenter. Le secrétaire général prend la parole, expose les idées du vice-président du Conseil et communique les ordres. Il donne ensuite la parole à chaque secrétaire général ou directeur de cabinet. Quand un secrétaire général ou un directeur a la parole, aucune autre personne ne doit la prendre. Ceux qui n'ont pas la parole se contentent uniquement d'écouter et de se mettre ainsi au courant de la situation générale. À la fin de la conférence, sous la direction du secrétaire général, une discussion générale peut s'engager, qui autant que possible ne doit pas dépasser une demi-heure.

Le secrétaire général des affaires administratives contrôlait également la production législative et réglementaire puisqu'un bureau d'études juridiques, placé sous sa responsabilité, devait viser avant leur parution tous les textes

* Cette double fonction, qui rejoignait la question du « circuit de confiance « sur laquelle se pencha le Conseil national à la même époque, apparaît comme un ersatz du rôle théoriquement attribué au Parlement.

publiés au *Journal officiel.* Les autres rouages de la vice-présidence du Conseil étaient présentés avec un moindre luxe de détails, la « direction du bureau d'études économiques, sociales et administratives » étant rapidement décrite comme « connaissant au jour le jour la situation [afin de] préparer l'avenir immédiat et plus lointain et [ayant] sous ses ordres directs le service de la statistique et de la conjoncture », tandis que la description du « bureau d'information et d'orientation politique » se bornait à une énumération de services : information, propagande, jeunesse, Légion, service de renseignement et questions religieuses. Le projet connut bien des variantes qui, chaque fois qu'elles étaient ambitieuses, se heurtèrent à l'opposition de l'entourage de Pétain, désireux d'éloigner le risque de voir « enlever au Maréchal tout contact direct avec les réalités administratives et gouvernementales * ». Le cabinet civil du chef de l'État lutta ainsi avec vigueur contre la création, au sein de la vice-présidence du Conseil, d'un bureau d'études autonome, qui aurait été chargé de fournir les éléments de réflexion indispensables pour que, « à l'accroissement d'autonomie prévu par la politique actuelle pour les collectivités territoriales, corresponde au gouvernement une organisation qui encadre ces entités politiques ou leurs représentants [37] ». Annotant dans la marge ce projet, le cabinet civil écrivait : « Un bureau d'études ainsi élargi, c'est l'administration d'abord. » Le décalage était net entre le rêve néo-maurrassien d'un État distant s'effaçant devant des « communautés naturelles » fortes et la modernisation imposée, dans le domaine administratif aussi, au nom de l'efficacité technique. C'est le schéma proposé par le cabinet civil, pour qui « l'organisation actuelle, qui a[vait] fait ses preuves sembl[ait] devoir être maintenue », qui fut effectivement retenu. Loin de constituer une machine de guerre à la disposition du vice-président du Conseil, le secrétariat général finalement réorganisé par un décret du 5 septembre 1941 [38] ne fut chargé que d'une mission de coordination, l'avancée essentielle par rapport à la situation antérieure résidant dans la participation du secrétaire général aux Conseils des ministres et aux Conseils de cabinet, dont il assurait en outre la préparation.

Un secrétaire général issu du sérail

Le choix des hommes appelés à diriger la nouvelle instance allait confirmer la modestie de cette réorganisation. Compte tenu de la configuration finale du poste, c'est en effet un haut fonctionnaire plutôt qu'un politique qui fut choisi comme secrétaire général, en la personne de Jean Jardel, jusqu'alors directeur du budget. L'intéressé a lui-même précisé, lors de son procès devant la Haute Cour en 1947, les circonstances de sa prise de fonctions :

---

* « Or, estimait le cabinet civil, la prérogative essentielle du chef de l'État est la signature des lois et des décrets, attributions qu'il ne doit pas se résoudre à voir transformer en simple formalité, comme c'était le cas pour le président de la République qui était constitutionnellement irresponsable », « examen du projet d'organisation de la vice-présidence du Conseil », note sans date ni origine (mais que son contenu permet d'identifier sans ambiguïtés comme provenant du cabinet civil), AN F60 1428.

> En août 1941, Darlan m'a dit: «Je n'ai pas de coordinateur administratif. J'ai besoin d'un fonctionnaire qui fasse la coordination administrative au niveau du secrétariat général. Je n'ai que des officiers, je veux quelqu'un qui connaisse bien l'administration. J'ai pensé à vous.» Je ne connaissais pas Darlan, que je n'avais rencontré que lors de la préparation des budgets de la marine. J'ai hésité, n'ayant pas de raison de quitter la direction du budget, puis Darlan m'a dit: «C'est votre devoir de fonctionnaire. Vous devez obéir. J'ai besoin de vous. Le ravitaillement va très mal [39].»

Quel était donc cet homme qui ne sut pas se dérober à l'appel du devoir auprès de Darlan d'abord et de Pétain ensuite, et auquel cette erreur d'aiguillage coûta une carrière dans le service public *? Cette carrière avait pourtant brillamment commencé: après une belle guerre, qui lui valut la croix de chevalier de la Légion d'honneur, Jardel passa à vingt-trois ans le concours de rédacteur du ministère des Finances, où il devint dix ans plus tard ** chef de bureau. Remarqué par le ministre du Budget Palmade, dont il fut chef adjoint puis chef de cabinet, il accéda en décembre 1932 au grade envié de sous-directeur, pour exercer les fonctions d'adjoint au directeur du budget, qui était alors Bouthillier ***. Lorsque Vincent Auriol, ministre des Finances du Front populaire, se sépara de ce dernier, jugé trop réactionnaire, il le remplaça par Jardel, qui n'avait que trente-neuf ans. Le nouveau secrétaire général de la vice-présidence du Conseil était donc l'un des hommes les mieux au fait du fonctionnement de l'administration française, situation qui lui donnait l'autorité et la légitimité nécessaires pour tenter d'imposer à des services récalcitrants la volonté de l'Amiral. Après avoir rappelé les conditions de sa nomination malgré lui ****, Jardel affirma devant la Haute Cour, comme la plupart des secrétaires généraux, que son rôle avait été d'ordre purement administratif et qu'il se limitait à « la coordination administrative, orientée spécialement du côté du ravitaillement. [...] J'étais fonctionnaire ; je n'avais ni à approuver ni à désapprouver une politique. Je jouais un rôle qui était très important:

* Elle se poursuivit, après guerre, dans les conseils d'administration de plusieurs sociétés privées. Jean Jardel est mort en 1980, après avoir été président de la Société pour le développement de la télévision.

** Intervalle bref, témoignant des qualités professionnelles reconnues à ce jeune fonctionnaire.

*** Qu'il connaissait depuis plusieurs années, Bouthillier ayant été chef de cabinet du ministre des Finances, Germain-Martin, lorsque Jardel occupait des fonctions comparables auprès du ministre du Budget.

**** À en croire tous ceux qui ont écrit leurs Mémoires pour justifier leurs actes, une nomination comme ministre ou secrétaire général sous Vichy était d'abord un acte d'abnégation. Le haut exemple du «don de [sa] personne» apparaît ainsi comme particulièrement contagieux, ce dont doute néanmoins Louis Planté, qui ne se prive de rappeler ni les intrigues de Carcopino pour devenir secrétaire d'État («Les visites [de Carcopino à Vichy], brèves comme le temps d'un assaut, ont également accrédité l'idée que, si Jacques Chevalier a miné Georges Ripert, des étincelles menaçantes crépitent maintenant à chacune des rencontres du recteur et de son ministre. Jérôme Carcopino, *volens nolens*, s'est donc posé en successeur; la succession lui échoit selon le cours normal des événements», *op. cit.*, p. 301) ni son évidente satisfaction de l'être devenu, *ibid.*, pp. 304-305.

je me battais dans le domaine où j'étais et j'essayais de défendre les intérêts français devant l'occupant. Je n'avais pas d'autre rôle que celui-là. Je l'ai fait de tout mon cœur, de toutes mes forces[40] ». Cette position du « haut-fonctionnaire-qui-ne-fait-pas-de-politique » peut-elle résister à l'examen des faits ? Si un partage fluctuant des responsabilités entre secrétariat général et cabinet conduisait Darlan à réserver à ce dernier l'examen des affaires les plus importantes dans l'ordre extérieur, et notamment le suivi de la collaboration, Jardel et les chargés de mission qu'il réunit autour de lui eurent la plus grande latitude pour piloter les réformes intérieures.

Ce n'est donc qu'en jouant sur les mots – en ne limitant la politique qu'au seul champ de l'action extérieure – qu'on pourrait estimer qu'un homme comme Jardel, fonctionnaire avant tout, « ne faisait pas de politique ». On a au contraire vu le rôle central joué, certes avant l'arrivée de l'intéressé, par le secrétariat général de la présidence du Conseil dans l'application des statuts des juifs et dans l'épuration de l'administration. La nature hybride, entre le politique et l'administratif, de la fonction de secrétaire général fut en effet accentuée par l'implication de son titulaire dans l'organisation non seulement des Conseils des ministres, mais aussi des Conseils de cabinet et des conseils restreints qu'un pouvoir qui administrait beaucoup avait souvent besoin de réunir. Son rôle en matière de préparation des textes législatifs contribua aussi à asseoir sa place dans l'État, en lui donnant un rôle significatif en matière d'arbitrage. Pourtant, malgré cet indiscutable renforcement de ses missions, le secrétariat général ne parvint pas à atteindre tous ses objectifs, ne serait-ce que pour des questions de personnes : il n'y avait à cet égard pas grand chose de commun entre la manière dont Jardel, issu du sérail administratif, remplit sa fonction et l'influence dont disposa son successeur Guérard, conseiller écouté de Laval *. Il convient également de prendre en compte les conditions de travail d'une instance légère – qui compta toujours moins de quinze cadres – souvent débordée par le flot législatif et réglementaire d'un régime grand producteur de textes. Mais, si la fonction de coordination confiée par Darlan à son secrétariat général ne fut qu'imparfaitement remplie, privant de ce fait le vice-président du Conseil de la haute main sur l'administration, c'est d'abord parce que ce secrétariat général de la vice-présidence du Conseil était souvent le pot de terre dans les conflits qui l'opposaient à des administrations plus anciennes et plus structurées que lui, au premier rang desquelles les Finances.

Les Finances toujours dominantes

Pour peu qu'il fût une personnalité forte, le ministre des Finances était avant guerre le véritable régulateur de l'activité administrative, son pouvoir n'étant tempéré que par celui des commissions des finances de la Chambre et du Sénat. Le recours de plus en plus fréquent à la procédure des décrets-lois

---

* Voir *infra*, pp. 337 *sq.*

accentua encore la force de la rue de Rivoli, devenue dans les faits le tuteur effectif de la fonction publique. Devenu ministre d'un pouvoir autoritaire, Bouthillier – qui, directeur du budget jusqu'en 1936 puis secrétaire général du ministère des Finances à partir de 1938, avait été l'un des artisans de cette montée en puissance – n'entendait pas laisser se dégrader cet outil. Fin août 1940, tout en réorganisant ses services, resserrés sous l'autorité de deux secrétaires généraux chargés respectivement des finances publiques et des questions économiques, il promit de nouveaux principes de gestion des carrières : « Comptez sur votre ministre pour que vos désignations et vos promotions ne soient jamais provoquées par un néfaste favoritisme. Le jeu des partis nous a conduits au désastre. Il n'y a plus désormais qu'un parti : celui de l'intérêt public. [...] Notre grand corps doit être homogène et sain ; il doit constituer un bloc sans fissure dans la France rénovée [41]. » Ce « bloc sans fissure » s'efforça effectivement de tenir pleinement sa place dans l'ordre administratif nouveau. C'est à la direction du budget que revint, comme antérieurement, la tutelle de l'administration : relayés au sein de chaque ministère par les contrôleurs des dépenses engagées, les services de cette direction procédèrent à une surveillance très vigilante des multiples projets que les nouvelles équipes, libérées du contrôle parlementaire, entendaient faire rapidement aboutir.

Principes contre priorités

Toute la difficulté de l'exercice consistait, pour Bouthillier et ses collaborateurs, à définir la place respective qui devait revenir, dans la définition des choix publics, aux principes budgétaires de toujours, sans lesquels il n'était à leurs yeux pas de bonnes finances publiques, et aux priorités politiques de l'heure. Face à la multiplication de réalisations nouvelles qui ne reposaient que rarement, dans l'esprit de leurs concepteurs, sur de substantielles économies budgétaires, le ministère des Finances apparaissait d'abord comme le gardien du temple, par essence conservateur, qui préférait le maintien de dispositifs éventuellement imparfaits, mais dont le coût était connu, à la fuite en avant vers des horizons budgétaires incertains. Bouthillier, qui se référait implicitement aux règles sages de la gestion en bon père de famille lorsqu'il décrivait l'économie nationale comme « l'administration de l'ensemble des maisons du pays [42] », restait marqué par son expérience d'ancien directeur du budget et par sa conception classique de l'équilibre économique, selon laquelle « le retrait, au profit du Trésor, entité financière ultime, de sommes prélevées sur l'économie du pays est une nécessité. C'est aussi un mal [qui] doit être strictement limité au règlement de dépenses indispensables [43] ». Il revenait donc au ministre des Finances, comptable en dernier ressort de la richesse nationale, de définir ces dépenses indispensables, et donc de faire entendre, face à celles qui l'étaient moins, la voix de la raison budgétaire. Désireux de mettre un frein à la dérive des dépenses de personnel, « les plus dommageables, les plus pernicieuses de toutes [44] », Bouthillier, maréchaliste de la première heure, dut arbitrer entre ses principes et son adhésion à la Révolution nationale. Bien que conscient des « charges intérieures considérables que [le gouvernement] avait le devoir de dépenser sans mesquinerie pour assurer [au pays] un avenir[45]», il donna presque toujours raison à ses services lorsque ceux-ci s'efforcèrent de contrer des innovations constituant à leurs yeux autant de dangereux précédents.

Mais les dogmes sur lesquels s'appuyait l'administration des Finances ne se limitaient pas à la recherche de l'équilibre budgétaire. Derrière cette préoccupation essentielle, mais comptable, se profilait une conception de l'État dont la rue de Rivoli se voulait le champion. Le ministre des Finances considérait en effet également de sa responsabilité de veiller à la cohérence de l'organisation de l'État. Il surveilla donc les modalités de réorganisation adoptées par chaque administration centrale, et ne se priva pas d'intervenir dans le domaine politique : deux semaines après l'entrée de la Wehrmacht en Union soviétique, c'est lui qui saisit le conseil de cabinet de la « répression des menées communistes dans les administrations[46] ». À plusieurs reprises, les services placés sous son autorité montrèrent qu'eux aussi étaient prêts à prendre parti. On a souligné au chapitre précédent le sérieux avec lequel la direction du budget entendait faire appliquer le statut des juifs dans la fonction publique, en approuvant finalement dans la plupart des cas, après avoir détaillé toutes les bonnes raisons qu'elle aurait de les rejeter, les demandes de moyens supplémentaires faites par les organismes chargés de conduire cette politique, CGQJ en tête*. Dans des domaines prêtant moins à conséquence, on vit aussi la direction du budget s'intéresser au contenu des politiques sectorielles : ainsi, par exemple, refusa-t-elle en juillet 1941 d'accorder des crédits pour l'orientation professionnelle de la jeunesse, non pour des raisons d'ordre financier, mais parce qu'elle estimait que, « étant donnée la politique nouvelle du gouvernement, qui s'efforce non seulement d'éviter que se poursuive la désertion des campagnes, mais d'amener les jeunes à revenir à la terre, ce serait une erreur grave de confiner l'action des services d'orientation professionnelle dans le cadre de l'enseignement technique. Telle qu'elle doit être désormais conçue, telle que l'exige l'Ordre nouveau, l'orientation professionnelle doit être organisée et poursuivie dans le cadre général de la politique de travail du gouvernement, et en liaison étroite avec le ministère de l'Agriculture et les divers services qui en dépendent, y compris la Restauration paysanne[47] ». En même temps qu'elle imposait au ministère de l'Éducation nationale, en lieu et place de la vice-présidence du Conseil dont c'était la fonction, une coopération interministérielle dont il n'était pas demandeur, cette position aboutissait à élever les choix idéologiques du ministre des Finances – en l'occurrence le retour à la terre, symbole de la Révolution nationale – au rang des principes de saine gestion des finances publiques.

L'exemple est anodin, mais révélateur en même temps de la stratégie adoptée, y compris sur des questions autrement plus lourdes, par le ministère des Finances entre 1940 et 1944. Cette dialectique entre principes et priorités, faisant référence permanente aux premiers pour imposer les secondes, trouvait certes une parfaite incarnation en Bouthillier, adepte fervent de la Révolution

* Voir *supra*, pp. 142-143.

nationale en même temps qu'inspecteur des F/inances, et profondément marqué par ses anciennes fonctions de directeur du budget. Mais elle continua à dicter l'attitude de la rue de Rivoli lorsque celle-ci eut à sa tête un ministre au profil plus traditionnel comme Pierre Cathala, politicien radical que le sillage de Laval entraîna des Conseils des ministres de 1935 à ceux de 1943. Le minutier du directeur du budget comporte de nombreuses illustrations des choix idéologiques de sa direction, tous construits selon le même modèle formel : à toute demande, le ministre des Finances opposait, dans la première partie de sa réponse, une fin de non-recevoir comportant un pot-pourri d'arguments dont certains sont de tous les temps (la grande misère des finances publiques, la nécessaire rigueur, le souci d'éviter des recrutements excessifs qui pèseront sur les exercices ultérieurs, etc.) tandis que d'autres étaient plus adaptés aux circonstances (le poids des frais d'occupation, la multiplication des services nés depuis l'armistice, l'exemple que devait donner l'État nouveau). Après un tel déluge de bonnes raisons de refuser la mesure demandée, la lettre pouvait soit confirmer ce refus, soit prendre un virage en épingle à cheveux qu'annonçait le traditionnel « Toutefois, dans le cas particulier que vous me soumettez, ... », signe que les cordons de la bourse allaient se desserrer en faveur de propositions jugées suffisamment prioritaires politiquement pour que leur prise en compte s'impose *. Ainsi, en septembre 1940, alors que la direction du budget cherchait déjà à lutter contre les créations d'emplois dans les services nouveaux, elle ne rechigna pas à inscrire 500 postes au budget des organismes chargés de la jeunesse, des sports ou de la famille. Un mois plus tard, tout en soulignant encore « la nécessité de réduire au minimum les frais de fonctionnement des nouveaux services », Bouthillier accepta de doter le service des contrôles techniques des emplois nécessaires à son fonctionnement, qui s'élevaient au début de 1941 au chiffre impressionnant de 1 884[48]. Au printemps 1941, surpassant les réticences du directeur du budget qu'effrayait le coût élevé des réformes de la police **, il se rangea sans difficultés aux arguments du ministère de l'Intérieur :

> La réforme des polices doit être considérée comme dictée par des nécessités spéciales qui ne sauraient être invoquées pour d'autres corps. [...] Ainsi, la réforme qui comporte, du point de vue financier, un certain nombre de dangers, ne peut se justifier qui si, à sa faveur, le gouvernement est assuré d'obtenir les résultats qu'il en attend, [et qui] permettront à la police de remplir la mission essentielle qui lui incombe dans le régime nouveau[49].

Les étapes d'une domination

Entendu six mois plus tard par le comité budgétaire, Henri Deroy, secrétaire général aux finances publiques, dut ainsi convenir que si, « du point de

---

* On pense à la définition mordante donnée par Michel Debré, peu de temps après la Libération, de l'attitude de la direction du budget face au politique : « Hors ses additions, elle ne paraît rien connaître et ne s'incline, mais alors très bas, que devant des raisons politiques, bonnes ou mauvaises », *La Mort de l'État républicain*, Gallimard, 1947, p. 15.

** Voir *infra*, pp. 378 *sq.*

vue technique, aucune augmentation des dépenses ne devrait être envisagée, à une époque où la masse des dépenses déjà décidées n'est ni ne peut être gagée par des recettes permanentes », les considérations techniques ne pouvaient « avoir le dernier mot, la question posant un véritable problème politique [50] ». Pour autant, poursuivait-il, « le désir du gouvernement [était] que le comité budgétaire examine avec une très grande sévérité les crédits qui lui sont proposés ». Créé par une une loi du 16 novembre 1940 avec la mission de donner au chef de l'État son avis sur les projets de budget [51], ce comité devait aider le ministre dans son rôle de « contrôleur général des dépenses publiques » – l'expression est de Bouthillier [52] – qu'il avait hérité du Parlement. La composition du comité était significative de la théorie de la représentation qui avait cours à Vichy. On choisit en effet de ne recourir à l'expérience d'aucun parlementaire et d'éviter de donner la part trop belle aux fonctionnaires. Formellement, l'inspection générale des Finances ne participait pas aux travaux du comité, même si en fait on la retrouvait à sa tête en la personne de Jean Drouineau, inspecteur général honoraire qui avait repris du service comme premier président de la Cour des comptes *. Les « membres exerçant une fonction publique », au nombre de cinq (issus du Conseil d'État, de la Cour des comptes, des armées, du corps enseignant, des corps d'ingénieurs de l'État), étaient minoritaires devant les huit représentants des « forces vives » du pays, qui siégeaient au titre de l'agriculture (deux représentants), de l'industrie, du commerce, des professions libérales, de l'artisanat, des métiers manuels et des familles. Cet assemblage hétéroclite devait témoigner de l'ampleur du rassemblement des Français dans l'État nouveau. Si le choix des titulaires de fonctions publiques ne s'éloignait guère de la tradition – l'enseignement étant représenté par Édouard Le Roy, professeur au Collège de France et les corps techniques supérieurs par l'ingénieur général qui présidait le Conseil général des mines –, un ouvrier typographe et un agriculteur de Meurthe-et-Moselle côtoyaient, au sein du comité, l'ancien président du tribunal de commerce de Lyon et le bâtonnier Charpentier, présent au titre des professions libérales. L'instance vit ses compétences élargies à l'automne 1941 ** : chargée alors d'examiner tous les projets de loi portant ouverture de crédits et de surveiller l'emploi des dotations en cours

* Il existait également une proximité géographique entre l'inspection des Finances et le comité budgétaire dont les membres disposaient à Vichy, à l'étage occupé à l'hôtel Carlton par la direction du budget, d'un bureau qu'ils partageaient avec cette inspection, organigramme de juillet 1941, SAEF B 11857.

** Loi du 27 septembre 1941, *Journal officiel* du 28 septembre 1941. Cette compétence étendue entraîna une modification de sa composition : deux des cinq fonctionnaires le quittaient (ceux représentant l'enseignement et les corps techniques), remplacés par un second industriel et par un employé. Un correctif important était toutefois introduit à cette minoration formelle de l'influence des fonctionnaires grâce à la création des fonctions de rapporteur général, de secrétaire général et de rapporteurs, dont le président du comité budgétaire ne pouvait charger que des membres de la Cour des comptes ou de l'inspection générale des finances.

d'exercice, elle disposait d'une compétence proche de celle jadis exercée, en matière de contrôle budgétaire, par le Parlement.

Bien que les administrations centrales n'aient souvent vu dans le comité budgétaire qu'une chambre d'enregistrement des décisions du ministère des Finances, ce dernier n'avait pas les mains entièrement libres. On le vit, à plusieurs reprises, éprouver quelques difficultés pour faire avaliser sa position par le comité : ainsi, en décembre 1941, le chef de cabinet de Bouthillier fut-il conduit à demander au président Drouineau de soumettre à nouveau à l'examen du comité la création d'un emploi supplémentaire d'inspecteur général d'allemand, en affirmant espérer que « la nécessité de cet emploi apparaîtra sans doute au comité » – et ce d'autant plus que le secrétaire d'État aux Finances avait déjà promis cette création à son collègue chargé de l'Éducation nationale[53]. « Trop faible, affirmait Bouthillier, pour s'opposer efficacement aux multiples initiatives dépensières des administrations[54] », le comité budgétaire ne joua finalement qu'un rôle de second plan. Il avait certes le pouvoir de retarder les projets, comme il le montra en mai 1942 en rejetant le budget des services de la jeunesse[55], mais pas celui d'influer sur l'orientation de la politique budgétaire, ni même de s'opposer durablement à des dépenses qui le choquaient. Il ne parvint jamais à dépasser la position d'auxiliaire pour atteindre celle d'acteur et c'est à partir de ses propres forces, qui n'étaient pas minces, que l'administration des finances livra bataille contre ses multiples adversaires, dont l'un était un nouveau venu, la gent militaire. Le ministère des Finances sut, à son égard, montrer que sa capacité d'obstruction était restée entière. Il usa, face à des généraux improvisés ministres ou directeurs, d'un langage d'une fermeté au moins égale à la naïveté avec laquelle ces derniers, propulsés par leur défaite vers les sommets de l'État, entendaient s'affranchir de règles budgétaires et comptables qu'ils considéraient sans doute comme des résidus périmés de l'ancien régime.

La guérilla prit des formes diverses. On trouvera reproduite en annexe 10 la lettre clochemerlesque du 30 octobre 1940 par laquelle la direction du budget, jugeant la situation des officiers plus enviable que celles des fonctionnaires civils, et *a fortiori* de celle des Français ayant souffert des hostilités, douta de l'opportunité de leur affecter une ordonnance civile et refusa la création à leur profit d'une « indemnité pour achat d'effets civils ». Quelques jours plus tard, dans des termes encore feutrés, le ministre des Finances saisit son collègue chargé de la Guerre de diverses irrégularités dont lui avait fait part le contrôleur des dépenses engagées : « Si de tels errements, indiquait Bouthillier, ont pu être admis pendant quelques mois en raison de la désorganisation des services due aux événements, il n'en est plus de même maintenant, où il importe de faire respecter par tous les principes d'ordre et de hiérarchie[56]. » Cette injonction fut insuffisante, et le ton s'envenima à mesure que le ministère des Finances, bien dans son rôle de gardien des principes, rappelait à l'ordre des départements militaires qui semblaient effectivement considérer comme implicitement abrogées par l'ordre nouveau les règles de la comptabilité publique. En mai 1941, c'est à un véritable tir en rafale que se livra

Bouthillier en direction du secrétariat d'État à la Guerre. Le 15, il exigea le retrait d'une circulaire par laquelle le secrétaire d'État avait accordé, de sa propre autorité, de nouvelles indemnités aux personnels placés sous ses ordres. Le ministre des Finances, après avoir rappelé l'irrégularité juridique du texte, élargit son propos jusqu'à tracer une véritable théorie du pouvoir administratif en régime autoritaire :

> Plus, dans un régime politique, l'autorité se trouve concentrée, plus est nécessaire le respect des lois et plus est grave le désordre dans l'administration. Un régime autoritaire voit rapidement son autorité ruinée si la gestion financière n'est pas stricte. Vous devez comprendre que l'opinion publique, à juste titre, ne nous pardonnerait pas, en matière financière, le laisser-aller et l'interprétation relâchée des règlements. Sous l'ancien régime, le frein des commissions des Finances des deux assemblées, qui présentaient, cela va sans dire, d'autres inconvénients, avait l'avantage de contenir les initiatives de dépenses. Aujourd'hui n'existent ni Parlement ni commissions. Le rôle de contrôleur général des dépenses publiques m'incombe, et à moi seul. Je suis décidé à remplir ce rôle strictement, et je ne tolérerai pas que les bureaux des administrations, sous quelque prétexte que ce soit, croyant que les anciennes tutelles sont mortes, décident impérativement des dépenses nouvelles, octroi d'indemnités ou autres charges. Je crois avoir montré suffisamment dans le passé que j'étais toujours sensible aux nécessités, spécialement à celles d'ordre moral, invoquées par mes collègues du gouvernement pour décider des augmentations de dépenses. [...] Dès lors, je suis fondé aujourd'hui à rappeler que les lois sont les lois, et que les divers départements ministériels doivent s'y soumettre *.

Malgré la menace, qui concluait cette prose inhabituellement violente, de donner instruction aux trésoriers-payeurs-généraux de refuser les paiements en cause, des irrégularités persistèrent dans la gestion des ministères militaires. Le 19 du même mois, Bouthillier rappelait sèchement au général Huntziger, secrétaire d'État à la Guerre, que « le régime nouveau impose plus qu'aucun autre le respect de la loi et des règlements », tandis que la direction du budget refusa l'octroi de primes nouvelles aux directeurs de ce département, en rejetant avec mépris « la cuisine dont il s'agit ». Leurs services étant parvenus à ce niveau d'invectives où la politesse formelle du style administratif disparaissait, submergée par l'exaspération réciproque **, les deux

---

* SAEF B 11856. Le ton et la teneur de cette lettre étaient à ce point révélateurs des dysfonctionnements de l'ordre nouveau que Bouthillier la cita dans la partie de ses Souvenirs consacrée aux difficultés qu'il rencontra, dans l'ordre budgétaire, avec ses collègues ministres (*op. cit.*, pp. 369-372), ajoutant que « l'on ne peut signer de telles lettres à tout moment ».

** Un autre exemple en fut donné, en sens opposé, par une note du 10 novembre 1941 du général de La Porte du Theil, commissaire général aux Chantiers de la jeunesse, relative aux observations formulées par le contrôleur des dépenses engagées sur le budget des Chantiers pour 1942. On ne trouve dans les archives du ministère des Finances que l'accusé de réception de cette note adressé par le directeur du budget au cabinet du secrétaire d'État à l'Éducation nationale et à la Jeunesse. Y étaient évoqués « les termes dont le moins que l'on puisse dire est qu'ils sont inhabituels et nettement désobligeants » de la note du

ministres réagirent et conclurent à un armistice au début de juin *. Le combat fut plus équilibré face à un partenaire moins novice en matière administrative, le ministère de l'Intérieur, qui avait de l'organisation du pouvoir en régime autoritaire une conception radicalement différente de celle défendue rue de Rivoli. À la logique de déconcentration qu'avait tout intérêt à prôner l'Intérieur en tant que supérieur hiérarchique direct des préfets, s'opposait la volonté des Finances de centraliser le contrôle des dépenses publiques, seul moyen selon elles de maintenir intacte l'autorité de l'État et d'éviter les dérives budgétaires. Perdue en matière de police, en raison de l'importance que le régime, répressif dès ses débuts, attachait à la possession d'un appareil policier puissant, l'offensive des Finances contre l'Intérieur rencontra quelques beaux succès : en dépit des protestations de bonne foi de Bouthillier, son ministère ne mit aucun zèle pour faciliter le transfert de compétences au profit des préfets régionaux **. Peu déconcentratrice, la rue de Rivoli n'entendait pas non plus relâcher sa surveillance des collectivités locales, qu'elle exerçait conjointement avec l'Intérieur, et parfois de manière disjointe ***. Or le renforcement de la tutelle préfectorale sur les communes, dont les municipalités élues furent souvent remplacées par des délégations spéciales nommées, accrut le rôle politique du ministère de l'Intérieur. Celui-ci voulut en profiter pour ôter à la direction du budget ses compétences en matière de contrôle des collectivités locales : au début de 1942, estimant que la procédure de double approbation des budgets locaux diluait les responsabilités étatiques, il proposa de s'en charger désormais seul. Il s'attira, d'un ministère des Finances toujours persuadé que l'on ne peut résister que de haut au flux des revendications locales, une réaction à ce point argumentée et vive qu'il n'osa proposer au vice-président du Conseil de passer outre [57].

---

général. Les Finances défendirent leur représentant en ces termes : « Que M. R. ait pu commettre quelques erreurs dans la rédaction de son avis, c'est possible, quoique non établi. Mais je me suis assuré qu'il était resté du moins d'une absolue correction, et qu'il n'avait fait somme toute que remplir l'un des devoirs de sa fonction », SAEF B 11858.

* Sa mise en œuvre dut ne pas être simple, à preuve cette lettre du 30 juin 1941 de Bouthillier à Huntziger, dans laquelle le premier se plaint d'une « nouvelle irrégularité analogue à celles que je vous ai déjà signalées par mes lettres des 15 et 30 mai derniers. Il a été entendu entre nous que toutes mesures devraient être prises pour que ces situations soient redressées. Je me permets d'insister pour que les instructions nécessaires soient rapidement envoyées », *ibid.*

** Voir *infra*, p. 245.

*** Ainsi, en décembre 1940, la direction du budget refusa-t-elle de communiquer à la direction des affaires départementales et communales du ministère de l'Intérieur le rapport effectué par l'inspection des Finances sur la situation critique des finances de la ville de Cannes, au motif que ses conclusions lui étaient déjà connues dans la mesure où elles étaient pour l'essentiel similaires à celles d'un rapport précédemment établi par l'inspection générale des services administratifs dépendant de ce ministère, lettre du 7 décembre 1940, SAEF B 11854.

Le vrai coordonnateur ?

Après avoir ainsi donné la preuve que l'installation du régime nouveau ne diminuait pas ses prérogatives, le ministère des Finances chercha à confirmer sa fonction de tutelle implicite sur l'ensemble de la fonction publique. Cette position le fit entrer en conflit avec un secrétariat général de la vice-présidence du Conseil lui aussi résolu à exercer cette tutelle, au nom de sa mission de coordination. Le conflit se concrétisa, à la fin de novembre 1940, lorsque Bouthillier fit part à Baudouin, ministre chargé de la présidence du Conseil, de son étonnement de ne pas avoir été signataire d'une circulaire publiée le 17 novembre au *Journal officiel* et portant application de la loi sur les fonctionnaires nés de père non français. Les juristes du secrétariat général de la présidence du Conseil eurent tôt fait de se reporter aux textes pour donner à la direction du budget une leçon d'histoire administrative appliquée : « Aucun texte législatif ou réglementaire, firent-ils écrire à Baudouin, ne semble avoir jamais attribué au ministre des Finances la "tutelle" des personnels civils et militaires de l'État, ni exigé son intervention pour toute mesure quelconque intéressant ces personnels », de sorte que lui reconnaître un droit de contreseing sur toute mesure d'exécution « risquerait de paralyser ou de ralentir considérablement l'action de l'administration [58] ». À cette remise en place peu amène, qui laissait mal augurer de l'harmonie de ses relations avec la présidence du Conseil, la rue de Rivoli avait répondu par avance en confortant ses positions. L'effervescence statutaire et l'anarchie constatée dans la création d'emplois la poussèrent, par mesure de prudence, à faire promulguer le 1er décembre 1940 une loi aux termes de laquelle toute mesure indemnitaire devait faire l'objet d'un arrêté contresigné par le ministre des Finances [59]. Ce n'était certes là que le rappel de dispositions législatives remontant à 1919, mais il intervenait à point nommé pour souligner que les Finances n'entendaient pas se laisser déposséder de la coordination de la politique de la fonction publique.

Le maintien de ce droit d'intervention, relayé dans chaque ministère par les contrôleurs des dépenses engagées, rouages anciens restés fermement ancrés dans la pratique administrative de l'État nouveau *, ne s'inscrivait que difficilement dans la volonté de renouvellement des hommes et des méthodes qu'avaient affichée les proclamations de l'été 1940. L'arrivée au pouvoir de Darlan aurait pu laisser imaginer un recul de cette influence, ce qui aurait

* L'institution mériterait de plus vastes développements. Lorsque le contrôleur poussait le zèle jusqu'à exaspérer même le ministre auprès duquel il était placé, il recevait un léger rappel à l'ordre, ou se voyait proposer une nouvelle affectation. C'est ce qui arriva au contrôleur des dépenses engagées du ministère de l'Éducation nationale après que Carcopino se fut plaint de son excès de formalisme. Il lui fut demandé par Bouthillier de « ne pas entraver la bonne marche des services par des exigences fondées en droit mais superflues en fait », lettre à Carcopino, 19 novembre 1941, SAEF B 11858. Sur les contrôleurs des dépenses engagées, voir Robert Belot, « Les enjeux politiques du contrôle budgétaire. Quelques aspects du fonctionnement de l'État français sous l'occupation », *Revue française de finances publiques*, 1996, n° 53, pp. 179-196.

correspondu tant aux convictions personnelles de l'Amiral * qu'à ses propos antérieurs. N'avait-il pas dénoncé en janvier 1941 « la mentalité mauvaise de fonctionnaires des Finances et l'état d'esprit déplorable des contrôleurs des dépenses engagées qui, outrepassant leurs attributions, se permettent de juger de l'opportunité d'une dépense [60] » ? Devenu vice-président du Conseil, Darlan traduisit dans une circulaire de juin 1941 la méfiance que lui inspiraient les volontés hégémoniques du ministère des Finances, en rappelant qu'aux termes des lois portant organisation du gouvernement « seul le ministre, vice-président du Conseil, a qualité pour arbitrer des différends entre départements ministériels. [...] Il n'appartient pas au ministre des Finances d'arbitrer les différends entre des secrétaires d'État autres que ceux qui relèvent de lui ** ». En nommant secrétaire général de la vice-présidence du Conseil le directeur du budget, il crut pouvoir résoudre par le choix d'une personne les difficultés entre institutions. De fait, les relations s'améliorèrent entre le secrétariat général et la rue de Rivoli, grâce aux contacts qu'avaient gardés Jardel et Brian, son chef de cabinet, avec leurs anciens collègues ***. Les rivalités entre services parurent même dépassées lorsque, en juin 1942, la rue de Rivoli sembla, enfin, reconnaître la vocation coordinatrice de la vice-présidence : « Il n'était pas utile, écrivit Cathala au secrétaire général du chef du gouvernement, de soumettre à l'approbation de tous les secrétaires d'État un texte de portée générale [...] dès lors que [ce texte] portait la signature du vice-président du Conseil, chargé de coordonner l'action des différents départements ministériels [61]. » Mais le retour aux affaires de Laval avait alors redistribué les cartes. La capacité de coordination de l'action administrative, que Jardel avait, bon an mal an, réussi à faire reconnaître comme prérogative du secrétariat général, alla en diminuant à mesure que cette coordination cessa d'être un enjeu de pouvoir. Entre les mains de Guérard, le secrétariat général se concentra sur les priorités politiques imposées par la conjoncture, tandis que l'administration des finances, n'ayant plus à sa tête un Bouthillier pour la conduire sur les voies de la Révolution nationale, se cantonna autant qu'elle le put dans une forme d'« exil intérieur **** ».

---

* Que Bouthillier décrit comme « très hostile aux Finances et amateur comme trop de militaires des organisations réductibles à des accolades », *op. cit.*, p. 258.

** Circulaire du 11 juin 1941, AN AJ38 64. Aucune instruction ne venant préciser le mode concret de règlement de ces différends, le problème se présenta dans les mêmes termes lors des travaux de l'été 1941 relatifs à la réorganisation du secrétariat général de la vice-présidence du Conseil : « Seul le ministre des Finances contrôle toutes les administrations, pour le plus grand dommage de toutes, car ce n'est pas son métier », rapport du contrôleur général de La Monneraye, 1er août 1941, AN F60 1428.

*** Des questions ponctuelles purent de ce fait être résolues : ainsi, en novembre 1941, c'est grâce à une brève note de Jardel à son successeur Gourdin que Terracher, recteur de l'université de Strasbourg repliée à Clermont-Ferrand en même temps que secrétaire général de l'instruction publique, obtint le maintien des crédits nécessaires au fonctionnement de cette université, lettre du 3 novembre 1941, AN 2AG 538.

**** Voir *infra*, pp. 465 *sq.*

Révolution nationale, réaction administrative

On trouva aussi les Finances actives, cette fois avec l'appui de l'ensemble des départements ministériels, sur le front de la lutte contre la menace d'administration « duale ». La rue de Rivoli fut ainsi au premier rang du combat que menèrent les ministères non seulement contre l'ensemble disparate des administrations parallèles créées pour répondre aux priorités du jour mais aussi face à une Légion qui, au gré d'instructions ministérielles ambiguës, considérait comme de sa vocation d'insuffler la pédagogie de la Révolution nationale dans la tradition administrative.

La lutte contre les administrations parallèles

Plein de méfiance envers la fonction publique professionnelle, d'abord parce qu'elle avait trop bien servi le régime précédent puis parce qu'elle ne servait pas assez bien le régime présent, le pouvoir recourut volontiers à des formes administratives différentes de l'organisation ministérielle traditionnelle. Ce choix qui pouvait, en ses débuts, sembler imposé par les circonstances fut ressenti par les fonctionnaires de métier, une fois les choses rentrées dans l'ordre, comme constitutif d'une grave atteinte à leur monopole de gestion des affaires de l'État. Ils surent s'y opposer avec efficacité.

Créer un organisme *ex nihilo* pour le charger d'une tâche trop neuve et trop importante pour être confiée aux administrations existantes, considérées comme sclérosées et inadaptables, n'était pas une invention de Vichy. La Troisième République avait connu les offices, apparus après la Première Guerre mondiale mais réintégrés dans les cadres administratifs traditionnels après des observations acerbes de la Cour des comptes sur leur gestion. Elle créa aussi, en son extrême fin, un haut commissariat à la Propagande française, où Jean Prouvost succéda à Jean Giraudoux. Le gouvernement Pétain de juin 1940 comprenait aussi un commissariat général au Ravitaillement, qui allait bientôt rejoindre les services de l'Agriculture, et un éphémère commissariat général à la Reconstitution nationale. Après ces premiers essais, la tendance fut poursuivie, entraînant l'apparition de nombreux organismes aux appellations * et aux missions variées. Le second semestre de 1940 avait vu l'effort se porter sur les questions concernant la jeunesse, avec l'apparition, en août d'un commissariat général à l'Éducation générale et aux Sports, confié à Jean Borotra, et

* Secrétariats généraux, commissariats généraux, délégations générales parfois – sans que puisse être définie entre ces diverses dénominations, même *a posteriori*, une frontière institutionnelle claire permettant de les différencier. Dès 1940 et tout au long du régime, certains commissaires généraux furent assimilés à des membres du gouvernement et d'autres à des hauts fonctionnaires, tandis que les juristes décrivaient, sans être jamais pleinement convaincants, les subtiles et mouvantes différences entre secrétariat général et commissariat général, notamment en matière de subordination hiérarchique et d'indépendance administrative et financière par rapport aux ministres auxquels ces structures étaient en titre rattachées.

celle, un mois plus tard, d'un secrétariat général à la Jeunesse, le paysage étant encore compliqué par l'érection en commissariats généraux de services dépendant du secrétariat général, ce qui fut fait en décembre 1940 pour le chômage des jeunes et en janvier 1941 pour les Chantiers de la jeunesse *. En 1941, le rythme fut plus rapide encore, l'année voyant apparaître le commissariat général aux questions juives, la délégation générale aux relations franco-allemandes, le commissariat général aux corps gras, le commissariat général aux prisonniers de guerre rapatriés, la délégation générale à l'équipement national, le commissariat général à l'aménagement de la région parisienne et le commissariat général à la reconstruction immobilière.

Tous ces organismes, créés pour répondre à une nouvelle priorité, virent les fées se pencher sur leur berceau : leurs premiers pas furent accompagnés non seulement des fortes paroles de circonstance insistant sur l'importance de la mission qui leur était assignée dans l'État nouveau, mais aussi de moyens conséquents en crédits et en emplois. Ainsi vit-on, par exemple, les services du secrétariat général à la Jeunesse dotés, fin 1941, de 267 agents, et ceux du commissariat général à l'Éducation générale et aux Sports de 295, auprès desquels les 363 fonctionnaires que l'Instruction publique avait mis un siècle et demi à obtenir faisaient quelque peu pâle figure [62]. Les administrations nouvelles se trouvaient en outre libérées des contraintes méritocratiques sur lesquelles s'était jusqu'alors construite la fonction publique. À l'Éducation nationale toujours, la loi du 12 novembre 1940, qui réorganisa le ministère pour y inclure les services de la jeunesse, précisa en effet que pendant une période transitoire, qui fut prolongée à intervalles réguliers, les emplois nouvellement créés dans les administrations satellites « pourr[aie]nt être pourvus sans que les titulaires réunissent les conditions exigées par le statut du personnel [63] ». L'avantage n'était pas mince : l'existence, dans les organismes nouveaux, de conditions particulièrement favorables de recrutement, d'avancement et de rémunération suscita bien des jalousies. La fonction publique de métier tenta de se consoler en insistant sur le manque de professionnalisme des administrations nouvelles. Souvent avec raison : même si ces dernières, lorsqu'elles furent dotées de services administratifs et financiers, allèrent en recruter aux meilleures sources – Conseil d'État et direction du budget par exemple – les responsables, il pouvait arriver que l'enthousiasme de leurs dirigeants les conduisît à s'affranchir des contraintes légales **.

---

* Ces structures compliquées mirent évidemment du temps à trouver leur place dans l'appareil administratif. Ainsi ne fallut-il pas moins de neuf textes, dans la seule période comprise entre juillet 1940 et janvier 1941, pour décider de l'organisation du secrétariat général à la Jeunesse. Nous nous permettons de renvoyer le lecteur que ce sujet intéresserait à notre thèse, *Servir l'État français…*, *op. cit.*, pp. 568-576, où sont longuement analysés les difficultés de rattachement et les conflits de compétence entre services de l'Instruction publique et organismes nouveaux chargés de la politique de la jeunesse.

** Ainsi, pour inciter les enseignants à participer à l'encadrement des jeunes qui lui sont confiés, le commissariat général aux Chantiers de la jeunesse fit signer à Carcopino en mars 1942 une circulaire accordant aux cadres de l'instruction publique une bonification

De cette mauvaise réputation des administrations nouvelles, on trouve un étonnant exemple dans le compte rendu d'une réunion consacrée, à la fin de 1941, au reclassement éventuel de fonctionnaires juifs. On y lit que « les meilleurs [agents] pourront être reclassés dans les administrations anciennes, les autres dans les administrations récemment créées [64] ». Quelques mois plus tard, annotant un mémoire reçu par la vice-présidence du Conseil où il était indiqué que « les agents sans vocation bénéficient d'avantages immenses, les consciencieux amoureux de leur métier, de leur technique, piétinent et fatalement se découragent ou s'irritent », Lagrange nuança le propos en rappelant qu'« il y a dans ces jeunes administrations une précarité qui fait que, tout en protestant, beaucoup ne veulent pas y aller. Il y a aussi des “embêtements” dus à l'impopularité du rôle de certaines de ces administrations (juifs, ravitaillement, contrôle des prix). Malgré les avantages offerts, il y a crise de recrutement un peu partout (sauf à la police) * ».

Deux des administrations les plus classiques dans l'État se firent les échos sonores de cette hostilité. Tandis que, comme on le verra au chapitre suivant, l'Intérieur relayait les protestations des préfets contre l'irruption continue de délégués aussi divers qu'indociles, les Finances, au nom de leur mission de tutelle de l'ensemble de la fonction publique, prenaient la tête du combat contre les institutions nouvelles. Forte de ces soutiens, la guérilla menée par l'administration de toujours contre ses jeunes rivales tourna vite à son avantage. Dès l'automne 1940, deux types d'arguments avaient été mis en avant par une direction du budget résolument hostile à des organismes présentant le double inconvénient d'être à la fois gros consommateurs d'emplois publics et générateurs, en terme de traitements ou de conditions de recrutement, de précédents par essence dangereux. Quelles que fussent l'urgence et l'importance des priorités nouvelles, l'économie du pays, rappelait Bouthillier, n'était pas en mesure de supporter le poids de charges publiques supplémentaires, alors même que le paiement des frais d'occupation représentait un alourdissement considérable du budget de l'État.

Il serait lassant de reprendre ici la litanie des lamentations émanant, sur ce thème, du secrétariat général pour les finances publiques ou du comité budgétaire, l'un et l'autre en parfait accord sur cette question. Quelques exemples suffiront : le 11 juillet 1940 – l'État nouveau était né la veille ! –, la direction du budget demanda au ministre de la Défense nationale « d'ajourner toute

---

d'ancienneté égale à la moitié du temps passé en détachement dans un chantier. Cette disposition, pour incitative qu'elle fût, se trouvait être illégale. Bonnard l'annula le 26 septembre suivant, ce qui lui permit de donner, sans doute avec une certaine délectation, une leçon indirecte de droit administratif à son prédécesseur : « Cette disposition, en modifiant le jeu des règles relatives à l'avancement et à l'ancienneté générale des services valables pour la retraite, règles établies par la loi, ne pouvait être prise par une circulaire et se trouve donc abrogée », circulaires aux recteurs et inspecteurs d'académie des 10 mars et 26 septembre 1942, AN F17 13321 et 13322.

* Annotation portée sur un mémorandum relatif au « malaise des fonctionnaires de l'État », 27 février 1942, AN F60 278. Voir ce document en annexe 14, p. 676.

proposition tendant par voie de mesure isolée à créer de nouveaux services ou à renforcer les services existants, au moment où il est procédé à une refonte complète de notre organisation constitutionnelle et administrative[65] ». En septembre 1940, refusant au secrétaire d'État à l'Agriculture la création de contrôleurs chargés de surveiller l'exploitation des forêts privées – tâche qu'il était difficile de faire passer pour une priorité du redressement national –, Bouthillier rappela que « les obligations incombant aux différents services pour l'exécution de mesures décidées par le gouvernement ne peuvent, en règle générale, justifier un accroissement du nombre des agents de l'État[66] ». Les créations d'emploi massives intervenues dans le secteur de la jeunesse et des sports montrèrent que ces propos raisonnables restaient des pétitions de principe face à l'urgence qu'il y avait à construire le socle de la France nouvelle. Même battu, le ministère des Finances restait pourtant vigilant, chaque demande de dépense nouvelle lui fournissant l'occasion de rappeler sa doctrine. Il reprit l'initiative lors de la préparation de la loi de finances pour 1941, proposant dès octobre 1940 la suppression de tous les organismes temporaires créés, « quelquefois hâtivement », pour faire face à des tâches engendrées par l'état de guerre. Le comité budgétaire apporta de l'eau à son moulin en regrettant, dans son avis sur le projet de budget pour 1941, que « les administrations, tant civiles que militaires, n'aient pas accentué leur effort de compression des dépenses de fonctionnement » et insistant « pour que les administrations nouvellement créées évitent les doubles emplois avec les administrations anciennes[67] ». Transmettant ce texte à ses collègues ministres, Bouthillier ne manqua pas de faire part de son plein accord avec ces propositions. Indiquant que « le comité budgétaire entend[ait] poursuivre son travail d'investigation dans les différentes administrations », il estimait que « l'expérience des premiers mois de fonctionnement doit permettre de juger aujourd'hui avec plus de rigueur les besoins à satisfaire, et de supprimer les doubles emplois[68] ».

L'arme des traitements

Le comité budgétaire avait également demandé que les administrations nouvelles « limitent les fixations d'émoluments des personnels au strict minimum ». C'était là aussi une préoccupation de la direction du budget, qui s'efforça de limiter l'étendue du mal : en même temps qu'elle recueillait l'information nécessaire pour s'opposer aux cas qu'elle jugerait trop hétérodoxes et préparer, si besoin était, une contre-offensive générale, elle ne perdait pas une occasion de marquer quelques points sur les fonctionnaires par raccroc qui peuplaient les services nouveaux. Elle leur refusa ainsi l'attribution des indemnités de repliement, allouées par un décret du 30 septembre 1940 à tous les fonctionnaires présents à Vichy, sans cacher la liberté qu'elle prenait par rapport aux textes*. Ce n'était là qu'une première escarmouche,

* L'argument mis en avant était en effet de pure opportunité : « Une telle extension n'apparaît pas justifiée. En effet, les fonctionnaires du commissariat général à l'Éducation générale et aux Sports et ceux du secrétariat général à la Jeunesse ont été recrutés dans des

annonciatrice de la lutte que les Finances estimaient avoir pour mission de mener contre ceux qu'elles considéraient comme des intrus. L'objectif était double : il fallait non seulement s'assurer qu'on ne serait pas conduit à accorder à la masse des fonctionnaires les avantages consentis à ceux recrutés à la va-vite dans les organismes nouveaux, mais aussi éviter de faire entrer dans les cadres de l'État nouveau des agents insuffisamment qualifiés. Ainsi, en octobre 1940, les contrôleurs des dépenses engagées reçurent-ils instruction de surveiller de près les conditions dans lesquelles se faisait l'apport de sang neuf dans les administrations nouvelles *. Ainsi averti, en décembre 1940, que le secrétariat général à la Famille avait prévu un déroulement de carrière plus favorable à ses cadres que celui en vigueur dans les autres administrations, Bouthillier mit en demeure le secrétaire d'État à l'Intérieur, dont dépendaient les services de la famille, d'abroger ces dispositions. Il justifia cette exigence sévère par l'obligation, « pour assurer l'admission dans les cadres supérieurs de nos administrations centrales de fonctionnaires présentant toute garanties de compétence nécessaire, d'appliquer les règles générales et d'éviter que les personnels de certains départements se trouvent favorisés à cet égard [69] ».

L'inspection générale des Finances fut aussi mise à contribution pour éclairer le ministre sur les disparités constatées en matière de traitement entre organismes neufs et administrations traditionnelles. Dans le premier des rapports qu'elle rédigea sur cette question, au printemps de 1941, elle soulignait l'émergence d'un sérieux mécontentement chez les fonctionnaires, susceptible d'altérer leur « esprit de dévouement face à la nécessité du sacrifice qui leur est demandé ». Non seulement en effet « de jeunes et nouveaux fonctionnaires reçoivent dès le début un traitement dont les fonctionnaires en activité ne bénéficient qu'en fin de carrière », mais « ces jeunes fonctionnaires sont recrutés d'une manière tout à fait arbitraire et sans fournir aucune garantie, alors que les aînés ont dû prendre part à des concours toujours plus

---

conditions particulièrement avantageuses pour ces agents : en effet, ils ont été nommés sans concours et le plus souvent à des grades ou classes auxquels ils n'auraient pu accéder normalement. La rémunération qui leur est ainsi accordée étant plus élevée que celle à laquelle ils pouvaient prétendre, les intéressés se trouvent en mesure de faire face aux dépenses supplémentaires que leur impose le séjour de leurs administrations à Vichy », note du directeur du budget au contrôleur des dépenses engagées du ministère de l'Instruction publique, 24 janvier 1941, SAEF B 11855.

* « En présence des besoins de renouvellement de certains cadres, et des nécessités d'encadrement des administrations et services nouvellement créés, différents textes donnent aux ministres des pouvoirs très larges de nomination. Or, il est venu à ma connaissance que dans de nombreux cas des postes comportant des rémunérations importantes avaient été attribués à des candidats ne présentant pas de garanties d'âge et de formation administrative ou technique suffisantes. Je vous prie instamment, dans les administrations où des pouvoirs de cet ordre ont été donnés, de vous faire communiquer les projets de nomination et de me saisir, le cas échéant, des propositions que vous estimeriez injustifiées », note du directeur du budget aux contrôleurs des dépenses engagées, 21 octobre 1940, SAEF B 11854.

difficiles. Cette comparaison n'est pas sans déprimer des fonctionnaires qui n'ont ni la possibilité ni généralement le désir de quitter la carrière ils ont consacré tous leurs efforts et qui ont l'impression aujourd'hui que ces efforts sont si mal récompensés. Pareille situation ne saurait se prolonger sans de sérieux inconvénients », poursuivait l'inspecteur général, pour qui la question se posait en termes simples : il s'agit « de savoir si l'État veut créer dans le corps des fonctionnaires deux catégories, l'une privilégiée parce que nouvellement recrutée, l'autre défavorisée parce que, constituée de longue date, elle ne risque pas de se désagréger – du moins immédiatement * ». « Il est bien évident que pareille politique ne saurait raisonnablement se soutenir », concluait le rapport, conclusion que Bouthillier ne pouvait que faire sienne, d'autant que les exemples se multipliaient de débauchage d'agents des Finances par les organismes nouveaux. Aussi, malgré sa volonté de respecter les priorités du Maréchal, se déclara-t-il, en octobre 1941, « inquiet des avantages exceptionnels dont avaient bénéficié les fonctionnaires appelés à constituer les cadres des administrations de création récente [...] et fermement décidé à ne plus autoriser, sauf cas absolument exceptionnels, l'accession aux grades supérieurs de fonctionnaires et agents qui ne rempliraient pas les conditions normalement requises [70] ».

La réaction administrative ne se limita pas à ces menaces verbales. Dans les lois qui, à la fin d'octobre 1941, tentèrent de compenser par l'attribution d'indemnités la baisse de pouvoir d'achat des fonctionnaires induite par le blocage des salaires imposé par l'occupant **, il fut inclus une disposition prévoyant qu'« il sera[it] procédé avant le 1er janvier 1942 à une révision des traitements, émoluments ou indemnités spécialement attachés aux fonctions publiques de l'État créées depuis le 1er juillet 1940 ». Aucune des indemnités nouvelles ne devait être allouée aux cadres des administrations récentes tant que n'aurait pas été tiré un bilan précis des « avantages substantiels » dont ils bénéficiaient [71], bilan qu'eut mission de tracer une commission placée auprès du ministre des Finances. Présidée par un conseiller d'État et comprenant, outre des représentants de la vice-présidence du Conseil et de la direction du budget, les directeurs ou chefs de service chargés du personnel de trois ministères aux effectifs importants (Intérieur, Éducation nationale et PTT) et de trois administrations nouvelles (Ravitaillement, Famille et Équipement national [72]), elle rendit ses conclusions au printemps 1942. Son rapport ne put que décevoir ceux qui espéraient un rééquilibrage entre administrations anciennes et nouvelles, car il se limitait à cinq recommandations minimes : il

---

* Note de l'inspecteur général des Finances Lebelle, « Le recrutement des fonctionnaires des administrations nouvelles », 27 avril 1941, SAEF 4A 05. Il y eut plusieurs autres rapports de l'inspection des Finances sur ce sujet, dont deux réalisés par l'inspecteur général Xavier des Francs (en août 1942 et mai 1943) – ce dernier bon connaisseur des problèmes de la fonction publique, puisqu'il avait dirigé avant la guerre la mission spéciale des fonctionnaires du Comité de la hache, au sein de laquelle Lagrange avait fait ses premières armes.

** Voir *infra*, p. 286.

était par exemple proposé de ramener de 90 000 à 80 000 francs le traitement annuel des directeurs régionaux du ravitaillement, et de 2 920 à 2 166 francs celui perçu chaque mois par l'économe de l'École nationale de police, pour l'aligner sur celui alloué aux économes des lycées. Rien de tout cela n'était bouleversant, et il n'était sans doute pas besoin pour parvenir à ces conclusions – auxquelles un rédacteur moyen de la direction du budget aurait pu aboutir – de mobiliser dix hauts fonctionnaires de l'État nouveau. La combativité du ministère des Finances n'en fut pas atteinte, qui continua à opposer une fin de non-recevoir quasi systématique aux demandes d'ordre indemnitaire émanant des organismes nouveaux. Dans une circulaire du printemps 1942, Bouthillier dénonça « la tentation de substituer, dans les cadres de création récente, la quantité à la qualité [73] » et l'un des derniers textes qu'il eut l'occasion de signer comme ministre refusait l'intégration dans la fonction publique d'État d'agents temporaires des services du ravitaillement *. Cathala, qui lui succéda, adopta une position au moins aussi ferme, en soulignant son attachement aux « conditions normalement exigées pour l'entrée dans les administrations publiques [...], qu'une longue expérience a révélées comme indispensables à un exercice satisfaisant des fonctions propres à chaque emploi [74] ». On n'aurait su plus précisément vanter les mérites de la tradition administrative, en l'opposant aux innovations qu'avait eu l'ambition d'introduire, dans le fonctionnement de l'État, la Révolution nationale.

Le rejet de l'État-Légion

Parmi ces innovations figurait la place dévolue à la Légion [75]. Il n'était pas question pour Vichy de créer un système à parti unique dont des cellules spécialisées auraient doublé, en les surveillant, l'activité de chaque service public. Mais la Légion, « organe unique par lequel s'exerce, sur les plans civique, social et moral, l'action des anciens combattants [76] », avait pu, de bonne foi, considérer de sa responsabilité de surveiller des administrations présentées dans le discours officiel comme largement responsables des malheurs de la Patrie. La loi qui l'avait créée lui avait en effet donné comme rôle non seulement « de grouper, au service du pays, tous les anciens combattants et d'organiser l'entraide combattante », mais aussi « d'assurer la collaboration des anciens combattants à l'œuvre des pouvoirs publics dans le cadre des communes, des départements, des provinces et de la Nation ». Xavier Vallat, alors secrétaire général aux Anciens Combattants avait voulu faire des légionnaires – dans la seule zone sud, puisque, comme on l'a vu, la Légion fut interdite en

* Lettre du 14 avril 1942 au secrétaire d'État au Ravitaillement, SAEF B 11860. Bouthillier justifiait son opposition à « une mesure qui risque de consolider l'armée de fonctionnaires temporaires ou contractuels dont les circonstances présentes ont imposé la formation », en estimant qu'il serait injuste d'accorder la qualité de fonctionnaires à « certains éléments attirés au Ravitaillement par l'appât d'un reclassement particulièrement libéral ». Cette mesure ne pourrait équitablement intervenir qu'après une révision générale des situations, qu'il jugeait toutefois « pratiquement irréalisable ».

zone occupée – « les yeux et oreilles du Maréchal », rôle que leur reconnaissait également l'éditorialiste du *Temps* en voyant en eux des « "aristocrates du courage", les "meilleurs fils de notre France", [qui] par leurs groupements dans les moindres villages, feront respecter et exécuter les conseils de leur ancien chef pour rendre à la France "les forces qu'elle a perdues". Ils seront le sel de notre terre. Le pays compte sur eux pour hâter son relèvement et faire refleurir sa liberté [77] ». À l'automne 1940, les pouvoirs publics firent appel, au moins dans le discours, à la mobilisation de la Légion, Peyrouton allant plus loin en faisant implicitement référence, dans la circulaire qu'il adressa le 15 octobre 1940 aux préfets, à la capacité de mobilisation du mouvement légionnaire :

> Vous devez d'abord considérer que l'ancien ordre politique, responsable majeur de nos désastres, est mort. Il l'est, quels que soient les efforts que poursuivent ses prébendiers qui tentent de convaincre nos populations du contraire avec l'aide de l'étranger. Dans l'hypothèse, dont je n'admets même pas le principe, où les vieilles formules de décadence renaîtraient, je connais de bons Français, les meilleurs, encore silencieux, qui s'y opposeraient, jusqu'au sacrifice de leur vie [78].

Réalisé à cette époque, *L'Almanach de la Légion* pour 1941 consacrait, sous la signature de Georges Pineau, cinq pages à « la Légion, animatrice de la Révolution nationale ». Concluant – à l'issue de développements devenus banals sur la défaite méritée, la décadence du pays et « l'irresponsabilité à tous les degrés de la hiérarchie politique et administrative » – que ladite Révolution nationale « ne se fera pas à coups de décrets, mais au rythme de nos énergies rassemblées et disciplinées », l'auteur précisait le rôle, gros de conflits à venir, que la Légion réclamait dans la construction de la France nouvelle :

> La Légion Française des Combattants, dont Pétain a bien voulu accepter la Présidence, sera l'animatrice de la Révolution nationale. C'est elle qui prolongera jusqu'au dernier village l'esprit nouveau et fera régner l'ordre nouveau. C'est la Légion, héritière spirituelle des morts des deux guerres, faisceau prestigieux des volontés françaises, aristocratie du courage, chevalerie des temps nouveaux, symbole et gage du patriotisme clairvoyant, qui constituera l'armature sociale du pays. C'est la Légion qui fera régner la véritable fraternité nationale et rendra à chaque Français la fierté de la France [79].

Même si, en janvier 1941, le plan de propagande dont se dota la Légion affichait des objectifs ambitieux – « la propagande légionnaire, y était-il claironné, peut et doit rendre la Légion maîtresse des destinées de la France [80] » –, les beaux jours du mouvement étaient déjà derrière lui. Pourtant, fort d'environ 600 000 adhérents, il s'efforçait, de manière inégale selon les départements, de jouer un rôle effectif auprès des autorités de l'État. Ennemi dès l'origine du mouvement légionnaire, Darlan s'attacha à le réduire au mieux à un rôle d'auxiliaire de l'autorité préfectorale. Il procéda avec méthode, en édictant des instructions de plus en plus restrictives sur la collaboration de la Légion à l'action des pouvoirs publics *. Dès le 26 février 1941, une première

* Il y en eut quatre en dix-huit mois.

instruction évoqua bien sa « collaboration intime » avec les représentants du pouvoir central, mais ces derniers, soulignait le texte, étaient « les seuls dépositaires responsables de l'autorité constitutionnelle ». Même restriction dans la définition des modalités concrètes de collaboration avec les fonctionnaires d'autorité, et d'abord les préfets : les légionnaires, bien que présentés comme « leur lumière et leur aide pour tout ce qui concerne l'application des principes de la "Révolution nationale" », ne pourraient « constituer des "cadres" d'instruction, d'animation et, le cas échéant, de contrôle » que si les préfets le leur demandaient explicitement [81].

Proche du chef de l'État, le général Laure, véritable tuteur de la Légion dont il devint peu après inspecteur général, crut pouvoir tirer de ce texte, une semaine plus tard, la conclusion que « la Légion n'est pas un État dans l'État : elle est l'État, puisqu'elle a dans ses rangs et à sa tête le chef de l'État [82] ». C'était aller bien au-delà de la lettre comme de l'esprit de l'instruction signée une semaine plus tôt, et courir le risque, selon le dynamisme des présidents locaux, de débordements peu compatibles avec l'organisation autoritaire de l'État qui se mettait alors en place. Une nouvelle instruction, plus détaillée que la précédente dont les principes restaient en vigueur, se donna pour ambition, à la fin d'avril 1941, de « généraliser les résultats favorables [rencontrés] dans de nombreux départements ». Le texte, en rappelant la répartition des rôles en matière de surveillance du corps social *, cherchait à éviter les volontés excessives de revanche de la Légion :

> Les présidents des sections communales et les délégués cantonaux ont donc le droit et même le devoir d'éclairer leur maire et leur sous-préfet sur tout ce qui [...] leur paraît se développer contrairement à la doctrine et aux instructions du Maréchal Pétain sur les plans civique, social et moral. Mais la lumière qu'ils apportent ainsi doit mettre en évidence un fait précis, caractérisant de façon indiscutable un manquement au devoir national. Ainsi éclairés, le maire et le sous-préfet ont à vérifier le bien-fondé des observations qui leur sont adressées et à prendre en conséquence les décisions qui s'imposent si celles-ci sont de leur ressort, en n'hésitant pas à faire appel à l'aide de la Légion, voire même à la requérir pour exercer le cas échéant l'action de contrôle qui pourrait être reconnue nécessaire [83].

Ainsi conduite « avec le maximum d'efficacité et dans un esprit de large tolérance », l'action des légionnaires devait leur permettre « [d']exercer un véritable apostolat pour le bien dans le domaine social et moral. Pleinement d'accord avec les représentants du Pouvoir central, ils remettront en honneur "le Travail" commencé au sein de "la Famille" et se développant dans toutes les cellules de "la Patrie" [84] ». Cet équilibre instable d'une collaboration confiante mais étroitement contrôlée par l'appareil d'État devint un lieu commun du discours officiel : rappelant quelques semaines plus tard aux préfets leur rôle de « pionniers du nouveau régime », Darlan soulignait que, pour mener à bien

* Pour Pierre Limagne, la Légion était perçue, en mai 1941, comme « un organisme officiel de mouchardage », *op. cit.*, p. 156.

leur fonction essentielle, « construire sous le signe du ralliement national », ce qui passait par la poursuite de « l'œuvre d'assainissement de la vie publique », ils devaient « faire appel à tous les concours possibles » dont celui apporté par les légionnaires, « collaborateurs qui devront vous informer avec objectivité et assurer avec dévouement le respect des consignes que vous avez seuls la responsabilité d'édicter [85] ».

Comme le laissaient prévoir ces considérations, Darlan donna systématiquement raison aux préfets dans les incidents les opposant à la Légion, qui prenait de plus en plus l'allure de « force de réaction politique, école du régime nouveau qui aspire à naître, centrale d'épuration politique et d'assainissement moral, centre de diffusion des principes de la Révolution nationale [86] ». Ce faisant, elle créait au corps préfectoral plus de difficultés qu'elle ne lui apportait de soutien. Il n'est pas difficile, bien qu'elle ne soit pas nommée, de lire une attaque contre l'état d'esprit de la Légion dans une note de janvier 1942 des renseignements généraux dénonçant « l'abus de dénonciations d'instituteurs, créant un véritable malaise, alors que beaucoup d'entre eux pourraient devenir les soutiens du gouvernement s'ils n'avaient pas l'impression d'être traités en ennemis systématiques du régime actuel * ». Pucheu, quelques semaines plus tard, critiquait à son tour devant les préfets régionaux les « intrusions abusives » des responsables du mouvement dans le domaine de l'administration municipale, comme en Saône-et-Loire où ils avaient exigé du préfet la démission de tous les maires et conseillers municipaux anciens combattants non membres de la Légion [87]. Les heurts entre Légion et représentants du pouvoir central trouvaient parfois leur source dans des incidents picrocholins, où questions de préséance et entêtement mutuel donnaient à des vétilles le caractère d'affaires d'État. C'est ainsi Carcopino lui-même qui écrivit au général Laure pour protester, tout en réaffirmant son « attachement au principe d'une collaboration dont [il] attend[ait] les meilleurs effets au point de vue national », contre le fait que des élèves aient été conduits à l'insu du recteur et de l'inspecteur d'académie à une manifestation légionnaire organisée pendant les heures de classe [88]. C'est aussi un maître des requêtes, ancien membre du cabinet d'Alibert, qui demandait le 15 août 1941 à son collègue Lavagne de faire intervenir le même général Laure pour que fût déplacé le lieu d'un défilé organisé par la Légion à Montauban, précisément là où, prévue de plus longue date, devait être organisée une manifestation agricole présidée par le préfet **.

* Note, déjà citée, du 28 janvier 1942, AN 2AG 578. Les instituteurs y étaient présentés comme « ne se livrant à aucune activité politique, plutôt attentistes, et exécutant loyalement les instructions reçues », même si « seule une minorité a sincèrement adhéré à la Révolution nationale » et qu'ils sont « très réservés à l'égard de la Légion ».

** Alors que, soulignait l'auteur, le changement de lieu présenterait l'avantage de « permettre aux paysans, agacés par les mesures de rationnement, de taxation, de recensement et travaillés par une sourde opposition gaulliste, maçonnique et communiste, d'assister à la manifestation légionnaire et d'être favorablement impressionnés », AN 2AG 501.

Le climat se dégrada sensiblement pendant l'été 1941. Darlan, qui avait pourtant signé les instructions de février et avril précédents, était déçu par la Légion, dans laquelle il n'avait pas trouvé la caisse de résonance capable de mobiliser les Français autour de sa politique. Il fit part de son irritation, le 21 juillet 1941, au chef de l'État : « La Légion des combattants, qui est la seule organisation consacrée par la loi qui lui a donné, à tort à mon avis, un rôle civique, a tendance à s'arroger le droit de contrôler les actes des représentants du pouvoir central, parfois à les contrarier, parfois à les provoquer*. » Le général Laure n'en estima pas moins, en novembre 1941, que « seuls les hommes ayant "l'esprit légionnaire" sont susceptibles de recevoir et d'appliquer les consignes du Maréchal » et qu'il convenait en conséquence de confier à la Légion des responsabilités importantes en matière de propagande en zone occupée[89]. Cette proposition était d'autant plus irréaliste qu'elle nécessitait d'une part la levée de l'interdiction du mouvement légionnaire en zone occupée, ce qui semble n'avoir jamais été l'intention de l'occupant, et d'autre part que le gouvernement reconnût la capacité politique de la Légion à investir ce secteur. Or un incident tragique, survenu quelques mois plus tôt en Corse, avait précisément démontré le contraire : le directeur régional des douanes de l'île, en même temps responsable départemental de la presse légionnaire, s'était suicidé après avoir été inculpé de recel de document administratif pour avoir diffusé un document de police relatif à l'extension du gaullisme en Corse. Si elle ne percevait pas forcément l'ensemble des tenants et aboutissants de ces crises internes, l'opinion se faisait une idée de l'évolution de la Légion et ne l'approuvait pas, comme le soulignait la synthèse du contrôle postal en décembre 1941 : « On reconnaît que la Légion fait, dans certaines régions, œuvre utile pour la Révolution nationale, mais on lui reproche le mauvais recrutement de ses cadres et sa tendance à sortir de son rôle d'union**. » Darlan était plus sévère, traçant de l'action légionnaire un bilan uniformément négatif :

> La Légion ne représente pas le pays. Trop souvent, par son attitude partisane, son sectarisme, sa participation aux querelles locales, la Légion éloigne d'elle beaucoup de gens. Elle a parfois tendance à vouloir se substituer aux pouvoirs publics alors qu'elle doit simplement et sur leur requête les aider. La Légion considère qu'elle est le parti unique et ne veut voir subsister aucun parti. Elle n'est en fait qu'une minorité dans la Nation. Elle a peine à recruter les jeunes. Elle ne représente pas, actuellement, la totalité de la partie nationale de la population[90].

---

* AN 2AG 618. La Légion rendait bien à Darlan la méfiance qu'il lui témoignait, comme on peut s'en rendre compte en feuilletant la presse légionnaire de l'été 1941. Voir par exemple l'article que consacrait *L'Espoir français*, n° 353-354, au premier anniversaire de la Légion, AN F60 1431.

** AN F60 514. Un correspondant anonyme s'adressant à « M. le Maréchal Pétain, nommé Maréchal par la Troisième République » était plus explicite sur la faible qualité du recrutement des cadres légionnaires en écrivant « qu'il y a beaucoup de maquereaux dans vos SOL » (service d'ordre légionnaire, embryon de la Milice), 31 mars 1942, AN 2AG 501.

Ces conclusions sans appel incitèrent le vice-président du Conseil à ne pas laisser la Légion s'instaurer en État dans l'État. À partir du début de 1942, on assista à une nouvelle reprise en main du mouvement par le pouvoir. Si, formellement, les préfets furent toujours invités à accueillir avec sympathie les propositions émanant des cadres légionnaires*, Pucheu surveilla attentivement leurs initiatives, sans hésiter à les critiquer publiquement, voire à les briser dès qu'elles lui semblaient entrer en conflit avec les compétences de l'État**. Dénonçant un mois plus tard « une éducation politique insuffisante » au sein de la Légion, il inversa la nature de la relation entre État et Légion, puisque c'était désormais au représentant de l'État de faire l'éducation politique du mouvement, en portant son intérêt sur une novation qui apparaissait riche de promesses, le SOL, Service d'ordre légionnaire***:

> Le rôle du préfet est de tenir un contact étroit avec la Légion, d'avoir avec elle des rapports parfaitement courtois et d'aider cette organisation à acquérir la maturité politique qui lui manque encore actuellement. Le ministre de l'Intérieur demande aux préfets d'aider à la constitution du service d'ordre légionnaire, qui pourra en cas de circonstances difficiles être fort utile[91].

Le succès de cette lutte menée au nom de l'ordre administratif et de l'homogénéité de l'État, parallèle à celle conduite par la fonction publique professionnelle face aux administrations nouvelles, montre la force des réflexes de cohésion que le corporatisme administratif pouvait opposer à la Révolution nationale. Soudant la masse de la fonction publique contre les menaces d'entrisme, ces réactions contribuèrent à alimenter, dans la relation entre les fonctionnaires et le gouvernement, un sentiment qui n'était pas encore de rejet mais plutôt de soupçon, et ce d'autant plus que l'administration n'avait pas obtenu du régime autoritaire tout ce qu'elle pensait pouvoir en attendre.

UNE ADMINISTRATION TOUTE-PUISSANTE ?

La Constitution républicaine abolie et les assemblées parlementaires placées en congé illimité, il apparaissait, ayant pour seules bornes les règles autoritaires posées par les actes constitutionnels, un espace vaste et flou au sein duquel l'État devait continuer à fonctionner, partie sur sa lancée et partie sur la base des inspirations nouvelles dont la moindre n'était pas l'antiparlementarisme. L'administration put ainsi se croire enfin débarrassée d'un obstacle

---

* Ainsi, en janvier 1942, le préfet de la Drôme profita de la cérémonie de prestation de serment qu'il imposa à tous ses chefs de service pour avoir avec eux un échange de vues « très intéressant » sur le moyen de collaborer plus efficacement avec la Légion, par exemple par l'organisation de réunions conjointes, AN 2AG 503.

** Il s'opposa avec vigueur, devant les préfets régionaux réunis en février 1942 à Vichy, à l'idée, émise dans plusieurs départements, de créer des cellules légionnaires au sein des préfectures, AN F60 479.

*** Sur le SOL et la Milice, voir *infra*, pp. 530 *sq.*

majeur dans la gestion de l'intérêt général, dont elle estimait avoir le monopole, d'autant que le Conseil national, ersatz de représentation nationale inventé par Flandin, était trop faible pour faire contrepoids. Bureaucratisation et étatisation en découlèrent, se traduisant notamment par la multiplication du nombre de fonctionnaires. Ce symptôme inquiéta conservateurs et libéraux, qui attendaient autre chose de l'État nouveau, quelques-uns d'entre eux y voyant même la patte d'un complot international, la synarchie.

Enfin seule

Certains avaient pu rêver, avant guerre, d'un parlementarisme rationalisé par la mise en place de garde-fous destinés à limiter les pouvoirs des assemblées. Vichy alla beaucoup plus loin, en rationalisant par le vide. Pourtant, les responsables les plus lucides reconnurent – au moins rétrospectivement – l'intérêt qui s'attachait à disposer d'une instance capable de servir à la fois de relais d'opinion et de contrepoids au pouvoir des bureaux. Bouthillier, regrettant peut-être l'énergie qu'il avait déployée pour obtenir la suppression des conseils généraux *, écrivit avoir envisagé de confier au Conseil national la fonction d'approuver le budget [92], tandis que ses services laissaient parfois percer une forme de regret devant la disparition des commissions des finances des Chambres, qui étaient capables, surtout celle du Sénat avec un Caillaux à sa tête, de s'opposer fermement aux projets dépensiers des administrations.

Le Conseil national dont Flandin, dans une stratégie de recherche de l'union nationale, parvint à arracher l'existence à Pétain [93] ne joua pas ce rôle, étant seulement « appelé à donner son avis sur les matières que le chef de l'État présente à son examen [94] ». Les dispositions relatives à son fonctionnement lui ôtaient d'ailleurs toute indépendance : l'assemblée nouvelle n'était maîtresse ni de son règlement, édicté par décret, ni de la durée de ses sessions, qui n'étaient pas publiques et dont les procès-verbaux n'étaient publiés que lorsque le chef de l'État le jugeait bon. Chargée seulement « [d']éclairer [le chef de l'État], en des domaines délicats où la responsabilité du chef s'est exercée jusqu'ici sans partage [95] », l'institution fut mal accueillie. Pierre Limagne vit dans ses membres « ce que l'ancienne droite avait de moins reluisant et quelques transfuges de la gauche [96] », tandis que Pierre Nicolle estima « désastreux » l'effet produit par la liste des conseillers nationaux, ajoutant « qu'on ne pouvait mieux faire pour diminuer le prestige du Maréchal [97] ». Ces réactions renforcèrent Pétain, déjà irrité par le grand nombre de parlementaires nommés dans la nouvelle assemblée, dans son intention de ne lui laisser qu'une marge de manœuvre symbolique. Il s'opposa à la réunion du Conseil national à Lyon, « capitale de l'esprit public en zone libre ** », et lui

* À en croire du Moulin de Labarthète, qui voyait là la « faute majeure » du régime en matière de politique intérieure, *op. cit.*, p. 273.

** Du Moulin de Labarthète, *op. cit.*, p. 270, rapporte la réaction de Pétain face à cette suggestion : « Vous ne songez qu'à reconstituer dans mon dos la Chambre d'autrefois.

interdit toute séance plénière. Après avoir vu sa marge de manœuvre encore restreinte par des textes du 22 mars 1941[98], c'est un Conseil national totalement neutralisé qui put entamer ses travaux. Il le fit lors des réunions que tinrent ses sept commissions, entre mai 1941 et avril 1942, réunions dont il sortit beaucoup de rapports et peu d'éléments concrets. Sans doute le Conseil pouvait-il discuter, dans des formes soigneusement contrôlées, des sujets que le gouvernement avait accepté d'inscrire à son ordre du jour, mais les limites de l'intervention de l'assemblée consultative vichyssoise et de l'intérêt qu'y portait le pouvoir apparurent vite.

On en prendra pour exemple la lettre, au ton plus que vif, adressée en février 1942 par Lehideux, secrétaire d'État à la Production industrielle, à la vice-présidence du Conseil qui lui rappelait l'obligation qu'avait son administration de donner des suites effectives aux recommandations émises par l'une des commissions du Conseil. À cette suggestion le ministre répondit en faisant part de sa « plus vive surprise », posant clairement le cadre à l'intérieur duquel il entendait inscrire les initiatives du Conseil national : « Il a vraisemblablement échappé à vos services que le texte de ces recommandations avait été établi en accord avec moi-même. [...] J'apprécie tout le profit qui peut être tiré par le gouvernement des avis éclairés de personnalités indépendantes réunies à l'intérieur de telles assemblées. L'intention de pareilles organisations, qui demeurent des organismes indispensables, ne saurait toutefois être provoquée qu'à bon escient, au moment où la collaboration desdites organisations peut s'exercer le plus utilement parallèlement à l'action des administrations responsables[99]. » Assez rudement, Lehideux fit donc savoir que la tenue prochaine d'une nouvelle session de cette commission lui paraissait « prématurée, sinon inopportune ». Le Conseil national n'était donc toléré que dans la mesure où ses réflexions n'étaient en rien susceptibles de contrarier les projets de l'administration. Il existe ainsi un Vichy virtuel – celui par exemple de la Constitution future, des provinces futures, de l'organisation sociale future – qu'il n'est pas sans intérêt d'étudier, en tant que révélateur des conflits d'idéologie dont il fut le lieu. Encore faut-il ne pas le confondre avec le Vichy réel, les intentions ne remplaçant pas les réalisations.

L'étatisation en marche

La droite conservatrice et libérale, largement représentée dans le Conseil national, put s'y faire l'écho des inquiétudes que lui inspirait l'accentuation de l'emprise étatique. Il est vrai que les bureaux profitèrent de l'effacement du Parlement pour faire avaliser des textes déjà prêts, qu'il eût été coûteux en temps et en énergie, et peut-être hasardeux, de soumettre à la procédure

---

Je n'en veux à aucun prix ! Pas de traitement. Pas de séance inaugurale. De petites commissions de quinze à vingt membres, se réunissant successivement à Vichy, pour une période de sept ou huit jours, et convoquées pour un objet déterminé : les Provinces, la Constitution, la Famille. Sinon, j'abroge la loi. » Et du Moulin ajoute : « C'était, non seulement, rafraîchir le zèle des nouveaux venus, mais enterrer, pratiquement, l'institution. »

parlementaire antérieure. La facilité avec laquelle se faisait désormais la loi* contribua à accroître une tendance à légiférer rendue déjà nécessaire par le projet de redressement national dont le régime était porteur. Un autre facteur joua dans le même sens : étudiant les politiques financières menées de 1932 à 1952, Michel Margairaz a montré comment certaines réformes prêtes depuis le milieu des années trente n'étaient entrées en application que sous Vichy. Les hauts fonctionnaires qui, dans leur ensemble, étaient restés aux affaires après l'armistice montrèrent à l'égard des responsables politiques d'alors une confiance qu'ils avaient mesurée plus chichement aux ministres issus des majorités de Front populaire. Le remplacement d'un personnel ministériel élu par des hommes issus des rangs de l'administration fut en effet de nature à faciliter le processus d'accélération des réformes, à preuve ce que déclarait Bouthillier lui-même, en 1941, à Achille Dauphin-Meunier : « J'ai toujours été dirigiste. Seulement, je n'affirmais pas mon opinion sous le régime précédent. [...] Je considérais que faire de l'économie dirigée, c'était donner de grandes possibilités à des gouvernements qui en auraient mésusé. Je ne voulais pas consolider ce régime [100]. »

« L'Assemblée nationale ayant délégué au Maréchal, pour une durée indéterminée, la souveraineté du Pouvoir, le gouvernement peut légitimement réglementer, arrêter, décréter, donner force de loi à ses décisions, sans autre contrôle que celui que les hommes peuvent exercer sur leurs propres actes. Pourrait-il en être autrement ? » se demanda après coup Jean Berthelot [101], en évoquant la difficulté pour des responsables « entraînés dans l'engrenage du dirigisme [de] doser exactement l'indispensable et éviter l'excessif ». Il est certain qu'au vingtième siècle conduire la guerre, ou simplement gérer un pays en économie de guerre, génère le dirigisme, comme l'avait déjà montré l'expérience de la Première Guerre mondiale. Vouloir, dans le même contexte, reconstruire l'État sur des bases autoritaires, en se passant donc d'assemblées élues, ne pouvait qu'accroître cette tendance, quels que fussent les *a priori* idéologiques ou les proclamations officielles. C'est essentiellement en matière de politique économique et industrielle, que nous n'étudions pas ici, que se manifesta le plus nettement la tendance au dirigisme, avec son cortège de textes officiels**. Mais le régime,

* Même si le seul détenteur, désormais, du pouvoir législatif éprouvait quelques difficultés devant les subtilités juridiques qui faisaient de tel texte présenté à sa signature une loi et de tel autre un décret. Du Moulin de Labarthète décrit, dans ses Souvenirs, la part de pédagogie que comportait sa fonction de directeur de cabinet, et relate non sans humour l'impromptu de droit public qu'il était fréquemment appelé à jouer auprès du chef de l'État lors de la cérémonie quotidienne de la signature, *op. cit.*, p. 118. La question pourrait ne paraître qu'anecdotique si le respect des formes n'avait conduit, comme on l'a vu, l'ensemble de l'appareil administratif et judiciaire français, Conseil d'État en tête, à traiter la loi de l'État nouveau, certes délibérée en Conseil des ministres mais à part cela pur produit du travail administratif, comme la loi républicaine adoptée par les assemblées parlementaires après débats.

** « Plusieurs centaines de décrets et d'arrêtés », dont la mise en œuvre était gérée par « des oligarchies qui disposaient en fait des pleins pouvoirs économiques », écrit Berthelot, *op. cit.*, p. 243.

dans la foulée des décrets-lois de l'avant-guerre, innova en ceci qu'il s'intéressa à tout. Il le faisait certes pour des raisons politiques – en menant à terme l'étatisation de la police ou celle du personnel des préfectures – mais aussi par une sorte d'obsession normative, révélatrice de son « projet fondamental d'inscription de la société dans une norme * ».

Le souci de répondre à des problèmes inédits conduisit les bureaux à multiplier les textes, alors même que les préfets ne cessaient de souligner le décalage qui s'était instauré entre la multiplication des normes et leur capacité d'absorption par les populations, et en premier lieu par les maires. L'écrivain Jean des Vallières, dont le régime allait faire un sous-préfet, annonçait ainsi « une crise de fatigue et de découragement des magistrats municipaux devant la lenteur extrême de la machine administrative et l'incompréhension de l'administration qui les abreuve de notes, circulaires, demandes de rapports et de statistiques. La machine administrative est restée la même. Tout est étouffé dans les réseaux d'une administration qui n'a rien changé à ses méthodes et pour laquelle tout se traduit par des papiers nouveaux [102] ». Les polémistes s'en donnaient également à cœur joie, les moins ardents n'étant pas ceux de la presse collaborationniste parisienne ; célèbre pour sa férocité, le pamphlet de Lucien Rebatet, *Les Décombres*, évoquait en ces termes l'une des grandes préoccupations de l'administration vichyssoise, le ramassage des fruits sauvages ** :

> L'*Officiel*, pompeusement, venait de publier un décret méticuleux sur le ramassage des marrons d'Inde, dont on devait extraire je ne sais combien de tonnes de savon. Les jours suivants, dans tout Vichy, les talons vous tournaient à chaque pas sur une jonchée des précieux marrons. Je ne crois pas qu'on en ait ramassé la valeur d'un seau d'enfant. J'y voyais le symbole d'une gabegie administrative auprès de laquelle les drôles du Front populaire étaient des Lycurgues. Les hommes nouveaux, dans leur ignorance brouillonne, en arrivaient à nous faire regretter cette espèce d'ossature bureaucratique qui subsistait malgré tout auparavant, parmi les pires remous de la démocratie. Il n'était pour ainsi dire pas de texte légal dans lequel les linottes ministérielles n'eussent commis les plus extravagants oublis, qui ne réclamât une série interminable de codicilles ou de retouches. Nous avions vu ainsi s'élever en quelques semaines une broussaille de lois aussitôt inextricable et qui n'en était cependant qu'à ses premières touffes ***.

* Alain-Gérard Slama, « Vichy était-il fasciste ? », *Vingtième siècle, revue d'histoire*, n° 11, juillet-septembre 1986, pp. 41-53. L'auteur cite le statut de la noix, publié le 17 octobre 1941 au *Journal officiel*, comme exemple caricatural de cette volonté normative, *ibid.*, p. 109.

** Le secrétaire général de l'instruction publique, Terracher, ne manquait pas d'adresser chaque année aux chefs d'établissement plusieurs circulaires sur la question, en appelant leur attention sur cette obligation civique de la jeunesse des écoles.

*** *Les Décombres*, Denoël, 1942, p. 533. La « gabegie » évoquée n'était pas une exagération de l'auteur, comme en témoigne une note du cabinet civil datant de la fin de 1942 : « À l'automne 1940, sur la demande du Ravitaillement, le ministère de l'Éducation nationale a fait ramasser tous les fruits sauvages par les enfants des écoles primaires ; instituteurs et élèves s'y donnèrent avec un grand élan, mais malheureusement les fruits restèrent à pourrir sur place et en 1941 il fut impossible d'obtenir le même effort de la part des maîtres

Malgré les rappels à l'ordre de la vice-présidence du Conseil et du Conseil d'État, les dysfonctionnements administratifs se multipliaient, dont la traduction la plus nette résidait dans la multiplication de rectificatifs publiés au *Journal officiel**. Le niveau de désorganisation alla s'amplifiant, à tel point qu'en décembre 1942 le secrétaire général de l'instruction publique, Terracher, résumait l'impression de désordre ambiant en stipulant que, « à l'avenir, il y aura lieu d'appliquer les textes publiés au *Journal officiel* sans autre formalité si, dans un délai de quinze jours après cette publication, aucune circulaire ou instruction particulière n'a été notifiée, soit en vue d'assurer leur exécution, soit d'y surseoir [103] ». À la décharge des fonctionnaires toutefois, on rappellera à quel point les circonstances matérielles rendaient difficile l'exercice de la chose administrative. Les services eurent à s'adapter à la pénurie, devant se soumettre aux restrictions de chauffage ou de courant électrique, mais aussi de papier, dont ils étaient grands consommateurs. En août 1942, la nécessité d'économiser le papier fut à nouveau rappelée aux administrations, incitées à éviter toute impression non indispensable [104]. Transmettant ces instructions, le secrétaire général de l'instruction publique indiquait que la production de papier n'avait été, en 1941 et en 1942, respectivement que de 50 % et de 34 % de celle de l'avant-guerre, et que « les perspectives immédiates [étaient] encore plus sombres ». Il réclamait, « à tous les échelons de l'administration, discipline personnelle et initiative intelligente pour assurer le fonctionnement des services publics », suggérant la réduction des formats et des interlignes, la diminution du tirage des circulaires, l'utilisation systématique du recto-verso [105]. Le secrétariat général de la vice-présidence du Conseil s'en était préoccupé depuis plusieurs mois, rappelant le 19 janvier 1942 qu'il convenait de raccourcir sensiblement les textes destinés à être publiés au *Journal officiel*. Les contraintes matérielles jouèrent ici dans le sens d'un allégement des

---

comme des élèves de l'enseignement primaire. Cette année, sur une nouvelle intervention pressante du ravitaillement qui présentait le ramassage des fruits sauvages comme essentiel à l'alimentation du pays, une nouvelle campagne fut faite entre 1er et le 15 novembre, où instituteurs et élèves ont à nouveau accompli un effort considérable avec la meilleure volonté. Cependant nous voici aux premiers jours de décembre et des milliers de tonnes de fruits sauvages ramassés restent là », 5 décembre 1942, AN 2AG 584.

* Le vice-président du Conseil d'État en donna, à la fin de 1943, une explication : « Chacun [se croit] apte, quelle que soit sa formation et sa culture, mieux encore s'il est très jeune, à mettre debout, seul et dans le moindre délai, un texte législatif ou réglementaire et que ce n'est pas après tout plus malaisé que de rédiger une circulaire ou une lettre quelconque. Le résultat, le *Journal officiel* nous en est témoin chaque jour : monuments informes, obscurs, incomplets, triomphe de l'erratum et du rectificatif. C'est qu'une telle conception est fausse dans sa racine, c'est que, à la différence d'autres œuvres d'art, dont le premier mérite est l'originalité et qui ne s'accommodent qu'exceptionnellement d'une collaboration, une loi ou un règlement, jusque dans la forme où la propriété des termes a tant de prix, ne peut être que l'aboutissement de délibérations mûries, que, si l'on délibère à la rigueur avec soi-même, on délibère beaucoup mieux à plusieurs, et qu'un seul homme, si éminent soit-il, ne vaut jamais à cet égard une réunion de quelques hommes bien choisis, fussent-ils individuellement moins remarquables que lui », allocution d'accueil du garde des Sceaux, 21 octobre 1943, cité par J. Marcou, *op. cit.*, p. 465.

formalités qui, même s'il fut long à se mettre en place *, contribua également, pour une fois, à affaiblir le pouvoir de contrôle du ministère des Finances sur les autres départements **.

Malgré cela, les pouvoirs des bureaucraties, que ne venait tempérer aucun véritable contrôle, se renforcèrent. Pierre Nicolle, porte-parole officieux du petit patronat, n'était pas le dernier à s'en émouvoir, comme en témoignait son Journal à la mi-novembre 1941 : « Longue discussion avec des membres influents de la Légion au sujet du danger de la mainmise de l'administration sur toutes les activités du pays. Les fonctionnaires, en accord avec certains ministres, ne veulent pas se contenter d'exercer un contrôle, mais entendent s'emparer de la gestion, et cela dans tous les domaines. C'est le mal dont va souffrir tout le pays si des ordres précis et impératifs ne viennent pas modifier rapidement cet état de choses [106]. » Alors que le pouvoir s'était initialement donné comme objectif d'alléger sensiblement l'État, il fut conduit à accepter, voire à encourager, la multiplication du nombre de fonctionnaires, « pente fatale de toute administration abandonnée à elle-même » selon Bouthillier [107].

Toujours plus de fonctionnaires

Sensible à la conception maurrassienne d'un État minimal, le Vichy des premiers temps avait voulu procéder de manière autoritaire à la diminution du nombre des fonctionnaires. Sans doute reçut-il donc favorablement cette demande de « geste formant déclaration de principe » adressée dès août 1940 au cabinet du chef de l'État :

> Qu'attend-on pour faire dans les administrations publiques l'abattement de personnel qui s'impose ? C'est la prolifération des fonctionnaires civils et militaires qui nous a en partie conduits à la défaite. Qu'on les épure et qu'on supprime avant tout les organes qui empêchent l'industrie et le commerce privés de travailler. Il faudrait [...] un décret du chef de l'État réduisant de 30 %, au 1er septembre, le chiffre des fonctionnaires en France, les mises à la retraite s'échelonnant sur toute la gamme des fonctionnaires. Ceci permettrait le règlement sans statut spécial de l'épuration de l'Instruction publique et des autres départements contaminés, et la décongestion des ministères de la Guerre et de l'Air [108].

Cette tentation de faire d'une pierre deux coups n'avait certes pas échappé aux nouvelles équipes, alors désireuses à la fois d'alléger le budget de l'État et, objectif contradictoire avec le précédent, de reclasser dans la fonction publique civile les militaires que le niveau réduit de l'armée d'armistice laissait

---

* Le secrétariat général du chef du gouvernement dut en effet rappeler le 7 juin 1943 les prescriptions posées par son prédécesseur en janvier 1942, AN F60 109.

** Traçant, en 1952, un bilan de la gestion des marchés de fourniture de l'administration, la rue de Rivoli rappelait la solution de continuité apportée par les mesures de contingentement dues à l'Occupation dans le mouvement de rationalisation continue qui s'était fait jour en la matière depuis 1925, « Note d'information sur les problèmes de matériel au ministère des Finances », 16 novembre 1952, SAEF B 48375.

sans emploi. Pourtant, à la diminution de 10 % des effectifs demandées à chaque ministère, un homme comme Alibert, peu suspect *a priori* de sympathie pour le fonctionnarisme, répondit qu'« un tel procédé, déjà essayé sans succès dans le passé, était incompatible avec la bonne marche du service [109] », et qu'en outre son administration, déjà insuffisante en nombre pour faire face à toutes ses tâches, n'était pas la mieux placée pour accueillir des officiers qui ne paraissaient avoir aucune compétence particulière pour des fonctions exigeant la licence en droit, et auxquelles on accédait par concours. Le projet de réduction autoritaire des effectifs en resta donc là, et l'on aboutit au contraire, comme on l'a vu, à la création de centaines d'emplois au profit des organismes nouveaux. Les milieux conservateurs et libéraux s'émurent de cette hypertrophie de l'appareil administratif, qu'ils critiquaient déjà avant guerre. À l'automne 1941, un éditorial du *Temps* estima inévitable que, « dans la période de crise que nous traversons, où meurt un ordre ancien et où naît un ordre nouveau, une foule de services [aient] dû être créés ». Mais le journal, quoique ferme soutien du régime, laissait percer ses inquiétudes en rappelant que « la réglementation appelle la réglementation, et [que] le contrôle est une contagion irrésistible ». Il appelait en conséquence le pouvoir à faire preuve de résolution, voire de brutalité, pour lutter contre « l'esprit bureaucratique [qui] considère l'administration comme un empire dans un empire, comme un organisme qui se développe et prolifère par génération spontanée et dont la raison d'être est moins dans les administrés qu'en soi-même * ».

C'est au même type d'images que recourut la presse collaborationniste pour opposer la bureaucratisation du régime aux ambitions initiales de la Révolution nationale. Si, curieusement, Dorgères comparait le nombre de fonctionnaires au « sel qu'on met dans la soupe ** », Marcel Déat consacrait dans *L'Œuvre* à cette question un éditorial (au titre significatif de « Régime cancéreux ») écrit, comme à son habitude, au vitriol. Estimant à 100 000 le nombre d'agents nouveaux, il dénonçait « cette effroyable tendance à l'étatisation, [qui] aboutit à neutraliser les forces vives du pays, à scléroser les artères par où le sang devrait couler, à stériliser tout ce qui est espérance de fécondité » :

> Il y a quelque chose de tragique dans ce spectacle que nous donne un État prétentieux et cependant impuissant, qui appelle à lui des collaborateurs de plus en plus nombreux, mais les prélève catastrophiquement sur les réserves précieuses de la vraie production. [...] Pour les mêmes raisons qui nous ont fait perdre la guerre, nous nous acheminons d'un pas tranquille et résigné vers la perte de la paix. [...] Nous assistons à la ruée vers les places, au partage des prébendes, au nantissement d'une nouvelle clientèle aux dents longues. C'est

---

* « Le problème des fonctionnaires », 23 octobre 1941. Cet éditorial faisait suite à un communiqué du 15 octobre par lequel le ministère des Finances reconnaissait la création, depuis l'armistice, de 5 000 emplois publics nouveaux, communiqué repris par l'agence AFIP le 17 octobre 1941, AN 72AJ 1825.

** « Pas assez salée, elle est fade ; trop, elle est immangeable », *Le Jour-Écho de Paris,* fin août 1941, cité dans la revue de presse de l'AFIP, 1er septembre 1941, AN 72AJ 1825.

> tout le contraire d'une révolution, c'est l'installation résolue d'individus sans ressort ni vitalité en des emplois sans productivité. N'oublions pas, de grâce, que l'immense appareil d'État ne produit rien en effet que des règlements et de la paperasse, et qu'il prélève sur le paysan et l'ouvrier la substance nutritive dont il a besoin pour subsister [110].

Le pouvoir était conscient du problème, et c'est un du Moulin de Labarthète amer qui constatait, avec le recul de quelques années, que Vichy s'était laissé phagocyter par son administration. Pour l'ancien directeur du cabinet du maréchal Pétain, le régime comportait « trop de fonctionnaires, auxquels le Parlement jadis faisait contrepoids, et qui, n'ayant plus à craindre ni les interpellations, ni les questions écrites, ni les visites dans les couloirs des ministères, se détendaient à cœur joie dans cette boîte de carton, ce labyrinthe privé d'air, que l'on appelle l'administration. Trop de fonctionnaires qui multipliaient les lois, ébauchaient des sanctions, noyaient le pays dans un déluge réglementaire [111] ». Les chiffres lui donnent raison. Le nombre de fonctionnaires, qui était en 1939 de 600 000 en emplois budgétaires et 750 000 en personnes physiques, augmenta de 26 % entre 1941 et 1946 : jamais, depuis le début du siècle, la progression n'avait été aussi rapide [112].

Quels synarques ?

Ces chiffres traduisaient l'apparition de champs d'intervention étatique jusque-là inédits, dans lesquels s'était investie une génération nouvelle de hauts fonctionnaires. Souvent issus du service public, mais ayant transité par l'entreprise privée industrielle ou financière, ces hommes arrivés au pouvoir avec Darlan firent à ce point primer l'efficacité sur le sens politique que la première conséquence, durable, de leur action, fut de dresser tout ce que Vichy comptait de conservateur, de réactionnaire et de passéiste contre la « synarchie » qu'ils étaient censés constituer. Un mystérieux « Mouvement synarchique d'Empire », force occulte tant par ses origines que par ses ramifications internationale, se serait ainsi infiltré dans les rouages de l'État pour y défendre ses propres intérêts, en l'espèce confondus avec ceux de la banque Worms dont provenaient effectivement nombre des membres de l'équipe entourant Darlan. Étaient suspectés d'être affiliés à ce « pacte synarchique » des hommes aussi bien en cour que Benoist-Méchin, Lehideux, Marion et Pucheu, l'ensemble étant piloté par deux hommes, effectivement associés-gérants de la banque Worms, Jacques Barnaud à l'intérieur de l'État, Gabriel Le Roy Ladurie à ses lisières. On ne détaillera pas les rebondissements de l'affaire, dont le *Journal* de Pierre Nicolle distilla les progrès pendant l'été 1941 – le nom de la banque Worms y figurait à presque toutes les pages – en un feuilleton digne d'Alexandre Dumas, où ne manquaient ni la conspiration internationale * ni la vanité des efforts des forces du bien, qui n'avaient pu

* Jusqu'à l'Allemagne nazie, où la synarchie était censée être placée sous la haute protection de Goering !

éviter la disgrâce des hommes intègres, tels Jacques Chevalier, qui avait alerté le Maréchal sur la gravité du complot, et Henry Chavin, secrétaire général à la police, dont les conjurés auraient obtenu le départ à la suite du rapport qu'il avait rédigé pour dénoncer leurs agissements. Ce document[113], véritable fourre-tout idéologico-politique, mettait en avant, mais en l'amplifiant considérablement, la réelle influence de Coutrot sur la rénovation de la pensée technicienne et dénonçait pêle-mêle parmi les affiliés à la synarchie Bouthillier et Lamirand, du Moulin de Labarthète et Gillouin, Jacques Brunet, directeur du trésor, et François Piétri, ancien ministre devenu ambassadeur en Espagne. Un grand nombre de personnes citées étant issues de l'École polytechnique ou de l'inspection des Finances, quand ce n'est des deux à la fois, le rédacteur du texte en concluait à l'association évidente des milieux techniciens à la conspiration.

Si les historiens contemporains ont clairement analysé, étape par étape, la mise en place du mythe[114], un témoin qu'on peut difficilement suspecter de sympathie à l'égard de ceux qu'il regroupait sous le terme péjoratif de l'« équipe », du Moulin de Labarthète, avait mis en doute la réalité du complot*. Le chapitre qu'il consacre, dans ses Souvenirs, à cette affaire analyse finement tant les motivations qui animaient les « synarques » virtuels que les conditions de leur arrivée aux affaires et de leur exercice du pouvoir, qui contribuèrent à créer le mythe :

> [Peut-on] penser que de hauts fonctionnaires, appuyés sur des industriels ou des financiers de marque, aient ourdi, volontairement, un complot, afin de disposer de l'autorité administrative, des secteurs de l'économie, des leviers politiques du nouvel État, et qu'ils l'aient ourdi en liaison directe avec des complots du même ordre, sous le couvert d'un certain capitalisme international, dans le dessein d'assurer l'instauration d'une sorte de « fascisme mondial » ? [...] J'ai quelque peine à [le croire]. [...] À vrai dire, l'administration française a fait comme la France entière, elle a suivi. [...]
>
> Sans doute rencontrait-on beaucoup de fonctionnaires à Vichy. Mais cette concentration avait un caractère de circonstance. Il fallait bien que les hauts fonctionnaires se retrouvassent auprès de leurs ministres ; il fallait bien que certains chefs de service, demeurés à Paris, à la tête de leurs échelons légers, accomplissent de temps à autre la navette Paris-Vichy. Ils ne pouvaient, les uns et les autres, que descendre dans les mêmes hôtels, se partager les mêmes chambres, prendre place aux mêmes tables. [...]
>
> Admettons qu'en dehors même de cette concentration géographique, une solidarité plus étroite ait pu s'affirmer entre ces hauts fonctionnaires. Cette solidarité ne s'expliquait-elle pas, suffisamment, par la dureté de l'épreuve, par le souci de rétablir des liaisons compromises, par l'espoir de remédier, dans le cadre d'une organisation forte et cohérente de l'État, aux syncopes d'un pouvoir que l'on devinait faible, que l'on sentait improvisé ? Je n'ai jamais respiré l'odeur de la « synarchie » dans les premières semaines de Vichy, à moins que

---

* Jean Berthelot aussi, qui dans ses Souvenirs, évoquait « une affaire "hénaurme" montée par la police [qui], autour d'un témoignage minuscule, bâtit, comme jadis Cuvier inventait ses monstres paléontologiques à partir d'une dent fossile, un roman aux épisodes rocambolesques », *op. cit.*, p. 217.

la synarchie ne s'y appelât tout simplement l'armée. Je n'y ai vu que des hommes sérieux, solides, positifs, soucieux d'assurer au plus tôt le redressement de la France[115].

Sauf aux yeux des tenants inconditionnels de la thèse du complot, qui jugeront normal que du Moulin de Labarthète, synarque, ait entrepris de masquer la réalité de la synarchie, ces éléments mettent en lumière un faisceau de comportements et de motivations dont la conjonction, aidée par une rigoureuse censure de l'information, fit germer l'idée de conspiration. Non exempte de volontés autojustificatrices, l'analyse du directeur du cabinet civil présente l'intérêt de permettre de trier, au sein de la nébuleuse constituée par la haute administration vichyssoise, entre ceux qui se voulaient porteurs d'un projet global et ceux dont la première priorité était la modernisation – politique, économique, technique ou administrative – du pays. Il y avait assurément parmi ces derniers des inspecteurs des Finances et des polytechniciens, issus notamment des cercles de réflexion de l'avant-guerre où ils avaient pu confronter et conforter leurs projets de refonte d'un appareil d'État jugé unanimement dépassé. Mais tous n'étaient pas présents à Vichy et, parmi ceux qui y exerçaient leur influence, tous n'étaient pas suspects de proximité politique ou idéologique avec l'« équipe », tels Bouthillier ou du Moulin de Labarthète. Ce dernier pouvait donc légitimement se demander si « [une] communauté de langage n'a[vait] pas été prise pour l'indice d'une solidarité concrète[116] ».

Il est vrai en revanche que des hommes qui avaient milité ensemble avant-guerre au PPF, et parfois travaillé ensemble dans des entreprises effectivement liées à la banque Worms, furent hissés au pouvoir par Darlan. L'historiographie a souligné la cohérence de leur projet[117], corroborée par les propos des acteurs : les Mémoires de Jacques Benoist-Méchin[118] explicitent cette volonté de tenter, dans une France où l'opinion publique se trouvait atone, cette « révolution par le haut » visant à faire évoluer le pays, en politique intérieure comme en matière de fonctionnement économique, vers le modèle totalitaire afin de l'ancrer pleinement au bloc européen. Pucheu, passé en juillet 1941 du ministère de la Production industrielle à l'Intérieur, représente l'exemple le plus abouti et le plus visible de cette démarche. Aussi n'y a-t-il rien d'étonnant à voir du Moulin de Labarthète régler dans ses Mémoires des comptes *post mortem* avec celui qu'il considérait comme l'un des mauvais génies qui avaient entraîné le Maréchal sur la voie dangereuse des compromissions collaborationnistes. La conclusion, mi-acerbe mi-lyrique, de son chapitre « Synarchie » s'appliquait parfaitement à Pucheu, au demeurant explicitement cité par l'ancien directeur de cabinet de Pétain qui stigmatisait « la présence au pouvoir de hauts fonctionnaires techniques, défi à certains équilibres psychologiques, [...] négation même de toute construction politique. C'est que, poursuivait du Moulin, l'apprentissage politique se fait sur d'autres chantiers que les chantiers d'usine. C'est que l'esprit de finesse s'oblitère, bien souvent, dans un alliage trop étroit avec l'esprit de géométrie. [...] C'est que l'expérience politique ne s'apprend pas sur les sièges des conseils d'administration, mais qu'elle exige de fortes racines dans le pays, le feu de la rampe, les morsures de la critique et ce souffle vivifiant du large, dont les oligarchies et les synarchies, nées dans la lumière pâle d'une chapelle ou d'un building, ne sauront jamais gonfler leurs voiles[119] ».

Il est vrai que la vision de l'État développée par Pucheu était plus proche des principes étatiques chers aux tenants de la « troisième voie » que du gouvernement des hommes tel que l'entendait l'entourage conservateur du chef de l'État. C'est l'administration, estimait-il, qui devait assurer la fonction descendante de transmission des décisions du pouvoir et la fonction ascendante de prise en compte des réactions de l'opinion *. Répondant à la fin d'octobre 1941 aux questions d'un Philippe Henriot sous le charme **, Pucheu précisa l'ampleur de ses ambitions : « Mon grand souci est de donner à tous les Français le sentiment que l'unité nationale n'est pas rompue, même si les exigences de notre situation ont temporairement fragmenté le territoire. [...] Je travaille à assurer l'embrayage de tout le peuple sur le gouvernement qui le conduit, à travers des tâtonnements et des hésitations, vers l'État nouveau. Mon premier rôle de ministre de l'Intérieur, poursuivait-il, est de reprendre en main, par les administrations qui dépendent de moi, à savoir les préfectures et la police, le pays entier. » Son passage au ministère de l'Intérieur, entre juillet 1941 et avril 1942, illustra effectivement cette ferme volonté de reprise en main de la société par le pouvoir, volonté dont le corps préfectoral se montra l'auxiliaire discipliné.

* Il s'en expliqua dans un entretien accordé, quelques jours après son arrivée au ministère de l'Intérieur, aux très collaborationnistes *Nouveaux Temps* : « Il faut instaurer une politique nouvelle, qui ne se dégagera qu'avec le temps. On ne refait pas un pays après une défaite semblable en un an ou quinze mois. La mission du gouvernement du Maréchal est d'autant plus impérieuse que les relais politiques de l'ancien régime ont perdu leur valeur et que les nouvelles institutions n'ont pas encore été créées. Pendant cette période, ce sont les administrations qui devront constituer ces relais entre le public et les organismes centraux. M. Pucheu arrive donc à cette conclusion qu'en partant du postulat de confiance en faveur du Maréchal, l'opinion française doit se soumettre aux décisions prises par celui qui est responsable de nos destinées. Donc, si nous nous pénétrons de l'idée que lui seul possède la connaissance des faits, nous devons accepter avec confiance la pensée que, quelles que soient ses décisions, même celles qui nous étonnent, elles sont dictées uniquement par des considérations d'intérêt national. D'où, d'après M. Pucheu, au chef la responsabilité et au peuple la confiance, ce qui répond à la notion hiérarchique qu'a préconisée le Maréchal lui-même », 31 juillet 1941, AN F7 15286.

** « M. Pierre Pucheu dégage une force entraînante et impérieuse que sa jeunesse, la précision de son élocution, la netteté de ses vues accusent encore. Cinq minutes d'entretien suffisent pour découvrir en lui un homme qui sait ce qu'il veut, et ne saurait être satisfait tant que sa volonté n'a pas été traduite dans les faits. [...] La formation normalienne, si funeste à certains, bien loin de substituer chez lui le goût des idées à celui de l'action, met ce goût au service de sa passion de réalisation et de construction, etc. », « Plans et perspectives de l'État nouveau. M. Pierre Pucheu, ministre de l'Intérieur, m'a dit... », *Gringoire*, 31 octobre 1941.

CHAPITRE VII

Les préfets entre administration et politique

Si, par sa personnalité comme par la fermeté de ses conceptions politiques, Pucheu tranchait sur ses prédécesseurs, pour autant il n'innova pas radicalement. L'évolution du ministère de l'Intérieur depuis juillet 1940 vit au contraire la mise en œuvre progressive d'un projet politique d'administration du territoire entièrement fondé sur le principe d'autorité. Épurations et réformes de l'automne 1940 traduisirent une réaction antirépublicaine, tandis qu'au cours de l'année 1941 se mirent en place des innovations plus techniques, mais dont l'objectif affiché de rationalisation administrative n'excluait pas des arrière-pensées politiques.

L'ADMINISTRATION PRÉFECTORALE, VENT EN POUPE

L'anayse qui sous-tendait les premières mesures prises souligne la force des évidences simples qui régnaient à Vichy sur la question de l'État. Une fois dépouillée de la politisation qu'y avaient introduite « les professionnels de l'élection », l'administration territoriale devait revenir au modèle napoléonien des origines : redevenu l'empereur de son département, le préfet n'aurait pas de difficulté à assurer son rôle de représentant unique du pouvoir central. « La politique, écrivait Marcel Peyrouton, avait profondément pénétré dans les cadres administratifs du pays, en en paralysant l'action. [...] Les préfets sont désormais des chefs, qui doivent savoir commander et organiser [1]. »

Une épuration rondement menée

Mais, ajoutait le même texte, si « le personnel préfectoral [était] assuré de trouver toujours auprès du gouvernement l'approbation de ses initiatives créatrices », c'est bien parce qu'il avait été « largement renouvelé ». Il n'était pas question de changer en bloc le corps préfectoral, mais affectations et manières de servir depuis 1936 furent regardées de près. Un premier grand mouvement préfectoral intervint le 17 septembre 1940, alors que Peyrouton venait de succéder à Marquet. Avoir dû l'essentiel de sa carrière à ses protecteurs radicaux – il était le gendre de Malvy – n'empêcha pas le nouveau ministre de présider avec résolution à cette décapitation du corps préfectoral de « l'ancien régime ». Commentant ce mouvement, qui avait vu trente-six préfectures changer de titulaire, Pierre Limagne indiquait avec perspicacité les évolutions et les noms qui l'avaient frappé :

> Le nouveau régime essaye de consolider ses positions en renvoyant des dizaines de préfets installés par l'ancien. On met ces derniers à la retraite, s'ils sont âgés, ou simplement en disponibilité, conformément à la loi de « bon plaisir » en date du 17 juillet dernier. De gros départements changent de titulaire. C'est ainsi [...] que dans le Rhône, Bollaert, ami d'Herriot, est remplacé par Angeli. Parmi les nouveaux promus, on voit des hommes particulièrement bien en cour : Angelo Chiappe, qui passe des Basses-Pyrénées au Gard ; Bousquet qui, simple secrétaire général dans la Marne, y succède à son patron ; on voit aussi des marins [...] et des militaires ou assimilés [2].

Si, par nature, le corps préfectoral était habitué aux vastes mouvements, celui-ci frappait par son ampleur comme par ses finalités. C'était bien d'épuration qu'il s'agissait, décrite comme « la parfaite illustration de la volonté de "régénération" du gouvernement. Révocations, mises à la retraite, choix dans d'autres catégories de fonctionnaires, voilà la marque d'un programme de force et d'action dont ne peuvent que bénéficier l'ordre et la discipline d'État. Qui donc n'approuverait pas de telles manifestations de l' "esprit nouveau", cet esprit qui veut, avant tout, se manifester – selon le grand exemple du Maréchal – en une volonté passionnée de servir le Pays [3] ». Cette épuration avait touché, au 1er mars 1941, 39 préfets et 30 sous-préfets ou secrétaires généraux, dont quelques-uns furent reclassés comme directeurs d'hospices, de sanatoriums ou d'asiles psychiatriques *. Quatre mois plus tard, une note du ministère de l'Intérieur [4] tirait le bilan des mouvements auxquels avait procédé l'État français : 82 postes sur 87 étaient occupés par de nouveaux titulaires, tandis que 80 anciens préfets étaient sortis des cadres **. La « régénération » promise se traduisait par l'entrée dans la carrière préfectorale de 23 nouveaux venus, issus d'abord des armées (7), puis du Conseil d'État (5) et de l'administration des colonies (3). Même si – c'était effectivement une novation –

* Ainsi de Roger Verlomme, dont la rapide carrière place Beauvau – directeur du cabinet de Salengro, qu'il avait connu en tant que préfet du Nord, en juin 1936, directeur du personnel en septembre suivant, secrétaire général du ministère en mars 1938 – s'interrompit pendant les années de guerre, où il occupa les fonctions de directeur de l'hôpital Sainte-Anne, Michel Debré évoquait dans ses Mémoires le refuge constitué par cet hôpital lorsqu'il allait consulter son directeur « qui connaissait bien les membres de la carrière préfectorale et dont le bureau était chauffé », *op. cit.*, p. 244.

** Dont 33 par mise à la retraite anticipée et 40 par application de la loi du 17 juillet 1940 (39 de ces 40 « juilletisations » étaient intervenues avant mars 1941, ce qui confirme que l'épuration fut mise en œuvre dès les premiers temps du régime).

trois des nouveaux préfets n'étaient pas des fonctionnaires, le renouvellement du corps restait pour l'essentiel limité, fonction militaire mise à part, aux sphères classiques de la haute administration. Peyrouton ne se félicita pas moins d'avoir « facilit[é] largement l'entrée dans la carrière préfectorale des personnalités appartenant à des grands corps de l'État, dont les membres restèrent par tradition à l'écart des jeux de la politique ».

Les moyens accrus du préfet

« Ces éléments nouveaux, ajoutait le ministre de l'Intérieur, ne peuvent que contribuer à la diffusion des méthodes de contacts directs, d'étude rapide et minutieuse des problèmes que le gouvernement du maréchal Pétain, pour le plus grand bien du Pays, entend substituer aux vieilles formules bureaucratiques. » Il ne suffisait pas en effet de dépolitiser l'administration : encore convenait-il d'en rationaliser le fonctionnement. C'est l'objectif que se donna la loi du 23 décembre 1940 sur les pouvoirs des préfets[5], qui posait comme principe la concentration des pouvoirs administratifs entre les mains des préfets, seuls représentants du pouvoir central dans les départements. Tous les directeurs de services, fussent-ils les plus techniques, se voyaient rappeler leur subordination au préfet – y compris dans l'ordre politique, comme le soulignait le commentaire officiel annonçant, en novembre 1940, la mise en chantier du texte :

> Du 28 pluviôse an VIII à la fin du régime qui nous a valu la défaite, la fonction préfectorale, dans son « statut » en tout cas, sinon dans sa « pratique », ne s'était que fort peu modifiée. Mais les chefs des administrations départementales n'avaient pas tous échappé à la tendance générale qui était, à l'occasion, de servir bien plus un parti que l'État. [...] Que la faute en incombât au régime, voilà qui n'était pas niable. Le jeu naturel du favoritisme et de l'électorat devaient fatalement ronger, roder et corroder puis désagréger jusqu'à l'effritement le meilleur de nos institutions. Ainsi sont faites les choses humaines. [...] De là la préoccupation de M. Peyrouton, dès son arrivée au pouvoir, de « revaloriser » la fonction préfectorale, en imposant aux préfets une indiscutable conception de leurs pouvoirs[6].

Malgré la netteté de ses termes*, la loi du 23 décembre 1940 devait connaître de réelles difficultés d'application. Sans que son bien-fondé fût ouvertement remis en cause, l'action quotidienne des ministères, notamment des plus techniques d'entre eux, aboutit à la considérer comme une simple

* « Seul représentant dans le département du chef de l'État, président du Conseil des ministres, devant qui il est responsable, [le préfet] surveille l'exécution des lois et est chargé de l'application des décisions du gouvernement. Il est le représentant de toutes les administrations publiques civiles de l'État. Tous les fonctionnaires qui sont placés à la tête d'un service technique civil de l'État organisé dans le département ou la région, à l'exception des magistrats de l'ordre judiciaire, sont placés sous son autorité personnelle. Les chefs de service sont tenus de lui fournir tous renseignements utiles à l'accomplissement de sa mission ».

pétition de principe. Militant, au nom des valeurs d'efficacité dont le projet administratif du régime se voulait porteur, pour que les responsabilités ne fussent confiées qu'à ceux disposant de la compétence leur permettant de les exercer effectivement, ces ministères – à commencer par le secrétariat d'État aux Communications, où régnait le corps des Ponts et Chaussées – se trouvèrent rejoints, dans leur opposition à la concentration des pouvoirs dans les mains du préfet, par les organismes nouveaux peu désireux de placer leur action résolument rénovatrice sous le contrôle du rouage le plus traditionnel de l'administration française. Se confirmait ainsi l'adage, que rappelait sans illusion le préfet régional de Lyon Angeli, selon lequel, « si les ministres sont les amis des préfets, les ministères sont leurs ennemis[7] ». Le gouvernement n'avait pourtant pas mesuré son appui à l'échelon préfectoral, dans l'ordre du discours *, mais aussi en termes matériels, allouant aux préfets traitements en hausse et uniformes à broderies d'or. Il est vrai qu'il avait été interdit aux départements, dès novembre 1940, de verser la moindre indemnité aux membres du corps préfectoral, qu'il convenait de « libérer des influences locales ». Entre janvier 1941 et juillet 1942, un ensemble de textes délivra les préfets des contingences matérielles qui les plaçaient en demandeurs face aux assemblées départementales : toutes les dépenses des services préfectoraux, depuis les fournitures de bureau jusqu'au logement et aux voitures de fonction, furent mises à la charge des départements.

L'évolution tendant à donner aux préfets les moyens d'exercer pleinement leur autorité – en mettant un terme à l'indépendance « d'agents départementaux, souvent inféodés aux oligarchies locales dont ils détenaient à la fois leurs ressources et leurs directives, puissance permanente qui mettait souvent en échec l'autorité du préfet, administrateur trop souvent passager[8] » – fut complétée par l'étatisation, en novembre 1940, du personnel des préfectures, jusque-là recruté et rémunéré par les conseils généraux **. Sans attendre

* Une circulaire ministérielle du 15 octobre fut particulièrement explicite sur la mission attendue du corps préfectoral : « À quoi servirait d'être le dépositaire des pouvoirs de l'État français s'il vous suffisait d'expédier les affaires courantes ? [...] Je vous demande de laisser à vos bureaux – ce qui n'exclut pas le contrôle indispensable de votre part – la besogne purement administrative : étude des dossiers, examen des requêtes. Vous avez mandat d'oser et d'agir. [...] Que tous, par vous, soient assurés de la sollicitude des pouvoirs publics, que chacun sente une autorité toujours vigilante, toujours humaine. Les grands préfets, vos aînés, les Cambon, les Bonhoure, d'autres, n'étaient pas que des hommes de bureau ; ils furent des guides, des constructeurs. Vous devez imiter leur exemple. Ce rôle d'agent de propagande, au sens le plus pur du terme, doit être le vôtre. Vous êtes les propagandistes de la vérité, de l'espoir, de l'action libératrice, les défenseurs de la France meurtrie par vingt années d'erreurs et de folie », AN F1a 3677.

** L'étatisation, en interdisant le versement aux agents des préfectures de rémunérations autres que le traitement et les indemnités définies par l'État, se traduisit, dans de nombreux cas, par une diminution des sommes perçues par ces agents. Si les traitements proprement dits furent fixés à un niveau supérieur à celui découlant de l'application des précédentes échelles, qui remontaient à 1930, les indemnités, calculées sur une base moyenne, n'atteignirent pas toujours le montant versé dans de nombreux départements.

d'avoir reçu, par un décret du 4 décembre 1941, un pouvoir disciplinaire entier sur leurs services, les préfets y avaient déjà commencé l'épuration. Au 1er mars 1941, 133 agents avaient été relevés de leurs fonctions, moyen le plus efficace pour leur « faire comprendre qu'il n'est nullement de leur intérêt de s'attarder à des formes politiques consacrées par notre écrasement, ou de continuer à donner des gages aux maîtres et aux profiteurs d'hier dans l'espoir ou la crainte qu'ils reviendront », comme l'avait demandé Peyrouton [9].

UN MODÈLE AUTORITAIRE D'ADMINISTRATION LOCALE

Le projet administratif de Vichy allait évidemment au-delà de la seule étatisation du personnel des préfectures. Il s'agissait bien de mettre un terme aux libertés des collectivités locales qu'un État autoritaire ne pouvait laisser soutenir des positions contraires aux siennes. Dès l'automne 1940 se mit en place un processus de « dé-républicanisation », suspendant les conseils généraux et supprimant l'élection des conseils municipaux dans les villes de plus de 2 000 habitants. La circulaire « très confidentielle » déjà citée, adressée le 15 octobre 1940 par Peyrouton aux préfets, résumait bien les bases sur lesquelles devait se construire l'administration territoriale de la France nouvelle :

> Par suite d'abandons systématiques, la fonction préfectorale, essentielle dans un État organisé, fut dénaturée, avilie par les professionnels de l'ancien électorat, n'ayant jamais eu pour but, sous les vocables de libéralisme et de démocratie, que de satisfaire les appétits de clientèle insatiables et d'exploiter à leur bénéfice les passions populaires. M. le Maréchal et moi-même entendons restituer à votre fonction sa dignité, sa primauté. Vous devez être vous-mêmes les meilleurs artisans de cette élévation, qui vous haussera dans votre propre estime aux yeux de tous et qui fera de vous les agents les plus efficaces de notre résurrection. [...] Vis-à-vis des élus d'hier, je n'ai pas besoin de vous demander d'observer la courtoisie la plus stricte. Sans plus. Vos directives viennent du gouvernement seul ; vis-à-vis du gouvernement seul vous êtes responsables ; à lui seul vous devez des comptes. Assurés de ce que derrière M. le Maréchal vous devez combattre toutes les forces, apparentes ou clandestines qui, au nom d'ambitions déçues, d'intérêts lésés, d'idéologies mortelles, tenteraient de reconstituer la vieille anarchie profitable.

On a là un véritable condensé de pétainisme politico-administratif, le choix des termes s'ajoutant au fond pour persuader le corps préfectoral de la primauté dont il devait disposer dans la France nouvelle. Les préfets ne s'y trompèrent pas, se déclarant conscients de leurs nouvelles responsabilités et prêts à les assumer pleinement. Jean Roussillon, préfet du Maine-et-Loire, en accusant réception de ces instructions, renchérissait en ces termes sur les déclarations ministérielles :

Cette baisse des revenus frappa de plein fouet les petits fonctionnaires, alors même que l'inflation s'accélérait et que, surtout en zone occupée, l'extension du marché noir conduisait à un renchérissement considérable des produits de première nécessité, notamment alimentaires. Sur le problème de l'insuffisance des traitements, voir *infra*, pp. 285 *sq.*

> Les idées générales qui se trouvent développées [dans cette circulaire] correspondent trop exactement à mon propre sentiment sur la nature de la fonction préfectorale pour que je me contente de la saluer d'un simple accusé de réception : elle était nécessaire et attendue, et je n'hésite pas à dire qu'elle insuffle à l'administration un esprit et des directives qui lui permettront de s'attaquer avec ardeur aux tâches de l'avenir. [...] L'administration préfectorale se trouvant désormais à l'avant-garde du mouvement qu'entend déclencher le gouvernement dans le pays, il est en effet indispensable qu'elle recherche le contact direct avec les populations, désormais privées de leurs anciens mandataires [10].

Le pouvoir se donna la capacité de n'avoir plus à faire avec ces « anciens mandataires » qui personnifiaient à ses yeux le triomphe des intérêts particuliers sur l'intérêt général. Le 12 octobre 1940 [11], les conseils généraux virent leurs sessions suspendues et leurs pouvoirs confiés au préfet, simplement assisté d'une commission administrative composée de 7 à 9 membres nommés par le ministre de l'Intérieur *. Ce texte fut suivi, en novembre, d'une loi permettant de déclarer démissionnaire d'office pour des raisons « d'ordre public ou d'intérêt général », expression évidemment floue, tout conseiller général, d'arrondissement ou municipal, la démission d'office étant prononcée par le préfet dans les communes de moins de 10 000 habitants, par le ministre dans tous les autres cas [12]. Une loi du 16 novembre 1940 ajouta à cette procédure celle de la révocation des élus municipaux, prononcée par les mêmes motifs par le ministre après mise en demeure adressée par le préfet [13]. Le même jour enfin fut publiée la loi « portant réorganisation des corps municipaux » : dans les communes de plus de 2 000 habitants, le maire et les adjoints n'étaient plus élus mais nommés. Les nouveaux édiles devaient naturellement disposer de la qualité de Français au sens où l'entendait le régime **, les nominations devant en outre traduire les nouvelles priorités du régime c'est-à-dire « être faites de telle sorte que le conseil municipal compte obligatoirement parmi ses membres un père de famille nombreuse, un représentant des groupements professionnels de travailleurs, une femme qualifiée pour s'occuper des œuvres privées d'assistance et de bienfaisance nationale [14] ».

---

* Comme ce serait le cas quelques mois plus tard pour le Conseil national, la commission administrative voyait ses modalités de fonctionnement sévèrement encadrées, de peur que ne lui vienne l'ambition d'explorer le champ politique : purement consultative, et ne se réunissant que sur convocation expresse du préfet, elle n'était pas autorisée à émettre des vœux, n'étant de toute façon compétente que de manière résiduelle, dans la mesure où « ses attributions restent limitées à l'examen des questions administratives dont elle est saisie par le préfet ».

** Comme le précisait l'article 14 de la loi, en ajoutant à l'obligation d'être né français celle de ne pas être juif, recourant pour cela à la périphrase : « Nul ne peut être conseiller municipal [...] s'il ne peut faire partie d'une des assemblées visées à l'article 2 de la loi du 3 octobre 1940. » Cette rédaction permit dix mois plus tard d'exclure des conseils municipaux les anciens dignitaires francs-maçons sans avoir à changer le texte de novembre 1940.

Tout à sa volonté de rompre avec le système notabiliaire électif sur lequel était construit le fonctionnement du régime républicain, Vichy ne s'inquiéta pas alors du risque de vide politique induit par cette législation. À l'été 1941 pourtant, les choses avaient changé et le régime se mit à rechercher le « circuit de confiance » qu'il sentait lui échapper. Encore nominalement secrétaire d'État à l'Intérieur pour quelques jours, Darlan rappelait l'importance du rôle désormais tenu par les maires et conseillers municipaux, qui devaient se considérer et être considérés d'abord comme des relais du pouvoir : « En contact permanent avec les administrés, les agents communaux sont appelés à exercer une influence sur la population et son moral. Ils sont, par ailleurs, l'objet de l'attention publique et doivent, à ce titre, s'efforcer de toujours montrer l'exemple par leur conscience professionnelle et un dévouement de tous les instants à la chose publique [15]. » Le maire devait, en conséquence, faire régner dans sa commune l'ordre que le chef de l'État attendait du pays tout entier. Ordre matériel, avec l'insistance mise par le texte sur le « spectacle de l'ordre, sous toutes ses formes », à commencer par « l'aménagement des locaux et la tenue des employés ». Mais ordre politique aussi : les maires avaient le devoir d'appliquer dans toute sa rigueur la loi qui, le 30 août 1940, avait étendu le relèvement de fonctions aux agents des collectivités locales : « Il importe au premier chef que les maires, avec fermeté et impartialité, éliminent des services communaux tout employé qui se révélerait incapable de remplir, dans l'esprit de la Révolution nationale, la charge qui lui est confiée [16]. »

Le politique au service de l'administratif

Mais les maires se plaignaient, comme le notait en juillet 1941 Ingrand à l'issue d'une mission en zone interdite, de la « concentration excessive de l'administration locale », se déclarant « submergés sous l'avalanche des circulaires et instructions qu'ils reçoivent chaque jour de tous les ministères. Ils se disent incapables d'en absorber la substance souvent indigeste, et ils m'ont avoué qu'ils se voyaient trop souvent obligés de les confier à leur corbeille à papiers [17] ». De cette constatation, qui était générale, le ministère de l'Intérieur tira matière à l'invention d'un nouvel échelon d'administration locale, l'agent cantonal. Il n'avait pas qu'une pure vocation administrative.

Les agents cantonaux

Dans une note que le ministère de l'Intérieur consacra, pendant l'été 1941, à « l'œuvre à poursuivre », la création de ce nouvel échelon était clairement présentée comme devant répondre au déficit de contact entre l'État et la population né de la suppression des assemblées élues. La tâche des futurs agents cantonaux serait certes pour partie d'ordre administratif – ils devaient « décharger les maires et les secrétaires de mairie d'une partie de leurs fonctions que les circonstances ont rendu particulièrement accablantes » –, mais leur responsabilité politique était plus longuement décrite :

> En contact réel et personnel avec les populations, tenant bureau ouvert aux jours de foire, les agents cantonaux seraient à la disposition du public dont ils recevraient les doléances et les vœux et pour lesquels ils expliqueraient et commenteraient les mesures prises par le gouvernement. Leur influence ne manquerait pas d'être à la mesure des services qu'ils seraient appelés à rendre. Ils pourraient ainsi être les meilleurs et les plus sûrs informateurs du gouvernement, en même temps que les pionniers de l'ordre nouveau[18].

Ces orientations devinrent loi le 16 septembre 1941[19]. Si le texte n'évoquait que les fonctions administratives de ces « agents administratifs cantonaux », Pucheu, dans son entretien du 31 octobre suivant à *Gringoire*, insista également sur la fonction politique de ceux en qui il voyait « à la fois des sortes d' "ingénieurs-conseils" pour les maires du cantons et des informateurs politiques chargés de prendre connaissance des hommes et de se tenir en contact avec ce que je nommerai le détail de la population. Ils aideront utilement le préfet à soutenir ou à choisir comme maires et secrétaires de mairie les hommes les plus aptes à occuper ces emplois ». Mais se posait le problème du recrutement et de la formation de ces agents, auxquels il n'existait pas de précurseurs. Des élus locaux d'hier ils devaient posséder la proximité avec la population, et en même temps maîtriser, pour en faciliter l'application, la matière administrative. Conscient de ces difficultés, Pucheu estima en février 1942 que, dans la mesure où il était difficile de trouver des candidats réunissant « les solides qualités administratives et le sens politique certain » simultanément indispensables pour remplir ces fonctions, « les connaissances administratives [devaient] l'emporter sur l'esprit politique qui est demandé des candidats et que l'exercice des fonctions ne peut que contribuer à renforcer[20] ». Ce n'est effectivement pas avant le début de 1942 que la loi de septembre 1941 entra en application, le ministre des Finances ne donnant qu'en janvier son accord au recrutement, à titre expérimental, de 350 agents cantonaux (soit dans un canton sur dix) rémunérés de 24 000 à 36 000 francs[21].

Ce choix fait, le ministère de l'Intérieur encouragea très logiquement la création d'écoles régionales d'administration. Le prototype en avait été imaginé, en février 1942, dans le Loiret par le préfet régional Morane qu'inquiétaient les difficultés de recrutement d'agents administratifs intermédiaires. Les préfets régionaux furent invités à développer, sur ce modèle, des lieux de formation à vocation essentiellement administrative, dont plusieurs furent effectivement créés dans les mois qui suivirent*. Pourtant, malgré ces innovations, le statut de l'agent cantonal marquait le pas : le retour de Laval aux affaires n'allait pas tarder à le ranger au magasin, déjà bien fourni, des idées mort-nées et des projets oubliés à peine mis en œuvre,

* Le préfet de la Seine inaugura en 1942 celle de Paris, et le secrétaire général de la préfecture de la Gironde, Maurice Papon, celle de Bordeaux en janvier 1943. Il rappela à cette occasion « la dignité retrouvée de la fonction publique et le rôle primordial qu'elle est appelée à jouer dans l'affermissement de l'État français », chronique « La vie en province », diffusée sur Radio-Paris le 27 janvier 1943, AN F60 1666.

comme le regrettait en septembre 1942 Jacques Morane, encore préfet régional d'Orléans pour quelques semaines, qui avait été l'un de ses plus fervents partisans :

> Il y a quelques mois, les bons éléments étaient attirés vers ce poste administratif par l'espoir de le voir prendre une forme rapide et trouver ainsi une situation intéressante. Mais les mois passent, et le statut ne paraissant pas, les éléments se présentant au concours deviennent de plus en plus médiocres. Il est indispensable de préciser au plus tôt le statut de l'agent cantonal, de définir et de déterminer nettement sa situation [22].

Les chefs de cabinet de préfet

Cette politisation de l'administration territoriale ne joua pas au seul modeste niveau de l'agent cantonal. Le régime compta au contraire beaucoup, pour insuffler dans l'appareil administratif l'esprit nouveau, sur ces futurs hauts cadres administratifs de l'État français qu'étaient les chefs de cabinet de préfet. Les deux ministres de l'Intérieur significatifs de cette première phase de Vichy, Peyrouton et Pucheu, s'y intéressèrent de près. Succédant à un décret du 30 août 1940 [23] qui avait posé – à compter du 1er janvier 1941 – le principe d'un examen pour sortir ces nominations du « hasard des interventions politiques [24] », un projet de loi, préparé depuis l'automne et annoncé en mars 1941, se donnait l'ambition plus vaste de fusionner le recrutement des chefs de cabinet de préfet avec celui des rédacteurs de l'administration centrale du ministère de l'Intérieur. Toute promotion dans l'un de ces deux corps ne pouvait intervenir qu'après une mobilité consistant en un stage d'un an comme chefs de cabinet pour les rédacteurs, « qui acquerront ainsi l'autorité et l'expérience que donne le contact des réalités et des hommes », et comme rédacteurs pour les chefs de cabinet, « qui s'initieront dans les cadres de l'administration centrale aux méthodes de travail et à la technicité des bureaux [25] ». Le projet visait ainsi une fusion totale entre administration préfectorale et administration centrale du ministère de l'Intérieur, et la création d'un grand corps, « comparable à la magistrature ou à la diplomatie, [...] d'administrateurs ayant à la fois une profonde expérience technique, une connaissance parfaite des nécessités locales et permettant par leur commune formation de réaliser et de poursuivre l'application dans le même esprit, avec la même compréhension des besoins des populations et des possibilités de l'État, des réformes qu'exige la France nouvelle [26] ». Il convenait en effet de « placer dans l'administration locale des fonctionnaires ayant une grande expérience administrative, imprégnés de la réglementation nouvelle qu'ils auront contribué à réaliser et particulièrement aptes ainsi à remplir une fonction qui a cessé d'être politique ».

Porteur d'une idée précise du rôle qu'était appelée à tenir l'administration dans l'État autoritaire *, Pucheu insista au contraire sur la part

* Voir *supra*, p. 223.

proprement politique de la fonction préfectorale *. Invitant les préfets à noter les sous-préfets avec « l'objectivité la plus impartiale, [loin de] la bienveillance excessive et [du] caractère trop élogieux des notations d'avant guerre [27] », il s'attacha aussi à donner aux jeunes gens entrant dans la carrière préfectorale l'éducation politique qui lui paraissait indispensable. Son cabinet, où il avait amené plusieurs anciens membres du PPF, partageait cette analyse, comme il l'écrivait à propos d'un stage organisé pendant l'été 1941 à l'école d'Uriage pour de futurs cadres de l'État français :

> [On doit souligner] l'intérêt qu'il y aurait, étant donné l'importance des fonctions que vont remplir [ces jeunes gens] dans le régime nouveau, à leur faire comprendre ce qu'est, ou plus exactement ce que doit être, ce régime et le rôle qu'ils auront à y jouer. Certes, il s'agit là d'une formation politique. Mais il ne faut pas avoir peur des mots. Cette formation politique s'impose pour nos jeunes fonctionnaires si l'on veut vraiment reconstruire notre État. L'on parle toujours de l'esprit nouveau qui doit animer notre administration ; il faut considérer que cet esprit nouveau ne viendra pas tout seul [28].

Les trois objectifs que le ministre de l'Intérieur fixait à ce stage – « amener [ces jeunes hauts fonctionnaires], par des moyens adaptés à leur niveau intellectuel, à comprendre la nécessité de la transformation politique, économique et sociale du pays ; les amener à repenser, en fonction des nécessités de l'heure, toutes les notions juridiques et économiques qu'on leur avait inculquées ; les débarrasser de tout ce qui dans leur formation intellectuelle pouvait gêner leur adhésion au mouvement de rénovation nationale dont, fonctionnaires, ils doivent être les principaux artisans » – étaient clairement politiques [29]. Dans une langue plus administrative, le *Bulletin officiel* du ministère de l'Intérieur confirmait, en février 1942, « que M. Pucheu attache une grande importance au recrutement des agents de l'administration préfectorale dont il s'efforce de rajeunir les cadres, les méthodes et l'esprit » et soulignait « l'occasion de servir avec efficacité qui s'offre ainsi aux jeunes gens désireux d'entrer dans une carrière à laquelle le ministre s'intéresse particulièrement et dont il souhaite la refonte des cadres et la sélection des membres ». Le ministre rappela cet intérêt dans les demandes qu'il fit aux préfets de recourir à tous les moyens de publicité – affiches, presse et radio – permettant de mieux faire connaître les concours de chef de cabinet. « Le succès des réformes entreprises par le gouvernement, indiqua-t-il ainsi en janvier 1942, dépend, dans une large mesure, de la qualité du recrutement. Il convient en effet que tous

---

* Dans une lettre du 5 septembre 1941 à l'amiral Darlan, le secrétaire d'État à l'Intérieur, rappelant « l'intérêt qu'[il] accorde au bon fonctionnement de l'administration préfectorale et au concours qu'elle doit apporter aux divers départements ministériels », demanda au vice-président du Conseil de lui « faire parvenir, confidentiellement, [son] appréciation, obtenue au cours de [ses] déplacements, sur les préfets, secrétaires généraux, sous-préfets et intendants ». Indiquant qu'il adressait la même demande à chacun des membres du gouvernement, Pucheu souhaitait que des renseignements lui soient ainsi fournis sur « la présentation, les qualités et aptitudes générales, l'activité et éventuellement l'attitude politique » des membres du corps préfectoral, AN F60 478.

les jeunes Français attirés par une carrière particulièrement active et le désir d'apporter leur entier concours à l'œuvre de redressement moral et de reconstruction nationale entreprise par le gouvernement du maréchal Pétain puissent être touchés par l'annonce du concours et faire acte de candidature[30]. » Les concours devaient donc avoir une vocation véritablement nationale, à tous les sens du terme. Les préfets de zone interdite durent ainsi s'assurer que les candidats issus de cette zone seraient à même de concourir comme ceux issus du reste du pays[31]. En revanche, on prit soin d'exclure les représentants potentiels de l'anti-France. Si juifs et fils d'étrangers l'étaient évidemment, en vertu des conditions générales régissant l'entrée dans la fonction publique, une mission de tri préalable des candidatures était aussi attendue des préfets :

> Vous devrez procéder à une enquête minutieuse sur la moralité et les antécédents des candidats, surtout au point de vue national. Tout élément douteux ou dont le loyalisme à l'égard de la Révolution nationale ne vous paraîtrait pas entièrement acquis devra être écarté. [Je n'insiste pas sur] le soin qu'il conviendra d'apporter à ces enquêtes : il ne s'agit pas d'établir des rapports de police, mais de donner un aperçu de la personnalité des candidats, permettant d'apprécier s'ils sont dignes d'entrer dans les cadres administratifs. Il ne vous échappera pas que la nature des fonctions que sont appelés à exercer au cours de leur carrière les fonctionnaires du ministère de l'Intérieur exige d'eux une formation et un ensemble de qualités personnelles où le caractère et le goût de l'autorité tiennent autant de place que l'intelligence ou la culture *.

Le choix des sujets traduisait la même préoccupation. Si ceux proposés à l'écrit étaient révélateurs des nouvelles priorités (« les conditions du relèvement intérieur de la France », « les devoirs et obligations des élites futures en France », etc.), la politisation du concours était plus sensible à l'oral, où les candidats furent appelés à traiter de sujets choisis parmi les suivants :

> Les causes de la défaite. Comment la France a-t-elle perdu son sens national ? L'idée de race et l'idée de nation. La formation et le déclin des élites françaises depuis le seizième siècle. Comment redonner aux Français le sens de l'intérêt général et le goût de la discipline ? Comment expliquez-vous que la France, qui était le pays de la tenue physique, intellectuelle et morale, soit devenue le pays du laisser-aller[32] ?

---

* Circulaire du ministre de l'Intérieur aux préfets, 13 janvier 1942, AN F1a 3680. Un modèle de notice de renseignements était joint à la circulaire, où devaient être consignés tant la valeur et la moralité de l'impétrant que ses antécédents politiques, en passant par la considération dont jouissaient ses parents ou le pays d'origine et la tenue de sa femme et, pour conclure, le « degré de confiance à lui accorder ». Demange confirma aux préfets régionaux de zone occupée, réunis en février 1942 à Vichy, l'importance qu'attachait le ministre à ces concours, « dont dépend l'avenir de la carrière préfectorale ». Il convenait en conséquence, ajouta-t-il, que les enquêtes diligentées par les préfets ne se cantonnent pas à l'attitude politique des candidats, mais prennent également en compte leur tenue, leur vie privée, leur valeur morale ; compte rendu de la réunion des préfets régionaux, 4 février 1942, AN F60 479.

La réorganisation du ministère

S'il se préoccupait effectivement d'élargir le champ du ministère de l'Intérieur jusqu'à en faire le véritable garant de l'ordre social[33], Pucheu hérita en la matière des conceptions posées, dès l'automne 1940, par Peyrouton. Tout en faisant de « l'assainissement du pays » sa priorité – ce qui passait par de très nombreuses mesures, dont les principales étaient « la surveillance de la ligne de démarcation, le contrôle des camps d'étrangers, l'épuration des grands centres urbains, l'application de la loi tendant à réprimer l'action dissolvante des juifs, les poursuites contre les sociétés secrètes, la répression des agitations antinationales entretenues par l'étranger, la lutte anticommuniste, la répression des activités néfastes de certains tenants des anciennes formules politiques, la poursuite des pillards, les hausses illicites » –, ce dernier vit dans le rattachement des services de la famille à son ministère, intervenu en novembre 1940, le signe de la volonté du gouvernement de « faire pénétrer l'esprit familial dans toutes les parties de l'administration publique » : ainsi, constatait-il, « le ministre de l'Intérieur n'est plus seulement responsable de l'ordre public, mais il est en quelque sorte devenu l'animateur du progrès social[34] ».

Bien que le secrétariat général à la Famille eût pris son autonomie en devenant, en février 1941, secrétariat d'État, une instruction publiée le 30 mai 1941 vint définir l'organisation que se donnait le secrétariat d'État à l'Intérieur pour atteindre ces objectifs. S'il ne renonçait pas formellement à l'idée de recrutement unique, le texte veillait à bien différencier les tâches de l'administration centrale et celle du corps préfectoral. Les services d'administration centrale, dans une conception toute militaire, étaient décrits comme « chargés de la préparation des actes organiques, des instructions d'exécution et du contrôle de la marche des services. Ils sont les organes du commandement permettant au ministre de traduire d'une manière concrète et précise ses intentions[35] ». Les bureaux se virent stabilisés dans leur organisation antérieure en deux secrétariats généraux, chargés respectivement de la police et de l'administration, qui restèrent confiés aux préfets Chavin et Sabatier nommés par Peyrouton. La place de la direction du personnel, du matériel et de la comptabilité était plus complexe : ses trois premiers bureaux, traitant du personnel administratif, du personnel représentatif (c'est-à-dire du corps préfectoral) et des études juridiques, furent directement rattachés au cabinet du ministre qui gardait ainsi la haute main sur les nominations, les promotions et les mouvements des préfets et sous-préfets. De moindres priorités s'attachaient à l'action des trois autres bureaux, aux tâches essentiellement administratives (matériel, budget, comptabilité), qui furent placés sous l'autorité du secrétaire général pour l'administration.

L'instruction traita aussi de l'inspection générale des services administratifs : réorganisée par une loi du 1er février 1941[36], le corps de l'inspection générale se vit confirmer sa mission générale de contrôle, dans des termes assez généraux pour en permettre plusieurs lectures. Elle était en effet chargée « non seulement de veiller à un fonctionnement conforme à la réglementation proprement dite, mais encore de donner aux organismes [dépendant du ministère] de l'Intérieur l'impulsion correspondant à la propre action ministérielle. [...] Son contrôle doit s'exercer sur les services extérieurs, en mettant en relief quels sont les desseins du ministre, et les modalités d'exécution qui leur répondent le mieux». Il était en outre prévu que l'inspection générale puisse être mise à la disposition d'autres départements ministériels, formant ainsi l'embryon d'un corps général de contrôle, parallèle aux inspections spécialisées dont disposaient les différentes administrations centrales. Si cette hypothèse avait pu être imaginée au printemps de 1941, lors de la préparation de l'instruction qui vient d'être détaillée, tel ne fut pas l'usage fait de cet outil, pour deux séries de raisons. D'abord parce que les ministères techniques n'étaient guère enclins à recourir aux services d'un organe qui restait placé sous l'autorité directe du ministre de l'Intérieur, et ensuite parce que ce n'était pas parmi les inspecteurs généraux des services administratifs tels qu'ils étaient recrutés qu'on pouvait trouver la compétence d'inspection à vocation politique dont le régime commençait à sentir la nécessité, et qui se concrétisera en août 1941 par la création du corps des commissaires du pouvoir *.

Rationalisation ou politisation ? L'institution des préfets régionaux

Dès le lendemain de son accession au sommet de l'État français, le maréchal Pétain avait annoncé la nomination prochaine de « gouverneurs placés à la tête des grandes provinces françaises, et ainsi l'administration sera concentrée et décentralisée [37] ». Lorsque fut créée, huit mois plus tard, la fonction de préfet régional, on put constater que les administrations étaient parvenues à éviter l'instauration d'un échelon politique susceptible de menacer leur organisation et leur pouvoir. Elles ne furent pas peu aidées en cela par la pusillanimité du pouvoir gouvernemental, incertain sur les fins et hésitant sur les moyens à accorder à l'échelon régional.

De l'idéologie au pragmatisme

À l'automne 1940, on pouvait pourtant croire arrivée l'heure des gouverneurs. Le chef de l'État avait parlé, et la réalisation du projet apparaissait d'autant plus certaine que tout concourait, compte tenu des influences politiques alors dominantes, à favoriser ce type de création. Tirant un trait sur la prééminence de l'administration préfectorale, considérée comme politisée et marquée par l'usage qu'en avait fait le régime républicain, le régime la coiffait par une instance fleurant bon, jusque dans les termes, le provincialisme d'ancien régime. Sans doute les raisons idéologiques n'étaient-elles pas négligeables dans ce choix. Le courant maurrassien, qui ne fut jamais plus présent à Vichy que pendant ce second semestre de 1940, restait en effet très attaché,

* Voir *infra*, pp. 315 *sq*.

au nom de l'amour de la petite patrie et de la lutte contre l'État jacobin, démocratique et tentaculaire, à la décentralisation, premier pas vers l'autonomie des provinces. Alors même que les influences maurrassiennes perdront ultérieurement de leur présence dans les cercles du pouvoir, l'idéal d'une France provinciale et rurale ne s'effacera jamais du « projet culturel de Vichy* ». À cette école**, d'autres conseillers du pouvoir opposèrent une démarche plus pragmatique. Dans l'état de décomposition matérielle où se trouvait la France, il leur semblait dangereux de détruire, voire seulement d'affaiblir l'armature départementale et préfectorale*** : suspendre les conseils généraux et largement épurer le corps préfectoral devait suffire à garantir une administration territoriale docile. C'est ainsi que le premier projet dont on trouve trace[38], établi pendant l'été par Alibert, alors responsable plus ou moins autoproclamé de la réforme administrative, maintenait les préfets de département tout en créant des assemblées provinciales élues par les conseils municipaux et les corporations.

Pour Pétain, formé à l'école du commandement militaire, les économies d'échelle en matière de transmission de l'autorité étaient plus importantes que les considérations idéologiques. Peu lui importait au fond que l'on conservât ou non le cadre départemental, pourvu qu'il n'ait affaire qu'à un petit nombre de sous-ordres, dont les qualités étaient plus faciles à apprécier – et les noms plus simples à se remémorer – que ceux de 86 préfets. Aussi ses

* Voir l'étude de Christian Faure relative à la mise en œuvre d'une politique de renaissance culturelle fondée sur le recours au folklore et aux traditions paysannes, *Le Projet culturel de Vichy. Folklore et Révolution nationale*, Presses universitaires de Lyon, 1989. On trouve une version caricaturale de l'exploitation de ce filon dans la lettre qu'adressa en avril 1941 au secrétaire général du Conseil national Robert Désarthis, « président du syndicat officiel de la marionnette française », pour plaider la cause des « héros populaires, perpétuant les qualités de la race et conservant le patois de chaque province » que sont les « Guignol à Lyon, Lafleur en Picardie ou Barbissier en Franche-Comté ». Il demandait instamment que « la valeur des marionnettes ne soit pas mesurée à leur seule taille », concluant sur une note optimiste : « Le retour à la vie provinciale doit rendre la vie aux théâtres de marionnettes, qui revivifieront la vie intellectuelle provinciale », AN 2AG 638.

** À laquelle s'ajoutait l'influence de Jean Charles-Brun, président depuis 1900 de la Fédération régionaliste française qui, pensant l'heure venue de faire aboutir ses projets, rédigea le 1er octobre 1940 une note proposant de concentrer au niveau régional tous les services publics sous l'autorité d'un gouverneur, et militant pour une véritable décentralisation au profit d'assemblées régionales disposant de compétences et de moyens financiers. Ces éléments sont tirés de l'article déjà cité de Pierre Barral, « Idéal et pratique du régionalisme dans le régime de Vichy », *Revue française de science politique*, vol. XXIV, n° 5, octobre 1974, pp. 911-939. Il s'agit là, à notre sens, de l'étude la plus synthétique et la plus complète sur ce sujet.

*** Ils trouvèrent un appui académique de poids en la personne de Joseph Barthélemy, pas encore ministre, qui développa devant l'Académie des sciences morales et politiques un projet maintenant le département comme cellule de base de l'organisation territoriale, mais transférant à une fonction nouvelle de gouverneur des pouvoirs d'inspection et de coordination exercés jusque-là par l'administration centrale. Le texte de cette communication fut repris dans un livre *Provinces. Pour construire la France de demain*, publié en 1941 chez Grasset.

trois déclarations de novembre 1940[39] traduisirent-elles surtout la volonté de parvenir à la pyramide du pouvoir la plus pointue possible, afin de se rapprocher du modèle militaire « Un qui commande à cinq, qui commande à dix, etc. ». Le gouvernement avait des préoccupations plus pragmatiques encore, devant faire face aux difficultés d'organisation du ravitaillement, et plus généralement de la vie économique. Peyrouton écrivit ainsi aux préfets que « la solution des problèmes actuels ne peut être trouvée, dans la plupart des cas, dans le cadre départemental. Les départements d'une même région sont dans une étroite dépendance les uns des autres au regard de toutes les questions vitales : leur solidarité s'affirme surtout sur le plan économique. [Il convient donc d']organiser périodiquement des réunions interpréfectorales d'information et de coordination[40] ».

Le bref printemps des gouverneurs

On vit ainsi, dès le début de 1941, se mettre en place deux réflexions parallèles. Tandis que Peyrouton partait de considérations nées des nécessités de l'heure pour développer l'idée d'un cadre d'action plus ample que le seul département, semant ainsi le germe des futures préfectures régionales *, dans d'autres instances se poursuivait la recherche d'une organisation devant d'abord correspondre aux principes de la France nouvelle. Le travail solitaire d'Alibert fut critiqué par le commandant de Feriet, membre du cabinet militaire du chef de l'État qui, tout en estimant qu'« un homme seul ne peut suffire à la tâche, [qui nécessite] une œuvre préalable d'enquête minutieuse[41] », posait la question – centrale dans nombre des réformes envisagées par le régime – du danger qu'il y aurait à modifier profondément l'organisation du pays alors que celui-ci était occupé. Fort de l'appui des Affaires étrangères, qui demandaient la plus extrême prudence à une époque où l'hypothèse d'une négociation prochaine d'un traité de paix n'était pas encore exclue, il doutait de l'opportunité de donner à l'entité régionale une existence officielle alors que les Allemands évoquaient ouvertement la « germanité » de la Flandre et de la Franche-Comté : « Si une décision était prise avant la paix, écrivait le commandant, elle devrait fixer seulement le nombre global de régions, sans aucune délimitation. » Plutôt que de recourir, comme l'avait suggéré de Feriet, à « une commission, aussi réduite que possible, de spécialistes éprouvés[42] », Pétain confia le dossier au Conseil national qu'il venait de créer. Lucien Romier, ministre d'État et conseiller très écouté du Maréchal, fut nommé président de sa commission de la réorganisation administrative, qui

* Dans ses Mémoires, Peyrouton affirma être à l'origine de la création de cette fonction : « Il devint d'un intérêt vital de créer quelques superpréfets, choisis pour leur expérience, leur valeur morale, la fermeté de leur caractère, qui recevraient seuls les instructions directes du gouvernement, les transmettraient au préfets de leur région, en suivraient, en contrôleraient l'application. Ainsi serait établie dans telles vastes étendues du territoire national une politique unifiée, unitaire plutôt, d'implusion, de défense et même, le cas échéant, d'attaque contre l'envahisseur », *op. cit.*, p. 113.

tint une première réunion du 6 au 20 mai 1941 [43]. À l'issue d'une discussion très encadrée – Romier avait réuni le mois précédent des représentants de tous les ministères pour arrêter les grandes lignes du projet présenté à la discussion de l'assemblée * – mais parfois passionnée, on aboutit à la définition de frontières réalistes qui, comme le rappelle P. Barral **, prenaient en compte aussi bien les menaces allemandes d'annexion que la réalité économique.

Une seconde session de la commission examina, du 19 au 25 août 1941, l'organisation administrative des provinces. On y parla beaucoup des gouverneurs, même si, depuis avril précédent, avait été créée la fonction de préfet régional. Le cadre de la discussion fut posé, dès le début des travaux, avec la lecture par Romier d'un message du maréchal Pétain. Malgré sa précision ***,

* Qu'une note du 10 avril résumait ainsi : « 1°) Recherche d'une assise économique des provinces, avec si possible une certaine représentation historique. Ce que l'on recherche aussi, c'est une formule facile de gouvernement, une simplification de l'action administrative, une unité (cadre provincial unique pour toutes les administrations). 2°) En principe, l'intégrité départementale sera conservée. 3°) L'hypothèse de capitales interprovinciales n'est pas exclue. 4°) Il importe de songer au "facteur humain", c'est-à-dire de "doser" chaque province du point de vue de la population, et d'éviter ainsi la création de vastes groupements de mêmes tendances politiques », AN 2AG 638.

** *Art. cit.* Les consignes distribuées à la presse lors de l'ouverture de la session allaient dans le même sens puisqu'avant même la demande de « ne pas présenter la réforme envisagée comme une reconstitution plus ou moins fidèle des anciennes provinces françaises, mais [de] mettre au contraire l'accent sur les fins administratives et économiques du projet, qui répond aux exigences de la Révolution nationale et s'intègre dans l'œuvre de rénovation et d'adaptation des institutions entreprise par le gouvernement », il était recommandé « [d']éviter rigoureusement tout commentaire susceptible de créer dans l'esprit du lecteur un doute sur l'unité et l'homogénéité nationales », et de « se garder d'affaiblir, de quelque manière, la défense éventuelle de l'intégrité territoriale du pays », AN 2AG 639.

*** Dont on jugera par les extraits suivants : « Sur le plan administratif, le cadre départemental sera respecté. Dans le domaine économique, tous les organismes existants, qui paraissent adaptés aux nécessités actuelles, seront maintenus. [...] À la tête de la province, dont le rôle est ainsi défini, sera placé un gouverneur, haut personnage représentant le chef de l'État. C'est lui qui incarnera l'autorité. Son prestige sera incontesté. [...] La commission ne devra pas perdre de vue que nous entrons dans un ordre nouveau, où le chef de la province doit gouverner plus qu'intervenir lui-même dans l'administration. Le gouverneur devra donc grouper autour de lui, non pas des services administratifs, mais des collaborateurs peu nombreux et de qualité, dégagé des routines bureaucratiques, ayant le goût des responsabilités, l'esprit d'équipe et le sens profond de l'intérêt général. L'organisation administrative des régions doit être réalisée sans dépense nouvelle. Toute création d'emploi dans le cadre régional devra être compensée par une suppression correspondante dans le cadre des administrations centrales ou départementales. Auprès du gouverneur, un conseil, nommé sur sa proposition, doit se faire l'écho des forces spirituelles, morales, intellectuelles et économiques de la province. Ce conseil délibérera sur les affaires régionales, et chacun de ses membres donnera un avis motivé sur les propositions budgétaires du gouverneur. [...] En aucun cas, il ne se transformera en assemblée politique. Autour de ces organes essentiels, gouverneur et assemblée, subsisteront et s'intensifieront les activités des groupements sociaux, professionnels, familiaux et légionnaires. Ainsi renaîtra dans le cadre de la province et sous l'impulsion du gouverneur, cette vie locale dont l'admirable diversité enrichira et élargira la vie nationale tout entière. »

qui limitait la marge d'initiative de la commission, ce message pouvait donner satisfaction aux tenants des diverses conceptions d'organisation territoriale de l'État. Les modernisateurs soulignèrent l'insistance mise sur les fonctions d'état-major confiées au gouverneur, à commencer par son rôle de coordonnateur, tandis que l'Intérieur comme les Finances pouvaient aussi être satisfaits, le premier par la confirmation du cadre départemental et la définition d'un gouverneur arbitre plutôt que supérieur hiérarchique direct des préfets de son ressort géographique, les secondes par l'affirmation que la réforme devait se faire à moyens constants. Le flou administratif du modèle se trouvait encore accru par l'affirmation selon laquelle les organismes nouveaux ne devaient pas voir leur existence remise en cause, alors même que tous convenaient qu'ils étaient loin d'être des modèles de bonne administration. L'ensemble de ces contraintes semblaient rendre bien complexe l'exercice auquel devait se livrer la commission qui avait en outre à prendre en considération ce qu'il restait de Révolution nationale : l'assemblée régionale, lui fut-il précisé, ne devait en aucun cas être politique, mais émaner au contraire des forces vives, économiques ou spirituelles, de la région que viendraient rejoindre des représentants des « groupements » issus des communautés naturelles, professionnelles et familiales.

C'est également des principes autoritaires affirmés par la Révolution nationale que découlait la conception d'un gouverneur disposant d'un fort ascendant personnel, conforté encore par sa fonction de représentant du chef de l'État. Afin de cultiver le contact direct entre le chef et les populations, hors de tout intermédiaire inutile, le gouverneur ne devait pas hésiter à se déplacer fréquemment : dépositaire de l'autorité de l'État, c'est elle qu'il montrait en se montrant, selon le modèle des voyages du Maréchal lui-même. La comparaison n'est pas fortuite, le chef de l'État insistant auprès de la commission pour que « soit donnée au gouverneur dans la province l'autorité qu'il réclame pour [lui]-même dans l'État », reprenant ainsi l'esprit d'une note que lui avait adressée, en mai précédent, Max Hermant en réclamant pour les provinces « des chefs qui soient des chefs » :

> Autant qu'elle puisse se faire sur le papier, la Révolution nationale est faite : non achevée, mais fort avancée. Les lois, au lieu d'être toujours destructrices, sont devenues constructives et créatrices. Le travail a sérieusement commencé. [...] Mais il reste à faire la Révolution nationale dans le pays, dans les hommes, dans les esprits et dans les cœurs. Au début de l'hiver les choses semblaient bien avancées. Ce grand mouvement est aujourd'hui arrêté. Il sera demain en régression et la Révolution nationale sera manquée si cette régression se poursuit. Les causes ? Une seule. Elle tient dans ce mot profond d'un paysan : « Oui, mais il faudrait que dans l'administration tout le monde ait les vertus du Maréchal. » L'administration, centrale mais surtout locale, reste Troisième République et, si l'on peut dire, « jusqu'à la gauche ». [...] Le remède ? Un seul. Quinze provinces, quinze gouverneurs. Des chefs qui puissent connaître tout leur territoire, être connus de tous, et qui soient des chefs. Leur besogne : commander à tous les fonctionnaires de la province. Dans chaque secteur rétablir, dans une hiérarchie bien faite, la notion de commandement. Le gouverneur, représentant personnel du Maréchal, doit être le Chef des Chefs, et le Chef de tous[44].

Les administrations centrales entendaient bien ne pas laisser se construire un tel dispositif dans les futures provinces. Dès avril, elles avaient fait entendre, lors des conférences réunies autour de Lucien Romier pour préparer la première session de la commission, une musique assez différente de celle entonnée par le chef de l'État. Les hauts fonctionnaires furent plus directs encore lorsque la commission les entendit durant sa seconde session. Le 20 août, le préfet régional de Toulouse, Léopold Chéneaux de Leyritz, lui déclara ainsi que « la création de véritables gouverneurs, comme dans nos colonies lointaines », aboutissant à créer un nouvel échelon d'administration entre pouvoir central et préfets des départements, serait à la fois « dangereuse, car elle compliquerait et ralentirait l'action administrative, alors qu'il s'agit essentiellement de l'ordonner, la simplifier, l'accélérer [et] inutile, car le résultat désiré peut être obtenu par un élargissement des bureaux du chef-lieu de la province[45] ». L'idée de réduire le gouverneur à un chef d'état-major, entouré d'un petit nombre de collaborateurs de haut niveau, lui paraissait aussi théorique qu'inefficace : « La création d'un simple état-major auprès du gouverneur ne donnerait aucun résultat : on administre non pas en se promenant, mais en étudiant longuement et minutieusement des dossiers ; au surplus, si active qu'elle soit, la petite équipe de collaborateurs du gouverneur ne saurait être partout à la fois. » Après Chéneaux de Leyritz, qui termina son intervention en « conjur[ant] la commission de ne pas démolir systématiquement ce qui existe pour bâtir du neuf », le directeur adjoint du budget, Dagnicourt, porta le coup de grâce au projet en rappelant la position, constante, de sa direction selon laquelle il ne pouvait être question de créer un budget provincial autrement que par transferts de ressources existantes, « tout ce qui est taxable et imposable étant déjà taxé et imposé ». Comme le dirent alors plusieurs conseillers nationaux, cette objection conduisait bien « à priver la région de toute activité réelle et à en faire une institution mort-née ».

L'invention des préfets régionaux

Il y avait eu malice, ou plus vraisemblablement maladresse, à convoquer sur la question des provinces la commission de réorganisation administrative du Conseil national, alors que venait d'être signée la loi qui, le 19 avril 1941, créa les fonctions de préfet régional*. Même si, le lendemain même de sa promulgation, Pétain avait assuré que « ces groupements provisoires [...], répondant à une nécessité immédiate, n'engagent nullement l'avenir de la constitution des provinces[46] », on ne pouvait s'empêcher de voir dans cette création un contrefeu allumé par le ministère de l'Intérieur, avec le soutien des Finances, pour s'assurer que les constructions qui pouvaient sortir des discussions du Conseil national ne feraient pas obstacle à la mise en place immédiate d'une

* Ce n'était d'ailleurs pas la dernière fois qu'une instance collégiale fut chargée de proposer une solution à une question que le pouvoir exécutif venait de trancher, ce qui illustrait la différence de cadences et de méthodes entre idéologues de la Révolution nationale et fonctionnaires.

« réforme qu'impos[ai]ent à la fois des circonstances exceptionnelles et des besoins permanents[47] », à savoir « l'institution d'un échelon régional, intermédiaire entre le gouvernement et les départements, et qui constituera un centre coordinateur à la fois pour l'information du gouvernement, le règlement sur place de certaines affaires et l'exécution des directives gouvernementales[48] ». Mais, continuait le texte, « le respect qui s'impose pour l'actuel édifice administratif commande de limiter d'abord l'expérience et de n'instituer d'organes administratifs régionaux que dans les domaines où le besoin s'en fait particulièrement sentir : ceux de la police et des affaires économiques ».

L'article premier de la loi disposa ainsi que « des pouvoirs spéciaux de police et des pouvoirs spéciaux en matière économique » étaient conférés à des préfets régionaux, dont la compétence territoriale était définie par décret. L'article 2 précisait l'étendue de ces pouvoirs en matière économique, à savoir « toutes les attributions réglementaires des préfets relatives à la production, à la répartition et à la distribution des produits alimentaires et denrées ainsi qu'à la fixation de leurs prix ». Étaient simultanément publiés au *Journal officiel* les décrets portant création des préfectures régionales de Lyon, Marseille, Montpellier, Clermont-Ferrand, Toulouse et Limoges, et nommant préfets régionaux les préfets des départements dont ces villes étaient chef-lieu. Les limites géographiques des nouvelles entités tenaient compte des contraintes nées de l'occupation : bien que le principe avait été posé qu'aucun département ne serait partagé entre plusieurs régions, une exception y fut apportée pour les départements traversés par la ligne de démarcation, dont seule était rattachée à la préfecture régionale, créée en zone libre, la partie située dans cette zone. La délimitation des régions fit ainsi apparaître des entités que ne gouvernait pas nécessairement la logique économique. D'autres critiques furent relevées, motivées principalement par l'inégalité de taille ou de poids économique entre régions[49]. Avant la fin de l'année 1941, on aménagea à deux reprises les limites des préfectures régionales[50], auxquelles fut ajouté l'ensemble formé par les Basses-Alpes et les Alpes-Maritimes, le préfet de ce dernier département exerçant, sans en avoir le titre, les pouvoirs d'un préfet régional *.

Si la loi du 19 avril 1941 avait fait naître l'institution, il fallut attendre deux autres textes pour que fussent concrètement précisées les attributions des préfets régionaux. La loi du 23 avril 1941 portant réorganisation générale de la police vint rapidement définir leur rôle en ce qui concernait le maintien

* *Journal officiel* des 12 juin et 31 novembre 1941. Une fois généralisée la création des préfectures régionales sur l'ensemble du territoire français, le gouvernement s'opposa toujours aux demandes de modifications des limites régionales, demandes émanant le plus souvent des chambres de commerce ou des organismes corporatifs de l'agriculture qui les motivaient par des raisonnements économiques. Furent ainsi successivement repoussés le rattachement de la Haute-Loire à la préfecture régionale de Lyon, celui de la Charente à celle de Bordeaux, et, plus symbolique encore, l'insertion de la Loire-Inférieure dans la région formée de quatre départements bretons ; diverses correspondances, décembre 1941 à août 1942, AN F60 479.

de l'ordre *, mais ce n'est que le 25 août 1941 que furent arrêtées les modalités d'exercice de leur mission de coordination économique : le gouvernement estimant trop limitées les attributions qui leur avaient été conférées en la matière, les préfets régionaux reçurent compétence générale « sur la production agricole, la production industrielle, le travail, le ravitaillement, les transports et l'équipement national [51] ». En même temps qu'il précisait le rôle dévolu au nouvel et important échelon administratif qu'il avait créé en zone sud, le gouvernement s'efforçait de persuader les autorités allemandes d'en autoriser l'extension en zone occupée. La négociation commença, quelques jours seulement après la publication de la loi – qui, ne concernant que la zone libre, n'avait pas été soumise au visa allemand – avec une visite d'Ingrand au Majestic [52]. L'accord fut rapidement acquis sur le volet économique du dispositif **, le MBF acceptant même, au moins sur le principe, que si des raisons objectives le motivaient, les circonscriptions de l'administration militaire allemande puissent être redéfinies pour coïncider avec celles des préfectures régionales. Mais, malgré les explications apportées par Darlan et Bouthillier, les occupants trouvaient confuse la répartition des responsabilités de maintien de l'ordre entre préfets régionaux et préfets départementaux. À la mi-juin, Ingrand proposa donc que « la question des pouvoirs de police, ayant soulevé certaines objections de la part des autorités allemandes, [fût] réservée pour une étude plus approfondie *** ». Amputé de son volet policier, le texte créant les préfectures régionales de zone occupée fut soumis le 19 juin au visa allemand. C'est pendant l'été 1941 que furent publiés les décrets créant les préfectures régionales de la zone occupée (Angers, Orléans, Rennes, Rouen, Poitiers, Bordeaux), de la zone interdite (Nancy, Dijon, Laon, Châlons-sur-Marne) et celle de Lille enfin, rattachée à l'administration militaire de Bruxelles dont il avait fallu obtenir l'accord [53].

Ambitions et réalités

Au début de l'automne 1941, le régime pouvait estimer avoir créé un outil puissant de coordination et de répression, renforcé encore par le pouvoir conféré aux préfets régionaux, le 11 août 1941, de suspendre tout agent public en poste dans leur circonscription ****. Pour donner leur consistance aux régions, encore convenait-il que les ministères économiques procèdent effectivement aux transferts de compétences dont le principe avait été posé par la loi du 25 août 1941. Le secrétariat général de la vice-présidence du Conseil s'y employa, avec un inégal succès. Les Allemands, favorables au développement du rôle économique des préfectures régionales, avaient les premiers constaté le peu d'empressement des administrations centrales à déconcentrer leurs

---

* Voir *infra*, p. 382.

** Une note, interne au MBF, le justifia le 21 mai, en précisant que « l'amélioration de l'administration française en matière de ravitaillement va également dans le sens de l'intérêt allemand ».

*** On étudiera, au chapitre x, la reprise de cette négociation, à partir de l'été 1941, par le gouvernement français, et son aboutissement, voir *infra*, pp. 384-385.

**** Voir *infra*, pp. 305 *sq.*

pouvoirs vers le nouvel échelon. Best demanda ainsi à ses services, le 17 juillet 1941, de chercher à connaître les raisons pour lesquelles « les préfets régionaux de zone occupée n'avaient encore pris aucune mesure d'amélioration de l'organisation du ravitaillement ». La DGTO consultée expliqua ce retard par la démission du secrétaire d'État au ravitaillement Achard *, tout en assurant que « des mesures [étaient] à attendre après la régularisation de la situation au ministère de l'Agriculture [54] ».

C'est effectivement dans ce seul secteur que se mit en œuvre un début de déconcentration : lorsque la vice-présidence du Conseil demanda aux ministères économiques, le 29 novembre 1941 [55], de lui faire connaître les textes confiant à l'échelon régional des pouvoirs jusque-là exercés au niveau national, le ministère de l'Agriculture rappela qu'il avait adressé ses propositions depuis le 10 octobre précédent **. Malgré l'attachement que Bouthillier affirmait porter à la déconcentration ***, le ministère des Finances ne répondit en revanche pas à la circulaire du 29 novembre, s'attirant en janvier 1942 un strict rappel à l'ordre de la vice-présidence du Conseil qui se déclarait résolue à « rompre avec certaines méthodes administratives qui furent si souvent la cause de lenteurs [56] ». « L'œuvre de décentralisation économique ordonnée par la loi du 25 août 1941 ne pouvant être plus longtemps différée », des propositions de décentralisation étaient exigées des administrations financières sous un mois. Mais il en fallait plus pour ébranler un ministère fermement centralisateur : rien ou presque ne se passa. La réponse de Berthelot à la circulaire de novembre fut quant à elle très argumentée : expliquant à la mi-décembre que, depuis l'automne 1940, il avait mis en œuvre la régionalisation de ses services, qui était en train d'aboutir, le secrétaire d'État aux Communications opposa cette déconcentration réelle aux exigences, purement formelles à ses yeux, de la circulaire du 29 novembre : dans l'administration « essentiellement technique » qu'il dirigeait, il ne voyait « ni la nécessité ni la possibilité de transférer aux préfets régionaux les attributions techniques d'ores et déjà déléguées à [s]es fonctionnaires régionaux ou départementaux. Pas outillés pour traiter de ces problèmes techniques, poursuivait-il, les préfets régionaux devraient nécessairement subdéléguer lesdites attributions aux chefs de service régional pour que l'administration puisse normalement fonctionner **** ».

---

* Compromis dans une affaire de marché noir, il dut quitter son poste le 17 juillet 1941. Selon P. Limagne, « on n'osa pas le faire passer directement de son ministère à la prison », *op. cit.*, p. 207.

** La vice-présidence mit un mois à les accepter. Elles firent l'objet d'un décret du 8 décembre 1941, mais, à en croire le rapport de l'IGSA cité par P. Doueil (*op. cit.*, p. 33), ces mesures, « déjà conçues en termes très restrictifs, furent pratiquement sans effet, une circulaire du 9 février 1942 ayant renvoyé l'application du décret à des instructions ultérieures qui sont encore attendues [au printemps 1944] ».

*** Il est instructif de rapprocher l'inertie des services de l'économie nationale en matière de déconcentration avec l'image très favorable de l'institution régionale que donne Bouthillier dans ses Mémoires, *op. cit.*, pp. 266-269.

**** Soulignant qu'il ne voyait pas l'intérêt d'une telle procédure, Berthelot indiqua en outre que, « au cours des conférences mensuelles de préfets régionaux, il s'est trouvé un

Même en matière de ravitaillement, secteur dont les déficiences d'organisation étaient à la source de l'instauration des préfets régionaux, ceux-ci ne reçurent guère de moyens d'agir. Dès novembre 1941, l'intendant des affaires économiques de la région de Marseille constatait que, loin d'être en mesure, comme le voulait l'esprit de la réforme, de « compléter les décisions des ministres par des mesures appropriées aux conditions locales et d'assurer l'équilibre économique régional », il n'avait pu qu'« assister à la réglementation par le secrétariat d'État au Ravitaillement de toutes les denrées alimentaires les unes après les autres », sans prise en compte du contexte local[57]. Pire encore, le préfet régional s'était parfois trouvé « n'être informé de la réglementation [que] par les articles de presse ou les réactions de la population ». Il sembla entendu trois mois plus tard, lorsque Darlan signa une circulaire exigeant que, « le ravitaillement du pays, et spécialement des classes laborieuses, [étant] une des préoccupations essentielles du gouvernement », tout fût mis en œuvre pour faciliter l'exercice par les préfets régionaux de « mesures gouvernementales demand[ant] une très large décentralisation et des moyens d'intervention très souples ». La conclusion se voulait ferme :

> L'action des administrations centrales doit s'arrêter à la région. Le préfet régional, unique correspondant des administrations centrales, dispose de tous les éléments d'information et de toutes les possibilités d'action rapide. Il doit bénéficier d'une grande autonomie. Par ces moyens et dans cet esprit pourront être évités les heurts, les maladresses, les mauvaises répartitions qui ont donné lieu jusqu'ici à trop de plaintes et qui risqueraient à la longue de gravement menacer l'ordre public[58].

Touchant au maintien de l'ordre, le sujet était en effet sensible, mais le ton du vice-président du Conseil devint autrement plus vif un mois plus tard. Dans une circulaire à laquelle les événements donnèrent peu après la valeur d'un bilan, Darlan rappela que, malgré la volonté personnelle du chef de l'État de « faire revivre la province française en tant qu'unité territoriale et administrative », le développement de l'organisation régionale se heurtait à « la mauvaise volonté ou à l'inertie de certains fonctionnaires qui, soit dans les administrations centrales, soit à l'échelon départemental, refusent de se dessaisir de leurs attributions ». « Il n'est pas admissible, ajoutait le vice-président du Conseil, qu'une des pièces essentielles de la réforme de l'État se heurte à de semblables oppositions. Je ne puis tolérer que la volonté du Maréchal soit sabotée par des fonctionnaires qui lui opposent leurs doutes, leurs conceptions propres ou leurs intérêts personnels[59]. » Exigeant « la collaboration sans réserves de tous [pour] résoudre un problème en lui-même assez difficile », Darlan rappelait aux chefs de services régionaux leur subordination « réelle et effective » aux préfets régionaux. Qu'un tel texte dût intervenir près d'un an après la création de l'échelon régional soulignait l'échec de la politique de déconcentration, au profit de laquelle la décentralisation des pouvoirs de l'État vers les

---

seul préfet régional pour s'attacher à la lettre de l'article 2 de la loi du 25 août 1941. Tous les autres se sont déclarés satisfaits du régime actuel », AN F60 479.

« communautés naturelles » avait été mise en sommeil. Son application était, de toute façon, rendue extrêmement délicate par le trop subtil partage des responsabilités entre préfet régional et préfet départemental. Comme le soulignèrent, déjà à l'époque, acteurs et commentateurs de la réforme, celle-ci n'aurait pu réussir que si, d'une part, le pouvoir avait été en mesure d'imposer sa volonté déconcentratrice aux administrations centrales et si, d'autre part, le préfet régional s'était vu conférer une autorité effective sur les préfets des départements composant la région, comme le préconisa un moment la vice-présidence du Conseil *. Si la présence à ses côtés de collaborateurs nouveaux lui donnait quelque capacité d'action, le préfet régional ne vit pas ses compétences suffisamment définies par le pouvoir central pour disposer, autrement qu'au coup par coup **, d'une autorité sur ses collègues des départements de la région.

Lors de sa session d'août 1941, la commission de réorganisation administrative du Conseil national avait proposé la nomination auprès du gouverneur d'un conseiller administratif et d'un « délégué à l'action culturelle et à la vie sociale ». La substitution au gouverneur d'un préfet régional issu de la haute fonction publique rendit sans objet la première de ces fonctions *** et l'on estima la seconde trop complexe à mettre en œuvre ****. En revanche, le préfet régional fut assisté par deux adjoints de haut niveau, l'intendant

---

* « Les préfets régionaux donnent seuls des ordres aux préfets départementaux. Ceci est essentiel », Note du 1er août 1941, AN F60 1428.

** Ainsi des « conférences interpréfectorales » mises en place par certains préfets régionaux, comme celui de Montpellier pour les questions de ravitaillement, qui en rendit compte dès juin 1941, AN 2AG 513. Ramenés à l'ambiance de Cacanie d'opérette que pouvait revêtir le « royaume du Maréchal », certains détails, *a priori* secondaires, étaient aussi révélateurs de l'attention accordée aux préfets régionaux. Ainsi, si c'est le vice-président du Conseil qui présida le 19 février le déjeuner offert à l'ensemble des préfets réunis à Vichy pour la cérémonie du serment au chef de l'État, le lendemain ce dernier n'ouvrit sa table qu'aux préfets régionaux. Le protocole traduisait aussi leur prééminence, puisque fut acceptée la proposition faite par le préfet régional de Toulouse d'accompagner le chef de l'État, lors de son déplacement officiel dans le Sud-Ouest, depuis son arrivée dans le territoire de la région jusqu'à sa sortie. Le secrétariat général du chef de l'État, expert en la matière, plaçait à cette occasion le préfet régional « juste après les ministres, secrétaires d'État, secrétaires généraux et commissaires généraux », courriers des 6 novembre et 16 décembre 1941 entre la vice-présidence du Conseil et le ministère de l'Intérieur, AN F60 479.

*** Dont les missions étaient ainsi justifiées : « Sédentaire, il assurera la permanence du gouvernement général, afin de laisser au gouverneur la liberté de ses mouvements pour aller voir sur place les hommes et les choses. [...] Le gouverneur n'aura pas toujours en effet une expérience consommée des méthodes et matières administratives » ; par ailleurs, « il aura souvent besoin de faire faire des enquêtes et inspections par un fonctionnaire ayant toute la compétence technique nécessaire », *ibid.*

**** La commission d'août 1941 lui donnait en effet une mission large et hétérogène : « Ce délégué est indispensable d'une part pour coordonner des activités administratives telles que celles de la Propagande et de la Légion qui s'exercent actuellement en ordre dispersé et sans contrôle, d'autre part pour coordonner les activités qui ne sont ni

de police * et l'intendant des affaires économiques. En matière économique, qui ne posait pas de question de principe, on put aller assez vite, d'autant qu'on ne parcourut que la moitié du chemin. Un décret du 15 mai 1941 précisa en effet le statut des intendants des affaires économiques, mais pas leurs attributions qui balancèrent, au gré de chaque préfet régional, entre un rôle de « secrétaire général spécialisé dans les questions économiques, véritable chef de service pourvu, par délégation tacite, d'un pouvoir propre et chargé de déterminer les modalités d'application de la politique économique dont le préfet régional a tracé les grandes lignes » ou, à l'opposé, de simple « conseiller technique, organe d'études et d'informations chargé d'examiner et de soumettre des propositions au préfet régional mais n'exerçant sur les services régionaux économiques aucune autorité directe émanant d'un pouvoir propre [60] ». Contrairement aux règles traditionnelles, les intendants des affaires économiques étaient choisis uniquement sur titres, le cas échéant hors de la fonction publique. Bouthillier, qui fut l'un des maîtres d'œuvre de cette réforme, vit dans cette souplesse de recrutement l'une des raisons du succès de l'institution – l'autre résidant dans l'absence de délimitation trop stricte de ses attributions – même si, dans la pratique, on recourut au vivier traditionnel de la haute administration française : maître des requêtes au Conseil d'État, inspecteurs des Finances, membres des corps d'ingénieurs de l'État **.

économiques, ni administratives, ni professionnelles et échapperaient donc aux hauts fonctionnaires spécialisés qui assistent le gouverneur ; cette coordination portera sur l'activité des groupements familiaux, intellectuels, artistiques, sportifs, ainsi que des académies régionales et également sur les manifestations de la vie provinciale (théâtre, tourisme, etc.) », « Les collaborateurs du gouverneur », rapport présenté le 22 août 1941, *ibid.* L'idée, reprise par Ingrand fut soumise au secrétariat d'État à l'Éducation nationale. En mars 1942, Verrier, directeur du cabinet de Carcopino, trouva le projet « intéressant du point de vue moral comme artistique », mais souligna que sa réalisation se heurterait à des difficultés financières. Mieux valait charger le recteur de ce type de fonctions, en lui adjoignant un « conseiller technique, conservateur de musée, archiviste départemental ou professeur de faculté chargé de l'histoire régionale », lettre à Ingrand, 6 mars 1942, AN F1a 3655.

* Voir *infra*, pp. 382 *sq.*

** *Op. cit.*, p. 267. Pour le ministre des Finances, ces jeunes hauts fonctionnaires « firent merveille dans cet emploi avec un zèle d'autant plus efficace que leur activité n'avait point été réglementée », *ibid.*, p. 268. Ce recours réitéré aux « grands corps » inquiéta le ministre de l'Agriculture, qui fit part à Darlan de ses craintes de voir les populations paysannes « très défavorablement impressionnées » si aucun des intendants des affaires économiques ne provenait de son département : « Cette réforme, dont nous attendons tous l'heureuse coordination des efforts des préfets, tout particulièrement en matière de production alimentaire, ne peut donner de résultats que si l'intendant des affaires économiques se penche attentivement sur les problèmes spéciaux à l'activité paysanne et s'il a la volonté de se maintenir en liaison étroite avec mon département et le secrétariat d'État au ravitaillement. Il n'est pas dans mes intentions de vous demander de ne nommer intendants des affaires économiques que des fonctionnaires de mon département, mais j'attache le plus grand prix à ce que certaines régions actuellement délimitées ou qui seront créées en zone occupée soient confiées à des hommes possédant une connaissance suffisante des questions agricoles et ayant des contacts fréquents avec les organisations professionnelles de producteurs et de commerçants des produits du sol », 16 mai 1941, AN F60 479.

En plus des deux intendants, trois décrets du 18 juillet 1941 [61] vinrent ajouter à l'équipe du préfet régional trois collaborateurs : un secrétaire régional, un directeur de cabinet issu du corps des sous-préfets ou de celui des secrétaires généraux de préfecture *, un préfet délégué enfin, chargé d'administrer le département chef-lieu. Ses attributions précises devaient être définies par un arrêté du ministre de l'Intérieur, mais ce texte, dont la publication avait été réclamée à plusieurs reprises par les autorités d'occupation [62], n'intervint pas avant le 6 mars 1942. Dans l'intervalle, la fonction avait été rodée et les habitudes prises en fonction des circonstances locales et des conceptions personnelles. Dans la plupart des cas [63], le préfet régional ne put se désintéresser du département chef-lieu, dont il entendait parfois faire un « département pilote », et encore moins de la métropole régionale. Il était en effet difficile d'imaginer Lyon, Marseille ou Toulouse placées sous la responsabilité d'un préfet débutant. La répartition des pouvoirs entre préfet régional et préfet délégué suivit donc des cotes diverses, plus ou moins mal taillées. En témoignent les arrêtés, transmis par la DGTO aux autorités d'occupation qui les avaient réclamés, pris par chaque préfet régional pour définir les attributions du préfet délégué auprès de lui. À leur lecture, la répartition des rôles apparaît plus politique que le résumé, à forte tonalité administrative, qu'en donnait Pierre Doueil (personnel préfectoral, administration de la ville chef-lieu et de son agglomération, affaires financières importantes, relations avec l'organe délibérant du chef-lieu **). Pour les Allemands en tout cas, comme le rappelait une note interne au MBF du 14 mai 1942, « fondamentalement, la responsabilité du préfet régional pour son département demeure ». Les préfets départementaux, dépossédés par la loi d'une part non négligeable de leurs compétences, gardaient en tout état de cause deux atouts. D'une part ils dirigeaient les bureaux étoffés et structurés de l'administration départementale, dont le personnel était placé depuis l'automne précédent sous leur autorité, tandis que le préfet régional ne disposait que d'une équipe de direction restreinte et de services administratifs étiques ***. D'autre part, ils pouvaient

* On profita de cette création pour normaliser les appellations. Le décret stipulait en effet que seuls les chefs de cabinet des préfets régionaux prenaient le titre de directeur de cabinet, « les emplois de directeur de cabinet auprès des préfets autres que les préfets régionaux étant supprimés par voie d'extinction ».

** *Op. cit.*, p. 27. Ainsi à Bordeaux, le préfet régional Sabatier, ancien secrétaire général pour l'administration du ministère de l'Intérieur, chargea le préfet délégué des affaires départementales, à l'exception de celles concernant « le service de l'occupation et des réquisitions allemandes, le service de la circulation et des carburants, le service des questions juives et le personnel des administrations publiques », qui restaient de sa responsabilité propre, 20 juin 1942, AN AJ40 540.

*** En moyenne dix agents, à savoir un chef de bureau, trois rédacteurs, deux commis, quatre auxiliaires. S'y ajoutèrent, groupés en « équipes préfectorales », des chômeurs intellectuels rémunérés sur les crédits affectés aux préfets régionaux par le commissariat général à la lutte contre le chômage, P. Doueil, *op. cit.*, p. 31. Le ministère des Finances autorisa en outre, en mars 1942, le recrutement de cinquante chargés de mission temporaires, qui pouvaient être des fonctionnaires détachés ou des agents sur contrat, lettre au secrétariat

faire donner leurs contacts locaux, auxquels la disparition des instances politiques élues donnait un rôle essentiel de relais entre le pouvoir et le pays, rôle dont l'importance s'accrut en proportion des difficultés du régime à mener de manière efficace une propagande centralisée.

Préfets et propagande

Le régime, lucide sur son impopularité croissante, analysa à plusieurs reprises, entre la mi-1941 et la mi-1942, le moral des Français en cherchant le moyen de boucler le « circuit de confiance », titre de la mission confiée au début de 1942 au Conseil national et dans laquelle du Moulin de Labarthète affirma plus tard avoir vu « l'aveu glaçant » de la faillite du pouvoir dans sa relation avec l'opinion [64]. Les efforts n'avaient pourtant pas manqué en la matière, le cabinet civil s'inquiétant dès avril 1941 « des moyens d'établir une liaison entre l'opinion publique et le gouvernement d'une part, entre la population et les autorités préfectorales d'autre part » en soulignant sans complaisance les conséquences de l'absence de relais entre la population et le gouvernement, fonction que ne pouvait remplir la presse censurée :

> Le gouvernement ne parvient pas à savoir rapidement les réactions provoquées par certaines mesures. Quels que soient les efforts tentés pour améliorer les services d'information et de propagande, ceux-ci n'auront que des effets lointains, et n'aboutiront jamais à créer un contact étroit entre le gouvernement et la population. On s'est lassé de lire les journaux et d'entendre la radio. De longtemps on ne remarquera pas les améliorations qui pourraient y être apportées. Un préjugé défavorable subsistera [65].

L'échec des propagandes par le haut

Le secrétariat général de la vice-présidence du Conseil eut beau dresser bilan sur bilan pour célébrer la première année d'existence du régime – anniversaire que Pétain fêta à sa manière, sentencieuse, en annonçant la poursuite de leur pénitence aux Français accusés d'avoir « la mémoire courte * » –, l'opinion faisait grise mine, n'accordant aucune valeur aux louanges obligées par lesquelles presse et radio saluaient les réalisations du régime. Alors que le directeur de cabinet de Pucheu avait demandé, en août 1941, que « toutes les décisions administratives [fissent] l'objet d'une ampliation ou d'une brève analyse, pour être communiquées, avant leur publication, au cabinet du ministre en vue de leur utilisation éventuelle, au moment opportun, pour l'information [66] », le gouvernement fit rapidement machine arrière. Il fut ainsi

---

d'État à l'Intérieur, 17 mars 1942. Il était précisé que ces chargés de mission ne devaient recevoir que des attributions administratives, à l'exclusion de toute question d'ordre économique, SAEF B 11859.

* « Vous souffrez et vous souffrirez longtemps encore, car nous n'avons pas fini de payer toutes nos fautes », cité dans J.-C. Barbas, *op. cit.*, pp. 143-146.

décidé, en mars 1942, de mettre un terme aux chroniques régulières dont bénéficiaient les administrations à la radio. « Quel que soit l'intérêt des rubriques consacrées aux divers secrétariats d'État et administrations publiques, estima Darlan, il faut bien constater qu'elles conduisent la majorité des auditeurs à rechercher l'écoute sur un autre poste. L'expérience prouve qu'il est pratiquement impossible de conserver à ces chroniques un intérêt soutenu lorsque leur fréquence est considérable [67]. » Ces émissions avaient en outre un effet pervers : informant les auditeurs de réglementations nouvelles avant que les administrations locales aient pu en connaître les modalités d'application, il en découlait, écrivait Jardel à Marion, « des déplacements inutiles pour les administrés et un mécontentement de leur part, accompagné souvent de critiques injustifiées contre les fonctionnaires et le gouvernement [68] ».

Des préfets débordés

Ce n'était pas là faciliter la tâche du corps préfectoral, qui avait à assumer de front ces critiques alors même qu'il était censé constituer l'échelon rapproché de la propagande gouvernementale. Même si la note, déjà citée, du 15 mars 1941 n'était guère encourageante lorsqu'elle constatait que, « dans les départements, la même rupture s'est produite entre l'administration et l'opinion publique : les préfets, surchargés de besogne administrative, n'ont plus le temps de s'informer et de faire connaître les motifs de leurs décisions », de nombreuses mesures furent prises pour donner aux préfets les moyens de remplir cette mission. Une circulaire du 28 août 1941 rationalisa la présentation des rapports préfectoraux, désormais établis selon un modèle unique pour faciliter la rédaction de synthèses destinées à éclairer le gouvernement sur l'évolution de la situation intérieure *. Les rubriques à renseigner étaient d'abord politiques (« opinion publique, administration générale, information et propagande »), puis relatives à l'activité des principaux départements ministériels avant de se clore par la délicate question des relations avec les autorités d'occupation. Mais le système ne fonctionna pas parfaitement, soit que « certains chapitres ne [fussent] pas toujours empreints du souci de renseigner que demandait la circulaire du 28 août 1941 ** », soit que la relation, complexe, entre préfets départementaux et préfets régionaux ne vînt freiner la circulation de l'information. Le préfet régional était en effet destinataire d'un exemplaire du rapport mensuel rédigé par chaque préfet de son ressort, mais n'intervenait pas dans sa transmission au ministère de l'Intérieur. Était ainsi

* « Vous devez, dans un esprit de confiance et de sincérité totales et avec le seul souci de la stricte vérité, me faire part de vos préoccupations et suggestions en fonction de la collaboration que j'attends de vous à l'œuvre que nous poursuivons en commun », AN F1a 3689. Un service chargé spécialement de l'exploitation des rapports préfectoraux avait été créé en juin précédent, circulaire du 9 juin 1941, *ibid.*

** Synthèse des rapports des préfets de zone occupée, juin 1942, AN F1cIII 1198. Une circulaire du 22 mai précédent avait posé que « les préfets adresseront désormais leurs rapports mensuels tous les deux mois » *(sic)*.

symboliquement réaffirmée la responsabilité première du préfet départemental en matière politique, alors même que les préfets régionaux venaient de se voir reconnu, par l'une des lois du 12 août 1941, le pouvoir de suspendre tout fonctionnaire affecté sur le territoire de la région, y compris donc ceux dépendant hiérarchiquement des préfets de département. Ceux-ci apparurent également placés dans une forme de subordination, non prévue par les textes, lorsque le gouvernement décida, à partir de l'automne 1941, de réunir chaque mois les préfets régionaux pour une journée de travail consacrée aux questions économiques d'une part, au maintien de l'ordre et à la situation politique d'autre part*. De retour dans leur province, les préfets régionaux devaient relayer l'information reçue en organisant des séances d'information des préfets de département.

Ces rivalités restaient pourtant minimes, tempérées qu'elles étaient par une culture administrative commune découlant de l'appartenance au corps préfectoral, surtout si on les rapporte à la vigueur avec laquelle ce corps, tous grades confondus, combattit les prétentions politiques des délégués à la propagande. Il n'était pas question, pour des préfets soucieux de participer pleinement à la restauration du pays, de se laisser déposséder de la part la plus politique de leur mission par des délégués nouvellement apparus et qui n'hésitaient pas à se réclamer d'une légitimité supérieure à la leur. La mésentente avait été immédiate entre les hauts fonctionnaires de métier et ces délégués, dans lesquels ils ne voyaient le plus souvent que des agitateurs politiques, incapables de nouer les contacts nécessaires avec les vrais relais d'opinion. De manière plus générale, c'est sans aménité que les préfets avaient vu arriver, en ordre dispersé, les représentants locaux des organismes nouveaux. Souvent ignorants, volontairement ou non, de la loi du 23 décembre 1940 qui plaçait tous les agents de l'État présents dans un département sous l'autorité du préfet, ces nouveaux venus estimaient n'avoir de comptes à rendre qu'à Vichy d'une action pour laquelle les moyens ne leur étaient en général pas chichement mesurés. La vice-présidence du Conseil se trouva ainsi rapidement alimentée, par les soins du ministère de l'Intérieur, d'un flot continu de protestations de préfets qui n'arrivaient plus à contrôler ce que l'un d'entre eux qualifiait, à la fin de 1941, de « prolifération des fonctions publiques » :

> Il ne se passe pas un jour sans que les préfets ne soient appelés à recevoir un nouveau chef de service, un nouveau délégué à la mission imprécise. [...] Il y a là une manifeste exagération qui souligne, aux yeux de la population, sinon l'incohérence, du moins le désordre et le manque de coordination des services

* Ces conférences de préfets régionaux furent d'abord organisées par zone, puis unifiées à partir de mai 1942, après que les Allemands eurent donné alors leur accord pour que les réunions regroupent tous les préfets régionaux et se tiennent alternativement à Paris et à Vichy (P. Barral, *art. cit.*, p. 932). Un précédent existait, les préfets régionaux des deux zones réunis à Vichy le 19 février 1942 pour prêter serment au chef de l'État ayant tenu une réunion conjointe le lendemain.

publics. Les adversaires du gouvernement s'emparent couramment de cette multiplication anormale du nombre de fonctionnaires et la transforment en arme contre le régime [69].

Encore s'agissait-il là de la situation, formellement satisfaisante, où le délégué nouveau était venu présenter ses respects au représentant de l'État. Souvent, au contraire, des préfets déclaraient n'avoir jamais rencontré, ou seulement sur convocation expresse, les agents locaux des administrations nouvelles. Étaient les plus coupables d'une telle désinvolture les délégués à la propagande, qui ne se sentaient placés que sous l'autorité de Paul Marion. Secrétaire général adjoint à l'Information en février 1941 – puis secrétaire général en août de la même année –, ce dernier s'était efforcé d'absorber dans un réseau solidement charpenté les délégués départementaux des divers organismes publics ou para-publics chargés, depuis l'été 1940, de répandre en France la parole du Chef [70]. L'ensemble devait constituer un outil certes placé auprès des préfets, mais qui ne leur était pas hiérarchiquement subordonné, comme le leur indiqua Marion en avril 1941 :

> Les délégués, munis d'instructions spéciales et d'une lettre d'introduction les accréditant auprès de vous, viendront constituer les comités départementaux avec le concours des dirigeants de la Légion, des personnalités représentatives des courants politiques et sociaux pour autant qu'ils aient conservé une influence locale, et des gens susceptibles par leur valeur personnelle et leur ascendant moral de rallier l'ensemble de la population autour du Maréchal et d'enlever à ces comités le caractère trop exclusif d'union de partis. Les délégués travailleront en liaison étroite avec vous. [...] Ils vous demanderont conseil. Vous voudrez bien leur faciliter l'accès auprès des personnalités départementales, les renseigner sur l'état d'esprit de la population, les accréditer auprès des autorités civiles et militaires *.

On conçoit que les préfets n'aient montré que peu d'ardeur à fournir à des délégués dont le contrôle leur échappait totalement les facilités demandées, facilités politiques mais aussi matérielles – ces dernières, lieux de réunions et bons d'essence par exemple, n'étant pas les moindres. Ils soulignèrent en revanche dans leurs rapports que l'organisation de la propagande ne s'était pas sensiblement améliorée depuis la mise en œuvre de ce nouveau dispositif. Ingrand transmit ainsi au cabinet civil, en juillet, les réclamations du préfet de Maine-et-Loire qui, pour traduire dans les faits sa « conviction absolue que la cause du Maréchal s'identifie exactement avec celle de la France », jugeait indispensable que soit mieux coordonnée l'action des autorités chargées de la propagande en faveur de la Révolution nationale [71]. Le mois suivant, devant la commission de réorganisation administrative du Conseil national, Chéneaux

* Circulaire du 23 avril 1941, AN F60 592. Fait minime, mais symbolique, le ministère de l'Intérieur refusa de se charger de la diffusion de cette circulaire, Darlan ministre de l'Intérieur faisant savoir à Darlan vice-président du Conseil que l'Intérieur pourrait certes établir le nombre d'exemplaires nécessaires, mais qu'il revenait à la vice-présidence du Conseil de les faire parvenir aux préfets, *ibid.*

de Leyritz ne mâcha pas ses mots, en demandant que soit confiée aux préfets régionaux « la direction d'une propagande jusqu'à présent dispersée, désordonnée, effectuée par des délégués irresponsables, non surveillés et n'ayant pas toujours des initiatives heureuses[72] ». En mars 1942, une circulaire conjointe de Darlan et Pucheu donnait satisfaction aux préfets, en leur indiquant que les délégués à la propagande seraient désormais placés sous leurs ordres directs. Aucun ne serait à l'avenir nommé sans leur accord explicite, et tout délégué ne présentant pas les qualités nécessaires serait relevé de ses fonctions, ou au moins changé d'affectation. En outre, toutes les directives adressées par le secrétariat général à l'Information à ses délégués transiteraient désormais par les préfets, « responsables devant le Maréchal chef de l'État de l'ordre dans leur département et du bon fonctionnement des divers services, [et qui] doivent contrôler étroitement toutes les activités qui s'exercent dans leur circonscription territoriale[73] ».

Les préfets furent moins heureux dans leur combat, plus feutré, contre le Secours national, qui avait pour mission l'assistance aux populations en difficulté. Organisme de droit privé mais placé sous le contrôle étroit de l'État qui le finançait majoritairement, il était présidé par un ancien vice-président du Conseil d'État, Georges Pichat, assisté d'un autre membre du Conseil d'État, Jean Toutée, et manifestait un activisme d'autant plus mal supporté à Vichy qu'il s'accompagnait de velléités d'indépendance idéologique. En décembre 1941, du Moulin de Labarthète adressait ainsi à Toutée une mise en garde relative aux « graves dangers qu'entraînerait une extension excessive et aveugle du rôle dévolu au Secours national », notamment celui de se substituer aussi bien à l'initiative privée qu'à l'action des pouvoirs publics, ce qui « altérerait gravement la nature même » de l'organisation jusqu'à en faire « une vaste administration collective * ». C'était là bien refléter l'inquiétude des préfets devant l'expansion, difficile à contrôler, d'un organisme qui, animé par des membres du Conseil d'État, ne se laissait évidemment pas prendre en défaut en matière de fonctionnement administratif et qui était en outre doté de moyens financiers substantiels. La préoccupation politique n'était pas absente de cette analyse, Pucheu intervenant à plusieurs reprises lors des conférences de préfets régionaux pour rappeler le droit de regard, voire de contrôle, que devait exercer l'administration préfectorale sur la nomination et l'action des délégués du Secours national. Le ministre soulignait ainsi, en février 1942, « l'inconvénient qu'il y aurait pour le Secours national à ce qu'il concerne ou prenne une tournure trop nettement confessionnelle, ceci afin d'éviter un retour des populations vers l'anticléricalisme. La consigne générale est de s'efforcer de passer avec le Secours national de plus en plus du plan de la charité à celui de la solidarité. Il faut donc s'efforcer d'amener le

* Lettre du 1er décembre 1941, AN 2AG 500. En 1942, le Secours national revendiquait une mission d'envergure quasi gouvernementale, en affirmant « n'a[voir] pour ennemis que les ennemis de la France », *Annuaire de la presse française et étrangère*, 1942-1943, p. 221.

Secours national à être moins bourgeois et à se rapprocher davantage des milieux ouvriers[74] ». Mais la prise de contrôle que le ministre appelait de ses vœux n'intervint pas. À l'automne 1942, le Secours national était toujours présenté comme « un organisme de propagande particulière », les préfets insistant pour qu'instruction fût donnée aux délégués de l'œuvre de les consulter sur toute question d'ordre général[75]. En avril 1943 encore, au sujet des modalités d'accueil dans les écoles des enfants repliés des zones bombardées, la direction des réfugiés du ministère de l'Intérieur et le cabinet d'Abel Bonnard se trouvèrent d'accord pour critiquer la tendance du Secours national « à devenir un État dans l'État », en dénonçant l'attitude prise par ses délégués locaux « [qui] sont souvent des nobles très attachés aux traditions, fiers d'avoir à commander et hostiles aux instituteurs[76] ».

Les limites de l'action informelle

Malgré l'étroitesse de sa marge de manœuvre, il était impératif pour le pouvoir de resserrer son lien distendu avec l'opinion. La voie « d'en haut » se trouvait exclue dans les faits, comme le reconnaissait à l'automne 1941 Alfred Potier, adjoint de Lagrange : « L'organisation de propagande ouverte, par affiches, presse, radio, impliquant nécessairement le consentement des autorités d'occupation, serait actuellement interprétée par la population comme une preuve de ce que le gouvernement et les Allemands ont "partie liée"[77]. » Il convenait en revanche, poursuivait-il, de réfléchir à « une propagande "bouche à oreille" », même si des difficultés étaient à prévoir avec les autorités d'occupation, *a priori* « peu portées à permettre une entreprise qu'elles soupçonneraient devoir s'exercer contre elles ».

DGTO, ministère de l'Intérieur et vice-présidence du Conseil tombèrent ainsi d'accord, au second semestre de 1941, pour prôner le développement d'une propagande informelle. Ingrand saisit ainsi au vol, en juillet 1941, la proposition du préfet du Maine-et-Loire de « constituer un noyau de propagande dans chaque commune : quelques personnes sûres et dévouées transmettant spontanément de bouche à oreille les mots d'ordre capables de triompher de la propagande adverse[78] ». D'autres suggestions du même ordre convainquirent Jardel de faire préparer un projet de lettre à de Brinon afin « d'obtenir des autorités d'occupation l'accord de principe à une œuvre de propagande méthodique et profonde exercée par le gouvernement en zone occupée ». Le délégué général devait insister auprès des Allemands sur les avantages qu'eux-mêmes tireraient d'un « système de propagande, spécifiquement française, [contribuant] à établir une stabilité politique et morale, propice aux intérêts du nouveau régime de la France aussi bien qu'à ceux de la puissance occupante[79] ». La vice-présidence du Conseil était néanmoins consciente que toute propagande officielle, qui ne pouvait être mise en œuvre qu'avec l'accord de l'occupant, susciterait une « réaction défavorable dans l'esprit prévenu du public ». Mais, estimait encore Potier en novembre 1941, il était impossible de laisser se déliter plus longtemps l'image du gouvernement en zone occupée, et il convenait de remédier par diverses mesures ponctuelles au défaut d'information des populations de cette zone *. Pucheu était lui aussi partisan du bouche à oreille, sous réserve que ce mode de diffusion de l'information fût contrôlé de près par l'État, ce à quoi devaient participer aussi bien l'échelon nouveau, déjà étudié, des agents cantonaux que les conférences mensuelles des préfets régionaux. Stratifiant tous les niveaux de l'administration territoriale, des préfets régionaux aux maires, le ministre de l'Intérieur envisageait ainsi une circulation pyramidale de l'information conforme à l'idée rationnelle qu'il se faisait de l'organisation de l'État nouveau.

Le retour des notables

Effrayé par une vision aussi mécanique des relations avec l'opinion, Jacques Bardoux lança vers Pétain, en octobre 1941, un véritable cri d'alarme : « Il y a, pour votre gouvernement, un péril extrême à n'être en contact avec le pays que par l'intermédiaire des fonctionnaires, dont les antennes et la vision sont professionnellement déformées[80]. » Dénonçant « l'isolement total » dans lequel le chef de l'État risquait d'être rapidement placé, l'influent sénateur du Puy-de-Dôme, encore maréchaliste alors, soulignait le caractère préjudiciable d'une telle situation, qui mettait le chef de l'État en position de faiblesse face aux exigences de l'occupant. Son analyse, partagée, fit sortir les notables de l'ostracisme dans lequel les avait jusque-là tenus le régime. Au printemps 1941, alors qu'ils étaient peu en cour, le mémorandum du 15 avril n'avait pas craint d'évoquer le rétablissement des Chambres, avec des pouvoirs seulement consultatifs, ou la reprise des sessions des conseils généraux : hypothèses certes écartées aussitôt qu'énoncées, en raison des « remous extrêmement violents » qu'elles étaient supposées générer dans l'opinion publique **, mais qui n'en étaient pas moins l'indice d'une forme de retour en grâce, d'autant qu'elles s'accompagnaient d'autres propositions, tels l'accroissement des

---

* « Mettre à profit les passages à Vichy d'habitants des zones occupée et interdite, [en leur réservant] un accueil particulier, dans un organisme relevant du cabinet du Maréchal, mais dont l'atmosphère serait aussi peu officielle que possible ; les documenter particulièrement sur les mesures importantes, mais trop peu connues, prises par le gouvernement pour les prisonniers de guerre et les populations spécialement éprouvées ; exposer diverses réalisations de la Révolution nationale, et les obstacles qui empêchent l'action du gouvernement de s'exercer pleinement dans les territoires occupés », « Note sur la propagande en zone occupée », 25 novembre 1941, *ibid.* Potier allait plus loin, estimant que les choses iraient mieux si les populations de zone occupée, privées d'images militaires, pouvaient de temps à autre s'assurer de la « bonne tenue des corps de troupe » : « Il faut toujours se rappeler que les habitants de la zone occupée ignorent tout de la vie militaire du pays, et ne sont pas très sûrs que la France possède encore une armée. Le moindre spectacle militaire les émeut au-delà de toute expression et les remplit d'enthousiasme. » Et plus loin, évoquant les Chantiers de la jeunesse : « Le spectacle d'une telle réussite de l'État nouveau exerce une influence puissante sur les esprits inquiets et irrésolus. Tous ces moyens devraient être mis en action pour apporter au sentiment patriotique des visiteurs venant de la zone occupée les satisfactions visuelles dont il est tant privé ».

** La note soulignait ainsi que « les parlementaires ne manqueraient pas de reprendre très rapidement les mœurs qui ont fait la ruine du pays. Ils repratiqueraient auprès des différentes administrations le jeu paralysant des interventions et compromettraient définitivement l'œuvre du gouvernement et du Maréchal », AN 2AG 513.

pouvoirs des commissions administratives départementales et la création, auprès des préfets régionaux, de « comités officieux de notables », convoqués régulièrement à Vichy pour des sessions de trois à quatre jours présidées par les ministres. À raison de dix à quinze par région, « ces notables, investis de la confiance du gouvernement, rentreraient chez eux, y reprendraient leurs affaires et, au cours de consultations, diffuseraient et expliqueraient les intentions du gouvernement, feraient connaître son œuvre. La vanité aidant, il est probable que ces personnes feraient un excellent travail* ». Pétain reprit la balle au bond, en envisageant d'installer auprès du gouverneur « un conseil, nommé sur sa proposition, [chargé de] se faire l'écho des forces spirituelles, morales intellectuelles et économiques de la province[81] ». Ces conseils ne virent jamais le jour, mais le régime n'en chercha pas moins à s'appuyer sur des hommes issus des anciens partis – de droite, mais aussi, pour certains, de la SFIO – ou « apolitiques », ces derniers étant décrits par Yves Durand comme « souvent les plus fidèles, parce que jamais engagés dans un activisme revanchard, ni portés à retourner leur veste lorsque le sort de la guerre dessin[a] pour Vichy, associé aux Allemands, un destin sans avenir[82] ».

En janvier 1942, cherchant à construire le vivier à partir duquel pouvait être assurée une meilleure représentation des différentes sensibilités politiques et sociales, Pucheu demanda aux préfets, sous le timbre de la direction des Renseignements généraux, des informations précises sur « la situation, la personnalité et les tendances actuelles de ceux qui ont joué un rôle politique ou exercé une influence morale, jusqu'à ce jour, dans [leur] département : parlementaires, chefs des anciens partis politiques, dirigeants des mouvements syndicalistes et groupements professionnels, patronaux et ouvriers (s'ils exercent une activité politique), agents électoraux, notables, maires des agglomérations les plus importantes[83] ». La circulaire était accompagnée d'une annexe précisant les dix-sept rubriques qui devaient être renseignées, en s'inspirant d'un modèle de notice-type qui définissait le profil du notable moyen dont le régime aurait volontiers fait son soutien**. De manière significative, l'exemple donné pour expliquer comment utiliser la notice l'imaginait député radical depuis 1924, mais de la frange de ce parti opposée au Front populaire : Pucheu restait en effet persuadé que la France, n'étant pas majoritairement de droite, souffrait d'un déficit de représentation auquel il imagina de répondre par une refonte audacieuse du Conseil national.

---

* *Ibid.* Pour le cabinet civil, il restait néanmoins essentiel de conjurer le risque, inhérent à un tel dispositif, de voir ces conseillers officieux profiter de leurs fonctions pour « faire des interventions auprès des administrations, ou pratiquer une politique personnelle ». L'entourage du chef de l'État posait donc deux garde-fous en indiquant que, si l'idée de créer de tels comités de notables était retenue, elle devrait être encadrée par deux règles de conduite. Il conviendrait en effet d'une part de cesser de convoquer les « personnages enclins à se donner trop d'importance », ce que permettait le caractère officieux de leur choix, d'autre part de punir de sanctions sévères les fonctionnaires qui donneraient suite à leurs interventions.

** Cette notice-type est reproduite en annexe 15, p. 681.

Refondre le Conseil national ?

Ce dernier s'était en effet rapidement révélé incapable de jouer le rôle de relais d'opinion attendu de lui. Comme l'écrivait après seulement quatre mois d'existence de l'organisme son secrétaire général, l'amiral Fernet, « le contact avec le pays n'était pas établi aussi étroitement que le Maréchal le souhaitait [84] », opinion partagée par le cabinet civil pour qui « le Conseil national a[vait] échoué ; on ne [pouvait] songer à lui redonner un intérêt [85] ». Non seulement le chef de l'État ne lui avait guère laissé les moyens d'affirmer son existence, en le réduisant de manière systématique à ne jouer que les utilités, mais la composition même du Conseil, qui en faisait une assemblée de notables recalés du suffrage universel et d'élites sympathisantes du régime, lui ôtait toute crédibilité dans l'opinion, ce à quoi les modifications marginales intervenues en novembre 1941 dans sa composition ne changèrent pas grand chose*. Critiquant ce parti pris, Pucheu envisagea en décembre 1941 de nouvelles nominations susceptibles de donner au Conseil la représentativité qui lui manquait. Les préfets furent consultés, mais leurs propositions déçurent fortement le ministère de l'Intérieur si l'on en croit le compte rendu, établi par Fernet, de la réunion du 22 décembre lors de laquelle elles furent examinées :

> Les noms proposés, considérés en eux-mêmes, ne soulèvent aucune objection : tous les candidats sont reconnus parfaitement honorables et se situant sur le plan national. Mais l'opération projetée, selon le directeur du cabinet [du ministre de l'Intérieur], ne constitue pas, actuellement, une opération politique : « Il faut rallier la masse, gagner des effectifs à la Révolution nationale. Or la liste présentée est une liste de droite ; son homologation irait à l'encontre des réalités et des buts à atteindre. Le pays n'est pas à droite ; des élections, si l'on y procédait, le prouveraient. D'où la nécessité de ne pas ignorer ce qui est situé à gauche. [...] Mais aucune proposition à gauche n'a été présentée par les préfets en janvier 1941 ou fin 1941. Tous les préfets n'ont pas le sens politique, certains sont timides et ne veulent pas éliminer de leurs propositions certaines personnalités qu'ils estiment avoir de l'influence à Vichy [86]. »

Même si l'amiral Fernet lança que « l'on ne [pouvait] songer – parce qu'il s'agit précisément de Révolution nationale – à la recherche d'un équilibre méticuleux », Pucheu, déçu, ne donna aucune suite à cette tentative et travailla à la mise en place d'un dispositif plus précis de représentation de l'opinion. Une circulaire du 9 décembre 1941 demanda ainsi aux préfets d'accroître les effectifs des commissions administratives, alors en moyenne de

* La liste des changements intervenus est donnée par P. Limagne, *op. cit.*, p. 291. Parmi les sortants, on peut relever les noms du cardinal Suhard (« retenu par les devoirs de sa charge ») et d'André Siegfried (« retenu par d'autres obligations »), de Marcel Boussac, du général de La Laurencie, déclaré démissionnaire d'office, ainsi que ceux de plusieurs parlementaires. Claude-Joseph Gignoux, ancien président de la Confédération générale de la production française, y fit son entrée, ainsi que René Bard, « secrétaire général de la Fédération cégétiste des mineurs », qui remplaçait Georges Dumoulin.

huit membres, à une vingtaine. Les nominations nouvelles devaient permettre de sortir du cercle confiné dans lequel avaient été recrutées ces commissions lors de leur constitution à l'automne 1940 :

> Le moment est venu d'associer étroitement à la tâche du gouvernement les représentants du pays réel dont le bon sens traditionnel, faussé par les jeux de la politique, est en voie de redressement par la force même des épreuves que le pays a subies. [...] Les nouvelles commissions ne doivent pas faire figure d'assemblées de notables, mais correspondre à la composition sociale du département : personnalités dont l'autorité morale et le dévouement à l'ordre nouveau sont incontestables, représentants des professions libérales, mandataires des populations rurales, représentants de la classe ouvrière, représentants des intérêts économiques de la région [87].

En s'appuyant sur cet embryon de représentation départementale serait construit un conseil régional, « [auquel] il ne saurait être question de donner pour le moment des attributions précises », mais qui serait appelé à constituer, sans que sa consultation revête jamais le caractère de formalité obligatoire, « une manière de conseil privé » des préfets régionaux, dont l'avis serait recueilli sur toutes les mesures touchant l'organisation de la région. Pucheu envisageait de le composer des conseillers nationaux de la région, de deux membres de chaque commission administrative départementale, nommés par le préfet régional sur proposition du préfet départemental, et de dix représentants des activités économiques et sociales de la région, choisis par le ministre sur une liste établie par le préfet régional [88]. Le dispositif était même à triple détente, puisque, en février 1942, le secrétaire d'État à l'Intérieur fut chargé d'accélérer la mise en place des conseils régionaux, pour que ceux-ci puissent, « dès leur constitution, présenter au chef de l'État une liste d'un certain nombre d'entre eux, parmi lesquels le maréchal Pétain choisirait les membres de la Commission permanente nationale d'Information [89] ». Là encore, le dispositif ne dépassa pas le stade du projet, et c'est à la commission d'information générale du Conseil national qu'il revint de réfléchir aux moyens les mieux à même de rétablir le « circuit de confiance » entre le gouvernement et la population. Pour cette session, organisée du 25 mars au 2 avril 1942, cette commission vit son effectif passer à 75 conseillers. Ce chiffre exceptionnel – les commissions ne comptaient jusque-là qu'une vingtaine de membres – soulignait l'importance du travail, organisé en trois chapitres (administration, production et ravitaillement, circuit de confiance) qui reprenaient terme à terme une phrase du message du chef de l'État radiodiffusé à l'occasion du nouvel an 1942 : « Les devoirs du gouvernement sont à la mesure des exigences légitimes du pays. Or ce pays veut être administré, ravitaillé, entendu [90]. » *Le Temps* publia, le 18 avril 1942, l'essentiel du rapport de la commission qui s'intéressa d'abord aux moyens de parvenir à une « information plus sincère du pays par le gouvernement », en évoquant successivement les améliorations à apporter aux communiqués officiels, à la censure de presse, à l'utilisation de la radio. C'est en matière de propagande orale que le texte se montrait le plus sévère pour les initiatives gouvernementales : plutôt qu'à « des propagandistes professionnels n'ayant pas une connaissance des milieux auxquels ils s'adressent et excitant trop souvent par avance la méfiance instinctive de leurs auditeurs», le gouvernement serait bien inspiré, estima le Conseil national, de recourir à « des réunions de notables du pays réunis à cet effet par les représentants du gouvernement et chargés de diffuser les renseignements qui leur seraient communiqués». Devait en outre être mise en œuvre, aussi rapidement que possible, l'organisation des groupements naturels et sociaux : les organismes annoncés par la Charte du travail et ceux chargés de représenter les familles étaient en effet devenus indispensables, à côté des assemblées provinciales annoncées, pour permettre au pays de faire connaître ses sentiments. Compte tenu de la date de sa publication, qui coïncidait avec la formation du gouvernement Laval, le rapport passa au second plan.

Le nouveau chef du gouvernement était, autant que son prédécesseur, conscient de l'impopularité du régime, qu'il essaya de corriger en redonnant une place aux représentants des forces politiques écartées depuis l'été 1940. Mais il considérait également que la politique qu'il avait à mener, construite sur un approfondissement de la collaboration, était par nature impopulaire et qu'il convenait donc de s'accommoder de l'inévitable désaffection de l'opinion. Cette prise en compte de la réalité est sans doute ce qui avait le plus manqué jusque-là aux équipes pétainistes, qui semblaient totalement prises au jeu de la mystique qu'elles avaient contribué à construire. Il est significatif à cet égard de constater l'intérêt, presque la joie, dont fit montre la vice-présidence du Conseil en recevant, en juillet 1941, un rapport du préfet de Vendée qui déclarait «être grandement aidé dans [sa] tâche par Mgr M., vicaire capitulaire de Luçon, qui ne manque jamais d'indiquer aux fidèles qu'ils doivent écouter religieusement le chef de l'État dans les heures difficiles que nous traversons. Le mot d'ordre donné au clergé de la Vendée est le suivant : "Le Maréchal fera ce qu'il pourra et nous, nous ferons ce qu'il voudra."[91] » «La formule est très heureuse» affirmait le général Huntziger qui l'avait le premier relevée, en souhaitant qu'elle fût diffusée vers « tous les groupements et organisations animés par l'esprit de la Révolution nationale». La vice-présidence du Conseil approuva chaudement cette suggestion, indiquant que la trouvaille était «à répandre». La foi dans le Maréchal avait en effet constitué le principe sur lequel, depuis l'été 1940 et malgré les désillusions de l'opinion – dont elles mesuraient l'ampleur –, les équipes au pouvoir avaient construit leur relation avec la population. Parmi les nombreuses causes qui convergèrent pour accélérer le processus d'étatisation entra sans doute en ligne de compte l'idée que l'administration présentait au moins cet avantage que le fonctionnaire obéissait sans se poser trop de questions. En préférant de manière systématique l'obéissance de l'appareil d'État à l'expression, fût-elle canalisée, du débat public, le pouvoir crut être en mesure de maîtriser le fonctionnement du pays. Mais la vision était à courte vue, même en ce qui concernait la fonction publique : celle-ci sut en effet réagir, pour son plus grand profit, aux mesures qu'avait prises le gouvernement à son égard entre les printemps 1941 et 1942.

CHAPITRE VIII

L'impossible marché

Ces mesures étaient de deux ordres, articulées autour de l'une des principales césures du régime, le message prononcé le 12 août 1941 par le maréchal Pétain, dit du « vent mauvais ». Cette métaphore avait en effet été utilisée, non sans à-propos, par les rédacteurs du texte pour caractériser l'atmosphère de défiance grandissante qui se diffusait dans le pays à l'égard du gouvernement. Autant la recherche du ralliement de l'administration – épurée des éléments *a priori* ennemis – restait présente dans la préparation du statut des fonctionnaires, autant le sentiment de méfiance reprit le dessus dans le discours du 12 août. Celui-ci contenait l'annonce de nombreuses mesures répressives, dont certaines touchaient directement des fonctionnaires que le pouvoir entendait reprendre en main. De fait, ni l'image qu'avait le régime de ses cadres administratifs ni le discours qu'il leur tint ne se départirent jamais d'une forte dose d'incompréhension, génératrice de malentendus, d'ambiguïtés et d'ambivalences. Ambiguïtés d'une politique de la fonction publique, qui ne cessa, dès l'origine, de mêler de manière étroite considérations juridiques et intentions politiques et ambivalences d'un régime qui se savait contraint de s'appuyer sur son armature administrative mais ne pouvait s'empêcher de douter d'elle, et de le lui faire savoir.

Des fonctionnaires déloyaux ?

Les saboteurs

Alors que les préfets, dans leurs rapports, continuaient à souligner le dévouement et le loyalisme de fonctionnaires consciencieux bien que mal payés, tout ce que Vichy et Paris comptaient d'hommes politiques, de publicistes et de plumitifs se retrouvait pour dénoncer, malgré de réelles divergences de fond, la tiédeur d'une fonction publique insuffisamment épurée et excessivement conservatrice. Le thème classique de la réforme trahie par les bureaux connut ainsi, adapté aux circonstances de l'heure, une nouvelle jeunesse. Interceptée par les « services de contrôle technique », une lettre parmi des milliers d'autres rapportait « des critiques à l'égard des administrations publiques : « survivances des activités de l'ancien régime avec sabotage de la Révolution nationale chez certains fonctionnaires ; plaintes contre l'incurie et la négligence administratives[1] ». Cet instantané de l'opinion française d'Afrique du Nord à la fin de 1941 résumait trois des quatre angles d'attaque que l'on retrouve dans tout florilège de littérature anti-administrative de l'époque : le manque de zèle, l'attachement à l'ancien régime, la volonté de sabotage. N'y manquait que la métaphore, alors très à la mode, de l'administration comme franc-maçonnerie. Avant même que fussent prises des mesures effectives contre les fonctionnaires maçons*, la méfiance était de règle à l'égard des « forces occultes » censées avoir fait du régime républicain leur chose. La frange de l'extrême droite qui développait avant guerre, autour de Léon de Poncins, de Robert Vallery-Radot et de la *Revue internationale des sociétés secrètes*, un véritable délire obsidional antimaçon s'en donnait à cœur joie, mais elle n'était pas la seule. Un des républicains dits « modérés », le sénateur-académicien Léon Bérard qui, avant de se rallier à Vichy qui en fit son ambassadeur auprès du Saint-Siège, avait détenu à plusieurs reprises sous la Troisième République le portefeuille de l'Instruction publique, donnait de cette administration une description qui n'aurait pas déparé dans une anthologie antimaçonnique :

> Les influences latentes et les pouvoirs obscurs qui conduisent l'Instruction publique [...] ne s'arrêtent jamais. Peu leur importent les changements de direction politique et les renversements de majorité. Ils poursuivent patiemment, silencieusement, leur marche ; et, à la faveur des agitations ou des difficultés qui retiennent sur d'autres objets l'attention du milieu parlementaire, ils méditent et réussissent à perpétrer, sous couleur de réformes techniques, leurs desseins les plus audacieux et les plus discutables**.

Faire de l'administration une autre franc-maçonnerie devint ainsi un des lieux communs du discours vichyssois. Régie par des principes sacrés – respect des règles formelles, attachement aux structures, recours à un langage propre, fort sentiment d'appartenance entre ses membres –, la fonction publique n'était-elle pas, elle aussi, un ensemble soudé, soucieux de son propre pouvoir et en fait libre de ses choix sous couvert de docilité ? Parlant à la mi-1942 aux stagiaires de l'école des cadres, d'inspiration collaborationniste, du Mayet de

* Voir *infra*, pp. 299 *sq*.

** Lettre à Aubert Lefas, membre de la commission sénatoriale de l'enseignement, 3 avril 1941, AN 2AG 609. Dans ce courrier, Léon Bérard revenait longuement sur la réforme de 1920 des écoles normales primaires, sur la question des devoirs envers Dieu, sur la place excessive enfin prise par le syndicalisme des fonctionnaires. Il estimait à ce propos que « l'État s'est montré parfaitement incapable, de 1918 à 1940, à travers toutes ses incarnations et tous ses avatars, de régler le problème du syndicalisme administratif, et a follement fourni ses cadres à une révolution où il aurait probablement sombré à son tour ».

Montagne, Laval passa de l'allusion à l'image pour évoquer « ses luttes quotidiennes de Vichy, la lenteur calculée des "bureaux" peu sûrs, la résistance de beaucoup de fonctionnaires, dont une franc-maçonnerie sans rites, aussi redoutable que l'autre, cimente la solidarité [2] ». C'est ce que notait déjà, un an plus tôt, le Service des sociétés secrètes en présentant la Préfecture de police comme un lieu où les influences maçonniques effectives se cumulaient avec « un véritable esprit de corps [qui] unit étroitement agents, gradés, inspecteurs, secrétaires, commissaires et commissaires divisionnaires, formant en quelque sorte une franc-maçonnerie professionnelle contre laquelle il est des plus difficile de lutter [3] ». Voir le système administratif comme un monde dont l'autonomie, construite sur des ramifications complexes, échappe à la pyramide de l'autorité préfigurait la thèse du complot : si les projets de redressement national piétinaient, c'était seulement parce que des mentalités et des comportements d'ancien régime continuaient à gouverner l'administration. Ainsi le *Bulletin de l'Équipe*, proche des réseaux pétainistes de propagande, s'indignait-il dans sa livraison du 17 juillet 1941 de « la sourde résistance de tout le personnel administratif dans l'application des lois et décrets du gouvernement du maréchal Pétain, se traduisant souvent en hostilité ouverte [4] ». Encore la rédaction de cet organe était-elle modérée par rapport à ses militants qui, quelques jours avant le « vent mauvais », se déclaraient l'un « épouvanté de voir que les meilleurs trouvent naturel de laisser jusque dans les ministères des ennemis farouches de la Révolution nationale aux places principales », un autre désireux « de montrer que quelque chose est changé même dans l'administration, cette pépinière de propagandistes roses et rouges », un troisième encore sans illusions sur « la conversion de [fonctionnaires ayant] tous la "tripe Front popu [5] ". »

Cette conclusion n'était pas neuve. Déjà mise en avant dans les rapports rédigés à la fin de l'été 1940 par les *missi* *, on la retrouvait à l'identique, près d'un an plus tard, dans les conclusions d'une enquête effectuée, pendant la seconde moitié d'août 1941, « auprès d'une centaine de personnes de zone occupée appartenant aux milieux sociaux les plus représentatifs de la Nation » :

> À l'échelon administratif, à tous ses degrés, du préfet au commis d'ordre, freinage des instructions gouvernementales par les fonctionnaires qui créent ainsi une barrière entre le gouvernement et la Nation. Ce freinage est soit systématique par esprit d'obstruction afin de faire échec à l'ordre nouveau, soit issu de la médiocrité d'individus irresponsables. D'une façon générale, le fonctionnaire n'a pas évolué ; assujetti à sa fonction, il la remplit généralement sans ardeur même s'il est consciencieux ; au fond, il ne croit pas à ce qu'il fait ; ses formules de recrutement et d'avancement ne font rien pour l'élever ; privé de l'exemple du concret, il se contente d'appliquer le règlement. Son principe de base demeure, comme par le passé : « Ne jamais faire de zèle pour le gouvernement au pouvoir, afin de ménager l'avenir. » Conclusion : Le peuple se dit :

* Voir *supra*, p. 123.

> « Rien n'est changé dans l'administration ; les mêmes incapables demeurent en place. Les méthodes d'irresponsabilité et de lenteur règnent toujours. Le Maréchal nous avait promis un changement, mais les fonctionnaires sont plus forts que lui. La Révolution nationale est une duperie[6]. »

D'une administration régénérée par l'élimination des « incapables physiques et moraux », le régime avait espéré une participation active à l'effort de redressement national. Ce fut une réelle désillusion, pour les pétainistes les plus fervents, de constater que le zèle ardent qu'ils mettaient à suivre le Maréchal n'était pas uniformément partagé par les bureaux. Il n'y avait qu'un pas à faire pour voir dans cette attitude la marque d'une équivoque inadmissible. Déplorant que « les employés des services publics ne soient pas les "soldats du Maréchal" mais la force d'inertie qui empêche l'accomplissement de la Révolution nationale indispensable à la survie de la France », Max Hermant, qui présidait avant guerre la Fédération des sociétés d'assurances, résumait la situation en distinguant deux catégories de fonctionnaires :

> a) Les uns sont restés « ronds de cuir », incapables encore de devenir, dans chaque poste civil, de vrais soldats au service du pays. Laisser-aller, de manque de dévouement et d'ardeur. Travail médiocre et triste.
>
> b) Les autres ont une mauvaise volonté tenace, habilement dissimulée. Ils « sabotent » volontairement et ingénieusement toutes les mesures saines qui sont décidées et qui demeurent enfouies dans le Journal officiel, qui est strictement confidentiel et dont la presse ne reproduit les textes que dans des analyses incompréhensibles et souvent inexactes[7].

Le sabotage par inertie s'étendait donc, plus grave encore que le refus politique de servir l'ordre nouveau car il avait des racines profondes qu'une épuration ne saurait suffire à extirper. Le pouvoir s'attacha donc à le combattre, en usant de deux séries de moyens : la répression d'abord. Destinataires des nombreuses dénonciations émanant, souvent mais pas exclusivement, de la Légion, le chef de l'État* et ses collaborateurs s'inquiétaient de la loyauté des préfectures. Du Moulin de Labarthète fit ainsi signer en mai 1941 par Pétain une lettre faisant part à Darlan de son inquiétude de voir « l'œuvre de Rénovation nationale entreprise par le gouvernement fréquemment compromise par l'activité administrative de certains fonctionnaires, chefs de division ou de bureau de préfectures », et exigeant en conséquence des coupes claires parmi ces ennemis de l'intérieur**. Le pouvoir d'épuration accordé trois mois plus

* Dans un projet de lettre daté de février 1941, Pétain demanda au secrétaire d'État à l'Intérieur d'enquêter sur « des informations diverses, sûres et dignes de confiance » qui lui étaient parvenues sur les autorités publiques du Vaucluse, « département [qui] aurait conservé dans toutes les administrations et dans la plupart des municipalités les mêmes cadres et les mêmes inspirateurs que jadis ; ces cadres poursuivraient une activité politique nettement opposée aux directives de mon gouvernement », lettre du 18 février 1941, dossier « lettres signées par le Maréchal, non parties », AN 2AG 458.

** Lettre du 21 mai 1941, AN 2AG 513. L'origine de cette lettre rend très suspectes les protestations de bonne foi contenues dans *Le Temps des illusions*, p. 122, selon lesquelles

tard aux préfets régionaux permit de faire sortir des cadres des agents dont les autorités avaient des raisons particulières de se méfier *.

Le discours ambigu

Menace mais persuasion aussi. En contrepoint des processus d'épuration qui se poursuivaient, se construisit ainsi un discours destiné aux hauts cadres publics, faisant souvent appel à la France d'Ancien Régime, présentée comme âge d'or du bien servir, où prévalait, selon les termes de René Gillouin, une « aristocratie d'État, élite d'hommes capables de penser et d'œuvrer individuellement ou en équipes, et qui avaient le sens, l'amour, le culte de l'État[8] ». Revenant sur le discours prononcé par Darlan lors de la cérémonie de prestation de serment des préfets, Jean Le Cour Grandmaison transposa à 1942 les idéaux des siècles où « servir l'État [était la] fonction historique de la noblesse » : « Noblesse du service de l'État ; noblesse fondée sur un dévouement désintéressé au bien public [...] : c'est une très authentique tradition française qu'évoque l'Amiral. Lui-même, au surplus, prêche d'exemple : il pourrait faire sienne et proposer à tous les Français cette vieille devise de chez nous qui résume son allocution : "J'obéis d'amitié"[9]. » Cette adhésion à un pouvoir personnel – « Qui n'est pas avec moi est contre moi » – se doublait d'une glorification, sensiblement plus banale, du désintéressement du fonctionnaire, né de sa « vocation [...] à examiner toutes choses sous l'angle de l'intérêt général, disposition de l'esprit éminemment propre, si elle est cultivée, à développer [s]es qualités morales[10] ». C'est dans cet esprit que le régime, conscient que son impopularité trouvait pour partie sa source dans l'exaspération provoquée dans l'opinion par les lenteurs administratives, rappela au personnel des services publics « les qualités de tenue et d'affabilité que lui imposent la dignité de la fonction qu'il exerce, à quelque degré qu'il se trouve placé dans la hiérarchie administrative, et la conscience que l'objet même de sa mission est le service de la collectivité » :

> Les fonctionnaires doivent, dans la moindre manifestation de leur activité, donner l'exemple. Ce n'est pas seulement par de grandes réformes organiques que doit se manifester l'effort de redressement du pays actuellement poursuivi. Cet effort sera d'autant plus sensible, d'autant plus efficace que ceux qui, aux yeux de tous, dans tous les domaines de l'activité sociale, apparaissent comme les représentants de l'État montreront par des signes tangibles qu'ils savent l'importance de leur rôle et sont disposés à s'employer par tous les moyens en leur pouvoir à bien servir ceux dont les intérêts leur sont confiés **.

Pétain s'était de lui-même mis en tête que les fonctionnaires n'étaient pas loyaux. Il semble plutôt que l'action de son entourage ait, sinon suscité, du moins largement conforté cette attitude.

* Voir *infra*, pp. 305 *sq.*

** Circulaire de Darlan aux préfets, 17 mai 1941, AN F60 1428. Du Moulin de Labarthète félicita le ministère de l'Intérieur pour cette circulaire, en estimant que ces nouvelles

Malgré cet appel à la responsabilité des détenteurs d'une parcelle de puissance publique, la situation ne s'améliora pas. Aussi le ton de l'Amiral devint-il plus ferme, six mois plus tard. En décembre 1941, se déclarant saisi « chaque jour de nouvelles plaintes touchant la manière dont le public est accueilli par de nombreux fonctionnaires chargés de le recevoir », Darlan, cette fois en tant que vice-président du Conseil, rappelait aux agents de l'État leurs devoirs, qui n'étaient pas que professionnels : « Si le régime nouveau entend restaurer la fonction publique et lui rendre le prestige auquel elle a droit, il exige en contrepartie non seulement l'exécution correcte de la tâche administrative, mais encore un dévouement effectif à l'œuvre de rénovation nationale [11]. » Conscient de la multiplication des règlements, directives et contrôles, le gouvernement demandait aux fonctionnaires – qu'il avait parfois institués précisément pour mettre en œuvre ces règlements et ces contrôles – de les appliquer avec une souplesse rendue nécessaire par les circonstances. Ne pouvait-on d'ailleurs lire dans l'excessive rigueur de certains d'entre eux une forme de grève du zèle, traduisant une défiance peu admissible de la part d'agents devant avant tout servir ?

> La réglementation, sans cesse plus compliquée et plus restrictive, apporte une gêne considérable dans la vie quotidienne. Les particuliers sont en butte à des difficultés de tout ordre : les règlements en vigueur leur apparaissent comme autant de mesures tracassières qui, s'ajoutant aux maux de la guerre dont souffrent beaucoup d'entre eux, finissent par les dresser en une attitude hostile au gouvernement rendu responsable de cet état de choses. Il dépend des fonctionnaires, qui sont les intermédiaires entre les pouvoirs publics et les administrés, que les instructions gouvernementales soient comprises et observées. Au lieu de se faire l'écho de leurs plaintes et de se retrancher derrière la rigueur de mesures dont ils rejettent la responsabilité sur le gouvernement, il appartient aux agents de l'État de s'efforcer d'atténuer, par leur attitude compréhensive et bienveillante, ce que les multiples consignes de l'heure présente peuvent avoir de sévère, et d'en expliquer le sens et la nécessité aux administrés [12].

C'est le même souci de répondre effectivement aux questions que se posaient les Français, en évitant dans toute la mesure du possible les excès de la langue de bois, qui poussa le Conseil des ministres, en décembre 1941, à envisager un timide assouplissement de la censure, qui devait cesser d'être « considérée comme un organisme destiné à étouffer systématiquement toutes les manifestations, même les plus timides, de l'opinion publique. J'ai décidé, poursuivait Darlan, de permettre à la presse les suggestions, critiques et réclamations pourvu qu'elles soient raisonnables et fondées et qu'elles conservent un ton modéré et courtois ». Cette critique de bon aloi, dont le vice-président du Conseil comprenait par avance qu'elle puisse mettre en

---

conceptions de la fonction publique méritaient d'être portées à la connaissance de l'opinion, ce qui permettrait à la fois « d'améliorer les conditions d'administration du pays [...] et de rehausser le prestige de l'Amiral », lettre à Demange, directeur du cabinet du ministre de l'Intérieur, 21 mai 1941, AN 2AG 502.

cause au niveau local « le ravitaillement ou l'administration », ne devait en aucun cas « prendre l'allure de campagnes ni constituer une opposition plus ou moins déguisée à la politique du Maréchal* ». Laisser à l'opinion une fenêtre, étroite et contrôlée, pour s'exprimer fut aussi l'objectif visé par la décision, toute théorique, du printemps 1942, selon laquelle il serait répondu à chaque demande adressée au gouvernement, le secrétariat général se voyant chargé d'assurer la coordination des réponses, mission confiée à un bureau des requêtes créé en son sein [13].

Il était toutefois à craindre que l'ensemble de ces mesures ne conduisent l'opinion à faire encore plus retomber sur les administrations la responsabilité de toutes les difficultés qu'elle rencontrait. Le ministère de l'Intérieur s'inquiéta particulièrement de la persistance d'une vague de délation qui avait atteint au début de 1942 une ampleur telle qu'elle générait, au dire de Pucheu, « une atmosphère insupportable de suspicion », susceptible de « jeter la discorde parmi les Français au moment où le pays a besoin de garder intactes toutes ses forces morales pour assurer son redressement** ». Les préfets étaient invités à « y mettre fin, au plus tôt, par les moyens les plus énergiques », notamment en annonçant enquêtes et expertises destinées à mettre en lumière les dénonciations calomniatrices, qui seraient sévèrement sanctionnées. Le ministre de l'Intérieur était également intervenu au niveau central, mettant en garde le gouvernement contre l'avalanche de réclamations dont étaient accablés les différents services ministériels et demandant en février 1942 qu'une réunion interministérielle « arrêt[ât] des communiqués et notes de presse indiquant à la population la manière dont doit être faite une réclamation et les sanctions que peut encourir le réclamant si sa requête est purement et simplement diffamante [14] ». Les ministres avaient en effet pris à cœur de défendre leurs services : contre les critiques de la presse, voire contre celles des milieux politiques faisant profession d'administrophobie, ils proposèrent à leurs fonctionnaires une forme de donnant-donnant, leur accordant protection contre l'expression de leur ralliement. Une instruction très politique de Darlan définissait bien, en juin 1941, le principe sur lequel était construit cet étrange marché :

* Circulaire du vice-président du Conseil, 27 janvier 1942, AN F60 109. P. Limagne, évoquant le 16 décembre précédent les mesures annoncées en matière de libéralisation de la censure de presse, présentait comme une « plaisanterie déjà ancienne » l'annonce de conseils de modération donnés aux censeurs, concluant que « de toute façon, ceci nous intéresse peu : nous savons qu'il n'y a rien à attendre d'un gouvernement sous la botte », *op. cit.*, pp. 331-335.

** Cette circulaire, adressée aux préfets le 2 janvier 1942 (AN F1a 3680) était particulièrement opportune : une note des renseignements généraux vint rappeler, quelques semaines plus tard, le « malaise » des instituteurs devant les dénonciations dont ils étaient l'objet, alors que « beaucoup [d'entre eux] pourraient devenir les soutiens du gouvernement s'ils n'avaient pas l'impression d'être traités comme des ennemis systématiques du régime actuel », « État d'esprit du corps de l'enseignement primaire », 28 janvier 1942, AN 2AG 578.

> La dignité de la fonction publique impose à ceux qui en sont investis des devoirs particuliers à l'égard de la Nation, dont ils ne peuvent être tenus quittes par la seule exécution de la tâche professionnelle. Qu'ils se pénètrent de l'idée qu'ils sont à chaque instant au service de la nation, et qu'ils sont comptables envers elle de toute leur activité. [...] Leur devoir comporte non seulement la recherche de la satisfaction des besoins de la collectivité qui ressortissent à la compétence technique du fonctionnaire, mais aussi le désir de contribuer de sa personne et par son exemple au redressement du moral des populations. [...] Leur ralliement sincère à la cause nationale est la condition nécessaire du succès des réformes entreprises dont l'application leur incombe. Il ne suffit donc pas [...] d'une attitude loyale et correcte. Toute équivoque est inadmissible [15].

Le statut des fonctionnaires

Commençant par « dignité » et se terminant par « équivoque », ce texte témoignait de l'écart entre les ambitions et les résultats de la politique de la fonction publique qu'avait essayé de mettre en œuvre le régime. Sous les dehors autoritaires déduits des principes, fermes et simples, définis dès ses premiers messages par le chef de l'État, cette politique aboutissait en fait à une forme de marché implicite entre le pouvoir et ses fonctionnaires : contre une amélioration de leur situation matérielle et morale, susceptible d'assurer les fondements et les moyens de leur dignité, étaient attendues des attitudes de loyauté sans faille, nécessaires pour faire de la fonction publique l'aile marchante du redressement national. Cette politique et ce marchandage trouvèrent leur expression la plus aboutie dans le statut des fonctionnaires du 14 septembre 1941. Ce texte se voulait le grand'œuvre des réformateurs qui pensaient pouvoir mener à terme, au sein de l'État autoritaire, le travail qu'ils avaient entamé dans la France républicaine de l'avant-guerre. Il n'était certes pas négligeable de parvenir à concrétiser enfin l'idée de statut des fonctionnaires, dont on a vu qu'elle se diluait, depuis le début du siècle, dans les hésitations des majorités parlementaires à reconnaître aux agents publics le droit de se syndiquer. Ce préalable levé par Vichy, qui y substitua la notion corporative d'association professionnelle, un projet de statut put rapidement aboutir, qui fut toutefois loin d'être aussi novateur que l'aurait souhaité son principal artisan, Maurice Lagrange. Les bouleversements qu'il entendait introduire dans la fonction publique furent soit purement et simplement écartés, soit renvoyés à plus tard. C'est qu'à l'automne 1941, en matière de politique administrative, l'heure n'était plus à l'idéal, mais à s'accommoder le moins mal possible des difficultés du réel.

Tenir les promesses des autres

Publiant, au début de 1944, un bilan de la politique administrative du premier Vichy, Lagrange insistait sur les aspects techniques de ce qu'il qualifiait, avec la Charte du travail, de « monument législatif le plus important de ceux qui ont été édifiés depuis juin 1940 ». Pour lui le statut de septembre 1941, en même temps qu'il était « une "charte" des droits du fonctionnaire vis-à-vis de l'État et de ses devoirs envers lui », avait surtout une ambition juridique, celle de définir « les règles positives définissant les rapports qui s'établissent entre l'État et ses agents dans tous les domaines où ces rapports se manifestent[16] ». La manière dont il présentait les choses trois ans plus tôt était pourtant sensiblement plus politique : « Les fonctionnaires, écrivait-il en décembre 1940, prendront bien la mise en œuvre du statut : ils auront l'impression qu'à côté des mesures d'exception imposées par les circonstances, le gouvernement du Maréchal se préoccupe de faire œuvre constructive et durable, et a la volonté d'assurer à ceux de ses fonctionnaires qui auront été jugés dignes de l'action de redressement national les garanties de stabilité inhérentes à l'exercice de la fonction publique[17]. »

Promulguer, en l'adaptant aux conceptions nouvelles de la citoyenneté découlant des textes d'exclusion, un texte très proche de celui auquel il avait travaillé au sein du Comité de la hache devait permettre, selon Lagrange, d'obtenir « l'adhésion de cœur à la politique du Maréchal » des fonctionnaires, sans gêner l'administration, « à laquelle le projet de statut n'enlève aucune arme qu'elle possède déjà et lui donne des nouvelles possibilités en cherchant à rendre effectif l'exercice de droits trop souvent théoriques. On lui donne le moyen d'agir, et si besoin est, d'agir vite. Mais elle devra agir régulièrement et prendre ses responsabilités. C'est le seul moyen de restituer aux chefs le sens de l'autorité[18] ». À ces considérations de principe s'ajouta quelques mois plus tard la nécessité, plus circonstancielle, de compenser par des mesures positives les difficultés psychologiques qui ne manqueraient pas de naître, chez les fonctionnaires, de la prolongation pour la deuxième fois de la durée d'application de la loi du 17 juillet 1940, dont le gouvernement jugeait les résultats insuffisants*. Le Conseil des ministres, réuni le 29 mars 1941, ne resta pas sourd à cet argument : en même temps qu'il prorogeait jusqu'au 30 septembre 1941 la période d'application de la loi du 17 juillet 1940, il décidait la préparation d'un statut des fonctionnaires. Un communiqué de l'Agence française d'information et de presse (AFIP) annonça aussitôt la décision en insistant sur la volonté du gouvernement « d'assurer aux agents des services publics les garanties auxquelles ils ont légitimement droit [...] pour autant qu'ils restent fidèles à leur devoir** ». Le statut devait se donner, selon ce texte, deux buts complémentaires : l'un de rationalisation – « mettre un terme à l'extrême diversité qui règne actuellement dans les statuts particuliers des administrations, diversité qui confine bien souvent au désordre » –, l'autre plus politique, à savoir « restaurer les notions trop souvent méconnues de l'autorité de l'État, de la responsabilité des chefs et de la dignité des fonctionnaires publics ».

* Projet de circulaire, sd (avril 1941), dossier « notes personnelles M. Lagrange », AN F60 278. Ce texte devint la circulaire du 29 avril 1941 évoquée *supra*, p. 126.

** Communiqué AFIP du 29 mars 1941, AN 72AJ 1825. Ce texte reprenait, pratiquement mot à mot, l'exposé des motifs de la loi prorogeant la période d'application de la loi du 17 juillet 1940.

Le travail préparatoire ne fut pas long. C'est en effet « sur la base d'un avant-projet établi par les services administratifs de la vice-présidence du Conseil [à partir des] travaux du comité de réorganisation administrative » que le Conseil d'État fut saisi, dès le 14 avril[19]. Ses travaux, solennellement entamés en présence du chef de l'État*, se poursuivirent à un rythme rapide au sein d'une commission animée par le conseiller d'État Pierre Josse. Il en sortit un texte dont Josse ne cacha pas la finalité politique dans sa présentation à l'assemblée générale du Conseil d'État, à la mi-août : « Les juristes que vous êtes bâtiront ainsi une loi qui leur fera honneur parce qu'ils en auront poli les contours, mais aussi et surtout parce qu'elle sera soulevée, portée par le souffle de la Révolution nationale puisqu'elle mettra en valeur le Travail, la Famille et assurera à la Patrie sa durée et son avenir[20]. » Peu amendé en assemblée générale, le projet fut transmis le 25 août au gouvernement. Dans sa lettre d'envoi, le vice-président Porché mettait l'accent sur les quatre principes qui formaient l'ossature du texte : unification des statuts particuliers, autorité indiscutée de l'État sur ses agents, responsabilité des chefs, dignité retrouvée de la fonction publique. Se trouvait naturellement aussi confirmé le refus absolu, déjà posé par la jurisprudence et la doctrine avant guerre, de la grève des fonctionnaires « contraire au principe même des services publics », y compris sous sa forme indirecte de ralentissement concerté du travail « par une application volontairement trop étroite des règlements, en violation de leur esprit ». « Tout manquement, rappelait le Conseil d'État, aura pour effet de placer le coupable en dehors du statut, de le priver des garanties qui ont été, par ailleurs, minutieusement organisées pour mieux assurer la discipline, en protégeant le serviteur loyal et attaché à ses devoirs, en lui donnant l'assurance qu'il trouvera en ses chefs compréhension et appui, qu'il pourra défendre librement ses intérêts professionnels[21]. »

Annotant cette lettre, du Moulin de Labarthète informa la vice-présidence du Conseil que « le Maréchal demand[ait] que ce texte soit soumis au prochain Conseil des ministres et adressé d'urgence aux autorités allemandes ». Ces dernières n'eurent vraisemblablement pas d'observations spécifiques à faire à une loi d'ordre interne, qui ne pouvait en rien les gêner. Le projet fut examiné par le Conseil des ministres dès le 6 septembre, après que Lagrange en eut souligné, dans une note à Darlan, l'objectif stratégique : « Reprendre en main les fonctionnaires en manifestant l'autorité de l'État et en leur attribuant enfin un statut cohérent et bien organisé que la Troisième République n'avait jamais pu élaborer[22]. » Quelques points encore en suspens furent traités au cours d'une réunion interministérielle tenue le 11[23], puis le projet revint le 14 devant le Conseil des ministres, qui l'adopta définitivement. La loi du 14 septembre 1941 « portant statut général des fonctionnaires civils de l'État et des établissements publics de l'État » put alors être publiée, le 1er octobre 1941, au *Journal officiel.*

---

* « Qui, écrit Lagrange (*art. cit.*, p. 32), renouant ainsi avec une tradition perdue depuis le Second Empire, tenait à marquer tout l'intérêt qu'il attachait à la question du statut des fonctionnaires ».

Les lois du 14 septembre 1941

Ce texte faisait partie d'un ensemble : cette livraison du *Journal officiel* contenait en effet trois lois relatives à la fonction publique, dont seule la première constituait le statut général *stricto sensu.* La deuxième, présentée par Lagrange comme « le complément indispensable de la première [24] », relative à l'organisation des cadres des services publics, s'efforçait d'unifier les modalités de fonctionnement des diverses administrations de l'État en posant l'important principe de la séparation entre fonctionnaires et employés de l'État *. La troisième enfin, plus technique, cherchait à régler le délicat problème de l'application de la Charte du travail aux agents et ouvriers de l'État n'ayant pas la qualité de fonctionnaire, en les plaçant sous le régime des associations professionnelles. Le statut lui-même, premier du genre dans l'histoire de l'administration française, mérite quelque attention, son exposé des motifs et ses articles généraux illustrant parfaitement la conception que se faisait Vichy de la fonction publique ** : on peut, dans ce texte construit, comme on l'a vu, à partir de travaux antérieurs, distinguer trois strates principales.

La première était d'ordre jurisprudentiel. Comme le faisait remarquer Lagrange, tant dans sa note de décembre 1940 que dans sa synthèse de 1944, l'absence de statut ne laissait pas les fonctionnaires dénués de protections contre les risques d'arbitraire : la juridiction administrative s'était attachée à se substituer à la loi défaillante, de sorte qu'un véritable droit de la fonction publique avait été construit à partir de quelques arrêts de principe du Conseil d'État [25]. Ce droit prétorien – auquel le projet de statut des fonctionnaires de 1920 rendait déjà hommage *** –, s'il avait à l'origine apporté de réelles garanties aux fonctionnaires, marquait dans l'immédiat avant-guerre une tendance appuyée au renforcement de l'autorité et de la hiérarchie, qu'il s'agisse de l'interdiction absolue de la grève – rappelée par l'arrêt *Demoiselle Minaire* du 22 octobre 1937, pris sur les conclusions de Maurice Lagrange, alors commissaire du gouvernement – ou des incidences de la vie privée du fonctionnaire sur sa manière de servir [26]. La deuxième série d'apports, qui permit une rédaction si rapide du texte de 1941, venait du travail de codification mené depuis le milieu des années trente. La mission des fonctionnaires du Comité de la hache avait ainsi rassemblé la jurisprudence et les principales dispositions des divers règlements particuliers du personnel des grandes

---

* Voir *infra*, pp. 274 *sq.*

** C'est pourquoi, malgré le caractère globalement austère de la prose administrative, le lecteur trouvera reproduits en annexe 12, p. 667, l'exposé des motifs et le titre premier (principes généraux) de ce texte. Les dispositions du texte sont étudiées en détail dans les articles déjà cités de Maurice Lagrange et de Guy Thuillier.

*** Son exposé des motifs saluait « le remarquable effort de construction auquel a abouti la jurisprudence du Conseil d'État statuant au contentieux [et] à la facilité avec laquelle le prétoire de la haute juridiction a été ouvert aux fonctionnaires », *Revue de droit public*, 1920, p. 319.

administrations*, aboutissant à un projet de statut, sous forme d'un texte de décret-loi « qui était, le 2 septembre 1939, prêt à être discuté par le comité de réorganisation administrative[27] ».

Le rejet des contre-modèles

Cet apport important de la codification dans la loi du 14 septembre 1941 troubla les partisans d'un ordre administratif résolument nouveau. Il n'était en effet pas question pour le gouvernement d'apporter aux règles régissant la fonction publique des bouleversements majeurs, tels qu'il aurait pu les trouver dans les lois allemandes et italiennes sur les fonctionnaires**. La vice-présidence du Conseil dut donc écarter les quelques projets excessivement novateurs mis en avant au cours de la discussion du printemps et de l'été 1941. Le général Bergeret, secrétaire d'État à l'Aviation, considérait ainsi qu'il n'y avait rien de bon à attendre d'une simple « codification des idées en faveur sous le régime défunt » qui rendrait « le fonctionnaire de l'État français identique à ce qu'était devenu à la fin du régime le fonctionnaire de la Troisième République ». Pour éviter que « l'administration française [ne] conserve ses déplorables faiblesses », il convenait de supprimer le droit de vote – et bien sûr l'éligibilité – des fonctionnaires, de limiter strictement leur droit d'expression et de les astreindre à porter l'uniforme, comme le faisaient déjà préfets et magistrats[28]. La dernière des choses à faire pour réussir une réforme de l'administration, estimait en outre le général, était d'en confier la responsabilité aux « inspecteurs des Finances, membres de la Cour des comptes et fonctionnaires des grands corps de contrôle, puisque la révolution administrative n'est susceptible d'être faite que contre les méthodes auxquelles ils sont attachés et les institutions auxquelles ils appartiennent ». Les critiques du secrétaire d'État à l'Aviation furent à l'origine d'une mini-crise gouvernementale, car Bergeret avait pris soin de se faire appuyer par l'entourage du chef de l'État: transmettant à Darlan, au début de juillet, ce véritable contre-statut, le cabinet civil en demanda l'examen approfondi[29]. La vice-présidence du Conseil avait toutefois déjà allumé un contrefeu, en faisant connaître au Conseil d'État sa ferme opposition aux suggestions hardies du secrétaire d'État à l'Aviation. Pour Lagrange en effet, « en ce qui concerne la question des fonctionnaires, et contrairement à ce qui peut se produire en d'autres matières où il est nécessaire d'avoir recours à des formules entièrement nouvelles, la Révolution nationale doit consister surtout dans un retour à des principes qui ont été de tout temps considérés

* Notamment les PTT où, écrivit Lagrange (*art. cit.*, p. 30), « le statut en était arrivé, en grande partie grâce à l'action persévérante des associations de fonctionnaires, à une réglementation extrêmement poussée, par exemple sur les mutations et les changements de résidence ».

** Qui furent transmis à la vice-présidence du Conseil par la Bibliothèque de documentation internationale contemporaine (BDIC) respectivement les 30 juin et 18 juillet 1941, AN F60 1428.

comme constituant l'armature de l'État, mais que l'affaiblissement progressif de nos institutions avait peu à peu fait perdre de vue * ».

Plus classique était l'intervention du secrétaire d'État à la Guerre qui, en août 1941, tout en se ralliant au projet gouvernemental, estimait regrettable que n'ait pas été mieux pris en compte « le caractère quasi "sacerdotal" que l'on veut donner à la fonction publique, caractère qui de tout temps a été très marqué chez les militaires de carrière [30] ». Il s'agissait alors essentiellement d'une clause de style car affirmer, comme le proposait le ministre, que « les fonctionnaires sont au service de l'État vingt-quatre heures sur vingt-quatre » n'avait pas de conséquences concrètes immédiates, sinon la nécessité, sur laquelle insistait avec vigueur Huntziger, de rendre particulièrement difficile le passage du service public au secteur privé. Le statut, dans son article 9, tint partiellement compte de cette proposition, en imposant un délai de cinq ans entre la fin de fonctions publiques impliquant des relations avec une entreprise privée et le « pantouflage » dans cette entreprise. En sens inverse, le secrétariat général de la vice-présidence du Conseil s'opposa avec constance aux propositions visant à créer des passages obligés pour l'accès aux fonctions administratives supérieures. De ce fait furent systématiquement classés sans suite les projets, adressés notamment au chef de l'État, qui proposaient de rénover la fonction publique en subordonnant son accès à des conditions nouvelles, par exemple l'exercice, pendant cinq ans au moins et quinze ans au plus, de fonctions dans l'industrie privée [31]. Dans des termes frisant la flagornerie **, le directeur de l'École spéciale d'administration, établissement d'enseignement privé, imaginait pour sa part, en août 1941, d'obliger tout candidat à un emploi public à être détenteur d'un « certificat d'études administratives ». Il fut éconduit avec d'autant moins de ménagements que sa suggestion était loin d'être désintéressée, l'école qu'il dirigeait devant avoir, dans sa proposition, le monopole de la formation à ce certificat.

DES NOVATIONS MAL PERÇUES

S'il codifiait effectivement de nombreuses dispositions d'avant-guerre, le statut ne faisait pourtant pas que cela ***. Son apport proprement vichyssois

---

* L'amiral de la Flotte, vice-président du Conseil, à M. le vice-président du Conseil d'État, 28 juin 1941, AN 2AG 502. Recevant copie de cette réponse, du Moulin de Labarthète notait dans la marge : « Curieuse histoire. Il semble que l'entourage de Bergeret a été trop fort. »

** « De 1918 à 1939, la France a perdu son âme. Vous voulez la lui rendre, et d'abord au corps des fonctionnaires, susceptible de rendre inapplicables par trahison ou incompréhension les plus nobles intentions », lettre de M. Lauliac, 15 août 1941, AN F60 277.

*** Alors que Guy Thuillier, en rappelant que « tout un courant doctrinal réclamait depuis longtemps la restauration du principe hiérarchique et l'accroissement des responsabilités des chefs » (*art. cit.*, p. 519), estime que « le contenu idéologique propre au texte de 1941 reste fort limité dans son principe et dans son application ». Nous pensons au

se lisait non seulement dans la fermeture des fonctions publiques aux juifs, aux Français nés de père non français, aux francs-maçons* et, dans une moindre mesure, aux femmes**, mais encore dans quelques novations directement inspirées de la Révolution nationale. Si l'idée d'un recrutement des fonctionnaires par un concours commun à tous les ministères fut abandonnée avant même la publication du statut***, sur trois autres questions qui n'étaient pas mineures – la distinction entre fonctionnaires et employés, le traitement familial et les associations professionnelles –, le régime crut avoir trouvé des solutions à la fois conformes à ses principes idéologiques et susceptibles d'être mises en œuvre rapidement. Mais, sur ces trois points, il fut contraint de faire marche arrière en constatant que, pas plus dans la fonction publique que dans le reste de la société, les temps ne se prêtaient à des réformes d'envergure.

Fonctionnaires et employés

« Il est nécessaire que, parmi les agents collaborant à divers titres à la marche des services, la qualité de fonctionnaire soit seulement reconnue à ceux qui occupent des emplois permanents correspondant à l'objet propre du service public, à l'exclusion de ceux dont les emplois sont analogues aux emplois privés », écrivait l'exposé des motifs commun au statut des fonctionnaires et à la loi, publiée le même jour, relative à l'organisation des cadres de la fonction publique. Ce dernier texte distinguait en conséquence les fonctionnaires, qui exerçaient des fonctions de puissance publique, des employés de l'État, qui « échappent aux garanties, comme d'ailleurs aux

---

contraire que l'idéologie vichyssoise, partie libérale-autoritaire partie technocratique, imprègne ce texte traversé par l'idée de primauté absolue de l'obéissance, y compris sur le respect de la légalité – comme le rappelait Roger Grégoire dans son ouvrage de 1954, *La Fonction publique*, Armand Colin, p. 296, cité par G. Thuillier, *ibid.*, p. 517. On ne s'y était en tout cas pas trompé à l'époque. Le doyen Bonnard consacrait quelques pages d'une parfaite netteté, dans son *Précis de Droit administratif* publié en 1943, à opposer l'atténuation de la subordination hiérarchique du fonctionnaire, caractéristique d'un régime démocratique, au strict renforcement de cette subordination, qui définissait le régime autoritaire : « Dans les années qui précédèrent immédiatement la guerre de 1939, on était arrivé, sous l'influence des idées de liberté et de démocratie, à des atténuations excessives de la subordination hiérarchique. La proportion nécessaire entre les garanties accordées aux fonctionnaires et l'autorité des chefs hiérarchiques n'avait pas été observée. Les garanties avaient été développées au point de permettre aux fonctionnaires de s'insurger contre leurs chefs hiérarchiques et d'annihiler leur autorité, principalement au moyen de l'action collective exercée par leurs syndicats, dont certains formaient des oligarchies dressées contre l'État. D'où le redressement dans le sens d'un certain rétablissement de l'autorité hiérarchique opéré par la Révolution nationale de 1940 », *op. cit.*, p. 460-461.

* Voir *infra*, pp. 299 *sq.*

** L'article 26 du texte disposait que « les femmes ont accès aux emplois publics dans la mesure où leur présence dans l'administration est justifiée par l'intérêt du service ».

*** Il faudra attendre la création de l'ENA, en 1945, pour voir aboutir cette vieille idée, qui avait refait surface en 1932, puis en 1936. Nous nous permettons de renvoyer le lecteur que cette question intéresserait à notre thèse, *op. cit.*, pp. 454-456.

sujétions, du statut et relèvent du droit privé : contrat de travail, régime des assurances sociales, etc. » Le régime entendait ainsi traduire l'une des propositions les plus classiques de l'école industrialiste, derrière Fayol, pour améliorer le rendement des services publics : en supprimant la garantie d'emploi des agents d'exécution, on entendait créer à la fois « un stimulant pour le zèle des employés et une arme aux mains de leurs chefs * ». Mais l'application de la mesure se révéla rapidement épineuse, impliquant d'arrêter les modalités de « défonctionnarisation » de nombreux agents et les conditions de recrutement des futurs employés de l'État – la question se posant de manière aiguë en raison des nombreuses vacances d'emploi non pourvus depuis un an. Quelques cas concrets soulignèrent en outre, au dernier trimestre de 1941, la difficulté qu'il y avait à définir, surtout dans les grades les moins élevés de la hiérarchie, les postes qui ne pouvaient être confiés qu'à des fonctionnaires. Face à ces difficultés, le ministère des Finances reprit l'initiative, au début de 1942, en adressant à la vice-présidence du Conseil une longue lettre évoquant tous les problèmes concrets posés par la distinction entre fonctionnaires et employés, depuis la nécessité d'encadrer la liberté laissée aux chefs de service de fixer la rémunération des employés jusqu'au risque de voir la carrière de fonctionnaire devenir moins intéressante, dans les grades d'exécution, que la situation d'employé. À l'issue de cinq pages d'observations du même ordre, la direction du budget estimait qu'il serait de bonne politique de surseoir provisoirement à l'application du texte [32]. C'est dans cet état d'esprit que ses représentants participèrent, quelques jours plus tard, à une réunion où chacun campa sur ses positions : si le secrétariat d'État à l'Aviation estimait nécessaire et possible de défonctionnariser rapidement et massivement, le ministère de l'Éducation nationale se montrait nettement plus prudent, Ourliac, chef de cabinet de Carcopino, faisant valoir que « cette entreprise méconnaît la tendance psychologique profonde de tous les Français qui se montrent passionnés d'être fonctionnaires ** ».

La vice-présidence du Conseil dut tirer les conséquences des nombreuses réticences qui s'étaient fait jour lors de la réunion. Reconnaissant que « la distinction entre fonctionnaires et employés posera des problèmes complexes », elle renonça à toute idée de « défonctionnarisation » : la réforme, fut-il décidé, n'aurait pas d'effet rétroactif – ce qui était faire marche arrière par rapport aux textes de septembre 1941 – mais restait à l'ordre du jour et pouvait donc

---

* M. Lagrange, *art. cit.*, p. 276. Le ministère des Finances avait anticipé sur cette réforme puisque dès décembre 1940 une circulaire émanant de la direction du budget prescrivait à tous les ministères, « en vue de ménager l'avenir et de permettre la réorganisation éventuelle des cadres des personnels », de ne pas embaucher d'agents titulaires pour pourvoir, dans les grades inférieurs à celui de commis, les vacances d'emplois découlant de l'application des lois d'exclusion, et notamment de la loi du 11 octobre relative au travail féminin, circulaire du 6 décembre 1940, SAEF B 11854.

** « La réforme envisagée ne manquera pas d'entraîner de graves remous psychologiques », ajoutait le représentant du secrétaire d'État à l'Éducation nationale, qui s'inquiétait particulièrement de l'effet de la mesure parmi les personnels des bibliothèques, compte rendu de la réunion interministérielle du 10 février 1942, AN F60 278.

continuer à être étudiée, dans la mesure où « les agents en exercice ne sauraient s'effrayer d'un travail qui ne peut réagir sur leur situation propre [33] ». Appelée ainsi à n'entrer en vigueur qu'au fur et à mesure des nouvelles nominations, la mesure perdait certes son caractère sensible, mais aussi presque toute portée, et ce d'autant plus qu'il fut décidé de confier à une commission la tâche gigantesque d'examiner l'ensemble des missions dévolues aux divers cadres de fonctionnaires, afin de déterminer lesquelles pourraient être assurées par des employés de l'État. Lorsque cette commission fut finalement nommée, le 28 mai 1942, Lagrange, initiateur et défenseur du projet, n'était plus en fonctions : privée d'aiguillon la commission, présidée par le conseiller d'État Delfau *, se hâta lentement. Ce n'est en effet qu'en juillet 1943 qu'elle produisit un rapport, qui tenait en une page et demie où se mêlaient paraphrase des textes et refus de prendre quelque responsabilité que ce soit. Constatant de nombreuses divergences entre administrations, la commission renvoyait au Conseil d'État le soin de les arbitrer, à mesure que viendraient en discussion devant lui les décrets d'application de la loi. Les résultats étaient donc fort minces, et plus d'un ministère dut être surpris de se voir recommander, en septembre 1943, de s'en inspirer pour définir la place qu'il devrait réserver aux employés [34]. La commission poursuivit paisiblement ses travaux en s'attaquant à l'étude du régime de travail des employés de l'État. Ce n'est qu'en mai 1944, après la désignation d'un nouveau président **, qu'elle établit un contrat-type d'embauche des employés de l'État, dont on imagine qu'il n'eut guère l'occasion d'être expérimenté.

Le traitement familial aux oubliettes

Le pouvoir ne fut pas plus heureux dans sa tentative de créer un « traitement familial » tenant compte de la situation de famille du fonctionnaire, et non pas seulement du poste qu'il occupait, pour fixer son traitement. Lagrange, qui avait bataillé pour maintenir dans le texte cette disposition « véritablement révolutionnaire – la seule à vrai dire dans l'ensemble de la loi qui méritât ce qualificatif [35] », en donnait, dans son bilan de 1944, une justification très significative de la place que le régime assignait aux fonctionnaires dans la France nouvelle :

---

* En étaient également membres quelques hauts fonctionnaires : le directeur du personnel du secrétariat d'État au Travail et un membre du cabinet d'Abel Bonnard, Gélineaud, y côtoient un contrôleur général de l'armée, un inspecteur général des PTT et les inévitables représentants de la direction du budget et du secrétariat général du chef du gouvernement. En revanche, malgré ses demandes, le ministère de l'Intérieur ne fut pas représenté dans la commission, le secrétariat général estimant d'une part que les ministères n'avaient pas à être représentés en tant que tels et d'autre part que le fait que le chef du gouvernement détienne également le portefeuille de l'Intérieur permettrait aux intérêts de ce dernier ministère d'être particulièrement défendus au sein de la commission par la personne siégeant au titre du secrétariat général du chef du gouvernement, courriers des 27 juin et 15 juillet 1942, AN F60 277.

** L'inspecteur général Commanay, déjà membre de la commission Delfau.

Jusqu'ici, la notion de traitement pour les fonctionnaires reposait sur la formule: «à grade égal, traitement égal», simple transposition sur le plan de la fonction publique du vieil adage individualiste «à travail égal, salaire égal». Or, déjà fort discutable en droit privé, cette conception est certainement fausse, appliquée aux fonctionnaires. Le traitement d'un fonctionnaire, en effet, a pour objet non seulement de procurer à l'intéressé la rémunération du travail qu'il fournit et des services qu'il rend, mais aussi – et surtout – de lui permettre de tenir son rang dans la hiérarchie. Cette dignité de la fonction publique, nous l'avons dit, est un des aspects essentiels par lesquels le «métier» de fonctionnaire se distingue des autres professions[36].

Le rapporteur du projet devant le Conseil d'État, Josse, trouvait des accents plus lyriques encore pour exposer un projet auquel il était aussi particulièrement attaché:

> L'État nouveau ne sépare pas le fonctionnaire de sa famille; il ne limite pas sa protection à la période d'activité. La famille est la cellule essentielle qui seule assure la continuité de la Patrie. [...] Nous voulons reconstruire et la préface nécessaire à toute reconstruction, c'est d'éliminer l'individualisme destructeur, destructeur de la famille. Or la fonction publique exerce chez nous un attrait particulier. Le fonctionnaire est un exemple; il doit l'être demain plus qu'hier, pour que la dénatalité cesse ses ravages. Pour cela, il faut que l'ensemble du statut des fonctionnaires soit dominé par des préoccupations familiales[37].

Le dispositif élaboré par Lagrange et Josse cherchait donc à faire de la paternité une part intégrante du service que le fonctionnaire devait à la Patrie. L'article 97 du statut disposait ainsi que le traitement de base serait désormais celui du fonctionnaire père de deux enfants: celui qui, à trente-cinq ans, n'avait qu'un enfant verrait ce traitement diminué de 5 %, tandis que celui qui n'avait pas du tout «fait souche*» subirait un abattement de 15 %. En sens inverse, le traitement du fonctionnaire père de trois enfants serait majoré de 15 %, puis de 10 % par enfant à partir du quatrième**. La différence entre ce dispositif et les allocations familiales, qui étaient par ailleurs maintenues***, était double: les majorations découlant du traitement familial étaient non seulement proportionnelles au traitement de base, favorisant ainsi les titulaires des emplois les plus élevés, mais aussi indépendantes de l'âge des enfants, continuant à être versées lorsque les enfants n'étaient plus à charge, y

* L'expression était de Josse, dans le projet d'allocution cité. On ne sait pas si une exception était prévue pour le maréchal Pétain, qui n'avait pas d'enfant.

** Pour pénaliser les ménages de fonctionnaires, véritable bête noire de certains responsables de Vichy, tel Bouthillier, il était prévu que seul le chef de famille bénéficierait des majorations, le conjoint fonctionnaire subissant l'abattement de 15 % «quels que soient son âge et le nombre de ses enfants».

*** Le statut comportait deux autres mesures traduisant la volonté d'y faire largement pénétrer les préoccupations d'ordre familial: l'article 46 accordait une majoration d'ancienneté d'un an par enfant à partir du quatrième, tandis que l'article 100 faisait varier l'indemnité de résidence non seulement selon la localité d'exercice mais aussi selon la situation familiale de l'agent.

compris dans la pension de retraite. Comme l'écrivait Lagrange, la rupture était profonde avec la conception républicaine inspirée par l'individualisme : conformément aux racines philosophiques de la Révolution nationale, qui pensait la personne de manière statique, il s'agissait bien de prendre en compte l'être du fonctionnaire, comme cela avait été le cas à propos des agents nés de père non français. L'exercice d'une fonction publique apparaissait de plus en plus comme une dignité, et non comme une profession * : la naissance – celle du fonctionnaire, comme celle de ses héritiers – créait des droits, indépendamment de la manière de servir.

Le Conseil d'État, que ce renversement majeur de perspective finit par inquiéter, avait refusé de suivre, sur ce point, son rapporteur, et proposait de remplacer le traitement familial par l'octroi d'indemnités « tenant compte de la situation de famille et dont le montant [était] proportionnel au traitement [38] ». Mais, soulignant que ce n'était qu'à une très faible majorité que la Haute Assemblée avait écarté cette disposition **, Lagrange proposa à Darlan de passer outre à cet avis défavorable, en soulignant la nécessité d'adopter rapidement « une réforme de principe, qui doit avoir le meilleur effet sur l'état d'esprit de la population : malgré sa devise, l'État français depuis un an n'a accompli aucune réforme sérieuse en faveur de la famille et l'opinion publique s'en émeut ; excellent effet si l'État donnait l'exemple [39] ». Ces arguments surent convaincre le Conseil des ministres ***, qui rétablit le projet dans la rédaction initiale de la vice-présidence du Conseil. Toutefois, pour éviter des difficultés insurmontables dans une période où les traitements des fonctionnaires n'avaient pu être réévalués malgré la hausse des prix, l'article 99 du statut précisa qu'aucune diminution ne devrait découler, même pour les fonctionnaires sans enfants, de l'application du texte, qui n'entrerait ainsi en vigueur que très progressivement.

Les véritables difficultés commencèrent au début d'octobre 1941, l'encre du *Journal officiel* à peine sèche, lorsqu'il s'agit d'appliquer le texte. Dès la mi-octobre, le démographe Fernand Boverat, s'appuyant sur « vingt ans de travaux du Conseil supérieur de la natalité » dont il avait été vice-président, avait adressé une longue note à tous les ministres pour leur indiquer que, la famille minimale étant la famille de trois et non de deux enfants, le traitement familial, dont il jugeait le mode de calcul « absurde », ne pouvait avoir que des effets pervers [40]. La vice-présidence du Conseil tenait néanmoins pour une

* Lagrange indiquait que le statut des fonctionnaires portugais avait déjà introduit cette distinction, *art. cit.*, p. 161.

** Une seule voix : au premier tour, le principe du traitement familial recueillit 10 voix « pour » et 10 « contre », et fut rejeté au second tour par 11 voix contre 10, comme le rapportait le secrétariat d'État à la Guerre dans une note qu'il adressa le 28 août à la vice-présidence du Conseil pour demander son rétablissement, AN F60 1428.

*** Où ils furent très appuyés par le secrétaire d'État à la Guerre, qui estimait que « cette innovation de caractère vraiment révolutionnaire symboliserait l'effort de rénovation en ce qui concerne la famille et créerait un choc psychologique salutaire », note du 28 août 1941 précitée, AN F60 1428.

mise en œuvre rapide du texte, et proposa de retenir la date du 1er novembre 1941 [41]. Elle se heurta immédiatement au souci de réalisme financier dont était porteuse la rue de Rivoli. Dès le 9 octobre, le directeur du budget avait alerté son ministre sur les conséquences imprévisibles de l'application du traitement familial * : c'était le premier épisode d'une lutte de plus de six mois, assez significative de l'opposition entre les deux conceptions, politique et professionnelle, de la chose administrative pour mériter d'être ici rapportée avec quelque détail. La direction du budget, consciente malgré tout de la nécessité politique de faire un geste en direction des fonctionnaires chargés de famille, proposa de s'en tenir au cumul des indemnités de résidence et d'allocations familiales accrues selon un barême favorisant les familles nombreuses [42]. Constatant l'immobilisme des Finances, Lagrange sollicita très rapidement l'arbitrage de Darlan, auquel il adressa le 23 octobre une note opposant le besoin de rallier au pouvoir l'ensemble des fonctionnaires, ce que permettait dans une certaine mesure la position défendue par le ministère des Finances, à la nécessité de mettre en œuvre les principes de la Révolution nationale, dût cette position être moins payante à court terme :

> Les deux systèmes en conflit répondent chacun à un ordre de préoccupations distinct. Les projets du ministère des Finances tendent à améliorer immédiatement la situation de la masse des fonctionnaires, et non pas de la seule minorité que constitue malheureusement à l'heure actuelle la catégorie des fonctionnaires chargés de famille. Sans doute avantagent-ils cette dernière, mais au moyen d'un relèvement uniforme ne tenant pas compte de la hiérarchie, comme l'a voulu le statut. Une telle politique a pour fondement la nécessité de ramener au gouvernement la masse des fonctionnaires actuellement assez « en arrière de la main », notamment en zone occupée.
>
> Le système du statut tend à restituer au fonctionnaire chargé de famille son rang dans la hiérarchie en faisant varier le traitement de base de telle sorte que le fonctionnaire chargé de famille ait un standing égal à celui de son collègue de même grade célibataire. Il est un élément essentiel de la politique de restauration du pays par la famille, politique voulue par le Maréchal et que la situation démographique actuelle rend immédiatement nécessaire, bien que les effets ne doivent s'en faire sentir que dans l'avenir.
>
> Le premier ordre de préoccupations est respectable, et il y a certainement moyen d'y faire face. [...] Mais le second est plus important encore ; et c'est pour y répondre que le traitement familial a été institué. Le gouvernement a pris parti : le chef de l'État s'est prononcé. La réforme a été solennellement publiée, et d'une manière générale très bien accueillie. On ne peut songer à ne pas l'appliquer, ni même à l'ajourner [43].

* « En l'état actuel des statistiques, qui n'ont pas du tout été conçues en vue de semblables supputations, on peut espérer une opération blanche, les abattements compensant les majorations – situation dont on ne pourrait se féliciter qu'en se plaçant à un point de vue étroitement budgétaire, [et qui] risque de ne pas durer si la réforme s'avère efficace et si, comme on doit l'espérer, elle a d'heureux effets sur la natalité. On ne peut, sans verser dans la fantaisie, compter le coût du traitement familial autrement que "pour mémoire" », note au ministre, 9 octobre 1941, SAEF B 11858.

Estimant, là où le directeur du budget jugeait « fantaisiste » toute estimation, que la mise en œuvre du traitement familial coûterait 850 millions de francs, Lagrange jugeait indispensable d'aller immédiatement de l'avant. Il trouva un appui précieux auprès de son collègue du Conseil d'État André Lavagne, chef du cabinet civil du Maréchal pour qui, « s'il est difficile au chef de l'État d'accepter d'entrer dans une discussion technique des chiffres, il lui appartient de faire respecter ses volontés et, en l'espèce, de faire appliquer la loi qu'il a signée, portant statut des fonctionnaires et instaurant la considérable réforme de principe du traitement familial ». La question n'aurait d'ailleurs même pas dû se poser, estimait-il, car « le Maréchal perdrait la face si, après avoir – enfin – réalisé une réforme de fond, il y renonçait aussitôt, comme le propose le projet des Finances [44] ». Cette invocation de la volonté du chef suprême était trop grave pour que le principe du traitement familial fût remis en cause, mais son application n'en fut pas pour autant facilitée. Mettant toujours en avant l'absence d'éléments chiffrés précis, la direction du budget adressa le 25 octobre à tous les ministères une demande d'informations sous forme de six tableaux à remplir dont l'un, « destiné à permettre, le moment venu, l'application des dispositions de l'article 97 de la loi du 14 septembre 1941 instituant un traitement familial », distinguait dix catégories de personnels en fonction de leur état matrimonial, de leur âge et de leur nombre d'enfants [45]. Une réponse était demandée pour le 1er décembre suivant, date qui ne fut certainement pas respectée puisqu'à l'Éducation nationale ce n'est que le 21 novembre que la direction de l'enseignement primaire la transmit aux inspecteurs d'académie [46]. Entre-temps la temporisation était devenue officielle : dans l'exposé des motifs commun aux quatre lois qui, le 31 octobre 1941, modifièrent le régime indemnitaire des fonctionnaires, on put lire que les « problèmes complexes » que posait l'application du traitement familial exigeaient des études approfondies, mais se verraient apporter une solution au cours de l'année 1942 [47]. Le secrétariat général de la vice-présidence du Conseil s'y employa, mais sans rencontrer beaucoup de répondant de la part des services de Bouthillier. Dans une note interne de février 1942, constatant que le dossier était au point mort, il s'irritait de la mauvaise volonté des Finances et de l'inertie d'une direction du budget bien résolue à ne rien faire qui puisse hâter le réalisation d'une réforme qu'elle jugeait, au mieux, inutile et en tout état de cause dangereuse :

> Le 22 novembre 1941, le vice-président du Conseil adressait au ministre des Finances une lettre lui demandant de lui faire connaître le service chargé de l'étude annoncée. Le 30 décembre 1941, il rappelait la lettre précédente, en ajoutant une annotation manuscrite : « J'attire particulièrement l'attention de M. Bouthillier sur cette lettre. Il ne faudrait pas que les Finances reprennent leurs mauvaises habitudes d'avant-guerre ». De nombreux rappels téléphoniques adressés au cabinet des Finances ont toujours reçu des réponses évasives, telles que « M. Bouthillier a répondu directement à l'Amiral sur cette question ». Sur l'indication que l'affaire rentrait dans les attributions de la direction du budget, une demande de rendez-vous a été faite le 12 février au directeur, M. Gourdin. Elle a reçu un accueil négatif, avec renvoi au ministre qui, manifestement, a donné à ses services une consigne d'abstention [48].

Dans un tel contexte, le dossier ne progressa guère, même si le directeur du budget évoquait encore en mai 1942 la mise en œuvre de « certaines études rendues nécessaires par l'application du statut des fonctionnaires [49] ». Là aussi, le retour de Laval, peu sensible aux principes familiaux de la Révolution nationale et surtout peu enclin à créer le trouble dans la fonction publique sur le sujet si sensible des traitements, allait faire pencher la balance du côté du retour à la tradition administrative. Bientôt le traitement familial mourrait sans avoir jamais vécu.

L'échec du corporatisme administratif

L'autre grande ambition du pétainisme administratif, les associations professionnelles de fonctionnaires, avait déjà été mise en œuvre par la loi du 15 octobre 1940. Celle-ci fut reprise mot à mot dans le statut dont elle constitua le titre VIII, alors même que dix mois d'application du texte avaient montré son excessive rigidité. Malgré le manque d'ardeur mis tant par les fonctionnaires à adhérer aux nouvelles associations que par les administrations à les y inciter, la vice-présidence du Conseil, qui tenait à voir cette forme de corporatisme s'appliquer à la fonction publique, refusa d'amender le dispositif, s'interdisant ainsi de rallier les fonctionnaires à des organismes envers lesquels ils ne ressentaient aucune sympathie spontanée. Défendant, sous l'influence de Lagrange, une définition particulièrement restrictive de la notion de « représentation des intérêts professionnels », seule mission permise aux associations nouvelles, le pouvoir s'aliéna des groupements aussi peu subversifs que l'Amicale des fonctionnaires anciens combattants des PTT, la Société des agrégés et même l'Association du corps préfectoral, qui furent appelées à se saborder. Cette rigueur ne devait pas faciliter l'acceptation des associations nouvelles par les fonctionnaires d'influence, d'autant que se posait le problème du mode de désignation de leurs dirigeants. Les statuts-type [50] prévoyaient leur élection au scrutin secret, ce qui provoquait l'irritation des responsables, jusqu'alors plus ou moins autoproclamés, des quelques associations déjà en place : Sivé, ancien syndicaliste antimarxiste qui animait une association professionnelle d'instituteurs, estima qu'on risquait ainsi « de voir à la tête des associations de fonctionnaires, dans l'enseignement notamment, des maîtres dont le sentiment national ou la valeur professionnelle ne serait pas irréprochable [51] ». Le risque, en cas d'élection, de voir réapparaître plus ou moins ouvertement les dirigeants des syndicats dissous inquiétait le gouvernement. Darlan, qui avait signé le 25 septembre 1941 une circulaire demandant aux ministres de « s'assurer que les personnes appelées à diriger les nouvelles associations sont entièrement dévouées à l'œuvre de rénovation nationale entreprise par le chef de l'État et suffisamment représentatives de l'ensemble du personnel de la catégorie représentée [52] », restait perplexe, comme il en fit part, en décembre 1941, au secrétaire d'État à l'Intérieur :

> [L'élection] fait courir le risque au gouvernement, selon que les fonctionnaires-électeurs sont plus ou moins sincèrement ralliés au nouveau régime, de voir certaines de ces associations présidées par des fonctionnaires dont

> l'opposition au régime est plus ou moins notoire. Ces élections pourraient ainsi prendre le caractère de manifestations. Le procédé de la désignation présente infiniment moins de risque. Mais les fonctionnaires auraient alors le sentiment que le gouvernement minimise les possibilités de défense de leurs intérêts. J'ai fait demander, au cours de la réunion du 19 décembre, ce que pensaient les préfets régionaux de la zone libre de la sincérité des sentiments et de la fidélité des fonctionnaires à l'égard du régime. Un avis net n'ayant pu être recueilli, il a été décidé de poser cette même question aux préfets régionaux de la zone occupée[55].

L'échec des associations professionnelles de fonctionnaires fut flagrant dès le début de 1942. En marge du procès-verbal d'une réunion interministérielle tenue le 10 février 1942 pour tirer le bilan de leurs dix-huit premiers mois d'existence, Lagrange laissait percer son impatience, estimant d'une part que « le moment n'[était] plus de discuter une réforme dont le principe est formellement inscrit dans une loi » et d'autre part qu'il était « étonnant de contester le bien-fondé de cette réforme par des arguments tirés d'un état de fait auquel on a voulu précisément mettre fin[54] ». Les informations échangées lors de cette réunion n'étaient de fait guère stimulantes pour la vice-présidence du Conseil. Malgré des instructions expresses de septembre précédent[55], plusieurs ministères n'avaient toujours pas pris, au bout d'un an, les règlements d'administration publique qu'un décret de février 1941 avait rendu obligatoires avant toute création d'association professionnelle. En outre, même lorsqu'elles étaient créées, les associations ne faisaient guère recette : à l'exception du ministère du Travail, toutes les administrations faisaient part du désintérêt des personnels pour les nouvelles structures. Au ministère de la Famille, « personne ne s'intéress[ait] à l'association : des élections seraient désastreuses », tandis que pour l'Éducation nationale, Ourliac, proche collaborateur de Carcopino, n'était pas plus encourageant, en indiquant qu'« aucune association ne s'est formée spontanément dans l'enseignement primaire. [...] Les résultats sont loin d'être une réussite. [...] Ceux des instituteurs qui prennent des initiatives obéissent à des mobiles politiques* ». Le représentant du ministre des Finances partageait ce pessimisme, en prévoyant que « les dirigeants des anciennes associations, sollicités par l'autorité occupante, répondront mal aux avances de l'administration ». Lagrange dut conclure, à son corps défendant, que mieux valait ne pas avoir d'associations professionnelles que d'en avoir de mauvaises ou d'étiques. On continua néanmoins à faire comme si les enjeux étaient importants, en édictant de longues listes d'agents auxquels était interdit, en raison de leurs fonctions, l'accès aux associations

* Le préfet de Loire-Inférieure constatait ainsi, en février 1943, que « les instituteurs de [son] département n'ont aucune confiance dans leur APF, dirigée par Dexmier, opportuniste dont les opinions politiques varient selon les gouvernements au pouvoir, et qu'ils manifestent une opposition sourde à la politique du Maréchal et de son gouvernement », lettre à Ingrand, 22 février 1943, AN F1a 3655.

professionnelles. Commencée en février 1941, la publication de ces listes avait pris un caractère de routine, continuant alors que les associations professionnelles étaient devenues totalement exsangues *.

Les associations végétèrent donc, et eurent pour seuls résultats de permettre aux débris des diverses factions syndicales « nationales » de l'avant-guerre de se livrer des luttes d'autant plus farouches qu'elles étaient dérisoires. Dans les administrations centrales, elles restaient tout aussi confidentielles : s'intitulant « président des associations professionnelles des cadres des finances », un chef de bureau de ce ministère, Robert Fageau, n'avait pratiquement personne derrière lui lorsqu'il soumit au gouvernement Laval, qui n'eut pas l'occasion de s'y intéresser, son projet de créer une « corporation des fonctionnaires ** ». Faisait exception le secrétariat d'État aux Communications, qui indiqua en mars 1942 que certaines associations professionnelles regroupaient jusqu'à 70 000 agents *** et sollicitait l'autorisation d'y détacher des fonctionnaires. Mais le secrétariat général du gouvernement refusa de donner une telle autorisation de manière systématique, afin de « ne pas courir le risque de voir se renouveler les regrettables abus auxquels cette pratique a[vait] donné lieu [56] ». Le gouvernement n'avait donc pas réussi à s'attacher les fonctionnaires par le biais des associations professionnelles. C'était un pari de dissoudre les syndicats de fonctionnaires, et un paradoxe d'imaginer pouvoir trouver facilement des hommes d'expérience, politiquement irréprochables et néanmoins représentatifs, pour les remplacer dans le cadre d'associations nouvelles, morcelées à l'extrême **** et étroitement contrôlées par le pouvoir. Si ce pari se concevait, à l'automne 1940, dans l'ambiance de table rase et la volonté de reconstruction d'un pays qui devait tirer de sa défaite la force morale de se régénérer, il devenait beaucoup plus hasardeux de le poursuivre sans y rien changer en septembre 1941. Tout à leurs constructions juridico-politiques, les légistes du secrétariat général de la vice-présidence du Conseil ne surent ni comprendre ni prendre en compte l'évolution de l'administration, qui n'était que le reflet d'une désaffection plus

* La distinction n'était toutefois pas sans conséquence, la vice-présidence du Conseil ayant décidé d'en faire le critère de définition des fonctionnaires appelés à prêter serment, voir *infra*, pp. 314-315.

** Note sur le « foyer des cadres administratifs », [s.d.], AN 2AG 543. Fageau, qui se présentait comme « directeur du grand livre de la dette publique », n'était officiellement que chef de bureau.

*** Le chiffre, quoique élevé, est vraisemblable, dans la mesure où, comme le signale Jeanne Siwek-Pouydesseau, les dirigeants des syndicats d'avant guerre utilisèrent les sept associations créées par le décret du 13 juillet 1941 pour encadrer les postiers, *op. cit.*, p. 173. Les seules associations pouvant se targuer d'effectifs conséquents étaient donc des « faux nez » du syndicalisme dissous.

**** Maurice Duverger, après avoir rappelé qu'on comptait six catégories professionnelles pour les fonctionnaires de l'enseignement secondaire, sept pour les agents des établissements pénitentiaires et neuf pour ceux relevant du secrétariat d'État au travail, estimait que « la division en catégories professionnelles a[vait] été très poussée », *op. cit.*, p. 123.

générale de l'opinion à l'égard du régime. Se raidissant dans la défense de leur œuvre, alors même que les premiers intéressés refusaient d'en reconnaître le bien-fondé, ils contribuèrent à accentuer le clivage entre le régime et ses serviteurs *.

Un accueil frais

Ce ne fut pas non plus du public que le statut reçut un accueil enthousiaste, si l'on met à part les quelques professeurs de droit qui s'employèrent à soumettre le nouveau texte à leurs méthodes éprouvées d'analyse descriptive **. Du côté des libéraux, si l'on applaudissait à la confirmation de la disparition des syndicats de fonctionnaires, la promulgation du statut était surtout l'occasion de réexposer une philosophie de l'État minimal, bien éloignée des réalités de l'heure ***, et de rappeler aux fonctionnaires que, « en ces temps de détresse, il leur incomb[ait] de donner l'exemple des vertus civiques et du dévouement à la chose publique, de prêcher l'union, de soutenir le moral du pays, de lui faciliter l'observation des lois, de former le carré autour de l'État, de contribuer de toute manière à faire des malheurs de la Patrie un principe de renouvellement et de régénération [57] ». Le Comité d'études pour la France, qui travaillait à l'automne 1941 sur un projet de statut des fonctionnaires, fut pris de vitesse par la publication de la loi du 14 septembre. C'est en effet le 8 octobre 1941 qu'il rendit public son projet, en soulignant sa proximité avec la loi nouvelle. Une même analyse des causes du déclin de la fonction publique française, par excès de politisation et de libéralisme, conduisait à une conclusion proche **** et à des propositions identiques à celles du texte officiel.

---

* On lira à cet égard la « note sur la situation des fonctionnaires de l'État » reçue en février 1942 par Jardel, d'une source malheureusement non identifiée mais très vraisemblablement proche des milieux syndicalistes ralliés au régime. Ce document, reproduit en annexe 14, p. 676, nous paraît révélateur de l'incompréhension croissante entre le gouvernement et les fonctionnaires, que traduisent de manière significative les remarques manuscrites portées par Lagrange en marge du texte.

** Voir par exemple l'étude de R. de Nesmes-Desmarets, professeur à la faculté de droit de Montpellier, publiée en 1943 (mais sans doute rédigée peu après la publication du statut de 1941, car les modifications du texte intervenues en 1942 ne sont pas citées) dans *Les Lois nouvelles, revue de législation et de jurisprudence,* n° 7 et 8, pp. 51-69. On y trouve des phrases telles que « On ne verra plus d'étrangers se faire naturaliser par intérêt, alors qu'ils n'ont aucun sentiment français, puis, dix ans après, passer un concours et se faire nommer dans une administration » ou encore, s'agissant de l'application du statut des juifs : « Les israélites peuvent occuper des postes de moindre importance dans les services de seconde importance, s'ils sont anciens combattants de la guerre de 1914-1918, ou s'ils ont eu une citation dans la guerre de 1939-1940 [...] : ceux-là ont fait leurs preuves. »

*** C'est en effet en octobre 1941 que le ministère des Finances dut publier un communiqué pour justifier, tout en la minimisant, l'augmentation du nombre d'agents publics depuis l'armistice.

**** « Aucune restauration nationale ne sera possible si l'on ne parvient pas à restituer tout son prestige à la notion de l'État. [...] La réforme administrative est d'abord un problème d'hommes », étude n° 30, « Établissement d'un statut des fonctionnaires ; formation des fonctionnaires et sélection des cadres », AN 2AG 500.

À Paris, où soufflait l'esprit collaborationniste, on regretta au contraire le caractère « anodin » des textes. Consacrant son thème central, le 14 octobre, au nouveau statut, le *Bulletin quotidien d'études et d'information économique* édité par l'AFIP estimait que nombre de dispositions judicieuses qu'il contenait risquaient de rester platoniques, telles celles relatives à l'accès aux fonctions publiques qui avaient pourtant le mérite de « consacrer la mise en application pratique des principes du racisme ». Et l'organe de synthèse de la presse parisienne de conclure que « les textes ne vaudront que dans la mesure où ils seront appliqués avec une brutalité toute militaire. En tout état de cause, ils prêtent le flanc à la critique par ce fait même qu'ils ne sont pas assez audacieux[58] ». Pour *Aujourd'hui*, proche de la collaboration de gauche, le texte avait pour avantage de redonner quelques garanties aux fonctionnaires que la dissolution des syndicats privait depuis un an de tout recours contre l'arbitraire des chefs. Si le statut péchait par le fait que le Conseil d'État, pour l'élaborer, n'avait pas cru devoir entendre les représentants des défunts syndicats de fonctionnaires, *Aujourd'hui* estimait souhaitable de remédier à cette faiblesse par une amnistie effaçant les « trop nombreuses et parfois trop injustes sanctions qui, depuis plus d'un an, déciment les rangs des serviteurs souvent les plus désintéressés[59] ».

Une gestion sous contraintes

Pour l'opinion publique, qui n'était ni libérale ni collaborationniste, le statut semblait surtout aboutir à conforter la place des fonctionnaires dans l'État, alors que ceux-ci lui apparaissaient d'abord comme de grands producteurs de réglementation, donc de paperasse et de contrôle. Si la frénésie réglementaire vichyssoise était indiscutable, deux séries de difficultés rencontrées en matière de gestion des personnels ne pouvaient que rendre le fonctionnement administratif plus chaotique encore. D'une part en effet le gouvernement ne maîtrisait pas le nerf de la guerre, l'orthodoxie financière de Bouthillier et le contrôle sourcilleux de l'occupant se conjuguant pour refuser toute hausse des traitements. Mais d'autre part il était contraint de résoudre deux cas douloureusement particuliers : celui des prisonniers de guerre, mauvaise conscience nationale, qui restaient formellement titulaires de leur emploi et étaient censés ne pas pâtir de leur éloignement forcé, et celui des militaires d'active, dont le régime ne voulait en rien sacrifier les intérêts et qu'il s'efforça donc de reclasser dans les cadres administratifs lorsqu'ils n'avaient plus leur place dans l'étroite armée d'armistice.

Traitements sous surveillance

Placée au cœur de la philosophie administrative du régime, la notion de « dignité » appelait en principe une réévaluation des traitements publics, afin de les mettre en harmonie avec le rôle éminent qu'étaient appelés à jouer dans l'État nouveau les fonctionnaires loyaux. La question était toutefois soumise à la surveillance de deux rigoureux censeurs : l'un, traditionnel, l'administration des finances, était par nature difficile à fléchir mais pouvait comprendre un objectif d'ordre politique. Mais l'autre, la puissance occupante, ayant perçu l'importance de la question pour la sauvegarde de ses intérêts propres, fit de la convention d'armistice, comme souvent, une lecture lui donnant tout contrôle sur une question censée relever de la pleine souveraineté des autorités françaises, la fixation des traitements de leurs fonctionnaires. Dans un premier temps, les deux censeurs partagèrent, avec des objectifs différents, une même volonté d'interdire toute augmentation des traitements. Pour le ministère des Finances, il convenait surtout de « fermer le circuit » et pour cela de freiner les dépenses budgétaires afin de limiter l'endettement national, alors que les frais d'occupation et les dépenses de reconstruction devaient déjà être financées sur des recettes extra-budgétaires [60]. En outre, comme l'écrivait Bouthillier à Darlan en avril 1941, toute amélioration de la situation d'une catégorie de fonctionnaires entraînant des revendications immédiates des autres « en raison des hiérarchies établies par les différentes commissions de traitement depuis vingt ans », il convenait de s'opposer à toute hausse des traitements publics pour éviter des répercussions, « économiquement très graves », sur les salaires privés [61]. Du côté allemand, la France apparaissant comme un vaste et riche réservoir destiné au pillage légal, la demande intérieure devait être fermement contenue pour ne pas entrer en concurrence avec celle du Reich. Le principe était donc de n'autoriser les augmentations de salaires que de manière très restrictive, sauf lorsque ces augmentations servaient les autorités d'occupation, par exemple en facilitant le recrutement de la main-d'œuvre nécessaire aux grands travaux militaires.

Dans un tel contexte, il n'était prioritaire pour personne d'accroître les traitements des fonctionnaires, même si ces derniers avaient subi une réelle perte de pouvoir d'achat depuis le milieu de la décennie précédente. Jusqu'au printemps 1941, les mesures prises par un gouvernement d'abord soucieux de résorber le chômage ne concernèrent que rarement les agents publics en tant que tels, même si certains d'entre eux, essentiellement les auxiliaires, purent se trouver concernés par les mesures générales prises en faveur des plus bas salaires [62]. La lutte contre l'inflation prit ensuite le relais, interdisant toujours toute remise à niveau alors que la situation des petits fonctionnaires devenait critique. En mai 1941, Ingrand s'en montra inquiet, mais son plaidoyer en faveur des agents des préfectures, qu'il présenta comme un rouage essentiel au bon fonctionnement de l'administration du pays, et donc au succès de la Révolution nationale, laissa indifférent le bureau des personnels civils et militaires de la direction du budget, pour qui « la modification des échelles des titulaires, même limitée aux échelons du bas, déclencherait la grosse question des salaires, avec répercussion sur les prix. [...] Pour l'instant, c'est contre la hausse des prix que le gouvernement entend lutter. Augmenter les salaires serait consacrer l'échec * ». Affirmant que

* Note interne à la DGTO, en vue d'un entretien d'Ingrand avec Darlan, 7 mai 1941, AN F1a 3631. Ce texte, rédigé par un collaborateur d'Ingrand, le contrôleur des dépenses

« les blessures d'amour-propre des Finances [lui] importent peu », Ingrand saisit alors Darlan, sous sa double casquette de ministre de l'Intérieur et de vice-président du Conseil, en lui faisant part de « [son] devoir, même au point de vue de l'ordre public en zone occupée, de [l']informer du mécontentement grandissant et de l'angoisse des petits salariés de toute nature ». « S'il ne m'appartient pas, poursuivait-il, de traiter un problème de gouvernement aussi important, je crois nécessaire de souligner la gravité de la situation des fonctionnaires qui relèvent de mon administration [63]. » Le délégué du ministre de l'Intérieur dans les territoires occupés estimait urgent de régler cette question, tout particulièrement en zone interdite. Il ne fut pas suivi, et c'est « la solution paresseuse des indemnités [64] » qui fut retenue par les pouvoirs publics dans la mesure où, ne touchant pas formellement aux traitements, elle minimisait les risques de contagion sur les salaires du secteur privé, tout en permettant une modulation en fonction de la situation exacte des personnels. C'est ainsi qu'à côté d'une mesure générale, intervenue en mai 1941, de hausse des indemnités spéciales temporaires versées à tous les fonctionnaires*, diverses indemnités mises en place depuis les premiers mois de 1941 avaient cherché à répondre aux difficultés particulières nées de la guerre et de l'occupation. Des indemnités de séparation, de bombardement et de repliement, variables selon les zones et la situation de famille, furent ainsi créées – et modifiées trois fois rien qu'entre septembre 1940 et juin 1941.

Au-delà de ces réponses au coup par coup, le gouvernement entendit prendre des mesures générales d'amélioration des traitements, conscient qu'il était que les difficultés matérielles rencontrées par les fonctionnaires risquaient de nourrir un profond découragement, susceptible de dégénérer en une véritable crise de recrutement, notamment au niveau des élites. Le Conseil de cabinet en ayant débattu le 24 octobre 1941, quatre lois vinrent, une semaine plus tard, refondre le dispositif indemnitaire s'appliquant aux fonctionnaires en activité et aux agents retraités [65]. Il s'agissait d'abord de faire varier les indemnités de résidence en fonction de la situation familiale des agents, en attendant la mise en place du traitement familial. La deuxième loi s'efforçait d'« ajuster l'échelle des traitements à la gradation de la hiérarchie administrative », en modifiant le régime du supplément provisoire de

---

engagées Lépargneur, posait la question de manière directe, en soulignant les difficultés de vie des agents placés en bas de l'échelle : « Que faire qui ait quelque chance d'efficacité ? Car il faut faire quelque chose. Je reçois aujourd'hui des nouvelles de Valenciennes, qui me disent qu'un livarot y coûte 32 F, la viande avec os 28 F la livre, les œufs ont atteint 4 F 50 pièce. Il est bien évident que les employés de la sous-préfecture ne peuvent résister physiquement à ce régime prohibitif. Il en est de même, d'ailleurs, pour tous les employés de l'État de grade modeste. »

* Loi du 23 mai 1941, *Journal officiel* du 12 juin 1941. En portant cette mesure à la connaissance de ses services, Carcopino soulignait qu'il convenait d'y voir « une preuve nouvelle de la sollicitude du gouvernement du Maréchal envers des collaborateurs dont il se plaît à reconnaître le dévouement à l'œuvre de Redressement national », circulaire aux recteurs et inspecteurs d'académie, 19 juin 1941, AN F17 13319.

traitement dans un sens favorable aux cadres moyens. Un troisième texte faisait bénéficier les agents retraités d'améliorations comparables, tandis qu'une quatrième loi instaurait le principe d'indemnités de direction, destinées à restaurer la « prééminence du chef ». Les chefs de services départementaux et régionaux, ainsi que quelques hauts responsables de l'administration centrale, se voyaient accorder une indemnité de direction variant de 6 000 à 10 000 francs pour le niveau départemental et de 12 000 à 18 000 francs pour le niveau régional, ces sommes étant majorées de 20 % pour les préfets. Le rapport au chef de l'État accompagnant la loi était explicite sur la finalité réelle de la mesure :

> Trop souvent, la véritable notion de l'autorité, étroitement associée à celle de la responsabilité, a été sacrifiée à la vaine poursuite de l'égalitarisme social. La restauration des fonctions de commandement dans la vie administrative est une conséquence nécessaire des principes que vous avez fixés pour la structure de l'État. L'ancienne conception de l'État, dominée par une centralisation excessive et par une bureaucratie omnipotente, doit céder la place à la notion plus vivante d'un État plus humain, fondé sur l'étude directe des problèmes, la valeur individuelle des chefs et la connaissance des hommes qui, d'échelon en échelon, se transmet l'autorité. Mais à considérer la tâche que nous confions à ces chefs de services et les qualités que nous exigeons d'eux pour y répondre, l'on doit constater que leurs rémunérations actuelles, à peine différentes de celles de leurs subordonnés immédiats, ne sont pas telles qu'elles consacrent une autorité qui, dans les circonstances présentes, doit être à la fois compréhensive, ferme et clairvoyante.

Le principe de ces indemnités posé, une longue négociation s'engagea entre chaque département ministériel et les Finances, négociation particulièrement longue et ardue avec le ministère de l'Intérieur, qui n'admettait pas que certains chefs de services placés sous l'autorité des préfets pussent toucher des indemnités supérieures à celles des préfets eux-mêmes. Ce n'est pas avant août 1942 qu'un accord put être trouvé, qui n'était d'ailleurs que provisoire puisque, dès l'automne suivant, puis tout au long de 1943, les deux secrétaires généraux du ministère de l'Intérieur revinrent à la charge, en se fondant sur les protestations de préfets de département moins bien traités que plusieurs hauts fonctionnaires régionaux ayant, à leurs yeux, des missions moins lourdes que les leurs, qu'il s'agisse des doyens de faculté ou des directeurs régionaux de la famille [66].

Les commentaires officiels accompagnant le train de lois du 31 octobre mirent largement l'accent sur les finalités familiales de ces mesures. Le communiqué de l'AFIP qui les évoqua le 2 novembre 1941 détailla ainsi surtout « les innovations concrètes [visant à] donner un caractère efficient à la politique familiale ». Il paraissait en effet maladroit de trop insister sur les avantages financiers accordés aux fonctionnaires, qui frisaient des records d'impopularité, et on se contenta de tirer un coup de chapeau aux cadres moyens, « armature de l'administration française [67] ». Seule la presse collaborationniste parisienne, se posant en défenseur des petits contre les gros, salua l'initiative gouvernementale *. L'opinion ne partagea pas cette magnanimité et fut au contraire choquée lorsqu'elle eut connaissance de hausses de traitements qui lui paraissaient injustifiées, tandis que de leur côté, tous calculs faits, les fonctionnaires furent désagréablement impressionnés par la modicité des améliorations effectives apportées à leur rémunération nette **. En raison de la dégradation de la situation économique et de l'essor du marché noir ***, l'ensemble de ces mesures, complétées en ce qui concernait les plus bas salaires par une hausse de l'ordre de 20 % des rémunérations journalières des auxiliaires ****, ne permirent toutefois pas de maintenir le pouvoir d'achat des agents publics. C'est ainsi qu'en février 1942 les *Nouveaux Temps* estimaient regrettable que les employés de l'État ne puissent voir « la dignité de leur existence assurée », soulignant qu'il était difficile, pour des auxiliaires du ravitaillement payés 45 francs par jour, de « lutter contre les millionnaires du marché noir [68] ». Les préfets ne cessaient pour leur part d'attirer l'attention du pouvoir central sur les difficultés rencontrées par le personnel des préfectures. Un an après le vigoureux appel d'Ingrand, la situation ne s'était pas beaucoup améliorée, à en croire la synthèse des rapports des préfets pour juin 1942, où il était fait état de « l'insuffisance des traitements et du déséquilibre entre leur modicité et le coût de la vie, qui ne cesse d'augmenter [69] ». Les intéressés eux-mêmes, d'après la synthèse des contrôles techniques d'août 1942, « se plaign[ai]ent de la faiblesse de leurs moyens d'achat et certains, même, redout[ai]ent la faim [70] ». C'est au gouvernement Laval qu'il revint de prendre acte de l'écart croissant entre les prix et les traitements publics : en août 1942, une hausse significative des suppléments temporaires de traitement fut décidée, que le gouvernement décida de ne pas publier au *Journal officiel*.

Un reclassement difficile

Les fonctionnaires de métier n'étaient pas, au sein de l'État, les seuls dont le pouvoir avait à se préoccuper. Par proximité d'armes, il se sentait en effet des responsabilités particulières à l'égard de deux catégories dont il entendait sauvegarder les droits, les militaires et les prisonniers de guerre. Ayant à sa tête

---

* C'est ainsi que *Paris-Soir* put écrire, le 7 novembre, que « le gouvernement s'est engagé dans la bonne voie, en donnant à ses serviteurs le moyen d'assurer son *(sic)* existence et celle de leur famille. Il n'en est malheureusement pas de même des entreprises privées. Loin de jalouser le sort des fonctionnaires, félicitons-nous au contraire que l'État ait fait un geste pour adoucir leur condition ».

** La synthèse mensuelle des contrôles techniques de novembre 1941 soulignait ainsi le « double effet déplorable » découlant de la hausse des traitements des fonctionnaires, AN F60 514.

*** L'indice des prix de détail passa de l'indice 100 en 1938 à 150 en 1941, 175 en 1942, 224 en 1943 et 285 en 1944. Selon A. Piatier, compte tenu des coefficients multiplicateurs qu'il convenait d'appliquer aux prix officiels pour obtenir les prix effectifs (entre 2 et 5 pour la viande, le lait et les œufs, et entre 10 et 30 pour le charbon), le coût du panier de la ménagère avait sextuplé entre 1938 et 1944, *La France sous l'Occupation*, *op. cit.*, p. 70.

**** La fourchette de ces rémunérations passait de 25 F-36 F à 30 F-42 F, décret du 10 décembre 1941, *Journal officiel* du 13 décembre 1941.

un maréchal de France et pour chef du gouvernement un amiral cinq étoiles, le régime ne pouvait pas rester indifférent au sort de ses cadres militaires professionnels, que la limitation des effectifs de l'armée d'armistice éloignait de leurs casernes. On vit certes des généraux devenir ministres, des amiraux être promus secrétaires généraux et des colonels exercer les fonctions de préfet. Si l'effet d'affichage était évident – et pas toujours positif –, le nombre d'officiers ainsi appelés à de hautes fonctions dans l'État nouveau était pratiquement insignifiant par rapport au stock de ceux désormais sans emploi. Divers procédés furent utilisés, après que la méthode de réduction autoritaire de 10 % des effectifs civils prônée par les autorités militaires se fut révélée inutilisable. La création de nouveaux cadres de fonctionnaires par « civilisation » de fonctions auparavant remplies par des militaires profita bien sûr exclusivement à ces derniers. Ainsi, par exemple, le corps du contrôle de l'administration de l'armée fut-il obtenu par simple décalque du service homonyme existant jusque-là dans l'armée de terre, ses membres conservant jusqu'au rang et à l'appellation qui étaient antérieurement les leurs[71]. On alla plus loin en décidant que, dans certains des corps rendus indispensables par les circonstances, l'élément militaire occuperait une place prioritaire, voire se taillerait la part du lion. Il en fut ainsi notamment des corps du ravitaillement[72], décision que le régime devait par la suite vivement regretter : les directeurs départementaux devaient provenir soit des services civilisés de l'intendance, soit du corps des commissaires de la marine tandis que, dans la formation des autres cadres, priorité était donnée aux officiers et sous-officiers en activité ou en congé d'armistice *. De même, l'encadrement des Chantiers de la jeunesse, qui tenaient lieu de service militaire, provenait tout naturellement des anciennes forces armées. D'autres secteurs dont le mode de fonctionnement fortement hiérarchisé devait convenir à d'anciens officiers ou sous-officiers, tels les douanes ou le tout jeune commissariat général à l'éducation générale et aux sports, eurent également à absorber un fort contingent de militaires tôt retraités.

Un effort fut également demandé à la plupart des ministères pour qu'une proportion importante des postes rendus vacants par des réformes de structure ou des évolutions statutaire fût réservée à d'anciens militaires. Certains le firent volontiers, comme le ministère de la Marine dont le décret de réorganisation stipula que tous les emplois de rédacteur désormais vacants à l'administration centrale seraient réservés à d'anciens marins **. De même, les anciens

---

* La position de congé d'armistice avait été créée par une loi du 26 août 1940. Elle entraînait, au profit des militaires, les mêmes effets que la disponibilité temporaire des fonctionnaires civils.

** Décret du 21 novembre 1940, *Journal officiel* du 2 décembre 1940. Ce texte avait imaginé des modalités de reclassement à ce point favorables que le ministère des Finances, inquiet du précédent ainsi créé, fut conduit à demander son abrogation et le retour à une situation plus conforme au droit, lettre du ministre secrétaire d'État aux Finances au secrétaire d'État à la Marine, 2 janvier 1941, SAEF B 11855.

militaires ne rencontrèrent guère de difficultés pour obtenir une place de choix dans la police, dont les effectifs devaient croître pour répondre aux nécessités de l'heure. Mais la situation ne fut pas partout aussi facile : alors que des textes avaient insisté, en février puis en avril 1941, sur le devoir de solidarité de la Nation à l'égard de ceux qui avaient eu pour mission de la défendre, chaque ministère mit en avant le caractère hautement spécialisé des fonctions qui y étaient exercées pour limiter l'ampleur des reclassements. Darlan dut poser comme principe, en septembre suivant, que, « à qualité professionnelle égale, [les anciens militaires] devront être choisis de préférence aux candidats ordinaires [73] ». En outre, conscient des limites de la bonne volonté spontanée des administrations publiques en la matière, le législateur avait simplifié, au profit des militaires dégagés des cadres, les règles de cumul de rémunération [74]. Mais ceux-ci n'avaient pas très bonne réputation dans le microcosme politico-administratif vichyssois : aidées par le ministère des Finances, les administrations de métier surent opposer avec efficacité les exigences, réelles ou inventées, de la technicité aux tentatives d'entrisme en provenance du monde militaire. La situation fut plus contrastée du côté des administrations créées après juillet 1940 où les anciens officiers occupaient souvent les postes d'encadrement, avec des fortunes diverses. Avec la dissolution de l'armée d'armistice intervenue en novembre 1942 après le débarquement allié en Afrique du Nord, le problème se posa avec une acuité nouvelle pour le gouvernement Laval, qui s'efforça de lui apporter une solution méthodique *.

Les prisonniers de guerre, remords du pays

Dans la masse de plus d'un million et demi de prisonniers de guerre [77], les administrations publiques étaient représentées proportionnellement à leur place dans la société française. Un recensement effectué en mai 1941 par le ministère des Finances, portant sur un total de 1 119 000 prisonniers, évaluait à 26 000 le nombre d'entre eux issus des services publics, et à 22 000 celui des prisonniers qui étaient employés avant guerre par des collectivités locales. Encore ce chiffre avait-il réduit dès 1940, les autorités allemandes acceptant alors de libérer environ une dizaine de milliers de cadres et d'agents de l'État avant le transfert massif des prisonniers en Allemagne. Dès la signature de l'armistice, les administrations avaient en effet insisté auprès des vainqueurs sur leur besoin de disposer de la totalité de leurs effectifs pour assurer l'ordre et remettre en marche le pays. Le service diplomatique des prisonniers de guerre, créé dès août 1940 et dirigé, avec le titre d'ambassadeur, par le député d'extrême droite Scapini, chercha à utiliser au mieux la conjoncture politique pour obtenir de nouvelles libérations de cadres administratifs, en employant les arguments les mieux à même de toucher l'occupant. Après Montoire, prenant acte du nouveau cours des relations franco-allemandes, il plaida en faveur du retour de certaines catégories bien ciblées de fonctionnaires, tout

---

* Voir *infra*, pp. 480 *sq*.

en faisant sienne l'objection du général von Brauchitsch selon laquelle des libérations massives viendraient augmenter le nombre de sans-emploi, déterminant ainsi un état d'esprit « dont il n'y aurait lieu de se louer ni pour l'Allemagne ni pour la France ». Trois priorités lui paraissaient s'imposer : l'administration des Finances, dont 18 % des effectifs étaient prisonniers qui seraient fort utiles pour collecter les impôts nécessaires au paiement des frais d'occupation, les élèves des grandes écoles, appelés à former « le système de conscription d'un ordre européen », les professeurs d'éducation physique et sportive enfin, « car les besoins de rénovation de la jeunesse française sont impérieux et urgents, l'exemple donné par l'Allemagne sur ce plan comport[ant] des enseignements dont les fruits sont précieux[76] ». Choisis pour illustrer la volonté collaboratrice de la France nouvelle, ces arguments se perdirent dans des circuits de négociation particulièrement confus.

La démarche entamée par Scapini se poursuivit en effet *via* la commission de Wiesbaden, tandis que les ministères recouraient de leur côté à des discussions directes auprès des interlocuteurs qui leur paraissaient les plus influents. En mai 1941, une circulaire rappelait à la fois l'obligation officielle de passer par Scapini et l'obligation morale de le court-circuiter s'il le fallait*. Comme dans bien d'autres domaines de l'action gouvernementale, plusieurs organismes coexistèrent, qui se distinguaient souvent plus par leur sensibilité politique que par leur mission : tandis que Scapini créa, avec une antenne à Berlin, une mission chargée de visiter les camps de prisonniers et d'y amener le message de réconfort du Maréchal, ce message se trouvait relayé, de manière plus concrète, par les colis envoyés par la direction des services des prisonniers de guerre, créée dès juillet 1940 puis, pour les prisonniers rapatriés, par l'action du commissariat au reclassement des prisonniers de guerre, apparu en septembre 1941[77].

Pour l'administration, les fonctionnaires prisonniers de guerre étaient considérés comme simplement empêchés d'exercer leurs fonctions. Théoriquement toujours en activité, ils continuaient à percevoir leur traitement, leur emploi n'étant pas considéré vacant. Pourtant il fallait remplir les absences effectives, ainsi d'ailleurs que les postes nouvellement créés. La solution visant à recruter des auxiliaires ne pouvait suffire, ne serait-ce, comme l'écrivait Maurice Duverger, que pour assurer « la solidité du nouveau régime politique (car un régime nouveau doit constituer des cadres administratifs stables remplis par un personnel fidèle) ». Pour autant « on ne voulait point qu'à leur retour [les prisonniers de guerre] trouvassent toutes les places prises et que le régime nouveau se constituât en dehors d'eux[78] ». Une loi du 15 octobre 1940 posa

* « Comme il convient d'utiliser toutes les possibilités d'obtenir des libérations, si un organisme quelconque voyait un moyen d'entamer avec quelques chances de succès des négociations dans ce but, il pourrait tenter de le faire, mais à la condition expresse d'avoir obtenu au préalable l'agrément du service diplomatique des prisonniers de guerre », circulaire du secrétaire d'État à l'Éducation nationale et à la Jeunesse, 19 mai 1941, AN F17 13319.

donc le principe du recrutement partiel : tous les concours de recrutement de fonctionnaires devaient comporter deux sessions entre lesquelles les postes à pourvoir étaient répartis par moitié, la seconde session étant ajournée jusqu'au retour des prisonniers sans leur être toutefois spécifiquement réservée[79]. La constitution de cette réserve d'emplois posa à certaines administrations des difficultés qu'elles jugèrent insurmontables. La solidarité avec les absents atteignait en effet ses limites lorsque, par application du principe général de mise en réserve d'un emploi sur deux, certains services indispensables au fonctionnement du régime se trouvaient dans l'impossibilité de poursuivre leur mission. Il fallut arbitrer : Darlan vice-président du Conseil refusa en août 1941 d'accorder à Darlan secrétaire d'État à la Marine une dérogation en faveur du corps des administrateurs de l'inscription maritime, en estimant « inopportune » cette dérogation. Il confirmait ainsi la réponse uniformément négative que la vice-présidence du Conseil avait jusque-là opposée aux demandes du même ordre, en estimant « que les considérations d'équité et de solidarité qui ont inspiré la loi du 15 octobre 1940 ne sauraient céder devant les difficultés particulières à certaines administrations, et qu'il est moralement impossible d'apporter une restriction quelconque aux droits que cette loi reconnaît aux candidats mobilisés ou prisonniers de guerre* ».

Il en alla autrement, deux mois plus tard, au profit d'un secteur bénéficiant d'un rang élevé dans la hiérarchie des priorités du régime, l'éducation générale et les sports. À l'issue de près de six mois de négociations, Borotra obtint en effet l'autorisation de porter à 85 % la proportion d'emplois de son commissariat général susceptibles d'être immédiatement pourvus. Des dispositions similaires intervinrent, au printemps 1942, au profit des polices régionales d'État qui venaient d'être créées par étatisation des polices municipales**. Les « considérations d'équité et de solidarité » s'effaçaient ainsi devant les nécessités de l'heure. La police avait d'ailleurs déjà fait l'objet de mesures spécifiques destinées à faciliter son recrutement, telle l'instauration, en juillet 1941, du premier concours sur titres réservé aux prisonniers de guerre. Mais la fonction publique professionnelle entendait bien ne pas ouvrir trop grand ses portes à d'anciens prisonniers bénéficiant d'avantages qu'elle jugeait excessifs. L'exercice rhétorique n'était pas simple, qui consistait à faire barrage à cet entrisme sans témoigner d'un égoïsme de nantis. En août 1941, une circulaire de la vice-présidence du Conseil y parvint assez bien : mettant en balance « la bienveillance et la sollicitude que les anciens combattants et les prisonniers libérés ont incontestablement le droit d'attendre du gouvernement et de leurs concitoyens » et la nécessité de « [ne pas] compromettre, du moins dans une mesure importante, des intérêts généraux tels que ceux

* Lettre de la direction du budget au commissaire général à l'éducation générale et aux sports, 1er juin 1941, SAEF B 11856. Citant la position du vice-président du Conseil, le ministre des Finances indiquait qu'il « ne peut que partager cette manière de voir ».

** Voir *infra*, p. 381.

qui s'attachent au maintien du recrutement des administrations publiques à un niveau suffisamment élevé », elle montrait bien de quel côté elle souhaitait voir se diriger le fléau, et renvoyait la solution à beaucoup plus tard : « Pour les prisonniers de guerre libérés successivement, il serait conforme à leur intérêt, en même temps qu'à celui des diverses administrations, qu'ils attendissent pour se présenter à des concours spéciaux qui leur seraient réservés et ne seraient ouverts qu'après la libération complète de tous les prisonniers de guerre *. » C'est toutefois vers des solutions moins sévères que l'on se dirigea en 1943, après que le souci de Lagrange de construire la fonction publique d'élite nécessaire à l'État nouveau eut laissé la place au pragmatisme que réclamaient les circonstances.

Pas assez de fonctionnaires ?

Cette nécessité de maintenir disponibles un certain nombre d'emplois destinés à accueillir, à leur retour, les prisonniers de guerre, contribua à accroître les problèmes d'effectifs rencontrés par le pouvoir. Au « trop de fonctionnaires » de l'opinion et de la presse répondait le « pas assez de fonctionnaires » de ministres et de préfets constatant avec inquiétude, à partir de la mi-1941, l'insuffisance, quantitative et qualitative, de leurs effectifs face à l'augmentation des tâches qui leur étaient assignées. Ce changement de perspective trouvait d'abord sa cause dans le retournement de la conjoncture économique : à la crainte de voir s'installer, à la faveur de la désorganisation de l'été 1940, un chômage massif avait succédé, à partir de la mi-1941, une rapide décrue du nombre de travailleurs sans emploi [80]. Dès lors, le blocage des traitements publics imposé par l'occupant, dont Vichy ne parvint à desserrer le carcan qu'à partir de l'été 1943, accentua le déséquilibre entre une offre restreinte de main-d'œuvre et une demande croissante venant des administrations publiques. Cette dernière demande s'expliquait à la fois par l'autodécimation que les lois d'exclusion de 1940, puis celle d'août 1941 concernant les francs-maçons, avaient créée ou allaient créer au sein des fonctions publiques, et par l'apparition de services nouveaux, liés aux circonstances ou aux priorités de la Révolution nationale. La multiplication, parfois anarchique, de ces services alimenta l'image d'une armée techno-bureaucratique régissant la vie quotidienne des Français, image plus ou moins réelle selon les secteurs. L'utilisation des centaines d'emplois destinés aux organismes nouveaux ne put être suivie de manière très fine, de sorte que certains de ces organismes connaissaient une réelle aisance là où les administrations centrales des ministères traditionnels vivaient dans une pénurie de personnel, à laquelle elles étaient certes habituées mais que l'opulence de leurs nouveaux voisins rendait parfois difficilement supportable.

* Circulaire du 12 août 1941, AN 2AG 28. Cette circulaire faisait suite à une démarche du directeur général de la Légion, François Valentin, demandant que l'on accorde des points supplémentaires, dans tous les concours de la fonction publique, aux prisonniers de guerre libérés.

C'est à partir de l'été 1941 que le pouvoir constata les prémisses d'une crise de recrutement dans les cadres de l'État : Bouthillier justifiait, en août 1941, son refus de maintenir en vigueur une loi permettant aux anciens combattants de prendre une retraite anticipée par le fait que « non seulement le chômage a diminué, mais les attributions de l'État se sont notablement accrues. [...] Il ne serait pas opportun, au moment même où le recrutement est devenu plus difficile par suite du nombre important de nos prisonniers, de faciliter les départs par l'attrait d'une retraite anticipée[81] ». Si l'argument n'était pas entièrement convaincant – le nombre de prisonniers de guerre était le même un an plus tôt –, la crise de recrutement était une réalité. La situation s'aggrava même pendant l'automne 1941, le thème des difficultés de recrutement se banalisant alors dans la prose administrative. Bien placée pour en recueillir une vision d'ensemble, la direction du budget estimait, au début de 1942, que la situation était devenue critique : « Les administrations centrales éprouvent actuellement les plus grandes difficultés à recruter leurs cadres. Due à l'origine à l'absence des agents en captivité, cette situation s'est aggravée par l'effet d'une crise de recrutement qui s'affirme davantage à chaque concours de rédacteurs. Cette diminution est extrêmement inquiétante. Si la situation devait se prolonger, la formation des cadres des administrations centrales serait compromise pour l'avenir[82]. » Si les organismes nouveaux, dotés de facilités de recrutement, semblaient échapper au phénomène – ce qui leur valut de ne pas profiter des mesures décidées, dans les premiers jours de 1942, pour rendre plus attractives les fonctions de rédacteur de ministère* –, tous les autres secteurs de l'administration étaient atteints, comme s'en alarmait, à l'automne 1942, le ministère de l'Intérieur :

> Les services publics ont rencontré tout récemment une nouvelle difficulté très grave : la crise du personnel, qui revêt actuellement une ampleur telle qu'il est permis de se demander si le plafond de l'expansion administrative n'est pas atteint par l'épuisement de toutes les ressources du pays en personnel qualifié. Les nombreux concours annoncés ne provoquent que peu de candidatures, et encore s'agit-il le plus souvent de postulants qui appartiennent déjà à des administrations et qui recherchent des avantages de carrière. Il a fallu parfois se résoudre, pour faire face aux tâches les plus urgentes, à intégrer dans les cadres des agents de valeur incertaine, qui pourront peser lourdement dans l'avenir sur le fonctionnement des services[83].

Les préfets s'inquiétaient aussi de la présence dans les bureaux « d'auxiliaires mal recrutés parce que mal payés : il ne sera bientôt plus possible d'assurer le travail considérable fourni actuellement par les préfectures[84] ». Apporter une solution au problème de l'insuffisance des traitements, question d'abord mise en avant pour des raisons sociales, devint donc une quasi-obligation de salut public qui conduisit, à partir de l'été 1943, à la refonte de

* Le ministère des Finances justifia, à l'attention du directeur de la radiodiffusion, sa position en estimant que « la crise de recrutement n'y sévit pas, ou du moins pas de façon aussi aiguë », lettre du 2 mars 1942, SAEF B 11859.

l'ensemble des échelles de traitement, travail herculéen qui ne pouvait porter de fruits immédiats*. Il est difficile de mesurer ce qui, dans la crise de recrutement de fonctionnaires que connut Vichy, était imputable à la seule situation du marché de l'emploi et ce qui pouvait être rattaché à un mouvement de recul des candidats aux fonctions publiques devant ce qu'ils pouvaient craindre d'avoir faire à l'orée de leur carrière administrative. L'ampleur de cette crise montre toutefois que les jeunes Français ne se bousculèrent pas pour devenir, en 1942, policiers ou rédacteurs de préfecture, même si l'on continua à trouver, dans les années qui suivirent, de jeunes hommes prêts à devenir sous-préfets d'un régime qui basculait de plus en plus dans la répression. Malgré ces difficultés, le régime ne baissa jamais complètement la garde, maintenant toute son hostilité envers les « réprouvés ». À aucun moment – est-il besoin de le rappeler ? – l'exclusion des juifs ne faiblit, alors que les vagues d'épuration prononcées envers les autres groupes considérés comme hostiles par essence s'atténuèrent avec le temps. Le premier reclassement de fonctionnaires atteints par la loi du 17 juillet 1940 intervint dès le printemps 1941, et la chasse à l'ennemi maçon connut, après le retour de Laval et plus encore après l'élimination de l'amiral Platon, une baisse d'intensité**. Il convenait toutefois de rester vigilant. L'une des dernières circulaires signées par Jardel au nom de Darlan recommandait aux ministres et secrétaires d'État de faire preuve de prudence dans le recrutement des fonctionnaires, et de n'en engager aucun avant que les demandes de renseignement adressées au ministère de l'Intérieur n'aient reçu de réponse[85]. De même, la situation difficile rencontrée en matière d'effectifs ne devait pas conduire à abandonner totalement les principes administratifs sur lesquels était construit le régime. La nécessité de préserver, malgré les problèmes conjoncturels, le niveau des élites intermédiaires conduisit ainsi le ministère des Finances à refuser le principe de concours internes qui auraient permis à des commis d'administration d'accéder à des fonctions d'encadrement***.

Les difficultés, politiques et administratives, qui s'étaient accumulées en matière de gestion des fonctionnaires expliquent que le statut, qui aurait dû constituer la clé de voûte de la réconciliation de l'État avec ses fonctionnaires, ne parvint pas à jouer effectivement ce rôle. La nécessité de remplir des rangs excessivement clairsemés s'opposa en effet à la mise en œuvre d'une loi qui restait marquée par une préoccupation répressive forte. On le vit lors de l'ultime réunion de mise au point du texte, lors de laquelle il fut décidé de

---

* Voir *infra*, pp. 465 *sq.*

** Ou au moins un changement d'orientation, voir *infra*, pp. 348 *sq.*

*** Voir, par exemple, la lettre adressée le 11 mai 1942 par la direction du budget au secrétaire d'État au Ravitaillement, rappelant qu'une licence était partout nécessaire pour accéder aux fonctions de rédacteur, et concluant que « les commis promus rédacteurs auraient normalement vocation aux emplois supérieurs de la hiérarchie. Vous reconnaîtrez avec moi qu'une telle éventualité n'est pas désirable, les intéressés ne paraissant pas dans l'ensemble aptes à remplir les fonctions de cette importance », SAEF B 11860.

maintenir en vigueur, pour une durée indéterminée, le principe du relèvement de fonctions posé par la loi du 17 juillet 1940. Un délai était certes donné, qui prendrait fin lorsque chaque département ministériel aurait adopté le règlement d'administration publique portant statut particulier de ses agents. La vice-présidence du Conseil admettait que « ce délai sera nécessairement long, en raison de l'énormité du travail à accomplir », tout en espérant que « l'absence de date fera peut-être moins mauvais effet auprès des intéressés que l'indication d'une date éloignée[86] ». Même si, dès avant sa publication, il fut décidé que le statut ne serait pas appliqué, Lagrange voulait croire que le travail considérable dont il avait été maître d'œuvre n'avait pas été vain, ayant servi au moins à inscrire les principes de la Révolution nationale dans l'administration française :

> Le statut apparaît comme une œuvre définitive, marquant la matière de la Révolution nationale, et valable par conséquent pour l'avenir. Les circonstances s'opposent à son application immédiate. Sa publication montrera comment le gouvernement du Maréchal conçoit les rapports entre l'État et ses agents et la place de ceux-ci dans la Nation. D'autre part, elle habituera les administrations à son existence, et il est entendu que la vice-présidence du Conseil veillera à ce que, dans toute la mesure où les circonstances le permettront, le statut entre peu à peu en vigueur, au besoin par « morceaux ». Les statuts particuliers subiront donc, dès maintenant et le plus possible à l'avenir, les modifications partielles nécessaires. Ces considérations devront être clairement et franchement exposées aux fonctionnaires. Il est à souhaiter qu'ils les comprennent[87].

Ce ne sont de fait que des morceaux de statut, de plus en plus ténus à mesure que le grand rêve de rénovation fit place à la simple gestion du quotidien, qui entrèrent en vigueur. Le texte n'en continuait pas moins à faire référence : le Conseil d'État jugea ainsi que plusieurs de ses dispositions – celles notamment qui codifiaient sa jurisprudence – étaient immédiatement applicables, ce qui ne fut pas sans conséquences, au début de 1944, sur les dispositifs d'épuration *.

SURVEILLER ET PUNIR

Dans le vent mauvais

Le Conseil d'État n'en était toutefois pas là pendant l'été 1941, et manifestait encore un pétainisme bon teint, au moins si l'on en croit la teneur des propos, déjà cités, du conseiller d'État Josse lors de la préparation du statut des

* Le 6 octobre 1942, saisi par le secrétaire d'État à l'Aviation, il estima dans un avis que l'entrée en vigueur du statut du 14 septembre 1941 pouvait être immédiate pour celles de ses dispositions non antérieurement prévues par un statut particulier, notamment en matière disciplinaire, AN F1bI 919. Il fit une application remarquée de cette position en janvier 1944 par son arrêt *Grivel*, qui donnait de véritables garanties aux fonctionnaires frappés par la loi du 17 juillet 1940, voir *infra*, p. 476.

fonctionnaires ou les termes de la lettre qu'adressa un jeune maître des requêtes à son collègue Lagrange en évoquant l'impact, très positif à ses yeux, de l'admonestation adressée aux Français, le 12 août 1941, par le maréchal Pétain. Dans un contexte diplomatique et militaire bouleversé par l'entrée en guerre, le 22 juin, de l'Allemagne contre l'URSS, le régime avait amorcé un tournant répressif concrétisé par l'allocution que la postérité a retenue sous le nom de discours du « vent mauvais * », dans laquelle le chef de l'État traçait un sombre tableau de l'esprit public : « L'inquiétude gagne les esprits : le doute s'empare des âmes. L'autorité de mon gouvernement est discutée : les ordres sont souvent mal exécutés. Dans une atmosphère de faux bruits et d'intrigues, les forces de redressement se découragent. » Pour lutter contre ce « véritable malaise [qui] atteint le peuple français », il fallait agir. Douze mesures furent annoncées, qui toutes – à commencer par la dissolution des partis politiques et la création d'un conseil de justice politique, appelé à proposer avant le 15 octobre suivant les sanctions à appliquer aux « responsables de notre désastre ** » – témoignaient d'un durcissement du régime. Parmi ces mesures, plusieurs visaient les fonctionnaires « attachés à un ordre dont ils étaient les bénéficiaires et les maîtres » présentés, avec d'autres (« maçonnerie, partis politiques dépourvus de clientèle, mais assoiffés de revanche, ou encore ceux qui ont subordonné les intérêts de la patrie à ceux de l'étranger ») comme constitutifs de ces « troupes d'ancien régime » qui, pour empêcher la mise en place de l'ordre nouveau, s'employaient à faire écran entre le Maréchal et son peuple, « qui [se] compren[aient] si bien ».

L'attaque, si elle surprit par sa virulence ***, n'était pas tout à fait inattendue, apparaissant plutôt comme le résultat d'une évolution progressive que comme une rupture brutale. Telle que la décrivaient les rapports des préfets, l'opinion doutait déjà largement de la justesse des choix du régime [88]. Aggravé par l'idée, devenue lieu commun du discours des partisans de la Révolution nationale, de la déloyauté des fonctionnaires, ce sentiment conduisit le

* « Français, j'ai des choses graves à vous dire. De plusieurs régions de France je sens se lever depuis quelques semaines un vent mauvais. » Voir le texte de ce discours, le plus long de ceux prononcés par Pétain à la radio, dans J.-C. Barbas, *op. cit.*, pp. 164-172. On comparera le texte de ce discours avec son analyse telle qu'elle fut imposée à la presse par la « note d'orientation » des services officiels de l'information, que cite Pierre Limagne en estimant qu'elle « fait preuve d'originalité au service de la doctrine nationale-socialiste de l'État français », *op. cit.*, p. 224.

** Joseph Barthélemy consacrait un chapitre de ses Mémoires (« La justice du Maréchal », pp. 238-242) à critiquer le principe et les modalités de cette création, qui faisait pour le moins double emploi avec la Cour suprême installée à Riom. Ce que ne manqua pas de relever sur les antennes de la BBC, après que le conseil de justice politique eut rendu sa sentence, Pierre Dac, qui ironisait sur l'air de « Ah ! mon beau château » à propos de ce procès dont les accusés étaient condamnés avant d'être jugés.

*** De manière générale, la tonalité du discours fut jugée sévèrement, au moins rétrospectivement, par d'aussi fermes soutiens du pouvoir que du Moulin de Labarthète ou Maurice Martin du Gard, qui qualifièrent dans leurs Souvenirs l'épisode du 12 août 1941 de « ce discours qui nous a fait tant de mal » pour l'un, « cette philippique » pour l'autre.

pouvoir à envisager, dès le début de l'été, des mesures de mise au pas d'une administration qu'il sentait lui échapper. C'est le sens du bilan, tout en demi-teintes, que tirait Darlan d'un an d'État français. Dans le mémorandum qu'il adressa, le 21 juillet, au chef de l'État, il constata que, « après une année écoulée depuis l'armistice, la France vit dans l'ordre : des troubles sérieux ne se sont produits nulle part. L'administration fonctionne normalement ; elle n'est ni plus médiocre ni meilleure que par le passé ». L'amiral n'en soulignait pas moins les menaces qui découlaient, pour le régime, de l'attitude de « fonctionnaires, mal payés, [qui] restent fidèles à l'ancien régime dont ils étaient devenus les maîtres. Le gouvernement, estimait-il, légifère trop, et il convenait que les secrétaires d'État veille[nt] à ce que l'action de leurs administrations soit rapide et loyale[89] ». Ces éléments d'information, en soulignant la précarité de l'obéissance de l'administration et les limites de sa loyauté, confortèrent le chef de l'État et son entourage dans leur méfiance à l'égard de la fonction publique. Quelques jours plus tôt en effet, rappelant devant la commission de la constitution du Conseil national sa conception de l'État, Pétain avait eu l'occasion de souligner la différence entre l'administration idéale et celle qui servait le régime : « La discipline est l'ABC de la fonction publique. L'État est autoritaire et il est hiérarchique. C'est le Chef qui exerce l'autorité dans l'État. Nous n'admettrons plus cette autorité qui se dilue en même temps que cette responsabilité qui se dissout[90]. »

Dans le discours du « vent mauvais », le maréchal Pétain annonça sa ferme volonté de lutter contre l'ancien régime en « décimant ses chefs* ». Si les mesures de mise à l'écart de certaines catégories de fonctionnaires intervenues au cours du second semestre de 1940, certes d'abord pour des motifs d'ordre politique, pouvaient en outre avoir l'avantage de s'inscrire dans la logique économique de lutte contre le chômage, poursuivre l'exclusion à l'été 1941, alors que la crise de recrutement des administrations était une réalité reconnue, témoignait bien d'un raidissement idéologique du régime. Quatre des lois, publiées au *Journal officiel* le 12 août 1941 mais antidatées de la veille, en détaillèrent la mise en œuvre dans la fonction publique. Elles en excluaient les dignitaires de la franc-maçonnerie, accordaient aux préfets régionaux le pouvoir de suspendre tout agent de ses fonctions, posaient le principe du serment de fidélité des hauts fonctionnaires au chef de l'État, créaient enfin un corps de commissaires du pouvoir à la mission explicite : « Déceler et briser les obstacles que l'abus de la réglementation, la routine administrative ou l'action des sociétés secrètes peuvent opposer à l'œuvre du redressement national. »

La lutte contre les francs-maçons

Comme on l'a vu, chaque fonctionnaire avait dû, aux termes de la loi du 13 août 1940, rédiger une déclaration selon laquelle il n'était pas membre de la franc-maçonnerie, ou avait rompu tout lien avec elle. L'article 5 de cette loi

* Le chef de l'État, en indiquant aux Français qu'il entendait les « sauver contre [eux]-mêmes », rappela qu'en 1917 c'était lui qui avait mis fin aux mutineries.

disposait certes que les faux déclarants seraient considérés comme démissionnaires d'office, mais aucun texte n'était venu préciser les modalités d'application de cette disposition, les francs-maçons exclus de la fonction publique l'ayant été par relèvement de fonctions. Les administrations se trouvaient néanmoins à la tête de monceaux de déclarations manuscrites qui avaient été classées, sans suite particulière, dans les dossiers individuels[91]. Pendant une année, le dispositif parut donc ne pas entraîner de conséquences concrètes, les intéressés comme les administrations ne voyant dans la déclaration qu'une des nombreuses formalités nouvelles exigées des candidats aux fonctions publiques. Formalité qui semblait même parfois oubliée, puisqu'en mai 1941 le directeur du cabinet du ministre de l'Intérieur fut conduit à rappeler aux préfets les dispositions de la loi du 13 août, en leur demandant de veiller à ce qu'aucun recrutement n'ait lieu sans que la déclaration exigée par la loi ait été souscrite[92]. Répondant à cette instruction six semaines plus tard – donc après l'ouverture des hostilités entre le Reich et l'URSS –, le préfet de l'Yonne faisait part de son inquiétude devant les agissements « d'une fraction assez réduite de fonctionnaires, ayant appartenu à des partis extrémistes ou à des sociétés secrètes, et dont la correction actuelle peut tout aussi bien être l'expression d'un ralliement sincère que le fait du camouflage habile de leurs sentiments intimes auxquels ils pourraient bien ne pas avoir renoncé ». Estimant indispensable de « décevoir leurs malsaines expériences et leur habileté », le préfet jugeait urgent de faire signer par tous les agents une nouvelle déclaration, « dans une forme telle que tout fonctionnaire ne pourrait désormais conserver aucun doute sur l'importance, la gravité et la valeur, au point de vue de sa carrière, de [cette] déclaration * ». Une telle proposition ne dut pas être isolée, puisqu'une circulaire du 1er juillet – signée, situation rare, par le maréchal Pétain lui-même – décida que tous les fonctionnaires devraient attester à nouveau de leur non-appartenance à la franc-maçonnerie en remplissant un formulaire imprimé **, et ce dans une ambiance qui se voulait, comme l'avait préconisé le préfet de l'Yonne, solennelle et éclairante ***.

* Au contraire, ajoutait-il, les déclarations souscrites en application de la loi d'août 1940, « rédigées, signées et remises souvent trop confidentiellement, n'ont laissé la plupart du temps que l'impression d'une simple formalité, alors qu'il fallait surtout obtenir cette impression de contrôle qui, seule, pouvait être salutaire. Pour cela il aurait fallu que les déclarations aient été reçues avec plus de solennité, par-devant le chef de service par exemple qui, suivant le fonctionnaire et ses antécédents, en aurait profité pour l'interroger, faire appel à sa compréhension et lui donner de sages conseils. Je suis sûr que plus d'un appel à la raison aurait été ainsi mieux entendu et que plus d'une fausse déclaration, allègrement souscrite, eût pu être évitée, surtout lorsque, comme dans la plupart des cas, le chef de service est tant soit peu au courant des tendances véritables de tous ses collaborateurs », lettre à M. l'Amiral de la Flotte, ministre secrétaire d'État à l'Intérieur, 27 juin 1941, AN F1bI 919.

** Jean Guéhenno notait le 7 août 1941 dans son journal : « La sottise abonde. Pour la quatrième fois, j'ai dû déclarer sur l'honneur que je ne suis ni juif ni franc-maçon », *op. cit.*, p. 172.

*** Terrache demanda aux recteurs, en leur annonçant le nouvel exercice auquel ils devaient convier les fonctionnaires placés sous leur autorité, de « [leur] rappeler le

C'est dans ce climat de soupçon accru qu'intervint le passage de la menace à la contrainte constitué par la loi du 11 août 1941. Plus que le texte de la loi, c'est, comme souvent, son exposé des motifs qui éclaire le mieux l'objectif du pouvoir, en l'occurrence sa volonté de mettre en place un véritable dispositif de combat contre la maçonnerie :

> Le dispositif matériel des loges est détruit, les secrets essentiels sont connus ; mais les hommes demeurent. On peut considérer comme définitive – en raison même des sanctions qui s'attacheront à toute reprise d'activité – la renonciation de la plupart des membres, de grade inférieur, des sociétés secrètes. Par contre, une étroite solidarité continuera à subsister entre les dignitaires et les hauts gradés de la franc-maçonnerie si les mesures que nous avons l'honneur de vous proposer ne sont pas prises dans un très bref délai [93].

Le dispositif était double : il s'agissait d'abord de « révéler officiellement au public » les noms des « quelques milliers de dignitaires, officiers de loges et hauts gradés » constituant l'armature de la maçonnerie. La publication au *Journal officiel* de listes de ces dignitaires, dressées depuis un an grâce à l'exploitation des archives saisies aux sièges du Grand Orient et de la Grande Loge, devait permettre d'éviter, de manière plus efficace que ne pourrait le faire aucune police, « la reconstitution rapide et occulte d'un nouveau réseau d'agents ». Le second volet était plus offensif, en se donnant pour objectif de sortir de la fonction publique les francs-maçons qui s'y étaient maintenus en cachant leurs véritables sentiments :

> Parmi les dirigeants des sociétés secrètes, plusieurs centaines exerçaient avant la défaite et continuent d'exercer des fonctions publiques. Ces fonctionnaires ont bénéficié de toutes les faveurs du régime antérieur. Quelques-uns n'ont dû leur situation qu'à leurs qualités maçonniques ; tous ont joui d'une influence prépondérante et ils ont eu l'adresse de paraître se rallier au nouvel état de choses. Mais, maintenus en fonctions, ils restent en mesure de déformer dans leur application, jusqu'à les rendre méconnaissables, des décisions du gouvernement et ils gardent la possibilité de poursuivre une action qui n'a été que trop néfaste à la France [94].

Tous, à Vichy, à en croire leur Souvenirs, n'étaient pas partisans d'utiliser ainsi la manière forte : du Moulin de Labarthète, tout en affirmant approuver le principe de la publication des listes *, indiquait avoir combattu la pression, exercée « par des militaires surtout », pour que fût interdit l'exercice de la fonction publique aux dignitaires de la franc-maçonnerie, estimant que « la mesure est injuste, ne frapp[ant] qu'une catégorie de citoyens et sera

---

texte et la portée de l'article 5 de la loi du 13 août 1940, afin que nul n'en ignore la portée », circulaire du 8 juillet 1941, AN F17 13319.

* Dans des termes qui confirmeraient, si besoin était, la vigueur de son antimaçonnisme : « Si ce pilori léger, quasi vaudevillesque, n'apparaissait que comme la seule sanction donnée à tant de cheminements tortueux, à tant d'ambitions cupides, si les honneurs, souvent postiches, de carrières démesurées n'étaient payés que d'une risée de courte durée, fallait-il, vraiment, s'en émouvoir ? », *op. cit.*, p. 278.

ressentie, cruellement, par tous les fonctionnaires, maçons ou non, et surtout par les petits fonctionnaires [95] ». Il ne fut pas suivi, et l'instrument d'épuration fut à la mesure du mal, les anciens dignitaires des sociétés secrètes dissoutes se voyant interdire « l'accès et l'exercice des fonctions publiques et mandats énumérés à l'article 2 de la loi du 2 juin 1941 portant statut des juifs ». Cette définition plaçait dans une situation spécifique les administrations dont la totalité, ou la quasi-totalité, des fonctions devenaient interdites à cette nouvelle catégorie officielle d'ennemis du régime, tels l'enseignement, la justice, la police et les forces armées. Dans les autres ministères, seules étaient interdites les fonctions de haute responsabilité, comme celles de directeur d'administration centrale, de préfet et sous-préfet ou encore de gouverneur des colonies. Des dérogations furent ultérieurement autorisées, après avis d'une commission, pour les anciens dignitaires « a[yant], depuis plusieurs années, rompu toute attache avec les sociétés d'obédience maçonnique » et « a[yant] rendu des services signalés à l'État français et manifesté son adhésion totale à l'ordre nouveau ». Si elle ne semble pas avoir été associée à la préparation de la loi, la vice-présidence du Conseil prit immédiatement la balle au bond : il était de sa responsabilité de mettre en œuvre des mesures dont le champ d'application coïncidait avec celui dont elle avait fait sa chasse gardée, la fonction publique. Dès le 21 août 1941, elle adressait aux ministres, ainsi qu'à de Brinon et Weygand, délégué général du gouvernement en Afrique du Nord, une circulaire dont les termes, s'ils n'étaient pas d'une précision juridique indiscutable, confirmaient l'urgence politique qui s'attachait à la nouvelle épuration : « Le Maréchal vient de parler. Dans l'intérêt même du Pays, il importe que ses décisions soient immédiatement suivies de mesures d'exécution. [Il convient donc d']exclure les dignitaires de la franc-maçonnerie de certaines fonctions publiques par assimilation aux juifs [96]. »

Alors même que ces instructions furent suivies à la lettre *, le texte apparut insuffisant aux croisés de l'antimaçonnisme, au premier rang desquels on peut naturellement ranger non seulement Bernard Faÿ, débusqueur patenté de francs-maçons dès l'été 1940, mais aussi des hommes plus introduits dans le système institutionnel vichyssois : le commissaire général du pouvoir, le vice-amiral Gouton, censé jouer un rôle de premier plan dans le régime **, proposait, dans un rapport de novembre 1941, d'appliquer aux francs-maçons les dispositions non seulement de l'article 2 mais aussi de l'article 3 du statut des juifs, ce qui revenait à leur interdire en bloc, sauf s'ils étaient anciens

* Au ministère de l'Éducation nationale, Carcopino demanda aux recteurs, dès la fin août 1941, de veiller de très près à parer à tout risque d'enlisement, plus ou moins volontaire, des dossiers : « J'attire votre attention sur le soin minutieux qui doit présider à l'exploration des listes et l'identification du fonctionnaire ou de l'agent. Il ne serait pas admissible que certains pussent échapper aux sanctions qu'ils encourent par négligence ou oubli de l'administration. Vous voudrez bien donner les ordres les plus stricts pour que ce travail soit fait exactement et complètement et vous assurer personnellement que ces ordres sont exécutés », circulaire du 28 août 1941, AN F17 13319.

** Sur les commissaires du pouvoir, voir *infra*, pp. 315 *sq*.

combattants, les emplois publics. « Bien des esprits sincèrement dévoués à la politique du Maréchal, écrivait Gouton, ne saisissent pas les motifs d'une différence de traitement entre francs-maçons et juifs. Lorsque, le 14 novembre 1940, le Maréchal Pétain constatait que "tout était pourri", l'opinion publique en attribua la responsabilité aussi bien aux francs-maçons qu'aux juifs. [...] Les Français s'indignent lorsque ces personnes, maintenues dans des fonctions autorisées, reçoivent de l'avancement. Ils n'hésitent pas à conclure que la Révolution nationale n'avance pas*. » Le Conseil des ministres rejeta cette suggestion à laquelle s'opposait une vice-présidence du Conseil inquiète de la répercussion très négative qu'aurait la mesure chez les fonctionnaires, notamment ceux placés aux échelons les plus bas de la hiérarchie administrative. Pourtant, en janvier 1942, les partisans de la rigueur remportèrent une semi-victoire lorsque Darlan autorisa les ministres à relever de leurs fonctions, par application de la loi du 17 juillet 1940, « les agents ne tombant pas sous le coup de la loi du 11 août 1941 mais dont le maintien dans les fonctions peut présenter cependant de graves inconvénients pour le service ou le bon renom du gouvernement. [...] Le fait d'avoir appartenu à des sociétés secrètes ou à leurs filiales et d'avoir eu une part trop considérable à leur activité peut constituer, dans certains cas, un motif suffisant de suspension pendant trois mois, suivie ou non de reclassement dans une autre fonction** ».

La sévérité était aussi de mise au sein de la commission spéciale des sociétés secrètes, créée à la fin de 1941[97], qui adopta dès l'origine une position très rigoureuse, que laissait d'ailleurs prévoir sa composition. Outre son président, Amiaud-Bellavaud, président de chambre à la cour d'appel de Riom, elle se composait de quatre membres, dont rien dans la personnalité ou les fonctions ne pouvait laisser suspecter une quelconque faiblesse envers la maçonnerie. Il s'agissait en effet de Bernard Faÿ, d'André Lavagne, très catholique chef du cabinet civil, d'Yves Paringaux***, directeur du cabinet de Pucheu, du capitaine de frégate Brunet enfin, chef du cabinet du contre-amiral Platon, secrétaire d'État aux Colonies et ennemi convaincu de la maçonnerie. Si du Moulin de Labarthète affirma avoir envoyé siéger dans cette commission « l'un de [ses] meilleurs adjoints » – il s'agit de Lavagne – avec la mission « de se prêter aux réintégrations les plus larges[98] », on doit, au vu des résultats de la

---

* Rapport « très secret » à l'Amiral de la Flotte, vice-président du Conseil, 17 novembre 1941, AN F60 279. Le vice-amiral entendait en outre faire œuvre concrète, en citant des cas précis : tel officier, démissionnaire d'office, était devenu directeur adjoint du cabinet du ministre du Travail, tel inspecteur général des Sports, qui cumulait la qualité de dignitaire franc-maçon avec la double tare d'avoir été nommé par Léo Lagrange et d'être d'origine étrangère, était toujours en fonctions, lettre du 9 janvier 1942 au commissaire général à l'éducation générale et aux sports, AN F60 277.

** Circulaire du 10 janvier 1942, AN F1bI 919. Carcopino avait déjà largement recouru à cette pratique.

*** Qui devait mourir mystérieusement quelques semaines plus tard, au cours d'un voyage en train entre Paris et Troyes : son corps fut retrouvé le 5 janvier 1942 le long de la voie ferrée.

commission, mettre en cause soit l'influence de Lavagne, soit, et c'est l'hypothèse la plus vraisemblable, l'ouverture d'esprit dont se créditait *a posteriori* l'ancien directeur du cabinet civil. Le bilan des dérogations, si l'on en croit les données provenant en juillet 1942 du ministère de l'Éducation nationale, ne témoignait pas d'une quelconque volonté de clémence, mais au contraire d'une réelle rigueur de principe : dans 96 cas sur 100, la commission avait rendu un avis négatif, y compris lorsque les ministres avaient proposé des mesures de réintégration *. De manière générale, elle soulignait, en appuyant le souhait de l'amiral Gouton de voir durcie la législation, « le danger de lois fragmentaires, insuffisantes et impliquant des différences de traitement – que la réalité des faits ne justifie pas – entre les divers emplois publics et entre les différentes catégories de francs-maçons dont la responsabilité politique et sociale ne saurait être mesurée d'après leur grade dans les loges ». Il convenait donc, proposait la commission, d'aboutir à la mise en œuvre du principe, simple mais rigoureux, selon lequel « toute fonction publique est interdite à tous les anciens membres des sociétés secrètes, ainsi que toute fonction ou profession dont l'exercice permet d'avoir une influence sur l'esprit public ** ».

La publication des noms des anciens dignitaires toucha quelque 18 000 personnes, dont 6 000 furent poursuivies en tant que faux déclarants, un millier déportés en Allemagne, d'où plus de 500 ne revinrent pas [99]. Choqué, comme l'était l'opinion, par la délation officiellement organisée, le monde administratif semble n'avoir guère mis de zèle à appliquer le texte. Il est à cet égard significatif que l'une des premières circulaires signées par l'amiral Platon en tant que responsable de l'épuration antimaçonnique ait eu pour objet de critiquer des « retards, vraiment inexcusables, engendrant des perturbations dans les services de contrôle chargés du collationnement, du classement et de la vérification des déclarations [100] ». Il est toujours difficile, face à un comportement administratif d'inertie, de faire la part entre la pure routine et une forme de volonté collective de s'opposer à une politique jugée inopportune ou dangereuse. La multiplication des rappels à l'ordre, auxquels n'avait pas donné lieu la mise en œuvre du statut des juifs, témoignait de difficultés

* Sur 939 fonctionnaires démissionnaires d'office, 408 avaient déposé une demande de dérogation. La lourdeur de la procédure, qui nécessitait un avis préalable du ministre, avait conduit la commission à ne considérer comme complets que 188 dossiers, dont 163 transmis avec avis favorable. Sur ce total, 7 agents seulement avaient fait l'objet d'une proposition de réintégration, soit moins de 2 % du total des demandes et 3,5 % de celles transmises à la commission, qui n'avait examiné, en sept mois d'existence, que 46 des 188 dossiers qu'elle avait reçus, tableau figurant dans les archives du cabinet d'Abel Bonnard, AN F17 13360.

** Avis adopté le 17 mai 1942, AN 2AG 461. Coïncidence chronologique ou convergence objective, un mois plus tôt le Dr Best, chef de l'état-major administratif du MBF, avait adressé à la DGTO une lettre s'étonnant de la « lacune » de la loi sur les sociétés secrètes, qui permettait le maintien dans d'importantes fonctions d'anciens dignitaires maçons dont le nom avait été publié au *Journal officiel*, lettre du 24 avril 1942, AN 2AG 461.

nombreuses dans l'application d'un texte frappant petits et moyens fonctionnaires : comme le rappelait Jean Guéhenno, « être franc-maçon pouvait assez bien conduire à être instituteur, voire percepteur, mais presque aucun des grands noms de la Troisième République ne se retrouv[ait] [101] » dans les listes publiées. L'attitude des ministères – et des ministres – fut aussi très diversifiée : tandis que les services de Berthelot recrutèrent des francs-maçons exclus d'autres administrations [102], Charbin, secrétaire d'État au Ravitaillement, considéra comme « une lacune regrettable et de nature à semer le doute » que son domaine n'ait pas été interdit dans son intégralité aux juifs, et par voie de conséquence aux francs-maçons [103].

L'épuration se diffuse

Ce n'est pas parce qu'il créait une nouvelle catégorie d'ennemis officiels que le pouvoir ralentissait l'application des autres dispositifs d'exclusion. Les administrations centrales, qui semblaient désireuses, comme on l'a vu, de tempérer le rythme d'application du relèvement de fonctions *, se virent contournées par la faculté donnée par l'une des lois du 11 août 1941 aux préfets régionaux de suspendre « pour des motifs d'ordre public » tout fonctionnaire ou agent de l'État de son ressort territorial, à charge pour lui d'en rendre compte au vice-président du Conseil et au secrétaire d'État intéressé auquel il pouvait demander l'application de la loi du 17 juillet 1940. Avant même l'édiction de ce texte, le préfet n'était certes pas dépourvu de moyens d'action sur plusieurs catégories importantes de fonctionnaires. Il restait, en vertu d'une loi de 1854, le supérieur hiérarchique des instituteurs qu'il avait pouvoir de révoquer ** comme le rappela une circulaire de mars 1942 ***. C'est également sur le personnel des préfectures, depuis peu étatisé, que le préfet disposait d'une autorité accrue. Le ministère de l'Intérieur entendit bien profiter de cette situation : un télégramme du 21 juin 1941 demanda au corps préfectoral de faire connaître le plus rapidement possible la liste des agents « dont la

* Voir *supra*, pp. 156 *sq.*

** Situation dénoncée dès 1922 par le philosophe Léon Brunschvicg, qui citait l'exposé des motifs de la loi du 14 juin 1854 : « Pour un enseignement d'où peut sortir le salut ou la ruine de la société, la moralité de l'éducation, la bonne direction de l'instruction, l'activité de la surveillance, la vigueur et la promptitude de la répression ont certainement plus d'importance que les considérations purement scolaires. Or l'expérience a démontré que les améliorations obtenues dans cette partie de l'instruction publique [...] l'eussent été plus complètement encore si [...] le maire et l'instituteur se fussent trouvés placés sous l'autorité unique et plus vigoureuse du représentant le plus élevé du pouvoir dans le département », *Un ministère de l'Éducation nationale*, Plon-Nourrit et Cie, 1922, pp. 13-14. La loi bonapartiste, contemporaine, à deux ans près, de la naissance du maréchal Pétain, correspondait bien à la conception qu'avait Vichy du rôle de l'institution scolaire.

*** « Le gouvernement est en droit d'exiger des instituteurs qualité et loyauté. En conséquence, les préfets départementaux, chefs de l'enseignement primaire dans leur département, sont dans leur rôle en suivant de très près les agissements de ces fonctionnaires. Ils ne doivent pas hésiter à user du droit de révocation, qu'ils détiennent de la loi [...], à l'égard des instituteurs qui leur seraient signalés comme insuffisants ou comme manquant à leurs devoirs envers l'État », circulaire du 18 mars 1942, AN F60 479.

présence dans le département [était] indésirable et contraire aux intérêts du service[104] ». Comme l'écrivit un bilan plus tardif, le triple but de l'épuration – « doter les bureaux des préfectures et sous-préfectures d'un personnel actif, compétent et entièrement dévoué à l'ordre nouveau, éliminer les politiciens invétérés et les incapables, dégager certains fonctionnaires de leurs attaches locales et leur rendre l'indépendance nécessaire à l'accomplissement de leur tâche » – avait été atteint puisque 275 agents avaient été sanctionnés, tandis que 168, qui s'étaient révélés « à la hauteur de leurs tâches et résolument dévoués à l'œuvre de rénovation nationale », avaient été au contraire promus *.

Les quelque deux cents postes ainsi laissés vacants donnèrent au ministère de l'Intérieur l'occasion d'organiser en janvier 1942 un concours de recrutement de rédacteur d'un genre un peu particulier. En raison de l'urgence qui s'attachait à pourvoir les postes, les épreuves orales du concours étaient remplacées par un entretien de chaque candidat avec le préfet régional, entretien préalable aux épreuves écrites et du résultat duquel découlait l'autorisation de s'inscrire ou non au concours. Les instructions données par le ministre aux préfets régionaux étaient de « recevoir personnellement tous les candidats, pour juger de leur tenue physique, de leur valeur morale, de leur sûreté politique, en un mot de leur personnalité[105] ». Si le ministère de l'Intérieur et les préfets régionaux s'entendaient à demi-mot sur cette conception de la « personnalité » des futurs fonctionnaires, les relations furent souvent plus tendues lorsque les préfets régionaux demandèrent aux différents ministres qu'une sanction significative vînt confirmer les mesures de suspension qu'ils avaient prises « pour des motifs d'ordre public », comme les y invitait la loi du 11 août 1941. Certains cas étaient simples. Les préfets sanctionnèrent ainsi une institutrice qui, enceinte des œuvres d'un homme marié, « avait gravement manqué à son devoir d'éducatrice », un préposé des douanes qui, sous l'empire de la boisson, « avait tenu à haute voix des propos outrageants pour un membre du gouvernement », ou encore un mutilé de guerre, chevalier de la Légion d'honneur et membre de la Légion, coupable d'avoir crié « Vive Pétain, à bas Darlan ! » lors du passage d'un cortège officiel. Les ministres étaient moins sensibles aux répercussions locales de ces écarts que ne pouvaient l'être les préfets régionaux, et se montrèrent cléments : après une suspension de trois mois, l'institutrice pécheresse fut reclassée dans un autre département et

* La note d'octobre 1942 qui citait ces chiffres (AN 2AG 80) précisait le grade des fonctionnaires exclus et le moyen juridique auquel il avait été recouru pour les éloigner des services publics :

	Chefs de division	Chefs de bureau	Rédacteurs	Commis	Total
Loi du 17.07.1940	15	37	20	22	94
Retraite d'office	23	44	16	19	102
Mutation	8	20	45	6	79
Total	46	101	81	47	275

l'Amiral outragé se contenta, dans les deux autres cas cités, de lettres d'excuses, ce d'autant plus facilement que les auteurs des faits incriminés étaient présentés comme « de bons maréchalistes[106] ».

Mais il arriva aussi que les administrations centrales opposent une fin de non-recevoir à une mesure demandée pour des raisons de politique locale. C'est ainsi que le préfet régional d'Angers eut, à plusieurs reprises, à déplorer le laxisme du ministère de l'Éducation nationale: ayant suspendu, en décembre 1941, trois institutrices pour « menées communistes » en demandant leur révocation, il n'obtint aucune réponse de Carcopino, malgré l'appui apporté à sa demande en février 1942 par le secrétariat général de la vice-présidence du Conseil, puis en janvier 1943 par le secrétariat général du chef du gouvernement[107]. Le même traitement fut réservé à sa décision de suspendre, en novembre 1941, pour « sectarisme incompatible avec la nouvelle mission assignée à l'enseignement », une inspectrice primaire « qui reflét[ait] par son comportement général et la conception de son rôle les pires traditions du corps enseignant d'avant-guerre[108] ». Nulle suite ne fut donnée à la proposition de révocation qui suivit, et il fallut l'intervention du secrétariat général de la vice-présidence du Conseil pour que le directeur de l'enseignement primaire mute d'office en mai 1942, six mois après avoir été saisi, cette inspectrice depuis le Maine-et-Loire vers la Sarthe voisine *.

Bien d'autres exemples montrent comment les administrations centrales s'efforcèrent de protéger des agents auxquels étaient essentiellement reprochées leurs opinions politiques. C'est en s'appuyant sur la proclamation de septembre 1940 de Bouthillier au personnel des Finances (« Aucune opinion professée naguère ne sera un titre à la malveillance gouvernementale ») que la direction générale des douanes tenta, en mars 1942, de s'opposer à la demande de l'intendant de police de Marseille qui exigeait le départ d'un contrôleur des douanes, réintégré en août 1938 après qu'il eut abandonné son poste en novembre 1936 pour aller combattre dans l'armée républicaine espagnole **. Il est remarquable de constater que cette direction générale n'hésitait ainsi pas à prendre la défense de ses fonctionnaires, même lorsqu'ils étaient accusés de communisme. Elle ne manifestait pourtant aucune indulgence coupable envers cette doctrine, et releva sans hésiter de ses fonctions, en juillet 1941, un agent arrêté pour diffusion de matériel communiste mais

* Courriers des 29 novembre 1941 et 13 mai 1942. Lagrange s'impatientait de cette lenteur de l'Éducation nationale, et ses successeurs, choqués par la disproportion entre la mesure demandée, la révocation, et celle décidée préparèrent une lettre au ministère de l'Éducation nationale pour protester contre sa mansuétude, AN F60 279.

** Affaire S., mars-avril 1942, SAEF B 53032. L'affaire fut tranchée en décembre suivant par la direction du personnel, qui prononça un jugement de Salomon: il n'y aurait pas d'application de la loi du 17 juillet 1940, mais l'intéressé serait muté d'office dans une autre région. Là, « sa conduite sera particulièrement surveillée et les sanctions nécessaires ne manqueraient pas d'être immédiatement prononcées s'il venait à témoigner de sentiments hostiles au gouvernement du Maréchal et à son œuvre de rénovation nationale », *ibid.*

relaxé par le tribunal devant lequel il avait comparu *. Mais elle était aussi soucieuse de ne pas s'en tenir aux on-dit, et multiplia les enquêtes administratives pour parvenir à se rapprocher de la vérité. C'est ainsi qu'elle réagit à l'automne 1941 lorsqu'un brigadier, en poste en Vendée, se vit interdire de passer le concours de lieutenant des douanes à la suite d'un rapport du préfet l'accusant de sympathies communistes et d'avoir tenu des propos déplacés à l'égard de l'œuvre de redressement national. L'enquête diligentée par l'administration centrale révéla que, dans ce bourg, le conflit entre mairie et brigade de douanes était ancien, tandis que le brigadier apparaissait comme un bon patriote, qui avait affiché « le portrait du Maréchal à la place d'honneur dans sa salle à manger ». Le directeur général des douanes tira de cet incident la matière d'une note au directeur du personnel, note qui ne semble pas avoir été expédiée mais dont la teneur comme le ton sont révélateurs de la profonde différence de sensibilité existant, lorsqu'il s'agissait de juger de la loyauté des fonctionnaires, entre pouvoirs centraux et locaux :

> Les faits reprochés au brigadier B., en admettant qu'ils ne soient pas inexistants, ont été démesurément grossis par la malveillance de certains, ce qui n'a rien d'étonnant dans un pays où beaucoup de gens conviennent eux-mêmes qu'ils n'aiment pas les fonctionnaires. Comme, d'autre part, ils décernent facilement des épithètes dont ils ignorent le sens exact, il n'est pas extraordinaire qu'on soit arrivé à voir dans le brigadier B. un communiste ou sympathisant, le mot communiste désignant tout individu qui ne plaît pas. [...] Je crois devoir à ce propos appeler instamment l'attention de M. le directeur du personnel sur les très graves inconvénients qui peuvent résulter pour les agents de tous grades de mon administration de rapports de police dépourvus de toute l'objectivité désirable parce que fondés sur les propos d'indicateurs recrutés dans des milieux douteux dont certains pourraient avoir des rancunes personnelles à satisfaire **.

Si, dans le cas de l'Éducation nationale comme dans celui des douanes, la marge de manœuvre des préfets régionaux était limitée par la conception résolument libérale avec laquelle les administrations centrales entendirent jouer le rôle d'appel des décisions préfectorales que la loi leur avait accordé, d'autres ministères comprirent mieux les préoccupations des autorités locales. Il ne semble pas qu'ait été suivie d'effet la décision, prise le 11 septembre par le comité gouvernemental, selon laquelle tout ministre déléguerait, dans chaque préfecture régionale, un agent de l'administration centrale pour

* Trois autres agents des douanes, jugés dans la même affaire et condamnés, furent révoqués, *ibid.*

** 10 novembre 1941, *ibid.* La position du directeur général était partagée, au niveau local, par les directeurs régionaux. Celui en poste en Marseille, intervenant quelques mois plus tard pour faire classer une affaire, conclut son rapport en indiquant qu'il était « lamentable de constater combien des renseignements fournis hâtivement sans contrôle pourraient être préjudiciables à ceux qui en font l'objet. L'intendant de police a reconnu qu'il lui était impossible de donner suite d'une façon sérieuse aux demandes de renseignements qu'il reçoit de toutes les administrations et que, dans ces conditions, les rapports qu'il transmet peuvent comporter des erreurs », 11 mars 1942, *ibid.*

s'assurer de la bonne application de la loi du 11 août[109], mais Berthelot prit acte de cette volonté pour indiquer aux préfets régionaux que, face à « la sourde agitation communiste de certains agents », leurs avis seraient suivis : « Je fais à cet égard, écrivait le secrétaire d'État aux Communications, une entière confiance à votre jugement et à votre fermeté. Afin que vous puissiez conquérir une pleine autorité, je vous donne l'assurance que vos propositions seront suivies d'un effet immédiat. Si, exceptionnellement, il n'était pas possible de ratifier entièrement vos propositions, vous pouvez être d'ores et déjà assuré que tout agent suspendu par vos soins serait, à tout le moins, appelé à servir hors de votre région[110]. » Tous les ministres ne jouant pas aussi franchement le jeu, Laval leur ordonna en septembre 1942 de suivre les propositions de révocation de fonctionnaires suspendus par les préfets régionaux, en se réservant les mesures de clémence*. Quelques semaines plus tard, Laval concentra entre ses mains l'essentiel des pouvoirs d'épuration jusque-là dispersés entre les ministres et les préfets régionaux**. C'était là consacrer l'échec du texte du 11 août 1941 : celui-ci n'avait pas été l'instrument souple et efficace permettant d'obtenir, par la menace, l'adhésion des fonctionnaires aux principes nouveaux, mais était simplement venu s'ajouter à la panoplie, quelque peu disparate, des outils de contrôle de la fonction publique.

LE CONTRÔLE POLITIQUE

Le serment

Dans cette panoplie figurait aussi une arme que le maréchal Pétain pensait absolue, le serment, que Vichy fit sortir de l'oubli où il semblait tombé après la fin du Second Empire pour en faire, selon les termes rétroactivement ironiques de Du Moulin de Labarthète, « le levain mystique, qui ferait fermenter la pâte, qui entraînerait vers un nouveau Sinaï (la pyramide du pouvoir !) les masses hésitantes[111] ». Ce « quelque chose de neuf, de décisif, d'irréfragable[112] » n'était pas pourtant une nouveauté apportée par le « vent mauvais » : il avait déjà été décidé en janvier 1941 que les « secrétaires d'État, hauts dignitaires et hauts fonctionnaires de l'État » prêteraient serment de fidélité au chef de l'État[113], mais seuls les membres du gouvernement l'avaient fait, la vice-présidence du Conseil constatant en mai suivant que la mesure, destinée à « affermir l'autorité de l'État en renforçant l'autorité de ses hauts fonctionnaires

* « Il convient d'éviter que les décisions prises par les secrétaires d'État portent atteinte à l'autorité des préfets régionaux. À l'avenir, si la mesure vous paraît inopportune ou injustifiée, vous voudrez bien me saisir et ne prendre aucune décision définitive sans mon agrément », lettre du chef du gouvernement aux ministres et secrétaires d'État, 7 septembre 1942, position confirmée quelques semaines plus tard par son secrétariat général : « La position du préfet régional ne doit être mise en échec que dans des cas exceptionnels », circulaire du 21 octobre 1942, AN F60 109.

** Voir *infra*, pp. 361 *sq.*

tout en cherchant à rendre effective leur responsabilité [...] était restée jusque-là lettre morte, faute de textes d'application, [bien que] ceux-ci aient été préparés en leur temps[114] ». Ce manque d'ardeur à appliquer le texte de janvier 1941 semblait conduire le serment à tomber en une rapide désuétude lorsque, au cours du mois de juillet 1941, selon du Moulin de Labarthète, les « réflexes profonds du Maréchal » conduisirent à lui redonner une nouvelle actualité : « Tous les ministres et hauts fonctionnaires, déclara le chef de l'État à la fin message du 12 août, devront me prêter serment de fidélité et s'engager à exercer les devoirs de leur charge pour le bien de l'État, selon les lois de l'honneur et de la probité. »

C'est avec condescendance ou ironie que la plupart des mémorialistes de Vichy *, dans leurs écrits d'après guerre, évoquèrent le serment, sorte de résurgence anachronique imposée par le caprice d'un chef de l'État né au milieu du dix-neuvième siècle. Lorsqu'il revint sur le devant de la scène, il fut pourtant applaudi à la fois par les juristes, qui le rattachèrent aux racines les plus anciennes du droit national **, et par l'unanimité des journaux, qui se réjouirent d'une mesure qui allait enfin contraindre l'administration à une loyauté dont elle refusait de faire spontanément preuve. Même la presse parisienne, pourtant avare de compliments à l'égard de Vichy, applaudit à ce que *Le Matin* présentait comme l'entrée dans une « ère nouvelle » :

> Enfin, il y a quelque chose de nouveau en France, c'est le serment obligatoire de tous les fonctionnaires au Maréchal. Une telle décision était la seule capable de signifier au pays la fin d'un régime, tyrannique sous prétexte de liberté, qui s'est révélé fauteur de guerres et de désastre. [...] En un an, le Maréchal a fait la connaissance des défauts et des qualités de ceux qui le conseillent. Après les avoir écoutés, la décision n'appartient qu'à lui. L'important est qu'à partir d'aujourd'hui, cette décision étant prise, il faudra que la France entière s'y conforme. [...] L'ordre ne pourra plus être éludé : il faudra l'exécuter, tout simplement. Ce qui est surtout nouveau en France aujourd'hui, c'est que les mots « honneur et probité » entrent enfin dans le vocabulaire du gouvernement et de l'administration. Depuis si longtemps, particulièrement depuis M. Léon Blum, la République française avait perdu l'habitude de telles notions ***.

Les administrations prirent également très au sérieux l'obligation du serment, comme en témoigne l'ardeur qu'elles mirent à la voir élargie à leurs

* Maurice Martin du Gard estima ainsi que « demander aujourd'hui (le serment) est une faute, car c'est avouer qu'on doute d'eux (les fonctionnaires), donc que l'État n'est pas fort », *op. cit.*, p. 221.

** Tel le professeur Le Fur, de la faculté de droit de Paris – homme certes particulièrement orienté, puisqu'il était le conseiller juridique du groupe Collaboration – qui écrivait, dans un article repris par l'agence AFIP, que « cette formule est justifiée par ce que nous devons au Maréchal. La prétendue souveraineté du peuple a si bien montré qu'elle n'était qu'une imposture que la France est aujourd'hui disposée à accepter le nouveau régime dans lequel elle voit la condition de son redressement », 23 août 1941, AN 72AJ 1825.

*** 19 août 1941, AN F7 15286. Le fascisme et le nazisme avaient également rendu obligatoire le serment des fonctionnaires.

agents. Chacun souhaitait voir les siens parmi les « hauts fonctionnaires et hauts dignitaires » desquels le serment était exigé, ce qui donna lieu à une forte émulation qu'il revint à la vice-présidence du Conseil d'arbitrer. Le champ fut d'abord limité, par référence à la loi du 27 juillet 1940 relative à la forme des actes administratifs individuels [115], aux hauts fonctionnaires nommés par décret (ambassadeurs, conseillers d'État, secrétaires généraux de ministères, directeurs d'administration centrale, préfets, résidents généraux et gouverneurs des colonies, officiers généraux, présidents et procureurs généraux près les cours d'appel, etc.), ainsi qu'à l'ensemble des membres du Conseil d'État, afin de souligner sa place éminente dans le régime [116]. Le serment de fidélité, prêté oralement devant un ministre, devait être confirmé par une déclaration écrite transmise au cabinet du chef de l'État [117]. Restreint à ces hauts fonctionnaires que le pouvoir avait la faculté de changer à sa guise, le serment ne paraissait pas constituer une garantie suffisante de loyauté. Il fut donc rapidement décidé d'en étendre largement le champ, sachant que deux actes constitutionnels l'avaient déjà fait, dès le 14 août, pour l'ensemble des forces armées et de la magistrature [118]. En septembre, une réunion de ministres proposa de faire descendre l'obligation, dans les administrations centrales, jusqu'au grade de chef de bureau inclus, et dans les services extérieurs jusqu'à celui de chef de service départemental [119], en s'inspirant de la demande des Affaires étrangères de voir un acte constitutionnel spécifique fixer les modalités du serment de leurs agents. Lavagne ne contesta pas le bien-fondé de la mesure, politiquement opportune, mais s'opposa fermement à la prétention, « tout simplement puérile », des Affaires étrangères de « faire signer au Maréchal un acte constitutionnel supplémentaire pour étendre le serment à un corps de fonctionnaires, aussi élevé soit-il [120] ». Afin de ne pas banaliser, en les multipliant *ad libitum*, la haute valeur des actes constitutionnels, une mesure d'ordre général fut prise, qui étendait l'obligation de serment aux « fonctionnaires de tous ordres et au personnel de direction des services concédés* ». Une réunion interministérielle présidée le 13 novembre par Lagrange s'efforça de trouver un équilibre entre le caractère exceptionnel que devait garder le serment pour rester solennel et la tentation d'y recourir largement pour s'assurer de la fidélité de larges couches de la fonction publique :

> Il faut ne pas aller trop loin dans l'échelle des fonctionnaires susceptibles de prêter serment, cet acte devant conserver son caractère d'engagement solennel, et non se réduire à une sorte de formule réglementaire. Toutefois, une certaine extension pourrait présenter de l'intérêt en ce qui concerne les fonctionnaires de la zone occupée, dont l'état d'esprit ne s'inspire pas toujours des directives données par le chef de l'État [121].

* Acte constitutionnel n° 10 du 4 octobre 1941, *Journal officiel* du 5 octobre 1941. Des lois devaient préciser le champ et la nature du serment imposé aux agents dépendant des différents ministères : la première d'entre elles intervint dès le 14 octobre pour les fonctionnaires des Affaires étrangères, ministère dont on a vu qu'il était à l'origine de cette demande d'extension du serment.

On renonça toutefois, pour maintenir intact le principe fondateur d'unité administrative du pays, à traiter de manière distincte les fonctionnaires de zone occupée et ceux de zone libre. La liste des agents devant prêter serment, identique donc pour les deux zones, allait en outre moins loin que ce qu'avaient imaginé deux mois plus tôt les ministres, en ne descendant pas, dans les administrations centrales, en dessous du grade de sous-directeur et en ne prenant pas en compte les chefs de cabinet des ministres, « qui ne sont pas toujours des fonctionnaires et sont au surplus plus attachés à la personne du ministre qu'à celle du chef de l'État ». Dans les services extérieurs, le critère était plus flou, l'obligation de serment s'appliquant à tous les fonctionnaires « exerçant des fonctions d'autorité et de responsabilité, ainsi que certaines fonctions d'inspection, de contrôle ou de police ».

La circulaire du 17 septembre 1941 avait indiqué que tous les cas individuels de refus de prestation de serment seraient portés à la connaissance du directeur du cabinet du chef de l'État. Ce dernier ne fut pas encombré par l'application de cette disposition, car les refus de serment furent très rares : Joseph Barthélemy rendit compte qu'un seul magistrat, M. Didier, juge au tribunal de première instance de la Seine, avait refusé de prêter serment lors de l'audience solennelle de rentrée, et qu'il avait en conséquence été immédiatement relevé de ses fonctions [122]. Un juge du tribunal de commerce de Rochefort se vit aussi suspendu par le préfet régional pour avoir modifié la formule du serment, en la limitant « à la personne de M. le Maréchal Pétain ». Le préfet voyait là « un outrage au gouvernement, qui n'a pas manqué de susciter des commentaires passionnés dans la population rochefortaise * ». À de très rares exceptions près donc, les pairs et hauts dignitaires de Vichy firent allégeance à leur suzerain. Transmettant les déclarations souscrites par leurs hauts

* Le préfet de Charente-Inférieure à M. le ministre, secrétaire d'État à l'Intérieur, 10 septembre 1941, AN 2AG 503. L'affaire occupa pendant deux mois le cabinet du garde des Sceaux et celui du chef de l'État, et se conclut par la réintégration de l'intéressé, à l'issue d'une démonstration érudite sans doute due à Lavagne : « De tout temps, le serment a été unanimement considéré comme l'acte personnel dans son essence. Cet acte ne peut avoir qu'une portée individuelle, pour l'une comme pour l'autre des parties intéressées. En conséquence, le serment est prêté à un homme, en raison sans doute des fonctions qu'il exerce, mais à cet homme seul, et il n'est jamais transmissible. [...] Historiquement, le serment ne durait qu'autant que vivait le suzerain ou le chef d'État. À l'avènement d'un nouveau souverain, le serment d'allégeance était renouvelé. Ainsi, le sacre de nos rois à Reims comportait non seulement la cérémonie religieuse du sacre proprement dit (onction, remise des attributs symboliques et engagements pris par le roi), mais aussi la prestation de serment de fidélité par les pairs et hauts dignitaires », lettre de Du Moulin de Labarthète à Joseph Barthélemy, 26 novembre 1941, AN 2AG 503. L'affaire est moins insignifiante qu'il n'y paraît : limitant à la personne de Pétain son serment, l'intéressé entendait souligner implicitement sa défiance à l'égard du gouvernement, ce qui ne pouvait que lui valoir la sympathie du cabinet du chef de l'État. Cette attitude illustre la distinction, classique depuis les travaux de Jean-Pierre Azéma, entre maréchalisme et pétainisme, et souligne l'éloignement de la population, y compris les notables, à l'égard de la politique poursuivie par le gouvernement.

fonctionnaires, les ministres pouvaient être factuels, comme Bouthillier qui adressa sans commentaires au cabinet civil la liste demandée*, ou plus lyriques, tel Carcopino qui rapporta la teneur de son allocution lors de la prestation de serment des hauts fonctionnaires de l'Éducation nationale: « Une telle obligation revêt, dans les circonstances actuelles, le caractère d'un devoir particulièrement agréable à remplir. Les hauts fonctionnaires ne peuvent, en effet, que saisir avec empressement d'une part l'occasion qui leur est donnée de rendre un hommage solennel de fidélité au maréchal Pétain, et d'autre part affirmer qu'ils sont prêts à remplir leur charge selon les lois de l'honneur et de la probité [123]. »

Dans cet exercice imposé qu'était la prestation de serment, les mêmes termes revenaient souvent. Un mois plus tôt par exemple, lorsque le maréchal Pétain se rendit à Royat pour recueillir la prestation de serment des membres du Conseil d'État, le vice-président Porché lui indiqua que la Haute Assemblée entendait « [non se] borner à un geste, mais accomplir un acte. Vous êtes ici en votre Conseil, vous restituez une tradition morte depuis le grand empereur dont le nom est inséparable de celui de notre institution ; à un tel témoignage de confiance, comment ne répondrions-nous pas, non du bout des lèvres, mais du fond du cœur, par une promesse de fidélité [124] ? » Ces mots d'allégeance répondaient à l'allocution, très marquée par la tonalité du « vent mauvais », du chef de l'État en son Conseil. Parlant au plus prestigieux des corps administratifs du pays, c'est à l'ensemble des fonctionnaires qu'il s'adressait pour leur indiquer que « le temps des équivoques est passé. Il reste peut-être des insensés qui rêvent de je ne sais quel retour au régime dont ils étaient les profiteurs. Je suis sûr que la Révolution nationale triomphera pour le plus grand bien de la France, de l'Europe et du Monde. Quoi qu'il en soit, il faut se prononcer. On est avec moi ou contre moi. Et cette pensée est surtout vraie pour les serviteurs de l'État et d'abord de vous qui êtes les premiers [125] ». Mais la plus importante des cérémonies de prestation de serment fut celle qui, le 19 février 1942, réunit tous les préfets dans le grand salon de l'hôtel de ville de Vichy. Cette manifestation, minutieusement préparée** et organisée avec tout le faste qu'autorisait la dureté des temps, présentait une fonction symbolique évidente. C'était la première fois depuis l'armistice que tous les préfets de France se trouvaient réunis – grâce à la bonne volonté de l'occupant en matière d'*ausweis* – et ce pour accomplir, à la suite du plus ancien d'entre eux, le préfet régional du Nord Carles, nommé à Lille par le Front populaire, un acte dans lequel l'organe officiel du ministère de l'Intérieur vit le témoignage du « loyalisme de l'administration tout entière, [de] sa subordination directe et complète au chef de l'État, seule source de l'autorité. Ainsi s'est exprimée

---

* 30 septembre 1941, AN 2AG 503. Prêtèrent serment non seulement les secrétaires généraux, directeurs généraux et directeurs, qui en avaient l'obligation, mais aussi les dix inspecteurs généraux des Finances.

** La convocation qu'adressa Pucheu aux préfets le 6 février décrivait en détail la tenue qui devrait être portée lors de la cérémonie, AN F1bI 919.

avec force la solidarité de l'action gouvernementale et de l'action administrative sur toute l'étendue du territoire * ».

S'il ne faisait pas de doute que les préfets, hauts fonctionnaires d'autorité par excellence, avaient à prêter serment, l'initiative que prirent certains d'entre eux, par homothétie avec le chef de l'État, de faire prêter serment à tous leurs subordonnés provoqua bien des états d'âme à Vichy. Le préfet de la Drôme ayant fait savoir, au début de 1942, qu'il avait demandé aux chefs des services départementaux de prêter serment « au chef de l'État et à son gouvernement[126] », des notes s'échangèrent entre le cabinet civil (du Moulin de Labarthète, Lavagne et Demay, chargé de mission pour les affaires relevant du ministère de l'Intérieur) et la vice-présidence du Conseil (Jardel, Lagrange) pour savoir que penser de cette initiative. L'affaire dura trois mois et peut être résumée comme suit :

> – Du Moulin de Labarthète à Demay : L'intention est bonne. Avant de féliciter, prendre l'attache de M. Lagrange.
> – Demay à Lagrange : Merci de me faire savoir si les serments de ce genre sont recevables et si le préfet doit être félicité ou blâmé.
> – Lagrange à Jardel : Je pense que le préfet ne peut être que félicité.
> – Jardel à Lagrange : D'accord, quoique cela crée bien de la confusion. Qu'aurait fait le préfet s'il s'était trouvé devant un refus ?
> – Demay à Lavagne : Les préfets et différents chefs de service semblent prendre l'habitude de faire prêter serment à leur personnel subalterne. Cette pratique doit-elle être encouragée ou interdite ?
> – Lavagne à Demay : Elle doit être, en principe, strictement interdite. Dans certains cas d'espèce, il n'est pas impossible d'imaginer qu'un chef de service puisse faire prêter serment de loyalisme et de patriotisme, mais cela dans des cas très exceptionnels et avec une formule qui n'en fasse pas un serment personnellement destiné au Maréchal.
> – Du Moulin de Labarthète à Pucheu : Certains préfets adressent au Maréchal la relation de prestation de serment de leur personnel subalterne. En accord avec la vice-présidence du Conseil, vous voudrez bien inviter les préfets à ne pas requérir le serment de leur personnel avant que la question n'ait été réglée par un texte d'application, que prépare M. Lagrange. Le serment doit être réservé à un nombre peu considérable de fonctionnaires, et il ne convient pas qu'il soit prêté indistinctement par tous les employés de l'administration.

Il fallut donc définir des critères précis pour éviter une inflation des serments, qui risquait de dévaluer la portée de l'acte. En mars 1942, Lagrange proposa de recourir à un critère unificateur, qui présentait en outre le mérite de conduire à une validation par le Conseil d'État : devrait prêter serment tout fonctionnaire dont l'affiliation à une association professionnelle était interdit. Ce critère, soutenait Lagrange après étude des propositions émises lors de la réunion interministérielle du 13 novembre précédent, permettait de donner satisfaction presque totale à l'ensemble des départements ministériels. Il fut

---

* *Bulletin hebdomadaire du ministère de l'Intérieur*, n° 78, 23 février 1942, AN 2AG 25. On trouvera en annexe 18, p. 685, deux points de vue opposés sur la signification de la cérémonie : l'image pieuse de René Benjamin, la critique acerbe du collaborationniste Georges Suarez.

donc retenu par la loi du 10 avril 1942 [127], qui intervint huit mois après l'annonce par le chef de l'État de la généralisation du serment. Le régime avait ainsi défini, par approximations successives, le noyau dur des fonctionnaires dont la loyauté sans faille devait se traduire par l'engagement de leur personne tout entière. Il sut en outre en récompenser quelques-uns par l'attribution d'une décoration nouvelle, la Francisque gallique, qui compta environ 2 500 bénéficiaires, choisis parmi les personnes « présentant des garanties morales incontestées » et remplissant au moins deux des trois conditions suivantes :

> a) Avant la guerre, avoir pratiqué une action politique nationale et sociale conforme aux principes de la Révolution nationale ;
> b) Manifester depuis la guerre un attachement actif à l'œuvre et à la personne du Maréchal ;
> c) Avoir de brillants états de services militaires ou civiques *.

Ces termes ne sont pas tout à fait anodins, de sorte que la Francisque ne fut pas, ou pas seulement, ce « monument de puérilité » que voyait en elle du Moulin de Labarthète [128]. Mais elle n'eut pas non plus l'importance que voulurent lui donner ses détenteurs, ni donc celle dont on l'a dotée à titre rétrospectif et polémique. Celui qui la portait était néanmoins supposé apporter son plein soutien au régime, mais cette condition suffisante n'était pas une condition nécessaire : nombre de hauts fonctionnaires qui servirent Vichy n'en étaient pas détenteurs, Lavagne échouant par exemple dans sa tentative de la faire décerner, ès qualités, aux commissaires du pouvoir [129].

Les commissaires du pouvoir

Ceux-ci étaient pourtant censés jouer un rôle de premier plan dans l'État nouveau. Persuadé que le rejet de la Révolution nationale par l'opinion se nourrissait de cabales conduites par des fonctionnaires déloyaux, Pétain voulait disposer d'un instrument efficace de contrôle politique d'une administration rétive. Il pensa le trouver dans la proposition que lui fit du Moulin de Labarthète de charger « une dizaine d'hommes, de haute culture administrative, de large intuition politique, de vrai sens social [de parcourir] les villes et les campagnes, à la recherche des abus, des redressements, des simplifications ** ». Dans le contexte du « vent mauvais », leur mission fut élargie au-delà

---

* Article 5 du décret du 31 juillet 1942 portant statuts de la Francisque gallique, *Journal officiel* des 24 et 25 août 1942, cité dans *Le Gouvernement de Vichy 1940-1942, op. cit.*, p. 324. L'article 2 du décret précisait que les titulaires de la Francisque devaient prêter le serment suivant : « Je fais don de ma personne au maréchal Pétain comme il a fait don de la sienne à la France. Je m'engage à servir ses disciplines et à rester fidèle à sa personne et à son œuvre ». Une analyse des bénéficiaires de la décoration et des modalités de leur choix est donnée, dans le même ouvrage, par l'étude de F. Gaspard et G. Grunberg, pp. 71-85.

** « Des hommes, poursuivait le directeur du cabinet civil, que l'on pourrait aborder librement, qui ne dépendraient que du Maréchal. Des *missi dominici*, des représentants en mission, de hauts fonctionnaires, largement payés, pourvus d'une ou plusieurs voitures, et que le Conseil des ministres pourrait convoquer à sa barre », *op. cit.*, p. 290.

des frontières classiques d'une inspection générale : rattachés au plus haut niveau de l'État, le commissaire général et les onze commissaires au pouvoir furent chargés de « veille[r] à l'application des lois dans l'esprit de la Révolution nationale [130] » et dotés à cette fin de pouvoirs exceptionnels, en étant autorisés à « prendre immédiatement toutes mesures en vue de faire cesser les abus [qu'ils constataient] * ». Sans doute pouvaient-ils devenir, comme s'en inquiétait Pierre Limagne, de « grands inquisiteurs [131] », mais encore eût-il fallu qu'ils fussent choisis avec soin.

Or, dans la précipitation consécutive à la mise en œuvre des mesures annoncées, de manière largement improvisée, le 12 août, le choix fut dicté par la contingence plus que par la compétence. Le vice-amiral Gouton, récemment revenu du Levant, était sans affectation, il devint commissaire général du pouvoir, chargé donc de surveiller l'esprit et de démasquer les complots d'un appareil administratif qu'il n'avait jamais fréquenté. Six hauts fonctionnaires l'assistaient avec le titre de commissaire du pouvoir : un jeune maître des requêtes au Conseil d'État et un vieil inspecteur des finances, l'ancien préfet du Bas-Rhin, nommé dans les Bouches-du-Rhône où il n'avait pas donné pleine satisfaction, un inspecteur général des services administratifs au titre du ministère de l'Intérieur, le directeur de l'administration du secrétariat d'État à la Guerre, un inspecteur des colonies enfin, placé en cinquième position sur la liste dressée par le secrétaire d'État compétent, l'amiral Platon, mais qui avait le mérite d'être immédiatement disponible. Une nomination hors des cercles administratifs ne concerna finalement pas un des *missi* de l'été 1940 – les députés Henri Gérente et Louis François-Martin avaient été envisagés – mais un syndicaliste, ancien mouleur en métaux, qui occupait les fonctions de secrétaire de l'union départementale des syndicats de la Loire et dont la nomination, soufflée par Belin, provoqua la colère de la Légion locale qui voyait en lui un « gréviculteur depuis quinze ans [132] ». Joseph Barthélemy était sévère sur ces choix, portant pour l'essentiel sur des fonctionnaires de qualité mais sans lustre : « Le recrutement, écrivait-il dans ses Souvenirs, n'a pas répondu aux intentions du Maréchal : il n'a pas trouvé des personnages rayonnants, des gloires nationales, des hommes valant par eux-mêmes, comme en savait trouver Napoléon, mais des marins sans bateaux, des préfets fatigués, des inspecteurs des finances, des membres du Conseil d'État sans éclat [133]. »

Ces nominations, traduisant le peu d'intérêt que portait déjà le pouvoir à sa dernière création, déçurent ceux qui, comme Guy Crouzet dans *Les Nouveaux Temps*, attendaient d'elle la capacité de bousculer « telle ou telle administration encore tout imprégnée de l'esprit et des méthodes d'ancien régime, et résolument "obstructionniste" vis-à-vis de la Révolution nationale et du gouvernement de Vichy », et espéraient pour cela que « le "commissariat du pouvoir" ne soit pas un nouveau débouché pour quelques inspecteurs des finances

* À l'exception du relèvement de fonctions d'agents publics, prérogative ministérielle élargie, comme on vient de le voir, aux préfets régionaux.

ou polytechniciens à tout faire, officiers généraux à la limite d'âge, etc., mais soit confié à des hommes jeunes, sans parti pris de formation ou de clan, uniquement soucieux de ce qu'on appelait jadis le bien public, aujourd'hui confondu avec la fidélité au Maréchal et la réalisation intégrale de la Révolution nationale[134] ». Le cabinet de Pucheu partageait cette analyse : de ces « hauts fonctionnaires, obligatoirement d'un certain âge, il est permis de penser que le contrôle qu'ils pourraient exercer se fera, en raison même de leur formation, sur le plan administratif ou légal plus que sur le plan politique, humain ou social. De plus, en raison de leur âge et de leur standing, il est à craindre qu'ils ne soient pas continuellement sur la brèche et qu'ils hésitent à se transformer provisoirement en usagers * ».

Mal considéré politiquement, le commissariat général du pouvoir allait également trouver un ennemi dans l'administration de métier. Celle-ci, que ne pouvait qu'inquiéter la mission dévolue au nouvel organisme, fit d'abord comme si elle jouait le jeu : en réponse à une circulaire de Darlan leur demandant, le 27 novembre 1941, de répondre rapidement aux demandes des commissaires et de leur fournir la documentation qui leur était nécessaire, la plupart des départements ministériels protestèrent de leur réel intérêt pour l'institution nouvelle **. Mais les hostilités ne tardèrent pas à s'engager, au début de 1942, autour du projet d'instruction portant organisation du commissariat général qu'avait rédigé le juriste Maurice Seydoux[135]. Présentant les commissaires du pouvoir comme des « délégués directs du chef de l'État et du vice-président du Conseil », placés sous l'autorité de ce dernier, ce texte différait sensiblement de la loi qui avait simplement placé le nouveau corps « auprès » du chef de l'État. Il contribuait à leur donner ainsi une autorité plus politique qu'administrative sur tous les rouages de l'État. Le rang protocolaire du commissariat général en découlait, « le commissaire général au pouvoir pren[ant] rang avec, mais après, les secrétaires d'État ; les commissaires du pouvoir pren[ant] place immédiatement après le commissaire général », mais aussi son pouvoir sur l'appareil administratif du pays, que symbolisait la capacité offerte au commissaire général de convoquer les secrétaires généraux des ministères, à la seule exception du secrétaire général de la vice-présidence du Conseil.

Bouthillier réagit rapidement et vivement à cette mise en tutelle politique non seulement de ses services, mais aussi de toute l'administration française. Dès le 11 janvier 1942, il souligna auprès de Darlan qu'en termes de logique

---

* « Note sur le développement éventuel de l'inspection générale des services administratifs », 25 novembre 1941, AN F1a 3685. L'appréciation sur l'âge des commissaires du pouvoir était fausse en ce qui concernait le maître des requêtes Seydoux, qui avait trente-sept ans, et l'inspecteur des Colonies Ruffel, âgé de quarante ans.

** Seules les réponses des secrétariats d'État à la Justice, aux Finances et aux Colonies sont absentes du dossier conservé dans les archives de la vice-présidence du Conseil. On peut également noter la prudence du secrétaire d'État à l'Agriculture, qui exigea que toutes les demandes adressées à ses services par les commissaires du pouvoir transitent par son cabinet, lettre du 2 décembre 1941, AN F60 513.

comme de politique, il était « impossible qu'un fonctionnaire, quel qu'il soit, ait rang de secrétaire d'État sans troubler profondément l'organisation gouvernementale actuelle. S'il avait ce rang, il serait, en tant que membre du gouvernement, chargé de contrôler les secrétaires d'État responsables comme lui devant le chef de l'État, alors qu'il n'aurait lui-même aucune responsabilité personnelle et directe en dehors de ses attributions de contrôle[136] ». En outre, insistait le secrétaire d'État à l'Économie nationale et aux Finances, les commissaires du pouvoir tels qu'ils avaient été choisis étaient incapables d'assumer de si hautes responsabilités :

> Même si une telle conception devait prévaloir, ce ne pourrait être qu'après une longue période au cours de laquelle l'institution nouvelle aurait pu recevoir du temps la consécration de son autorité par un recrutement qui placerait les commissaires du pouvoir au-dessus des plus hauts fonctionnaires de l'État. Ce n'est pas en quelques semaines qu'une telle institution peut prendre corps. C'est un fait que les commissaires du pouvoir, tels qu'ils ont été recrutés par vous, par le ministre de l'Intérieur et par moi-même ne sont pas, par leurs aptitudes générales et par les services rendus à l'État, au niveau des secrétaires généraux. Il est hors de doute que l'adoption de l'article 2 du projet de décret provoquerait chez ceux-ci une diminution d'autorité et un découragement profond.

Pucheu rejeta également le projet : non seulement, estima-t-il, une délégation directe de pouvoirs du chef de l'État et du vice-président du Conseil aux commissaires du pouvoir « bouleverserait les règles traditionnelles du droit public et porterait atteinte au pouvoir des ministres et secrétaires d'État », mais encore la préséance donnée aux commissaires sur les secrétaires généraux qui, « par l'importance de leurs fonctions et la qualité spéciale des personnalités désignées à ces hauts postes, jouent un rôle essentiel dans l'appareil de l'État » constituerait un précédent « inutile et dangereux[137] ». Il ne s'en déclarait pas moins partisan convaincu de l'institution, qu'il proposait de rattacher purement et simplement à son département : « Le ministre de l'Intérieur, indiquait-il, aura dans bien des cas un intérêt pressant à utiliser le concours des commissaires du pouvoir, qui pourront opérer dans un cadre plus large et apporter des conclusions intéressantes dans les domaines très divers qui comportent de profondes répercussions sur la sauvegarde et le maintien de l'ordre public dont il a la charge. »

Ni le cabinet civil ni la vice-présidence du Conseil ne se sentirent de taille à repousser ces deux attaques frontales qui, confortées encore par l'opposition du garde des Sceaux à un texte où il voyait une menace non tant pour l'indépendance de la justice que pour le maintien de l'ordre*, mirent à mal le

---

* « C'est le garde des Sceaux, en sa double qualité de représentant du pouvoir exécutif et de chef de l'administration de la justice qui est le directeur suprême de l'action publique. [... Il faut] éviter d'introduire dans les poursuites pénales une discordance qui ne serait certainement pas favorable au maintien de l'ordre dans l'État », Le garde des Sceaux à M. l'Amiral de la Flotte, vice-président du Conseil, 27 décembre 1941, AN F60 513.

projet. Le maréchal Pétain ne le sauva pas qui, dès le 21 novembre 1941, avait présenté l'institution aux préfets régionaux de manière telle que la presse avait pu conclure que « les commissaires du pouvoir sont surtout investis d'une fonction de collaboration avec les préfets régionaux, et [que] leur action doit fortifier l'autorité de ces derniers[138] » sans que le communiqué rectificatif demandé par Gouton fût jamais publié. En abandonnant le fonctionnement du commissariat général au pouvoir, privé de sa charte politique, au bon vouloir des administrations, les sommets de l'État français en acceptaient, moins de six mois après sa création, le déclin. Celui-ci se lut aussi bien dans les pérégrinations du commissariat général dans la topographie vichyssoise * que dans la constance mise par la direction du budget à lui refuser les moyens de travailler. Les commissaires furent certes confortablement rémunérés **, mais le commissariat général ne reçut ni les emplois lui permettant de fonctionner effectivement *** ni les voitures de fonctions nécessaires à son prestige : si un éditorial de Radio-Lyon n'hésitait pas à affirmer, avec toute l'ironie involontaire véhiculée par certaines consignes de censure, que « les commissaires du pouvoir voyagent rarement en voiture, car l'on est plus à l'écoute de l'opinion publique dans les trains ou les autocars[139] », *Les Nouveaux Temps* analysaient mieux la situation en s'indignant de ce que « les représentants du maréchal Pétain en étaient réduits à errer de ville en ville sans plus de facilités matérielles qu'il n'en est accordé à un représentant de commerce ! **** ».

* Gouton et ses cinq collègues furent d'abord logés dans trois chambres de l'hôtel du Parc, qu'ils n'occupèrent que six semaines, la villa Joliette leur étant alors affectée. Mais Gouton y vit « une installation non en concordance avec le rang des commissaires du pouvoir ». Ayant appris que les services de l'Information devaient quitter l'hôtel du Parc en janvier suivant, il sollicita l'affectation de quinze pièces permettant d'assurer, à proximité immédiate de la vice-présidence, la bonne organisation du travail du commissariat général au pouvoir. Darlan céda d'abord deux bureaux, pour le commissaire général et son adjoint, puis se ravisa, en indiquant que « les commissaires du pouvoir n'ont pas besoin d'être au Parc ». La vice-présidence du Conseil décida de réquisitionner, en mars 1942, un immeuble de douze pièces pour le commissariat général, avant que les commissaires ne finissent par revenir à l'hôtel du Parc pour s'y fondre, une fois Laval revenu au pouvoir, dans le secrétariat général du chef du gouvernement. AN F1a 3685 et F60 513.

** 125 000 francs pour le commissaire général et 100 000 francs pour les commissaires, soit des montants analogues à ceux versés respectivement aux secrétaires généraux et aux directeurs d'administration centrale.

*** « Je me refuse, écrivait Bouthillier à Jardel le 13 février 1942, à toute mesure qui, aboutissant à créer une administration nouvelle, modifierait l'esprit et dénaturerait la portée de la loi du 11 août 1941. Cette loi, en créant des commissaires du pouvoir, a entendu mettre à la disposition immédiate du gouvernement, un corps d'enquêteurs hautement qualifiés pour assurer, par eux mêmes, un contrôle général des services publics : elle n'a entendu ni dessaisir les administrations de leur rôle propre ni constituer, à côté d'elles, un organisme administratif nouveau. Il m'est donc impossible d'admettre la création de douze emplois de « chargés de mission » ou "conseillers techniques" », lettre au secrétariat général de la vice-présidence du Conseil, AN F60 513.

**** Guy Crouzet était dans le vrai en expliquant que « nommés pour mettre un terme aux abus, pour « entrer à cheval » dans les administrations publiques au nom du chef de l'État, les nouveaux commissaires ne pouvaient être bien vus par ces administrations mêmes

Ce manque de prestige matériel était bien le signe du rôle résiduel joué par le commissariat général au pouvoir dans l'État nouveau : ces hommes forts avaient moins de pouvoirs réels que bien des chefs de bureau. Ils n'étaient pourtant pas restés inactifs, d'autant que les autorités d'occupation avaient autorisé, dès décembre 1941, l'intervention en zone occupée de « la commission de contrôle composée de douze commissaires du gouvernement[140] ». Mais nul n'avait pris le soin, au sein du cabinet civil ou de la vice-présidence du Conseil, de réfléchir à une conception d'ensemble de la mission qu'il convenait de confier à l'institution nouvelle. Et l'on ne pouvait guère attendre de l'amiral Gouton, peu préparé à sa fonction, un tel exercice dans la mesure où il consacrait le peu de temps que lui laissaient disponible ses batailles avec les administrations à sa véritable passion, la chasse aux francs-maçons. Pour autant, il s'efforça de faire travailler ses collaborateurs, selon un schéma simple. Toutes les réclamations adressées au chef de l'État ou au vice-président du Conseil étaient transmises au commissaire général, qui choisissait celles susceptibles de donner lieu à une enquête sur le terrain. Or, à cette époque « où les Français ne s'aimaient pas » et compte tenu de la personnalité du commissaire général, la priorité fut systématiquement donnée aux missions présentant un caractère de surveillance individuelle sur celles qui auraient impliqué l'exercice d'une fonction de coordination administrative. De fait, lorsqu'il évoquait dans ses Souvenirs les premiers temps de l'institution, Eugène Sarraz-Bournet, commissaire issu de l'inspection générale des services administratifs, pouvait certes en souligner « l'importante activité », mais restait sans illusions quant à l'utilité réelle de sa mission :

> Les commissaires du pouvoir partaient en mission pour enquêter sur un commis des postes accusé d'avoir appartenu à une loge maçonnique, sur un instituteur ou un rédacteur de préfecture suspecté d'avoir été inscrit sur les listes du parti socialiste ou du parti communiste, sur un commerçant accusé de faire du marché noir. La police normale eût bien suffi à recueillir tous renseignements permettant de juger l'attitude des intéressés. [...] Les missions d'ordre général étaient rares, mises à part quelques enquêtes dans les préfectures, qui eussent été effectuées dans de meilleures conditions par l'inspection générale des services administratifs du ministère de l'Intérieur, qui en avait l'habitude et connaissait de longue date le personnel[141].

Dès le printemps de 1942, l'échec de l'institution était patent, malgré quelques timides efforts, à partir de mars, pour revaloriser son rôle. Ainsi Sarraz-Bournet, après avoir indiqué que le commissariat général tourna à vide pendant plusieurs mois en appuyant cette affirmation sur l'énumération des « quelques missions sans importance » qui lui furent confiées en janvier et février, déclara avoir ensuite reçu sa « première vraie mission », consistant à démanteler, avec l'aide de Berthelot, un trafic de véhicules effectué au profit des autorités d'occupation[142]. À la même époque, une réflexion sur

---

dont ils étaient chargés de surveiller le fonctionnement. On le leur fit bien voir, parce que tous les moyens d'agir leur furent refusés, jusqu'aux plus simples : un bureau, une secrétaire, une auto », *Les Nouveaux Temps*, 22 décembre 1942.

l'organisation des services du ravitaillement fut confiée au commissariat général au pouvoir, comme l'indiquait dans ses notes Pierre Nicolle [143]. C'était là impliquer l'institution dans un sujet sensible et prioritaire, mais cette tentative pour la hisser à un niveau quasi gouvernemental resta sans lendemain, le commissariat général se révélant insuffisamment puissant pour faire adopter ses vues, immédiatement battues en brèche par Bouthillier [144]. Le commissariat général végétait, mais la vice-présidence du Conseil n'avait pas perdu tout espoir de lui donner les moyens de remplir ses ambitions initiales, comme en témoignait une note rédigée juste après le retour de Laval au pouvoir :

> a) Le commissariat général au pouvoir doit fonctionner près du chef du gouvernement. Les commissaires du pouvoir constituent les antennes du chef de l'État et du chef du gouvernement. Leur compétence territoriale est à élargir à tout l'Empire français.
>
> b) Chaque commissaire doit être le chef d'une cellule lui permettant d'agir (personnel, moyens de transport).
>
> c) Le commissaire général au pouvoir établit le contact avec le chef de l'État et le chef du gouvernement. Son rôle est de collaborer étroitement avec le chef du gouvernement, d'orienter les commissaires dans leurs missions, de distribuer les missions, en accord avec le chef du gouvernement et selon les besoins de sa politique, d'administrer le corps des commissaires du pouvoir. [...]
>
> d) Le commissariat général dispose d'un organe central (comportant un échelon à Paris et un échelon à Vichy) comprenant cinq bureaux : missions, requêtes, renseignements et documentation, administration, courrier et archives.
>
> e) Le commissaire général doit être rompu à l'administration pour y avoir vécu. Il doit en connaître les mécanismes et les défauts, ainsi que la technique du contrôle [145].

Laval, « estimant inutile de conserver cet organisme relativement coûteux, du jour où il n'est plus effectivement utilisé [146] », envisagea d'abord de le supprimer, puis décida de ne pas se priver d'une institution qui, tout en lui offrant la possibilité de nominations purement discrétionnaires à des postes bien rémunérés *, était susceptible de lui fournir des éléments d'information et de contrôle sur les services publics. Une loi du 12 décembre 1942 [147] fit disparaître la fonction de commissaire général, porta à douze le nombre de commissaires et supprima toute référence d'un rattachement direct au chef de l'État : rattachés *de facto* au secrétariat général du chef du gouvernement, les commissaires du pouvoir, après décembre 1942, ne pouvaient plus se prévaloir d'aucune position particulière ou privilégiée dans l'État. Le système de pouvoir lavalien allait en effet se révéler tout autre que celui que s'était efforcé de bâtir, rarement avec succès, la Révolution nationale administrative.

---

* Deux anciens députés devenus chefs départementaux de la Légion furent nommés commissaires du pouvoir en décembre 1942. Les trois nominations intervenues en 1943 – Maurice Seydoux ayant réintégré le Conseil d'État en février, avant de rejoindre la Résistance – bénéficièrent au président du conseil départemental de la Seine, à l'ancien directeur de l'École polytechnique et à un ingénieur. Enfin, en avril 1944, fut nommé l'ancien commissaire général au reclassement des prisonniers de guerre rapatriés, André Masson, chantre de la collaboration et de la croisade antibolchevique.

CHAPITRE IX

Le temps des désillusions

Le retour de Pierre Laval aux affaires, le 18 avril 1942, marquait le début d'une phase nouvelle de l'histoire de la fonction publique sous Vichy. Non certes de manière brutale : le système administratif ne se modifia pas profondément d'un coup à la mi-avril 1942, d'autant qu'il eut à traiter, durant l'été, de projets inscrits à l'ordre du jour depuis le début de l'année. Cependant, très rapidement, les changements de personnes intervenus au niveau ministériel firent sentir leurs répercussions dans la plupart des sphères de la haute administration. Le départ de certains des hommes clés du pétainisme administratif première manière, tels Jardel et Lagrange, annonçait la fin de la tentative d'introduction de la Révolution nationale dans la fonction publique. Les réflexions qui se poursuivaient, dans l'entourage du chef de l'État, sur la forme que devrait adopter l'État nouveau étaient désormais totalement déconnectées de la réalité. De son côté, Laval mit en place son propre système de gouvernement. Débarrassé des oripeaux idéologiques de la Révolution nationale, ce système continuait à ressembler davantage à une dictature qu'à une République, fût-elle musclée. En deux étapes, le chef du gouvernement disposa d'un pouvoir constitutionnel non partagé, tandis qu'exclusion et répression, si elles changeaient partiellement de points d'application, ne diminuèrent guère en volume. La confirmation du rôle éminent confié à des fonctionnaires que « le Président* » avait appréciés lors de ses longs passages aux affaires sous la Troisième République, qui ne suffit pas pour faire de Laval un républicain, souligne en revanche le pragmatisme d'un homme qui s'efforça de louvoyer entre la volonté pétainiste de régénérer l'État et les exigences collaborationnistes de voir des élites résolument nouvelles y tenir la première place.

* Laval avait suffisamment exercé cette fonction sous la Troisième République pour bénéficier du titre, bien que Pétain ait expressément refusé de le lui donner.

La Révolution nationale sous le boisseau

La remise en cause de la Révolution nationale ne fut pas frontale, Laval se laissant au contraire présenter, par les partisans de la collaboration à outrance, comme celui par lequel la Révolution nationale atteindrait enfin ses buts. Mais la marge de manœuvre de Pétain, sans totalement disparaître, fut progressivement réduite, au plan politique comme au plan juridique, tandis que les projets de rénovation institutionnelle visant à construire la France nouvelle furent, les uns après les autres, classés sans suite. La perte d'influence de Pétain dans l'État se joua en deux actes : le premier suivit de peu le retour de Laval aux affaires, mais ce ne fut qu'en novembre suivant* que s'acheva l'évolution constitutionnelle qui aboutit à transférer au chef du gouvernement la quasi-totalité des pouvoirs exécutif et législatif. Même après cette date toutefois, le Maréchal resta formellement la source dont émanait tout pouvoir dans l'État. Un incident, dont Marion fut l'auteur, volontaire ou non, le prouva dès les premiers jours du gouvernement Laval. Présentant le nouveau partage des responsabilités né du rappel de Laval, un communiqué officiel préparé par le secrétariat d'État à l'Information indiqua que le chef de l'État s'était « dessaisi » de ses pouvoirs de chef du gouvernement. Le mot suscita une vive émotion à l'hôtel du Parc, et Laval dut faire publiquement part de ses regrets devant ce qu'il qualifia de maladresse de langage, rappelant qu'il n'occupait ses fonctions de chef du gouvernement qu'en vertu d'une délégation confiée par le Maréchal, dont l'autorité lui était indispensable pour exercer sa mission[1]. Face à un Laval dont le nom devint rapidement synonyme de collaboration, Pétain bénéficia d'une popularité certes déclinante mais qui demeura, jusqu'à l'extrême fin du régime, son dernier atout. Placer l'action du gouvernement sous le patronage du vieux maréchal n'était donc pas sans avantages même si derrière les précautions verbales on assista à un net recentrage du pouvoir entre les étages de l'hôtel du Parc, recentrage qu'illustraient les changements intervenus dans les équipes dirigeantes.

Un pétainisme peau de chagrin

Le souvenir du 13 décembre 1940, qui avait si profondément marqué Laval, condamnait ceux des ministres et des proches du chef de l'État qui s'y étaient directement impliqués. C'est ainsi que des hommes comme Bouthillier ou du Moulin de Labarthète quittèrent le devant de la scène : l'un devint procureur général de la Cour des comptes, l'autre – dont les Allemands avaient eux aussi demandé le départ, jugeant son influence néfaste sur le chef de l'État – attaché financier à Berne. Avec le départ de son directeur, le cabinet civil avait perdu sa tête politique, et donc l'essentiel de sa capacité d'intervention dans la conduite de la politique du pays, car les hommes qui prirent sa succession

---

* Voir *infra*, pp. 333-334.

– Lavagne comme chef de cabinet, Jardel comme secrétaire général – ne disposèrent ni de la même confiance du chef de l'État ni du même sens politique. En outre, le contexte politico-militaire ne leur laissait guère les coudées franches. Le traitement des ci-devant libéraux – entrés, à les en croire, au gouvernement par pure discipline : des anciens combattants ne répondent pas « non » à un appel du vainqueur de Verdun – fut varié. Si Carcopino redescendit du fauteuil de grand maître de l'Université pour retrouver celui de directeur de l'École normale supérieure, dont il n'avait jamais cessé, en droit, d'être détenteur [2], des hommes comme Romier ou Barthélemy conservèrent leur poste, le premier à la demande de Pétain dont il était l'un des plus proches conseillers, le second en raison sans doute des services qu'il avait rendus et de ceux qu'il pouvait continuer à rendre. Les ministres militaires, renforcés de l'amiral Platon, nommé secrétaire d'État auprès du chef du gouvernement, constituaient avec eux le dernier carré de la garde pétainiste. Même distinction du côté des « technocrates » : le départ de Pucheu, qui n'accepta aucun autre poste ministériel *, était rendu inévitable par le souci de Laval de garder une prise directe sur le ministère de l'Intérieur qu'il s'attribua personnellement. Lehideux, touché par un deuil familial, quitta, après quelques hésitations, ses fonctions, tout comme Berthelot aux Communications **. En revanche, Barnaud continua à superviser les relations économiques franco-allemandes, tandis que Bichelonne, dont les capacités intellectuelles impressionnaient Laval, monta en grade, passant du secrétariat général de la Production industrielle au portefeuille ministériel correspondant.

Le sort des grands commis qui avaient servi l'État nouveau dans sa version antérieure ne fut pas rigoureux, sauf s'ils avaient été associés au 13 décembre. Durent également quitter leurs postes les hauts fonctionnaires dont la manière de servir s'inspirait trop directement de l'esprit d'une Révolution nationale désormais hors de propos. C'est ainsi qu'intervint au début de juin 1942 un vaste renouvellement du secrétariat général du chef du gouvernement, qui n'épargna pas Lagrange ***. Compte tenu du rôle qu'il avait joué dans chacun des grands projets visant à faire pénétrer les principes de la

---

* La rumeur en fit un ambassadeur à Berne, où il aurait eu comme collaborateur son principal ennemi de Vichy, Du Moulin de Labarthète, P. Limagne, *op. cit.*, p. 513.

** Qui, dans ses Souvenirs, affirme avoir accueilli son sort avec « détachement », non sans avoir pris date pour l'avenir en tenant des propos pessimistes lors du Conseil des ministres du 17 avril, au cours duquel les ministres présentèrent leur démission (« La Révolution nationale est compromise ; elle était en sommeil ; on l'endormira pour toujours. Mieux, on démolira le peu qui a été fait et, sur le plan extérieur, on va aux pires aventures »), *op. cit.*, pp. 276 et 280.

*** Il reçut, peu de temps après avoir quitté ses fonctions, une lettre du chef de l'État, le remerciant pour « la rare persévérance avec laquelle [il s'était] efforcé de traduire sans cesse les principes [de la Révolution nationale] dans la législation et l'action administrative », 27 juin 1942, AN 2AG 24. La réponse de l'intéressé fut une ultime profession de foi pétainiste : « Ce fut pour moi un grand privilège que d'avoir été associé d'aussi près à l'œuvre de rénovation nationale que vous avez entreprise pour le salut de notre pays. Je suis

Révolution nationale dans la fonction publique, depuis l'exclusion des juifs jusqu'à la rédaction du statut des fonctionnaires de septembre 1941, ce départ signait la fin d'une époque. Alfred Potier assura une forme de continuité, en reprenant, au sein d'un service désormais dirigé par Guérard, les attributions de Lagrange dont il était l'adjoint. Cet effacement des pétainistes – dont on trouve une autre trace dans le remplacement, certes déjà prévu par Darlan, de Vallat par Darquier de Pellepoix – traduisait le nouveau rapport de forces intervenu à la tête de l'État. Il constituait à la fois le symbole et la conséquence de la relégation au second plan, loin derrière la négociation franco-allemande dont Laval se voulait le champion, des priorités de redressement intérieur regroupées sous le terme générique, et un peu fourre-tout, de Révolution nationale.

La France nouvelle entre parenthèses

Comme le confirma, dans ses Souvenirs, son fidèle collaborateur Guérard, Laval « [était] revenu au pouvoir pour faire sa politique extérieure, non sa politique intérieure [3] » et entendait bien ne pas se laisser détourner de sa tâche par des réformes internes qu'il qualifiait aimablement de «fantaisies * ». On assista donc, dans les mois qui suivirent son retour aux affaires, à la mise progressive sous le boisseau de la plupart des réformes qui entendaient donner un nouveau visage aux institutions administratives françaises. Le chef du gouvernement estimait en effet qu'il avait mieux à faire que de s'intéresser au devenir d'organismes plus ou moins corporatistes qui ne correspondaient guère à sa sensibilité. Quand il s'impliqua dans les questions dépendant du secrétariat d'État au Travail, ce fut pour se préoccuper du STO, non de la Charte du travail qu'il rangeait dans la catégorie des réformes inutiles. La formation et l'expérience de Laval ne le poussaient guère plus à professer une sympathie particulière pour la Légion : pour autant, conformément à sa tactique, il chercha moins à la dissoudre qu'à la capter à son profit. Il en alla de même, comme on vient de le voir, pour les commissaires du pouvoir. *Mutatis mutandis*, on retrouva ce processus à l'œuvre face à deux des réformes administratives majeures imaginées pendant l'époque Darlan, l'une simplement projetée, les gouverneurs, l'autre aboutie, le statut des fonctionnaires.

Le projet d'organisation provinciale avait largement occupé, tout au long de l'année 1941 et encore au début de 1942, bon nombre de notables du régime, notamment ceux réunis dans le Conseil national, ainsi qu'une partie

---

persuadé que chaque Français peut et doit participer à cette œuvre là où il se trouve placé et, quelle que soit sa situation, a un rôle utile à jouer. C'est ce à quoi je m'efforcerai dans cette vieille maison du Palais-Royal qui est encore, et doit être davantage, un des fondements de l'État organisé », 6 juillet 1942, AN 2AG 501.

* «Je me suis opposé dès le début aux fantaisies de la Révolution nationale », déclara Laval à Chichery peu de temps après son retour aux affaires, propos rapporté par Georges Hilaire dans son ouvrage de souvenirs, publié en 1949 sous le pseudonyme de Julien Clermont, *L'Homme qu'il fallait tuer, Pierre Laval*, éd. Les actes des apôtres, p. 56.

de l'entourage du chef de l'État. Alors même que l'on envisageait, dans ce dernier cercle, l'éventualité d'une réforme en vraie grandeur dans une région test (les uns penchaient pour le Dauphiné, d'autres pour la Provence), la décision tarda au point de n'être toujours pas prise en avril 1942 [4]. Ce retard fut fatal au projet: il ne fut plus question, sous Laval, de provinces ou de gouverneurs, et seul ce qu'il restait de cabinet au Maréchal continuait à y travailler en préparant des projets de Constitution, auxquels il s'attachait avec d'autant plus d'énergie qu'il avait moins de contact avec le pays. L'unification des limites des circonscriptions des différents services extérieurs demeurait toutefois à l'ordre du jour, mais sans plus correspondre, comme c'était le cas sous Darlan, à une priorité gouvernementale émanant du sommet de l'État et relayée, de plus ou moins bonne grâce, par les ministres. Sur leur lancée, certaines administrations poursuivirent leurs réflexions en la matière, telle la Production industrielle *, tandis que d'autres s'attachèrent d'abord à conforter leurs échelons régionaux **. Mais les projets plus ambitieux avortèrent, tel celui, préconisé par Bichelonne, visant à créer de véritables chambres économiques régionales [5]. Et, lorsque le préfet régional d'Orléans, Morane, proposa en septembre 1942 de consolider l'institution régionale en la dotant d'un véritable budget, la suggestion, bien que relayée avec constance par Ingrand jusqu'au printemps 1943 [6], n'eut pas de suite. L'échec de cette proposition – déjà examinée, en août 1941, par le Conseil national qui l'avait écartée sur les instances des représentants des administrations centrales – confirma que l'institution des gouverneurs ne verrait jamais le jour, en tout cas pas sous la forme hybride, mi-politique mi-administrative, imaginée à l'origine par les tenants de l'État organisé et déconcentré. Certains avaient tiré plus tôt des conclusions analogues, en assistant désabusés à la mise à l'écart de ceux des préfets régionaux qui, fidèles aux principes prônés par le Maréchal, avaient conçu leur mission comme préfiguratrice de celle des futurs gouverneurs. L'un des premiers sacrifiés fut le préfet régional de Rennes, François Ripert, auquel était reproché d'avoir « exercé avec courage, mais avec sectarisme, une politique réactionnaire dans toute la Bretagne *** ». Cette mesure scandalisa à ce point un chef de service de cette préfecture régionale qu'il crut bon d'en faire part au chef de l'État lui-même:

---

* Mais la loi unifiant les diverses circonscriptions de ce ministère ne fut publiée que le 9 mai 1944.

** Par exemple en matière de santé publique, avec le décret du 17 avril 1943 chargeant le directeur régional de la santé et de l'assistance de définir le plan d'équipement sanitaire de sa circonscription, voir P. Doueil, *op. cit.*, p. 28.

*** Témoignage de Georges Hilaire, dans *La Vie de la France sous l'Occupation*, Stanford, Hoover Institute, 1957-1959, t. I, p. 395. Sous ce titre neutre, on trouve trois volumes de témoignages systématiquement favorables à l'ancien chef du gouvernement, émanant de tout ce que le pays comptait encore de lavaliens non repentis. Écrits après la guerre sur la demande de Josée de Chambrun, fille de Laval, qui consacra sa vie à défendre avec piété filiale et obstination la mémoire de son père, ces sources plus qu'orientées sont à utiliser avec une extrême circonspection, mais restent susceptibles d'apporter des éléments factuels intéressants.

> Votre œuvre, ici, s'est heurtée à une coalition étrange et disparate qui comprend bon nombre de parlementaires et de fonctionnaires, les francs-maçons et les autonomistes. Depuis plus d'un an, cette clique non convertie, au grand jour ou dans l'ombre, a essayé sans trêve de faire partir celui qui incarnait à ses yeux et avec juste raison cette Révolution nationale, Votre délégué : M. Ripert. [...] Gouverner contre l'opinion publique est ici l'inexorable destin des hommes qui acceptent aujourd'hui de refaire la France et de réformer les Français. Animé d'une foi indomptable, M. Ripert a rempli la tâche que vous lui aviez confiée avec noblesse, insoucieux de la popularité. [...] Revalorisant la fonction préfectorale, Vous aviez su faire de vos préfets des gouverneurs. Aujourd'hui, nous les humbles artisans de la Révolution nationale, nous nous demandons avec angoisse si celle-ci n'est pas silencieusement étouffée [7].

Ce n'était pas parce qu'il refusait de leur donner un prestige et des moyens qui auraient risqué d'en faire des grands féodaux dans leurs provinces que Laval entendait se priver de hauts représentants du pouvoir central dans chaque métropole régionale. Faisant preuve de son traditionnel pragmatisme, le chef du gouvernement n'eut aucune difficulté à chausser ici les bottes de son prédécesseur : il conserva l'institution des préfets régionaux en insistant, compte tenu de la priorité donnée désormais à la répression, sur leur rôle de coordination en matière de maintien de l'ordre *.

Le statut des fonctionnaires dans l'arche de cèdre

Étouffée, la Révolution nationale administrative le fut plus encore par le sort réservé à son grand œuvre, le statut des fonctionnaires, dont l'application avait été renvoyée à des temps plus sereins. Si la vice-présidence du Conseil avait émis, ce faisant, le vœu que des morceaux de statut entreraient progressivement en vigueur afin d'habituer les fonctionnaires aux principes de l'État nouveau, aucune réalisation concrète ne vint témoigner, entre le printemps de 1942 et la fin de 1943, d'une quelconque volonté gouvernementale d'agir en ce sens. Il en alla ainsi, comme on l'a vu, des associations professionnelles de fonctionnaires, qui restaient pourtant formellement à l'ordre du jour. Des textes continuèrent à être publiés au *Journal officiel* pour interdire à certaines catégories d'agents publics de s'affilier à de telles associations, qui restaient peu prisées, mais le secrétariat général du chef du gouvernement n'attachait plus guère d'importance au sujet. Aussi décida-t-il, en janvier 1943, qu'il n'y aurait pas de règlement-type des associations professionnelles de fonctionnaires des administrations centrales, mais que chacune d'elles devrait faire l'objet d'un texte spécifique, à charge pour le Conseil d'État de veiller à la coordination de l'ensemble [8]. De la sorte on se hâta lentement, si bien qu'à la veille de la Libération on en était encore à publier au *Journal officiel* des décrets relatifs aux associations professionnelles de tel ou tel secteur ministériel [9]. Cette lenteur dans l'application des textes – qui fut aussi de mise lorsqu'il s'agit de mettre en œuvre la distinction entre fonctionnaires et employés de l'État – fut sévèrement critiquée par Lagrange, redevenu spectateur, dans la

---

* Voir *infra*, pp. 395 *sq.*

série d'articles qu'il confia entre mai et juillet 1944 à la *Revue des deux mondes.* Constatant que « le statut n'[était] entré en application que dans quelques services peu importants ou par voie de modifications partielles introduites dans les textes anciens », il reconnut que certaines des difficultés constatées étaient réelles, telle la mauvaise appréciation de l'attachement des Français à la qualité de fonctionnaire. Mais, diagnostiquait-il, le mal venait de plus loin : « On ne peut mettre sur le compte des "circonstances" la déficience de l'autorité, la fuite des responsabilités et le relâchement du sens de l'intérêt général que chacun constate à l'heure actuelle. [...] Les motifs réels de l'application insuffisante de la loi sont le manque de volonté et de persévérance, et plus encore peut-être, l'absence de foi [10] ! »

Si deux des colonnes du temple législatif qui devait abriter les fonctionnaires restaient ainsi à l'état d'esquisse, deux autres furent purement et simplement abandonnées, soit qu'elles eussent paru trop éloignées des réalités nouvelles, soit que les présupposés idéologiques qui les motivaient se fussent périmés plus vite qu'on ne l'avait initialement imaginé. Cet abandon ne devait d'ailleurs pas trop coûter au chef du gouvernement, peu soucieux de créer des clivages inutiles dans un contexte dont il mesurait l'extrême instabilité. L'attitude de Laval, sur ces dossiers à propos desquels la vice-présidence du Conseil avait dû beaucoup ferrailler pour faire prévaloir son point de vue, témoignait de son réalisme. L'abandon de la loi sur le travail féminin – officiellement abrogée le 12 septembre 1942 * – comme celui, plus significatif, du traitement familial montraient que la position conservatrice de l'administration des finances était désormais partagée par le chef du gouvernement qui ne cherchait plus à sortir l'idéologie familiale officielle de la seule sphère du discours, où elle continuait à s'imposer **. Ces exemples illustrent la volonté de Laval de ne pas bouleverser un front intérieur déjà suffisamment troublé par les difficultés nées de la guerre, à commencer par les problèmes de ravitaillement et les bombardements. Bien que conscient des imperfections du système administratif, il jugeait plus urgent de le conserver en état de marche que de le rénover. Face au « Tout était pourri ! » par lequel Pétain avait, à l'automne 1940, justifié sa décision de reconstruire entièrement la maison France, il se montra beaucoup plus conservateur lorsqu'en juillet 1943 il usa d'une métaphore similaire pour aboutir à une conclusion opposée : « La France est une vieille maison de bois, susceptible de s'écrouler. La poutre maîtresse est notre vieille administration, qui n'est pas très moderne, mais qui représente la continuité de la France [11]. »

* *Journal officiel* du 4 novembre 1942. Le gouvernement Darlan souhaitait déjà abroger ce texte, comme l'indiquait une note de la direction du budget en date du 24 avril 1942, SAEF B 11860.

** La loi du 25 septembre 1942, publiée par le *Journal officiel* le 29 septembre, remplaçait le traitement familial par l'attribution de majorations de traitement liées au nombre d'enfants à charge. Lagrange estima quand même, dans son article cité de 1944, que les dispositions, certes « plus modestes » de cette loi laissaient subsister l'idée majeure posée par le traitement familial, et se réjouissait de ce que l'État ait ainsi donné l'exemple du futur « salaire familial », dont la réalisation restait envisagée, *op. cit.*, p. 173.

Un bilan amer

Conscient de l'étroitesse de sa marge d'action, le noyau dur pétainiste, dont le cabinet civil demeurait une place forte, ne put qu'assister, quasi impuissant, à cette mort annoncée de la Révolution nationale. La nouvelle répartition des pouvoirs à la tête de l'État ne lui laissait en effet que peu de moyens d'action autres que symboliques, qu'il s'employa toutefois à utiliser. C'est ainsi que le nom du chef de l'État, qui restait l'un de ses derniers atouts, fit l'objet d'une protection comparable à celle des marques déposées. Des remontrances ayant été faites au gouvernement sur l'invocation abusive du patronage du Maréchal, ordre fut donné aux ministres, à la fin de juillet 1942, de recueillir l'accord exprès de l'intéressé avant de placer leur action sous son patronage*. Lorsque les événements de novembre 1942 eurent conduit Pétain à se dessaisir encore un peu plus de ses pouvoirs, la tentation de l'action céda la place à celle de la justification. Une longue note, que signa André Lavagne en mars 1943, dressa le bilan politique et moral d'une Révolution nationale qui se savait désormais morte. Le chef de cabinet du Maréchal proposa néanmoins la publication – en Suisse car, reconnaissait Lavagne, tout ce qui était publié en France sous l'invocation du gouvernement était perçu comme « suspect » – de *Cahiers du témoignage français*. Parodie en même temps qu'hommage aux *Cahiers du témoignage chrétien* publiés par la résistance catholique, ce document avait vocation à retracer, en la resituant dans le contexte et les ambitions de l'époque, l'œuvre du Maréchal.

Le cahier introductif, dont il était envisagé qu'il pût être « précédé d'un prologue de Claudel (dans le genre de son "Ode au Maréchal") ou de Ramuz », aurait eu pour fonction de justifier l'action menée de 1940 à 1942. Le texte que rédigea Lavagne pour servir de cadre à ce document constitue un bilan significatif de l'état d'esprit, passé et présent, d'équipes désormais réduites à l'impuissance mais qui gardaient la nostalgie des années où tout aurait pu changer :

> 1940-1942
>
> Encore sous la stupeur du coup qui l'avait abattue en 1940, la France a, aussitôt, cherché à se redresser. Il lui restait alors assez de force, assez de liberté de mouvement pour tenter ce relèvement.
>
> Elle s'est interrogée et elle s'est cherchée. Démarche spontanée et digne de respect qu'inspiraient des sentiments naturels, partagés alors profondément par tous les Français.
>
> Dans l'éclair de la défaite, les Français ont soudain découvert leurs erreurs ou leurs fautes ; ils ont, en tout cas, senti que leur désastre était, au moins en

* « Le Maréchal de France, chef de l'État, a constaté que son nom avait été fréquemment prononcé ou son autorité invoquée au cours des dernières semaines, tant à Paris qu'à Vichy, par des ministres ou des personnalités officielles dans des discours ou des communiqués qui n'avaient que rarement été soumis à son approbation. Le Maréchal s'est ému de l'abus qui était ainsi fait de son nom », circulaire du 28 juillet 1942, AN F60 580.

partie, imputable à eux-mêmes ; douloureusement, sincèrement, ils ont cherché la cause de leur malheur.

Simultanément un réflexe vital a provoqué chez eux tous le besoin de se trouver eux-mêmes une excuse, une consolation, une raison de croire encore dans leur destinée.

Enfin, le même instinct a poussé la France à remonter aux sources les plus profondes et les plus pures de sa vie, à rassembler les forces essentielles de son être. La Nation, exactement comme une famille sous le malheur, s'est resserrée, a compté les siens, tenté de se justifier.

La suite des événements, les douloureuses, parfois les honteuses conséquences d'une défaite brutale, et d'une occupation ennemie qui se prolonge, ne doivent pas faire perdre de vue la pureté des intentions premières, ni la sincérité du sursaut initial.

C'est avec beaucoup de pitié qu'on doit considérer ces efforts dignes de respect, qu'on doit, pour retrouver le visage de la France, écarter la boue et le sang de la défaite, laver aussi les souillures des faiblesses et des compromissions en face du vainqueur.

Personne n'a le droit, du dehors, de condamner ces années de souffrances et d'efforts. Il faut seulement, avec une lucidité loyale, dégager de la soumission forcée aux volontés de l'occupant les mouvements purs et libres d'une volonté qui a pu et qui a su rester elle-même à bien des égards.

1943

Deux années environ ont passé ainsi. La France avait cru à sa résurrection, mais la résurrection n'est possible qu'après le Golgotha. Or, contrairement à ce qu'elle croyait, la France avait, en 1940, à peine commencé son chemin de croix.

Ce fut alors ce long calvaire où les épreuves physiques étaient dépassées par les souffrances morales, les humiliations qui rongent et les déchéances qui désagrègent – ce long calvaire où seul, sans craindre les incompréhensions ou les outrages de la foule spectatrice, un très vieux soldat couvert de gloires et de victoires accompagnait, pas à pas, la France pour soutenir sa croix.

Maintenant le terme approche. Tout est consommé : les dernières armes, les derniers hommes valides, les dernières colonies, les dernières ressources, les dernières possibilités de volonté libre ont, une à une, disparu.

Tout lui est tombé des mains. Abandonnée et immobile, la France aujourd'hui ne participe plus à la vie des peuples.

Son royaume n'est plus de ce monde. Sans doute fallait-il cette immense détresse matérielle pour mieux faire briller sa vocation et sans doute fallait-il l'ultime dépouillement pour rendre tout son éclat et sa pureté à son témoignage spirituel.

Les « Cahiers du témoignage français » chercheront à dégager le vrai visage d'un pays blessé, prisonnier, enchaîné, qui ne renonce pas à la vie de l'esprit[12].

Curieux texte, qui poussait loin le parallèle religieux – même s'il était quelque peu inadapté de faire jouer à un maréchal de quatre-vingt-six ans le rôle du Christ aux outrages*. Mais texte révélateur aussi de la position de

* La métaphore allait être réutilisée après guerre par Jean Tracou, dernier directeur du cabinet de Pétain, qui présenta le chef de l'État, pendant la période durant laquelle il fut à ses côtés (décembre 1943-août 1944) comme « le Maréchal aux liens ». Tout un courant de réhabilitation de Pétain et du pétainisme s'inspirera, après guerre, des idées développées

passivité douloureuse dans laquelle n'allait cesser de se placer cet entourage, catholique et réactionnaire, du chef de l'État, entourage qui n'avait pas fini de boire son calice. Revenant au temporel, Lavagne consacrait la plus longue part de sa note à analyser les politiques menées depuis trente mois, en opposant les éléments nés de la rupture de 1940, qualifiée de « sursaut national », à ceux s'inscrivant dans une forme de continuité avec la Troisième République. Parmi les premiers, il insista sur « un désir de remonter aux sources [... qui] s'est traduit par la remise en honneur d'une série de notions qui s'étaient obscurcies au cours des années précédentes (la terre, la vie provinciale, l'histoire de France, les vertus traditionnelles : famille, travail, religion, etc.) » :

> Le même instinct qui pousse une famille éprouvée par le malheur à se resserrer sur elle-même a poussé la France à éliminer les éléments étrangers à son essence propre et à procéder à un assainissement moral du pays (révision des naturalisations récentes, législation contre les fonctionnaires fils d'étrangers, contre les Juifs, contre les Francs-Maçons ; censure de la presse, des périodiques, du cinéma). La France, d'autre part, retourne aux grandes réalités naturelles et surnaturelles dont le respect et la prise en considération sont indispensables pour assurer toute vie individuelle ou collective ; elle abandonne le culte des abstractions, des fictions et des mots creux de la démocratie. [...] Ces réformes correspondent à des besoins profonds du peuple français et ont été accomplies sans intervention de l'occupant.

Venait ensuite, classée par grands thèmes – dont le choix et l'ordre de présentation étaient significatifs (Travail, Famille, Patrie, Religion, Autorité, Police, Agriculture) – une liste de mesures prises par le gouvernement du Maréchal auxquelles Lavagne avait trouvé des antécédents dans l'action de la République finissante. Si l'on ne peut contester la continuité existant entre les mesures prévues par le décret du 29 juillet 1939 portant code de la famille et la politique familiale de Vichy, ni celle qui se dégage entre les textes tendant à réprimer l'alcoolisme, qu'ils datent d'avant ou d'après 1939, les autres passerelles lancées par le texte laissent plus perplexe. C'est ainsi par exemple que le recours fréquent, à partir de 1938, à la procédure des décrets-lois était présenté comme annonciateur du régime constitutionnel mis en place le 11 juillet 1940, et les textes d'avant guerre relatifs à la police des étrangers ou aux internements administratifs comme les parents directs des mesures de police et de concentration des populations suspectes qu'avait ordonnées Vichy[13]. De même, voir dans l'extension par décret des conventions collectives l'ancêtre du corporatisme, ou dans la présence officielle de membres de gouvernements d'avant guerre à des cérémonies religieuses les prémisses de la politique menée par Vichy en direction de l'Église catholique relevait de la casuistique plus que d'une appréciation réaliste des choses. Curieusement,

---

dans ce texte, depuis le noble abandon du vieillard couvert de gloire jusqu'à l'exaltation de la grandeur du sacrifice supporté passivement, mais stoïquement. Ceux qui voudraient s'y reporter n'ont que l'embarras du choix entre les écrits de Me Isorni, et ceux des acteurs du régime, tels Jean Tracou, déjà cité, ou l'amiral Auphan.

alors qu'il assurait le suivi de ces dossiers au sein du cabinet civil, Lavagne ne citait pas le statut des fonctionnaires, qui aurait pourtant facilement pu entrer dans le cadre de ces « innovations apportées par le Maréchal, [et qui] répondent à des nécessités vitales et permanentes du pays, nécessités que la IIIe République avait quelquefois entrevues mais que son incapacité d'agir ne lui avait pas permis de réaliser ».

Pierre Laval, chef du gouvernement

Comme le concluait laconiquement le chef de cabinet de Pétain, « la France continue ». Elle continuait dans son esprit au troisième étage de l'hôtel du Parc, tandis que le deuxième, occupé par Laval et ses proches, n'était à ses yeux que le lieu de gestion des affaires courantes de ce qui était jadis la France, dont « le royaume n'était plus de ce monde ».

La nature administrative ayant horreur du vide, la disgrâce des pétainistes militants entraîna une montée en puissance des fonctionnaires prêts à servir le pouvoir quel qu'il fût, qui s'accommodèrent fort bien du mode de gouvernement quasi dictatorial construit, en quelques mois, au profit de Laval. On ne saurait pourtant conclure, au vu de ce retour de fonctionnaires ayant servi aussi la République, à une « républicanisation » du régime, ne serait-ce qu'en raison de la persistance des politiques d'exclusion. En outre, les événements de novembre 1942 eurent des conséquences institutionnelles qui, tout en différenciant les conditions d'exercice du pouvoir de celles ayant eu cours jusque-là, étaient fort éloignées d'un modèle républicain : le chef du gouvernement concentrait en effet entre ses mains l'ensemble des pouvoirs.

Les pouvoirs d'un dictateur

Le retour au pouvoir de Laval s'était accompagné, le 18 avril 1942, de la promulgation de l'acte constitutionnel n° 11 qui disposait que c'était le chef du gouvernement, « nommé par le chef de l'État et responsable devant lui », qui assurait « la direction effective de la politique intérieure et extérieure de la France[14] ». Le chef de l'État, qui cessait ainsi d'être le détenteur unique du pouvoir exécutif, n'avait toutefois qu'une confiance limitée en Laval : aussi maintint-il en vigueur l'acte constitutionnel de février 1941 qui faisait de Darlan son dauphin. Le changement de camp de l'Amiral lors des événements d'Afrique du Nord, en novembre, modifia évidemment la donne[15] : un communiqué cosigné par Pétain et Laval et publié – chose rare – au *Journal officiel* annonça, le 19 novembre, que, « tenant compte des circonstances exceptionnelles, le Maréchal, qui continue comme chef de l'État à incarner la souveraineté française et la permanence de la patrie, a décidé de donner au président Laval les pouvoirs qui sont nécessaires à un chef du gouvernement pour lui permettre de faire face rapidement, en toute heure et en tout lieu, aux difficultés que traverse la France ». Par l'acte constitutionnel n° 4 *quinquies*, Laval se vit confier l'intérim du chef de l'État mais, plus que ce retour à la situation de juillet 1940, c'est l'acte n° 12 qui concrétisa cette deuxième étape de l'accession du chef du gouvernement vers les pleins pouvoirs, en l'autorisant à prendre sous sa seule signature les lois et les décrets *. Seul restait à Pétain, comme pouvoir propre, celui d'édicter les lois constitutionnelles, que l'Assemblée nationale lui avait personnellement accordé le 10 juillet 1940. « Bougnaparte », comme l'avait surnommé Déat, était ainsi parvenu à « attirer à lui, en deux saisons, la substance des attributions du chef de l'État : le pouvoir gouvernemental qui est celui de la conduite politique du pays ; le pouvoir de poser des normes juridiques qui est celui de faire la loi et le règlement [16] ». Belle « revanche sur l'humiliation du 13 décembre 1940, jamais oubliée, jamais pardonnée [17] ».

Si la nouvelle répartition des fonctions semblait claire, les entourages respectifs de Pétain et de Laval essayèrent de tirer chacun avantage de l'imprécision des appellations pour agrandir leur zone d'influence respective. Il est à cet égard instructif de suivre l'évolution, entre avril et novembre 1942, des instructions données aux ministres en matière de signature des lois et décrets. Se situant sur le terrain juridique, Lavagne essaya ainsi, dès la fin d'avril, de regagner une partie du terrain perdu, en rédigeant à l'attention des membres du cabinet civil une note sur le nouveau circuit que devaient suivre les projets de lois et de décrets – qui restaient à cette date soumis à la signature du chef de l'État. Dans la mesure où Laval ne portait pas le titre de président du Conseil, le chef de cabinet du Maréchal estima que deux cas étaient susceptibles de se présenter, qu'il comparait à la situation existant jusqu'alors :

> 1°) Étude par les services administratifs de la présidence du Conseil. Étude de fond, du triple point de vue juridique, administratif et politique. C'est au secrétariat général de la présidence du Conseil que les textes sont enregistrés, en vue de leur publication au *Journal officiel.*
>
> 2°) Étude par le chef du cabinet civil et le chef du cabinet militaire, avant de soumettre les textes à la signature du Maréchal. Étude très sommaire et rapide, [qui a lieu] surtout du point de vue politique. Quelquefois, très rarement d'ailleurs, je renvoie le texte pour que le secrétariat général le réexamine sur un point précis où il me semble qu'il existe une difficulté grave.
>
> Si les services administratifs de la présidence du Conseil restent rattachés à la présidence du Conseil, il n'y a rien à changer ; si, au contraire, la présidence du Conseil est supprimée et les services administratifs rattachés au secrétariat général du gouvernement, une modification doit être apportée. En effet, du temps du Président de la République, les textes soumis à la signature du Président étaient enregistrés à son secrétariat et répartis entre les membres de sa

* *Journal officiel* du 17 novembre 1942. Ce texte fut complété par l'acte constitutionnel n° 12 *bis* du 26 novembre 1942, qui apportait une précision d'ordre juridique. L'acte constitutionnel n° 2 du 11 juillet 1940 avait en effet stipulé que c'était en Conseil des ministres que le chef de l'État exerçait son pouvoir législatif, dispositif qui fut décalqué pour Laval par l'acte du 26 novembre 1942, qui précisait que « le chef du gouvernement pourra exercer le pouvoir législatif en Conseil de cabinet, dans les conditions prévues par l'article premier, alinéa 2 de l'acte constitutionnel n° 2 », *Journal officiel* du 27 novembre 1942.

> Maison pour examen; l'examen était assez approfondi et demandait un certain délai. Je demanderai le même délai si l'examen préalable du secrétariat général ne peut plus juridiquement être considéré comme fait au nom de la présidence du Conseil, et par conséquent du chef de l'État[18].

Derrière ce qui peut n'apparaître que comme des arguties juridiques se cachait un très réel enjeu politique. Ce n'était en effet pas tant une question d'organisation institutionnelle que soulevait Lavagne – dans la mesure où les services administratifs de la vice-présidence du Conseil n'étaient déjà que de manière purement nominale sous l'autorité de Pétain – qu'un problème de personnes. Si, comme on put le percevoir dès la fin d'avril 1942, Laval avait l'intention de remplacer le noyau pétainiste de la vice-présidence du Conseil par des hommes à lui, le chef de l'État risquait de voir son pouvoir de signature des textes réduit à une pure formalité. Faute d'avoir été examinés, analysés et le cas échéant retravaillés par un organisme proche de sa sensibilité, les textes ne seraient plus soumis au chef de l'État que pour enregistrement. À la limite – et l'on imagine ce qu'une telle référence pouvait avoir de douloureux pour le rédacteur de la note –, le chef de l'État se trouverait disposer de moins de pouvoirs encore qu'un président de la Troisième République, ce qui fut pourtant pratiquement le cas après l'acte constitutionnel n° 12. Le secrétariat général du gouvernement ne sauva les apparences que de manière purement formelle, en rappelant en décembre 1942 aux ministres que, la signature étant partagée entre le chef du gouvernement et le chef de l'État, il convenait de laisser en blanc, sur les projets de lois et de décrets, l'indication du signataire, le choix étant fait par ledit secrétariat général[19]. Dans la pratique toutefois, Laval profita à plein de ses pouvoirs législatifs, la signature de Pétain n'intervenant que dans des cas exceptionnels*. Le Maréchal ne disposant plus que des « hochets du pouvoir[20] », c'en était pratiquement fini de la dyarchie qui avait pu s'installer, jusque-là, dans quelques-unes des principales politiques conduites par le régime.

Il n'était en outre pas question, pour Laval, de voir les ministres empiéter sur sa suprématie. Ils devaient être des exécutants, qui ne prendraient leurs ordres qu'auprès de lui, comme en témoignait un Joseph Barthélemy rapportant dans ses Souvenirs que, lors de la présentation en Conseil des ministres de la loi instituant le STO, Laval ne s'embarrassa pas de nuances, en annonçant avant l'ouverture de la discussion que « les ministres peuvent parler, s'ils tiennent à libérer leur conscience, mais ils ne changeront rien à rien[21] ». Pour le garde des Sceaux, « dans l'été de 1943, il y a un grand symbole, l'image sainte à la porte de la maison, la figure de proue à l'avant du navire : c'est le Maréchal. Il y a un gouvernant, c'est le chef du gouvernement. Ministres et

---

* On vit toutefois Pétain continuer à signer les lois relatives à l'organisation du ministère de l'Intérieur. Laval en effet, en tant que ministre secrétaire d'État à l'Intérieur, était chargé de leur exécution, et il apparut étrange, au moins dans les premiers temps de fonctionnement du nouvel ordre constitutionnel, que Laval chef du gouvernement donnât des ordres à Laval ministre de l'Intérieur.

secrétaires d'État ne sont pas des gouvernants. Ce sont des chefs de services * ». Le chef du gouvernement entendait en effet exercer pleinement les vastes pouvoirs qui lui avaient été dévolus et qu'étaient encore venues accroître quelques réformes de structure examinées lors du deuxième Conseil de cabinet du nouveau gouvernement, le 25 avril 1942. Elles aboutirent à une impressionnante concentration des pouvoirs entre les mains de Laval puisque, en plus des trois ministères dont il était titulaire – les plus importants : Affaires étrangères, Intérieur, Information –, il s'attacha la direction des services de l'armistice, qui dépendait jusqu'alors du ministère de la Guerre, la délégation générale à l'équipement national et le service des contrôles techniques, précieux instrument de connaissance de l'opinion et même la gendarmerie. Par Cathala interposé, Laval contrôlait aussi deux outils économiques essentiels, le comité économique officiellement présidé par Romier ** et surtout la délégation générale aux relations franco-allemandes, que conserva Barnaud mais qui fut placée sous l'autorité du ministre des Finances. Il fut en outre rappelé aux ministres qu'ils devaient obtenir l'agrément du chef du gouvernement avant toute nomination de membres de leur cabinet [22].

Laval ne pouvait exercer cet impressionnant cumul de fonctions qui lui assurait la maîtrise des circuits administratifs et le contrôle absolu de l'ordre public que s'il était parfaitement secondé par les secrétaires généraux travaillant à ses côtés : Rochat aux affaires étrangères, Bousquet à la police et Hilaire, secrétaire général pour l'administration du ministère de l'Intérieur. S'y ajoutait, *primus inter pares*, Guérard, nommé à la tête de l'ancien secrétariat général de la vice-présidence du Conseil qui prit, étant donné le titre officiel de Laval, la dénomination de secrétariat général du chef du gouvernement ***. Guérard, Bousquet et Hilaire disposaient, par rapport à leurs prédécesseurs, de pouvoirs accrus tant par la confiance personnelle que leur accordait le chef du gouvernement que par l'ampleur de la tâche que ce dernier s'était réservée, et qui lui interdisait de se mêler de trop près de la gestion courante des services. Véritables adjoints de Laval, ils occupaient une position de quasi-ministres, comme en témoignait leur présence sur la liste officielle des membres du gouvernement publiée le 18 avril et comme le confirmaient deux changements majeurs par rapport à la situation antérieure : d'une part, les trois hommes assistaient aux Conseils des ministres **** et d'autre part c'est

---

* *Op. cit.*, p. 149. Roger Stéphane rapporte dans ses Souvenirs le contenu d'une conversation qu'il eut, en mars 1943, avec le garde des Sceaux : « Mais je ne suis pas ministre, répond M. Barthélemy. Aucun de mes collègues n'est ministre – dans la mesure où cette fonction implique un rôle politique. Il n'y a que M. Laval qui soit ministre. Nous ne sommes que ses commis, ses secrétaires. Nous exécutons », *Chaque homme est lié au monde, Carnets (août 1939-août 1944)*, Le Sagittaire, 1946.

** Qui, malade, se fit suppléer par Cathala.

*** Appellation parfois abrégée – il ne s'agissait pas que d'une nuance de forme – en « secrétariat général du gouvernement ».

**** Seul Jardel, secrétaire général de la vice-présidence du Conseil, avait auparavant ce privilège, qu'il concevait comme étant d'ordre purement administratif. Le témoignage

à eux que devaient s'adresser les ministres lorsqu'ils entendaient saisir Laval de questions relevant de leurs attributions[23].

Un secrétariat général très politique

Dans la mesure où l'heure des grandes réformes était passée, le secrétariat général du chef du gouvernement n'eut plus guère à se prononcer sur des questions de politique générale et abandonna presque tout rôle en matière de coordination politico-administrative, rôle qui avait pourtant été décisif jusque-là dans les projets de réforme concernant la fonction publique. Pour autant, il n'est pas possible de considérer cette instance, comme s'y employa pourtant avec succès la défense de Guérard lors de son procès de 1958 en Haute Cour *, comme un organe purement administratif: « Toutes les fonctions de secrétaire général des départements ministériels sont des fonctions purement administratives. Le secrétaire général dirige administrativement les services rattachés à la présidence; ce n'est pas un organe de décision, c'est un organe d'exécution. Que l'on ne nous dise plus que Guérard dirigeait la politique. Il appliquait administrativement des décisions politiques, et il ne les approuvait pas toutes[24]. » Le fonctionnement du secrétariat général entre 1942 et 1944 dément ces affirmations, même si l'organe était hybride : ce n'est en effet que pour ordre qu'y étaient rattachés les très proches collaborateurs de Laval, dont l'activité n'interférait pas avec celle des services placés sous l'autorité de Guérard. Ce dernier n'en avait pas moins la haute main sur l'ensemble des organismes – dont certains politiquement très sensibles – qui dépendaient du chef du gouvernement. Berthelot ne s'y trompait pas, qui rappela dans ses Souvenirs que la fonction de secrétaire général du gouvernement était « politiquement un poste plus important qu'un ministère, surtout auprès de Pierre Laval, qui travaille peu, ne s'encombre pas de dossiers, procède surtout par intuition et décide rarement. Au secrétariat général convergent tous les projets de lois, les décrets, les informations. En nom, Laval régnera, mais Guérard tiendra le premier rôle[25] ».

Ce qui constituait auparavant les services actifs de ce secrétariat général fut érigé en direction du contrôle des services administratifs du chef du gouvernement, dont les titulaires successifs furent deux inspecteurs des Finances, Pierre-Édouard Coquelin jusqu'en mars 1943, puis Maurice Renand. Celui-ci assurait auparavant la responsabilité de la « section spéciale » du secrétariat général, chargée des affaires réservées, qui avait eu à connaître des dossiers aussi délicats que les relations avec le Secours national, la Légion et la LVF, la politique de la jeunesse ou la censure. Une section d'administration générale était par ailleurs confiée à Louis Pichat, maître des requêtes au Conseil d'État,

---

de Joseph Barthélemy indiqua qu'il n'en fut plus de même après avril 1942 : le garde des Sceaux signala ainsi « avoir vertement remis à sa place » Bousquet, lorsque le secrétaire général à la Police, qui n'hésitait pas à prendre la parole en Conseil des ministres, commença un jour son propos par : « Si j'étais ministre de la Justice... », *op. cit.*, p. 161.

* Il avait été précédemment condamné à mort, par contumace, en 1947.

assisté d'un auditeur, Pierre Ordonneau, et d'un magistrat, Alfred Potier, qui bénéficia en octobre 1943 d'une nomination au tour extérieur de maître des requêtes. Ces trois hommes couvraient un champ considérable, puisqu'ils devaient suivre l'ensemble des questions intéressant les fonctionnaires, les juifs, la franc-maçonnerie, les étrangers, la justice et l'administration pénitentiaire, les Églises enfin, tout en assurant les relations entre le secrétariat général et les ministères les plus politiques (Justice, Intérieur, Éducation nationale) ainsi qu'avec le Conseil d'État[26]. L'ampleur des compétences qui leur étaient dévolues donnait aux chargés de mission du secrétariat général une influence importante dans l'État. Non certes en termes protocolaires: fonctionnaires peu enclins à tenir les premiers rôles, ils se contentaient du pouvoir que leur conférait leur position stratégique. C'est ainsi par exemple que, se rajoutant aux autorités qui bénéficiaient déjà de ce privilège sous Darlan – secrétaire général du chef de l'État, vice-président du Conseil d'État, directeur général de la gendarmerie nationale, secrétaire général du Conseil national, etc. – tous les chargés de mission du secrétariat général devinrent destinataires, à partir de juin 1942, des circulaires et instructions adressées par Laval aux ministres, l'autre autorité faisant son apparition sur cette liste étant le commissaire général aux questions juives[27].

La personne de Jacques Guérard contribua également à faire du secrétariat général une instance beaucoup plus politique qu'à l'époque où Jardel en tenait les rênes. C'est en effet à ce dernier – et non à Guérard, comme le fait F. Kupferman dans sa biographie de Laval – que nous paraît le mieux s'appliquer le qualificatif de « très administratif[28] »: le nouveau secrétaire général était au contraire un partisan affiché de la collaboration, et n'avait pas attendu d'être aux affaires pour le prouver. Au printemps de 1941, alors que rien dans ses fonctions officielles de président du Comité d'organisation des assurances ne l'y incitait, il avait accompagné au Proche-Orient – qu'il connaissait bien pour avoir exercé, au milieu des années trente, les fonctions de conseiller financier du shah de Perse – le diplomate allemand Rahn, chargé de coordonner l'appui indirect apporté par Vichy, sur injonction allemande, à la rébellion antibritannique d'Irak. Il fallut donc toute la fausse candeur de Jean Jardin, ancien directeur de cabinet de Laval, pour mettre sur le compte d'un esprit prompt à des « boutades et violences de langage toutes fortuites » les actes et propos dont Guérard eut à répondre, après guerre, devant la Haute Cour*. En mars 1943, un message de la Résistance à Londres présentait ce dernier de manière moins anodine, en faisant de lui « le meilleur avocat de la collaboration avec de Brinon[29] ». L'informateur du BCRA qui rapportait ce jugement se fondait notamment sur les propos de l'ambassadeur du Japon

* Déposition de Jean Jardin lors de l'instruction du second procès de Guérard en Haute Cour, 18 janvier 1956, AN 3W 189. Il est vrai que Guérard se fâcha avec ce que Vichy comptait encore de pétainistes en comparant la Révolution nationale au café national, estimant qu'il y avait aussi peu de révolution dans la première que de café dans le second ; déposition de Pierre de Monneron, 14 janvier 1956, *ibid.*

à Vichy, qui déclarait n'avoir « aucune confiance en Pétain, [confiance] à 50 % en Laval, et à 100 % en Guérard ».

L'administration préfectorale du président

Dans les administrations centrales les moins politiques, les changements de titulaires des hauts postes administratifs n'intervinrent qu'après les événements de novembre 1942, soit que les fonctionnaires en place aient pris leurs distances avec le régime *, soit que ce dernier ait cessé d'avoir confiance en eux. Mais, comme de coutume, c'est l'administration préfectorale qui constitua, dès avril, le baromètre le plus précis de l'évolution de la conjoncture politique. Elle se trouva en effet rapidement réorganisée, à la fois pour en éliminer les éléments les plus liés à la Révolution nationale et parce que Laval souhaitait retrouver le mode d'organisation territoriale qui lui était familier, où se faisaient face préfet et notables – si possible représentatifs. Quatre fois président du Conseil sous la Troisième République, le chef du gouvernement connaissait bien le corps préfectoral, dont il appréciait les qualités de discipline et d'ordre. S'il n'hésita pas à réintégrer des préfets qui avaient occupé d'importants postes territoriaux à la fin des années trente, et qui avaient pour cette raison été écartés dès les premiers mois du régime **, il attendait du corps une parfaite loyauté. Comme le laissait entendre la rumeur dès les premiers jours du nouveau gouvernement ***, les préfets qui avaient trop cru à la Révolution nationale furent évincés et renvoyés dans leurs administrations d'origine lorsque, comme souvent, ils étaient extérieurs à la carrière préfectorale. Une source à la fois informée et tendancieuse, puisqu'il s'agit du témoignage d'Hilaire lui-même, en dressa la liste en soulignant que cette épuration ne toucha que « des préfets et sous-préfets éliminés de l'administration soit parce qu'ils provenaient de l'extérieur et avaient échoué dans leur mission, soit parce qu'ils tentaient de poursuivre la politique de répression antirépublicaine, inaugurée en 1940, plus particulièrement après le 13 décembre de cette année [30] ».

C'est ainsi que 9 préfectures régionales sur 18 changèrent de titulaires au cours des trois derniers trimestres de 1942, ce que justifiait Hilaire par le caractère excessivement antiparlementaire de l'action de tel préfet régional, par la politique réactionnaire que menait tel autre, par le « sectarisme » enfin d'un troisième, « trop acquis aux principes extrêmes de la Révolution nationale [31] ». Il convenait d'ailleurs trouver d'honorables portes de sortie pour les deux anciens secrétaires généraux du ministère de l'Intérieur qui, n'ayant pas démérité, ne furent pas mal traités : Rivalland, ancien secrétaire général à la police, et Sabatier, prédécesseur d'Hilaire, reçurent

---

* Parfois au sens propre, plusieurs hauts fonctionnaires choisissant de rejoindre Alger à la mi-1943.

** Pour bon nombre d'entre eux avant le 13 décembre 1940.

*** Pierre Nicolle annonçait ainsi dans son Journal, à la date du 22 avril 1942, « de nombreux départs parmi les préfets nommés par Darlan ».

ainsi la responsabilité de préfectures régionales importantes *. Le mouvement préfectoral, dont Hilaire fut le maître d'œuvre, toucha une vingtaine de préfets, mis à l'écart pour avoir trop cru, aux yeux des nouveaux maîtres du ministère de l'Intérieur, aux orientations affichées par le chef de l'État **. Il fallait remplacer préfets et sous-préfets évincés. Comme s'en fit gloire Hilaire [32], le nouveau gouvernement entreprit de réintégrer dans leur emploi nombre de fonctionnaires mis à l'écart par application de la loi du 17 juillet 1940. À la différence de ceux nés juifs, ou fils d'étranger, c'étaient les actes de ces fonctionnaires, non leurs origines, qui avaient justifié la sanction qui les avait frappés. Si leur attitude nouvelle laissait bien augurer de leur comportement futur, la sanction pouvait donc être levée, ces hauts fonctionnaires devant d'autant mieux servir le régime qu'ils avaient pu apprécier sa capacité effective de sévir.

On dispose, grâce à la minutie d'Hilaire, d'une longue liste – 23 pages – des membres du corps préfectoral protégés, réintégrés ou mutés par Laval pour leur épargner la disgrâce dont les menaçaient les influences pétainistes. À étudier de près cette fastidieuse énumération, on ne compte qu'une quinzaine de réintégrations effectives de préfets, les autres étant virtuelles ***. Il n'en reste pas moins que Laval, familier du fonctionnement institutionnel de la Troisième République, préférait assurément les fonctionnaires de tradition aux préfets improvisés, plus ou moins galonnés, qu'avait mis en place la Révolution nationale. Les réintégrations qu'il prononça eurent pour effet, en tout état de cause, de provoquer la colère des pétainistes : Hilaire cita par exemple le cas de Billecard, préfet de Seine-et-Oise à l'époque du Front populaire, qui fut nommé dans les Ardennes, Pétain s'étant opposé à sa promotion dans le Pas-de-Calais [33]. Et lorsque le secrétaire général pour l'administration demanda que la Francisque fût attribuée à son collaborateur Michel Junot, qu'il venait de faire nommer sous-préfet de Pithiviers, le cabinet du chef de l'État ne cacha pas son indignation de voir décorer « l'auteur des

* Respectivement Marseille et Bordeaux, où ils remplaçaient Bonnafous, nommé secrétaire d'État au Ravitaillement, et Pierre-Alype, qui quittait la carrière préfectorale de manière abrupte, en raison à la fois de son sectarisme idéologique et de la forte inimitié qu'il avait suscitée chez le maire de la ville, Adrien Marquet. Sabatier se fit accompagner à Bordeaux par le jeune sous-préfet dont il s'était déjà attaché les brillants services comme directeur de cabinet, Maurice Papon : ce dernier fut nommé secrétaire général de la préfecture de la Gironde.

** On ne s'étonnera pas de trouver parmi eux un fort contingent d'officiers et plus particulièrement de marins, dont l'amiral Bard, préfet de police, qui fut remplacé le 22 mai par Amédée Bussière, préfet du Pas-de-Calais. Au même moment, René Bouffet, préfet régional de Rouen, devenait préfet de la Seine en remplacement de Charles Magny, qui prit une retraite anticipée.

*** Qu'elles aient été refusées par les intéressés (Hilaire allait jusqu'à citer le nom de Jean Moulin, en rapportant une entrevue qui se serait déroulée entre les deux hommes, *op. cit.*, pp. 106-107) ou qu'elles ne soient jamais intervenues, par suite de l'opposition des Allemands ou de Pétain.

mouvements de sous-préfets qui remettent en place les gens les plus compromis d'ancien régime * ».

Estimant que les représentants du pouvoir central devaient avoir les coudées franches **, Laval s'attacha à leur en donner les moyens, notamment en renforçant leur pouvoir hiérarchique sur les personnels de l'État présents dans leur circonscription ***. Il décida également de supprimer le concours commun de recrutement des rédacteurs de l'administration centrale et des chefs de cabinet de préfet mis en place par Peyrouton en novembre 1940. Estimant que ces deux fonctions impliquait une « dualité d'aptitudes et de qualités », le gouvernement choisit, au printemps 1943, de revenir au système ancien de recrutement des chefs de cabinet, postes désormais réservés à des jeunes gens ayant démontré, au cours d'un « stage d'aptitude » effectué dans une préfecture, qu'ils possédaient pleinement les qualités – « action, décision et autorité » – nécessaires à l'exercice de ces fonctions ****. Mis ainsi en mesure de choisir eux-mêmes leurs collaborateurs, les préfets devaient également voir clarifiées les règles du jeu local. Le ministère de l'Intérieur, dont les deux secrétaires généraux étaient plus familiers du radicalisme que de l'idéologie pétainiste, s'attacha à accélérer le retour en grâce des notables. Confronté, comme son prédécesseur, au problème du manque de représentativité des personnalités chargées de faire, timidement, entendre aux préfets la voix des populations locales, Laval voulut remplacer les commissions départementales, qui avaient fait la part trop belle aux recalés du suffrage universel, par les conseils généraux ressuscités, à l'exception bien entendu de ceux de leurs membres qui s'étaient posés en adversaires du régime. La rumeur courut, dès avril 1942, de la suppression des commissions départementales[34]. Mais, comme l'écrivait Guérard, ce projet « se heurt[a] à l'opposition

* Jean-Baptiste Georges-Picot, membre du cabinet civil, dans les remarques manuscrites qu'il porta sur cette demande, datée du 29 juillet 1942, estimait que « [cette] nomination comme sous-préfet frise le scandale. Mais c'est l'homme de confiance d'Hilaire ». On a là un témoignage significatif de la faible capacité d'intervention qui restait aux proches du chef de l'État, AN 2AG 538.

** Laval avait l'intention de laisser aux préfets le champ libre pour conduire les affaires de leur circonscription, si l'on en croit de nombreux témoignages de membres du corps préfectoral publiés dans *La Vie de la France sous l'Occupation*, qui affirment que la principale consigne qu'il donnait aux préfets était : « Débrouillez-vous ».

*** Comme le résumait une lettre du chef du gouvernement aux ministres, lue aux préfets régionaux lors de leur réunion du 17 août 1943 : « Aucun fonctionnaire ne pourra être relevé sans l'avis du préfet régional ; les notes des fonctionnaires seront données par le préfet régional ; toute la correspondance adressée au chef de service régional le sera sous couvert du préfet ; tout fonctionnaire chef de service doit rendre compte au préfet régional, au moins mensuellement de l'activité de ses services », AN 2AG 460. Comme on l'a vu au chapitre précédent, le pouvoir disciplinaire des préfets régionaux avait été conforté par Laval dès août 1942.

**** Les rédacteurs de l'administration centrale du ministère de l'Intérieur restaient recrutés sur la base du traditionnel concours, « Statut du personnel de l'administration préfectorale et de l'administration centrale », 30 avril 1943, AN 2AG 460.

intransigeante de la Légion menacée dans ses privilèges[35] » : il fallut se rabattre sur des « conseils départementaux » auxquels toute activité politique restait strictement interdite *, et la greffe ne prit pas : « La publication de la loi créant les conseils départementaux, pouvait ainsi estimer en août 1942 la synthèse mensuelle des rapports des préfets, n'a pas suscité d'intérêt. Seuls les anciens élus susceptibles d'en faire partie y ont porté attention. Le préfet des Vosges signale que la création de ces assemblées correspond à une nécessité intérieure d'administration mais ne paraît pas répondre au désir de la population[36]. » Avec l'échec de cet essai de résurrection des conseils généraux disparut également la tentation de créer une chambre haute, assemblée de notables qui aurait ainsi procédé, au moins partiellement, de l'élection. Cette « républicanisation » en resta au stade des intentions, Laval s'accommodant sans difficultés de l'autoritarisme que lui avait légué la Révolution nationale. Il alla même plus loin que celle-ci en matière de pouvoir personnel : alors que le Conseil national avait été refondu en février 1943 ** – le chef du gouvernement insistant même sur « les importants services que le gouvernement [en] attend[ait] » –, il ne fut jamais réuni.

La Légion domestiquée

La ferme volonté de Laval de voir l'organisation administrative s'en tenir à un schéma clair, dans lequel le préfet devait assurer le plein exercice de l'autorité publique dans son ressort, impliquait aussi que les prétentions de la Légion fussent tenues à distance ***. Dès le 3 juillet 1942, une nouvelle instruction sur les rapports du mouvement légionnaire avec l'État reconnaissait certes que « les mandataires de la Légion peuvent être qualifiés, pour constituer des cadres d'instruction, d'animation et, le cas échéant, de contrôle », mais uniquement « à la requête de ces représentants du Pouvoir central, seuls dépositaires de l'autorité constitutionnelle » et en se fondant sur des faits précis[37]. Laval était encore plus critique que Darlan sur la Légion, en laquelle il voyait le « syndicat des blackboulés aux élections[38] ». Celle-ci le lui rendait bien, ne perdant pas une occasion de le critiquer, notamment lors des audiences qu'accordait fréquemment le chef de l'État à quelques-uns de ses chefs départementaux[39]. Laval s'était pourtant efforcé de noyauter le mouvement en jouant deux cartes complémentaires, que traduisirent les

* Créés par une loi du 7 août 1942 (*Journal officiel* du 27 août 1942), ils furent, selon Guérard, « composés de membres désignés et sans autorité, dont les Anciens dédaignent de faire partie », *op. cit.*, p. 78.

** Loi du 19 février 1943, *Journal officiel* du 21 février 1943. Le texte concrétisait un projet de Bouthillier en confiant le soin d'examiner le budget de l'État au nouveau Conseil national, dont la composition devait assurer une double fonction de représentation, territoriale (y siégeaient de droit les présidents des conseils départementaux) et nationale, par la présence de délégués des « grandes organisations économiques, sociales et intellectuelles de la Nation », conférence de presse de Laval, AN 3AG2 324.

*** Guérard, *op. cit.*, p. 74, précise que Laval était irrité par « le contrôle que la Légion cherchait à exercer sur les préfets et l'ampleur sans cesse croissante de son budget ».

deux nominations intervenues le 4 juin 1942 pour remplacer à la tête de la Légion François Valentin, passé à la « dissidence » morale avant de rejoindre Londres : Raymond Lachal, ancien député du Puy-de-Dôme et fidèle de Laval, lui succéda, tandis que Darnand, inspecteur général du SOL, prit le poste nouvellement créé de « délégué permanent de la Légion auprès du gouvernement ».

Le chef du gouvernement montra en outre qu'il était prêt à associer à l'action du pouvoir une Légion ayant fait acte d'allégeance, en invitant le 24 juillet 1942 ces deux nouveaux responsables du mouvement à une réunion des préfets régionaux et des intendants de police, réunion particulièrement importante dans le nouveau contexte policier de l'été 1942[40]. Malgré ces encouragements, l'automne qui suivit fut, pour la Légion, la saison d'une profonde remise en cause, qui commença avant même les événements de novembre : « Une crise "spirituelle", écrivait ainsi le service des contrôles techniques, continue à régner au sein de la Légion. Les démissions y sont fréquentes ; le public la considère avec méfiance et presque hostilité. Il a tendance à "mettre dans le même sac" légionnaires, SOL, Légion tricolore et militants de certains partis (PPF, Collaboration, Francisme) qui à ses yeux sont aux ordres de l'Allemagne *. » Les grandes lignes de l'évolution qui devait donner naissance à la Milice commençaient ainsi à se faire sentir : jointes au discrédit dans lequel était tombée la Révolution nationale, elles étaient de nature à troubler le légionnaire de base **. En remplaçant la Légion – violente en paroles et revancharde en esprit, mais que les préfets parvenaient le plus souvent à neutraliser – par la Milice, instrument activiste qui allait se révéler autrement plus présent dans l'État, Laval, trop confiant en ses capacités tacticiennes, joua les apprentis sorciers ***.

LAVAL LE RÉPUBLICAIN ?

Doté de pouvoirs dictatoriaux, mais bridé à la fois par son absence de soutiens politiques, par l'hostilité du chef de l'État et par l'étroitesse de la marge de manœuvre que lui laissaient les Allemands, Laval ne fut pas ce républicain

---

* Synthèse des contrôles techniques de septembre 1942, AN 2AG 461. La même source indiquait, au début de décembre 1942, « une crise d'effectifs sans précédent », et un mois plus tard concluait que « la Légion française des combattants, qui serait en butte à l'hostilité presque générale et particulièrement à la méfiance des milieux administratifs, traverse une grave crise de confiance », *ibid.*

** Voir *infra*, p. 531.

*** Terme repris à Stanley Hoffmann, qui soulignait dès 1956 que « Laval, bien qu'il eût cherché à garder sous son contrôle personnel les forces trop "dynamiques" issues des tentatives ou des concessions vichyssoises, comme le SOL et l'Information, fut, on le sait, débordé par elles. [...] En sapant la Révolution nationale, sans avoir aucun appui personnel, il avait scié la branche sur laquelle il s'était perché. Il n'a été que le syndic de la faillite des conservateurs vichyssois : eux et lui ont joué le rôle classique de l'apprenti sorcier », « La droite à Vichy », *op. cit.*, p. 37.

de conviction qu'inventèrent, pour les besoins du procès en réhabilitation de son père que conduisit Josée Laval par institut Hoover interposé, anciens ministres, préfets ou dignitaires du Vichy d'alors. Avec la fin de la Révolution nationale, on aurait assisté, selon eux, au retour des principes républicains, non ceux du parlementarisme généralisé d'avant 1940, mais ceux visant l'instauration de la République « musclée » que Laval appelait de ses vœux*. Examinons ce qu'il en est de ce « républicanisme » en matière d'exclusion.

L'exclusion toujours

La mise sous le boisseau de la Révolution nationale ne pouvait pas ne pas avoir de conséquences sur les procédures d'exclusion mises en œuvre depuis juillet 1940. Sur les procédures, et non sur les principes. Quoi qu'ait pu penser Laval des francs-maçons ou de la réalité de la menace de voir l'État servi par des agents nés de père non français, il ne modifia pas les législations correspondantes. L'exclusion antisémite resta en outre appliquée avec une vigueur que ne venait pas atténuer la nature du discours tenu par le chef du gouvernement à l'égard de populations que sa police avait reçu mission officielle de rafler.

S'agissant des fonctionnaires nés de père non français, aucun assouplissement ne se fit jour. Le Conseil d'État, dont le gouvernement était tenu de suivre l'avis lorsqu'il entendait permettre, par dérogation, à un agent public né de père non français de continuer à exercer ses fonctions, continuait d'ailleurs à interpréter les textes de manière rigoureuse, en s'intéressant toujours de près au « degré d'assimilation de l'intéressé et de sa famille à la communauté française** ». La Haute Assemblée alla encore plus loin en étendant, dans les principaux services publics industriels, les interdictions d'exercice non seulement aux dirigeants, comme le posait explicitement la loi, mais à l'ensemble du personnel : qu'un conducteur de métro ou un releveur des compteurs d'eau fût né de père italien, et c'était toute la collectivité nationale qui se trouvait menacée***! Cet intégrisme suscitait l'inquiétude des

* Le terme, employé par Laval dans une déclaration faite en mai 1941 à l'agence américaine United Press (« Nous construirons une République plus jeune, plus musclée, plus humaine »), avait fait florès, notamment auprès de la presse collaborationniste, qui n'appelait plus Laval que « le républicain musclé », J. Clermont, *op. cit.*, p. 57.

** Terme utilisé dans un avis du 19 mars 1942 indiquant que, si les textes n'interdisaient pas d'accorder des dérogations générales aux interdictions qu'ils posaient, « dans l'esprit de la loi, une telle hypothèse ne pourra se présenter que très rarement », AN 2AG 28.

*** Selon le principe que « la loi du 3 avril 1941 s'est proposé de prendre des garanties quant à l'ascendance française des agents participant à l'exécution de tous les services présentant un intérêt vital pour la collectivité, », avis du 17 juin 1942, AN F60 109. Le Conseil s'inquiéta en outre, à titre rétrospectif, du laxisme de l'administration républicaine : le vice-président Porché fit en effet savoir au chef du gouvernement qu'à l'occasion des contrôles dont la loi du 3 avril 1941 lui avait donné l'occasion, il était apparu que de nombreuses nominations de fonctionnaires étaient intervenues en violation de la loi du 19 juillet 1934, qui imposait aux Français nouvellement naturalisés un sas de dix ans avant de pouvoir exercer une fonction publique rétribuée, avis cité dans une circulaire du secrétaire général du chef du gouvernement, 4 juin 1942, *ibid.*

ministères chargés de mettre en œuvre la réglementation : direction du budget et ministère de la Justice se trouvèrent ainsi d'accord, en mai 1942, pour proposer que l'avis du Conseil d'État ne soit à l'avenir que consultatif, le garde des Sceaux justifiant sa position par l'incohérence de voir, en régime autoritaire, l'exécutif lié par un avis préalable[41]. Mais Laval ne suivit pas ses ministres, ce qui lui aurait pourtant permis de supprimer une procédure génératrice d'arbitraire en même temps que de bureaucratie*. Tout au contraire, dans une circulaire du 21 décembre 1942, Guérard fit part aux ministres de la volonté du chef du gouvernement de voir désormais les dérogations délivrées de manière stricte, ordre leur étant en conséquence donné de « ne transmettre à l'avenir que des demandes susceptibles de recevoir un avis favorable du Conseil d'État** ». Cette sévérité accrue était d'ailleurs en germe dans une loi du 19 août 1942, qui autorisait le gouvernement à rapporter, sans formalité, les décrets de dérogation aux interdictions posées par la loi « lorsque les bénéficiaires se [révélaient] indignes de la mesure intervenue en leur faveur[42] ».

Infiniment plus tragique fut, en matière d'antisémitisme, le glissement de la politique d'exclusion, voulue dès l'origine par le régime, à la complicité d'extermination, mise en œuvre sans états d'âme par un Laval moins antisémite que Pétain et un Bousquet moins antisémite que Vallat. On dispose, grâce aux travaux de Serge Klarsfeld[43], de l'essentiel des documents et analyses qui témoignent de la volonté effective des instances politiques et de la haute administration françaises d'associer les forces de police, et plus globalement l'appareil d'État dans son ensemble, aux opérations demandées par les Allemands***. On continue pourtant parfois à présenter Laval comme ayant protégé autant qu'il l'a pu les juifs – essentiellement les juifs français. Usant d'une parade devenue classique chez les lavaliens, Guérard put ainsi souligner, lors de l'instruction de son second procès, que Laval avait hérité d'une législation antisémite complète, comprenant une trentaine de textes, auxquels il n'avait ajouté pendant les vingt-huit mois de sa présence au pouvoir que des éléments de détail, tel cet arrêté du 24 novembre 1942 portant création

---

* À la fin de 1942, un rapport officiel indiquait ainsi que la direction des affaires départementales du ministère de l'Intérieur consacrait la plus grande part de son temps à l'instruction de ces demandes, et citait quelques chiffres, pour la seule zone sud : « À l'heure actuelle, environ 850 demandes ont été accueillies et 350 rejetées. 250 dossiers sont en instance. Cela fait au total près de 1 500 dossiers que le service a eu à examiner » ; rapport du 22 décembre 1942 de l'inspecteur général des services administratifs Capart au ministre de l'Intérieur, AN F7 15 286.

** AN F60 109. Les critères selon lesquels il convenait d'examiner si « les requérants apparaissent ou non comme adaptés à la vie française et inspirés de notre esprit national » étaient classés en trois catégories : assimilation au milieu national, valeur professionnelle, moralité et activité politique. Rappelons que les « requérants » en question étaient tous français, et qu'il ne s'agissait pas ici de demandes de naturalisation, mais du droit pour un agent public régulièrement recruté de continuer à exercer son métier.

*** Voir *infra*, pp. 398 *sq*.

d'une commission de biologie raciale. Lorsque des textes plus significatifs intervinrent, ils étaient dûs, selon lui, à l'accentuation de la pression allemande : ainsi de la loi du 11 décembre 1942 qui rendait obligatoire l'apposition de la mention « Juif » sur les cartes d'identité et les cartes d'alimentation *. Il est à peine besoin de souligner à quel point la mesure était efficace, dans un contexte où être désormais connu comme juif, toutes nationalités confondues, pouvait être le premier pas sur le chemin de la déportation **. Le souci du travail bien fait conduisit l'administration de la police à doter les préfectures, pendant l'été 1943, de perforatrices, plus sûres à cet égard que les tampons ***.

Les justifications rétrospectives des lavaliens n'ont donc pas grande valeur : mieux vaut essayer de mesurer, à partir d'archives, le rôle joué par les services directement placés sous l'autorité de Laval dans la poursuite d'un antisémitisme d'État dont on avait le moyen – pour peu qu'on cherchât à savoir – de ne plus ignorer à Vichy, après les rafles de l'été 1942, à quoi il ouvrait le chemin [44]. Alors que le Conseil d'État, compte tenu des délais nécessaires à l'instruction des affaires contentieuses, commençait à rendre des arrêts relatifs à la « qualité de juif [45] », le secrétariat général du gouvernement rappelait aux ministres, le 9 septembre 1942, l'obligation qu'ils avaient de suivre l'interprétation constante faite par la Haute Assemblée du statut pour interdire aux juifs l'ensemble des fonctions et des emplois publics. C'est bien là le signe que l'exclusion devait se poursuivre sans faiblesse, même s'il n'y avait pas lieu de rajouter de nouveaux textes à ceux qui, non sans de multiples improvisations, avaient défini le régime de semi-citoyenneté des juifs français. C'est pourquoi les projets préparés par Darquier de Pellepoix **** au début de 1943, projets qui comportaient notamment l'idée d'un troisième statut réglant le cas des demi-juifs, furent transmis sous simple bordereau par le secrétariat général du chef du gouvernement au ministère de la Justice, pour qu'il soit procédé à leur

---

* Instruction du procès de J. Guérard, 5 décembre 1957, AN 3W 189. Maurice Renand, alors directeur des services administratifs au secrétariat général du chef du gouvernement, indiqua que Laval n'accepta de signer ce texte exigé par les Allemands qu'en « contrepartie de la renonciation par les occupants au port de l'étoile jaune en zone sud », *La Vie de la France...*, *op. cit.*, t. II, p. 1114.

** Pierre Limagne écrivait ainsi, le 12 décembre, que « Darquier de Pellepoix a maintenant le moyen de faire mourir de faim les israélites même français qui voudraient échapper à une prochaine razzia », *op. cit.*, p. 937.

*** La continuité fut, sur ce sujet, parfaite de Pucheu – dont une instruction du 15 avril 1942 avait stipulé que tout demandeur de carte d'identité appartenant à la « race juive » devait le préciser, et que mention en serait portée sur les fiches n° 1, 2 et 3 établies lors de l'établissement de cette carte – à Bousquet et de Bousquet à Darnand. C'est ainsi que, le 27 mars 1944, Clémoz, directeur du cabinet de Darnand, traçait un historique très précis du fichage des juifs, afin de rappeler les préfets à leurs devoirs en la matière : « Vous voudrez bien, concluait-il, veiller à ce que ces instructions soient strictement observées. Des sanctions seront prises, le cas échéant, contre les fonctionnaires qui feraient preuve, à cet égard, de négligence ou de mauvaise foi », AN F7 14909.

**** Dans lequel Guérard ne voyait qu'un homme « haut en couleurs, [...] qui fit en définitive plus de bruit que de mal à ses administrés », *op. cit.*, p. 80.

examen [46]. Le secrétariat général n'accompagnait cet envoi d'aucune analyse ou instruction particulière, pas plus qu'il ne fixait de délais pour la réponse ni n'organisa de réunion de mise au point des projets définitifs. Ceux-ci semblaient donc enterrés, jusqu'au moment où l'un d'entre eux, auquel Darquier n'était pas le seul à attacher de l'importance, refit surface. Il s'agit du projet de dénaturalisation massive devant toucher les juifs ayant acquis la nationalité française aux termes de la loi du 10 août 1927. Un tel texte était attendu des Allemands, qui y voyaient le moyen de contribuer à la réalisation de la solution finale sans avoir à remettre formellement en cause l'accord tacite passé avec le gouvernement français en juillet 1942, aux termes duquel les juifs français ne seraient pas déportés *. Le projet connut des versions différentes, et fit l'objet d'une négociation à laquelle furent mêlés, du côté français, Darquier de Pellepoix, Bousquet, Gabolde, garde des Sceaux, et Laval **, négociation qui s'acheva par un refus signifié le 14 août 1943 à Röthke ***. Cette date marque une inflexion dans la soumission de l'administration française aux demandes allemandes, même si cette rébellion fut de courte durée, prenant fin au début de 1944 lorsque Darnand, nommé secrétaire général au maintien de l'ordre, eut à cœur de travailler la main dans la main avec l'occupant et que Laval accepta de livrer aux Allemands les juifs français de province [47].

Là encore, le bilan à tirer de la présence de Laval aux affaires est lourd : certes, le chef du gouvernement put essayer de donner une suite positive à telle ou telle intervention ****, certes les juristes du secrétariat général ne partageaient pas l'extrémisme antijuif d'un Darquier et le sommèrent parfois de modérer ses ardeurs antisémites *****. Mais il est impossible de déceler dans les propos ou les actes de Laval la moindre trace d'un rejet de principe de l'antisémitisme. C'est au contraire à l'inquiétante métaphore hygiéniste qu'il recourut pour se justifier devant l'opinion internationale après les rafles de zone sud, en indiquant que le choix de son gouvernement « étranger à toute arrière-pensée doctrinale et s'inspirant exclusivement d'un souci de prophylaxie nationale, [...] ne tend[ait] qu'à libérer notre sol de la présence

* Position qu'avait exposée Laval devant le Conseil des ministres du 26 juin 1942, et qui constitua le cœur du mandat qu'il donna à Bousquet en vue de la négociation du 2 juillet avec les Allemands, voir S. Klarsfeld, *Le Calendrier...*, *op. cit.*, pp. 256-257 et 1096-1097.

** Ainsi que des exécutants de haut niveau, tels les deux directeurs de la préfecture de police concernés par les questions juives, Hennequin, directeur de la police municipale, et François, directeur de la police générale.

*** On peut suivre en détail le cheminement de ce dossier, depuis sa préparation par le CGQJ en décembre 1942 jusqu'à son rejet final, dans S. Klarsfeld, *ibid.*, pp. 788-877. Le pape avait fait prévenir le maréchal Pétain qu'il s'inquiéterait pour le salut de son âme s'il signait ce texte.

**** Comme l'écrivit Guérard, « chacun a "ses Juifs", qu'il protège du mieux qu'il peut », *op. cit.*, p. 80.

***** Par exemple lorsque Potier, au nom du secrétaire général, demanda en février 1943 au commissaire général de ne pas appliquer les dispositions du deuxième statut relatives à l'interdiction faite aux juifs d'exercer le commerce des grains à un Alsacien, ancien combattant, exerçant la profession de grainetier au détail, AN F60 89.

d'immigrés qui se sont introduits en trop grand nombre chez nous au cours de ces dernières années[48] ».

Le système Laval à l'œuvre : la politique antimaçonnique

S'agissant des francs-maçons, l'époque commençant en avril 1942 est généralement présentée comme étant celle d'une atténuation de la discrimination *. Très rapidement le chef du gouvernement s'attacha effectivement à retirer au cabinet civil, dont c'était l'un des rares dossiers suivis en prise directe, la responsabilité de l'application des textes antimaçonniques. La loi du 21 juin 1942[49] confia ainsi l'ensemble des questions relatives aux sociétés secrètes au chef du gouvernement, qui en délégua aussitôt la charge, par un arrêté du même jour **, à l'amiral Platon, secrétaire d'État auprès de lui. Il paraît difficile d'imaginer que Laval, qui n'était pas un nouveau venu dans la politique vichyssoise, ait ignoré qui était Platon et lui ait confié la charge de ce dossier uniquement « pour l'occuper », affirmations toutes deux invoquées par Guérard pour expliquer les dissensions entre le chef du gouvernement et son trop zélé secrétaire d'État[50]. Mais il est certain que les deux hommes ne partageaient ni la même vision de fond, ni la même conception stratégique de la « question maçonnique ». Pour Platon, proche de l'Action française, il était de salubrité publique d'épurer le pays de la maçonnerie, ferment de décomposition nationale ***. Tout autre était l'approche de Laval : si, comme certains de ses proches l'ont affirmé, le chef du gouvernement ne se sentait alors pas assez fort pour écarter cette part d'héritage de la Révolution nationale ****, il perçut aussi le pouvoir qu'il pouvait tirer d'une utilisation habile du jeu des dérogations *****. Arme

* Par l'institut Hoover bien sûr, mais aussi par l'historienne qui a le plus sérieusement étudié la question, Dominique Rossignol, *Vichy et les francs-maçons*, *op. cit.*, p. 181. On pourra lire également le tome III de *L'Histoire de la franc-maçonnerie française* de Pierre Chevallier, publié en 1975 chez Fayard. L'auteur de ce dernier livre n'ayant pas eu accès aux archives, alors fermées, de la commission des sociétés secrètes, s'appuie presque intégralement sur les témoignages recueillis par Josée de Chambrun, d'où un texte aux tonalités étonnantes, poussant fort loin la thèse de la continuité entre l'avant et l'après-juin 1940, comme par exemple (p. 371) : « Que peut-on dire sinon que les erreurs de la Troisième République ont engendré par contrecoup les erreurs du gouvernement de Vichy et que les erreurs de ce dernier ont donné inévitablement naissance aux excès des cours de justice et des commissions d'épuration ? »

** Complété par une circulaire du 26 juin 1942.

*** Il déclara ainsi à un journaliste de *La Gerbe*, en janvier 1943 : « La franc-maçonnerie est le lieu géométrique de tout ce qui s'oppose à la Révolution nationale. C'est pourquoi, malgré toutes les difficultés, je m'attacherai de toutes mes forces à toutes les mesures qui ont pour but de soustraire la gestion des affaires publiques et la formation de l'esprit public à l'influence des loges », cité dans P. Chevallier, *op. cit.*, p. 360.

**** Que Guérard qualifiait de « colonnes de la Régence », *op. cit.*, p. 78.

***** Un message adressé le 20 mai 1943 à Londres, donc au moment où Laval, après le départ de Platon, assouplissait la politique antimaçonnique, indiquait que « dans l'entourage de Laval, on déclare que le Président se sert de la commission antimaçonnique pour se créer une clientèle en exceptant de la rigueur des lois les personnages qu'il pense pouvoir lui être utiles dans l'avenir », AN 3AG2 325.

idéologique pour l'un, outil clientéliste pour l'autre, les conceptions ne pouvaient que s'entrechoquer, et les politiques zigzaguer en conséquence. Le contrôle de la commission spéciale des sociétés secrètes, instance appelée à se prononcer sur toute proposition de dérogation, constituait dans cette optique un enjeu majeur. On a vu que Lavagne, Bernard Faÿ et l'amiral Gouton, commissaire général du pouvoir, en avaient fait non une instance d'appel*, mais plutôt le saint des saints de la lutte contre la franc-maçonnerie.

Cette conception ne pouvait satisfaire Laval qui, n'ayant jamais fait de la lutte contre la franc-maçonnerie une priorité politique, souhaitait alléger la pression pesant sur les maçons. Il agit en deux temps : le 19 août 1942, une loi autorisa le chef du gouvernement à suspendre au cas par cas, après avis de la commission, l'application des interdictions et incapacités s'appliquant aux anciens membres des sociétés secrètes[51]. Ce relèvement provisoire, pris pour une durée de deux ans, ne devait intervenir qu'à « titre tout à fait exceptionnel, [et] sous la double condition que cette mesure soit justifiée par l'intérêt supérieur du service et par les preuves que les personnes en cause auront données de leur adhésion à l'ordre nouveau ». Puis, les meilleures mesures risquant de rester lettre morte si l'on ne se donnait pas les moyens de les faire appliquer, Laval changea en septembre la composition de la commission : son ancien président, Amiaud-Bellavaud, président de chambre à la cour d'appel de Riom, y demeura mais avec le grade de vice-président, ayant cédé sa place au président de la section de l'intérieur du Conseil d'État, Maurice Reclus. Celui-ci, d'après son propre témoignage, n'accepta cette fonction qu'après avoir obtenu l'assurance de pouvoir y mener une politique résolument libérale[52]. Les autres membres de la commission étaient, dans leur majorité, des hommes liés à Laval : Lachal y représentait la Légion, Viguié et Sarraz-Bournet, tous deux commissaires du pouvoir, étaient en tant que tels aux ordres directs du chef du gouvernement, comme l'était l'inspecteur général des services administratifs Wuillaume qui avait remplacé au titre du ministère de l'Intérieur un membre du cabinet de Pucheu. Demeuraient, comme derniers témoins de l'idéologie pétainiste, Lavagne et le représentant de Platon. Malgré cela, Reclus dut recourir à sa voix prépondérante de président pour écarter, en février 1943, un projet de durcissement de la législation préparé par Platon. Afin d'éviter le renouvellement de ce type d'incidents, Laval adjoignit à la commission deux fonctionnaires dont il savait qu'ils y voteraient dans le bon sens, le commissaire du pouvoir Bernon et un magistrat membre de son cabinet, Cannac**. Trois semaines plus tard, Platon quittait le gouvernement.

---

* Comme le rappelait André Guénier, secrétaire particulier de Laval, dans son témoignage (signé « *** ») pour l'institut Hoover, le nombre de dérogations qu'elle avait proposées était dérisoire, *La Vie de la France...*, *op. cit.*, t. II, p. 1031.

** Décret du 5 mars 1943, *Journal officiel* du 7 mars 1943. Bernon dut démissionner, un an plus tard, de ses fonctions de commissaire du pouvoir, et donc abandonner son siège dans la commission, lorsqu'il fut avéré qu'il avait été franc-maçon.

Ayant alors les mains plus libres, Laval, tout en réaffirmant l'impérieuse nécessité de continuer à lutter contre la maçonnerie *, décida, le 9 juin, de faire procéder à un réexamen systématique de toutes les demandes de dérogations non suivies d'effet. Il le justifia par la nécessité d'harmoniser, sous la houlette de son secrétariat général, des pratiques dont la sévérité variait sensiblement d'un ministère à l'autre. Il demanda également au président Reclus de faire réexaminer par la commission les dossiers sur lesquels elle avait émis un avis négatif, afin que puissent être « relevés des incapacités légales tous les fonctionnaires qui ont effectivement renoncé à leur affiliation et demandant à servir loyalement l'ordre nouveau[53] ». Ces intentions, indéniablement libérales, se heurtèrent non à un mauvais vouloir de la commission, qui adopta effectivement une position beaucoup plus souple que sa devancière **, mais au bureaucratisme des procédures mises en place par les lois d'août et de novembre 1941 ***. Le réexamen systématique des dossiers demandé par Laval n'était pas de nature à désengorger la commission, de sorte que les réintégrations tardaient. Le ministère de l'Intérieur prépara donc, à la fin de 1942, un texte autorisant les ministres à « prononcer la réintégration provisoire de ceux de leurs fonctionnaires démissionnés d'office dont ils jugeraient le concours nécessaire au bon fonctionnement des services », dispositif comparable à celui s'appliquant aux fonctionnaires « juilletisés[54] ». Mais Laval ne donna pas suite à cette procédure, pourtant susceptible de faciliter la réintégration rapide de nombreux anciens dignitaires de la franc-maçonnerie, soit qu'il ait souhaité ne pas mécontenter Pétain, qui restait farouchement antimaçon ****, soit qu'il ait entendu rester le seul dispensateur de dérogations.

* « La législation sur les sociétés secrètes doit être rigoureusement appliquée afin d'éviter la reconstitution des associations dissoutes dont la responsabilité dans les malheurs de la France ne saurait être mise en doute et d'écarter de tout poste de commande ceux de leurs anciens membres qui resteraient attachés à des pratiques contraires à l'intérêt de la France et désormais illégales », circulaire du secrétariat général du gouvernement, 9 juin 1943, AN F17 13375.

** A. Guénier estima à 80 % le taux de demandes de dérogations ayant reçu un avis favorable de la commission, précisant que le chef du gouvernement, qui n'y était pas contraint par les textes, se fit un devoir de suivre systématiquement ces avis, *La Vie de la France…*, *op. cit.*, t. II, p. 32

*** En novembre 1942, Wuillaume, inspecteur général des services administratifs, indiquait n'avoir pu obtenir, comme Laval le lui avait demandé, que soient examinés en priorité par la commission les dossiers des fonctionnaires relevant du ministère de l'Intérieur: « Quelle que soit la célérité déployée par la commission, il convient dans l'état actuel de la législation de prévoir un délai d'environ dix-huit mois avant que soit achevé l'examen des dossiers actuellement en instance. Je m'emploie à faire bénéficier d'une priorité les dossiers de votre administration ; mais d'autres priorités les surclassent, et la constitution des dossiers maçonniques peut se heurter à diverses difficultés qui entraîneront des retards de présentation », note à M. le secrétaire général pour l'administration, 24 novembre 1942, AN F1bI 919.

**** Comme en témoignait la teneur d'une conversation qu'il eut en mai 1943 avec Mgr Calvet, au cours de laquelle il estima que Laval torpillait l'application de la législation et était à ce titre responsable du maintien de trop nombreux francs-maçons dans l'État, P. Chevallier, *op. cit.*, p. 360.

Le « libéralisme » voulu au sommet de l'État – et largement amplifié après-guerre – ne fut donc pas toujours ressenti sur le terrain. Si, comme l'écrit Guérard, « les services, indifférents aux événements, continu[èrent] à ficher les maçons, repentis ou non, avec une régularité d'horloge[55] », la visée politique du dispositif n'échappait pas au pouvoir : on ne peut ainsi ramener à de simples dysfonctionnements administratifs les conflits violents qui opposèrent à l'automne 1942 préfets et inspecteurs d'académie sur cette question. Réunis le 14 octobre en présence du cabinet de Bonnard, ces derniers firent remarquer que, seuls parmi les hauts fonctionnaires de rang équivalent, plusieurs de leurs collègues avaient fait l'objet de mesures de démission d'office. L'un d'entre eux, faisant remarquer que les préfets agissaient selon les ordres du ministère de l'Intérieur, demanda que « les instructions aux préfets soient données sérieusement par l'Intérieur[56] ». L'Éducation nationale n'était d'ailleurs pas le seul secteur où le zèle antimaçonnique continuait. En février 1943, Bousquet donna pouvoir aux préfets régionaux[57] de prononcer la démission d'office des agents des polices régionales d'État de leur ressort qui se trouveraient figurer sur les listes de dignitaires que le *Journal officiel* avait recommencé à publier en septembre 1942[58]. Compte tenu de la très forte antipathie existant entre Platon et Bousquet*, on peut douter que celui-ci se soit vu imposer ce texte par celui-là. Si attaches maçonniques de Bousquet il y avait**, elles n'allaient pas jusqu'à le pousser à esquiver l'application des lois dans les services de police. À moins qu'il ne se fût agi pour lui d'en profiter pour écarter de la nouvelle organisation policière des hommes trop marqués par leurs attaches avec les anciennes municipalités, radicales ou socialistes.

Le retour à quelle République ?

S'il nous apparaît ainsi pour le moins rapide d'associer retour de Laval aux affaires et fin de l'exclusion frappant les francs-maçons, d'autres éléments constituaient, aux yeux d'Hilaire, la preuve irréfutable du « républicanisme » de Laval. Pour l'ancien secrétaire général de l'administration du ministère de l'Intérieur, en témoignait avant tout la volonté persistante du chef du gouvernement « de réintégrer, de maintenir, de nommer ou de promouvoir une grande majorité de hauts fonctionnaires et chefs de service patriotes et républicains » d'une part, de « veiller à la pratique d'une politique de conciliation républicaine et de préparer le retour aux institutions traditionnelles » d'autre

* Rappelée par Guérard, *op. cit.*, p. 78. Le secrétaire d'État soupçonnait le secrétaire général à la police d'être maçon, et l'affaire prit un tour tragi-comique lorsque Bousquet, que Platon faisait filer par des agents de sa police antimaçonnique, donna l'ordre d'arrêter ses suiveurs. « L'incident alla jusqu'au Maréchal » indique Guérard, *ibid.*

** Attaches que son parrainage par les milieux radicaux du Sud-Ouest permet d'imaginer, mais on se rappellera que pétainistes et collaborationnistes avaient tendance à voir des maçons partout : Carcopino lui-même n'avait-il pas été dénoncé comme maçon par la collaboration parisienne ?

part[59]. Concluons sur ces deux points : Laval connaissait de longue date les caciques du régime parlementaire, dont on pouvait croire le républicanisme garanti par une longue fréquentation du sérail. Pourtant, malgré leur proximité politique, et parfois personnelle, avec le chef du gouvernement, un Anatole de Monzie, un Paul Faure ou un Léon Bérard ne devinrent pas membres du gouvernement, alors même que leurs noms avaient été prononcés dans les allées de Vichy en avril 1942 *. Il resterait, en tout état de cause, à admettre que ces républicains de carrière étaient toujours mus par les principes fondateurs de ce « modèle républicain[60] » qui les avait façonnés. En moins de dix ans en effet, ces hommes politiques, pour la plupart issus de la mouvance radicale ou des cercles modérés, et dont les grands hommes étaient Tardieu et Poincaré plus qu'Herriot ou Blum, avaient successivement eu à se situer par rapport aux grands enjeux nationaux – à commencer par le Front populaire – et internationaux. Comme Laval, ils avaient souvent privilégié la modération vis-à-vis des dictatures, qu'il s'agisse de l'affaire d'Éthiopie, de la guerre d'Espagne ou de Munich, la synthèse entre leurs choix intérieurs et extérieurs se réalisant par le pacifisme. Accueillant au départ avec faveur la Révolution nationale, et ne dénonçant pas ou pas tout de suite la collaboration[61], ces hommes, sans jamais couper totalement les ponts avec Vichy, furent rebutés par la part proprement réactionnaire du premier Vichy : Laval était pour eux une figure plus familière que Darlan ou Pétain, mais en avril 1942 leur prudence professionnelle leur conseilla d'éviter les rôles de premier plan, de sorte qu'ils eurent les mains libres pour prendre leurs distances lorsqu'ils sentirent le vent tourner **.

Or c'est précisément dans le sillage de cette part du radicalisme pour le moins tiède envers le Front populaire que Laval avait recruté ses principaux collaborateurs, qui venaient compléter le cercle restreint de ses hommes de confiance (ces derniers originaires soit de l'équipe des anciens

---

* P. Limagne, *op. cit.*, p. 508, et P. Nicolle, *op. cit.*, t. I, p. 438. Le seul ministre du gouvernement d'avril 1942 à avoir appartenu à un gouvernement de la Troisième République fut Pierre Cathala – fidèle parmi les fidèles, toute sa carrière s'étant faite dans le sillage de Laval – qui ne comptait d'ailleurs pas parmi les grands noms de la République.

** L'une des plus spectaculaires de ces reconversions fut celle d'Anatole de Monzie, qui publia en 1941 *Ci-devant*, son Journal politique d'août 1938 à septembre 1940, très critique pour la République, et en 1943 *La Saison des juges*, pamphlet contre les méthodes expéditives du régime de Vichy et de sa justice, ces deux livres édités chez Flammarion. Marc Bloch, dans la clandestinité, fit une lecture très critique de ce parcours, voyant dans le dernier ouvrage de Monzie « un acte de candidature, [qui] n'est pas loin d'être un acte de trahison, » et concluant que « la vraie saison des juges viendra demain, [...] et ce sera celle des justes juges », (*L'Étrange Défaite*, éd. Franc-Tireur, 1946, rééd. Gallimard, « Folio », 1990, pp. 235 et 239). Le parcours de ces habiles s'interrompit avec la Libération : le double rejet, lors des élections d'octobre 1945, du retour à la Troisième République et du parti radical symbolisait l'effacement de ceux des politiciens d'avant guerre qui ne s'étaient pas impliqués dans la Résistance. Quelques-uns d'entre eux referaient toutefois surface moins d'une décennie plus tard.

d'Aubervilliers *, soit d'Auvergne **) : Guérard était lié à Monzie, Bousquet et Hilaire aux frères Sarraut et à *La Dépêche*, dont le premier avait été rédacteur et où le second avait tenu une rubrique littéraire. Ces fonctionnaires, que Laval fit accéder au premier plan, n'avaient pas été jusque-là particulièrement brimés par Vichy : Hilaire était, à quarante-deux ans, préfet de l'Aube quand il devint secrétaire général, et Bousquet était passé, en moins d'un an, de la fonction de secrétaire général de préfecture à celle de préfet régional, promotion extrêmement rapide. L'éclipse des pétainistes leur permit certes – ainsi qu'à Guérard, directeur du cabinet de Paul Baudouin au début du régime, et qui avait opté ensuite pour la carrière beaucoup plus lucrative de président du Comité d'organisation des assurances – de monter de plusieurs échelons dans la hiérarchie du pouvoir, mais tous étaient déjà bien en cour dans le Vichy première manière. Que l'entourage immédiat du chef du gouvernement ait été fait non d'hommes politiques mais de hauts fonctionnaires apparaît ainsi plus comme un indice de professionnalisation que de républicanisation. Car, sauf à jouer sur les mots ***, le retour en grâce de hauts fonctionnaires d'autorité ayant servi la République ne suffit pas à démontrer que le régime était redevenu républicain. Au nom du devoir d'obéissance et du primat de l'autorité, des hommes nourris dans la tradition républicaine et qui pouvaient en partager les valeurs n'eurent pas de difficultés à appliquer des mesures qui en violaient ouvertement les principes. L'idéologie prégnante dans la haute fonction publique ne se situait-elle pas, plus que dans le pétainisme ou le lavalisme – voire plus tard dans le gaullisme – dans cette neutralité de bon aloi dont Peyrouton, comme tant d'autres, fit un système de défense qu'il inaugura lors du procès Pétain :

> Je ne me posais pas ces questions. Je vous le répète : je ne suis pas républicain, je ne suis pas antirépublicain, je suis un agent, un fonctionnaire. Si j'avais eu à me poser cette question en trente-cinq ans de service, je me la serais posée trente-cinq fois [62].

Si donc la réapparition dans les premiers rôles de hauts fonctionnaires ayant servi avant Vichy ne fait pas la République, qu'en est-il de cette « pratique d'une politique de conciliation républicaine » et de cette recherche d'un « retour aux institutions traditionnelles », dont Hilaire gratifie l'époque où Laval tint les destinées du pays ? Comme on l'a vu, Laval, peu sensible au

* André Guénier, son secrétaire particulier depuis plus de vingt ans, qu'il installa comme chef de cabinet à l'hôtel Matignon, ou André Baillet, fils de l'ancien commissaire de police d'Aubervilliers, dont il fit un directeur des renseignements généraux, puis de l'administration pénitentiaire.

** Avec le docteur Grasset au ministère de la Santé et Raymond Lachal, ancien maire d'Ambert, à la tête de la Légion.

*** Comme le faisait Georges Hilaire, qui n'avait pas peur d'affirmer que ce n'est que le 13 décembre 1940 que la France avait cessé d'être républicaine, *La Vie de la France...*, *op. cit.*, t. I, p. 394.

charme désuet de l'idéologie de la Révolution nationale *, laissa mourir de leur belle mort quelques-unes de ses constructions les plus voyantes, mais n'en continua pas moins à se poser comme le champion d'une véritable révolution, moins nationale mais plus « européenne » – au sens qu'avait alors le mot – que celle prônée à Vichy. La collaboration parisienne ne s'y trompa pas qui, dans les mois qui suivirent le retour de Laval aux affaires, vit en lui son champion. Tous ceux qui trouvaient la révolution vichyssoise excessivement galonnée et paperassière, et au fond bien timorée, pensaient arrivée l'heure de la réalisation de leurs rêves. Laval allait enfin permettre de combiner l'ambition initiale de la Révolution nationale – non ses timides réalisations vichyssoises – avec l'approche plus socialiste que semblaient annoncer les premiers discours du nouveau chef du gouvernement. Pour Marcel Déat, il ne faisait pas de doute que Laval était un authentique républicain, au sens là aussi très particulier que le directeur de *L'Œuvre* donnait désormais au mot :

> Notre grand chef, Pierre Laval, et ses collaborateurs viennent de sauver la République menacée par les revanchards et attentistes cléricaux et royalistes de Vichy, alliés occultes de la finance juive, qui cherchaient à jouer sur les deux tableaux pour atteindre leur but inavoué : la restauration de la monarchie flanquée d'une constitution parlementaire de structure et de nuance chrétienne-sociale, où francs-maçons mal blanchis, congréganistes intrigants et juifs camouflés, blottis dans les plis de leurs soutanes, auraient pu continuer le petit train-train millénaire, à l'ombre et sous la protection du trône et de l'autel. Mais finie la comédie... La Quatrième République française est née. Comme la première, elle sera autoritaire, musclée, communautaire, laïque mais, cette fois, raciste. Car, pour les hommes des temps nouveaux, christianisme et judaïsme ne font qu'un, comme ils le firent d'ailleurs pour le génial et clairvoyant précurseur de l'ordre nouveau : Voltaire. Dirigée vers l'avenir, la nouvelle République socialiste et nationale luttera implacablement contre tous les dévôts et nostalgiques d'un passé millénaire abject et pourri **.

Le mot « République » était ainsi susceptible de bien des acceptions. Si ce n'était guère la République à la Déat que recherchait Laval – qui s'efforça de tenir le collaborationnisme parisien à distance –, il n'en reste pas moins

---

* Comme le rappelait Guérard, « pour provoquer sa hargne – c'est un jeu dont ses vieux amis ne se lassent pas –, il suffit de prononcer les maîtres-mots "Révolution nationale" », *op. cit.*, p. 75.

** Cette prose de combat, qui porte témoignage du délire pronazi dans lequel s'enfonçait son auteur (Déat continuait son appel en évoquant « Robespierre réincarné en Hitler, Saint-Just en Rosenberg, Fouquier-Tinville en Himmler »), figure – non datée mais agrafé avec deux séries de protestations de l'Église catholique contre la politique du gouvernement, celle de Mgr Saliège contre les rafles de juifs, qui date d'août 1942, et celle du cardinal Liénart, archevêque de Lille, contre le STO, en mars 1943 – dans un dossier conservé par le cabinet militaire du chef de l'État, AN 2AG 609. Dans *La Dérive fasciste*, Philippe Burrin estime que « la nazification [de Déat] était achevée à la fin de l'été 1942 », mais ne place qu'en novembre suivant, dans la bouche d'Albertini, secrétaire général du RNP, des références à la Terreur, *op. cit.*, pp. 403-404. On trouve dans les *Mémoires politiques* de Déat, édités par Laurent Theis, Denoël, 1989, d'autres références aux membres du Comité de salut public.

difficile de voir un « retour aux institutions traditionnelles » dans le mode de pouvoir personnel mis en œuvre à partir d'avril, et plus encore de novembre, 1942. Les bureaux des Chambres ayant été dissous le 25 août 1942, il n'existait de fait plus aucun contre-pouvoir, même informel, à l'autorité de Laval, une fois mort-née l'idée de recréer des assemblées locales issues, à distance, de l'élection. Dans la « République musclée », le muscle l'emportait de loin sur la République, comme le notait Pierre Limagne en estimant que « Laval, très malin, se dit que s'il ramène la République – lui-même l'a renversée – ça lui vaudra quelques applaudissements, surtout si la disparition de l'État français s'accompagne de celle de la Légion des mouchards [63] ». Le message par lequel, le 22 juin 1942, le chef du gouvernement exposa aux Français la voie dans laquelle il entendait conduire le pays voulait donner l'image d'une France républicaine jouant pleinement son rôle dans l'Europe nouvelle. Mais les avantages qu'aurait pu tirer le chef du gouvernement de l'annonce du retour à une « République socialiste » furent plus qu'oblitérés par l'effet désastreux ressenti unanimement devant son « Je souhaite la victoire de l'Allemagne... » La phrase ne pouvait que saper la crédibilité de tous ses discours à venir, dussent-ils contenir des plaidoyers en faveur de la République. L'entrée de la France dans la guerre totale, entraînant une multiplication des mesures policières contre les juifs, les réfractaires au STO et les résistants, acheva d'ôter toute force à ce type de messages, que le chef du gouvernement réserva alors à des auditoires choisis, raidissant encore son discours après les événements d'Afrique du Nord : réunissant la presse à l'occasion du deuxième anniversaire du 13 décembre, il tint des propos de combat, dont ni la teneur ni le ton n'étaient ceux d'un homme désireux de gouverner selon les principes républicains :

> Je suis décidé à poursuivre et à imposer [ma] politique. J'ai maintenant pour y parvenir les moyens nécessaires. Je briserai toutes les résistances, oui toutes ces résistances, vous m'entendez, c'est clair. Déjà plus de mille hommes ont été arrêtés par mes soins [...]. Je continuerai sans faiblesse [...] et je n'aurai aucune considération pour l'âge, les souffrances, les personnes. Vous avez connu un Laval auréolé par la légende parlementaire. C'est un autre Laval qui est aujourd'hui devant vous. Déjà un certain nombre de mesures ont été prises contre les Juifs. Je suis décidé maintenant à épurer l'administration de tous ceux qui sont restés fidèles au Front populaire. Je ne ferai pas surveiller, car cela ne sert à rien, je ferai arrêter, voilà tout. Il faut que le pays opte entre ma politique et le communisme. Aucune entente entre ces deux confessions n'est possible. Vous êtes de ceux qui avez choisi le communisme. Tout nous sépare. Nous ne pouvons plus vivre ensemble. Nous en sommes arrivés à un moment où il ne nous est plus possible de cohabiter dans le même pays *.

Ces propos nous paraissent de nature à mettre un terme à la légende du Laval républicain. C'est que la République n'est caractérisée ni par des

* Compte rendu de la réunion de presse du 13 décembre 1942, « strictement confidentiel », parvenu à Londres le 15 janvier 1943, AN 3AG2 35. L'apostrophe de la fin du texte s'adressait à Alexandre Varenne, correspondant de *La Montagne*, ancien député SFIO du Puy-de-Dôme.

hommes ni par des symboles, mais par un rapport au pouvoir et par l'acceptation de règles du jeu dont Laval s'était progressivement éloigné depuis le milieu des années trente. Les principes qui allaient prévaloir à Alger au printemps 1943 en matière de « rétablissement de la légalité républicaine », construits autour des notions d'égalité civile et de libre expression de la volonté populaire, étaient autrement plus démonstratifs d'une volonté de retour à la République que ne pouvait l'être la sortie de l'ombre d'un préfet ayant fidèlement servi tous les régimes ou l'effacement de la Légion, certes peu populaire, au profit de la Milice, qui allait l'être encore moins.

À LA RECHERCHE DE L'ÉTAT IDÉAL

La fin du rêve pétainiste d'État

L'accaparement par Laval de la quasi-totalité des pouvoirs n'empêchait pas le dernier carré pétainiste de réfléchir à l'organisation future de l'État, le pouvoir constituant restant la prérogative ultime dévolue au maréchal Pétain après novembre 1942. Un projet de Constitution existait, dans les cartons du Conseil national, depuis octobre 1941 : projet fort autoritaire dans lequel, selon les termes de l'auteur qui a le plus étudié ces questions, le suffrage universel se trouvait « réduit à presque rien » car « fortement contenu par la désignation par le pouvoir et par la représentation des élites et des professions[64] ». À l'automne 1943, dans le contexte nouveau né de l'évolution des opérations militaires et de la semi-continuité constitutionnelle admise par les Alliés en Italie après la chute de Mussolini, une commission restreinte animée par Romier et Moysset* fut chargée d'amender les projets précédents. À mesure que le pays s'enfonçait dans une guerre à l'écart de laquelle ils avaient cru pouvoir le laisser, les milieux pétainistes se retranchaient dans un espace éthéré où ils pouvaient réfléchir à une doctrine sociale et construire une Constitution sans subir les assauts du réel : la montagne bourbonnaise, le Mont-Dore, la Bourboule étaient leurs refuges. Alors même que s'accroissait l'irréalité de son pouvoir, le régime ne cessa jamais de penser à la réforme de l'État.

C'est ainsi que, dans son bilan de mars 1943, Lavagne avait placé sa réflexion non seulement sur le terrain doctrinal, mais aussi sur celui de l'organisation constitutionnelle en triant, parmi les multiples créations suscitées par le régime, celles qui lui paraissaient le plus utiles à la France de demain. Sa défiance du parlementarisme étant intacte, il proposait de confier à deux organes administratifs la fonction parlementaire : le Conseil d'État « amélioré et modifié » aurait la charge de « filtrer, améliorer et coordonner tous les textes : lois, décrets, arrêtés et circulaires », tandis que la liaison avec l'opinion

---

* Y participaient également Jardel, l'amiral Fernet, le recteur Gidel et Le Cour Grandmaison, président de la Fédération nationale catholique, voir Michèle Cointet-Labrousse, *Vichy et le fascisme*, *op. cit.*, p. 216.

serait confiée à un « bureau des requêtes, émanation directe du chef de l'État [et travaillant] en liaison étroite avec les commissaires du pouvoir et délégués verticaux ». Les dispositions d'ordre pratique n'était pas négligées, puisque le chef du cabinet civil estimait nécessaire d'une part « que les ministères soient rapprochés, sans être dans le même local : la visite d'un haut fonctionnaire d'un ministère à un autre doit être facile, mais pas trop facile » et d'autre part « que la structure gouvernementale soit organisée d'après la logique, la nature des services, l'intérêt public et non pas pour des questions de personnes (tristes exemples de Laval)[65] ». C'était là, par opposition au « culte des abstractions, des fictions et des mots creux de la démocratie » que stigmatisait la note, se tenir à la conception autoritaire selon laquelle le problème du « circuit de confiance » pourrait trouver une solution administrative. Or, dans le même temps, d'autres n'avaient pas tout à fait renoncé à l'idée de confier à une élite la charge de conduire les masses en général, et les masses administratives en particulier. Une note, sans indication d'origine mais classée dans les papiers du cabinet militaire, traçait ainsi, le 1er août 1942, un sombre bilan de « l'autorité dans l'État nouveau[66] » :

> L'ancienne armature démocratique s'est disloquée. L'État nouveau n'a point encore assis sa structure autoritaire. La masse est passive, mais les minorités politiques et les groupes d'intérêts agissent avec une licence totale : d'où l'arrêt du mouvement de Révolution nationale et un grand découragement chez les meilleurs. [...] L'autorité ne se manifeste pas réellement, son fonctionnement n'est pas réglé ; elle est, faute de sanctions, sans force. Chaque Français détenteur d'une parcelle d'autorité se croit chargé de réformer la France entière. C'est un reste de la formation démocratique où chaque citoyen était appelé à juger de toutes choses. Il en résulte que tous ceux qui occupent un poste de commande s'en servent pour une politique générale, soit de clan soit personnelle, en débordant dans les secteurs voisins et en travaillant en désordre. [...] La masse est mal commandée, le sent et ne suit pas. La faute en incombe donc plus aux chefs qu'aux subordonnés. [...] La justice n'est plus crainte, ni même respectée. Les chefs n'ont aucun pouvoir de répression. De plus, leurs décisions, même techniques, sont inefficaces puisque la démarche et l'intrigue permettent aux habiles de les faire rapporter.

La note ne se contentait pas de ces critiques et esquissait, à titre de remèdes, les grandes lignes de ce que devrait être une « technique de l'autorité » dans un État digne de ce nom :

> Il faut déterminer, d'une façon précise, l'étendue de la responsabilité de chaque chef ou fonctionnaire. [...] Chaque chef responsable devrait avoir pouvoir de décision et de sanction dans le cadre de sa responsabilité propre. [...] Le pouvoir doit être réel, donc permettre une répression. [...] Le chef qui ne fait pas face à ses responsabilités devrait être impitoyablement relevé de ses fonctions et, s'il y a faute, châtié.
>
> Nécessité d'une réforme profonde de la justice :
>
> – les magistrats qui n'accomplissent pas leur tâche dans les délais normaux seraient révoqués ;
>
> – sanctions : beaucoup plus graves et impitoyablement appliquées ;
>
> – tout recours injustifié entraînerait une importante aggravation de la peine ;

> – créer dans toutes les régions un tribunal d'État chargé de juger toute atteinte à l'ordre et à la discipline. Les responsables d'une fonction publique auraient la faculté de citer devant cette instance toute personne coupable d'insubordination à une prescription légale ou réglementaire. Les commissaires du pouvoir auraient là un moyen efficace à leur disposition. [...]
> Quelques fonctionnaires devraient être révoqués pour « insuffisance dans l'exercice de leur autorité » [67].

La question des élites

Face à un tel bilan, on comprend l'insatisfaction profonde de tous ceux qui, prenant pour modèle l'idéal affiché par les États totalitaires, proclamaient que l'on ne pouvait construire l'ordre de demain en s'appuyant sur des hommes d'hier, et que le fait d'avoir loyalement servi l'ancien régime ne qualifiait pas particulièrement pour être promu par le nouveau. La presse collaborationniste était plus amère, jugeant la révolution trahie par des fonctionnaires attentistes, envers lesquels le pouvoir se montrait d'une faiblesse coupable. Il y avait pourtant plus qu'une nuance entre l'analyse du « sabotage » de la Révolution nationale par l'administration qu'on pouvait faire à Vichy et la virulence des dénonciations émanant des milieux collaborationnistes. Pour ces derniers, en effet, le système vichyssois tout entier, jusqu'au plus haut niveau, était responsable de cet état de fait, de sorte qu'il n'y avait pas lieu de critiquer plus le corps des fonctionnaires que l'ensemble d'un régime qui, faiblesse parmi d'autres, ne parvenait pas à se faire obéir de ses troupes. On a déjà évoqué les principaux chevaux de bataille qu'enfourchait le collaborationnisme pour dénoncer l'État tel que le concevait Vichy*: une bureaucratie fourmillante et inefficace, des responsables choisis non pour leur compétence mais au gré d'anciennes amitiés nouées dans les mess ou les carrés, des petits fonctionnaires soumis, faute de salaires décents, à toutes les tentations. Cette défense de certains des agents de l'État n'en allait pas moins de pair avec la critique de « l'esprit fonctionnaire », négation de l'idéal totalitaire et chevaleresque dont les partis de la collaboration se voulaient porteurs, dans la mesure où lui seul pouvait permettre à la France de renaître et de trouver sa place dans la « grande Europe » **. Les tenants d'un ordre résolument nouveau, qui ne cessaient depuis Paris de stigmatiser le conservatisme de Vichy et son refus de s'engager franchement derrière l'Allemagne prirent rapidement pour bête noire l'administration. De même que, exploitant le mythe du bon roi entouré de mauvais ministres, les collaborationnistes n'attaquaient pas officiellement Pétain, réservant leurs flèches à son entourage *** et à ses ministres, critiquer

---

* Voir *supra*, pp. 219-220.

** Voir le florilège constitué par les éditoriaux de Marcel Déat dans *L'Œuvre*, par exemple celui du 11 novembre 1941 où il fustigeait l'idéal du « traitement fixe et de la retraite au bout de vingt ans » auquel conduisait la fonctionnarisation du pays.

*** Dans lequel Déat ne voyait qu'une « clique anonyme, [des] intrigants sans mandat [...], hier bellicistes, aujourd'hui revanchards et anglophiles feignant de suivre le dos rond le sentier rocailleux de la collaboration, [...] voués corps et âme à la réaction, en flirt

l'administration leur permettait à la fois d'atteindre directement le régime et de réclamer une épuration conséquente.

Leur position alla en se durcissant à mesure de l'impopularité du régime : l'attentisme du corps social, sentiment majoritaire dès le second semestre de 1941, leur semblait constituer chez les fonctionnaires une trahison larvée [68]: que Vichy ait maintenu en poste des agents tous présentés comme gaullistes ou francs-maçons symbolisait, pour l'ensemble de la presse collaborationniste, la pusillanimité du régime et son conservatisme. Opposant le besoin d'élites nouvelles à la « religion du parchemin * », les tenants d'une franche régénération de l'État menaçaient le régime d'une véritable faillite s'il ne parvenait pas à se dégager du système méritocratique républicain, qu'il avait l'immense tort d'avoir maintenu en l'état :

> À la France nouvelle, il manque des hommes : c'est tous les jours, par ceux qui occupent un poste important dans l'État, qu'on entend dresser ce procès-verbal de carence. Mais les hommes manquent-ils vraiment ? Se donne-t-on la peine de les chercher ? Sait-on susciter les talents, découvrir les intelligences, employer les caractères ? Il est bien évident qu'à toutes ces questions il faut répondre : non. Tant que l'État ne se sera pas résolu à employer des méthodes nouvelles et hardies pour recruter les hommes dont il a besoin, l'Ordre nouveau restera un serpent de mer et la Révolution nationale un sujet de broderies pour les petites filles des écoles.
>
> On a pu espérer un moment, tout de suite après l'armistice, qu'on allait enfin se libérer des traditions de routine qui régissent le recrutement des fonctionnaires. Cet espoir a été déçu. On a vu rapidement les membres des grands corps de l'État organiser un barrage contre l'intrusion d'éléments nouveaux. Le beau mouvement d'espoir et de confiance de juillet-août 1940 a été capté et détourné de son but. Les mandarins, la première alerte passée – elle ne fut jamais bien sérieuse –, ont pris la contre-offensive et consolidé leurs boulons. On attendait « du nouveau », on a eu du vieux et du classique, on a eu les concours : il est apparu que décidément la France nouvelle ne trouvait pas d'autres moyens de recruter ses élites que celui qu'employait la France d'hier : le concours. Le principal ennemi de la Révolution nationale, le voilà : c'est le concours. Croit-on que c'est dans les écuries du Conseil d'État ou sur les bancs des « Sciences politiques » qu'on recrutera des révolutionnaires ? On doute fort qu'une mythologie révolutionnaire puisse coïncider avec une mystique de la peau d'âne. Il faut que l'État rompe avec cette tradition du concours et montre un peu d'imagination et de hardiesse dans le recrutement de ses fonctionnaires [69].

La question du recrutement des élites ne préoccupait pas seulement les collaborateurs des revues, nombreuses, qui s'interrogeaient sur l'avenir du régime [70]. Pourtant, les arbitrages rendus lors de la préparation du statut des

---

permanent avec les grands intérêts », *L'Œuvre*, 13 octobre 1940, cité dans P. Ory, *La France allemande.*, *op. cit.*, p. 58.

* Que critiquait *La France socialiste*, journal de la collaboration de gauche, en déplorant que le recrutement des chefs de cabinet de préfet fasse à nouveau l'objet de concours ouverts uniquement aux possesseurs de « diplômes universitaires nombreux et variés », *La France socialiste*, 5 février 1942, AN AJ40 540.

fonctionnaires avaient écarté le recours à d'autres formes de recrutement que le concours, alors même que le cabinet civil avait déjà été informé, entre autres par le rapport déjà cité de septembre 1941 sur l'état de l'opinion, de la nécessité de trouver des chefs nouveaux :

> La sélection d'une élite destinée à tenir les fameux « leviers de commande » doit être l'objet de tous les soins du gouvernement. Mais ce choix ne doit plus être limité aux méthodes fonctionnarisées actuelles de recrutement administratif. Il s'agit aujourd'hui de chercher d'urgence, même à titre temporaire, des chefs dans tous les milieux sociaux, c'est-à-dire des hommes d'action, et non des individus assujettis à une fonction. [...] Le salut de la Nation est avant tout dans le choix de ses dirigeants. Il réside dans le choix d'hommes capables d'agir, d'animer, de communiquer par l'exemple leur enthousiasme national aux autres, et ainsi de réussir [71].

Le Comité d'études pour la France lui-même, peu révolutionnaire par essence, était moins exigeant et demandait seulement au gouvernement de faire preuve d'un peu d'audace, dans la mesure où « les hommes dont on a besoin existent souvent dans les rangs de l'administration actuelle, mais dans des fonctions subalternes ou dans des emplois où ils donnent mal leur mesure : le premier devoir des chefs serait de les découvrir et de les mettre en place * ».

Sans doute le régime, particulièrement à partir du nouveau cours qu'il suivit après l'été 1941, jugeait-il insuffisant le service que lui rendaient ses fonctionnaires. Il n'était pas prêt pour autant à diffuser cette « mythologie révolutionnaire » que ses soutiens les plus fougueux appelaient de leurs vœux, mais dans laquelle il craignait de se voir emporté. Soit qu'il estimât être en mesure de dégager seul l'élite administrative dont il avait besoin, soit qu'il se méfiât des diverses orientations prises par les écoles de cadres qui fonctionnaient, avec des finalités idéologiques variées, en zone occupée comme en zone libre, le pouvoir ne concrétisa pas le projet d'école de haute administration qui dormait dans les cartons depuis la tentative avortée de Jean Zay, et aurait pu facilement être mis au goût du jour**. Tout au plus l'école des cadres d'Uriage fut-elle tenue d'accueillir, dans sa promotion « Richelieu » de juillet 1941, une quarantaine de jeunes fonctionnaires, issus pour l'essentiel des ministères de l'Intérieur, des Colonies et des Affaires étrangères, pour un stage de trois semaines dont le cabinet de Pucheu précisait la double finalité, à la fois politique – c'est à cette occasion qu'avait été

---

* « Formation des fonctionnaires et sélection des cadres », étude n° 27, 8 octobre 1941. Le Comité proposait la promulgation « d'un texte législatif permettant d'affecter à d'autres emplois de grade égal ou inférieur tous les agents des services publics, avec jouissance de leur traitement antérieur », préfiguration de la dissociation du grade et de l'emploi, qui sera l'une des principales novations apportées par le statut des fonctionnaires d'octobre 1946. Il convenait en effet, estima le Comité, « d'éviter de semer le découragement dans le corps des fonctionnaires au moment où on envisage sa rénovation ».

** Abel Bonnard s'efforça, en 1944, de relancer le projet, voir *infra*, p. 562.

signalé au ministre que « l'esprit nouveau qui doit animer notre administration [...] ne viendra pas tout seul » – et sociale, à savoir :

> La nécessité de donner à ces jeunes gens avant leur entrée en fonctions un complément de formation sociale. [...] Ce rôle de guide et de conciliateur qui doit constituer, à l'heure actuelle, l'essentiel de la tâche d'un chef d'administration, comment pourraient-ils l'accomplir s'ils ne connaissent dans toute leur complexité les différents rouages sociaux et s'ils ne sont pas aptes à discerner et le cas échéant à maîtriser les réactions de ces « rouages » ? [...] [72].

Ramené à ces objectifs, qui avaient le mérite de la franchise, le stage ne fut pas un succès dans la mesure où « certains stagiaires manifest[èr]ent une réserve critique devant l'esprit de l'École, réagissent avec mollesse, amertume ou ironie, et le moral de la session en est sérieusement affecté. Les mieux disposés des stagiaires volontaires [étaient] sensibles à un climat délétère de flottement et d'incertitude, parcouru de rumeurs invérifiables [73] ». L'expérience ne fut donc pas poursuivie, et l'on en revint au vivier le plus traditionnel et le moins « révolutionnaire » qui soit, l'École libre des sciences politiques, par exemple lorsqu'il s'agit de préparer au concours de chef de cabinet de préfet. Plus que d'élites nouvelles, on se souciait en effet dans les services du ministère de l'Intérieur de créer un corps administratif puissant. Le choix de la rue Saint-Guillaume allait alors de soi, laissant apparaître une claire volonté d'émulation par rapport aux deux prestigieuses préparations qui y étaient organisées en vue des concours de l'inspection des finances et du Conseil d'État.

La reprise en main

Laval ne s'embarrassait guère, en effet, de questions théoriques sur le recrutement de l'administration. Rapidement conscient que son gouvernement était mal accepté de l'opinion, mais aussi de la fonction publique *, il entendit se donner les moyens de se faire obéir, en adoptant, dans le discours et dans les faits, une position dure. Telle que la concevait le chef du gouvernement – dont son collaborateur Coquelin rappela qu'il « ne portait pas en particulière estime l'esprit politique des hauts fonctionnaires [74] » –, l'administration devait être obéissante et ne pas se poser de questions. En contrepartie, Laval était disposé, si elle servait loyalement sa politique, à protéger la fonction publique tant des injustices et des « fantaisies » venues avec la Révolution nationale que des empiétements de la Légion ou des organes adventices nés depuis l'été 1940. Une loi du 21 septembre 1942 donna au

* Pierre Nicolle soulignait dès le 22 avril que l'impopularité de Laval était « de plus en plus marquée, surtout chez les fonctionnaires », ajoutant que, « dans les ministères, les services non encore remplacés font campagne ouverte contre le gouvernement », *op. cit.*, t. I, p. 444.

chef du gouvernement les moyens d'obtenir par la contrainte cette obéissance qu'il attendait de tous les niveaux de la hiérarchie administrative : « Nonobstant toutes dispositions législatives ou réglementaires contraires, disposait le texte, toutes personnes exerçant des fonctions, administratives ou non, de caractère non militaire, conférées par l'autorité publique ou avec son agrément [...] pourront se les voir retirer par décret rendu sur la seule proposition du chef du gouvernement, et sans autres formalités[75]. » Ainsi rédigée, la loi était d'une application très souple, n'impliquant plus – à la différence du relèvement de fonctions – aucun contreseing ministériel ni aucune motivation. Elle couvrait en outre un champ très large, l'imprécision de ses termes permettant de frapper l'ensemble des salariés de l'administration et des organismes parapublics.

Alors que, dans l'esprit de la vice-présidence du Conseil, il n'avait fallu pas moins que l'annonce de la mise en chantier d'un statut des fonctionnaires pour faire accepter par ces derniers la prolongation de la loi du 17 juillet 1940 *, Laval se donnait un an plus tard, au détour d'un texte très bref, l'entier pouvoir disciplinaire sur toute la fonction publique. C'est que « le temps de la séduction des méchants [était] passé », comme il l'expliqua aux élèves de l'école des cadres du Mayet-de-Montagne. Le chef du gouvernement – qui venait de demander aux préfets régionaux d'appliquer avec vigueur leur pouvoir de suspension qu'ils détenaient depuis un an, après leur avoir rappelé qu'il était intolérable que « des fonctionnaires puissent, dans leurs paroles ou leurs attitudes, trahir la mission qui leur a été confiée par le gouvernement[76] » – ne mâcha pas ses mots devant les futurs jeunes chefs :

> Il a évoqué ses luttes quotidiennes de Vichy, la lenteur calculée des bureaux peu sûrs, la résistance de beaucoup de fonctionnaires, dont une franc-maçonnerie sans rites, aussi redoutable que l'autre, cimente la solidarité. Il vient d'annoncer le prochain décret qui lui permettra de révoquer personnellement – ici les applaudissements l'ont interrompu – les serviteurs indignes de l'État nouveau : « Oh ! je ne vous promets pas de faire des hécatombes, mais j'en renverrai plusieurs. J'ai d'ailleurs l'impression que mon décret en maintiendra le plus grand nombre dans la bonne voie **. »

La presse collaborationniste applaudit évidemment à ce texte, estimant, avec *Le Petit Parisien*, qu'il donnait « de quoi faire réfléchir [aux] adversaires de la Révolution nationale et de la construction européenne qui se livrent quotidiennement à la plus sournoise et à la moins dangereuse des oppositions, le sabotage ». L'épuration de l'administration s'imposait, soulignait de son côté *Paris-Soir*, pour qui « nul n'est obligé d'être fonctionnaire, mais quiconque

* Qui n'était d'ailleurs pas abrogée par le nouveau texte.

** Éditorial d'Adrien Bagarry, *France revue de l'État nouveau*, novembre 1942. Le texte commençait ainsi : « Le paysage à travers les baies brille comme un vitrail ; dans cette espèce de couvent laïque s'est installée tout à coup une atmosphère très pure de communauté religieuse. Pierre Laval parle... »

accepte de l'argent de l'État doit le servir honnêtement ou s'en aller[77] ». Ingrand ne disait pas autre chose aux préfets de zone occupée, en décembre 1942, lorsqu'il exigeait d'eux, et de l'ensemble de l'administration, « un effort constant d'union et de discipline, la volonté farouche de servir, en obéissant aveuglément aux ordres du chef du gouvernement », ce qui passait par « un comportement d'un loyalisme et d'une fidélité beaucoup plus rigoureuse *(sic)* que dans le passé[78] ». Ce loyalisme et cette fidélité furent largement mis à l'épreuve à mesure que, le gouvernement s'orientant vers un approfondissement de la collaboration, l'appareil d'État fut pleinement associé aux rafles, à la répression et au STO. La haute administration française, qui avait accepté sans difficulté majeure le choix de la collaboration aussi longtemps que celle-ci semblait porteuse de résultats concrets, allait avoir à faire des choix.

CHAPITRE X

Servir face à l'ennemi ou servir l'ennemi ? Administration et collaboration

Le retour de Laval, en même temps qu'il signait la fin de la Révolution nationale, eut pour conséquence de faire entrer la France, encore plus étroitement que cela n'avait été le cas jusqu'alors, dans la collaboration. Il ne s'agissait certes pas d'une rupture : le pari de la collaboration était un choix premier du régime, dans lequel celui-ci persista avec une vigueur inversement proportionnelle à sa réussite, la délégation française auprès de la commission allemande d'armistice n'ayant pratiquement jamais cessé de se heurter à des exigences allemandes que Montoire n'avait en rien atténuées. Plus tard, malgré le pas très net en direction de la collaboration que constituaient les « protocoles de Paris[1] », Darlan ne vit jamais s'ouvrir la grande négociation politique qu'il attendait du Reich. L'historiographie contemporaine a bien montré, à cet égard, l'aspect très artificiel de la césure jadis posée entre un « Vichy de Pétain », qui aurait été acceptable car pavé de bonnes intentions, et un « Vichy de Laval », entraînant le pays, à son corps défendant, dans l'abjection d'une collaboration sans limites*. L'été 1942 n'en constitue pas moins, pour notre sujet, une réelle rupture. C'est à partir de cette époque que les interrogations de l'administration devant la collaboration commencèrent à se poser avec acuité, face à des questions terriblement concrètes : ce n'étaient plus seulement des stocks d'or ou de matières premières que les autorités françaises devaient fournir, mais des personnes avec la généralisation des rafles de juifs, puis l'instauration du STO. D'où la place consacrée, dans le présent chapitre, à la réorganisation et à la consolidation de l'appareil policier, priorité de Vichy que l'occupant fit également sienne : le maintien de l'ordre fut en effet le terrain par excellence où se joua la collaboration d'État.

* Les travaux d'Eberhard Jäckel et de Jean-Baptiste Duroselle, entre autres, infirment cete thèse jadis défendue par André Siegfried.

Qu'est-ce qu'une administration collaboratrice ?

Encore convient-il de s'entendre sur les mots. Derrière le terme unique de collaboration utilisé, à juste titre, d'un bout à l'autre de la période pour décrire l'attitude du gouvernement français à l'égard de l'occupant se profilent des réalités différentes. Différentes dans le temps, tant l'évolution de la conjoncture militaire et diplomatique faisait rapidement bouger les positions des principaux acteurs, mais différentes dans leur nature aussi. Les formes de collaboration furent en effet diverses, comme en témoigne la multiplicité des motivations qui conduisirent, en France comme dans l'ensemble des pays occupés par l'Allemagne, aux engrenages de la collaboration d'État. Il est donc indispensable, sur un sujet encore passionnel plus de cinquante ans après les faits et à propos duquel les mots continuent à être utilisés comme des armes, d'être précis tant en ce qui concerne les concepts que la chronologie.

Les mots et le temps

Dans sa description de « la France à l'heure allemande [2] », Philippe Burrin analyse les modalités de la collaboration à la française, en distinguant entre raison d'État, accommodement et engagement. Ces trois termes ont vocation à s'appliquer aux formes de collaboration rencontrées dans le monde administratif, mais en prenant garde aux spécificités que, dès juin 1940, la convention d'armistice réservait à la collaboration administrative. Au sens premier du terme, comme on l'a vu, la collaboration de l'appareil d'État avec l'occupant était inévitable, son principe étant clairement posé par l'article 3 de la convention d'armistice. Étymologiquement, l'administration fut donc, par la force d'un texte que l'on pensait alors seulement régi par le droit, la première des institutions françaises collaboratrices. Raison d'État donc que cette prise en compte du principe de réalité que les Mémoires rédigés après coup par de hauts dignitaires du régime présentèrent comme la seule solution permettant, en juin 1940, de maintenir le pays. En outre, comme l'affirmèrent ceux qui furent jugés après la Libération, le devoir d'obéissance au gouvernement légal du maréchal Pétain, ne se conjuguait-il pas à l'obligation de continuer à gérer le pays pour s'accommoder de la collaboration, présentée comme le moins mauvais moyen de protéger les intérêts nationaux ?

Il est effectivement souvent délicat de définir la limite à partir de laquelle le « travail en commun [3] » que l'administration devait à la puissance occupante s'est mué en choix politique. Comme le prouve le caractère fluctuant de la jurisprudence des tribunaux ayant eu à connaître, après guerre, de ces questions, la tâche n'est pas simple en raison des ambiguïtés et des variantes qui se cachent derrière le même mot. Depuis près de trente ans maintenant, l'historiographie s'accorde toutefois sur la distinction essentielle entre collaboration d'État, qui conduisait à mener des négociations avec l'Allemagne afin d'essayer d'assouplir les contraintes nées de l'occupation, et collaborationnisme, « volonté avouée de coopérer avec le régime allemand et de l'imiter [4] ». Les choses se compliquent néanmoins, comme le souligne Stanley Hoffmann, dans la mesure où une analyse plus fine permet de distinguer, au sein de la collaboration d'État, entre collaboration involontaire et collaboration volontaire. La première, à laquelle « même le plus farouchement attentiste ou anti-allemand des régimes vichystes possibles eût été contraint de se soumettre de temps à autre, compte tenu de l'occupation partielle de la France et de la masse considérable de prisonniers de guerre français [détenus] comme otages », pouvait être le fait d'hommes sincèrement patriotes, auxquels le modèle nazi faisait horreur, et qui se retrouvèrent placés dans une situation douloureuse que décrit ainsi le même auteur :

> L'existence même du régime suffisait à transformer tout ce qui, dans les autres pays d'Europe, aurait été purement et simplement un phénomène de domination et un effet de la conquête en ce que l'on pourrait appeler la collaboration d'État. [...] Le souci majeur du régime de protéger ce qu'il avait sauvé (l'Empire, la flotte et la France de Vichy) – c'est-à-dire la marge séparant une indépendance limitée de la polonisation – facilitait la tâche de l'Allemagne et aggravait la tendance à une telle collaboration. [...] Vichy était dans une situation « objectivement » collaboratrice, même si certains vichystes pris individuellement [...] méritent d'être appelés « subjectivement » anticollaborateurs.

La seconde, au contraire, devançait les exigences du vainqueur ou les accueillait avec compréhension, puis attachait une réelle importance et mettait parfois un point d'honneur à ce que les mesures ainsi déterminées soient scrupuleusement appliquées. On peut encore suivre S. Hoffmann dans la description de l'état d'esprit de ceux qui la pratiquèrent de bonne foi :

> Si le fait de céder aux exigences ennemies pouvait être justifié par la nécessité de sauvegarder les derniers domaines et de protéger les otages, il était possible de prétendre que le fait d'anticiper sur certaines au moins de ces exigences ou d'adopter une attitude de « compréhension » à l'égard des impératifs économiques et militaires allemands était une façon d'éviter diverses pressions dangereuses, d'agrandir son domaine, d'améliorer le sort des prisonniers ou de la Nation. De nombreux vichyssois, que l'on peut difficilement accuser de sympathies pronazies, et qui avaient la conviction que leur politique servait strictement les intérêts de la France, furent amenés à pratiquer une collaboration volontaire dans la perspective d'une victoire de l'Allemagne[5].

L'analyse récemment proposée par Philippe Burrin permet de tracer la frontière, parfois ténue, entre cette politique d'accommodement prise, au nom de la raison d'État, au piège de sa propre logique et la volonté d'engagement qui conduisit au collaborationnisme. Ce dernier ne se limitait toutefois pas aux milieux parisiens auxquels on le réduit parfois, en les présentant comme d'autant plus virulents en paroles qu'ils n'auraient eu aucune influence directe dans l'État. Au contraire, comme le montrent l'exemple d'un Bonnard et celui d'un Benoist-Méchin, les frontières étaient souvent perméables entre la frange pro-allemande de Vichy et la collaboration parisienne. Une différence n'en existe pas moins entre ceux qui entendaient profiter du parapluie allemand pour imposer à la France une forme de révolution – certes « nationale » – apparaissant comme une synthèse française des tendances antilibérales, antidémocratiques et anticapitalistes et ceux qui recherchaient outre-Rhin un modèle social et politique. Le lien, complexe et évolutif, entre choix de politique intérieure et position par rapport à la collaboration rend excessivement réducteur un débat qui se polariserait autour du « Tous collabos ! » qui, dans l'air du temps, a pu succéder au « Tous résistants ! » dont le général De Gaulle avait réussi un temps à étiqueter les Français. Il convient en conséquence d'être précis dans la chronologie, et de ne pas évoquer tel phénomène de collaboration sans préciser comment il se situe par rapport à la dérive permanente que constituèrent les quatre années du régime. On ne saurait en effet minimiser la dynamique propre du processus qui conduisit de l'adhésion, enthousiaste ou résignée, des élites au programme de redressement national de l'été 1940 jusqu'à l'abandon final du régime par l'ensemble de ses serviteurs quatre ans plus tard – processus au demeurant symétrique de celui qui vit les forces appuyant De Gaulle passer de quelques « hommes partis de rien » à la quasi-totalité de la France institutionnelle [6]. Sauf à se satisfaire des amalgames justificateurs des uns* et accusateurs des autres**, qui, pour avoir été utilisés avec une remarquable habileté devant les tribunaux de l'épuration, n'en restent pas moins sources de confusion mentale et de brouillage historique.

Quelques exemples permettent d'illustrer ces propos, tel celui de Jérôme Carcopino, maître incontesté de l'histoire romaine et membre de l'Académie des inscriptions et belles-lettres. Recteur de Paris après le renvoi de Gustave Roussy, intervenu à la suite des manifestations étudiantes du 11 novembre 1940, il devint secrétaire d'État à l'Éducation nationale et à la Jeunesse en février 1941, poste qu'il occupa jusqu'au retour de Laval. Pendant quatorze mois, en maréchaliste convaincu, cet homme d'ordre veilla à l'application des lois fondatrices de la Révolution nationale – on pense notamment aux textes excluant juifs et francs-maçons des fonctions publiques – tout en attachant son nom à une réforme qui, le 15 août 1941, réorganisa l'enseignement scolaire. Sans conteste patriote et fort peu germanophile, il réagit au durcissement du régime en s'efforçant, depuis son poste de directeur de l'École normale supérieure retrouvé en avril 1942, de faire échapper ses ouailles au STO [7]. Ce combat contre la « déportation » valut à son auteur – membre éminent du gouvernement « objectivement collaborateur » de Darlan, pour reprendre les termes de S. Hoffmann – un non-lieu à la Libération. De même trouvait-on, parmi les préfets en délicatesse avec le régime et les Allemands en 1944, de

---

* La collection des *Écrits de Paris*, revue où écrivaient après guerre (et où continuent à écrire) les pétainistes nostalgiques, constitue une source abondante de variations sur le thème du Maréchal-bouclier.

** Sur ces procès qui n'en finissent pas de finir, voir l'ouvrage d'Éric Conan et Henry Rousso, *Vichy, un passé qui ne passe pas*, Fayard, 1994, ouvrage dont les chapitres portent des titres révélateurs tels que « La mémoire dans tous ses états », « L'avenir d'une obsession » ou « Une génération juge l'autre ».

loyaux serviteurs de la Révolution nationale. La césure principale est, à cet égard, constituée par les événements de novembre 1942 : tandis que certains, chez qui le sentiment patriotique devant le spectacle du pays totalement occupé l'emporta sur la fidélité au régime ou à son chef, parvenaient à se dégager de leurs choix originels à mesure que leur apparaissait l'inégalité fondamentale du marché passé avec l'Allemagne, d'autres s'enfonçaient au contraire dans la collaboration alors que celle-ci, selon le service des contrôles techniques, provoquait « un raidissement chez la plupart des correspondants, [qui] ont tendance à considérer comme définitive la faillite de cette politique [8] ». La prise en compte du facteur temps permet ainsi de mieux appréhender le parcours intérieur – souvent reconstruit après guerre pour les besoins de la cause mais non sans qu'y subsiste en général au moins une parcelle de vérité – de ces collaborateurs malgré eux, qui auraient pu faire leur la phrase assassine de Carcopino lors de l'instruction du second procès Bonnard : « À Vichy, j'ai cherché à protéger les Français contre les Allemands. Bonnard, pour son malheur, s'est persuadé qu'il protégeait les Français en suivant les Allemands *. »

Des motivations diverses

Sans reprendre ici les développements éclairants de Stanley Hoffmann, de Robert Paxton ou de Philippe Burrin, on peut rappeler quelques mécanismes explicatifs des diverses formes de collaboration administrative. Nous en avons repéré cinq principaux, savoir, du plus symbolique au plus matériel : la fascination pour le modèle nazi, l'influence du jeu politique intérieur, la quête de souveraineté, l'ambition professionnelle, la recherche de l'intérêt personnel enfin. À l'exception de ce dernier enjeu qui transcende les positions de carrière, on peut estimer, en première analyse, que la fréquence de ces mécanismes décroît avec le rang tenu dans la hiérarchie : la fascination est plus le fait de ministres ou quasi-ministres, l'argument politique joue sur ces derniers mais aussi sur les plus hauts fonctionnaires de l'appareil d'État (préfets, directeurs de ministère), le maintien de la souveraineté française est recherché par tous ceux qui estiment en détenir une parcelle, le désir d'exécuter sa tâche avec dévouement et sérieux enfin fait partie du bagage mental de tout fonctionnaire qui se veut digne de ce nom.

Il existait sans conteste, dans la pensée politique d'avant guerre, une forte attraction pour les solutions mises en œuvre par les régimes dictatoriaux [9]. Les amoureux de l'ordre, chez qui l'intérêt devant l'audace et la vigueur des

---

* Déposition du 24 février 1959, AN 3W 82. Cette citation illustre aussi l'un des arguments mis en avant par des hommes qui purent, compte tenu de la dérive permanente du régime, présenter leur action sous un jour positif, en apparaissant comme le « bon objet » des psychanalystes par opposition au « mauvais objet » que pouvait être leur successeur (c'est clairement le cas de Bonnard par rapport à Carcopino, mais aussi celui de Guérard par rapport à Jardel, et à la limite celui de Darnand par rapport à Bousquet), leur supérieur hiérarchique (de Brinon par rapport à Ingrand), voire leur adjoint en titre (Pélorson par rapport à Lamirand au secrétariat général à la Jeunesse).

réponses salazaristes, fascistes et nazies à la crise s'était mué en émerveillement, se retrouvèrent aux côtés du nouveau régime français, dont ils approuvèrent l'orientation collaboratrice. Ils ne constituèrent pourtant pas les plus sûrs appuis de Vichy : si une faible minorité d'entre eux rejoignit la France libre ou la Résistance [10], beaucoup choisirent les rangs du collaborationnisme, en estimant insupportable l'attentisme vichyssois, symbolisé à leurs yeux par le refus du gouvernement Darlan d'adopter les protocoles de Paris, ou par celui du gouvernement Laval de déclarer la guerre aux Anglo-Saxons au lendemain du débarquement en Afrique du Nord. Pour n'être évidemment pas majoritaires dans les gouvernements de l'État français, de tels profils n'en étaient pas totalement absents, par exemple avec des personnalités comme Benoist-Méchin ou Bonnard, déjà cités. S'en rapprochaient des hommes suffisamment influencés par les fondements idéologiques du nazisme pour en adopter les grandes lignes, qu'il s'agisse du racisme antisémite avec Darquier de Pellepoix ou du totalitarisme porté par le parti unique qui tentait Pucheu.

La fascination pouvait également être moins globale, passant du terrain de l'idéologie à celui de la technique. Les « réalistes », émerveillés par la puissance économique, industrielle et militaire du Reich, estimaient de leur devoir de faciliter l'insertion de la France dans un nouveau système continental, où le premier rôle serait évidemment joué par une Allemagne devenue maîtresse de l'Europe. C'est Bichelonne, ce « super-major-de-Polytechnique-qui-y-avait-obtenu-plus-de-points-qu'Arago », qui incarne le mieux les illusions persistantes de ce groupe de collaborateurs par amour des projets rondement menés. D'abord secrétaire général de la Production industrielle, puis titulaire du portefeuille ministériel correspondant à partir d'avril 1942 *, il fut associé à la plupart des grandes négociations industrielles franco-allemandes, avant de devenir en 1943 le principal interlocuteur de Speer dans la mise en œuvre des *S-Betriebe*, qui permettaient aux ouvriers travaillant en France dans des usines entièrement dédiées à l'effort de guerre allemand d'échapper au STO. Un des ses anciens collaborateurs, Guy Sabin, trace, dans un ouvrage qui se veut témoignage à décharge, un portrait de Bichelonne qui se révèle, au final, peu flatteur. Ce pur technicien apparaît en effet doté d'un esprit de géométrie inversement proportionnel à son sens politique :

> Chez lui, la mécanique des idées était pain quotidien, et malheureusement les idées primaient souvent sur les sentiments de tous ordres. [...] Pour lui, la logique est le seul mode de raisonnement ; aussi tout état de mouvance ou de

* Sa nomination, annoncée lors de la formation du gouvernement présidé par Laval, ne fut officialisée que le 17 août suivant. L'ingénieur Robert Gibrat ayant abandonné, après les événements d'Afrique du Nord, son poste de secrétaire d'État aux Communications, Bichelonne, qui accéda alors au titre de ministre, cumula ce portefeuille avec celui de la Production industrielle à partir du 18 novembre 1942. Il assura même l'intérim du ministère du Travail après la démission d'Hubert Lagardelle, le 21 novembre 1943, et ce jusqu'à la nomination de Marcel Déat, le 16 mars suivant – donc en pleine période d'application du STO.

> flou le dérange et quelquefois lui échappe, car il ne peut en saisir les tenants et les aboutissants. [...] Ses attitudes vis-à-vis de certains événements délicats montraient une candeur découlant de sa grande honnêteté personnelle et d'une parfaite loyauté, qui n'était pas de mise face à la duplicité allemande*.

Tous ces hommes avaient au moins en commun le ciment de l'anticommunisme. Le combat politique d'avant guerre, pour ceux qui avaient tâté d'un engagement dans les partis d'extrême droite, le PPF notamment, comme l'aboutissement des conceptions techniciennes pour ceux qui préféraient l'ambiance des cercles à celle des meetings, les avaient en effet confortés dans l'idée du danger politique et social que constituait le bolchevisme, devenu également l'ennemi privilégié de l'Allemagne après juin 1941. Il y eut aussi une collaboration fondée sur un calcul de politique intérieure : le gouvernement français, plus encore sous Laval que sous Darlan, s'attacha à ne pas se laisser dépasser par la collaboration parisienne. À intervalles réguliers en 1943, le *Journal* de Pierre Nicolle évoquait ainsi l'hypothèse d'un nouveau gouvernement, dont les collaborationnistes parisiens, Déat, Doriot – quand il n'était pas sur le front de l'Est – Bucard même, tiendraient les rênes, la plus sérieuse menace pour Laval résidant en de Brinon. Menace qui restait toutefois virtuelle, constituant plus un atout dans la main d'Abetz qu'une alternative sérieusement envisagée à Berlin, où l'on mesurait aussi bien les dangers de l'activisme brouillon de Doriot que l'absence de charisme de Déat. En outre, les autorités d'occupation, n'ayant pas changé de point de vue depuis l'été 1940, restaient persuadées que l'existence d'un gouvernement français présentant les apparences de la légitimité, et donc en mesure de faire accepter par la population des décisions impopulaires, constituait la borne ultime au-delà de laquelle ils ne devaient pas s'aventurer. À cet égard, Pétain, dont la popularité n'était pas totalement éteinte, restait le meilleur chef d'État possible pour la France. Les groupes collaborationnistes étaient toutefois utiles aux Allemands comme moyen de pression sur le gouvernement français : pression d'abord verbale, quoique désordonnée, la plupart des groupes et groupuscules parisiens mettant autant d'énergie à s'excommunier mutuellement qu'à prôner le renforcement des liens franco-allemands. Mais, notamment à partir de 1943, les militants de ces partis reçurent des autorités allemandes des autorisations de port d'armes. Bousquet s'en plaignit le 21 septembre 1943 au

* *Jean Bichelonne 1904-1944*, France-Empire, 1991. L'ensemble de l'ouvrage étant de la même eau, on se reportera plutôt, pour analyser le comportement d'un homme dans lequel François Bloch-Lainé voyait un cas plus intéressant que celui de Bousquet (entretien avec l'auteur, 16 février 1994), aux travaux déjà cités de Richard Kuisel et de Michel Margairaz – à moins que l'on ne préfère suivre Pierre Nicolle, qui avait bien entendu un autre type d'explication : il rapporte ainsi, le 11 mars 1943, que « l'on va jusqu'à prétendre que le jeune polytechnicien envisagerait froidement la présidence du Conseil. La synarchie apparaît plus forte que jamais ; les ambitions de Bichelonne sont-elles épaulées par les puissants du capitalisme international ? », *op. cit.*, t. II, p. 126.

général SS Oberg – qui avait été chargé en mai 1942 * par Himmler de centraliser et reprendre en main le dispositif de maintien de l'ordre en France – en demandant s'il s'agissait « d'autorisations exceptionnelles et limitées, ou d'une décision d'ordre général entraînant le principe de l'armement de certaines formations de ces partis [11] »; des incidents venaient en effet d'opposer, dans plusieurs villes dont Paris, les militants de plusieurs de ces partis à la police. Oberg, dans sa réponse du 18 octobre, fut muet sur ce point mais eut l'occasion, quelques semaines plus tard, de faire connaître sa position en évoquant d'autres incidents survenus à Paris entre policiers et membres de la LVF :

> Les partis autorisés en territoire occupé avec l'accord des autorités allemandes, qui se mettent en avant pour une collaboration avec l'Allemagne, sont évidemment sous la protection des autorités allemandes d'occupation pour autant qu'ils sont attaqués par des personnes germanophobes et qui, en même temps, doivent être considérés comme des adversaires du gouvernement français [12].

Bousquet, en s'opposant aux prétentions des officines collaborationnistes de participer au maintien de l'ordre tel qu'elles le concevaient, avait le sentiment de préserver la souveraineté nationale, que seule l'administration avait vocation à incarner. Selon le niveau auquel chacun, dans son for intérieur, plaçait le seuil au-delà duquel l'indépendance de la France devenait un leurre, les dérives de la collaboration étaient plus ou moins douloureuses, et justifiaient que l'on intervînt, de son poste, pour en empêcher la poursuite. D'où la multiplication de guerres internes – l'une des plus notoires opposant du Moulin de Labarthète à Pucheu – au sein d'un régime qui n'avait pas clairement tracé les limites de sa souveraineté. Tous ou presque, à Vichy, entendaient « maintenir la France », mais peu étaient d'accord sur les moyens d'y parvenir. Il existait aussi un enjeu plus quotidien de défense de la souveraineté nationale, déjà brièvement évoqué au début de cet ouvrage. Dans l'impossibilité de gérer directement le pays, et même de le connaître suffisamment pour être en mesure de censurer efficacement les actes administratifs courants, les autorités d'occupation passèrent un pacte tacite avec l'administration française, forme de jeu à somme nulle où aucun des partenaires ne perdait la face, chacun ayant au contraire intérêt à créer les conditions d'une collaboration harmonieuse en raison de l'étroitesse des marges de manœuvre réciproques. C'était évident pour le côté français, dont les décisions étaient susceptibles d'une double censure : en zone occupée, les autorités d'occupation avaient toujours la possibilité – en théorie limitée aux nécessités de sécurité des troupes, mais

* Il ne prit officiellement ses fonctions que le 1er juin, comme le fit savoir Ingrand aux préfets de zone occupée, en leur transmettant, le 16 de ce même mois, la lettre adressée le 28 mai par le MBF à la DGTO pour l'informer que « le commandant supérieur des SS et de la police exercera désormais les pouvoirs de la puissance occupante dans tous les domaines relevant de la police », AN F7 14907. Sur la nouvelle organisation de l'administration allemande en France découlant de cette nomination, voir E. Jäckel, *op. cit.*, pp. 280-283.

en fait quasi illimitée – de prendre leurs propres ordonnances. Plus grave, la publication des textes au *Journal officiel* pouvait être empêchée par l'administration militaire allemande, atteinte grave portée à la souveraineté de Vichy, y compris en zone libre. Du côté allemand, surtout à mesure que le besoin de renforts sur le front de l'Est dégarnissait les effectifs stationnés dans les pays occupés, il était indispensable de faire appel à la connaissance des réalités et à la compétence de l'administration française. Il convenait donc de préserver les conditions d'un travail en commun satisfaisant, en s'interdisant de porter des atteintes trop voyantes aux apparences d'indépendance qu'affichait l'administration française, atteintes qui lui auraient ôté toute crédibilité future *: d'où l'accord sur le maintien, au profit des autorités françaises, d'un minimum de souveraineté formelle, dont l'utilisation se coula de manière presque idéale dans ce qu'en attendait l'occupant **.

Voyant ainsi leur place reconnue, les autorités françaises eurent à cœur de prouver qu'elles étaient dignes de la confiance de l'occupant. On a déjà eu l'occasion de mettre en lumière le professionnalisme et la rapidité avec lesquels la fonction publique assimila les priorités de l'État français et mit toute sa compétence au service de projets nouveaux. Il pouvait s'agir de la mise en œuvre de théories auxquelles il avait été pensé avant la guerre, mais aussi de projets plus radicalement neufs, imposés par les choix intérieurs ou extérieurs du régime. On était alors très près, dès lors que ces projets étaient susceptibles d'intéresser l'occupant, de la « construction de ponts sur la rivière Kwaï », expression qu'utilisait François Bloch-Lainé pour évoquer les premières ambitions de l'État français en matière économique :

> À la fin d'août 1940, je rentre à Paris et vais rue de Grenelle au ministère de la Production industrielle. Là, on m'embauche et on me met à la disposition de Bichelonne, qui immédiatement me propose un travail qui me séduit. Il s'agissait de faire un grand inventaire de l'industrie française, par questionnaires envoyés aux chefs d'entreprises, afin d'avoir enfin des statistiques fiables. Or, dans les années précédant la guerre, j'avais [...] déploré l'insuffisance de notre appareil statistique. Je me mets donc à préparer le questionnaire, je l'apporte à Bichelonne et lui dis que ce qui me préoccupe c'est que je ne vois pas comment nous allons arriver à réaliser tout cela sans que les Allemands le sachent. Bichelonne me répond aussitôt : « Que voulez-vous dire ? Nous faisons ce travail à la fois pour les autorités d'occupation et pour nous-mêmes. » Je suis allé très vite demander refuge à la direction de la comptabilité publique, où l'on ne faisait rien qui intéressât les occupants directement[13].

Cet exemple, à la suite duquel l'auteur indique que « bien des personnages ont traversé cette époque en voulant être actifs et ont péché par excès de zèle

* Bousquet mettait souvent cet argument en avant pour demander que les personnes arrêtées par la police française soient jugées par des tribunaux français.

** Ce que résumait en ces termes Stanley Hoffmann : « La collaboration d'État faisait le jeu des Allemands en leur épargnant la charge de régenter la France directement ou d'avoir à laisser les petites cliques de collaborationnistes mettre le gâchis partout », *op. cit.*, p. 65.

au mauvais moment », souligne combien il pouvait être difficile, dans certaines situations délicates, de garder la lucidité permettant de faire le départ entre servir face à l'ennemi et servir l'ennemi, et donc de déterminer où commençait la collaboration [14]. Celle-ci ne se ramène en effet que rarement aux cas de figure idéal-typiques de la participation directe à l'effort de guerre de l'occupant ou au maintien de l'ordre pour son compte, les collaborateurs ne s'étant pas exclusivement recrutés dans les rangs de la LVF ou de la Milice [15]. On pouvait aussi collaborer par ambition professionnelle ou par esprit de corps, susceptible de se dégrader en exaltation des particularismes administratifs et en conflits bureaucratiques. S'ils permirent parfois à certaines des victimes désignées de passer à travers les mailles de tel ou tel filet, ces conflits eurent le plus souvent pour conséquence de rigidifier l'approche des nouvelles questions. En deçà des ambitions de service, on retrouve enfin à l'œuvre des stratégies individuelles, animées par le puissant moteur de l'intérêt personnel. Il ne s'agit sans doute qu'exceptionnellement de gratifications financières directes *, mais bien plutôt d'un carriérisme qui ne s'embarrassait pas de détours : dans la mesure où l'occupant contrôlait les nominations importantes, il convenait de ne pas lui déplaire trop. L'exemple de Bousquet est significatif : nommé secrétaire général pour la police à l'issue d'une carrière préfectorale sensiblement accélérée par Vichy, il était possédé d'une très forte ambition pour la police et pour lui-même, qui le conduisit jusqu'au bout de la collaboration policière **. Son prédécesseur dans ces fonctions, Joseph Rivalland, s'était posé des limites moins ambitieuses : il se vit ainsi relever de ses fonctions de préfet régional de Marseille en janvier 1943 parce que, à en croire Pierre Limagne, aux Allemands qui lui demandaient une liste d'otages à la suite d'attentats intervenus dans cette ville, il avait fourni une liste comportant un seul nom, le sien ***.

Les engrenages

La demande allemande de désignation d'otages constituait effectivement l'un des dilemmes les plus graves qu'aient eu à résoudre les fonctionnaires d'autorité de Vichy. Encore se trouvait-on là sur un terrain dramatique où se posaient ces « douloureux conflits de conscience » qu'évoquait Joseph Barthélemy à propos de la création des sections spéciales [16] : fallait-il mettre le doigt, au nom du moindre mal, dans l'engrenage de la répression aveugle ou laisser les Allemands prendre la seule responsabilité des exécutions ? Tout en restant théoriquement maître de ses choix, le régime, en posant la collaboration d'État en principe, se trouvait entraîné vers la complicité avec l'occupant,

* Qu'il ne faut toutefois pas exclure totalement, comme en témoigne le cas de De Brinon.

** Voir *infra*, pp. 388 *sq.*

*** *Op. cit.*, p. 991. Un décret du 15 avril 1943 (*Journal officiel* du 22 avril 1943) nomma Rivalland conseiller-maître à la Cour des comptes, au sein de laquelle il poursuivit après guerre une brillante carrière, jusqu'aux fonctions de président de chambre.

complicité dont l'exemple le plus douloureux reste l'implication de la police française dans les rafles de l'été 1942. Moins tragique, un autre exemple éclaire les engrenages et les impasses découlant du choix de la collaboration comme ossature des relations franco-allemandes : en octobre 1943, des hauts fonctionnaires en poste dans les services du STO continuaient à justifier par la raison d'État l'argument, né du contexte de l'été 1940, selon lequel un arrangement était indispensable avec une Allemagne qui, le choc psychologique de la défaite aidant, semblait pour longtemps maîtresse des destinées du continent européen. Alors que la situation militaire avait considérablement évolué depuis leur entrée en collaboration, ces hommes refusaient de reconnaître qu'ils s'étaient fourvoyés*. L'aveuglement né de l'orgueil technique de l'expert était ici le moteur faisant passer de tels hommes du « réalisme » de la collaboration technique, que pouvait justifier le besoin de reconstruire le pays après les ravages de la guerre, à l'engagement derrière l'Allemagne : Bichelonne en était l'archétype.

Il est d'autres situations où les pouvoirs publics, sans y être contraints, donnèrent beaucoup. En témoigne la place faite progressivement dans l'État à la Légion des volontaires français contre le bolchevisme. L'initiative ne vint pas des pouvoirs publics, mais des groupements collaborationnistes qui, à l'annonce de l'entrée des troupes allemandes en URSS, entendirent apporter leur soutien à la grande croisade européenne qui s'amorçait. La première prise d'armes eut lieu le 27 août 1941 à Versailles, en présence de la fine fleur de la collaboration parisienne – dont Laval et Déat, qui furent blessés dans un attentat**. Il fallut rapidement décider de la position administrative dans laquelle seraient placés les agents des services publics adhérant à la LVF. Saisi tant par le préfet de police, soumis à plusieurs cas émanant de la police parisienne, que par le préfet de Seine-et-Oise qui se demandait quel sort réserver à un employé de la ville de Versailles « venant de s'enrôler parmi les

* « Aujourd'hui encore, la plupart de ces gens n'ont rien compris à la situation, et vont jusqu'à dire que les Alliés ne peuvent battre l'Allemagne par les armes, et qu'il appartient à la France de lui apporter au maximum une aide économique qui nous permettra de figurer en bonne place aux côtés de l'Allemagne aux négociations internationales qu'ils prétendent déjà engagées à l'insu et au détriment du Comité d'Alger », note reçue par le BCRA, 25 octobre 1943, AN 3AG2 325.

** Le préfet de Seine-et-Oise ne cherchait pas à dorer la réalité dans le tableau qu'il retraça de la manifestation : « Les légionnaires ont produit une pénible impression par leur tenue débraillée, leur attitude misérable, négligée, leur mine patibulaire. Ils sont arrivés avec leur femme et leurs enfants, sans argent, dans la misère. Le plus grand nombre d'entre eux arbore de nombreuses décorations militaires de la guerre 1914-1918. » Le préfet poursuivait en indiquant que cette future troupe d'élite, qui semblait tout droit sortie d'un asile de nuit ou d'un roman de Céline, « ne désire aucunement aller se battre. On leur a dit qu'on les recrutait pour renforcer la police parisienne ». Évoquant l'attentat qui visait Déat et Laval, il souligna que « l'opinion publique n'exprime aucun regret à l'égard des blessés. [...] On ne plaint pas les victimes ; au contraire, elles restent honnies de la population en raison de leur position en faveur de la collaboration poussée à l'extrême », 1er septembre 1941, AN 2AG 28.

volontaires de la Légion française *(sic)*», Ingrand sollicita des instructions de Vichy, estimant que cette importante question de gouvernement devait être soumise au Maréchal lui-même [17]. En termes purement administratifs, trois attitudes étaient envisageables: la plus favorable aux nouveaux croisés eût été que les administrations publiques fussent tenues de conserver leur poste vacant et de leur verser intégralement leur traitement: la presse et la radio de Paris, tenues par les collaborationnistes et contrôlées par les Allemands, ayant annoncé que tel serait le cas, le préfet de Seine-et-Oise demanda confirmation à Ingrand [18]. Mais ce dernier avait d'autres schémas en tête, envisageant soit de placer les volontaires pour le front de l'Est en position de congé sans solde, soit de les rayer purement et simplement des cadres [19]. Demange, directeur du cabinet, choisit une position d'autant plus prudente qu'elle resta secrète: après avoir réfléchi pendant sept semaines, il trancha en faveur de la disponibilité sans traitement, position équivalente à celle du congé sans solde, tout en indiquant qu'aucune circulaire ne viendrait officialiser une décision qui n'était certes pas de nature à encourager les départs [20]. Après avril 1942, la LVF allait quitter, en deux temps, cette semi-clandestinité tolérée pour devenir un rouage quasi officiel de l'État. Laval chercha en effet, en juillet 1942, à la sortir de l'orbite purement collaborationniste en l'élargissant en Légion tricolore, qui recevait un patronage officiel, son comité d'honneur étant présidé par le chef du gouvernement lui-même * et son comité central par un membre du gouvernement, Benoist-Méchin. La participation active des représentants de l'État au succès du nouvel organisme était même requise, comme l'explicitait la circulaire annonçant sa création:

> C'est avec l'approbation du gouvernement que la Légion des volontaires français contre le bolchevisme est transformée en «Légion tricolore», faisant appel à tous les volontaires qui voudraient servir là où l'intérêt national pourrait être en jeu. Vous traduirez sur le plan régional et départemental le patronage [du gouvernement] en donnant votre appui aux organismes qui [...] assurent le recrutement des volontaires et s'intéressent à leur famille. [...] Vous encouragerez les fonctionnaires civils qui manifesteraient leur désir de s'engager comme volontaires **.

Afin que ces dernières instructions ne restent pas lettre morte, la loi du 18 juillet 1942, complétée par un arrêté interministériel du 16 septembre suivant [21], assimilait les membres de la Légion tricolore aux militaires en posant notamment le principe de la garantie de la rémunération de ses membres par l'État. Après diverses péripéties, dont la moins significative ne fut pas le désintérêt total d'Hitler pour le nouvel organisme [22], la Légion tricolore fut

* Et, dans une première mouture du projet, par Darlan. Le nom de celui-ci, annoncé par une circulaire du 7 juillet, disparut quelques jours plus tard dans une circulaire rectificative.

** Circulaire du 7 juillet 1942, AN F1a 3680. L'impression d'un timbre-poste fut également programmée, mais les délais de fabrication furent tels que la vignette ne put être émise avant le 12 octobre, date à laquelle la Légion tricolore battait déjà largement de l'aile.

dissoute, permettant à la LVF de renaître de ses cendres à la fin de 1942. Par un phénomène de droits acquis, l'État ne put lui refuser ce qu'il avait accordé à celle qui l'avait précédée, de sorte qu'une loi du 11 février 1943[23] reconnaissait d'utilité publique la LVF, jusque-là groupement de fait, et lui accordait tous les avantages précédemment dévolus à la Légion tricolore. Le nouvel organisme prenait ainsi toute sa place dans l'État, puisque son secrétaire général était désigné par le chef du gouvernement et que des dispositions fortement dérogatoires au droit commun étaient prévues en sa faveur *. Dans les semaines qui suivirent, quelques ministères tirèrent les conclusions de cette officialisation en prenant des textes réglant la situation administrative de ceux de leurs fonctionnaires qui avaient préféré le front de l'Est à leur poste administratif. Au premier rang d'entre eux, on trouvait bien entendu Bonnard, qui signa le 22 juillet 1943[24] un arrêté précisant que « le temps passé dans les rangs de la Légion des volontaires français contre le bolchevisme [serait] valable pour l'avancement, tant de grade que de classe, et pour la retraite ». Sauf à imaginer, solution vers laquelle on n'osa se diriger, des promotions accélérées pour les fonctionnaires membres de la LVF, il n'était pas possible de concevoir une situation plus favorable pour des agents qui, comme le rappela plus tard Oberg à Bousquet, devaient « être considérés comme des membres de l'armée allemande, soldats qui en vertu d'une loi française ont été autorisés à apporter une contribution française à la lutte contre le bolchevisme[25] ».

Police et collaboration : la construction d'un État policier

Mais c'est en matière de police que les engrenages se mirent en œuvre de la manière à la fois la plus efficace et la plus significative. Si, page la plus noire de leur histoire sous l'Occupation, c'est la participation des forces françaises de maintien de l'ordre aux rafles de l'été 1942 qui vient immédiatement à l'esprit lorsqu'on évoque la collaboration policière, l'étude des réformes voulues et appliquées par Vichy en matière d'organisation de la police souligne, très clairement, la continuité de préoccupations entre les différents hommes forts qui se succédèrent à Vichy. De cette continuité, on trouve trace dans l'identité des analyses d'un Pucheu déclarant en janvier 1942 à la police parisienne que « le maintien de l'ordre public, indispensable à la vie de la Nation, doit être assuré par des mains françaises, des bras français, des têtes françaises[26] » et d'un Bousquet qui, aveugle sur sa dépendance de plus en plus étroite par rapport aux Allemands, s'employa à donner à la police française les moyens de son autonomie, gage à ses yeux de la souveraineté nationale.

* C'est ainsi par exemple, aux termes de l'article 4 de la loi, que les documents d'état civil concernant les membres de la LVF qui auraient été « établis éventuellement par une autorité étrangère suivant les règles de sa propre loi » faisaient preuve devant les juridictions françaises.

Une police d'État

Avant ces deux hommes, qui marquèrent de leur forte empreinte l'appareil policier français, le régime s'était déjà employé à réorganiser, pour les tenir effectivement en main, les forces de maintien de l'ordre. Tout pouvoir cherche à s'appuyer sur une police puissante et dévouée, et ce tropisme ne pouvait être que considérablement accentué par Vichy, qui fit dès l'origine de la coercition, de l'exclusion et de la répression quelques-uns de ses principaux modes de gouvernement. De nombreuses polices spéciales furent créées à cette fin[27], qu'il n'y a pas lieu de détailler ici où nous préciserons simplement les principales évolutions intervenues en matière d'organisation de la police. Si la première priorité du nouveau régime consista à changer les hauts responsables de la hiérarchie policière, les nouvelles nominations, intervenues dès l'été 1940, étaient déjà accompagnées de l'annonce d'une réorganisation d'ensemble des services de la Sûreté nationale*. À la tête de la hiérarchie, l'épuration fut poussée, sans être totale : les nouvelles équipes souhaitaient en effet remplacer les hauts fonctionnaires qui avait assuré le maintien de l'ordre pour le compte de la Troisième République, mais peinaient à leur trouver des successeurs en lesquels elles auraient une totale confiance**. Les deux

---

* L'idée en avait été peu auparavant suggérée par le rapport Chardon, qui avait proposé leur rattachement à la présidence du Conseil. Il était aussi question, dans ce rapport, d'abolir la distinction entre police judiciaire et police administrative afin, par exemple, que « les autorités judiciaires puissent intervenir pour faire cesser immédiatement certaines violations de la loi particulièrement flagrantes, occupations d'usines par exemple », *op. cit.*, p. 90, AN F60 978.

** « Le directeur général était jusqu'à ces derniers jours M. Didowski *[en fait Didkowski, préfet des Pyrénées-Orientales pendant la guerre d'Espagne, et à ce titre suspect aux yeux du régime]*, fonctionnaire correct mais peu capable qui vient d'être appelé à d'autres fonctions. On a parlé pour le remplacer de M. Billecard, fonctionnaire distingué mais engagé à fond avec le Front populaire pendant son passage à la préfecture de Versailles. M. Cado, dont il a été également question, est aussi un fonctionnaire distingué, mais il ne faut pas oublier qu'il a débuté comme sous-préfet de Narbonne, et a dû sa première nomination à M. Léon Blum. [...] Il y a dans l'administration préfectorale actuelle très peu d'hommes qui semblent aptes à faire un bon directeur de la Sûreté. La direction administrative de la police était occupée jusqu'à ces derniers jours par M. Dubois, fonctionnaire indigne dont M. Marquet a annoncé le départ imminent. Ce départ ne s'est pas encore produit. Le directeur de la police du territoire et des étrangers est M. Combes, qu'il faudrait en écarter sans retard. Chef adjoint du cabinet Blum en 1936, il n'a pas cessé de faire, avec un fanatisme probablement sincère, la politique du Front populaire, en réservant toutes ses faveurs aux antifascistes. C'est lui qui est le grand responsable de la naturalisation en masse des juifs allemands ou autrichiens, avocats, banquiers ou industriels, dont beaucoup ne parlaient pas un mot de français, tandis que les demandes de naturalisation des paysans suisses ou belges étaient impitoyablement écartées. Les renseignements généraux sont dirigés par M. Blanc, fonctionnaire à l'ancienne mode, de relations très agréables, poète de talent, qui ne s'intéresse à aucun degré à son métier. Le vide des dossiers de renseignements établis par M. Blanc est proverbial au ministère. M. Mondanel, directeur de la police criminelle, est un fonctionnaire intelligent et travailleur, un vrai policier, nullement sectaire, parfaitement opportuniste. À condition d'être fermement tenu en main, il peut rendre des services de premier ordre », note sur la Sûreté générale *(sic)*, sd, AN 2AG 618. La note porte la mention « confidentielle », apposée de la main même du chef de l'État semble-t-il.

premiers ministres de l'Intérieur du régime, Marquet puis Peyrouton, se chargèrent de cette épuration, le second, qui disposa d'un peu plus de temps aux affaires que son prédécesseur, ayant en outre à cœur de jeter les bases d'une réforme en profondeur de l'administration policière. Le bilan tracé en novembre 1940 par la revue officielle *Les Documents français* indiquait qu'à côté de la nécessaire mise à l'écart des « éléments indésirables* » d'une direction générale « trop souvent asservie aux fluctuations politiques », une « remise en ordre » avait été entreprise, portant sur quatre points : « Création d'une inspection générale, délimitation précise des attributions des différents services, amélioration de la qualité du personnel par la définition de nouvelles règles de recrutement de commissaires et d'inspecteurs et la création à Lyon d'une école professionnelle de police, étatisation de la police, dont le but est de placer sous l'autorité du préfet tous les agents concourant au maintien de l'ordre [28]. » À la fin de 1940, les grandes lignes de la réforme de la police qui se concrétisa en avril suivant étaient donc prêtes, tant en ce qui concernait la réorganisation des services centraux que, plus fondamentalement, la suppression du pouvoir de police des municipalités. Sur ce dernier point, l'État français apportait une réponse, que seul avait rendu possible l'effacement du pouvoir municipal, à la lancinante question de l'étatisation des polices, sur laquelle il convient de revenir brièvement.

La loi sur l'organisation municipale du 5 avril 1884 avait confié aux maires, dans le cadre de leurs pouvoirs généraux de police, la responsabilité du maintien de l'ordre, à la double et notable exception de Lyon et de Paris, où le pouvoir de police était exercé par l'État, respectivement depuis 1851 et depuis toujours. Entre 1908 et 1939, le régime de la police d'État fut implanté à Marseille, à Toulon, dans les villes d'Alsace-Lorraine, dans celles d'Algérie et enfin, par l'un des nombreux décrets-lois pris le 30 octobre 1935 par le gouvernement Laval, dans 161 communes de Seine-et-Oise et 19 de Seine-et-Marne. Mais aucun des plans généraux d'étatisation présentés, surtout au cours des années vingt, par les ministres de l'Intérieur de la Troisième République n'avait été adopté, le passage du régime de la police municipale à celui de la police d'État ne se réalisant que de manière désordonnée, lorsque était réuni un faisceau de circonstances suffisamment favorables pour que le pouvoir central pût surmonter les oppositions des conseils municipaux, relayées au plan national par les Chambres. La mise en sommeil des conseils municipaux élus permit à Vichy de mener à bien l'étatisation de la police dans les villes de plus de 10 000 habitants. Il s'agissait là d'un point de passage obligé de toute politique de contrôle effectif du maintien de l'ordre par l'État, comme l'avait déjà noté le rapport Chardon qui, plus centralisateur que n'allait l'être le nouveau régime, avait estimé que « l'extension pure et simple dans tous les départements du régime actuel des polices d'État ne pourrait donner d'excellents résultats. Il ne s'agit pas en effet d'un véritable régime de

* Il ne s'agissait pas seulement des directeurs, puisque 64 fonctionnaires de tous grades furent mis à la retraite, 101 relevés de leurs fonctions et 112 déplacés d'office.

police d'État, puisque la nomination par le préfet, pour la plupart des agents, aboutit à un recrutement local qui présente les plus graves inconvénients au point de vue de l'impartialité et du bon fonctionnement du service. Il faut en France un cadre unique de la police avec nomination par le pouvoir central * ». La création de la fonction de préfet régional parut constituer le bon niveau, intermédiaire entre une gestion nationale, lourde en soi et rendue plus difficile encore par les circonstances, et le cadre départemental, que l'on jugeait trop proche du niveau communal pour être en mesure d'éliminer toutes les difficultés rencontrées dans le contrôle des polices municipales. Mais le but premier restait bien l'étatisation, la régionalisation ne constituant qu'un mode de gestion. Une note rédigée par le cabinet civil du chef de l'État au début d'avril 1941, tout en rappelant les bases de la réforme, apporta une explication aux retards constatés entre son annonce par Peyrouton à l'automne 1940 et sa réalisation six mois plus tard :

> Un projet examiné à l'heure actuelle au ministère de l'Intérieur tend à substituer à toutes les polices (d'État, départementales et municipales) une seule et même police coordonnée et dirigée par le secrétaire général pour la police (étatisation). Ce projet tend encore à installer auprès des préfets de grandes régions un service centralisé de la police, dirigé par un directeur, collaborateur immédiat du préfet régional (régionalisation). Ce projet présente la plus grande importance, et s'il n'aboutit pas, il ne faut pas espérer une réorganisation quelconque de la police. Il a été longtemps différé en raison de la prétention émise par les cadres de la police active de se voir donner auprès des préfets régionaux des postes d'intendants de police qui auraient été confiés à des contrôleurs généraux ou à des inspecteurs généraux. L'anarchie des services actifs qui est à l'heure actuelle une des caractéristiques de la Sûreté nationale aurait été plus complète encore et les policiers, dont le dévouement est souvent très considérable et la technique quelquefois parfaite, auraient eu dans l'État des pouvoirs énormes dont les inconvénients eussent été considérables [29].

Darlan, ministre de l'Intérieur et vice-président du Conseil, avait besoin de prouver à l'occupant, pour asseoir la politique de collaboration, sa capacité à assurer une répression sans faiblesse des « menées antinationales ». Il rendit un arbitrage favorable au corps préfectoral, dont allaient provenir, à l'exclusion de toute autre origine administrative, les intendants de police, nouveaux hauts responsables policiers en région **. L'édifice policier construit par la loi du 23 avril 1941 portant organisation générale des services de police en France [30] présentait une incontestable logique, tout entière construite autour de l'étatisation. La loi concernait à la fois l'administration centrale, rebaptisée

* Rapport Chardon, p. 91, AN F60 978. Dès 1939, une suite avait été donnée à ses recommandations, comme le signalent J.-C. Thoenig et M. Bergès, *op. cit.*, p. 54, qui citent une circulaire de juin 1939 du directeur de la Sûreté, Bussière, se proposant de procéder à l'étatisation dans les villes de 100 000 habitants et plus. Rappelons en outre qu'à partir du début de 1941 Florian-Henri Chardon occupa les fonctions de directeur du cabinet du garde des Sceaux, Joseph Barthélemy.

** Aux termes de la loi du 19 avril 1941 créant les fonctions de préfet régional.

direction générale de la police nationale et organisée en trois services – police judiciaire, sécurité publique, renseignements généraux – et les services extérieurs, entièrement placés sous l'autorité des préfets régionaux assistés des intendants de police et organisés en districts dont étaient responsables les préfets départementaux, assistés de commissaires de district. Tous les personnels de police devenaient agents de l'État : la hiérarchie supérieure (au-dessus du grade d'inspecteur) constituait la police nationale, gérée par le secrétaire d'État[31] ; les autres personnels, incluant tous les anciens membres des polices municipales, étaient regroupés dans les polices régionales d'État, placées sous l'autorité des préfets régionaux. Comme pour les agents des préfectures, le processus d'étatisation était complété par la suppression de toutes les indemnités jusque-là versées par les collectivités locales, le manque à gagner étant compensé par des primes versées par l'État.

Les détails de cet édifice, dont étaient exclues les communes de moins de 10 000 habitants et provisoirement la zone occupée, furent apportés par le décret du 7 juillet 1941 * dont les 154 articles détaillaient les modalités de carrière des agents des polices régionales d'État, notamment celles présidant au reclassement des agents en fonctions dans les anciennes polices municipales. Il était notamment précisé que « le préfet régional [pouvait] refuser la candidature de toute personne qui ne lui paraît pas présenter des garanties suffisantes d'aptitude ou de moralité[32] » et que, pour empêcher la reconstitution de féodalités policières locales, les fonctionnaires des polices régionales d'État feraient l'objet, à intervalles réguliers, de mutations de région à région, décidées par le ministre sur proposition des préfets régionaux. Un grand soin avait en outre été apporté à la formation des cadres policiers : comme l'avait annoncé le ministère de l'Intérieur dès novembre 1940, une école nationale de police fut créée pour donner aux fonctionnaires de la police nationale « la culture générale et la formation professionnelle indispensables à l'exercice de leurs fonctions[33] ». L'école, organisée en école supérieure, formant les commissaires, et école pratique, s'adressant aux inspecteurs, fut installée à Saint-Cyr-au-Mont-d'Or, près de Lyon – où elle se trouve toujours – et reçut pour premier directeur un marin, le contre-amiral Ven. Elle se trouva prête, en août 1941, à accueillir sa première promotion, naturellement baptisée « Maréchal Pétain ». Le dispositif de formation se trouvait complété, au niveau régional, par la capacité offerte aux préfets régionaux de créer, là où ils le jugeaient nécessaire, des écoles de police assurant la formation initiale et complémentaire des membres des polices régionales d'État. Comme les écoles régionales d'administration, envisagées à la même époque**, elles devaient contribuer à la mise en place d'une administration locale puissante, dont le recrutement et la formation seraient soigneusement encadrés.

---

* *Journal officiel* du 15 juillet 1941. Fut simultanément publié un décret de même date décrivant en grand détail, pour chaque grade de chaque corps de fonctionnaires de police, la composition des tenues d'uniforme, depuis les chaussures jusqu'au couvre-chef.

** Voir *supra*, p. 232.

Une police concentrée

En même temps qu'ils sortaient la police du giron municipal, les textes de la mi-1941 se proposaient de donner aux préfets régionaux les moyens d'exercer effectivement leur responsabilités nouvelles en matière de maintien de l'ordre. Mais la création d'un préfet régional « omnipotent, [auquel] il est facile de coordonner l'action de tous les services de police [34] » ne fut pas sans poser de redoutables problèmes de coordination entre l'échelon régional et l'échelon départemental, problèmes aggravés tant par les hésitations allemandes que par l'échec subi par Pucheu lorsqu'il essaya de s'attaquer à cet État dans l'État que constituait, à Paris, la Préfecture de police.

Dès le 13 mai 1941, un décret relatif aux attributions des préfets régionaux en matière de police avait précisé que « le préfet régional dirige et coordonne dans les départements placés sous son autorité l'action de tous les services de police. Il a la responsabilité du maintien de l'ordre dans la région et prend toutes les mesures nécessaires pour prévenir et réprimer les atteintes à la sécurité publique [35] ». Cette dernière phrase fut reprise mot à mot dans le décret du 7 juillet suivant, qui l'explicitait en soulignant que « tous les services de police et tous les personnels de police en fonctions dans la région, qu'il s'agisse de personnel appartenant au cadre de la police nationale ou au cadre de la police régionale, sont placés sous l'autorité du préfet régional qui dirige et coordonne leur action ». Cette concentration de pouvoirs dans les mains du préfet régional conduisait inévitablement à une dépossession des préfets des départements composant la région, ceux-ci recevant de celui-là « les instructions qu'il juge opportunes pour la bonne marche des services de police et l'utilisation rationnelle des forces de police [36] ». Même si elle n'était pas absolue *, cette dépossession, difficile à concevoir même en période non troublée compte tenu de l'importance traditionnellement attachée par l'administration préfectorale aux questions de maintien de l'ordre, prenait des allures de gageure dans une France occupée, où allaient bientôt apparaître les premiers signes d'une résistance armée.

Schéma théoriquement parfait, la nouvelle organisation policière se heurta à l'âpreté des réalités. Comme l'avaient remarqué les autorités d'occupation, elle n'aboutissait pas à un partage clair des responsabilités entre préfet régional et préfet départemental. Des conflits risquaient ainsi de naître entre ce dernier et l'intendant de police, qui exerçait par délégation du préfet régional une compétence en matière de maintien de l'ordre sur l'ensemble du territoire de la région **. La synthèse des rapports préfectoraux de juillet 1942

* Le texte prévoyait la possibilité pour le préfet régional de déléguer tout ou partie de ses pouvoirs aux préfets des départements composant la région, et celle de « mettre temporairement à leur disposition des éléments appartenant aux services régionaux de police ».

** Deux décrets, datés des 13 mai et 7 juillet 1941, étaient venus préciser la répartition des rôles entre préfet régional et intendant de police, ainsi que les moyens attribués à ce dernier. Ils ne réglaient pas tout, d'autant que la situation pouvait être encore compliquée par l'entrée dans le jeu du préfet délégué, censé administrer le département chef-lieu de région.

laisse entrevoir la fréquence de tels conflits. Un an après l'apparition, en zone sud, du nouveau dispositif, le préfet du Nord trouvait inquiétante l'absence de coordination policière dans les départements (« Au moment où les préfets conservent la responsabilité entière du maintien de l'ordre dans leur département, on ne conçoit pas qu'ils soient privés des moyens nécessaires pour l'assurer ») tandis que son collègue chargé d'administrer la Côte-d'Or demandait la création, à côté de l'intendance de police, « d'une direction départementale de la police, ayant autorité sous la direction du préfet sur tous les services de police, avec création d'un fichier central [37] ». En février 1942, l'implantation des intendants de police en zone occupée, arrachée de haute lutte par Pucheu aux Allemands quelques mois auparavant, avait déjà donné l'occasion au journal collaborationniste *La France socialiste* d'ironiser sur ces difficultés, en soulignant « la complexité de la simplification de l'administration vichyssoise » :

> La conférence des préfets régionaux de zone occupée a été l'objet d'une discussion sur les attributions des nouveaux intendants de police, rouages nouveaux dans les services administratifs, qui fonctionnent déjà en zone non occupée à la parfaite satisfaction du gouvernement de Vichy. Ce qui, on en conviendra, n'est pas une référence décisive. Ces intendants ont pour mission de centraliser les questions régionales de police, étant bien entendu que la direction de cette police appartient toujours au préfet départemental, sous le contrôle du préfet régional. Comprenne qui pourra cette simplification administrative [38] !

L'institution était pourtant à cette date déjà rodée par l'expérience de la zone sud, où les intendants de police, nommés dès mai 1941, avaient eu pour premier souci de conduire l'épuration des personnels des anciennes polices municipales. Le long rapport de l'intendant de police de Montpellier, qu'adressa à Vichy en juin 1942 son préfet régional en déclarant adopter toutes ses conclusions, était révélateur de l'ampleur de la purge à laquelle le régime entendait procéder sous couvert d'étatisation :

> Aucun des commissaires ou inspecteurs n'a véritablement de qualités policières. Ce sont des fonctionnaires de bureau qui font honnêtement leur travail administratif. [...] Les fonctionnaires de la police régionale d'État (anciennes polices municipales) sont ce que je redoutais qu'ils fussent : indiscipline, laisser-aller, incapacité. Nous en savons les causes : d'abord leur recrutement et puis, ni pires ni meilleurs que leurs compatriotes, ils furent abusés par les mêmes propagandes et gâtés par les mêmes facilités. [...] Les incapables physiques ou intellectuels seront remerciés. Sur 890 fonctionnaires environ de la police régionale d'État je compte proposer le licenciement d'une centaine d'entre eux et le déplacement d'un même nombre. [...] Il faut faire des exemples bien choisis. La répression doit être impitoyable. J'ai prévenu les fonctionnaires de la police de la région que tout manquement à l'honneur sera sanctionné par la révocation. Je ne veux pas paraître trop pessimiste, mais je crains fort que les appels au dévouement, au devoir patriotique, aux sacrifices librement consentis n'aient plus aucune résonance dans les consciences et dans les cœurs. La persuasion devra, hélas, faire place à la contrainte [39].

Avant même le chef de l'État, les préfets régionaux avaient ainsi senti se lever le vent trouble. Réunis à Vichy le 12 août 1941, les intendants de police le confirmèrent, en estimant qu'une « sérieuse épuration de la police nouvellement étatisée » était nécessaire, mais que les difficultés de personnel constatées étaient susceptibles de disparaître sous l'effet des augmentations de solde accordées par le ministère des Finances et d'une campagne de propagande pour le recrutement des forces de police. On prévoyait notamment que les deux tiers des groupes de réserve, forces devant être mises à la disposition directe des préfets régionaux, soit 4000 hommes, pourraient être recrutés avant le 15 octobre. Les problèmes qui subsistaient étaient plutôt d'ordre matériel : locaux, habillement, essence et surtout armes faisaient défaut, situation aggravée par le manque de coopération de la part des services de l'armée [40]. Une étape de plus dans l'autonomie policière des préfets régionaux fut franchie en février 1942, lorsque les crédits destinés à la police furent délégués globalement, et non plus par service. Ces modifications dépassaient la pure technique comptable, comme le soulignait le secrétaire général à la police pour qui ce dispositif devait « permettre au préfet régional plus d'initiative en même temps qu'un contrôle et une prise en main effective de l'ensemble des services de police de sa région [41] ». Si des difficultés de dernière heure avaient conduit, quelques semaines plus tôt, à retarder la mise en œuvre d'une déconcentration comparable en ce qui concernait les traitements des personnels *, il n'était pas question, pour le ministère de l'Intérieur, de ralentir le rythme de la réforme. Lors de leur réunion du 19 décembre 1941, les préfets régionaux de zone sud se virent au contraire incités à poursuivre une expérience de « coordination et fusion des polices », en réaffectant en fonction des besoins réels et non de leurs services d'origine les agents placés sous leur autorité [42]. L'objectif leur fut alors à nouveau clairement rappelé de parvenir à unifier l'action de toutes les polices sous leur seule autorité.

Les hésitations allemandes

Les choses ne parurent toutefois pas aussi simples à l'administration militaire allemande qui estima, dès la publication de la loi instituant en zone libre des préfectures régionales, que « le transfert de pouvoirs spéciaux en matière de police cré[ait] un risque de confusion des responsabilités et des compétences, qui rendra assurément plus difficile pour le MBF la surveillance des préfets et de la population civile [43] ». Un refus fut donc tôt signifié à Ingrand d'étendre à la zone occupée le volet policier du nouvel échelon **. Darlan, particulièrement attaché au projet, en parla donc lui-même au général von Stülpnagel puis Bouthillier aux deux plus hauts fonctionnaires du Majestic, Michel, chargé de la section économique, et Schmid, plus directement concerné en tant que chef de l'état-major administratif. Ce dernier rendit compte en ces termes de sa conversation avec le ministre français :

---

* Une circulaire du 29 décembre 1941 retarda ainsi de trois mois la date, initialement fixée au 1er janvier 1942, à partir de laquelle les agents devaient être payés par les services régionaux et non plus par l'administration centrale, AN F7 14907.

** Voir *supra*, p. 244.

> Après les banalités d'usage sur la « collaboration » *(en français dans le texte)*, M. Bouthillier m'a présenté un projet de découpage de la France en préfectures régionales, en se référant à l'entretien entre le *Militärsbefehlshaber* et Darlan. [...] J'ai déclaré ne pas être en mesure de me prononcer sur ce projet, et ai demandé à être saisi par écrit. [...] Je n'ai pas d'objection à faire à la concentration de la surveillance policière dans un espace élargi, pour autant que la possibilité n'existe pas de faire des polices situées dans les régions un instrument militaire utilisable. Faute de formation, d'armement et de motorisation suffisants, cette possibilité n'existe pas, mais si nous avions les moindres réserves de caractère militaire à formuler contre le regroupement régional des polices, il est tout à fait en notre pouvoir d'approuver ce projet sans accepter la compétence en matière de police [44].

Pendant un mois, ponctuée par une série de réunions *, la négociation se poursuivit entre Ingrand et ses interlocuteurs allemands, la partie française insistant sur le souhait de Darlan « qu'en zone occupée également des intendants de police soient mis en place auprès des préfets régionaux, d'abord pour obtenir la plus large similitude dans l'organisation administrative entre les deux zones, ensuite pour donner aux polices municipales, qui sont dans un "état lamentable" *(en français dans le texte)* une sorte de "tuteur", enfin pour organiser sur une base plus large que les départements la lutte contre le communisme [45] ». Outre la confusion des responsabilités entre préfet régional et préfets départementaux, le MBF craignait que « le fait pour le préfet régional de donner des directives en matière de police [ne] rend[e] plus difficiles la surveillance et l'orientation de la police française par l'administration militaire, les *Feldkommandanten* ayant pris l'habitude de s'occuper de ces questions avec les préfets de département [46] ». On en était resté là à la fin du printemps, mais la situation évolua sensiblement après les événements de l'été 1941 : l'entrée en guerre de l'Allemagne contre l'URSS, mettant au premier plan la lutte anticommuniste et générant en conséquence des besoins nouveaux en matière de maintien de l'ordre, incita le MBF à assouplir sa position. En septembre 1941, à l'issue d'une négociation que conduisit alors Pucheu, on aboutit à une solution de compromis [47] : des intendants de police seraient nommés en zone occupée, mais n'auraient pas de responsabilités directes dans la conduite du maintien de l'ordre, leur tâche se limitant à l'épuration du personnel de police et à la préparation de l'étatisation des polices municipales, que le gouvernement français, contrairement à sa position du printemps précédent, envisageait désormais également en zone occupée **.

---

* Dans une note du 19 juin, Ingrand en dénombrait cinq, les 9, 19, 26 et 28 mai et le 7 juin.

** Seule demeurait une incertitude, mineure, sur la dénomination exacte de ces ersatz d'intendants de police. Le projet de décret créant douze emplois destinés à accueillir les fonctionnaires de l'administration préfectorale jouant, pour la zone occupée, le rôle d'intendants de police, leur donnait, le 8 octobre, le titre de « directeur du personnel de la police ». Trois semaines plus tard, un assouplissement verbal avait dû être obtenu du Majestic, la direction du budget prenant acte du fait que « les autorités d'occupation ne se refusent plus à autoriser la création d'intendants de police en zone occupée, pourvu que les

La limitation posée par l'administration militaire se trouva, à l'usage, quelque peu artificielle, d'autant que Vichy ne chercha guère à la rendre opérante. Les Allemands s'en aperçurent assez vite, considérant – une fois n'est pas coutume – comme un marché de dupes l'arrangement de septembre 1941 : « À Rouen par exemple, soulignait dès janvier 1942 le chef de l'état-major administratif de la région ouest, cette répartition confuse des compétences a produit des effets notoirement perturbants. Le préfet régional qui, comme c'est le cas en général mais particulièrement à Rouen, est une figure politique forte, cherche ici à réduire les possibilités d'action des préfets départementaux, si bien qu'en cas d'actes de sabotage le préfet départemental peut s'abriter derrière le pouvoir et la responsabilité du préfet régional dont il reçoit les ordres, cependant qu'à l'inverse le préfet régional peut, en matière d'action policière, mettre en avant la responsabilité du préfet départemental[48]. » Ce type de difficultés n'empêcha pas la poursuite de relations confiantes entre autorités françaises et allemandes, ces dernières acceptant même de faire quelques concessions : le MBF donna ainsi son accord, en mars 1942, au recrutement en zone occupée d'auxiliaires des polices municipales, présentés comme « le germe des gardiens de la paix des polices étatisées », notamment dans le cas où des tâches spécifiques étaient demandées aux forces de l'ordre françaises par les autorités militaires allemandes[49]. Le régime s'apercevrait quelques mois plus tard que les occupants ne se priveraient pas de faire effectivement appel aux ressources, désormais bien structurées, de la police française.

La Préfecture de police réfractaire

S'il pouvait être globalement satisfait du résultat de cette négociation, Pucheu fut en revanche moins heureux avec la Préfecture de police. Indépendante par tradition, la « PP » sut en effet résister efficacement aux tentatives de reprise en main qui accompagnèrent les réformes d'avril 1941. Celles-ci, il est vrai, ne s'appliquaient pas immédiatement en zone occupée et encore moins à cette citadelle qu'était depuis toujours la police parisienne, mais la mise en place d'une organisation policière rigoureusement encadrée et contrôlée par le ministre de l'Intérieur relança le débat sur le degré d'indépendance dont devait bénéficier la Préfecture de police. Dans une note rédigée à l'occasion de la nomination, en mai 1941, de l'amiral Bard comme préfet de police, le cabinet civil souligna le danger qu'il y aurait à le laisser rejoindre son poste sans mandat précis. Les mêmes causes produisant les mêmes effets, le nouveau préfet avait toutes les chances de devenir, comme ses prédécesseurs, « l'homme de ses collaborateurs »,

---

attributions de ces intendants soient limitées à l'administration du personnel et du matériel » ; le décret en cours de préparation put donc tenir compte de cette avancée sémantique, lettres des 8 et 31 octobre 1941, SAEF B 11858.

présentés pêle-mêle comme francs-maçons, juifs *, suppôts du Front populaire et auxiliaires de l'occupant. Après avoir rappelé l'ampleur réelle des pouvoirs propres du préfet de police, la note proposait « que le Maréchal et l'amiral Darlan demandent à M. Bard de se vouer courageusement à la solution de ce problème, d'une gravité exceptionnelle dans l'État français. [...] Actuellement, si le gouvernement rentrait à Paris, il apprendrait vite ce qu'est la police parisienne ».

Aux nouvelles modalités posées par les réformes du printemps 1941 en matière de recrutement des commissaires et inspecteurs d'une part, de répartition des crédits d'autre part, la Préfecture de police opposa la longue tradition et la spécificité de l'action policière dans la capitale, en justifiant le maintien des pouvoirs propres du préfet de police par la nécessité de ne pas éparpiller l'autorité. Les choses en restèrent là jusqu'au début de 1942. Pucheu, qui ne se satisfaisait pas de voir lui échapper le principal appareil policier du pays, tenta alors de profiter des travaux menés par le Conseil national sur l'organisation de la région parisienne pour rapprocher l'organisation policière de la capitale du droit commun. Mais la conjonction de l'opposition de principe des représentants du conseil municipal de Paris (Trochu, son président, et Pinelli, ancien collaborateur de Chiappe à la préfecture de police) et du jeu personnel de Bergery, qui animait la commission *ad hoc* réunie du 8 au 10 février 1942[50], bloqua efficacement les projets du secrétaire d'État à l'Intérieur, que ne soutinrent guère Pétain ni Darlan. Conservant son autonomie, la Préfecture de police n'en resta pas moins un outil docile du pouvoir et Bousquet, qui ne chercha pas à remettre en cause le *statu quo,* n'eut pas de difficultés à obtenir, quelques mois plus tard, sa participation, promise aux autorités allemandes, en matière de répression et de rafles.

À ce dernier échec près, la réorganisation policière conduite par Pucheu fut un succès. Construite sur la législation du printemps 1941, dont l'application en zone occupée passait par un renforcement de la collaboration policière, elle facilita la mise en place de troupes correctement formées et bien tenues en main par les préfets. Au prix de quelques difficultés de coordination entre échelon départemental et échelon régional, le pouvoir avait ainsi posé les jalons d'un fonctionnement efficace de l'appareil policier. En février 1942, devant les préfets régionaux de zone occupée, le secrétaire général à la police Rivalland insistait sur le double apport des intendants de police : à leur mission, conforme à l'accord passé avec l'occupant, de gestion des moyens matériels et humains du maintien de l'ordre s'ajoutait le rôle, nettement moins administratif, de constituer avec l'accord des *Feldkommandanten* les réserves qui pourraient être utiles. Pucheu insista, à sa suite, sur l'obligation pour les

* Notamment Jacques Simon, directeur des renseignements généraux à la préfecture de police, qui, selon une note du service des sociétés secrètes, « s'appellerait en réalité Simonovitch, serait d'origine israélite (mais la preuve n'en a pas encore été apportée) et dont la sœur Odette, mariée au préfet de l'Ariège Bidaux, était réputée au barreau être l'avocate des juifs », AN 2AG 520.

intendants de veiller avec un soin tout particulier au bon fonctionnement des écoles de formation de gardiens de la paix et d'officiers de police qu'ils étaient chargés de mettre en place, dans la mesure où il n'était pas de « tâche plus urgente que celle qui consiste pour le gouvernement à se rendre le plus tôt possible entièrement responsable de l'ordre public et à confirmer ainsi la souveraineté française [51] ».

Police et collaboration : l'époque Bousquet

C'est exactement la même logique qu'entendit mettre en œuvre René Bousquet à partir d'avril 1942. Pendant les vingt mois où il fut à la tête de la police française, Bousquet témoigna d'une passion pour l'organisation au moins égale à celle dont avait fait preuve Pucheu. Tout en luttant contre le développement des officines policières parallèles, il s'efforça d'achever la rationalisation de l'appareil de répression, afin de pouvoir présenter un tableau convaincant de l'appareil répressif français dont il entendait faire un élément de sa négociation avec l'occupant.

Le choix des hommes

La personnalité de Bousquet n'a rien de particulièrement mystérieux. Le jugement lapidaire que portait sur lui Pierre Limagne dès sa nomination comme secrétaire général à la police (« Le jeune préfet Bousquet, qui a eu le malheur de faire à vingt ans figure de héros, et que cela a détraqué [52] ») soulignait la très réelle ambition du personnage. Un parcours pratiquement sans faute au cours des années trente l'avait en effet propulsé, à l'âge record de trente-deux ans, aux importantes fonctions de préfet régional. C'est un acte indéniable de bravoure, le sauvetage de plusieurs personnes lors de la crue du Tarn de mars 1930, qui décida de son avenir : non seulement il lui valut la croix de la Légion d'honneur et l'admiration nationale, mais il attira l'attention des autorités sur ce jeune chef de cabinet, auquel s'ouvrirent les portes de l'administration centrale du ministère de l'Intérieur. Ce fut alors, dans le sillage d'importantes personnalités du parti radical, Maurice Sarraut et Pierre Cathala *, une carrière qui, entre cabinets ministériels et services de la place Beauvau **, le conduisit jusqu'aux fonctions de sous-préfet hors classe, secrétaire général de la préfecture de la Marne, qui étaient les siennes lorsque la guerre éclata.

Vichy fit succéder, en septembre 1940, ce brillant secrétaire général à son préfet, dont la conduite en juin n'avait pas été jugée sans reproches. L'énergie qu'il déploya pour sauvegarder la souveraineté française contre les

---

* Dont Bousquet fut chef de cabinet au ministère de l'Agriculture dans le gouvernement Laval de juin 1935.

** Il y assura notamment, sous le Front populaire, la responsabilité du fichier central.

empiétements de l'occupant, mais aussi son zèle dans la répression anticommuniste lui valurent, moins d'un an plus tard, d'être élevé aux fonctions de préfet régional*. Bon administrateur en même temps que serviteur fidèle du régime, « [s]on nom revenait généralement quand on avait un poste difficile à pourvoir** », alors même qu'il entendait, affirmait-il, « achever dans la Marne la tâche à laquelle [il se] consacrai[t] ». En avril 1942 pourtant, Laval parvint à vaincre ses réticences lorsqu'il lui proposa le poste de secrétaire général à la police, en lui indiquant « que l'état des rapports entre les autorités d'occupation et le gouvernement français ne permettrait pas d'envisager autre chose qu'une action destinée à soulager notre pays du fardeau de l'occupation » : de ce fait, « le problème qui se posait n'était plus un problème politique, mais un problème d'administration[53] ». Pourtant, lorsque la presse donna, le 16 avril 1942, la liste des membres du gouvernement, le nom de Bousquet y figurait, avec ceux de Guérard et Hilaire : comme on l'a vu, les trois doublures du chef du gouvernement étaient en effet de véritables ministres sans le titre, leur situation étant encore renforcée par la minceur du cabinet de Laval, qui ne s'était entouré que d'un très petit nombre de collaborateurs. Même si les textes d'organisation, inchangés depuis les réformes du printemps 1941, précisaient que « les services de police sont placés sous l'autorité du ministre, secrétaire d'État à l'Intérieur et dirigés par le secrétaire général pour la police[54] », il est impossible de suivre Bousquet dans l'interprétation – que son ascendant personnel contribua néanmoins à imposer à la Haute Cour devant laquelle il comparut en 1949 – selon laquelle « le secrétaire général pour la police administrait une police qu'il ne dirigeait pas[55] ». Les Allemands ne s'y trompèrent en tout cas pas, qui virent rapidement dans le nouveau secrétaire général un interlocuteur privilégié : peut-on en effet imaginer qu'informées comme elles l'étaient du fonctionnement de l'appareil administratif français, les autorités d'occupation aient fait perdre le temps de la haute hiérarchie allemande – y compris celui du *Reichsführer SS* Himmler, qui s'entretint avec Bousquet pendant plus de

* Dans les notes qu'il rédigea à Fresnes en 1945 et transmit à Laval en vue de l'aider dans sa défense, notes reprises dans l'ouvrage publié par l'institut Hoover, Bousquet s'étendit sur les témoignages très favorables émanant des notabilités du département à son égard. Il insistait notamment sur son action, comme préfet de la Marne, pour contrer les agissements de l'Ostland et soustraire le département à l'abus de réquisitions, *La Vie de la France...*, *op. cit.*, t. III, p. 1558. Il indiqua également avoir fait l'objet de menaces allemandes pour avoir déposé des gerbes tricolores sur les tombes de deux otages communistes fusillés par les Allemands, mais les éléments rappelés dans les études qu'a consacrées Jean-Pierre Husson à l'action de Bousquet comme préfet, puis préfet régional, conduisent à nuancer la portée de ce geste. Bousquet se signala en effet par la vigueur de la répression anticommuniste qu'il conduisit, cf. J.-P. Husson, « Les marches de l'Est, la Marne », dans Azéma (Jean-Pierre), Prost (Antoine) et Rioux (Jean-Pierre) (dir.), *Les Communistes français de Munich à Châteaubriant (1938-1941)*, *op. cit.*, pp. 344-348.

** Il affirma avoir refusé la charge de ministre du Ravitaillement que lui proposait Darlan, *La Vie de la France...*, *op. cit.*

cinq heures le 3 avril 1943* – en la laissant négocier avec le fonctionnaire sans marge de manœuvre, hybride entre l'employé aux écritures et l'huissier en chef, sous les traits duquel Bousquet se présenta, avec succès, à ses juges de la Libération ?

Le nouveau patron de la police française tint à s'entourer d'hommes nouveaux. Concomitante à celle que Laval, aidé d'Hilaire, mettait en œuvre en direction du corps préfectoral, une épuration fut conduite au sein des services de police par Bousquet. Dès le 29 avril, ce dernier, reçu par Pétain quelques jours plus tôt[56], réorganisait la hiérarchie policière en procédant à la spécialisation des services rendue nécessaire à la fois par les réformes de l'année précédente et par la multiplication des ennemis que se reconnaissait le régime **. Cette refonte de l'organigramme des services policiers centraux s'accompagna de la nomination de responsables neufs à la tête de la hiérarchie policière. Si deux des directions dites « des services actifs », la sécurité publique et la sûreté, restèrent confiées à des membres des corps de police – les deux premiers titulaires en furent les inspecteurs généraux Perrier et Buffet – la direction des renseignements généraux et les directions des services administratifs furent dévolues à des personnalités qui n'avaient pas effectué toute leur carrière dans la police. Il en alla de même du plus haut poste de la nouvelle hiérarchie, celui de directeur général adjoint de la police nationale ***, qui échut à l'ancien préfet délégué de l'Aisne, Henry Cado.

Dans son bref témoignage publié dans *La Vie de la France sous l'Occupation*, Cado se contenta de citer, à sa décharge, le commissaire du gouvernement qui concluait en juillet 1949 devant la Cour de justice de la Seine que « [ses] fonctions étaient purement administratives : elles consistaient essentiellement à contrôler le travail des directions, à veiller à la bonne marche des services. Il

* S. Klarsfeld, *Le Calendrier...*, *op. cit.*, p. 788. Himmler fut particulièrement impressionné par la personnalité de son interlocuteur, dans lequel il vit « un collaborateur précieux dans le cadre de la collaboration policière, [...et] une personnalité si forte et si active qu'il jouera certainement à l'avenir, dans la politique française, un rôle qui dépassera le cadre de son autorité actuelle en tant que secrétaire général à la police ».

** On mesure le chemin parcouru en trois ans en comparant par exemple le décret du 21 octobre 1940 portant organisation de l'administration centrale du secrétariat d'État à l'Intérieur (*Journal officiel* du 1er novembre 1940) et le décret du 20 novembre 1943 relatif à l'avancement des fonctionnaires de la police nationale (*Journal officiel* du 26 novembre 1943). En 1940, ce qui était encore la direction générale de la Sûreté nationale comptait deux directions (direction de l'administration de la police et des affaires générales et direction de la police du territoire et des étrangers). En 1943, le secrétaire général à la police, secondé par un directeur général de la police nationale, était entouré de sept directeurs (personnel, budget et contentieux de la police ; administration de la police ; services techniques de la police ; services de police de sûreté ; sécurité publique ; renseignements généraux ; groupes mobiles de réserve), sans compter le chef du service du contrôle général de la police nationale. De manière significative, l'effectif des hauts fonctionnaires compétents en matière de police se trouvait ainsi avoir triplé en trois ans.

*** Bousquet cumulait la fonction de secrétaire général à la police avec celle de directeur général.

avait dans ses attributions l'étatisation des polices. M. Cado n'a jamais eu de contact avec les Allemands, Bousquet se réservant le monopole des contacts et des questions à caractère politique[57] ». Si Serge Klarsfeld n'avait soigneusement établi le rôle direct joué par Cado dans la conduite des rafles opérées pendant l'été 1942 en zone sud[58], l'intéressé aurait ainsi pu passer pour l'un de ces hauts fonctionnaires que le régime employait pour des tâches à la limite du subalterne. Il est vrai que son dossier était politiquement chargé, une note de l'été 1940[59] y rappelant qu'il avait été, de juin 1936 à juin 1939, sous-préfet de Narbonne, ville dont Léon Blum était l'élu. Le même document ne le qualifiait pas moins de « fonctionnaire distingué », en indiquant qu'il y avait peu de préfets susceptibles de faire de bons directeurs de la Sûreté. Devenu, pour ordre, préfet des Hautes-Alpes en juin 1939, Cado avait été aussitôt détaché comme directeur des services de police de Marseille, mais fut relevé de ses fonctions en octobre 1940 pour être relégué dans l'emploi de directeur administratif de l'hôpital psychiatrique de Perray-Vaucluse. L'État français deuxième version, moins immédiatement revanchard que celui du second semestre 1940, le réinstalla en novembre 1941 dans le poste, plus conforme à ses capacités, de préfet délégué de l'Aisne. Il exerçait ces fonctions depuis quelque six mois quand, selon son propre témoignage, Laval le fit venir à Vichy comme adjoint de Bousquet pour des raisons strictement professionnelles, « son intention étant, en faisant appel à [lui], d'avoir à la tête de la police un fonctionnaire suffisamment au courant du mécanisme de cette administration pour pouvoir, sans provoquer de trop violentes réactions de la part de l'occupant, maintenir l'indépendance de la police française et sauvegarder au maximum les libertés et les biens des citoyens français * ». Tirant un bilan de son action, Cado se reconnaissait après guerre pour mérite – que l'on ne peut lui contester – d'avoir « exécuté aussi fidèlement que possible les consignes qui lui étaient données par le président Laval et René Bousquet[60] ». Nous sommes aujourd'hui moins enclins que ne le fut en 1949 le commissaire du gouvernement à considérer qu'en cela il n'engagea en rien sa responsabilité.

Bousquet, par les nominations de l'été 1942 **, renouvelait les cadres et s'assurait de la loyauté de ses plus proches collaborateurs. Mais, pour maîtriser pleinement le dispositif français de maintien de l'ordre, il lui fallait obtenir d'Oberg un desserrement de la surveillance très étroite que ce dernier

* C'est en consultant son dossier administratif que Laval s'aperçut que Cado avait été, à la fin de la Troisième République, secrétaire de la direction de la Sûreté, *La Vie de la France...*, *op. cit.*, t. I, p. 569. L'ancien directeur général-adjoint de la police nationale ne dit pas pourquoi Laval avait eu l'idée de consulter précisément ce dossier.

** Qui s'étaient faites dans la discrétion, une consigne de presse ayant donné instruction aux journaux, le 21 avril, de « ne rien laisser passer sur l'organisation ou la réorganisation de la police » (consigne n° 243) ; une consigne plus générale intervint peu après, interdisant « toute annonce de nominations nouvelles dans les administrations et à des postes officiels, sauf dépêche d'agence autorisée », consigne n° 247, P. Limagne, *op. cit.*, p. 518.

exerçait sur les nominations des cadres policiers de zone occupée. Il ne l'obtint que tardivement, et partiellement. Pendant un an, à partir de l'automne 1942, cette surveillance ne se relâcha pas, le général SS exerçant dans leur plénitude les pouvoirs qu'il avait repris du MBF*. Toute nomination, toute mutation et tout rappel des « fonctionnaires et officiers de police et officiers de gendarmerie » de zone occupée se voyaient ainsi soumis à l'accord explicite d'Oberg, qui devait en outre être tenu informé des mouvements concernant les cadres de police et de gendarmerie en fonctions en zone sud. Il fallut attendre septembre 1943 pour que la proposition faite par Bousquet de réserver la procédure d'agrément préalable dont il soulignait le caractère le plus souvent formel, à quelques hautes fonctions – intendants de police et contrôleurs généraux – soit acceptée par Oberg, qui en allongea néanmoins sensiblement la liste et exigea le maintien du principe de l'approbation expresse pour les actes relatifs aux commissaires divisionnaires, aux chefs de section et commandants régionaux des GMR, ainsi qu'aux officiers de gendarmerie à partir du grade de lieutenant-colonel[61]. En tout état de cause, soulignait le général SS, cet assouplissement avait pour seul but de mettre « la police française en mesure de remplir de façon plus efficace que jusqu'à présent ses tâches, et notamment de maintenir l'ordre en France en combattant résolument toutes les formes d'activité terroriste. J'attends, concluait Oberg, que la police et la gendarmerie françaises justifient la confiance qui vous a été manifestée malgré quelques incidents regrettables, et que la collaboration avec la police allemande soit plus étroite que jusqu'à présent. Il est du devoir de tous les chefs responsables dans tous les services qu'ils donnent des instructions claires et nécessaires à cet effet à leurs subordonnés[62] ».

Une organisation améliorée

Ces exigences soulignaient à quel point l'engrenage de la collaboration policière s'était, en dix-huit mois, refermé sur Bousquet, qui allait peu après tomber en disgrâce aux yeux des Allemands. Quand il quitta ses fonctions, l'effort de concentration et de réorganisation de la police était pratiquement arrivé à son terme : Bousquet légua à son successeur Darnand une police modernisée et unifiée. Des mesures avaient en effet été très vite mises en œuvre par le secrétaire général à la police pour asseoir son autorité sur l'ensemble des services de maintien de l'ordre, jusque-là très parcellisés pour des raisons historiques. Son coup d'essai, bien qu'indirect, fut un coup de maître lorsque Laval décida de se rattacher directement, par une loi du 2 juin 1942**,

* Alors même que, comme on l'a vu, le Majestic avait, progressivement mais sensiblement, adouci les conditions de leur mise en œuvre depuis l'été 1940.

** Loi du 2 juin 1942 (*Journal officiel* du 3 juin 1942) précisée par le décret du 24 juin 1942 « portant modification du décret du 20 mai 1903 sur l'emploi et le service de la gendarmerie ». Ce très long texte, qui précisait les conditions d'emploi de la gendarmerie par les autorités civiles chargées du maintien de l'ordre, ne fut publié au *Journal officiel* que le

la gendarmerie qui dépendait jusque-là du secrétaire d'État à la Guerre*. Même si l'Intérieur n'était pas le bénéficiaire formel de cette opération, le dessaisissement de l'autorité militaire sur son corps d'élite au profit d'un chef du gouvernement trop occupé pour pouvoir suivre au jour le jour l'utilisation qui en serait faite ne pouvait qu'accroître le contrôle du secrétaire général à la police, responsable supérieur du maintien de l'ordre, sur l'utilisation de la gendarmerie. Il s'agissait là du premier pas vers le rattachement de cette arme au ministère de l'Intérieur, réalisé lors de l'arrivée de Darnand au secrétariat général au maintien de l'ordre**. À l'autre extrémité du règne de Bousquet, l'Intérieur marqua un point sur son autre grand rival, la Justice, en obtenant, par une loi du 15 septembre 1943 [63], le retour en son sein de l'administration pénitentiaire, qui l'avait quitté, en deux temps, en 1911 et en 1935***. Cette mesure, dont Darnand devait faire le pire usage, marqua une nouvelle étape dans l'accroissement des pouvoirs répressifs du ministère de l'Intérieur, dont l'administration centrale avait été réorganisée par des lois des 4 octobre 1942 et 17 avril 1943 [64]. Ce dernier texte vint ajouter aux directions composant la direction générale de la police nationale une direction technique des services de la police, chargée de définir, de coordonner et d'appliquer les instructions relatives à l'utilisation des forces de maintien de l'ordre, ainsi qu'une direction des groupes mobiles de réserve, les GMR, troupes mobiles créés en 1941 [65], qui accédèrent ainsi en un temps record au statut de force de police à part entière.

Le gouvernement, devant le développement des diverses formes d'opposition, tenait en effet à disposer d'un outil de répression susceptible d'agir de

---

13 septembre 1942, après avoir fait l'objet d'un examen méticuleux par les autorités d'occupation. Un décret du 5 novembre suivant (publié le 8 au *Journal officiel*) vint ensuite réorganiser la direction générale de la gendarmerie nationale.

* Ce que le secrétariat général du chef du gouvernement justifiait en ces termes : « La gendarmerie est appelée plus que jamais à déployer son activité au profit de tous les départements ministériels. Aucun de ces départements ne doit exercer sur elle une action prépondérante ou exclusive. [...] Ces dispositions, tout en garantissant à la gendarmerie les assises qui ont fait d'elle une troupe d'élite, de vieille et légitime réputation, doivent lui permettre à la fois d'apporter son concours technique aux diverses autorités administratives de l'État et en outre d'accroître, sous l'autorité du chef du gouvernement, l'importance du rôle qu'elle doit jouer dans l'œuvre de Rénovation nationale », lettre du chef du gouvernement au garde des Sceaux, au ministre secrétaire d'État à l'Intérieur et au secrétaire d'État à la Guerre, 26 juin 1942, AN F7 14907. Voir Pierre Cazals, *La Gendarmerie sous l'Occupation*, éditions la Musse, 1994.

** Entre-temps, c'est la garde qui fut détachée du secrétariat d'État à la Guerre pour passer sous l'autorité du secrétaire d'État à l'Intérieur. La loi du 28 mai 1943 qui décida de ce transfert fut publiée le 8 juin au *Journal officiel*, mais la mesure prenait effet à compter du 15 avril précédent.

*** Le 20 mars 1911, un décret avait mis la direction de l'administration pénitentiaire à la disposition du ministre de la Justice, mais il fallut attendre le 30 octobre 1935 pour que les personnels de cette direction soient pleinement assimilés à ceux du ministère de la Justice. Ils avaient été entre-temps placés en position de détachement d'office, par un décret du 4 juillet 1912.

manière efficace, en créant le « choc » propre à décontenancer d'éventuels manifestants. Annonçant, à l'issue de sa première négociation avec Oberg, la création de 14 nouveaux groupes mobiles de réserve, destinés à œuvrer en zone occupée, Bousquet précisait qu'ils devaient constituer « une troupe de choc et pas seulement de parade » dans laquelle, face aux risques d'infiltration d'éléments hostiles au régime, on ne devait « accepter que des sujets d'une loyauté absolue ; au moindre doute, écarter [66] ». Une circulaire adressée en janvier 1943 aux intendants de police leur demandait de « veiller à ce que les GMR placés sous [leur] autorité soient composés d'éléments en parfaite condition physique, actifs et vigoureux, capables de supporter un effort qui peut être particulièrement pénible ». Il convenait pour cela « [d']y incorporer tous les candidats jeunes, [et de] muter progressivement dans les corps urbains les éléments des GMR âgés de plus de trente ans [67] ». Le système de vases communicants ne devait pas en rester là. Un projet soumis à Oberg en septembre 1943 envisageait un nouveau mouvement tournant : la ponction, au profit des GMR, des éléments « les plus jeunes et les plus vigoureux » des polices urbaines devait être compensée par l'affectation dans les corps urbains d'un contingent, dont l'effectif maximal pourrait aller jusqu'à 20 000 hommes, de jeunes gens issus des Chantiers de la jeunesse *. La constitution des GMR avait certes un coût élevé, mais le régime était prêt à de réels efforts financiers quand il s'agissait de maintenir l'ordre : à une police bien organisée et bien commandée, crédits et emplois ne devaient pas manquer. Suivant en cela les instructions du chef de l'État qui avait annoncé, dès le discours du « vent mauvais », un doublement des moyens d'action de la police, le gouvernement accepta, pour renforcer le secrétariat général à la police et doter les intendances de police, des recrutements massifs **. Pourtant, malgré des traitements sensiblement supérieurs à ceux des carrières publiques auxquelles on accédait par des concours de niveau équivalent, il fut difficile de pourvoir les emplois créés dans les corps des polices d'État. Pucheu s'en était

* Note PN Cab n° 1304/3, adressée le 21 septembre 1943 par Bousquet à Oberg, AN F7 14907. Ce long document (vingt-huit pages) constitue, avec la réponse d'Oberg datée du 18 octobre suivant conservée sous la même cote, un état précis des positions française et allemande sur l'évolution de l'organisation policière en même temps qu'un bilan détaillé des moyens humains et matériels des forces françaises de maintien de l'ordre à l'automne 1943. L'idée n'eut pas de suite, Oberg, se montrant peu enclin à armer de jeunes Français pour des tâches de surveillance dont il rappelait qu'elles avaient été « rendues nécessaires avant tout à cause des attentats terroristes sans cesse accrus contre la force d'occupation et [qu'elles] constituent une partie importante des missions générales de la police française qui doit assurer la sécurité intérieure en France », note du 18 octobre 1943, AN F7 14907.

** Cathala signa ainsi en avril 1943 une loi augmentant les effectifs de police de 120 postes administratifs, échelonnés des emplois de commis à ceux de directeur, et surtout de nombreux postes de commandement : étaient en effet créés 30 emplois de commandants des gardiens de la paix, tandis que la haute hiérarchie policière était renforcée par le passage de 15 à 25 du nombre de contrôleurs généraux, ces dix créations ouvrant autant de débouchés aux commissaires divisionnaires. Enfin, signe qu'aucun secteur n'avait été oublié, la loi ouvrait au ministre de l'Intérieur des crédits devant servir d'assise à la création de 40 contrats destinés à accueillir des chargés de mission placés auprès des intendants de police.

déjà inquiété qui, en mars 1942, proposa d'assortir de sanctions pécuniaires toute révocation de policier pour abandon de poste. Le ministère des Finances ne fit pas d'objections à cette novation, Bouthillier convenant que l'ordre public pouvait être effectivement en péril si l'on ne s'opposait aux tendances constatées dans une part croissante du « personnel de police qui, parfois déconcerté par la rigueur de la discipline, l'éloignement des familles ou les difficultés actuelles d'existence, serait peut être disposé, le cas échéant, à se démettre de ses fonctions[68] ».

Le préfet régional, chef des polices

Bousquet ne se contenta pas de cette solution de repli et chercha, au contraire, à développer les raisons positives que pouvait avoir un jeune homme d'entrer dans la police. En même temps qu'il s'efforçait d'obtenir l'accroissement des effectifs, il s'attachait à renforcer la cohérence de l'ensemble des polices et à valoriser leur action : il est significatif à cet égard que l'un de ses derniers actes officiels ait été la création d'un *Bulletin officiel de la police nationale*, à la fois « instrument commode de documentation et de travail à l'usage des personnels de la police » et « outil de diffusion rapide et directe des instructions de l'administration centrale à tous les services d'exécution[69] ». Les préfets régionaux devaient aussi participer à cet effort de propagande, en faisant comprendre, tant à la population qu'à leurs propres subordonnés *, les difficiles nécessités de l'heure. Le gouvernement multiplia les séances d'information, sous forme de conférences des préfets régionaux, auxquelles assistaient les intendants de police. D'abord placées sous la présidence conjointe d'Hilaire et de Bousquet **, elles virent, à partir de 1943, Laval venir présider lui-même la partie consacrée au maintien de l'ordre, qui tendait à occuper une part croissante de l'ordre du jour ***.

Mais des rencontres plus ciblées furent également organisées au profit des intendants et des hauts responsables policiers : en l'absence de Bousquet, alors en semi-disgrâce, c'est le chef du gouvernement qui présida, le 24 août 1943, une réunion de tous les chefs de service responsables de la garde, de la gendarmerie et de la police nationale. « Des réunions de ce genre, précisait le communiqué officiel, auront lieu périodiquement, auxquelles assistera aussi le préfet de police. Elles permettront au chef du gouvernement de donner directement ses instructions pour assurer le maintien de l'ordre[70]. » Ce type

* C'était le sens d'une circulaire que Bousquet avait adressée aux préfets le 27 juillet 1942 : « Dans les circonstances actuelles, et malgré vos préoccupations diverses, vous devez vous attacher à suivre particulièrement l'organisation de la police et à multiplier avec elle les contacts, pour lui faire comprendre le rôle que le gouvernement entend lui faire jouer », AN F7 14907.

** Les réunions se tenaient à Paris pour les préfets régionaux de zone occupée et à Vichy pour ceux de zone libre. On notera que la séance du 29 mai 1942, qui réunit tous les préfets régionaux de France à Vichy, fut elle aussi coprésidée par Hilaire et Bousquet, AN 2AG 25.

*** Voici, à titre d'exemple, la liste des questions traitées le 21 septembre 1943 : « STO, Juifs, ravitaillement, collaboration des polices française et allemande », AN 2AG 460.

de contacts directs, que pouvait justifier la technicité accrue des opérations de répression, aboutissait à vider de son contenu la mission de coordination du maintien de l'ordre confiée aux préfets régionaux. La création au niveau national, en mai 1943, de la direction technique du maintien de l'ordre, bientôt suivie de celle de services techniques régionaux du maintien de l'ordre avec lesquels elle correspondait directement, amplifia cette tendance, que justifiait Bousquet en estimant que « l'expérience de ces derniers mois montre que les intendants de police ne disposent pas actuellement du personnel spécialisé capable de les seconder efficacement dans la mise en action des forces de police, de gendarmerie et de garde, en particulier lorsque ces forces doivent être engagées simultanément et en effectifs importants pour une même opération [71] ». Le secrétaire général rappelait par la même occasion aux préfets régionaux qu'ils devaient recruter d'urgence deux adjoints pour l'intendant de police*, en conseillant de les choisir parmi les personnes « spécialement préparées par leur activité antérieure, par exemple des officiers en congé d'armistice brevetés d'état-major ». Cette professionnalisation, doublée d'une forme de militarisation, des fonctions de maintien de l'ordre contribuait à dessaisir les préfets régionaux de la conduite effective des opérations qu'il leur était implicitement suggéré de déléguer à l'intendant de police, issu dans près de la moitié des régions du monde militaire. On vit ainsi se jouer un nouvel épisode de la guerre entre civils et militaires dont le régime était coutumier, lorsque le colonel Dupuy, chef du service technique national, n'hésita pas, dans une étonnante circulaire d'octobre 1943, à remettre en cause la compétence des préfets en matière policière :

> Les rapports d'opération qui me parviennent signalent constamment la façon défectueuse dont sont utilisées les formations de maintien de l'ordre (garde, GMR, gendarmerie) : les missions sont imprécises, mal adaptées aux possibilités ; les opérations sont insuffisamment préparées et mal dirigées. [...] Pour éviter le retour de telles erreurs, je vous demande, avant toute opération, de consulter un représentant qualifié d'une des formations de maintien de l'ordre pour la préparation des ordres et pour les missions à donner. Si cette mesure n'était pas appliquée, je me verrais dans l'obligation de recommander aux chefs des forces mobiles de maintien de l'ordre de discuter les instructions qu'ils reçoivent par vos soins***.

---

* L'un étant chargé des « questions d'emploi des différentes forces et [de] l'établissement des plans de maintien de l'ordre », l'autre des « questions de transport et [des] relations avec les services (intendance, matériel, santé, etc.) », AN F714909. Un arrêté du 12 avril 1943 avait autorisé leur recrutement sur contrat.

** Celui-ci accédait parallèlement à une forme d'autonomie que les textes officiels ne camouflaient qu'à peine : la circulaire créant les services techniques régionaux les plaçait certes nominalement auprès du préfet régional, mais en faisait l'outil de travail de l'intendant de police.

*** Lettre du 12 octobre 1943, signée par Bousquet, aux préfets régionaux et départementaux de zone sud, AN F7 14909. Il est peu banal de voir le sommet de la hiérarchie policière menacer les préfets de prêcher le refus d'obéissance.

En revanche, les préfets régionaux virent leur rôle conforté en matière d'administration de la police. La réforme Darlan d'avril 1941 entra progressivement en vigueur, avec la mise en place des polices régionales d'État : l'étatisation des polices de huit régions de la zone occupée intervint le 27 octobre 1942 [72], non sans quelques difficultés liées aux différences entre les traitements des anciens cadres municipaux et les nouveaux barèmes nationaux [73]. Puis le processus se bloqua en raison des inquiétudes allemandes, qui ne furent levées qu'un an plus tard *. L'autorité préfectorale dut donc gérer un équilibre délicat entre une base policière qui, comparant les missions et les traitements des différents corps, multipliait les demandes de mutation, et des instructions gouvernementales très fermes à la fois de refuser l'entrée des personnels issus des polices municipales non encore étatisées dans les polices régionales d'État **, et d'interdire toute sortie de ces dernières, dont les effectifs étaient insuffisants, même pour renforcer les GMR ou la gendarmerie [74]. Les procédures de recrutement devaient en outre continuer à être soigneusement maîtrisées, pour éviter tout risque d'infiltrations hostiles. Certains éléments issus de professions dont la culture paraissait peu compatible avec celle de la police avaient vocation à être découragés : le préfet du Doubs s'inquiéta par exemple, en juillet 1942, du nombre élevé d'ouvriers cherchant à entrer dans la police d'État, en déclarant craindre, s'ils s'y trouvaient trop nombreux, « qu'elle ne présente point, en cas de troubles, toutes les garanties désirables [75] ». De même, lorsque Guérard demanda à Bousquet, quelques mois plus tard, de ne plus recruter à l'avenir d'instituteurs dans les forces de police, insista-t-il moins sur la « pénurie très sérieuse [existant] dans l'enseignement primaire » que sur « l'état d'esprit existant dans l'enseignement primaire et sa position politique d'avant guerre, [qui] ne qualifient pas vraiment ce personnel pour fournir de bons services dans les cadres de la police [76] ». Six mois plus tard, des consignes encore plus strictes furent données aux intendants, à la suite de l'interception d'un tract communiste incitant les jeunes à noyauter la police : à l'issue d'un examen extrêmement rigoureux de tout le personnel, tout soupçon de déloyauté devait être sanctionné par le licenciement immédiat [77].

En même temps qu'ils reçurent la haute main sur le recrutement des polices régionales, les préfets virent s'accroître leur pouvoir hiérarchique sur le personnel policier. Un décret du 14 décembre 1942 déconcentra à leur profit le pouvoir de sanction, jusqu'à la révocation incluse, sur les membres des polices régionales d'État [78]. Les préfets régionaux commençaient aussi à avoir

---

* Oberg ne donna que le 18 octobre 1943 son accord aux décrets des 23 mars, 12 mai et 16 juin 1943 étatisant les polices respectivement de Seine-et-Marne, de la région de Rouen et des six régions de zone sud (Clermont-Ferrand, Limoges, Lyon, Marseille, Montpellier, Nice et Toulouse), AN F7 14907. C'est à la même date que fut autorisée l'étatisation dans la région de Rennes, demandée un an plus tôt, et avec cette réserve qu'elle fût limitée « aux communes dans lesquelles elle était reconnue nécessaire ».

** « Sauf des éléments jeunes, méritants et ayant fait leurs preuves, si leur départ n'entraîne pas de graves et durables perturbations », circulaire du 4 mai 1942, AN F7 14907.

prise sur les cadres, qui relevaient de la police nationale : le même décret de décembre 1942 leur donna le pouvoir de prononcer avertissements et blâmes à l'égard des commissaires et inspecteurs, une circulaire de juillet précédent ayant en outre abrogé l'instruction, ancienne mais toujours en vigueur, du 23 juin 1887 qui interdisait aux préfets « de se renseigner, lors de nominations ou déplacements de commissaires de police, auprès du préfet de département précédent sur leur conduite ou leur valeur professionnelle * ».

Les rafles, pierre d'angle de la collaboration

Ce vaste effort, de Bousquet d'abord, du gouvernement ensuite pour construire une police efficace n'avait de sens que si le maintien de l'ordre restait de la compétence du gouvernement français. Comme de nombreux hauts fonctionnaires du régime, Bousquet se persuada qu'une implication plus forte dans la collaboration était le prix à payer pour voir garantie la souveraineté française, symbolisée par la maîtrise de la police, instrument premier de l'autorité de l'État. Depuis la conférence tenue le 20 janvier 1942 à Wannsee, la « solution finale du problème juif » était devenue l'une des principales priorités du Reich : c'est donc pour atteindre cet objectif que l'occupant demanda l'appui de l'appareil policier français et que Laval et Bousquet, considérant que le sort de quelques milliers de juifs n'était pas un prix trop élevé pour assurer la place de la France dans l'Europe allemande, l'accordèrent. Si, estimaient-ils, le partenaire allemand se laissait ainsi convaincre de la sincérité des intentions collaboratrices du gouvernement français, il deviendrait sans doute plus facile de le persuader de la nécessité de laisser à Vichy la haute main, dans les deux zones, sur une police dotée d'un armement suffisant pour être efficace. Cette logique, de négociation et non d'opposition, permet de suivre l'implication de l'ensemble de l'appareil d'État français, depuis les préfets jusqu'aux gardiens de la paix, dans les rafles voulues par l'ennemi. Avant d'examiner comment se concrétisa cette collaboration que vinrent officialiser les accords Oberg-Bousquet de l'été 1942, opposons-leur pour mémoire le texte écrit, dix-huit mois plus tôt, par le représentant du ministère de l'Intérieur en zone occupée pour tenter d'excuser la participation de la police française à l'arrestation de ressortissants anglais : « La police française, lisait-on dans une note du 10 décembre 1940, a été amenée à prêter son concours à l'arrestation des nationaux anglais de la région parisienne à la suite d'une réquisition allemande. Celle-ci a été présentée dans une forme qui a empêché les chefs de cette police de savoir à quelles opérations le personnel allait être utilisé [79]. »

C'est effectivement dans un tout autre esprit que Bousquet conduisit, à partir de la mi-juin 1942, sa négociation avec le général Oberg. La charnière en fut, le 2 juillet, la réunion mettant face à face Oberg et ses collaborateurs Knochen, Lischka et Hagen d'une part [80], Bousquet d'autre part, représentant à

* La suppression de cette interdiction, précisait la circulaire du 9 juillet 1942 qui la décidait, devait avoir pour seul résultat de « favoriser le relèvement de fonctionnaires qui auraient pu commettre des erreurs ou des fautes », AN F7 14907.

lui seul la partie française *. Pour atteindre son objectif essentiel, l'autorité du gouvernement français sur l'ensemble de sa police, Bousquet était prêt à jouer gros. Ce qu'il fit puisque, outrepassant les instructions découlant de la position prise par Laval lors du Conseil des ministres du 26 juin **, il accepta de prêter le concours de la police française pour l'arrestation, « sur l'ensemble du territoire français, du nombre de Juifs ressortissants étrangers que [les Allemands] voudraient[81] ». On tomba d'accord sur le chiffre de 32 000 – dont 10 000 proviendraient de zone libre, comme Bousquet s'y était déjà engagé lors d'une réunion plus restreinte tenue le 16 juin[82] – chiffre qui fut dépassé deux jours seulement après avoir été émis, Bousquet apportant alors, au cours d'une nouvelle réunion avec Knochen, « l'accord du maréchal Pétain et du président Laval [...] sur l'évacuation, dans un premier temps, de tous les Juifs apatrides séjournant en zone occupée et en zone non occupée[83] ». « La décision prise, il faut l'appliquer », exposait « calmement et clairement » Bousquet le 11 septembre 1942 au pasteur Boegner venu protester, au nom de l'Église protestante, contre les déportations ***. De cette application, les 16 et 17 juillet à Paris ****, puis entre le 26 et le 28 août en zone non occupée[84], Bousquet, relayé par ses deux principaux collaborateurs, Ingrand pour la zone nord et Cado pour la zone sud, s'était chargé en adressant les instructions nécessaires, le 15 juillet au préfet de police, puis tout au long du mois d'août aux préfets de zone sud. La teneur du télégramme qu'il envoya le 22 août aux préfets régionaux permet de ne pas douter de l'importance qu'il attachait au succès des opérations :

> Le chef du gouvernement tient à ce que vous preniez personnellement en main le contrôle des mesures décidées à l'égard des Israélites étrangers. Vous n'hésiterez pas à briser toutes les résistances que vous pourrez rencontrer dans les populations et à signaler les fonctionnaires dont les indiscrétions, la passivité ou la mauvaise volonté auraient compliqué votre tâche. D'autre part, dans les jours qui suivront l'opération projetée, je vous demande de faire procéder

* Ce seul fait souligne l'optimisme et la confiance en soi avec lesquels Bousquet entamait son pari.

** Pétain, que Laval s'était engagé à informer préalablement à la mise en œuvre de toute mesure de police frappant les juifs, souhaitait que la police française ne soit pas mêlée aux arrestations – contre lesquelles le gouvernement n'avait rien à redire, aussi longtemps qu'elles concernaient des juifs étrangers, S. Klarsfeld, *Le Calendrier...*, *op. cit.*, p. 249 et 258.

*** *Op. cit.*, p. 202. Au cours de cet entretien, Bousquet souligna que « le rôle de l'opinion publique est de s'émouvoir ; celui du gouvernement est de choisir » et estima, sûr de lui, que « l'impopularité actuelle du gouvernement sera un de ses plus beaux titres de gloire dans l'avenir », *ibid.*, pp. 203 et 205.

**** De nombreux ouvrages évoquent la rafle du Vel' d'Hiv, à commencer par celui de Claude Lévy et Paul Tillard, *La Grande Rafle du Vel' d'Hiv*, Laffont, 1967, rééd. 1992. Voir également R. Poznanski, pp. 383-386 et S. Klarsfeld, *Le Calendrier...*, *op. cit.*, pp. 289 à 336. L'ensemble du ministère de l'Intérieur n'était pas concerné par ces opérations puisque le 17 juillet, alors que la rafle continuait, une circulaire qu'Hilaire adressa aux préfets était consacrée à l'équipement du personnel des services publics locaux, s'attachant notamment à détailler l'uniforme des huissiers de préfecture, AN F1a 3680.

> à des contrôles extrêmement sévères et à des vérifications d'identité par d'importantes forces de police afin de libérer totalement votre région de tous les Juifs étrangers dont le regroupement est prévu par ma lettre du 5 août et correspondances postérieures[85].

D'un protocole l'autre

Entre la rafle du Vélodrome d'Hiver et celles intervenues cinq semaines plus tard en zone sud, la négociation entre Oberg et Bousquet avait progressé. Même si les représentants d'Eichmann, Dannecker et Röthke furent déçus par le résultat des rafles opérées par la police parisienne les 16 et 17 juillet[86], Oberg et Knochen firent part à Bousquet de leur satisfaction *. Mieux valait, à leurs yeux, abandonner la recherche d'un objectif irréaliste pour ménager l'avenir. Les forces de police françaises feraient en effet toujours mieux en la matière, et à un coût économique et politique moindre, que leurs homologues allemandes. Obtenir l'aide et la collaboration volontaires de l'appareil policier français constituait un investissement rentable, qui méritait bien que l'on différât la réalisation des programmes de déportation. Le 23 juillet, une note allemande vint définir les missions, les compétences et les relations des autorités françaises et allemandes en matière de maintien de l'ordre. Légèrement modifiés lors d'une ultime phase de négociations épistolaires, les termes de cette note, officialisés par une déclaration d'Oberg, le 8 août 1942, aux préfets régionaux de zone occupée qu'il avait convoqués dans ses locaux du boulevard Lannes, passèrent à la postérité sous le nom d'« accords Oberg-Bousquet » **. Trois documents, publiés en annexes du *Vichy-Auschwitz* de Serge Klarsfeld, permettent de suivre les positions et l'état d'esprit du secrétaire général à la police tout au long de ces discussions. Il s'agit d'abord de ses propositions initiales à Oberg, datées du 18 juin, ensuite de la note allemande, déjà évoquée, du 23 juillet, qui mettait en forme plusieurs des éléments traités lors de la réunion du 2 juillet ***, de la note très circonstanciée enfin par laquelle Bousquet informa Laval, le 26 juillet, du résultat de la négociation, « moins mauvais que ce que l'on pouvait redouter[87] ». Ce dernier texte définissait avec précision la frontière au-delà de laquelle Bousquet estimait qu'il

---

* Oberg écrivait le 23 juillet à Bousquet : « Je vous confirme bien volontiers que la police française a réalisé jusqu'ici une tâche digne d'éloges », cité par S. Klarsfeld, *Le Calendrier...*, *op. cit.*, p. 259.

** Ce dernier s'est élevé contre cette appellation, en rappelant que le texte du 8 août ne différait pas de la note du 23 juillet, écrite unilatéralement par les services d'Oberg. Le terme d'« accords », s'il est donc formellement inexact, peut néanmoins être retenu dans la mesure où, comme Bousquet l'écrivait le 26 juillet à Laval, le texte du 23 prenait en compte les plus importantes des concessions obtenues par le secrétaire général à la police de ses interlocuteurs SS.

*** Où la question des actions à mener contre les juifs, et notamment les rafles imminentes, n'occupe qu'un peu moins de la moitié de l'ordre du jour, si l'on en juge d'après le compte rendu rédigé par Hagen, le reste étant consacré à l'organisation de la police française, notamment les GMR et la gendarmerie.

n'existerait plus de souveraineté française. Avec lucidité, il exposait le dilemme dans lequel était enfermée l'administration, en rappelant les limites posées par l'occupant à l'exercice de ses missions :

> L'affaire devient [...] délicate lorsqu'on veut préciser la tâche de l'administration et de la police françaises dans ses rapports avec la nouvelle administration allemande. Il faut pourtant y arriver, sinon il continuera à ne plus y avoir de limites aux exigences allemandes. Il n'y a que trois solutions :
>
> – La première, c'est la thèse allemande de la subordination de plus en plus totale, telle qu'elle vous a été exposée en mai dernier. À mes yeux, elle constitue une violation flagrante de l'armistice.
>
> – La deuxième, c'est la reconnaissance du fait que l'installation des SS ne change rien aux rapports existant entre l'administration militaire allemande et l'administration française. Cette solution eût été acceptable jusqu'en août 1941. Aujourd'hui, elle serait catastrophique puisqu'elle consacrerait des errements intolérables et maintiendrait le gouvernement dans une situation humiliante, pour ne pas dire plus. Si l'une ou l'autre de ces deux solutions avaient été finalement retenues, il eût mieux valu dire nettement aux Français que le gouvernement se trouvait dans l'impossibilité de défendre ses droits et les leurs.
>
> – La troisième solution, c'est une coopération aussi limitée que possible dans le cadre de la convention d'armistice. La difficulté pour faire triompher cette thèse, c'est d'obtenir des Allemands le renoncement, d'une part à la méthode à laquelle ils ont recours depuis un an, d'autre part à une situation de fait qu'ils veulent considérer comme une situation de droit par le seul fait qu'elle a été imposée et qu'elle existe[88].

La collaboration apparaissait ainsi clairement pour Bousquet comme le seul moyen de restaurer l'autorité du gouvernement français sur sa police, face aux atteintes portées à la convention d'armistice par la subordination de fait des hiérarchies policières locales aux autorités d'occupation, qui allaient jusqu'à leur donner des ordres directs. Situation « intenable et injustifiable », estimait le secrétaire général qui redoutait « qu'elle s'aggrave encore par la généralisation de l'intervention française faite sous la menace allemande et avec l'appui des troupes d'occupation. Je sais que, pour cette tâche, l'administration française dans son ensemble se dérobera. Mais je redoute la pression individuelle sur des fonctionnaires sans défense, les menaces qui s'abattront à nouveau sur eux. Les autorités allemandes trouveront malheureusement dans certains éléments de la population des concours qui se manifestent déjà sous des formes singulièrement graves[89] ». Par-delà son souhait de protéger tel ou tel agent soumis localement à des menaces ou des pressions, c'est l'indépendance de principe des administrations de zone occupée que Bousquet entendait sauvegarder. Il estima avoir obtenu satisfaction sur des questions essentielles : aucun ordre ne serait, à l'avenir, transmis directement par les autorités d'occupation à des fonctionnaires de police français, la politique des otages et des représailles collectives serait abandonnée, les tribunaux français seraient seul habilités à juger les ressortissants français coupables de délits « qui ne sont pas directement dirigés contre l'armée et les autorités d'occupation ». La note du 26 juillet se concluait par une allusion de Bousquet à la réaction des préfets régionaux devant le projet de protocole qu'il leur avait officieusement présenté. Le secrétaire général à la police indiqua certes qu'ils y avaient vu un texte qui « contenait l'essentiel de ce qu'ils n'osaient espérer », mais ne put s'empêcher d'être sceptique sur l'avenir :

> L'optimisme [des préfets régionaux] résulte surtout de la situation effroyable à laquelle ils font face depuis un an. [...] Cette déclaration ne règle rien. Elle vaudra ce que sera l'exécution. Et là, il faudra surmonter au jour le jour une opposition qui, au moindre incident, se manifestera et aura la nostalgie des errements condamnés et des habitudes prises [90].

Il eut rapidement l'occasion de constater que son pessimisme était fondé. Alors que les Allemands s'étaient engagés à mettre fin aux prises d'otages, le 11 août, alors que Laval s'apprêtait à accueillir le premier train de prisonniers rentrés au titre de la Relève, 93 Parisiens furent exécutés en représailles contre un attentat dont avaient été victimes quelques jours plus tôt deux soldats allemands [91]. Cela n'empêcha pas le secrétaire général à la police de continuer à donner les gages promis : dès le 13 août les préfets régionaux se virent recommander d'informer les parquets du « caractère exemplaire que [devait] revêtir désormais la répression des menées antinationales [92] », tandis que la préparation des rafles des juifs de zone sud continuait. Les événements de l'automne 1942 puis l'instauration du STO en février 1943 accentuèrent encore la pente répressive du régime. Alors présentes sur l'ensemble du territoire français, les autorités allemandes s'impatientaient du manque d'ardeur que mettait, selon elles, la police française à remplir ses missions de lutte contre « dissidents », « terroristes » et « réfractaires ». La dégradation de la situation conduisit Bousquet à essayer de reprendre l'initiative, juste après sa rencontre avec Himmler dans les premiers jours d'avril 1943. Tout en s'efforçant de faire remettre à l'ordre du jour – alors que le sujet n'était pas de sa compétence – le projet de dénaturalisation des juifs français déjà évoqué, il sollicita avec insistance auprès d'Oberg, le 13 avril, l'appui allemand pour sa reprise en main de la police française, face à la situation nouvelle dans laquelle se trouvait plongée la France « depuis l'agression anglo-américaine en Afrique du Nord et la trahison de certaines hautes personnalités françaises » :

> Dans la plupart des affaires découvertes par la police française, il devient souvent impossible de dissocier l'action dirigée contre l'armée allemande de celle qui s'efforce d'atteindre le régime intérieur et le gouvernement français. Le but que se proposent ceux qui inspirent ces actions criminelles est clair. Dans la mesure même où le gouvernement français définit avec plus de netteté sa politique, les attaques dirigées contre lui par tous les moyens, et notamment par les terroristes, les communistes et les communistes *(sic)* s'accroissent [93].

Cette confusion de cibles avait conduit, estimait Bousquet, à écarter des tribunaux français le jugement d'affaires les concernant au premier chef. Or ce dessaisissement « favoris[ait] la campagne de démoralisation que l'étranger a[vait] entrepris à l'égard de la police française. Celle-ci, travaillée par de mauvaises propagandes, peut perdre peu à peu la notion qu'elle travaille pour son pays pour croire simplement qu'elle subit la servitude de la défaite. Si telle était l'impression de la police française, continuait-il, je sais qu'elle serait loyale, mais je suis sûr qu'elle deviendrait passive. Or je veux qu'elle soit à la fois loyale envers vous et active dans la mission qui lui est confiée par le gouvernement français [94] ». Le meilleur outil permettant d'atteindre cet objectif consistait, selon lui, en une déclaration d'Oberg réaffirmant solennellement que la collaboration n'excluait pas le maintien de l'indépendance des forces françaises de maintien de l'ordre. Bousquet réitéra alors son interprétation des termes de l'accord d'août 1942, à savoir que les personnes arrêtées pour menées antinationales par la police française seraient punies par une juridiction française conformément à la loi française, à la seule exception de celles « ayant personnellement exécuté des actes dirigés contre les membres de l'armée d'occupation ou des actes de sabotage à l'égard d'installations militaires allemandes ». Cette claire répartition des responsabilités ne devait en aucun cas, aux yeux du secrétaire général, exclure un réel travail en commun puisque, afin d'aboutir à une « solution pratique et efficace du problème de la collaboration franco-allemande dans un domaine où les considérations psychologiques priment et commandent aux éléments techniques », deux avancées furent proposées, dont l'une on ne peut plus concrète :

> Bien entendu, les individus arrêtés par la police française pourraient être interrogés par la police allemande. Ces interrogations auraient lieu dans les locaux disciplinaires de l'administration française et en présence d'un fonctionnaire de la police française. Une collaboration confiante entre les commandeurs des SS et les intendants de police devrait également permettre à chacune de nos deux polices de recevoir des informations et d'être mutuellement tenues au courant de leur activité réciproque, afin de rendre leur action plus efficace [95].

De telles modalités de collaboration policière convenaient à Oberg, dont Bousquet obtint la déclaration publique qu'il attendait. Le chef suprême de la police et des SS en France la fit le 16 avril 1943 à l'hôtel des Célestins, siège vichyssois du ministère de l'Intérieur, devant les intendants de police et leurs homologues SS chargés des services allemands de police de l'ancienne zone libre. Elle fut suivie d'une allocution de Bousquet qui reprit, pratiquement à la lettre, les termes de ses correspondances avec Oberg.

La chute

Ce nouvel échange de bonnes paroles, qui forma les seconds « accords Oberg-Bousquet », ne suffit pas à enrayer la perte de confiance des Allemands dans l'administration policière française. L'étoile de Bousquet avait commencé à pâlir : dès février 1943, Pierre Limagne rapportait ainsi le bruit selon lequel « Bousquet, pas assez sûr, serait remplacé par un quelconque Déat ou Doriot, ou même par un quelconque Darnand * », et ce n'est que parce que

* *Op. cit.*, p. 1029. Les informations reçues à la même époque par le BCRA indiquaient que « les Allemands demandent avec insistance la nomination d'un ministre de l'Intérieur, car Bousquet ne leur donne plus satisfaction », 11 février 1943, AN 3AG2 325.

Knochen fit savoir à Berlin qu'« il n'avait rien de mieux sous la main[96] » que les Allemands décidèrent, fin mai 1943, de maintenir Bousquet en fonctions, en dépit de leur irritation devant l'attitude, bien molle à leurs yeux, des autorités policières françaises face aux passages répétés à la « dissidence » de hauts fonctionnaires et d'officiers français. Le secrétaire général à la police conserva donc son poste durant toute l'année 1943, même si Vichy bruissait à intervalles réguliers de rumeurs selon lequel Bousquet allait rejoindre un poste moins exposé, par exemple le secrétariat d'État au Ravitaillement *. Sa disgrâce finale doit être rapprochée non seulement de la dégradation globale des rapports franco-allemands à l'automne 1943, mais aussi du mécontentement des autorités d'occupation devant l'implication, qu'ils jugeaient insuffisante, des polices françaises dans la répression des « menées terroristes ». Dès septembre, une note de la Résistance pouvait ainsi indiquer que « M. Bousquet, véritable ministre de la Police au cours des derniers mois, vient de tomber en disgrâce. M. Bousquet, jeune arriviste qui n'avait pas craint de jouer 100 % la carte allemande, paraît suspect lorsqu'on constate qu'il n'aboutit à aucun résultat[97] ». Quelques jours plus tôt en effet, selon des sources comparables, les Allemands avaient eu l'occasion de manifester leur mauvaise humeur devant les préfets régionaux :

> Le 25 août, les préfets régionaux ont été convoqués directement par les autorités SS, qui leur ont signifié la dénonciation des accords Bousquet-Oberg portant sur la collaboration des polices allemandes et françaises. [...] Les autorités de police allemandes rendraient désormais personnellement responsables les préfets de l'activité policière et du maintien de l'ordre dans leurs ressorts respectifs. Le gouvernement n'avait pas été averti de cette convocation insolite de ses préfets. Laval, à Vichy, n'en a été informé qu'après coup par une communication de Brun, préfet régional de Clermont-Ferrand. La nouvelle a, sur le moment, provoqué une certaine émotion, qui s'est cependant assez aisément apaisée. Il n'en reste pas moins que le gouvernement a été en l'occurrence complètement « court-circuité » ; il était normal en effet qu'au moins le secrétaire général à la police ait été avisé. Les occupants ont passé par-dessus sa tête, et cela est venu confirmer les indications qu'on avait déjà sur la disgrâce de Bousquet auprès des Allemands. Laval essaie cependant de maintenir son secrétaire général en le plaçant dans une demi-ombre[98].

Causes ou conséquences de cette disgrâce, certaines réactions de Bousquet lui-même choquèrent les occupants, en témoignant de l'esprit, nouveau, de rébellion du secrétaire général face aux demandes d'arrestations de juifs. En octobre 1943, il refusa ainsi de livrer aux Allemands les listes de juifs français présents en zone ex-libre, et donna instruction au préfet de l'Orne de relâcher

* Les carnets de P. Nicolle, qui constituent un bon recueil de ce type de rumeurs, évoquaient cette possibilité à partir du début de l'été 1943 et jusqu'au 7 septembre. Cette porte de sortie figurait également, le 12 septembre, dans un message parvenu au BCRA, message où étaient évoqués les noms de trois successeurs possibles de Bousquet : le colonel Bernon, commissaire du pouvoir, Lemoine, préfet régional de Marseille, et Baillet, directeur des renseignements généraux, AN 3AG2 325.

immédiatement ceux qui venaient d'y être arrêtés[99], tandis que la teneur des propos officiels en la matière changea aussi sensiblement. Ingrand fit ainsi part à Bousquet, le 15 novembre, de son inquiétude devant l'arrestation par la police française de juifs français conduits à Drancy : « Cette procédure, écrivait-il, aboutit à faire livrer aux autorités allemandes, sans justification d'aucun motif, des citoyens français qui sont internés dans un camp allemand. Il importe de mettre un terme immédiat à des faits aussi inadmissibles. Seul le gouvernement peut et doit prendre position nettement sur cette question, en interdisant à tous les services de police, y compris la préfecture de police, d'arrêter des Juifs français s'il n'est pas possible d'établir qu'ils ont commis une infraction à la législation française. [...] S'il continuait à accepter de tels procédés, le gouvernement engagerait lourdement sa responsabilité morale, et surtout celle des fonctionnaires d'exécution qui reçoivent des autorités allemandes des instructions qui ont un caractère comminatoire[100]. » Bousquet finit par partager ce point de vue, adressant dix jours plus tard à Knochen une note dont Serge Klarsfeld, en la reproduisant, regrettait que sa teneur « très sèche » n'ait pas été la norme depuis juin 1942. Baroud d'honneur d'un homme qui n'avait plus rien à perdre – ou assurance prise sur l'avenir –, elle témoignait de la conversion tardive de Bousquet au principe de l'égalité juridique entre citoyens français de toutes origines :

> Pour les services de police et l'administration française, le fait d'être israélite ne constitue une présomption de responsabilité, ni en matière politique ni en matière de droit commun. Il ne peut même comporter une aggravation de cette responsabilité dans la mesure où un Juif est poursuivi pour un crime ou un délit puni par notre législation pénale. D'autre part, les ordonnances allemandes ne concernent que la zone occupée. L'attitude de l'administration française ne peut, par conséquent, être différente de ce qu'elle est, et il ne peut être question de modifier les instructions que j'ai été amené à donner pour assurer le respect de notre législation. Je suis certain que vous voudrez bien transmettre à vos services toutes instructions utiles afin d'éviter que de semblables exigences soient présentées aux autorités françaises qui ne peuvent que refuser d'y satisfaire[101].

Si l'on cherche à l'éviction de Bousquet un facteur déclenchant, on peut évoquer, outre la crise politique de fin novembre 1943 qui assombrit globalement les rapports franco-allemands, la volonté du secrétaire général de faire toute la lumière sur l'assassinat, le 6 décembre 1943, de son ancien protecteur Maurice Sarraut *. L'enquête qu'il ordonna, et qui ne pouvait que faire apparaître le rôle joué par la Milice dans ce crime, fut de nature à accélérer une chute programmée. Le départ du secrétaire général à la police, officiel le 31 décembre 1943, signait l'échec de la politique d'indépendance de la police française, politique payée d'un prix considérable. Alors qu'il présenta après guerre son action comme ayant permis de retarder la mainmise des partis collaborationnistes sur l'appareil policier, l'activisme de Bousquet, dont la capacité et l'efficacité

* Aux funérailles duquel il tint à assister en tant qu'« ami personnel » du défunt, voir P. Froment, *op. cit.*, pp. 420-424.

administratives sont indiscutables, permit d'offrir à la Milice, qui investit alors le secteur du maintien de l'ordre, un appareil de répression sensiblement mieux organisé et plus performant que celui dont il avait hérité en avril 1942.

Collaborer après novembre 1942

L'évolution du discours et de l'attitude de Bousquet dans ses dernières semaines montre que même les plus hauts niveaux de l'administration lavalienne pouvaient se mettre à douter. L'instauration du STO fut pour beaucoup dans cette prise en compte, tardive, par la fonction publique de la différence qu'il pouvait y avoir entre servir face à l'ennemi et servir l'ennemi, différence qu'avait contribué à masquer le choix d'octobre 1940 en faveur de la collaboration. Ceux qui en restaient les adeptes, dans la France totalement occupée de l'après-novembre 1942 où il était désormais flagrant que le gouvernement ne maîtrisait plus aucun des leviers effectifs de souveraineté, étaient souvent totalement isolés : leurs troupes refusaient en effet de les suivre dans des voies devenues clairement balisées soit par une volonté de fuite en avant, soit par la germanophilie, l'une comme l'autres peu prisées par une fonction publique prudente au moins autant que patriote.

La France aux Allemands

Le 11 novembre 1942, trois jours après le débarquement anglo-américain en Algérie, les troupes allemandes franchirent la ligne de démarcation, geste qui n'entraîna pour réaction vichyssoise qu'une protestation solennelle contre « des décisions incompatibles avec les conventions d'armistice * ». Le régime accepta ensuite le fait accompli, même si la désignation officielle des diverses portions d'un territoire désormais intégralement occupé, mais selon des modalités juridiques différentes, mit quelques jours à se stabiliser. Selon la consigne officielle obligatoire, il n'était pas question d'évoquer une quelconque occupation de l'ancienne zone libre, les journaux devant simplement informer leurs lecteurs que « les troupes allemandes travers[ai]ent la zone libre pour aller occuper des postes de défense sur la côte méditerrnéenne ** ». Le discours vichyssois sur la souveraineté voulut ne pas être affecté par le bouleversement ainsi intervenu : un communiqué du 13 novembre précisa que c'était « dans le cadre de la souveraineté française » que « le chef de l'État et le chef du gouvernement s'attach[ai]ent à résoudre les problèmes complexes que pos[ai]ent les événements[102] ». Les préfets de zone auparavant libre reçurent de Laval des instructions encore plus explicites, qui

---

* « Protestation platonique contre les ennemis, coups de canon contre les Alliés ! » notait P. Limagne, *op. cit.*, p. 891.

** Dénomination qui permettra à Pierre Limagne d'ironiser, quelques jours plus tard, sur la création d'une zone d'occupation italienne en Maurienne et en Tarentaise, en soulignant que « si les Italiens s'[y] sont installés, c'est sans arrière-pensée et avec le seul souci de défendre – de loin – les côtes méditerranéennes », 13 novembre 1942, *op. cit.*, p. 896.

soulignaient que, « conformément aux déclarations officielles, [...] la présence des troupes de l'Axe ne présente pas un caractère d'occupation. La souveraineté des autorités françaises est maintenue. Toutes les questions posées par le transit et le séjour des troupes sont exclusivement du ressort du ministère de l'Intérieur. [...] Vous ne devez en aucun cas saisir de difficultés éventuelles la commission d'armistice [103] ». Les préfets furent donc informés qu'un service *ad hoc* était créé au sein du ministère de l'Intérieur pour traiter des relations franco-allemandes dans l'ancienne zone libre, et incités à procéder de manière identique au niveau départemental en chargeant un bureau de la préfecture des relations avec l'autorité militaire allemande ou italienne. Car la tendance était, de part et d'autre, à l'apaisement. Les quelques tentatives de résistance, comme celle du général de Lattre à Montpellier, furent désavouées par le gouvernement et Claude Bourdet rappelle dans ses Souvenirs que les stocks d'armes livrés à la Résistance par un petit nombre d'officiers furent récupérés quelques heures plus tard sur ordre du général Bridoux, secrétaire d'État à la Guerre et chaud partisan de la collaboration [104].

L'occupant allemand s'étant révélé une fois de plus « correct », le gouvernement tint en effet à ce « qu'un effort loyal [fût] fait par toutes les administrations locales pour éviter tout incident », bien entendu « dans le cadre du maintien de la souveraineté française ». Des instructions furent ainsi données aux préfets non seulement pour que soient refusées, en zone sud, réquisitions et monnaie allemandes, mais surtout pour veiller à l'indépendance de la police, « toutes opérations de police nécessaires dev[ant] être effectuées directement et exclusivement par des services français agissant sous leur responsabilité et conformément à la loi française [105] ». Alors que, pour les Français de l'époque comme pour les historiens d'aujourd'hui, la France était entièrement occupée, Vichy s'attachait au formalisme juridique selon lequel rien n'était modifié par rapport au régime de partition du territoire posé par les conventions d'armistice. Ce souci de voir affirmer sa souveraineté formelle, traduction concrète d'une légitimité qui apparaissait de plus en plus fragile, resta l'obsession du régime jusque dans ses derniers temps. Le directeur du cabinet du ministre de l'Éducation nationale tint ainsi à préciser, dans une circulaire de juillet 1943, que c'était par erreur qu'avait été employée, dans un texte antérieur, l'expression « la zone totalement occupée », termes qu'il convenait de remplacer par « la zone nord et la zone sud * ». Le gouvernement

* Circulaire du 9 juillet 1943 modifiant la circulaire du 23 juin précédent, relative à la compagnie théâtrale Regain, AN F17 13323. La volonté de se masquer la réalité n'allait toutefois pas jusqu'à continuer à utiliser ici l'expression de « zone occupée » pour désigner les territoires situés au nord de la ligne de démarcation. Mais la DGTO ne changea ni de sigle ni de mission. À l'extrême fin du régime, cette revendication de souveraineté s'exprimait toujours, de manière dérisoire, comme lorsque le secrétariat général du chef du gouvernement tint à diffuser, le 8 juillet 1944, une note reçue peu auparavant du MBF pour indiquer que « les mesures prises par les autorités allemandes dans certains départements de zone sud en ce qui concerne le rétablissement du calme et de l'ordre sont temporaires et ne touchent point à la souveraineté du gouvernement français en zone sud », AN F60 580.

français avait pourtant obtenu, en février 1943, ce qui aurait été considéré comme une grande victoire deux ans plus tôt, à savoir un assouplissement sensible des conditions de franchissement de la ligne de démarcation *. Mais la nouvelle fut éclipsée par l'annonce simultanée des exigences allemandes en matière de réquisition de main-d'œuvre, qui avaient conduit à la loi du 16 février 1943 instaurant le Service du travail obligatoire. Dès le début de mars, la suppression de la ligne – mesure que Pierre Nicolle avait saluée comme constitutive des « premières améliorations substantielles obtenues par la France aux conditions qui [lui] avaient été imposées au lendemain de la défaite [106] » – voyait, à en croire les préfets, « l'effet de détente qu'on était en droit d'[en] attendre rapidement annihilé par les mesures de recensement et le SOT [107] ». En tout état de cause, comme l'avaient indiqué les consignes de censure, il s'agissait d'un « assouplissement », non d'une suppression [108] : le fractionnement du territoire français subsistait, les autorités d'occupation rappelant par exemple au gouvernement français, en juillet 1943, que les fonctionnaires désireux de se rendre en zone interdite devaient être en possession d'un laisser-passer qu'elles seules étaient en mesure de délivrer [109]. Prenant Vichy au piège de son juridisme, les Allemands continuèrent à s'opposer, aussi tard qu'en décembre 1943, au retour à l'unité administrative des départements traversés par la ligne de démarcation :

> Dans certaines régions, quelques services de la zone occupée ont été rattachés administrativement à des directions siégeant dans la zone non occupée. La ligne de démarcation séparant distinctement deux régions juridiques, il ne peut être reconnu que des services français, ayant leur direction au-delà de la ligne de démarcation, puissent donner des ordres en zone occupée. Aucun retour à l'unité administrative des départements traversés par la ligne de démarcation ne saurait être envisagé pour le moment, fût-ce même à l'égard de services purement techniques [110].

Malgré les contorsions juridiques des communiqués officiels, le pays était bel et bien entièrement occupé, et l'administration entièrement contrôlée. Tandis que les rapports des préfets de zone occupée soulignaient, de la part des autorités allemandes, une « immixtion dans l'administration française qui [allait] s'accentuant ** », un appareil d'occupation spécifique se mit en place dans l'ancienne zone libre. Le MBF imagina ainsi l'installation, auprès de

* Comme l'annonça le 21 février Laval lui-même, il suffisait désormais – « sauf pour les juifs et les indésirables » – de présenter une carte d'identité valable pour 1943 pour être autorisé à passer d'une zone à l'autre. Une circulaire du secrétaire général du chef du gouvernement vint préciser, le 27 février 1943, les modalités d'application de la mesure, AN F60 109.

** « Dans plusieurs départements, demandes de renseignements de plus en plus fréquentes et précises, et ordres donnés souvent en contradiction avec les lois françaises » (octobre 1942) ; « Les autorités d'occupation continuent à manifester le même intérêt pour tout ce qui touche à l'administration française et surveillent étroitement le fonctionnement des services » (novembre 1942) ; « Les exigences de l'administration militaire sont toujours nombreuses, et semblent plus impérieuses que par le passé (janvier 1943), etc., AN F1cIII 1198.

chaque préfet régional, d'une « section principale de liaison » ayant autorité sur des sections implantées dans chaque préfecture de la région, l'ensemble étant chargé d'« assurer la liaison entre les troupes allemandes et les services administratifs français locaux[111] ». Les autorités d'occupation entendirent parallèlement renforcer leur contrôle sur les nominations de fonctionnaires français. La souplesse née du *modus vivendi* de décembre 1940 céda la place à une surveillance étroite de l'administration française. Le commandant du secteur d'occupation nord-ouest, qui siégeait à Saint-Germain-en-Laye, indiqua ainsi en mars 1943 à ses subordonnés que « la surveillance du personnel de l'administration française prend une importance croissante », de sorte qu'il leur revenait de se faire une idée « pertinente et mise à jour » de la personnalité des principaux fonctionnaires en poste dans leur ressort et de la confiance qui pouvait leur être accordée. Il s'agissait d'abord des membres de l'administration préfectorale, mais aussi des responsables de services plus techniques, depuis les ponts et chaussées jusqu'au ravitaillement en passant bien entendu par la direction départementale du travail ou les services de la propagande. Au-delà de la simple surveillance, il convenait désormais de « tendre à diriger et orienter, davantage que cela n'a été fait jusqu'à présent, l'administration française dans le sens allemand », et à cette fin de disposer de renseignements fiables sur « l'attitude politique, l'atmosphère et la capacité d'engagement de la masse des fonctionnaires * ». Les responsables locaux de l'appareil d'occupation devaient en outre œuvrer au développement d'un climat de « compréhension pour les tâches de l'administration militaire », et ce au moyen de diverses initiatives, allant de l'organisation de réunions avec les maires des communes de plus de 10 000 habitants jusqu'à la recherche de sympathisants de la collaboration à tous les échelons de l'administration française. Il était en effet essentiel, concluait la note, « d'exercer une influence directe sur les niveaux administratifs subalternes, afin d'assurer un bon fonctionnement administratif français, y compris dans le cas où un haut fonctionnaire viendrait à faire défection ».

Toute cette affaire était suffisamment importante et délicate pour que le concours des services allemands spécialisés ne fût pas négligé. Si chaque *Feldkommandant* fut ainsi appelé à s'entourer des avis du SD local et de la *Propagandastaffel*, comme le confirma à la même époque le MBF au commandant du secteur sud-ouest (Angers), la responsabilité finale restait celle de l'administration militaire **. Si, poursuivait le *Militärsbefehlshaber*, le gouvernement français n'était formellement tenu de solliciter aucun accord pour nommer des

* Note du *Befehlshaber Nordwesterns Frankreich*, 24 mars 1943, AN AJ40 541. L'importance, pour le bon fonctionnement du STO, des questions concernant la jeunesse conduisit en octobre suivant le MBF à étendre aux délégués régionaux et départementaux de la jeunesse le champ des fonctionnaires dont la nomination devait être explicitement autorisée par les autorités d'occupation, lettre du 20 octobre 1943, AN AJ40 541.

** Lettre du MBF au *Befehlshaber Südwesterns Frankreich*, 2 avril 1943, AN AJ40 541. Le témoignage déjà cité de Hilaire confirme qu'à partir du printemps de 1943 le Majestic

fonctionnaires locaux, à l'exception évidente de ceux relevant du maintien de l'ordre, l'autorité occupante était toujours en mesure de demander le remplacement de fonctionnaires français peu coopératifs. Dans cette hypothèse, et parce qu'une telle exigence devait être soigneusement motivée, une collaboration poussée entre l'administration militaire et le SD était indispensable pour préparer les dossiers[112], et ce d'autant plus que, comme l'indiqua en juillet 1943 le MBF aux trois commandants de zones placés sous ses ordres, « le gouvernement français rencontre des difficultés compréhensibles pour pourvoir les postes de l'administration préfectorale, compte tenu du fait que les agents démis de leurs fonctions ne peuvent pas être réutilisés. Les autorités françaises en tirent argument auprès de nous, ne serait-ce que pour demander que nous fassions preuve de souplesse dans nos demandes ultérieures de relèvement[113] ». Le chef suprême de l'administration militaire rappelait donc à ses subordonnés – qui avaient reçu une première demande en ce sens un an plus tôt, en mai 1942 – qu'il était devenu de la toute première importance qu'ils repèrent dans leur circonscription des fonctionnaires français de confiance, « préfets, secrétaires généraux et autres fonctionnaires d'autorité dont le comportement a montré qu'ils étaient particulièrement utilisables pour la cause allemande, et sur lesquels nous pourrions attirer l'attention des autorités françaises[114] ».

C'est sans doute forts des éléments ainsi obtenus[115] que les Allemands demandèrent à Laval de créer une « commission d'épuration, qui éliminerait tous les fonctionnaires trop peu collaborationnistes » et dont la présidence serait confiée à de Brinon[116]. Laval refusa, et monta au contraire en première ligne, comme l'indiqua en novembre Guérard aux ministres en leur demandant de « signaler, au fur et à mesure qu'elles se posent, les questions qui nécessitent une intervention personnelle du chef du gouvernement auprès des autorités d'occupation[117] ». Qu'il fût devenu nécessaire de recourir à un tel niveau de traitement des dossiers confirmait la perte totale d'indépendance de l'appareil d'État français, situation que dénonçait en juillet 1943 un tract du Front national :

> Les préfets ont pour premier devoir d'obéir aux *Feldkommandanturs (sic)*. La docilité de tous les chefs de service aux ordres des nazis est garantie par la menace perpétuelle d'arrestation, souvent mise à effet. La pratique administrative quotidienne fait constater à travers tous les fonctionnaires l'inexistence de l'État français comme tel, puisqu'ils observent à tout instant que, même sanctionnées par le MBF, les dispositions gouvernementales sont ensuite invalidées sans la moindre gêne par les autorités allemandes. [...] Il ne se passe pas de jour que le moindre colonel allemand ne montre par ses notes ce qu'il faut penser de la fiction gouvernementale de Vichy[118].

---

fut astreint à demander, avant d'agréer quelque nomination dans l'administration préfectorale, l'avis des services de renseignements SS, qui disposaient d'un fichier d'autant plus précis qu'il avait été construit à partir des archives du ministère de l'Intérieur saisies en juillet 1940, *La Vie de la France...*, *op. cit.*, t. I, pp. 410-411.

Le STO, outil de la guerre totale

L'accélération des opérations militaires – débarquement allié en Afrique du Nord, suivi trois mois plus tard de l'échec allemand devant Stalingrad – conduisit à une intensification notable de l'effort de guerre allemand, après qu'Hitler eut proclamé la « guerre totale » dans un discours du 13 janvier 1943. La France était alors sortie depuis longtemps de la fiction, à laquelle s'accrochait Vichy, selon laquelle cette guerre n'était plus la sienne. En témoignaient les bombardements qui l'atteignaient, depuis le début de 1941 sur la zone littorale, et plus massivement à partir de 1942 : le 3 mars de cette année, un raid aérien visant les usines Renault de Billancourt provoqua des centaines de morts, entraînant une vigoureuse campagne de presse anglophobe [119]. Les Français allaient bientôt avoir à subir une autre conséquence de l'intensification des opérations de guerre : en mars 1942, Fritz Sauckel, ancien *gauleiter* de Thuringe, fut nommé par Hitler « planificateur général pour le recrutement de la main-d'œuvre » et doté des pleins pouvoirs pour faire venir, de gré ou de force, les ressortissants des pays occupés prendre dans les usines du Reich la place laissée vacante par les hommes mobilisés. À partir de l'été 1942, et plus largement au cours de l'année 1943, ses exigences allaient constituer l'un des principaux enjeux des négociations menées par Laval avec l'occupant, et devenir progressivement une question essentielle sur le plan intérieur.

Des ouvriers français avaient déjà été recrutés par les bureaux de placement allemands installés dans les principales villes françaises avec l'accord de Vichy. Ils étaient suffisamment nombreux pour qu'en mars 1942 le ministère des Finances donnât son accord à la création d'un service de la main-d'œuvre française en Allemagne, confié à Gaston Bruneton*. La mise en œuvre de la Relève [120], par laquelle Laval, dans les premiers temps de son gouvernement, pensa pouvoir satisfaire les nouvelles exigences de Sauckel, favorisa l'activité de ce service, qui reçut en juin 1942 des moyens substantiels**. Devant la menace brandie par les Allemands d'effectuer autoritairement les prélèvements de main-d'œuvre dont ils avaient besoin, le gouvernement promulgua, le 4 septembre 1942, une loi « sur l'utilisation et l'orientation de la main-d'œuvre [121] ». Présentée officiellement comme visant à « mettre fin aux conditions désordonnées d'embauchage et de licenciement », elle autorisait la réquisition des Français âgés de dix-huit à cinquante ans et des Françaises célibataires ayant entre vingt et un et trente-cinq ans, pour « effectuer tous les travaux que le gouvernement jugera utiles dans l'intérêt supérieur de la nation ». Les étudiants étant

---

* Lettre du directeur du budget à J. Benoist-Méchin, secrétaire d'État à la vice-présidence du Conseil, 12 mars 1942, SAEF B 11859. 28 créations d'emploi lui furent accordées, dont 7 postes de délégués chargés d'inspecter en Allemagne les conditions de travail et de vie des ouvriers qui s'y trouvaient, ainsi que le recours à des auxiliaires.

** À la demande de Guérard, la direction du budget accepta de faire une entorse aux règles qu'elle s'était fixées, en proposant à l'examen du comité budgétaire un projet de loi permettant d'accroître, sans attendre la loi de finances à venir, les dotations mises à la disposition de Bruneton, 20 juin 1942, SAEF B 11860.

exclus du dispositif, il en découla un afflux d'inscriptions à la capacité en droit, pour la préparation de laquelle aucun diplôme n'était requis : face à un quintuplement des effectifs par rapport à 1939, le doyen Ripert, ancien secrétaire d'État à l'Éducation nationale, crut de son devoir d'en alerter Abel Bonnard [122]. Les fonctionnaires, sur présentation d'un certificat d'emploi établi par leur supérieur hiérarchique, échappaient également à la réquisition [123]. Au nom de la solidarité entre Français *, et surtout pour répondre aux exigences devenues impérieuses de Sauckel, la loi du 16 février 1943 instaurant un service obligatoire du travail de deux ans pour les jeunes gens nés entre le 1er janvier 1920 et le 31 décembre 1922 [124] comporta beaucoup moins d'exemptions : les étudiants y étaient soumis, tout comme la quasi-totalité des fonctionnaires, la plus significative des exceptions étant celle des policiers.

La loi eut un grand nombre de décrets et circulaires d'application, qui définissaient notamment les modalités de recensement et d'examen des requis, classés en diverses catégories selon leur état physique et leur degré d'utilité à la collectivité nationale. Les préfets furent chargés, sous la surveillance d'un commissariat général au service du travail obligatoire créé pour l'occasion **, de la conduite de ces opérations, censées être achevées le 15 mars. Le commissariat général reprenait quelques-unes des fonctions qu'exerçait auparavant l'administration centrale du ministère du Travail, dont le secrétaire général, Jean Terray, avait démissionné en septembre 1942 devant l'intensification des pressions allemandes. Son premier titulaire fut Robert Weinmann, proche de Bichelonne et des milieux technocratiques entrés avec Pucheu dans les sphères du pouvoir ***, qui céda sa place en décembre suivant à François Chasseigne, ancien député socialiste et représentant caractéristique de cette collaboration de gauche qui suivit Laval jusqu'au bout de son antibolchevisme. On trouvait au sein du commissariat général un personnel hétérogène, au moins si l'on en croit un message adressé au BCRA en octobre 1943, alors que l'organisme avait changé d'appellation pour prendre celle, moins choquante, de commissariat général au travail et à la main-d'œuvre : « D'anciens militaires, des petits fonctionnaires en mal d'avancement et quelques polytechniciens que M. Bichelonne avait convaincus de la nécessité de défendre la forteresse Europe par tous les moyens, pour le plus grand bien de l'élite à laquelle ils appartiennent [125]. »

---

* La consigne de presse annonçant la création du STO précisait que le dispositif « a pour but de répartir équitablement entre tous les Français, quelle que soit leur catégorie sociale, les charges résultant des besoins de notre économie », citée par P. Limagne, *op. cit.*, p. 1042.

** Par une loi du 23 février 1943, jugée à ce point urgente qu'elle fut publiée, au *Journal officiel* du 25 février 1943, avant d'avoir été contresignée par les ministres, qui ne furent saisis que le 1er mars pour régularisation, AN F60 89.

*** L'ouvrage, déjà cité, de Gérard Brun sur *Technocrates et technocratie en France,* s'il évoque à trois reprises Weinmann pour son rôle dans la création du Centre d'information interprofessionnel mis en place sous l'égide de Pucheu, est en revanche muet sur les activités du même Weinmann au cours de l'année 1943.

L'organisation de la nouvelle instance fut calquée sur celle des administrations traditionnelles : le commissariat général, qui coiffait un réseau de directions départementales, fut assisté à partir d'avril par un Conseil supérieur du service obligatoire du travail et des chantiers de jeunesse [126] dont la présidence était assurée par Abel Bonnard. Le Conseil se réunit à plusieurs reprises, notamment pour entendre son président célébrer les formidables opportunités de rencontre entre jeunesses française et allemande offertes par le STO. Si, selon le général de La Porte du Theil qui en était membre, il ne produisit rien de très concret, ce conseil n'hésita pas à adopter des résolutions musclées, telle celle demandant à Laval d'organiser des rafles de ces « jeunes gens inoccupés qui, dans les villes, en compagnie de jeunes filles qui leur ressemblent, paraissent n'avoir rien d'autre à faire que de se chercher du plaisir », rafles qui devaient être accompagnées d'un effort de propagande soulignant « la volonté du gouvernement de ne permettre à personne de se dérober au devoir commun [127] ». En raison de l'importance prise par ce dossier dans la négociation franco-allemande, un jeune sous-préfet, Philippe Frantz *, se vit confier au sein du secrétariat général du chef du gouvernement, sous le nom semi-camouflé de « mission de la jeunesse », un service chargé de suivre ces questions, dont les plus délicates étaient souvent soumises à l'arbitrage de Guérard, signataire des principales circulaires sur le sujet **.

La mise en place, au sein de l'administration française, d'une véritable machine à recenser et à expédier *** les jeunes gens en Allemagne, entraîna naturellement son lot de conflits bureaucratiques. C'est ainsi que Laval dut confier, mi-1943, à l'un des commissaires du pouvoir en lequel il avait le plus confiance, Migeon, le soin d'enquêter sur le différend né entre le secrétariat d'État au Travail et le commissariat général du STO au sujet de l'organisation des fichiers du recensement [128]. Le recensement ainsi effectué au plan national s'accompagnait de démarches analogues conduites par chaque administration, afin de mesurer l'impact du travail obligatoire sur leurs effectifs ****: dans

* À l'extrême fin du régime, nommé préfet de l'Isère sur injonction allemande, il fut tué dans son bureau par des maquisards. Le *Dictionnaire biographique des préfets* cite l'appréciation portée sur lui en juillet 1942, par le *Feldkommandant* de Seine-et-Oise qui le décrivait comme « proche intérieurement de la pensée national-socialiste et aspirant à un renouvellement de la France sur cette base », *op. cit.*, p. 246.

** Son implication dans ce dossier sera l'un des deux chefs d'accusation retenus par la Haute Cour lorsqu'elle prononce sa condamnation à mort par contumace en mars 1947.

*** Nous éviterons, conformément aux conclusions d'un arrêt de mars 1992 de la Cour de cassation, l'emploi du terme de « déportation » pour qualifier les départs au titre du STO, tout en étant conscient que cette précaution éthique constitue une forme d'anachronisme : le terme était en effet largement utilisé à l'époque, non seulement dans les écrits de la Résistance mais aussi, par exemple, dans les notes de Pierre Limagne. Le « Comité d'action contre la déportation », qui fut créé en 1943 par le résistant Yves Farge, n'avait pour mission que de lutter contre le STO.

**** À l'Éducation nationale, une circulaire du 20 mars du directeur de l'enseignement primaire demandait aux inspecteurs d'académie de lui faire connaître le nombre d'instituteurs recensés d'une part, convoqués au titre du STO d'autre part, AN F17 13323.

un contexte marqué, comme on l'a vu, par une crise aiguë de recrutement dans la fonction publique, le départ de trois classes de jeunes fonctionnaires était susceptible de poser des problèmes graves. Aussi d'importantes études statistiques furent-elles alors conduites afin d'affiner la connaissance des effectifs. Pour le commissariat général du STO, maître d'œuvre à partir de juin 1943 d'une étude générale sur les personnels de l'État et des collectivités locales[129], il s'agissait de connaître le volume et la nature du réservoir de main-d'œuvre dans lequel puiser. Les ministères relayèrent d'autant plus volontiers la demande de tableaux chiffrés découlant du lancement de cette étude que la connaissance qu'ils avaient de leurs propres effectifs était souvent fragmentaire. Estimant, dans une circulaire du 23 novembre 1943, que « le prélèvement d'un effectif notable du personnel a apporté un certain trouble chez les fonctionnaires de notre administration », le directeur de l'enseignement secondaire fut ainsi conduit à demander aux recteurs de nombreuses informations sur les fonctionnaires afin non seulement de régler de manière satisfaisante « le problème des mutations en France, [qui] se pose désormais avec une acuité accrue », mais aussi de « déterminer les conditions de nouveaux prélèvements[130] ».

Si l'Éducation nationale, dirigée par un ministre qui s'était publiquement félicité de l'instauration du STO*, était tenue de donner l'apparence de l'obéissance, d'autres administrations furent plus audacieuses dans leurs tentatives de protéger les leurs, mais le plus souvent en vain : à une proposition faite par Hilaire, le 27 février 1943, d'exempter l'ensemble du personnel du ministère de l'Intérieur de travail en Allemagne, Guérard répondit dès le lendemain que, « du point de vue politique comme du point de vue social, il est indispensable que les fonctionnaires exécutent le STO dans les conditions de droit commun, à la seule exception de quelques services indispensables au maintien de l'ordre, et dont la liste a déjà été arrêtée par le chef du gouvernement** ». Le ministère de l'Intérieur revint toutefois à la charge, avec un

* La mise en place du Service du travail obligatoire fournit en effet l'occasion à Abel Bonnard de réitérer, à l'attention des étudiants, ses appels au sacrifice et à la fusion sociale, en insistant pour « qu'ils saisissent avec joie l'occasion de rejoindre et de retrouver les jeunes Français de toutes les conditions, pour nouer avec eux des amitiés qui profiteront également aux uns et aux autres ; qu'ils ne regrettent pas le retard qu'ils vont éprouver dans leurs études, d'abord parce qu'ils doivent ce sacrifice à leur Patrie, ensuite parce qu'ils peuvent être sûrs que ce qu'ils perdront ainsi comme étudiants, ils le regagneront largement par un accroissement de leur valeur d'homme, et c'est tout l'homme en eux qui est à former pour qu'ils soient capables de rendre présente dans la nouvelle Europe la France nouvelle », Déclaration d'Abel Bonnard à la presse, 18 février 1943, *L'Information universitaire*, 20 février 1943.

** Le secrétaire général du chef du gouvernement à M. le secrétaire général pour l'administration du ministère de l'Intérieur, 28 février 1943, AN F60 89. Les termes de ce paragraphe devaient constituer la réponse-type des services du chef du gouvernement aux demandes ponctuelles d'exemption faites au nom de la spécificité et de l'actualité de leurs mission par divers organismes, telle la Radiodiffusion qui intervint en ce sens au début de mars 1943, *ibid.*

objectif plus modeste, trois mois plus tard. Pichat, directeur du personnel, demanda alors que les jeunes gens en fonctions dans son administration et classés par les commissions de recensement en quatrième catégorie * pussent être autorisés à effectuer leur temps de STO dans leur bureau, en raison du risque de désorganisation que connaîtraient ses services si la ponction de fonctionnaires devait se poursuivre [131]. Il fut loin d'obtenir satisfaction : la seule exemption générale accordée, au sein du ministère de l'Intérieur, à des agents n'appartenant pas à des services de police concernait les membres de l'administration préfectorale, à l'exception des conseillers de préfecture [132]. La police avait quant à elle fait l'objet dès février 1943 d'une exemption globale ** étendue, avant même l'arrivée de Darnand au secrétariat général du maintien de l'ordre, aux jeunes miliciens encasernés dans les « francs-gardes [133] ». Le secrétariat général à la police était conscient des risques que pouvait faire naître cette situation, comme il prit soin de le signaler aux intendants de police dès le début de mars 1943 :

> Les réquisitions de main-d'œuvre pour l'Allemagne et l'organisation du service national obligatoire *(sic)* poussent de nombreux jeunes gens à demander leur entrée dans les services de police. Des éléments recrutés dans de semblables conditions et pour de tels motifs ne pouvant présenter aucune sécurité, mon télégramme du 2 mars 1943 a posé l'interdiction de tels recrutements. [...] Le rôle essentiel de l'intendant de police est de veiller à ce que le recrutement [dans la police] présente d'une part une sécurité totale quant aux personnes, d'autre part un absolu respect des décisions générales prises par le gouvernement [134].

La même circulaire précisait que des sanctions graves, à commencer par la révocation immédiate, devaient frapper tout fonctionnaire de police qui tenterait de faire échapper à leurs obligations les jeunes gens visés par la loi du 16 février 1943. Elle n'était que la première d'une série de textes dont la publication régulièrement répétée traduisait les difficultés d'application. Une instruction préparée par Frantz et que signa Laval le 1er juin 1943 [135] utilisait des termes identiques pour évoquer le sort des fonctionnaires coupables d'« insoumission ou de contribution à insoumission », tandis qu'Abel Bonnard, en demandant aux recteurs de rappeler les peines, posées par deux lois des 11 juin et 28 août 1943, frappant les « complices des réfractaires », estimait

---

* Ces catégories, issues de celles mises en place lors de l'application de la loi du 4 septembre 1942 relative à l'orientation de la main-d'œuvre, répartissaient les Français entrant dans les classes d'âge concernées par le STO en fonction de leur utilité pour la collectivité nationale. Des circulaires de février 1943 avaient initialement classé les fonctionnaires et agents de l'État et des collectivités locales en cinquième catégorie, note du 8 lars 1943, AN F17 13341.

** Dont Roger Farçat, chef du bureau des personnels administratifs du ministère de l'Intérieur, demandait si elle s'étendait aux membres des corps de police affectés dans les bureaux de la direction générale de la police nationale, au risque d'appliquer un régime différent à des personnes effectuant la même nature de tâches dans des services différents de l'administration centrale, note du 1er mars 1943, AN F1bI 919.

ce rappel « d'autant plus nécessaire que beaucoup de ces fonctionnaires, s'ils perdent le sentiment de leurs devoirs, ont l'occasion de favoriser les supercheries par lesquelles certains des jeunes gens requis par le SOT essaient de se dérober à la loi * ».

Celle promulguée le 11 juin, tout en posant des peines sévères pouvant aller jusqu'à une amende de 100 000 francs ** pour ceux qui aidaient les réfractaires, n'était que le volet pénal du plan gouvernemental de chasse aux insoumis. Il convenait, en tout état de cause, de court-circuiter les longues procédures judiciaires au profit de mesures d'ordre administratif, discrétionnaires et rapides. Les agents de la force publique furent donc autorisés à « procéder, en tout lieu, sans aucune restriction, à toutes perquisitions utiles pour rechercher et arrêter les personnes réfractaires faisant l'objet d'un arrêté d'internement administratif [136] ». Laval avait d'ailleurs annoncé aux préfets ce dessaisissement de l'autorité judiciaire, qui traduisait sa volonté de reprise en main : « Le but, leur écrivait-il, n'est pas d'exercer une répression à caractère juridique, mais de mettre un terme définitif aux insoumissions [137]. » L'outil choisi à cette fin fut la carte de travail [138], dont il convenait – au prix d'une intensification des contrôles policiers dans la vie quotidienne – de multiplier les occasions de vérification. Tandis que les ministres recevaient l'ordre de faire en sorte que « le nombre des formalités de la vie courante impliquant une justification d'identité à laquelle est désormais liée la présentation de la carte de travail soit aussi élevé que possible », les préfets furent invités à développer leur imagination et celle de leurs collaborateurs pour inventer de nouvelles occasions de contrôle allant au-delà de celles, classiques, citées par la circulaire : délivrance des titres d'alimentation, des bons-textile, des cartes de tabac, opérations comptables dans les bureaux de poste, actes d'état civil, ventes de titres de circulation. La participation de tous les services publics était attendue, les préfets devant non seulement « faire procéder à des contrôles aussi fréquents que sévères dans tous les lieux publics où s'accompliront les formalités nécessitant la présentation de la carte de travail, [mais aussi] étudier si certains des bureaux ainsi invités à manifester cette exigence ne seraient pas en mesure d'alerter très rapidement les services de police et de gendarmerie des irrégularités constatées ».

Renforçant le quadrillage policier de la société française, l'instauration du STO conduisit aussi l'occupant à s'intéresser de plus en plus étroitement au fonctionnement quotidien de l'administration française, avec l'aval du gouvernement. Ainsi, lors de la réunion des préfets régionaux de zone libre tenue le 24 juin 1943 à Vichy, alors qu'étaient évoquées les mesures visant à accélérer le recrutement de main-d'œuvre pour l'Allemagne, Laval « estim[a] soudain qu'il serait opportun que [les autorités allemandes] puissent juger

* Circulaire aux recteurs, 6 septembre 1943, AN F17 13324. Georgin, directeur du cabinet de Bonnard, précisa, lors de la diffusion de cette circulaire, qu'il convenait de ne pas en faire connaître la teneur à la presse.

** Rappelons qu'un franc de 1943 vaut environ 1,20 franc de 1997.

par elles-mêmes des directives qu'il donne aux préfets [139] ». Devant le consul général d'Allemagne, qui avait rejoint précipitamment la séance, le chef du gouvernement « exprim[a] le désir de voir les juifs participer au travail obligatoire par équipes qui seraient encadrées et qui resteraient en France [140] ». Les Allemands ne se contentaient évidemment pas de participer à des réunions, et renforcèrent leur dispositif sur le terrain : en août 1943, les observateurs annoncèrent la mise en place de services allemands venant doubler l'administration préfectorale. Pierre Nicolle en détaillait l'organisation, en précisant que « chaque préfet régional aurait à ses côtés un officier général allemand, et dans chaque préfecture, l'intendant de police serait doublé d'un chef de police allemand * ». Il ne semble pas que cette administration parallèle se soit implantée de manière systématique – ne serait-ce qu'en raison de son coût en termes de personnel – mais la rumeur témoignait de la volonté allemande de diriger plus étroitement administration et police françaises.

De la collaboration au collaborationnisme

À côté de la collaboration policière hiérarchisée et efficace, aujourd'hui regardée comme le symbole même des errements du pouvoir vichyssois, la haute administration française connut des lieux de collaboration plus idéologique. Il en allait ainsi de ce qu'Abel Bonnard entendit faire du ministère de l'Éducation nationale qu'il occupa à partir d'avril 1942 et aussi, de manière plus emblématique, de la délégation générale du gouvernement dans les territoires occupés, à partir du moment où elle fut confiée à Fernand de Brinon, à l'extrême fin de 1940. Il s'y pratiquait, au moins autant par admiration du modèle national-socialiste qu'au nom des intérêts de l'État français, une collaboration qui touchait au collaborationnisme. Si celui-ci ne recueillait, au sein de la fonction publique française, qu'une frange extrêmement réduite de partisans, ces derniers n'en continuaient pas moins à rêver d'un ordre administratif nouveau, dans lequel une fonction publique complètement régénérée serait le fer de lance de la révolution, au moins autant socialiste que nationale, qu'ils appelaient de leurs vœux.

Abel Bonnard, combattant de l'idée européenne

Abel Bonnard était de ceux-là. Personnalité tourmentée **, mais aussi écrivain de renom, il préférait la virtuosité des mots à la sécheresse des dossiers,

---

* *Op. cit.*, t. II, p. 241. P. Limagne avait fait part d'une information analogue à la date du 24 août, en écrivant que « les préfets de zone sud [allaient], comme ceux de la zone nord, partager les soucis de leur administration avec un officier allemand », *op. cit.*, p. 1399.

** Un ancien membre de son cabinet rappelait ses « marottes et superstitions étonnantes », indiquant qu'il lui arrivait d'étudier les dossiers qu'on lui soumettait en promenant dessus un pendule, et qu'il souhaitait s'attacher les services d'une « physiognomoniste italienne, qui l'aurait aidé à connaître les gens qu'il recevait ou qu'il voulait employer »,

qui ne l'intéressaient que par foucades, un jour le chant choral, le lendemain l'enseignement agricole. Sa préoccupation essentielle, durant la période troublée où il siégea rue de Grenelle, fut de protéger les élèves contre les effets des bombardements. Politiquement, Bonnard se présentait comme fidèle au Maréchal, mais surtout comme « combattant de l'idée européenne * »: de l'ordre nouveau qui avait sa source outre-Rhin, il n'adoptait pas seulement les fondements idéologiques, mais jusqu'au style, balançant, lui qui savait utiliser les mots, entre un antisémitisme digne du *Stürmer*** et une sorte de lyrisme néo-wagnérien – celui par exemple qu'il destinait aux lecteurs de *Wille und Macht*, organe politique de la jeunesse national-socialiste allemande : « Voici qu'à travers des événements affreux pour la France, puisqu'ils se sont marqués par la défaite de notre pays, les temps nouveaux se sont ouverts. [...] L'héroïque effort de l'Allemagne, en brisant une menace hideuse, permet aux nations de reconnaître leur parenté dans la communauté en péril. De tout l'Occident une symphonie auguste va s'élever, que n'avait jamais encore entendue l'histoire [141] ».

Les milieux collaborationnistes ne purent que se féliciter du changement intervenu à la tête de l'Université, et saluèrent avec enthousiasme l'arrivée de Bonnard rue de Grenelle. Ils allaient s'y retrouver en terrain connu, car le nouveau ministre fit largement appel, pour composer son cabinet, à ceux des universitaires qui avaient, depuis le début de l'occupation, clairement montré de quel côté penchaient leurs choix. Le cercle d'universitaires maurrassiens Fustel-de-Coulanges, dont le nouveau ministre était membre d'honneur, y était particulièrement bien représenté, avec Blanche Maurel, professeur d'histoire au lycée Victor-Duruy ***, chargée des questions concernant l'enseignement supérieur et les beaux-arts, et Pierre Couissin, directeur adjoint du cabinet jusqu'à septembre 1942, date à laquelle il fut remplacé par Maurice Gaït, jeune agrégé de philosophie aux idées maurrassiennes teintées de national-socialisme ****. Couissin s'était auparavant fait connaître comme coauteur, en décembre 1941, d'un message adressé au maréchal Pétain par « un

---

Souvenirs de l'inspecteur général Desforges, 28 août 1944, AN 72AJ 251. On trouve aussi, dans les dossiers qu'il conservait auprès de lui, le compte rendu de ses entretiens avec une voyante, Madame L., qui ne semblait d'ailleurs pas être parvenue au sommet de son art : le 20 avril 1944, elle annonça « [qu']aucun débarquement n'était en vue » et que l'offensive qui se préparait pour juin n'était que diplomatique ! AN F17 13347.

* C'est l'euphémisme qu'utilisa en avril 1959 l'ancien directeur-adjoint de son cabinet, Gaït, pour qualifier les choix politiques – qu'il partageait – de Bonnard, AN 3W82.

** « Quel est dans cette guerre le microbe de haine ? C'est le juif – celui qui est aussi avide du sang des autres qu'il est avare du sien et à qui il faut des massacres », note manuscrite, sd, AN F17 13337.

*** Elle était l'auteur, en collaboration avec Bernard Faÿ, d'une *Histoire de France des origines à nos jours*, qui figurait sur la liste des « livres à garder pour le ministre », AN F17 13338.

**** Dès le printemps 1942, l'attention du cabinet du maréchal Pétain avait été attirée sur Gaït, alors responsable des travaux pratiques à l'école des cadres du Mayet-de-Montagne : « A des conceptions très arrêtées au point de vue social, nettement syndicaliste et socialiste. À surveiller, car peut exercer une influence assez néfaste ; à l'école, essaie de

groupe de professeurs désireux de libérer leur conscience et de ne pas se faire les complices de l'attentisme qui semble régner de haut en bas de l'instruction publique[142] ». La direction du cabinet fut confiée à Jacques Bousquet*, fondateur des « Jeunes du Maréchal » et ancien directeur de l'école des cadres, d'inspiration collaborationniste, de La Chapelle-en-Serval, qu'il dut quitter en raison de ses méthodes de gestion désastreuses**. Bousquet, qu'une note contemporaine de sa nomination décrivait comme « mythomane d'une germanophilie qui excède par trop les limites de la décence*** », ne resta que quelques jours directeur du cabinet, et fut remplacé par René Georgin, proviseur du lycée Charlemagne. Une autre défection notable intervint au début de juin 1942 avec la démission du cabinet de Serge Jeanneret, fondateur de l'Union corporative des instituteurs, qui s'était fait connaître au cours de l'année 1941 en attaquant l'administration de l'Éducation nationale qu'il jugeait « gaulliste, enjuivée et maçonne*** ». Les autres membres du cabinet, pour être non moins fermes dans leurs convictions, étaient moins agités dans leur expression, ce qui leur permit d'y faire des séjours plus longs, qu'il s'agisse de Jean Mouraille, chef de cabinet, ou du chef du secrétariat particulier, Jean-Alexis Néret, ancien rédacteur des *Nouveaux Temps*, proche à ce titre des milieux collaborationnistes parisiens. De l'équipe de Carcopino, Bonnard n'avait maintenu dans ses fonctions, à la demande expresse de son prédécesseur, que l'inspecteur général Roy, jusqu'alors chargé des négociations avec le Majestic. Ce dernier eut rapidement l'occasion de constater que les temps

---

constituer le groupe des opposants éventuels à l'équipe gouvernementale telle qu'elle existe. Partisan du mouvement unique », note du 7 mars 1942 adressée à du Moulin de Labarthète, AN 2AG 440. Ce n'est pas sur ces aspects qu'insiste Bonnard, lorsqu'il propose la nomination comme commissaire général de la jeunesse de son chef de cabinet, présenté en ces termes : « Homme de pensée et homme de vie, à la fois agrégé de philosophie et officier de chasseurs alpins », 10 septembre 1943, AN F17 13339. Maurice Gaït fut après la guerre rédacteur en chef de l'hebdomadaire *Aspects de la France*.

* Sans lien de famille avec René Bousquet.

** Louis Planté, chef du service administratif et financier du ministère de l'Éducation nationale pendant toute l'Occupation, évoque la répulsion de Carcopino à voir arriver le nouveau numéro deux du ministère dans une chemise sombre et saluant à l'hitlérienne, lors de « [la] cérémonie de passation des pouvoirs, qui ne pouvait plus être en de telles circonstances qu'une lugubre corvée », *op. cit.*, pp. 332-333.

*** AN 3W77. Après son éviction, Bousquet demanda à Abel Bonnard de lui donner un poste d'enseignant de sociologie à la Sorbonne, afin d'aider à faire disparaître « la pure tradition talmudique » qui régnait dans cette matière sous l'influence de Durkheim, lettre [sd], AN F17 13346. Ces propos font curieusement écho à ceux que tenait, sur le même Durkheim, un « modéré » comme Léon Bérard. S'adressant, le 3 avril 1941, à Aubert Lefas, membre de la commission sénatoriale sur l'enseignement, pour évoquer son expérience passée de ministre de l'Instruction publique, il décrivait Durkheim comme « un idéologue rabbinique », AN 2AG 609.

**** Il avait reçu un blâme de Carcopino en mars 1941, pour avoir accompagné sa déclaration de non-appartenance à la franc-maçonnerie du commentaire suivant : « Il paraît bizarre de faire contrôler la qualité maçonnique ou profane d'un fonctionnaire par des chefs qui sont eux-mêmes des francs-maçons notoires », 13 mars 1941, AN 2AG 577.

avaient changé, et qu'il n'avait plus le monopole des relations avec l'occupant. Bonnard allait en effet consacrer une part importante de son temps à promouvoir les échanges avec une Allemagne nazie qu'il admirait, et ne se contenta pas pour cela d'inaugurer les expositions d'Arno Breker.

L'anti-intellectualisme et la germanophilie de Bonnard – on ne sait lequel nourrissait l'autre – étaient poussés jusqu'à la caricature, et l'administration sut en user. Stéphane Jolly, directeur de l'enseignement primaire, en fournit un exemple lorsqu'il vint présenter au nouveau ministre la réforme de l'enseignement décidée par Carcopino, dans l'espoir de le faire revenir sur certaines dispositions qu'il désapprouvait. Ne trouvant d'abord pas les mots capables de toucher le ministre, que ces questions techniques ennuyaient, il eut l'idée de présenter l'enseignement primaire supérieur, menacé par les nouveaux textes, comme « l'équivalent des *Realschulen* allemandes », s'attirant un « Pourquoi ne l'aviez vous pas dit plus tôt ? Bien sûr, il faut le conserver » qui lui permit de repartir satisfait [143]. Anecdote certes, mais révélatrice de cette « direction nettement allemande » qu'évoquait l'ancien directeur de l'enseignement supérieur Galletier [144]. Toutes les occasions furent en effet saisies par Bonnard pour souligner la nécessité qu'avait l'enseignement français de se rapprocher de la politique éducative suivie outre-Rhin. Lors de la préparation du budget des universités pour 1943, la rue de Grenelle sollicita de la direction du budget l'autorisation de créer trois chaires nouvelles : deux d'entre elles, celles d'ethnologie du judaïsme et d'histoire du judaïsme, avaient été annoncées depuis août précédent, la troisième, d'arithmétique supérieure, étant présentée comme « très utile, car elle n'existe dans aucune université française alors qu'elle existe dans toutes les universités allemandes [145] ».

Mais la collaboration franco-allemande devait évidemment aller bien au-delà de l'arithmétique supérieure. Bonnard se montra désireux que l'action pédagogique de la propagande nazie n'échappe pas aux jeunes Français : alors que Carcopino, arguant de divers motifs, s'était fermement opposé à ce que la visite de l'exposition « Le bolchevisme contre l'Europe » organisée à Paris par l'occupant pût être incluse dans les activités d'éducation générale *, son successeur donna des instructions contraires, en estimant que « les leçons familières par lesquelles les maîtres chargés de l'éducation morale s'efforcent d'inspirer à leurs élèves le respect de la civilisation chrétienne, le sentiment de la dignité humaine, l'amour de la famille et de la patrie trouveront une saisissante démonstration dans le spectacle des aberrations et des souffrances auxquelles le mépris de ces valeurs morales a pu entraîner tout un peuple [146] ». Les échanges culturels franco-allemands furent, dans ce contexte, l'objet de tous les soins de la nouvelle équipe. Par une circulaire du 27 mai 1942, les recteurs furent invités à faire parvenir au ministère des listes d'enseignants entretenant

* « Il n'y a pas lieu de prévoir des visites dirigées en groupe, les horaires scolaires ne permettant pas, à cette époque de l'année surtout, d'en assurer l'organisation », note de Jean Verrier, directeur du cabinet parisien de Carcopino, au recteur de l'Académie de Paris, 10 avril 1942, AN F17 13355.

des relations suivies avec l'étranger. Élargissant la perspective, le ministre installa officiellement en septembre suivant un « comité culturel franco-européen », où s'illustra le recteur de l'académie de Besançon, Bertrand*, qui concluait ainsi son intervention :

> Le comité de Culture européenne a devant lui une tâche immense. Il s'agit de réaliser dans les esprits et dans les cœurs la grande réconciliation, de préparer une vraie pacification des âmes qui sera le prélude de la vraie paix et de créer un humanisme nouveau où communieront les élites de l'Europe d'abord et ensuite le monde entier. [...] Le groupe Collaboration est la première association qui ait assumé la belle et difficile tâche de guider la France dans les voies de la grande paix. [...] L'œuvre est déjà considérable. Elle se limite pour l'instant à la réconciliation franco-allemande. [...] Collaboration s'est attaquée courageusement au problème essentiel[147].

Bertrand, sur lequel Bonnard ne tarissait pas d'éloges**, n'était ni un nouveau venu au ministère, où il avait bénéficié de l'appui de son beau-frère, le député SFIO Paul Rives***, pour obtenir en 1938 un rectorat, ni un novice en matière d'échanges franco-allemands. La vice-présidence du Conseil avait ainsi estimé particulièrement inopportune la teneur de l'allocution que prononça à la fin de 1941 Bertrand, en tant que recteur, lors de l'inauguration de l'Institut allemand de Besançon. Dans une ville située dans la zone interdite et sur laquelle les « visées annexionnistes pangermanistes » étaient flagrantes, célébrer les liens culturels ayant existé dans le passé et devant exister à l'avenir entre la France et l'Allemagne dépassait le cadre des convenances administratives. Faisant part de son irritation au ministre de l'Intérieur, Jardel estimait que « l'attitude des [autorités locales] doit être approuvée chaque fois qu'elles s'efforcent d'établir avec les autorités allemandes des relations courtoises, qui ne peuvent intervenir que pour adoucir la situation des populations de zone occupée. Mais, dans le cas particulier, il semble que l'on soit allé au-delà[148] ». Ce recteur occupait décidément le terrain de la coopération franco-allemande, puisque c'est sur son conseil qu'en mai 1942 un ingénieur français

* C'est sa réponse à la circulaire précitée de mai 1942 qui avait fait remarquer Bertrand par le cabinet. Se présentant comme « ayant publié de nombreux travaux sur les influences réciproques de la France, de l'Allemagne, de l'Italie, de l'Espagne et du Portugal », le recteur de Besançon rappelait, non sans à-propos, qu'il s'était chargé, en plus de ses fonctions rectorales, de la chaire de langue et littérature allemandes de l'université de Besançon en 1940 et 1941, AN F17 13360.

** Une note de l'automne 1942 le présentait comme « entièrement acquis à la politique du gouvernement. Doit être promu à un rectorat important. Pourrait faire un remarquable directeur primaire ou secondaire. À pousser au maximum », AN F17 13361. Alors que le cabinet de Bonnard avait pensé à lui pour succéder, au début de 1943, à Galletier comme directeur de l'enseignement supérieur, son heure n'arriva qu'au début de 1944, lorsqu'il remplaça Terracher, dont les Allemands avaient exigé le départ, comme secrétaire général de l'instruction publique, voir *infra*, p. 556.

*** Qui devint directeur du journal collaborationniste *L'Effort*, puis directeur du cabinet de Marcel Déat au ministère du Travail à partir de mars 1944.

employé dans les usines Junker * s'adressa à l'administration centrale du ministère pour proposer un plan visant à une participation beaucoup plus active de l'Éducation nationale au succès de la collaboration. Il s'agissait d'envoyer aux directeurs des écoles professionnelles une circulaire incitant les jeunes à aller travailler en Allemagne, sachant qu'en contrepartie « les enseignants, inaptes au travail en usine, seraient libérés [149] ». Circonspecte, la direction de l'enseignement technique conseilla à l'intéressé de s'entendre directement avec le cabinet du ministre. Les administrations n'entendaient pas en effet s'impliquer directement dans une collaboration trop voyante, laissant ce soin à la délégation générale du gouvernement dans les territoires occupés.

Le collaborationnisme officialisé : la DGTO sous de Brinon

Le temps était loin où, sous l'impulsion de son premier responsable, l'ambassadeur Léon Noël, la DGTO cherchait à défendre les intérêts français en zone occupée ; l'orientation donnée par de Brinon était tout autre. Bien qu'élevé, avec le retour de Laval, au rang de secrétaire d'État auprès du chef du gouvernement, le délégué général restait difficile à contrôler. De Brinon croyait en effet à son étoile politique, et jouait franchement la carte allemande : à intervalles réguliers des rumeurs, dont se firent l'écho mémorialistes et rapports des renseignements généraux, indiquaient qu'un gouvernement De Brinon était sur le point d'être imposé à Vichy par les autorités d'occupation, exaspérées par les manœuvres de retardement de Laval. Mais ce même de Brinon occupait de hautes fonctions administratives dans l'État, ses services constituant en théorie le point de passage obligé de tout ministère français pour saisir le Majestic de questions de service. Pourtant, à partir de 1942, les conditions d'exercice de sa mission se trouvèrent modifiées : du fait du retour à Paris de la plupart des agents des administrations non régaliennes, la tendance naturelle entre les fonctionnaires de métier, français et allemands, qui se faisaient face fut de se passer d'intermédiaire. Les choses allèrent si loin que l'ambassade d'Allemagne dut rappeler au gouvernement français, en mai 1943, que la délégation générale avait le monopole des relations avec elle et que seul parmi les autorités gouvernementales françaises Laval était autorisé à saisir directement Abetz ou ses services [150]. Pour que ce flux direct s'interrompît, il ne suffisait toutefois pas d'une circulaire : la DGTO était trop identifiée à la collaboration la plus franche pour que les fonctionnaires des administrations centrales ne ressentissent pas quelque répugnance à travailler avec elle. Car de Brinon n'était pas le seul à y prôner la collaboration, le choix de ses chargés de mission étant lui aussi conforme à ses orientations politiques. C'est ainsi que le secteur de l'éducation y fut confié, avec l'assentiment de Bonnard, à René Lasne, responsable des pages européennes de *La Gerbe* et auteur en

* Il dédiait ses projets à Goering et terminait ses lettres par la formule « Heil Hitler ». On était certes là en présence d'un cas extrême de collaboration, mais il est significatif qu'il soit apparu quelques semaines seulement après l'entrée en fonctions de Bonnard.

1943 d'une anthologie de la poésie allemande publiée avec le concours de l'Institut allemand de Paris, aux fins de « travailler au rapprochement entre les deux peuples* ».

Alors que la délégation générale, comme le commissariat général aux questions juives, était également connue pour son rôle d'informateur des occupants**, les derniers services qu'elle pouvait rendre perdirent de leur efficacité avec le durcissement de la répression allemande. Avant même que le transfert des pouvoirs de police du MBF vers le général SS Oberg ne contribue à diminuer le taux de succès des interventions de De Brinon en faveur de Français arrêtés par les occupants, la délégation avait, en juin 1942, transmis aux ministres, sans l'accompagner d'un quelconque commentaire, un communiqué du MBF priant les administrations françaises de bien vouloir, à l'avenir, s'abstenir de demander aux autorités allemandes les motifs de telles arrestations[151]. Cette dévalorisation fit perdre à la DGTO, aux yeux des fonctionnaires français, le peu d'intérêt qu'elle pouvait encore présenter, lui laissant pour seul fonds de commerce le collaborationnisme financé sur deniers publics.

Petits effectifs, grandes ambitions

Cabinets et DGTO étaient des structures de petite taille, de sorte qu'il apparaît que le collaborationnisme resta dans l'administration, comme dans l'ensemble de la société française, une attitude très marginale. Philippe Burrin, pourtant, dans son récent ouvrage relatif à la société française sous l'Occupation, aboutit à une surreprésentation, dans les groupements collaborationnistes, du « monde du bureau[152] ». Alors que celui-ci ne rassemblait que 16 % de la population active, il entrait à hauteur de 36,3 % dans la composition de ces groupements***. Il est néanmoins difficile de déduire de ces données une estimation du nombre de fonctionnaires membres des divers rassemblements collaborationnistes. L'extrapolation du pourcentage indiqué à l'effectif total des groupements militant en faveur de la collaboration, évalué par l'auteur à 250 000 pour l'ensemble de la période[153], conduirait à un chiffre de 91 000 membres de ce « monde du bureau » susceptibles d'être

* Lettre de Lasne à Bichelonne, 3 décembre 1943, AN F60 1555. Les contacts étaient réguliers entre le chargé de mission et le cabinet du ministre. Celui-là passait une fois par semaine rue de Grenelle s'entretenir avec les membres du cabinet, afin de recueillir des informations et discuter des affaires à l'ordre du jour.

** C'est ainsi par exemple que l'on retrouve dans les archives du MBF des copies des rapports de synthèse établis par le ministère de l'Éducation nationale à l'attention de la DGTO à partir des éléments que lui faisaient parvenir les recteurs, AN F60 1554 et AJ40 565.

*** Chiffre obtenu par l'auteur à partir du dépouillement de 648 dossiers d'épuration, concernant des membres du PPF (158 dossiers), du RNP (99), du groupe Collaboration (96), du Francisme (74), de la Milice (73), de la LVF (31), du SOL (28), et en nombres moins importants de divers autres mouvements collaborationnistes, *La France à l'heure allemande, op. cit*, p. 540.

qualifiés de collaborationnistes. Même si ce chiffre doit sans doute être réduit si l'on cherche à mesurer l'influence prise par le collaborationnisme dans la fonction publique *stricto sensu**, il est particulièrement intéressant de noter l'évolution dans le temps des engagements en faveur de la collaboration. Les fonctionnaires ayant adhéré aux groupes collaborationnistes, dans l'échantillon étudié par Philippe Burrin, l'ont fait majoritairement au cours des premières années de l'occupation : 70 % du total de leurs adhésions se situent en 1941 ou 1942, tandis ceux qui s'inscrivent pendant les deux dernières années du régime présentent un profil plus jeune et plus « prolétaire [154] ». Ce n'était donc guère ce type de recrues qui permettrait le profond renouvellement des élites qu'appelaient de leurs vœux collaborationnistes et partisans d'une orientation plus résolue de l'État français vers l'ordre nouveau. Un ordre qu'ils imaginaient volontiers construit sur le modèle d'outre-Rhin, dont ils minimisaient certes les dysfonctionnements**, mais où ne pouvaient exister les formes de sabotage dont se plaignait, en 1943, un de Brinon déplorant que « des adversaires notoires de la collaboration franco-allemande continuent à travailler ; beaucoup de postes administratifs [...] sont occupés par des ennemis tolérés, par des partisans de l'ancien régime ou des calomniateurs du nouveau régime [155] ». Du côté allemand, on ne se faisait pourtant plus d'illusions sur les chances de voir les principes nationaux-socialistes gouverner une réforme à venir de l'État français. L'article que publia le *Völkischer Beobachter* le 16 février 1943 soulignait ainsi qu'il n'y avait pratiquement plus rien à attendre, en la matière, du gouvernement et du peuple français :

> L'idéal d'un État autoritaire, la seule lumière qui semblait pouvoir éclairer le chemin de l'avenir dans les ténèbres de 1940, n'a pas su enthousiasmer les masses. L'espoir que le courant de la rénovation française surgirait de la terre française s'est révélé trompeur. En effet, le projet d'une profonde réforme administrative, par le rétablissement des anciennes provinces dotées d'une large autonomie administrative, a disparu aussi rapidement de l'ordre du jour qu'il y était apparu [156].

En 1943, les milieux collaborationnistes n'en continuaient pas moins à agiter de multiples projets de rénovation de l'État, dont on trouve trace dans les archives du cabinet d'Abel Bonnard, le ministre de l'Éducation nationale apparaissant comme un des meilleurs relais susceptibles d'aider ces projets à cheminer dans les sphères du pouvoir. Ne partageait-il pas certains de leurs présupposés, tel le refus du diplôme envisagé comme sésame de toute carrière, tout en disposant, en tant que responsable de la politique de la jeunesse,

* Celle-ci n'apparaît en effet que comme un sous-ensemble d'un « monde du bureau » regroupant fonctionnaires, cadres et employés. S'y ajoute une raison d'ordre sociologique : les agents situés dans le bas de l'échelle de grands services publics à caractère industriel ou commercial, comme les PTT ou la SNCF, ont un comportement plus proche de celui des ouvriers que de celui des cols blancs.

** Voir les travaux de Hans Mommsen et Martin Broszat sur la cohabitation difficile entre le NSDAP et l'administration professionnelle allemande.

des moyens d'insuffler à quelques futurs jeunes chefs les principes d'éducation politique nécessaires pour former cette élite dont le pays avait besoin. Lors des *Journées d'études universitaires* organisées, en août 1943 puis en janvier 1944, par Pierre Brunereau, chef de la propagande universitaire, un membre éminent du cabinet de Bonnard, Maurice Gaït, futur commissaire général à la Jeunesse, développa sa conception du socialisme *, avant qu'Édouard Lizop, idéologue du groupe, ne trace un tableau inquiétant mais résolu de l'avenir politique du pays :

> Le Maréchal est seul, sans doute pense-t-il la révolution et c'est cela qui soutient sa volonté, mais autour de lui personne qui soit imprégné de sa pensée, pas de troupes révolutionnaires, rien. Quand on y songe, l'isolement du Maréchal à cette heure est tragique. [...] [Il faut] éliminer du pays ce qui le conduit à la ruine et à la mort, lutter contre l'irréductible nationalisme juif, contre la franc-maçonnerie et contre tous les internationalismes. En un mot, contre tous ces microbes qui, dans un corps national, s'attaquent au point essentiel : autorité de l'État mise en échec par des manœuvres occultes, sens de la communauté auquel on prétend substituer un vague humanitarisme. Cela n'est pas la révolution, c'est de l'hygiène **.

Certains des collaborationnistes avaient des ambitions plus immédiates : c'est tout de suite, estimaient-ils, que le pays avait besoin d'élites administratives nouvelles, sans qu'on puisse attendre l'entrée dans la carrière des jeunes hommes formés selon les principes nouveaux. Robert Weinmann *** adressa ainsi à Bonnard, en janvier 1943, deux des notes de réflexion que lui avait inspirées l'évolution de la situation depuis novembre 1942. Contrairement à la majorité des Français, et donc des fonctionnaires, il avait tiré des événements la conviction que l'intensification de la collaboration constituait la seule voie de salut pour le pays. Revenant longuement sur la question des élites, il proposait, « pour supprimer l'inertie de l'administration et corriger la psychologie des hommes qui la dirigent », des solutions inspirées à la fois par la pensée technocratique et par sa fascination pour l'ordre nouveau « révolutionnaire » :

> Rééduquer plusieurs centaines de milliers de fonctionnaires est inconcevable. Il reste possible de réunir quelques hommes d'une compétence et d'une conviction doctrinale éprouvées. Il faut constituer un corps restreint d'hommes d'action, doués de grands pouvoirs, disposant d'un personnel peu nombreux mais strictement hiérarchisé, étroitement tenu en main, formé, réformé. C'est à eux qu'incomberait la responsabilité de l'efficacité administrative. [...] Ce corps, mêlé à l'administration, plus immédiatement qu'une

* Son exposé comportait trois volets : « Critique de la démocratie. Caractère juridique et moral du socialisme français. Philosophie du travail, puissance du mythe et nécessité de l'Europe ».

** É. Lizop, « Les trois périodes révolutionnaires », *Journées d'études universitaires des 12-24 août 1943*, compte rendu publié en mars 1944, BN 8° R. 48553. Édouard Lizop fut, après guerre, l'initiateur de l'Association parlementaire pour la liberté de l'enseignement.

*** Qui n'allait pas tarder à devenir commissaire général au STO, voir *supra*, p. 412.

> formule de parti unique ou qu'une réforme de la fonction publique, assurera l'exécution fidèle des directives gouvernementales. [...] Les hommes formés aux disciplines des grandes écoles et des grands corps de l'État ne sont qu'exceptionnellement ceux qui doivent commander; leurs qualités analytiques, leur esprit logique leur permettront seulement d'être d'excellents conseillers. Les hommes d'action doivent être choisis *intuitu personæ*, à raison de leur caractère, leur bon sens, leur honnêteté intellectuelle, leurs convictions politiques et en quelque sorte leur ligne de vie. En spécialisant nettement l'administration délibérante, soumise à l'administration agissante, on accomplira une réforme seulement nécessaire aux échelons supérieurs de la hiérarchie ; en plus de ses avantages formels, elle sera, bien exploitée, l'origine d'un choc psychologique déterminant. Par ce contrôle d'un corps de commissaires du pouvoir, et par la collaboration entre les hommes d'action et les hommes de pensée, on peut espérer dégager de véritables élites dirigeantes, animées d'un nouvel esprit [157].

C'est à la même époque qu'un représentant éminent de la presse parisienne, Claude Jeantet, proposait un moyen simple pour remédier aux retards que rencontrait la mise en œuvre de la Révolution nationale :

> Le premier stade que devrait nécessairement franchir, pour aboutir, le mouvement de rénovation, consisterait tout simplement à choisir les principaux responsables de l'administration, des services et de tous les postes ou rouages de l'État parmi ceux qui ne sont pas précisément les responsables, dans quelque domaine que ce soit, de la guerre, de la défaite et de la décomposition du pays. Quand cela sera fait, des directives nettes et des consignes impératives, données par le gouvernement, ne risqueraient plus d'être contrées par ceux qui sont chargés de les faire appliquer. Un grand pas serait accompli [158].

C'est ce programme que la Milice se chargea de mettre en œuvre lorsque lui échurent, un an plus tard, les secteurs clés du maintien de l'ordre et de la propagande. Les fonctionnaires de métier avaient montré, dans l'intervalle, la puissance des sentiments d'ambivalence qui les habitaient : de plus en plus dubitatifs devant l'engrenage de la collaboration, ils n'en restaient pas moins toujours présents au poste, partagés entre attentisme et recherche des doubles jeux permettant de durer. Beaucoup plus rares furent les véritables engagements résistants.

CHAPITRE XI

Fonctionnaires par gros temps

Le système de pouvoir lavalien, moins idéologique mais tout aussi autoritaire que celui imposé à la France par la Révolution nationale, exigeait de ses fonctionnaires l'obéissance. Or, tout au long de l'année 1943 – à laquelle on peut assimiler les quelques mois de 1942 qui suivirent le débarquement anglo-américain en Afrique du Nord –, les cas de conscience se multiplièrent au sein de l'administration française, à la fois cause et conséquence des traditionnels réflexes de prudence du corps administratif, et en l'occurence nourris par la prise en compte d'une réalité que se chargeaient de rappeler les avertissements émanant d'Alger comme de la résistance intérieure. Sur les dépouilles de l'obéissance fleurirent ainsi toutes les formes d'attentisme, certes plus facile à pratiquer dans des métiers de pure technique administrative que dans des fonctions exposées, à commencer par celles liées au maintien de l'ordre. Pourtant, et jusqu'à la fin du régime, l'ambivalence des comportements continua à être la règle de sorte que, par exemple, les processus d'exclusion se poursuivirent, parfois de manière purement routinière, parfois en se heurtant à des formes d'opposition interne. De cette palette d'attitudes, par essence nuancée, certains tirèrent le tableau doré d'une administration vigoureusement et largement résistante. Si l'on veut conserver aux mots leur sens, un détour sémantique s'impose, qui conduit à apporter à ce tableau plus que des retouches.

Tous résistants ?

En août 1944, la France tout entière, à l'exception de quelques « traîtres » destinés à subir les rigueurs de l'épuration, se réveilla résistante. Moins de deux ans plus tard, l'avant-garde de toute une littérature d'autojustification faisait de Pétain le premier des résistants : du Moulin de Labarthète ouvrit le feu en 1946, en créditant le gouvernement du Maréchal d'avoir maintenu en place en juillet 1940 « les vieux cadres administratifs, piliers de la future résistance[1] ». Dans ses Mémoires, Carcopino alla plus loin encore, en présentant son administration comme résistante par procuration, pour le compte de Pétain et Darlan :

> Il n'y avait pas de traîtres à mon ministère : il n'y a eu que des victimes de l'ennemi qui ont payé sur leur personne la résistance de tous, et il faut dire à l'éloge du Maréchal et de l'amiral Darlan que, ne pouvant ni l'un ni l'autre ignorer les dispositions qui prévalaient chez nous, ils n'ont jamais cherché à les enrayer, parce que cette attitude qu'ils n'auraient pu sans imprudence afficher au grand jour allait au devant de leurs désirs inavoués *.

Cette vision d'une administration résistante du sommet à la base fut d'autant mieux admise après la Libération qu'elle correspondait à un double besoin politique. D'une part, elle s'inscrivait bien dans la geste gaulliste, en laissant croire que, sous la façade des « actes dits lois de l'autorité de fait se disant État français », l'État était resté acquis à la République, se révélant ainsi digne d'une France elle aussi décrite comme résistante dans ses profondeurs. Elle dédouanait d'autre part les cadres intermédiaires du vichysme qui, tout en préservant par leur présence les intérêts français, auraient maintenu vivace le feu sacré de la conscience nationale. Les inévitables concessions, de forme assurait-on, qu'il avait fallu faire à l'occupant s'étaient d'ailleurs souvent retournées contre lui, ou avaient été vidées de leur contenu : comme les y incitait le Maréchal-bouclier, des centaines de fonctionnaires avaient, au jour le jour, remporté sur l'ennemi des centaines de « Verdun diplomatiques[2] ».

Les effets de brouillage

Le besoin de cette image était si nécessaire pour restaurer l'État, première des priorités des gouvernants d'après guerre, qu'il fallut attendre longtemps avant que ne soit rappelée l'allégeance au régime et l'obéissance aux mots d'ordre du maréchal Pétain de la fonction publique française, jusque dans les pires errements. Dans le premier tome de ses Mémoires, publié en 1984, Michel Debré apportait des précisions utiles en soulignant que « l'image, répandue, d'une administration hostile à la persécution et volontiers complice de la Résistance est, pour un long temps de l'Occupation, inexacte ** », comme il le confirmait dans ses entretiens de 1990 avec Olivier Wieviorka,

---

* *Op. cit.*, p. 298. Bien que totalement fantasmagorique, cette vision était destinée à avoir des beaux jours devant elle, grâce aux multiples avatars de la théorie du bouclier.

** *Op. cit.*, p. 232. Ce type de témoignage est difficile à supporter pour l'administration, dont la vulgate continue à présenter l'image rassurante de fonctionnaires indistinctement héroïques, unis dans leur patriotisme et leur souci de défendre les vraies valeurs. Elle ne semble en tout cas pas en mesure d'analyser autrement qu'institutionnellement, donc superficiellement, l'époque de l'Occupation : on en prendra pour exemple la récente *Histoire du ministère de l'Intérieur de 1790 à nos jours* rédigée par l'association du corps préfectoral et publiée en 1993 par la Documentation française. Le chapitre consacré à Vichy se présente comme une suite d'organigrammes, mêlée de quelques considérations historiques erronées ou tirées au hasard d'ouvrages de qualité variable.

estimant alors que « tous ceux qui servaient Vichy en 1940, 1941, 1942, [lui avaient] paru douteux. Douteux. Et si le NAP n'a eu du succès qu'en 1943, c'est que l'appareil d'État vichyssois n'a eu des doutes qu'à partir de ce moment-là. Mes camarades qui se trouvaient dans les ministère de 1940 à 1941 n'avaient pas de doutes. Ils n'étaient pas gaullistes. Ils n'étaient pas résistants. La résistance de Vichy a été une résistance tardive[3] ». Peut-être excessif dans sans généralité – il y eut çà et là, dès 1941, quelques frémissements –, ce jugement sévère avait l'avantage de réintroduire la chronologie dans une analyse qui, sans elle, risquerait de déraper vers un confusionnisme propice à tous les amalgames. Le temps fut bousculé entre 1940 et 1944, la même action prenant des significations très différentes selon qu'elle eut lieu à la mi-1941 ou au début de 1944. Grands spécialistes du brouillage de cartes, nombre d'acteurs de l'administration vichyssoise, témoins à décharge lors des procès d'épuration ou auteurs à succès de livres de souvenirs, parvinrent ainsi à faire apparaître comme immédiate une attitude qui ne mûrit en fait que lentement pour ne s'enraciner, souvent par le biais du double jeu, qu'avec l'apparition des mesures d'expédition des jeunes Français en Allemagne.

Mais il existe un autre effet de télescopage, lié à la perception que nous avons aujourd'hui des priorités éthiques qui auraient dû mouvoir la fonction publique. François Bloch-Lainé rappelait[4] que trois types de griefs pouvaient être retenus contre les fonctionnaires de Vichy : celui d'avoir favorisé la collaboration avec l'Allemagne, celui de s'être accommodés de l'abolition de la République, celui d'être resté indifférents devant les persécutions. Le premier fut le seul jugé à la Libération, tandis que le troisième est souvent celui que l'on retient principalement aujourd'hui, dans la foulée de travaux apparus au début des années 1970[5]. Ces différences de perspective peuvent fausser le jugement, tandis que l'incertitude régnant sur les concepts risque de rendre illusoire ou polémique l'analyse des réactions de la fonction publique française aux demandes, expresses ou implicites, du régime. Il convient donc d'abord de tenter d'éclaircir les définitions.

La Résistance ou les résistances ?

Alors que les ouvrages sur « la » Résistance sont nombreux, il existe peu de réflexions sur « les » résistances, le témoignage immédiat ayant le plus souvent tendance à l'emporter sur la réflexion critique[6]. La définition même du terme de « résistance » n'est pas chose aisée. Celle donnée en 1986 par François Bédarida – « l'action clandestine menée, au nom de la liberté de la nation et de la dignité de la personne humaine, par des volontaires s'organisant pour lutter contre la domination, et le plus souvent l'occupation, de leur pays par un régime nazi ou fasciste ou satellite ou allié[7] » – pose ainsi, pour ce qui concerne notre champ d'étude, deux séries de questions, relatives d'une part à la motivation des résistants de l'intérieur que sont les fonctionnaires, et d'autre part au niveau d'organisation nécessaire pour que l'on puisse parler de résistance. Si l'on attend des « résistants », comme semble l'appeler la définition ci-dessus, à la fois motivation patriotique et exigence politique, il y aura alors bien peu de fonctionnaires résistants. Tel sous-préfet pouvait en effet, en 1943, avoir cru, voire croire encore, aux mots d'ordre de la Révolution nationale et transporter d'une ville à une autre des fausses cartes d'identité provenant de ses bureaux et destinées au maquis. Tel autre pouvait partager avec le pouvoir l'appréhension du danger communiste sans en déduire pour autant la nécessité de s'engager aux côtés du Reich pour protéger l'Europe de la bolchevisation; tout en restant foncièrement anticommuniste, peut-être aidait-il même à ravitailler un maquis FTP.

L'appel aux fonctionnaires que lançait, à la veille de la Libération, le Conseil national de la Résistance semblait tenir pour acquise cette neutralité du service public jusque dans l'action clandestine. Les administrateurs, assurait le CNR, seront jugés sur leur volonté de « mieux assurer en face des occupants la défense des intérêts de la Nation, [et de] mieux préserver leurs concitoyens contre les entreprises de l'ennemi[8] ». Formulation ambiguë, comme le prouveront les procès d'épuration au cours desquels, lorsqu'elle sera critiquée, l'administration aura beau jeu de souligner les motivations d'abord patriotiques de son action pendant quatre ans. Qui d'ailleurs, mieux qu'un fonctionnaire, serait à même de juger de la meilleure manière de défendre les intérêts de la Nation ? Jacques Sémelin souligne ainsi qu'on doit concevoir la résistance comme phénomène organisé, ce qui permet de la différencier de la dissidence et de la désobéissance qui, tout en « ouvrant la voie à l'engagement résistant », s'en distinguent fondamentalement en ce qu'elles ne se revendiquent pas comme remise en cause de l'ensemble du pouvoir de l'ennemi. L'exemple du refus du STO permet à cet auteur de mieux appréhender cette différence essentielle :

> La désobéissance au STO, dans son principe, n'était « que » la contestation d'une loi perçue comme tout à fait intolérable, c'est-à-dire le refus d'une décision du pouvoir de l'occupant; ce n'était pas toujours une contestation de ce pouvoir. Or le propre de la résistance est de s'attaquer au pouvoir même de l'occupant et des forces collaboratrices, en mettant en cause la prétendue légitimité de sa présence, ses symboles, sa propagande et ses moyens de répression[9].

Mettant en lumière la continuité des conduites de refus, depuis l'écoute de la BBC jusqu'à l'engagement actif dans un mouvement, ce même auteur estime qu'il n'y a pas résistance sans organisation et sans prosélytisme. La multiplication d'actes individuels de refus, non coordonnés et ne se souciant pas d'exemplarité, ne relèverait pas ainsi de cette « société rebelle » que finit par constituer toute forme collective de résistance, mais témoignerait de la « réactivité sociale » fournissant à l'action résistante organisée la complicité qui lui est nécessaire pour survivre et se développer. Il en allait ainsi, par exemple, lorsque le journal *Combat*, dans les « consignes contre l'esclavage » qu'il donnait dès mars 1943 pour permettre aux jeunes de se soustraire au STO, faisait figurer en bonne place la recherche de « la bienveillance de la gendarmerie, de la police et des maires », que l'on pouvait obtenir de la manière suivante : « Parlez-leur. Faites-leur honte du métier qu'on leur impose, faites appel à leur sentiment de bons Français, à la solidarité nationale. Dites-leur qu'ils ne peuvent être contraints s'ils ne veulent pas obéir[10]. »

Widerstand et Resistenz

Le concept de « réactivité sociale » ainsi mis en lumière est proche de celui de *Resistenz* proposé par l'historiographie allemande contemporaine, à la suite notamment des travaux de Martin Broszat*. Terme emprunté au vocabulaire médical, où il est utilisé pour désigner la fabrication d'anticorps par l'organisme pour lutter contre l'infection, il traduit métaphoriquement le refus latent du corps social de se plier à l'organisation totale de la société voulue par le régime**, par opposition à la réaction organisée, visible et active de résistance au sens traditionnel du terme, que les Allemands traduisent par *Widerstand.* Analysant cette distinction et les débats qu'elle avait suscités, l'historien britannique Ian Kershaw proposait de retenir le terme de « dissension », pour qualifier des attitudes « de désobéissance civile mineure qui, tout en remettant en cause l'idée d'un "contrôle total" du régime, étaient loin de consacrer un rejet fondamental du nazisme[11] ». On voit ainsi apparaître un continuum de comportements allant de l'engagement collaborationniste à l'engagement résistant, en passant par la collaboration d'État, le consentement – concept proche de celui d'accommodation que propose Philippe Burrin –, l'attentisme et la dissension. Cette approche, qui nous semble opératoire y compris dans la fonction publique, permet d'analyser diverses formes d'attitudes « résistantes » en évitant de débattre trop longuement des mots pour s'en tenir aux faits, qu'il convient d'étudier au cas par cas. Comme le rappelait encore Ian Kershaw, « il est certainement essentiel, dans la recherche historique, de distinguer ce qui est distinguable[12] » : qu'il faille souligner une exigence de méthode aussi évidente témoigne de l'acuité d'un débat dont les enjeux restent particulièrement forts. Les effets de brouillage ne se sont en effet pas dissipés, chaque partie ne pouvant avoir qu'avantage à se parer des bienfaits collectivement attribués au tout sans avoir à démontrer sa participation effective au processus légitimant. Le titre de Compagnon de la Libération de la ville de Paris comme la fourragère rouge de la police parisienne symbolisent et célèbrent les combats de la semaine glorieuse d'août 1944, ils ne nous éclairent pas sur des parcours individuels par essence beaucoup plus complexes.

Ces risques de confusion auraient pu nous conduire à nous limiter à mettre en évidence la résistance-*Widerstand*, que nous avons ici appelée résistance structurée et qui fait l'objet du chapitre suivant. Il nous a néanmoins paru souhaitable d'évoquer également des modes d'opposition moins directs, et ce pour deux raisons. D'une part en effet la résistance organisée n'est pas apparue *ex nihilo*: si elle trouva sa source dans l'action volontaire de quelques

* Qui a dirigé une vaste enquête sur la Bavière à l'époque national-socialiste (*Bayern in der NS-Zeit*, 6 volumes, Munich, 1977-1983) où apparaît ce concept.

** Comme le souligne encore Jacques Sémelin, résister c'est, au sens étymologique, « faire frein ».

hommes – qui n'étaient d'ailleurs pas au départ de purs produits de la fonction publique –, elle ne parvint à s'enraciner que dans la mesure où une lente maturation de résistance-*Resistenz* avait fait évoluer les esprits contre certains aspects de la politique du régime. C'est l'aspect archéologique des choses, qui implique de ne négliger aucun tesson, fût-il peu concluant en soi, s'il permet de reconstituer la préhistoire de la résistance administrative. Mais d'autre part, le rôle des apparences est ici essentiel : s'agissant de fonctionnaires d'autorité, le passage à la clandestinité – qui fait partie de l'image classique du résistant, au même titre que la mitraillette et la canadienne – était souvent contre-productif, et fut donc déconseillé tant par les consignes de Londres que par celles des mouvements cherchant à noyauter les services publics. Un sous-préfet sympathisant était en effet plus utile dans sa sous-préfecture que dans le maquis, et devait continuer à donner le change, en servant le régime de manière suffisamment loyale pour ne pas risquer d'être relevé de ses fonctions. Les gestes d'opposition apparaissent alors plus feutrés, moins directement lisibles que les sabotages des voies de chemin de fer, et le danger est en conséquence permanent de mal apprécier l'impact, et parfois même l'existence, de faits par définition clandestins et du risque pris par leurs auteurs. Soit on semblera donner raison à ceux que les exigences de l'épuration – ou le simple souci de tenir son rang, fût-il minime, dans l'épopée de la Nation résistante – conduisirent à surévaluer, voire à inventer purement et simplement leurs faits d'armes après la Libération, soit au contraire on emboîtera le pas des procureurs en chambre pour qui les fonctionnaires de l'époque naviguèrent avec pour seule boussole l'opportunisme, leur conformisme les poussant à rester inertes là où un seul geste aurait pu gripper un processus susceptible d'être meurtrier à terme.

Éliminons encore, dernière précaution méthodologique, l'argument selon lequel auraient « résisté » à l'ennemi ces nombreux fonctionnaires qui, dans le quotidien des relations franco-allemandes, eurent à tenir tête aux revendications de l'occupant. Dans leurs Souvenirs, la plupart des ministres de Vichy insistent longuement sur la vigilance dont eux-mêmes et leurs collaborateurs devaient faire preuve, dans tous les domaines de leur activité, face à l'âpreté des exigences allemandes. On ne contestera pas ce fait, dont portent notamment témoignage les comptes rendus des travaux de la délégation française auprès de la commission d'armistice de Wiesbaden. Terracher luttant contre l'emprise allemande sur le cinéma scolaire, les services du ravitaillement résistant – « un peu » selon Charles Rist[13] – à la volonté de l'occupant de réquisitionner des pommes de terre pour le front russe, ou le ministère des Finances mettant en avant une longue suite d'arguments pour s'opposer à l'adhésion de la France à un projet d'union postale construite entre l'Allemagne et ses satellites*

* Le ministre des Finances à M. le secrétaire d'État aux Communications, 4 septembre 1942, SAEF B 42061. Les Pays-Bas, le Danemark, la Hongrie, la Slovaquie, la Bulgarie, la Norvège, la Finlande, la Croatie et l'Italie avaient déjà donné un accord de principe à la constitution de cette union, que rejetait la rue de Rivoli, notamment au nom de l'unité à préserver entre la France, l'Algérie et l'Empire.

pouvaient avoir le sentiment de résister à leur façon. Dans ces négociations qui, indiscutablement, durent être plus d'une fois pénibles, il faut voir sans conteste le signe de la conscience professionnelle avec laquelle une fonction publique patriote conçut sa mission, dans le contexte de l'occupation. Lutter contre les risques de mainmise allemande sur l'économie et la culture françaises était, pour des hommes qui n'avaient pas fait leur le credo de la collaboration à tout crin, la base de toute action administrative. Faire son métier, pour des centaines de hauts fonctionnaires, c'était en permanence négocier les signes du maintien de la souveraineté, fût-elle formelle, du pays. Ce n'était pas là, du moins à nos yeux, faire acte de résistance.

Le rejet des collaborationnistes

Plus proche des formes de *Resistenz* définies plus haut fut la vive réaction de rejet, par les administrations publiques, des engagements collaborationnistes : si l'on peut, et si l'on doit, pointer les ambiguïtés du système administratif devant les errements de la collaboration d'État, il convient aussi de reconnaître qu'en dehors des officines dans lesquelles ils se sentaient « chez eux » – notamment les organismes traitant de « questions juives », mais aussi la délégation générale du gouvernement dans les territoires occupés – on ne croisait guère de sympathies pour le collaborationnisme dans les services publics. Celles qui s'y manifestaient eurent au contraire à faire face à de multiples formes d'opposition, presque toujours efficaces. Pour peu que leur ministre leur laissât les mains libres, les administrations, et notamment les directions de gestion du personnel, surent tenir à l'écart les agents trop impliqués à leurs yeux dans la collaboration.

Les modes de rejet

Un engagement visible dans un groupe collaborationniste était, pour la majorité des fonctionnaires, une mauvaise cause, ne serait-ce qu'en raison des adjectifs acerbes dont ces groupes ne tardèrent pas à qualifier l'action – qui était plutôt à leurs yeux inaction – de Vichy. Le régime avait trop vilipendé la politisation de la fonction publique sous la Troisième République pour tolérer que des fonctionnaires prissent un engagement partisan. Lorsque la question se posa, le gouvernement y répondit d'abord par l'interdiction pure et simple faite à ses agents de militer dans des partis collaborationnistes. Apprenant, durant l'été 1941, que des institutrices avaient adhéré à l'Amicale des femmes de prisonniers, qui dépendait du Rassemblement national populaire de Déat, les services du ministère de l'Éducation nationale constatèrent que le problème posé n'était pas tant juridique – les partis n'étant pas des groupements professionnels, la loi sur les associations professionnelles de fonctionnaires n'était pas opposable aux agents souhaitant y adhérer – que politique : quelle position le gouvernement souhaitait-il adopter vis-à-vis du RNP, et plus globalement « des divers partis politiques susceptibles d'une certaine activité [14] » ?

Interrogé par Carcopino, Darlan répondit sans hésitation que « le gouvernement interdit aux fonctionnaires d'adhérer à des groupements politiques ou à des formations rattachées à [ces] groupements [15] ». Il ne s'agissait pas là de propos sans suite : interprétant de manière large ces directives, le directeur général du Service national des statistiques, René Carmille *, ordonna, en janvier 1942, à l'un des ses directeurs régionaux de se « désister immédiatement de [s]es fonctions [de membre actif du groupe Collaboration] et de [s']abstenir à l'avenir de toute activité et de toute propagande de ce genre, même en dehors de l'exercice de [ses] fonctions actuelles au Service des statistiques [16] ». Le groupe Collaboration, par sa composition sociologique comme par la nature de son programme [17], n'était pourtant pas de ceux à l'écart desquels Darlan avait entendu tenir les agents publics, et Laval alla même plus loin, en demandant en janvier 1943 aux préfets de faciliter ses activités, ce qui impliquait que des fonctionnaires pussent, sans risque pour leur carrière, assister à ses conférences [18]. Si les universitaires, forts de leurs traditionnelles franchises, pouvaient librement faire connaître leur engagement en faveur de la collaboration **, d'autres fonctionnaires restaient nettement plus encadrés. Ce fut évidemment le cas des forces de police, Bousquet rappelant en janvier 1943 aux préfets qu'aucun fonctionnaire de police ne saurait appartenir à un parti politique, toute infraction à cette règle entraînant révocation immédiate [19]. La situation changea là encore en 1944.

Lorsque ce n'était pas l'échelon politique qui rappelait les agents à l'ordre, les services administratifs prenaient le relais. Les directions gestionnaires de personnel disposaient en effet des moyens de concrétiser la désapprobation qu'elles ressentaient face aux engagements extrêmes, même si ces moyens trouvaient leurs limites dans la marge de décision qu'il convenait de laisser au pouvoir politique. Il est inévitable que les ministres favorisent leurs hommes liges : entre 1942 et 1944, dans plus d'un ministère et notamment à l'Éducation nationale, ceux-ci épousant parfois les thèses collaborationnistes, il en résulta quelques belles promotions, inespérées avant guerre, qui suscitèrent des sentiments variés. Satisfaisant évidemment ceux qui en furent les bénéficiaires – à titre provisoire, car les plus voyantes d'entre elles furent annulées après la Libération –, elles provoquèrent au contraire dans la masse des fonctionnaires un sentiment de rejet, qui dépassait les personnes pour rejaillir sur l'ensemble du régime : une information parvenue en avril 1943 au BCRA indiquait ainsi que « le régime de superfavoritisme de la Révolution nationale a écœuré [les fonctionnaires] par des avancements "bolides" à des spécialistes de rétablissement, contre des refus de crédits à des services qui sont l'armature de l'administration [20] ».

* Qui était allergique à ce type d'engagement : ayant fait de son service, replié à Lyon, un bureau de renseignement au profit des Alliés, il mourra en déportation.

** Louis Le Fur, professeur de droit international public à Paris, présidait ainsi la section juridique du groupe Collaboration, qui comptait Abel Bonnard parmi les membres de son comité d'honneur.

Ce qu'elles étaient contraintes d'accepter de leur ministre, les directions de personnel ne se le laissaient pas dicter par des autorités extérieures. Ainsi vit-on à plusieurs reprises des fonctionnaires de rang divers, du directeur au sous-chef de bureau, rejeter quand ils le pouvaient, ou au moins faire se perdre dans les sables mouvants des dossiers en cours les interventions en faveur de fonctionnaires collaborationnistes. Interventions allemandes en premier lieu : si Vichy se vit imposer des ministres et des secrétaires généraux par l'occupant, de telles pressions étaient sensiblement moins efficaces dans les strates plus basses de la hiérarchie. L'accès aux emplois y était en effet régi par des conditions statutaires dont les autorités d'occupation maîtrisaient mal le maniement. Malgré sa germanophilie, Bonnard classa ainsi sans suite la demande que lui adressa en février 1943 un candidat malheureux à un emploi de conservateur des musées nationaux, qui ne put que constater avec amertume non seulement que « la conservation des musées nationaux prétend ne tolérer dans ses décisions aucune ingérence, fût-elle ministérielle, et n'agréer que des candidats de son choix » mais aussi et surtout que « la recommandation du Docteur Möbius [chef de section dans les services allemands d'occupation] a[vait] suscité immédiatement un véritable barrage de la part des fonctionnaires dont beaucoup sont hostiles au gouvernement et à la collaboration, mais, par contre, très adroitement et très prudemment dévoués à la cause anglo-américaine. Je ne puis me résigner à penser, poursuivait l'intéressé, qu'un fonctionnaire offrant toutes les garanties morales qui manquent malheureusement à l'heure actuelle à tant d'agents des administrations doive être systématiquement évincé d'un emploi auquel il peut théoriquement prétendre, parce que tel est le bon plaisir d'une caste qui persiste à se croire privilégiée en dépit de son opposition à peine dissimulée au régime [21] ».

D'autres interventions étaient des garanties presque aussi sûres d'échec qu'un appui allemand, par exemple le soutien d'une haute personnalité de la collaboration parisienne. Marcel Déat l'apprit aux dépens de son neveu, professeur à l'école primaire supérieure d'Alès, qui n'obtint pas le poste d'inspecteur départemental de l'éducation générale qu'il convoitait*. Moins célèbre que Déat, mais néanmoins fort connu à l'époque pour son délire obsidional contre la franc-maçonnerie, l'administrateur général de la Bibliothèque nationale, Bernard Faÿ, était aussi de ceux dont mieux valait fuir l'aide pour progresser dans une carrière administrative. Pendant l'été 1942, il s'inquiéta en vain auprès de Néret, secrétaire particulier de Bonnard, des lenteurs d'avancement de deux agents qu'il employait à classer les archives maçonniques. Faÿ dénonçait « des oppositions dont [il] ne compren[ait] pas bien le caractère, qui [l']empêchent depuis plus de quatre mois de faire pour ces malheureux fonctionnaires, lesquels fournissent un effort particulièrement dur, l'acte de justice que, comme chef, [il avait] grande hâte de faire à leur égard [22] ». Recourir ainsi aux collaborateurs du ministre n'était pas une

* Albertini, bras droit de Déat au RNP, écrivit à trois reprises à Mouraille sur cette question entre octobre et novembre 1942, le ton montant à chaque fois, AN F17 13343.

solution efficace, car ces derniers ne pouvaient ériger les promotions politiques en mode usuel de gestion. C'est ainsi qu'un sous-chef de bureau du ministère se fit appuyer sans succès par le secrétaire général des *Nouveaux Temps* auprès de Néret. Après avoir interrogé Planté, chef du personnel, qui lui fit savoir que la réunion des directeurs n'avait classé ce fonctionnaire qu'en troisième position au sein de sa direction, Néret répondit qu'aucune modification de l'ordre de promotion ainsi arrêté n'était possible *. Étaient aussi barrés les agents soupçonnés de faire le jeu de l'ennemi, réflexe particulièrement sensible dans l'est du pays, toujours sous le coup de visées annexionnistes allemandes : c'est ainsi que le secrétaire général de la Meuse, préfet par intérim du département, demanda et obtint en mai 1942 le déplacement de deux chefs de services départementaux, l'intendant chargé du ravitaillement et le conservateur des forêts **.

Lorsqu'une marge d'appréciation fut laissée à l'administration centrale, elle en usa, passé les premiers mois du régime, pour freiner l'entrée dans les services publics d'agents qui n'y avaient, à ses yeux, pas leur place. Le reclassement des enseignants rapatriés de Syrie après avoir refusé de se mettre au service de la « dissidence » gaulliste en constitue un exemple intéressant. Une loi du 13 février 1942 [23] en avait fixé les modalités, qui furent lentes à se mettre en œuvre. Alors que Laval, rappelant les termes d'une circulaire signée par Darlan trois mois plus tôt, avait demandé en juin 1942 aux administrations de « restreindre, dans la mesure du possible, le préjudice matériel qu'entraîne pour ces rapatriés une attitude où se sont manifestés avec éclat leur fidélité au pays et leur loyalisme envers son gouvernement [24] », le directeur de l'Office des États du Levant, du Paty de Clam ***, tirait en août 1942 un bilan très négatif de la manière dont l'Éducation nationale avait traité la question. Selon lui, à n'en pas douter, il y avait dans ce ministère « des fonctionnaires qui, non contents de sympathiser avec les Anglo-gaullistes, paraissent décidés à brimer systématiquement ceux de leurs collègues qui sont restés fidèles au gouvernement et ont refusé de se mettre à la solde des Anglais [25] ». L'accusation était grave, d'autant que la même Éducation nationale était accusée de faciliter au

---

* La personne qui avait saisi l'intervenant avait au contraire affirmé que « la liste d'aptitude [était] entre les mains de Néret, à qui il suffirait de bouger le petit doigt pour que cette réparation soit faite sans tarder », lettres des 22, 30 et 31 décembre 1942, AN F17 13344.

** « Fonctionnaires dont l'attitude permet ou facilite l'intrusion des autorités allemandes dans l'administration générale du département. [...] Ainsi que je vous l'ai signalé dans le rapport mensuel du mois de mai, l'autorité allemande s'efforce d'augmenter son emprise sur l'administration française de la Meuse et il est regrettable qu'elle puisse, pour ce faire, trouver des prétextes auprès de fonctionnaires français », rapport du 20 mai 1942, AN F1a 3632. Ingrand, destinataire de ce rapport, estima qu'il s'agissait d'une « affaire délicate » (annotation manuscrite portée sur le texte).

*** Fils antisémite de l'officier antisémite qui procéda à l'arrestation du capitaine Dreyfus, il succéda en février 1944 à Darquier de Pellepoix comme commissaire général aux questions juives, mais abandonna ces fonctions le 12 mai suivant, après y avoir fait montre d'une « étrange sérénité passive » selon un rapport de l'inspection générale des Finances cité par S. Klarsfeld, *Le Calendrier...*, *op. cit.*, p. 1026.

contraire la réinsertion, dans les conditions les plus favorables, des « fonctionnaires gaullistes du Levant ». Des renseignements que Bonnard obtint de son administration sa susceptibilité outragée tira la matière d'une fin de non-recevoir peu amène à l'attention de Du Paty, où il rejetait absolument « des craintes sans fondement qui n'[avaient] pas laissé de [le] surprendre au sujet d'une affaire dont aucun aspect n'[avait] échappé à [son] attention [26] ». Le ministre avait fait entièrement sienne l'argumentation par laquelle ses services s'étaient justifiés : si tel professeur du secondaire rapatrié n'avait pu accéder à l'enseignement supérieur, c'est que, ancien candidat malheureux à une chaire de droit colonial, il avait refusé une proposition de nomination comme haut magistrat aux Antilles, préférant un emploi au commissariat général aux questions juives où, concluait la note adressée à son sujet au ministre, « M. Terracher pense qu'il n'a plus qu'à trouver une place. En tout cas, nous sommes maintenant couverts devant la loi, qui exigeait qu'il fût encadré avant le 15 août. En effet, il est seul responsable de son refus [27] ». Chenevier, directeur de l'enseignement secondaire, refusait également d'endosser la responsabilité de promotions dont auraient bénéficié des fonctionnaires dissidents. Les demandes de renseignements qui leur avaient été adressées n'étaient que des actes de pure routine administrative, et la promotion dont avait bénéficié l'un d'entre eux allait être rapportée. Il convenait en tout cas de dédramatiser la situation :

> On ne peut comprendre l'émotion produite par une demande de renseignements. Demander une information en vue d'accomplir un acte administratif ultérieur ne préjuge de la volonté d'accomplir cet acte quels que soient les renseignements fournis. L'Éducation nationale ne peut accepter aucun reproche sur ce point. [...] Est-il besoin d'ajouter que, dans cette affaire, aucune sympathie ne s'est manifestée à l'égard d'un fonctionnaire coupable d'une attitude déloyale envers sa patrie et ignorée de tous à l'Éducation nationale [28] ?

Quatre cas démonstratifs

L'administration disposait donc d'une palette variée de moyens de rejet du collaborationnisme. On verra sur quatre cas, présentés ici par ordre chronologique entre janvier 1941 et janvier 1943, qu'elle sut trouver pour chaque situation le mécanisme d'éviction le plus efficace. La première affaire commença en janvier 1941, lorsque le PPF intervint pour faire abroger la mise à la retraite d'office d'un de ses adhérents, le lieutenant de douanes R., relevé de ses fonctions à la suite d'un jugement du tribunal militaire le condamnant, en décembre 1939, pour abandon de poste devant l'ennemi. Le ton du PPF était ferme, voire menaçant :

> Étant donné qu'il s'agit d'un agent particulièrement dévoué sur le plan national, nous pensons que vous voudrez bien revenir sur votre décision, d'autant plus que nous avons la conviction absolue que les notes insuffisantes qui ont pu lui être données ne l'ont été que par des chefs qui ne partageaient pas ses opinions politiques et qui ont agi par animosité à son égard. [...] Nous faisons les plus expresses réserves sur la suite qui pourra être donnée à cette affaire [29].

Celui qu'adopta l'administration ne l'était pas moins. Bien que le bureau compétent ait fait remarquer qu'il suffisait de classer l'affaire en se fondant sur la circulaire de septembre 1940 qui interdisait les recommandations, l'intéressé fut reçu par le numéro deux de la direction générale des douanes. Ce haut fonctionnaire proposa le maintien de la sanction, en traçant du lieutenant R. le portrait peu flatteur d'un « homme fort mal équilibré et d'une nervosité extrême, [qui a] annoncé sur un ton triomphant la publication prochaine d'un ouvrage auquel il travaille depuis longtemps et qui, intitulé "Douane et Démocratie", doit, selon sa propre expression, faire quelque bruit * ». Le directeur général lui-même, passablement excédé de la tournure prise par l'affaire, se déclarait prêt à signer une lettre à Doriot pour confirmer la mesure, tout en souhaitant n'en informer qu'*a posteriori* la direction du personnel, qu'il pouvait craindre plus sensible que lui à une pression d'ordre politique. Dès le début de 1941, les administrations à vocation technique se sentaient suffisamment réinstallées dans la plénitude de leurs attributions pour ne pas avoir à redouter les oukases collaborationnistes.

Le deuxième exemple, qui fait plus directement intervenir l'échelon politique, était révélateur de la marge de manœuvre que pouvait avoir un ministre désireux de ne pas laisser les coudées franches au collaborationnisme. M. R., professeur de philosophie au collège de Lisieux, se plaignait en juillet 1941 auprès de De Brinon de brimades de la part du principal du collège, parce que, disait-il, il était ouvertement partisan de la collaboration. L'affaire monta de la DGTO au cabinet civil, du Moulin de Labarthète demandant à Carcopino de déplacer le principal[30]. Mais l'arroseur se retrouva arrosé : à l'issue d'une enquête demandée au recteur, le secrétaire d'État décida effectivement de procéder à un déplacement d'office, mais ce fut celui du professeur. L'attitude du principal – qui avait reçu l'appui important du président de l'association des parents d'élèves du collège, général en retraite – avait été « non seulement correcte, mais pleine d'autorité et de mérite ». En revanche, poursuivait Carcopino, « les faits ont été déformés à plaisir : non seulement M. R. s'est plaint directement de son chef hiérarchique au délégué général du gouvernement dans les territoires occupés, mais il s'est lui-même rendu coupable du malaise qui règne au collège en dénonçant à la *Kommandantur* un de ses élèves âgés de dix ou onze ans. [...] Je déplacerai M. R.[31] ».

Concernant encore l'Éducation nationale, le troisième exemple vit un autre adhérent du PPF, L., professeur de l'enseignement technique en poste à La Rochelle, mettre également en cause son directeur, et par-delà ce premier

---

* Note du 5 février 1941, SAEF B 53031. Les observations relatives à l'équilibre mental de l'intéressé semblent justifiées, à preuve le texte d'une lettre que celui-ci adresse en avril suivant, après l'échec de ses démarches, à « M. le Maréchal Pétain, mon père » : « J'ai continué à me battre contre ceux qui, dans l'administration, critiquent votre politique. Ceux-là, maçons et produits du Front populaire, sont restés en place. [...] Monsieur le Maréchal, le Christ a été jugé, condamné et crucifié. Il était pourtant innocent. Comme lui, je pâtis de mon dévouement », *ibid.*

échelon, l'ensemble de la hiérarchie de l'Éducation nationale, qui lui aurait été hostile parce qu'il mettait en pratique, au quotidien, les consignes officielles de collaboration. Il s'en expliqua en juin 1942 :

> Cela provient peut-être du fait que j'ai déclaré être l'ami du Maréchal et l'ennemi de la franc-maçonnerie que j'ai toujours combattue, et aussi peut-être bien parce que les soldats allemands armuriers venant travailler aux ateliers de l'école, je les instruit *(sic)* sur la façon dont ils doivent se servir de nos machines-outils pour effectuer leurs travaux de réparation, et ceci justement afin que, ne connaissant pas nos machines-outils, ils ne puissent les détériorer, donc pour le plus grand bien de l'école et pour eux-mêmes puisque je leur donne des conseils. Il me semble que c'est bien la collaboration préconisée par le Maréchal, Chef de l'État, auquel je suis fidèlement attaché. Je sais que cela n'a pas le don de plaire à MM. les directeurs et chefs des travaux, dont l'esprit est contraire [32].

Là encore, l'administration académique ramena les choses à des réalités plus professionnelles. L., écrivit l'inspecteur d'académie à Sauvage, représentant de l'Éducation nationale à la DGTO, était non seulement un mauvais enseignant (ses notes avaient chuté de 16,5 en 1934 à 7 en 1936), mais « un malade », dont les parents d'élèves avaient demandé le déplacement [33]. Le directeur de l'école était en revanche un homme « dont le loyalisme à l'égard du gouvernement [était] certain ». Dans le rapport qu'il rédigea pour répondre point par point aux allégations de L., ce directeur revendiqua d'ailleurs hautement son attachement au chef de l'État tout comme sa capacité à entretenir de bonnes relations avec les autorités d'occupation. Ces informations n'empêchèrent pas Sauvage d'appuyer L. Comme il l'écrit en octobre 1942 au cabinet de Bonnard, L. est certes « tourmenté et exalté mais c'est un professeur zélé, ami de ses élèves, qui fait sérieusement son métier, même s'il est mal noté par les inspecteurs généraux. En outre, il ne faut pas oublier qu'il appartient au parti PPF, et qu'à ce titre il a pu encourir de nombreuses inimitiés. [...On doit] certes le muter, mais je verrais volontiers de l'avancement pour M. L. si les autres pièces de son dossier le permettent [34] ». Elles ne le permirent certes pas, mais on comprend à partir de cet exemple que, DGTO mise à part, les services administratifs n'étaient en rien disposés à voir dans l'appartenance politique d'un fonctionnaire un critère lui permettant de ne pas remplir l'ensemble de ses obligations professionnelles. Et, comme le montre l'exemple qui suit, il n'était pas non plus question de tolérer, au profit des partis prêchant la collaboration, les engagements politiques trop voyants que l'on avait reprochés à certains fonctionnaires avant la guerre.

Aussi, lorsque le sieur B., rédacteur principal à la sous-préfecture de Valenciennes, prit en octobre 1942 la parole devant le congrès régional du RNP pour critiquer la mollesse du gouvernement Laval *, le préfet régional Carles

* « Laval doit entrer dans la voie de la Révolution nationale telle que nous la comprenons. [...] Entre Laval et Déat, les militants du RNP auront prochainement, j'en suis certain, à choisir un chef qu'il faudra maintenir ou porter au pouvoir. »

obtint du ministère de l'Intérieur, contre l'avis d'Ingrand aux yeux duquel une « sévère admonestation » aurait suffi, la mutation d'office de l'intéressé dans le Loiret[35]. Celui-ci fit part à Déat lui-même de son désappointement face à une mesure qui pouvait « avoir les répercussions les plus fâcheuses sur l'esprit de nos camarades fonctionnaires dont nous faisons le siège depuis un an avec une ténacité digne de résultats plus certains. Tant d'obstination têtue à battre en brèche la muraille de granit du "gaullisme administratif" ne peut se trouver réduite à néant par une décision injuste et injustifiable[36] ». Partageant l'opinion de B. selon laquelle « il ne faut pas que nos camarades puissent craindre des brimades, des déplacements d'office et autres sanctions prévues par le statut des fonctionnaires », Déat fit savoir à Hilaire, par Albertini interposé, son vif souhait de voir rapporter la mesure, ce pour quoi Ingrand donna de très fermes instructions au préfet. À l'exception de ce dernier cas, une intervention d'une entité ouvertement ralliée à la collaboration se révélait ainsi au mieux inopérante, et plus souvent contre-productive. Cette forme de rejet, qui traduisait la réprobation du groupe à l'égard de ceux de ses membres qui appuyaient une politique massivement rejetée par le corps social, était d'autant plus facile à mettre en œuvre qu'elle faisait essentiellement appel à la force d'inertie. Face à l'évolution divergente des attentes de l'opinion et des choix du régime, nombre de fonctionnaires allaient se trouver confrontés à des cas de conscience autrement douloureux.

Les cas de conscience

Du malaise au basculement

Accentuée par le discours du 22 juin 1942 par lequel Laval déclara souhaiter la victoire allemande, la rupture entre le régime et l'opinion s'aggrava à partir de l'été 1942, ponctuée par l'effondrement de ce qui restait de popularité au chef du gouvernement*, par le mauvais accueil fait à la Relève et par l'émotion devant les rafles de juifs. La confirmation de l'entrée de la France dans la voie de la collaboration, qui apparaissait à beaucoup sans issue, contribua à accélérer le processus de convergence entre rejet de l'occupant et hostilité au gouvernement. De nombreux signes indiquèrent au pouvoir la désaffection grandissante de l'opinion, telle l'affluence aux manifestations silencieuses auxquelles la radio de Londres avait appelé la population le 14 juillet 1942. Dans une lettre qu'il adressa en septembre suivant à Laval, Pétain lui fit part de son inquiétude devant « l'évolution de l'esprit public au

* Cette popularité était, dès l'origine, des plus faibles, à en croire un rapport des renseignements généraux qui, le 18 avril 1942 déjà, indiquait qu'une part de l'opinion voyait dans le chef du gouvernement un « agent du troisième Reich en France », cité par Pierre Laborie, *Résistants, vichyssois et autres, l'évolution de l'opinion et des comportements dans le Lot entre 1939 et 1944*, éditions du CNRS, 1980 p. 265.

cours des dernières semaines, [qui traduit] un malaise et une angoisse qui pourraient avoir des répercussions sur l'ordre public * ».

Les événements de novembre suivant concrétisèrent, en l'accélérant, ce processus de rupture. La perte de l'Algérie, de l'Empire et de la flotte était un rude coup pour ceux qui avaient cru que l'on pouvait dissocier reconstruction intérieure et politique extérieure. C'est ainsi que le préfet du Lot, Loïc Petit, ancien officier de marine, rédigea un projet de rapport qui, tout en soulignant les sarcasmes qui accueillaient désormais l'évocation de la Révolution nationale, concluait avec une ironie amère que « les événements [avaient] réalisé l'union. Malheureusement, cette union est précisément à l'opposé de la politique que suit le gouvernement[37] ». Dans le même esprit, le commandant de Tournemire, « chef compagnon » du mouvement des Compagnons de France, se vit plus tard accuser par les proches de Bonnard d'avoir fait mettre en berne les trois couleurs à la suite de l'occupation totale du territoire **. Certaines réactions ne se cantonnèrent pas à l'ordre du symbolique. Jean Borotra, maréchaliste qui avait quitté le gouvernement lors du retour de Laval, fut ainsi arrêté, à la fin de novembre 1942, par la Gestapo en voulant passer la frontière espagnole pour rejoindre Alger. Caractéristique également des désillusions des pétainistes de la première heure fut la lettre véhémente qu'adressa, depuis Berne, du Moulin de Labarthète à Jardel qui lui avait demandé son aide pour rédiger un message de fin d'année du chef de l'État :

> L'idée d'un message de fin d'année est une idée folle, et il faut vivre dans l'atmosphère confinée où vous vivez pour la retenir. Prisonnier, le Maréchal ne doit plus parler. Ses derniers messages ont été de lourdes erreurs. Le seul qui puisse être accueilli, désormais, avec émotion et reconnaissance par le peuple français tiendrait en ces trois mots : « Je m'en vais. » Tout le travail de rénovation de ces vingt-neuf derniers mois s'est écroulé dans la faiblesse des décisions du 11 et du 12 novembre. En refaire aujourd'hui l'historique serait d'une amère et sanglante ironie. [...] En vous proposant, il y a six mois, au choix du Maréchal pour exercer mon intérim, je l'assurais que vous ne lui feriez commettre aucune erreur volontaire. Je ne pouvais lui garantir que vous lui feriez faire de grandes choses. Ne tombez pas, au moins, dans l'erreur que je voudrais aujourd'hui vous épargner. [...] La France continue, et c'est elle ici que nous représentons. Je ne vous apprendrai rien en vous disant qu'elle a aujourd'hui plusieurs visages[38].

---

* Lettre du 22 septembre 1942, AN 2AG 24. Rapportée par Philippe Burrin, une note de synthèse établie par le service des contrôles techniques en septembre 1942 confirmait la volonté de rupture qui habitait désormais l'opinion : « En général, on peut constater dans l'esprit des correspondants la progression de l'idée qu'à tout prendre mieux vaudrait adopter vis-à-vis de l'Allemagne une attitude franche correspondant aux "vœux de l'immense majorité" des Français, même au prix des risques qu'elle comporte puisque, aussi bien, le Reich "commande en zone libre comme en zone occupée". Cette solution aurait l'avantage de rétablir l'unité nationale compromise par l'existence de la ligne de démarcation », *La France à l'heure allemande, op. cit.*, p. 190.

** Il s'en défendit en indiquant que c'était le chef de l'État lui-même qui avait demandé cette mesure, lors de sa visite à Randan le 27 juillet 1942, à l'occasion du deuxième anniversaire du mouvement Compagnons, cité par W. D. Halls, *op. cit.*, p. 289.

Du giraudisme au gaullisme

Pour les fonctionnaires, plus encore peut-être que pour les autres Français, la suppression, dans les faits, d'une zone « libre » signait la fin du peu d'indépendance concédée à l'État français. Le phénomène fut particulièrement sensible au sein du ministère des Affaires étrangères, apte par nature à apprécier la souveraineté d'un État. Comme l'indiqua, dès le 19 novembre 1942, Pierre Limagne, c'est d'abord parmi les diplomates que l'on enregistra des démissions[39], qui se répétèrent au cours du semestre qui suivit : la complexité de la situation politique à Alger, qui mit près d'un semestre à se décanter[40], contribua également à faciliter le ralliement à la France combattante de fonctionnaires auxquels les événements de novembre 1942 permirent de faire prendre conscience de ce que leur devoir patriotique passait par l'abandon de la fidélité qu'ils avaient jurée au chef de l'État. L'ambiguïté première de la position de Darlan par rapport à Pétain[41] puis, après sa disparition, la proximité de la pensée politique du général Giraud avec plusieurs des thèmes majeurs de la Révolution nationale[42] présentaient l'avantage de pouvoir inscrire le voyage de Vichy vers Alger dans une forme de continuité, et donc d'éviter des remises en causes trop douloureuses : on ne s'était pas trompé au départ, mais les circonstances avaient changé. Nombre de ces fonctionnaires, souvent d'un rang élevé, auraient pu souscrire aux termes de la lettre ouverte que les étudiants de l'université de Paris adressèrent en mars 1943 à Pétain :

> Nous voulions respecter les chances de résurrection nationale que vous avez voulu incarner. Beaucoup d'entre nous, en toute bonne foi et avec un patriotisme sincère, ont cru à cette Révolution nationale annoncée par les messages où nous reconnaissions les conceptions qui nous sont particulièrement chères. [...] Une à une se sont effeuillées les illusions des plus candides d'entre nous. [...] De concessions en concessions, nous avons vu la France asservie de plus en plus étroitement à son vainqueur, jusqu'à se trouver enrôlée aujourd'hui sous son étendard déserté par la victoire[43].

Le giraudisme servit ainsi de passerelle vers la France libre à toute cette frange de la fonction publique qui, lassée des compromissions de Vichy, décida de sauter le pas après les événements de novembre 1942, ou au plus tard au début de 1943. Quelques hauts fonctionnaires civils se rallièrent à Giraud, dont le moins célèbre n'est pas Maurice Couve de Murville, directeur des finances extérieures et des changes de l'État français jusqu'à sa défection en mars 1943 *, et dont Giraud fit l'un de ses représentants au CFLN. Les plus intuitifs d'entre

* En même temps que Paul Leroy-Beaulieu, directeur du commerce extérieur. Selon Jean Jardin, c'est Guérard qui fit délivrer à ses deux collègues de l'inspection des Finances, en toute connaissance de cause, un visa pour la Suisse, première étape de leur voyage vers Alger, déposition citée, 18 janvier 1956, AN 3W189. Au moment des faits, les sources d'information qui parvenaient au BCRA citaient un autre responsable de cette fuite, Pebrel, chef de cabinet de Cathala, qui fut arrêté à la mi-août 1943 en même temps que de nombreux autres hauts fonctionnaires des Finances (voir *infra*, pp. 542-543), messages des 18 et 26 août 1943, AN 3AG2 325.

eux quittèrent bientôt, au profit de De Gaulle, les rangs de l'évadé de Königstein, où l'on croisait décidément trop d'hommes marqués par un passé vichyssois proche et encombrant. L'entourage de Giraud restait en effet imprégné par l'esprit de la Révolution nationale, qu'il fût véhiculé par des militaires, comme Bergeret, ancien pur et dur du pétainisme, par des proconsuls comme Noguès et Boisson, qui avaient fait tirer sur les gaullistes et leurs alliés respectivement au Maroc et en AOF, par d'anciens membres des gouvernements du Maréchal enfin, tels Peyrouton, nommé en janvier 1943 gouverneur général de l'Algérie, et Pucheu, qui avait rejoint Alger en mai 1943 après avoir obtenu un sauf-conduit de Giraud *. On ne saurait donc sous-estimer l'influence de ce dernier, non certes en tant que chef politique mais dans le mouvement qui fit s'éloigner de Vichy ceux que Claude Bourdet qualifia plus tard de « détachement précurseur du capitalisme français (généraux, hommes politiques, hommes d'affaires et hauts fonctionnaires) [44] ». La mouvance idéologique du giraudisme permit effectivement à nombre de jeunes – on pense au cas d'un certain représentant d'une certaine jeunesse française [45] – ou moins jeunes fonctionnaires de Vichy de se démarquer du régime sans avoir à renier les convictions qui les avaient conduits à le servir [46].

Succédant aux espoirs qu'avait fait naître le débarquement en Afrique du Nord, la lassitude s'empara en 1943 de la majorité de la population française. Alors que s'ouvrait l'année, les rapports de synthèse des préfets confirmaient la perte de foi des Français dans l'action des pouvoirs publics et leur repli sur la sphère matérielle, autour de la question essentielle du ravitaillement **. Moins que l'indifférence, la politique du gouvernement suscitait le rejet. Laval en était conscient, qui faisait de son impopularité le signe de la justesse de sa politique, car « on n'est pas populaire quand on traverse une période de malheur et qu'on représente l'autorité du gouvernement [47] ». Et il ne fut guère surpris quand Joseph Barthélemy lui indiqua que « 80 % des Français étaient opposés à [sa] politique *** ». Sans aller jusqu'à atteindre la proportion de « 98 % de gaullistes dans la population française – et 22 % de communistes, les communistes étant naturellement gaullistes » qu'évoquait un message parvenu en octobre 1943 aux services de renseignements de la France libre ****,

* Assurances qui furent insuffisantes pour le faire échapper à une condamnation à mort. D'où le mot, rappelé par J.-P. Azéma (*De Munich à la Libération, op. cit.*, p. 309) : « Un passeport signé Giraud vous amène droit au poteau ».

** « Les efforts déployés par le gouvernement en vue d'obtenir, sur le plan extérieur, une amélioration de la position de la France semblent avoir perdu tout intérêt pour la masse. Il n'est plus question de construire des plans d'avenir, mais de vivre au jour le jour en attendant l'évolution des événements. Il en résulte une sorte d'indifférence aussi bien dans la pensée que dans l'action à l'égard des problèmes qui intéressent la collectivité. Chacun se limite à sa vie individuelle et, trop souvent, à la poursuite égoïste de ses intérêts matériels immédiats », rapport de synthèse des préfets, janvier 1943, AN F1cIII 1198.

*** « Et encore, je vous flatte », ajoutait le garde des Sceaux, *op. cit.*, p. 332.

**** L'information provenait, selon les auteurs du message reçu par le BCRA, d'une statistique des renseignements généraux, 7 octobre 1943, AN 3AG2 325.

la frange de la population faisant confiance au gouvernement ne cessait effectivement de s'amenuiser. L'évolution des opérations militaires contribua largement à la dégradation continue de l'image du régime au long de l'année 1943 : l'opinion s'était réjouie en début d'année de la défaite allemande devant Stalingrad, au printemps de la fin de la campagne de Tunisie, puis en juillet du débarquement des troupes anglo-saxonnes en Sicile, qui entraîna deux semaines plus tard la chute de Mussolini. Si cette suite de revers de l'Axe avait été accueillie avec enthousiasme, dès le mois de juin la lassitude avait commencé à gagner l'opinion, dans l'attente d'orages qui ne se levaient pas : « L'attente est devenue si fiévreuse, indiquait un informateur du BCRA, que si les événements militaires impatiemment désirés étaient encore longtemps différés, l'esprit de résistance pourrait s'effondrer d'un seul coup. La nervosité est d'autant plus grande que le rythme des déportations et des arrestations s'accélère. Le pays tout entier se dresse maintenant contre la prétendue relève et fait cause commune avec les réfractaires qui trouvent partout asile [48]. » Cette lassitude devint particulièrement forte à l'automne, le débarquement promis par Churchill « avant que les feuilles soient tombées » n'ayant pas eu lieu *. Pour autant, ce sentiment ne bénéficia nullement à Vichy, comme le déplorait une note, émanant des milieux encore favorables au régime, sur la situation politique « effrayante » de l'automne 1943 :

> Pour 95 % de la population, l'autorité gouvernementale française n'existe plus. Tout ce qui vient d'elle est suspect, et moins méprisé que négligé. [...] On ne se donne même plus la peine d'interpréter fallacieusement les déclarations du Maréchal. On les considère comme inexistantes. On représente communément ce dernier comme un président de la République, plus impuissant encore que son prédécesseur « puisqu'il ne peut même plus choisir librement au dernier moment son chef du gouvernement mais doit désigner celui que les Allemands lui imposent ». Et on a une telle certitude que le régime de Vichy va être balayé incessamment que l'on s'abstient de critiquer les ordres et les hommes qui les donnent. [...] On n'a pas su créer une nouvelle mystique nationale et grâce aux maçons et amis qui sont restés en place ou ont pris de nouvelles fonctions par suite de l'indigence intellectuelle et morale, de la cupidité cynique et des incapacités aveuglantes de la plupart des « Nouveaux Messieurs », surtout dans le ravitaillement et les comités d'organisation, on considère la Révolution nationale comme ayant été irrémédiablement sabotée, et on attend l'ordre nouveau des vainqueurs de l'Allemagne, quels qu'ils soient [49].

Dans ce contexte où alternaient espoirs et lassitudes, la fonction publique connut un réel malaise, dû à l'accroissement de l'écart entre les aspirations de l'opinion, dont elle était partie intégrante, et les options du gouvernement qu'elle était censée servir. Les temps étaient loin en effet de ce « maréchalisme de base », que l'administration partageait avec la quasi-totalité du corps social

* Les services de propagande allemands diffusèrent alors un tract en forme de feuille de platane, portant la mention : « Je suis tombée, Churchill. Où es-tu ? Où sont tes soldats ? »

français*: d'une part en effet, sans s'être complètement dilué dans le rejet de la politique gouvernementale et dans la dureté du quotidien, le mythe Pétain avait beaucoup perdu de son pouvoir attractif; d'autre part, la fin de la fiction de la souveraineté du gouvernement de Vichy se trouvait accélérée par la victoire de De Gaulle sur Giraud et la reconnaissance *de facto* du CFLN par les alliés.

Le croisement des légitimités

N'ayant émis aucune réserve sur le discours du 22 juin 1942 de Laval, ni profité des événements de novembre 1942 pour retrouver une marge de liberté, Pétain, dont la lucidité n'était plus qu'à éclipses, perdit sa fonction de point de ralliement des Français. Ses interventions publiques en 1943 contribuèrent en outre à souligner, aux yeux de la population, sa faiblesse et sa dépendance à l'égard d'une politique gouvernementale très largement rejetée. Pierre Laborie souligne que, dès le début de l'année 1943, étaient apparues dans les correspondances des allusions à l'âge du chef de l'État et à l'influence qu'exerçait sur lui son entourage : à la reconnaissance qui constituait jusque-là, dans l'opinion, le sentiment dominant vis-à-vis du maréchal Pétain succéda une « commisération de plus en plus attristée [50] », le maréchalisme n'existant plus que par lambeaux, lorsque était évoquée la figure du « noble vieillard », ou par flambées. De l'échec du sursaut pétainiste de la fin 1943, où furent évidentes la faiblesse et la vanité des efforts du chef de l'État, son entourage tira matière à propagande. Dans une note de janvier 1944, le cabinet militaire tira le bilan de l'action menée depuis novembre précédent, et conclut, comme s'il voulait se persuader lui-même : « Votre conscience doit être tranquille quand elle suit le Maréchal », sans que l'on sache à qui, opinion ou cadres servant encore le régime, était adressée cette exhortation [51].

Bien que l'attachement à la personne du Maréchal ait connu une ultime manifestation lors de la visite du chef de l'État à Paris, le 26 avril 1944**, Pétain n'était alors plus que cette « baudruche que Laval était chargé de

* Réaction qui mit du temps à se dissiper: en 1941, des mouvements de résistance comme Combat ou Défense de la France évitaient d'attaquer de front le chef de l'État envers lequel, au contraire, ils continuaient à professer un certain respect.

** Visite sur laquelle le propos doit être nuancé. Il est vrai que les ovations données au chef de l'État par la foule parisienne, alors que le pays connaissait le contexte de quasi-guerre civile que détaillera le prochain chapitre, ont de quoi troubler. Mais on ne peut pour autant en rester aux simplifications masochistes du type « Les Parisiens qui ont applaudi de Gaulle le 26 août sont les mêmes que ceux qui avaient acclamé Pétain quatre mois plus tôt ». Il apparaît en effet, si l'on suit ici encore Pierre Laborie dans son étude des réactions de la population parisienne à cet événement, que la présence de Pétain à Paris ce jour-là pouvait apparaître, « fût-ce de manière dérisoire, comme un des derniers symboles de l'indépendance nationale », *L'Opinion publique…*, *op. cit.*, p. 299. Sur cet événement, on se reportera au film d'analyse des images d'actualité réalisé par Christian Delage, Denis Peschanski et Henry Rousso, « Les voyages du Maréchal », film analysé par Jean-Pierre Bertin Maghit, « Trois historiens en quête d'images », *Vingtième Siècle, revue d'histoire,* n° 32, octobre-décembre 1991, pp. 85-91.

regonfler[52] », comme l'écrivait alors sans ambages Hitler. Vichy était parallèlement devenu l'ombre d'un régime. L'ambiance était morne dans la ville, qui vécut jusqu'au bout de rumeurs de retour du gouvernement à Paris, où s'était en fait déjà translaté le pouvoir administratif. Une note adressée en février 1943 au BCRA faisait ainsi état du « retour du gouvernement à Paris en avril, le Maréchal demeurant à Vichy ». Perspective peu réjouissante pour ce dernier, à en croire la description de la capitale provisoire dont faisait état, au même moment, une lettre adressée au rédacteur en chef du *New York Times* :

> L'hiver est doux et la ville est déserte. L'année dernière, les hôtels regorgeaient encore de visiteurs, de membres du corps diplomatique, de journalistes, étrangers ou non. Depuis l'arrivée de la Gestapo, qui infecte les bâtiments, les parcs, les restaurants et les bureaux de cette funambulesque capitale, les gens ont fui. [...] Les quelques automobiles ministérielles filent à une vertigineuse allure de peur de coups de feu vengeurs. Ces Messieurs du gouvernement trouvent difficilement des chauffeurs. [...] Le vent de la défaite allemande souffle, et emporte chaque jour un certain nombre de fonctionnaires, d'officiers, d'industriels, collaborateurs de la première heure, qui maintenant ne songent qu'à se terrer épouvantés à l'idée du sort que leur réserve la Révolution. Non la Révolution nationale préconisée par le Vieux et son Bougnat, mais la révolution qu'organisent en secret les patriotes du pays. De cette révolution, le gouvernement tout entier se montre fort inquiet. Il en sent les progrès insaisissables. Il sait que les arrestations qu'il multiplie ne suffiront pas à l'enrayer. Les ministres déambulent du pavillon Sévigné à l'hôtel du Parc comme ils iraient à l'abattoir. D'autres, plus simplement trahissent. [...] Si les plus intelligentes des fripouilles du gouvernement de Vichy sous la férule des occupants tirent volontiers un coup de chapeau à de Gaulle pour la rectitude de son attitude, ils vomissent au contraire leurs anciens collaborateurs qui, par ambition personnelle, sont allés chercher fortune en Afrique du Nord ou plus loin[53].

Se matérialisait ainsi concrètement l'abandon du régime par nombre de ses cadres et de ses premiers soutiens. Pourtant, en cette année 1943, l'État de Vichy ne s'effondra pas, alors même que l'administration ne se faisait aucune illusion sur l'indépendance du régime : « Le gouvernement, lisait-on dans une note adressée en février 1943 au BCRA, ne jouit plus d'aucune souveraineté, le maréchal Pétain n'est plus rien, M. Pierre Laval n'est plus grand-chose, l'action du gouvernement se borne à expédier les affaires courantes et à obéir aux ordres qu'il reçoit des autorités d'occupation[54]. » Comme l'explicitait un mémorandum adressé au CFLN, en juillet suivant, « le gouvernement de Vichy n'a aucun des attributs de la souveraineté, aujourd'hui moins que jamais. Il n'a aucun moyen d'action autonome, et n'exerce plus le pouvoir de commandement sur aucune force publique. Il n'est maître d'aucune administration nationale. [...] L'autorité de Pétain et de son régime a sans cesse diminué dans le pays jusqu'à tomber à zéro. Tous les rapports des préfets sont unanimes sur ce point : les lois de Vichy n'ont jamais été méprisées comme elles le sont aujourd'hui[55] ». C'est pendant l'été 1943 que se joua au sein de l'administration, avant la crise plus politique de novembre suivant, le dernier conflit entre loyauté et patriotisme, et donc la dernière chance donnée au régime par ceux qui ne l'avaient pas déserté, au sens propre ou au sens figuré, lors du débarquement en Afrique du Nord. La chute de Mussolini éclaira en effet bien des esprits, de sorte qu'en août, lorsque la tension s'accrut entre Laval et Sauckel, beaucoup pensèrent tenir là le motif permettant à un nouveau gouvernement, plutôt constitué contre Laval qu'avec lui, de rompre avec les Allemands. Un rapport de *Salmon* informa ainsi Alger que, « pour certains ministres, l'occasion serait venue de courir le risque d'un conflit qui manifeste clairement la volonté unanime de résistance actuelle du pays. Parmi les fonctionnaires les plus en vue, le sentiment est identique [...] : le seul devoir du gouvernement est de faire l'union du pays. Cette union n'est possible que dans la résistance. Il n'y a plus d'autres préoccupations * ».

Par un effet de vases communicants, c'est vers Alger que se reporta le besoin de légitimité que Vichy ne pouvait plus fournir à ses serviteurs. L'évolution du conflit entre Giraud et De Gaulle, et la victoire – partielle en juin, incontestable en août – de ce dernier étaient connues en France[56]. La Résistance, dont l'appui n'avait pas compté pour rien dans le succès gaullien, put ainsi faire part de sa satisfaction devant la victoire politique remportée par De Gaulle, en soulignant dans une communication adressée en juin 1943 à Alger que « la constitution d'un gouvernement français libre a[vait] fait naître des espoirs immenses[57] ». La « Quatrième République française » annoncée par le discours que prononça De Gaulle le 14 juillet ** n'apparaissait plus, aux yeux de beaucoup de Français désormais prêts à suivre le général sur « le chemin nouveau de la France », comme une chimère. La validation qu'apportèrent au CFLN les principaux gouvernements alliés, en décidant, de plus ou moins bon cœur, à la fin d'août 1943, de le reconnaître *de facto*, ajouta à la légitimité du pouvoir d'Alger et à la crédibilité de l'alternative qu'il représentait, notamment pour des fonctionnaires soucieux que ne soit pas rompue la permanence de l'État. À cet égard, l'existence d'une contre-administration organisée à la française – ministères, qui portaient le nom de « commissariats », directions et bureaux prenant textes législatifs, sous forme d'ordonnances, et réglementaires – apparaissait comme un élément de stabilité formelle susceptible de rassurer les fonctionnaires. Ceux-ci n'étaient pas non plus dépaysés, quand ils y avaient accès, par le *Journal officiel* publié par la France libre[58]. Ces transferts croisés intervenaient le plus souvent par les représentations diplomatiques en terrain neutre – Lisbonne et Madrid notamment – les décisions les plus importantes de la France libre étant en outre reprises par la presse clandestine publiée en France, et surtout par la radio. La fonction publique de France métropolitaine pouvait ainsi être informée des messages qui lui étaient destinés.

* Ce rapport, daté du 19 août 1943, mettait sur le compte de cette volonté nouvelle de résister à la pression allemande le refus du Conseil des ministres d'entériner le projet de loi de dénaturalisation des juifs, AN 3AG2 325.

** On y trouve la célèbre phrase « Quand la lutte s'engage entre le peuple et la Bastille, c'est toujours la Bastille qui finit par avoir tort », *Discours et Messages*, t. I, *Pendant la guerre, juin 1940-janvier 1946*, Plon, 1970, p. 312.

Les avertissements

À partir du second semestre 1943, les avertissements ne manquèrent en effet pas pour signaler aux hauts fonctionnaires trop zélés les risques professionnels et personnels qu'ils couraient. Alger et la résistance intérieure agissaient ici de façon complémentaire, tant en ce qui concerne le registre utilisé que les cibles visées et les moyens mis en œuvre. C'est à la fin de l'été 1943 que furent publiés les premiers textes du Comité français de Libération nationale relatifs à l'épuration administrative, qui prenaient le relais d'une série d'avertissements transmis par la voie des ondes. Le 18 août, le nouvel exécutif de la France combattante se dota d'une commission d'épuration [59], composée d'un président et de quatre membres nommés par décret pris sur le rapport des commissaires à la Justice et à l'Intérieur. Une ordonnance du 6 décembre 1943 vint définir ses modalités de fonctionnement ainsi que le champ exact de la mission qui lui était dévolue : « Proposer les sanctions adéquates contre tous les élus, fonctionnaires et agents publics en activité ou en retraite qui, depuis le 16 juin 1940, ont par leurs actes, leurs écrits ou leur attitude personnelle, soit favorisé les entreprises de l'ennemi, soit nui à l'action des nations unies et des Français résistants, soit porté atteinte aux institutions constitutionnelles ou aux libertés publiques fondamentales, soit tiré sciemment ou tenté de tirer un bénéfice matériel direct de l'application de règlements de l'autorité de fait contraires aux lois en vigueur au 16 juin 1940, soit procédé à des actes de dénonciation ayant entraîné des poursuites contre les Français résistants [60]. » Dans cette immense tâche, la commission devait être guidée par le souci, posé par le texte, de « distinguer entre les hommes qui se sont bornés à exécuter des ordres sans avoir l'autorité nécessaire pour les discuter, et ceux qui, allant au-delà de leurs strictes obligations professionnelles, se sont sciemment associés à une politique antinationale ou ont manifestement dépassé dans la répression l'exercice normal de leurs fonctions ». Cette distinction essentielle, qui reste d'actualité, donnait à la commission le pouvoir, et le devoir, d'analyser la marge de manœuvre dont disposait chaque fonctionnaire, afin de mesurer s'il n'aurait pu profiter de l'étendue de ses responsabilités pour saboter des instructions devenues illégitimes à défaut d'avoir été illégales. Charles Laurent, ancien secrétaire général de la Fédération générale des fonctionnaires, assura à partir de novembre 1943 la présidence de cette commission, qui entendait bien ne pas jouer un rôle de pure forme. Le sujet était évidemment des plus sensibles, comme le montrèrent les débats particulièrement animés qu'y consacra en janvier 1944 l'Assemblée consultative provisoire. Laurent fit alors part de son amertume devant le « sabotage » du travail de sa commission par le CFLN [61].

Entre-temps avait été promulgué un texte de plus fort retentissement, l'ordonnance du 3 septembre 1943 qui disposait que Pétain ainsi que tous les ministres et secrétaires généraux des « gouvernements et pseudo-gouvernements » qui s'étaient succédé en France depuis le 17 juin 1940 auraient à rendre des comptes à la justice, sans toutefois préciser selon quelles modalités.

Pucheu, parti pour l'Afrique du Nord sur les instances de Giraud, venait d'y être arrêté. Peyrouton, Flandin et Boisson, anciens dignitaires de Vichy, qui s'y trouvaient pour les mêmes raisons, attendirent quant à eux décembre suivant avant d'être mis en accusation. Les textes relatifs à l'épuration se succédèrent ensuite à vive allure, comprenant notamment l'ordonnance du 21 décembre 1943 relative à l'indignité des fonctionnaires supérieurs membres des groupements antinationaux*, ainsi que celle du 21 janvier 1944 étendant à la Corse libérée le principe de l'épuration des fonctionnaires indignes: une commission de cinq membres, différente de celle siégeant à Alger, pouvait être saisie par chacun des commissaires composant le CFLN pour les agents relevant de son département, par le préfet de la Corse ou « par des plaintes motivées portées à sa connaissance [62] ». Avant même de se soucier d'épuration, le CFLN avait pris un acte de réparation à l'égard des agents publics révoqués par Vichy, sous la réserve – prudente – que la révocation ait été motivée par des raisons autres que professionnelles. L'ordonnance du 4 juillet 1943 [63] décida que ces agents seraient réintégrés dans leurs fonctions, cette abrogation de toutes les législations d'exclusion de Vichy constituant l'une des conditions mises par de Gaulle, soutenu par la résistance intérieure, à un accord avec Giraud.

L'impact de ces mesures sur l'attitude des fonctionnaires continuant à servir formellement Vichy fut double. Pour la grande masse d'entre eux, elles permirent de confirmer qu'il existait, organisée et prête à gouverner lorsque arriverait la Libération, une alternative à l'État français présentant toutes les formes de la légalité. Elles eurent en revanche pour effet d'inquiéter la frange de notables modérés et de hauts fonctionnaires qui pouvaient avoir à craindre des orientations du régime que connaîtrait la France après la guerre, même si leur sort personnel n'était pas en cause. Ceux qui, sans sauter eux-mêmes le pas, avaient suivi avec sympathie la démarche de ceux de leurs anciens collègues partis aider Giraud à construire un ersatz de Révolution nationale non parasité par la collaboration furent consternés par l'évolution politique constatée à Alger, avec notamment, en mars 1944, la condamnation à mort de Pucheu, que De Gaulle refusa de gracier. Pour ces pétainistes des premiers temps, éloignés de Vichy par rejet de la collaboration et chez lesquels primait désormais le patriotisme anti-allemand, De Gaulle, qu'ils estimaient soumis à l'influence communiste, se trouvait contraint de donner des gages, c'est-à-dire des têtes. Ils craignaient que cette attitude, en nuisant à l'indispensable union nationale contre l'ennemi, ne facilitât après la Libération l'installation du

---

* *Journal officiel de la République française*, 8 janvier 1944. La définition des « emplois supérieurs » dont l'exercice serait, dans la France future, interdit aux anciens membres d'organisations telles que le SOL, la Milice ou le groupe Collaboration, était renvoyée à des décrets ultérieurs. Ces décrets furent pris en bloc, pour tous les commissariats, le 19 mai 1944 ; ils fixèrent la barre assez bas, puisque la plupart d'entre eux faisaient commencer ces emplois, dans les administrations centrales, au grade de sous-chef de bureau, *Journal officiel de la République française*, 25 mai, 27 mai et 1er juin 1944.

communisme en France. Nettement antivichyste depuis la montée en puissance, sous l'ère Darlan, des équipes technocratico-collaboratrices, et plus encore depuis avril 1942, un homme comme Jacques Bardoux reflétait bien l'évolution de l'état d'esprit de cette part de l'opinion conservatrice. En décembre 1943, il qualifiait ainsi de « bonnes nouvelles d'Alger » les informations transmises par Léon Noël selon lesquelles De Gaulle, en froid avec les communistes, aurait accepté la demande de Giraud de suspendre l'épuration *. Or si les représentants de la résistance intérieure à l'Assemblée consultative adoptaient effectivement une position maximaliste en matière d'épuration, De Gaulle et les membres du CFLN derrière lui se voulaient plus réalistes. C'est ainsi que même un communiste comme Fernand Grenier pouvait déclarer, certes en mai 1944, que « la Résistance n'est pas constituée uniquement d'hommes ayant compris dès le début où est leur devoir. Nous connaissons des silencieux de 1940 et 1941, même des vichyssois de 1942, qui ne sont devenus résistants qu'en 1943 ! Si les traîtres avérés doivent être punis, on doit donner à ceux qui ont été piégés et trompés le droit de servir et de se racheter. [...] Je juge les hommes non sur ce qu'ils ont fait, mais sur ce qu'ils font aujourd'hui [64] ».

Tel n'était pas forcément le discours public que tenaient la France combattante et la Résistance dans les mois qui précédaient. Action clandestine oblige, la menace était plus directe afin d'être plus efficace, et prenait plusieurs canaux. La radio restait l'un plus usités et c'est par elle que transitèrent, dès le printemps 1943, les messages adressés aux fonctionnaires pour leur rappeler où se situait leur devoir. Ainsi Pierre Laroque depuis Londres, le 14 mai 1943 :

> La tâche des fonctionnaires dans la période que nous traversons est une tâche difficile. Difficile techniquement, [... et] difficile moralement, car la plupart des fonctionnaires se pose un conflit de conscience ; il faut concilier le souci d'assurer le fonctionnement des administrations nécessaires à l'existence même du pays et la répugnance à apporter une collaboration directe ou indirecte à l'occupant, à l'ennemi. [...] À côté des fonctionnaires qui participent activement au combat pour la liberté, à côté de ceux qui – et c'est l'immense majorité – appellent de leurs vœux la libération du territoire et apportent à tout le moins le concours de leurs bonnes volontés, il y a des fonctionnaires collaborateurs, des fonctionnaires dont les sympathies sont du côté de l'occupant, des fonctionnaires même qui se font les agents, les complices de l'ennemi. Ceux-là, certes, sont en apparence de moins en moins nombreux. Beaucoup, sentant le vent tourner, essaient aujourd'hui de se rapprocher de la

* Jacques Bardoux, *La Délivrance de Paris*, *op. cit.*, p. 84. Après l'exécution de Pucheu, tout en déclarant n'avoir « ni estime ni sympathie » pour l'ancien ministre de l'Intérieur, Bardoux critiquait « l'inintelligence des gens d'Alger, [qui] ne comprennent pas que l'heure des sanctions n'a pas encore sonné », *ibid.*, p. 189. Après les manœuvres pétainistes avortées de novembre 1943, Alger fut informé par la résistance intérieure que « nombre de fonctionnaires [étaient] effrayés par l'ampleur de l'épuration en cours en Afrique du Nord [...]; sur ce point les « excès » commis à Alger contribuent à former une forte coalition, dans laquelle sont appelés à entrer tous ceux qui, à quelque titre que ce soit, ont lieu de redouter d'avoir à s'expliquer sur leur attitude », AN 3AG2 325.

> France combattante, de s'assurer des appuis, de donner des gages de leurs bons sentiments. Ces conversions ne trompent personne. Les opportunistes ne doivent se faire aucune illusion ils ne doivent pas compter sur une indulgence qui serait une faiblesse coupable, une inadmissible injustice. [...] La France de demain doit pouvoir compter sur la loyauté absolue de ses serviteurs [65].

À trois reprises, entre juillet et septembre 1943, Pierre Limagne rapporta de telles interventions, qui jouaient aussi bien sur le registre de la légitimité que sur celui de la menace. Ainsi, le 18 septembre, releva-t-il que « Radio-Alger informe les fonctionnaires de la métropole que le Comité national est, jusqu'au moment de la constitution d'un gouvernement, "la seule autorité légitime française", et que quiconque aide les Allemands sur ordre de Vichy doit s'attendre à être châtié [66] ». Ce n'était pas la première fois que les fonctionnaires apprenaient que le châtiment serait à la mesure de la trahison : le 7 juillet, « Alger [prévenait] les fonctionnaires de Vichy qu'ils s'exposent, en servant Hitler, à des sanctions pouvant aller jusqu'à la peine de mort [67] », menaces réitérées en septembre « aux fonctionnaires qui suivent docilement les ordres de Vichy, plus spécialement aux magistrats et aux policiers. Ces derniers, s'ils torturent des patriotes, seront exécutés et verront leurs enfants déshonorés [68] ». Il existait d'autres modes d'information, à commencer par tout l'arsenal de la presse clandestine. Celle-ci commença en 1942 à publier des listes noires de collaborateurs, opération qui prit une plus large ampleur à partir de la mi-1943, non sans quelques dérives [69]. Vers la même époque, des avertissements destinés, sans citer de noms, aux fonctionnaires d'autorité se multiplièrent dans les journaux publiés par les mouvements de résistance, véhiculant le même type de message que la radio. Enfin, pour ceux qui n'écoutaient la radio ni ne lisaient la presse clandestines, restait l'emploi des tracts. Selon un message adressé en juillet 1943 au BCRA, « un tract diffusé clandestinement dans les ministères de Vichy a fait réfléchir plus d'un fonctionnaire trop zélé ou trop conformiste. Ce tract ronéotypé dit en substance que les fonctionnaires ne peuvent plus rester dans l'expectative. Ils doivent être pour ou contre la France combattante [70] ». Si les directeurs d'administration centrale, dont on a eu l'occasion de souligner le rôle moteur, voyaient leurs faits et gestes surveillés de près *, une brochure diffusée au début de 1944 par la résistance chrétienne descendit beaucoup plus bas dans la hiérarchie de l'administration de l'Éducation nationale, précisant que « la masse des inspecteurs généraux et des recteurs a suivi la route de la servilité, et [que] chefs et sous-chefs de bureau auront aussi leurs comptes à rendre [71] ».

De telles mises en garde étaient susceptibles d'accentuer la tendance, déjà bien enracinée, des fonctionnaires à l'attentisme. Mais elles n'avaient pas le caractère de menace immédiate que prenait l'envoi d'un cercueil miniature aux ennemis directs de la Résistance – pratique devenue suffisamment

* Le BCRA reçut ainsi, en novembre 1943, un long rapport sur l'attitude de tous les directeurs du ministère des Finances, AN 3AG2 325.

fréquente, à la fin de 1943, pour justifier une modification du code pénal*. Quelques-unes de ces menaces étaient mises à exécution : les miliciens étaient les plus touchés, mais aussi, parmi les fonctionnaires, les magistrats et les policiers. Lespinasse, avocat général à la cour d'appel de Toulouse, fut ainsi abattu le 10 octobre 1943**, précédant de quelques mois le président de la section spéciale d'Aix-en-Provence, Henri Verdun***. Si magistrats et policiers assumaient ainsi les risques de leur métier, les membres de l'administration préfectorale n'étaient que très rarement l'objet d'attentats, soit qu'ils fussent mieux protégés, soit que les mouvements de Résistance estimassent plus efficaces de neutraliser cette administration de l'intérieur. À l'égard de cette population, portée par culture professionnelle à apprécier l'amplitude des mouvements d'opinion, les avertissements semblaient porter leurs fruits. C'est ainsi par exemple que *Ceux de la Libération* se félicitait en septembre 1943 de ce que le préfet régional de Toulouse, Chéneaux de Leyritz, se fût « amélioré après avoir été cité comme dangereux par la radio de Londres [72] » et que, comme plusieurs autres préfets et sous-préfets ainsi mis en cause [73], Brun, préfet régional de Clermont-Ferrand, jusque-là qualifié de « traître et collaborateur fervent », « évolu[ait] sensiblement depuis qu'il a[vait] reçu des menaces [74] ». On alla également jusqu'à des mesures plus radicales, au moins dans l'ordre symbolique : c'est ainsi que tous les préfets de France reçurent copie du jugement prononcé en août 1943 par la « Cour martiale de la Résistance » à l'encontre de Parmentier, préfet régional de Rouen [75], que sa participation active aux mesures de « déportation » au titre du STO avait fait reconnaître coupable d'« attentat à la liberté individuelle et trahison », justiciable en conséquence d'une sentence qu'était autorisé à exécuter « tout Français patriote**** ».

Une autre rumeur s'était répandue à Vichy pendant l'été 1943. On y évoquait la possibilité de voir se poursuivre, après la Libération, le principe des listes de proscription inventé par le régime à l'encontre des francs-maçons. Mais elles concerneraient les détenteurs de la Francisque dont la « liste serait publiée au *Journal officiel*; les fonctionnaires dont les noms paraîtraient seraient renvoyés de l'administration [76] ». En même temps que se multipliaient de telles rumeurs, un

* Dont les articles 305 et 308 furent complétés, par une loi du 21 décembre 1943, pour élargir le délit de menaces à celles « intervenues au moyen d'images de symboles ou d'emblêmes ».

** Quelques jours plus tard, sur les ondes de la BBC, Maurice Schumann avait appelé les procureurs généraux, à la veille de la réunion au cours de laquelle Laval devait leur donner des consignes de répression exemplaire, à se souvenir du sort de Lespinasse, *Les Voix de la Liberté*, *op. cit.*, t. IV, pp. 73-74.

*** Le résistant qui l'avait tué fut, le 26 janvier 1944, l'une des premières victimes de la Cour martiale de Marseille, juridiction dont Pierre Limagne rappela qu'elle n'existait pas au moment des faits, *op. cit.*, p. 1717.

**** Parmentier, devenu directeur général de la police nationale en janvier 1944, fut condamné après la Libération à cinq ans d'indignité nationale, mesure dont la Haute Cour le releva immédiatement pour services rendus à la Résistance.

message adressé à la France combattante annonçait la mise en place, qui ne fut pas officialisée, de conseillers allemands chargés d'assister les préfets régionaux. Tout en marquant un doute teinté d'ironie sur la souveraineté « d'un gouvernement qui ne pourra plus donner d'ordres à ses préfets », la conclusion dumessage de *Huysmans-Célestin* – pseudonyme transparent d'un haut fonctionnaire du ministère de l'Intérieur, installé à l'hôtel des Célestins – était sans appel : « La haute et la basse administration haïssent le régime actuel[77]. » Deux séries d'exceptions permirent néanmoins au pouvoir de ne pas connaître un sentiment d'universel abandon : quelques-uns, se réjouissant du raidissement imposé par les circonstances, poussèrent l'aveuglement, parfois *via* un engagement milicien, jusqu'à Sigmaringen. D'autres, plus significatifs pour notre propos, continuèrent à accorder au régime leur obéissance, dans une portion certes de plus en plus congrue à mesure que se généralisa la propension à l'attentisme.

Obéissances et attentismes

Laval, sans illusions sur la faiblesse de ses soutiens actifs au sein de l'administration, ironisa, dans un discours radiodiffusé le 5 juin 1943, sur les fonctionnaires qui « scrutaient leur conscience * ». Si, effectivement, des cas de conscience purent se présenter à chacun des détenteurs d'un emploi public, tous n'étaient pas de même amplitude ni de même nature. Outil le moins coûteux de résolution de tels dilemmes, l'attentisme n'était toutefois pas permis à tous les agents publics : certains postes, plus exposés que d'autres, obligeaient à faire des choix qui conduisaient à transgresser le principe d'obéissance, cœur de la culture professionnelle de l'administrateur.

Les dépouilles de l'obéissance

Claude Bourdet rappelait dans ses Souvenirs que le geste initial de refus, qui consistait à rejeter l'armistice et donc à s'opposer au régime qui l'avait demandé, fut à l'origine le propre de personnes « en rupture avec leur milieu professionnel et social ** ». De l'autre côté, pour les fonctionnaires qui

* Pierre Limagne rapportait en ces termes ses propos : « Parlant des fonctionnaires peu dociles, le "président" déclare : "Il en est qui scrutent leur conscience et s'interrogent ; ils se demandent si, en exécutant les ordres du gouvernement, ils ne compromettent pas leur avenir." Que des fonctionnaires, après avoir scruté leur conscience, pensent à leur devoir, cela ne vient pas à l'idée du "président" », *op. cit.*, p. 1238. Dans ce discours, dont le texte intégral est publié en annexe du tome II du *Journal* de Pierre Nicolle, Laval, jugeant inacceptable cette attitude « sans noblesse » des fonctionnaires, déclara que ceux qui la partageaient devaient « sans délai faire leur choix : servir ou se démettre ».

** *Op. cit.*, p. 26. Passant en revue les résistants de la première heure, l'auteur ajoutait que l'on pouvait « déceler en eux quelque chose de commun, [sans] que les circonstances communes de la vie sous l'Occupation en soient la seule cause. Tous ces hommes étaient, d'une manière ou d'une autre, des non-conformistes, des personnages de maniement difficile [...] ; aucun ne correspondait à l'image habituelle du bon citoyen respectueux du qu'en-dira-t-on et de l'ordre établi ».

n'avaient pas fait le choix de rejoindre Londres, le principe de l'obéissance au gouvernement légal de la France ne posa longtemps aucun problème de principe[78] : les raisons ne manquaient pas pour rester à son poste, et le régime ne se privait pas de les faire valoir. À la première salve d'arguments découlant du choix initial fait par le maréchal Pétain – ne pas abandonner des populations en difficulté, ne pas laisser l'anarchie s'installer – vinrent s'ajouter les rationalisations ultérieures construites sur la notion de double jeu : s'opposer de l'intérieur aux pressions allemandes, faire moins de mal en restant qu'en partant. Pendant plus de deux ans, malgré les quelques coups d'épingle portés de l'intérieur, de manière isolée, à l'ordre vichyssois, l'obéissance avait été de règle dans la fonction publique. Il était d'ailleurs difficile qu'il en fût autrement : tout concourait à faire de la discipline l'une des vertus essentielles indispensables pour sauver une France que l'excès d'individualisme, d'intellectualisme et d'esprit critique avait conduite au désastre. Le chef de l'État, auréolé de son prestige de vainqueur de Verdun, détenait une vérité qui n'était pas révélée à tous et en vertu de laquelle il conduisait la Nation sur le chemin de son avenir. Les fonctionnaires publics, détenteurs par délégation d'une part de son autorité, auraient trahi les devoirs de leur charge en choisissant de ne pas obéir.

Le Conseil d'État lui-même, gardien du droit, interdisait toute velléité d'indépendance. Fort de son récent arrêt *Arrighi* de 1936 *, selon lequel il ne revenait pas au juge d'apprécier les termes de la loi, il s'interdisait de considérer que les nouveaux modes d'élaboration de celle-ci créaient au profit du juge une marge d'appréciation, qui impliquait la référence à une norme supérieure : or il n'existait pas à l'époque de théorie des principes généraux du droit **, et les juristes qui proposaient avant guerre de donner à la Déclaration des Droits de l'homme valeur supra-législative étaient une minorité ***. On imagine quelle révolution copernicienne aurait dû accomplir le Conseil d'État pour se rallier, sous le régime de Vichy, à une telle conception, qu'il n'avait pas voulu retenir sous la République, et alors que les temps étaient plus à l'élaboration de déclarations des devoirs du Français qu'à la glorification de la Déclaration des Droits de l'homme, considérée comme un produit de cet universalisme maçonnique que le pouvoir entendait extirper de la tradition française ****. C'est sur cette

* Conseil d'État, 6 novembre 1936, *Recueil Sirey*, 1937.3.33, note Mestre. Le principe de cet arrêt, s'appliquant aux lois votées par le Parlement, fut explicitement étendu aux lois de Vichy par un arrêt *Vincent* du 22 mars 1944, *Recueil Sirey* 1945-353.

** Cette théorie accorde à quelques grands principes, même non écrits, une force égale à celle de la loi. Son élaboration progressive après guerre, notamment à partir d'un arrêt *Société des concerts du Conservatoire*, 9 mars 1951 (*Grands Arrêts…*, *op. cit.*, pp. 448-454), dut beaucoup à l'expérience des années d'occupation.

*** Duguit et Hauriou, qui défendaient l'existence d'un droit objectif supérieur au droit positif, s'opposaient à Carré de Malberg, pour lequel la loi constituait l'expression la plus achevée de la volonté générale.

**** C'est pourquoi les critiques d'Olivier Dupeyroux, dans « L'indépendance du Conseil d'État statuant au contentieux », *art. cit.*, pour indiscutables qu'elles soient sur le fond, se situent plus dans l'ordre éthique que dans une perspective historique.

même Déclaration qu'on aurait pu fonder l'existence d'un « devoir de désobéissance », comme le fera immédiatement après la Libération le même Conseil d'État[79], dont la jurisprudence mit les bouchées doubles pour combler les béances apparues au cours des quatre années qui précédaient. Avant 1944, si « l'obéissance stricte aux ordres était de rigueur [et si] en contrepartie, l'agent devait jouir d'une irresponsabilité totale[80] », la doctrine avait pointé des difficultés dans l'application de ces principes lorsque l'ordre donné était manifestement illégal. Un éminent juriste avait ainsi estimé, dès 1914, que « l'ensemble des fonctionnaires tend à avoir une faculté plus large de résister aux ordres des supérieurs » : ce bon analyste de la chose administrative s'appelait Joseph Barthélemy[81].

C'est à partir de 1943 que le problème se posa de manière concrète, plus ou moins aiguë selon les secteurs d'activité. La tournure des événements semblait en effet alors valider l'analyse juridique gaulliste, connue en France grâce à la BBC, selon laquelle la France libre détenait seule la légitimité nationale, dont le gouvernement dirigé par le maréchal Pétain s'était de lui-même privé en sollicitant l'armistice. La démonstration, alors bien isolée, qu'avait construite dès 1940 René Cassin pour souligner l'inconstitutionnalité du vote du 10 juillet[82] avait tracé la voie dans laquelle s'inscrivirent d'autres analyses qui, dissociant désobéissance de dissidence, avaient pour but de rassurer les serviteurs de l'État. À la mi-1943, les fonctionnaires catholiques se virent ainsi indiquer les limites de l'obéissance due à César, à partir d'un raisonnement distinguant gouvernement national, gouvernement souverain et gouvernement légitime, pour dénier finalement les trois qualificatifs au gouvernement qui siégeait à Vichy :

> Juridiquement et moralement, il n'y a pas de demi-liberté. On est libre ou on ne l'est pas. Le Maréchal ne l'est pas. Il est certain qu'un tel gouvernement, il l'avoue lui-même et les faits le proclament, n'est pas maître, dans les mesures qu'il édicte, de se déterminer suivant la notion qu'il a du bien commun de la nation française ; il suit la loi d'un intérêt différent qui lui est imposée sous de dures menaces par le vainqueur. [...] Le pouvoir dont le siège est à Vichy [...] a dépassé ses pouvoirs en disposant de l'honneur de la nation lorsqu'il a ordonné et entrepris une politique de collaboration consentie avec l'ennemi et fait des vœux pour le triomphe définitif de l'ennemi. La résistance à une telle politique est un devoir strict pour les citoyens. [Ce] pouvoir ne peut, quoi qu'il en prétende, être considéré comme un véritable gouvernement envers qui s'imposent les devoirs d'obéissance et de loyalisme. [...] Ce gouvernement doit être considéré comme illégitime car aucune nation n'a de titres plus évidents que la France à se constituer en État national[83].

La conclusion de ce long texte, en encourageant les agents à n'apporter aux autorités que le concours technique strictement nécessaire pour assurer la continuité des services publics, prenait des allures d'avertissement envers ceux qui chercheraient à se couvrir en mettant en avant leur devoir d'obéissance :

> Le gouvernement du maréchal Pétain, privé de ses pouvoirs de justice, n'a lui-même aucune force propre et tire exclusivement de la protection et du

> consentement de l'Allemagne les apparences de souveraineté qui lui restent. On ne saurait désormais s'arrêter à ces apparences autrement que par un aveuglement volontaire. Un pouvoir n'est pas fait pour livrer son peuple mais pour le défendre. Il doit agir pour son peuple et non contre lui. Un pouvoir désormais impuissant [...] est inapte à gérer les droits communs. Il ne peut rendre service qu'à l'ennemi dans son entreprise de destruction nationale, et c'est pourquoi il convient de prendre garde que la longanimité à l'égard de ses membres ne tourne, consciemment ou non, à la complicté avec l'ennemi*.

Cette référence à la fin légitime d'un gouvernement facilita le glissement de la fonction publique d'une fidélité vers une autre. Un temps écartelée entre légalité et légitimité, elle put s'appuyer, sans les connaître explicitement le plus souvent, sur ce type d'exégèses juridiques pour mesurer de plus en plus chichement à Vichy son obéissance. Tout se passait comme si, mettant implicitement en balance les ordres gouvernementaux avec l'intérêt public, l'administration avait trouvé ceux-là bien fragiles par rapport à celui-ci, dont elle se devait d'assurer la permanence par-delà les transitions qui semblaient s'annoncer. On vit alors le fait de servir prendre l'ascendant sur celui d'obéir, comme en témoignait la teneur des discours tenus de part et d'autre. Lors de l'invasion de la zone sud, Pétain avait encore une fois exigé de ses troupes une confiance totale et aveugle. Se présentant, dans un message du 18 novembre 1942, comme le « guide » des Français, il était porteur d'une consigne simple : « Vous n'avez qu'un seul devoir : obéir [84]. » À quoi faisait écho, sept mois plus tard, un éditorial d'Henri Frenay dans *Combat :* « Face au STO, désobéir c'est servir [85]. »

Obéir quand même ?

Tous les fonctionnaires n'étaient néanmoins pas disposés, leurs arrières fussent-ils ainsi assurés, à sauter le pas. Ceux qui refusaient de se poser des questions adoptèrent une solution peu sophistiquée, mais efficace : puisque le devoir du fonctionnaire était d'obéir, ils obéiraient, quitte à faire preuve de fidélités successives. C'est ainsi avec une parfaite bonne foi qu'un directeur régional des douanes de zone libre, auquel furent reprochées après la

---

* Comme le laissait entendre ce texte, on peut servir sans obéir aveuglément. Rappelons une analyse récente de la problématique, intemporelle, de ce qui apparaît comme le « dilemme du fonctionnaire » : « Le principe de l'obéissance hiérarchique, pilier de l'institution étatique, et dont la méconnaissance est sanctionnée disciplinairement, impose au subordonné la loyauté envers son chef, tandis que l'obéissance à la loi, qui constitue l'impératif de l'État de droit, l'invite à désobéir quand l'ordre viole la loi. L'enjeu est de taille, car à travers la menace que représente la désobéissance pour la hiérarchie, c'est l'État qui se trouve atteint dans sa structure, au nom du respect du droit. La question de la désobéissance prend donc une dimension politique puisque la continuité du service public, qui risque d'être rompue, n'est qu'un prolongement de la continuité de l'État, de sorte que l'on passe d'une notion administrative à une notion politique de continuité. C'est pourquoi on a pu soutenir que l'obéissance hiérarchique était un épiphénomène de l'obéissance politique : celle de l'obéissance du citoyen à la loi », Éric Desmons, *art. cit.*, p. 101.

Libération des déclarations publiques d'allégeance non équivoque au vichysme, justifia un discours d'octobre 1941 dans lequel, après avoir tenu des propos franchement antirépublicains, il exigeait de son personnel une adhésion sans condition à l'action du « chef à l'œil clair et à la main ferme » :

> Mon allocution visait à raviver parmi mon personnel l'amour sacré de la Patrie, à marquer la réprobation que tout Français ne peut qu'éprouver à l'égard des méthodes, des idées et des personnes qui [...] nous avaient conduits à une déroute sans précédent [...], à susciter enfin l'amour et la loyauté envers le chef qui s'appelait à l'époque Pétain. [...] Je n'ai rien à retirer des deux premières parties de l'allocution visée. Mais si l'occasion se représentait désormais de traiter devant mon personnel un sujet semblable, on peut être sûr que je réviserais, en toute sincérité, la dernière phrase, de manière à terminer par « Vive le général de Gaulle », puisque c'est lui qui est désormais le chef de la France *.

Brun, préfet régional de Clermont-Ferrand, donnait aux préfets de sa circonscription, à l'époque où un débarquement était attendu sur les côtes françaises, des consignes traduisant une conception similaire de la neutralité administrative : « Nous ne sommes que des fonctionnaires faisant leur métier. Évidemment, actuellement, nous sommes aux ordres de Vichy et nous lui devons entière obéissance, mais qu'un autre gouvernement survienne, nous lui serons également fidèles. Un fonctionnaire, en résumé, doit obéissance absolue, aveugle, aux maîtres de l'heure [86]. » Tous les membres de l'administration préfectorale ne partageaient pas un jugement aussi simple, et somme toute aussi optimiste, que celui de leur collègue du Puy-de-Dôme. La plupart d'entre eux vivaient au contraire difficilement la situation effectivement difficile dans laquelle ils étaient placés. D'un côté en effet le gouvernement se montrait résolu à utiliser tout l'arsenal des instruments, de persuasion comme de contrainte, dont il disposait pour se faire obéir. Mais d'un autre côté, sur le terrain, préfets et sous-préfets ne pouvaient pas ne pas ressentir la montée de l'esprit d'opposition au régime, en même temps que les progrès de la résistance armée. Placé dans une situation complexe d'arbitrage entre les sentiments d'ordre, de fidélité et de carrière, le corps préfectoral fut soumis, par le régime qui savait jouer de cette corde sensible, à un discours hypertrophiant les valeurs d'obéissance et de loyauté, discours auquel il sut mal résister. Dès septembre 1942, Pétain avait rappelé à Laval la nécessité de faire tenir pleinement par les préfets leur fonction de relais des orientations politiques gouvernementales. Face aux « déficiences de politique intérieure, [...] au manque d'autorité des hauts fonctionnaires et aux abus d'autorité des fonctionnaires

* Lettre du 24 novembre 1944 au commissaire de la République de R., SAEF B 53040. Le destinataire de la lettre, sans doute confondu par tant de candeur dans le légitimisme, traça une série de points d'interrogation dans la marge en face de la dernière phrase. Ce directeur régional ne fit l'objet d'aucune poursuite, mais fut mis en retraite anticipée et prié de ne pas séjourner dans la région.

subalternes », il convenait d'utiliser au mieux le corps préfectoral, « base du nouveau régime * ». Après novembre 1942, l'appel à la loyauté du corps préfectoral prit des accents de salut public : on a déjà souligné comment, en contrepartie de l'obligation faite aux préfets de resserrer les rangs derrière lui, le chef du gouvernement avait œuvré en vue de faciliter une reconcentration de leur autorité qui n'était évidemment pas pour leur déplaire **. En outre, la fermeté de ton de Laval ne restait pas sans effet, si l'on en croit les notes prises par Pierre Nicolle au lendemain d'une réunion des préfets régionaux et départementaux de zone libre, en mai 1943 :

> Certains préfets m'ont dit combien leurs collègues et eux-mêmes avaient été impressionnés par l'exposé du Président. Celui-ci a traité de la politique générale et a affirmé sa volonté d'imposer à tous les représentants du gouvernement la notion de responsabilité attachée à leur fonction. Le président Laval, sur un ton très ferme, a prévenu ses sous-ordres qu'ils avaient à obéir ou à se démettre, qu'il était décidé à ne plus tolérer aucune faiblesse, qu'il était au courant des multiples sabotages de sa politique dans les rouages administratifs et qu'à l'avenir il entendait que cela cesse, qu'il était décidé à sévir en rendant responsables ceux qu'il avait choisis comme représentants du gouvernement[87].

Si l'alternative, obéir ou partir, était on ne peut plus banale, la dureté de la situation sur le terrain, essentiellement consacrée – sous haute surveillance allemande – à la lutte contre « réfractaires » et « terroristes », ne correspondait à rien de ce qu'avaient connu jusqu'alors la plupart des membres du corps préfectoral. L'ancien sous-préfet Valentin Abeille *** pouvait ainsi, dans une longue « note sur l'administration préfectorale » de mai 1943, regretter qu'ait

---

* « Les préfets doivent avoir l'autorité nécessaire pour diriger l'opinion, pour administrer et ravitailler la circonscription dont ils sont chargés. Il faut qu'ils sachent que les excès d'autorité leur seront moins reprochés que leur inertie. Il faut leur donner des instructions, des mots d'ordre précis. Pour être convaincus de la nécessité de l'action, pour transmettre et faire appliquer les directions politiques, les préfets doivent avoir des contacts fréquents avec le gouvernement. Les préfets régionaux ont été créés pour faciliter ces contacts ; peu nombreux, ils permettent des séances de travail utiles et fréquentes. [...] Je suis convaincu que si les préfets comprennent leurs devoirs, s'ils sont bien renseignés, s'ils peuvent s'expliquer directement sur les difficultés qu'ils rencontrent, non seulement la crise d'autorité sera bien près d'être conjurée, mais encore l'administration du pays ne tardera pas à s'améliorer », lettre de Pétain à Laval, 22 septembre 1942, AN 2AG 24.

** Voir *supra*, p. 341.

*** Né en 1907, gendre de Camille Chautemps, il fut déclaré démissionnaire d'office en septembre 1941 comme dignitaire maçon. D'abord chef départemental de Combat dans le Jura, il fournit d'importantes informations, sous le pseudonyme de *Colleone*, sur l'état d'esprit de l'administration préfectorale. Ayant rejoint Londres en mai 1943, il devint délégué militaire régional pour la région Ouest, sous les pseudonymes de *Méridien* et *Fantassin*. Arrêté par la Gestapo le 31 mai 1944, il mourut quelques jours plus tard, « Mémorial des fonctionnaires du corps préfectoral et de l'administration centrale morts pour la France », *Administration*, n° 140, 15 juillet 1988, pp. 12-39 (réimpression d'un texte de 1947). Sur V. Abeille, voir aussi François Marcot, *La Résistance dans le Jura*, Besançon, Cêtre, 1985, notamment pp. 90-94.

été perdu l'esprit des grands anciens, en rapportant l'indignation dont lui avait fait part une grande figure, Trépont, préfet du Nord pendant la Première Guerre mondiale, face à l'attitude de ses successeurs des années quarante. *Colleone* stigmatisait ainsi à la fois ceux qui « ont suivi à la lettre, parfois même en les exagérant, les instructions de Vichy, pourchassant avec la dernière rigueur les patriotes et appliquant de façon stricte les instructions prises au bénéfice des forces occupantes [...] et ceux dont le seul souci est de savoir de quel côté penchera la balance afin de se garer à temps* ».

La logique de l'attentisme

On n'aurait pu mieux définir l'attentisme. Alors que Pétain, parodiant l'Évangile, avait rappelé – notamment à l'attention des fonctionnaires – que qui n'était pas avec lui était contre lui, la lassitude devant des événements militaires qui ne se produisaient pas vint amplifier le brouillage des frontières idéologiques pour faire naître, à partir du refus généralisé de la collaboration, un fort sentiment d'attentisme dont Pierre Laborie rappelle la fonction essentielle de déculpabilisation :

> On veut d'autant plus croire et se référer à la dualité de comportement chez le chef de l'État que cette représentation apporte, par là même, une irréfutable et respectable justification de l'inertie. Il y a ainsi une sorte de complicité objective, sans doute inconsciente du côté de l'opinion, entre la volonté politique du maréchal Pétain, qui fonde l'existence de l'État sur l'exigence d'une confiance aveugle, et cette tendance profonde à l'inaction, résultant de tout un contexte complexe de lassitude [88].

Peut-être, au sein de la fonction publique, la « complicité objective » évoquée par l'auteur était-elle moins inconsciente que dans l'opinion en général. Appliquée à des fonctionnaires censés servir le pouvoir, cette alchimie conduisit à une sorte de pas de deux administratif, où se mêlaient lambeaux d'une obéissance devenue passablement inerte et absence totale de zèle. Dans le manque d'ardeur des fonctionnaires à faciliter le cours d'une politique qu'ils savaient honnie, les partisans de la collaboration voyaient une lâcheté insigne, les intéressés une prudence élémentaire, tandis qu'on y lit aujourd'hui la mise en œuvre, dans un contexte cahotant, de l'un des principaux modes de réaction de fonctionnaires placés dans une situation exceptionnelle. La lassitude avait chez les agents des services publics des racines anciennes. Devant les difficultés de fonctionnement du régime, certains avaient depuis longtemps choisi de ne pas choisir, comme le notait Pierre Nicolle dès le printemps 1942 :

> Un haut fonctionnaire de l'hôtel du Parc déplore la paralysie qui s'est emparée de tous les services depuis trois mois. Le mécontentement et l'inquiétude gagnent les milieux administratifs. Ce fonctionnaire n'a pas hésité à

* Mai 1943, AN 3AG2 409. Le texte citait comme archétypes de ces deux attitudes respectivement les préfets régionaux Angeli (Marseille) d'une part, Sabatier (Bordeaux) et plus encore Lemoine (Marseille) d'autre part. Ce dernier était décrit comme « vieux fidèle de Laval, dépourvu de tout sens patriotique et toujours disposé à offrir ses services ».

> dire que chacun n'avait plus qu'à se préoccuper de lui-même et d'essayer de conserver sa situation au moment du grand bouleversement qui se prépare ; [...] certains hauts fonctionnaires ont déjà, d'après lui, pris des précautions pour ne pas être compromis [89].

L'évolution des événements, et notamment le retour au pouvoir de Laval, ne put que conforter ce sentiment. L'auteur, anonyme, d'une note d'août 1942 sur « l'autorité dans l'État nouveau » pouvait ainsi tracer un tableau inquiétant des progrès de l'attentisme au sein des échelons décisionnels de l'administration française. C'est contre le risque d'une véritable « paralysie de l'autorité » que le gouvernement se devait de réagir rapidement, dans la mesure où « les chefs, à tous les échelons, sont devenus timorés. Ils ne prennent plus aucune initiative. Ils ont tendance à admettre la solution qui ne fait pas d'histoire. On ne fait pas une Révolution nationale avec de tels chefs [90] ». C'est ce type même d'attitude prudente que ne supportait pas la frange engagée dans le succès de la collaboration : la presse parisienne fit donc de la lutte contre l'attentisme l'un de ses principaux chevaux de bataille. Les textes rageurs ne manquaient pas pour fustiger le manque de courage et l'hypocrisie d'une fonction publique qui se voulait gagnante sur tous les tableaux. Ainsi Marcel Déat, qui, dans ses éditoriaux de *L'Œuvre*, dénonçait le « crétinisme intégral » de ceux qui ne se rendaient pas compte de ce que « ne pas choisir, c'est avoir choisi [91] ». Idéologiquement plus proche de ces milieux que beaucoup des hauts serviteurs de Vichy, Abel Bonnard, sitôt nommé ministre de l'Éducation nationale, ne trouva pas de mots assez durs pour vouer aux gémonies « le lâche attentisme », fléau qu'il dénonça dans l'une de ses premières circulaires de ministre, texte indiscutablement de sa plume :

> Lorsqu'un pareil drame presse notre pays et chacun de nous, l'abstention ne saurait être permise, parce qu'elle n'est même plus concevable : là où elle se produit, elle n'est que le masque d'un refus. L'homme qui prétend se réserver se dérobe, l'inertie couvre une résistance. [...] Dans une telle conjoncture, répandre sur la jeunesse française des paroles de poussière, des discours de grisaille, des consignes de néant, ce n'est pas seulement la décevoir dans son attente, c'est avantager par contrecoup l'abominable propagande anglaise qui essaye de voler à la France les jeunes Français [92].

Face à une fonction publique certaine d'avoir la durée pour elle mais consciente aussi d'avoir à gérer les transitions inévitables, les objurgations des politiques pesaient de peu de poids. Mieux valait essuyer les sarcasmes d'un Bonnard jugeant à nouveau, en avril 1943, que « rester inerte est piteux [93] » que s'associer à une ligne rejetée par l'opinion et sans doute condamnée par l'histoire. Cette attitude, si elle les décevait, ne pouvait pas surprendre les « révolutionnaires » qui dénonçaient depuis le début de l'expérience de Vichy le décalage, de plus en plus évident à mesure de l'évolution du conflit, entre la mentalité des administrations et les ambitions des tenants de l'ordre nouveau. Robert Weinmann, dans un texte de décembre 1942, se livra ainsi à une analyse sans complaisance de l'incapacité congénitale des élites publiques françaises à l'action, soumises qu'elles étaient « à des intérêts, à leur propre conformisme et surtout à un certain intellectualisme » et dont la « vision technique, complexe, analytique de la situation les faisait écarter tous ceux dont le goût du risque prouvait, à leurs yeux, l'insuffisance intellectuelle et une optique par trop rudimentaire[94] ».

Dans la recherche des causes de l'attentisme touchant la fonction publique, il convient aussi de garder présente à l'esprit l'importance du facteur conjoncturel : la plupart des fonctionnaires, issus des classes moyennes, partageaient les appréhensions des Français face à l'évolution des événements. Comme eux, ils souhaitaient la victoire des Alliés et rejetaient la politique du gouvernement qu'ils étaient pourtant censés servir. Dans les notes qu'il établissait chaque mois à l'intention de Laval, le service des contrôles techniques reconnaissait ainsi, en mars 1943, que l'incertitude avait gagné la masse de la fonction publique, et suggérait pour y remédier la mise en place, à intervalles réguliers, de conférences d'information à destination des « grands et moyens fonctionnaires, dont l'esprit est ballotté et qui ne distinguent que très confusément où est leur devoir[95] ». Les hauts fonctionnaires n'étaient en effet pas épargnés par le doute, dont on peut suivre la progression dans les notes reçues au cours de l'année 1943 par le BCRA[96]. Depuis le rapport relatant, en janvier 1943, « l'atmosphère de catastrophe » qui s'était emparée des ministères au lendemain de l'opération Torch en Afrique du Nord, les informations destinées à la France libre confirmaient l'inquiétude et le flottement des élites du régime. *Huysmans*, dans une note du 16 juin, écrivait ainsi, de façon imagée mais claire, que, « autour des diverses sources comme autour du Parc, le trouillomètre est en dessous de zéro. D'innombrables valises sont prêtes, et l'on craint que le tampon de la chancellerie helvétique ne résiste pas au dur travail auquel il est ardemment convié ». Dans cette période où des opérations militaires importantes paraissaient imminentes, les mêmes sources n'eurent pas de peine à constater le « caractère de plus en plus ondoyant des hauts fonctionnaires français des ministères ». L'attitude de ces derniers devint ainsi particulièrement bienveillante à l'égard de ceux de leurs subordonnés qu'ils imaginaient bien placés dans l'organisation résistante, comme le confirmèrent deux rapports adressés en 1943 au BCRA, à quatre mois d'intervalle :

> – De très nombreux hauts fonctionnaires (inspecteurs généraux et directeurs) cherchent à prendre des assurances sur l'avenir en se montrant bienveillants et prêts à donner des gages devant leurs subordonnés qui, pour la plupart, n'ont jamais varié et sont farouchement anti-allemands (juin).
>
> – Les hauts fonctionnaires qui ne se sentent pas trop compromis se montrent de plus en plus bienveillants envers leurs collaborateurs qu'ils soupçonnent d'appartenir à des mouvements de résistance ou tout au moins d'y avoir des sympathies. Le cas est assez fréquent chez les directeurs du ministère de l'Intérieur et du secrétariat d'État à la Défense. D'autres enfin essayent de se dégager de l'emprise politique du gouvernement de Vichy pour ne retenir de leur rôle que la partie purement technique, à orienter au besoin dans un sens anti-allemand (octobre).

S'en tenir à l'aspect technique de sa fonction permettait en effet de limiter les risques. C'est ainsi, à l'automne 1943, que la direction du budget commença à mettre en œuvre l'ambitieux projet de redéfinir les échelles de traitement de l'ensemble de la fonction publique * et que l'informateur, déjà cité, qui faisait parvenir au BCRA des éléments d'appréciation sur l'attitude des hauts fonctionnaires pouvait opposer, en étudiant la situation au sein du ministère des Communications « les secrétaires généraux (Schwartz aux Travaux et transports et di Pace aux PTT), [qui] ont toujours eu une attitude assez digne, se cantonnant dans leur rôle technique et résistant dans la mesure de leurs possibilités administratives aux exigences allemandes » et le chef du service de la main-d'œuvre des transports, « conformiste à l'excès, fonctionnaire discipliné, qui a cru à l'ordre nouveau jusqu'en 1941 [97] ». Le refus de la prise de risque fit en outre que le gouvernement rencontra de plus en plus de difficultés à pourvoir les postes exposés **.

GÉRER LE DOUTE

Dès lors que le dénouement semblait proche, il convenait en effet d'adopter la conduite qui permettrait de préserver l'avenir à coût minimal pour le présent. L'étude du fonctionnement quotidien des administrations publiques en 1943 montre que ce coût minimal consistait à continuer à gérer, bien que le doute fût devenu la principale caractéristique de la période. Alors que la politique du gouvernement rencontrait, aux dires même des préfets, de moins en moins de soutien dans la population, ce rejet ne se traduisit donc pas, dans les services publics, par une situation d'abstention. L'année 1943 apparaît au contraire, surtout par comparaison avec 1944, comme une époque où le pays fut encore administré ***. Au seuil de cette année se situa – à en croire un rapport reçu par le BCRA – un épisode révélateur des ambivalences qui étaient devenues courantes à Vichy :

> Le 6 janvier, le Maréchal a convoqué chez lui les secrétaires généraux des ministères. Ils se rendirent à son appel, sauf Bousquet qui estime avoir rang de ministre. Le Maréchal avait préparé avec M. Jardel une communication écrite qu'il avait l'intention de lire et dans laquelle il déclare qu'étant donné la situation de la France, les divers ministères devaient renoncer à faire de la politique et se borner à administrer le pays. Comme cela s'est produit déjà plusieurs fois, Pétain hésite au dernier moment. Il a conservé son papier dans sa poche, et s'est borné à échanger avec ses hôtes d'aimables banalités [98].

* Voir *infra*, pp. 465 *sq.*

** Cette situation allait constituer en 1944 un véritable casse-tête pour Hilaire lorsqu'il dut trouver des successeurs aux dizaines de membres de l'administration préfectorale que les Allemands avaient déclarés indésirables, voir *infra*, p. 546.

*** Même si Pierre Nicolle constatait dans son Journal, à la date du 27 janvier 1943, une baisse sensible de régime dans l'activité administrative : « Dans les ministères, on a l'impression de circuler dans les châteaux de la Belle au bois dormant. Aucune activité, les services attendent et aucune décision n'intervient », *op. cit.*, t. II, p. 101.

Avec ou sans bénédiction du Maréchal, « se borner à administrer le pays » correspondait bien au programme implicite de la plupart des administrations, qui s'efforcèrent de se tenir à l'écart des dossiers les plus compromettants. Cette forme d'« exil intérieur » ne pouvait toutefois complètement ignorer les contraintes de la situation : c'est ainsi que les processus d'exclusion se poursuivaient, même si la palette des comportements privilégiait désormais les demi-teintes.

Et pourtant elle tourne

Dans une période de tourmente et de doutes, gérer en se contentant de faire son métier de la manière la plus plate paraissait le plus sûr moyen de durer, attitude évidemment plus simple pour un chef de bureau du ministère des Finances que pour un commissaire de police. Si, comme on l'a vu au chapitre précédent, les forces de l'ordre furent fortement impliquées par Bousquet dans la collaboration policière, de nombreux autres secteurs s'autonomisèrent par rapport à un pouvoir politique qui ne pouvait être présent sur tous les fronts. Il en résulta, dans les relations entre les principaux acteurs du jeu administratif, une redistribution des cartes dans laquelle certains virent les prémisses d'une « dictature de l'administration ». Pour échapper aux difficultés, certes matérielles mais surtout politiques, du présent, certains fonctionnaires se plongèrent dans cette forme d'exil intérieur qui consiste à opposer aux duretés du quotidien une tâche d'autant plus absorbante qu'elle paraît sans limites. La réforme des grilles de rémunérations de la fonction publique – qui évoque à la fois, métaphore mythologique hybride, la toile de Pénélope et les travaux d'Hercule – constitue à cet égard un exemple éclairant.

La situation des effectifs publics était objectivement tendue : la multiplication des questions traitées par l'État alourdissait sensiblement la tâche des administrations, tandis que l'instauration du STO, dont le gouvernement souhaitait, pour ménager l'opinion publique, qu'il n'épargnât pas les fonctionnaires, ne faisait qu'aggraver les difficultés. Or les passages d'un département ministériel à un autre restaient bloqués, le statut d'octobre 1941 disposant qu'ils ne pouvaient avoir lieu qu'après autorisation expresse du chef du gouvernement. Ce dispositif, qui voulait assurer une forme de stabilité administrative, avait pour conséquence d'interdire toute fluidité entre services. Aussi, en avril 1943, le secrétariat général du chef du gouvernement décida-t-il que, par dérogation aux dispositions du statut, un fonctionnaire pourrait désormais se présenter à tout concours administratif sans solliciter d'autre autorisation que celle de ses supérieurs hiérarchiques directs[99]. Cette ouverture se trouva néanmoins grippée *de facto* par les difficultés de recrutement que rencontraient presque toutes les administrations, et qui les poussaient à n'accorder qu'avec parcimonie de telles autorisations en même temps qu'elles refusaient tout passage de leurs agents vers des services plus rémunérateurs[100]. C'est ainsi que le même secrétariat général fit largement connaître, en mars 1943, la teneur d'un avis rendu par le Conseil d'État aux termes duquel, dans les comités d'organisation, les seuls emplois susceptibles d'accueillir des fonctionnaires en détachement étaient ceux pour lesquels le pouvoir de nomination était statutairement dévolu au gouvernement, c'est-à-dire les postes de direction [101]. Si certains fonctionnaires avaient pensé pouvoir ainsi quitter le navire, ils durent constater que, contrairement aux règles de l'honneur militaire, seul le capitaine était ici autorisé à le faire.

La situation était devenue aussi critique dans les préfectures qu'en administration centrale. Les préfets ne manquèrent pas, surtout à partir du second semestre de 1942, d'attirer l'attention du pouvoir sur l'accumulation des obstacles qu'ils rencontraient pour recruter leurs collaborateurs directs. Or, comme le soulignait le préfet délégué du Loiret, « l'absence de cadres et le développement rapide et mouvant de la législation posent des problèmes dont la solution devient chaque jour plus ardue [102] ». La question des traitements, non résolue par l'équipe Darlan, restait cruciale, aggravée encore par l'ampleur prise par le marché noir : à la mi-1943, un rapport de l'inspection générale des finances traçait un sombre tableau des difficultés matérielles que connaissaient de nombreux fonctionnaires, concluant avec inquiétude que « les forces physiques [des fonctionnaires débutants] sont compromises par ce régime, et le moral, voire l'intégrité morale sont soumis à rude épreuve. Quand la subsistance physique, le bon état moral, le recrutement des fonctionnaires sont soumis à une aussi grave épreuve, on peut considérer la marche des services publics comme compromise * ». Cette situation était d'autant plus grave que les fonctionnaires titulaires des préfectures, qui constituaient l'épine dorsale de l'administration du pays, pouvaient avoir le sentiment que les améliorations statutaires et financières intervenues depuis trois ans les avaient soigneusement évités. Les auxiliaires avaient vu leur sort, effectivement peu enviable, amélioré par l'introduction de salaires régionaux alignés sur le coût de la main-d'œuvre locale, tandis qu'administrations nouvelles mais aussi services publics prioritaires, comme la police **, offraient des salaires nettement plus stimulants que ne pouvait le faire le cadre des préfectures. Or, rappelaient les préfets, les agents des préfectures auraient pu constituer un bon intermédiaire entre le pouvoir et les populations ***. Le ministère de l'Intérieur n'avait pas besoin d'être persuadé de la nécessité urgente

---

* Rapport de l'inspecteur général X. des Francs, 17 mai 1943, SAEF 4A 05. Faute de pouvoir augmenter les traitements, l'inspecteur général proposait que l'administration encourageât la mise en place, au besoin en y affectant des agents et en leur allouant des subventions « soit de contrats collectifs de culture de maraîchères, soit de restaurants ou cantines à bon compte, soit de groupements d'achat de denrées ».

** Un préfet indiqua ainsi, en juin 1943, qu'un rédacteur stagiaire touchait 1 718 francs, alors qu'un gardien de la paix commençait sa carrière avec un traitement de 2 258 francs, AN F1cIII 1198.

*** En octobre 1942, la synthèse des rapports des préfets insistait sur cette « catégorie de fonctionnaires qui peut avoir, dans le cadre départemental, une influence directe sur la population, en se faisant les porte-parole des directives gouvernementales », ajoutant qu'il « serait imprudent de leur donner des sujets de mécontentement, en méconnaissant plus longtemps le rôle qu'ils remplissent aussi bien que le zèle et le dévouement qu'ils mettent à l'accomplir », AN F1cIII 1198.

d'enrayer la crise de recrutement des cadres moyens : à une demande du préfet du Tarn-et-Garonne, qui faisait remarquer en juillet 1943 que, « malgré l'absolue bonne volonté du personnel auxiliaire et le dévouement dont il fait preuve, il est difficile de lui donner certaines responsabilités que seuls peuvent assurer les fonctionnaires faisant partie des cadres », la direction du personnel répondit par un bilan des efforts tentés, depuis des mois, pour obtenir du ministère des Finances les créations d'emploi indispensables. Mais la direction du budget restait insensible à ces demandes, parfaitement épaulée en cela par le comité budgétaire. En mai, en août et encore en décembre 1942, alors que le ministère de l'Intérieur sollicitait la création de près de 500 emplois dans les préfectures, le comité s'estima d'abord insuffisamment informé de la réalité des besoins pour pouvoir se faire une opinion, puis rejeta la demande [103]. Pourtant, les Allemands eux-mêmes s'étaient rendu compte des tensions et donc des dangers nés de l'insuffisance des traitements de la fonction publique. Au début de 1943, le MBF soulignait ainsi que « les petits et moyens fonctionnaires, mal payés et surchargés, regrettaient l'ancien régime [104] ». Tous ces éléments militaient, du côté français mais aussi au sein de l'administration militaire allemande, en faveur d'une levée du blocage des salaires. Celle-ci fut accordée par les Allemands en juillet 1943 [105], et, quelques semaines plus tard, la loi du 3 août 1943, publiée le lendemain au *Journal officiel*, venait définir le cadre dans lequel allait s'inscrire la réévaluation générale des traitements publics.

Un exil intérieur

En théorie, ce texte n'avait pas pour objectif de permettre une telle réévaluation, mais simplement de mettre de l'ordre dans le maquis des échelles de traitements. Son exposé des motifs n'évoquait d'ailleurs à aucun moment un possible relèvement des traitements, insistant seulement sur la nécessité de « substituer l'ordre au désordre » en réduisant sensiblement le nombre des échelles, qui passait de près de 400 à 74, elles-mêmes rattachables à 30 barèmes principaux. Après un coup de chapeau à ce temple de l'organisation qu'était alors la SNCF, qui avait su « accommoder au tempérament français un système de rémunération fondé sur des principes d'ordre, de simplicité et de clarté », le texte reprenait la tonalité caractéristique de l'époque réformatrice du régime en mêlant la critique de l'individualisme républicain à une assez juste analyse des errements administratifs *. La loi elle-même – contresignée

* « Un début de coordination se réalisait à l'occasion de chacune des révisions des traitements opérées dans le passé ; mais faute d'avoir été menée jusqu'à ses conséquences logiques, la ligne directrice était vite perdue de vue. Un vieux penchant à l'individualisme se faisait jour et, sous l'influence de causes secondes, parfois bien frivoles, l'on voyait se multiplier de nouveau les échelles spéciales de traitements. Les diverses catégories de fonctionnaires, en obtenant, par rapport aux catégories voisines, un décalage, si faible fût-il en valeur absolue, satisfaisaient un goût inné du privilège, souvent allié – il faut le reconnaître – à une louable fierté de la fonction exercée, tandis que, d'autre part, certains groupements particularistes n'étaient pas mécontents de trouver dans ce désordre l'occasion de nouvelles revendications. Le désordre – car c'est le mot qui s'impose – est arrivé à

par le seul ministre des Finances, ce qui témoignait de la perte d'influence du secrétariat général du chef du gouvernement en matière de coordination administrative* – disposait que le classement des corps de fonctionnaires entre les différentes échelles de traitement serait décidé par un jury délibérant sur le rapport du directeur du budget et d'un représentant du ministère concerné. La définition de ce jury, « composé d'hommes à la fois éclairés et impartiaux, tels, en un mot, que leur arbitrage s'impose à tous[106] », aurait pu laisser croire que cette nouvelle mission serait confiée au Conseil d'État. Mais, autre signe de la prééminence retrouvée de la rue de Rivoli, la loi lui préféra le comité budgétaire, dans une composition réduite *de facto* aux seuls fonctionnaires qui le composaient : on restait ainsi entre soi.

Tout en faisant appel à « l'esprit de discipline et de compréhension dont fait preuve la grande majorité des fonctionnaires dans les circonstances difficiles que traverse le pays » pour qu'ils supportent « l'impression d'être déclassés » qui pouvait résulter, dans quelques cas, de la rationalisation envisagée[107], la rue de Rivoli était trop informée des difficultés financières des agents pour ne pas accompagner ce texte de mesures concrètes de relèvement des traitements. Le nouveau dispositif devait avoir pour conséquence, en abrogeant différentes mesures ponctuelles intervenues en ordre dispersé au cours des mois précédents, de permettre un reclassement avantageux de la plupart des catégories de fonctionnaires dans les nouvelles échelles. Il s'agissait d'apporter une réponse non seulement aux baisses effectives de leur pouvoir d'achat**, mais aussi aux déséquilibres constatés au profit des organismes nouveaux***.

---

son comble. Ce n'est pas par l'effet de nécessités intrinsèques et parce que rien de ce qui est vivant n'est simple qu'il existe aujourd'hui près de quatre cents échelles de traitements différentes. Cette excessive multiplicité n'est pas dans la nature des choses ; elle est le résultat de la faiblesse des autorités responsables ».

* Signe du retour à la tradition d'avant guerre, après la tentative de pouvoir partagé de 1941-1942. Cette tradition sera poursuivie après guerre, la direction générale de l'administration et de la fonction publique, héritière de la fonction coordinatrice de la vice-présidence du Conseil, ne parvenant pas à faire le poids face à la direction du budget.

** Entre 1938 et juillet 1943, la rémunération d'un agent public célibataire travaillant en région parisienne avait ainsi baissé de 19 à 33 % en termes réels, le creux de la vague étant atteint par les cadres moyens tandis que la baisse n'était « que » de 29 % au sommet de la hiérarchie, A. Tiano, *op. cit.*, p. 512A.

*** Situation qu'évoquait également le rapport, cité plus haut, de l'inspecteur général des Francs : « La désespérance est d'autant plus menaçante qu'à côté d'eux ces fonctionnaires qui n'ont pas de quoi se loger, se nourrir et se vêtir décemment voient souvent, mieux rémunérés, soit de simples auxiliaires de leurs propres services, soit des fonctionnaires des services nouveaux, inférieurs en instruction, en ancienneté ou en valeur. [...] Sans doute les fonctionnaires des anciens services n'ignorent pas que leur situation présente plus de stabilité ; mais d'abord il faut vivre, et ensuite ils prévoient, à tort ou à raison, qu'un jour ou l'autre les agents des services nouveaux, ceux-ci venant à être supprimés, obtiendront leur reclassement dans les vieilles administrations avec un grade et un traitement qui les feront passer par-dessus les fonctionnaires des services anciens condamnés par leur règlement à un avancement plus lent. Celui qui a peine à se procurer le nécessaire passe facilement du sentiment de la justice à celui de l'envie », 17 mai 1943, SAEF 4A 05.

Comme les y invitait le ministre des Finances, quelques administrations se mirent rapidement à la tâche, de telle sorte que les textes réglementaires classant les différents cadres de fonctionnaires dans les échelles fixées par la loi commencèrent à être publiés, après avis du « jury de classement », à partir de l'automne 1943. C'est ainsi par exemple que, le 15 octobre, fut signé par Laval et Cathala le décret de classification des fonctionnaires des administrations centrales des secrétariats d'État*. Le travail battit son plein à partir de cette date, avec pas moins de vingt-sept décrets publiés en novembre pour reclasser les agents des différents services du seul ministère des Finances, tandis que cinq suffirent, publiés les 19 et 20 novembre, pour le ministère de l'Intérieur. Les autres administrations furent moins diligentes, les publications de textes s'étalant entre la fin de novembre 1943 et le printemps de 1944**. La rédaction de ces décrets, intervenant dans une époque particulièrement troublée, présentait pour les services qui y travaillaient le double avantage de répondre à un besoin immédiatement utile et d'absorber leur énergie dans un travail indéniablement minutieux, bref de ne pas les faire penser à la situation politico-militaire. Tout se passait comme si, à mesure que le désordre extérieur grandissait, l'ordre éternel de la chose administrative se devait d'être entretenu. À la violence de la guerre, on opposait la netteté de l'administration à la française : quelles qu'elles soient, les nouvelles équipes auraient à leur disposition une fonction publique mieux organisée, le caractère rationnel des mesures prises garantissant leur pérennité par-delà les vicissitudes institutionnelles.

Préparer demain

L'harmonisation ne se limita pas au seul domaine des traitements, et la réflexion sur les moyens les plus rationnels permettant d'accéder au meilleur des mondes administratifs se poursuivit. Par une démarche comparable à celle qu'on vient d'analyser, certains cherchèrent à fuir le présent en se projetant dans l'avenir, comme en témoigna la poursuite de la réflexion sur l'organisation, dont hérita d'ailleurs la Quatrième République. Le temps n'était certes plus aux grandes réformes, mais les difficultés matérielles de l'heure conduisaient à prôner l'amélioration des méthodes qui permettraient au moins de limiter le volume de papier nécessaire au fonctionnement des administrations. Même si, l'État autoritaire n'ayant pu faire disparaître les dysfonctionnements d'avant guerre, la réflexion théorique sur l'organisation idéale du

* *Journal officiel* du 22 octobre 1943. Pour la première fois dans l'histoire de la fonction publique française, un texte était relatif à l'ensemble de la hiérarchie d'un ministère, depuis les hommes d'équipe (échelle 1 : 10 à 13 000 francs annuels) jusqu'au secrétaire général (échelle 30 : 180 000 francs).

** On citera, à titre d'exemple, le *Journal officiel* du 21 décembre 1943 qui s'intéressait à des catégories très diversifiées de fonctionnaires, depuis les personnels des haras et du PMU jusqu'à ceux de l'Institut de France, en passant par les commissaires contrôleurs du ravitaillement et les agents de service des facultés de province. La dernière référence que nous ayons trouvée concerne, le 6 mai 1944, les artistes cartographes et les personnels de l'inspection générale des travaux publics des colonies.

système administratif restait un sujet d'actualité dans les quelques groupes de pensée encore attachés au communautarisme et à la Révolution nationale, ce furent des préoccupations beaucoup plus concrètes qui dictèrent à Laval leur loi en matière d'amélioration des méthodes administratives.

C'est ainsi qu'adressant aux préfets, le 19 octobre 1942, une longue circulaire sur les dispositions appelées à simplifier le travail demandé aux maires[108], le chef du gouvernement les justifia certes par le fait que l'administration était amenée à intervenir dans des domaines de plus en plus nombreux de la vie du pays, mais surtout – il l'écrivait en caractères gras dès les premiers paragraphes du texte – par l'obligation de réaliser des économies massives de papier *. La circulaire demandait aux préfets de prendre des mesures effectives de simplification. À cette fin, et malgré la pénurie de personnel qualifié, chaque préfecture devait créer un « service des maires » chargé de contrôler la rédaction des instructions, de les coordonner entre elles et de les hiérarchiser, « les instructions qui font double emploi ou n'ont pas d'utilité certaine [devant être] purement et simplement supprimées ». Les bureaux étaient également invités, pour s'adapter aux circonstances, à recourir à « des méthodes administratives concrètes, expéditives et vivantes », donc à préférer « les tournées, convocations, contacts personnels et communications téléphoniques au recours abusif aux circulaires ». L'accueil du public devait également être amélioré par la création, près de l'entrée de la préfecture, d'un bureau de renseignements, ce qui permettrait d'éviter « les pertes de temps et la vaine circulation du public », toujours dangereuse en période troublée. En contrepartie, les bureaux lui seraient interdits à certaines heures « afin de permettre au personnel de travailler dans le calme ». L'influence des « organisateurs » se faisait enfin sentir dans les développements consacrés à la taylorisation – le mot était cité – qu'il convenait de mettre en place dans les bureaux dont l'activité s'apparentait à celle d'une entreprise commerciale, notamment en matière de « délivrance de cartes et de bons ». Il est vrai que cette part de l'action administrative se trouvait alors particulièrement à l'honneur, tant en raison des circonstances que de la tendance du régime à multiplier fichiers et recensements. L'ensemble du texte, tout en paraissant ne traiter que de questions de pure technique administrative, traduisait aussi la volonté, toute politique, qu'avait le chef du gouvernement d'apporter une réponse aux attentes de l'opinion, en utilisant pleinement les relais que constituaient les maires.

Aux instructions de Laval, qui déclarait attendre des mesures préconisées « des résultats d'ordre administratif, d'ordre économique et d'ordre

* Le contingent alloué au ministère de l'Intérieur pour 1943 n'étant égal qu'au huitième des besoins, rien ne devait être négligé, fût-ce au détriment des formes : il convenait d'adopter, dans la correspondance administrative, des formats de papier plus petits et des interlignes plus étroits, les enveloppes devaient être abandonnées au profit de simples bandes de papier et les brouillons écrits au dos de vieux formulaires. Comme le résumait la circulaire en recommandant de ne pas passer de commandes massives d'imprimés nouveaux, « les circonstances exigent de vivre au jour le jour en attendant des jours meilleurs ».

psychologique », firent ainsi écho les propos du préfet de la Marne qui, dès décembre 1942, déclara avoir créé un « bureau de normalisation [qui] est aussi un bureau d'accueil où les maires sont non seulement renseignés, mais aussi guidés et quelquefois réconfortés ». Dans cette création ils verraient, ajoutait le préfet, aussi bien « la certitude d'une aide accrue [qu'une] preuve nouvelle de la sollicitude que ne cesse de témoigner le gouvernement à ceux qui, dans le travail et le silence, sont de bons serviteurs du pays[109] ». Pour être cohérent, l'effort de rationalisation ne devait pas se limiter à l'administration territoriale, mais trouver son pendant dans l'amélioration du fonctionnement des services centraux. Une circulaire que signa Hilaire en juin 1943 annonça donc aux préfets la réorganisation du secrétariat général pour l'administration « suivant des principes méthodiques et rationnels, adaptés aux besoins pressants exigés par les circonstances », en même temps qu'elle leur transmit copie des instructions que le chef du gouvernement, en tant que titulaire du portefeuille de l'Intérieur, venait d'adresser aux ministres pour leur demander de mettre de l'ordre dans leurs relations avec les préfets[110]. Pour Laval, la simplification et la coordination des circulaires adressées au préfet, « seul responsable de l'administration générale dans le département », constituaient « une question d'équilibre vital pour l'administration du pays ». Aussi les ministres devaient-ils s'attacher à réduire le nombre de textes émanant de leurs services et à associer les préfets à leur rédaction. Afin de permettre un suivi plus efficace des questions importantes, il était demandé aux membres du gouvernement de ne signer eux-mêmes que les textes « satisfaisant un besoin vital », c'est-à-dire ceux dont les préfets avaient vocation à contrôler personnellement l'application. Enfin, un membre du cabinet du ministre devait être désigné pour assurer le contrôle – en termes d'opportunité, de contenu et de forme – de toutes les circulaires émanant du ministère. Participant aux réunions des préfets régionaux, cet interlocuteur serait à même d'entendre leurs remarques relatives aux difficultés d'application des textes, et donc de « faire remonter l'information » du terrain vers l'administration centrale. Ainsi, par petites touches, et alors même que le gouvernement avait de moins en moins prise sur la réalité, l'administration de Vichy adopta-t-elle plusieurs éléments d'une réforme de ses méthodes. La poursuite d'une telle volonté organisationnelle dans un pays totalement occupé, atteint de plus en plus fréquemment par les bombardements et qui allait bientôt connaître une situation de quasi-guerre civile étonne – sauf à y voir une confirmation du caractère parfois irréel de l'ordre administratif. On se retrouve ici dans le cas de figure, plus souvent étudié en matière de planification économique que d'organisation administrative, où les éléments de continuité entre « modernisateurs » des années trente et « rénovateurs » de l'après-guerre transitèrent par Vichy. On en prendra comme seul exemple les procédures de normalisation : problème posé avant guerre par des hommes comme Coutrot ou Jean Milhaud[111], il fut repris par Vichy, qui édicta le 24 mai 1941 une loi et un décret portant « statut de la normalisation[112] ». Malgré la mort de Coutrot, et l'éloignement forcé de Bourdet et Milhaud, le CNOF – dont beaucoup de membres se retrouvaient aussi au Comité d'études pour la France – ne resta pas inactif, organisant par exemple, en mars 1944, des *Journées d'études des administrations publiques,* ouvertes par Bouffet, préfet de la Seine. Elles comportèrent trois séances, consacrées à la documentation administrative, à l'organisation du travail et aux questions de personnel, sous la présidence respective du commissaire du pouvoir Migeon, de Surleau, alors directeur général des services de la délégation générale à l'équipement national, et du conseiller d'État Puget, directeur des études administratives à la Fondation française pour l'étude des problèmes humains, qu'avait fondée Alexis Carrel. Ces deux jours de discussion permirent la synthèse des projets et des réalisations menés dans les services publics en matière d'organisation depuis dix ans, mais c'est surtout autour des questions de personnel que des idées nouvelles, appelées à faire leur chemin dans l'immédiat après-guerre, furent exposées. Les ministères des Finances et de l'Intérieur ainsi que les secrétariats d'État au Travail et aux Communications détaillèrent les principes qui gouvernaient la gestion de leur personnel, principes qui paraissaient d'ailleurs assez traditionnels face aux méthodes novatrices proposées par quelques grands services publics tels que la SNCF, les manufactures de l'État ou les Postes de Paris. Dans ces derniers, la tendance était en effet à la déconcentration de la gestion, à la mise en œuvre de méthodes de psychologie appliquée, à l'évaluation. La tendance modernisatrice dans la fonction publique *stricto sensu* se fit entendre par la voix de deux auditeurs au Conseil d'État, Roger Grégoire et Pierre Chatenet. Pour ces jeunes hauts fonctionnaires – ils avaient respectivement trente et vingt-sept ans –, il convenait d'améliorer le fonctionnement des administrations en apportant une attention particulière à la sélection des cadres et en poursuivant l'effort de coordination tentée par un de leurs anciens, Lagrange[113], lors de son passage à la vice-présidence du Conseil. La future direction générale de la fonction publique * était en germe dans le Service central du personnel des fonctionnaires auquel Pierre Chatenet assignait des missions « d'études et de coordination [portant] sur le recrutement, le perfectionnement et la formation des cadres supérieurs, et sur l'organisation de la juridiction disciplinaire, du régime financier et des œuvres sociales ».

Qui gouverne ?

Si les plans étaient prêts pour l'après-guerre, il restait à passer le cap des temps difficiles. Puisque le gouvernement ne gouvernait plus guère, l'administration considérait comme de son devoir de maintenir la continuité de l'État, dans les limites nées « [d']une philosophie humaine facile à expliquer, [selon laquelle] les fonctionnaires veulent servir leur pays mais sans risquer de le conduire à une aventure. Sauf quelques excités, les fonctionnaires veulent un régime stable et sain qui leur assure la stabilité et la sécurité dans leur

* Créée par une ordonnance du 9 octobre 1945 (*Journal officiel* du 10 octobre 1945), prise sous l'impulsion de Michel Debré. Roger Grégoire et Pierre Chatenet en furent les deux premiers directeurs.

travail[114] ». Or Laval, pour peu que les préfets se montrent capables de fournir à Sauckel les contingents promis pour le STO et de faire respecter l'ordre contre le « terrorisme », se souciait peu d'action administrative. Les ministères rentrés à Paris eurent ainsi le champ libre, loin des influences vichyssoises, pour conduire leurs projets. Certains s'inquiétaient fortement de cette dérive, qui privait le pouvoir de la maîtrise de l'outil administratif. Déat, toujours prompt à dénoncer la persistance et la résistance des ordres anciens, jugeait urgent, en octobre 1942, que le gouvernement se dote des moyens de contrôler ses services, en estimant que « la puissance des administrations devient redoutable. Chaque sous-chef de bureau, poursuivait le directeur de *L'Œuvre*, invente des emplois, réclame des collaborateurs. Chaque directeur a plaisir à voir croître un effectif qui lui donne de l'importance. Et puis, il y a les rivalités de boutique, l'émulation jalouse d'un service à l'autre, les parités à maintenir, les hiérarchies à sauvegarder. Cela va à l'infini, c'est-à-dire au désastre[115] ». Quelques mois plus tard, en février 1943, c'est d'une tout autre source que vint la dénonciation des « sous-dictatures de l'administration ». Faisant part au responsable de la propagande dans le département du Nord de la désaffection de l'opinion catholique à l'égard de Pétain, des milieux proches de l'Église évoquaient certes d'abord « la responsabilité de l'action menée contre les juifs et les déportations massives de travailleurs », mais soulignaient aussi une autre cause, « pour laquelle il est moins facile *(sic)* de défendre le Maréchal » :

> La concentration des pouvoirs a en fait provoqué l'instauration de sous-dictatures dans l'administration. Le directeur d'un département ministériel peut actuellement, en vingt-quatre heures, rédiger et faire signer par le chef de l'État un texte de loi. Or le personnel de nos administrations n'a pas été renouvelé, et l'autorité du Maréchal couvre les agissements de bas politiciens*.

Les synthèses émanant du service des contrôles techniques pour 1943[116] montrent que ces inquiétudes étaient largement partagées**. Chargé par Guérard de suggérer au gouvernement des mesures susceptibles de répondre

* Suivait l'exemple de l'application de la loi du 4 août 1942 sur l'enseignement professionnel, qui laissait percer la désillusion de l'Église quant aux bienfaits du gouvernement autoritaire : « Un très vieux projet de loi sur la délivrance des diplômes professionnels avait toujours été tenu en échec par les parlementaires catholiques et modérés. Les francs-maçons du ministère de l'Éducation nationale l'ont sorti de leurs cartons. [...] Jamais pareille injure n'a été faite à l'enseignement chrétien par le gouvernement du Front populaire. L'hypothèse la plus bienveillante est donc que le maréchal Pétain est mené par une administration qui le déborde. Même dans ce cas, n'est-ce pas la confiance au Chef qui est ébranlée ? », lettre (non signée) à M. Hermant, chef du bureau de documentation du chef de l'État, 16 février 1943, AN 2AG 609.

** À cette nuance près que ces rapports n'étaient pas neutres, gauchissant parfois les éléments tirés des synthèses mensuelles pour mieux étayer à la position de leur rédacteur. Ils paraissent à cet égard moins fiables que ceux rédigés par les préfets, qui avaient reçu des instructions écrites et verbales de ne pas travestir la vérité.

aux attentes de l'opinion, ce service proposa, en janvier 1943, un véritable plan de « lutte contre l'esprit des bureaucraties ». Partant de la critique généralisée des méthodes régnant dans l'administration, et notamment dans les organismes nouveaux (spécialement ceux chargés du ravitaillement), il envisagea des mesures classiques de simplification des formalités, tout en soulignant l'aspect politique de la question. Le gouvernement devait exiger de ses fonctionnaires le loyalisme, car « les administrations qui ont des rapports étroits avec le public, au lieu d'être la cause de leur mécontentement, devraient s'appliquer par leur compréhension et leur bonne volonté à faciliter l'instauration de l'ordre nouveau. C'est ainsi, mieux que par l'apposition sur les murs d'affiches multicolores, que se ferait la véritable propagande en faveur du gouvernement ». Était également critiquée l'attitude de fonctionnaires qui « ne doivent en effet aucunement discuter et juger la politique de leur gouvernement, mais uniquement la servir », analyse rappelée le mois suivant, avec encore plus de vigueur, par le même service : « Le loyalisme douteux des fonctionnaires qui provient de la latitude qui leur est laissée de pouvoir discuter la politique gouvernementale au lieu de la servir, devrait être sanctionné et non toléré. » Pour la partie de l'opinion qui, au dire de ces rapports, « rest[ait] confondue au spectacle des fonctionnaires qui trahissent ouvertement ou par sabotage le gouvernement qui les fait vivre », la cause était entendue : la Révolution nationale était morte par la conjonction du mauvais vouloir d'une administration « incapable de tout mouvement rénovateur » et de la faiblesse d'un pouvoir « critiqué pour sa mansuétude à l'égard des fonctionnaires indignes ». Après cet acte de décès, intervenu au printemps 1943, la critique reprit des thèmes plus traditionnels telle, en juillet*, la dénonciation des défauts endémiques du système administratif : « Lenteur, pagaïe, inertie et inconscience. »

Les récriminations n'étaient pas moins vives à l'intérieur de la sphère politico-administrative, mais avaient d'autres points de focalisation, essentiellement le ministère des Finances. Pour les milieux politiques, collaborationnistes en tête, c'est l'inspection générale des Finances qui apparaissait comme le plus dangereux et le plus puissant des ennemis de l'intérieur, les procès en synarchie n'étant pas tout à fait clos**. Laval lui-même ne dédaignait pas de recourir à ces ficelles un peu grosses : en mai 1944, devant des délégués régionaux à la propagande qui faisaient devant lui le procès de l'impôt-métal, « sabotage des inspecteurs des Finances pour dresser le public contre le gouvernement », il demeura, selon une note des renseignements généraux,

* À la même époque, la synthèse des contrôles se faisait aussi l'écho des protestations des fonctionnaires, qui « viennent grossir la masse des mécontents à la suite de la réduction de leurs congés. Ils s'insurgent contre cette décision tout en cherchant à éviter ses conséquences. Ils espèrent qu'elle sera assouplie ou peut-être même pas appliquée ».

** Il y aurait une intéressante étude à faire sur la dénonciation par la presse parisienne, Déat en tête, de l'influence maléfique des inspecteurs des Finances sur la Révolution nationale.

« stupéfait devant cet impôt tel qu'il est conçu et s'[écria] : "Ne payez pas, il sera remanié. Je vous autorise à inviter les gens à ne pas payer. Pour une fois que vous avez l'occasion de vous rendre populaires, n'y manquez pas[117] !" » Pour les fonctionnaires, la vraie Bastille demeurait la direction du budget, d'autant que, par rapport aux époques antérieures, le temps n'était plus aux réformes dont l'effet politique attendu l'emportait sur le coût budgétaire. Le secrétariat général du chef du gouvernement s'occupant essentiellement de STO et de maintien de l'ordre, et l'entourage du chef de l'État ne jouant qu'un rôle résiduel, il n'existait pratiquement plus de contrepoids politique à l'influence du ministère des Finances.

Ces éléments institutionnels étaient confortés par des questions de personne : Cathala, vieux fidèle de Laval, apparaissait comme son délégué rue de Rivoli, tandis que Guérard, au départ certes inspecteur des Finances mais ayant depuis longtemps bifurqué vers les affaires, avait évidemment moins de prise sur la direction du budget que ne pouvait en avoir Jardel, qui ne l'avait quittée que pour devenir secrétaire général de la vice-présidence du Conseil. Parmi les multiples points d'application de cette prééminence indiscutée des Finances, citons le refus de la direction du budget de procéder à la revalorisation du traitement des instituteurs : un an d'efforts successifs de Carcopino et de Bonnard furent de nul effet, et il fallut l'intervention personnelle du chef de l'État pour voir aboutir le projet. Régime autoritaire ou pas, la direction du budget entendait en effet conserver son traditionnel droit de regard sur le contenu de réformes susceptibles d'avoir des répercussions budgétaires – c'est-à-dire presque toutes. Lors de la préparation du budget de 1943, par exemple, les demandes en personnel de secrétariat des facultés furent rejetées par les services du ministère des Finances, dans l'attente d'une réforme de l'enseignement supérieur. La direction du budget précisa même les objectifs, pas tout à fait neutres idéologiquement, qu'elle attendait d'une telle réforme, à savoir la « réduction du nombre des universités et surtout de l'universalité de leur enseignement[118] ». Dans l'exercice de ses prérogatives de contrôle général de l'action de l'État, la direction du budget continua en outre à bénéficier de l'appui d'un comité budgétaire imprégné de la doctrine budgétaire la plus classique, mais que Laval avait réorganisé à sa main, contraint qu'il était de le maintenir en vie, après que, par une lettre du 8 octobre 1942, le chef de l'État lui avait indiqué « [tenir] essentiellement à ce qu'il remplisse la mission qu'[il] lui [eut] assignée et à ce que les administrations se soumettent à son contrôle[119] ». Le fonctionnement et la composition du comité furent toutefois revus au début de 1943[120], l'instance se trouvant complétée par trois membres « choisis en raison de leur compétence financière ou de leur expérience administrative », à savoir Claude-Joseph Gignoux, ancien président de la Confédération générale de la production française, ainsi que l'un des sous-gouverneurs de la Banque de France et un ancien contrôleur des PTT. Ces deux derniers, fonctionnaires chevronnés, furent également nommés membres de la « délégation spéciale » instaurée par la même loi et à laquelle il revenait, dans la pratique, d'examiner l'essentiel des dossiers. Cette délégation, réduite à sept personnes, était composée de manière telle qu'y prédominaient les membres des grands corps de l'État. On était loin des textes de 1941, qui avaient pris soin de choisir dix des treize membres du comité hors de la fonction publique, en faisant une place aux pères de famille nombreuse et aux métiers manuels. Ainsi remis en selle, le comité budgétaire s'attacha à soumettre les administrations à son contrôle, qu'il entendait exercer dans le même esprit que la direction du budget dont il apparaissait de plus en plus comme une doublure.

Les détours du sérail

Pour autant, il paraît excessif d'évoquer une image de toute-puissance : si « dictature » de l'administration il y eut, au sein de la marge de manœuvre réduite que laissait au pays l'évolution des événements, rarement dictateur ne fut moins demandeur de pouvoir. La fonction publique cherchait en effet alors plus à se réfugier dans l'attentisme de l'exil intérieur qu'à assumer des responsabilités qui lui apparaissaient de plus en plus risquées. Ces responsabilités pourtant, l'appareil administratif fut amené à prendre là où il ne les attendait pas, ou plus. Devant continuer à appliquer les textes d'exclusion, dans un contexte où l'on commençait à percevoir la pleine dimension de l'antisémitisme allemand, l'administration se trouva en quelque sorte rattrapée par la politique. Caractéristique de ces années de grisaille – et pour autant qu'on parvienne à définir un comportement administratif type – est l'attitude, ni toute blanche ni toute noire, de la fonction publique face à ceux qui s'en trouvaient exclus et à ceux qui tentaient d'y entrer. Alors que la ligne générale d'action apparaît en première analyse inchangée depuis l'automne 1940 – obéir sur l'exclusion, rechigner face à l'entrisme –, l'existence de comportements hétérogènes au sein d'une même administration, voire les hésitations décelables dans les attitudes successives d'un même haut fonctionnaire, interdisent de considérer la situation comme figée. Dans un contexte où peu de situations avaient des précédents, la latitude d'action du fonctionnaire se révéla vaste, pour peu qu'il fût prêt à en faire usage.

La machine à exclure

Les « questions d'appartenance » continuaient à venir perturber le climat de neutralité technique dans lequel souhaitait se couler la fonction publique, plus encline à refondre les barèmes de traitements qu'à repenser la communauté nationale. Depuis que la nomenclature budgétaire avait fait des diverses catégories d'exclus le titre de l'un des paragraphes de la loi de finances, l'antisémitisme et l'antimaçonnisme d'État étaient intégrés aux règles de base de la fonction publique, même si l'empilement des textes rendait leur mise en œuvre des plus délicates*. Même animé du plus pur loyalisme à l'égard du

* Deroy, secrétaire général aux finances publiques, fut conduit à signer le 1er mai 1942 une circulaire, longue et touffue, précisant les modalités d'attribution et de liquidation des pensions ou allocations dues en application de chacune des lois de sortie exceptionnelle du service public, SAEF B 18479.

gouvernement, un fonctionnaire insuffisamment averti risquait ainsi de mal appliquer les textes. N'y avait-il donc pas à craindre, *a fortiori*, que certains autres, moins fiables, cherchent dans les défauts de la cuirasse les moyens de rendre inefficace le relèvement de fonctions ou l'exclusion des juifs et des francs-maçons ?

Le hiatus, déjà évoqué, entre la sévérité épuratrice des préfets régionaux et la tiédeur des administrations centrales ne fit que se creuser au fil du temps, les préfets s'estimant ainsi « peu secondés par certaines administrations », l'Instruction publique étant la plus fréquemment citée *. Mais le climat d'hostilité à la politique gouvernementale régnait aussi dans d'autres administrations : après avoir dénoncé, en octobre 1942, les directeurs du secrétariat d'État au Ravitaillement qui « ne se privent pas d'expurger les dossiers avant transmission au cabinet du ministre, celui-ci n'ayant plus pratiquement en mains les véritables leviers de commande du ministère [121] », Pierre Nicolle estimait venu, en décembre, le « temps de remettre de l'ordre, même avec brutalité, si l'on veut éviter un effondrement total. [...] Du haut en bas de l'échelle, les fonctionnaires ne travaillent plus qu'au ralenti ; c'est une véritable pagaille qui risque de dégénérer en anarchie [122] ». Le comte de Puységur, président avant guerre de la Ligue antimaçonnique, devenu collaborationniste convaincu, n'écrivait pas autre chose dans son bulletin de janvier 1943. Il y qualifiait de « véritable provocation à l'égard du Führer » les dix ans de prison auxquels avait été condamné, par les « enjuponnés du Tribunal d'État », le général de Lattre de Tassigny, « ce Ganelon qui aurait dû être fusillé ». Après ces aimables qualificatifs, le comte élargissait son propos :

> Au moment où le président Laval s'acharne à sauver ce qui peut l'être, la condamnation dérisoire de Tassigny montre combien profond est le mal qui ronge les grands fonctionnaires de l'État. Il faut porter le fer rouge dans ces administrations qui regorgent de gaullistes, de francs-maçons, d'attentistes. Il faut changer ce personnel qui s'oppose sournoisement aux directives du Maréchal et du président Laval. [...] Dans ce pays amorphe, avachi et sans ressort, les révolutionnaires nationaux sont les seuls qui soient susceptibles de remonter le courant qui nous emporte vers le néant. S'appuyer sur eux et leur donner enfin des preuves de sa volonté d'action est pour le gouvernement de la France la dernière chance de salut [123].

Chacun, avec son style propre, se retrouvait donc sur l'idée que les temps n'étaient pas venus de baisser la garde. Malgré la pénurie de personnel

* Le préfet du Pas-de-Calais rappelait par exemple que « nommer à Paris un professeur déplacé pour sympathies gaullistes et communistes [constituait] un avancement et non une sanction » et dénonçait « un manque d'unité de vues entre différentes administrations, pouvant aboutir à de graves conséquences », synthèse des rapports des préfets, juillet 1942, AN F1cIII 1198. Les préfets se plaignaient aussi des Finances « qui contribuent à irriter les populations et à compliquer l'administration par l'invraisemblable lenteur qu'elles apportent aux questions posées, lorsqu'elles y répondent », et surtout des milieux judiciaires « qui donnent trop souvent l'impression d'un freinage systématique, voire d'une opposition perlée à l'égard de la volonté constructive du gouvernement actuel », *ibid.*

qualifié, les candidats à des emplois publics faisaient toujours l'objet d'enquêtes de police, d'autant plus poussées que la fonction postulée était plus élevée. Pour autant, il ne fut pas donné suite à la note adressée le 17 juillet 1943 à Hilaire par un sous-directeur regrettant qu'ait été perdue l'occasion de célébrer le troisième anniversaire d'une « loi d'exception hardie qui permit de rendre leur liberté – même lorsqu'ils ne la sollicitaient pas – aux fonctionnaires jusqu'ici étroitement tenus par les liens de leur contrat avec l'État[124] ». Si aucune cérémonie ne vint célébrer la liberté dont jouissaient malgré eux les milliers de fonctionnaires relevés de leurs fonctions, l'instrument n'était pas abandonné, restant le moyen le plus souple de régler les difficultés de personnes.

Pourtant la surabondance des textes disciplinaires finit par se retourner contre leurs auteurs : la fluidité de fonctionnement de la machine à épurer fut ainsi sérieusement troublée par une rébellion du Conseil d'État, dont un arrêt *Grivel* du 31 janvier 1944 vint annuler l'arrêté par lequel, un an plus tôt, le ministre de l'Éducation nationale avait révoqué le principal du collège de Nogent-le-Rotrou, au vu d'un rapport du préfet d'Eure-et-Loir mettant en évidence, « malgré l'habileté sournoise avec laquelle elle s'exer[çait] », l'activité de propagande gaulliste du principal*. Au-delà des subtilités juridiques**, le directeur de l'enseignement secondaire, scandalisé par une décision qu'il jugeait inadmissible, demanda que fût à nouveau explicitement posé par la loi le pouvoir de prononcer révocations et mutations sans avoir à les motiver, faute de quoi « dans la période troublée que nous traversons, le gouvernement [serait] dépossédé d'un moyen d'action indispensable et [...] désarmé devant les cas qui, par leur gravité, requièrent une solution rapide[125] ». Si le haut fonctionnaire loyaliste qu'était le directeur de l'enseignement secondaire prenait ainsi nettement le parti de l'ordre contre la dissidence, l'application ordinaire des législations d'exclusion se poursuivait en faisant alterner interprétations restrictives et esprit libéral, sans logique clairement lisible. La ligne de partage entre comportements qui semblaient dictés par la routine et attitudes dans lesquelles on peut être tenté de lire la recherche des moyens de ne pas pleinement appliquer les textes passait en effet parfois à l'intérieur

* Le préfet, le très collaborateur Le Baube, accusait l'intéressé d'avoir, en septembre 1941, tenu en présence de professeurs et d'élèves des propos injurieux envers la personne du chef de l'État (on l'avait entendu dire, devant un portrait de Pétain : « Jusqu'à quand verrons-nous cette vieille ganache ? », paroles qui pouvaient effectivement difficilement passer pour un acte de dévotion) et de « saboter la politique du Maréchal et de son gouvernement en opposant notamment une force d'inertie aux manifestations d'entraide organisées en faveur des œuvres patronnées par le gouvernement », rapport du 13 janvier 1943, AN F17 13369.

** C'est justement parce que le ministre n'avait pas recouru à la loi du 17 juillet 1940 que la révocation du principal sournoisement gaulliste fut censurée. Le Conseil d'État avait en effet estimé que le statut des fonctionnaires de septembre 1941 devait dans ce cas être appliqué, rendant obligatoire la consultation de son dossier par tout agent auquel on entendait infliger une sanction disciplinaire.

d'une même personne, rendant délicate l'apposition de jugements tranchés. C'est ainsi par exemple que, à l'automne 1942, le directeur général de l'enseignement technique se livra à un véritable exercice d'exégèse pour répondre négativement à une demande du commissariat général aux questions juives visant à assimiler les écoles supérieures de commerce aux établissements d'enseignement supérieur en vue de l'application du *numerus clausus*[126]. Pourtant, moins de six mois plus tard, le même directeur général fit jouer le statut fort en amont, en précisant, dans une circulaire de mars 1943 relative à l'ouverture des concours d'admission dans les écoles nationales d'arts et métiers que « les candidats israélites devront l'indiquer sur leur demande, et mention devra en être portée sur la chemise du dossier[127] ».

Plus étrange encore, à la même période, une circulaire du quatrième bureau de la direction de l'enseignement primaire demandait aux inspecteurs d'académie de fournir deux listes d'instituteurs juifs : ceux « autorisés à exercer conformément au *numerus clausus* » et ceux « admis à exercer en plus du *numerus clausus,* parce que répondant à l'une des quatre conditions de l'article 3 de la loi du 2 juin 1941[128] ». Il s'agissait là d'une double méconnaissance du statut des juifs : d'une part, l'exclusion des fonctions publiques posée par le statut ne faisait intervenir aucun *numerus clausus,* d'autre part les fonctions d'enseignement étaient totalement interdites aux juifs par l'article 2, rendant superflue, pour des instituteurs, toute référence à l'article 3. De telles erreurs étonnent de la part d'un bureau de gestion de personnel censé maîtriser la réglementation et dont le chef comptait parmi les fonctionnaires les plus compétents du ministère. On pourrait y voir, en faisant preuve d'indulgence, la réaction peut-être inconsciente d'une administration troublée par un antisémitisme devenu meurtrier. Le texte n'en avait pas moins d'étranges accents, les inspecteurs d'académie étant invités à « faire connaître les raisons pour lesquelles le juif ou la juive en question est encore actuellement autorisé à exercer sa profession ». Les termes utilisés en mai 1944 sur le même sujet par la même direction, qui y portait un intérêt décidemment prolongé, étaient encore plus étonnants, en faisant référence aux « lois sur la protection de la race[129] ». Cette appellation ne figurait en effet nulle part dans les statuts d'octobre 1940 et de juin 1941 : peut-être son utilisation provenait-elle d'une influence du commissariat général aux questions juives tel que le concevait Darquier de Pellepoix, qui était à sa tête depuis le 6 mai 1942.

Le nouveau commissaire général avait entendu faire régner l'ordre et le vocabulaire antisémites dans ses propres services, jusqu'au sein desquels il sentait « l'influence juive », comme en témoignait à ses yeux le fait qu'on y utilisait parfois le terme « israélite » : c'était là, estimait Darquier dans une note qu'il adressa le 9 septembre 1942 à l'ensemble de ses collaborateurs, « matérialiser dans les termes le moyen principal de défense de la juiverie, qui consiste à prétendre que le problème juif n'est qu'un problème religieux. Au commissariat général aux questions juives, un juif doit être appelé un juif, et on ne doit pas écrire "M. Lévy" ou "M. Dreyfus", mais "le juif Lévy", ou "le juif Dreyfus"[130] ». Mais la lutte contre les juifs ne devait pas être que sémantique. Le même 9 septembre,

Guérard signa, par délégation de Laval, une circulaire rappelant que les statuts n'appelaient aucune autre interprétation que celle, rigoureuse, selon laquelle était interdite aux juifs « l'intégralité des emplois dépendant des administrations publiques, que ces emplois confèrent ou non de l'influence ou de l'autorité [131] ». Mais si la volonté gouvernementale d'appliquer rigoureusement les textes restait entière, les relations avaient changé de registre entre le commissariat général et les administrations. Darquier de Pellepoix eut du mal à parachever l'exclusion des juifs des fonctions publiques, exclusion à ce point mise en œuvre que seuls restaient non résolus les dossiers les plus complexes, susceptibles de ne recevoir de solution que si une collaboration approfondie pouvait s'établir entre le commissariat général et les administrations gestionnaires de personnel. Tel ne fut pas le cas : non seulement, pas plus que son prédécesseur, Darquier de Pellepoix ne disposait d'une quelconque légitimité administrative, mais en outre, à la différence de Vallat, il ne pouvait compenser cette lacune par un appui politique venant du chef de l'État * ou du chef du gouvernement **. Les injonctions du commissaire général en direction de l'administration furent de peu de poids, et finirent par tourner à l'aigre. Destinataire, en septembre 1942, d'une lettre comminatoire lui demandant le licenciement immédiat de trois agents restés en fonctions en violation de la loi du 2 juin 1941 – mesure que Darquier souhaitait voir accompagnée d'« une sanction disciplinaire contre le directeur du personnel, responsable du maintien en fonctions des juifs L., E. et W., étant donné le temps qui s'est écoulé depuis la promulgation de la loi [132] » –, Hilaire fit valoir au commissaire général que ses dossiers étaient mal tenus, « les intéressés n'ayant jamais appartenu aux cadres titulaires ou au personnel auxiliaire du ministère de l'Intérieur *** ». Darquier en fut réduit à se plaindre auprès de l'occupant du manque d'enthousiasme de l'administration française. En juillet 1942 déjà, en remerciant le MBF de « faire bénéficier [ses] services de l'expérience que le Reich a faite en matière d'aryanisation économique, expérience évidemment précieuse », il en était réduit à un triste constat d'inefficacité :

> Malheureusement, tout l'appareil administratif de l'État français n'est pas à notre disposition, et il nous est nécessaire d'obtenir l'accord des ministères sur son texte et sur son esprit, ce qui ne manquera malheureusement pas d'en retarder la publication [133].

* Le 2 novembre 1943, Pétain demanda à Laval le remplacement de Darquier de Pellepoix, en même temps que celui de Bonnard et de Lagardelle, ministre du Travail, ainsi que la suppression de la fonction de ministre de l'Information, AN 3W 80.

** En outre, le remplacement de Lagrange, qui avait rejoint le Conseil d'État dès l'arrivée de Laval, par son adjoint Potier, magistrat de l'ordre judiciaire, avait contribué à distendre le lien privilégié existant jusque là, en matière d'exclusion antisémite aussi, entre la vice-présidence du Conseil et le Conseil d'État.

*** Lettre du 3 octobre 1942, AN F1bI 919. Il s'agissait en fait d'agents de la préfecture de police. La sanction proposée faisait l'objet d'un vigoureux point d'exclamation tracé dans la marge de la lettre reçue, traduisant le peu de cas que l'administration entendait faire d'une suggestion de cet ordre.

Les administrations, qui s'en tenaient à l'antisémitisme d'État prôné dès l'origine par le régime, n'étaient en effet pas prêtes à adopter les méthodes expéditives suggérées par Antignac, chef de cabinet de Darquier, pour qui « la déportation totale simplifierait bien toutes ces questions, notamment le retrait des Juifs dans les administrations de l'État, voire même au ministère de l'Intérieur [134] ». Devant la mauvaise volonté que mettaient, à leurs yeux, les ministères français à exclure de leurs rangs les fonctionnaires juifs, les Allemands, au demeurant persuadés que le directeur du personnel du ministère de l'Intérieur était juif*, passèrent aux actes : le temps n'était plus aux demandes et aux discussions, mais aux rafles. En novembre 1943, Maurice Lévy, sous-chef de bureau au ministère de l'Intérieur, fut arrêté à son domicile de Vichy. Sa hiérarchie s'en émut, comme en témoigne la lettre – qu'on ne peut lire sans un sentiment douloureux d'irréalité – adressée alors par Pichat à de Brinon :

> M. Lévy est israélite, mais avait pu continuer les fonctions qu'il exerçait au ministère de l'Intérieur par application de la loi du 2 juin 1941, étant titulaire de la croix de guerre 1939-1940 avec deux citations. Aucune indication parvenue au ministère de l'Intérieur ne permet de croire que l'activité de M. Lévy ait été répréhensible, et dans ces conditions il semble que seule sa qualité d'israélite ait motivé son arrestation par les autorités d'occupation. Je vous serais obligé de bien vouloir demander aux autorités d'occupation les raisons pour lesquelles il a été procédé à l'arrestation de M. Lévy, et faire toutes démarches utiles en vue de sa libération [135].

Pilotée directement par les administrations centrales, l'épuration des francs-maçons, malgré le jeu balancé d'apaisement et de prise de gage mis en œuvre par Laval, continua elle aussi à être menée avec méthode. On l'étudiera sur le cas particulier de l'un des ministères qu'elle concerna le plus directement, l'Éducation nationale. Sous l'impulsion d'un cabinet fortement antimaçon, le secrétaire général Terracher continua à assurer, avec une très réelle conscience professionnelle, le suivi d'une législation dont l'application lui avait été confiée dès l'origine. L'examen des cahiers d'enregistrement du courrier destiné au secrétaire général de l'instruction publique, conservés pour la période allant d'octobre 1942 à avril 1943, montre l'ampleur prise dans son emploi du temps par cette activité : pendant ces six mois, il reçut près de 3 000 correspondances la concernant, contre 1 200 lettres relatives à toutes ses autres activités [136]. L'analyse de ce courrier, conforté par l'information transmise par le jeune service des sociétés secrètes [137] selon lequel les déclarations qui auraient dû être souscrites en 1941 étaient loin d'avoir toutes suivi le

* Le chef du SD indiqua ainsi en février 1943 à Darquier avoir appris que « les juifs Nathan et Bloch continueraient à être employés au ministère de l'Intérieur en qualité de chefs de service. Nathan serait même chef du service du personnel. [...] Selon notre point de vue, l'emploi d'un juif en qualité de chef du personnel au ministère de l'Intérieur serait à qualifier, pour le moins, comme très étrange ». Il demanda au commissaire général de vérifier l'information – purement imaginaire, est-il à peine besoin de le préciser – et « d'entreprendre les démarches nécessaires en vue de l'élimination de ces juifs du ministère de l'Intérieur », AN AJ38 146.

cheminement administratif normal, conduisit le secrétaire général de l'instruction publique à rappeler aux autorités académiques, « afin d'éviter les erreurs ou omissions qui se produisent fréquemment en ce domaine », les modalités précises de l'action antimaçonnique [138]. Quelques jours plus tard, une nouvelle circulaire les invitait à travailler étroitement avec les délégations régionales du service des sociétés secrètes, notamment en leur fournissant les listes d'enseignants qu'elles réclameraient [139].

Comme pour les autres exclusions, statistique et paperasserie furent ici reines, exclusion et fichage allant de pair. En mai 1943, le service des sociétés secrètes demanda de fastidieux tableaux statistiques [140], tandis qu'en juillet suivant ce fut aux faux déclarants que s'intéressa plus spécialement Terracher, qui demanda aux recteurs de lui fournir non seulement les listes, mais aussi la copie de tous les dossiers comportant chacune des déclarations souscrites depuis août 1940 [141]. On était loin de cet esprit de bienveillance généralisée dont se firent gloire, après la guerre, les anciens collaborateurs de Laval. Il reste néanmoins difficile de mesurer avec précision la responsabilité propre du politique et de l'administratif dans la poursuite du processus. Certes, Terracher n'était pas un second couteau, et le poids qu'il accorda à cette activité comme le sérieux qu'il y consacra montrent qu'il y voyait une mission plus qu'un fardeau. S'agissant de Bonnard, les choses sont moins claires : membre du Cercle Fustel de Coulanges, le ministre ne devait guère avoir de sympathie pour les maçons mais avait choisi de réconcilier le régime avec les instituteurs, politique qui passait par des réintégrations nombreuses, incluant les anciens dignitaires de la maçonnerie. Si le cabinet du chef de l'État s'émouvait ainsi, en août 1942, de « l'amnistie accordée aux francs-maçons que l'on cherche à réintégrer dans toute la mesure où le permettent les règlements... et même au-delà * », un chef de bureau du ministère de l'Éducation nationale indiqua au contraire, peu après la Libération, que Bonnard, désapprouvant les trop nombreuses réintégrations prononcées par la commission des sociétés secrètes, avait donné l'ordre que les intéressés fussent nommés dans des postes peu attractifs [142].

La porte étroite

Beaucoup plus homogène fut la mobilisation des fonctionnaires de métier contre l'entrée d'éléments extérieurs. Montrant aussi peu d'empressement que lors des périodes précédentes à accueillir en leur sein militaires et prisonniers de guerre, les administrations centrales virent leur position confortée par les choix du gouvernement face à un problème que venaient accentuer la

* « Note sur la politique générale suivie par M. Abel Bonnard dans l'enseignement », 12 août 1942, AN 3W 78. Le même texte reprochait une « complaisance évidente à l'égard des instituteurs pacifistes ou objecteurs de conscience », la poursuite de contacts avec des milieux collaborationnistes (Déat et Chateau) ou douteux (Delmas), le refus enfin de procéder aux changements de cadres nécessaires, « cinq ou six postes de première importance [restant] tenus par des hommes d'ancien régime ».

suppression de l'armée d'armistice et, dans une moindre mesure, le retour de quelques prisonniers de guerre. Il y avait au moins deux raisons, pour le gouvernement Laval, de vouloir remettre de l'ordre dans les modalités d'accès d'anciens militaires à la fonction publique : à la nécessité de clarifier un dispositif où les arrangements personnels tenaient lieu de sélection rationnelle s'ajoutait le risque d'être débordé par l'arrivée sur le marché de l'emploi public des officiers et sous-officiers de l'ancienne armée d'armistice. En outre, l'expérience de la « nautarchie » installée par Darlan au cœur de l'État renforçait le chef du gouvernement dans son manque d'estime pour les administrateurs galonnés, point de vue proche de la féroce critique que publia, début décembre 1942, *Paris-Soir* sous la plume de Bertrand Dupeyrat :

> Que va-t-on faire de tous les amiraux, généraux, capitaines de vaisseau, colonels, frégatons et chefs de bataillon promus chômeurs ? Au lendemain de l'autre désastre, on avait crié haro sur les civils. Pour infuser à nos administrations un sang nouveau, on avait bombardé dans tous les postes importants généraux, amiraux, intendants militaires, commissaires de la marine. Mais il a fallu déchanter. Nos intendants se sont avérés des stratèges déficients sur les champs de bataille du blé et de la pomme de terre. Tous ces militaires sécularisés, quel que soit leur grade, ont fait preuve de tant d'inexpérience, d'incapacité et d'incompréhension des réalités que l'opinion publique les a aussitôt mobilisés, dans l'anthologie des héros courtelinesques, aux côtés de l'adjudant Flick. [...] Les administrations publiques ne sauraient demeurer plus longtemps l'exutoire de l'indiscipline galonnée [143].

À la différence de la démarche hésitante qui avait caractérisé le dispositif d'intégration de 1941-1942 *, c'est une approche méthodique qui fut retenue : au début de l'année 1943, tous les ministres se virent interdire de procéder au recrutement d'un ancien militaire sans avoir obtenu l'avis d'une commission spéciale instituée auprès du chef du gouvernement, les nominations faites contrairement à cette règle devant être rapportées [144]. Quelques jours plus tard, une circulaire vint préciser les modalités de fonctionnement du dispositif : saisie par le chef du gouvernement, la commission avait pour tâche d'arrêter la liste des officiers susceptibles d'être retenus et de proposer, pour les sous-officiers, les critères d'un choix dont la mise en œuvre restait de la compétence de chaque administration [145]. La coordination de l'ensemble était confiée à l'amiral Platon, qui ne resta pas insensible à l'émoi que la sévérité des textes avait provoqué chez ceux des anciens officiers qui avaient réussi à trouver par les moyens du bord, entre novembre 1942 et janvier 1943, une place dans une administration. Dès le 30 janvier, il prit des mesures visant à adoucir la rigueur du sort « des démobilisés dont les services ont été soudainement suspendus après avoir été agréés par les administrations qui avaient cru pouvoir le faire ». Platon demandait aux ministères concernés de régulariser, sous huit jours, la situation de ces officiers, en saisissant la commission

---

* Voir *supra*, pp. 289 *sq.*

qui examinerait leur dossier en priorité. En outre, le système D n'était pas formellement proscrit pour l'avenir, les services étant toujours autorisés à faire connaître à la commission le nom d'anciens militaires qu'ils pourraient souhaiter employer *.

Ces opérations de réinsertion professionnelle, que supervisait un « service de coordination du reclassement des démobilisés », étaient malgré tout assez lentes. Le général Bridoux, secrétaire d'État à la Guerre, s'inquiétait des répercussions de cette lenteur sur le moral de ses administrés : il demanda donc à Laval, en mars 1943, l'autorisation d'occuper les anciens officiers et sous-officiers désormais réduits à une inaction pernicieuse, en leur ouvrant la porte des ministères pour des stages non rémunérés. Tout le monde y serait gagnant, d'autant que le bénéfice qu'en tirerait la collectivité, celui « d'utiliser sans frais les services d'un personnel sûr, honnête et ne demandant qu'à travailler », serait en même temps une bonne action, qui contribuerait à « maintenir le moral chez une catégorie de serviteurs de l'État soumis aujourd'hui à une épreuve très dure mais dignes à tous égards de la sollicitude du régime [146] ». Ce ne fut pas par cette mesure, dont le secrétaire d'État à la Guerre assurait pourtant qu'elle avait rencontré la faveur de plusieurs administrations **, qu'il fut répondu aux difficultés que rencontraient encore les militaires pour se reclasser, mais par des textes de portée plus générale : au début d'avril, une circulaire du chef du gouvernement les autorisa à s'inscrire à tout concours de recrutement de fonctionnaires sans que des conditions d'ancienneté ou de diplôme puissent leur être opposées [147]. Quelques jours plus tard, la loi du 19 avril 1943 alla beaucoup plus loin, en disposant que, « à titre exceptionnel et jusqu'au 31 décembre 1943, les officiers et sous-officiers de carrière en position d'activité le 26 novembre 1942 [pourraient] être nommés à certains emplois dans les cadres des services civils administratifs de l'État sans qu'ils aient à satisfaire aux conditions prévues par les statuts applicables au personnel de ces services *** ». La procédure de reclassement était également assouplie, les impétrants étant appelés à effectuer dans les administrations un stage probatoire de trois mois, à l'issue duquel une décision définitive serait prise sur leur intégration. Ces dispositions ne rencontrèrent pas l'enthousiasme des

---

* Circulaire du 30 janvier 1943, AN F60 109. Le secrétaire général à la police avait anticipé cette faculté, en adressant, dès le 11 janvier, une circulaire aux intendants de police pour leur demander, « en raison de l'urgence du renforcement des cadres de la police », de lui fournir la liste des candidats dont ils souhaitaient s'adjoindre les services, sous réserve bien entendu que leur loyalisme puisse être garanti, AN F7 14908.

** Pas celle du secrétariat général à la police en tout cas, qui renvoya dès le 15 mars le dossier au secrétariat général pour l'administration en indiquant que, « pour la police, il n'est pas possible d'accepter la proposition faite », AN F1bI 919.

*** *Journal officiel* des 19-20 avril 1943. Joseph Barthélemy indiqua dans ses Souvenirs que Guérard se trouvait « dans un véritable état de fureur après la réunion où furent prises [ces] mesures de bienveillance. [...] Il qualifiait cette réunion de dégoûtante par sa démagogie, et disait que les officiers n'avaient qu'à chercher des places de contremaîtres, de commis de magasin ou de garçons de restaurant », *op. cit.*, p. 147.

milieux administratifs chargés de leur mise en œuvre, et Laval dut hausser le ton trois mois plus tard : « Je n'hésiterai pas, écrivait-il en juillet 1943 dans une circulaire exigeant qu'un effort particulier fût fait pour adapter les démobilisés à leurs nouvelles tâches en leur donnant un travail effectif et utile, à mettre en cause les chefs de services qui n'auraient pas pris toutes les mesures voulues pour respecter le délai fixé », à savoir le 15 août [148].

Les administrations centrales répercutèrent fidèlement ces consignes, en prenant soin de rappeler, comme le fit Terracher à l'Éducation nationale, que, dans l'hypothèse où la commission donnerait à l'issue des trois mois probatoires un avis défavorable à la titularisation, le militaire démobilisé devait être licencié [149]. Le problème ne fut toutefois pas plus résolu sous l'ère Laval qu'il n'avait pu l'être sous l'ère Darlan, d'autant que les événements militaires contribuèrent à en alourdir les termes. Aux démobilisés de l'ancienne armée d'armistice vinrent en effet s'ajouter les militaires rapatriés de Tunisie entre novembre 1942 et mai 1943*. La question restait en suspens, de sorte qu'à l'extrême fin de 1943 une nouvelle loi se révéla nécessaire, qui prolongea jusqu'au 1er juillet 1944 la durée d'application du texte d'avril précédent [150] ; de toute évidence, les administrations ne se laissaient pas imposer sans réagir l'entrée d'anciens militaires dans leurs cadres.

Le dossier du réemploi des prisonniers de guerre rapatriés stimulait plus le zèle d'administrations soucieuses de retrouver les services de fonctionnaires expérimentés. Le préfet de l'Aube suggérait ainsi, en août 1942, de profiter de la Relève pour obtenir « le retour de fonctionnaires irremplaçables à la bonne marche des services [151] ». Faute d'être alors libérés – la Relève favorisant surtout les hommes utiles à la production agricole et industrielle –, les fonctionnaires prisonniers durent se satisfaire de l'annonce des mesures prises en leur faveur par le gouvernement pour adoucir le sort de l'ensemble des prisonniers, et faciliter les conditions de leur réintégration future. Au moins eurent-ils l'occasion de profiter des échos du lyrisme bonnardien. En leur adressant, à l'automne 1942, le texte d'un décret du 28 août précédent – qui instaurait, pour les principaux examens de l'enseignement supérieur, des sessions spéciales, comportant des épreuves spécifiques réservées aux prisonniers de guerre [152] – le ministre de l'Éducation nationale y joignit un message les invitant à apprécier les avantages de leur position :

> Ces camps où vous vivez peuvent être le lieu où se prépare une élite : [...non pas une de ces] élites spécieuses ou incomplètes qui étaient issues du concours ou de l'examen, mais celles, non douteuses, qui se créent dans la vie et où l'homme le plus simple peut valoir au moins autant que le plus instruit. [...] Dans un pays qu'on avait soûlé de mots, vos épreuves vous auront rendu le profond sentiment de ce que le Maréchal a appelé les vérités de la vie. [...] Cette Allemagne même dont on vous avait artificiellement séparés pendant des

* Quelques jours après l'entrée des forces alliées dans Tunis, Laval chargea le commissaire du pouvoir Sarraz-Bournet de lui proposer les mesures permettant d'absorber ce flux supplémentaire, 12 mai 1943, AN F60 109.

années, vous la touchez à présent, si imparfaitement que ce soit à travers l'infériorité matérielle de votre situation. Vous entendez autour de vous l'énorme effort qu'elle fait pour soutenir l'énorme combat où elle assure la défense de toute l'Europe [153].

Le décret cherchait à faire coup double : tout en faisant jouer la solidarité nationale au profit des prisonniers, il devait constituer un premier pas sur la voie de la formation d'une nouvelle fonction publique, en acclimatant l'idée de remplacer le concours, procédé fort peu « révolutionnaire », par de nouvelles modalités de recrutement des élites. C'est dans cet esprit que Bonnard signa, le 23 décembre 1942, un arrêté instituant, pour les concours et examens visés par ce décret, une épreuve spéciale facultative réservée aux prisonniers de guerre. Il s'agissait de compenser le déficit éventuel de connaissances livresques chez ces jeunes hommes par l'expérience des « vérités de la vie » qu'ils avaient involontairement accomplie. Une des épreuves pouvait ainsi être remplacée par la rédaction d'un mémoire résumant « les réflexions qu'ils auraient été amenés à faire durant leur captivité sur toute question qui touche à la vie intérieure ou collective, intellectuelle, morale ou sociale, pourvu que ce mémoire soit directement inspiré par leur expérience de prisonniers et montre ainsi comment leur valeur professionnelle aura été augmentée par leur valeur d'hommes [154] ». D'autres ministres ayant édicté, en ordre dispersé, des dispositions relatives au reclassement des prisonniers de guerre, le secrétariat général du chef du gouvernement se préoccupa de coordination. Comme cela avait été le cas pour la situation des militaires démobilisés, un texte vint, au bout de quelques mois, mettre de l'ordre dans les initiatives prises par les diverses administrations. La loi du 28 juin 1943 [155] « relative aux prisonniers de guerre fonctionnaires, agents des services publics et candidats aux services publics » contenait ainsi deux ordres de dispositions. Tout d'abord, elle confirmait le principe, posé dès octobre 1940, de mise en réserve d'emplois afin de ne léser les prisonniers ni en matière de recrutement ni, pour ceux qui étaient déjà fonctionnaires, d'avancement. Elle apportait en outre de sensibles modifications aux conditions de recrutement, en modifiant les limites d'âge, en dispensant les prisonniers de guerre des diplômes normalement exigés dans certains concours sur titres et en organisant à leur profit des concours spéciaux*.

---

* Note du directeur du cabinet du ministre de l'Éducation nationale au secrétaire général de l'instruction publique et aux directeurs, 5 août 1943, AN F17 13324. Pour assurer l'application et le suivi du dispositif, la loi prévoyait la création auprès de chaque secrétaire d'État d'une « commission administrative de reclassement ». Un arrêté pris par Bonnard en décembre 1943 en organisa le fonctionnement au ministère de l'Éducation nationale : une commission centrale, présidée par l'inspecteur général Desforges, membre du cabinet du ministre mais surtout ancien combattant des deux guerres et prisonnier rapatrié, était chargée de se prononcer sur les questions d'ensemble, laissant l'examen de leur application concrète à neuf sections, définies à raison d'une par grand secteur d'activité du ministère. La section chargée de l'enseignement supérieur comprenait ainsi, sous la présidence du directeur de l'enseignement supérieur, Préchac, trois personnalités, dont le titre était suivi de la mention « ancien combattant de 1914-1918 ». Il s'agissait de Baudouin, doyen de la

Ces modalités d'entrée – ou de retour, s'agissant des prisonniers de guerre – dans le service public restaient donc étroitement surveillées par les administrations. Celles-ci entendaient bien, contrairement aux espoirs de Bonnard, ne pas laisser les quelques rares hommes encore partisans de l'ordre nouveau en faire un cheval de Troie. Le ministère des Finances avait d'ailleurs concrétisé son intention de rester vigilant en faisant signer par Cathala, dès l'automne 1942, un texte on ne peut plus ferme : soulignant sa volonté de « maintenir à la fonction publique son caractère traditionnel et [d']assurer aux différentes administrations le concours de fonctionnaires possédant la compétence et l'autorité nécessaires », le ministre rappelait son attachement aux « conditions normalement exigées pour l'entrée dans les administrations publiques, [qui] sont celles qu'une longue expérience a révélées comme indispensables à un exercice satisfaisant des fonctions propres à chaque emploi ». Refusant de contribuer à mettre en péril « la solidité future de nos cadres administratifs », Cathala – proche parmi les proches de Laval – annonçait qu'il refuserait toute demande de prolongation, et plus encore toute nouvelle proposition, de recrutements hors règles statutaires normales [156].

Des liens solides

Le pouvoir vichyssois se retrouvait ainsi à nouveau confronté au problème du recrutement de ses cadres administratifs, auquel il avait cru initialement répondre, lorsqu'il pensait encore pouvoir plier le réel à ses théories, par la création d'organismes nouveaux, aux fonctions et au recrutement parallèles à ceux des vieilles administrations. L'échec de ceux-là, pour la plus grande satisfaction de celles-ci qui n'y étaient évidemment pas étrangères, soulignait l'erreur initiale de jugement faite par le régime lorsqu'il crut que l'accent mis sur le devoir d'obéissance, relayé par l'épée de Damoclès d'un outil d'épuration particulièrement facile à utiliser, l'emporterait sur la force du corporatisme administratif et la permanence de réseaux anciens. Il fallait avoir l'ardeur de ces néophytes qui, voulant reconstruire l'État, oublient que l'État avait existé avant eux, en même temps qu'une foi singulièrement ancrée dans le pouvoir régénérateur du discours pour imaginer que la force du verbe, fût-il pétainiste, suffirait à briser un esprit de corps aussi vieux que l'administration elle-même. Sa puissance ne s'était-elle d'ailleurs pas traduite par le taux infime d'adhésion aux associations professionnelles de fonctionnaires, comme par le rejet explicite et continu des organismes nouveaux dont la critique était devenue un lieu commun du discours administratif ? Il n'était guère plus réaliste de croire que des liens tissés au cours de carrières dont certaines s'étalaient sur plusieurs dizaines d'années se laisseraient facilement dissoudre dans les principes flous de la Révolution nationale.

---

faculté de médecine, de Renouvin, professeur à la faculté des lettres, et de Carcopino, présenté comme directeur de l'École normale supérieure. Son adjoint, le physicien Georges Bruhat, qui fut déporté quelques semaines plus tard, était désigné comme membre adjoint de cette commission, arrêté ministériel du 31 décembre 1943, AN F17 13324.

Si la mise en œuvre des textes d'exclusion ne posa pas de difficultés au cours du second semestre de 1940, période encore marquée par l'onde de choc de la défaite, la fonction publique ne connut pas ensuite, malgré les objurgations des franges les plus dures du régime, ce bouleversement de l'ordre administratif qui aurait obligé chacun à choisir son camp. La reviviscence des réseaux professionnels en fut facilitée : plus que par la force occulte d'un quelconque pacte synarchique, c'est par la conjonction d'un passé commun né d'amitiés, voire simplement de fréquentations, d'avant guerre et d'un fort esprit de corps que s'explique la protection dont purent bénéficier ceux des fonctionnaires qui surent actionner le réseau auquel ils se rattachaient. Dans le petit royaume de Vichy furent ainsi souvent maintenus des contacts personnels entre des hommes que des choix divergents sur des sujets aussi fondamentaux que la collaboration ou la Révolution nationale auraient pu éloigner de manière durable. Ainsi, alors même que le vichysme administratif ne cessait de présenter le syndicalisme des fonctionnaires comme l'une des causes principales de l'affaiblissement de l'État, un homme comme Charles Laurent maintint le contact avec Vichy. Bien que la Fédération des fonctionnaires qu'il animait avant guerre n'eût plus d'existence légale, il se rendit à plusieurs reprises dans la capitale provisoire « pour des questions [concernant les] fonctionnaires [157] » en étant reconnu comme un interlocuteur valable, et ce non par des sous-chefs de bureau, mais par des grands du régime nouveau tels Alibert, Marion ou du Moulin de Labarthète, dont aucun n'était connu pour sa sympathie envers le syndicalisme dans la fonction publique [158]. Plusieurs exemples sont là également pour montrer que, au moins jusqu'à la mi-1943, des fonctionnaires qui ne faisaient pas mystère de leurs sympathies pour la « dissidence » restaient non seulement reçus, mais aussi parfois maintenus en poste, par des responsables administratifs vichyssois : ainsi Christian Pineau qui, lorsqu'il dut quitter la zone occupée en 1941, obtint grâce à Guillaume de Tarde un emploi dans les services administratifs du ministère du Ravitaillement *. Un tel soutien souligne clairement la persistance des liens créés, au sein des groupes rénovateurs d'avant guerre, entre syndicalistes et hauts fonctionnaires, qui prirent à Vichy la place qu'on sait.

Le cas de Robert Lacoste est tout aussi significatif des circuits qui surent être utilisés de manière efficace. L'ancien responsable syndical, que la dissolution des syndicats de fonctionnaires avait fait percepteur à Thonon-les-Bains, était certes originaire de Dordogne comme le haut fonctionnaire vichyssois Jardel, mais être pays n'aurait pas suffi à justifier le maintien d'une telle relation sans le lien né des contacts – ou des combats – professionnels passés entre le numéro deux de la Fédération des fonctionnaires et le directeur du budget. L'homme ne manquait en tout cas pas de moyens de défense : en l'accusant, au lendemain de la manifestation d'inspiration gaulliste du 14 juillet 1942,

* Il s'y vit confier la responsabilité du bureau chargé de construire un appareil statistique, situation qu'il qualifia de « miraculeuse » dans ses Mémoires, *La Résistance*, Presses Pocket, 1969, p. 87. Voir aussi son entretien de 1991 avec O. Wieviorka, *op. cit.*, p. 253.

d'anglophilie et de déloyauté, le préfet régional de Lyon demandait son relèvement de fonctions, que Bousquet transmit le 10 août au cabinet du ministre des Finances en faisant part de l'accord de Laval sur la mesure. Pourtant, quelques jours plus tard, la proposition de sanction préparée par la direction du personnel, bien que limitée à une mutation d'office, revint avec la mention manuscrite : « Attendre ; ordre du ministre en accord avec M. Bousquet et M. Jardel[159]. » La note qu'avait rédigée Lacoste pour sa défense, qu'il adressa le 26 juillet au trésorier-payeur général de Haute-Savoie[160], éclairait, non sans ironie, la situation dans laquelle se trouvait placée la hiérarchie administrative face à des hommes que le régime avait certes entendu écarter, mais qui gardaient de leur rôle passé une évidente position de force, dont ils surent user. Après avoir reconnu ses torts (« Il n'était pas concevable que des fonctionnaires participassent à d'autres manifestations que les cérémonies officielles ») et fait acte de contrition (« Un fonctionnaire ayant accepté de servir l'État nouveau doit se plier aux règles de ce dernier »), l'ancien syndicaliste, largement engagé dans l'action résistante[161], expliqua sa conduite par la force irrépressible de son patriotisme : il n'avait « pas résisté à la tentation d'affirmer sa foi républicaine et les espérances patriotiques dont, par tradition de famille, éducation et conviction la fête du 14 juillet lui semble chargée ». Après cette mise en condition, l'ancien syndicaliste passait à l'attaque : relevant dans le rapport le concernant bien des inexactitudes, il mettait en cause les capacités des « informateurs, généralement peu aptes à saisir les nuances de la pensée », avant d'appeler à la rescousse le témoignage de Bouthillier en rappelant que, lors d'un entretien de décembre 1940, le ministre des Finances d'alors avait tenu à reconnaître :

> 1°) Que M. Lacoste avait toujours, en tant que secrétaire de la Fédération des fonctionnaires, mené une action conciliatrice dont le ministère des Finances avait eu souvent à se féliciter ;
> 2°) que cette action avait toujours eu un caractère national ;
> 3°) qu'il convenait de louer hautement M. Lacoste d'avoir rejeté les offres des autorités d'occupation et du Front du travail allemand l'engageant à faire revivre les syndicats de fonctionnaires en liaison avec les syndicats ouvriers en zone occupée, et à faire reparaître la *Tribune des fonctionnaires*, sans se soucier de la législation du gouvernement de Vichy.

L'ensemble, mêlant la fausse contrition à la volonté ironique de donner des leçons de Révolution nationale appliquée, aurait sans doute été insuffisant si Lacoste n'avait bénéficié des puissants soutiens qu'il tint à remercier après guerre *. Le cas du sous-préfet Valentin Abeille est tout aussi caractéristique du mode de fonctionnement de réseaux administratifs. Bien qu'ayant fait l'objet d'une mesure de démission d'office de son poste de conseiller de préfecture à

* Dans son témoignage lors du procès Jardel, Lacoste indiqua à la Cour que l'accusé « lui [avait] en toutes circonstances, facilité les opérations », compte rendu sténographique, archives du cabinet Bluet, audience du 14 mars 1947, AN 334AP 37.

Marseille * et vivant dans une semi-clandestinité, il continuait à être reçu, aussi tard qu'en mai 1943, dans les préfectures et préfectures régionales. À Toulouse, ville dont il avait connu le préfet régional Chéneaux de Leyritz dans les services de la présidence du Conseil d'avant guerre, il rencontra à plusieurs reprises le préfet délégué Bézagu, qu'il avait croisé jadis comme sous-préfet de Figeac [162]. *Colleone* rappelait également que plusieurs membres de la préfectorale, qu'il cataloguait comme « collaborateurs notoires », s'étaient proposés de lui venir en aide par amitié personnelle, en souvenir d'itinéraires professionnels communs d'avant guerre.

Des réseaux subsistaient ainsi, qui donnaient évidemment à la fonction publique une épaisseur dont la sous-estimation fut fatale aux ambitions de la Révolution nationale administrative, comme le furent souvent aussi des mécanismes de protection aussi instinctifs que le rejet de principe des dénonciations. S'il convient de garder à l'esprit la finalité des témoignages d'après-guerre, ceux recueillis au début des années soixante par le Comité d'histoire de la Deuxième Guerre mondiale évoquent à de trop nombreuses reprises des listes subtilisées, des dossiers compromettants détruits, des agents avertis des menaces qui pesaient sur eux pour qu'on puisse douter de l'existence du phénomène. C'est ainsi que des fonctionnaires de l'administration centrale de l'Éducation nationale déclarèrent avoir profité de l'interrègne, en février 1941, entre Chevalier et Carcopino pour brûler toutes les propositions préfectorales de relèvement de fonctions d'instituteurs n'ayant pas encore fait l'objet d'une décision ministérielle [163], et il est certain qu'il fallut à Terracher beaucoup d'énergie pour obtenir des services académiques les listes de francs-maçons qu'il attendait. On assista ainsi, y compris de la part de fonctionnaires de rang élevé, à une sorte de résistance par procuration, qui les conduisit à protéger ceux des leurs dont ils admiraient peut-être l'engagement. L'éviction d'Édouard Galletier de son poste de directeur de l'enseignement supérieur, en février 1943, était trop proche de son escarmouche avec Mouraille, chef de cabinet de Bonnard, quelques semaines plus tôt, sur la question des sanctions à appliquer aux professeurs en situation irrégulière à l'étranger pour ne pas voir entre l'une et l'autre une relation de cause à effet [164]. Tous ces exemples soulignent la persistance de ces liens qui fondent un groupe professionnel, liens particulièrement forts dans le cas de la fonction publique. Sans les ignorer totalement, les intégristes de la chose administrative qui peuplaient la vice-présidence du Conseil pensèrent que la définition de nouvelles fidélités entraînerait leur déshérence. Ils se trompèrent, entraînant dans leur échec leur projet de rénovation de la fonction publique. Quelle qu'ait été leur origine – cercles rénovateurs, syndicalisme, esprit de corps, voire simples souvenirs communs –, les liens choisis se révélèrent sensiblement plus solides que ceux imposés.

* Il s'agissait déjà d'un poste de reclassement, V. Abeille ayant été « admis à bénéficier des dispositions de la loi du 17 juillet 1940 » en janvier 1941, alors qu'il était sous-préfet de Provins.

CHAPITRE XII

Le saut

Si 1943 vit ainsi la généralisation d'attitudes de désengagement, des traces de résistance administrative n'en avaient pas moins existé jusqu'alors, çà et là. Elles ne prirent forme organisée qu'avec le NAP (Noyautage des administrations publiques), imaginé durant l'été 1942 mais peu opérationnel avant la mi-1943. Se donnant pour mission de lutter contre le régime depuis l'intérieur même de l'appareil d'État, il s'efforça de mobiliser l'ensemble des outils de diffusion d'informations et d'aide aux résistants qu'étaient prêts à mettre en œuvre, jusque dans les cercles élevés du pouvoir vichyssois, ses relais, de plus en plus nombreux à mesure que les événements de la guerre – le STO au premier chef – poussaient Vichy à coller de plus en plus près aux exigences allemandes. Toujours minoritaire, cette véritable résistance administrative avait pour caractéristique spécifique de générer, par essence, le double jeu : repéré, un haut fonctionnaire sympathisant perdait, en même temps que ses fonctions, tout intérêt pour la cause résistante qu'il ne pouvait efficacement servir que depuis son poste de commandement. De cette vérité d'évidence, comme de l'extrême difficulté de lire clairement dans des attitudes parfois plus qu'ambiguës, certains des ouvriers de la onzième heure – quand ce n'était pas de la douzième – surent profiter avec une habileté qui les auréola d'une gloire usurpée. Plus d'un résistant authentique s'y était déjà trompé à l'époque, comme en témoignèrent les difficultés que rencontra Michel Debré pour choisir les futurs préfets de la France libérée.

La structuration

Des résistants fonctionnaires aux fonctionnaires résistants

Des oppositions à la Révolution nationale, et plus encore à la collaboration s'étaient, on l'a vu, fait jour au sein de l'administration dès 1941. Mais il ne s'agissait alors que de réactions individuelles et peu nombreuses. Si quelques mouvements de résistance naissants, telle l'OCM (Organisation civile et militaire), commençaient à recruter dans des milieux sociaux proches de la fonction publique et que, parallèlement, des embryons de réseaux pouvaient apparaître, notamment aux Affaires étrangères, des réflexes élémentaires de prudence en limitaient la diffusion : « Aux Finances, indiquait François Bloch-Lainé, personne ne m'a fait des propositions de résistance et je n'en ai fait à personne ; ce n'est pas par la voie administrative qu'on entrait dans la Résistance[1]. » C'est certes dans certains secteurs de la fonction publique, par exemple l'enseignement, que se recrutèrent quelques-uns des résistants de la première heure : instituteurs regroupés au plan local, professeurs et chercheurs présents dans les premiers réseaux, tel celui du Musée de l'Homme, traduisirent en actes, dès la fin de 1940, leur refus d'accepter comme un fait acquis l'occupation du pays. Mais si les enseignants sont incontestablement, au sens juridique du terme, des fonctionnaires, ils forment, par leurs fonctions comme par leurs valeurs, un monde séparé de celui de l'administration administrante qui est ici notre objet et dans laquelle les attitudes de refus précoce de l'ordre nouveau furent rares.

On en trouve pourtant trace, au moins par le reflet qu'elles ont laissées dans la littérature de ceux qui cherchaient à en éliminer les auteurs. Carcopino, qu'on ne saurait accuser de tiédeur maréchaliste, se vit dénoncer à la fin de 1941 auprès du cabinet civil par « un groupe de professeurs désireux de libérer leur conscience et de ne pas se faire les complices de l'attentisme qui semble régner du haut en bas des services de l'instruction publique » pour avoir procédé à « [des] réintégrations [qui] ont remis le haut personnel administratif, à quelques exceptions près, dans l'état où il se trouvait sous M. Jean Zay[2] ». René Couissin, inspirateur de l'appel et futur membre du cabinet de Bonnard, estimait ainsi que « le gaullisme non dissimulé mais professé semble être de plus en plus la condition *sine qua non* de l'avancement, [...] situation singulièrement défavorable pour les maîtres fidèles au Maréchal ». Si ces partisans résolus de la collaboration, isolés dans leur milieu, surestimaient l'opposition de l'administration de l'Éducation nationale au régime, cela faisait effectivement plusieurs mois que le gouvernement se préoccupait de la progression des sympathies gaullistes au sein des administrations. En avril 1941, le général Huntziger jugeait ainsi indispensable une accentuation de la lutte contre ce qu'il appelait déjà le gaullisme, afin que le régime puisse « [se] présenter au traité de paix avec un gouvernement fort et sûr de l'appui de la grande majorité du pays ». Dans cette lutte, soulignait le secrétaire d'État à la Guerre, l'action répressive de son département était insuffisante, même accrue par l'effort sensible apporté par ministère de l'Intérieur contre la dissidence. « Il faudrait, poursuivait-il, que toutes les administrations de l'État participent franchement à cette lutte, alors qu'on a actuellement l'impression que le gaullisme trouve chez de nombreux fonctionnaires de la sympathie, sinon des complicités[3]. »

De ces complicités, certaines formes étaient ouvertes, donc connues. C'est ainsi qu'après le ralliement à la France libre, dès la fin de l'été 1940, de plusieurs territoires de l'Empire, des mesures furent prises pour tenter d'enrayer la défection de fonctionnaires en poste outre-mer. L'amiral Platon, secrétaire d'État aux Colonies, précisa au début de 1941 qu'il convenait de « n'y envoyer que des fonctionnaires offrant toutes garanties en ce qui concerne leur loyalisme envers le gouvernement du maréchal de France, chef de l'État[4] ». Parallèlement, au sein même des administrations métropolitaines, d'autres formes d'action moins publiques commençaient à se mettre en place. Christian Pineau, qui fit paraître le 1er décembre 1940 le premier numéro de *Libération*, faisait ainsi état « d'assez heureux résultats » dans sa recherche de relais permettant de nourrir le journal clandestin en informations fiables, indiquant avoir « rencontré des bonnes volontés dans l'administration française de la zone occupée, la secrétaire personnelle d'un ministre en exercice [ayant] prêté sans hésitation son concours[5] ». Ce fut là l'embryon des réseaux de renseignement qui se développèrent sensiblement par la suite, nourris par des fuites que Pucheu regrettait d'avoir à constater, en février 1942, « à tous les niveaux » des services de police. Afin d'obtenir « loyauté et discrétion professionnelle », qualités essentielles pour garantir « la fidélité absolue des policiers aux chefs que le Maréchal leur a donnés », il annonçait que toute communication de rapports ou notes à des personnes n'ayant pas qualité pour en connaître vaudrait à son auteur révocation immédiate, aggravée le cas échéant de sanctions complémentaires *. Ces menaces furent de faible portée face à l'évolution des événements : dix-huit mois plus tard, il n'était pas un rapport de préfet qui ne parvînt à Londres **.

L'obstruction administrative, que l'on verra à l'œuvre face au STO ***, pouvait prendre de multiples formes : comme s'en plaignaient les zélateurs de la Révolution nationale, les fonctionnaires disposaient d'un assez vaste arsenal d'actions de retardement, à commencer par la simple et classique mise sous le coude. À la fin de 1941, Chérier, directeur adjoint du cabinet de Pucheu, accusait Louis Garrone, directeur de la jeunesse, d'avoir « étouffé » la note par laquelle Xavier Vallat avait demandé que les juifs fussent exclus des auberges de jeunesse[6]. Il arrivait aussi que des notes ou des dossiers se perdent, comme

* Instruction du 4 février 1942, AN F7 14907. Le texte, qui n'évoquait ni la « dissidence » ni le communisme, avait sans doute été motivé plutôt par des fuites en direction de la Légion ou des mouvements collaborationnistes, mais n'en reste pas moins révélateur d'un mode de comportement suffisamment répandu pour inquiéter les autorités politiques.

** Victor Chatenay, résistant angevin qui rejoignit Londres en septembre 1943, y fut chargé de dépouiller, pour le compte des services britanniques, un « courrier très volumineux, qui présente [...] un énorme intérêt. Il contient les rapports préfectoraux qui parviennent, chaque mois, de toutes les préfectures de France au ministère de l'Intérieur à Vichy. Chacun de ces rapports contient une douzaine de chapitres et, chaque mois, sans jamais manquer, cet énorme dossier nous parviendra, ce qui prouve que nous avons des agents extrêmement bien placés et que tous les fonctionnaires de Vichy ne collaborent pas avec l'ennemi », *Mon journal du temps du malheur*, éditions du Courrier de l'Ouest, 1967, p. 188.

*** Voir *infra*, pp. 509 *sq.*

ce fut le cas pour la circulaire, pas tout à fait anodine, par laquelle Bonnard entendit définir, à la mi-mai 1942, les modalités d'encadrement des jeunes gens partant volontairement travailler en Allemagne. À Terracher qui déclarait, le 15 juillet suivant, ne l'avoir jamais reçue en rappelant que « les circulaires envoyées de Paris sous le timbre du cabinet ne [lui étaient] pas régulièrement transmises », le cabinet répliqua que le texte avait bien été adressé à Vichy. Poursuivant ce dialogue de sourds, Terracher maintint, le 3 août, que ni lui, ni l'antenne du cabinet installée à Vichy, ni le directeur de l'enseignement supérieur ne disposaient du texte*. Il est vrai, comme s'en plaignait Georges Albertini en relayant une intervention de Déat en faveur de Ludovic Zoretti, que la voie hiérarchique était susceptible d'être « parfois encombrée[7] ». Et le général de La Porte du Theil dut menacer de saisir directement Laval pour obtenir, en juillet 1943, la publication d'un texte en souffrance depuis décembre 1941, indiquant à cette occasion « avoir assez l'habitude de l'administration française pour savoir comment on retrouve un texte perdu[8] ». Si, dans les conditions d'administration difficile que traversait le pays, il était pratiquement impossible à un supérieur hiérarchique de mettre en évidence le caractère intentionnel de la perte d'un dossier par un de ses subordonnés, la grève du zèle était un outil d'un maniement plus délicat : consistant à retourner contre le régime le principe d'obéissance administrative, en privilégiant jusqu'à l'absurde la lettre sur l'esprit, elle impliquait en effet de la part de celui qui l'utilisait une parfaite connaissance des textes et une bonne appréciation des risques.

On peut sans doute lire, entre les lignes, ce processus à l'œuvre chez un fonctionnaire placé à un poste sensible, Pierre Mayeur, chef du quatrième bureau de la direction de l'enseignement primaire et chargé à titre de superviser la carrière des 150 000 instituteurs et institutrices. L'évolution de sa notation annuelle montre que cet « esprit juridique averti, soucieux de l'application stricte des règlements » (appréciation de 1936), placé « à la tête du service le plus considérable du ministère » (appréciation de 1939) y faisait preuve, en 1941, d'une « sensibilité un peu délicate [et d'un] très louable souci d'assurer une administration "humaine" [qui] le porte à interpréter un peu librement le règlement, qu'encore une fois il connaît très bien[9] ». L'appréciation semble traduire l'irritation du directeur de l'enseignement primaire devant la « lenteur » – le terme était cité – avec laquelle ce fonctionnaire, considéré comme irréprochable, mit en œuvre, à peine achevée l'application des mesures d'exclusion de l'été 1940, celles amenées par le « vent mauvais » de l'été 1941. Beaucoup plus nette fut l'attitude d'opposition prise en décembre 1941 par le recteur de l'académie de Caen. S'appuyant sur la circulaire par laquelle Carcopino avait souligné, six mois plus tôt, « la nécessité

* AN F17 13321. Le cabinet de Bonnard en déduisit, avec une imperturbable logique, que « cette circulaire a[vait] dû s'égarer » et conclut l'échange en demandant à Terracher de « bien vouloir signaler régulièrement les lacunes qui se produiraient à l'avenir ».

absolue de tenir la jeunesse des écoles à l'écart des passions partisanes[10] », il s'opposa à une demande de Pucheu d'inciter fonctionnaires, étudiants et lycéens à témoigner de leur attachement au chef de l'État par le port d'un insigne. La réaction du secrétaire d'État à l'Intérieur fut violente, qui relatait en ces termes, dans une lettre à Carcopino, l'incident et les conclusions qu'il convenait selon lui d'en tirer :

> M. Daure, recteur de l'académie de Caen, invité par le préfet du Calvados à s'associer à cette propagande d'intérêt national, a fait réponse qu'il croyait devoir en référer à votre haute autorité, en relevant une prétendue contradiction entre le caractère de ces insignes et les recommandations qui lui avaient été adressées par vos soins de tenir la jeunesse à l'écart de toute politique. Je ne puis que vous marquer mon étonnement d'une telle initiative. Elle me paraît traduire, de la part de ce haut fonctionnaire, non seulement une incompréhension de l'effort de rénovation nationale accomplie par le gouvernement du maréchal Pétain, mais encore une méconnaissance suspecte des devoirs de sa charge. Il n'est pas admissible qu'un dignitaire de l'Université puisse voir dans le port de l'insigne du chef de l'État l'expression d'une passion partisane et mette ainsi en doute la volonté du gouvernement de réaliser l'union de tous les Français. Je vous serais obligé de bien vouloir appliquer au fonctionnaire en cause la grave sanction que mérite son attitude, au surplus incompatible avec la loi du 23 décembre 1940 sur la prééminence des préfets. J'attacherais du prix à être tenu informé de la décision que vous croirez devoir prendre au sujet de cet incident qu'en raison de sa gravité je n'ai pas manqué de porter à la connaissance du chef de l'État [11].

En post-scriptum de ce texte, qui provoqua l'éviction du recteur irrespectueux envers la politique et la personne du Maréchal, Pucheu avait porté de sa main des conclusions menaçantes : « Si l'attitude de ce recteur est telle, j'estime que sa révocation s'impose. Le camp de concentration le guette d'un instant à l'autre. »

NAP et Super-NAP

Ces exemples suffisent pour rappeler qu'il y eut, dès l'origine [12], quelques résistants fonctionnaires, sans que l'on puisse encore parler de fonctionnaires résistants*. Pendant les deux premières années de Vichy, les journaux de la Résistance ne firent d'ailleurs pratiquement jamais référence au rôle que la fonction publique pouvait jouer, en tant que telle, dans une action

---

* Les travaux d'Olivier Wieviorka – publiés dans l'ouvrage tiré de sa thèse *Une certaine idée de la Résistance : Défense de la France 1940-1949*, Le Seuil, 1995 – n'infirment pas cette orientation. Étudiant la composition sociologique du mouvement, O. Wieviorka aboutit certes au constat d'une « surreprésentation des agents publics », mais qui apparaît due pour une large part à la place des enseignants dans la catégorie des fonctionnaires, *op. cit.*, p. 190. La part de l'ensemble formé par les agents municipaux d'une part (11,65 % des fonctionnaires) et des des gendarmes et policiers d'autre part (24,93 % des fonctionnaires) est toutefois loin d'être négligeable. Elle traduit la forte implication de nombreuses couches de la société française dans la lutte contre le STO, dont l'auteur souligne qu'elle constituait, dès la fin de 1942, un objectif prioritaire, *op. cit.*, p. 86.

organisée de résistance. Les premiers numéros de *Combat*[13] n'évoquaient pas l'administration, sinon pour dénoncer la façon dont la police s'acquittait de ses tâches, et *Défense de la France* n'était guère plus explicite*. Il fallut attendre l'été 1942, époque de montée en puissance des mouvements, pour qu'apparaisse une forme d'action explicitement destinée à valoriser le potentiel de sympathisants en poste dans la fonction publique. La création du NAP (Noyautage des administrations publiques) permit alors non seulement de coordonner des initiatives jusque-là dispersées, mais aussi d'offrir aux fonctionnaires le cadre, hiérarchisé donc rassurant, dans lequel inscrire leur forme de désobéissance.

Parler du NAP, c'est évoquer la figure de Claude Bourdet, qui lui consacra une place importante dans ses Souvenirs. Si l'on ne peut effectivement dénier à Combat la paternité de ce réseau, l'idée avait des sources plus lointaines, telles ces « instructions relatives à la constitution en France d'un réseau de comités locaux de la France libre[14] » que signa en février 1941 Gaston Palewski, chargé des territoires non libérés au sein de la France libre. La répartition des diverses branches du futur NAP était en germe dans ce projet qui soulignait la nécessité de « s'assurer des concours parmi les "fonctionnaires ambulants" et ceux placés à des postes de commande (police, douanes, centraux téléphoniques, gares, centrales électriques, usines à gaz, etc.) ». On peut aussi voir une préfiguration du Super-NAP, chargé d'infiltrer les administrations centrales, dans le projet qui ambitionnait aussi de créer des cellules composées « d'un agent à Vichy et un à Paris pour l'action dans les ministères et administrations centrales, de préférence un haut fonctionnaire connu [... et d']un agent dont le champ d'activité sera la haute société (salons, haute finance, milieux politiques, etc.) ». Il suffisait pour cela, estimait Palewski, « de trouver un homme du monde intelligent et de bon renom ». Vision trop optimiste, que professionalisa Jean Moulin, bon connaisseur de la fonction publique, dans le rapport sur l'activité de trois mouvements de résistance qu'il fit parvenir en octobre 1941 à Londres[15]. Moulin approuva donc sans réserve la proposition, que lui fit Bourdet en septembre 1942, d'élargir à toute la zone sud la création de cellules de résistance dans les services publics, idée qui avait cheminé dans Combat à l'initiative de son responsable lyonnais, André

* De manière générale, la presse résistante s'était senti peu concernée par le sort réservé par le régime à ses fonctionnaires. Le journal trotskyste clandestin *La Vérité* traçait toutefois, le 5 décembre 1941, un bilan, évidemment critique, du statut de septembre 1941 et des mesures financières d'octobre suivant : « Par de tels moyens, Pétain et sa clique s'imaginent créer une caste de fonctionnaires dociles, courbant l'échine et marchant à la baguette. Ils espèrent que les augmentations piteuses accordées couperont court aux mécontentements. Ils se trompent. L'immense majorité des fonctionnaires juge les réactionnaires de Vichy à leur juste valeur. Le ridicule serment de fidélité à Pétain, que tout fonctionnaire devra prêter bientôt, n'y changera rien ; chacun sait qu'il faut être loup avec les loups et employer la ruse chaque fois qu'elle est nécessaire. Les fonctionnaires sauront s'unir au prolétariat pour le règlement de comptes final », *La Vérité (1940-1944)*, édition *fac-simile*, Études et documentation internationales, 1978.

Plaisantin [16]. Le mois suivant naquit le NAP, d'abord constitué à partir « [d']un certain nombre d'éléments spécialisés qui se trouvaient à cette époque soit au SR ou à l'Armée secrète de Combat, soit dans les cellules professionnelles du mouvement Libération Sud [puis] étendu progressivement par recrutement autonome tant dans les régions de zone sud au courant de l'année 1943 qu'en zone nord à partir de l'été 1943 et de 1944 », avec pour mission de :

> – Détecter dans les différents services publics les sympathisants ;
> – organiser les éléments les plus utilisables par leurs qualités et la place occupée en cellules bien cloisonnées étanches ;
> – les faire travailler pour le renseignement de la France libre et pour la sécurité de la Résistance ;
> – leur faire exécuter tout sabotage que leur position professionnelle les met à même de réussir ;
> – préparer l'insurrection et la prise de pouvoir administrative dans tous les services publics et à cet effet établir la liste des fonctionnaires à maintenir, à remplacer, à sanctionner, et proposer les remplacements ;
> – accessoirement, rendre à la Résistance et aux agents de la France libre tous les services éventuels (faux papiers, etc.) [17].

L'organisation territoriale, reprenant les régions de zone sud de Combat, se déduisait des secteurs d'action prioritaire, rappelés par Bourdet [18] : les PTT, la SNCF, les préfectures, sources importantes de renseignements comme de faux papiers, la police enfin *. Lorsque, après son extension à la zone nord, son importance se fut accrue et son organisation stabilisée, le NAP comprenait, dans chaque région, un chef de région, désigné par le chef national, entouré de six adjoints : un pour chacun des quatre domaines rappelés ci-dessus, auxquels s'ajoutaient les deux secteurs essentiels de l'électricité et du ravitaillement. Une organisation comparable existait au niveau départemental, à ceci près que c'était l'arrondissement ferroviaire, et non le département, qui était retenu comme champ d'intervention dans le secteur du rail. Le NAP-Fer et le NAP-PTT, tous deux confiés après l'unification des mouvements au jeune polytechnicien Jean-Guy Bernard, jusqu'alors secrétaire général de Combat, prirent assez vite leur indépendance, le premier « en raison de l'importance croissante du sabotage et des contacts nécessaires avec l'AS-FFI », le second se voyant « plus ou moins absorbé par le Service national Transmissions [19] ». Ayant ainsi limité son activité de sabotage à ceux exécutés par les cols blancs, le NAP se recentrait sur les bureaux. Encore sa compétence n'était-elle pas entière en ce domaine, en raison de la répartition des responsabilités entre NAP et Super-NAP qui découla, après janvier 1943, de la fusion des mouvements de zone sud. Le Super-NAP prenait la suite d'une initiative lancée par Libération Sud à Vichy, en s'appuyant, à partir de septembre 1942, sur le journaliste Maurice Nègre. Les fonctions officielles de ce dernier, à savoir le suivi

* Même si, comme on le verra plus loin, le NAP eut à faire face sur ce dernier secteur à une âpre concurrence.

pour le compte de l'agence de presse officielle OFI de l'activité de Laval et du ministère des Affaires étrangères, le mettaient au contact de quelques hauts fonctionnaires bien informés et désireux d'aider la France libre *. Alors que le NAP n'avait pas, au départ, exclu l'échelon gouvernemental de son champ d'activité, il fut décidé, lors de la fusion qui donna naissance aux Mouvements unis de résistance (MUR), que le Super-NAP resterait indépendant du NAP, dans la mesure où ce dernier était pratiquement inexistant dans la capitale provisoire.

Bourdet, confirmé responsable unique du NAP en zone sud, consacra une bonne partie de son activité du premier semestre de 1943 à essayer de l'implanter en zone nord. Il y parvint, non sans difficultés, en se faisant aider par l'industriel Jean de Vogüé qui devint, lors de l'unification, responsable national du NAP, avec Bourdet pour adjoint. Cette nomination, intervenue « afin de ménager la susceptibilité de la zone nord [20] », resta toutefois relativement formelle, d'autant que Vogüé prit peu de temps après des responsabilités d'ordre militaire au sein de la Résistance, s'éloignant ainsi du NAP. En décembre 1943, Bourdet en redevint donc le responsable national en titre, fonction qu'il n'avait jamais cessé d'occuper en fait. Il obtint alors que la branche du Super-NAP qui s'occupait de l'administration préfectorale, créée et animée par Bernard de Chalvron depuis août 1943, lui soit rattachée, dans la mesure où son organisation était évidemment comparable à celle du NAP [21]. Malgré ces efforts d'unification, la diversité des origines aboutissait à dessiner un paysage complexe, que décrivait ainsi une note d'après guerre :

> Bien noter que le NAP en zone sud est un service des MUR ; en zone nord, il est indépendant des mouvements, service de la Délégation. Les différents mouvements avaient, en zone nord, essayé du noyautage : Libé-Nord et le Front national dans la police, l'OCM dans la haute administration. Dans le nord, en définitive, un accord fut conclu avec les CDL, si bien que NAP fut reconnu comme le seul service habilité à mettre en place les fonctionnaires et à préparer l'insurrection administrative. En zone sud, le NAP demeure un service MUR. Lacoste représenta le NAP au CNR [22].

Ces péripéties institutionnelles n'auraient que peu d'intérêt si elles ne recouvraient des différences plus fondamentales, d'ordre politique. La principale était celle qui, annonçant les débats de la Libération sur le rôle de l'insurrection **, opposa d'Astier à Bourdet : au premier, qui « voyait la Libération comme l'œuvre d'une grande insurrection populaire, avec de vastes mouvements de masse [23] », le second répliquait en mettant l'accent sur « la

* On les trouvait notamment aux Affaires étrangères avec Jean Chauvel, Bernard de Chalvron et Suzy Borel, AN 72AJ 66 et C. Bourdet, *op. cit.*, p. 166.

** Le texte dont est extrait la citation qui précède expliquait ainsi l'hostilité des communistes au NAP : « Pour eux, l'insurrection doit prendre la forme de manifestations de masses devant les préfectures et les mairies, au cours desquelles on désignerait les personnalités choisies par le PC. Il ne fallait donc pas que ces dernières trouvent en face d'elles des gens installés par le NAP. »

complémentarité de l'action de masse et du noyautage, et surtout le rôle que le NAP pouvait jouer longtemps avant la Libération[24] ». Si ces positions finirent par se rapprocher, le noyautage des administrations publiques demeura trop éloigné de toute une conception de l'action résistante, essentiellement celle défendue par le Front national, pour que son rôle ait été pleinement reconnu par une partie de la mémoire résistante. Dans une brochure publiée en 1948, l'ancien chef de bureau Folliot, devenu administrateur civil, pouvait ainsi écrire, sans se soucier de nuances, que « le NAP et le Super-NAP n'ont joué aucun rôle rue de Grenelle, ni dans aucun ministère[25] ». Pour être d'un ordre moins idéologique, les difficultés rencontrées par le NAP dans un autre secteur particulièrement sensible, la police, n'en étaient pas moins vives. Face au « monopole » qu'aurait réussi à obtenir le réseau de résistance policière Ajax, la protestation des MUR fut vive, comme en témoignait une note rédigée par leur secrétariat général à la fin de novembre 1943. Après avoir présenté la naissance d'Ajax en des termes d'une hostilité à peine voilée *, puis détaillé les avantages, excessifs à ses yeux, consentis à ses adhérents, la note conclut avec une amertume qui illustre les tensions entre Londres et la Résistance intérieure :

> S'il est vrai que « Ajax » a reçu l'investiture de grouper toutes les forces de police de la métropole, et cela suivant les instructions de M. Philip, s'il est vrai qu'au cours d'une récente inspection dans la région de Toulouse le secrétaire de M. Philip a confirmé les prérogatives de « Ajax », s'il est vrai que les mouvements de Résistance sont aux ordres du général de Gaulle, il n'y a plus qu'à s'incliner et à rallier les rangs de « Ajax » ; mais si tout cela n'est pas vrai, il y a là une véritable escroquerie au préjudice des MUR, et il conviendrait de remédier au plus vite à l'état de choses créé par de telles manœuvres **.

La vie d'un réseau

Évoquant, dans sa note déjà citée de 1946, ces mêmes difficultés, Claude Bourdet les jugeait *a posteriori* inévitables. Qu'Ajax ait « recruté les mêmes hommes que la branche Police [du NAP] pour leur confier des tâches identiques » était inscrit dans la nature des choses, à partir du moment où ces deux organisations avaient dû adopter le même « caractère restreint, absolument identifié et entièrement cloisonné » qui est le propre des réseaux – par

* « Un ex-commissaire de police corse, apprenant au début de 1943 par ses anciens collègues corses la création d'une section de police dans le cadre de NAP et Super-NAP, se rend à Londres et rencontre à plusieurs reprises H. Philip *(sic)*, qui l'aurait chargé de constituer à l'exclusion de toute autre organisation un réseau "police". Le réseau "Jax" apparaît donc comme la branche de police d'un des réseaux du SR de De Gaulle », SG des MUR à Beyle, 27 novembre 1943, AN 3AG2 409.

** *Ibid.* Ces conflits furent assez importants pour justifier la tenue de pourparlers, menés sous l'égide de Jacques Bingen. Ceux-ci permirent d'aboutir à une entente, qui simplifia la situation dans ce secteur passablement complexe, mais vital. Dans un témoignage de 1948, Chalvron, successeur de Bourdet comme chef national du NAP, pouvait ainsi écrire qu'Ajax se trouvait « adjoint » au NAP-Police, AN 72AJ 66.

opposition au « caractère large, nécessairement anonyme et peu cloisonné » des mouvements. De ce caractère découlait la structure du NAP, qu'il s'agisse de ses effectifs ou des personnes auxquelles il faisait appel. Bourdet rappelait ainsi que, pour remplir leur tâche dans de bonnes conditions, les agents du NAP devaient « être choisis en petit nombre dans chaque service essentiel ; être recrutés avec un grand soin et être connus du chef de département NAP ; être absolument cloisonnés vis-à-vis du reste de la Résistance, puisque leur présence à poste fixe dans leur administration les rendait excessivement vulnérables en raison de leur activité permanente de renseignements et de sabotage administratif ».

En petit nombre, les membres du NAP l'étaient assurément : il n'y eut pas plus de 1 500 agents des services publics, au total, dans le réseau entre 1942 et la Libération, 300 à 400 d'entre eux s'y consacrant à plein temps, et étant de ce fait entrés dans la clandestinité[26]. Prenant en compte les changements d'affectation et les arrestations, Bourdet évaluait les données correspondantes pour le début de 1944* à respectivement 700 à 1 000 pour les membres du réseau et 200 à 300 pour les permanents, chiffres comparables à ceux figurant dans la note, déjà citée, de 1946. Cette dernière comportait deux informations complémentaires, précisant d'une part qu'au travail fourni par les 1 500 membres du réseau s'ajoutait l'apport de 300 à 400 occasionnels, et soulignant d'autre part l'accélération significative du recrutement intervenue à partir du second semestre de 1943. Alors que les permanents (« agents P2 ») n'étaient que 150 en août 1943, leur nombre passa à 250 en janvier 1944, puis à 300 au moment de la Libération. Même en gardant à l'esprit l'obligation de discrétion du réseau, qui impliquait de ne dépasser le seuil critique à partir duquel les risques l'emportaient sur les acquis, on ne peut qu'être frappé par la faiblesse des chiffres ainsi indiqués – et ce d'autant plus que le NAP recrutait très au-delà des seuls « services publics » au sens juridique du terme, donc dans un vivier dont les effectifs dépassaient de loin les quelque 900 000 agents dont se composait l'administration de Vichy[27]: en prenant en compte les occasionnels évoqués ci-dessus, ce sont moins de 0,2 % des serviteurs de l'État qui participèrent au NAP. Même si celui-ci n'était évidemment pas, et de loin, le seul mode de participation possible de fonctionnaires à la Résistance, on déduira de ce faible ratio, selon l'angle d'approche que l'on souhaite privilégier, soit la faiblesse d'un engagement résistant actif de la fonction publique, soit l'efficacité du principe du noyautage, dans lequel quelques complicités bien placées suffisent pour contrôler l'appareil d'État. C'est à cette dernière conception qu'invitait un rapport de mai 1943, vraisemblablement écrit par Maurice Nègre, sur l'organisation de la résistance à Vichy :

** Qui correspond à l'un des sommets du réseau, alors que le plein des recrutements était à peu près achevé et que les vagues d'arrestations qui allaient le décimer en 1944 n'avaient pas encore commencé. Il ne s'agit toutefois pas du maximum absolu, qui fut atteint dans les semaines précédant la Libération.

> La première phase du travail est terminée : les responsables, désignés à raison de un par département ministériel, travaillent indépendamment les uns des autres. [...] Nous ne cherchons pas un recrutement massif, nous voulons former des cadres qui, le moment venu, entraîneront et dirigeront les sympathisants qui sont la majorité du personnel. Nous écartons tous ceux qui pourraient être propices à des manœuvres de retournements très vraisemblables des plus compromis [28].

Si l'on retient cette lecture, l'attention se déplace vers des éléments d'ordre plus qualitatif que quantitatif. On s'attachera ainsi à définir la liste des services que NAP et Super-NAP parvinrent à infiltrer, en insistant sur ceux que Vichy pouvait imaginer à l'abri de ce type de risque. Le tableau est alors effectivement impressionnant : en se limitant aux organismes gouvernementaux et administrations centrales, on trouve des correspondants du Super-NAP au sein des cabinets ministériels, à commencer par ceux du chef de l'État (Jean de Bearn) et du chef du gouvernement (avec le sous-préfet Jean Lagrive, détaché du ministère de l'Intérieur [29]), aux Affaires étrangères (Suzy Borel, Bernard de Chalvron et Jean Chauvel [30]), dans les milieux des chemins de fer, de l'Instruction publique (Élizabeth Simon, qui occupait une fonction administrative au cabinet d'Abel Bonnard), de la Marine marchande (Jacques Debû-Bridel) et de l'Agriculture (Bégué [31]). Quelques cas plus particuliers méritent d'être évoqués, le plus spectaculaire d'entre eux étant sans doute celui de Cousin-Laferrière, que Chalvron réussit à persuader à s'engager, sous le nom d'*Ancel,* au sein des SS, puis du SD [32]. Le Super-NAP parvint également, si l'on en croit une note de novembre 1944, à infiltrer les services du STO au plus haut niveau : « Ladel, employé des PTT, renvoyé de son poste pour opinions antivichyssoises, se fait embaucher par le STO, y travaille toujours à l'envers (évitant aux hommes de partir), mais a tant de bagout qu'il fait une ascension rapide et se retrouve enfin inspecteur général du STO à Paris, [...] puis fait faire un grand fichier central de tous les jeunes gens devant partir, ce qui occupe le STO pendant des semaines et se fait bien voir des Allemands et de Vichy, dans le seul but de faire détruire le fichier au bon moment pour la plus grande gloire de la Résistance [33]. »

Canal privilégié d'action en direction de l'administration, et conforme en cela à la structure que Palewski appelait de ses vœux trois ans plus tôt, le NAP était désormais reconnu comme rouage important de l'action résistante. Il ne disposait pourtant d'aucun monopole en la matière, comme le rappelait un mémorandum où étaient passés en revue les mouvements et réseaux actifs en France métropolitaine :

> Le NAP est rattaché au CNR et au Comité central ; il est à la disposition des organisations de Résistance, qui entretiennent par ailleurs, pour leur propre compte, de nombreux contacts, souvent de caractère confus ou multiple, avec les différentes administrations. Il est bien entendu ainsi que le NAP n'a aucun monopole des contacts avec les organisations. En tout cas, de par son organisation même, il est susceptible d'assurer la diffusion d'un mot d'ordre général à un moment voulu [34].

1944 fut une année terrible pour le NAP, alors même que l'institutionnalisation de la Résistance semblait annoncer de meilleures conditions de fonctionnement. Après le retour de Bourdet à Paris, où Chalvron travaillait déjà pour le compte du Super-NAP, l'effacement de Nègre permit l'absorption en février du Super-NAP par le NAP. Cette unification accroissait certes les effectifs, mais l'extension de ses activités eut également pour conséquence de fragiliser le réseau. Alors que ses membres auraient dû continuer à agir de manière totalement clandestine, la multiplicité des contacts que le NAP devait assurer avec l'ensemble de l'organisation complexe qu'était devenue la Résistance contribua à les exposer au-delà du nécessaire. Les progrès des forces de maintien de l'ordre, françaises et allemandes, qui engageaient dans la lutte contre la Résistance tout le poids conjoint de la Milice et du SD, provoquèrent ainsi « une véritable hécatombe, qui devait faire du NAP le service de beaucoup le plus éprouvé de la Résistance [35] ». Dès février 1944, la Milice avait eu connaissance de l'existence du réseau, dont elle présentait l'activité comme « un complot dirigé contre Joseph Darnand [36] ». À en croire Jean Tracou, alors directeur du cabinet de Pétain, il n'était d'ailleurs pas difficile de connaître l'activité d'un réseau qui ne faisait pas beaucoup d'efforts pour se cacher. Publiant en 1948 ses Souvenirs du Vichy de 1944, c'est aux Affaires étrangères qu'il réservait l'essentiel de sa rancœur :

> L'administration la plus fortement teintée de gaullisme se trouve sous l'œil même de son chef [Laval]. Certains de ces fonctionnaires appartiennent au NAP, organisation « résistante », chargée du noyautage des administrations publiques. Nul à Vichy ne peut l'ignorer. Les listes d'adhérents circulent un peu trop librement. Un service de renseignement sérieux n'admettrait point de telles pratiques. Ici, l'héroïsme est fils de l'imprudence et de l'indiscrétion. Certes, ces braves gens ne s'attaquent pas aux Allemands. Ce n'est pas leur affaire et il y aurait mauvaise grâce à le leur reprocher. À chacun son rôle sans doute. Ils nous abandonnent volontiers, avec un soupçon d'ironie, le soin d'affronter journellement les occupants. Ils sont par contre experts dans le maniement des valises diplomatiques, liaison commode et sans risque avec l'Angleterre. Ils constituent ce qu'on pourrait justement appeler une société de « prévoyants de l'avenir ». Mais le souci du futur ne leur fait pas négliger le présent. Ils viennent régulièrement à l'hôtel du Parc et touchent ponctuellement leurs traitements. [...] Ces fonctionnaires, qui servent à la fois Pétain et de Gaulle, pourraient tenter de jouer un rôle de conciliation, ou tout au moins d'information. Ils pourraient redresser des erreurs, dissiper des malentendus. Certains, et même certaine, sont bien placés pour cela. Ils n'y songent pas et, à quelques exceptions près, ils se contentent plus modestement d'espionner leurs chefs du jour pour le compte de ceux du lendemain. Ils se font ainsi pardonner ce que peut avoir de compromettant leur obédience vichyssoise *.

* *Le Maréchal aux liens*, éd. André Bonne, 1948, p. 41. L'ouvrage est dédié « aux milliers de bons Français qui, à l'exemple de leur chef, le maréchal Pétain, sont demeurés sur la terre de France, ont tout sacrifié au sacrifice de la Patrie envahie, et qui expient aujourd'hui ces "crimes" dans les prisons, les cachots et les camps de la IVe République ».

Ce que ne dit pas cette prose si caractéristique des apologies pétainistes de l'après-guerre, c'est que beaucoup de ces « braves gens » engagés dans le NAP y risquaient leur vie, et que plus d'un l'y laissa. Si Claude Bourdet, arrêté le 25 mars 1944, et ses deux successeurs, Bernard de Chalvron et Pierre-Paul Schweitzer, respectivement arrêtés les 11 mai et 21 juin, revinrent de déportation, il n'en fut pas de même de nombreux chefs nationaux ou régionaux du NAP. Parmi eux, les deux premiers adjoints de Bourdet, Marcel Peck et Jean-Guy Bernard, ainsi que plusieurs chefs régionaux, dont l'écrivain Benjamin Crémieux. Dans sa note de 1946, Bourdet évaluait à 250 le nombre de morts du réseau, chiffre qu'il ramènera dans son ouvrage de 1975 à 120. Ce niveau n'en reste pas moins élevé dans la mesure où il doit être rapporté au nombre de clandestins, les « P2 » sur lesquels se ciblait la répression – soit 400 au maximum – plutôt qu'à celui des 1 500 « P1 » associés aux activités du réseau. Ces derniers n'étaient toutefois pas au-dessus des risques d'arrestations et de déportations, comme le souligna l'arrestation, en mai 1944, de 14 préfets*. Malgré les coups successifs ainsi portés à sa tête, le NAP continuait à œuvrer. Sous la direction d'Yves Bayet, son rôle ne fut pas négligeable lors de l'insurrection parisienne d'août 1944. C'est que, comme l'analysa plus tard Claude Bourdet, il avait réussi à dépasser ce seuil critique où un groupe résistant, trop jeune, n'avait pas encore de vie propre et dépendait presque entièrement pour sa survie de ses créateurs ; ceux-ci arrêtés, c'est tout le réseau qui était menacé de démantèlement. Au début de 1944, le NAP était suffisamment structuré pour ne plus entrer dans ce cas de figure.

Dehors ou dedans ?

De même que les fonctionnaires n'étaient pas, pour Vichy, des Français tout à fait comme les autres, de même la résistance ne pouvait pas prendre exactement la même forme dans la fonction publique que dans d'autres domaines de la société française. Moins encore que le résistant moyen, le fonctionnaire engagé ou sympathisant d'un mouvement ne correspondait à l'image héroïco-romantique du maquisard portant mitraillette : son terrain d'opération se confondait pour lui avec son bureau, et ses armes essentielles restaient le stylographe et la machine à écrire. La coexistence d'une vie professionnelle et d'activités résistantes n'était certes pas en soi un trait spécifique à la fonction publique, mais se trouvait accentuée par le fait que c'était souvent par le seul exercice de sa profession – dans des conditions présentant l'apparence de la loyauté indispensable pour autoriser le maintien à un poste permettant d'accéder à des informations de valeur – que le fonctionnaire présentait un intérêt pour la Résistance. De ce fait découlait une interrogation, lourde d'ambivalences à venir, sur la position la plus adaptée à l'action recherchée : valait-il mieux être dehors ou dedans ?

---

* Voir *infra*, pp. 560 *sq*.

Une administration homothétique

Plus encore donc que d'autres groupements résistants, NAP et Super-NAP devaient faire la preuve de leur crédibilité à l'égard du groupe professionnel qu'ils cherchaient à mobiliser. Il leur était de ce fait indispensable de mettre en avant des valeurs et une organisation familières aux serviteurs de l'État, leur permettant d'inscrire leurs cas de conscience dans une perspective de construction, et non de dissidence. Il revenait ainsi au NAP de persuader les agents de l'État que c'était être, par avance, loyal au régime à venir que de cesser de prêter son concours à celui que ne soutenaient plus que les armes de l'ennemi. Pour que la frange de la fonction publique prête à s'impliquer, plus ou moins massivement, dans un engagement résistant se sente en confiance dans l'organisation, celle-ci devait être à la fois structurée, hiérarchisée, dirigée par des hommes issus du sérail, et chercher avant tout l'efficacité dans l'action[37]. En zone sud, l'indépendance du NAP par rapport à des mouvements de résistance que les fonctionnaires professionnels vivaient comme politisés et brouillons* constituait pour lui un atout. C'est dans cet esprit que le réseau *Marco-Polo* transmit au BCRA, en octobre 1943, la demande de hauts responsables du secrétariat d'État aux Communications de ne pas voir leur action brouillée par des interférences partisanes. Dans la mesure où, « pour certains groupements, des intérêts personnels ou de caractère politique peuvent compromettre [la] coordination nécessaire », il était indispensable de disposer de « gens sûrs auxquels un ordre [pourrait] être donné avec la certitude qu'il sera exécuté[38] » : on était loin de l'idéal de rénovation sociale qui inspirait de nombreux groupes résistants. L'approche était au contraire utilitariste et conservatrice : même résistante, l'administration restait hiérarchisée, même résistante, elle ne faisait pas de politique.

Dans leur ensemble, les fonctionnaires résistants ne furent donc pas des rebelles**. Cette conception de l'action résistante comme homothétique du fonctionnement administratif, par transposition d'un modèle hiérarchique et organisationnel, visait certes d'abord l'efficacité – but évidemment commun à toutes les organisations résistantes, même si toutes ne l'exprimaient pas avec le même vocabulaire – mais traduisait aussi, plus fondamentalement, la recherche d'un cadre mental familier à la fonction publique. C'est pourquoi

* La note de novembre 1943, déjà citée, par laquelle les MUR protestaient contre les avantages consentis aux membres du réseau Ajax, indiquait que ces derniers avaient reçu consigne de « ne pas travailler avec les mouvements de résistance, dont on doit se méfier "comme de la peste" en raison de leur inhabileté pour travailler, qui conduit tôt ou tard à la catastrophe ».

** *Nous sommes les rebelles* est le titre d'un essai de Philippe Viannay, publié en 1945 sous son pseudonyme d'*Indomitus*. Indomptée n'était pas la fonction publique, et l'on peut déjà noter combien la conception qu'elle se faisait de l'ordre résistant était proche de celle qu'avait le général De Gaulle de l'État – et donc du contre-État que devait constituer l'outil de lutte contre Vichy et l'occupant : la proximité de ces approches contribua à faciliter la continuité administrative, à partir d'août 1944, entre Vichy et le Gouvernement provisoire.

furent particulièrement recherchées les recrues de haut niveau, qui apportaient avec elles un carnet d'adresses immédiatement utilisable. Ainsi Bourdet, qui n'était pas un homme issu du pur sérail administratif, apprécia la nomination à ses côtés de Bernard de Chalvron, dont « le travail effectué dans l'administration de Vichy lui avait permis de repérer, et le plus souvent d'engager déjà dans notre travail, une quantité appréciable de jeunes hauts fonctionnaires [...] vigoureusement antinazis et antivychistes, en même temps que bon connaisseurs de l'administration et du personnel administratif[39] ». Cette « réserve » permit d'accélérer l'implantation du NAP, essentiellement en zone nord. Lorsqu'ils étaient désireux d'apporter une aide aux groupements résistants sans pour autant franchir le pas de la clandestinité, les fonctionnaires se montraient sensibles à la présence, dans des postes de commandement de la contre-administration résistante, de personnes auxquelles leurs fonctions officielles antérieures donnaient clairement un statut de chefs. Le rapport, déjà cité, de mai 1943 sur l'activité du Super-NAP à Vichy avait lui aussi évoqué l'intérêt de « désigner sans retard les nouveaux chefs, afin que la masse sympathisante du personnel se sente immédiatement commandée et soit ainsi placée devant une obligation d'obéir. [...] On facilitera ainsi la tâche du personnel disposé à s'engager dès maintenant (environ dix pour cent) : le recrutement sera facile à l'administration centrale[40] ». Mais il ne s'agissait pas que d'entraîner la masse. Les considérations de rang n'étaient ainsi pas absentes de la démarche de hauts fonctionnaires des ministères techniques dont le BCRA fut informé en août 1943 qu'ils n'étaient disposés « à donner à tous [leurs] services, pour accroître les difficultés des Allemands et pour faciliter la tâche et les opérations des armées alliées, [que] des ordres cohérents et qui cadrent avec les plans de l'état-major[41] ».

Ces nécessités élémentaires, les services de Londres les connaissaient bien depuis qu'un long mémorandum du sous-préfet Abeille, en résistance *Colleone*, avait précisé les principes de base qui devaient guider l'action de noyautage[42]. Ce texte, qui exposait de manière particulièrement fine la problématique de l'action résistante telle qu'elle était vécue de l'intérieur de l'administration, commençait par rappeler la très forte hétérogénéité des professions (« préfet et cheminot, postier et recteur, gardien de la paix et conseiller d'État ») confondues sous le terme unique d'« administration publique ». Si tous ces fonctionnaires avaient en commun d'attendre « par déformation professionnelle [...] le maximum de garanties avant de s'engager où que ce soit », les plus gradés d'entre eux, que *Colleone* présentait comme étant aussi les moins prêts à agir, devaient être approchés par des personnes leur inspirant confiance, issues donc de milieux sociaux qui se trouvaient être peu représentés au sein des mouvements de résistance. À cette première exigence s'ajoutait l'inquiétude des hauts fonctionnaires devant le dangereux manque de professionalisme de certains groupes résistants. Conscients des risques encourus, par exemple du fait de « [l']absence de discrétion de certains agents et [des] insuffisances notoires dans la rédaction et la mise à l'abri des archives », certains membres du corps préfectoral pourtant bien disposés n'acceptaient de s'engager « [qu'] à la condition expresse de relever non d'une organisation clandestine, mais du général De Gaulle, c'est-à-dire du pouvoir qui le représente en France ». *Colleone* refusait de leur donner tort, en rappelant que « [ce] désir de relever d'une organisation nationale répond chez eux à une idée de sécurité, mais correspond aussi au caractère de leurs fonctions ». Il concluait son plaidoyer, mi-lucide mi-désabusé, en mettant en balance, avec réalisme, les risques et les atouts du noyautage des administrations :

> Ayant travaillé depuis l'armistice à la résistance et comme fonctionnaire et comme agent d'un mouvement clandestin, j'estime que ces fonctionnaires sont tout à fait fondés à adopter une telle attitude – agir autrement équivaudrait pour eux, avec la certitude la plus absolue, à un sacrifice inutile pour des résultats médiocres. Je ne pense pas qu'on ait le droit d'exposer dans de telles conditions des hommes dont très certainement la compétence et l'expérience sont précieuses, car il est de fait qu'on ne saurait rien bâtir de solide sans ces deux qualités. La France doit être avare de son sang et de son intelligence, elle n'a de trop ni de l'un ni de l'autre. Actuellement le courage et le patriotisme demandent à certains postes le silence et l'absence de toute témérité. [...] J'ai la conviction – j'espère point trop optimiste – que par des contacts successifs – procédé de la boule de neige, un fonctionnaire sûr indiquant un autre collègue, et ainsi de l'un à l'autre – on peut parvenir sans trop de peine et assez rapidement à établir un réseau étoffé sur tout le territoire de la France. Je pense en outre que nous aurons ainsi un moyen d'éprouver dès maintenant la sincérité et aussi la capacité de ces fonctionnaires, dont les meilleurs formeront de toute évidence des cadres précieux parce que tout à fait expérimentés.

Rester à son poste

À en croire l'expérience du sous-préfet Abeille, l'appartenance au sérail constituait ainsi la règle d'or d'un noyautage efficace. Ce principe était en effet de nature à faciliter le recrutement du réseau, en plaçant les fonctionnaires prêts à lui apporter leur soutien dans un cadre susceptible de les rassurer. Mais surtout – et ce fut sans doute l'élément déterminant qui conduisit le haut fonctionnaire qu'était Moulin à approuver le principe du noyautage, en passant outre aux objections relatives aux risques de double jeu – les avantages concrets étaient évidents : en restant à leur poste, les fonctionnaires étaient en mesure de fournir à la France combattante et à la Résistance des informations pertinentes, et de leur apporter une palette d'aides immédiatement utiles. Les consignes, qu'elles fussent transmises par les ondes ou par tracts, étaient donc de rester à son poste. Comme l'écrivait, en sollicitant un nouveau message de la BBC en ce sens, un haut fonctionnaire du ministère de l'Agriculture, il convenait en effet de demander aux fonctionnaires « de ne pas lâcher prise », faute de quoi les postes qu'ils abandonneraient risquaient de se voir confiés aux « hommes de Doriot et Déat[43] ». Cette politique du moindre mal susceptible de devenir un plus grand bien était déjà celle qu'avait exposée Emmanuel d'Astier, au début de 1942, à Chalvron. Au jeune attaché de cabinet, nourri de la propagande pétainiste diffusée dans les camps de prisonniers, qui, découvrant la réalité de Vichy, voulait entrer dans la clandestinité, le chef de Libération Sud demanda au contraire de garder aussi longtemps qu'il le pourrait le poste qu'il occupait au sein du cabinet civil du chef de l'État, « poste qui pouvait servir [44] ».

Quelques discordances se firent toutefois jour dans le climat tendu de l'été 1943. Tandis que Vichy se préparait à un débarquement allié en France, les consignes se firent plus floues. Si l'on était à la veille du grand soir, il convenait de prendre position : plusieurs messages destinés aux fonctionnaires les sommèrent ainsi de choisir leur camp. Cette exigence, qui présentait l'avantage d'éclaircir les positions, ne se concevait toutefois que si la libération était toute proche ; dans le cas contraire, des fonctionnaires rendant d'utiles services risquaient de se dévoiler en vain. Un message adressé à Londres en juillet 1943 réagit ainsi à la diffusion dans les administrations centrales d'un tract indiquant aux fonctionnaires qu'ils « ne peuvent plus rester dans l'expectative », et prit leur défense en soulignant que, « contrairement à ce que dit le rédacteur du tract, la majorité des fonctionnaires a fort bien agi en restant à son poste et en évitant ainsi le pire par une véritable neutralisation de certaines mesures et en sabotant effectivement l'application de certaines décisions [45] ». La protestation devint beaucoup plus vive six semaines plus tard, lorsque *Delcourt*, membre du Super-NAP, se plaignit auprès de la France combattante de messages « émanant, selon les dires de leurs porteurs, d'Alger et incitant certains fonctionnaires, notamment les agents des Affaires étrangères, à quitter leur poste en leur faisant savoir que seuls ceux qui auront démissionné à temps auront des chances de poursuivre leur carrière après la victoire ». Diffuser de telles informations c'était, pour *Delcourt*, condamner à brève échéance l'action de noyautage, en sacrifiant l'efficacité à la visibilité :

> Si les documents que nous vous envoyons régulièrement des différents ministères vous intéressent autant que vous avez bien voulu nous le faire savoir à plusieurs reprises, il vous apparaîtra immédiatement qu'il convient d'encourager les fonctionnaires à demeurer en poste et non à démissionner, étant bien entendu qu'ils travaillent avec nous, et qu'ils compensent ainsi par leur collaboration active au travail de la Résistance les très légers services qu'ils peuvent être amenés à rendre au gouvernement de Vichy du fait de leurs fonctions. Malgré nos assurances réitérées, un certain nombre d'entre eux manifestent quelque inquiétude et craignent de se voir surclassés, soit par ceux de leurs collègues qui ont réussi à passer de l'autre côté, soit par ceux qui, après une démission en général confortable, vivent dans une retraite agréable et en tout cas sans danger. Nous savons qu'un certain nombre de fonctionnaires qui ont déjà donné leur démission s'efforcent de rendre des services au gouvernement d'Alger. Tous cependant ont pu constater très vite que, privés de leur emploi, c'est-à-dire de leurs sources d'information et de leurs moyens d'action, ils ne peuvent apporter quelle que soit leur bonne volonté qu'une aide relativement modeste. Il convient donc, dès à présent, de donner soit par radio soit par messages directs un encouragement à tous ceux qui, ayant accepté de travailler avec nous tout en demeurant en fonctions, s'exposent chaque jour aux risques les plus graves et nous rendent les plus grands services. Si la communication est faite par radio, il convient naturellement de la rédiger en termes particulièrement prudents, parlant seulement des « fonctionnaires qui collaborent avec la Résistance » sans mentionner ni Vichy ni Paris, et sans préciser aucun département ministériel [46].

Si ces arguments, qui rejoignaient ceux développés par *Colleone* pour l'administration préfectorale, n'étaient pas sans force, ils ne suffirent pas à l'emporter puisque le 26 avril 1944 un décret du CFLN prononça la radiation des diplomates non ralliés à cette date à la France combattante [47], en créant simultanément un « cadre latéral » destiné à accueillir les agents du commissariat aux Affaires étrangères d'Alger. Cette mesure provoqua la consternation des hauts fonctionnaires de la carrière encore fidèles à Vichy : « Notre position devient vraiment paradoxale, estimaient-ils. Alger nous désavoue au moment même où le gouvernement du Reich, nous considérant comme suspects et inutiles, se propose de puiser parmi les fonctionnaires du département pour le travail en Allemagne [48]. »

Agir de l'intérieur

Pourtant, il est évident qu'un agent bien placé constituait pour la Résistance un atout précieux – bien placé ne signifiant d'ailleurs pas nécessairement haut placé, comme le rappela, quelques semaines après sa création, le Comité parisien de la Libération dans une proclamation adressée aux agents des services publics : « Fonctionnaires, employés des administrations publiques, l'appareil des boches et des traîtres de Vichy est entre vos mains. Obéissez aux ordres du CFLN et non à ceux des gauleiters vichyssois. Sabotez avec ingéniosité, retardez les ordres et les circulaires, interprétez les décisions en faveur des Français. [...] Servez la France en nuisant à nos ennemis [49]. » En schématisant, on peut classer en trois catégories les fonctions remplies de l'intérieur par les fonctionnaires travaillant pour le NAP. Au binôme classique (renseignement et aide directe aux résistants) s'ajoutait un faisceau d'actions visant à créer une ambiance déstabilisatrice, annonciatrice de la fragilité du terrain sur lequel s'appuyait le régime.

Avant que l'existence de complicités au sein de l'appareil d'État ne leur permette le passage à des formes d'action plus directe, les mouvements de résistance avaient centré leur activité sur la collecte de renseignements. Conséquence logique de la fusion des mouvements de zone sud, les services de renseignement tendirent à se rapprocher : c'est ainsi que le service de renseignements de Combat se rapprocha du réseau Gallia, piloté par le BCRA en liaison avec Franc-Tireur et Libération [50]. Travaillant désormais pour tous, les branches régionales du NAP et surtout les agents œuvrant à Vichy ou Paris pour le Super-NAP étaient en mesure de recueillir un ensemble d'informations de première main, dont Maurice Nègre décrivait ainsi le circuit :

> Certaines étaient envoyées à Londres ; les informations dites « de sécurité » étaient diffusées dans les réseaux ; les informations politiques étaient réservées aux chefs des mouvements. Toute information qui n'avait pas un caractère confidentiel et qui était susceptible d'aider la Résistance était diffusée dans les journaux de la Résistance, et notamment le *Bulletin de la France combattante* [51].

Rendant hommage aux « innombrables dactylos au dévouement héroïque » qui concouraient à sa publication, Pierre Limagne, dès novembre 1942, soulignait l'intérêt de la « mine de renseignements pour les dirigeants de la Résistance – à l'intérieur et à l'extérieur[52] » que constituait ce *Bulletin*, animé par Georges Bidault. À la mi-1943, son tirage, alors qu'il était désormais publié trois fois par semaine, atteignait 250 exemplaires. Une édition de zone nord, rédigée sous la responsabilité de Pierre Corval puis de Louis Terrenoire, coexista avec l'édition lyonnaise entre juin et octobre 1943, époque à laquelle elle devint l'unique édition nationale[53]. L'infiltration que réussit le Super-NAP jusqu'au cœur politique du régime permit à la France libre de recevoir copie de documents très confidentiels, allant au-delà des rapports préfectoraux dont on déjà signalé que Londres recevait la collection complète. Grâce sans doute au sous-préfet Lagrive, attaché au cabinet de Laval, le BCRA eut ainsi connaissance, en septembre 1943, d'un courrier adressé quelques mois plus tôt par Laval à Schleier, relatif à la livraison d'avions et de bateaux au Reich[54]. Une autre illustration concrète du fonctionnement de ce service de renseignements est fournie, en ce qui concerne le ministère des Affaires étrangères, par le témoignage de Suzy Borel*:

> Dissimulés à l'intérieur des journaux officiels, [les renseignements] étaient de tous ordres, depuis l'organisation du NAP jusqu'au plan de Nantes, nécessaire pour le bombardement de la ville (dissimulé dans une boîte de pastilles de Vichy) ; papiers officiels, correspondance etc.**.

Il importait, pour le succès de cette mission, de disposer de relais sûrs situés aux nœuds de circulation de l'information, pas nécessairement au plus haut niveau : secrétaires des hauts fonctionnaires*** et archivistes****, appelés les uns et les autres à voir passer des papiers confidentiels, étaient à cet égard de précieuses recrues. Dans le vade-mecum du sous-préfet résistant que constituait le mémorandum, déjà évoqué, de *Colleone*, la recherche du renseignement figurait en bonne place, mais elle n'était pas la seule. Afin que soit au mieux exploitée la place privilégiée qu'il occupait dans l'État, le corps

---

* La future épouse de Georges Bidault était bien connue aux Affaires étrangères pour être la première – et à l'époque la seule – femme à avoir passé avec succès le concours d'entrée au Quai d'Orsay. Les précisions qui suivent sont extraites de son témoignage oral, recueilli par Marie Granet le 27 décembre 1949 pour le compte du Comité d'histoire de la Deuxième Guerre mondiale, AN 72AJ 66.

** *Ibid.* On rappellera à cet égard le rôle de plaque tournante joué par les représentations diplomatiques françaises dans les pays « neutres » tels qu'Espagne ou Portugal. Parmi d'autres, d'ordres plus stratégiques, l'information administrative y circulait aussi : c'est notamment par l'intermédiaire de ces postes qu'arrivait à Alger le *Journal officiel* de Vichy, et réciproquement.

*** Au milieu d'une liste de membres du corps préfectoral apportant une aide efficace à l'action résistante, *Colleone* citait ainsi la secrétaire du préfet délégué à l'administration de la ville de Marseille, Mlle Steff, qui transmettait régulièrement aux mouvements les informations qu'elle voyait passer, mai 1943, AN 3AG2 409.

**** Un informateur du BCRA, qui avait réussi à s'introduire auprès de l'archiviste du service de répression des menées antinationales, indiquait qu'il disposerait ainsi d'un accès au dossier de tous les « gaullistes », 23 mai 1943, AN 3AG2 324.

préfectoral se voyait confier une triple tâche de sabotage administratif, construite autour des notions de boycottage, d'aide aux patriotes et de noyautage.

Le boycottage, défini comme « l'arrêt ou tout au moins la suspension de l'exécution des mesures gouvernementales de caractère général ou particulier contraires à l'intérêt du pays », était un mode d'action d'un emploi à la fois complexe et facile. Complexe en ce que sa mise en œuvre laissait à chaque responsable une forte part d'initiative, pour décider du type de mesures qu'il convenait de freiner et des meilleures modalités pour le faire. Mais facile aussi parce qu'un préfet, dans le contexte de désorganisation que connaissait le pays, pouvait facilement arguer de circonstances locales pour justifier la lenteur rencontrée dans la mise en place de telle ou telle priorité gouvernementale. Le jeu était évidement plus délicat avec les autorités allemandes, toujours prêtes à douter de la bonne foi de l'administration française, comme il le devint, à partir de janvier 1944, avec les services du maintien de l'ordre tenus par des miliciens. Mais jusqu'à cette date les préfets, dont le régime ne cessa d'accroître l'autorité et le rôle de coordination, pouvaient tirer de leur position de potentats locaux des marges de manœuvre non négligeables. Comme le souligne l'ensemble des messages reçus par le BCRA, il est peu de préfets, même parmi les plus fidèles au régime, qui n'aient donné quelques gages à la Résistance. Beaucoup moins nombreux furent en revanche ceux qui s'impliquèrent dans une aide directe, bien que *Colleone* ait noté l'apparition de véritables « services de délivrance de divers papiers authentiques : cartes d'identité françaises ou étrangères, passeports, permis de conduire, cartes d'alimentation, certificats d'indigence, etc., sous de fausses identités* ». On trouva cependant des cas de résistance indirecte, lorsqu'un préfet couvrait de son autorité ceux de ses collaborateurs qu'il savait liés à la Résistance. Réseaux et mouvements étaient en effet conscients des limites que les hauts fonctionnaires d'autorité, à commencer par les préfets, ne transgresseraient pas, ou très difficilement. Plutôt que d'attendre d'eux une aide directe aux résistants menacés, mieux valait les inciter, selon *Colleone* à « exercer leur influence personnelle à donner le courage d'oser aux fonctionnaires qui, placés sous leurs ordres, ont des sentiments sûrs mais qui craignent de s'engager » et « aussi et surtout [à] couvrir les fonctionnaires résistants de leur autorité et [à] assurer leur nomination à des postes clefs ».

Il est difficile de mesurer avec précision les effets d'entraînement de cette résistance par procuration, mais les résultats étaient là : dans la Creuse, dont le préfet Vasserot était qualifié de « très bon » par les mouvements locaux, un

* *Colleone*, note citée, AN 3AG2 409. Sur la différence entre « faux-faux », composés de toutes pièces, et « vrais-faux », bâtis à partir d'éléments d'identité réels mais invérifiables (par exemple ceux de villes dont les registres d'état civil avaient été détruits lors des opérations de mai-juin 1940 ou étaient inaccessibles, tels ceux des localités d'Algérie après novembre 1942) et transmis par l'intermédiaire d'une administration complice, voir C. Bourdet, *op. cit.*, pp. 63-64.

classement des employés de la préfecture en fonction de leur sympathie envers la Résistance donnait, en décembre 1943, 29 « bons », 30 « neutres » et 3 « douteux [55] ». Un rapport plus général sur l'état d'esprit des milieux préfectoraux, envoyé à Alger au début de 1944, préférait insister sur la fidélité à leurs valeurs fondatrices des bureaux qui, « dans les préfectures, à de rares exceptions près, sont restés républicains et bon teint ; ils ont freiné tant qu'ils ont pu les innovations du régime, dictées par la fantaisie ou les nécessités des occupants et, en sous-main, ils ont prévenu, travaillé, sapé et contribué grandement aux échecs retentissants de la Relève, de la Charte du travail et autres élucubrations vichyssoises [56] ». Si la phrase témoignait par avance du processus d'amnésie sélective qui fondera, après la Libération, la légende dorée de l'administration résistante, il n'en reste pas moins que la diffusion dans l'appareil administratif d'un courant d'hostilité, ou à tout le moins de neutralité malveillante, à l'égard du régime contribua à en saper les bases. Savoir que les circulaires secrètes, voire les instructions orales, pouvaient être connues de ceux qui combattait le régime était évidemment de nature à déstabiliser l'action gouvernementale. Lorsque sa base se dérobe, c'est la pyramide administrative tout entière qui est menacée ; elle l'était par exemple quand le cabinet du secrétaire général à la police devait, dès janvier 1943, inciter les préfets à la méfiance face aux ordres qu'ils recevaient par téléphone : « Il arrive que des instructions importantes, soit en raison de leur caractère, soit à cause de la personnalité qu'elles concernent, vous soient données par téléphone vu l'urgence. Vous voudrez bien n'en assurer l'exécution qu'après avoir vous-même appelé à votre tour le service qui a transmis les instructions, pour vérifier qu'elles émanent bien de lui [57]. »

Dehors et dedans ?

Parallèlement à cette infiltration, quantitativement limitée, de l'administration par quelques réseaux de résistance spécialisés, un phénomène plus massif intervint, surtout à partir du second semestre de 1943, avec la tentation de la désobéissance qui se diffusa dans l'administration à propos du STO. Tout en restant formellement aux ordres, l'appareil d'État choisit, sur cette question, de se placer en retrait de la volonté du pouvoir. Cette position pouvait certes traduire la mise en œuvre de consignes de sabotage, mais était surtout caractéristique des constructions en abyme du double jeu. Il devenait ainsi possible, sans devoir procéder à un examen de conscience excessivement approfondi, de résoudre le conflit des légitimités. La question n'était plus alors de savoir si mieux valait être dehors ou dedans, mais de se demander comment être à la fois dehors et dedans.

Une fonction publique réfractaire

On n'insistera ici que pour mémoire sur l'impact, bien connu, qu'eut la loi instaurant le STO sur le renforcement des maquis [58], notamment à partir du moment où les Chantiers de la jeunesse, détournés de leur mission première, furent considérés par le gouvernement comme un réservoir de main-d'œuvre réquisitionnable *. Constatons seulement que chacun des modes de résistance administrative trouva à se mettre en œuvre dans ce processus de rejet généralisé du STO : alors que, comme l'indique Jacques Sémelin [59], la Relève n'avait pas provoqué de réelle mobilisation **, la loi du 16 février 1943 apparaît bien comme le « facteur déclenchant de l'opposition concrète et massive de la société civile française au régime de Vichy [60] ». Société civile, mais aussi appareil d'État : dès le 15 février, la France combattante, par la voix de Maurice Schumann, l'incita à ne pas appliquer le texte, en rappelant que « le sabotage administratif est le moins périlleux et le plus sournois de tous ; ce n'est pas le moins efficace [61] ». Le même orateur, un mois plus tôt, avait été encore plus explicite en précisant à l'intention des fonctionnaires les moyens de ce sabotage, alors destiné à empêcher le départ vers l'Allemagne des requis :

> Aux fonctionnaires français, nos camarades de Combat, Franc-Tireur, Front national et Libération, qui – malgré Laval et sa Gestapo – tiennent plus que jamais, sur le sol national, la première ligne de la Résistance, lancent l'appel suivant : « Vous n'avez pas juré fidélité à l'occupant. On veut faire de vous les complices de la déportation en masse des ouvriers français. Vous répondrez : non ! Loin de mettre votre conscience professionnelle au service des marchands d'esclaves, par tous les moyens vous retarderez les moyens de la conscription civile. Faussez les listes d'ouvriers désignés ! Détruisez les dossiers ! Égarez les ordres ! Fonctionnaires français, vous ne livrerez pas de nouveaux otages au nazisme en plein désarroi [62] ! »

Alors que les appels antérieurs des mouvements de Résistance à « embouteiller l'énorme machine administrative de Vichy [63] » étaient restés lettre pratiquement morte, leur résurgence au premier semestre 1943 fut d'autant plus efficace qu'elle fit écho aux sentiments de la majorité des agents publics. Il est d'ailleurs significatif que l'homme fort du syndicalisme des fonctionnaires, Charles Laurent, ait joué un rôle actif dans le Comité d'action contre la déportation, qui s'était mis en place pour lutter contre le STO. De passage à Londres, sur le chemin d'Alger, à la mi-octobre 1943, il renouvela sur les ondes de la BBC ses appels au sabotage administratif, dont les outils n'avaient pas changé depuis le printemps précédent :

> Inspecteurs du travail et employés des services de main-d'œuvre, agents de tous grades des préfectures, secrétaires et employés de mairies, personnels de la police et gendarmes, vous pouvez beaucoup pour empêcher nos jeunes concitoyens d'aller, sous la pire des contraintes, aider la machine de guerre du

* Dès avril 1943, le général de La Porte du Theil s'était inquiété auprès de Jardel de rumeurs faisant état d'une promesse de Weinmann de « livrer aux Allemands pour le 1er mai quinze mille jeunes des Chantiers », 22 avril 1943, AN 2AG 542.

** Toutefois, dès le 17 août 1942, Laval avait écrit dans une circulaire aux préfets qu'il lui était revenu « qu'à diverses reprises, des employés municipaux auraient détourné des ouvriers de leur intention de partir en Allemagne ou répondu à des femmes ou familles d'ouvriers en termes propres à les décourager », AN F1a 3680.

> Reich. Trompez-vous dans l'établissement des dossiers et des fiches. Égarez-les. Donnez à nos amis des mouvements de résistance tous les moyens pour développer la délivrance de faux papiers. Personnels de police et gendarmes, fermez les yeux sur ce qui peut se passer autour de vous et faites prévenir habilement ceux que vous êtes chargés d'appréhender. Que votre conscience professionnelle s'accorde avec la volonté du citoyen décidé à aider, par tous les moyens, son pays à se dégager de la botte allemande. Fonctionnaires français, mes camarades, il faut que les hommes de Vichy se rendent compte qu'ils n'ont plus à compter sur vous. Il faut qu'ils sachent que leur régime et les hommes qui les représentent seront immédiatement balayés comme ils l'ont été en Corse. Vous êtes dès maintenant les agents du Comité français de libération nationale, seule autorité légitime dans notre pays[64].

Du sous-préfet qui refusait de signer des ordres de perquisition * à l'inspecteur du travail qui produisait de faux certificats, du douanier qui aidait les requis à passer en Espagne ** au gendarme qui revenait bredouille d'une traque au réfractaire, tous les rouages de l'administration surent faire preuve d'imagination pour freiner la mise en place du STO. Les outils utilisés recouvraient le spectre de ceux déjà évoqués : aux fausses cartes d'alimentation, aux rafles effectuées sans zèle, au fait de prévenir ceux qu'on était censé poursuivre vint s'ajouter, de la part des inspecteurs du travail, l'affectation au-delà des normes de jeunes gens dans des usines dont les personnels étaient dispensés du STO. Deux exemples, choisis parmi des dizaines[65], témoignent du clivage entre les ordres d'en haut et leur application à la base. En mars 1943, pour obtenir l'état des recensements et des départs prévus d'instituteurs, le directeur de l'enseignement primaire demanda aux inspecteurs d'académie de transmettre les informations demandées non seulement au bureau compétent de sa direction, mais aussi « sous enveloppe à [son] nom personnel[66] ». Ce signe de défiance de l'échelon de direction à l'égard du personnel placé sous ses ordres – mais qui était aussi un signe d'impuissance, car un directeur ne peut à lui seul remplacer l'action de toute une administration, fût-elle peu efficace – se retrouvait, plus frappant encore, dans les services de police. Un rapport de

* Par exemple Michel Grollemund, chef de cabinet du préfet de la Savoie, et Jean-Pierre Ordioni, secrétaire général de la Haute-Savoie, dont l'activité résistante était signalée au BCRA, AN 3AG2 324.

** En juillet 1943, le directeur régional des douanes de Montpellier fit savoir à sa direction générale que « le chef de la police allemande de Cerbère a fait connaître [...] qu'il savait que des agents des douanes avaient plus ou moins facilité le passage de jeunes gens en Espagne ; manifestant toutefois le désir de n'avoir pas à prendre des mesures brutales contre des fonctionnaires français, le chef de la police a signalé que nos agents avaient intérêt à s'abstenir formellement de tout acte pouvant porter atteinte à la sécurité de l'armée allemande ». Ce rapport est intéressant non seulement par la position étonnamment indulgente des autorités d'occupation qu'il rapporte, mais aussi en donnant deux exemples d'attitudes divergentes de douaniers : si le préposé L. affirma que c'était à son insu que son fils avait gagné l'Espagne (il fut néanmoins sanctionné par un déplacement d'office), le préposé O. « a immédiatement averti la gendarmerie qu'un jeune homme lui avait demandé de la part d'amis communs de l'héberger avant de passer en Espagne ». Comme quoi une attitude majoritaire n'était pas une attitude unanime, 10 juillet 1943, SAEF B 53032.

septembre 1943, adressé au BCRA, confirmait que les occupants avaient pris la mesure de l'extension – irritante pour le présent, menaçante pour l'avenir – des formes de désobéissance passive au sein des forces de l'ordre :

> Les Allemands ne sont pas satisfaits. S'ils ne mettent pas en doute le loyalisme et le zèle de leurs collaborateurs français lorsqu'il s'agit de l'échelon supérieur, ils redoutent beaucoup l'esprit dans lequel les exécutants, qu'il s'agisse de la police, de la gendarmerie ou de la garde mobile, mettront en œuvre les consignes lancées par Vichy. Ils ont pu constater, notamment à l'occasion des recherches de réfractaires que de nombreux policiers, gendarmes, gardes mobiles se sont efforcés de minimiser ou même de réduire à néant les efforts de leurs supérieurs. Ils se rendent compte qu'au jour du débarquement, alors que chaque Français sentira sa libération proche, aucun ordre répressif ne sera plus exécuté [67].

Il n'était pas jusqu'à la haute hiérarchie administrative qui ne fût dans le doute. Si de nombreux préfets eurent à cœur de faire appliquer les circulaires gouvernementales prescrivant des quadrillages de plus en plus serrés, certains autres étaient considérés par les Allemands comme complices des réfractaires, accusés de leur fournir – ou au moins de tolérer que leurs services leur fournissent – les faux papiers nécessaires à leur survie. S'ils n'étaient que rarement en mesure de rendre inopérante la forte volonté de répression émanant des occupants et des plus hauts échelons policiers, les préfets pouvaient au moins ne pas faire de zèle administratif. Face au STO, l'inertie dont firent preuve de nombreux chefs de service gagna jusqu'à la préfectorale. La situation put même se présenter à fronts renversés, lorsqu'un préfet freinait l'ardeur répressive de ses collaborateurs : une note reçue par le cabinet de Bonnard dénonçait ainsi, au printemps 1944, l'attitude de Raymond Courarie-Delage, préfet de la Haute-Marne, qui refusait de transmettre à l'inspecteur d'académie la liste des instituteurs réfractaires au STO dont le ministre entendait prononcer la révocation [68].

À l'Éducation nationale, le clivage n'était pas moindre entre ceux qui, comme l'ancien ministre Carcopino redevenu directeur de l'École normale supérieure, cherchèrent à protéger les étudiants dont ils se sentaient responsables et les quelques hauts fonctionnaires qui entendaient exécuter les ordres. Tous d'ailleurs ne le faisaient pas à contrecœur. Gain, recteur de Lyon et grand admirateur de Bonnard, n'hésita pas à adresser aux étudiants lyonnais un éloge du STO dont les termes n'auraient pas détonné venant de son maître à penser *. Les plus hautes autorités du ministère semblaient elles aussi décidées à faire appliquer les textes : au début de 1944, à deux semaines d'intervalle, le secrétaire général de l'Instruction publique puis le directeur

---

* La proclamation du recteur – qui débutait par : « D'insidieuses propagandes tendent à obscurcir en vous la voie de l'honneur et de la raison » – plut tellement à Bonnard qu'il décida de la transmettre à l'ensemble des autorités académiques afin qu'elles lui assurent la plus large diffusion. Son cabinet fut en outre chargé de faire publier le texte dans la presse nationale ; circulaire du 31 août 1943, AN F17 13324.

de cabinet du ministre adressèrent aux recteurs l'instruction formelle de ne pas accepter l'inscription en faculté, ni aux divers concours de recrutement de l'enseignement, des jeunes gens qui ne seraient pas en mesure d'attester, par un visa de la direction départementale de la main-d'œuvre, qu'ils étaient en règle avec le STO [69]. Les instructions relatives au filtrage des inscriptions universitaires se heurtèrent toutefois à la résistance passive des fonctionnaires chargés de les mettre en œuvre. Un mois après les avoir rédigées, le cabinet de Bonnard rappelait aux recteurs et doyens l'obligation de les faire appliquer par le personnel administratif, le ministre insistant pour que « tout fonctionnaire qui aurait manqué à faire respecter cette obligation [lui fût] signalé sans délai, [afin d'être] immédiatement relevé de ses fonctions [70] ». Constatant qu'entre janvier et juin 1944 34 000 Français seulement partirent au STO sur le million demandé par Sauckel, Robert Paxton y lisait « l'exemple le plus frappant de l'effondrement de l'administration de Vichy [71] ». Dans une contribution récente, l'historien britannique Roderick Kedward confirme cette analyse, tout en voyant dans la marge de manœuvre laissée aux autorités administratives locales dans l'application d'une loi complexe et très impopulaire la pierre de touche d'une « résistance administrative d'ordre technique : face au STO, les responsables administratifs de Vichy furent livrés à leur seule conscience pour décider jusqu'à quel point collaborer et où s'arrêterait leur contribution personnelle aux exigences allemandes * ». L'hostilité de l'appareil administratif au STO se combinait en effet avec la délégitimation du régime, croissante à mesure que l'échéance approchait, pour rendre largement inopérantes les mesures d'application de la loi.

Le double jeu

Là encore, les réécritures d'après guerre firent de collaborateurs notoires des résistants cachés. Il n'était pas jusqu'à Abel Bonnard lui-même qui, à en croire l'un des derniers hauts fonctionnaires à lui avoir été fidèle, le directeur de l'enseignement supérieur Préchac, n'aurait été soucieux de faire échapper les jeunes Français au départ en Allemagne. Bonnard, président du conseil supérieur du STO et auteur des circulaires dont on a déjà rapporté la teneur, aurait véritablement été l'un des maîtres du double jeu si, comme l'exposa Préchac dans sa déposition lors du second procès de l'ancien ministre devant la Haute Cour, « le bien qu'Abel Bonnard voulait à nos étudiants apparut en 1944 lorsque, pour les soustraire au Service du travail, il demanda des sujets de baccalauréat très difficiles afin qu'ils fussent "collés" et assujettis à une nouvelle préparation de l'examen en France. Un de mes collègues lillois

* « STO et maquis », dans *La France des années noires, op. cit.*, t. II, pp. 271-294. La phrase citée se trouve p. 277. Dans la même contribution, l'auteur citait les chiffres transmis le 1er avril 1943 par le préfet régional de Marseille : sur 866 jeunes convoqués, 380 ne s'étaient pas présentés, 250 avaient été exemptés (dont 91 parce qu'ils travaillaient pour les Allemands et 7 parce qu'ils appartenaient à la Milice), de sorte que seuls 236 étaient partis en Allemagne.

envoya un sujet qui aurait embarrassé même des candidats à l'agrégation et leurs maîtres. Pour la forme, à cause de l'extrême difficulté des sujets, un blâme fut glissé au dossier du doyen responsable. La comédie était jouée [72] ». Ce que l'on sait de Bonnard n'incite guère à accepter cette version, révélatrice néanmoins des comédies qui se jouèrent, ou plutôt se « double-jouèrent » au cours de la dernière année du régime. Il est clair que, par nature, NAP et Super-NAP devaient privilégier, si le dilemme se présentait, l'efficacité sur la morale. N'allait-on pas ainsi offrir une voie royale à quelques cadres très compromis, en leur offrant la possibilité de se racheter à bon compte une conduite ? Le marché avait en tout cas l'avantage d'être ouvertement exposé, comme par exemple dans le message qu'adressait en juillet 1943, au nom du Super-NAP, *Delcourt* au BCRA :

> Dans le cas particulier des fonctionnaires de police, il conviendrait même d'insister tout particulièrement afin que ceux qui ont pu, dans le passé, être considérés comme plus ou moins compromis comprennent qu'en venant à nous sans réticence et en nous apportant leur concours le plus complet ils peuvent, dès à présent, améliorer considérablement leur situation [73].

Cette forme de racolage n'était pas du goût de tous dans les organisations de résistance. Le conflit déjà évoqué, dans la police, entre Ajax et les MUR trouva là encore une raison de se cristalliser, ceux-ci estimant que la distribution d'indulgences allait décidément trop loin, s'il était vrai que celui-là « présentait comme futur directeur général de la police nationale M. Mondanel, ancien inspecteur général des services de police judiciaire, qui servit tous les ministres et tous les régimes, y compris celui de Vichy, et qui eut la confiance de M. Pucheu ; [et] recrutait des policiers à qui les derniers événements internationaux donnent à réfléchir, et qui encore récemment travaillaient avec zèle dans des sections politiques à la répression ordonnée par Vichy [74] ». Les promoteurs du NAP – que d'Astier avait pourtant prévenus des inconvénients inhérents à un dispositif favorisant par essence les doubles jeux – semblent avoir minimisé le risque consistant à fournir des alibis à un certain nombre de hauts fonctionnaires qui avaient à se reprocher des actes douteux pour leur conscience peut-être, et pour leur carrière assurément. « Ce danger, reconnaissait Claude Bourdet dans ses Souvenirs, était clair dès le début et nous ne l'avons pas entièrement évité. Mais il faut dire que nous n'imaginions pas, à l'époque, que tant de fonctionnaires et non-fonctionnaires se rueraient vers une résistance tardive, et nous imaginions encore moins qu'on leur saurait gré de ce "retournement de veste" [75] ». Pour le créateur du NAP, l'ancienneté de l'apparition du réseau, dès l'été 1942, offrait toutefois la capacité de recul permettant d'en tenir à distance les personnages les plus compromis. Claude Bourdet insistait également sur le fait qu'en 1944, quand il était clair que le vent ne soufflait plus de Vichy, il existait bien d'autres fabriques d'alibis que le NAP. Il développa son propos dans l'intervention qu'il prononça lors de la journée d'études consacrée, en 1987, à l'année 1942 :

> Vers la fin de la guerre, dans l'administration, et surtout dans la haute administration, certains des personnages les plus compromis ont estimé prudent de rendre des services à la Résistance. Certains aussi se sont rendu honnêtement compte qu'ils s'étaient trompés jusque-là. Mais, en 1944, un haut fonctionnaire n'avait pas besoin du NAP pour entrer en contact avec tel ou tel échelon de la résistance régionale répandue dans toute la France. À côté du NAP, de nombreux contacts existaient un peu partout. [...] Et quand un fonctionnaire a été, pendant des mois ou des années, membre du NAP [...], les responsables locaux et régionaux savaient exactement comment il se comportait, si les services rendus à la Résistance l'étaient dans un esprit de sincérité et de patriotisme et enfin si le travail que ce fonctionnaire était obligé de faire pour Vichy avait ou non un caractère néfaste [76].

Il y eut, à partir du second semestre de 1943, suffisamment de rumeurs de débarquement allié sur les côtes françaises pour que des garanties fussent prises plus tôt que ne l'avaient imaginé ceux qui pensaient avoir encore quelque temps avant de devoir choisir leur camp. Les résistants des débuts n'avaient pas fini de boire le calice, qui se plaignaient dès juin 1943 du ralliement en masse « des ouvriers de la onzième heure de la Révolution nationale (et qui en ont largement bénéficié et profité), qui voudraient être aussi les ouvriers de la onzième heure de la France libre [77] ». Le giraudisme, comme on l'a vu, facilita ces passages en permettant à une partie des élites vichyssoises de rêver d'une Révolution nationale sans collaboration, et de se placer dans le camp anti-allemand sans être pour autant obligés de frayer avec les « dissidents », trop liés à leurs yeux aux communistes. En octobre 1943, Bernanos dénonça cette « forme d'idéalisme pratique qui portera dans l'histoire le nom de giraudisme » en décrivant, avec tout le talent qu'il mit pendant la guerre au service de la flamme qui ne devait pas s'éteindre, le double jeu mené par la fonction publique :

> Il y a six mois, nous avons assisté à une véritable épidémie de conversions parmi les fonctionnaires vichysants. Comme dans la célèbre fable des « Animaux malades de la peste », ils ne mouraient pas tous mais tous étaient frappés. Si les fonctionnaires de l'Empire romain s'était convertis ainsi en masse au christianisme, l'étendard de la Croix aurait flotté sur le Capitole bien avant Constantin, et Néron, instruit de notre sainte religion par la pieuse Agrippine, aurait peut-être fini ses jours au couvent. Mais pour les fonctionnaires dont je parle, le martyre n'est pas une vocation, c'est même la dernière des solutions possibles. Au lieu de [...] donner leur démission, ces hommes subtils ont jugé plus pratique de procéder sur eux-mêmes à une simple opération de dédoublement [...]. C'étaient leurs consciences de fonctionnaires qui traversaient les Océans pour courir au secours de la liberté menacée, mais leurs corps de fonctionnaires restaient à leur place, à moins qu'ils ne se présentassent au guichet [78].

Moins littéraire, mais tout aussi significative, était la note adressée au BCRA, en juillet précédent, sur la même question. Texte qui apparaît doublement révélateur : tout en précisant l'état d'esprit qui régnait à Vichy en juillet 1943, il laissait entrevoir, dans son dernier paragraphe dont le gouvernement provisoire se garda de suivre les suggestions, la source de bien des rancœurs de l'après-guerre :

> Les événements de Sicile ont eu une répercussion considérable sur l'état d'esprit général des politiciens et fonctionnaires payés par le gouvernement de Laval. Les mêmes gens qui estimaient inexpugnable la « forteresse Europe » en mai dernier se livrent en juillet à des plaisanteries faciles sur le courage des Italiens et préparent leur position de repli. Or le malaise psychologique des vrais patriotes réside précisément en ce fait que l'on craint de voir les « ouvriers de la onzième heure » payés au tarif de ceux qui auront tout sacrifié depuis l'origine. Autrement dit, le Français commerçant, ouvrier, fonctionnaire qui aura sacrifié argent, famille, situation pour servir la cause anti-allemande se voit actuellement dépassé en zèle par des néophytes qui disent avoir toujours cru à la victoire des alliés et à une défaite allemande. C'est là que dans l'opinion de la France qui souffre réside le véritable malaise psychologique de l'affaire Giraud-de Gaulle. Ceux qu'on appelle improprement les giraudistes sont souvent les ralliés de la dernière heure qui, sans se compromettre, sont verbalement favorables à la cause anti-allemande. Il faut que dès maintenant soit prévue l'annulation pure et simple de TOUTES les nominations faites au cours des années 1940 à 1943 : nominations de directeurs, chefs de cabinet ayant pris des assurances avec les communistes ou la synarchie tout en faisant le jeu de la collaboration ; nominations sans concours et sans titres de fonctionnaires subalternes qui ne font encore que penser à leur situation personnelle et ne veulent pas se « mouiller » pour la cause alors que ceux qui œuvrent contre l'Allemagne sont plus ou moins ouvertement éliminés impitoyablement[79].

Les choses n'étaient pas aussi tranchées. Si la disparition de Giraud de la scène algéroise n'entraîna pas la mise à l'écart de tous ceux que son nom y avait fait venir, certains d'entre ces derniers se rallièrent sans difficulté à la ligne gaulliste. La stratégie gaullienne de recherche de l'unanimité nationale interdisait en effet de considérer comme inutilisable la portion des élites vichyssoises ayant tourné casaque à temps. Face à la difficulté de voir parfaitement clair dans les parcours individuels, l'historien est placé devant une alternative peu satisfaisante : soit il change de métier et endosse la défroque du directeur de conscience pour sonder les reins et les cœurs afin de décerner des certificats de bonne conduite, soit, plus modestement, il avoue son impuissance à saisir parfaitement un objet qui s'obscurcit à mesure que l'on s'en rapproche. Jacques Sémelin, bon connaisseur des « arcanes de la non-coopération », ne nous éclaire guère lorsque, évoquant la situation des fonctionnaires travaillant le jour pour l'État et la nuit pour un mouvement de résistance, il conclut que « dans de telles situations, les frontières entre collaboration et résistance paraissent s'estomper » :

> La question essentielle est alors de savoir dans quel état d'esprit et pour quels buts on pouvait collaborer, puisqu'une collaboration tactique pouvait être en réalité une forme de résistance. Tout dépend bien entendu de ce qu'on entend par « collaboration », et il convient de ne pas pousser le paradoxe trop loin. Car celui-ci risquerait de conduire à légitimer d'authentiques pratiques de collaboration ayant cherché à se donner de pseudo-mobiles résistants. Mais il reste vrai que, dans certains cas, diverses conduites de non-coopération limitées – individuelles ou collectives – ont pu se développer dans un contexte de collaboration volontaire ou forcée[80].

La véritable difficulté devient alors de définir le critère sur lequel se fonder pour estimer que « le paradoxe est poussé trop loin ». La réponse n'appartient pas à l'historien, mais à l'histoire : c'est le contexte politique qui fit accepter par la France libre le ralliement en septembre 1942 du député PSF Charles Vallin, pétainiste de la première époque, puis en août 1943 celui de François Valentin, ancien directeur général de la Légion, mais ne put rendre recevables les offres de services faites par un Darnand « portant déjà l'uniforme allemand, et couvert du sang des combattants de la Résistance [81] ». Pour autant, les mots sont insuffisants : « résister et collaborer » peut aussi bien traduire l'attitude de qui donne des gages de collaboration pour aider effectivement, et en prenant des risques, d'authentiques résistants que recouvrir ce « gaullisme verbal, qui se fait pardonner par des lâchages en faveur des Allemands » dénoncé au BCRA dès juillet 1943 [82]. Claude Bourdet évoquait ainsi, sans citer de nom, « le cas de ce secrétaire général d'une préfecture qui partageait avec son préfet une attitude toute de servilité vis-à-vis de Vichy et des Allemands. Mais son préfet et lui rendaient aussi des services à la résistance régionale. À la Libération, ce personnage peu scrupuleux rejeta sans vergogne sur son supérieur tous les actes de collaboration, et prit pour lui les actes de résistance ; ce qui lui permit de se fabriquer un passé honorable, et d'accéder depuis lors aux plus hautes fonctions. Inutile de dire que son patron, qui dut supporter tout l'opprobre, ne le lui a pas pardonné. Ni l'un ni l'autre n'appartenaient au NAP [83] ».

Il était toutefois, dans l'administration préfectorale, des hommes dont le comportement obéissait à des motifs plus complexes. À « la crainte de perdre leur gagne-pain » se mêla en effet chez de nombreux sous-préfets – quoique de manière plus progressive que ne l'écrivait *Colleone*, pour qui l'esprit de résistance s'était manifesté « dès le premier jour » – « le souci de ne pas abandonner tous les pouvoirs à la tourbe [...] qui dès l'armistice s'est précipitée à la curée ». Parmi eux, le préfet délégué d'une ville de zone sud qui, bien que « n'[étant] certainement pas une grande lumière », s'était déclaré prêt à aider les groupements de résistance, dans la mesure de ses moyens, non par pur opportunisme mais « parce que tels [étaient] ses sentiments, et que les souhaits des Français [étaient] tous pour la victoire des Alliés * ». Mémorialistes et témoins d'aujourd'hui rappellent à l'envi la multiplication des actes de sabotage administratif, depuis la délivrance et le transport de faux papiers jusqu'à l'utilisation « adaptée » des forces policières en passant par la transmission à la France libre d'informations d'ordre administratif et politique. Les documents d'époque confirment l'importance du rôle joué par quelques-uns des membres du corps préfectoral, en soulignant les « services inestimables »

* Mémorandum déjà cité, AN 3AG2 409. En décembre 1943, parlant du même préfet, la résistance locale estima qu'il « exerce ses fonctions avec une négligence marquée et remarquée, et essaye constamment de contenter tout le monde sans mécontenter personne. C'est l'homme des demi-mesures. A donné depuis plusieurs mois des gages certains aux organisations de résistance. On doit lui en tenir compte le cas échéant », AN 3AG2 324.

rendus par tel secrétaire général ou les risques pris par tel chef de cabinet, qui « avertit les patriotes, leur livre fausses cartes et tampons, refuse de signer des ordres de perquisition [84] ». Les Allemands ne s'y trompèrent pas, qui commencèrent à arrêter, à partir du second semestre de 1943, préfets et sous-préfets en fonctions *. Annonciatrices des grandes vagues de 1944, des arrestations vinrent ainsi frapper en août le préfet des Côtes-du-Nord, Lahillonne, et le sous-préfet de Dole, Diébolt, en novembre le préfet de Haute-Savoie, Trémeaud. Plusieurs motifs étaient avancés pour expliquer cette dernière arrestation : un rapport de la Résistance indiquait que lui étaient reprochés soit sa tiédeur dans la recherche des réfractaires, soit son manque de vigueur dans la répression des attentats anti-allemands, soit enfin de mystérieux déplacements à Vichy et Genève. Selon Pierre Limagne, quelques semaines plus tard, c'était le refus de ce préfet de donner aux occupants la liste des Alsaciens résidant dans son département qui lui avait valu d'être incarcéré à Compiègne [85].

Les couvertures

Comme le rappelait *Colleone*, la visibilité n'était en tout cas pas de mise. Il était absurde de sacrifier, en les exposant inutilement, les rares cadres de l'administration prêts à apporter, sous conditions, leur appui à l'action résistante. La défection ouverte ne pouvant être qu'exceptionnelle **, la couverture constituait l'outil de base du double jeu, dont il fut fait grand usage dans le climat que décrivait, dès juillet 1942, Pierre Limagne :

> Un peu partout, dans les administrations françaises, se devine la présence de patriotes ; mais le premier réflexe de chacun est de suspecter son voisin. On a d'ailleurs de plus en plus de peine à distinguer les vrais patriotes des hommes surtout désireux de se ménager une bonne place pour le lendemain de la défaite allemande, considérée comme inévitable [86].

Il fallut attendre deux ans pour que cette prophétie se réalise. Deux ans durant lesquels, à mesure que le régime se durcit, la lisibilité de l'attitude des fonctionnaires se brouilla : comme on l'a indiqué, le noyautage parvint à s'infiltrer jusqu'à l'intérieur du commissariat général au STO ou des services français auxiliaires de la Gestapo. Ceux-là mêmes qui effectuaient les tâches les plus honnies, à qui l'on semblait devoir réclamer à la Libération les comptes qui

---

* Ce qui n'était le cas ni de Jean Moulin ni de Fred Scamaroni, qui n'appartenaient plus à la fonction publique lors de leur arrestation, respectivement en juin et en mars 1943, l'un comme l'autre ayant été de longue date révoqués par Vichy.

** Elle ne se présentait que dans des situations très particulières, essentiellement dans les représentations diplomatiques françaises à l'étranger, qui étaient hors d'atteinte des représailles allemandes. Pierre Nicolle décrit ainsi l'émergence d'une véritable contre-administration lorsqu'il rapporte l'étonnement, pour ne pas dire plus, de Monnier, promu par Laval ministre à Lisbonne et découvrant à son arrivée que « tous les membres de sa légation avaient quitté leur poste [pour] constituer une représentation semi-officielle des gouvernements de Gaulle ou Giraud », *op. cit.*, t. II, p. 157.

s'imposaient, apparurent au contraire comme des patriotes discrets et efficaces, capables à la fois de supporter l'opprobre général et de résister aux exigences, conjointes et concordantes, des occupants et du pouvoir. Dans cette ambiance, les faux pas pouvaient être nombreux. Si tous n'eurent pas de conséquences aussi tragiques que celui, rapporté par Jean Gemaelhing, de cet employé du STO de Quimper agent du NAP, abattu après la Libération par un FTP excessivement zélé[87], une trop bonne couverture risquait de faire passer un résistant confirmé pour un pur produit du collaborationnisme : en février 1944, une note de la Résistance intérieure indiquait ainsi que le fait que le préfet de la Dordogne ait été dénoncé comme collaborateur était « une erreur, due aux apparences fatales par les temps actuels dans le poste qu'il occupe[88] ». En 1947 encore, Bernard de Chalvron dut mettre en balance tout le poids de son autorité d'ancien chef national du NAP pour laver Jean de Bearn des soupçons qui pesaient sur lui du fait de ses anciennes fonctions de chargé de mission au cabinet du maréchal Pétain, alors même qu'il avait été, indiquait Chalvron, « l'un des plus actifs agents de renseignements [du NAP] », prenant en cela des risques considérables « comme en [faisait] foi le sort advenu à son successeur de réseau qui, découvert, fut arrêté et fusillé par les Allemands[89] ». Mais, pour de tels exemples, combien de ces hauts fonctionnaires – que leurs noms soient connus de tous ou qu'ils soient restés anonymes – adeptes du solide double jeu, dont l'auteur se veut gagnant sur tous les tableaux, l'enjeu majeur s'appelant carrière. En avril 1943, dans un rapport qui transita par Lisbonne avant d'atteindre le BCRA, un « M. M., journaliste », décrivait, avec vigueur mais non sans finesse, le fonctionnement d'un régime construit sur le double jeu, régime auquel il ne voyait d'autre motivations que « la bassesse et l'opportunisme » :

> Il n'est guère de fonctionnaires, surtout parmi ceux qui occupent un rang élevé, qui ne soient hantés par le souci de placer entre eux et le collaborationnisme vichyssois le rempart d'un geste, d'un acte, d'une parole, d'une initiative, d'une intervention dont ils pourront tirer profit à l'instant opportun. Je sais, à l'hôtel de la Paix, des fonctionnaires ayant constitué trois dossiers ; le premier, le plus mince, contient la trace de ce qu'ils ont fait pour le gouvernement ; le second, la preuve des services rendus aux Allemands ; le troisième les ronéos des informations à tendance anglophile. À l'heure H, deux de ces dossiers disparaîtront. Naturellement, désormais, c'est le dossier anglo-saxon que l'on s'efforce de gonfler sans redouter d'ailleurs de recourir à quelques truquages. [...] Que l'on n'oublie pas que les hommes de Vichy, plus que tous les autres, ont tout fait pour arriver à l'échéance avec le maximum de précautions. Si nul ne démasque leur jeu ou ne met fin, sans plus de façons, à leur triste carrière, ils se présenteront au jour de la victoire avec de lourds dossiers qui leur donneront l'autorité de « libérateurs ». Qui, dans l'enthousiasme universel, se dressera pour démasquer cette comédie ? Qui rappellera combien était fragile leur anglophilie quand le vent tournait – et de tels hommes ont les narines fines* ?

* AN 3AG2 325. Le pamphlet commençait ainsi : « Il est peu probable que Vichy trouve jamais un historien. Car, plus fort que la haine et la colère, un insurmontable dégoût livrera à l'oubli les annales d'une période qui, à plus juste titre que la Restauration, mériterait d'être appelée une "halte dans la boue". »

Doubles jeux et cas de conscience individuels rendent ainsi délicats les jugements moraux et réductrice l'image d'une administration résistante dans ses profondeurs, image vers laquelle, pour des raisons différentes, pétainistes et gaullistes convergèrent pourtant après la Libération. Du Moulin de Labarthète évoquait ainsi « ces cadres supérieurs intacts, courageux, bientôt résistants et dont on ne dira jamais assez à quel point ils ont sauvé la France [90] », tandis que le général De Gaulle, dès le 25 juillet 1944, soulignait devant l'Assemblée consultative provisoire à quel point « la grande majorité des serviteurs de l'État [...] pendant les années terribles de l'occupation et de l'usurpation, ont avant tout cherché à servir de leur mieux la chose publique [91] ».

Reconstruire l'administration française

Le contexte de ce discours expliquait les raisons de ce coup de chapeau, encore distant mais qui prit par la suite, sous la plume du Général, des accents plus lyriques pour consolider le mythe d'une administration tout entière résistante dans une France tout entière résistante. Il s'agissait, en juillet 1944, de « remettre sur pied l'administration française, sans le labeur et le dévouement de laquelle il ne saurait y avoir que désordre et confusion [92] ». La reconstruction de l'État était en effet une priorité absolue du gouvernement provisoire : la défaite de 1940 ayant eu son origine, selon le chef de la France libre, au moins autant dans l'affaissement de l'État républicain que dans l'inadaptation de la stratégie militaire *, le gouvernement de la Libération avait pour mission première de restaurer un État. La France libre avait d'ailleurs, dès l'origine, placé son action sous le signe de la continuité de l'État, préoccupation qui touchait moins la résistance intérieure, d'abord désireuse de changer les rapports économiques et sociaux. Cette différence de points de vue entre des mouvements de résistance qui se vivaient comme constitutifs d'une contre-société et le gaullisme, porteur des valeurs d'un contre-État, s'était déjà nettement fait ressentir dans l'évolution des relations entre les mouvements et le Comité général d'études (CGE) dont s'était dotée la Délégation générale du CFLN en métropole.

La pensée administrative de la Résistance

Il est difficile de parler d'une pensée administrative de la Résistance. Lorsque le thème de la réforme de l'État y fut abordé, les mêmes ambiguïtés réapparurent qui avaient déjà obscurci le débat d'avant guerre. Sous le terme de « réforme de l'État » en effet, on se préoccupait plus de l'évolution des institutions politiques que de celle de l'organisation administrative. Si la

---

* « En définitive, l'anéantissement de l'État était au fond du drame national », *Mémoires de guerre*, *op. cit.*, t. I, p. 87 (dans la réédition au format de poche). Et l'on se souvient de son mot cruel sur le président Lebrun : « Au fond, comme chef de l'État, deux choses lui avaient manqué : qu'il fût un chef ; qu'il y eût un État », *ibid.*, t. III, p. 30.

Résistance donnait naturellement la priorité à l'action immédiate sur la réflexion prospective, elle n'en était pas pour autant muette sur les réformes structurelles qui permettraient à la France de demain de ne pas répéter les erreurs de celle d'hier. De nombreux projets de réforme constitutionnelle furent préparés par les mouvements durant les deux dernières années de l'Occupation, mais la fonction publique n'y figurait qu'à titre accessoire, « les mesures de caractère administratif, quelles que soient leur importance et même leur nécessité, n'[ayant] ni pour objectif ni pour conséquence l'amélioration des rouages fondamentaux de notre système politique [93] ». C'était là clairement considérer l'administration comme un simple outil, dont l'amélioration, qui découlerait de la réforme des institutions et des mœurs politiques, ne méritait pas qu'on s'y attardât, en tout cas pas tout de suite. En même temps qu'au régime de la presse ou aux grandes réformes économiques et sociales, c'est à la création d'une Quatrième République rejetant à la fois l'autoritarisme vichyssois et le parlementarisme dévoyé de l'avant-guerre que les mouvements consacraient l'essentiel de leur réflexion. Resurgirent d'ailleurs à cette occasion les critiques contre l'organisation administrative, jugée sclérosée et accusée de détournement de pouvoir. Ainsi, lorsque le journal *Après*, proche de Combat, critiqua le parlementarisme de l'avant-guerre, il inclut dans sa dénonciation « la dictature de l'inspection des Finances, exerçant son droit de regard sur tout et, par la publication des règlements d'administration publique, dénaturant l'esprit des textes votés par le Parlement au point que ce dernier ne pouvait y reconnaître ses enfants * ».

C'est donc essentiellement lorsqu'il était question d'épuration que l'administration se voyait remise en cause. Comme l'écrivirent en janvier 1944 les *Cahiers politiques*, il convenait en effet de tirer les conséquences du fait que « tous les milieux en place [étaient] compromis par leur adhésion publique et durable au gouvernement de Vichy [94] ». Ce que *Franc-Tireur* traduisait six mois plus tard, en pleine bataille pour la libération du territoire, par un mot d'ordre clairement exprimé – « C'est la Résistance qui doit fournir ses cadres à la République » – et clairement explicité :

> La France n'admet pas que le soin de refaire le pays doive être confié aux « gens très bien », c'est-à-dire aux « notables », aux grands bourgeois, aux membres du Conseil d'État, de l'inspection des Finances, de la Cour des comptes, de l'Académie des sciences morales, aux anciens élèves des Sciences po. [...] Ce n'est pas le Conseil d'État qui a monté les maquis ; ce n'est pas la Cour des comptes qui les a ravitaillés ; ce n'est pas l'Académie des sciences morales qui a rédigé la presse clandestine ; ce n'est pas à l'École des Sciences po que se sont recrutés groupes francs et FTP [95].

On écrivit alors beaucoup sur la nécessité d'écarter les plus hauts fonctionnaires de Vichy et de châtier les fonctionnaires coupables de faiblesse envers

* Juillet 1943, cité par H. Michel et B. Mirkine-Guetzévitch, *op. cit.*, p. 87. C'est en fait la direction du budget, plus que l'inspection des finances, qui prêtait le flanc à une telle critique.

l'occupant, mais la réflexion sur le recrutement, la formation et la carrière des serviteurs de l'État en resta à des considérations très générales : la Résistance avait en effet eu d'autres sujets de préoccupation que de réagir aux réformes administratives de Vichy, sans compter qu'il n'existait guère, au sein des mouvements, de compétences pour traiter de tels sujets avec l'autorité née d'une connaissance interne de la haute fonction publique[96]. Quelques rares individualités faisaient exception, tels les maîtres des requêtes Michel Debré, membre de Ceux de la Résistance, et Alexandre Parodi, qui militait à Libération-Sud. Ce n'est évidemment pas par hasard que l'un comme l'autre développèrent leurs propositions de rénovation administrative non au sein de leur mouvement, mais en tant que membres du CGE, organe de réflexion et d'action créé par Moulin et rattaché à la France libre. C'est également à titre personnel, même s'il déclara en avoir discuté avec ses camarades du Comité d'action socialiste et de Combat, que Jules Moch présenta, au début de 1944, un plan complet de réforme institutionnelle visant à concilier régime parlementaire, renforcement de l'exécutif et « démocratie technique[97] ». La pensée technicienne marquait fortement ce texte, notamment dans la proposition de voir des services publics essentiels – Jules Moch citait l'éducation nationale, les œuvres de jeunesse, l'assistance et la justice – « échapper au budget administratif [pour être] transformés en secteurs autonomes à gestion tripartite[98] » associant hiérarchie administrative, représentants des personnels et usagers. Le projet prévoyait également, de manière particulièrement ambitieuse, la fusion en une « Haute Cour de la République » de la Cour de cassation, du Conseil d'État, de la Cour des comptes et de l'inspection des finances. Pour « mettre fin au monopole de fait dont jouissait l'École libre des sciences politiques » et parce qu'un régime devait « disposer d'institutions formées à son image », les membres de cette instance unique de contrôle de l'activité administrative devaient être pour partie élus par le suffrage universel et pour partie nommés par des collèges professionnels restreints[99].

Alors qu'on aurait pu attendre du NAP – réseau implanté par excellence dans l'administration et qui se trouvait avoir à sa tête un ancien du CNOF – un apport à la réflexion sur l'administration idéale, c'est d'un autre horizon résistant, l'Organisation civile et militaire (OCM), qu'émana une approche, au demeurant partielle, des questions de fonction publique. Piloté par le banquier Maxime Blocq-Mascart, ce mouvement de zone nord, important dès 1942 et « qui compta relativement plus de patrons, de dirigeants d'affaires et de hauts fonctionnaires associés au patronat que les autres* », fut ainsi le premier, et pendant longtemps le seul, mouvement à se poser la question des institutions de l'État futur[100]. Il acquit assez de légitimité en la matière pour que, lorsque les *Cahiers politiques* du CGE publièrent en avril 1944 leur analyse du

* H. Ehrmann, *La Politique du patronat français, 1936-1955*, Armand Colin, 1959, p. 93. Parmi les patrons travaillant pour l'OCM on compta Aimé Lepercq, président du Comité d'organisation des combustibles solides, et Pierre Lefaucheux, qui allait bientôt rejoindre le CGE.

«problème constitutionnel français», ils tinrent à préciser que ce texte avait reçu l'accord de l'OCM. Encore convient-il de noter que les fonctionnaires présents au sein de ce mouvement provenaient essentiellement de deux secteurs: l'enseignement (avec Maximilien Sorre, directeur de l'enseignement primaire sous Jean Zay, Alfred Rozier, directeur du Bureau universitaire de statistique, et Georges Jamati, chef de bureau au CNRS) et la haute administration économique. Ce dernier vivier, issu pour l'essentiel de l'inspection des Finances et du ministère de la Production industrielle, conduisit l'OCM à s'intéresser, «dans un esprit à la fois novateur et autoritaire, quelque peu teinté de technocratie [101] », au rôle de l'État dans la conduite de l'économie. La «réforme administrative générale» proposée par l'OCM se souciait donc moins de questions statutaires ou de problèmes de fonctionnement de l'État* que des moyens de réguler, entre le laisser-faire et le dirigisme inefficace dont les comités d'organisation donnaient l'exemple, l'intervention publique dans la marche des affaires. La lecture des *Chroniques de la Résistance* écrites dans la clandestinité et publiées après guerre par Maxime Blocq-Mascart ne permet pas de considérer que le mouvement se soit jamais posé la question de la rénovation de la fonction publique autrement que sous l'angle de l'efficacité de l'État, qui était déjà celui adopté avant guerre par les *Nouveaux Cahiers*. À la différence de ce que pouvait, à la même époque, produire le Comité d'études pour la France, les réflexions de l'OCM n'envisagèrent l'État que comme une forme particulière d'organisation, sans prendre en compte sa dimension de dépositaire de la puissance publique. Les développements publiés dans les *Cahiers* de l'OCM sur la réforme administrative portaient ainsi exclusivement sur l'organisation territoriale, en reprenant d'ailleurs la plupart des problématiques qui avaient conduit Vichy à créer les préfectures régionales [102].

Une résistance fonctionnarisée ?

Si le Comité général d'études, chargé de préparer la législation à mettre en œuvre lors de la Libération et composé à cette fin de personnalités ayant une expérience réelle des affaires de l'État, fut plus précis dans ses réalisations, la différence des sensibilités politiques et sociales entre ce «Conseil d'État de la Résistance» et les mouvements entraîna un conflit annonciateur de bien des

* Sauf pour les deux ministères qui, compte tenu de la composition du mouvement, retenaient l'intérêt de ses membres. Le deuxième cahier publié dans la clandestinité par l'organisation proposa, en septembre 1942, la création d'un «ministère de la Vie culturelle», composé d'un secrétariat d'État à l'Éducation nationale et d'un «secrétariat d'État à l'Expression nationale». Ce dernier, formé d'une direction des lettres, d'une direction du théâtre, d'une direction des arts, d'une direction des musées et palais nationaux et d'une direction des archives et des bibliothèques, ressemble beaucoup à notre actuel ministère de la Culture. En mai 1943, le troisième cahier exposa des propositions de réorganisation des secrétariats d'État à l'Économie et à la Production industrielle. Ces projets sont reproduits dans l'ouvrage de Maxime Blocq-Mascart, *Chroniques de la Résistance, suivies de Études pour une nouvelle Révolution française par les groupes de l'OCM*, Corrêa, 1945, respectivement pp. 185-307 et 327-351.

désillusions de l'après-guerre. Créé pendant l'été 1942 sous le nom de « Comité des experts », le Comité général d'études – qui prit son appellation définitive au début de 1943 – résulta de la transformation, par Jean Moulin, en service officiel rattaché à la France libre d'un groupe informel né autour du démocrate-chrétien François de Menthon [103]. Si cette sensibilité était aussi celle du juriste Pierre-Henri Teitgen et de l'économiste René Courtin, les courants de pensée laïcs n'étaient pas absents du comité, avec Paul Bastid, ancien ministre radical du gouvernement Blum, Robert Lacoste ou Alexandre Parodi, directeur général du travail et de la main-d'œuvre de 1936 à l'automne 1940. Tous connaissaient la chose administrative, qu'ils l'aient observée depuis les facultés ou qu'ils l'aient pratiquée comme ministre, haut fonctionnaire ou responsable syndical. Michel Debré, qui avait fait ses premières armes, en 1938, au cabinet de Paul Reynaud, rejoignit au printemps 1943 le Comité, renforçant ainsi sa capacité de réflexion sur la modernisation de l'État. Il travaillait en effet, avec l'inspecteur des Finances Emmanuel Monick, à un projet de réforme profonde des institutions publiques. Publié, sous le titre ambitieux de *Refaire la France*, après la fin de l'Occupation *, l'ouvrage traitait d'abord de questions constitutionnelles **. Pour autant, les deux hauts fonctionnaires n'étaient pas tendres pour l'appareil administratif de la Troisième République, devenu celui de Vichy :

> L'administration a perdu l'habitude d'imposer l'obéissance à l'intérêt général. Il lui semble que son devoir n'est plus que de composer entre les tendances diverses : elle a substitué l'habileté à l'autorité. En face de groupes particulièrement puissants, sa réaction est d'abdiquer. [...] Peut-on même parler d'une administration française ? Elle s'est désagrégée en administrations diverses, en offices autonomes, en directions orgueilleuses de leur indépendance, en services jaloux de leurs prérogatives. Il est devenu à peu près impossible de faire passer à travers ces corps aussi étrangers les uns aux autres une politique cohérente, voire de faire aboutir une décision [104].

Ce type de diagnostic, qui appelait comme antidote un réel renforcement de l'exécutif, contribua à creuser le fossé entre le CGE, dans lequel Michel Debré voyait « une sorte Conseil d'État clandestin, réfléchissant à l'avenir et

* Sous le pseudonyme collectif de Jacquier-Bruère.

** Même si les auteurs ne minimisaient pas l'importance d'une réforme de l'appareil administratif, qu'ils justifiaient en des termes qui n'ont pas perdu leur actualité : « On considère souvent le redressement administratif comme un chapitre secondaire de la refonte des institutions. C'est une erreur, car c'est chaque jour que le citoyen est en contact avec l'administration. Selon le sentiment qu'il a de sa valeur ou de ses défauts, il respecte l'État et fortifie son esprit civique, ou au contraire méprise la chose publique et perd le goût de la discipline collective. Mais il y a davantage. L'administration en vérité partage avec le gouvernement la charge du pouvoir. Elle n'est pas seulement l'organe qui reçoit les ordres du gouvernement et les exécute, elle a aussi sa propre sphère d'action, que le gouvernement contrôle mais dont il ne prend pas toute la responsabilité. En d'autres termes, une réforme profonde de l'administration est nécessaire pour mener à bien un grand programme de redressement national », Jacquier-Bruère, *Refaire la France*, Plon, 1945, p. 143.

traitant du court terme[105] », et nombre de mouvements de résistance qui rejetaient viscéralement l'idée même de « monarque républicain » vers laquelle convergeait la pensée organisationnelle d'avant guerre. Dès le début de 1943, les relations furent difficiles entre le CGE et les mouvements : placé sous l'autorité directe de la France libre, le Comité devint un enjeu du processus dynamique et conflictuel qui, après la création des MUR, régit les relations entre les mouvements d'une part, la France libre et son délégué Moulin d'autre part[106]. Si les attaques contre le CGE, qui émanèrent alors simultanément de Combat et de l'OCM, doivent être resituées dans ce contexte, elles n'en contenaient pas moins des critiques spécifiques à l'égard de la composition et du fonctionnement du Comité, résumées par le reproche fait par Frenay à Moulin de vouloir « fonctionnariser la Résistance, en coiffant ses organismes directeurs de représentants du Comité national ou *missi dominici* et en instituant à ses côtés un petit corps de fonctionnaires qui perd tout contact avec les éléments actifs[107] ». Tout en affirmant approuver la fonction de « Conseil d'État de la Résistance » que remplissait le CGE lorsqu'il préparait, relisait et mettait en forme les futurs textes législatifs, l'OCM n'en lança pas moins une attaque en règle contre la tentation de substituer l'expertise de hauts fonctionnaires et de juristes à la responsabilité politique qui était celle des mouvements : Jacques-Henri Simon dénonça ainsi le risque de voir le CGE devenir un « embryon de gouvernement » alors que ses membres, « fonctionnaires irresponsables vis-à-vis des hommes de la Résistance », ne pouvaient prétendre « diriger la politique sans tomber dans la technocratie[108] ». Mais André Philip, commissaire à l'Intérieur d'Alger, rejeta la prétention des mouvements de voir le CGE placé sous leur autorité afin, disaient-ils, d'éviter tout risque de double emploi avec le NAP* : estimant que le CGE n'était « ni un groupe d'experts au service du Comité de coordination ni l'expression politique de la Résistance », il en définit les missions et le fonctionnement en des termes qui maintenaient intacte la marge de manœuvre de ses membres :

> Le CGE est un service de la France combattante qui, en liaison avec les comités de coordination des deux zones, doit transmettre à Londres toutes les études des problèmes politiques, économiques, sociaux et de nettoyage administratif effectués sur le territoire métropolitain. Il travaille pour cela avec ses groupes d'études propres, les groupes d'études et les secteurs NAP des mouvements ainsi que des organisations politiques et syndicales et en consultation avec des personnalités indépendantes qui lui paraissent techniquement compétentes. Il transmet à Londres les documents qu'il a reçus des divers

* En mai 1943, le Comité de coordination des mouvements adressa à Londres un rapport en ce sens, en réclamant un droit de regard réel sur l'activité du CGE : « Il est fort naturel que le CGE ait une grande autonomie ; mais comme il ne peut travailler qu'avec les indications de base apportées par la Résistance, il est indispensable que des dirigeants du secteur NAP puissent siéger au CGE pour coordonner l'attitude de la Résistance et du CGE. Nous demandons également que les rapports envoyés à Londres soient portés à la connaissance du Comité de coordination avant leur départ et pour avis, par l'intermédiaire de ce délégué NAP », 4 mai 1943, AN 3AG2 409.

> mouvements en y joignant ses observations. Il transmet directement ses propres études, mais il doit les communiquer pour information aux mouvements et nous transmettre ultérieurement les observations de ces derniers*.

Si l'enjeu que constituait la maîtrise du CGE apparaît à ce point significatif des conflits entre la Résistance intérieure et la France combattante [109], c'est à des questions de structures plus que de personnes qu'il le devait. Par sa composition et son mode de travail, le CGE était une institution d'un contre-État, là où la résistance intérieure se vivait comme constitutive d'une contre-société, opposition en laquelle Michel Debré voyait le conflit entre « d'un côté, une Résistance politique qui se veut révolutionnaire, de l'autre côté une Résistance gouvernementale qui se veut d'État [110] ». Sous cet angle, il n'est pas illégitime de considérer, hors de tout aspect polémique, le CGE comme participant d'une « fonctionnarisation » de la Résistance.

Le choix des hommes

Cet aspect prit une importance particulière pour la seconde grande mission confiée au CGE, celle de désigner les cadres administratifs de la France libérée. Michel Debré fut la cheville ouvrière de cette opération particulièrement complexe. À la difficulté intrinsèque de tout choix de hauts responsables s'ajoutaient en effet deux types d'incertitudes : celles découlant de la divergence de conceptions politiques, entre France combattante et mouvements, sur le choix des personnes et leurs modalités de désignation, mais aussi celles nées des ambiguïtés des fonctionnaires vichyssois, eux aussi partenaires du jeu. Michel Debré et Émile Laffon, envoyé par Londres pendant l'été 1943 pour suivre cette question, examinèrent les nominations proposées par les mouvements, pour aboutir à une liste susceptible d'être soumise au CGE, puis transmise au commissariat à l'Intérieur. L'exercice fut délicat, la résistance intérieure n'étant pas toujours en mesure d'y voir clair dans les ambivalences et les doubles jeux de la haute administration de Vichy. On arriva ainsi, selon Michel Debré, à un nombre excessif de propositions de confirmation de ces « sépulcres blanchis » dont le général De Gaulle avait pourtant affirmé, dans un discours du 20 avril 1943, que la France régénérée de demain n'aurait plus aucun besoin :

> La commission a établi un premier travail qui a abouti à la présentation d'une liste complète de préfets choisis parmi les préfets éliminés par Vichy pour des raisons politiques ou parmi les sous-préfets et secrétaires généraux dont l'avancement paraissait justifié soit par les mesures prises contre eux, soit

* Note du 31 mai 1943 de Philip à *Rex* pour l'OCM, citée par D. de Bellescize, *op. cit.*, pp. 115-116. Philip, sensible aux critiques relatives à la composition trop administrative et universitaire du comité, estima « [qu']il serait souhaitable qu'il adjoignît à ses membres actuels deux ou trois personnalités choisies spécialement dans la zone nord parmi les éléments patronaux, ouvriers ou techniciens ayant une expérience concrète de la vie industrielle, ces éléments devant être choisis par *Rex* en tenant compte des observations du Comité de coordination ». C'est à ce titre que le bâtonnier Charpentier pendant l'été 1943, puis Pierre Lefaucheux durant l'hiver suivant, rejoignirent le CGE.

par leur attitude. Le résultat de ce travail a fait reculer d'effroi les membres de la commission. Elle a en effet considéré qu'en contrepartie de certains avantages présentés par ce mouvement préfectoral – tels qu'obéissance et savoir-faire – les inconvénients étaient particulièrement graves. À l'heure où le pays attend un renouveau des hommes aussi bien que des institutions, le rappel des serviteurs les plus caractéristiques d'un régime disparu ne pouvait faire une excellente impression. Au surplus, les aptitudes classiques à la fonction préfectorale consistent au premier chef à faire preuve d'habileté pour éviter les obstacles et d'astuce pour empêcher toute manifestation trop marquée de tendance ou de politique : cependant, les premiers préfets de la République auront vis-à-vis des populations françaises un tout autre rôle à remplir [111].

Concluant le chapitre de ses Mémoires qu'il consacrait à ce « grand mouvement de commissaires de la République et de préfets [112] », Michel Debré se félicita d'avoir pu jouer le rôle « [d']expression et [d']instrument d'une volonté qui, en dépit de quelques réserves ou ambitions idéologiques, devint finalement la volonté collective et délibérée de la Résistance intérieure », précisant ainsi le rôle des hommes dont il assura le choix :

> Remplacer l'administration de Vichy, éviter l'établissement d'une nouvelle autorité étrangère, rétablir l'ordre et la justice au profit du gouvernement du général De Gaulle : voilà ce que fut l'œuvre des commissaires de la République, assistés de leurs préfets. Comme un tuteur pour une plante brisée par un terrible orage, ils ont assuré une structure d'État au service de la République, en attendant que Paris puisse reprendre le commandement de la France [113].

Au prix d'un renouvellement en profondeur du vivier au sein duquel étaient traditionnellement choisis les cadres de l'administration territoriale, ce mouvement préfectoral pas comme les autres permit à la fonction publique française d'être présente au rendez-vous de la Libération. Là encore, comme l'écrivait après guerre Claude Bourdet, l'implication des meilleurs permit à la masse des fonctionnaires – où attentistes, adeptes du double jeu et résistants de la onzième heure étaient majoritaires – de « sauver son honneur * ». Mais ce prix fut chèrement payé par ceux qui eurent la force et le courage de passer à l'action, au cours d'une année 1944 marquée par un contexte de guerre civile, à la fois cause et conséquence de l'entrée de la Milice dans l'appareil d'État.

* Le rapport sur le NAP préparé par Claude Bourdet à l'intention de la commission d'homologation FFCI se concluait ainsi : « Et il n'est pas non plus négligeable d'avoir permis à l'administration française de sauver son honneur », AN 72AJ 66.

CHAPITRE XIII

Face à l'État milicien

La dernière époque du régime de Vichy commença en novembre 1943 pour s'achever le 20 août suivant, au petit matin, avec le départ forcé du maréchal Pétain pour Belfort. Ces quelques mois[1], qui furent ceux de la cristallisation des oppositions, étaient, à tous points de vue, aux antipodes de ceux du second semestre de 1940 : au regroupement quasi unanime d'alors, derrière l'ambition pétainiste de redressement national, s'opposait désormais la « lassitude générale de l'opinion, [qui a] définitivement enterré la Révolution nationale* ». Après les dernières velléités d'indépendance de Pétain, marquées par la crise de novembre 1943**, le régime se radicalisa : les Allemands exigèrent le départ des collaborateurs les plus proches du chef de l'État et celui de nombreux fonctionnaires de métier, notamment des préfets qu'ils jugeaient trop tièdes en matière de répression. En imposant l'entrée au gouvernement de Darnand, d'Henriot puis de Déat, ils entendirent aussi faciliter la mise en place de l'État milicien, seul en mesure, à leurs yeux, de pousser la logique de la collaboration policière jusqu'à son terme, à savoir la lutte sans merci, à leurs côtés, contre la Résistance. Mais l'ultime reprise en main tentée par le régime laissa presque indifférente une administration qui, sachant que le temps jouait pour elle, se préoccupait essentiellement de la transition à venir, tout en maintenant une apparente – et troublante – continuité de préoccupations.

---

* Synthèse mensuelle des contrôles techniques, octobre-novembre 1943, AN 2AG 461. La même note indiquait que « pour beaucoup, la forme actuelle de l'État n'est que provisoire [et que] les lois nouvelles ne seront qu'éphémères, bien peu d'ailleurs semblant devoir les regretter ».

** Qui vit les Allemands interdire la diffusion d'un discours du chef de l'État confiant à l'Assemblée nationale le soin d'établir la Constitution future. Pétain réagit par la « grève » de ses fonctions, avant d'accepter, à l'extrême fin de 1943, la nomination de Philippe Henriot comme secrétaire d'État à l'Information et à la Propagande et celle de Darnand comme secrétaire général au maintien de l'ordre. Voir E. Jäckel, *op. cit.*, pp. 405-420 et, pour un témoignage d'époque, J. Bardoux, *op. cit.*, pp. 60-113.

Forces et limites de l'État milicien

L'échec, en novembre 1943, du « coup d'État constitutionnel » tenté par Pétain accentua un processus de vassalisation que l'évolution de la guerre rendait inéluctable. Loin de lui permettre de reprendre l'initiative sur Laval et d'explorer, entre gaullisme et collaboration, une « troisième voie » susceptible de garantir la pérennité du régime, comme l'escomptait son entourage, l'épisode ne conduisit qu'à accélérer l'entrée de la Milice au plus haut niveau de l'État. Si Philippe Henriot joua, par ses allocutions radiodiffusées, un rôle important de mobilisation de tous ceux que hantait la peur du communisme [2], c'est d'abord pour contrôler l'appareil policier que les Allemands avaient facilité la mise en place d'un État milicien.

La Milice dans l'antichambre du pouvoir

La « Milice française [3] »existait depuis près d'un an, ayant été officiellement créée le 30 janvier 1943* par transformation du Service d'ordre légionnaire (SOL), envers lequel Laval avait manifesté de l'intérêt dès son retour aux affaires**. Du SOL, elle reprenait le programme, résumé dans les célèbres « vingt et un points » de son serment. Les miliciens s'engageaient ainsi à lutter « contre l'égoïsme bourgeois, pour la solidarité humaine ; contre l'égalitarisme, pour la hiérarchie ; contre la tutelle de l'argent, pour la primauté du travail », mais aussi « contre la dissidence gaulliste, pour l'unité française ; contre la lèpre juive, pour la pureté française ; contre la franc-maçonnerie païenne, pour la civilisation chrétienne [4] ». La Milice était une construction institutionnelle originale : alors que le pouvoir n'avait cessé de répéter à la Légion qu'elle ne devait pas constituer un État dans l'État, le nouvel organisme, bien que formellement de droit privé – c'était une association –, occupait une place officielle dans l'État français. La loi lui donnait d'emblée le caractère d'utilité publique et le plaçait sous l'autorité du chef du gouvernement, avec le titre de chef national. Ce dernier nommait le secrétaire général, véritable patron opérationnel du mouvement – ce fut Joseph Darnand [5] – et disposait du pouvoir de prendre tout arrêté nécessaire pour régir le fonctionnement de la Milice qui, groupant « des Français résolus à prendre une part active au redressement politique, social, économique, intellectuel et moral de

* Loi du 30 janvier 1943, *Journal officiel* du 31 janvier 1943. Cette date coïncidant avec le dixième anniversaire de l'arrivée de Hitler au pouvoir, les consignes officielles invitèrent les journaux, exceptionnellement autorisés à paraître sur quatre pages au lieu de deux, à célébrer à leur juste valeur les deux événements. Une « note d'orientation » particulièrement fournie (citée par P. Limagne, *op. cit.*, p. 1016) faisait le lien entre eux, en soulignant notamment la proximité de leur objectif essentiel, la lutte contre le bolchevisme.

** P. Limagne notait ainsi, le 10 mai 1942 : « Laval n'ose tout de même pas dissoudre la Légion, fille chérie de Pétain, mais il la noyaute, et noyaute spécialement les SOL, qui commencent à scandaliser les vieux adhérents », *op. cit.*, p. 541.

la France », avait pour mission de « soutenir l'État nouveau par leur action [et de] concourir au maintien de l'ordre intérieur [6] ».

Pour devenir milicien, il fallait, sans dérogation possible, être français de naissance, non juif et ne pas appartenir à une société secrète. Les futurs miliciens devaient recevoir, selon les statuts, une formation politique générale ainsi qu'une formation « morale » : une école nationale de la Milice fut créée à cette fin en mars 1943 *, qui s'installa au chateau d'Uriage que venait de quitter l'école nationale des cadres, dissoute à la fin de 1942 par Laval. L'association était organisée de manière pyramidale, sous l'autorité de chefs régionaux et départementaux chargés de représenter l'association auprès de l'autorité préfectorale, mais rien dans ses statuts ne venait préciser les modalités de sa collaboration avec le corps préfectoral, qui avait lui aussi pour mission de « soutenir l'État nouveau et concourir au maintien de l'ordre intérieur ». Les membres du gouvernement présents lors de la cérémonie de création de la Milice avaient cependant souligné avec vigueur tout ce qu'ils attendaient du nouvel organisme – sans doute parce qu'ils savaient ne plus pouvoir l'obtenir de la fonction publique. Si Abel Bonnard célébra le mâle volontarisme de la nouvelle force révolutionnaire en l'opposant, selon sa rhétorique habituelle, à « l'opinion femelle [7] », Laval, pour être moins lyrique, se montra déterminé à utiliser pleinement la force qu'il venait de créer. À ses « compagnons », dont il se présentait comme « ami et chef », il demandait « foi et dynamisme » dans une action qu'il prévoyait « longue et dure », mais indispensable « pour sauver la France [8] ». Le maréchal Pétain ne resta pas à l'écart de ce concert de roboratives louanges, écrivant à la Légion, où pouvait régner quelque aigreur vis-à-vis du nouvel organisme, qu'« en dehors de la police, [les SOL] restent la seule force organisée capable de maintenir l'ordre. S'ils n'existaient pas, la raison commanderait de les créer pour barrer la route aux forces occultes et mauvaises qui cherchent à nous anéantir [9] ». Le chef de l'État en appelait aussi à « l'esprit de camaraderie légionnaire » pour que règne l'entente entre Légion et Milice, appel resté sans doute mal entendu puisqu'il dut être réitéré

* Le manuel *Ce que doit savoir l'agent de l'autorité, guide théorique et pratique*, (Dalloz, 1943) écrit par Joseph Firmin, président de chambre à la cour d'appel de Paris, et par François Pascal, avocat au barreau de Marseille, ne tarissait pas d'éloges sur cette création. Ces deux auteurs, dont les positions sociales ne laissaient pas supposer qu'ils pussent être des admirateurs inconditionnels de la Milice, écrivaient en effet (pp. 65-66) : « Jusqu'ici la Milice française, voulant donner à ses membres une formation politique sérieuse, avait créé des écoles régionales départementales. Un progrès décisif vient d'être accompli dans ce sens avec l'ouverture de l'école nationale d'Uriage, près de Grenoble, mise à disposition de la Milice française par le ministre de l'Éducation nationale. Tous les chefs de la Milice y suivront un stage. L'école recevra, en outre, les jeunes gens cultivés aimant le métier des armes et désireux d'entrer dans la franc-garde permanente. Les cours, très divers, allant de l'éducation physique à la doctrine du chef de l'État, seront donnés par les chefs miliciens. Ainsi la France est assurée d'avoir des chefs dont le rôle sera de réaliser la Révolution nationale que tous les Français attendent. » Ce panégyrique est d'autant plus étonnant que les auteurs, quelques paragraphes plus haut, se montraient très critiques envers les écoles de police créées depuis 1941.

quelques mois plus tard, en faveur d'une Milice « comprenant surtout des éléments jeunes et dynamiques [et] investie par priorité de toutes les missions d'avant-garde, notamment celles relatives au maintien de l'ordre, à la garde des points sensibles du territoire, à la lutte contre le communisme [10] ».

La Milice apparaissait bien ainsi comme la « garde prétorienne [11] » d'un régime entraîné toujours plus loin en matière de répression. Dans un premier temps, sa création n'émut pas beaucoup les Français : « Le moins que l'on puisse dire, indiquait ainsi la synthèse des rapports préfectoraux de zone sud pour février 1943, est que la population semble faire preuve d'incompréhension et d'indifférence en ce qui concerne la Milice, dans laquelle la masse voit le prolongement, sous une autre étiquette, des SOL [12]. » Ils n'allaient pourtant pas tarder à faire connaissance avec le nouvel organisme qui, prenant sa mission au sérieux, consacra toute son énergie à la lutte contre « l'anti-France » : énergie utilisée par exemple à dénoncer juifs et réfractaires au STO, à lutter contre le marché noir ou à opposer aux résistants une riposte musclée. En l'absence d'instructions gouvernementales précises sur l'appui que « mains », « trentaines » et « centaines* » pouvaient apporter aux autorités administratives, les miliciens, soucieux d'action immédiate, n'entendaient pas se laisser freiner par le lourd formalisme des réquisitions préfectorales. Cette montée en puissance au cours de l'année 1943 n'alla pas sans provoquer de fortes oppositions des administrateurs de métier, confrontés à un partenaire moins maîtrisable que la Légion : des incidents éclatèrent, nombreux, entre forces de police et miliciens, qu'eurent souvent à arbitrer les préfets. Ce fut ainsi à Montauban, en mai, un bras de fer entre l'administration préfectorale et la Milice, dont le chef départemental avait été arrêté après que ses troupes avaient illégalement perquisitionné une ferme suspectée de cacher un dépôt d'essence clandestin. Mettant sa démission dans la balance, le préfet François-Martin obtint, non sans une séance de « remontrance » dans le bureau de Guérard, le remplacement du responsable milicien de son département [13]. Ce fut encore à Marseille, à la même époque, une escalade verbale entre le directeur des services administratifs de la ville et le chef départemental de la Milice. Alors que le premier se plaignait de ce que deux agents administratifs « réquisitionnés » par la Milice aient quitté leur poste, il reçut du second, après trois relances, une réponse à la tonalité éclairante :

> Contrairement à ce que vous affirmez dans votre note du 13 [août] courant, votre note du 26 juillet n'est pas restée sans suite. J'ai demandé téléphoniquement et ensuite par lettre à être reçu par Monsieur le Préfet délégué, afin que je lui donne les explications que vous sollicitez. Jusqu'à ce jour, je n'ai pas eu l'honneur d'être convoqué par Monsieur le Préfet, à qui seul je puis faire part des instructions verbales que nous tenons du Président Laval qui, vous ne l'ignorez sans doute pas, est le Chef de la Milice [14].

---

* Dénominations respectives des groupes miliciens aux niveaux local, départemental et régional.

Le conflit s'envenima parfois au point de remonter plus haut encore. En juin 1943, Laval dut charger le commissaire du pouvoir Bernon d'enquêter sur des incidents intervenus entre Milice et administration préfectorale de la région de Toulouse [15]. Ces difficultés répétées conduisirent Darnand à présenter sa démission le 14 juillet suivant : réclamant que soient enfin pris les textes définissant les relations entre pouvoirs publics et Milice, il reprochait à Laval son refus d'arbitrer clairement entre le « rôle de vigilance [qui doit] principalement consister à déceler et à punir les fauteurs de trahison et de mensonge », rôle dévolu à la Milice, et « l'habileté professionnelle des fonctionnaires qui trahissent [ses] consignes verbales [16] ». Cette démission ne fut pas acceptée, mais les tensions persistèrent, les contrôles techniques signalant par exemple en août que les miliciens déploraient « la méfiance et l'hostilité du public, la jalousie de la Légion "fratricide", l'antagonisme de la police et de l'administration [17] ». Antagonisme qui n'était pas inventé puisque, le même mois, une information transmise au BCRA indiquait que « les préfets de Montauban, Toulouse, Limoges et Montpellier se montrent dans leurs rapports à Vichy très hostiles à la Milice [18] ». Le préfet régional de Toulouse aurait quelques mois plus tard l'occasion de faire preuve de son peu de sympathie pour la Milice, en n'hésitant pas, après l'assassinat, le 2 décembre 1943, de Maurice Sarraut, à remonter avec l'appui de Bousquet la chaîne des responsabilités jusqu'à mettre en évidence le rôle des hommes de Darnand dans ce meurtre. Mais les temps n'étaient plus où la Milice aurait pu être ébranlée par de telles révélations. La partie tournait en effet pleinement à son avantage.

L'ordre administratif milicien

À mesure que la Milice avait vu son rôle s'accroître dans l'État, elle abandonna l'antifonctionnarisme de la Légion au profit d'une stratégie plus ambitieuse, exposée dans le « Plan du redressement français » que quelques ultras de la collaboration, groupés autour de Darnand et Déat, soumirent le 17 septembre 1943 aux autorités allemandes*. Destiné à mettre un terme « à [la] désagrégation des forces collaborationnistes et [au] véritable effondrement de l'autorité de l'État [19] », ce document traduisait le jusqu'au-boutisme d'hommes appelés à jouer un rôle de premier plan dans l'État milicien, en proposant de résoudre le dilemme d'une révolution sans révolutionnaires auquel n'avait cessé de se heurter le régime. Les fonctionnaires, estimaient les auteurs, avaient saboté la Révolution nationale parce qu'ils y étaient hostiles ou « simplement neutres », de sorte que « le gouvernement est ainsi chaque jour davantage impuissant à agir, les leviers de commande qu'il détient ne sont plus "en prise" sur la machine administrative qui se disloque, lui échappe et tend de plus en plus à s'éparpiller en une multitude d'îlots agissant ou statuant chacun

* Ce texte, que cosignèrent Luchaire, Guilbaud et Tissot, est publié en annexe de l'ouvrage de Jacques Delperrié de Bayac, *op. cit.*, pp. 354-369. Philippe Burrin précise dans ses travaux sur Marcel Déat que, « rédigé essentiellement par Déat, [ce plan] porte l'empreinte caractéristique de son auteur », *La Dérive fasciste, op. cit.*, p. 407.

à sa guise ». Les conséquences en étaient graves, conséquences concrètes en ce qui concernait le maintien de l'ordre public, mais surtout conséquences politiques : « Si [le gouvernement], ayant perdu sa raison d'être, venait à disparaître, [...] l'apparence d'une souveraineté nationale française se dissiperait. Il n'y aurait plus, vis-à-vis de l'armée occupante, que trente-six millions de Français que rien, sauf la force, n'empêcherait d'agir en alliés des Anglo-Américains. Rien, pas même les minorités collaborationnistes que la disparition de la souveraineté française priverait de leur base patriotique et de leur foi. Il n'y aurait donc plus ni France ni collaboration *. » Seule la nomination, acceptée par Pétain ou qui lui serait imposée par l'Assemblée nationale « réunie de préférence à Versailles dans une atmosphère soigneusement créée et sous la protection des miliciens », d'un gouvernement de salut national présidé par Laval et appuyé sur « le parti unique de la Révolution et ses milices ** » serait de nature à créer un choc psychologique dans toutes les administrations. Ainsi, les fonctionnaires collaborationnistes, au lieu d'être « tantôt "ostracisés" par la majorité de leurs collègues et chefs directs, tantôt administrativement éliminés ou abattus violemment, [...] se sentiront encouragés. Les "neutres" pourront se sentir efficacement entraînés par les collaborationnistes. Les anticollaborationnistes pourront ainsi, assez vite, être réduits en nombre, découragés, détectés puis expulsés [20] ». Mais le plan allait plus loin encore : soulignant la nécessité pour le futur gouvernement collaborateur de disposer de « personnel de remplacement qui puisse compenser, dans ses débuts, les insuffisances techniques par une valeur politique certaine », il proposait de le recruter au sein de la Milice, qui deviendrait ainsi le point de passage obligé de toute carrière dans la fonction publique :

> Il faudra à chaque milicien proposer comme objectif individuel un poste dans l'appareil de l'État, et ceci sans tenir compte des règles habituelles du recrutement administratif, mais seulement des valeurs personnelles et politiques. La règle immédiatement applicable devrait être que personne ne puisse

* J. Delperrié de Bayac, *op. cit.*, pp. 355-356. Ce pessimisme était partagé au sein de la Milice. À la mi-novembre, c'est plein de désillusions que Jean de Bassompierre, l'un des lieutenants de Darnand, était parti pour le front de l'Est, après avoir tracé un sombre tableau de la situation intérieure française, due à « l'inconscience complète du gouvernement Laval » : « Comment ne pas condamner sa carence devant tous les réfractaires, comme sa faiblesse vis-à-vis des fonctionnaires qui le trahissent ? [...] L'administration, en grande partie, marche contre le gouvernement. Les ordres du gouvernement, comme les ordres du Maréchal, sont bafoués. [...] En partant aujourd'hui pour le front de l'Est, au nom de tous mes camarades, je te demande de prêcher, surtout après avoir expliqué comment l'expérience Laval a échoué. Que l'on ne nous parle pas, encore, du manque de cadres ; il y a, à l'heure actuelle, suffisamment d'hommes courageux pour remplacer partout des équipes d'hier » ; interception d'une lettre à Jouanne, secrétaire départemental de la Milice pour les Hautes-Pyrénées, 17 novembre 1943, AN 2AG 461.

** « La composition de ce gouvernement ? Un tiers de chefs de partis, organisations ou milices révolutionnaires, un tiers de techniciens à choisir, la plupart dans le gouvernement actuel, un tiers de parlementaires valables, car non compromis par une attitude anticollaborationniste », J. Delperrié de Bayac, *op. cit.*, p. 362.

> désormais postuler un poste quelconque dans l'État, sans avoir, au préalable, effectué un stage d'une certaine durée dans la Milice. Pour assurer le rendement technique d'une semblable règle, il importe que soit créées, en accord entre l'administration publique et la Milice, des écoles de niveau différent, formant des fonctionnaires de toutes branches et de tous ordres. [...] En six mois ou un an au maximum, l'épuration administrative peut être ainsi réalisée. L'État sera en mesure de répondre réellement aux instructions du gouvernement[21].

Les Allemands ne donnèrent alors aucune suite à ce projet, inspiré des conceptions national-socialistes de l'État et à ce titre révélateur de ce qu'aurait pu être un processus de fascisation, par noyautage, de l'administration française. Il n'en suscita pas moins une réelle émotion à Vichy[22] et le mépris partout ailleurs[23].

L'État Darnand

Quelques mois plus tard, Darnand eut pourtant les moyens d'administrer au secteur qui lui était confié les remèdes qu'il avait imaginés pour lutter contre « la décomposition de l'État, la dislocation, l'indiscipline de ses rouages administratifs[24] ». Sur l'insistante pression allemande, il était en effet devenu, le 31 décembre 1943, secrétaire général au maintien de l'ordre. Secrétaire général et non secrétaire d'État, le poste ministériel, recréé pour la circonstance, étant confié à Lemoine, jusqu'alors préfet régional de Marseille. Mais ce dernier, que l'agent *Promontoire* dénonçait en janvier 1944 comme « arriviste convaincu, pro-allemand et pro-vichyssois » tout en rappelant qu'il avait essayé de rentrer en contact avec la Résistance trois mois auparavant[25], n'était là que pour la forme. De manière symbolique, la loi qui changeait l'appellation du secrétariat général pour la police en secrétariat général au maintien de l'ordre figurait même, dans le numéro du *Journal officiel* du 31 décembre 1943 où furent publiés les divers textes redéfinissant les responsabilités en matière policière, avant celle créant la fonction de secrétaire d'État à l'Intérieur.

D'autres textes vinrent confirmer, dans les jours qui suivirent, la prééminence de fait de Darnand sur le ministre dont il dépendait en théorie. Les décrets du 10 janvier 1944 définissant l'étendue des délégations de pouvoir et de signature données au secrétaire général au maintien de l'ordre ne comportaient nulle mention du secrétaire d'État à l'Intérieur, qui n'en était même pas signataire *, et c'était sous le seul contrôle du chef du gouvernement que Darnand se voyait confier « autorité sur l'ensemble des forces de police, corps et services qui assurent la sécurité publique et la sûreté intérieure de l'État ». Ce n'était pas là, formellement, un champ plus large que celui dont bénéficiait

* *Journal officiel* du 21 janvier 1944. Très logiquement, le directeur de cabinet de Darnand, Raymond Clémoz, issu lui aussi des rangs de la Milice, en déduisit que l'ensemble du courrier adressé aux services relevant du secrétariat général au maintien de l'ordre devait être adressé à « M. le Chef du gouvernement, ministre de l'Intérieur (secrétariat général au maintien de l'ordre) », sans mention du secrétaire d'État à l'Intérieur, circulaire aux préfets, 10 février 1944, AN F7 14909.

Bousquet, à ceci près que Darnand cumulait cette fonction avec celle de secrétaire général de la Milice et qu'il avait prêté, en tant que membre de la SS, serment de fidélité à Hitler. Avec sa nomination, l'État français respectait les termes de l'annonce faite en septembre 1943 à Oberg par Bousquet, selon laquelle Laval avait « décidé, pour assurer la cohésion et l'unité de commandement indispensables, de supprimer le secrétariat général à la police dépendant du ministère de l'Intérieur. Un secrétariat général auprès du chef du gouvernement sera créé, qui aura autorité sur l'ensemble des services chargés d'assurer le maintien de la sécurité publique et de la sûreté intérieure de l'État[26] ». Plus encore que son prédécesseur, Darnand devenait, « sans en avoir le titre, un véritable ministre de la Police[27] ».

Une fois dans la place, Darnand eut à cœur de forger à sa main l'appareil de maintien de l'ordre. Une circulaire du 10 février relative aux circuits de courrier précisa que le secrétaire général devait recevoir directement, sans qu'elles aient à transiter par les collaborateurs du chef du gouvernement, toutes les correspondances concernant le service technique du maintien de l'ordre et la délégation de l'administration pénitentiaire en zone sud et même, dans une version qui fut rectifiée quelques jours plus tard, le service des contrôles techniques, Darnand entendant ainsi s'assurer une priorité d'accès aux informations issues de l'interception des correspondances privées[28]. Pour exercer l'ensemble de ses responsabilités, il s'efforça aussi de redéfinir, malgré les difficultés de l'action sur le terrain, les missions des services qui lui étaient rattachés. Deux circulaires des 29 mars et 10 mai portèrent ainsi organisation respectivement de la police de sûreté et de la politique économique, chargée de la lutte contre le marché noir. Mais la priorité absolue était de lutter contre les opérations de résistance et les maquis. Dès le 17 janvier, les préfets de zone nord avaient été informés de la mise en place d'une permanence téléphonique à Paris, hébergée par la direction des renseignements généraux, qu'il convenait de saisir « de toute urgence, nuit et jour, de tout acte de banditisme ou attentat terroriste[29] ». Placé à un poste de premier plan, Darnand n'allait pas hésiter à « puiser à l'intérieur de la Milice les hommes dont le loyalisme et la compétence assureraient l'heureux remplacement des nombreux cadres défaillants », comme il l'écrivait déjà en juillet 1943[30]. De la Milice vinrent ainsi ses collaborateurs directs – Raymond Clémoz, son directeur de cabinet* et Max Knipping, délégué général pour le maintien de l'ordre en zone nord[31] – mais aussi les plus hauts responsables de services devenus cruciaux : les renseignements généraux – dont le milicien Degans devint directeur en avril – et l'administration pénitentiaire, dont avait été nommé sous-directeur un autre milicien, Jocelyn

* Que décrivait ainsi le préfet de la Corrèze, Pierre Trouillé, dans son *Journal d'un préfet pendant l'Occupation (Corrèze 1944)*, Gallimard, 1964, rééd. « J'ai lu », 1968, p. 30 (les références faites ici à cet ouvrage se rapportent à cette dernière édition) : « Le veston coupé d'un ceinturon fauve, avec un étui à revolver ; dans sa tête d'assassin à gages, au front mangé par la tignasse épaisse, aux sourcils croisés, les yeux jettent un regard pesant. »

Maret*. Un mouvement comparable était à l'œuvre sur le terrain avec la nomination, dans plusieurs régions, de chefs miliciens comme intendants de police**.

Le domaine judiciaire ne pouvait pas ne pas être contaminé par la mise en place de l'État milicien. Comme l'écrivait Joseph Barthélemy[32], c'est avec la satisfaction de se voir déchargée d'une tâche répressive qui lui répugnait que la magistrature accueillit la loi du 20 janvier 1944 créant – « le Conseil des ministres entendu » – des cours martiales ayant mission de juger les auteurs de « meurtre ou assassinat ou tentative de meurtre ou d'assassinat commis au moyen d'armes ou d'explosifs pour favoriser une activité terroriste[33] ». Composées de trois membres désignés par le secrétaire général au maintien de l'ordre, et délestées de toute règle de procédure pénale qui les aurait ralenties***, elles fonctionnaient de manière expéditive, la loi disposant que ceux qu'elles reconnaissaient coupables étaient immédiatement passés par les armes. Telle était la conception, toute d'efficacité, de la justice qu'avait cette Milice dont le Vichy des derniers temps favorisa l'entrée dans l'État. Elle y trouva de réels relais, tel un Abel Bonnard qui ne ménagea pas ses efforts pour lui donner droit de cité dans l'Éducation nationale : à titre symbolique, avec l'autorisation donnée en juin 1943 du port de l'insigne de la Milice aux enseignants, étudiants et élèves des établissements d'enseignement, mais de manière plus politique aussi, en participant à divers rassemblements miliciens comme en adressant à « tous les membres du personnel de l'Éducation nationale », en mai 1944, une circulaire flétrissant « le crime hideux de Voiron », ville où toute la famille d'un milicien avait été assassinée par deux élèves d'une école technique, immédiatement condamnés à mort et exécutés[34]. À la même époque en revanche, Bonnard ne prononça qu'une sanction légère à l'encontre d'un élève du lycée de Limoges trouvé porteur d'un revolver, en estimant que l'intéressé était « couvert par sa qualité de franc-garde de la Milice [faisant] ainsi partie d'une organisation reconnue par l'État[35] ».

---

* Description là aussi due à Pierre Trouillé : « Il claque des talons et salue à l'hitlérienne. J'avoue que le personnage répond assez peu à l'idée que je me faisais d'un haut fonctionnaire de la place Vendôme. Bottes noires, ceinturon, chemise grise, on le prendrait pour un SS. D'ailleurs, il m'annonce qu'il vient de la LVF après une glorieuse blessure sur le champ de bataille. Sa tenue n'est donc pas un effet de plagiat, mais un effet de mimétisme », *op. cit.*, p. 11.

** Ainsi, au début de février, un mouvement d'intendants de police vit, à Marseille – dont l'intendant, Andrieu, avait été révoqué et interné pour avoir protesté contre la manière expéditive dont avait opéré dans cette ville une des premières cours martiales –, Dijon et Laon, trois fonctionnaires issus de la préfectorale perdre leur poste au profit d'hommes qui lui étaient extérieurs. Ce mouvement donna à Darnand l'occasion de nommer des intendants de police issus des rangs de la Milice, tels Hornus, di Constanzo ou Vaugelas. Ils venaient rejoindre la cohorte d'anciens militaires, gendarmes ou policiers qui allaient mettre en œuvre, au service des nouvelles équipes chargées du maintien de l'ordre, la même ardeur répressive que celle dont ils avaient déjà fait la preuve sous Bousquet : ainsi de Marty, intendant de police à Toulouse, et du colonel Lelong, qui allait s'illustrer dans la prise du maquis des Glières, voir J. Delperrié de Bayac, *op. cit.*, pp. 308-353.

*** Les accusés n'étaient pas assistés par un avocat et aucun recours n'était possible contre les sentences.

Les Allemands, qui avaient exigé la présence au gouvernement d'hommes « garantissant la collaboration », n'avaient pas lieu de se plaindre de leur protégé Darnand, qui poursuivit et amplifia la politique de son prédécesseur : polices françaises et allemandes devaient continuer à travailler la main dans la main, Knipping demandant par exemple aux préfets de zone nord que les rafles qu'il convenait de multiplier dans les lieux de passages * pour retrouver les réfractaires au STO se fassent en présence de membres de la SS, ainsi mis en mesure de vérifier les identités des ressortissants allemands et de ceux relevant de pays protégés par l'Allemagne. Le rapprochement entre services dépassa les limites que le dogme de la souveraineté nationale avait imposées à Bousquet : une réunion hebdomadaire fut instaurée entre Oberg et ses collaborateurs d'une part, les représentants parisiens du secrétariat général au maintien de l'ordre d'autre part, non seulement pour échanger des renseignements d'ordre opérationnel, mais aussi pour examiner les propositions d'avancement des personnels français de police [36].

Le secrétariat général veillait également à ce que les occupants ne fussent pas détournés, par des interventions inutiles, de leur mission répressive. En avril, alors qu'arrestations et disparitions de Français se multipliaient, Clémoz invita les préfets à ne plus lui transmettre de requêtes d'intervention auprès des autorités allemandes **, tandis que Darnand faisait sienne la demande de ces dernières « que tout délit ou contravention faisant l'objet de leur part de poursuites ou sanctions administratives ne fasse pas l'objet de poursuites devant les tribunaux français ou de sanctions administratives de la part des autorités françaises [37] ». En invitant officiellement les préfets à se dessaisir de ce type d'affaires, le secrétaire général au maintien de l'ordre prenait l'exact contre-pied de son prédécesseur. Les temps avaient changé depuis que Bousquet avait pu estimer, un an plus tôt, « [qu']en dessaisissant la police et la justice françaises dans de trop nombreux cas des affaires communistes, terroristes ou gaullistes, les autorités allemandes favorisent la campagne de démoralisation que l'étranger a entreprise à l'égard de la police française [38] ». Les distinctions issues des accords Oberg-Bousquet, qui ne faisaient obligation aux polices françaises d'informer leurs homologues allemandes que des « activités communistes et terroristes et des actes de sabotage », devenaient ainsi caduques : comme l'écrivait Darnand aux intendants du maintien de l'ordre, « en raison de l'impossibilité d'effectuer en pratique une discrimination précise entre les diverses organisations de maquis qui, pour la plupart, ont été noyautées par le parti communiste [...], les renseignements recueillis sur une organisation quelconque devront être fournis aux autorités allemandes [39] ».

---

* « Boîtes de nuit, bars, gares et artères de pénétration des grandes villes », circulaire du 24 mars 1944, AN F7 14909.

** Sauf dans les cas concernant des fonctionnaires – surtout s'ils appartenaient aux services de maintien de l'ordre – et ceux « présentant un intérêt certain pour l'amélioration des relations franco-allemandes », circulaire du 29 avril 1944, AN F7 14909.

La crise administrative

Se faisant ainsi ouvertement les agents de l'ennemi, sans que même la fiction de la souveraineté française fût maintenue, Darnand et ses hommes provoquèrent, au sein même du ministère de l'Intérieur, une réaction de malaise qui se mua au cours du printemps en véritable crise administrative. Le nouveau secrétaire général avait été accueilli de manière particulièrement froide par ses services, « tous les collaborateurs qui devaient être affectés à son cabinet [ayant] demandé à réintégrer le ministère de l'Intérieur ou à recevoir une nouvelle affectation * ». Darnand, qui indiqua lors de l'instruction de son procès en Haute Cour que Bousquet lui avait laissé « des locaux vides dans lesquels il n'y avait plus un dossier, ni de dactylo, ni de planton [40] », n'était pas homme à se formaliser outre mesure du remplacement du « superbe mobilier [de Bousquet] par une table et deux chaises en bois blanc [41] ». Le conflit, d'abord latent, avec les autres services du ministère de l'Intérieur ne tarda pas à se concrétiser. Louis Pichat, directeur du personnel, prit soin d'adresser aux préfets, dès la fin de janvier, une circulaire relative aux missions et à l'organisation de ses services, texte qui leur rappelait opportunément que sa direction restait responsable, sous l'autorité de Laval, des nominations dans l'administration préfectorale [42]. Quelques semaines plus tard, Pierre Nicolle pouvait évoquer « un malaise, chaque jour plus sérieux, du fait des oppositions de plus en plus marquées entre les différents services officiels, en particulier dans l'administration centrale du ministère de l'Intérieur. [...] On a l'impression que l'autorité policière essaye de se dégager de l'administration et cherche à instaurer une nouvelle autorité qui ne relèverait que du secrétariat général au maintien de l'ordre [43] ». La situation continua à se détériorer, preuve que le secrétariat général de Darnand restait un îlot isolé au sein d'un environnement administratif réticent à abandonner du terrain au profit de la Milice. En mai, lorsque la découverte de l'infiltration du NAP dans le corps préfectoral conduisit à l'arrestation de quatorze préfets ** et que l'administration milicienne crut son heure venue, la tension fut portée à son comble, dont P. Nicolle décrivait encore les bruits et les intrigues :

> Lemoine serait démissionnaire et son successeur désigné serait Darnand. La ficelle est un peu grosse. Après le départ des préfets pour l'Allemagne, il est certain que le cabinet de l'Intérieur procède à l'heure actuelle à l'étude du mouvement préfectoral nécessaire pour combler les vides. Les ambitieux qui souhaitaient s'emparer des leviers de commande s'aperçoivent aujourd'hui que, pour pourvoir les places rendues vacantes, il faut de nouvelles nominations, mais que celles-ci ne peuvent être décidées que par le chef du gouvernement et les services administratifs du ministère de l'Intérieur. Vouloir

* « Échos de Vichy », note adressée au BCRA, sd, AN 3AG2 325. Le même texte indiquait que « le fait que Darnand ait tenu à revêtir l'uniforme de la Milice pour prendre contact avec les chefs de son service n'a pas été sans susciter bien des sourires et des commentaires ironiques ».

** Voir *infra*, pp. 560 *sq.*

mettre l'Intérieur sous la coupe du secrétaire général au maintien de l'ordre permettrait d'agir en toute indépendance... Mais ce matin le mouvement est toujours en préparation, et c'est encore le directeur du personnel, Pichat, qui met la dernière main au mouvement sous les ordres de Lemoine en complet accord avec le président Laval [44].

Ce n'est que dans les tout derniers temps du régime que Darnand parvint à supplanter Lemoine, auquel il succéda le 13 juin 1944. Il dut jusque-là composer avec la vieille garde de la fonction publique, qui ne lui était pas favorable mais obéissait aux injonctions du chef du gouvernement. Or, si ce dernier n'était pas milicien dans l'âme *, il n'entendait pas laisser les formes administratives bloquer les évolutions radicales qu'appelait le maintien de l'ordre. Les préfets virent donc remise en cause leur autorité hiérarchique sur les forces de police, ce qui n'était que l'aboutissement de la politique de contournement de l'autorité préfectorale qu'avait instituée le secrétariat général à la police de Bousquet par ses contacts directs avec les intendants de police. La tendance se poursuivit après l'arrivée de Darnand, renforcée par la confusion, d'essence totalitaire, entre Milice et appareil étatique de répression. Le 21 janvier, Laval réunit les intendants de police de zone sud pour leur indiquer que les ordres qu'ils recevraient directement de Darnand seraient immédiatement exécutoires, même s'ils n'avaient pas transité par les préfets régionaux – invités à la réunion pour s'entendre signifier ce dessaisissement. C'était, là encore, obéir à Oberg qui avait souhaité, lors d'une réunion tenue quelques jours plus tôt, que « tous les services de police, y compris la préfecture de police et la gendarmerie, [soient] tenus de communiquer directement à Darnand tous les renseignements dont ils disposaient afin que l'unité de direction puisse être réalisée en ce qui concerne la lutte contre le terrorisme et la résistance sous toutes leurs formes [45] ».

Trois lois du 15 avril 1944 [46] vinrent encore centraliser le dispositif de maintien de l'ordre, en confiant à Darnand et à ses collaborateurs immédiats les moyens de contrôler, et s'il le fallait de diriger, l'action répressive menée sur le terrain. L'administration préfectorale voyait son autorité doublement réduite sur les polices, par la création d'une inspection générale du maintien de l'ordre qui ne dépendait que de Darnand et par la réorganisation de la direction centrale des renseignements généraux. Celle-ci avait désormais pour correspondant, au chef-lieu de chaque région, une délégation régionale qui, par dérogation aux dispositions du décret du 7 juillet 1941 **, ne rendait compte et n'obéissait qu'à son directeur central. Le troisième texte – qui transformait

* Ce qui ne permet toutefois pas de voir en lui, comme le firent les acteurs du dernier Vichy dont *La Vie de la France sous l'Occupation* battit le rappel, un ennemi acharné de la Milice. J. Delperrié de Bayac rapporte ainsi son propos aux chefs régionaux et départementaux de la Milice, le 5 janvier 1944, selon lequel « la démocratie, c'est l'antichambre du bolchevisme. [...] Je marche en total accord avec Darnand », *op. cit.*, p. 232.

** Dont l'article 8 stipulait que « tous les services de police et tous les personnels de police en fonctions dans la région, [...], quelle que soit la branche à laquelle ils sont affectés, sont placés sous l'autorité du préfet régional ».

les intendants de police en intendants du maintien de l'ordre – offrait, de manière plus subtile, la possibilité de déposséder totalement l'autorité préfectorale de ses pouvoirs de police. C'était certes « sous la haute direction du préfet régional » que l'intendant du maintien de l'ordre avait autorité sur l'ensemble des forces assurant « la sécurité publique et la sûreté de l'État », mais cette « haute direction » ne devait pas inciter les préfets régionaux à s'intéresser de trop près aux opérations de terrain : la faculté qui leur était ouverte par le texte de déléguer aux intendants du maintien de l'ordre tout ou partie de leurs pouvoirs de police, ainsi que de ceux des préfets départementaux, ressemblait fort à un ordre. En outre, « lorsque des circonstances exceptionnelles l'exigeaient », les pouvoirs de police attribués depuis 1941 aux préfets régionaux pouvaient être transférés par le ministre de l'Intérieur à « un délégué de son choix ».

Le cadre juridique était ainsi venu valider une situation de fait, en donnant force de loi au circuit directement établi entre le secrétariat général au maintien de l'ordre et ses intendants *. Le corps préfectoral, subissant cette prise du pouvoir policier par un échelon qui lui était en théorie subordonné, était au mieux informé des opérations projetées – quand elles n'étaient pas déjà exécutées – sur le territoire dans lequel il était censé garantir l'ordre public. C'est ainsi aux lois du 15 avril, « qui semble[nt] indiquer que toute action de police échappe à l'administration préfectorale », que se référa au début de mai le sous-préfet de Carpentras pour faire part au préfet du Vaucluse de l'incapacité dans laquelle il se trouvait, « n'ayant reçu aucun compte rendu ni explications », de lui apporter des précisions sur une opération de police menée dans son arrondissement par l'intendance du maintien de l'ordre de Marseille et la Milice **. À l'exception, rare, des préfets issus de la Milice *** ou de ceux qui en étaient sympathisants ****, le corps préfectoral adopta face à cette

* Un décret de juin 1944 se proposait de renforcer encore ces derniers, en généralisant la fonction d'intendant adjoint du maintien de l'ordre, jusque-là réservée aux plus grandes régions. Le texte annonçant le principe de cette création précisait d'ailleurs qu'il convenait de voir dans le nouvel échelon « bien plus un commandement qu'une fonction administrative », circulaire aux préfets régionaux (intendance du maintien de l'ordre), 5 juin 1944, AN F7 14909.

** Rapport du 4 mai 1944, AN 3AG2 324. Le sous-préfet ajoutait « qu'ainsi toute l'œuvre d'apaisement entreprise est irrémédiablement compromise ».

*** Tel Rebouleau, nommé en juillet 1944 préfet de l'Hérault, et dont Jacques Delperrié de Bayac indique qu'il ne dédaignait pas de prêter la main aux séances de torture conduites par la Milice contre les résistants, *op. cit.*, p. 469. Rebouleau fut fusillé le 31 août 1944.

**** Parmi ceux que Vincent Wright classe comme « collaborateurs résolus », et dont il indique qu'ils furent « terriblement châtiés à la Libération » (l'expression est reprise de Pierre-Henry, dans son *Histoire des préfets* déjà citée), on trouve plusieurs membres de la carrière préfectorale, qui bénéficièrent d'avancements accélérés en 1944, tels les préfets Chiappe à Orléans, Le Baube à Amiens et Reige à Caen. Tous trois furent condamnés à mort par des cours de justice, Le Baube voyant sa peine commuée en dix ans de réclusion : il sortit de la centrale de Fontevrault en juillet 1951 et fut alors employé comme représentant par une imprimerie.

évolution une attitude où se mêlaient résignation et volonté de lutte, comme celle dont témoignait cette note parvenue au BCRA à la mi-avril :

> J'ai assisté dans le cabinet du préfet de la Drôme à une conversation téléphonique entre celui-ci et le commandant Lebrat, des forces du maintien de l'ordre à Lyon. Le préfet a reproché véhémentement à l'intendant de police de Lyon de ne pas l'avoir avisé des opérations de police qui se déroulaient dans son département. Il a refusé de se tenir à l'avenir à la disposition de la police ou de lui fournir des renforts si on ne l'avait pas averti au préalable de ces opérations et de leur but *.

UNE RÉACTION IMMUNITAIRE ?

Le temps des purges

Ce type de réaction ne pouvait pas convenir aux nouveaux maîtres de l'administration du pays, maîtres français comme maîtres nazis. Ceux-ci dressèrent, au début de 1944, la liste des hauts fonctionnaires qu'ils souhaitaient voir éloignés des affaires, après avoir montré, pour la première fois de manière massive durant l'été 1943, qu'ils n'hésitaient pas devant les méthodes expéditives : le 11 août 1943, ils arrêtèrent de nombreux hauts fonctionnaires de l'administration économique **. Ceux qui croyaient à l'existence de la synarchie virent un lien direct entre ces arrestations, dont un bon nombre touchait des inspecteurs des Finances, et l'accession annoncée d'Himmler au poste de ministre de l'Intérieur du Reich, le *Reichsführer SS* étant connu comme ennemi déclaré de la conspiration synarchique internationale ***. D'autres, plus prosaïquement, y virent un moyen de pression sur le gouvernement français, dans

---

* 17 avril 1944, AN 3AG2 324. La confidentialité des informations transmises permet de penser que l'un des deux signataires devait être le chef de cabinet du préfet, ce qui justifie la mention « Très secret ; à ne pas diffuser » que porte ce message. Du préfet de la Drôme, Robert Cousin, qui fut arrêté par les Allemands et déporté le 25 mai suivant, la Résistance signalait « la belle attitude : il favorise très habilement et par tous les moyens la défense du maquis et celle de tous les réfractaires », cité par René Bargeton, *Dictionnaire biographique des préfets septembre 1870-mai 1982*, Archives nationales, 1994, p. 174.

** Figuraient parmi eux les directeurs de cabinet de Cathala et de Bichelonne, Pebrel et Calan, ainsi que le secrétaire général à la Production industrielle, Norguet. Trois directeurs d'administration centrale – deux aux Finances (Brunet, directeur du trésor et Boissard, directeur de l'enregistrement) et un à la Production industrielle (Coutard, directeur des carburants) – étaient arrêtés, ainsi que d'autres hauts responsables, tels Escalier, directeur de la Banque d'Algérie, et Baumgartner, directeur du Crédit national.

*** Un parfait exemple de cette rationalisation *a posteriori* se trouve, comme on pouvait s'y attendre, dans le Journal de Pierre Nicolle, qui évoquait le 24 août la promotion d'Himmler en ces termes : « Ne signifie-t-elle pas, disent les initiés, que le chancelier Hitler a décidé de s'appuyer sur le parti national-socialiste pour mieux faire échec au mouvement organisé par la réaction capitaliste, grosse industrie, haute finance et junker ? Cette explication, si elle est admise, permet de mieux comprendre le motif des arrestations opérées tant à Paris qu'à Vichy il y a une dizaine de jours. La synarchie internationale est en échec », *op. cit.*, t. II, p. 239. On doit néanmoins noter, au profit de cette thèse, qu'Hippolyte Worms et Gabriel Le Roy Ladurie furent alors placés en résidence surveillée.

un contexte marqué par la difficile négociation Sauckel-Laval*. Selon une troisième version enfin, qui n'est pas contradictoire avec la précédente, la purge était intervenue à l'issue de la surveillance exercée par l'occupant sur le ministère des Finances depuis la défection pour Alger, en mars précédent, de deux de ses directeurs, Maurice Couve de Murville et Paul Leroy-Beaulieu. Non seulement, estimaient les Allemands, la hiérarchie de la rue de Rivoli était au courant de ces défections, mais en outre, depuis cinq mois qu'elles avaient eu lieu, elle avait gardé le contact avec les transfuges, allant jusqu'à établir grâce à eux des circuits de transfert de fonds français au profit d'Alger [47]. Ces arrestations, suivies le lendemain de quelques autres à Vichy – la plus spectaculaire concernant Paul Estèbe, membre du cabinet du chef de l'État – provoquèrent une émotion profonde chez les hauts fonctionnaires. Si Laval obtint, à la demande de Cathala et Bichelonne, la libération de Brunet, Baumgartner et Calan, vingt-huit de leurs collègues furent envoyés – on écrivit à l'époque « déportés » – en Allemagne. Installés en Bavière, ils y furent traités de manière « très convenable [48] », comme le confirma Jardel à un haut cadre des finances qui s'étonnait de ce qu'ait été arrêté tel banquier, « homme d'une parfaite correction, [qui] ne cachait pas ses sentiments de fidélité au Maréchal et son dévouement à la politique de collaboration [49] ».

C'est précisément que, déjà en août 1943, fidélité au Maréchal n'était plus synonyme, pour les occupants, de dévouement à la collaboration. Après la crise de novembre 1943, ils décidèrent de purger les sommets de l'État français de ceux qu'ils y estimaient indésirables. Le plus proche entourage de Pétain était visé, puisque Romier, malade et dont la menace d'arrestation accéléra la mort, comme Jardel, au cabinet civil, et le général Campet, au cabinet militaire, durent quitter leurs fonctions. Même le fidèle Ménétrel, secrétaire particulier du Maréchal, figurait initialement sur les listes de proscription, mais les occupants renoncèrent à exiger son départ, laissant ainsi au moins l'un de ses proches à un Pétain désormais surveillé de près par le diplomate von Renthe-Fink. Ce sont en fait deux listes qu'Abetz, à l'extrême fin de 1943, fit porter à Vichy. La première était celle des hommes dont les Allemands exigeaient le départ. On y trouvait, outre les noms déjà cités, ceux du général de La Porte du Theil, qui venait d'ailleurs d'être arrêté, et de quatre secrétaires généraux : Terracher, Olivier-Martin, Dayras et Creyssel, respectivement chargés de l'Instruction publique, de la Jeunesse, de la Justice et de la Propagande. La seconde comportait les noms des quelque trente personnes dont les Allemands ne faisaient que « demander » (et non exiger) le départ** : il s'agissait

* Selon Cathala, pour qui ces arrestations avaient pour but « [d']intimider le ministère des Finances, [qui] apparaissait, peu à peu, à tous comme un centre de résistance », lui-même s'estimant « nettement [visé par] le choix des personnes arrêtées », *Face aux réalités, la direction des finances françaises sous l'Occupation*, éd. du Triolet, 1948, pp. 93-95.

** Différence toute relative, puisque y figurait par exemple Bouthillier, qui venait d'être arrêté en tant qu'inspirateur du complot de novembre précédent et qui allait être transféré en Allemagne.

essentiellement de fonctionnaires dont le choix, quelque peu désordonné, semblait annoncer qu'il ne s'agissait là que d'une première salve, dictée par l'exigence de Ribbentrop qu'il fût procédé « à l'épuration de toutes les personnalités françaises soupçonnées de tendances à la dissidence[50] ».

Cette épuration concerna quatre domaines. Celui d'abord du ravitaillement, avec la mise à l'écart du directeur de l'Office des céréales, de trois directeurs du ministère de l'Agriculture et des deux répartiteurs des viandes. Les Allemands profitèrent aussi de l'occasion pour achever le travail commencé dans le secteur financier cinq mois plus tôt : le directeur de la Banque de l'Indochine, Jean Laurent, et le jeune inspecteur des Finances Bloch-Lainé* furent ainsi déclarés *personae non gratae*. Étaient ensuite concernés des universitaires, au premier rang desquels Jules Basdevant, ancien jurisconsulte du Quai d'Orsay qui, ayant quitté ses fonctions en mai 1941 pour protester contre l'évolution collaboratrice du gouvernement Darlan, était redevenu professeur à la faculté de droit de Paris. Les directeurs de l'École centrale et de l'École des mines, ainsi que plusieurs doyens et professeurs exerçant à Lyon, Caen ou Strasbourg, furent également signalés aux autorités françaises, qui les révoquèrent dans les derniers jours de janvier. Fermait la marche le ministère de l'Intérieur, que les Allemands pensaient atteindre à la tête en demandant le départ de Pichat, directeur du personnel et principal responsable à ce titre de la gestion du corps préfectoral**. Ce corps, particulièrement exposé, était aussi particulièrement visé, onze de ses membres apparaissant indésirables, à commencer par deux des plus importants préfets régionaux de zone sud, Chéneaux de Leyritz à Toulouse et Angeli à Lyon, ce dernier n'ayant pourtant pas démérité en matière de lutte contre les dissidences. Quatre préfets et cinq sous-préfets étaient appelés à quitter leurs fonctions, dont Demay, sous-préfet de Nantua, poste où il avait été nommé au sortir de ses fonctions de chargé de mission au cabinet civil[51]. Indiquant que l'arrestation du général de La Porte du Theil comme celle à laquelle n'avait échappé que de justesse Terracher avaient causé une vive émotion à Vichy, une note reçue au début de 1944 par le BCRA rappelait que les Allemands voulaient « avoir en France un gouvernement à leur dévotion au moment du débarquement : c'est pourquoi ils réclament avec autant d'insistance une refonte dans l'administration [et] veulent des préfets régionaux qui soient à leurs ordres[52] ».

Le corps préfectoral écartelé

Ce même rapport mettait en évidence l'une des conséquences les plus négatives, pour l'État français, de cette ingérence allemande : on ne trouvait

* Qui fut convoqué à la fin de 1943 par Cathala pour se voir conseiller de se montrer le moins souvent possible rue de Rivoli, en raison des menaces qui pesaient sur lui ; entretien avec l'auteur, 16 février 1994. L'ancien ministre des Finances confirma dans ses souvenirs avoir refusé de démettre F. Bloch-Lainé de ses fonctions, malgré une insistante pression allemande, *op. cit.*, p. 91.

** Comme on l'a vu plus haut, Pichat resta toutefois en fonctions.

plus de candidats pour les postes de préfet, alors même qu'un très vaste mouvement avait changé, le 21 janvier 1944, les titulaires de 31 postes préfectoraux. S'il était imposé par les circonstances, ce mouvement n'était pas forcément des plus heureux car, comme le notaient les renseignements généraux en se faisant l'écho des « milieux parlementaires » de Vichy, « le moment [paraissait] mal choisi pour un mouvement de cette importance » :

> Un débarquement peut se produire dans quelques semaines en France, et ce n'est pas en ce laps de temps qu'un préfet peut connaître son département et l'état d'esprit de ses subordonnés. Que fera-t-il alors : il sera à la merci des événements et dans l'impossibilité de se faire obéir. En montrant ces exigences à pareille heure, les autorités d'occupation ont encore commis une grave erreur psychologique. Certains préfets, comme M. Chéneaux de Leyritz, étaient assez estimés par la population et pouvaient avoir une certaine autorité au cours d'événements susceptibles de se produire [53].

Si l'on prend en compte les nominations, de moindre ampleur, intervenues en novembre 1943 et février 1944, c'est une quarantaine de préfectures, régionales ou départementales, qui changèrent de titulaire en moins d'un trimestre. Malgré l'importance du chiffre, le bouleversement n'était pas total. Les préfets sortants furent en effet remplacés par d'autres membres du corps préfectoral jugés plus sûrs : c'est ainsi que les sept préfectures régionales devenues vacantes furent toutes pourvues par des hommes déjà préfets, tandis que les nominations de préfets de département restèrent régies, pour la plupart, par les règles classiques. Malgré les circonstances, on n'assista pas au début de 1944 à un mouvement d'entrisme dans la carrière préfectorale qui, comparable par son ampleur à celui qui avait marqué les premiers temps du régime, aurait conduit à multiplier le nombre de préfets miliciens ou ultracollaborateurs*. Le recours au sang neuf, qui ne joua pas pour les postes de préfet, fut en revanche fréquent dans le choix des sous-préfets. La volonté de renouvellement de ce corps était d'ailleurs facilitée par un décret du 15 septembre 1942 [54], qui avait autorisé le gouvernement à procéder à des nominations de sous-préfets et secrétaires généraux de première classe hors règles statutaires. C'est ainsi, à en croire un bilan parvenu en juin 1944 au BCRA [55], que le recrutement des sous-préfets, « nommés après avoir donné des preuves de dévouement au régime », faisait effectivement appel à des profils souvent extérieurs aux rangs du ministère de l'Intérieur. Si 11 des nouveaux sous-préfets étaient issus des cadres administratifs des préfectures, 13 exerçaient avant leur nomination les fonctions de délégués à la propagande, quelques autres provenant de milieux encore plus directement liés au régime : de Brinon plaça ainsi son ancien directeur de cabinet, Cathala un de ses chargés de mission, tandis que Bonnard appuyait Hovaere, ancien délégué à la

* Voir ce qu'en écrit Pichat, *La Vie de la France...*, *op. cit.*, t. I, pp. 422-425. Hilaire tempéra toutefois ce témoignage en reconnaissant que, « pour la première fois, au début de 1944, les Allemands "suggérèrent" quelques nominations », *ibid.*, p. 411.

jeunesse dans le Nord et pétainiste de la première heure *. De telles nominations, ouvertement politiques, choquaient à l'évidence les fonctionnaires de métier, qui ne se pressaient toutefois pas pour occuper des postes de plus en plus exposés. La résistance intérieure évoquait ainsi, le 10 novembre 1943, la situation du sous-préfet nommé en mai 1943 à Bastia, où l'avait surpris la libération de l'île en août. Il s'agissait de l'ancien chef de cabinet d'Hubert Lagardelle, secrétaire d'État au Travail :

> Comme beaucoup de sous-préfets de Vichy, il doit son poste non à sa compétence ou à son passé administratif, mais à ses attaches gouvernementales. Quels que soient ses sentiments personnels, il a été amené à accomplir une œuvre de collaboration étant donné les fonctions importantes qu'il occupait auprès d'un ministre connu pour ses sentiments collaborationnistes. Il doit donc être considéré comme un pur produit de l'arrivisme « Révolution nationale ». Son maintien à un poste dans l'administration préfectorale serait interprété non seulement comme un signe de faiblesse mais encore serait susceptible de démoraliser les patriotes avertis [56].

Pour autant, la majorité des vacances d'emplois était difficile à combler : Hilaire estimait, au début de 1944, que « l'on arrivera évidemment à boucher les trous. Mais lorsqu'il s'agira ensuite de trouver les préfets et sous-préfets, le problème devient presque insoluble [57] ». L'administration centrale semblait pourtant avoir anticipé ces difficultés en modifiant, par une loi du 1er mai 1943, les conditions d'entrée dans la carrière de chef de cabinet de préfet [58]. Le recrutement par concours – dont le principe avait été posé par Peyrouton et l'exécution mise en œuvre par Pucheu qui y voyait le moyen de faire de la préfectorale un « grand corps » – était abandonné en droit, sachant qu'il l'était en fait depuis que des circulaires de juin 1942 et février 1943 avaient autorisé les préfets à recruter librement, comme sous la Troisième République, leur chef de cabinet. Le texte du 1er mai 1943 organisait un filtrage en deux temps : une commission, présidée par un représentant du ministre de l'Intérieur, choisissait les candidats admis à effectuer un stage de terrain, puis décidait, au vu des résultats de ce stage, de leur inscription sur une liste d'aptitude soumise au ministre. S'il répondait aux difficultés quantitatives de recrutement, ce dispositif ne garantissait en rien la capacité des nouveaux venus à remplir correctement leurs fonctions : « Si la situation peut paraître satisfaisante au point de vue du nombre des demandes, estimait en mai 1944 Roger Farçat, chef du bureau central du personnel, elle n'en reste pas moins assez lamentable si l'on s'attache à la qualité assez médiocre des candidats [59]. »

---

* Cette candidature ne se concrétisa pas, mais, aussi tard que le 26 juin 1944, Pichat faisait part au ministre de l'Éducation nationale de l'impression très favorable que lui avait laissée son protégé : « Les rapports de service et les relations personnelles que j'ai pu avoir avec lui [m'ont donné] l'impression que M. Hovaere est un homme plein de chaleur et de zèle, assez jeune pour avoir un grand désir d'activité, assez riche d'expérience pour bien diriger celle qu'il exerce. Je le crois capable d'agir avec énergie, et le regarde comme pleinement dévoué à la politique du gouvernement dont il a compris tout le sens », AN F17 13348.

Préfets et chefs de cabinet, dont beaucoup étaient ainsi récents dans leur poste, eurent à faire face à une situation extrêmement difficile, que résumait l'un d'entre eux en faisant savoir en février au BCRA que « l'atmosphère se charge[ait] dangereusement ». Alors que l'occupant, de plus en plus irrité par « ces coups de main des maquis que la sollicitude de l'opinion tolère », se dirigeait « vers une prise de possession totale du pouvoir local, vers l'arrestation des préfets, vers l'internement massif des Français, en somme vers cet état de siège qui suivra l'annonce d'opérations d'envergure sur le continent européen », Vichy continuait à « légiférer dans le vide, ne donn[ant] absolument aucune instruction aux préfets qui leur permette de sauver encore quelques lambeaux de cette liberté française[60] ». Le corps préfectoral apparaissait ainsi écartelé entre sa responsabilité patriotique et la volonté des Allemands, que l'anticipation de la défaite rendait féroces, de contrôler étroitement ce qu'il demeurait d'État français. Aux yeux des préfets, derniers relais du régime, rester en fonctions n'avait de sens que si cela pouvait contribuer à maintenir, jusqu'au bout, l'autorité publique française contre les exigences allemandes, mais aussi contre les débordements des maquis. Les premières ne s'embarrassaient plus guère de formes : Jacques Bardoux rapporte ainsi que le préfet du Doubs, qui avait refusé de signer une affiche informant la population de représailles allemandes à la suite d'un attentat, fut contraint de le faire sur l'ordre exprès d'Ingrand *. Mais la marge de manœuvre n'était pas beaucoup plus large face à la multiplication des coups de main opérés par la Résistance, sur l'ensemble du territoire mais avec une concentration particulière dans des régions telles que le Massif central, le Sud-Ouest ou les Alpes. Ainsi Pierre Trouillé, nommé préfet de la Corrèze en février 1944, se présentait dans ses Souvenirs comme décidé à ne pas tolérer une remise en cause de l'autorité de sa fonction par les résistants, dont il se voulait pourtant sympathisant **. Ces hauts fonctionnaires d'un État attaché de manière obsessionnelle aux formes de la souveraineté pouvaient difficilement faire autre chose que de la réaffirmer, au niveau où ils se trouvaient placés. Significative à cet égard de ce souci de sauver les apparences fut la décision du régime de suspendre la parution du *Courrier du Centre* dont, par négligence ou par malice, l'édition de Limoges avait publié un communiqué signé par le « préfet du maquis ». Comme le concluait Pierre

---

* *Op. cit.*, p. 133. Le préfet ayant aussitôt donné sa démission, Ingrand lui répondit : « Si vous ne la retirez pas immédiatement, vous serez arrêté et envoyé dans un camp de concentration », *ibid.*

** Et auxquels il tint ce discours, peu après son arrivée dans le département : « Mon prédécesseur a été révoqué pour vous avoir aidés ouvertement. Mes sentiments sont les mêmes que les siens, mais ma méthode doit être différente. Vichy a les yeux fixés sur la Corrèze ; j'agirai pour vous en souplesse. Faites-moi confiance et vous ne vous en repentirez pas. En tout cas, si l'expérience Trouillé échoue, l'expérience Lecornu ne pourra jamais recommencer, et vous aurez un préfet milicien, avec tous les inconvénients que cela comporte. Maintenant, choisissez... », *op. cit.*, p. 20.

Limagne en rapportant l'incident*, « il ne [faisait] pas bon plaisanter » sur un sujet sur lequel le régime restait particulièrement susceptible.

Le cas de conscience policier

Un dilemme comparable à celui que rencontra l'administration préfectorale se posait dans les forces de police. Dans les circonstances exceptionnelles de 1944, deux facteurs conduisirent leurs membres, placés « devant le choix difficile d'obéir en se déshonorant ou de désobéir en prenant des risques majeurs [61] », à envisager, quand le double jeu s'avérait impossible, la seconde branche de l'alternative : non seulement les interrogations qu'avaient pu se poser les Français face à la montée en puissance des maquis avaient laissé place en 1944 à une attitude de soutien, diffus sinon direct [62], mais la mainmise des miliciens sur le maintien de l'ordre avait contribué à accentuer la distance entre les forces de l'ordre et leur hiérarchie nationale.

Police-Milice

La relation institutionnelle entre police et Milice avait toujours été conflictuelle, comme le notait dès l'été 1943 un informateur du BCRA selon lequel « la police attend[ait] la première occasion d'étrangler la Milice [63] ». Après janvier 1944, l'étranglement n'ayant pas eu lieu dans le sens souhaité, le climat devint détestable, les forces traditionnelles de maintien de l'ordre vouant un solide mépris aux miliciens, qu'elles considéraient au mieux comme des intrus et, lorsqu'elles étaient lucides, comme des repris de justice et des tueurs. Il n'est donc pas surprenant que la coexistence entre Milice et police se soit révélée impossible, malgré la répétition, au cours des premiers mois de 1944, d'instructions ministérielles qui en posaient le principe. À la suite d'un « incident regrettable d'ordre administratif lors d'une enquête effectuée à l'occasion d'un attentat qui venait d'être commis contre un membre de la Milice française », le directeur de la police de sûreté, Buffet, adressa en février aux commissaires placés sous ses ordres une longue circulaire explicitant les rapports entre policiers et « membres de la Milice qui demandent l'assistance de nos services pour des recherches urgentes de délinquants ou de suspects ». On mesure, à la lecture de ce texte étonnant, la place centrale qu'occupait désormais la Milice dans le dispositif policier français :

> Dans tous les cas, et plus spécialement lorsqu'il s'agit de flagrants délits, les commissaires et inspecteurs de police de sûreté doivent faire droit aux demandes d'enquêtes qui leur sont présentées par les membres dirigeants de la Milice — tels que les chefs régionaux, départementaux et urbains — ainsi que les chefs de la Franc-Garde permanente. Il appartiendra à vos collaborateurs de vous rendre compte immédiatement de toute mission qu'ils auront dû effectuer dans ces conditions, mais sans que cette observance indépendante de

---

* Les 6 et 8 décembre 1943, *op. cit.*, pp. 1624 et 1629. Le « préfet du maquis » évoqué par l'article était Georges Guingouin, chef FTP de la région de Limoges.

> la hiérarchie puisse servir de prétexte pour différer une opération urgente. [...] Tout retard volontairement apporté à l'exécution de semblables missions sera considéré comme une faute professionnelles et sanctionné comme telle. Enfin, vous voudrez bien rappeler à tous vos subordonnés – dans l'intérêt même du service – qu'il leur appartiendra d'apporter, dans leurs rapports avec les membres de la Milice, toute la correction et la courtoisie dont ils font habituellement preuve dans leurs relations avec les fonctionnaires des autres services administratifs [64].

Si donc la Milice apparaissait comme un agent essentiel de détection des infractions à la loi et l'ordre vichyssois, sa branche active, armée et encasernée, la Franc-Garde, avait vocation à être pleinement intégrée aux forces en tenue. Pour montrer l'importance qu'il y attachait, le secrétariat général au maintien de l'ordre fit signer par Laval une circulaire demandant aux préfets de multiplier les occasions de participation de la Franc-Garde aux opérations de police *. Par charité bien ordonnée, Clémoz tint à ce que l'apport des miliciens au service public, par exemple « dans la recherche de bombes à retardement [pour laquelle] des miliciens se sont offerts bénévolement », fût reconnu et rémunéré à son juste prix et demanda aux préfets de « procéder à des réquisitions régulières, afin que les bonnes volontés reçoivent par le jeu d'indemnités journalières leur juste rémunération ** ». Ces purs héros sont néanmoins ceux dont le souvenir, « uniformément noir [65] », est associé aux pires exactions du premier semestre de 1944, dont on ne reprendra pas ici l'énumération ou le détail [66]. La même indulgence s'appliquait à la plupart des actions crapuleuses conduites par des miliciens, dont une note des renseignements généraux rappelait, pour le département du Loiret, qu'ils étaient « des hommes de main, sans aucune conscience, sans aucune tenue, [dont] quelques-uns avaient déjà encouru des condamnations *** ». Il est clair que, pour un Lécussan **** par exemple, l'instruction officielle de décembre 1942 menaçant de sévères sanctions les policiers qui se livreraient à des interrogatoires excessivement musclés apparaissait comme une plaisanterie. Ce texte mérite toutefois

* « L'accomplissement de la mission que la loi du 30 janvier 1943 assigne à la Milice française l'amènera à prendre une part croissante au maintien de l'ordre public. La participation de sa Franc-Garde à certaines opérations de police est à l'heure actuelle particulièrement souhaitable afin de renforcer les forces du maintien de l'ordre », 18 mars 1944, AN F7 14909.

** Circulaire du 19 mai 1944, AN F7 14909. Cette image idyllique des miliciens doit être rapprochée du comportement de nombre d'entre eux, qui rançonnaient ou dépouillaient leurs victimes : le livre de Jacques Delperrié de Bayac fourmille d'exemples en ce sens.

*** AN 3W 139, citée par J.-P. Azéma, *art. cit.*, p. 98. Le livre de J. Delperrié de Bayac explicite cette information, en rappelant l'origine professionnelle de plusieurs responsables miliciens, tels ceux ayant exercé, et continuant souvent à exercer la profession de souteneur.

**** L'assassin d'Hélène et Victor Basch avait commencé sa carrière dans l'administration vichyssoise comme directeur régional des questions juives à Toulouse, et la termina comme chef régional de la Milice à Lyon. Il fut fusillé en 1945.

d'être cité, ne serait-ce que pour mesurer la dégradation de la situation en à peine plus d'un an :

> Malgré des instructions répétées sur l'attitude à observer par les fonctionnaires de police au cours des interrogatoires dont ils sont chargés, trop souvent des violences et des voies de fait continuent à être employées dans le but d'obtenir des aveux de la part des personnes soupçonnées de crimes et délits. [Il convient de] s'abstenir de pareils procédés qui portent atteinte à la dignité humaine de ceux qui les subissent et déshonorent ceux qui les emploient. [Ce type de procédés] fait naître dans le public un esprit de défiance systématique, jette le discrédit sur le corps entier de la police [... et] entrave l'action de la police en mettant la justice dans l'impossibilité de dégager une certitude d'aveux extorqués[67].

Il est vrai que les circonstances avaient changé en un an. L'action sur le terrain se révéla de plus en plus éprouvante au cours de l'année 1943, de sorte que Bousquet, dont ce fut l'une des dernières circulaires importantes, dut s'inquiéter à la mi-novembre auprès des intendants de police du fait que « la plupart des unités [étaient] fatiguées physiquement et moralement [et que] si ces forces continu [avaient] à être utilisées à la limite de leurs possibilités à la mauvaise saison, elles ser[aient] très rapidement usées et ruinées[68] ». Le moyen le plus sûr pour faire face à cette fatigue physique et morale du personnel policier restait de rajeunir les cadres : « En raison des circonstances, écrivait ainsi en novembre 1943 le chef du gouvernement, les forces chargées du maintien de l'ordre doivent être mises en mesure de recruter le plus rapidement possible, notamment parmi les éléments jeunes de la population*. » En conséquence, les jeunes gens intégrés dans les forces de police et de gendarmerie furent dispensés de stage dans les Chantiers de la jeunesse et de réquisition pour le STO. En février 1944, Laval confirma que ce dernier avantage, consenti en septembre précédent aux membres des unités permanentes de la Franc-Garde, restait applicable, du moins « aussi longtemps qu'ils rest[aient] incorporés et utilisés dans ces formations[69] ».

Morts pour quelle France ?

Pour n'être pas « déportables », ces jeunes recrues n'en étaient pas moins exposées : le maintien de l'ordre était devenu un métier très dangereux, comme en témoignait l'apparition, à partir de l'été 1943, de toute une littérature administrative consacrée au sort des fonctionnaires « victimes du devoir ». La mort violente de fonctionnaires était un sujet à l'ordre du jour : s'adressant en novembre 1943 aux présidents et procureurs généraux des cours d'appel pour leur rappeler ses exigences d'extrême sévérité envers les terroristes,

---

* Lettres du 11 novembre 1943 du chef du gouvernement au secrétaire général à la police, au directeur général de la gendarmerie nationale et au commissaire général aux chantiers de la jeunesse, AN F7 14909. Une directive adressée le 16 décembre suivant par Guérard aux mêmes autorités étendit la mesure aux jeunes gens originaires de la zone sud dont les groupements de Chantiers étaient situés en zone nord.

Laval leur demanda « d'être avec [lui] les soldats qui défendent la France », en indiquant que « par le jeu des circonstances la police et la magistrature remplissent le même office glorieux que l'armée pendant la guerre [70] ». Armée en guerre, la police connaîtrait donc des pertes, que l'État avait pour mission de compenser. Il fallut toutefois à l'administration de la police près d'un an de négociation avec la direction du budget, et le soutien sans faille de Laval, pour obtenir la création au profit des fonctionnaires de police d'abord – dispositif élargi dans un second temps à tous les agents « victimes du devoir » – d'un fonds permettant de verser une aide financière à ceux blessés en service et aux ayants droit de ceux morts dans les mêmes conditions [71]. Pourtant, on se posait des questions, jusqu'au sein du ministère de l'Intérieur, sur la notion de « victime du devoir [72] ». À propos d'un dispositif voisin, celui des médailles pour actes de courage et de dévouement, Farçat adressait en février 1944 au cabinet de Darnand une note faisant part de ses doutes ; si la notion était, en temps calme, des plus claires, puisqu'elle avait pour objectif de récompenser « les auteurs d'actes positifs de courage au cours desquels ils ont risqué leur vie en se portant au secours d'autrui ou en assurant la marche d'un service d'intérêt général », son application tendait, dans les circonstances spéciales que traversait le pays, à « s'obscurcir et à s'élargir » :

> Essentiellement depuis 1940, de nombreux agents de l'administration ont été victimes d'événements de guerre ou d'attentats politiques au cours ou à l'occasion de l'accomplissement de leurs fonctions. Ces agents n'ont pas fait d'actes positifs de courage ; ils se sont bornés à remplir les devoirs de leur charge. Le fait qu'ils sont blessés ou qu'ils trouvent la mort en service commandé peut-il motiver à lui seul l'attribution d'une distinction honorifique ? Telle est la question de principe qui se trouve aujourd'hui posée avec une particulière acuité. À mon avis, pour ne pas altérer le caractère propre des récompenses pour actes de courage et de dévouement, elles ne devraient être accordées qu'aux auteurs d'actes précis d'héroïsme ; le fait de la mort en service commandé ayant seulement pour effet d'élever d'un échelon la distinction conférée, si la conduite de l'intéressé présente déjà les motifs nécessaires à l'attribution d'une récompense [73].

Farçat, néanmoins conscient de ce que cette lecture excessivement administrative des textes pouvait avoir d'inadapté aux circonstances, sollicitait des instructions de l'état-major de Darnand, en soulignant par avance qu'il ne lui échappait pas que « de très pressantes considérations politiques [puissent] entrer en ligne de compte ». Les miliciens furent ainsi nombreux, à côté des membres des forces de maintien de l'ordre, à se voir attribuer de telles récompenses. Celles-ci apparaissaient, en termes quantitatifs notamment, comme la contrepartie des risques encourus : c'est ainsi par exemple qu'en avril 1944 37 fonctionnaires de police reçurent une médaille professionnelle, chiffre comparable à celui des 35 tués ou blessés en service que citait, pour le même mois, le rapport d'activité des services de sécurité publique [74].

Désobéir, c'est servir

Le même rapport, tout en indiquant que le recrutement de nouveaux agents était « à peu près nul », signala que 40 fonctionnaires de police avaient été arrêtés, en un mois, par les autorités allemandes, et l'on sait par ailleurs que trois commissaires de police furent fusillés pour la seule région de Clermont-Ferrand[75]. Ces éléments confirmaient le basculement, que l'on sentait proche depuis le semestre précédent, des forces de police en faveur de la désobéissance bien comprise. La montée en puissance de la Milice y fut pour beaucoup : chargée, et se chargeant elle-même, des basses besognes, elle contribuait par contrecoup à redorer le blason policier, fortement terni d'abord par les rafles de l'été 1942 puis par la mission de recherche des réfractaires dont furent chargées les forces de police. Ce basculement signait la fin d'un processus qui appelle, pour être bien apprécié, un regard rétrospectif jusqu'au milieu de 1942. Si la participation des gardiens de la paix à la rafle du Vel' d'Hiv' reste la tache qui marque, depuis des décennies, la mémoire policière, l'attitude conciliante adoptée par les forces de police lors des manifestations, presque concomitantes, du 14 juillet 1942 fut au contraire relevée avec satisfaction par la presse résistante. Publiant, dans son numéro daté de juillet 1942, une « note concernant la police », *Combat* put ainsi citer en exemple « l'attitude de la police locale, [qui] a eu presque partout une attitude très correcte, et même visiblement sympathisante ». Le journal en profita pour annoncer que « rien ne sera oublié au lendemain de la victoire, pas plus les services rendus que les sévices exercés », avertissement réitéré six mois plus tard dans une « lettre ouverte au ministre de l'Intérieur » dénonçant les tortures de résistants dont se rendait coupable la police française, et annonçant que « pour chaque coup donné il en serait rendu dix ». Les menaces se firent plus précises avec le temps, le Conseil national de la Résistance prévenant par exemple les policiers chargés de famille que, « dans le cas où des fonctionnaires travaillant pour l'ennemi seraient tués pendant leur service, la France ne se reconnaîtra aucune obligation morale ou financière envers leur famille – ceci est réservé à ceux qui défendent leur pays, non à ceux qui le trahissent * ».

La répétition des avertissements contribua à accélérer, mais non à déclencher, le phénomène de désengagement professionnel : les forces de police, lorsqu'elles prirent conscience d'être utilisées à des opérations voulues par les

* Cité par Peter Novick, *op. cit.*, p. 67. On opposera cette phrase à la promesse de Bousquet que les enfants des policiers morts en service « trouver[aient] toujours auprès des pouvoirs publics l'appui moral et matériel le plus complet pour les aider dans le choix d'une carrière et notamment pour leur offrir dans la police la place que la conduite de leur père, qui restera pour tous un exemple et un symbole, leur aura méritée », circulaire du 19 mai 1943, AN F7 14908. Cet engagement fut tenu puisque, le 14 janvier 1944, une circulaire de la direction du personnel de la police demanda d'examiner avec bienveillance et d'accorder, à égalité de titres, la préférence aux candidats dont le père, membre d'une police placée sous l'autorité du secrétariat général, était tombé victime du devoir, AN F7 14909.

Allemands, adoptèrent progressivement une attitude de retrait discret, dont firent d'abord les frais les organes explicitement ou implicitement associés aux occupants. On a déjà eu l'occasion de rappeler les heurts entre police et Milice tout au long du second semestre de 1943. Tout aussi net fut le rejet de la LVF : des incidents survenus au début de l'automne conduisirent à une protestation d'Oberg face à une forme de grève du zèle des policiers parisiens, attitude qui cachait mal leur manque d'enthousiasme à protéger ces Français sous uniforme allemand. Le général SS affirmait ainsi, dans une lettre à Bousquet, ne pouvoir « écarter l'impression que les policiers alors en service se sont surtout occupés, se basant sur des instructions reçues de leurs services supérieurs, de déterminer tous les incidents avec une exactitude minutieuse au lieu de déférer à leur tâche véritable * ». La Résistance partageait cette analyse : « La police (cadres moyens, inspecteurs et commissaires), écrivait-elle dès juin 1943, est de moins en moins active lorsqu'il s'agit d'affaires politiques [76]. » Trois mois plus tard, le réseau Marco Polo se félicitait de ce que « dans chaque ville importante il y a toujours un ou plusieurs commissaires de police (ou à défaut inspecteurs) dont les sentiments sont éprouvés. Ceux-là sont connus des organisations pour avoir livré des cartes d'identité aux personnes en délicatesse avec les Allemands, et pour avoir prévenu ou tout au moins laissé prendre le champ aux personnes recherchées pour gaullisme. Ayant fait leurs preuves, ils conservent l'estime de tous les vrais Français et, partant, l'autorité nécessaire à l'exécution des mesures de police [77] ».

Mais ce fut aussi, dans la police plus que dans d'autres administrations moins exposées, l'heure des doubles ou des triples jeux, tels que les ont popularisés de nombreuses œuvres de fiction, notamment cinématographiques **. Fiction construite sur un réel qui reste difficile à cerner exactement, mais dont on peut suivre la trace dans les efforts du secrétariat général au maintien de l'ordre pour neutraliser et punir les tentatives de résistance plus ou moins passive. Au début de 1944, en moins d'un mois – et sans solution de continuité entre Bousquet et Darnand –, les préfets reçurent ainsi trois longues instructions les appelant à sanctionner sans faiblesse des attitudes dans lesquelles la hiérarchie lisait des actes d'opposition indirecte :

> Il m'a été signalé que certains fonctionnaires de police auraient emporté à leur domicile des dossiers appartenant à leur service. Vous voudrez bien donner des consignes très strictes pour mettre fin à ces errements, [en rappelant] au personnel qu'en aucun cas et sous aucun prétexte les documents administratifs ou les copies de ces documents doivent être emportés. Tout fonctionnaire, quel que

* « J'ai gagné l'impression, concluait Oberg, qu'il est nécessaire d'inviter la préfecture de police à pourvoir de consignes correspondantes les forces de police placées sous ses ordres », 5 novembre 1943, AN F7 14907.

** Par exemple *Le Jour et l'Heure* réalisé en 1963 par René Clément, sur un scénario de Roger Vailland, qui met en scène un commissaire de police laissant une résistante prendre la fuite, en lui demandant de se souvenir de lui plus tard. Sur la réécriture cinématographique des années noires, on se reportera à Sylvie Lindeperg, *Les Écrans de l'ombre : la Seconde Guerre mondiale dans le cinéma français (1945-1969)*, CNRS éditions, 1997.

> soit son grade, qui perdrait de vue les prescriptions de la présente circulaire s'exposerait aux sanctions les plus graves (28 décembre 1943).
>
> Il m'est journellement signalé de nombreux cas de perte de cartes et d'insignes professionnels de la police nationale. [...] Les circonstances actuelles [ayant] donné aux insignes et cartes de police une valeur considérable, [...] la possibilité donnée à des individus douteux de se servir, dans un but contraire aux lois, des cartes et insignes trouvés ou volés est trop grave pour que les fonctionnaires de la police nationale qui en sont responsables par leur négligence ne soient pas l'objet de sanctions sévères (27 janvier 1944).
>
> Il arrive très fréquemment que des membres des forces de maintien de l'ordre, isolés ou en détachement, soient désarmés par des terroristes sans qu'un seul coup de feu ait été échangé. Ces incidents ne peuvent s'expliquer que par le manque de vigilance des gardes, gendarmes et gardiens qui se laissent surprendre, ou par leur désir de composer avec leurs adversaires. Une telle situation, dont les conséquences éventuelles ne sauraient échapper à votre attention, ne saurait se prolonger davantage. J'ai décidé en conséquence de réprimer impitoyablement de telles défaillances. Indépendamment des sanctions disciplinaires qui leur seront appliquées immédiatement, y compris la révocation, les gardes, gendarmes et gardiens qui seront reconnus coupables des fautes susvisées pourront être internés administrativement (31 janvier 1944)[78].

Darnand donna l'exemple de la rigueur. Ayant fait arrêter, au tout début de juin, plusieurs hauts fonctionnaires de police accusés de « travailler sciemment contre les intérêts supérieurs du gouvernement et de la Patrie », il jugeait leur faute « d'autant moins excusable que, de par leurs fonctions, ils étaient à même de connaître de nombreux rouages de la vie du pays et d'exercer une pression sur leurs subordonnés, afin de les amener à trahir, eux aussi, leur devoir * ». Conscient du malaise constaté à « tous les échelons des fonctionnaires de la police », malaise qu'il imputait à « toutes les interprétations erronées ou tendancieuses que l'on ne saurait manquer, dans un but facile à comprendre, de donner à [ses] décisions », le secrétaire général au maintien de l'ordre fut amené à rappeler sa conception de l'obéissance, et sa volonté d'exercer pleinement l'autorité hiérarchique qu'il détenait en droit sur l'ensemble des forces de police :

> Je le répète : ceux qui, au lieu de donner l'exemple, ainsi qu'ils en avaient l'obligation, ont essayé d'entraîner leurs subordonnés à commettre des fautes graves seront sévèrement punis. Mais que les autres se rassurent. Je n'ai pas l'intention d'éplucher les dossiers de tous les fonctionnaires de police, d'y relever et sanctionner toutes les fautes si minimes soient-elles et de me montrer impitoyable envers toutes les erreurs passagères, ou envers les fonctionnaires qui n'ont fait qu'obéir aux ordres de chefs indignes. Ceux qui remplissent leurs fonctions sans arrière-pensée et sans restriction mentale n'ont rien à craindre ; qu'ils continuent à exercer fidèlement leur tâche. Je saurai les défendre contre toutes les attaques et apprécier avec justice leurs efforts sincères dans des fonctions et à une heure particulièrement difficiles[79].

---

* Note de Darnand, datée du 4 juin 1944, envoyée le 10 par Parmentier aux intendants du maintien de l'ordre avec la recommandation de « veiller personnellement à ce que tout le personnel de police, quels que soient sa spécialité et son grade, en prenne connaissance », AN F7 14909.

La radicalisation

Mais, pour la plus large part des fonctionnaires, y compris de police, l'heure n'était plus, depuis plusieurs mois déjà, à cette obéissance « sans arrière-pensée et sans restriction mentale » que Darnand appelait de ses vœux. Malgré une ultime radicalisation du régime et la poursuite, plus éthérée que jamais, des rêves reconstructeurs d'un régime au crépuscule, il s'agissait désormais pour les serviteurs de l'État de se préparer à une transition attendue. Les derniers mois de l'État français n'en furent pas moins particulièrement difficiles et sanglants, notamment pour ceux qui avaient à affronter la violence des Allemands aux abois. Dans sa phase milicienne, le régime retrouva en outre, à l'égard de la fonction publique, le langage de l'extrême droite tribunicienne pour opposer l'ardeur des élites révolutionnaires à la veulerie des masses amorphes. Mais la radicalisation ne resta pas du seul ordre du discours : des textes furent édictés, et des hommes nommés, dans un ultime effort visant à donner aux choses le cours nouveau qu'appelait l'engagement total du régime aux côtés du Reich nazi.

Les derniers fidèles

Ce nouveau cours trouva des soutiens jusque chez des fonctionnaires ayant servi la République : ainsi d'Angelo Chiappe, devenu sur demande allemande préfet régional d'Orléans et dont les mouvements de résistance soulignaient « les turpitudes, la bassesse et les vices [80] », ou du préfet nommé en février dans le Pas-de-Calais, Alexandre Pujes, avec lequel un membre du RNP indiquait avoir eu un « entretien des plus cordial, en camarades. M. Pujes est de loin, parmi ceux que j'ai rencontrés, le préfet le plus près de nous. Il s'est déclaré prêt à servir le Chef avec le plus grand dévouement [81] ». Le 16 mars, une fois levées les préventions de Pétain à son égard, « le Chef » Déat devint ministre de la Solidarité nationale. Signataire, avec Darnand, du plan du 17 septembre 1943, il mit immédiatement ses idées rénovatrices en pratique, en nommant à la tête des administrations placées sous ses ordres des commissaires généraux, chargés de superviser l'action des directeurs [82]. La réaction négative de l'administration concernée fut relevée aussi bien par les observateurs favorables à Vichy – tel Pierre Nicolle, qui évoquait son « affolement [83] » – que par la Résistance, qui soulignait l'irritation des directeurs devant cette forme de « surveillance à domicile [84] ». Cette irritation se traduisit d'emblée par un front commun anti-Déat, qui dépassait les frontières de son ministère pour s'étendre aux représentants du patronat, inquiets de l'arrivée du « socialiste » Déat à un ministère dont même l'intitulé nouveau de « solidarité nationale » leur paraissait suspect :

> J'ai constaté une hostilité apparente, presque un mot d'ordre, dans les milieux fonctionnaires du ministère de la Production industrielle. L'attitude des directeurs et du ministre lui-même est celle de gens fortement déçus et prêts à exercer toutes les pressions pour gêner le nouvel arrivant dans

> l'exécution de sa mission. Dans les milieux patronaux règne un certain désarroi, il est certain qu'on ne comprend pas les raisons qui amènent aujourd'hui le chef du RNP dans les conseils du gouvernement; il faut cependant noter l'attitude des grands patrons, membres des grandes commissions du ministère du Travail qui, pour éviter de se trouver en présence d'une politique sociale nouvelle, essayent de se dédouaner en donnant prématurément leur démission *.

Si l'appartenance des fonctionnaires à un mouvement ou parti collaborationniste n'était plus interdite, ne serait-ce qu'en raison des liens entre Milice et administration du maintien de l'ordre, les îlots extrémistes du Vichy de 1944 ne réussirent pas à mener à bien leur double mouvement d'épuration et d'investissement de l'appareil d'État. Non seulement l'entrée, bien tardive, de sympathisants dans des postes importants d'un régime déliquescent risquait d'être sans effet, mais Laval, au risque de se voir reprocher une « mollesse [qui] freine l'activité révolutionnaire d'épuration [85] », entendait se garder des intrigues visant à le déborder sur son flanc collaborateur. S'il parvint à imposer le commissaire du pouvoir Bernon comme commissaire général par intérim aux Chantiers de la jeunesse, il ne pouvait toutefois contrôler toutes les nominations, de sorte que les ministres idéologues purent installer dans de hauts postes quelques-uns de leurs plus proches soutiens.

Abel Bonnard était de ceux-là, qui eut à remplacer les responsables des trois domaines placés sous son autorité, la jeunesse, les beaux-arts et l'instruction publique. Après avoir nommé commissaire général à la jeunesse son chef de cabinet Gaït, partisan d'un encadrement politique absolu des jeunes **, il porta le fer dans le secteur des beaux-arts, où le maréchaliste Hautecœur fut remplacé en mars 1944 comme secrétaire général par Hilaire, ce dernier ayant pour première mission de trouver « dans l'administration préfectorale des gens capables de passer dans celle des beaux-arts, et [de] tâcher de voir s'il connaît des gens pouvant remplacer J. *** ». À l'Instruction publique, pour succéder à Terracher en fuite, fut nommé Achille Bertrand, recteur de Besançon où, comme on l'a vu, il s'était fait remarquer pour ses initiatives en faveur de la collaboration. À peine nommé, le nouveau secrétaire général entendit affirmer son autorité : constatant « qu'il [était] arrivé que des faits atteignant la vie scolaire locale n'aient pas été portés à la connaissance du secrétaire général de l'instruction publique », il fit signer une circulaire le rendant destinataire d'un double de tous les rapports adressés au cabinet [86]. En outre, à partir

---

* Pierre Nicolle, notes des 15, 16 et 17 mars 1944, *op. cit.*, t. II, p. 383. La référence au « ministre lui-même » concernait Bichelonne, qui assurait l'intérim du ministère du Travail depuis la démission de Lagardelle le 21 novembre 1943.

** Pierre Limagne voyait en lui « un nazi forcené – et évidemment un anticlérical aussi forcené », *op. cit.*, p. 1677.

*** 2 février 1944, AN F17 13346. « J. » était Jacques Jaujard, directeur des Musées nationaux, dont il se méfiait depuis qu'il s'était opposé à la fin de 1942 au transfert en Allemagne du polyptyque de Gand. Bonnard avait déjà envisagé de le remplacer par René Bonnefoy, chef des services de censure.

de mars, l'en-tête des circulaires fut modifié : afin de bien marquer la subordination des directions d'enseignement au secrétariat général, la mention « Secrétariat général de l'instruction publique » devait désormais précéder l'intitulé de la direction. Mais Bertrand agit aussi sur le fond. Il s'occupa des questions relatives à la réquisition des étudiants et des enseignants pour le STO, et c'est lui qui fut à l'origine d'un projet visant à attribuer des bourses complémentaires aux élèves dont le père, la mère ou un soutien de famille travaillait en Allemagne. C'est lui encore qui autorisa au mois de mai la propagande dans les établissements en faveur des engagements dans le Premier Régiment de France, force-croupion dont Hitler avait accepté la création après la dissolution en novembre 1942 de l'armée d'armistice[87]. Tous ces efforts restaient pourtant sans grands effets, Bonnard refusant, aussi tard que le 9 juin, de se dépouiller au profit du nouveau secrétaire général « de choses qu'il serait tout naturel de lui confier en temps ordinaire » mais qu'il entendait garder par-devers lui, « en raison du caractère politique des moindres observations[88] ».

Les dernières menaces

Cette politisation, due à la radicalisation du régime, fut accentuée chez Bonnard par des tendances réelles à la paranoïa, qui ne le portaient pas seulement à désavouer ses plus hauts fonctionnaires – Chenevier, directeur de l'enseignement secondaire, reçut des réprimandes d'une ironie cinglante pour avoir laissé le jury du brevet élémentaire proposer un sujet d'histoire portant sur la Révolution française * – et ses recteurs **, mais aussi à mettre en cause l'ensemble de son administration ***, voire la fonction publique tout entière. Les notes qu'il a ainsi laissées en vue d'un article sur l'État idéal, celui « qui recrée un ordre par une révolution », étaient remplies de critiques acerbes sur la mentalité des fonctionnaires qui « se retournent contre [l'État], et ne sont que des particuliers jouisseurs, l'avant-garde des pillards qui le dépouillent[89] ». Il n'était pas le seul ministre à se plaindre de ses fonctionnaires. Si le fond de méfiance du régime envers ses fonctionnaires ne s'était jamais dissipé, le contexte de 1944 poussa le gouvernement à tenter de regagner un peu de crédit en se désolidarisant d'initiatives administratives dans lesquelles il crut déceler des intentions malveillantes : on citera, comme

* « Je suis obligé à M. le Directeur de toute l'abondance d'idées qu'il a bien voulu mettre dans sa note. Ses arguments, si nombreux et si fournis qu'ils soient, n'arrivent cependant pour moi à obscurcir une ou deux idées très simples, [à savoir qu'] il eût mieux valu choisir un événement dont le sens national soit plus marqué et plus évident », lettres des 31 mai et 2 juin 1944, AN F17 13338.

** La question « Demander pourquoi les recteurs restent si longtemps » figurait parmi celles que Bonnard entendait traiter lors de l'un de ses entretiens avec Bertrand, note du 21 avril 1944, AN F17 13346.

*** Le 20 janvier 1944, il demanda que lui fût communiquée la liste des sanctions qui pouvaient être infligées aux fonctionnaires placés sous son autorité, AN F17 13360.

exemple de ce complexe d'encerclement qui saisissait les derniers fidèles du régime *, la suppression d'une indemnité de quelques centaines de francs versée aux maîtres d'éducation générale, indemnité qui faisait double emploi avec le nouveau régime de primes accordé aux instituteurs. Cette mesure anodine n'en devint pas moins, pour le maurrassien Dominique Sordet, directeur d'Inter-France, le symbole du « sabotage du travail gouvernemental par certains hauts fonctionnaires, inspiré par une arrière-pensée malveillante [90] ». Le pouvoir n'avait donc plus de raison de protéger ce bloc de résistance passive qu'était devenue, à ses yeux, l'administration. Devant l'accentuation de la pression allemande, la fonction publique vit s'alourdir le poids des réquisitions de personnel. Le 20 mars, Émile Boyez, nouveau secrétaire général à la main-d'œuvre, écrivait par exemple à Bonnard que, sur 16 500 fonctionnaires français appelés à partir pour l'Allemagne **, 2 800 devaient provenir de son département. En même temps qu'il multipliait en tous lieux les rafles destinées à « dépister les oisifs et les embusqués [91] », le gouvernement réfléchissait à l'idée de conduire un exercice comparable à l'intérieur des administrations, publiques et privées : recevant Pierre Nicolle le 14 mars, Laval lui fit part de « son intention de faire procéder à un recensement des éléments inutiles au sein des administrations et parmi les fonctionnaires des comités d'organisation [92] ».

Pour faire face à l'indiscipline qu'il sentait naître chez les agents publics, le régime avait en outre édicté des mesures de répression spécifiques. C'est dans le secteur le plus sensible, celui du maintien de l'ordre, qu'apparut à l'automne 1943 un projet visant à créer des tribunaux spéciaux destinés à lutter, plus fermement que ne le faisaient les juridictions ordinaires, contre l'indiscipline lorsqu'elle prenait le caractère d'une trahison. C'est dans cet esprit qu'Oberg reçut l'idée, avancée par Bousquet le 21 septembre 1943, de couvrir le pays de tribunaux régionaux de police, et qu'il l'approuva sans réserve un mois plus tard ***. L'objectif – « combattre avec énergie les menées

---

* Réunis le 29 avril 1944, les délégués régionaux de l'information entendirent le discours suivant, rapporté par un des leurs : « Il n'y a plus personne entre le gouvernement et le public. Vous devez être l'intermédiaire, comme l'étaient autrefois les députés, avec un esprit différent bien entendu. [...] Il faut que le public sente que le gouvernement s'inquiète de son sort et qu'il s'emploie à soulager ses misères. Vous devez surveiller et signaler les actes de sabotage des représentants des pouvoirs publics, note des renseignements généraux, 4 mai 1944, AN F7 15286.

** De préférence en ayant l'air de le faire de leur plein gré : la note détaillait les avantages (choix de leur affectation, formation accélérée et même certitude d'obtenir un contrat de travail valable un an) consentis aux agents qui accepteraient de se déclarer volontaires, AN F17 13348.

*** « J'ai pris connaissance avec intérêt de votre projet de créer en France des tribunaux de police régionaux, tribunaux qui serviront à condamner les fautes de service et les infractions générales qui seront commises par les membres de la police et de la gendarmerie françaises et qui, le cas échéant, auront une compétence élargie pour condamner les actes délictueux d'origine politique. Cette mesure me paraît particulièrement appropriée pour libérer la police d'influences étrangères au moyen de jugements rapides et décisifs et pour combattre avec énergie les menées terroristes », 18 octobre 1943, AN F7 14907.

terroristes » – comme le moyen – « des jugements rapides et décisifs » – convenaient parfaitement à Darnand, qui eut à mettre en œuvre l'idée ainsi héritée de son prédécesseur. Il en scinda toutefois la réalisation, en promulguant presque simultanément deux textes : l'un, général, était celui, déjà évoqué, instaurant les cours martiales tandis que l'autre réprimait spécialement les « trahisons » de l'ensemble des agents publics, au-delà des seules forces du maintien de l'ordre. Traduisant la défiance, très forte désormais, du régime envers le monde administratif, une loi du 1er février 1944 punissait aussi bien « les fonctionnaires qui auront sciemment accompli, dans l'exercice ou à l'occasion de l'exercice de leurs fonctions, des actes contre l'exécution des lois ou contre les ordres du gouvernement » que ceux « qui se seront volontairement abstenus de faire un acte qui rentrait dans l'ordre de leurs devoirs, dans l'intention de mettre en échec ou de compromettre l'exécution des lois ou des ordres du gouvernement ». Les sanctions maximales étaient de dix ans d'emprisonnement et 500 000 francs d'amende, mais pouvaient aller jusqu'à la peine de mort si les actes commis avaient eu « pour objet ou pour résultat d'attenter à la sûreté intérieure de l'État en troublant l'ordre, la paix intérieure, la tranquillité publique, les relations internationales ou, d'une manière générale, en nuisant au peuple français[93] ». Parallèlement à la menace, le gouvernement maniait l'incantation, en rappelant les fonctionnaires à leur devoir d'obéissance. Parmentier, directeur général de la police nationale, insista ainsi le 17 mai auprès des préfets pour que, par la persuasion ou par la contrainte, la machine étatique, maires compris, continue à déférer aux ordres émanant d'en haut :

> Les organisations dissidentes ne cessent de lancer sous diverses formes des appels tendant à troubler l'ordre public. C'est ainsi que je viens d'être avisé que des tracts avaient été adressés à tous les maires pour les inciter à ne pas exécuter les ordres du gouvernement. Il est indispensable, afin de faire échec à ces incessantes provocations, que les populations soient affermies par l'attitude et par le strict accomplissement de leur devoir par tous les fonctionnaires ou agents de l'État et des collectivités. Je vous prie en conséquence de rappeler au personnel de vos services, ainsi qu'à MM. les maires, qu'il y a lieu dans les circonstances actuelles de redoubler de surveillance et de célérité dans l'application des instructions qui leur sont adressées par les différents ministres[94].

Plus d'un préfet, connaissant les sentiments réels des fonctionnaires au printemps 1944, dut hausser les épaules en recevant de telles instructions. Le paroxysme dans la répression n'était pourtant pas encore atteint, qui le fut avec deux lois du 15 juin 1944[95] : la première modifiait le texte du 15 février précédent, pour faire comparaître les fonctionnaires qu'elle visait devant les cours martiales siégeant en cours criminelles extraordinaires – et non plus devant les juridictions ordinaires, susceptibles de trouver quelques circonstances atténuantes à des fonctionnaires qui n'auraient plus montré en 1944 le zèle dont ils avaient fait preuve aux beaux jours de la Révolution nationale[96]. L'autre créait, huit mois après que l'intention en eut été signalée à Oberg, des tribunaux du maintien de l'ordre chargés de juger les manquements à la discipline des personnels de police*. Venant dans le contexte troublé de l'été 1944, ces deux textes provoquèrent – comme l'écrivait à la fin du mois de juin, non sans euphémisme, le rapport bimensuel de la Préfecture de police – « un certain malaise dans le personnel des administrations[97] », tandis que Joseph Barthélemy, rappelant que ce n'était pas la première fois que « se déchaînaient [...] dans les conseils du gouvernement une folie répressive, une hystérie punitive, un sadisme de l'incarcération et même un goût du sang », y voyait un aveu d'absolue faiblesse plus qu'un signe de force[98]. C'était en tout cas la confirmation que nul ne serait plus protégé par son statut, comme l'avait constaté le corps préfectoral à la mi-mai.

Les dernières purges

Le 15 mai 1944, les Allemands avaient en effet procédé à l'arrestation de quatre préfets régionaux (ceux de Lyon, Marseille, Laon et Montpellier) et de dix préfets[99]. Dans les jours qui suivirent, ces arrestations, qui avaient causé un « gros émoi » à Vichy, apparurent comme la conséquence du démantèlement du Super-NAP. L'arrestation à Paris de Maurice Nègre entraîna celle de deux agents infiltrés aux plus hauts niveaux du régime, l'attaché d'ambassade Lachaise au cabinet du chef de l'État et le sous-préfet Lagrive dans l'entourage du chef du gouvernement, ainsi que celle des quatorze préfets. Pierre Nicolle, rapportant le 18 mai une information provenant de la Milice selon laquelle une association secrète de hauts fonctionnaires conspirait contre le régime, la jugea « bouffonne, surtout quand on connaît la méfiance toute professionnelle de certains des préfets arrêtés » mais dut en reconnaître le lendemain la véracité, tout en s'étonnant de l'attitude des préfets arrêtés, qui « avaient eu la légèreté d'apposer leur signature sur des engagements fermes de servir le cas échéant un nouveau gouvernement qui serait constitué au moment de l'invasion des libérateurs anglo-américains[100] ». Vingt sous-préfets avaient été arrêtés le même jour[101], et la série ne s'arrêta pas là. Paul Tuaillon, préfet du Lot-et-Garonne depuis février précédent, fut arrêté par la Gestapo le 9 juin 1944, pour « refus obstiné de collaborer avec les autorités allemandes, interdiction à la police et à la gendarmerie de leur fournir le moindre renseignement, résolution affirmée de diriger la résistance dans son département[102] ». Une note analysant, après la Libération, la position de disponibilité exceptionnelle dans laquelle avaient été placés les membres du corps préfectoral menacés par les Allemands**, dénombrait 42 préfets,

* La référence retenue par le texte, en son article premier, était celle des « crimes et délits contre le devoir et la discipline militaire prévus au chapitre II du livre II du code de justice militaire ». Après le débarquement, les forces du maintien de l'ordre devaient en effet se considérer comme mobilisées sous les ordres du chef Darnand.

** Cette position avait été créée par une loi du 8 décembre 1943 dont l'objet même avait interdit la publication au *Journal officiel*, et qui n'avait donc pu être validée lors du

sous-préfets et secrétaires généraux arrêtés, la plupart ayant été transférés à Compiègne, puis envoyés en déportation. Huit n'en revinrent pas, parmi lesquels le préfet régional de Lyon, Édouard Bonnefoy, et son chef de cabinet, Paul Haag. On dispose sur l'action résistante de ces deux fonctionnaires du témoignage du responsable du NAP pour la région de Lyon, qui fut chargé de proposer à Bonnefoy de « démissionner ou de se faire débarquer par Vichy et d'accepter éventuellement le poste de secrétaire général à l'Intérieur dans le gouvernement de la Libération » :

> [Le préfet régional], sans accepter immédiatement la proposition, se mit à la disposition de la Résistance. [Je] le vis assez régulièrement ensuite, soit personnellement, soit par son chef de cabinet Haag. Ces contacts furent très utiles, donnant des renseignements précis sur l'activité et les projets de la Milice et des autres organisations antiterroristes, notamment sur l'intendant du maintien de l'ordre, nommé par Darnand pour coiffer l'intendant de police *(sic)*, le préfet régional, la Milice, le PPF, etc. On obtint ainsi des rapports circonstanciés sur les conférences tenues par ce personnage. Fin avril, début mai, Bonnefoy se sentait très menacé et craignait d'être arrêté. Quelques semaines plus tard, [je] le revis, et il [me] dit alors être moins inquiet, rassuré sur son sort, croyant les choses se tasser et ayant réussi à donner le change aux Allemands. Cette conversation se prolongea de six heures à dix heures du soir. Le lendemain, jour de la fête de Jeanne d'Arc, alors qu'il recevait Philippe Henriot, Bonnefoy fut arrêté au sortir de la messe solennelle, convoqué à la Gestapo, détenu, déporté : il n'est pas rentré. Son chef de cabinet a subi le même sort[103].

Fin et suite

Il fallut combler les vides : entre le 13 juin et le 2 août 1944, Vichy réussit à nommer quinze préfets, et encore un à Nancy aussi tard que le 11 août. Bien que la déroute allemande fût inscrite dans les faits, le régime continuait ainsi à faire comme s'il avait le temps pour lui, tout en remettant à l'ordre du jour les questions qui le préoccupaient mais auxquelles il n'avait pas réussi à apporter, en quatre ans, une réponse correcte, telles la réforme constitutionnelle et la sélection des élites.

La déréalité

Aidé d'un petit groupe de fidèles, dans lequel les officiers de marine** étaient majoritaires (Auphan, Tracou et surtout Fernet), Pétain avait en effet l'ambition de léguer à la France, en même temps qu'il transmettrait

---

rétablissement de la légalité républicaine. La liste figurant dans cette note contient aussi le nom de membres de l'administration préfectorale qui ne revinrent pas de déportation, AN F1bI 920.

* Dont « la vocation maritime exige à la fois le goût du rêve et le souci de la précision », écrivait Tracou, *op. cit.*, p. 112.

à De Gaulle le pouvoir dont il se voulait toujours le légitime détenteur, une Constitution instaurant un exécutif fort mais déconcentré. Malgré les déconvenues de 1941-1942, l'ensemble restait construit sur le gouverneur, « grand seigneur qui [fera] revivre les traditions locales », et des assemblées provinciales susceptibles d'engendrer « un esprit nouveau qui sera la meilleure protection contre les excès du suffrage universel[104] ». Si Tracou ajoutait que « le caractère chimérique de cette discussion, en un pareil moment, n'échapp[ait] à aucun [des participants][105] », cette lucidité *a posteriori* du clan pétainiste n'empêcha pas l'amiral Fernet de continuer à travailler au projet. Dans un mémoire qu'il présenta en juin 1944, le secrétaire général d'un Conseil national devenu fantomatique revenait longuement sur les gouverneurs morts-nés de 1941, même si la triple mission qu'il leur assignait – « renforcer l'autorité, accroître le rendement utile de l'administration, regrouper des élites qui n'ont pas trouvé dans les cadres existants l'ambiance favorable à leur développement[106] » – sonnait surtout comme un bilan des ambitions administratives du régime. Celui-ci continuait aussi, alors que la bataille était portée sur le sol français, à vouloir résoudre le dilemme des élites. En juillet 1944, Bonnard et Bichelonne – qu'aurait pourtant dû unir une solidarité politique née de leur adhésion commune à la déclaration ultra-collaboratrice du 5 juillet* – polémiquèrent à propos d'un projet de loi préparé par le ministre de l'Éducation nationale pour dispenser prisonniers de guerre et travailleurs ayant séjourné au moins un an en Allemagne des diplômes exigés pour se présenter aux concours administratifs ; ce à quoi Bichelonne rétorqua que, « dans nos sociétés contemporaines, il y aurait des inconvénients majeurs à ne pas réserver les fonctions de direction à une élite soigneusement formée par l'étude approfondie de ce qui donne une valeur à notre civilisation** ». C'est surtout des enseignements universitaires que se méfiait le ministre qui en avait la tutelle. Bonnard reprit ainsi à son compte, en matière de formation de fonctionnaires, l'idée précédemment défendue par Jean Zay d'une « École de haute administration ». Le projet était prêt en juin 1944 : texte de loi, décret d'organisation, prévisions budgétaires et même liste des enseignants étaient arrêtés, l'établissement devant ouvrir ses portes à la rentrée suivante. Qui sait même si les professeurs pressentis n'avaient pas déjà commencé à préparer leurs cours, Achille Mestre devant traiter des questions administratives générales, Maxime Leroy de la théorie de l'État et l'ancien ministre Moysset de la « métaphysique de l'autorité[107] » ?

* Voir *infra*, p. 569.

** Lettres des 18 et 28 juillet 1944, AN F17 13346. Bonnard revenait ainsi sur l'une de ses idées-force : vers la même époque, en vue d'un entretien avec Cathala, il s'étonnait de ce que « l'on exige de plus en plus de diplômes des fonctionnaires. Pourquoi, puisqu'il y a un concours, demander des diplômes ? Des jeunes gens de 19 ans : qu'ils accèdent directement à des fonctions publiques, à condition d'être passés par les Chantiers de jeunesse », note manuscrite, sd, AN F17 13356.

C'est aussi l'époque où l'idée d'un retour des pouvoirs publics à Paris refit surface. L'accueil réservé par la population parisienne au chef de l'État lors de sa visite des 26 et 27 avril, ainsi que le séjour, pendant tout le mois de mai, du chef de l'État en zone nord, redonnèrent corps à cette rumeur qui alimenta les conversations des « milieux bien informés » et des salles de rédaction [108]. L'enjeu n'en était pas sans importance, au moins formelle. Modifier, au moment d'un débarquement présenté comme imminent, l'implantation de la capitale depuis la zone juridiquement non occupée pour la placer « au milieu des baïonnettes allemandes [109] », c'était effectivement renoncer à cette fiction de souveraineté pour laquelle le régime s'était depuis l'origine battu. Laval proposa, à son habitude, un compromis : le gouvernement français aurait une résidence à Paris, où s'installerait officiellement son secrétariat général, mais continuerait à être domicilié à Vichy [110]. Ces derniers avatars d'une discussion devenue totalement théorique se conclurent en faveur de Vichy, où Pétain revint le 28 mai.

Routine et crise : la politique du personnel en 1944

Les administrations centrales, presque toutes installées à Paris depuis la mi-1943 *, furent peu concernées par ces grandes manœuvres. Elles se préoccupaient en effet d'abord de faire fonctionner le pays, tout en inscrivant, quand il le fallait, leur action dans le cadre des priorités définies par le gouvernement : les officines collaborationnistes continuaient à émarger au budget de l'État français **, et le fichage des juifs, prélude à leur déportation, fut encore raffiné ***. Mais c'est en matière de gestion du personnel que se mêlaient le

* À l'exception des Affaires étrangères, des secrétariats d'État militaires et de quelques services de l'Intérieur.

** La loi de finances pour 1944 contenait une série de subventions dont s'indigna Jacques Bardoux, en estimant que, « [par] cette gabegie, Vichy essaye d'acheter à prix d'or l'adhésion du peuple français à la collaboration franco-allemande », 28 janvier 1944, *op. cit.*, p. 138. La liste citée par le sénateur du Puy-de-Dôme mêlait des subventions de caractère effectivement politique (80 millions pour la Légion, 90 pour la Milice, 36 consacrés à la propagande du CGQJ et 50 destinés à « divers organismes liés au ministère de l'Information) à d'autres dont on mesure mal le lien avec la collaboration (900 millions pour le fonctionnement du CNRS ou 21 millions consacrés au développement du machinisme agricole). Parmi les subventions payées sur les fonds gérés par le gouvernement, on peut citer une somme d'un million de francs, destinée au « Comité des amis de la Waffen SS française ». On en trouve la trace dans une note (AN F60 108) adressée au début de juin 1944 par les services de Guérard au trésorier-payeur général du Puy-de-Dôme, en lui indiquant que le numéro de compte de cette association figurant sur le mandat est erroné : verra-t-on dans cette erreur administrative banale un acte de résistance ?

*** Parmentier, directeur général de la police nationale, indiqua le 22 mai 1944 aux préfets de zone sud que, « en vue de faciliter les investigations concernant les israélites, les consommateurs appartenant à cette catégorie ne pourront obtenir dorénavant la délivrance de titres de rationnement qu'à la mairie de leur domicile ou de leur résidence habituelle ». Il convenait en conséquence de « prescrire aux maires de faire établir pour chaque consommateur israélite trois fiches de demande modèle I ter, au sens de la circulaire agriculture/ravitaillement du 24 janvier 1944. Une de ces fiches sera, selon le droit commun,

plus étroitement routine administrative et préoccupations politiques. Routine, par exemple, l'application des lois sur les agents nés de père non français : jusqu'aux derniers jours du régime, les services administratifs du chef du gouvernement consacrèrent une part importante de leur temps à traquer huissiers de préfectures et filles de salle des hôpitaux dont le père était italien ou espagnol, pour les relever finalement, avec l'accord du Conseil d'État, des interdictions posées par la loi *. Mais, en même temps, le pouvoir en était encore à chercher les meilleurs moyens de s'assurer le concours des rares hommes qui restaient acquis à sa cause : réunissant les recteurs en avril 1944, Abel Bonnard les exhorta à « dégager de cette espèce de décomposition morale où nous vivons le culte de l'honneur ». Le ministre, à la recherche de « quelques hommes d'élite, capables de s'engager tout entiers », se déclarait prêt à accorder « des avancements très marqués » aux fonctionnaires qui lui auraient été signalés **.

Se posait également la question de savoir dans quelle situation administrative placer les agents que les circonstances avaient conduits à quitter leur poste. Si le problème n'était pas inédit, il avait pris depuis la mi-1943, avec la montée en puissance de la Résistance, une ampleur nouvelle. L'Éducation nationale eut ainsi, pendant les six premières semaines de 1944, des échanges nombreux avec le secrétariat général du chef du gouvernement sur la situation statutaire des fonctionnaires disparus. Signalant le 12 janvier que l'enseignement secondaire était confronté depuis l'automne précédent à de nombreuses situations de ce type, sans être en mesure de savoir si les professeurs et agents concernés étaient arrêtés ou exécutés, Chenevier proposait de les suspendre de leurs fonctions, avec la difficulté toutefois qu'une telle mesure ne pouvait, aux termes du statut des fonctionnaires de septembre 1941, se prolonger plus de six mois sans prendre le caractère d'une sanction disciplinaire. Guérard fit consulter le ministère des Finances, qui se contenta de rappeler le principe classique du « service fait » – alors même que Darlan, un an et demi plus tôt, avait accepté d'en suspendre l'application aux

---

acheminée vers le Service national des statistiques, l'autre sera conservée à la mairie et constituera le fichier des consommateurs juifs de la commune. La troisième fiche vous sera adressée par les maires et il vous appartiendra de l'utiliser pour l'établissement, au siège de votre préfecture, du fichier départemental des israélites », AN F7 14909. L'instrument éprouvé qu'était le fichage connut jusqu'à la fin du régime une singulière fortune : le 16 décembre 1943, le directeur de l'administration de la police autorisait ainsi les préfets à fournir aux services régionaux de la Statistique un exemplaire des fiches constituées lors de la mise en œuvre de la carte d'identité d'étranger, *ibid.*

* Plus des deux tiers de la correspondance du secrétariat général du chef du gouvernement portait, en mai 1944, sur ce sujet ; minutes du courrier du secrétariat général du chef du gouvernement, mai-juillet 1944, AN F60 108.

** Réunion des recteurs, 26 avril 1944, AN F17 13338. Mais les critères de choix du ministre rendaient étroit le vivier dans lequel pouvaient puiser les recteurs : Bonnard écrivit ainsi en juin 1944 à Bertrand qu'il convenait désormais de se méfier de l'inspecteur d'académie du Jura, qui ne s'était pas rendu aux obsèques d'un instituteur milicien assassiné, AN F17 13346.

fonctionnaires arrêtés par les Allemands – puis suggéra au ministère de l'Éducation nationale d'« appliquer la loi du 17 juillet 1940, et [de] la reprendre si le fonctionnaire réapparaissait ». Mais la direction de l'enseignement secondaire, que choquait l'obligation de verser une indemnité aux agents qui seraient ainsi suspendus, répondit par une proposition qui soulignait au moins sa parfaite connaissance de la réglementation : mieux valait, estimait-elle, recourir à un texte éprouvé, l'arrêté du 31 mars 1812 dont l'article 8 énonçait avec sobriété que « ceux qui s'absentent sans avoir rempli les conditions prescrites seront privés de la totalité de leur traitement [111] ». Le secrétariat général tira les conséquences de ces difficultés. On le vit ainsi, au début de juillet, saisir le Conseil d'État et le ministère des Finances de projets modifiant le statut des fonctionnaires et la loi sur le relèvement de fonctions pour les adapter aux circonstances [112].

Cette permanence de préoccupations juridico-administratives – dont le rythme était totalement décalé par rapport à celui des événements – était confirmée par le sérieux et la rigueur avec lesquels, tout au long du premier semestre de 1944, les services administratifs continuèrent à traiter à la rénovation de la fonction publique selon des bases arrêtées, dans un tout autre contexte, trois ans plus tôt. Il en allait ainsi de la rémunération des auxiliaires, qui fit l'objet, en janvier, d'une instruction particulièrement détaillée [113], comme de la distinction entre fonctionnaires et employés de l'État : Laval répondit en mars à la commission chargée de cette délicate question de trouver elle-même la solution des problèmes, aussi complexes que peu urgents, qu'elle lui avait présentés [114]. Les questions de reclassement continuaient également à occuper une place non négligeable de l'activité administrative. Leur importance se trouvait même accrue par le fait que l'absolue priorité désormais donnée aux questions de maintien de l'ordre incitait les Allemands à s'intéresser de près aux nominations d'anciens militaires dans les cadres administratifs. En outre était-il devenu nécessaire, après la dissolution des Chantiers de la jeunesse [115], de s'intéresser au reclassement de leurs cadres : aussi tard que le 10 juillet 1944, Guérard en était encore à chercher à définir la situation administrative des militaires démobilisés [116]. Largement laissées à elles-mêmes, les administrations centrales réfléchissaient enfin à l'avenir, tel le bureau des préfectures du ministère de l'Intérieur qui étudia en juillet un projet de réorganisation des sous-préfectures en fonction de leur taille [117]. La gestion des affaires courantes ne trouvait ses limites que lorsque les circonstances l'imposaient absolument. Un chef de bureau du ministère de l'Intérieur jugea ainsi, à propos du reclassement des agents des préfectures dans le cadre des personnels archivistes, que, « dans les circonstances actuelles, il [était] impossible de traiter de telles affaires. On reportera donc la solution de celles-ci à une date ultérieure, sauf pour quelques dossiers déjà au point [118] ».

D'un régime l'autre

Tandis que chacun voyait ainsi midi à son clocher, les troupes alliées progressaient – lentement. À l'annonce du débarquement, aucune des mesures attendues des autorités d'occupation (« arrêt du trafic par chemins de fer, télégraphe et téléphone, prise en charge du pouvoir administratif, nouvelles arrestations massives [119] ») ou de la Résistance * ne se produisit. L'atmosphère était certes lourde dans les milieux officiels mais, sauf chez ceux que leur engagement prononcé aux côtés du Reich poussait à l'action, « on percevait dans toutes les conversations la diversité des sentiments : l'espoir de la libération en même temps que la peur des sanctions et la crainte des combats imminents. Plus un fonctionnaire, plus un officier avait pris nettement parti pour Pétain, plus il envisageait avec anxiété la libération [120] ». Le débarquement, envisagé ou attendu depuis l'automne précédent, n'était en effet qu'une demi-surprise. Les pouvoirs publics avaient eu l'occasion de s'y préparer, notamment avec la loi du 6 novembre 1943, dont le caractère confidentiel avait interdit la publication au *Journal officiel* et qui déterminait l'étendue des pouvoirs spéciaux que recevrait le corps préfectoral en cas « d'événements exceptionnels entraînant la rupture des relations normales entre une circonscription administrative et celles auxquelles elle est subordonnée [121] ».

Les fonctionnaires d'autorité avaient ensuite reçu, à la fin de mars 1944, des instructions plus précises : réaffirmant la primauté du préfet, « investi de la plénitude de l'autorité gouvernementale », elles rappelaient – souvenir de l'exode de juin 1940 – que, « sauf ordre formel de l'autorité préfectorale ou des autorités allemandes, les fonctionnaires de tout rang doivent rester sur place ** ». S'agissant des relations que les fonctionnaires français auraient à entretenir avec les diverses autorités étrangères, en l'occurence alliées, présentes sur le territoire national, le gouvernement s'en tenait à une approche strictement juridique, en mentionnant à la fois la convention de La Haye, qui ordonnait de « s'abstenir de toute coopération avec le commandement des forces d'invasion », et la convention d'armistice, qui restait en vigueur et devait être strictement respectée : si les forces allemandes voulaient assurer elles-mêmes les fonctions dévolues à l'autorité préfectorale, celle-ci était invitée à ne pas à s'y opposer, « la substitution de l'autorité militaire allemande à l'autorité civile française, conséquence inéluctable d'une guerre portée, contre la volonté du gouvernement, sur le territoire français, ne modifi[ant] en rien les engagements pris par le gouvernement dans la convention d'armistice ». Il convenait donc, poursuivait le texte, de « continuer à prêter un concours entier et loyal aux autorités d'occupation [122] ». Dans sa version diffusée par le ministère de l'Éducation nationale, le texte ajoutait que machines à écrire et ronéotypeuses ne devaient pas tomber dans les mains de l'ennemi, Bonnard

* P. Limagne releva ainsi, le 6 juin, la consigne adressée par la BBC aux Français de ne pas rejoindre en masse les forces de la Résistance, ajoutant que « l'ordre de grève générale redouté par Laval ne vient pas », *op. cit.*, p. 2039.

** En revanche, les préfets régionaux reçurent d'un décret du 14 mai (*Journal officiel* du 1er juin 1944) des pouvoirs spéciaux en matière de dispersion ou d'évacuation des populations civiles des zones particulièrement exposées.

les considérant comme au moins aussi redoutables que les armes plus classiques *. En revanche, ce sont bien les autorités d'occupation qui rappelèrent, en mai, les dispositions de leur ordonnance du 18 décembre précédent, aux termes de laquelle « nul ne peut détenir des émetteurs radio sans autorisation du MBF ** ». Ces appareils furent largement utilisés pour transmettre un message de Pétain, rédigé à la demande allemande et enregistré sur disque depuis trois mois. Le ton était celui d'un appel au calme, les Français étant invités à « maintenir la vie de la nation en demeurant à leur poste » et à obéir plus que jamais aux ordres du gouvernement[123]. Laval alla plus loin en évoquant les « appels à la révolte [lancés par] les ennemis de la patrie », tenants d'une « guerre étrangère » à laquelle les Français ne devaient pas ajouter « l'horreur de la guerre civile[124] ».

On ne refera pas ici l'historique des événements survenus entre le débarquement de la libération du territoire, sinon pour examiner la question, déjà évoquée pour les périodes antérieures, de l'obéissance et de la fidélité du service public le plus concerné, celui du maintien de l'ordre. Darnand, devenu le 13 juin secrétaire d'État à l'Intérieur à la suite de la démission de Lemoine nommé conseiller d'État ***, avait quelques jours plus tôt mobilisé la Franc-Garde, se démarquant ainsi des consignes de neutralité posées par le chef de l'État et le gouvernement ****. C'est encore en tant que secrétaire général au maintien de l'ordre qu'il ordonna aux préfets de valider, sur le plan juridique, cet appel à la mobilisation, en usant du pouvoir de réquisition qu'ils tenaient de la loi sur la Nation en temps de guerre. Cette obligation découlait de celle, plus générale, que le cours des événements imposait au corps préfectoral, « aider de tout [leur] pouvoir les chefs régionaux et départementaux de la Milice française à accomplir leur mission ***** ». Cette dernière demeurait

* Louis Planté rapporta la rage d'Abel Bonnard quand il apprit le vol de machines à écrire des bureaux de la rue de Grenelle, car il était persuadé que c'était dans le seul but de rédiger des tracts appelant à son assassinat, *op. cit.*, pp. 340-341.

** Le secrétaire général à l'instruction publique, indiquant le 17 mai aux recteurs de zone nord que ce texte s'appliquait à tous les départements ministériels, leur réclamait d'extrême urgence une liste de tels appareils. Les choses n'étaient évidemment pas plus aisées en zone sud, les Allemands ayant également interdit toute mise en service d'appareils émetteurs. W. Stucki en fit l'expérience, dont il relata les péripéties, autant techniques que diplomatiques, qui lui permirent de rester, jusqu'à la fin du régime, en contact avec Berne, *op. cit.*, pp. 54-60.

*** Parmentier, directeur général de la police nationale, remplaça Darnand le 20 juin comme secrétaire général, prenant le titre de secrétaire général à l'Intérieur, *Journal officiel* du 23 juin 1944.

**** « Nous vivons des heures décisives. Vous, hommes de l'ordre, il ne suffit pas de rester passifs, il faut vous battre là où l'ordre est menacé », ordre du jour de mobilisation de la Franc-Garde, 8 juin 1944, cité par J.-P. Azéma, *art. cit.*, p. 99.

***** Circulaire du 12 juin 1944 aux préfets et intendants du maintien de l'ordre, AN AJ16 2547. Fait significatif, ce n'est que le 7 août que les autorités académiques en reçurent communication, avec instruction de rendre compte des cas litigieux qui auraient pu se présenter.

en effet souvent la seule force para-officielle prête à suivre jusqu'au bout le gouvernement dans sa volonté de répression. Les corps des police, la gendarmerie et les GMR n'étaient en effet pas restés insensibles aux consignes, formelles ou informelles, que la « dissidence » lui avait transmises. Le 6 juin encore, alors que les instructions transmises par la BBC aux Français étaient de ne pas tenter de rejoindre la Résistance, des exceptions furent faites pour policiers et gendarmes, « invités à gagner le maquis avec leur matériel et leurs armes * ».

Ce phénomène de vases communicants, qui n'avait certes pas attendu le débarquement pour se faire jour **, fut encore accéléré par des raisons d'ordre technique. L'instruction secrète du 30 mars 1944 prévoyait en effet, en cas d'insurrection, le regroupement des forces de gendarmerie en quelques grands centres [125]. Sa mise en œuvre facilita le passage, dans les bourgs, des brigades de gendarmerie vers les FFI, « soit de plein gré, soit que les gendarmes se soient laissé faire violence [126] », conduisant à cette « défection massive de la gendarmerie » constatée dès la mi-juin [127]. À cet état de fait, Darnand ne pouvait plus opposer que la menace. S'il rappela gradés et officiers à leurs devoirs et à leurs responsabilités, notamment celle de « perdre le goût de discuter, les ordres devant être exécutés intégralement [128] », il consacra ses dernières instructions officielles à recommander l'application des récentes dispositions législatives relatives aux abandons de poste. Si la règle générale, lorsque revenait ou était retrouvé un agent ayant abandonné son poste, était de le sanctionner par la révocation accompagnée d'une incarcération immédiate, un assouplissement pouvait y être apporté si l'abandon de poste n'avait eu aucun effet d'entraînement ou d'exemplarité [129]. Toutefois, comme le précisa encore un texte du 2 août, les situations devaient être examinées au cas par cas, pour éviter toute décision hâtive. Dans le contexte troublé que connaissaient les forces de maintien de l'ordre, un fonctionnaire « disparu en mission » ne devait pas être *ipso facto* considéré comme déserteur : il pouvait en effet avoir été enlevé ou tué. S'agissant de ceux « ayant quitté [leur] poste pour échapper au maquis », toute décision devait être suspendue dans l'attente d'instructions ultérieures. La date tardive de cette dernière instruction rend peu crédible son application dans le climat de désordre que dépeignait Pierre Limagne au dernier jour de ses *Éphémérides,* le 14 juillet :

> En gros, les énormes forces de police rassemblées par Vichy sont très anti-allemandes comme le reste de la population. Elles ont des moyens de transport, des armes suffisantes pour un début de campagne de guérilla, si on les

* P. Limagne, *op. cit.*, p. 2039. Les personnels de l'administration pénitentiaire reçurent l'ordre, relativement irréaliste, de « libérer les patriotes prisonniers et de prendre le large ».

** Dès le début mai, Darnand avait été conduit, face à la multiplication des abandons de poste, à rappeler à tous les services de police qu'ils devaient « rechercher sur l'ensemble du territoire tous les fonctionnaires de la police nationale et des polices régionales d'État ayant abandonné leur poste pour quelque motif que ce soit », circulaire du 9 mai 1944, AN F7 14909.

> complète par un peu de matériel antichar et si Alger livre quelques munitions. Les gardes et les GMR qui ne sont pas passés au maquis gardent des contacts avec ceux qui y sont passés ! Les Allemands se servent de ces forces de police française sans la moindre confiance, avec l'intention de les désarmer en temps utile ; mais peut-être ne réussiront-ils pas à le faire au moment critique, car rien ne réussit plus quand souffle le vent de la défaite [130].

Ce vent soufflait particulièrement fort dans les milieux de la collaboration, qui jouèrent leur va-tout, de manière quelque peu brouillonne, avec la déclaration du 5 juillet 1944. Signé par quatre membres du gouvernement (Bonnard, Déat, Bichelonne et de Brinon) et par une trentaine de personnalités liées à l'ultra-collaboration *, ce texte établissait un diagnostic réaliste, en rappelant que « l'impuissance des pouvoirs publics n'est plus ignorée de personne », de sorte que « la désagrégation de ce qui reste de l'État français ne peut que se précipiter ». Mais, de manière beaucoup moins réaliste, les signataires estimaient que le régime pouvait encore réagir, car « des milliers de fonctionnaires, des millions de Français se rallieront à l'autorité lorsqu'elle se manifestera ». Il convenait, selon eux, de réaffirmer – le 5 juillet 1944 ! – la validité du choix de Montoire, en accompagnant ce geste politique de « sanctions sévères allant jusqu'à la peine capitale à l'égard de tous ceux dont l'action encourage la guerre civile ou compromet la position européenne de la France [131] ».

Laval, resté bon tacticien de la politique intérieure, sut maîtriser cette crise interne [132], qui n'eut aucune incidence sur l'appareil administratif. La restriction des communications officielles ** n'eut guère plus d'influence sur le fonctionnement des administrations parisiennes. La plupart d'entre elles étaient en effet revenues depuis suffisamment longtemps dans la capitale, ministre compris, pour être en mesure de s'adapter à la quasi-rupture des relations avec Vichy. En outre, et surtout, le temps n'était plus aux réformes politiques. Six semaines plus tard en effet, le régime était mort : emmené de force vers l'est du pays – avec l'ensemble du gouvernement que vinrent rejoindre les responsables administratifs les plus compromis *** –, Laval avait pris soin de signer un décret chargeant les secrétaires généraux de l'intérim des secrétaires d'État [133]. Ce sont donc ces derniers qui eurent à faire face au dernier épisode de l'histoire de l'administration sous Vichy – qui est aussi le premier épisode de celle de l'administration de la France libérée –, l'occupation des ministères

* Parmi lesquelles on trouvait des ténors tels que Doriot, Platon et Luchaire, mais aussi l'ancien député René Dommange, organisateur des Journées du Mont-Dore patronnées par le chef de l'État.

** Une instruction du 16 juin limita au chef de l'État, au chef du gouvernement, aux secrétaires d'État, aux préfets régionaux et aux intendants du maintien de l'ordre le droit de communiquer avec la zone nord, y compris Paris, AN F60 108.

*** Pour lesquelles Clémoz avait précisé, par des instructions secrètes du 3 août 1944, que « les éléments de la police dont l'activité s'exerce sur le plan politique (renseignements généraux, sections politiques de la Sûreté, archives) devront être repliés dans les mêmes conditions que les forces mobiles du maintien de l'ordre », AN F7 14909.

à la veille de l'insurrection parisienne. De cette insurrection, souvent racontée, on ne refera pas ici l'histoire [134]. Rappelons simplement que, selon Claude Bourdet, au soir du 20 août, « les ministères étaient pris en main, [...] les suspects arrêtés, les responsables provisoires ou définitifs mis en place. La sélection rationnelle des fonctionnaires résistants, la préparation de la prise de pouvoir de l'intérieur par des responsables compétents [avaient ainsi] permis de substituer à une insurrection sentimentale, brutale, incohérente, voire sectaire et démagogique, une prise de pouvoir méthodique. En un mot, concluait le fondateur du NAP, l'ensemble des services parisiens passaient sans à-coup de la phase "Vichy" à la phase "Libération" [135] ».

Le passage de relais

Un même souci de méthode marqua le passage de relais entre Vichy et le GPRF. Passage de relais dans l'ordre législatif comme dans l'ordre administratif, mais naturellement pas dans l'ordre politique : échouèrent, face à l'évidente fin de non-recevoir que leur opposa le général De Gaulle, toutes les tentatives – qu'il s'agisse de la mission confiée par Pétain à l'amiral Auphan au début de l'année puis de nouveau à la veille de la libération de Paris, ou des combinaisons de Laval impliquant Édouard Herriot – visant à donner au changement de régime l'allure d'une simple transition [136]. Encore convenait-il pour le Général de transformer la légitimité nationale dont il se voulait dépositaire depuis juin 1940 en légalité susceptible de fonder l'action de son gouvernement dès la libération du territoire.

Le rétablissement de la légalité républicaine et la poursuite de l'ordre administratif

Tel fut l'objet de l'ordonnance du 9 août 1944 « relative au rétablissement de la légalité républicaine sur le territoire continental [137] ». L'exposé des motifs confirmait le souci d'ordre qui animait le chef de la France combattante : à côté du but premier, « libérer le pays de la réglementation d'origine ennemie qui l'étouffait », était en effet rappelé le besoin de « lui éviter le désordre juridique ou même l'incertitude ». Cette double exigence avait justifié la « révolution copernicienne [138] » – et le retard subséquent – qu'avait connus le texte de l'ordonnance depuis ses premières versions, qui remontaient à octobre 1943. Alors que le projet initial prévoyait d'annuler tous les actes de Vichy à l'exception de ceux que l'ordonnance validerait explicitement, c'est la perspective exactement inverse qui fut retenue, dès novembre 1943. Après des débats houleux, en juin, à l'Assemblée consultative provisoire dont certains membres estimèrent que « ratifier, même avec de nombreuses exceptions, la législation de Vichy [était] une monstruosité juridique et politique [139] », le gouvernement provisoire refusa, pour « des considérations d'intérêt pratique », le retour pur et simple à l'état de la réglementation telle qu'elle existait au 16 juin 1940, date posée par le texte comme étant celle de la fin du régime républicain. Il convenait donc d'accepter soit « le maintien provisoire de certains effets de droit, soit même la validation définitive de certaines situations acquises dont le renversement apporterait au pays un trouble plus considérable que leur confirmation». En outre, continuait l'exposé des motifs, tout n'était pas à rejeter dans la production administrative de ces quatre années, qui seraient pourtant quelques temps plus tard décrites comme «à rayer de notre histoire»:

> Aussi bien des textes législatifs ou réglementaires sont intervenus qui n'eussent pas été désavoués par le régime républicain et des actes administratifs individuels ont été pris qui n'ont été inspirés que par l'intérêt bien compris de la bonne marche des services. Annuler ces textes et actes administratifs pour y substituer dans chaque cas des textes et des actes administratifs nouveaux nécessairement identiques conduirait, en multipliant l'effort nécessaire pour assurer la reprise de la vie publique, à apporter dans celle-ci une confusion extrême et de longue durée.

L'architecture de l'ordonnance s'en déduisait. Les textes les plus ouvertement contraires aux principes républicains, tels les actes constitutionnels et toute la législation d'exclusion, cités à l'article trois de l'ordonnance, se voyaient «exclus avant tous autres de toute validation». Une distinction était faite, s'agissant des autres «actes» de Vichy, entre ceux dont tous les effets étaient annulés, y compris ceux antérieurs à la date du rétablissement progressif* de la légalité républicaine (ils figuraient dans le tableau I annexé au texte) et ceux dont ces effets antérieurs se trouvaient validés (tableau II). Cette approche pragmatique, significative d'une «tendance générale à limiter toute porte ouverte sur l'inconnu[140]», convenait parfaitement à la fonction publique. Henri Queuille, commissaire d'État qui présida la «commission du débarquement» chargée de préparer l'administration de la France libérée, comme le général de Gaulle lui-même étaient en effet conscients de la nécessité d'assurer un ralliement sans heurt des fonctionnaires au gouvernement provisoire. Ils l'exprimaient à leur manière et dans leur style, le premier dans ses remarques de l'automne 1943 sur les projets de textes relatifs au rétablissement de la légalité républicaine:

> À la prise du pouvoir du général de Gaulle, il importera surtout et d'abord de limiter le désarroi, les hésitations et les désordres qui secoueront notre structure administrative. [...] Il faut à tout prix que les fonctionnaires et tous les Français aient l'impression que les lois en vigueur continuent à être appliquées tant qu'elles ne sont pas expressément annulées[141].

Pour De Gaulle, la première priorité intérieure était de restaurer l'État. État républicain certes, mais État structuré autour d'une administration forte. Il

* L'article 11 de l'ordonnance précisait qu'elle serait «appliquée au territoire continental au fur et à mesure de sa libération», des dispositions spécifiques étant prévues pour la Corse, afin de prendre en compte sa libération antérieure, et pour les trois départements alsaciens-lorrains, en raison de leur annexion à l'Allemagne.

exposa ainsi devant l'Assemblée consultative provisoire, le 25 juillet, la nécessité de « remettre sur pied, soit autour du gouvernement, soit localement, l'administration française, sans le labeur et le dévouement de laquelle il ne saurait y avoir que désordre et confusion » :

> Si le gouvernement entend procéder dans la métropole, comme il le fait ailleurs, aux éliminations nécessaires, s'il compte puiser pour pourvoir aux remplacements parmi les éléments idoines des organisations de résistance, si, pour le reste, il veut mettre en œuvre certaines réformes qui s'imposent dans le recrutement et dans l'emploi de plusieurs, sinon de toutes les catégories de fonctionnaires, il n'a aucunement l'intention de faire tout à coup table rase de la grande majorité des serviteurs de l'État, dont la plupart, pendant les années terribles de l'occupation et de l'usurpation, ont avant tout cherché à servir de leur mieux la chose publique. Le dénigrement de tels et tels membres ou de telles ou telles catégories de l'administration française est une chose facile, mais trop souvent injuste ou exagérée. [...] L'établissement de l'autorité publique, du haut au bas de l'État, est d'autant plus urgent et indispensable que nous allons nous trouver soudain devant des problèmes très graves et très compliqués en ce qui concerne la vie même de la Nation [142].

Fonctionnaires d'hier, fonctionnaires de demain

Rallier la fonction publique professionnelle impliquait aussi de la rassurer, notamment en ce qui concernait les procédures d'intégration exceptionnelle contre lesquelles elle s'était tant battu sous Vichy. La continuité se lit ainsi de manière frappante entre, par exemple, la lettre qu'adressa le 6 novembre 1944 Lepercq, ministre des Finances, à ses collègues pour protester contre des promotions désordonnées et celles que la direction du budget faisait signer sur le même sujet, quelques mois plus tôt, à Cathala pour s'opposer aux nominations faites dans les administrations nouvelles créées par le régime :

> Il m'a été donné d'apprendre que, très fréquemment, il était fait appel pour pourvoir les emplois [des ministères nouveaux] à des fonctionnaires appartenant déjà aux cadres d'une administration. Il m'a été surtout donné de constater que, lorsque des fonctionnaires appartenant à une administration sont appelés à servir dans les emplois ainsi créés, il leur était trop souvent proposé d'occuper des postes supérieurs à ceux qu'ils détenaient auparavant. [...] Il résulte de cette manière de faire une véritable surenchère, et celle-ci n'apparaît pas toujours comme assurée par la nécessité d'assurer la marche des services, mais bien comme ayant avant tout pour objet d'améliorer la situation des personnels en cause. Un tel procédé ne peut d'autre part qu'entraîner de sérieuses difficultés pour les administrations qui perdent ainsi de bons éléments sans être à même de les retenir en raison de l'impossibilité où elles sont de leur offrir les mêmes avantages. Il m'a paru, dans ces conditions, nécessaire d'appeler votre attention sur les surenchères de cette nature et de vous indiquer qu'elles me paraissent incompatibles avec le souci d'une saine et régulière administration [143].

C'est sur plusieurs fronts que durent se battre les nouveaux directeurs du personnel, d'abord soumis à la pression des FFI qui avaient « enrôlé » de nombreux agents dont il convenait, dans le silence des textes, de définir la situation administrative *. Il s'agissait aussi de réintégrer, conformément à une ordonnance prise à Alger dès juillet 1943[144], les fonctionnaires victimes des lois d'exclusion de Vichy : travail qui n'allait pas de soi, dans la mesure où il convenait non seulement de reconstituer les déroulements de carrière auxquels auraient eu droit ces fonctionnaires, mais aussi de leur trouver des emplois, alors que leurs postes avaient été pourvus depuis plusieurs années. Se posait enfin le problème de l'intégration des agents extérieurs à la fonction publique professionnelle, notamment ceux issus des rangs de la Résistance. Face à l'émotion qu'avait provoquée le décret du 14 août 1944 généralisant le principe des nominations sur titre, le ministre de l'Intérieur, Adrien Tixier, réagit avec une extrême prudence. La faculté qui était ainsi offerte, écrivait-il, ne devait pas avoir pour conséquence de priver fonctionnaires qualifiés d'une part, prisonniers de guerre et déportés d'autre part, des emplois auxquels ils pouvaient prétendre. « Dans ces conditions, concluait le ministre, le recrutement sur titres pleinement justifié par les circonstances présentes ne saurait causer de préjudice à ceux des fonctionnaires et agents du cadre des préfectures dont vous m'aurez signalé l'attitude au point de vue national et les qualités professionnelles[145]. » Or cette combinaison d'aptitudes professionnelles et d'attitudes patriotiques était susceptible de poser problème. En février 1944, le CFLN avait en effet été alerté sur une pratique de l'administration de Vichy qui, si elle était généralisée, était de nature à fausser le jugement porté sur les fonctionnaires qu'il allait trouver en poste :

> Dans le but évident de réserver l'avenir des fonctionnaires dévoués au régime actuel, l'administration a établi à leur intention des notices de renseignements extrêmement flatteuses qui ont été adressées au ministère tout récemment. Ces fonctionnaires y sont présentés comme des collaborateurs ayant toutes les qualités. En revanche, les agents de tous grades plus ou moins ouvertement hostiles au régime sont l'objet d'appréciations exprimées dans une phrase très courte, de sens péjoratif dont la brièveté, peut-être conventionnelle, doit traduire à des degrés divers l'opposition qu'ils manifestent. Il y a là un piège grossier dans lequel la future administration ne devra pas tomber lorsqu'elle prendra possession des archives ministérielles[146].

Vers l'épuration

Pour l'auteur de cette note, la seule solution juste consistait à revoir toutes les nominations de quelque importance intervenues depuis juin 1940. Cette position maximaliste ne fut pourtant pas reprise en l'état par le gouvernement provisoire, pas plus qu'il n'avait retenu dans l'ordonnance du 9 août l'abrogation pure et simple de toute la production réglementaire de Vichy. Des

* Une lettre du ministre de l'Intérieur au préfet de Seine-et-Oise indiquait, à la fin de décembre 1944, qu'une instruction sur ce sujet était en cours de préparation au ministère des Finances, SAEF B 18483.

commissions de révision des nominations furent mises en place dans tous les départements ministériels, qui travaillèrent de manière diversifiée. Celle dirigée au ministère des Finances par François Bloch-Lainé examina toutes les nominations, à partir du grade de chef de bureau [147], proposa l'annulation de quelques promotions au grade de sous-directeur mais estima, notamment « lors de l'examen des nominations d'agents contractuels recrutés uniquement sur titres, se heurt[er] à des difficultés d'appréciation telles qu'elle a dû renoncer à se prononcer [148] ». Le rapport présenté au début de 1945 par la commission chargée d'examiner les nominations intervenues dans l'ex-commissariat général à l'éducation générale et aux sports parvenait au même type de conclusions, en proposant de valider la carrière, « même peu régulière », de tous ceux qui pouvaient se révéler « utiles ». Elle le faisait au terme de l'un des premiers exercices de construction d'un passé héroïque, procédé dont l'administration sut faire, et pas seulement dans ce ministère, le meilleur usage. Ainsi était par exemple décrite la méfiance qui aurait entouré, dès sa création à l'automne 1940, le nouveau commissariat général :

> Beaucoup de Français voyaient avec appréhension se développer cette institution née de la défaite, où le nom de Pétain était glorifié et que semblait devoir diriger l'esprit de Vichy. [...] Le commissariat ne pouvait qu'exceptionnellement gagner les éducateurs les plus dévoués ; par son institution même, par l'esprit avec lequel il était présenté, il portait la marque du régime nouveau. Ainsi écartait-il de lui bon nombre de Français, tandis qu'il attirait de préférence ceux qui sympathisaient avec le régime de Pétain, ou simplement s'accommodaient de ce régime [149].

Après avoir rappelé, non sans justesse, que le commissariat général était devenu « le refuge de ceux qui, au lendemain de l'armistice, se trouvaient sans situation » et que « trop de gens, pour avoir joué au rugby ou nagé, se sont crus qualifiés pour diriger l'éducation physique d'une région ou d'un département », le rapport se penchait sur la question, qui revient comme un leitmotiv dans l'étude de l'administration française des années sombres, de l'entrisme dans la fonction publique :

> Le personnel recruté sur titres avait un avancement brillant, qui apparaissait même souvent comme un défi aux règlements de l'époque républicaine, tandis que les fonctionnaires recrutés après concours suivaient souvent la lente filière habituelle, sans qu'on ait toujours la certitude que ceux-ci soient inférieurs par le zèle et la compétence à ceux-là. Cette situation a créé dans le personnel de l'administration centrale de l'Éducation nationale une aigreur et une animosité notoires. [...] Les fonctionnaires ont pu avoir l'impression que le concours de rédacteur n'avait plus ni sens ni valeur, et que l'administration méprisait la justice et favorisait l'intrigue plus qu'elle ne récompensait le mérite.

Alors que ce rappel des principes républicains semblait annoncer une réelle rigueur à l'égard de ceux qui avaient ainsi profité du régime déchu, la commission estima que « suivre aveuglément ce sentiment et obéir à un strict retour aux règles de l'avancement selon la législation républicaine eût conduit à désorganiser les services administratifs. La justice intransigeante eût nui à l'intérêt supérieur de l'administration ». Étaient ainsi posées les données du conflit qui, dès la Libération, opposa des gouvernements militant au nom du réalisme, toutes couleurs politiques confondues, contre une épuration trop poussée et les milieux résistants, qui gardaient présents à l'esprit l'appel lancé par le CNR en janvier 1944 :

> La Nation se souviendra, pour leur réserver ses plus extrêmes rigueurs, des fonctionnaires indignes qui, traîtres à leur mandat, et sous prétexte d'obéir à un prétendu gouvernement sans qualité pour obtenir l'obéissance, se sont servilement transformés en complices de l'oppresseur et, mettant à disposition de l'ennemi les moyens en leur pouvoir, ont contribué à rendre plus pesante et plus cruelle la tyrannie des vainqueurs provisoires [150].

Sans doute le pays, plus de cinquante ans après les faits, n'est-il pas encore totalement sorti de cette problématique de l'épuration. Mais ceci est une autre histoire…

Conclusion

Publiant en 1951 *Finances sous la contrainte*, second tome de ses Mémoires, dans lequel il évoquait son action à la tête de l'administration de la rue de Rivoli, Yves Bouthillier le dédia « à tous les fonctionnaires et agents du ministère des Finances qui, au temps de l'occupation ennemie, restèrent fidèles au sol de France et, avec un tranquille courage, furent assez généreux pour servir ». On n'aurait pu mieux illustrer ce que Vichy attendait de son administration : les moyens de mener la politique de présence voulue par Pétain et ses proches dès la mi-juin 1940. Se traduisant par la demande d'armistice, qui engageait la France comme État, préféré à la capitulation, qui ne mettait en cause que ses armées, ce choix initial découlait à la fois d'une analyse stratégique – l'Europe serait durablement allemande – et d'une volonté politique : le pays devait subir une cure de redressement national, destiné à le guérir des maux qui avaient failli l'emporter et qui avaient noms démocratie, individualisme et libéralisme. Les axes du premier Vichy s'imposaient donc, qui engageraient l'avenir du régime : disposer de la souveraineté nécessaire à la crédibilité et à l'efficacité de la Révolution nationale, en considérant la contrainte allemande comme négociable. Ainsi s'esquissaient les bases de la politique de collaboration.

À cette analyse, la fonction publique fut fermement invitée à s'associer. Le pouvoir s'en méfiait pourtant, et s'assura dès sa première semaine des moyens de l'épurer. Moyens dont il fut certes fait grand usage, mais qui ne se révélèrent pas aussi nécessaires que prévu. Choc de la défaite, souci de remettre le pays en marche et réflexe d'obéissance au pouvoir en place se conjuguèrent pour assurer la docilité d'une administration qui partagea d'emblée le choix de la présence. Pas un ambassadeur, pas un directeur de ministère ni même un sous-directeur, pas un inspecteur des Finances ne rejoignit Londres avant la fin de l'année 1940, le général De Gaulle n'ayant d'abord à ses côtés, comme fonctionnaires de métier, qu'un ou deux secrétaires d'ambassade et le jeune maître des requêtes Pierre Tissier, d'ailleurs bientôt exclu par Vichy du

Conseil d'État. Le témoignage de Michel Debré rappelant combien l'esprit de résistance était ténu, au moins jusqu'à 1943, sur les rives de l'Allier, comme celui de Claude Bourdet soulignant à quel point l'engagement contre les Allemands et contre Vichy traduisait une forme de marginalité sociale rendent sujettes à forte caution les louanges que s'adressait du Moulin de Labarthète – non sans solliciter d'ailleurs largement les faits, notamment en ce qui concerne l'ampleur des épurations du second semestre de 1940 – d'avoir maintenu à leur poste « ces cadres supérieurs intacts, courageux, bientôt résistants et dont on ne dira jamais assez à quel point ils ont sauvé la France [1] ». Sur ces mêmes cadres, Jean Zay avait au contraire porté un jugement sévère, en stigmatisant « le manque de caractère dont ont fait preuve tant de hauts fonctionnaires républicains depuis juin 1940, la facilité avec laquelle ils ont subi les nouveaux maîtres, assumé sans révolte de conscience toutes les besognes qu'on leur imposait [2] ».

Il y a plus grave : non seulement la révolte de conscience ne fut pas à l'ordre du jour, mais nombre de hauts cadres administratifs du régime, faisant leur la volonté de régénération hautement claironnée, se réjouirent de l'aubaine qui leur était offerte par le nouveau mode de gouvernement du pays. Le régime autoritaire les débarrassait en effet de ce que le parlementarisme avait, indiscutablement, de stérile et d'inefficace, permettant ainsi la réalisation de projets longuement caressés avant guerre. Cet « idéalisme [3] » qu'alimentaient parfois des volontés de revanche, notamment sur le Front populaire, ne considérait pas comme un prix trop élevé l'allégeance à un ennemi qui contrôlait le *Journal officiel* et avait son mot à dire sur toute nomination d'importance, ni l'apparition de nouveaux principes sur lesquels se construisait l'État français. Bien des hauts fonctionnaires placés à des postes clés du régime, loin de ne s'accommoder qu'à contrecœur des politiques d'exclusion et de répression, les appliquèrent avec zèle, regrettant même parfois qu'elles ne se développent plus rapidement et plus largement. Les hommes qui servirent Vichy au plus haut niveau avaient admis, compris, voire souhaité l'abandon des idéaux républicains. Il leur était d'ailleurs toujours loisible, dans le cas contraire, de demander une affectation dans un emploi ne comportant pas de responsabilités d'ordre administratif, leur carrière dût-elle en souffrir : ancien directeur de cabinet du ministre de l'Éducation nationale, l'inspecteur général Monod redevint professeur de lycée pour avoir protesté contre le statut des juifs.

Mais l'administration n'est pas faite que de directeurs et de préfets. Si, dans leur majorité, les fonctionnaires partagèrent avec l'ensemble de l'opinion publique le vœu d'une victoire alliée et se réjouirent des événements qui, notamment en 1943, semblaient l'annoncer comme proche, ils n'en continuèrent pas moins à servir. Obéir leur était certes naturel, et plus encore au vainqueur de Verdun dont nul n'aurait osé se croire « plus français que lui », comme le rappelait la propagande. Mais si le pouvoir eût volontiers fait sienne l'observation, émanant de ses franges extrêmes, selon laquelle « l'obéissance est le meilleur exercice pour briser l'individu », comment expliquer qu'une fonction publique qui rejeta avec constance les influences collaborationnistes ait pu, si longtemps, apporter son soutien au régime ?

Risquons un passage par les analyses, anciennes mais toujours singulièrement actuelles, de Max Weber sur les légitimités. Légitime, le pouvoir du premier Vichy l'était à la fois par l'indéniable charisme du Chef dont la Providence a fait don à la France meurtrie, et par la légalité *a priori* indiscutable du régime : l'ensemble des instances juridiques s'en portaient d'ailleurs garantes, des professeurs de droit au Conseil d'État. Aux yeux des fonctionnaires, comme on l'a vu, le régime était également légitime du simple fait qu'il existait et qu'il continuait à faire exister le pays, certes au prix d'un « faire comme si » qui renvoie à Vichy le procès en réalisme qu'il ne cessa de faire à la France libre : rappeler à l'ensemble des administrations, en 1941, que le Bas-Rhin était toujours en France, même s'il avait pour chef-lieu Valence-d'Agen, et après novembre 1942 que la présence uniforme de troupes allemandes dans l'ancienne « zone libre » ne permettait pas de qualifier cette zone d'occupée était-il beaucoup plus réaliste que de considérer, dès juin 1940, que « rien n'est perdu, parce que cette guerre est une guerre mondiale » et plus encore, après Pearl Harbor, que l'équilibre des forces conduisait inéluctablement à la défaite allemande ?

Privilégier ainsi, comme le fit sans interruption Vichy, les formes sur le fond et croire qu'on peut être souverain en étant sous le joug – « la pire des trahisons, c'est de ne pas s'avouer qu'on est serf » écrivait dès mars 1941 Lucien Febvre à Anatole de Monzie – convenaient toutefois à la fonction publique. Lorsqu'il s'agit de mettre en œuvre les mécanismes d'exclusion, cette conjonction d'obéissance et de formalisme pesa lourd. La responsabilité est ici, par exemple, celle d'un Conseil d'État appliquant à la loi « à la Vichy », simple décret du chef de l'État discuté en Conseil des ministres, les critères formels établis en régime républicain pour refuser de la juger, alors qu'on imagine – mais « l'administration-fiction » est sans doute un exercice vain – l'usage qu'il eût pu faire, face au statut des juifs, du rappel des principes sur lesquels était bâti le droit public français. Responsabilité aussi des services chargés d'appliquer ce même statut et qui, à de très rares exceptions près, se retranchèrent derrière ces « mécanismes institutionnels producteurs d'innocence » qu'évoque Pierre Legendre [4] pour refuser de s'accorder la moindre marge de manœuvre, allant jusqu'à solliciter du commissariat général aux questions juives les conseils leur permettant de mener à bon port un dossier qu'il s'était agi de « routiniser » le plus possible.

Ces marges de manœuvre qu'elles s'étaient interdites, ces mêmes administrations surent pourtant les retrouver pour se défendre contre des menaces d'ordre politique et contre les intrusions des organismes nouveaux, dont elles ressentaient d'autant plus vivement la jeune existence comme un affront que les modalités de recrutement et de traitement y étaient bien meilleures que celles qu'elles connaissaient. Mettant plus d'énergie à lutter contre les commissaires du pouvoir ou le commissariat général à l'éducation générale et aux sports qu'à neutraliser les effets des textes d'exclusion, l'administration française d'alors s'est indiscutablement trompée de combat. Cette erreur de perspective, privilégiant les formes sur les contenus, est caractéristique d'un comportement bureaucratique, ce qui n'a pas lieu de surprendre. Mais cet aveuglement ne trouve-t-il pas aussi sa source dans le refus de la fonction publique d'appréhender la part proprement politique – au sens étymologique du terme – de sa mission, en cachant derrière une volonté d'apolitisme pourtant hors de saison son incapacité à distinguer la norme du principe ? Pourtant, comme l'exposait Pierre Emmanuel dans un texte, qui n'est en rien démodé, de 1947, tout État légal n'est pas un État de droit :

> Dans une *Lettre à François Mauriac*, un sophiste s'attache à condamner la résistance, au nom du pouvoir légitime de Pétain. Dans l'esprit de l'auteur, un gouvernement légitime est celui en qui ne cesse pas la légitimité constitutionnelle : comme telle, il doit être obéi. La légitimité ne comporte rien d'autre qu'une définition formelle : elle est investiture légale. Le paradoxe, c'est qu'une fois reçue elle devienne de droit divin. Dans le Petit Larousse, au mot légitime, je lis : qui a les qualités requises par la loi, mais aussi : juste, équitable. Deux définitions : l'une légale, l'autre morale. Jusqu'ici, tout l'effort spirituel de l'homme fut de les faire coïncider. Mais si l'on accepte que la loi s'érige hors de l'homme ou contre lui, ne faut-il pas choisir entre elle et l'homme ? N'y a-t-il pas une loi de l'homme, loi biologique, psychique, spirituelle qui donne un sens à ce langage même dont se sert la loi du pouvoir ? Cette loi plus haute, le pouvoir la reçoit en dépôt, il n'est légitime qu'en elle : s'il va contre elle, sa légitimité devient caduque, il laisse place à l'anarchie ou à la tyrannie qui en est la variante. [...] Les « réalistes » de la politique, tel l'auteur de la *Lettre à François Mauriac*, ne s'avisent jamais de penser que les peuples aient une étoffe psychique, une vie sourde, à l'équilibre difficile, et sur laquelle il ne faut agir qu'avec respect[5].

L'illégitimité progressive de Vichy, pour sa haute administration, découla moins des atteintes répétées aux principes d'égalité et de liberté qui façonnaient le modèle d'État républicain qu'à l'engrenage de la collaboration dans lequel s'enferrait le régime, et des conséquences terriblement concrètes qui en découlaient. Désertant à partir de novembre 1942 un État qui avait perdu armée, flotte, Empire et jusqu'à son territoire, et qui dut peu après consentir à envoyer de force sa jeunesse travailler dans les usines allemandes, certains crurent trouver dans le giraudisme le moyen de concilier le modèle autoritaire d'un État hiérarchisé et antidémocratique avec leur patriotisme anti-allemand. Cette synthèse idéale d'une Révolution nationale sans collaboration était partagée par ces « vichysto-résistants », appellation devenue classique de ces hommes que vilipendait Bernanos en dénonçant ceux dont « la conscience de fonctionnaire traversait les Océans pour courir au secours de la liberté menacée, tandis que leur corps de fonctionnaire restait à leur place, à moins qu'il ne se présentât au guichet ». Partageant les désillusions de quelques pétainistes de la première heure, « ces hommes que la Résistance a gagnés à

* Comme l'avait clairement exposé Maurice Duverger dès le début de 1941, l'administration de l'État autoritaire était une administration politique.

son combat en 1944, soit en les ralliant à ses mouvements et à ses maquis, soit en noyautant l'administration, ont rompu avec l'attentisme de Vichy pour mettre leurs actes en rapport avec leur patriotisme désormais mieux éclairé. Ont-ils rompu pour autant, poursuivait Yves Durand, avec les conceptions sociales et politiques qui leur avaient auparavant fait accepter le Vichy de la Révolution nationale [6]. »

Ces interrogations éclairent le rejeu récurrent, plus de cinquante ans après la fin du conflit, de la problématique de l'épuration administrative. Les points de vue ont en effet évolué : alors que les procès de Haute Cour se focalisèrent sur la collaboration, mémoire savante et mémoire collective sont aujourd'hui beaucoup plus soucieuses de mesurer la part prise par l'État français dans les opérations conduisant au génocide du peuple juif, sujet qui ne fut que très rarement évoqué dans l'immédiat après-guerre. Plus sévère que la justice d'alors, qui décerna largement des brevets de résistance, l'opinion mesure aujourd'hui plus précisément l'attitude d'hommes qui ont certes discuté, parfois pied à pied, avec les Allemands et parfois rendu quelques services à quelques résistants, mais dont le nom reste associé aux pires actes de l'État français. L'attitude de l'administration elle-même, notamment dans son historiographie officielle, est aussi pour beaucoup dans l'insatisfaction collectivement ressentie devant un mensonge qui fut longtemps d'État. Si l'on ne pouvait, sur ses pages les plus noires, demander de comptes à l'État, alors la fonction publique n'avait pas tort d'écrire sa légende dorée, avec une ingénuité qui frisait le cynisme lorsqu'elle n'hésitait pas à tirer du martyre des meilleurs matière à rédemption de la masse attentiste.

C'est là qu'intervint la force du verbe gaullien, puissant moyen de restauration, interne et externe, du rang de la France dans le monde : à la réalité de Vichy, régime considéré comme dévoyé dès son choix originel de l'armistice, on n'hésita pas à opposer l'image protectrice d'une France pure dans ses profondeurs, y compris administratives, image construite au prix de quelques arrangements avec la réalité. Donnons un seul exemple de ce type de reconstructions* : le comité de Libération d'un département du Sud-Ouest, examinant les actes d'un directeur régional des douanes, pétainiste bon teint, lui fit crédit d'une « attitude toujours digne et correcte vis-à-vis de l'occupant », mais lui reprocha de n'avoir « pas su faire preuve d'indépendance d'idées ou de caractère, [et de n'avoir] jamais subi cette crise de conscience qui a amené la quasi-totalité des Français à se dresser contre les lois et règlements de Vichy établis en faveur de l'occupant [7] ». Mais cette image protectrice a, depuis lors, volé en éclat sous l'effet de la redécouverte ** des faiblesses, des compromissions et de l'aveuglement d'une administration plus fourvoyée que dévoyée.

* Dont fourmillent les Souvenirs écrits par les acteurs du régime, ce qui se comprend faute de se justifier, mais est plus choquant dans des histoires écrites à l'occasion du cinquantenaire de la Libération.

** Bien des faits reprochés aux hauts fonctionnaires de Vichy étaient connus de longue date : un homme comme René Bousquet a bel et bien été jugé après la Libération, même si son procès de 1949 n'évoquait son rôle dans la mise en œuvre des rafles que pour souligner

Les ambiguïtés du quotidien, décrites aujourd'hui par les historiens après l'avoir longtemps été par les hommes de lettres, ne s'arrêtaient pas à la porte des ministères, dont les couloirs ne furent pas plus peuplés de héros obscurs, défaisant les jours pairs ce qui leur avait été imposé les jours impairs, que de technocrates inconscients ou vendus, soucieux de consolider leur pouvoir, fût-ce sur les ruines d'une certaine idée de la France. Les uns et les autres existèrent, mais minoritaires dans le vaste ensemble de ceux qui servirent sans arrière-pensée, et parfois sans pensée du tout.

Un tel constat n'est guère encourageant s'il s'agit de définir une éthique administrative, et plus simplement de s'interroger sur l'apport de la machine administrative à l'intérêt public. Il n'est pas possible en effet, sous ce point de vue, de se satisfaire de l'explication par l'obéissance. Que l'administration ait si rapidement fait le deuil des valeurs républicaines pour mettre en œuvre un projet politique si peu compatible avec les principes qu'elle était censée jusque-là servir fidèlement met en lumière sa responsabilité propre. On dira, pour sa décharge, que le choix gouvernemental s'imposait à elle et qu'elle fut victime de l'effet d'anesthésie qu'escomptaient les occupants en maintenant au pouvoir, à travers toutes les vicissitudes, un chef de l'État gardant d'un bout à l'autre du régime les apparences de la légitimité. Évoquant le cas de Darnand, dont il rappelait le glorieux passé militaire, De Gaulle allait jusqu'à en faire l'exemple même de « la forfaiture d'un régime qui avait détourné de la patrie des hommes faits pour la servir [8] ».

Les fonctionnaires, mêmes les plus hauts, avaient en effet pu se sentir dédouanés, estimant n'avoir pas eu à prendre de responsabilités autrement que par délégation, leur seule mission étant d'obéir. Cette responsabilité refusée les rattrapa néanmoins. Requérant contre Jardel devant la Haute Cour en 1947, l'avocat général stigmatisa en ces termes l'attitude de l'inculpé, « haut fonctionnaire intelligent, instruit, entouré d'honneurs et de prestige » :

> Si Vichy, au lieu d'avoir pour le servir des hommes intelligents, bons Français et éminents, n'avait eu que des hommes de seconde zone, des hommes montrés du doigt en raison de leurs tares, je suis pour ma part convaincu que son action eût été plus vite dénoncée et eût été moins néfaste [9].

On ne pouvait plus clairement poser la question du rôle joué par l'administration, et sous-entendre la complicité de la fonction publique dans les méfaits du régime. En mettant, par transitivité, leur compétence et leur respectabilité au service des finalités de l'ennemi, les fonctionnaires avaient trahi les « devoirs de leur charge ». Le procureur aurait pu ajouter qu'ils avaient trahi les valeurs qu'ils étaient censés défendre, valeurs morales plus que juridiques. Il est en effet difficile ici de ne pas faire référence à Hannah Arendt

---

son souci de défendre la souveraineté française. Voir à ce sujet le débat entre Serge Klarsfeld et Henry Rousso publié sous le titre « Histoire et Justice » dans le numéro déjà évoqué de la revue *Esprit, Que faire de Vichy ?*, ainsi que l'ouvrage déjà cité d'Éric Conan et Henry Rousso, *Vichy, un passé qui ne passe pas.*

qui, en conclusion de son analyse du procès d'Eichmann, posait « une question morale cruciale et de tous les temps : la nature et le mécanisme de la faculté de jugement de l'homme » :

> Nous exigeons, nous, qu'un être humain soit capable de distinguer le bien du mal même lorsqu'il n'a, pour le guider, que son propre jugement, et que ce jugement se trouve être en contradiction avec ce qu'il croit être l'opinion de son entourage. Cette question est cruciale parce que nous savons que les rares hommes qui ont été assez arrogants pour ne se fier qu'à leur jugement personnel n'étaient pas nécessairement ceux qui ont continué à vivre selon l'ancien système de valeurs, ni ceux qui étaient guidés par des principes religieux. [...] Les rares hommes qui étaient encore capables de distinguer le bien du mal ne le faisaient que sur leur propre initiative, et librement. Ils ne pouvaient respecter les règles qui leur auraient permis de ranger dans telle ou telle catégorie les cas particuliers qu'ils étaient amenés à affronter. Ils devaient juger par eux-mêmes chaque cas à mesure qu'il se présentait; car il n'y a pas de règles pour ce qui est sans précédent. Les hommes de notre temps sont troublés par ce problème de la faculté de jugement de l'être humain [10].

Car là est bien l'interrogation finale de l'analyse. L'appareil d'État fut prisonnier de son bureaucratisme et victime d'une véritable inversion des priorités. Laissé à lui-même, avec pour contrepoids non plus la capacité de contrôle parlementaire mais l'exaltation absolue de l'ordre, son autoritarisme dégénéra en intégrisme. Rigidité et attachement aux formes en furent les deux manifestations principales, nourries par l'obsession de préserver les apparences de la souveraineté nationale. Dans le dialogue entre principe d'obéissance et éthique de la conviction qui devrait constituer la raison d'être du service public, il est facile de voir où se situa, sous Vichy, le déséquilibre. Le comprendre pour ne plus l'accepter est, pour la fonction publique d'aujourd'hui, une évidente nécessité.

Notes

INTRODUCTION

1. *Dictionnaire historique de la langue française*, éditions Le Robert, 1992, p. 22. (Dans l'ensemble de ce livre, le lieu d'édition des ouvrages cités en référence bibliographique n'est pas indiqué lorsqu'il s'agit de Paris.)

2. « Idéal et pratique du régionalisme dans le régime de Vichy », *Revue française de science politique*, vol. XXIV, n° 5, octobre 1974, p. 937.

3. Introduction aux travaux du colloque organisé les 6 et 7 mars 1970 par la Fondation nationale des sciences politiques. Les principales contributions préparées à l'occasion de ce colloque sont reprises dans un ouvrage, *Le Gouvernement de Vichy 1940-1942,* Armand Colin, 1972. La citation faite ici y figure page 11.

4. « Conflits internes et unité d'action : le cas d'une administration centrale », *Sociologie du travail*, huitième année, 1966, n° 3, pp. 296-316.

5. Joseph Barthélemy, *Ministre de la Justice, Vichy 1941-1943,* Pygmalion, 1989 ; Yves Bouthillier, *Le Drame de Vichy*, t. II, *Finances sous la contrainte,* Plon, 1951 ; Jérôme Carcopino, *Souvenirs de sept ans (1937-1944),* Flammarion, 1953 ; Jean Berthelot, *Sur les rails du pouvoir,* Robert Laffont, 1968.

6. *Éphémérides de quatre années tragiques.* Sous ce titre ont été rassemblées, entre 1945 et 1948, puis rééditées en 1987 par les éditions de Candide, à Villeneuve-de-Berg (Ardèche), les notes prises au jour le jour par ce grand journaliste. Elles constituent un ensemble irremplaçable sur la conduite de la guerre et le fonctionnement du régime, d'une part tels qu'ils étaient connus, d'autre part tels que le gouvernement aurait souhaité qu'ils le fussent, grâce à la publication des notes d'orientation émises par les services de censure.

CHAPITRE PREMIER

L'héritage

1. Voir François Monnet, *Refaire la République. André Tardieu, une dérive réactionnaire (1876-1945),* Fayard, 1993, notamment la deuxième partie « Réformer », pp. 175-364, ainsi que l'impressionnante bibliographie, pp. 619-623, qui illustre la vigueur du thème de la réforme de l'État dans l'entre-deux-guerres.

2. Voir, sur l'échec de l'expérience Doumergue, outre l'ouvrage de François Monnet déjà cité, Jean Gicquel, *Le Problème de la réforme de l'État en France en 1934,* PUF, 1965, et

Nicolas Roussellier, « La contestation du modèle républicain dans les années 30 : la réforme de l'État », dans Serge Berstein et Odile Rudelle (dir.), *Le Modèle républicain*, PUF, 1992, pp. 319-335.

3. *Les Tendances du pouvoir et de la liberté en France au XXe siècle*, Sirey, 1937, pp. 60, 63 et 64.

4. Titre d'un ouvrage de Jean-Louis Loubet del Bayle, Le Seuil, 1969 (réédition 1987).

5. S. Hoffmann, « La destruction de la synthèse républicaine », dans l'ouvrage collectif *À la recherche de la France*, Le Seuil, 1963, p. 45.

6. Outre l'ouvrage de J.-L. Loubet del Bayle, on se référera à l'ouvrage tiré par Gérard Brun de sa thèse, *Technocrates et technocratie en France (1914-1945)*, Albatros, 1985, qui contient de très nombreuses et utiles informations sur l'ensemble des mouvements et des personnes concernés, mais sans toujours marquer, notamment en ce qui concerne la période de Vichy, la distance qui nous paraît souhaitable.

7. S. Hoffmann, *op. cit.*, p. 47.

8. *Ibid.*, p. 45.

9. Voir G. Brun, *op. cit.*, pp. 33-35 et 48-51.

10. *Ibid*, pp. 44-48.

11. *Ibid.*, p. 125.

12. Extraits du discours, présenté comme « la charte du nouvel État portugais », prononcé par Salazar le 30 juin 1930, *Une révolution dans la paix*, Flammarion, 1937, pp. 95-96. Ce recueil des principaux discours du dictateur portugais entre 1928 et 1936 s'ouvrait sur une préface de Maurice Maeterlinck, qui témoignait du même enthousiasme que celui dont firent preuve, quelques années plus tard, de moins illustres littérateurs envers la pensée du maréchal Pétain.

13. Voir par exemple M. Leroy, *op. cit.*, pp. 141-145.

14. Sur ces deux auteurs, les plus représentatifs du courant organisationnel qui connut son apogée dans l'administration française au cours de la première moitié des années vingt, il est indispensable de lire Stéphane Rials, *Administration et organisation, 1910-1930*, Beauchesne, 1977. On y trouvera notamment, pp. 89-91, les principaux repères biographiques relatifs à Fayol et Chardon.

15. Voir Rémi Baudoui, *Raoul Dautry, 1880-1951. Le Technocrate de la République*, Balland, 1992.

16. *Ibid.*, pp. 148-153.

17. Guy Thuillier a consacré deux études, d'abord publiées dans la *Revue administrative*, respectivement aux propositions syndicales de Georges Mer et aux idées propagées par *L'État moderne*. La première d'entre elles, « Le syndicalisme d'État de Georges Mer », a été rééditée dans *La Bureaucratie en France aux XIXe et XXe siècles*, Economica, 1987, pp. 471-486. La seconde, à laquelle on se reportera pour mesurer l'importance et l'originalité de la revue évoquée ici trop rapidement, figure aux pages 258 à 272 de sa « petite histoire de la presse administrative » reprise dans son précédent recueil, *Bureaucratie et bureaucrates au XIXe siècle*, Genève, Droz, 1980.

18. Sur Jean Coutrot, on consultera, outre l'ouvrage déjà cité de G. Brun, (*op. cit.*, pp. 48-52), la thèse d'Olivier Dard, *Les Novations intellectuelles des années trente : l'exemple de Jean Coutrot*, Institut d'études politiques de Paris, 1994.

19. *Le Syndicalisme des fonctionnaires*, Librairie Valois, 1926 et *La Réforme de l'État en action*, Sirey, 1936.

20. Jacques Bardoux, *La France de demain. Son gouvernement, ses assemblées, sa justice. Textes du Comité technique pour la réforme de l'État*, Sirey, 1936, p. 10.

21. Comité du Plan, *Une nouvelle France, ses principes et ses institutions*, Fasquelle, 1936, pp. 14-15.

22. *La Réforme...*, *op. cit.*, pp. 9-10.

23. *Une nouvelle France*, *op. cit.*, p. 20.

24. *La Réforme...*, *op. cit.*, pp. 97-98.

25. En sachant que les sources sont peu homogènes, comme le déplorait déjà F. Perroux en 1934. Celles utilisées pour ici sont, pour l'année 1937, la réponse à une question écrite du député Dariac, Service des archives économiques et financières (SAEF) B 33443, pour le nombre des fonctionnaires civils de 1914 à 1931 un article publié dans le *Bulletin de la Statistique générale de la France*, septembre 1933, pp. 95-140 et pour le nombre de militaires de 1914 à 1927 un extrait d'un article du bulletin de la Fédération des cadres CGC, *Au service de l'État*, mai-juin 1949, SAEF B 48407.

26. Note d'information sur la question des traitements, 21 janvier 1937, SAEF B 48407.

27. André Tiano, *Les Traitements des fonctionnaires et leur détermination (1930-1957)*, éditions M.-Th. Génin, 1957, p. 71.

28. On se reportera au témoignage, parfaitement révélateur de l'esprit de caste de l'inspection des Finances d'avant guerre, de Jacques Georges-Picot, *Souvenirs d'une longue carrière : de la rue de Rivoli à la Compagnie de Suez, 1920-1971*, Comité d'histoire économique et financière de la France, 1993.

29. Cité par André Tiano, *op. cit.*, p. 257.

30. *L'Heure de la décision*, Flammarion, 1934, ch VI, pp. 155 et 163-165.

31. *Le Syndicalisme des fonctionnaires, op. cit.*, pp. 141 et 145. Voir aussi G. Thuillier, « Le syndicalisme d'État de Georges Mer », article cité.

32. Cité par F. Monnet, *op. cit.*, p. 347.

33. *Lettres sur la réforme gouvernementale*, Grasset, 1936. Ce texte avait d'abord été publié sous forme de chroniques anonymes, en 1917-1918, dans la *Revue de Paris*.

34. Voir ses souvenirs, *Une si longue vie*, Robert Laffont, 1976, pp. 111-129.

35. *Journal officiel* du 21 octobre 1936. Les procès-verbaux de cette commission, dont la présidence fut assurée par Marx Dormoy, sous-secrétaire d'État à la présidence du Conseil, sont conservés aux Archives nationales sous la cote F60 285.

36. « Rapport de M. Courrière lors de la réunion du 19 décembre 1936 », AN F60 285.

37. Le président du Conseil, dans une circulaire du 10 mars 1937, demanda aux ministres de faire connaître avant le 1er avril suivant la forme sous laquelle cette collaboration s'était réalisée dans leur département, AN F60 282.

38. AN F60 244.

39. *Journal officiel* du 27 mars 1937. Les taux de ces indemnités furent fixés par des décrets des 10 avril et 11 décembre 1937 (*Journal officiel* des 11 avril et 12 décembre 1937).

40. Note de la FNCA, 4 juin 1938, AN F60 244.

41. Note confidentielle de la Sûreté nationale au cabinet du président du Conseil, AN F60 284.

42. Cité par G. Thuillier et J. Tulard, *Histoire de l'administration française, op. cit.*, p. 86.

43. Comme l'a montré le colloque « La France sous le gouvernement Daladier » organisé par la Fondation nationale des sciences politiques en décembre 1975, qui a conduit à la publication de deux ouvrages en 1977 aux Presses de la FNSP. Voir dans le volume *Édouard Daladier, chef de gouvernement* la contribution de Gilles le Béguec sur « L'évolution de la politique gouvernementale et les problèmes institutionnels », pp. 55-74.

44. *Journal officiel* du 13 novembre 1938.

45. Arrêtés des 12 et 16 décembre 1938, *Journal officiel* du 18 décembre 1938.

46. Nommé par arrêté du 24 mai 1939, *Journal officiel* du 25 mai 1939.

47. Rapport relatif à la réorganisation générale, la délimitation et le regroupement des principaux services de l'État, AN F60 978, p. 9.

48. *Ibid.*, p. 29.

49. *Ibid.*, p. 32.

50. « Projet de réorganisation de la présidence du Conseil et de certains services communs qui devraient être rattachés à la Présidence », *ibid.*, pp. 62-135.

51. *Ibid.*, p. 31.

52. *The Governement of the French Republic*, New York, Van Nostrand Company, 1939, p. 155.

53. *L'Opinion publique sous Vichy*, Le Seuil, 1990, pp. 73-205.
54. Circulaire du 27 avril 1939 du ministre des Finances, SAEF B 18477.
55. *Journal officiel* du 30 juillet 1939. Voir ce qu'en écrit Michel Debré dans ses souvenirs, *Trois Républiques pour une France*, Albin Michel, 1984, pp. 166-168.
56. Ses modalités d'application à la fonction publique figurent dans un décret du 29 juillet (*Journal officiel* du 30 juillet), et sont explicitées par une circulaire du ministre des Finances du 10 août, SAEF B 18477.
57. C'est-à-dire de repliement. Circulaire du ministre des finances, 18 novembre 1939, SAEF B 18477.
58. Circulaire du secrétariat général de la présidence du Conseil du 30 septembre 1939, réponse du ministère de l'Éducation nationale en date du 5 janvier 1940, synthèse adressée par le secrétaire général au président du Conseil le 14 février 1940, AN F60 290.
59. *Journal officiel* du 6 septembre 1939.
60. *Journal officiel* du 19 novembre 1939.
61. *Journal officiel* du 27 septembre 1939.
62. Citée par Jean-Louis Crémieux-Brilhac, *Les Français de l'an 40*, t. I, *La Guerre, oui ou non ?*, Gallimard, 1990, p.191.
63. *Ibid.*, p. 194.
64. SAEF B 53032.
65. *Journal officiel* du 10 avril 1940.
66. Voir Jean Vidalenc, *L'Exode de mai-juin 1940*, PUF, 1957 et l'analyse de Jean-Pierre Azéma, « La grande peur : l'exode » dans *L'Année terrible*, Le Seuil, 1990, pp. 119-128. Le récit par Léon Werth de l'exode tel qu'il l'a vécu entre Paris et un village du Jura a été publié en 1992 aux éditions Viviane Hamy sous le titre *33 Jours*.
67. *Vichy (1940-1944)*, Bordas, 1972, chapitre I, « La débâcle », spécialement pp. 8-12.
68. *Ibid.*, pp. 10-11.

CHAPITRE II

L'heure des ruptures

1. Cité par Jean-Pierre Azéma, *1940 l'année terrible*, *op. cit.*, p. 143.
2. Entrevue accordée à Henri Béraud pour *Gringoire*, 14 novembre 1940. Ce texte figure en annexe du recueil, publié par Albin Michel en 1989, des discours adressés aux Français par le maréchal Pétain entre le 17 juin 1940 et le 20 août 1944, collectés et annotés par Jean-Claude Barbas. Cet ouvrage essentiel, auquel seront empruntées la plupart des citations du chef de l'État français reproduites ici, sera par la suire désigné par J.-C. Barbas, *op. cit.*
3. Ainsi *Le Maréchal et son peuple* en 1941 et *Les Sept Étoiles de France* en 1942, tous deux publiés chez Plon. On ne manquera pas de lire ce qu'en écrit Gérard Miller, *Les Pousse-au-jouir du maréchal Pétain*, Le Seuil, 1975 et édition revue, Le Livre de Poche, 1988, pp. 62-64. Les références à cet ouvrage se rapporteront, par la suite, à cette dernière édition.
4. Voir Laurent Gervereau, « Y a-t-il un "style Vichy" ? », dans Laurent Gervereau et Denis Peschanski, *La Propagande sous Vichy*, BDIC, 1990, pp. 110-147.
5. Cité par Jacques Duquesne, *Les Catholiques français sous l'Occupation*, Grasset, 1966, réédition Le Seuil, « Points », 1996, p. 52.
6. Voir Pierre Servent, *Le Mythe Pétain, Verdun ou les Tranchées de la mémoire*, Payot, 1992.
7. P. Laborie, *op. cit.*, pp. 204-205.
8. Parmi les biographies, innombrables, que sa personne a suscitées (on en trouvera une liste, comprenant les principaux titres publiés entre 1944 et 1989, dans Bernard Laguerre, « Les biographies de Pétain », dans Jean-Pierre Azéma et François Bédarida (dir.), *Vichy et les Français*, Fayard, 1992, pp. 45-56), se reporter à Marc Ferro, *Pétain*, Fayard, 1987, pour les années de Vichy. Pour la période qui précède, voir Richard Griffiths, *Pétain et les Français*,

Calmann-Lévy, 1974 (première édition anglaise, *Marshal Pétain*, Constable, 1970, réédité en 1994).

9. Cité par P. Laborie, *op. cit.*, p. 232. Voir aussi ce qu'écrit G. Miller, sur l'aspect christique du Maréchal-Rédempteur offrant ses souffrances pour sauver la patrie blessée, *op. cit.*, p. 51-54.

10. Cité par G. Miller, *op. cit.*, p. 57. L'écrivain Léon Werth notait également dans son journal, à la date du 12 octobre 1942 : « [Pétain] dit aux légionnaires : "Je me manifesterai souvent à vous." Il parle comme Dieu », *Déposition, journal d'un témoin 1940-1944*, Grasset, 1946, rééd. Viviane Hamy, 1992, p. 358.

11. Rapporté par Jean-Pierre Azéma, *De Munich à la Libération*, Le Seuil, « Points », 1979, p. 103. On gardera présente à l'esprit la chronologie, en se souvenant que Mgr Saliège, plus encore que le cardinal Gerlier dont il a été question plus haut, prit très nettement ses distances avec le régime lorsque commencèrent les persécutions antisémites.

12. Message au Conseil national, 8 juillet 1941.

13. Jean-Pierre Azéma, *De Munich à la Libération*, *op. cit.*, p. 80.

14. Déclaration à *Gringoire*, 14 novembre 1940, citée par J.-C. Barbas, *op. cit.*, pp. 358-359.

15. René Gillouin a publié en 1966, aux éditions Plon, ses souvenirs de Vichy sous le titre *J'étais l'ami du maréchal Pétain.*

16. René Gillouin, *op. cit.*, p. 22, cité par Stéphane Rials, « L'administration de l'enseignement de 1936 à 1944 », dans *Histoire de l'administration de l'enseignement en France, 1789-1981*, Genève, Droz, 1983, p. 84.

17. Message à la jeunesse, 29 décembre 1940, cité par J.-C. Barbas, *op. cit.*, p. 105.

18. « Individualisme et Nation », *Revue universelle*, 1er janvier 1941, *ibid.*, p. 362.

19. On se reportera, à titre d'exemple d'époque, aux cinq cahiers « Renaître » publiés en 1942-1943 par François Perroux et Yves Urvoy (Paris, Librairie de Médicis). Pour une analyse contemporaine, voir Daniel Lindeberg, *Les Années souterraines*, 1937-1947, La Découverte, 1990, spécialement le chapitre 6, « Les hommes de la communauté », pp. 203-246.

20. Voir Ph. Burrin, « Vichy », dans P. Nora (dir.), *Les Lieux de mémoire, III Les France*, Gallimard, 1992, vol. I, p. 335.

21. *Op. cit.*, p. 238.

22. L'imposant ouvrage de Bernard Comte, *Une utopie combattante, L'École des cadres d'Uriage 1940-1942*, Fayard, 1991, évoque longuement cette influence, représentée par des hommes comme Louis Garrone et Jean-Jacques Chevallier.

23. Jean-Marie Guillon, « La philosophie politique de la Révolution nationale », *Vichy et les Français, op. cit.*, p. 170. Voir aussi Stanley Hoffmann, « La droite à Vichy », dans *Essais sur la France, Déclin ou renouveau ?*, Le Seuil, 1974, pp.17-40, et Jean-Pierre Azéma, « Vichy », dans Michel Winock (dir.), *Histoire de l'extrême droite en France*, Le Seuil, 1993, pp. 191-214.

24. René Belin évoqua les conditions de sa nomination lors du colloque organisé en mars 1970 par la Fondation nationale des sciences politiques, *Le Gouvernement de Vichy 1940-1942, op. cit.*, pp. 88-90. Voir aussi ses Souvenirs, *Du secrétariat de la CGT au gouvernement de Vichy*, Albatros, 1978, pp. 124-130.

25. *La Dérive fasciste, Doriot, Déat, Bergery*, Le Seuil, 1986.

26. *L'Opinion française sous Vichy, op. cit.*, p. 164.

27. On lira à son sujet le premier ouvrage de Robert Paxton, *Parades and Politics at Vichy : the French Officer Corps under Marshal Pétain*, Princeton University Press, 1966.

28. *Journal*, première semaine de décembre 1940, Gallimard, « La Pléiade », 1969, p. 338.

29. Notes – manuscrites – du 11 août 1940, AN F60 286.

30. *Comment on relève un État, op. cit.*, p. 18. Sur l'expérience salazariste on se reportera, en plus des ouvrages cités au chapitre premier, à Yves Léonard, *Salazarisme et fascisme*, Chandeigne, 1996.

31. « L'État portugais n'est pas fasciste », *Comment on relève un État, op. cit.*, p. 20.

32. *Ibid.*, p. 3.

33. Sur ce vote qui mettait fin à la République, et la place qu'y tint Laval, on lira les souvenirs de Léon Blum, *Mémoires. La prison, le procès, la déportation*, Albin Michel, 1955, et en sens contraire, l'ouvrage de propagande de Jean Montigny, officieux secrétaire général à l'information pendant l'été 1940, *Toute la vérité sur un mois dramatique de notre histoire*, Clermont-Ferrand, Imprimerie Mont-Louis, 1940.

34. *La Seule France*, chronique des jours d'épreuve, Lyon, Lardanchet, 1941, p. 159.

35. *Journal officiel* du 12 juillet 1940. Sur les actes constitutionnels, voir Marcel Prélot, « La révision et les actes constitutionnels », dans *Le Gouvernement de Vichy 1940-1942, op. cit.*, pp. 23-36. L'auteur y insiste sur le coup d'État constitutionnel qui résulte d'une application extensive – et selon lui préméditée – de la délégation de pouvoir constituant donnée le 10 juillet au « gouvernement de la République, sous l'autorité du maréchal Pétain ».

36. Du Moulin de Labarthète, *op. cit.*, pp. 101, 102 et 105.

37. Rappelé par Marc Ferro, *op. cit.*, p. 137.

38. Voir la contribution déjà citée de Gilles Le Béguec dans l'ouvrage collectif *Édouard Daladier chef de gouvernement, op. cit.*, pp. 60-62.

39. Jean-Paul Cointet, « Marcel Déat et le Parti unique (été 1940) », *Revue d'histoire de la Deuxième Guerre mondiale*, n° 91, juillet 1973, pp. 1-23 et Ph. Burrin, *La Dérive fasciste, op. cit.*, pp. 344-351.

40. *Journal officiel* du 30 août 1940.

41. Jean-Paul Cointet, « Les anciens combattants. La Légion française des combattants », dans *Le Gouvernement de Vichy 1940-1942, op. cit.*, p. 128.

42. Selon l'expression de Stanley Hoffmann, « La droite à Vichy », dans *Essais sur la France, Déclin ou Renouveau ?*, Le Seuil, p. 18.

43. On trouvera les procès-verbaux des réunions du comité directeur aux Archives nationales sous la cote F60 588.

44. L'expression est de Joseph Barthélemy, *op. cit.*, p. 144.

45. Joseph Barthélemy, *op. cit.*, p. 144.

46. Ph. Pétain, discours du 17 juin 1941, cité dans J.-C. Barbas, *op. cit.*, p. 146.

47. Ph. Pétain, Message au Conseil national, 8 juillet 1941, *ibid.*, p. 154.

48. Circulaire du 7 août 1940, AN F1a 3630.

CHAPITRE III

Une France souveraine ?

1. Voir J.-P. Azéma, *L'Année terrible, op. cit.*, pp. 187-195.

2. Dont on trouvera le texte intégral en annexe de l'ouvrage déjà cité de Jean Montigny, *Toute la vérité...* Pour une analyse historique du texte, se reporter à Eberhard Jäckel, *La France dans l'Europe de Hitler*, Fayard, 1968 (éd. allemande, 1966), pp. 67-69, et Jean-Baptiste Duroselle, *Politique étrangère de la France, L'abîme, 1939-1944*, Imprimerie nationale, 1986 et Le Seuil, collection « Points », 1990, pp. 245-256 (de cette dernière édition).

3. E. Jäckel, *op. cit.*, p. 68.

4. *Essais sur la France*, Le Seuil, 1974, p. 43. Il s'agit de la reprise d'un article paru dans *Preuves* en juillet-septembre 1969.

5. Circulaire du 23 août 1940, AN F1a 3630.

6. Voir Yves Durand, *La Captivité, Histoire des prisonniers de guerre français 1939-1945*, Paris, éditions de la Fédération nationale des Combattants et Prisonniers de guerre et Combattants d'Algérie, Tunisie, Maroc, 1980.

7. *Op. cit.*, p. 24.

8. E. Jäckel, *op. cit.*, p. 93.

9. Voir l'analyse très précise de E. Jäckel, *op. cit.*, pp. 110-124, ainsi que l'ouvrage de Médard Brogly, sénateur du Haut-Rhin, *La Grande Épreuve, l'Alsace sous l'Occupation*, éditions du Cerf, 1945.

10. Note de la direction du budget pour le ministre, 22 décembre 1940, SAEF B 11854.
11. E. Jäckel, *op. cit.*, p. 132.
12. Synthèse des rapports des préfets de zone occupée, octobre 1942, AN FlcIII 1198.
13. *Le Gouvernement de Vichy 1940-1942, op. cit.*, p. 101.
14. Le préfet, délégué du ministre de l'Intérieur dans les territoires occupés à M. le ministre de l'Intérieur, direction du personnel, 8 septembre 1941, AN Fla 3632.
15. Voir par exemple Martin Broszat, *L'État hitlérien*, Fayard, 1985 (éd. allemande, 1970).
16. E. Jäckel, *op. cit.*, p.106.
17. Note interne du 22 août 1940, AN AJ40 539.
18. Note interne au MBF, 10 septembre 1940, AN AJ40 539.
19. Lettre du 12 septembre du général de la Laurencie au général Streccius, AN AJ40 539.
20. AN AJ40 539.
21. Lettre du 8 novembre 1940 du général de La Laurencie au MBF, AN AJ40 539.
22. Communication de la DGTO aux ministres le 27 décembre 1940, AN F17 13374.
23. Note du MBF à la DGTO en date du 23 décembre 1940, transmise le 27 décembre 1940 par la DGTO aux membres du gouvernement, AN F17 13373.
24. Note interne du 18 décembre 1940, AN AJ40 541.
25. Lettre du recteur au cabinet du secrétaire d'État à l'Éducation nationale et à la Jeunesse et note du MBF, mai 1941, AN AJ40 565.
26. Maurice Martin du Gard, *La Chronique de Vichy 1940-1944*, Flammarion, 1948, p. 198.
27. Lettre du 1er décembre 1941, AN AJ40 541.
28. Note interne à la *Verwaltungsabteilung*, 18 février 1942, AN AJ40 541.
29. Note du 4 avril 1941 de l'Amiral de la Flotte, vice-président du Conseil aux ministres et secrétaires d'État, AN F17 13373.
30. Note interne au MBF, 10 avril 1942, AN AJ40 541.
31. Lettre du 14 juin 1941 de la *Verwaltungsabteilung*, revenant sur un refus signifié le 9 mai précédent, AN F17 13375.
32. AN AJ40 542.
33. AN Fla 3677.
34. Note (sans date ni origine) sur les droits de la puissance occupante, AN Fla 3677. Une circulaire du 9 octobre 1940 reprit ces éléments en les appliquant aux diverses situations concrètes que pouvaient avoir à résoudre les préfets : « réquisitions, perquisitions et pillage, contributions, peines collectives et otages ».
35. Voir les cinq volumes de documents (qui s'arrêtent à la fin de 1941) de la délégation française auprès de la Commission allemande d'armistice, Alfred Costes et Imprimerie nationale, 1947-1959.
36. Circulaires DGTO des 16 et 21 octobre 1940, AN Fla 3677.
37. Courriers échangés du 7 au 21 mars 1941 entre la direction des services de l'armistice et la DGTO, AN F60 1501.
38. L'amiral de la flotte, vice-président du Conseil à MM. les ministres et secrétaires d'État, 7 juin 1941, AN AJ38 1.
39. Circulaire du 9 juin 1941, AN Fla 3680.
40. Circulaire DGTO du 25 juillet 1941, AN Fla 3680.
41. On trouvera un résumé de cette circulaire dans Pierre Aubert, « Les circulaires de Vichy et de sa délégation générale à Paris », *Administration*, n° 138, 15 janvier 1988, p. 137. Le même texte donnait aux représentants du gouvernement des instructions plus générales sur le langage à tenir à la population, instructions ainsi résumées par le même auteur : « Maintien de l'unité morale et économique du pays. Lutter contre les idées d'une action lointaine du gouvernement et d'un certain découragement. Donner une interprétation fidèle de la pensée du chef de l'État auprès des populations souffrantes. Lutter contre le doute, l'abandon, la vaine critique », *ibid.*, p. 138.
42. Cité par Robert Paxton, *La France de Vichy 1940-1944*, Le Seuil, 1973, p. 82.

43. Voir, sur l'impact de la défense française de Dakar sur la demande de collaboration, E. Jäckel, *op. cit.*, pp. 158-159 et R. Paxton, *op. cit.*, pp. 75-76.

44. E. Jäckel, *op. cit.*, p. 190. Sur la préparation, la réalisation et les conséquences de cette expulsion, voir le même ouvrage, pp. 187-192. Dans son édition du journal de Léon Werth, Jean-Pierre Azéma donne le chiffre de 60 000 expulsés, *Déposition, op. cit.*, p. 93.

45. *Op. cit.*, p. 48.

46. Ce fut même la première tâche officielle du secrétariat général de la présidence du Conseil : les courriers qu'il adresse sur cette question aux différents ministères le 25 juillet portent en effet les références SG/1 à SG/15, AN 2AG 458.

47. Réponse à un questionnaire du 15 octobre 1940 de la direction des services de l'armistice, AN F60 291.

48. E. Jäckel, *op. cit.*, p. 131.

49. Note « questions à régler avec la délégation du général de La Laurencie », 28 novembre 1940, annotée « à voir avec le général Laure », AN F60 291.

50. SAEF B 11854.

51. E. Jäckel, *op. cit.*, pp. 127-131.

52. Note aux ministères, 30 juin 1940, AN F60 291. L'amiral Fernet devint secrétaire général de la présidence du Conseil quelques semaines plus tard.

53. Circulaire du 19 juillet 1940, SAEF B 11854.

54. P. Limagne, *op. cit.*, p. 214.

55. « Note interne », sd (juin 1942), AN 2AG 461.

56. Note de Dayras, secrétaire général du ministère de la Justice, aux ministres et secrétaires d'État, 16 mai 1943, AN F60 109.

57. Circulaire du 10 janvier 1942, AN F60 588.

58. Circulaire du 29 janvier 1942, AN F60 1428.

59. AN F60 290.

60. Le vice-président du Conseil au secrétaire d'État à la Production industrielle, 9 décembre 1941, *ibid.*

61. Lettre de Du Moulin de Labarthète à Jardel, 30 janvier 1942, AN F60 291.

62. Procès-verbal dans circulaire 3550 / SG du 16 août 1941, AN F60 290.

63. Note du secrétaire général de la vice-présidence du Conseil, 8 décembre 1941, AN F60 290.

64. Circulaire de la vice-présidence du Conseil, 3 février 1942, AN F60 109.

65. Voir Michèle Cointet, *Vichy capitale*, Perrin, 1993. La bibliographie des pages 282-288 renverra le lecteur curieux de pittoresque vers les témoignages relatifs à la vie quotidienne à Vichy..

66. *Op. cit.*, p. 97.

67. Notes du 2 février 1941 dans son journal, publié sous le titre *Cinquante Mois d'armistice*, André Bonne, 1947, 2 volumes, t. I, p. 172.

68. Joseph Barthélemy, *op. cit.*, p. 354.

69. Note du général Speidel, chef d'état-major, 16 octobre 1941, AN F60 592. Berthelot confirme cet incident dans ses Mémoires, *op. cit.*, pp. 193-194.

70. Henri Michel, *Paris allemand*, Albin Michel, 1981, p. 135.

71. AN F60 592 et Joseph Barthélemy, *op. cit.*, p. 355.

72. Circulaire du secrétariat général du gouvernement, 24 juillet 1943, AN F60 580.

73. Circulaire du secrétaire général de l'Instruction publique aux recteurs, 17 décembre 1940, AN F17 13318.

74. Circulaire de la direction des services de l'armistice, 19 mai 1942, citée dans une circulaire du secrétariat général du chef du gouvernement, 18 juin 1942, *ibid.*

75. Voir Antoine Lefébure, *Les Conversations secrètes des Français sous l'Occupation*, Plon, 1993.

76. Instruction du 23 janvier 1942, citée plus haut.

77. Le secrétaire général aux PTT à M. l'Amiral de la Flotte, vice-président du Conseil, 12 septembre 1941, AN 2AG 501.

78. Note aux chargés de mission et services du secrétariat général du chef du gouvernement, 5 mai 1943, AN F60 109.

79. Ordre de mission du maréchal Pétain, président du Conseil, à M. Léon Noël, 8 juillet 1940, cité dans l'*État des fonds de la sous-série F60*, Archives nationales, section contemporaine.

80. Télégramme cité par E. Jäckel, *op. cit.*, p. 106.

81. Selon « un correspondant parisien du gouvernement », c'est au cours d'un dîner entre Laval, Fontenoy et Abetz que fut scellé le sort administratif de Léon Noël, comme le rapportait une note, sans origine, datée du 4 août 1940, AN 2AG 458.

82. Circulaire DGTO, 29 novembre 1940, AN F1a 3678.

83. Circulaire DGTO, 27 octobre 1940, AN F1a 3678.

84. P. Aubert, « Les circulaires de Vichy et de sa délégation générale à Paris », *art. cit.*, p. 139.

85. Note de l'Ambassadeur de France, délégué général du gouvernement dans les territoires occupés à MM. les secrétaires d'État, secrétaires généraux et représentants des ministères installés à Paris, 19 février 1941, AN F17 13373.

86. Circulaire DGTO, 14 janvier 1941, et réponses de l'administration préfectorale, janvier à avril 1941, AN F1a 3680.

CHAPITRE IV

La Révolution administrative nationale

1. Circulaire (sans date), AN F1a 3630.

2. Lettre de Joseph Barthélemy au général Laure, 18 février 1941, AN 2AG 27. Sur le comité budgétaire, voir *infra*, pp. 195 *sq.*

3. Circulaire du préfet de la Gironde aux sous-préfets et maires du département, 6 septembre 1940, AN F1a 3630.

4. *Idem*, 22 octobre 1940, *ibid.*

5. Brouillon de discours rédigé par Joseph Barthélemy, en vue de la présentation du projet de Constitution devant la Conseil national, sd (juillet 1941), AN 474AP 2.

6. *Ibid.* Les mots en italiques furent rayés, sans doute par du Moulin de Labarthète luimême, sur le brouillon retrouvé dans ses archives personnelles.

7. Circulaire aux recteurs, 16 novembre 1940, AN AJ 16 2544.

8. « Premier bilan de la situation de votre département », 12 juillet 1940, AN F1a 3677.

9. Éditorial du préfet de la Marne, René Bousquet, publié dans le premier numéro du *Nouveau guide des maires* édité par cette préfecture, janvier 1941.

10. Sur la reconstruction au sens propre, voir les chapitres 1 et 2 de l'ouvrage de Danièle Voldman, tiré de sa thèse, *La Reconstruction des villes françaises de 1940 à 1954. Histoire d'une politique*, L'Harmattan, 1997.

11. *Op. cit.*, p. 251.

12. Instructions du 25 septembre 1940, AN F1a 3677.

13. Annotations manuscrites portées sur une lettre du 19 octobre 1940, SAEF B 18478.

14. Notes des 8 et 11 novembre 1940, *ibid.*

15. Circulaire ministérielle du 3 novembre 1940, *ibid.*

16. Le secrétaire d'État aux Communications à M. le secrétaire d'État à l'Économie nationale et aux Finances, 12 février 1941, SAEF B 18478.

17. *Journal officiel* du 24 octobre 1940.

18. Circulaire de la direction du budget, 29 novembre 1940, SAEF B 18478.

19. Cité dans *La Doctrine du Maréchal classée par thèmes*, sl, sd, p. 94 (sous le titre générique : « Une société anarchique ; lutte des classes et des intérêts »).
20. René Belin, *Du secrétariat de la CGT…*, *op. cit.*, pp. 179-180.
21. Note interne au MBF, 29 octobre 1940, AN AJ40 541.
22. *La Situation des fonctionnaires depuis la Révolution de 1940*, LGDJ, 1941, p. 113.
23. *Journal officiel* du 20 février 1941.
24. Circulaire aux préfets, 23 novembre 1940, AN AJ 16 2544.
25. 16 août 1940.
26. *La Seule France*, *op. cit.*, pp. 167, 169 et 170.
27. *Revue des Deux Mondes*, 15 septembre 1940, cité dans J.-C. Barbas, *op. cit.*, p. 354-357.
28. Aline Coutrot, *art. cit.*, p. 262.
29. *Op. cit.*, p. 168.
30. Il y est fait allusion dans une note de la présidence du Conseil du 30 août 1940, AN F60 286.
31. Le secrétaire d'État à la famille et à la santé à M. l'Amiral de la Flotte, vice-président du Conseil, 6 juin 1941, AN F60 290.
32. Lettre d'Yves Bouthillier à Jacques Chevalier, 2 août 1941, SAEF B 11857
33. Lettre au maréchal Pétain, 10 novembre 1941, AN 2AG 496.
34. Note, déjà citée, du 11 août 1940, AN F60 286.
35. *Journal officiel* des 15 août, 18 septembre, 6 octobre et 27 novembre 1940.
36. Voir aussi le projet de réduction systématique de 10 % des effectifs civils évoqué *infra*, p. 219.
37. *Journal officiel* du 27 octobre 1940.
38. Circulaire du 6 décembre 1940, SAEF B 18478.
39. Courriers du directeur du budget en date du 6 mars 1941, SAEF B 11855.
40. Le ministre, secrétaire d'État aux Finances à M. le général d'Armée, secrétaire général du chef de l'État, président du Conseil, 23 avril 1941, SAEF B 11856.
41. SAEF B 11857.
42. Article 26 de la loi du 14 septembre 1941 portant statut général des fonctionnaires civils de l'État et des établissements publics de l'État, *Journal officiel* du 1er octobre 1941. Sur ce statut, voir *infra*, pp. 268 *sq.*
43. *L'Accession des femmes aux fonctions publiques*, Toulouse, Imprimerie moderne Paillès et Chataigner, 1942, pp. 179-180.
44. Voir Hélène Eck « Les Françaises sous Vichy, femmes du désastre, citoyennes par le désastre ? » dans Michelle Perrot et Françoise Thébaut (dir.), *Histoire des femmes*, t. V, Plon, 1991, pp. 184-211.
45. Loi du 12 septembre 1942, *Journal officiel* du 4 novembre 1942.
46. Qu'analyse Françoise Muel-Dreyfus, *Vichy et l'éternel féminin*, Le Seuil, 1996.

CHAPITRE V

Les réprouvés

1. Rédigé par René Gillouin, voir J.-C. Barbas, *op. cit.*, pp. 71-79.
2. Georges Burdeau, *Cours de droit constitutionnel*, deuxième édition, LGDJ, 1943, p. 184.
3. Du Moulin de Labarthète, *op. cit.*, p. 275.
4. *Op. cit.*, p. 182.
5. Discours de rentrée de la faculté de droit de Bordeaux, 4 octobre 1940, reproduit dans *Revue du droit public*, XLVIIe année, 1940, pp. 149-150.
6. M. Duverger, *op. cit.*, pp. 21-22.

7. 26 août 1940.

8. 18 novembre 1940.

9. *Op. cit.*, p. 184.

10. *Op. cit.*, p. 22.

11. *Journal officiel* du 13 juillet 1940.

12. *Journal officiel* du 18 juillet 1940. Cette loi fut complétée par deux lois des 14 août et 13 septembre 1940 (*Journal officiel* des 15 août et 15 septembre 1940), puis remplacée par la loi du 3 avril 1941 (*Journal officiel* du 2 juin 1941) qui reprenait l'ensemble des dispositions relatives aux conditions d'accès à la fonction publique, à l'exception de celles concernant les juifs.

13. Loi du 19 juillet 1934, *Journal officiel* du 20 juillet 1934.

14. *Journal officiel* du 15 août 1940.

15. *Journal officiel* du 23 juillet 1940.

16. *Op. cit.*, p. 277.

17. *Journal officiel* du 14 août 1940.

18. Loi du 17 juillet 1940 relative aux « magistrats, fonctionnaires et agents civils ou militaires de l'État relevés de leurs fonctions », *Journal officiel* du 18 juillet 1940.

19. *Op. cit.*, p. 100.

20. Décret du 18 septembre 1940, *Journal officiel* du 19 septembre 1940.

21. Exposé des motifs de la loi du 17 juillet 1940, cité par G. Burdeau, *op. cit.*, p. 185.

22. *Op. cit.*, p. 275.

23. Circulaire aux recteurs, 16 août 1940, *L'Information universitaire*, numéro hors série, août 1940. Sur ce sujet, voir Rémy Handourtzel, « La Révolution nationale contre l'école républicaine, été 1940-automne 1942 », mémoire de maîtrise, université de Paris-X, 1982.

24. Circulaire du directeur général des douanes, 30 août 1940, SAEF B 53030.

25. AN F17 26300.

26. SAEF B 53030.

27. Synthèse des rapports, 11 octobre 1940, AN 2AG 613.

28. J.-C. Barbas, *op. cit.*, p. 73.

29. Dont on trouvera des exemples dans les Souvenirs des ministres d'alors, tels Marcel Peyrouton, *Du Service public à la Prison commune*, Plon, 1950, Yves Bouthillier, *Finances sous la Contrainte*, *op. cit.*, et de ceux de l'époque immédiatement suivante, Pierre Pucheu, *Ma vie*, Amiot-Dumont, 1948, Joseph Barthélemy, *Ministre de la Justice, Vichy 1941-1943*, *op. cit.* et Jérôme Carcopino, *Souvenirs de sept ans (1937-1944)*, *op. cit.*

30. Note du ministre à MM. les directeurs, 10 septembre 1940, AN F1bI 920.

31. Le ministre, secrétaire d'État aux Finances aux Fonctionnaires et Agents de l'administration des Finances, 25 septembre 1940, SAEF B 53032

32. Circulaire du directeur général des douanes, 30 août 1940, SAEF B 53030.

33. Loi du 23 octobre 1940, *Journal officiel* du 1er novembre 1940.

34. Note interne au secrétariat général de la vice-présidence du Conseil, 20 mars 1941, AN F60 245.

35. *Ibid.*

36. AN 2AG 28.

37. L'Amiral de la Flotte, vice-président du Conseil à MM. les ministres et secrétaires d'État, 29 avril 1941, AN 2AG 28.

38. « Vichy et les Juifs. Des marges de l'histoire au cœur de son écriture », *Vichy et les Français*, *op. cit.*, pp. 57-67.

39. Brasillach proposa un statut des juifs, dans *Je suis partout*, le 17 février 1939, cité par Jeannine Verdès-Leroux, *Refus et violences. Politique et littérature à l'extrême droite des années trente à la Libération*, Gallimard, 1996, pp. 97-98. Voir aussi Pierre Birnbaum, *Un mythe politique : « la République juive »*, *op. cit.*, et, du même auteur, *« La France aux Français », Histoire des haines nationalistes*, Le Seuil, 1993.

40. *Op. cit.*, p. 280.

41. *Le Nez de Cléopatre, souvenirs d'un homme de droite, 1918-1945*, éditions Les Quatre Fils Aymon, 1957, pp. 238-239.

42. Le délégué général du gouvernement dans les territoires occupés à M. le Maréchal de France, chef de l'État, secrétariat général de la Présidence, 24 septembre 1940, AN F60 490.

43. « Note inédite » citée par Robert Aron, *Histoire de Vichy*, Fayard, 1954, pp. 229-230.

44. *Ibid.*

45. Rapporté par Philippe Burrin, *La Dérive fasciste, op. cit.*, p. 352.

46. Le directeur du budget à M. le ministre, secrétaire d'État à l'Intérieur, cabinet, 28 octobre 1940, SAEF B 11854.

47. Voir l'intéressant rapprochement établi entre statut des juifs et droit des indigènes habitant les colonies par Gérard et Jean-Claude Fritz, « "Indigènes" et "métis" sous la Troisième République », dans *Le Genre humain*, n° 30-31, « Le droit antisémite de Vichy », actes du colloque tenu à Dijon les 19 et 20 décembre 1994, pp. 73-84.

48. Note à la direction des services de l'armistice, AN F60 490.

49. Note « Juifs », portant les initiales de Maurice Lagrange, chargé de mission à la présidence du Conseil, 16 octobre 1940, AN F60 490.

50. Loi du 3 octobre 1940 portant statut des juifs, *Journal officiel* du 18 octobre 1940.

51. Sur cette question, voir Richard Weisberg, *Vichy law and the Holocaust in France*, New York University Press, 1996, et les travaux de Laurence Rosengart, « Qui est Juif ? l'œuvre législative du régime de Vichy », mémoire de DEA, IEP de Paris, 1990.

52. Une thèse fut soutenue en 1943 à la faculté de droit de Paris sur « la qualification de juif », par André Broc, rédacteur à la préfecture de police. Voir les travaux de Danièle Lochak, « Les mésaventures du positivisme ou la doctrine sous Vichy », dans *Les Usages sociaux du Droit*, CURAPP-Presses universitaires de France, 1989, pp. 252-285, ainsi que les deux livraisons de la revue *Le Genre humain* abordant ces questions, n° 28, « Juger sous Vichy » (actes du colloque organisé par l'École nationale de la magistrature le 29 novembre 1993), et n° 30-31, « Le droit antisémite de Vichy », *op. cit.*

53. Communiqué officiel annonçant la promulgation du statut, 17 octobre 1940, cité dans *Le Statut des Juifs de Vichy, op. cit.*, p. 10.

54. Voir Michel Abitbol, *Les Juifs d'Afrique du Nord sous Vichy*, Maisonneuve et Larose, 1983.

55. *Journal officiel* du 8 octobre 1940.

56. Note (sans nom d'expéditeur) au cabinet du maréchal Pétain, 15 septembre 1940, AN F60 490.

57. *« La France aux Français ». Histoire des haines nationalistes, op. cit.*, p. 289.

58. 13 novembre 1940, AN F60 490.

59. Lettre au secrétariat général de la présidence du Conseil, 22 novembre 1940, AN F60 490. Dans la marge, le destinataire avait noté : « Nécessaire fait. »

60. *Op. cit.*, pp. 34-35.

61. *Ibid.*, p. 35.

62. Circulaire aux recteurs et inspecteurs d'académie, 21 octobre 1940, AN F17 13318.

63. Texte des lois de Nüremberg de 1935, repris par l'ordonnance du 7 août 1940, « édictée en vue de l'exécution de la prescription du 13 juillet 1940 concernant les biens hostiles au peuple et au Reich en Alsace ».

64. Le ministre, secrétaire d'État à la Justice, direction civile à M. le ministre, secrétaire d'État à l'Intérieur, direction du personnel, du matériel et de la comptabilité, copie adressée le 19 novembre 1940 au secrétariat général de la présidence du Conseil par le secrétaire général du ministère de la Justice, AN F60 490.

65. SAEF B 11854.

66. AN F60 52.

67. Circulaire du ministre, secrétaire d'État à la présidence du Conseil, 23 décembre 1940, AN F60 490.

68. Circulaire SG du 16 février 1941, AN AJ38 119.

69. *Journal officiel* du 31 mars 1941. Le premier titulaire du poste fut nommé le même jour. Voir, sur la genèse de cette création, Michael Marrus et Robert Paxton, *Vichy et les Juifs*, Calmann-Lévy, 1981, rééd. Le livre de poche Biblio, 1990, pp. 113-122. Sur le CGQJ, voir surtout Joseph Billig, *Le Commissariat général aux Questions juives*, éditions du Centre, trois volumes, 1955, 1957 et 1960.

70. *Journal officiel* du 31 mai 1941.

71. *Op. cit.*, pp. 185-192.

72. Le ministre, secrétaire d'État à l'Économie nationale et aux Finances à M. le commissaire général aux questions juives, 27 janvier 1942, SAEF B 11859.

73. Note pour M. Simonnet, chargé de mission au cabinet du ministre, 29 janvier 1942, AN F1bI 919.

74. Le ministre, secrétaire d'État à l'Économie nationale et aux Finances à M. le commissaire général aux questions juives, 9 juin 1942, SAEF B 11860.

75. On le retrouve dans un rapport du 16 mars 1944, cité par M. Marrus et R. Paxton, *op. cit.*, pp. 185 et 536.

76. « Mémoire sur la situation des agents du commissariat », 16 mars 1944, cité par M. Marrus et R. Paxton, *op. cit.*, p. 186.

77. *Journal officiel* du 30 avril 1941.

78. *Journal officiel* du 14 juin 1941.

79. Loi du 17 décembre 1941, *Journal officiel* du 19 décembre 1941.

80. 16 mars 1942, SAEF B 11859.

81. Note à tous les services, 16 avril 1942, SAEF B 53034.

82. Laurence Rosengart, *op. cit.*, pp. 133-151.

83. Procès-verbal de la réunion interministérielle du 23 juillet 1941, AN AJ38 119.

84. A 15h, 16h, 17h et 17h30 ; convocations dans AN, AJ38 58. Ces réunions eurent lieu dans les bureaux du commissariat général, à l'hôtel Algéria.

85. AN AJ38 119.

86. Essentiellement dans les cartons AJ38 119 et AJ38 58.

87. Courriers des 10 et 16 juillet 1941 échangés entre le CCQJ et le secrétariat d'État à l'Agriculture, AN AJ38 1145.

88. Lettre du commissariat général au secrétaire d'État à l'Intérieur, AN AJ38 58.

89. Lettre du 13 juillet 1942 du commissariat général au chef de la police des questions juives, AN AJ38 119.

90. Lettre au président de la Fédération des amputés de guerre du Gard, 1er août 1942, AN AJ38 119.

91. Rapporté par J. Lubetzki, *op. cit.*, p. 41.

92. Avis du 21 mars 1941, AN F60 490.

93. Lettre du 4 mai 1942, AN F17 13353.

94. AN AJ38 58.

95. Lettre du commissariat général au comité d'organisation de la section du bois, 29 mars 1943, AN AJ38 119.

96. Réponse du secrétaire général de la présidence du Conseil au secrétaire d'État aux Communications, au sujet de la situation de M. Valensi, ingénieur en chef des Ponts et Chaussées, dont la *Military Cross* ne put être assimilée à une citation susceptible d'être homologuée, janvier 1941, AN F60 490.

97. Lettre au secrétaire d'État à l'Intérieur, 19 avril 1941, AN AJ38 58.

98. Lettre du préfet de la Seine, portant une annotation manuscrite du commissariat général approuvant la mesure, 23 juin 1942, AN AJ38 69.

99. Note du directeur du personnel du ministère des Finances, faisant état des « instructions précises » du CGQJ, 16 avril 1942, SAEF B 53034.

100. 17 octobre 1941, AN AJ38 119.

101. Rapport du 4 octobre 1941, AN F1cIII 1137.

102. Voir Renée Poznanski, *Les Juifs en France pendant la Seconde Guerre mondiale*, Hachette, 1997, pp. 353-357.

103. Rapport pour juillet-août 1942, AN F1cIII 1137.

104. Lettre au commissaire général aux questions juives, 7 février 1942, AN AJ38 1145.

105. Lettre du 10 mars 1942, AN F1a 3688. Cette proposition devint la loi du 15 juillet 1942, *Journal officiel* du 19 juillet 1942.

106. *Souvenirs de sept ans, op. cit.*, p. 359.

107. Voir Vincent Guigueno, « L'aporie de l'identité polytechnicienne : les élèves juifs et l'École polytechnique, 1940-1943 », à paraître dans *Vingtième Siècle*.

108. 14 janvier 1941, AN F60 286. Deux rappels furent nécessaires, le 9 mars et le 6 juin 1941, avant que cette affaire ne soit réglée conformément aux vœux de Lagrange.

109. AN 2AG 28.

110. Lettres des 13 et 24 mai 1941, AN F60 490.

111. Le secrétaire d'État aux Communications à M. le secrétaire général de la présidence du Conseil, 11 janvier 1941, AN F60 284.

112. Lettre au CGQJ, 1er avril 1942, AN AJ38 1145.

113. AN AJ38 119.

114. Le directeur régional des questions juives de Toulouse à M. le commissaire général aux questions juives, 9 juin 1942, AN AJ38 146.

115. Note du 17 septembre 1941 de la direction du personnel, *Bulletin officiel des PTT* pour 1941, n° 27, 30 septembre 1941, p. 787.

116. Courriers entre le secrétaire d'État aux Communications, le CGQJ et le secrétariat général du chef du gouvernement, mars-août 1942, AN AJ38 119.

117. Grâce à l'obligeance du directeur général des douanes qui nous a autorisé, en 1993, à consulter les dossiers d'application des lois d'exclusion, et que nous souhaitons remercier ici. Sauf indication contraire, tous les documents cités ici proviennent du carton SAEF B 53035.

118. Rapport du directeur régional de Chambéry, 14 décembre 1941. Bien que plus tardif que ceux évoqués ci-dessus, il reflète un point de vue répandu dès 1940.

119. SAEF B 53030.

120. Canevas de note sur la Légion (sd), citée dans *Lettres et notes de l'amiral Darlan, op. cit.*, p. 401.

121. SAEF B 53030.

122. 29 juillet 1941, SAEF B 53035. Tous les échanges intervenus au sujet de cette affaire sont conservés sous cette cote, qui ne sera donc pas répétée dans les développements qui suivent.

123. « Le rôle des chefs », *Les Nouveaux Temps*, 23 juillet 1941.

124. *Op. cit.*, p. 110. L'auteur ne citait pas moins de quinze arrêtés publiés entre octobre 1940 et mai 1941 pour définir les conditions de reclassement des fonctionnaires et agents de diverses administrations, *ibid*, p. 108.

125. AN AJ38 119. Le projet manuscrit conservé dans les archives n'est pas daté, mais sa teneur laisse penser qu'il a été vraisemblablement écrit en octobre 1941.

126. Le 22 avril 1942, AN AJ38 1145.

127. *Ibid.* Note manuscrite, « Conversation avec M. Perrot, de la direction des affaires départementales et communales », 24 juin 1942. La note indiquait que neuf fonctionnaires des services de police avaient été licenciés ainsi que quelques conseillers de préfecture, et « qu'il n'[était] pas question de procéder à leur reclassement ».

128. *Op. cit.*, pp. 189 et 191. Voir Dominique Gros, « Le Statut des juifs et les manuels en usage dans les facultés de droit (1940-1944) : de la description à la légitimation », dans Philippe Braud (dir.), *La Violence politique dans les démocraties européennes*, L'Harmattan, 1993, pp. 139-171.

129. Le ministre, secrétaire d'État à l'Économie nationale et aux Finances à M. l'Amiral de la Flotte, vice-président du Conseil, 23 février 1942, SAEF B 11859.

130. Dominique Gros, « Le droit antisémite de Vichy contre la tradition républicaine », « Juger sous Vichy », *Le Genre humain*, *op. cit.*, pp. 17-27.

131. *Le Commissariat général aux questions juives*, *op. cit.*, t. III, p. 21.

132. Cité par M. Marrus et R. Paxton, *op. cit.*, p. 181 et reproduit dans L. Rosengart, *op. cit.*, p. 48.

133. Ce que confirme le chiffre donné par M. Marrus et R. Paxton (*op. cit.*, p. 181) de 2 169 agents licenciés en Algérie en octobre 1941.

134. « Les mésaventures du positivisme ou la doctrine sous Vichy », *art. cit.*

135. « Le Conseil d'État », dans *Vichy et les Français*, *op. cit.*, p. 320.

136. Entretien avec l'auteur, 16 février 1994.

137. *Op. cit.*, p. 901.

CHAPITRE VI

Organiser l'État nouveau

1. Instruction du 5 septembre 1940, AN F60 592.

2. Compte rendu résumé du Conseil de cabinet du 26 septembre 1940, 27 septembre 1940, AN F60 588.

3. Instruction de Darlan sur le fonctionnement du comité directeur, 7 janvier 1941, AN F60 588.

4. « Quelques idées sur les principes de réorganisation de l'administration française », AN 2AG 460.

5. Gaston Bedaux, « Note sur la réorganisation administrative », 10 octobre 1940, AN 2AG 460.

6. Lettre de Paul Baudouin, ministre secrétaire d'État à la présidence du Conseil, au ministère des Finances pour demander la mise à disposition de M. Le Verger, contrôleur des contributions directes devant prendre, en liaison avec l'AFNOR, la responsabilité d'un service d'application des normes administratives, 23 décembre 1940, AN F60 282.

7. Voir par exemple les souvenirs déjà cités de Michel Debré et ceux de François Bloch-Lainé, *Profession fonctionnaire, entretiens avec Françoise Carrière*, Le Seuil, 1976.

8. Note (interne) sur le Comité d'études pour la France, 1er avril 1941, AN 2AG 500.

9. Projet de lettre du maréchal Pétain à Guillaume de Tarde, président du Comité d'études pour la France, 12 mai 1942, AN 2AG 500.

10. Étude du 23 avril 1941, AN 2AG 440.

11. AN 2AG 459.

12. *Journal officiel* du 15 juillet 1940. La liste fut légèrement modifiée, pour tenir compte des nouveaux rattachements ministériels, par une loi du 16 février 1941, *Journal officiel* du 17 février 1941.

13. Maréchal Pétain, message du 11 juillet 1940, J.-C. Barbas, *op. cit.*, pp. 67-71.

14. *Op. cit.*, pp. 20-21.

15. Jules Jeanneney, *Journal politique septembre 1939-juillet 1942*, Armand Colin, 1972, p. 108.

16. *Op. cit.*, p. 284.

17. Raoul Monmarson, directeur de *La France coloniale*, projet de réorganisation du secrétariat d'État aux Colonies, note du 29 janvier 1941, AN 2AG 78.

18. Décret du 6 septembre 1940, *Journal officiel* du 7 septembre 1940.

19. Décret du 9 février 1941, *Journal officiel* du 25 février 1941.

20. *Op. cit.*, pp. 44 et 446-447.

21. Propos tenus par le garde des Sceaux Gabolde devant l'assemblée générale du Conseil d'État, 21 octobre 1943.

22. L'ouvrage essentiel à lire sur cette question est la thèse de droit de Jean Marcou, *Le Conseil d'État sous Vichy*, université de Grenoble-II, 1984. Parmi les ouvrages édités, voir la

contribution de Jean Massot, « Le Conseil d'État » dans l'ouvrage collectif *Vichy et les Français, op. cit.*, pp. 312-328, et l'article, virulent, d'Olivier Dupeyroux, « L'indépendance du Conseil d'État jugeant au contentieux », *Revue du Droit public*, 1983, n° 3, pp. 565-629, qui prend le contrepied de la thèse, excessivement indulgente, soutenue peu après la Libération par le conseiller d'État Bouffandeau, « La continuité et la sauvegarde des principes du droit public français entre le 16 juin 1940 et l'entrée en vigueur de la nouvelle Constitution. Le juge de l'excès de pouvoir jusqu'à la libération du territoire métropolitain », *Études et documents du Conseil d'État*, 1947, pp. 23-27.

23. *Journal officiel* du 21 août 1940.

24. Compte rendu du Conseil de cabinet du 26 septembre 1940, AN F60 588.

25. Circulaire du 30 décembre 1940, AN F60 52.

26. *Annuaire du Conseil d'État*, Clermont-Ferrand, Imprimerie générale, 1942, pp. 24-25.

27. Assemblée générale du 21 octobre 1943, allocution du vice-président Porché, cité par J. Marcou, *op. cit.*, p. 464.

28. Voir J. Marcou, « L' "exil" parisien », *op. cit.*, pp. 41-49.

29. « Diffusion des notes destinées à MM. les ministres et secrétaires d'État », 1er décembre 1941, AN F60 580. On trouvera cette liste en annexe 17, p. 684.

30. Décret du 31 janvier 1935, *Journal officiel* du 2 février 1935.

31. Loi du 10 février 1941 relative à l'organisation du gouvernement, *Journal officiel* du 11 février 1941.

32. *Le Nouveau Droit public de la France, op. cit.*, pp. 152-153.

33. Voir ses souvenirs, *De la défaite au désastre*, t. I, *Les occasions manquées (juillet 1940-avril 1942)*, Albin Michel, 1984 et t. II, *L'espoir trahi (avril 1942-novembre 1942)*, Albin Michel, 1985.

34. Note (non signée, mais émanant de la vice-présidence du Conseil), 2 mai 1941, AN F60 592.

35. *Op. cit.*, p. 253.

36. « Réflexions sur la situation générale », 1er août 1941, F60 1428.

37. 14 août 1941, AN F60 1428.

38. *Journal officiel* du 6 septembre 1941.

39. Procès de Jean Jardel devant la Haute Cour, 14 mars 1947, compte rendu sténographique par le cabinet Bluet, AN 334AP 37, p. 13.

40. Compte rendu sténographique cité, pp. 13 et 67.

41. Le ministre, secrétaire d'État aux Finances, aux fonctionnaires et agents de l'administration des finances, 25 septembre 1940, SAEF B 53032.

42. *Op. cit.*, p. 18.

43. *Ibid.*, p. 310.

44. *Ibid.*, p. 370.

45. *Ibid.*, p. 308.

46. Ordre du jour du Conseil de cabinet, 5 juillet 1941, AN F60 588.

47. Lettre au secrétaire d'État à l'Éducation nationale et à la Jeunesse, 19 juillet 1941, SAEF B 11857.

48. Lettre au secrétaire général de la présidence du Conseil, 5 octobre 1940, et lettre au ministre secrétaire d'État à la Guerre, 2 janvier 1941, SAEF B 11854 et 11855.

49. Le ministre, secrétaire d'État à l'Économie nationale et aux Finances à M. l'Amiral de la Flotte, ministre secrétaire d'État à l'Intérieur, 12 avril 1941, SAEF B 11855.

50. Audition d'Henri Deroy devant le comité budgétaire, 3 décembre 1941, AN 2AG 536.

51. *Journal officiel* du 21 novembre 1940.

52. *Op. cit.*, p. 369.

53. Lettre du 19 décembre 1941, SAEF B 11858.

54. *Op. cit.*, pp. 371-372.

55. Note du cabinet du ministre de l'Éducation nationale, 27 mai 1942, AN F17 13336.

56. Lettre du 4 novembre 1940, SAEF B 11854.

57. Lettre du 3 mars 1942, SAEF B 11859.

58. Lettre du 11 décembre 1940, AN F60 52.

59. SAEF B 11854.

60. Procès-verbal de la réunion du Comité directeur du 20 janvier 1941, AN F60 588.

61. Lettre du 1er juin 1942, SAEF B 11860.

62. AN F17 13336.

63. Article 11 de la loi du 12 novembre 1940, *Journal officiel* du 27 novembre 1940.

64. Compte rendu de la réunion du 4 novembre 1941, AN AJ38 1145.

65. Le ministre, secrétaire d'État aux Finances à M. le général d'armée, ministre de la Défense nationale, 11 juillet 1940, SAEF B 11854.

66. Le ministre, secrétaire d'État aux Finances à M. le ministre, secrétaire d'État à l'Agriculture et au Ravitaillement, 26 septembre 1940, SAEF B 11854.

67. Avis du 23 décembre 1940, AN F60 458.

68. Circulaire aux ministres et secrétaires d'État, 2 janvier 1941, AN F60 458.

69. Lettre du 4 décembre 1940, SAEF B 11854.

70. Lettre au secrétaire d'État aux Communications, 11 octobre 1941, SAEF B 11858.

71. Loi du 31 octobre 1941 instituant une indemnité de direction, *Journal officiel* du 1er novembre 1941, et circulaire d'application, 10 novembre 1941, SAEF B 11858.

72. Arrêté du 2 décembre 1941, *Journal officiel* du 4 décembre 1941.

73. 3 mars 1942, SAEF B 18479.

74. Circulaire du 24 septembre 1942, SAEF B 18479.

75. Sur la Légion, on se reportera aux travaux de Jean-Paul Cointet, notamment sa contribution à l'ouvrage collectif édité sous la direction de Laurent Gervereau et Denis Peschanski, *La Propagande sous Vichy, op. cit.*, pp. 59-68 et l'ouvrage tiré de sa thèse, *La Légion française des combattants 1940-1944, la tentation du fascisme*, Albin Michel, 1995.

76. *Journal officiel* du 30 août 1940.

77. *Le Temps*, 27 août 1940. Les citations entre guillements renvoient à une allocution de Xavier Vallat annonçant la création du mouvement.

78. AN F1a 3677.

79. *Almanach de la Légion Française des Combattants*, 1941, p. 50.

80. Cité par J.-P. Cointet, *La Propagande sous Vichy, op. cit.*, p. 62.

81. « Instruction pour l'organisation de la Légion française des combattants et sa collaboration avec les représentants du Pouvoir central », 26 février 1941, AN F60 1431.

82. Discours aux légionnaires des Alpes-Maritimes, 2 mars 1941, cité par D. Peschanski, *La Propagande sous Vichy, op. cit.*, p. 13.

83. « Instruction n° 2 concernant la collaboration de la Légion française des combattants avec les représentants du Pouvoir central », 30 avril 1941, AN F60 1431.

84. *Ibid.*

85. Circulaire du 9 juin 1941, AN F60 1428.

86. Jean-Paul Cointet, « La Légion française des combattants », dans *Le Gouvernement de Vichy, op. cit.*, p. 134.

87. Procès-verbal de la réunion des préfets régionaux, 20 février 1942, AN F60 479.

88. Le secrétaire d'État à l'Éducation nationale et à la Jeunesse à M. le Général d'Armée, secrétaire général du chef de l'État, 13 mai 1941, AN 2AG 27.

89. Lettre du général Laure à Pucheu, 24 novembre 1941, reprise dans une note au secrétariat général de la vice-présidence du conseil, 3 décembre 1941, AN F60 592.

90. *Lettres et notes..., op. cit.*, p. 401.

91. Compte rendu de la réunion des préfets régionaux rédigé par le commandant Bailly, cabinet du chef de l'État, 20 mars 1942, AN F60 479.

92. *Op. cit.*, p. 371.

93. Sur la composition et la nature des travaux du Conseil national, voir la thèse de Michèle Cointet, « Le Conseil national de Vichy, vie politique et réforme de l'état en régime autoritaire », thèse présentée à l'université de Paris-X pour l'obtention du doctorat d'État,

1984, et le livre qui en a été tiré, *Le Conseil national de Vichy 1940-1944,* Aux amateurs de livres, 1989. Les conclusions générales que tire l'auteur sont discutées par O. Wieviorka, « Vichy a-t-il été libéral ? le sens de l'intermède Flandin », *art. cit.*, pp. 55-65 et par D. Peschanski, « Le régime de Vichy a existé », *art. cit.*, p. 20. Voir aussi la synthèse établie lors du colloque de 1970 par Guy Rossi-Landi, « Le Conseil national », dans *Le Gouvernement de Vichy 1940-1942, op. cit.*, pp. 47-54.

94. Loi du 22 janvier 1941, *Journal officiel* du 24 janvier 1941. La liste des membres du Conseil national fut publiée le même jour, *ibid.*

95. Communiqué du 24 janvier 1941, AN F1bI 981.

96. *Op. cit.*, p. 87. On trouvera en note, à la même page, la liste des membres désignés.

97. *Op. cit.*, p. 166.

98. Publiés au *Journal officiel* du 24 mars 1941, ces textes définissaient le rôle, purement consultatif, et fortement encadré, de l'assemblée nouvelle. L'article 2 du décret précisait ainsi que « le Conseil national ne peut statuer que sur les affaires dont il est saisi par le chef de l'État. Il n'a aucun droit d'initiative, et sauf en ce qui concerne les matières qui lui sont soumises, il ne peut formuler de vœux ou présenter de projets. Il lui est interdit de recevoir des pétitions ». Pierre Limagne écrivit alors : « À l'*Officiel* paraît la loi destinée à enterrer le Conseil national », *op. cit.*, p. 120.

99. Courriers des 1er et 7 février 1942, AN F60 361.

100. Rapporté par Bertrand de Jouvenel, *Un visiteur dans le siècle*, 1979, cité par Michel Margairaz, *L'État, les finances et l'économie. Histoire d'une conversion, 1932-1952,* Comité pour l'histoire économique et financière de la France, 1991, p. 537.

101. *Op. cit.*, pp. 229-230.

102. Note (sans date), AN 2AG 513.

103. Circulaire aux recteurs et inspecteurs d'académie, 4 décembre 1942, AN F17 13322.

104. « Note sur les économies de papier », secrétariat général du chef du gouvernement, 22 août 1942, AN F60 109.

105. 25 novembre 1942, AN F17 13322.

106. *Op. cit.*, t. I, p. 357.

107. *Op. cit.*, p. 264.

108. « Note remise au maréchal Pétain » (auteur non identifié), 9 août 1940, AN 2AG 613.

109. Le garde des Sceaux à monsieur le Maréchal de France, services administratifs de la présidence du Conseil, 4 septembre 1940, AN F60 286.

110. *L'Œuvre*, 11 novembre 1941.

111. Du Moulin de Labarthète, *op. cit.*, p. 124.

112. Voir A. Tiano, *op. cit.*, p. 25.

113. Reproduit par Nicolle en annexe de son *Journal*, *op. cit.*, t. I, pp. 511-532.

114. L'article pionnier est celui de Richard Kuisel, « The legend of Vichy synarchy », *French historical studies*, volume n° VI-3, printemps 1970. Pour une contribution plus récente, voir Olivier Dard, *La Synarchie ou le mythe du complot permanent*, Perrin, 1997.

115. *Op. cit.*, pp. 335 et 337.

116. *Ibid.*, p. 366.

117. Voir Denis Peschanski, « Vichy au singulier... », *op. cit.*, p. 661, et Henry Rousso « Les paradoxes de Vichy et de l'Occupation. Contraintes, archaïsmes et modernité », dans Patrick Fridenson et André Strauss (dir.), *Le Capitalisme français 19e-20e siècles, Blocages et dynamisme d'une croissance*, Fayard, 1987, pp. 67-82.

118. *De la défaite au désastre*, t. I, *Les occasions manquées (juillet 1940-avril 1942), op. cit.*, pp. 53-54, cité par Henry Rousso dans la contribution évoquée à la note précédente, p. 73.

119. *Op. cit.*, p. 368.

CHAPITRE VII

Les préfets entre administration et politique

1. *Les Documents français, revue des hautes études politiques, sociales économiques et financières*, n° 11, novembre 1940, p. 2.
2. *Op. cit.*, p. 25.
3. *Les Documents français, op. cit.*, p. 1.
4. AN 2AG 460.
5. *Journal officiel* du 25 décembre 1940.
6. *Les Documents français, op. cit.*, p. 1.
7. Procès-verbal de la seconde session de la commission de réorganisation administrative du Conseil national, 20 août 1941, AN F60 361.
8. AN 2AG 80.
9. Circulaire du 15 octobre 1940 précitée.
10. Le préfet de Maine-et-Loire à M. l'Ambassadeur de France, ministre secrétaire d'État à l'Intérieur, 30 octobre 1940, AN F1a 3630.
11. Loi du 12 octobre 1940 portant création des commissions administratives, *Journal officiel* du 13 octobre 1940.
12. Loi du 14 novembre 1940, *Journal officiel* du 1er décembre 1940.
13. *Journal officiel* du 12 décembre 1940.
14. *Ibid.*
15. Circulaire aux préfets, 16 juillet 1941, AN F1a 3680.
16. *Ibid.*
17. Rapport du 2 août 1941, AN 2AG 460.
18. Note sans date (mais que la référence à la mise en place des fonctions de préfet délégué permet de dater de l'été 1941), AN F60 1428.
19. *Journal officiel* du 7 octobre 1941.
20. Compte rendu de la réunion des préfets régionaux de zone occupée, 4 février 1942, AN F60 479.
21. Lettre du ministre secrétaire d'État aux Finances au ministre secrétaire d'État à l'Intérieur, 17 janvier 1942, SAEF B 11859.
22. Synthèse des rapports des préfets, septembre 1942, AN F1cIII 1198.
23. *Journal officiel* du 2 septembre 1940.
24. Note diffusée le 10 octobre 1942, AN 2AG 80.
25. *Ibid.*
26. Note accompagnant le projet de loi fusionnant l'administration centrale du ministère de l'Intérieur avec l'administration préfectorale, 17 mars 1941, AN 2AG 513.
27. Circulaire du 12 janvier 1942, AN F1a 3680.
28. Note du cabinet, 23 août 1941, AN F1a 3687.
29. Sur le stage évoqué ici, on trouvera toutes précisions dans Bernard Comte, *op. cit.*, p. 223.
30. Circulaire «signalée» du ministre de l'Intérieur aux préfets, 23 janvier 1942, AN F1a 3680.
31. Circulaire du ministre de l'Intérieur aux préfets de zone interdite, 13 janvier 1942, AN F1a 3680.
32. Questions posées au concours d'octobre 1942, AN 2AG 80.
33. Il s'attacha à définir les conditions de ce que Denis Peschanski appelle une «tentative d'encadrement de la société», «Vichy au singulier, Vichy au pluriel, une tentative avortée d'encadrement de la société, (1941-1942)», *Annales Économie, société, culture*, mai-juin 1988, n° 3, pp. 639-661. Voir aussi, du même auteur, sur la tentative de mainmise de Pucheu sur la politique de la jeunesse, «Le régime de Vichy a existé», *op. cit.*
34. *Les Documents français, op. cit.*, p. 2.

35. AN F60 1428. Sauf indication contraire, tous les textes cités dans le présent paragraphe sont extraits de ce document.
36. *Journal officiel* du 6 février 1941.
37. Message du 11 juillet 1940.
38. Il date du 1er septembre 1940, AN 2AG 638 et AN F60 479.
39. Le 13 à Stéphane Lauzanne pour *Candide*, le 14 à Henri Béraud pour *Gringoire*, le 18 devant la chambre de commerce de Lyon.
40. Circulaire du 8 octobre 1940, AN F1a 3678.
41. Note du 12 septembre 1940, AN 2AG 638.
42. *Ibid.*
43. Voir, sur le déroulement de la première session de cette commission, les travaux déjà cités de Pierre Barral et ceux de Michèle Cointet qui étudie en détail la composition et la production des diverses commissions du Conseil national. On se référera également à son livre *Le Conseil national de Vichy 1940-1944, op. cit.*, pp. 183-222. On trouvera l'ensemble des procès-verbaux des deux sessions de la commission évoquée ici aux Archives nationales sous les cotes 2AG 637 à 639.
44. «Du rôle des gouverneurs de provinces dans la Révolution nationale», 13 mai 1941, AN 2AG 80.
45. Procès-verbal de la séance du 20 août 1941, AN F60 361.
46. Discours de Pau, 20 avril 1941, cité par P. Barral, *op. cit.*, p. 926.
47. Exposé des motifs de la loi du 19 avril 1941, *Journal officiel* du 22 avril 1941.
48. *Ibid.*
49. P. Doueil, *L'Administration locale à l'épreuve de la guerre*, Sirey, 1950, pp. 20-21, en cite quelques exemples.
50. *Journal officiel* des 27 avril et 26 septembre 1941.
51. *Journal officiel* du 26 août 1941.
52. 28 avril 1941, dossier *Einrichtung von Regional Präfekten* de la *Verwaltungsstab*, AN AJ40 540. Sauf indication contraire, tous les documents cités dans les développements qui suivent proviennent de ce dossier. C'est nous qui traduisons.
53. Décret des 30 juin, 18 juillet, 26 août et 9 septembre 1941, *Journal officiel* des 1er et 26 juillet, 27 août et 10 septembre 1941.
54. Notes internes des 17 et 21 juillet 1941, AN AJ40 540.
55. AN F60 479.
56. L'Amiral de la Flotte, vice-président du Conseil à M. le ministre, secrétaires d'État à l'Économie nationale et aux Finances, 19 janvier 1942, AN F60 479.
57. Note sur les attributions respectives des administrations centrales et des préfectures régionales, 21 novembre 1941, AN F60 479.
58. 16 février 1942, AN F60 479.
59. Circulaire du 20 mars 1942, « Organisation régionale ; application à l'agriculture et au ravitaillement », AN F60 479.
60. P. Doueil, *op. cit.*, p. 30.
61. *Journal officiel* des 9 et 10 août 1941.
62. Le 29 janvier et le 9 mars 1942, AN AJ40 540.
63. La seule exception concernait la région de Laon, dont le préfet régional alla s'installer à Saint-Quentin, laissant au préfet délégué la préfecture et l'administration de l'Aisne.
64. *Op. cit.*, p. 124.
65. 15 avril 1941, AN 2AG 513.
66. Note du 21 août 1941, AN F1a 3683.
67. Circulaire du 30 mars 1942 de la vice-présidence du Conseil, AN F60 109.
68. Note pour le secrétaire général à l'Information et à la Propagande, 10 mars 1942, AN F60 109.
69. Le ministre de l'Intérieur à M. l'Amiral de la Flotte, vice-président du Conseil, 19 décembre 1941, AN F60 284.

70. Voir Denis Peschanski, «Encadrer ou contrôler ?», *La Propagande sous Vichy, op. cit.*, pp. 10-31.
71. 2 juillet 1941, AN 2AG 513.
72. 20 août 1941, AN F60 361.
73. Circulaire aux préfets régionaux et préfets, 12 mars 1942, AN F60 478.
74. Réunion des préfets régionaux, 20 février 1942, AN F60 479.
75. Synthèse des rapports mensuels des préfets, septembre 1942, AN FlcIII 1198.
76. Note du directeur adjoint du cabinet au ministre, 20 avril 1943, AN F17 13357.
77. Note à Jardel, rapportant le point de vue du cabinet du ministre de l'Intérieur, sd (septembre-octobre 1941), AN F60 592.
78. Ingrand à du Moulin de Labarthète, 2 juillet 1941, AN 2AG 513.
79. Projet de lettre, sd (septembre-octobre 1941), AN F60 592.
80. «De la Constitution», 23 octobre 1941, AN 2AG 79.
81. Message du 19 août 1941 à la commission de réorganisation administrative du Conseil national, J.-C. Barbas, *op. cit.*, p. 178.
82. «Les notables», *Vichy et les Français, op. cit.*, p. 377.
83. Circulaire «strictement confidentielle», 8 janvier 1942, AN F7 14907.
84. Cité par R. Aron, *op. cit.*, p. 406.
85. Note, déjà citée, du 15 avril 1941, AN 2AG 513.
86. AN Fla 3694.
87. Circulaire aux préfets et préfets régionaux, 9 décembre 1941, AN F60 479.
88. *Ibid.*
89. L'amiral de la Flotte, vice-président du Conseil à M. le ministre secrétaire d'État à l'Intérieur, 21 février 1942, AN F60 361.
90. AN F60 361.
91. Lettre de Huntziger à Darlan, 18 juillet 1941, AN F60 592.

CHAPITRE VIII

L'impossible marché

1. Synthèse mensuelle des interceptions des contrôles techniques, 7 novembre/7 décembre 1941, AN F60 514.
2. Adrien Bagarry, «En écoutant Pierre Laval», *France, revue de l'État nouveau*, n° IV, novembre 1942, p. 484.
3. «Note au sujet de l'action menée à la préfecture de police par des fonctionnaires encore en place et ayant appartenu à la franc-maçonnerie», service des sociétés secrètes, 1er juin 1941, AN 2AG 520.
4. AN 2AG 79.
5. *Bulletin de l'Équipe*, 7 août 1941, AN 2AG 79.
6. «Note [de M. Sohier] résumant les dominantes actuelles de l'opinion, recherchant leurs causes principales et exposant certains remèdes qui devraient y être apportées», 5 septembre 1941, AN 2AG 501.
7. «Du rôle des gouverneurs de province dans la Révolution nationale», 13 mai 1941, AN 2AG 80.
8. «La démocratie contre l'État», *Revue des deux mondes*, second semestre 1941, cité dans *Voici, la France de ce mois*, mars 1942, AN F60 1428.
9. «Il ne suffit pas d'aimer le Maréchal», *Le Figaro*, 2 mars 1942.
10. Circulaire de Jacques Chevalier, secrétaire d'État à l'Instruction publique, 20 février 1941, AN AJ16 2545.
11. L'Amiral de la Flotte, vice-président du Conseil à MM. les ministres et secrétaires d'État, 12 décembre 1941, AN F60 277.

12. *Ibid.*
13. Circulaire du 28 mars 1942, AN F60 109.
14. Note pour M. Havard, 26 février 1942, AN 2AG 513.
15. Circulaire aux préfets, 6 juin 1941, AN F60 1428.
16. Extrait d'un article paru, sous le titre «L'État nouveau et les fonctionnaires», dans trois livraisons de 1944 de la *Revue des Deux Mondes* (pp. 19-32, 156-173, 270-281), p. 19.
17. Note interne au secrétariat général de la vice-présidence du Conseil, 28 décembre 1940, AN F60 278.
18. *Ibid.*
19. Lettre de l'Amiral de la Flotte, vice-président du Conseil à M. le vice-président du Conseil d'État, 14 avril 1941, AN F60 278.
20. Projet d'allocution adressée le 12 août 1941 à Lagrange, AN F60 278.
21. Le vice-président du Conseil d'État à M. l'amiral de la Flotte, vice-président du Conseil, 25 août 1941, AN F 60 278. Le texte de cette lettre est reproduit dans un article de Guy Thuillier précisant les conditions de préparation du texte, et analysant en détail son contenu, article repris dans *La Bureaucratie en France aux XIX*[e] *et XX*[e] *siècles*, *op. cit.*, pp. 503-534.
22. Note relative au statut des fonctionnaires, «pour l'Amiral, à la veille du conseil des ministres», [septembre 1941], AN F60 278.
23. Convocation et note préparatoire rédigée par Lagrange à l'attention de Jardel dans AN 2AG 28, compte rendu dans AN F60 278.
24. *Art. cit.*, p. 156.
25. On trouvera des références aux principaux arrêts ayant constitué des étapes majeures dans la mise en œuvre de ce droit dans l'article, déjà cité, de Guy Thuillier ainsi que, sur la question du droit de grève, dans les commentaires publiés sous l'arrêt *Winkell* du 7 août 1909 dans Long (M.), Weil (P.), Braibant (G.), Delvolvé (P.) et Genevois (B.), *Les Grands Arrêts de la jurisprudence administrative*, Dalloz, onzième édition, 1996, pp. 120-123.
26. Arrêt *Coignet* du 26 janvier 1938, cité par G. Thuillier, *op. cit.*, p. 519.
27. Exposé des motifs du projet de statut des fonctionnaires, 1er juin 1941, AN F60 1428.
28. Lettre au vice-président du Conseil d'État, 30 mai 1941, AN F60 278.
29. Note pour la vice-présidence du Conseil, 2 juillet 1941, AN 2AG 502.
30. Note du 28 août 1941, AN F60 1428.
31. Proposition faite par M. Steenman, ingénieur des Arts-et-Métiers, qui se présentait le 14 mai 1941 au maréchal Pétain comme «l'un de [ses] plus dévoués serviteurs», AN F60 277.
32. 6 février 1942, SAEF B 11859.
33. Lettre au ministère des Finances, 3 mars 1942, AN F60 277.
34. Circulaire du secrétariat général du chef du gouvernement, 20 septembre 1943, AN F60 109.
35. *Art. cit.*, pp. 172-173.
36. *Ibid.*, p. 171.
37. Projet d'allocution, envoyé au secrétariat général de la vice-présidence du Conseil le 12 août 1941, AN F60 278.
38. Cité par Thuillier, *op. cit.*, p. 526.
39. Note citée, relative au statut des fonctionnaires, «pour l'Amiral, à la veille du Conseil des ministres», [septembre 1941], AN F60 278.
40. 13 octobre 1941, AN 2AG 502.
41. Note du 23 octobre 1941, AN 2AG 502.
42. Note du directeur du budget au ministre, 13 octobre 1941, SAEF B 11858.
43. Note du 23 octobre 1941 précitée, AN 2AG 502.
44. Note du 24 octobre 1941, visiblement inspirée de la précédente dont elle reprenait les chiffres et l'argumentation, AN 2AG 502.
45. Circulaire du 25 octobre 1941, SAEF B 11858.

46. AN F17 13320.
47. *Journal officiel* du 1er novembre 1941.
48. Note sur la mise en application du traitement familial des fonctionnaires, 13 février 1942, AN F60 1428.
49. Note à l'attention de M. le directeur du personnel, du matériel et de la comptabilité, 12 mai 1942, SAEF B 42061.
50. Définis par un décret du 26 septembre 1941, publié dans le même *Journal officiel* du 1er octobre 1941 que le statut des fonctionnaires.
51. Note sur les associations professionnelles de fonctionnaires, [s.d.], AN 2AG 440.
52. AN F60 245.
53. L'Amiral de la Flotte, vice-président du Conseil à M. le ministre de l'Intérieur, 29 décembre 1941, AN F60 245.
54. Procès-verbal, en date du 20 février 1942, de la réunion interministérielle du 10 février 1942, AN F60 277.
55. Circulaire de la vice-présidence du Conseil, 23 septembre 1941, AN F60 277.
56. Circulaire du 6 juin 1942, AN F60 277.
57. Éditorial de Celtus dans le *Figaro* du 6 octobre 1941.
58. AN 72AJ 1825.
59. *Aujourd'hui*, 10 octobre 1941.
60. Voir à ce sujet les mémoires d'Yves Bouthillier, notamment le chapitre consacré à la remise en ordre budgétaire qui intervint en 1941, *op. cit.*, pp. 319-325.
61. Lettre du 9 avril 1941, SAEF B 11856.
62. Lettre du 9 avril 1941, SAEF B 11856.
63. Lettre du 13 mai 1941, AN F1a 3631. Une annotation manuscrite portée sur la pelure indique que cette lettre avait été «portée personnellement à Vichy par M. Ingrand».
64. Expression utilisée par Lépargneur dans sa note du 7 mai 1941.
65. Lois du 31 octobre 1941, *Journal officiel* du 1er novembre 1941.
66. Note, sd, AN F1bI 920.
67. Communiqué AFIP du 30 octobre 1941, AN 72AJ 1825.
68. 11 février 1942, AN F60 1666.
69. AN F1cIII 1198.
70. AN 2AG 461.
71. M. Duverger, *op. cit.*, p. 57. On lira les pages 55 à 60 de cet ouvrage pour disposer sur la question du reclassement (au moins jusqu'à la mi-1941) d'un état plus détaillé que celui que nous pouvons présenter ici.
72. Décret du 11 décembre 1940, *Journal officiel* du 14 décembre 1940.
73. Circulaire du 18 septembre 1941, AN 2AG 501.
74. Loi du 3 juin 1941, *Journal officiel* du 13 juin 1941.
75. Tous les chiffres figurant dans ce paragraphe, lorsqu'aucune autre source n'est indiquée, sont extraits de la deuxième édition (1981) de l'ouvrage déjà cité d'Yves Durand, *La Captivité, histoire des prisonniers de guerre français.*
76. Lettre de Scapini à Otto Abetz, 4 novembre 1940, SAEF B 15186.
77. Loi du 2 septembre 1941, *Journal officiel* du 14 octobre 1941.
78. *Op. cit.*, pp. 14-15.
79. *Journal officiel* du 24 octobre 1940.
80. Voir Henry Rousso, «L'économie, pénurie et modernisation», dans *La France des années noires, op. cit.*, t. I, pp. 427-451.
81. Le ministre, secrétaire d'État à l'Économie nationale et aux Finances à M. le secrétaire d'État à l'Intérieur, secrétariat général aux Anciens Combattants, 6 août 1941, SAEF B 11857.
82. Le ministre, secrétaire d'État à l'Économie nationale et aux Finances à M. le secrétaire général de la vice-présidence du Conseil, 25 février 1942, SAEF B 11859.
83. Ministère de l'Intérieur, *Recueil de jurisprudence et d'action administrative*, sd (après octobre 1942), p. 145, AN 2AG 513.

84. Synthèse des rapports mensuels des préfets, mai 1942, AN FlcIII 1198.
85. Circulaire du 10 avril 1942, AN F60 272.
86. Procès-verbal de la réunion interministérielle du 11 septembre 1941, AN F60 278.
87. *Ibid.*
88. Voir la synthèse qu'en donne Pierre Laborie, *op. cit.*, pp. 248-252.
89. AN 474AP 2.
90. Brouillon de discours, sd, portant l'en tête «Ministère de la Justice» et les initiales JB, AN 474AP 2. Le discours prononcé le 8 juillet devant le Conseil national suivait pour l'essentiel les termes de ce projet.
91. Instruction du recteur de Paris aux chefs d'établissement, 13 septembre 1940, AN AJ16 2544.
92. Circulaire du 12 mai 1941, AN Fla 3679.
93. Exposé des motifs de la loi du 11 août 1941 sur les sociétés secrètes, *Journal officiel* du 12 août 1941.
94. *Ibid.*
95. *Op. cit.*, p. 279.
96. AN FlbI 919.
97. Décret du 2 décembre 1941, publié au *Journal officiel* du lendemain. Rattachée administrativement au ministère de la justice, et ayant pour secrétaire permanent un magistrat, la commission tint sa première réunion le 12 décembre. On trouvera les procès-verbaux de ses réunions pour la période de décembre 1941 à février 1942 dans AN Fla 3694.
98. *Op. cit.*, p. 279.
99. Étienne Fouilloux, « "Fille aînée de l'Église" ou "pays de mission" ?, (1926-1958)», dans R. Rémond et J. Le Goff (dir.), *Histoire de la France religieuse*, t. IV, Le Seuil, 1992, p. 146.
100. Le secrétaire d'État auprès du chef du gouvernement à MM. les ministres et secrétaires d'État, 4 août 1942, AN F60 109.
101. *Journal des années noires*, *op. cit.*, p. 196.
102. C'est du moins ce qu'il écrit dans ses souvenirs, *op. cit.*, pp. 198-199.
103. Lettre au secrétariat d'État à l'Intérieur, 14 octobre 1941, AN FlbI 919.
104. AN Fla 3632.
105. Circulaire du 3 janvier 1942, AN Fla 3680.
106. Exemples, s'échelonnant entre novembre 1941 et février 1942, tirés de AN F60 279.
107. Courriers des 22 janvier et 11 février 1942 et du 25 janvier 1943, *ibid.*
108. Arrêté du préfet régional d'Angers, 29 novembre 1941, *ibid.*
109. Procès-verbal des délibérations du comité gouvernemental, 11 septembre 1941, AN 2AG 501.
110. Circulaire aux préfets régionaux, 16 décembre 1941, AN F60 479.
111. *Op. cit.*, p. 286.
112. *Ibid.*
113. Acte constitutionnel n° 7, du 27 janvier 1941, *Journal officiel* du 28 janvier 1941.
114. «Note d'analyse par secteurs», 6 mai 1941, AN F60 592.
115. *Journal officiel* du 28 juillet 1940.
116. *Journal officiel* du 16 août 1941.
117. Circulaire de la vice-présidence du Conseil, 17 septembre 1941, AN 2AG 28.
118. Actes constitutionnels n°s 8 et 9, *Journal officiel* du 16 août 1941.
119. Procès-verbal de la réunion du comité gouvernemental, à laquelle participaient Berthelot, Bouthillier, Caziot, Charbin, Pucheu ainsi que du Moulin de Labarthète, 11 septembre 1941, AN 2AG 501.
120. Note de Lavagne à du Moulin de Labarthète, 12 septembre 1941, AN 2AG 503.
121. Procès-verbal de la réunion, 14 novembre 1941, AN F60 277.
122. Lettre à la vice-présidence du Conseil, 22 septembre 1941, AN F60 359.
123. Le secrétaire d'État à l'Éducation nationale et à la Jeunesse à M. l'Amiral de la Flotte, vice-président du Conseil, 27 septembre 1941, AN 2AG 503.

124. 19 août 1941, cité par J. Marcou, *op. cit.*, p. 461.
125. *Ibid.*, p. 459.
126. Lettre au cabinet civil du chef de l'État, 17 janvier 1942, AN 2AG 503. Les échanges qui suivent, issus de différents courriers portant sur ce cas, sont tirés de la même source.
127. *Journal officiel* du 17 avril 1942.
128. *Op. cit.*, p. 287.
129. Lettre de Lavagne au commissaire général au pouvoir, 30 janvier 1942, AN 2AG 502.
130. Article 2 de la loi du 11 août 1941 portant création d'un corps de commissaires du pouvoir, *Journal officiel* du 12 août 1941.
131. *Op. cit.*, p. 224.
132. Lettre du Dr Z., chirurgien à Roanne, au cabinet du chef de l'État, 3 octobre 1941, AN 2AG 502.
133. *Op. cit.*, p. 194.
134. 21 août 1941.
135. Les archives de la vice-présidence du Conseil comprennent un exemplaire du projet, portant l'annotation manuscrite «Remis par M. Seydoux le 10 janvier 1942», AN F60 513.
136. AN F60 513.
137. Note à l'amiral Gouton, [sd], AN F60 513.
138. *L'Avenir du Plateau central*, 26 novembre 1941, cité dans une lettre du même jour du commissaire général au pouvoir au secrétaire d'État à l'Intérieur, AN F60 513.
139. Émission du 20 janvier 1943, AN F60 1666.
140. Lettre du MBF à la DGTO, 3 décembre 1941, AN F60 513.
141. *Témoignage d'un silencieux*, SELF, 1948, p. 119.
142. *Op. cit.*, pp. 120-126.
143. *Op. cit.*, p. 421
144. *Ibid.*, p. 422.
145. « Les commissaires du pouvoir », note sans origine ni date (vers mai 1942), AN 2AG 502.
146. Note du secrétaire général du chef du gouvernement, 3 juin 1942, AN F60 513.
147. *Journal officiel* du 20 décembre 1942.

CHAPITRE IX

Le temps des désillusions

1. P. Limagne, *op. cit.*, p. 514 et P. Nicolle, *op. cit.*, t. I, p. 442.
2. Voir la contribution de Stéphane Israël, « Jérôme Carcopino, directeur de l'École normale supérieure des années noires », dans André Gueslin (dir.), *Les Facs sous Vichy*, Clermont-Ferrand, publications de l'Institut d'études du Massif central, 1994, pp. 157-168.
3. *Criminel de paix*, Nouvelles Éditions latines, 1953, p. 75.
4. P. Barral, *art. cit.*, p. 929.
5. P. Barral, *art. cit.*, p. 933.
6. AN F1a 3649.
7. Lettre du capitaine Courteau, 8 mai 1942, AN 2AG 513.
8. Lettre du secrétaire général du chef de gouvernement au ministre de l'Éducation nationale, 18 janvier 1943, AN F60 245.
9. Par exemple le 7 avril 1944 pour le secrétariat général aux beaux-arts.
10. *Art. cit.*, pp. 280-281.
11. Discours aux prisonniers de guerre rapatriés, salle Wagram, cité par F. Kupferman, *op. cit.*, p. 415.
12. «Pour l'avenir», 10 mars 1943, AN 2AG 500.

13. Voir Anne Grynberg, *Les Camps de la honte, les internés juifs des camps français 1939-1944*, La Découverte, 1991.
14. *Journal officiel* du 19 avril 1942.
15. Sur le jeu complexe de Darlan à Alger après le débarquement américain – ainsi que sur le prétendu double jeu de Pétain à cette époque – on se reportera aux synthèses déjà citées de J.-P. Azéma et J.-B. Duroselle, ainsi qu'à Pierre Dhers, *Regards nouveaux sur les années quarante*, Flammarion, 1958.
16. Marcel Prélot, «Les actes constitutionnels», *Le Gouvernement de Vichy, op. cit.*, p. 36.
17. Fred Kupferman, *op. cit.*, p. 386.
18. Note du 29 avril 1942, AN 2AG 539.
19. Circulaire du 15 décembre 1942, AN F60 580.
20. F. Kupferman, *op. cit.*, p. 386.
21. *Op. cit.*, p. 149.
22. Ordre du jour du Conseil de cabinet du 25 avril 1942, AN F60 588.
23. Note de service interne au secrétariat général du chef du gouvernement, 30 avril 1942, et circulaire aux ministres et secrétaires d'État, 15 mai 1942, AN F60 580.
24. Plaidoirie du bâtonnier Toulouse, compte rendu sténographique du procès des 28-30 janvier 1958, archives du cabinet Bluet, AN 334AP 38.
25. *Op. cit.*, pp. 279-280.
26. Les éléments contenus dans ce paragraphe sont issus des décrets portant délégation de signature des collaborateurs du chef du gouvernement (AN F60 577), ainsi que d'une note sans date, «Organisation des services administratifs du secrétariat général du gouvernement», AN 2AG 542. Ce dernier document date en fait de l'été 1942 : en effet, c'est au début de juin 1942 que le vice-président du Conseil d'État reçut de Guérard l'ordre de mettre Ordonneau à la disposition du chef du gouvernement (source : archives du Conseil d'État), tandis que Pichat fut recruté en septembre suivant par Hilaire au ministère de l'Intérieur avec le titre de «préfet hors cadres, adjoint au secrétaire général pour l'administration, chargé des fonctions de directeur du personnel», *La Vie de la France...*, *op. cit.*, t. I, p. 421.
27. Circulaire du 23 juin 1942, AN F60 580.
28. *Op. cit.*, p. 329.
29. AN 3AG2 325.
30. *La Vie de la France...*, *op. cit.*, t. I, p. 394.
31. *Ibid.*, p. 395.
32. Dès son ouvrage de souvenirs de 1949, *op. cit.*, chapitre XIV, «Psychologie préfectorale», pp. 101-111. Hilaire allait longuement développer sa position dans son témoignage pour *La Vie de la France...*, *op. cit.*, t. I, pp. 393-419.
33. *La Vie de la France...*, *op. cit.*, t. I, p. 406.
34. P. Limagne, *op. cit.*, p. 521, y fit référence le 23 avril 1942.
35. *Op. cit.*, pp. 78.
36. AN F1cIII 1198.
37. Cité par Jean-Paul Cointet, *La Légion française des combattants 1940-1944, la tentation du fascisme*, Albin Michel, pp. 223-224. On trouvera le texte de l'instruction dans le *Bulletin d'informations générales* édité par le ministère de l'intérieur, 11 août 1942, AN 2AG 25.
38. Rapporté par M. Renand, directeur des services administratifs du secrétariat général du chef du gouvernement, *La Vie de la France...*, *op. cit.*, t. II, p. 1115.
39. F. Kupferman, *op. cit.*, p. 330.
40. *Bulletin hebdomadaire du ministère de l'Intérieur*, 28 juillet 1942, AN 2AG 25.
41. Lettres des 23 avril et 26 mai 1942 entre direction des affaires civiles et direction du budget, SAEF B 11860.
42. *Journal officiel* du19 septembre 1942.
43. Outre les deux tomes de *Vichy-Auschwitz : le rôle de Vichy dans la solution finale*, publiés en 1983 et 1985 chez Fayard, on se reportera à l'ouvrage déjà cité, *Le Calendrier de la persécution des Juifs en France, 1940-1944*.

44. Voir Denis Peschanski, «Que savait Vichy ?» dans Stéphane Courtois et Adam Rayski (dir.), *Qui savait quoi ? L'extermination des juifs, 1941-1945,* La Découverte, 1987, pp. 53-66, repris dans D. Peschanski, *Vichy 1940-1944 : contrôle et exclusion,* Bruxelles, Complexe, 1997.

45. Voir L. Rosengart, *op. cit.*, et l'analyse de Jean Massot, in *Vichy et les Français, op. cit.*, p. 325, qui souligne l'orientation libérale prise en la matière par la Haute Assemblée, surtout à partir de l'arrêt *Kaan* du 2 avril 1943.

46. Bordereau du 10 février 1943, AN F60 89.

47. S. Klarsfeld, *Le Calendrier…, op. cit.*, p. 1102.

48. Télégramme adressé aux postes diplomatiques français pour leur permettre de répondre « aux commentaires malveillants et aux fables calomnieuses », *in* R. Poznanski, *op. cit.*, p. 312. Des termes comparables se retrouvent dans le récit fait par le pasteur Boegner de l'entretien qu'il eut le 9 septembre 1942 avec Laval sur cette question, *op. cit.*, pp. 199-200.

49. *Journal officiel* du 23 juin 1944.

50. *Op. cit.*, p. 78.

51. *Journal officiel* du 20 août 1942.

52. *La Vie de la France…, op. cit.*, t. II, pp. 651-654.

53. AN 2AG 461.

54. *Ibid.*

55. *Op. cit.*, p.79.

56. AN F17 13354.

57. Circulaire du 3 février 1943, AN F7 14908.

58. Une circulaire du 7 septembre 1942 du ministre de l'Éducation nationale indiquait la reprise de ces publications, AN F17 13322.

59. *La Vie de la France…, op. cit.*, t. I, p. 419.

60. Voir Serge Berstein et Odile Rudelle (dir.), *Le Modèle républicain, op. cit.*

61. Telle fut notamment l'évolution de Paul Faure. Voir Marc Sadoun, *Les Socialistes sous l'occupation, résistance et collaboration,* Presses de la FNSP, 1982, pp. 34-53 et Ph. Burrin, *La Dérive fasciste, op. cit.*

62. Cité par Emmanuel d'Astier, *Sept Fois sept jours,* éditions de Minuit, 1947, p. 246.

63. *Op. cit.*, p. 509.

64. M. Cointet-Labrousse, *Vichy et le fascisme,* Bruxelles, Complexe, 1987, p. 193. On se reportera, sur les projets constitutionnels de Vichy, aux réflexions teintées d'amertume de Joseph Barthélemy, *op. cit.*, pp. 287-291, complétées par les notes de Jean Barthélemy et Arnaud Teyssier, éditeurs de l'ouvrage et auteurs de travaux sur la pensée constitutionnelle du deuxième garde des Sceaux du régime, *ibid.*, pp. 293-296.

65. « Pour l'avenir ; institutions immédiates à prévoir », mars 1943, AN 2AG 500.

66. AN 2AG 610.

67. *Ibid.*

68. Sur la presse de la collaboration, on dispose de nombreux travaux, commençant avec l'ouvrage de Jean Queval, *Première Page, cinquième colonne,* publié en 1945 chez Fayard. Sans entrer ici dans le détail des monographies, on peut citer l'ouvrage de synthèse de Claude Bellanger, Henri Michel et Claude Lévy, *Histoire générale de la presse française,* t. IV, PUF, 1975 et les recueils de textes de Michèle Cotta, *La Collaboration,* Armand Colin, 1965 et Dominique Veillon, *La Collaboration. Textes et débats,* Livre de poche, 1984.

69. Michel Mohrt, « Revue des revues », *France, revue de l'État nouveau,* n° III, septembre 1942.

70. Voir notre article « Les revues de l'État français », dans *La Revue des revues,* n° 23, *Des revues sous l'Occupation,* automne 1997.

71. « Rapport Sohier », enquête effectuée sur l'état de l'opinion entre le 13 et le 30 août 1941 en zone occupée, remis le 5 septembre 1941, AN 2AG 501.

72. Note du cabinet du ministre de l'Intérieur, 23 août 1941, AN F1a 3687. Sur ce stage, voir B. Comte, *op. cit.*, pp. 223, 234 et 378-379.

73. *Ibid.*, p. 379.
74. *La Vie de la France...*, *op. cit.*, t. III, p. 1525.
75. Loi du 21 septembre 1942 concernant le retrait de certaines fonctions, article premier, *Journal officiel* du 23 septembre 1942.
76. Circulaire du 19 août 1942, AN F7 14908.
77. Extraits de la revue de presse de *Radio-Paris*, 25 septembre 1942, AN F60 1666.
78. Le préfet, délégué du ministre de l'Intérieur dans les territoires occupés, aux préfets régionaux et préfets de zone occupée, 5 décembre 1942, AN F1a 3680.

CHAPITRE X

Servir face à l'ennemi ou servir l'ennemi ?

1. Voir E. Jäckel, *op. cit.*, pp. 226-258.
2. Le Seuil, 1995 (réédition « Points », 1997).
3. C'est la définition que donne *Le Petit Robert* du mot collaboration.
4. Cette distinction fut d'abord posée par Stanley Hoffmann, «La collaboration», *Preuves*, 1969, repris dans *Essais sur la France*, *op. cit.*, p. 41-66.
5. Ces deux dernières citations sont extraites de ce même article, respectivement p. 44 et p. 46.
6. Voir Jean-Louis Crémieux-Brilhac, *La France Libre, du 18 juin à la Libération*, Gallimard, 1996.
7. Voir la contribution, déjà citée, de Stéphane Israël dans A. Gueslin (dir.), *Les Facs sous Vichy* et, du même auteur, *Les Études et la guerre. L'École normale supérieure et ses élèves, 1938-1946*, Presses de l'ENS, à paraître.
8. Synthèse pour décembre 1942, AN 2AG 461. Pour une analyse plus détaillée de l'évolution de l'opinion telle que la reflète cette source, on se reportera au livre déjà cité de Pierre Laborie, qui l'a largement utilisée.
9. Voir notamment Ph. Burrin, «La France dans le champ magnétique des fascismes», *Le Débat*, n° 32, novembre 1984, pp. 52-72, qui montre que cette attraction couvrait un spectre plus large que celui des futurs inconditionnels de la collaboration.
10. Ainsi du député PSF Charles Vallin ou du colonel de La Rocque. Sur ce dernier, voir Jacques Nobécourt, *Le Colonel de La Roque (1885-1946), ou les pièges du nationalisme chrétien*, Fayard, 1996.
11. AN F7 14907.
12. Lettre d'Oberg à Bousquet, 5 novembre 1943, AN F7 14907.
13. *Vichy et les Français*, *op. cit.*, pp. 367. Le récent livre de François Bloch-Lainé et Claude Gruson, *Hauts Fonctionnaires sous l'Occupation*, Odile Jacob, 1996, développe plus longuement cette problématique.
14. Pour un exemple particulièrement frappant de ce manque de lucidité, on se reportera aux souvenirs d'Henri Culmann, directeur puis secrétaire général au secrétariat d'État à la Production industrielle, *À Paris sous Vichy*, éditions La Bruyère, 1985.
15. Voir, pour le monde des affaires, les interrogations similaires posées par Renaud de Rochebrune et Jean-Claude Hazera, *Les Patrons sous l'Occupation*, Odile Jacob, 1995 et, pour le secteur financier, celles de Claire Andrieu, *La Banque sous l'Occupation, paradoxes de l'histoire d'une profession*, Presses de la FNSP, 1990.
16. *Op. cit.*, p. 245.
17. Lettre au cabinet du ministre de l'Intérieur, 8 octobre 1941, AN F1a 3631.
18. Lettre à Ingrand, 23 septembre 1941, *ibid.*
19. Lettre citée du 8 octobre 1941, *ibid.*
20. Lettre à Ingrand, 29 novembre 1941, *ibid.*
21. Respectivement publiés les 8 août et 17 septembre 1942 au *Journal officiel*.
22. E. Jäckel, *op. cit.*, pp. 327-328.

23. *Journal officiel* du 12 février 1943.
24. *Journal officiel* du 1er août 1943.
25. Lettre du 5 novembre 1943, AN F7 14907.
26. Discours lors de la prestation de serment des policiers parisiens, 20 janvier 1942, cité dans *Bulletin hebdomadaire du ministère de l'Intérieur*, n° 74, 27 janvier 1942, AN 2AG 25.
27. Voir Jean-Marc Berlière, *Le Monde des polices, France XIXe-XXe siècles*, Bruxelles, Complexe, 1996, pp. 174-184, et les rapports présentés respectivement par Denis Peschanski et Jacques Delarue lors du colloque organisé par le CNRS en 1990, « Exclusion, persécution, répression », *Vichy et les Français, op. cit.*, pp. 209-234 et « La police », *ibid.*, pp. 303-311. L'organisation mise en place au sein de la police parisienne pour lutter contre les « menées antinationales », avec notamment les tristement célèbres « brigades spéciales », est décrite dans l'ouvrage de Stéphane Courtois, Denis Peschanski et Adam Rayski, *Le Sang de l'étranger, les immigrés de la MOI dans la Résistance*, Fayard, 1989, pp. 221-241.
28. *Les Documents français*, 2e année, n° 11, AN F7 15286.
29. Note du 5 avril 1941, AN 2AG 520.
30. *Journal officiel* du 6 mai 1941. On en trouvera une présentation et le texte dans Jean-Marc Berlière, « La loi du 23 avril 1941 », *Les Cahiers de la sécurité intérieure*, n° 25, deuxième trimestre 1996, pp. 167-184.
31. Son statut fut fixé par le décret du 3 juin 1941, publié au *Journal officiel* du 4 juin 1941.
32. Article 31.
33. Article premier de la loi du 23 avril 1941 créant une école nationale de police, *Journal officiel* du 6 mai 1941.
34. Note de présentation du projet de décret sur l'organisation régionale de la police, 6 juillet 1941, AN 2AG 27.
35. *Journal officiel* du 14 mai 1941.
36. Articles 8 et 10 du décret du 7 juillet 1941, *Journal officiel* du 15 juillet 1941.
37. AN F1cIII 1198.
38. *La France socialiste*, 5 février 1942, AN AJ40 540.
39. Rapport du préfet régional de Montpellier, Pierre Olivier de Sardan, à M. l'Amiral de la Flotte, secrétaire d'État à l'Intérieur, 28 juin 1941, AN 2AG 520.
40. Note (sans origine) « réunion des intendants », 12 août 1941, AN 2AG 520.
41. Circulaire du secrétaire général pour la police (direction du personnel et de l'administration de la police), 2 février 1942, AN F7 14907.
42. Procès-verbal de la réunion des préfets régionaux de zone non occupée, 19 décembre 1941, AN F60 479.
43. Note du 28 avril 1941, AN AJ40 540.
44. Note au général von Stülpnagel, 6 mai 1941, *ibid.*
45. Note du *Gruppe 1* à Best, 19 mai 1941.
46. Note interne du 21 mai, déjà citée.
47. Note de la section « police » du MBF, 11 septembre 1941, AN AJ40 540.
48. Lettre du docteur Medicus, chef de l'état-major administratif de la circonscription d'administration militaire A, au *Militärsbefehlshaber in Frankreich*, 24 janvier 1942, AN AJ40 540.
49. Circulaire d'Ingrand aux préfets de zone occupée, 30 mars 1942, AN F7 14907.
50. Michèle Cointet, « Le Conseil national de Vichy, vie politique et réforme de l'état en régime autoritaire », thèse citée, vol. II, pp. 822-836.
51. Procès-verbal de la réunion des préfets régionaux de zone occupée, 4 février 1942 , AN F60 479.
52. *Op. cit.*, p. 511. Cette citation est reprise dans la biographie de René Bousquet publiée chez Stock en 1994 par Pascale Froment, dont les premiers chapitres détaillent la carrière de Bousquet avant guerre. On se reportera aussi aux travaux de Jean-Pierre Husson sur Bousquet, qui ont fait l'objet de deux contributions, « Un préfet de la région de Champagne à l'époque de Vichy : René Bousquet (1941-1942) », dans Georges Clause, Sylvette Guilbert et Maurice Vaïsse (dir.), *La Champagne et ses administrations à travers le temps*,

La Manufacture, 1990, pp. 413-453 et «L'itinéraire d'un haut fonctionnaire : René Bousquet» dans *Vichy et les Français, op. cit.*, pp. 287-301.

53. *La Vie de la France..., op. cit.*, t. I, pp. 556-557.

54. Article premier de la loi du 23 avril 1941. Les appellations fluctuent, dans les textes officiels, entre secrétaire général *à* la police et secrétaire général *pour* la police.

55. Lettre de Bousquet au magistrat instructeur, 11 décembre 1947, *in* P. Froment, *op. cit.*, p.181. Sous le titre «Le secrétaire général administre ou dirige?», le chapitre x de cet ouvrage, pp. 178-189, infirme sans appel la thèse de l'irresponsabilité politique de Bousquet.

56. Le 22 avril, Limagne, *op. cit.*, p. 519.

57. Exposé des faits conduisant à décision de classement, 13 juillet 1949, *La Vie de la France..., op. cit.*, t. I, p. 570.

58. *Le Calendrier..., op. cit., passim.*

59. Note sur la Sûreté générale, sd, AN 2AG 618.

60. *Ibid.*

61. Note au gouvernement français, 5 octobre 1943, citée dans une lettre du 18 octobre 1943 d'Oberg à Laval, AN F7 14907.

62. Lettre du 18 octobre 1943, *ibid.*

63. *Journal officiel* du 18 septembre 1943.

64. *Journal officiel* des 9-10 novembre 1942 et 20 avril 1943.

65. Sur les GMR, voir Alain Pinel, *Contribution à la socio-genèse des forces civiles de maintien de l'ordre : les GMR sous Vichy*, DEA de science politique de l'université de Paris-I, 1994.

66. Compte rendu de la réunion des préfets régionaux, 8 août 1942, cité par P. Froment, *op. cit.*, p. 219.

67. Circulaire du 19 janvier 1943, AN F7 14908.

68. Le ministre, secrétaire d'État à l'Économie nationale et aux Finances à M. le secrétaire d'État à l'Intérieur, direction générale de la police nationale, 3 mars 1942, SAEF B 11859.

69. Note du directeur général de la police nationale, 29 novembre 1943, AN F7 14909.

70. *Bulletin hebdomadaire du ministère de l'Intérieur*, n° 157, 31 août 1943, AN 2AG 25.

71. Circulaire aux préfets régionaux et au préfet de police, 24 mai 1943, AN F7 14909.

72. Angers, Bordeaux, Châlons-sur-Marne, Dijon, Nancy, Orléans, Poitiers et Saint-Quentin.

73. Voir par exemple la synthèse des rapports des préfets de juillet 1942, AN F1cIII 1198.

74. Circulaire du 10 septembre 1942, AN F7 14908.

75. AN F1cIII 1198.

76. Note du 17 décembre 1942, AN F60 272.

77. Circulaire du 2 juin 1943, AN F7 14908.

78. *Journal officiel* du 20 décembre 1942.

79. «Compte rendu de la réunion hebdomadaire des secrétaires généraux à la Délégation française», AN F60 1501.

80. Pour préciser leurs fonctions, on se reportera aux tableaux publiés par M. Marrus et R. Paxton, *op. cit.*, pp. 584-585, et par S. Klarsfeld, *Le Calendrier..., op. cit.*, pp. 226-227, ainsi qu'aux biographies contenues dans ce dernier ouvrage, pp. 213-218. On se réfèrera également, pour comprendre les enjeux de pouvoir entre les partenaires allemands chargés de la déportation des juifs de France, et l'impact de ces enjeux sur la réalisation effective des rafles à un article de ce dernier auteur, «Juillet-septembre 1942. Les divergences dans l'appareil policier nazi et la réalisation de la solution finale en France», *Annales ESC*, mai-juin 1993, n° 3, pp. 545-555.

81. Compte rendu, rédigé par Hagen, de la réunion du 2 juillet 1942, cité par S. Klarsfeld, *Le Calendrier..., op. cit.*, p. 258. Il est indispensable de lire les pages 255 à 261 de cet ouvrage pour saisir pleinement la marge de manœuvre et les choix faits par Bousquet d'abord, par Laval ensuite, lors et à la suite de cette réunion décisive.

82. Cette réunion, dont le procès-verbal n'a pas été retrouvé, est évoquée dans S. Klarsfeld, *Vichy-Auschwitz*, t. I, pp. 68-69.

83. S. Klarsfeld, *Le Calendrier...*, *op. cit.*, p. 262.
84. Voir les ouvrages, déjà cités, de Serge Klarsfeld, Renée Poznanski, Michael Marrus et Robert Paxton, ainsi que celui dû à André Kaspi, *Les Juifs pendant l'Occupation*, Le Seuil, 1991.
85. Cité par S. Klarsfeld, *Le Calendrier...*, *op. cit.*, p. 548.
86. Voir S. Klarsfeld, « Juillet-septembre 1942, ... », *art. cit.*, p. 551-552.
87. S. Klarsfeld, *Vichy-Auschwitz*, t. I, pp. 209-211, 282-283, et 286-291.
88. Reproduit dans S. Klarsfeld, *Vichy-Auschwitz*, t. I, p. 287.
89. *Ibid.*, p. 288.
90. *Ibid.*, p. 291.
91. *L'Œuvre*, 11 août 1942.
92. Cité par P. Froment, *op. cit.*, p. 219.
93. Lettre du 13 avril 1943, AN F7 14907. Il fallait vraisemblablement lire « les terroristes, les communistes et les gaullistes... ».
94. *Ibid.*
95. *Ibid.*
96. E. Jäckel, *op. cit.*, p. 400.
97. « Vichy sous le signe du débarquement », 8 septembre 1943, *ibid.*
98. 27 août 1943, *ibid.*
99. S. Klarsfeld, *Le Calendrier...*, *op. cit.*, p. 906.
100. *Ibid.*, p. 912.
101. Cité par S. Klarsfeld, *Le Calendrier...*, *op. cit.*, p. 917.
102. Consigne n° 966, *ibid.*
103. Télégramme du chef du gouvernement, ministre de l'Intérieur aux préfets de zone sud, 18 novembre 1942, AN F60 478.
104. Claude Bourdet, *L'Aventure incertaine*, Stock, 1975, p. 151.
105. Télégramme du 18 novembre 1942.
106. 21 février 1943, *op. cit.*, t. II, p. 113.
107. Rapport de synthèse pour la zone libre, février 1943, AN F1cIII 1198. On notera les initiales SOT (« service obligatoire du travail »), et non STO : les appellations mettant quelque temps à se stabiliser, on trouve dans la littérature administrative, surtout au cours du premier semestre de 1943, aussi bien l'un que l'autre de ces deux sigles.
108. P. Limagne, *op. cit.*, p. 1053.
109. Circulaire du secrétariat général du chef du gouvernement, 24 juillet 1943, AN F60 580.
110. Position rappelée dans une circulaire du secrétariat général du chef du gouvernement, 17 décembre 1943, AN 2AG 28.
111. Note du commandant en chef des forces militaires en France, 22 décembre 1942, AN F60 478.
112. Lettre du 2 avril 1943, AN AJ40 541.
113. Note « secrète » du 26 juillet 1943, AN AJ40 541.
114. *Ibid.* Une réponse était demandée pour le 1er septembre.
115. Il en reste des traces dans les archives du MBF conservées par les Archives nationales. Le carton AJ40 542 comporte ainsi des listes de membres de l'administration préfectorale classés par niveau de confiance susceptible de leur être accordé.
116. C'est ce qu'affirmait Pierre Limagne le 23 septembre 1943, *op. cit.*, p. 1467.
117. 30 novembre 1943, AN F60 580.
118. « Le régime Pétain devant l'opinion française », AN 2AG 29.
119. Voir les consignes officielles et les réactions de P. Limagne à la date du 4 mars, *op. cit.*, p. 448.
120. Dont les modalités firent, le 25 juillet, l'objet d'une circulaire très détaillée aux préfets régionaux et aux préfets de département, AN F1a 3680.
121. *Journal officiel* du 13 septembre 1942
122. Note du 22 décembre 1942, AN F17 13343.

123. Note de l'inspecteur général Roy faisant part de l'accord des autorités d'occupation sur les cas d'exemption prévus par la loi française, 16 décembre 1942, AN F60 1554.

124. *Journal officiel* du 17 février 1943.

125. « Note concernant l'attitude des hauts fonctionnaires », 25 octobre 1943, AN 3AG2 325.

126. Créé par décret du 17 avril 1943, *Journal officiel* du 22 avril 1943.

127. Vœu du 11 mai 1943, AN F17 13352.

128. Rapport du commissaire du pouvoir Migeon, 22 juin 1943, AN F1bI 919. Ces fichiers devaient être détruits quelques mois plus tard par des résistants.

129. Lettre du commissariat général au STO au ministère de l'Intérieur, 12 juin 1943, AN F1bI 919.

130. Circulaire aux recteurs, AN F17 13324. Des instructions analogues furent adressées aux autorités académiques le 24 janvier 1944 par le directeur de l'enseignement primaire et le directeur de l'enseignement technique, *ibid.*

131. Note pour le secrétaire général du chef du gouvernement, 18 juin 1943, AN F1bI 919.

132. Note du 15 mai 1944, AN F1bI 923.

133. Circulaire du 23 septembre du secrétariat général du chef du gouvernement (signée par Guérard). Il est fait référence à ce texte dans une lettre adressée le 12 janvier 1944 par Pillu, membre du cabinet de Laval, à Bernon, alors directeur général par intérim des Chantiers de la jeunesse, AN F60 514.

134. Circulaire aux intendants de police de zone libre et zone occupée, 4 mars 1943, AN F7 14908.

135. AN F1bI 919 et F60 109.

136. Circulaire du 11 juin 1943, annonçant aux préfets régionaux et départementaux les nouvelles dispositions législatives relatives à la lutte contre l'insoumission, AN F60 109.

137. Circulaire du chef du gouvernement aux préfets, 4 juin 1943, AN F60 109.

138. Créée par une loi du 31 mai 1943, *Journal officiel* du 1er juin 1943.

139. Compte rendu officiel de la conférence des préfets régionaux du 24 juin 1943, AN 2AG 28.

140. *Ibid.*

141. Projet d'article, juillet 1942, AN F17 13337.

142. « Instruction publique et Révolution nationale », 3 décembre 1941, AN 3W77.

143. Rapporté par Joseph Barthélemy, *op. cit.*, p. 117.

144. Dans une déposition du 9 juin 1959, AN 3W82.

145. Note sur le budget de l'enseignement supérieur, sd, AN F17 13360.

146. Circulaire du recteur de Paris aux chefs d'établissement de Seine et Seine-et-Oise, faisant référence aux instructions [reçues] de M. le secrétaire d'État à l'Éducation nationale», 19 mai 1942, AN F17 13321.

147. AN F17 13369.

148. AN F1a 3683.

149. Lettre de M. C... au ministre de l'Éducation nationale, 21 mai 1942, AN F17 13353.

150. Circulaire SGG du 5 mai 1943, AN F60 580.

151. Note du délégué général du gouvernement dans les territoires occupés au ministre de l'Éducation nationale, 8 juin 1942, AN F17 13373.

152. *La France à l'heure allemande, op. cit.*, pp. 433-435.

153. *Ibid.*, p. 438.

154. *Ibid.*, pp. 434-435.

155. Procès de Fernand de Brinon en Haute Cour, audience du 4 mars 1947, cité dans P. Ory, *La France allemande, op. cit.*, p. 51.

156. 16 février 1943, dossiers du docteur Ménétrel, AN 2AG 80.

157. Note du 6 janvier 1943, adressée à Abel Bonnard, 7 janvier 1943, AN F17 13356.

158. AN 72AJ 1819.

CHAPITRE XI

Fonctionnaires par gros temps

1. *Op. cit.*, p. 432.
2. On fait ici référence au livre de Louis-Dominique Girard, *Montoire Verdun diplomatique*, publié en 1948 par les éditions André Bonne.
3. *Op. cit.*, p. 109. Sur le NAP (Noyautage des administrations publiques), voir le chapitre suivant.
4. Entretien avec l'auteur, 16 février 1994. Voir aussi son livre de souvenirs croisés avec Claude Gruson, *Hauts Fonctionnaires sous l'Occupation, op. cit., passim.*
5. Sur toutes ces questions, on se reportera à la réflexion que développe Henry Rousso, depuis *Le Syndrôme de Vichy*, Le Seuil, 1987 jusqu'à l'ouvrage qu'il a co-signé en 1994 avec Éric Conan, *Vichy, un passé qui ne passe pas, op. cit.*
6. Encore que les souvenirs déjà évoqués de Claude Bourdet comme ceux de Charles d'Aragon (*La Résistance sans héroïsme*, Le Seuil, 1977), ainsi que les essais d'Emmanuel d'Astier (*Sept Fois sept jours, op. cit.*) ou de Jean Cassou, (*La Mémoire courte*, éditions de Minuit, 1953) témoignent de manière éclatante du contraire.
7. « L'histoire de la Résistance, lectures d'hier, chantiers de demain », *Vingtième Siècle, revue d'histoire*, n° 11, juillet-septembre 1986, pp. 75-89. Voir aussi, du même auteur, « Sur le concept de Résistance » dans Jean-Marie Guillon et Pierre Laborie (dir.), *Mémoire et histoire : la Résistance*, Toulouse, Privat, 1995, pp. 45-50.
8. « Le Conseil national de la Résistance aux fonctionnaires français », texte non daté, AN 72AJ 1. Ce texte est reproduit en annexe 19, p. 687.
9. « Qu'est ce que "résister" ? », *Esprit*, janvier 1994, pp. 50-63 (la citation rapportée ici figure p. 53). Voir aussi, du même auteur, *Sans armes face à Hitler, la résistance civile en Europe (1939-1943)*, Payot, 1989 et « Jalons pour une histoire de la France résistante » dans Laurent Douzou, Robert Frank, Denis Peschanski et Dominique Veillon (dir.), *La Résistance et les Français : villes, centres et logiques de décision*, actes du colloque de Cachan, 16-18 novembre 1995, CNRS-IHTP, 1995, pp. 459-468.
10. BN, Rés G1470 (420).
11. *L'Opinion allemande sous le nazisme, Bavière 1933-1945*, CNRS éditions, 1995 (édition anglaise, 1983), p. 12.
12. *Ibid.*, p. 14.
13. *Op. cit.*, p. 183 (17 août 1941).
14. Note du 19 juillet 1941, AN F60 245.
15. L'Amiral de la Flotte, vice-président du Conseil, à M. le secrétaire d'État à l'Éducation nationale et à la Jeunesse, 22 août 1941, AN 2AG 28. La réponse avait été préparée par le secrétariat général de la vice-présidence du Conseil.
16. 27 janvier 1942, AN 2AG 27.
17. Voir Catherine Brice, « Le Groupe "Collaboration" », mémoire de maîtrise, université de Paris-I, 1978.
18. Ph. Burrin, *op. cit.*, p. 411.
19. Circulaire du 30 janvier 1943, AN F7 14908.
20. « France-politique », 24 avril 1943, AN 3AG2 325.
21. Lettre de Jean D. à Abel Bonnard, 11 février 1943, AN F17 13350.
22. 21 juillet 1942, AN F17 13344.
23. *Journal officiel* du 15 février 1942.
24. AN F60 109.
25. Lettre à Abel Bonnard, 5 août 1942, AN F17 13359.
26. Lettre du 27 août 1942, AN F17 13359.
27. « Note pour le ministre (cabinet) », 17 août 1942, *ibid.*

28. *Id.*, 10 septembre 1942, *ibid.*
29. 16 janvier 1941, SAEF B 53031.
30. Lettres des 23, 25 et 29 juillet 1941, AN 2AG 459.
31. 5 septembre 1941, *ibid.*
32. Lettre de L. au ministre de l'Éducation nationale, 10 juin 1942, AN F17 13338.
33. 30 août 1942, *ibid.*
34. Sauvage à Giraudet, 3 octobre 1942, ibid.
35. Courriers des 12 et 23 décembre 1942, AN F1a 3632.
36. 4 janvier 1943, *ibid.*
37. Rapporté par P. Laborie, *Résistants, vichyssois et autres, op. cit.*, p. 239. L'auteur précise que ce brouillon ne fut pas envoyé.
38. Lettre du 5 décembre 1942, AN 474AP 2.
39. *Op. cit.*, p. 904.
40. Darlan, présent par hasard à Alger, s'était vu confier le pouvoir par les Américains, mais son exécution par un jeune gaulliste le 24 décembre mit fin à cet « expédient temporaire ». Le général Giraud lui succéda, que De Gaulle mit dix mois à exclure de toute fonction politique, cf. J.-L. Crémieux-Brilhac, *op. cit.*, pp. 425-482 et 553-581.
41. Voir Pierre Dhers, *Regards nouveaux sur les années quarante*, Flammarion, 1958, pp. 73-199.
42. Sur les « idées » politiques de Giraud, qui sont essentiellement celles de son milieu, on lira le début du chapitre qu'y consacre Jean Planchais dans *Une histoire politique de l'armée*, t. II, *1940-1967*, Le Seuil, 1967, pp. 35-40.
43. AN 2AG 609.
44. *Op. cit.*, p. 248.
45. Voir Pierre Péan, *Une jeunesse française, op. cit.*, et Laurent Douzou et Denis Peschanski, « La Résistance française face à l'hypothèque Vichy », dans David Bidussa et Denis Peschanski (dir.), *La France de Vichy, archives inédites d'Angelo Tasca*, Milan, Feltrinelli, 1996, pp. 3-42.
46. Sur la manière dont furent perçus les hauts fonctionnaires giraudistes, on lira le témoignage de l'inspecteur des finances Roger Goetze, alors directeur des Finances de l'Algérie, *Haut Fonctionnaire des Finances, Rivoli-Alger-Rivoli, 1937-1958*, introduction et notes par Nathalie Carré de Malberg, Comité d'histoire économique et financière de la France, 1997.
47. Discours à la salle Wagram, 10 juillet 1943, cité par F. Kupferman, *op. cit.*, p. 414.
48. « France-politique », 7 juin 1943, AN 3AG2 325.
49. « L'opinion publique en Lorraine en septembre 1943 », note non datée et non signée, dossier « Affaires retenues par le ministre [Abel Bonnard] », AN F17 13356.
50. *L'Opinion française sous Vichy, op. cit.*, pp. 288-289.
51. « Faisons le point », 20 janvier 1944, AN 2AG 610.
52. E. Jäckel, *op. cit.*
53. « Vichy, février 1943 », AN 3AG2 325.
54. 14 février 1943, AN 3AG2 325.
55. « Le régime Pétain devant l'opinion française », document du Front national de lutte pour l'indépendance de la France, AN 2AG 29.
56. Comme en témoigne la relation très détaillée qu'en livrent, jour après jour, les notes de Pierre Limagne. Sur les enjeux et les péripéties du conflit Giraud-de Gaulle, voir Jean-Louis Crémieux-Brilhac, *La France libre, op. cit.*, pp. 455-482 et 553-581.
57. « France-politique, la situation générale », 6 juin 1943, AN 3AG2 325.
58. L'intégralité de l'instrument de travail précieux que constitue le *Journal officiel* de Londres et d'Alger a été rééditée, en 1995 (édition de Londres : *Journal officiel de la France libre*, puis *de la France combattante* à partir du 28 août 1942) et 1996 (*Journal officiel de la République française*, à partir du 10 juin 1943) par les soins de la direction des Journaux officiels. Sur les circonstances et la signification de ces parutions, on se reportera à

l'introduction d'Hervé Bastien à la réédition du *Journal officiel de la République française, op. cit.*, pp. V-XIV.

59. *Journal officiel de la République française*, 11 septembre 1943.

60. Article 3, *Journal officiel de la République française*, 9 décembre 1943.

61. Voir Peter Novick, *L'Épuration française*, Balland, 1985 (édition anglaise, Chatto and Windus, 1968), p. 100, ainsi que le compte rendu des séances de l'ACP des 11, 13 et 18 novembre 1943 et du 8 janvier 1944.

62. *Journal officiel de la République française*, 27 janvier 1944.

63. *Journal officiel de la République française*, 10 juillet 1943.

64. Débats de l'assemblée consultative provisoire, 13 mai 1944, cité par P. Novick, *op. cit.*, p.102.

65. Repris dans Jean-Louis Crémieux-Brilhac (dir.), *Les Voix de la Liberté, Ici Londres, 1940-1944*, La Documentation française, 1975, t. III, p. 154.

66. *Op. cit.*, p. 1459.

67. P. Limagne, *op. cit.*, p. 1298.

68. *Ibid.*, p. 1479.

69. Voir P. Novick, *op. cit.*, pp. 63-67, qui évoque notamment les avatars du journal *Bir-Hakeim* à la suite de la publication de telles listes à la mi-1943.

70. Message du 5 juillet 1943, AN 3AG2 325.

71. « L'Université de France en guerre », *France de demain*, n° 1, pp. 24-29, AN F17 13346.

72. *Sophie* à BCRA, 3 septembre 1943, AN 3AG2 324.

73. Voir par exemple une liste de préfets et sous-préfets mis en garde dans « La Gestapo et les siens », *Combat*, 25 septembre 1943.

74. Messages des 16 août et 26 septembre 1943, AN 3AG2 324.

75. *Ibid.* Le texte de cette sentence est reproduit dans R. Aron, *Histoire de Vichy, op. cit.*, pp. 595-596.

76. Note au secrétaire général du chef de l'État, 11 septembre 1943, AN 2AG 458. Cette menace ne fut pas mise à exécution.

77. Rapport d'information, août-septembre 1943, AN 3AG2 325.

78. Comme le rappellent François Bloch-Lainé et Claude Gruson, *Hauts Fonctionnaires sous l'Occupation, op. cit.*

79. Arrêt *Langneur* du 10 novembre 1944, Dalloz, 1945, p. 88.

80. Éric Desmons, « Le droit de résistance du fonctionnaire », *Droits*, n° 15, avril 1992, pp. 101-111. La phrase citée ici figure p. 104.

81. « L'influence de l'ordre hiérarchique sur la responsabilité des agents », *Revue du droit public*, 1914, p. 491, cité par É. Desmons, *art. cit.*, p. 105.

82. Voir par exemple sa brochure *Un coup d'État, la soi-disant constitution de Vichy*, issue d'un article publié en décembre 1940-janvier 1941 dans la revue *La France libre*, et ses souvenirs, *Les Hommes partis de rien*, Plon, 1975.

83. « Consultation donnée par un groupe de juristes et théologiens. Note sur quelques observations techniques concernant le problème du gouvernement », sd (après avril 1943, dans la mesure où le texte fait allusion à la livraison aux Allemands de Léon Blum, qui intervint le 31 mars 1943), AN 2AG 609.

84. Consigne de presse du 19 novembre 1942, reproduite dans P. Limagne, *op. cit.*, p. 904.

85. 15 juin 1943.

86. Compte rendu d'une réunion entre le préfet régional Brun et les préfets d'Auvergne, adressé au BCRA le 26 septembre 1943, AN 3AG2 324.

87. *Op. cit.*, t. II, pp. 172-173.

88. Voir les développements que consacre cet auteur aux mécanismes de l'attentisme – défini comme un pur produit de la « culture de l'ambivalence » générée par Vichy – dans *L'Opinion publique sous Vichy, op. cit.*, pp. 293-299.

89. 10 mars 1942, *op. cit.*, t. I, p. 424.

90. 1er août 1942, AN 2AG 610.

91. Titres des éditoriaux des 18 novembre 1942 et 30 mai 1943.

92. Circulaire aux recteurs et inspecteurs d'académie, 13 mai 1942, AN F17 13321.

93. Notes manuscrites prises en vue d'une réunion de recteurs, 2 avril 1943, AN F17 13339.

94. Note du 17 décembre 1942, adressée le 7 janvier 1943 à Bonnard, AN F17 13356 (« Affaires retenues par le ministre »).

95. « Suggestions inspirées par l'étude du contrôle des correspondances postales, téléphoniques et télégraphiques », 10 mars 1943, AN 2AG 461.

96. Les documents cités dans ce paragraphe sont conservés aux Archives nationales sous la cote 3AG2 325.

97. AN 3AG2 325.

98. Rapport LIBE du 13 janvier 1943, AN 3AG2 325.

99. Directive du 23 avril 1943, rappelée par le secrétariat général de l'instruction publique aux recteurs et inspecteurs d'académie le 18 mai 1943, AN F17 13323.

100. Voir par exemple la circulaire du 15 avril 1943 du directeur de l'enseignement primaire, qui prescrit aux inspecteurs d'académie de n'autoriser les instituteurs à passer dans une autre administration qu'en fonction de l'état des vacances de postes constatées dans le département, AN F17 13323.

101. Circulaire du chef du gouvernement, 15 mars 1943, faisant référence à un avis rendu le 6 février 1943 par le Conseil d'État, AN F60 278.

102. Synthèse des rapports des préfets, novembre 1942, AN F1cIII 1198.

103. Lettre d'Ingrand au cabinet de Cathala, 26 octobre 1942, et avis du comité budgétaire, session des 14 au 18 décembre 1942, AN F1a 3631.

104. Rapport sur la situation administrative et économique de la France pour le dernier trimestre de 1942, AN AJ40 444, cité par Philippe Burrin, *La France à l'heure allemande, op. cit.*, p. 138.

105. M. Lagrange, *art. cit.*, p. 173n.

106. Extrait de l'exposé des motifs.

107. Circulaire du 5 août 1943, SAEF B 18480.

108. Archives du Conseil d'État.

109. AN F1cIII 1198.

110. 7 juin 1943, AN F1a 3680.

111. L'ouvrage tiré par le CNOF de la journée d'études du 25 novembre 1936, *Le Facteur « organisation » dans les administrations publiques, op. cit.*, traitait longuement de cette question.

112. Loi du 24 mai 1941 relative à la normalisation et décret, de la même date, portant statut de la normalisation, *Journal officiel* du 28 mai 1941.

113. Qui publiait alors ses articles sur le statut des fonctionnaires dans la *Revue des Deux Mondes*.

114. Note adressée au BCRA, 24 avril 1943, AN 3AG2 325.

115. *L'Œuvre*, 8 octobre 1942.

116. Toutes les citations qui suivent sont extraites de ces rapports, AN 2AG 461.

117. 4 mai 1944, AN F7 15286.

118. Note (sd) de Planté au cabinet du ministre, AN F17 13360.

119. AN 2AG 24.

120. Lois du 14 janvier et 3 février 1943 et décret du 3 février 1943, *Journal officiel* du 13 février 1943.

121. *Op. cit.*, t. II, p. 35.

122. *Ibid.*, p. 69.

123. « Une provocation », 21 janvier 1943, AN F17 13348.

124. Note pour M. le secrétaire général, 17 juillet 1943, AN F1bI 919.

125. Note du directeur de l'enseignement secondaire, 16 février 1944, AN F17 13369.

126. Lettre de fin septembre 1942, AN F17 13338.

127. Circulaire aux préfets, 10 mars 1943, AN F17 13323.

128. Circulaire aux inspecteurs d'académie, 22 mars 1943, AN F17 13323.

129. Circulaire aux inspecteurs d'académie, 8 mai 1944, AN F17 13324.

130. AN AJ38 1.

131. AN F60 109.

132. Le commissaire général aux questions juives à M. le chef du gouvernement, secrétaire d'État à l'Intérieur, 16 septembre 1942, AN F1bI 919. Une lettre équivalente fut adressée pratiquement à la même date au ministre de l'Éducation nationale, citée par C. Singer, *op. cit.*, p. 260.

133. Lettre au représentant du MBF auprès du service de contrôle des administrateurs provisoires, 18 juillet 1942, AN AJ38 146.

134. Lettre à Röthke, 15 mars 1943, citée par Joseph Billig, *Le Commissariat général aux questions juives*, t. III, cité dans *Le Statut des juifs…, op. cit.*, p. 230.

135. Lettre du 10 novembre 1943, AN F1bI 939.

136. AN F17 13330.

137. Voir Lucien Sabah, *Une police politique de Vichy : le service des sociétés secrètes*, Klincksieck, 1996.

138. Circulaire du 22 février 1943, AN F17 13323.

139. Circulaire du 5 mars 1943, *ibid.*

140. Circulaire du 14 mai 1943, *ibid.*

141. Circulaire du 2 juillet 1943, AN F17 13324.

142. Témoignage de Maurice Lonjon, 24 mai 1945, AN 3W 77.

143. « Culottes de peau », *Paris-Soir*, 2 décembre 1942, AN 72AJ 1819.

144. Note aux ministres, 9 janvier 1943, AN F60 109.

145. Circulaire du 27 janvier 1943, AN F60 109.

146. Le secrétaire d'État à la Guerre à M. le chef du gouvernement, ministre secrétaire d'État à l'Intérieur, 9 mars 1943, AN F1bI 919.

147. Circulaire du 3 avril 1943, AN F60 109.

148. Cette phrase était soulignée dans le texte de la circulaire du 4 juillet 1943, AN F60 109.

149. Circulaire aux recteurs et inspecteurs d'académie, 13 juillet 1943, AN F17 13324.

150. Loi du 30 décembre 1943, *Journal officiel* du 30 janvier 1944.

151. AN F1cIII 1198.

152. *Journal officiel* du 3 septembre 1942.

153. Message aux prisonniers de guerre, 10 octobre 1942 (envoyé le 12 novembre), AN F17 13322.

154. *Journal officiel* du 8 janvier 1943.

155. *Journal officiel* du 30 juin 1943.

156. Circulaire du 24 septembre 1942, SAEF B 18479.

157. AN 334AP 37.

158. *Ibid.*

159. SAEF B 48411.

160. *Ibid.*

161. Il était un des membres fondateurs de Libération-Sud. Sur la participation des syndicalistes fonctionnaires à la Résistance, voir J. Siwek-Pouydesseau, mai 1943, AN 3AG2 409.

162. *Colleone*, « Note sur l'administration préfectorale », mai 1943, AN 3AG2 409.

163. Témoignage de Maurice Chattelun devant le Comité d'histoire de la Deuxième Guerre mondiale, 18 mars 1963, cité dans R. Handourtzel, *op. cit.*, annexes.

164. « Fonctionnaires de l'enseignement supérieur en service à l'étranger », novembre 1942-février 1943, AN F17 13361. On trouve sous la même cote des notes de Mouraille indiquant que la décision de remplacer Galletier fut prise dans les premiers jours de 1943.

CHAPITRE XII

Le saut

1. Entretien avec l'auteur, 16 février 1994.
2. « Instruction publique et Révolution nationale », 3 décembre 1941, AN 2AG 496.
3. « La dissidence », 5 avril 1941, AN 2AG 618.
4. Instruction retranscrite dans une circulaire du secrétaire d'État à l'Instruction publique aux recteurs et inspecteurs d'académie, 6 mars 1941, AN AJ16 2545.
5. *La Résistance, op. cit.*, pp. 84-85. Le livre avait été originellement publié sous le titre *La Simple Vérité* aux éditions Julliard en 1960.
6. « Note au ministre sur la situation présente de la jeunesse », 10 décembre 1941, AN F1a 3687.
7. Lettre à Jean-Alexis Néret, chef du secrétariat particulier d'Abel Bonnard, 29 janvier 1943, AN F17 13345.
8. Lettre au vice-président du Conseil d'État, 12 juillet 1943, archives du Conseil d'État.
9. AN F17 26515B.
10. Circulaire aux recteurs, 6 juin 1941, AN AJ 16 2545.
11. 26 décembre 1941, lettre jointe au témoignage (sans date, mais contenu dans un dossier constitué en 1961-1962) du recteur Daure devant le Comité d'histoire de la Deuxième Guerre mondiale, AN 72AJ 251. Daure fut nommé préfet du Calvados à la Libération.
12. Sur les débuts de la résistance, on se reportera à Harry Roderick Kedward, *Naissance de la Résistance dans la France de Vichy*, Champ Vallon, 1989 (édition anglaise, Oxford University Press, 1978) et, parmi une bibliographie très riche, aux travaux de Daniel Cordier sur *Jean Moulin, l'Inconnu du Panthéon* (trois volumes publiés, Lattès, 1989-1993), notamment la volumineuse préface du tome I et tome III, *De Gaulle, capitale de la Résistance, novembre 1940 - décembre 1941.*
13. Bibliothèque nationale, Res. G1470 (68).
14. Très long texte, qui resta à l'état de projet, cité par Daniel Cordier en annexe 38 du troisième tome de son *Jean Moulin, op. cit.*, pp. 1186-1198.
15. Document cité dans D. Cordier, *ibid.*, p. 1223.
16. C. Bourdet, *op. cit.*, pp. 102-104.
17. « Note pour la commission d'homologation des mouvements de Résistance », sd (1946), AN 72AJ 66.
18. *Op. cit.*, p. 104.
19. « Note pour la commission d'homologation... », AN 72AJ 66.
20. C. Bourdet, *op. cit.*, p. 223.
21. Témoignage de Maurice Nègre, recueilli par Marie Granet le 31 mars 1949, AN 72AJ 66.
22. « NAP ; complément à l'article d'Évelyne Garnier dans l'*Annuaire de la Résistance* », sd, AN 72AJ 66.
23. *Op. cit.*, p. 166.
24. *Ibid.*
25. Témoignage de Robert Folliot dans *Cinquante-Huit Récits de la Résistance universitaire*, recueillis par l'association des anciens combattants de la Résistance de l'Éducation nationale, 1948, p. 20, AN 72AJ 78.
26. C. Bourdet, *op. cit.*, p. 242.
27. Voir A. Tiano, *op. cit.*
28. 20 mai 1943, AN 3AG2 409.
29. Voir le *Mémorial de l'administration préfectorale* déjà cité, republié par la revue *Administration*, n° 140, p 25.
30. Qui expose brièvement ce type d'activités dans ses souvenirs, *Commentaire*, t. I, *De Vienne à Alger (1938-1944)*, Fayard, 1971.

31. Liste et noms figurant dans la note « Super-NAP ; complément à l'article d'Évelyne Garnier dans l'annuaire de la Résistance », AN 72AJ 66, à l'exception de celui de De Bearn, évoqué par une lettre de soutien rédigée en 1947 par B. de Chalvron, *ibid.*

32. Témoignage de B. de Chalvron, déjà cité, et intervention de C. Bourdet lors du colloque sur l'année 1942 tenu le 8 novembre 1987 au Palais du Luxembourg. Les interventions qui y furent prononcées figurent dans un ouvrage publié par la Mission permanente aux commémorations et à l'information historique du secrétariat d'État aux Anciens Combattants, ouvrage désigné sous le titre *1942* dans ce qui suit. Cet épisode est également rapporté par C. Bourdet dans ses souvenirs, *op. cit.*, p. 306.

33. « Rapport communiqué par J. Gemaehling, du MLN », 12 novembre 1944, AN 72AJ 66.

34. « Essai d'analyse de l'organisation de la Résistance », sd (début 1944), AN 3AG2 409.

35. Témoignage de Bernard de Chalvron, AN 72AJ 66.

36. Message de *Mahomet* au BCRA, février 1944, AN 3AG2 409.

37. « Les fonctionnaires étaient contents de se savoir dans une hiérarchie », Claude Bourdet, entretien avec l'auteur, 26 septembre 1994.

38. 31 octobre 1943, AN 3AG2 409.

39. *Op. cit.*, p. 306.

40. Rapport du 20 mai 1943, AN 3AG2 409. Le texte cité fait spécialement référence à l'administration policière, mais nous semble transposable aux autres secteurs de la fonction publique.

41. Rapport spécial de *Cinq-Cents*, 14 août 1943, AN 3AG2 409.

42. « Le noyautage de l'administration préfectorale », « Très secret », sd (sans doute premier trimestre de 1943, dans la mesure où V. Abeille rejoignit Londres en mai 1943), AN 3AG2 409. On en trouvera le texte en annexe 20, p. 689.

43. Message du président du comité d'organisation du machinisme agricole, relatif à la situation du ministère de la Production industrielle, 10 septembre 1943, AN 3AG2 325.

44. Témoignage de B. de Chalvron, AN 72AJ 66.

45. 5 juillet 1943, AN 3AG2 325.

46. 16 août 1943, AN 3AG2 409.

47. *Journal officiel de la République française*, 4 mai 1944.

48. Note des renseignements généraux, 26 avril 1944, AN F7 15286.

49. Cette proclamation figure dans un rapport de novembre 1943 du préfet de police au chef du gouvernement, lui-même repris dans un message de décembre du réseau Ajax à Londres, AN 3AG2 409. Sur le comité parisien de la Libération, voir Henri Denis, *Le Comité parisien de la Libération*, coll. « Esprit de la Résistance », PUF, 1963.

50. C. Bourdet, *op. cit.*, p. 167.

51. Témoignage de Maurice Nègre, 31 mars 1949, AN 72AJ 66.

52. P. Limagne, *op. cit.*, p. 884.

53. *Ibid.*

54. Lettre du 29 mai 1943, parvenue au BCRA le 18 septembre 1943, AN 3AG2 325.

55. AN 3AG2 324.

56. « État d'esprit dans les milieux préfectoraux », Grenoble, 8 février 1944, AN 3AG2 324.

57. Circulaire aux préfets, 5 janvier 1943, AN F7 14908.

58. Voir ce qu'en écrit Claude Bourdet, *op. cit.*, pp. 194-196.

59. *Sans armes face à Hitler*, *op. cit.*, pp. 134-135.

60. J. Sémelin, *op. cit.*, p. 136.

61. *Les Voix de la Liberté*, *op. cit.*, t. III, p. 99.

62. *Ibid.*, p. 79.

63. Tract du mouvement Libération, octobre 1942, cité par Jacques Evrard, *La Déportation des travailleurs français dans le IIIe Reich*, Fayard, 1971, p. 63.

64. 13 octobre 1943, *Les Voix de la Liberté*, *op. cit.*, t. IV, p. 71.

65. Dont on trouvera l'écho, tout au long de l'année 1943, dans les notes de Pierre Limagne comme dans le journal, écrit avec l'état d'esprit opposé, de Pierre Nicolle. On se

reportera également à l'étude départementale d'André Laurens, « Le STO dans le département de l'Ariège », thèse de doctorat de troisième cycle d'histoire, université de Toulouse-le Mirail, sd [1975].

66. Circulaire du 20 mars 1943, AN F17 13323.

67. « Vichy sous le signe du débarquement », 8 septembre 1943, AN 3AG2 325.

68. Note adressée au cabinet d'Abel Bonnard, 24 avril 1944, AN F17 13346.

69. Circulaires des 21 février et 2 mars 1944, AN F17 13324. Ce dernier texte portait la mention « Ne communiquer à aucun prix à la presse ».

70. Projet de circulaire, 20 avril 1944, AN F17 13348.

71. « Le régime de Vichy en 1944 », dans *La Libération de la France,* actes du colloque international tenu à Paris du 28 au 31 octobre 1974, éditions du CNRS, 1976, p. 338.

72. Dépositions des 3 et 16 janvier 1959, AN 3W 82.

73. AN 3AG2 409.

74. Secrétaire général des MUR à Beyle, 27 novembre 1943, AN 3AG2 409.

75. *Op. cit.*, p. 105.

76. *1942, op. cit.*, pp. 140-141.

77. « France-Politique, situation générale », 6 juin 1943, AN 3AG2 325.

78. « Le cas de conscience français », 15 octobre 1943, repris dans *Le lendemain, c'est vous !,* Plon, 1969, p. 139.

79. « France-Politique », 21 juillet 1943, AN 3AG2 325.

80. *Op. cit.*, p. 61.

81. Général de Gaulle, *Mémoires de guerre,* t. III, *Le Salut,* Plon, 1959, rééd. Le Livre de poche, 1962, p. 293.

82. 5 juillet 1943, AN 3AG2 325.

83. *Op. cit.*, p. 105.

84. AN 3AG2 324.

85. AN 3AG2 324 et *op. cit.*, p. 1741.

86. *Op. cit.*, p. 650.

87. Rapport du 18 novembre 1944, AN 72AJ 66.

88. AN 3AG2 324.

89. Lettre du 8 février 1947, AN 72AJ 66. De Chalvron était alors secrétaire général de l'organisation des fonctionnaires résistants (OFR), qui regroupait les anciens du NAP.

90. *Op. cit.*, p. 124.

91. *Discours et Messages,* t. I, *op. cit.*, p. 432.

92. *Ibid.*

93. « Le problème constitutionnel français », dans *Cahiers politiques,* n° 8, avril 1944, cité dans H. Michel et B. Mirkine-Guétzevitch, *Les Idées politiques et sociales de la Résistance,* PUF, 1954, p. 296.

94. N° 5, janvier 1944, AN 72AJ 1.

95. *Franc-Tireur,* n° 35, 14 juillet 1944, cité par H. Michel et B. Mirkine-Guetzévitch, *op. cit.*, pp. 261-262.

96. Comme l'a rappelé Diane de Bellescize dans son intervention sur « la Résistance face à la réforme [administrative] », lors du colloque *1945-1946, Les Fondements d'une nouvelle fonction publique,* organisé le 23 février 1995 par la direction générale de l'administration et de la fonction publique et la Revue administrative, qui a publié au troisième trimestre de 1995, un numéro spécial contenant les actes de ce colloque.

97. Texte intégral reproduit dans H. Michel et B. Mirkine-Guétzevitch, *op. cit.*, pp. 304-337.

98. *Ibid.*, p. 337.

99. *Ibid.*, p. 323.

100. Comme le rappelèrent dans leurs souvenirs aussi bien Claude Bourdet, *op. cit.*, p. 222, que Michel Debré, *op. cit.*, p. 211.

101. Jacques Soustelle, *De Londres à Alger,* t. I, Robert Laffont, 1947, p. 388.

102. *Chroniques de la Résistance, op. cit.*, pp. 131-159.
103. Voir Diane de Bellescize, *Les Neuf Sages de la Résistance. Le Comité général d'études dans la clandestinité*, Plon, 1979.
104. *Ibid.*, pp. 135 et 137.
105. *Op. cit.*, p. 214.
106. Dans l'attente des derniers volumes de l'œuvre de Daniel Cordier sur Jean Moulin, on se reportera aux travaux de synthèse sur la période, notamment, parmi les plus récents, à l'ouvrage collectif *La France des années noires*, t. II, *op. cit.* et à J.-L. Crémieux-Brilhac, *La France libre, op. cit.*, ainsi qu'aux actes de la journée d'étude organisée le 15 juin 1993 par l'IHTP, Jean-Pierre Azéma, François Bédarida et Robert Frank (dir.), « Jean Moulin et la Résistance en 1943 », *Cahiers de l'IHTP*, n° 27, juin 1994.
107. « Rapport des MUR sur les relations entre Rex et les mouvements », juin 1943, AN F1a 3728, cité dans D. de Bellescize, *op. cit.*, pp. 93-94. On peut suivre avec précision dans ce livre, (ch. IV et V, pp. 87 à 126), le déroulement des polémiques du printemps de 1943 entre Moulin *(Rex)* et les mouvements sur le rôle du CGE.
108. Lettre à André Philip, arrivée le 9 mai 1943, AN F1a 3733, cité dans *ibid.*, pp. 112-114.
109. *Ibid.*, p. 117.
110. M. Debré, *Trois Républiques pour une France, op. cit.*, p. 199.
111. Note de Michel Debré, 7 octobre 1943, AN 3AG2 409.
112. Sur lequel il est indispensable de lire les travaux de Charles-Louis Foulon, notamment l'ouvrage tiré de sa thèse, *Le Pouvoir en province à la Libération*, Presses de la FNSP, 1975.
113. *Op. cit.*, pp. 254-255.

CHAPITRE XIII

Face à l'État milicien

1. Dont une chronique est rapportée par l'ancien ministre de Suisse à Vichy, Walter Stucki, dans *La Fin du régime de Vichy*, Neuchâtel, La Baconnière, 1947. On se reportera, pour une analyse plus historique, au chapitre 15 de l'ouvrage de Jean-Baptiste Duroselle, *Politique étrangère de la France, L'abîme 1939-1944*, Imprimerie nationale, 1986 et rééd. Le Seuil, coll. « Points », 1990.
2. Sur les talents et l'efficacité d'Henriot, voir Pascal Ory, *Les Collaborateurs*, Le Seuil, 1976, pp. 81-83.
3. Sur la Milice, on se reportera à J.-P. Azéma, « La Milice », *Vingtième Siècle*, n° 28, octobre-décembre 1990, pp. 83-105, ainsi qu'aux ouvrages de Jacques Delperrié de Bayac, *Histoire de la Milice, 1918-1945*, Fayard, 1969, rééd. 1994, et Pierre Giolitto, *Histoire de la Milice*, Perrin, 1997.
4. Jean-Paul Cointet illustre son article sur la Légion de l'ouvrage collectif *La Propagande sous Vichy*, (*op. cit.*, pp. 59-68) par la reproduction de l'affiche où figurent ces 21 points.
5. Sur l'évolution politique de Darnand, on peut consulter, outre les références relatives à la Milice citées plus haut, Bertram Gordon, « Un soldat du fascisme, Joseph Darnand », *Revue d'histoire de la Deuxième Guerre mondiale*, n° 108, octobre 1977, pp. 43-70.
6. Article premier de la loi et article 2 des statuts, *Journal officiel* du 31 janvier 1943.
7. Discours aux chefs miliciens, 30 janvier 1943, Plon éditeur, 1943.
8. Cité par J. Delperrié de Bayac, *op. cit.*, pp. 163-164.
9. Message à la Légion, 5 janvier 1943, J.-C. Barbas, *op. cit.*, p. 297.
10. Message à la Légion, 29 avril 1943, *ibid.*, pp. 303-304.
11. L'expression est de J.-P. Azéma, *art. cit.*
12. AN F1cIII 1198.
13. *La Vie de la France…, op. cit.*, t. I, pp. 445-446.
14. Le chef départemental de la Milice (signé illisible) au directeur des services administratifs de la ville de Marseille, 16 août 1943, AN 3AG2 325.

15. Ordre de mission du 26 juin 1943, AN F60 513.
16. AN 2AG 461.
17. *Ibid.*
18. AN 3AG2 324.
19. J. Delperrié de Bayac, *op. cit.*, p. 354.
20. *Ibid.*, p. 363.
21. *Ibid.*
22. Voir J. Tracou, *op. cit.*, pp. 11-12.
23. Voir par exemple J. Bardoux, *op. cit.*, p. 101.
24. « Plan du redressement français », cité par J. Delperrié de Bayac, *op. cit.*, p. 363.
25. AN 3AG2 324.
26. Note du 21 septembre 1943, AN F7 14907.
27. *Le Petit Parisien*, 21 janvier 1944. L'article, relatif aux attributions de Darnand, était intitulé « Le barrage contre l'anarchie ».
28. AN F7 14909.
29. *Ibid.*
30. Dans sa lettre de démission, AN 2AG 461.
31. Sur ces personnages, et quelques autres qui composaient l'entourage du secrétaire général au maintien de l'ordre, voir J. Delperrié de Bayac, *op. cit.*, p. 240
32. *Op. cit.*, p. 252.
33. Article 2, *Journal officiel* du 21 janvier 1944. Voir en annexe 21, p. 692, le texte de la loi créant les cours martiales.
34. Circulaire aux recteurs, 8 mai 1944, AN F17 13324.
35. Lettre au recteur de l'académie de Clermont-Ferrand, 1er mars 1944, AN F17 13338.
36. J. Delperrié de Bayac, *op. cit.*, p. 246.
37. Circulaire du 29 avril 1944, AN F7 14909.
38. Lettre du 13 avril 1943, AN F7 14907.
39. Circulaire du 2 mai 1944, AN F7 14909.
40. Interrogatoire du 6 août 1945, cité par P. Froment, *op. cit.*, p. 426.
41. Note (sd) parvenue au BCRA, AN 3AG2 325.
42. Note de service du 31 janvier 1944, AN F7 14909.
43. *Op. cit.*, 25 mars 1944, t. II, p. 391.
44. *Ibid.*, 22 mai 1944, p. 426.
45. Compte rendu d'une réunion du 5 janvier 1944 entre Oberg, Knochen, Laval et Darnand, cité par J. Delperrié de Bayac, *op. cit.*, pp. 229-230.
46. *Journal officiel* du 19 avril 1944.
47. Ces explications, citées par Nicolle qui les considèrait comme secondaires au regard de la piste synarchique (*op. cit.*, t. II, p. 234 et 236), figurent également, datées du 12 août, dans un rapport adressé au BCRA, AN 3AG2 325.
48. Selon Charles Rist, *op. cit.*, p. 350.
49. Échange de lettres entre G. Lachapelle et Jardel, 26 août et 3 septembre 1943, AN 2AG 539.
50. E. Jäckel, *op. cit.*, p. 434.
51. Ces informations sont tirées des listes que l'on trouve dans l'ouvrage de Pierre Nicolle (t. II, p. 329) et dans une note du 5 janvier 1944 des renseignements généraux, AN F7 15286. Très proches l'une de l'autre, ces deux listes contiennent néanmoins des confusions ou inexactitudes, traduisant sans doute leur origine officieuse. Ainsi, le directeur de l'École centrale, Guillet, voit son nom orthographié Juillet dans la liste des RG, et devient Guibert dans celle de Nicolle. Il peut également y avoir erreur sur la personne, comme dans le cas de Félix Olivier-Martin, secrétaire général à la Jeunesse, que Nicolle confond avec le docteur Félix Martin, cagoulard arrêté en mars 1942.
52. AN 3AG2 325.
53. 27 janvier 1944, AN F7 15286.

54. *Journal officiel* du 2 décembre 1942.
55. AN 3AG2 324.
56. AN 3AG2 324.
57. Rapporté dans une note adressée au début de 1944 au BCRA, AN 3AG2 324.
58. *Journal officiel* du 2 mai 1943.
59. 5 mai 1944, AN F1bI 923.
60. « L'état d'esprit dans les milieux préfectoraux », 8 février 1944, AN 3AG2 324.
61. Jacques Delarue, « La police », *Vichy et les Français, op. cit.*, p. 310.
62. P. Laborie, *L'Opinion française sous Vichy, op. cit.*, pp. 300-311.
63. Rapport de *Huysmans-Célestins*, août-septembre 1943, AN 3AG2 325.
64. 23 février 1944, AN F7 14909.
65. J.-P. Azéma, *art. cit.*, p. 105.
66. Voir J. Delperrié de Bayac, *op. cit.*, *passim.*
67. Circulaire de Cado aux préfets régionaux et préfets, 5 décembre 1942, AN F7 14908.
68. Circulaire du 12 novembre 1943 (préparée par le service technique du maintien de l'ordre), AN F7 14909.
69. Le secrétariat général du gouvernement à M. le secrétaire d'État à la Production industrielle et au Travail, 4 février 1944, AN F7 14909.
70. Cité par F. Kupferman, *op. cit.*, p. 426.
71. On trouvera le détail de cette négociation, révélatrice des prudences du ministère des Finances sur un sujet délicat, dans notre thèse, *op. cit.*, vol. III, pp. 929-931.
72. On s'en posera plus encore après la Libération. Sur le sort réservé après guerre à la mémoire des « victimes du devoir », on lira l'article de Jean-Marc Berlière, « 1944-1945 : l'épuration de la police parisienne », *Vingtième Siècle, revue d'histoire*, n° 49, janvier-mars 1996, p. 63-81.
73. 25 février 1944, AN F1bI 923.
74. 23 mai 1944, AN F7 14909.
75. Ceux de Clermont, Montluçon et Vichy, P. Limagne, *op. cit.*, p. 1933.
76. Rapport au BCRA, AN 3AG2 325.
77. AN 3AG2 409. Voir, au sujet de l'aide apportée pendant l'été 1942 par des policiers nancéiens à des juifs, Jean-Marie Muller, *Désobéir à Vichy. La résistance civile de fonctionnaires de police*, Nancy, Presses universitaires de Nancy, 1994.
78. AN F7 14909. La première de ces circulaires était signée de Bousquet, les deux suivantes de Darnand.
79. *Ibid.*
80. « État d'esprit dans les milieux préfectoraux », note du 8 février 1944, AN 3AG2 324.
81. « RH » à Albertini, 18 mars 1944, AN 3AG2 324. « Le Chef » auquel il est fait allusion est Déat.
82. P. Limagne, *op. cit.*, p. 1848.
83. 17 mars 1944, *op. cit.*, t. II, p. 384.
84. Note adressée le 29 mars 1944 au BCRA, AN 3AG2 325.
85. La critique, venant des milieux miliciens, était rapportée par P. Nicolle, *op. cit.*, 13 mai 1944, t. II, p. 421.
86. Circulaire aux recteurs et inspecteurs d'académie, 11 février 1944, AN F17 13324.
87. AN F17 13324.
88. Note du 9 juin 1944, en vue d'un entretien de Bonnard avec Bertrand, AN F17 13338.
89. AN F17 13337.
90. Dominique Sordet à Abel Bonnard, 21 avril 1944, AN F17 13348.
91. Circulaire du délégué en zone nord du secrétaire général au maintien de l'ordre, 24 mars 1944, AN F7 14909 et P. Nicolle, *op. cit.*, t. II, p. 382
92. *Ibid.*
93. Loi « portant répression des actes contre l'exécution des lois ou contre les ordres du gouvernement commis par les fonctionnaires », *Journal officiel* du 2 février 1944.

94. Circulaire du 17 mai 1944, AN F7 14909.

95. *Journal officiel* du 16 juin 1944.

96. Voir Alain Bancaud, « La haute magistrature sous Vichy », *Vingtième Siècle, revue d'histoire*, n° 49, janvier-mars 1996, pp. 45-62 et « La magistrature et la répression politique de Vichy ou l'histoire d'un demi-échec », *Droit et Société*, n° 34, 1996, pp. 557-574.

97. 26 juin 1944, AN 2AG 29

98. *Op. cit.*, p. 252.

99. Voir la liste dans P. Nicolle, *op. cit.*, t. II, p. 422.

100. *Op. cit.*, t. II, pp. 424 et 425.

101. J. Bardoux, *op. cit.*, p. 237.

102. Cité dans le « Mémorial des fonctionnaires du corps préfectoral et de l'administration centrale morts pour la France 1939-1945 », *art. cit*, p. 35.

103. Témoignage du 17 juin 1946, AN 72AJ 66.

104. *Op. cit.*, p. 114.

105. *Ibid.*

106. « Mémoire sur la réorganisation administrative de la France », juin 1944, AN 2AG 639.

107. On trouvera un dossier sur ce projet dans AN F17 13338. Ce dernier avatar de l'ENA avant sa création effective par le gouvernement du général de Gaulle quelques mois plus tard s'inscrit dans la liste des projets avortés dont Guy Thuillier s'est fait l'historien, dans son ouvrage *L'ENA avant l'ENA*, PUF, 1983, et dans ses articles, « Le contre-projet socialiste d'ENA en 1937 », *La Bureaucratie en France…*, *op. cit.*, pp. 487-502 et « Les projets d'école d'administration de 1936 à 1940 », *Bureaucratie et bureaucrates au XIXe siècle*, *op. cit.*, pp. 499-535 et 611-641. Les pages 642 à 650, puis 651 à 655, de ce dernier ouvrage présentent respectivement le projet d'Institut des hautes études administratives, lié au statut du 14 septembre 1941, et celui d'École de haute administration évoqué ici.

108. Comme en témoignaient les notes de P. Nicolle, *op. cit.*, t. II, pp. 417-421.

109. J. Tracou, *op. cit.*, p. 234.

110. Note des renseignements généraux, 10 mai 1944, AN F7 15286.

111. Lettres des 12 janvier, 28 janvier, 3 février et 11 février 1944 entre la direction de l'enseignement secondaire et le secrétariat général du chef du gouvernement, AN F60 278.

112. Le secrétaire général du chef du gouvernement à M. le ministre, secrétaire d'État à l'Économie nationale et aux Finances, 5 et 8 juillet 1944, AN F60 278.

113. Note du 26 janvier 1944 aux intendants des affaires économiques, SAEF B 18481.

114. Le secrétaire général du chef du gouvernement à M. le président de la commission chargée de l'étude des problèmes généraux posés par la loi du 14 septembre 1941, 9 mars 1944, AN F60 278.

115. Par la loi du 10 juin 1944, *Journal officiel* du 13 juin 1944.

116. AN F7 14909.

117. Compte rendu d'activité du bureau des préfectures pour juillet 1944, 11 août 1944, AN F1bI 923.

118. 17 août 1944, AN F1bI 923.

119. W. Stucki, *op. cit.*, pp. 48-49.

120. *Ibid.*, p. 47.

121. Loi du 6 novembre 1943, AN F17 13348.

122. « Instructions du chef du gouvernement sur les devoirs des administrations et services publics dans l'hypothèse d'opérations militaires », reproduites dans une circulaire du ministre de l'Éducation nationale aux recteurs et inspecteurs d'académie, 25 mars 1944, AN F17 13324.

123. Selon J. Tracou, *op. cit.*, p. 284. Le texte de ce message est reproduit dans J.-C. Barbas, *op. cit.*, p. 336.

124. Limagne, *op. cit.*, pp. 2039-2040.

125. Note du service technique du maintien de l'ordre, 30 mars 1944, AN F7 14909.

126. P. Limagne, 18 juin 1944, *op. cit.*, p. 2073.

127. J.-M. Guillon, « La philosophie politique de la Révolution nationale », *Vichy et les Français*, *op. cit.*, p. 179.

128. Circulaire du 3 juillet 1944 aux préfets régionaux, intendants du maintien de l'ordre et chefs des services de police, AN F7 14909.

129. Circulaire du 20 juillet 1944, *ibid.*

130. *Op. cit.*, p. 2144.

131. AN 2AG 80. Le texte de la déclaration, sans les signataires, se trouve également dans J. Tracou, *op. cit.*, pp. 325-327.

132. Voir J. Tracou, *op. cit.*, pp. 328-338.

133. AN F60 292.

134. On ajoutera, aux récits classiques, deux témoignages moins connus, dus à des acteurs de la haute administration vichyssoise : l'ouvrage déjà cité de Louis Planté et les souvenirs d'Henri Culmann, secrétaire général du secrétariat d'État à la Production industrielle, *À Paris sous Vichy*, *op. cit.*

135. Rapport de synthèse sur le NAP, AN 72AJ 66.

136. Sur la première, consulter les souvenirs de Michel Debré, qui participa avec Pierre-Henri Teitgen, entre décembre 1943 et février 1944, à des rencontres avec l'amiral Auphan, *op. cit.*, pp. 221-223. La manœuvre de Laval visant à confier le pouvoir à Herriot est décrite, au jour le jour, par Jacques Bardoux qui expose aussi la teneur des « négociations » que les sénateurs « résistants » entendaient mener avec de Gaulle sur les conditions d'exercice du pouvoir après la Libération, *op. cit.*, pp. 280-343.

137. *Journal officiel de la République française*, 10 août 1944.

138. L'expression est d'Hervé Bastien, « Les ordonnances d'Alger », *Espoir*, n° 95, (« De Gaulle et les préparatifs de la Libération »), janvier 1994, pp. 16-24. Les développements qui suivent sont inspirés de cette contribution. Sur l'ensemble de ces questions, voir *Le Rétablissement de la légalité républicaine (1944), actes du colloque organisé par la Fondation Charles de Gaulle, la Fondation nationale des sciences politiques, l'Association française des constitutionnalistes, 6, 7, 8 octobre 1994*, Bruxelles, Complexe, 1996.

139. Extrait d'une note non signée, AN F60 889, citée par H. Bastien, *ibid.*, p. 22.

140. *Ibid.*, p. 22.

141. *Ibid.*, p. 21.

142. Charles De Gaulle, *Discours et Messages*, t. I, *op. cit.*, p. 432.

143. SAEF B 18483.

144. « Ordonnance du 4 juillet 1943 concernant la réintégration des magistrats, fonctionnaires et agents civils et militaires révoqués, mis à la retraite d'office, licenciés ou rétrogradés », *Journal officiel de la République française*, 10 juillet 1943.

145. Lettre au préfet du Calvados, 15 novembre 1944, AN F1bI 939.

146. 20 février 1944, AN F60 1666.

147. Entretien avec l'auteur, 16 février 1994, et SAEF B 15186.

148. Procès-verbal, janvier 1945, *ibid.*

149. « La révision des nominations et de l'avancement », Rapport présenté au ministre par la commission de révision, *Bulletin officiel de l'Éducation nationale*, février 1945.

150. AN 72AJ 1. Voir aussi H. Michel et B. Mirkine-Guetzévitch, *op. cit.*, p. 344.

CONCLUSION

1. *Op. cit.*, p. 124.

2. *Op. cit.*, p. 314.

3. Le mot est employé par G. Hirschfeld, *Nazi Rule and Dutch Collaboration*, *op. cit.*

4. *Jouir du pouvoir*, éditions de Minuit, 1976, p. 238.

5. Pierre Emmanuel, « La Résistance comme catharsis », *Esprit*, n° 139, novembre 1947, pp. 632-633.

6. Yves Durand, « Les notables », *Vichy et les Français, op. cit.*, p. 368.
7. 24 février 1945, SAEF B 53040.
8. *Mémoires de guerre, op. cit.*, t. 3, p. 293.
9. Compte rendu sténographique du procès de Jardel devant la Haute Cour, 14 mars 1947, AN 334AP 37.
10. *Eichmann à Jérusalem, rapport sur la banalité du mal*, Gallimard, 1966, pp. 321-322.

Annexes

1. La France occupée.
2. Les bases de la France nouvelle, message du 11 octobre 1940 du maréchal Pétain (extrait de *La France nouvelle*, Fasquelle, 1941).
3. Circulaire d'Yves Bouthillier : « Une Révolution nationale s'accomplit en France » (SAEF B 53032).
4. Les statuts des juifs des 3 octobre 1940 et 2 juin 1941 (*Journal officiel* des 18 octobre 1940 et 14 juin 1941).
5. Extrait de la réunion interministérielle du 16 décembre 1940 (AN F60 490).
6. Une note de la direction du budget sur une difficulté d'application du statut des juifs (SAEF B 11856).
7. Bilan d'application des statuts des juifs, avril 1942 (AN AJ38 119).
8. Bilan d'application du relèvement de fonctions, avril 1941 (AN 2AG28).
9. Les complexités de l'exclusion (AN F1bI 919).
10. Une querelle entre la direction du budget et les départements militaires, octobre 1940 (SAEF B 11854).
11. Évolution des effectifs de la fonction publique de 1914 à 1956 (A. Tiano, *op. cit.*).
12. Exposé des motifs et premiers articles du statut des fonctionnaires (*Journal officiel* du 1er octobre 1941).
13. *Le Temps* juge la fonction publique, décembre 1940.
14. « Le malaise des fonctionnaires de l'État », février 1942 (AN F60 278).
15. Le notable moyen vu par le régime, janvier 1942 (AN F7 14907).
16. « L'œuvre du gouvernement depuis le 13 décembre 1940 », 6 mai 1941 (AN F60 592).
17. « Diffusion des notes destinées à MM. les ministres et secrétaires d'État », décembre 1941 (AN F60 580).
18. Deux visions de la cérémonie de prestation de serment des préfets (AN F1bI 919).
19. Appel du Conseil national de la Résistance aux fonctionnaires (AN 72AJ 1).
20. Mémorandum de *Colleone* sur le noyautage de l'administration préfectorale (AN 3AG2 409).
21. Loi du 20 janvier 1944 instituant les cours martiales (*Journal officiel* du 21 janvier 1944).

ANNEXE 1. LA FRANCE OCCUPÉE

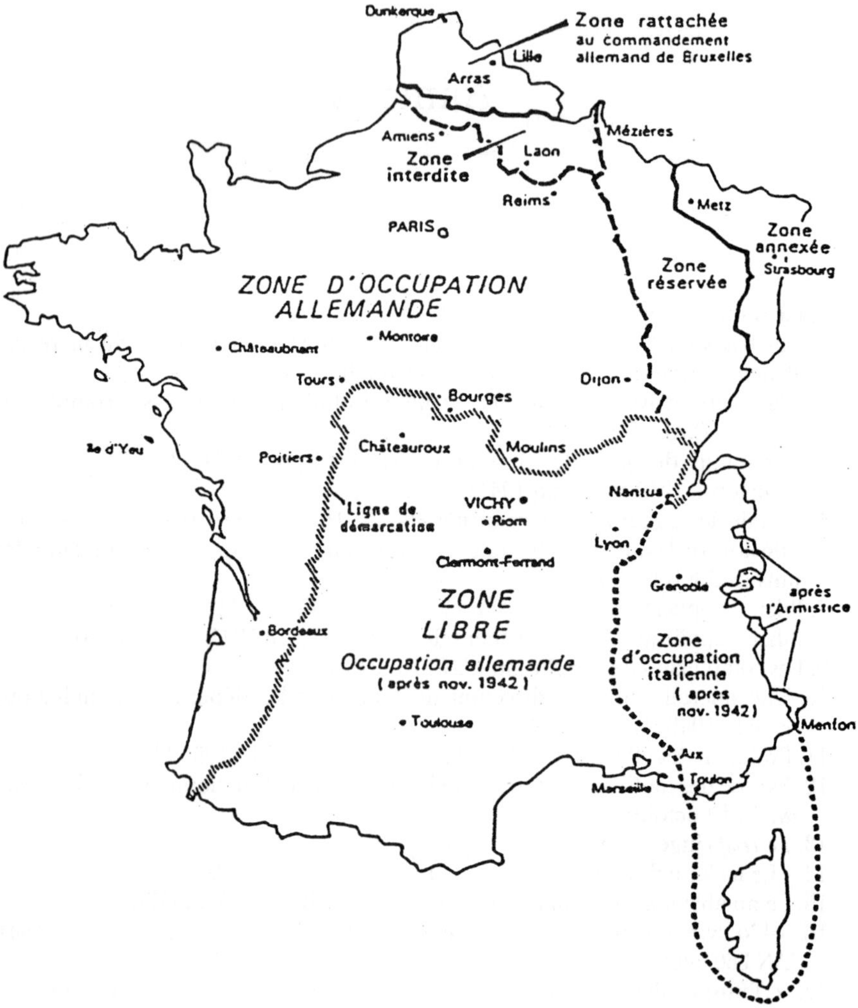

Annexe 2. Les bases de la France nouvelle
(Message du 11 octobre 1940 du maréchal Pétain)

MESSAGE AU PEUPLE FRANÇAIS 11 OCTOBRE 1940

FRANÇAIS !

LA France a connu, il y a quatre mois, l'une des plus grandes défaites de son histoire.

Cette défaite a de nombreuses causes, mais toutes ne sont pas d'ordre technique. Le désastre n'est, en réalité, que le reflet, sur le plan militaire, des faiblesses et des tares de l'ancien régime politique.

Ce régime, pourtant, beaucoup d'entre vous l'aimaient.

Votant tous les quatre ans, vous vous donniez l'impression d'être les citoyens libres d'un état libre. Aussi, vous étonnerais-je en vous disant que, jamais, dans l'histoire de la France, l'État n'a été plus asservi qu'au cours des vingt dernières années. Asservi de diverses manières : successivement, et parfois simultanément, par des coalitions d'intérêts économiques et par des équipes politiques ou syndicales prétendant, fallacieusement, représenter la classe ouvrière.

Selon la prédominance de l'une ou de l'autre de ces deux servitudes, des majorités se succédaient au pouvoir, animées trop souvent du souci d'abattre la minorité rivale. Ces luttes provoquaient des désastres. L'on recourait, alors, à ces vastes formations dites « d'Union Nationale » qui ne constituaient qu'une duperie supplémentaire. Ce n'est pas, en effet, en réunissant des divergences que l'on parvient à la cohérence. Ce n'est pas en totalisant des bonnes volontés que l'on obtient « une volonté ».

De ces oscillations et de ces vassalités, la marque s'imprimait profondément dans les mœurs, tout criait l'impuissance d'un régime qui ne se maintenait au travers des circonstances les plus graves, qu'en se renonçant lui-même, par la pratique des pleins pouvoirs. Il s'acheminait ainsi, à grands pas, vers une révolution politique que la guerre et la défaite ont seulement hâtée.

Prisonnier d'une telle politique intérieure, ce

régime ne pouvait, le plus souvent, pratiquer une politique extérieure digne de la France.

Inspirée tour à tour par un nationalisme ombrageux et par un pacifisme déréglé, faite d'incompréhension et de faiblesse — alors que notre victoire nous imposait la force et la générosité — notre politique étrangère ne pouvait nous mener qu'aux abîmes. Nous n'avons pas mis plus de quinze ans à descendre la pente qui y conduisait.

Un jour de septembre 1939, sans même que l'on osât consulter les Chambres, la guerre, une guerre presque perdue d'avance, fut déclarée. Nous n'avions su ni l'éviter ni la préparer.

C'est sur cet amas de ruines qu'il faut, aujourd'hui, reconstruire la France.

L'ordre nouveau ne peut, en aucune manière, impliquer un retour, même déguisé, aux erreurs qui nous ont coûté si cher. On ne saurait davantage y découvrir les traits d'une sorte « d'ordre moral » ou d'une revanche des événements de 1936.

L'ordre nouveau ne peut être une imitation servile d'expériences étrangères. Certaines de ces expériences ont leur sens et leur beauté, mais chaque peuple doit concevoir un régime adapté à son climat et à son génie.

L'ordre nouveau est une nécessité française. Nous devrons, tragiquement, réaliser dans la défaite, la révolution que, dans la victoire, dans la paix, dans l'entente volontaire de peuples égaux, nous n'avons même pas su concevoir.

POLITIQUE EXTÉRIEURE : UN RÉGIME NATIONAL

Indépendante du revers de ses armes, la tâche que la France doit accomplir l'est aussi et à plus forte raison des succès ou des revers d'autres nations qui ont été, dans l'histoire, ses amies ou ses ennemies.

Le régime nouveau, s'il entend être national, doit se libérer de ces amitiés ou de ces inimitiés, dites traditionnelles, qui n'ont, en fait, cessé de se modifier à travers l'histoire pour le plus grand profit des émetteurs d'emprunts et des trafiquants d'armes.

Le régime nouveau défendra, tout d'abord, l'unité nationale, c'est-à-dire l'étroite union de la Métropole et de la France d'outre-mer.

Il maintiendra les héritages de sa culture grecque et latine et leur rayonnement dans le monde.

Il remettra en honneur le véritable nationalisme, celui qui, renonçant à se concentrer sur lui-même, se dépasse pour atteindre la collaboration internationale.

Cette collaboration, la France est prête à la rechercher dans tous les domaines, avec tous ses voisins. Elle sait d'ailleurs que, quelle que soit la carte politique de l'Europe et du monde, le problème des rapports franco-allemands, si criminellement traité dans le passé, continuera de déterminer son avenir.

Sans doute, l'Allemagne peut-elle, au lendemain de sa victoire sur nos armes, choisir entre une paix traditionnelle d'oppression et une paix toute nouvelle de collaboration.

A la misère, aux troubles, aux répressions et sans doute aux conflits que susciterait une nouvelle paix faite « à la manière du passé », l'Allemagne peut préférer une paix vivante pour le vainqueur, une paix génératrice de bien-être pour tous.

Le choix appartient d'abord au vainqueur ; il dépend aussi du vaincu.

Si toutes les voies nous sont fermées, nous saurons attendre et souffrir.

Si un espoir, au contraire, se lève sur le monde, nous saurons dominer notre humiliation, nos deuils, nos ruines; en présence d'un vainqueur qui aura su dominer sa victoire, nous saurons dominer notre défaite.

POLITIQUE INTÉRIEURE : UN RÉGIME HIÉRARCHIQUE ET SOCIAL

Le régime nouveau sera une hiérarchie sociale. Il ne reposera plus sur l'idée fausse de l'égalité naturelle des hommes, mais sur l'idée nécessaire de l'égalité des « chances » données à tous les Français de prouver leur aptitude à « servir ».

Seuls le travail et le talent deviendront le fondement de la hiérarchie française. Aucun préjugé défavorable n'atteindra un Français du fait de ses origines sociales, à la seule condition qu'il s'intègre dans la France nouvelle et qu'il lui apporte un concours sans réserve. On ne peut faire disparaître la lutte des classes, fatale à la nation, qu'en faisant disparaître les causes qui ont formé ces classes et les ont dressées les unes contre les autres.

Ainsi renaîtront les élites véritables que le régime passé a mis des années à détruire, et qui constitueront les cadres nécessaires au développement du bien-être et de la dignité de tous.

Certains craindront peut-être que la hiérarchie nouvelle détruise une liberté à laquelle ils tiennent et que leurs pères ont conquise au prix de leur sang.

Qu'ils soient sans inquiétude.

L'autorité est nécessaire pour sauvegarder la liberté de l'État, garantie des libertés individuelles, en face des coalitions d'intérêts particuliers. Un peuple n'est plus libre, en dépit de ses bulletins de vote, dès que le gouvernement qu'il a librement porté au pouvoir, devient le prisonnier de ces coalitions.

Que signifierait d'ailleurs, en 1940, la liberté — l'abstraite liberté — pour un ouvrier chômeur ou pour un petit patron ruiné, sinon la liberté de souffrir sans recours, au milieu d'une nation vaincue ?

Nous ne perdrons, en réalité, certaines apparences trompeuses de la liberté que pour mieux en sauver la substance.

L'histoire est faite d'alternances entre des périodes d'autorité dégénérant en tyrannie, et des périodes de liberté engendrant la licence. L'heure est venue pour la France de substituer à ces alternances douloureuses une conjonction harmonieuse de l'autorité et des libertés.

Le caractère hiérarchique du nouveau régime est inséparable de son caractère social.

Mais ce caractère social ne peut se fonder sur des déclarations théoriques. Il doit apparaître dans les faits. Il doit se traduire par des mesures immédiates et pratiques.

Tous les Français, ouvriers, cultivateurs, fonctionnaires, techniciens, patrons ont d'abord le devoir de travailler. Ceux qui méconnaîtraient ce devoir ne mériteraient plus leur qualité de citoyen. Mais tous les Français ont également droit au travail. On conçoit aisément que, pour assurer l'exercice de ce droit et la sanction de ce devoir, il faille introduire une révolution profonde dans tout notre vieil appareil économique.

Après une période transitoire, pendant laquelle les travaux d'équipement devront être multipliés et répartis sur tout le territoire, nous pourrons, dans une économie organisée, créer des centres durables d'activité où chacun trouvera la place et le salaire que ses aptitudes lui méritent.

Les solutions, pour être efficaces, devront être adaptées aux divers métiers. Telle solution qui s'impose pour l'industrie n'aurait aucune raison d'être pour l'agriculture familiale, qui constitue la principale base économique et sociale de la France.

Mais il est des principes généraux qui s'appliqueront à tous les métiers.

Ces métiers seront organisés et leur organisation s'imposera à tous.

Les organisations professionnelles traiteront de tout ce qui concerne le métier, mais se limiteront au seul domaine professionnel. Elles assureront, sous l'autorité de l'État, la rédaction et l'exécution des conventions de travail. Elles garantiront la dignité de la personne du travailleur, en améliorant ses conditions de vie, jusque dans sa vieillesse.

Elles éviteront enfin les conflits, par l'interdiction absolue des « lock-out » et des grèves, par l'arbitrage obligatoire des tribunaux du travail.

POLITIQUE ÉCONOMIQUE : L'ÉCONOMIE COORDONNÉE ET LA MONNAIE AU SERVICE DE L'ÉCONOMIE

Le régime économique de ces dernières années faisait apparaître les mêmes imperfections et les mêmes contradictions que le régime politique.

Sur le plan parlementaire : apparence de liberté.

Sur le plan de la production et des échanges : apparence de libéralisme, mais en fait, asservissement aux puissances d'argent et recours de plus en plus large aux interventions de l'État. Cette dégradation du libéralisme économique s'explique d'ailleurs aisément.

La libre concurrence était, à la fois, le ressort et le régulateur du régime libéral. Le jour où les coalitions et les trusts brisèrent ce mécanisme essentiel, la production et les prix furent livrés, sans défense, à l'esprit de lucre et de spéculation.

Ainsi se déroulait ce spectacle révoltant de millions d'hommes manquant du nécessaire, en face de stocks invendus et même détruits, dans le seul dessein de soutenir les cours des matières premières.

Ainsi s'annonçait la crise mondiale.

Devant la faillite universelle de l'économie libérale, presque tous les peuples se sont engagés dans la voie d'une économie nouvelle. Nous devons nous y engager à notre tour et, par notre énergie et notre foi, regagner le temps perdu.

Deux principes essentiels nous guideront : l'économie doit être organisée et contrôlée. La coordination par l'État des activités privées doit briser la puissance des trusts et leur pouvoir de corruption. Bien loin donc de brider l'initiative individuelle, l'économie doit la libérer de ses entraves actuelles, en la subordonnant à l'intérêt national.

La monnaie doit être au service de l'économie ; elle doit permettre le plein essor de la production, dans la stabilité des prix et des salaires.

Une monnaie saine est, avant tout, une monnaie qui permet de satisfaire aux besoins des hommes. Notre nouveau système monétaire ne devra donc affecter l'or qu'à la garantie des règlements extérieurs. Il mesurera la circulation intérieure aux nécessités de la production.

Un tel système implique un double contrôle :

sur le plan international, contrôle du commerce extérieur et des changes pour subordonner aux nécessités nationales l'emploi des signes monétaires sur les marchés étrangers ;

sur le plan intérieur, contrôle vigilant de la consommation et des prix, afin de maintenir le pouvoir d'achat de la monnaie, d'empêcher les dépenses excessives et d'apporter plus de justice dans la répartition des produits.

Ce système ne porte aucune atteinte à la liberté des hommes, si ce n'est à la liberté de ceux qui spéculent, soit par intérêt personnel, soit par intérêt politique.

Il n'est conçu qu'en fonction de l'intérêt national. Il devra, dans les dures épreuves que nous traversons, s'exercer avec une entière rigueur.

Que la classe ouvrière et la bourgeoisie fassent, ensemble, un immense effort pour échapper aux routines de paresse et prennent conscience de leur intérêt commun de citoyen, dans une nation désormais unie.

CONCLUSION

Telle est, aujourd'hui, Français, la tâche à laquelle je vous convie.

Il faut reconstruire. Cette reconstruction, c'est avec vous que je veux la faire.

La Constitution sera l'expression juridique de la Révolution déjà commencée dans les faits, car les institutions ne valent que par l'esprit qui les anime.

Une révolution ne se fait pas seulement à coups de lois et de décrets. Elle ne s'accomplit que si la Nation la comprend et l'appelle, que si le peuple accompagne le gouvernement dans la voie de la rénovation nécessaire.

Bientôt, je vous demanderai de vous grouper pour qu'ensemble, réunis autour de moi, en communion avec les anciens combattants déjà formés en légion, vous meniez cette révolution jusqu'à son terme, en ralliant les hésitants, en brisant les forces hostiles et les intérêts coalisés, en faisant régner, dans la France nouvelle, la véritable fraternité nationale.

ANNEXE 3. CIRCULAIRE D'YVES BOUTHILLIER : « UNE RÉVOLUTION NATIONALE S'ACCOMPLIT EN FRANCE. »

MINISTÈRE
DES FINANCES.

LE MINISTRE.

Paris, le 25 septembre 1940.

LE MINISTRE, SECRÉTAIRE D'ÉTAT AUX FINANCES,

aux Fonctionnaires et Agents de l'Administration des Finances.

Une révolution nationale s'accomplit en France.

Elle était nécessaire.

A bien des indices on pouvait voir qu'elle était en marche dès avant la guerre; la défaite de nos armes l'a précipitée.

Depuis longtemps notre système politique vieilli ne fonctionnait plus. Le Parlement avait été contraint d'abandonner progressivement ses prérogatives essentielles au pouvoir exécutif, mais celui-ci n'était pas assez fort pour les exercer pleinement.

Au système qui s'est écroulé, il faut substituer un ordre nouveau. Cet ordre nouveau, défini par le Chef de l'État, est à la fois national et révolutionnaire.

Il est national en ce sens qu'il s'efforce de sauvegarder après la défaite l'héritage commun de tous les Français.

Il est révolutionnaire parce qu'il veut rompre avec les méthodes, les mensonges et les erreurs du passé.

Les trois grandes idées qui l'inspirent et qui l'animent sont celles de Travail, de Famille et de Patrie.

Il répudie les luttes stériles de parti et de classe. Il veut qu'à des conflits souvent apparents se substitue une claire conscience de la solidarité de tous les citoyens; il pense que seule, l'union de tous les Français dans un effort persévérant assurera le relèvement de la France.

*
* *

Vous serez parmi les principaux artisans de la rénovation de la Patrie. L'Administration des Finances a toujours été un des éléments les plus solides de la Nation. Gardez précieusement les grandes traditions de travail, de discipline et de probité qui ont fait sa cohésion et sa force.

Votre action s'exerçait essentiellement dans le domaine financier, elle déborde désormais largement dans le domaine économique. L'importance de votre rôle dans la vie de la Nation s'en trouve fortement accrue. Tous vos soins étaient dirigés vers l'alimentation du Trésor public et le strict contrôle de ses dépenses; vous devez continuer à assurer cette mission avec vigilance.

Mais la politique nouvelle vous impose aussi et surtout de concourir au relèvement de l'économie; les circonstances présentes confèrent à cette œuvre une sorte de primauté. Vous aurez ainsi à développer votre esprit d'initiative et vos qualités d'animateur. Ne mesurez pas votre dépense d'énergie, craignez plutôt de ne pas agir suffisamment.

Vos responsabilités sont plus lourdes. Je sais que vous n'en serez pas effrayés et que votre ardeur à servir sera à la mesure du rôle qui vous est dévolu.

*
* *

Jamais les circonstances n'ont rendu plus nécessaire un contact étroit entre les chefs et les agents des Administrations. Les mêmes circonstances rendent malheureusement ce contact difficile. Je tiens à vous assurer que je n'épargnerai aucun effort pour l'établir ou pour le maintenir entre nous.

Comptez sur votre Ministre pour que vos désignations et vos promotions ne soient jamais provoquées par un néfaste favoritisme. Le jeu des partis nous a conduits au désastre. Il n'y a plus désormais qu'un parti : celui de l'intérêt public.

Aucune opinion professée naguère ne sera un titre à la malveillance gouvernementale. Mais aucun agent de l'État ne doit obéir à d'autres chefs que ceux dont il relève dans l'Administration dont il fait partie. Toute activité tendant à ranimer les anciennes discordes ou à en faire naître de nouvelles sera immédiatement réprimée.

Notre grand corps doit être homogène et sain; il doit constituer un bloc sans fissure dans la France rénovée.

Pour l'ordre nouveau, je compte sur vous. A cette renaissance nationale, vous consacrerez, j'en suis sûr, le meilleur de vous-même et vous donnerez à vos concitoyens les leçons de votre exemple.

Yves BOUTHILLIER.

Imprimerie Nationale. — J. 17070-40.

Annexe 4. Les statuts des juifs des 3 octobre 1940 et 2 juin 1941

18 Octobre 1940 JOURNAL OFFICIEL DE LA REPUBLIQUE FRANÇAISE 5323

Les actes portant ouverture de crédits application de l'article 52 du décret 31 mai 1862, de l'article 39 de la loi 31 décembre 1907 et de l'article 6 du cret du 25 juin 1934;

Les actes portant transfert de crédits ur la réalisation de simples modificans d'ordre.

Art. 2. — Le présent décret sera publié Journal officiel et exécuté comme loi l'Etat.

Fait à Vichy, le 15 octobre 1940.

PH. PÉTAIN.

Par le Maréchal de France, chef de l'Etat français:

ministre secrétaire d'Etat aux finances,

YVES BOUTHILLIER.

l portant à 1.500 fr. la limite relative à l'admission de la preuve testimoniale pour les payements de l'Etat, des départements, des communes et des établissements publics.

Nous, Maréchal de France, chef de l'Etat nçais,

Le conseil des ministres entendu,

Décrétons:

Art. 1er. — Sont portées à 1.500 fr. les nites relatives à l'admission de la preuve stimoniale qui ont été fixées à 500 fr. r l'article 27 de la loi du 27 décembre 23 et par l'article 322 de la loi du 13 juil- 1925, pour tous les payements à la arge de l'Etat, des départements, des mmunes et des établissements publics.

Art. 2. — Le présent décret sera publié Journal officiel et exécuté comme loi l'Etat.

Fait à Vichy, le 16 octobre 1940.

PH. PÉTAIN.

ar le Maréchal de France, chef de l'Etat français:

Le garde des sceaux, nistre secrétaire d'Etat à la justice,

RAPHAEL ALIBERT.

Le ministre secrétaire d'Etat aux finances,

YVES BOUTHILLIER.

LOI portant statut des juifs.

Nous, Maréchal de France, chef de l'Etat nçais,

Le conseil des ministres entendu,

Décrétons:

Art. 1er. — Est regardé comme juif, pour pplication de la présente loi, toute perne issue de trois grands-parents de race ive ou de deux grands-parents de la me race, si son conjoint lui-même est f.

Art. 2. — L'accès et l'exercice des foncns publiques et mandats énumérés cirès sont interdits aux juifs:

. Chef de l'Etat, membre du Gouvernent, conseil d'Etat, conseil de l'ordre national de la Légion d'honneur, cour de cassation, cour des comptes, corps des mines, corps des ponts et chaussées, inspection générale des finances, cours d'appel, tribunaux de première instance, justices de paix, toutes juridictions d'ordre professionnel et toutes assemblées issues de l'élection.

2. Agents relevant du département des affaires étrangères, secrétaires généraux des départements ministériels, directeurs généraux, directeurs des administrations centrales des ministères, préfets, sous-préfets, secrétaires généraux des préfectures, inspecteurs généraux des services administratifs au ministère de l'intérieur, fonctionnaires de tous grades attachés à tous services de police.

3. Résidents généraux, gouverneurs généraux, gouverneurs et secrétaires généraux des colonies, inspecteurs des colonies.

4. Membres des corps enseignants.

5. Officiers des armées de terre, de mer et de l'air.

6. Administrateurs, directeurs, secrétaires généraux dans les entreprises bénéficiaires de concessions ou de subventions accordées par une collectivité publique, postes à la nomination du Gouvernement dans les entreprises d'intérêt général.

Art. 3. — L'accès et l'exercice de toutes les fonctions publiques autres que celles énumérées à l'article 2 ne sont ouverts aux juifs que s'ils peuvent exciper de l'une des conditions suivantes:

a) Etre titulaire de la carte de combattant 1914-1918 ou avoir été cité au cours de la campagne 1914-1918;

b) Avoir été cité à l'ordre du jour au cours de la campagne 1939-1940;

c) Etre décoré de la Légion d'honneur à titre militaire ou de la médaille militaire.

Art. 4. — L'accès et l'exercice des professions libérales, des professions libres, des fonctions dévolues aux officiers ministériels et à tous auxiliaires de la justice sont permis aux juifs, à moins que des règlements d'administration publique n'aient fixé pour eux une proportion déterminée. Dans ce cas, les mêmes règlements détermineront les conditions dans lesquelles aura lieu l'élimination des juifs en surnombre.

Art. 5. — Les juifs ne pourront, sans condition ni réserve, exercer l'une quelconque des professions suivantes:

Directeurs, gérants, rédacteurs de journaux, revues, agences ou périodiques, à l'exception de publications de caractère strictement scientifique.

Directeurs, administrateurs, gérants d'entreprises ayant pour objet la fabrication, l'impression, la distribution, la présentation de films cinématographiques; metteurs en scène et directeurs de prises de vues, compositeurs de scénarios, directeurs, administrateurs, gérants de salles de théâtres ou de cinématographie, entrepreneurs de spectacles, directeurs, administrateurs, gérants de toutes entreprises se rapportant à la radiodiffusion.

Des règlements d'administration publique fixeront, pour chaque catégorie, les conditions dans lesquelles les autorités publiques pourront s'assurer du respect, par les intéressés, des interdictions prononcées au présent article, ainsi que les sanctions attachées à ces interdictions.

Art. 6. — En aucun cas, les juifs ne peuvent faire partie des organismes chargés de représenter les professions visées aux articles 4 et 5 de la présente loi ou d'en assurer la discipline.

Art. 7. — Les fonctionnaires juifs visés aux articles 2 et 3 cesseront d'exercer leurs fonctions dans les deux mois qui suivront la promulgation de la présente loi. Ils seront admis à faire valoir leurs droits à la retraite s'ils remplissent les conditions de durée de service; à une retraite proportionnelle s'ils ont au moins quinze ans de service; ceux ne pouvant exciper d'aucune de ces conditions recevront leur traitement pendant une durée qui sera fixée, pour chaque catégorie, par un règlement d'administration publique.

Art. 8. — Par décret individuel pris en conseil d'Etat et dûment motivé, les juifs qui, dans les domaines littéraire, scientifique, artistique, ont rendu des services exceptionnels à l'Etat français, pourront être relevés des interdictions prévues par la présente loi.

Ces décrets et les motifs qui les justifient seront publiés au *Journal officiel*.

Art. 9. — La présente loi est applicable à l'Algérie, aux colonies, pays de protectorat et territoires sous mandat.

Art. 10. — Le présent acte sera publié au *Journal officiel* et exécuté comme loi de l'Etat.

Fait à Vichy, le 3 octobre 1940.

PH. PÉTAIN.

Par le Maréchal de France, chef de l'Etat français:

Le vice-président du conseil,

PIERRE LAVAL.

Le garde des sceaux, ministre secrétaire d'Etat à la justice,

RAPHAEL ALIBERT.

Le ministre secrétaire d'Etat à l'intérieur,

MARCEL PEYROUTON.

Le ministre secrétaire d'Etat aux affaires étrangères,

PAUL BAUDOUIN.

Le ministre secrétaire d'Etat à la guerre,

Gl HUNTZIGER.

Le ministre secrétaire d'Etat aux finances,

YVES BOUTHILLIER.

Le ministre secrétaire d'Etat à la marine,

Al DARLAN.

Le ministre secrétaire d'Etat à la production industrielle et au travail,

RENÉ BELIN.

Le ministre secrétaire d'Etat à l'agriculture,

PIERRE CAZIOT.

N° 2332. — LOI du 2 juin 1941 remplaçant la loi du 3 octobre 1940 portant statut des juifs.

Nous, Maréchal de France, chef de l'Etat français,

Le conseil des ministres entendu,

Décrétons :

Art. 1er. — Est regardé comme juif :

1° Celui ou celle, appartenant ou non à une confession quelconque, qui est issu d'au moins trois grands-parents de race juive, ou de deux seulement si son conjoint est lui-même issu de deux grands-parents de race juive.

Est regardé comme étant de race juive le grand-parent ayant appartenu à la religion juive ;

2° Celui ou celle qui appartient à la religion juive, ou y appartenait le 25 juin 1940, et qui est issu de deux grands-parents de race juive.

La non-appartenance à la religion juive est établie par la preuve de l'adhésion à l'une des autres confessions reconnues par l'Etat avant la loi du 9 décembre 1905.

Le désaveu ou l'annulation de la reconnaissance d'un enfant considéré comme juif sont sans effet au regard des dispositions qui précèdent.

Art. 2. — L'accès et l'exercice des fonctions publiques et mandats énumérés ci-après sont interdits aux juifs :

1. Chef de l'Etat, membres du Gouvernement, du conseil d'Etat, du conseil de l'ordre national de la Légion d'honneur, de la cour de cassation, de la cour des comptes, du corps des mines, du corps des ponts et chaussées, de l'Inspection générale des finances, du corps des ingénieurs de l'aéronautique, des cours d'appel, des tribunaux de première instance, des justices de paix, des tribunaux répressifs d'Algérie, de tous jurys, de toutes juridictions d'ordre professionnel et de toutes assemblées issues de l'élection, arbitres.

2. Ambassadeurs de France, secrétaires généraux des départements ministériels, directeurs généraux, directeurs des administrations centrales des ministères, agents relevant du département des affaires étrangères, préfets, sous-préfets, secrétaires généraux des préfectures, inspecteurs généraux des services administratifs au ministère de l'intérieur, fonctionnaires de tous grades attachés à tous services de police.

3. Résidents généraux, gouverneurs généraux, gouverneurs et secrétaires généraux des colonies, inspecteurs des colonies.

4. Membres des corps enseignants.

5. Officiers et sous-officiers des armées de terre, de mer et de l'air, membres des corps de contrôle de la guerre, de la marine et de l'air, membres des corps et cadres civils des départements de la guerre, de la marine et de l'air, créés par les lois du 25 août 1940, du 15 septembre 1940, du 28 août 1940, du 18 septembre 1940 et du 29 août 1940.

6. Administrateurs, directeurs, secrétaires généraux dans les entreprises bénéficiaires de concessions ou de subventions accordées par une collectivité publique, titulaires de postes à la nomination du Gouvernement dans les entreprises d'intérêt général.

Art. 3. — Les juifs ne peuvent occuper, dans les administrations publiques ou les entreprises bénéficiaires de concessions ou de subventions accordées par une collectivité publique, des fonctions ou des emplois autres que ceux énumérés à l'article 2, que s'ils remplissent l'une des conditions suivantes :

a) Etre titulaire de la carte du combattant, instituée par l'article 101 de la loi du 19 décembre 1926 ;

b) Avoir fait l'objet, au cours de la campagne 1939-1940, d'une citation donnant droit au port de la Croix de guerre instituée par le décret du 28 mars 1941 ;

c) Etre décoré de la Légion d'honneur ou de la médaille militaire pour faits de guerre ;

d) Etre pupille de la nation ou ascendant, veuve ou orphelin de militaire mort pour la France.

Art. 4. — Les juifs ne peuvent exercer une profession libérale, une profession commerciale, industrielle ou artisanale, ou une profession libre, être titulaires d'une charge d'officier public ou ministériel, ou être investis de fonctions dévolues à des auxiliaires de justice, que dans les limites et les conditions qui seront fixées par décrets en conseil d'Etat.

Art. 5. — Sont interdites aux juifs les professions ci-après :

Banquier, changeur, démarcheur;

Intermédiaire dans les bourses de valeurs ou dans les bourses de commerce;

Agent de publicité;

Agent immobilier ou de prêts de capitaux;

Négociant de fonds de commerce, marchand de biens;

Courtier, commissionnaire;

Exploitant de forêts;

Concessionnaire de jeux;

Editeur, directeur, gérant, administrateur, rédacteur, même au titre de correspondant local, de journaux ou d'écrits périodiques, à l'exception des publications de caractère strictement scientifique ou confessionnel;

Exploitant, directeur, administrateur, gérant d'entreprises ayant pour objet la fabrication, l'impression, la distribution ou la présentation de films cinématographiques, metteur en scène, directeur de prises de vues, compositeur de scénarios;

Exploitant, directeur, administrateur, gérant de salles de théâtre ou de cinématographie;

Entrepreneur de spectacles;

Exploitant, directeur, administrateur, gérant de toutes entreprises se rapportant à la radiodiffusion.

Des règlements d'administration publique fixeront pour chaque catégorie les conditions d'application du présent article.

Art. 6. — En aucun cas, les juifs ne peuvent faire partie des organismes chargés de représenter les professions visées aux articles 4 et 5 de la présente loi ou d'en assurer la discipline.

Art. 7. — Les fonctionnaires juifs visés aux articles 2 et 3 sont admis à faire valoir les droits définis ci-après :

1° Les fonctionnaires soumis au régime de la loi du 14 avril 1924 recevront une pension d'ancienneté avec jouissance immédiate s'ils réunissent le nombre d'années de service exigé pour l'ouverture du droit à cette pension.

Si, sans remplir cette condition, ils ont accompli au moins quinze années de services effectifs, ils bénéficieront avec jouissance immédiate d'une pension calculée à raison, soit d'un trentième du minimum de la pension d'ancienneté pour chaque année de services de la catégorie A, soit d'un vingt-cinquième pour chaque année de services de la catégorie B ou de services militaires. Le montant de cette pension ne pourra excéder le minimum de la pension d'ancienneté augmenté, le cas échéant, de la rémunération des bonifications pour services hors d'Europe et des bénéfices de campagne;

2° Les fonctionnaires soumis au régime de la caisse nationale des retraites pour la vieillesse obtiendront, s'ils comptent au moins quinze ans de services effectifs, la jouissance immédiate d'une allocation annuelle égale au montant de la rente vieillesse qui leur serait acquise à l'époque de la cessation de leurs fonctions si leurs versements réglementaires avaient été effectués dès l'origine à capital aliéné. Cette allocation cessera de leur être attribuée à compter de la date d'entrée en jouissance de leur rente sur la caisse nationale des retraites;

3° Les fonctionnaires des départements, communes ou établissements publics qui possèdent une caisse spéciale de retraites bénéficieront, avec jouissance immédiate, de la pension d'ancienneté ou de la pension proportionnelle fixée par leur règlement de retraites, s'ils remplissent les conditions de durée de services exigées pour l'ouverture du droit à l'une de ces pensions;

4° Les agents soumis au régime de la loi sur les assurances sociales et comptant au moins quinze années de services effectifs recevront, de la collectivité ou établissement dont ils dépendent, une allocation annuelle égale à la fraction de la rente vieillesse constituée par le versement de la double contribution durant toute la période où ils sont restés en service. Cette allocation cessera de leur être attribuée à compter de la date d'entrée en jouissance de ladite rente;

5° Les fonctionnaires tributaires de la caisse intercoloniale de retraites ou des caisses locales, et comptant au moins quinze années de services effectifs, bénéficieront d'une pension dans les conditions qui seront déterminées par un règlement d'administration publique;

6° Les fonctionnaires et agents ne remplissant pas les conditions requises pour pouvoir bénéficier des pensions et allocations ci-dessus recevront leur traitement pendant une durée qui sera fixée par un règlement d'administration publique;

7° La situation des ouvriers des établissements militaires et industriels de l'Etat sera réglée par une loi spéciale.

Les fonctionnaires ou agents juifs visés par les articles 2 et 3 de la loi du 3 octobre 1940 sont considérés comme ayant cessé leurs fonctions à la date du 20 décembre 1940.

Les fonctionnaires ou agents qui sont atteints par les nouvelles interdictions édictées par la présente loi cesseront leurs fonctions dans le délai de deux mois après la publication de celle-ci.

L'application des dispositions de la présente loi aux prisonniers de guerre est différée jusqu'à leur retour de captivité.

Les fonctionnaires ou agents juifs visés aux articles 2 et 3 et actuellement prisonniers de guerre cesseront d'exercer leurs fonctions deux mois après leur retour de captivité.

Les dispositions de la présente loi ne seront applicables aux ascendants, conjoint ou descendants d'un prisonnier de guerre que dans un délai de deux mois après la libération de ce prisonnier.

En ce qui concerne les personnels en service outre-mer, un décret rendu sur la proposition des secrétaires d'Etat intéressés déterminera les conditions de la cessation de leurs fonctions.

Art. 8. — Peuvent être relevés des interdictions prévues par la présente loi, les juifs:

1° Qui ont rendu à l'Etat français des services exceptionnels;

2° Dont la famille est établie en France depuis au moins cinq générations et a rendu à l'Etat français des services exceptionnels.

Pour les interdictions prévues par l'article 2, la décision est prise par décret individuel pris en conseil d'Etat sur rapport du commissaire général aux questions juives et contresigné par le secrétaire d'Etat intéressé.

Pour les autres interdictions, la décision est prise par arrêté du commissaire général aux questions juives.

Le décret ou l'arrêté doivent être dûment motivés.

Les dérogations accordées en vertu des dispositions qui précèdent n'ont qu'un caractère personnel et ne créeront aucun droit en faveur des ascendants, descendants, conjoint et collatéraux des bénéficiaires.

Art. 9. — Sans préjudice du droit pour le préfet de prononcer l'internement dans un camp spécial, même si l'intéressé est Français, est puni

1° D'un emprisonnement de six mois à deux ans et d'une amende de 500 fr. à 10.000 fr., ou de l'une de ces deux peines seulement, tout juif qui s'est livré ou a tenté de se livrer à une activité qui lui est interdite par application des articles 4, 5 et 6 de la présente loi;

2° D'un emprisonnement de un an à cinq ans et d'une amende de 1.000 fr. à 20.000 fr., ou de l'une de ces deux peines seulement, tout juif qui se sera soustrait ou aura tenté de se soustraire aux interdictions édictées par la présente loi, au moyen de déclarations mensongères ou de manœuvres frauduleuses.

Le tribunal peut, en outre, ordonner la fermeture de l'établissement.

Art. 10. — Les fonctionnaires ayant cessé leurs fonctions par application de la loi du 3 octobre 1940 et qui peuvent se prévaloir des dispositions de la présente loi, sont admis à solliciter leur réintégration dans des conditions qui seront fixées par décret en conseil d'Etat.

Art. 11. — La présente loi est applicable à l'Algérie, aux colonies, pays de protectorat, en Syrie et au Liban.

Art. 12. — La loi du 3 octobre 1940, modifiée par les lois du 3 avril et du 11 avril 1941, est abrogée; les règlements et les décrets pris pour son application sont maintenus en vigueur jusqu'à ce qu'ils soient modifiés s'il y a lieu par des règlements et des décrets nouveaux.

Art. 13. — Le présent décret sera publié au *Journal officiel* et exécuté comme loi de l'Etat.

Fait à Vichy, le 2 juin 1941.

PH. PÉTAIN.

Par le Maréchal de France, chef de l'Etat français:

L'amiral de la flotte, vice-président du conseil, ministre secrétaire d'Etat aux affaires étrangères, à l'intérieur et à la marine,

Al DARLAN.

Le garde des sceaux, ministre secrétaire d'Etat à la justice,

JOSEPH BARTHÉLEMY.

Le ministre secrétaire d'Etat à l'économie nationale et aux finances,

YVES BOUTHILLIER.

Le général d'armée, ministre secrétaire d'Etat à la guerre,

Gl HUNTZIGER.

Le ministre secrétaire d'Etat à l'agriculture,

PIERRE CAZIOT.

Annexe 5. Extrait de la réunion interministérielle du 16 décembre 1940

[...] – Pour les exceptions dont *(sic)* M. le Directeur faisait allusion tout à l'heure et l'éventualité d'une extension de ces exceptions aux veuves et aux orphelins ou même aux Anciens combattants, sur ce point le Secrétariat Général des Anciens Combattants a un projet qui va extrêmement loin (lecture du projet). Ceci va évidemment extrêmement loin. Les ascendants, je ne crois pas qu'il puisse en être question. Vous avez le cas aussi d'un fils dont le père a été tué à l'ennemi. C'est tout de même un cas, purement personnel, mais il y a des exemples et c'est gros de conséquences. C'est encore une question de politique générale d'application de la loi.

– Tout à l'heure nous avons en somme, après discussion, conclu qu'il fallait se méfier des gens de race juive, par conséquent les éliminer des administrations centrales. Maintenant, votre idée est contraire.

– En effet, les actes de courage de l'intéressé ne peuvent préjuger en rien que les membres de la famille auront les mêmes qualités.

– *M. Lagrange.* – Cette question est importante. Nous allons vous demander de voter cette question. Que ceux qui seraient d'avis de ne pas apporter de dérogation veuillent bien lever la main. Ce n'est pas une question d'équité, c'est une question de politique. Nous sommes extrêmement gênés parce que nous n'avons aucun renseignement sur les travaux préparatoires de la loi.

– *Mlle Laveissières.* – Il y a tout de même une question qui se pose : est-ce que l'on doit être aussi rigides vis-à-vis de Juifs que vis-à-vis d'enfants étrangers ? Est-ce que nous sommes plus sûrs de l'attachement des enfants d'étrangers ?

– *M. Delvolvé.* – Certainement. Le Juif fait partie d'une communauté nationale.

– Mon avis est de faire une distinction entre le fils ou la veuve d'un homme qui a la carte du Combattant. Au contraire, être le fils ou la veuve d'un homme qui a été tué à l'ennemi, c'est autre chose.

– *M. Delvolvé.* – Il y a l'homme tué à l'ennemi et l'homme décoré purement et simplement.

– Je propose de ne pas faire de distinction. Le texte proposé est très large. On pourrait peut-être même le restreindre. C'est un moyen terme.

– *M. Lagrange.* – Je regrette simplement que le Secrétariat Général des Anciens Combattants ne soit pas là. Mais puisque vous insistez, Monsieur le Directeur, je vais vous demander si vous restreindriez au fils ?

– Il faudrait voir de près dans nos services.

– *M. Lagrange.* – C'est une question de principe.

– *M. le Contrôleur Migeon.* – C'est d'autant plus dangereux que l'on pouvait espérer certaines sympathies de la part des Juifs, tandis que maintenant, ces sympathies, il ne faut plus y compter. Par conséquent, si vous introduisez des exceptions, vous introduisez des ennemis.

– *M. Lagrange.* – Voulez-vous que nous restreignons ce vote à la question de savoir s'il est entendu que personne n'insiste pour un texte aussi général que celui posé par les Anciens Combattants, c'est-à-dire, qu'il ne soit pas question des ascendants, ni même d'une manière générale des fils et veuves de ceux qui remplissent les conditions de la carte du combattant? Il s'agirait simplement de la veuve de celui qui a été tué à l'ennemi ou de son descendant.

– Je crois que l'on peut se montrer généreux par d'autres moyens vis-à-vis des fils de père tué à la guerre sans mettre en cause des principes d'équité ou de sentiments.

– *M. Lagrange.* – Cela est autre chose. Remarquez que c'est la loi elle-même qui a prévu des exceptions, dans un esprit tout de même de sentiment. Il s'agit de savoir précisément à qui on doit étendre la loi ou ne pas l'étendre. Je vais mettre aux voix la question. Que ceux qui sont d'avis d'apporter à la loi une extension qui serait limitée aux fils de ceux qui ont été tués à l'ennemi et aux veuves veuillent bien lever la main. Deux voix *.

---

* Dix-huit personnes participaient à cette réunion.

ANNEXE 6. UNE NOTE DE LA DIRECTION DU BUDGET SUR UNE DIFFICULTÉ D'APPLICATION DU STATUT DES JUIFS

18 JUIN 1941

U BUDGET
ureau
raitements

LE MINISTRE
SECRÉTAIRE D'ETAT A L'ECONOMIE NATIONALE
ET AUX FINANCES

à Monsieur le Secrétaire d'Etat à
l'EDUCATION NATIONALE ET A LA JEUNESSE
Secrétariat Général de l'Instruction Publique
Direction de l'enregistrement technique
- 1er bureau -

'article
octobre
onnaire
ention

Vous avez bien voulu me demander s'il convenait de faire bénéficier des allocations prévues par l'article 7 de la loi du 3 Octobre 1940, portant statut des Juifs, un ancien professeur israélite se trouvant en détention préventive pour propagande communiste.

Vous indiquez que, s'il s'agissait d'un fonctionnaire se trouvant dans une situation normale il serait fait application de la régle d'aprés laquelle sauf exceptions expréssément prévues par la loi, il ne peut être attribué de traitement que pour les périodes pendant lesquelles des services ont été accomplis. Toutefois, vous estimez que les allocations prévues par l'article 7 de la loi précitée pour les fonctionnaires juifs tenus de quitter leur emploi avant de réunir 15 ans de service, ont plutôt le caractère d'une indemnité de licenciement et vous inclinez à penser que l'intéressé ne saurait en être privé.

/...

\- 2 -

J'ai l'honneur de vous faire connaître que si la mise en détention préventive du Professeur dont il s'agit a eu lieu après l'expiration du délai de deux mois prévu par la loi du 3 octobre 1940, pour la radiation des cadres des fonctionnaires israélites et alors que l'intéressé avait déjà reçu application de cette loi, il me paraît qu'aucune disposition ne permet de le priver des prestations prévues par ledit texte.

Par contre, si la détention est intervenue avant radiation des cadres dans le délai régulier et si elle entraîne révocation de l'intéressé, il devrait lui être fait application des dispositions de ladite loi du 3 octobre 1940 et en conséquence, aucun avantage ne pourrait lui être accordé à ce titre.

Pour le Ministre et par Autorisation
Le Directeur du Budget
Signé : J. JARDEL

Annexe 7. Bilan d'application des statuts des juifs (avril 1942)

MINISTÈRE	loi du 3 oct. 1940	loi du 2 juin 1941	TOTAL	zone occupée	zone non occupée
Justice	59	0	**59**	31	28
Affaires étrangères	14	0	**14**	0	14
Intérieur	20	5	**25**	16	9
Finances	115	54	**169**	85	84
Guerre	697	164	**861**	2	859
Marine	165	2	**167**	0	167
Aviation	213	43	**256**	7	249
Éducation nationale	986	125	**1111**	426	685
Famille	11	0	**11**	7	4
Agriculture	18	1	**19**	9	10
Ravitaillement	0	22	**22**	0	22
Production industrielle	25	0	**25**	9	16
Travail	16	25	**41**	36	5
Transports, travaux publics	49	1	**50**	29	21
PTT	481	64	**545**	96	449
Colonies	41	6	**47**	0	47
TOTAL	**2 910**	**512**	**3 422**	**753**	**2 669**

ANNEXE 8. BILAN D'APPLICATION DE LA LOI DU 17 JUILLET 1940 (au 29 avril 1941)

Ministère	Nombre d'agents relevés de fonctions			reclassés	Observations
	hauts fonct. *	*autres*	*total*		
Affaires étrangères	0	1	1	0	20 agents révoqués 16 retraites par anticipation *Prorogation inutile*
Intérieur					*Proroger jusqu'au 30 juin1941*
inspection générale	1	-	1	0	
administration centrale	2	7	9	0	
service intérieur	-	8	8	0	
préfets	39	-	39	14	+ 5 en instance de reclassement
sous-préf. et secr. gén[x]	-	30	30	1	+ 27 en instance de reclassement
conseillers de préfecture	-	1	1	0	
chefs de cab. de préfet	-	2	2	1	
commissaires de police	-	60	60	26	dont un stagaire non titulaire
inspecteurs de police	-	58	58	21	dont 11 stagiaires non titulaires
st gén. anciens combat.	-	115	115	0	
employés de préfecture	-	133	133	0	
agents départementaux	-	361	361	-	+ détachés remis à la disposition de leurs administrations d'origine
agents communaux	-	2359	2359		
service vicinal	-	153	153	30**	
Marine militaire	1	534	535	2	*Proroger jusqu'au 31.12.1941*
Guerre					*Proroger jusqu'au 31.12.1941*
administration centrale	2	111	113	5	en cours : 5 fonctionnaires
services extérieurs	-	558	558	0	en cours : 950 fonctionnaires et ouvriers (en zone occupée)
Justice					*Prorogation nécessaire*
Conseil d'État	4	-	4	1	retraite d'office : 1 conseiller d'État,
cours et tribunaux	3	44	47	2	1 procureur général, 3 conseillers Cour de cassation 1 juge de paix
juges de paix	-	47	47	0	

* Grade supérieur ou égal à celui de sous-directeur d'administration centrale ou assimilé
** 30 reclassements au total pour les trois catégories (agents départementaux, agents communaux, service vicinal)

Ministère	Nombre d'agents relevés de fonctions			reclassés	Observations
	hauts fonct.	*autres*	*total*		
Finances	14	1152	1166	274	Le travail «d'épuration» est achevé en ce qui concerne le ministère des Finances ; il se poursuit pour les manufactures de l'État
Aviation	5	93	98	0	*Proroger jusqu'au 31.12.1941*
Agriculture					*Proroger jusqu'au 31.03.1942 ;*
administration centrale	1	17	18	3	des textes permettant de
Eaux et forêts	4	71	75	2	relever les fonctionnaires
autres	1	37	38	2	sans formalités mais sous certaines garanties devraient intervenir à titre définitif
Éducation nationale					*Prorogation inutile ;*
administration centrale	2	6	8	0	un texte devrait
ens. supérieur	4	14	18	1	permettre de relever de
ens. secondaire	0	165	165	10	ses fonctions après enquête
ens. primaire	2	192	194	6	tout fonctionnaire ayant
ens. technique	0	28	28	0	commis une faute profession-
beaux-arts	0	25	25	0	nelle ou ayant eu une attitude
jeunesse et sports	0	2	2	0	antinationale
Famille et Santé	4	23	27	2	*Prorogation inutile*
Ravitaillement	2	4	6	2	autres emplois tous temporaires
Travail					*Prorogation inutile*
administration centrale	3	3	6	2	établir des dispositions
inspection du travail	-	3	3	1	statutaires spéciales donnant
serv. rég. d'ass. maladie	-	25	25	4	des garanties aux intéressés
Communications					*Prorogation inutile*
travaux et transports	7	238	245	5	dont 241 pour motifs professionnels
PTT	2	438	440	141	dont 314 pour motifs professionnels
Colonies					*Proroger jusqu'au 31.07.1941*
fonctionnaires d'État	3	24	27	2	
fonctionnaires locaux	0	116	116	0	

ANNEXE 9. LES COMPLEXITÉS DE L'EXCLUSION

Catégories	Date d'effet	Compensation
Fonctionnaires relevés de leur fonction : aux termes de l'art II2 de la loi du I4.9.I94I, la période de l'application de la loi du I7.7.I940 prorogée par les lois des 23 Octobre I940 ne prendra fin dans chaque administration qu'à la date de publication des règlements d'administration publique	Immédiat	3 mois de traitement avec possibilité de reclassement
Fonctionnaires fils d'étrangers. Loi du I7.7.I940, loi du I4 Août I940, loi n° 726 du I9 Août I942 modifiant la loi du 3 Avril I94I.	Arrêté ministériel ou préfectoral à intervenir (art. 5 de la loi du 3 Avril I94I)	les décrets d'habilitation prévus par l'art. 3 de la Loi du 3 Avril I94I peuven être rapportés par décret pris sur la proposition du Chef du Gouvernement
Fonctionnaires Juifs – Loi du 2 Juin I94I remplaçant la loi du 3 Octobre I940 modifiée par la loi du 3 Avril I94I.	- ceux visés par les art. 2 & 3 de la loi I940, sont considérés comme ayant cessé leur fonction à la date du 20 Décembre I940. - ceux atteints par la loi du 2 Juin I94I cesseront leurs fonctions dans le délai de deux mois. - L'application des dispositions de cette loi aux prisonniers de guerre est différée jusqu'à leur retour de captivité.	Peuvent être relevés de l' interdiction, les bénéficia res de l'art. 8 de la Loi 2 Juin I94I. Voir circul. 26 Janvier I942 pour l'app cation de la loi du 2 Juin I94I.
Fonctionnaires anciens dignitaires des sociétés secrètes loi II Août I94I, ou ayant fait une fausse déclaration concernant leur participation aux Associations secrètes (Loi du I3 Août I940)	démissionnaires d'office sous réserve de droits à pension.	- réintégration dans les fonctions antérieures - reclassement dans toute autre fonction à moins qu'il n'y ait maintien des décisions prises (loi du I0 Novemb I94I)
Fonctionnaires du sexe féminin bénéficiaires des dispositions de la Loi du I4 Avril I924 et qui auront 50 ans d'âge avant le 3I Juillet I94I (art. 4 de la loi 3.4.I94I abrogeant l' art. 8 de la loi du II.I0.40) Fonctionnaires mariés du sexe féminin art. 4 de la loi du 3 Avril I94I abrogeant l'art. 7 de la loi du II Octobre I940	Les dispositions des articles I à 3 et 7 3 Avril I94I sont suspendues. Les conditions lois sur	
Fonctionnaires du sexe féminin non mariées de moins de 28 ans loi du II Octobre I940 article 4	Sur demande	Réintégration possible en cas de dissolution du mar ge à l'exception du divor prononcé à leurs torts exclusifs.

Réglement définitif		
- de I5 ans de services	+ I5 ans & - 30 ans de services	+ 30 an[s] de service[s]
disponibilité spéciale avec indemnité attribuée de 4 à 9 mois égale à la moitié des émoluments soumis à retenue et de l'indemnité de résidence augmentée s'il y a lieu de la totalité des allocations familiales (pour les modalités d'application voir le décret du I8 Septembre 1940)	Pension proportionnelle à jouissance immédiate	Pensio[n] d'ancien[neté] à jouissanc[e] immédiate
indemnité égale au produit par le nombre d'années de service, du montant mensuel de traitement, indemnités et charges. Cette indemnité doit être au moins égale à celle qu'obtiendrait un agent ayant 6 ans de service (v. art.IO de la Loi 3.4.4I)		
Montant du dernier traitement + supplément colonial indemnité de résidence, indemnité spéciale temporaire, indemnités pour charges militaires et allocations familiales pendant une période calculée à raison de 2 mois par année. Pour les différentes modalités d'application voir le décret 3 Février 1942 portant règlement d'administration publique pour l'application de l'art. 7 de la Loi du 2 Juin I94I	(Pour le calcul de la pension, voir le décr[et] du I8 Septembre 1940 modifié par le décret du 24 Janvier I94I)	
Les agents et fonctionnaires atteints par les dispositions de l'article 2 de la loi du II.8.4I sont admis à faire valoir les droits définis par l'article 7 paragraphes Ier à 6 inclus, de la loi du 2 Juin I94I portant statut des Juifs.		

[...] de la Loi du II Octobre I940 ainsi que l'article 4 de la loi du [...]ise à la retraite du personnel féminin restent celles prévues par les [p]ensions civiles.

Pécule s'il se marie dans un délai de 2 ans - maximum IO.000 Frs, détermin[é] à raison de 2.000 Frs pour chacune des trois premières années de service - I.500 frs pour les 2 suivantes et I.000 Frs pour la sixième. Les services accomplis après l'âge de 25 ans ne peuvent entrer en compte pour le calcul de ce pécule. Si pendant leurs mariages ils se livraient à une occupation salariée (à l'exception d'une occupation agricole), ils seraient tenus de reverser le pécule.

ANNEXE 10. UNE QUERELLE ENTRE LA DIRECTION DU BUDGET ET LES DÉPARTEMENTS MILITAIRES (octobre 1940)

DIRECTION DU BUDGET

reau des Personnels
dres et Traitements

-:-

V 490

LE MINISTRE,
SECRETAIRE d'ETAT aux FINANCES,

à Monsieur le Général d'Armée HUNTZIGER,
Commandant en Chef des Forces Terrestres,
Ministre, Secrétaire d'Etat à la GUERRE,
-Direction Générale de l'Administration de la Guerre et du Contrôle-
Service des Etudes générales et financières.

tion des mili-
s de carrière.
nités diverses.

Vous avez bien voulu me saisir de plusieurs propositions ayant pour objet :

- d'allouer aux officiers et militaires à solde mensuelle affectés dans une garnison autre que celle où ils servaient avant la mobilisation ou qu'ils ont rejointe après mutation au cours des hostilités, une indemnité journalière de "repliement" dont les taux seraient fixés par analogie avec ceux de l'allocation de même nature instituée par le décret du 30 Septembre dernier en faveur des fonctionnaires et agents civils ;

- de relever les taux de l'indemnité pour charges militaires dont bénéficient les officiers, pour tenir compte de leur privation d'ordonnance et en attendant qu'une ordonnance civile puisse être mise à leur disposition ;

- d'attribuer aux officiers et sous-officiers des corps ou services militaires qui viennent d'être transformés en corps ou services civils, une indemnité spéciale destinée à les couvrir des dépenses qu'ils ont eu à supporter pour l'acquisition de vêtements civils.

...

- 2 -

Avant de vous faire part des remarques particulières auxquelles donne lieu chacune des mesures envisagées, je crois devoir vous exposer les observations générales qu'appelle de ma part l'ensemble de vos propositions.

x

x x

Je rappelle, tout d'abord, que la situation matérielle des sous-officiers et hommes de troupe de l'Armée nouvelle a été récemment fixée, d'accord entre nous.

Vos propositions à cet égard comportaient, par rapport au régime précédemment en vigueur, une augmentation très sensible des rémunérations.

Soucieux de ne rien refuser qui soit indispensable à l'organisation matérielle et au moral de notre armée, je n'ai pas cru devoir insister pour que soient modifiées les dispositions envisagées, bien que le niveau de la solde des caporaux et hommes de troupe me parussent très favorables.

Le décret du 18 Octobre 1940 n'en va pas moins imposer au Trésor une charge permanente très lourde, sans doute plus lourde que celle que supportait le Pays avec le service obligatoire.

Or, si pour remédier à de graves situations passagères susceptibles d'avoir des répercussions immédiates sur l'ordre social, ~~il est possible~~ je ne refuse pas d'effectuer à l'heure actuelle de ~~justes~~ grosses dépenses en capital, en revanche il importe de ne pas prendre, pour l'avenir, des engagements se traduisant par des charges

\- 3 -

permanentes que le Pays ne pourrait supporter dans l'avenir.

C'est dire qu'~~à mon sens~~ il faut être très prudent en matière de rémunérations de personnels, qu'ils soient civils ou militaires. Cette prudence est d'autant plus nécessaire que, du point de vue social, et eu égard à la solidarité qui doit unir, surtout dans les conjonctures présentes, tous les membres de la communauté nationale, on ne saurait, sans inconvénients graves, améliorer, à moins d'une nécessité absolue, la situation matérielle de certaines catégories de serviteurs de l'Etat.

De nombreux Français se trouvent actuellement privés de leur situation ou des moyens d'existence dont ils jouissaient précédemment et considèrent, non sans raison, comme privilégiés tous les personnels civils et militaires de l'Etat qui ont conservé la stabilité de leurs emplois. Spécialement dans les Ministères. ~~militaires, les~~ ressources d'un grand nombre d officiers et de sous-officiers se trouvent réduites dans des proportions souvent considérables, par suite de leur radiation des cadres ou de leur mise en congé d'armistice.

J'ajoute, subsidiairement, que les avantages dont bénéficient normalement les fonctionnaires et agents civils ont été sévèrement réduits pendant les hostilités : arrêt total de l'avancement, suppression des indemnités de mission et de déplacement.

- 4 -

J'ai tenu à vous présenter ces considérations qui ne me sont dictées que par le souci des intérêts généraux du Pays, avant d'examiner les propositions que vous m'avez soumises et qui soulèvent plus particulièrement les observations ci-après :

x
x x

1°- Attribution d'une indemnité de "repliement".

Les officiers et militaires à solde mensuelle affectés provisoirement dans des garnisons autres que celles où ils avaient été nommés à titre définitif avant la mobilisation ou au cours des hostilités, et qui constituent la grande majorité de ces personnels militaires, ont bénéficié depuis l'armistice de l'indemnité d'absence temporaire dont les taux journaliers sont fixés, selon que les intéressés sont chefs de famille ou célibataires, à 30 frs et 18 fr 50 pour les officiers et à 21 frs et 10 frs pour les sous-officiers, avec une majoration de 9,75 frs pour les premiers et de 6,50 frs pour les seconds lorsque le logement n'est pas fourni. Or je remarque que votre Département n'a pas demandé une modification de ce tarif jusqu'à l'intervention du décret du 30 septembre 1940, attribuant une indemnité dite de "repliement" aux fonctionnaires appelés à exercer temporairement leurs fonctions hors de leur résidence normale, c'est-à-dire tant que l'indemnité d'absence temporaire était plus avantageuse que l'allocation attribuée aux fonctionnaires civils se trouvant dans une situation comparable.

Pour ces motifs et étant donné les transformations actuelles de l'armée et par suite le caractère essentiellement transitoire des affectations des militaires jusqu'à la constitution de l'armée de l'armistice, je considère qu'il n'y a pas lieu d'instituer d'ores et déjà un régime nouveau d'indemnité et je ne m'opposerai pas, en conséquence, à ce que l'indemnité d'absence temporaire continue d'être allouée dans les conditions actuellement en vigueur.

2°- Relèvement de l'indemnité pour charges militaires.

Je suis d'accord avec vous pour estimer impossible la mise à la disposition des officiers d'une ordonnance civile. Une telle mesure serait en effet dangereuse et susceptible de graves répercussions.

Je serais disposé, en revanche, à accepter un certain relèvement des taux de l'indemnité pour charges militaires allouée aux officiers pour tenir compte, dans une certaine mesure, des frais supplémentaires résultant pour les intéressés de la suppression de toute ordonnance militaire. Mais cette mesure ne me paraît devoir être ratifiée que dans le cadre de la nouvelle organisation militaire de la France et lorsque cette organisation sera en place.

3°- Attribution d'une indemnité pour achat d'effets civils.

Je ne puis me rallier entièrement à votre manière de voir sur ce point. Je reconnais sans doute que certains des anciens militaires ou ont perdu leurs vêtements civils ou n'en avaient pas. Mais cette situation ne leur est pas particulière ; elle est commune non seulement à des fonctionnaires civils, mais encore à un très grand nombre de Français auxquels il n'est pas possible d'attribuer une indemnité.

.....

- 6 -

J'observe d'autre part, que les anciens militaires en cause continuent à bénéficier, jusqu'à la fixation du statut et des avantages afférents à leur nouvelle situation de l'indemnité pour charges militaires.

Dans ces conditions et étant donné que les officiers doivent se vêtir à leurs frais, je ne crois pas possible de leur attribuer l'indemnité que vous envisagez.

Je reconnais qu'il n'en va pas tout à fait de même des sous-officiers, dont l'Etat assure en principe l'habillement et dont la rémunération est relativement peu élevée. Je ne m'opposerai pas en conséquence, à ce qu'une indemnité leur soit accordée en l'objet, J'estime toutefois que le taux de celle-ci ne devrait pas dépasser le chiffre de 1000 francs, auquel a été fixé le montant de la prime de démobilisation.

Signé : Y. BOUTHILLIER

ANNEXE 11. ÉVOLUTION DES EFFECTIFS DE LA FONCTION PUBLIQUE DE 1914 À 1956

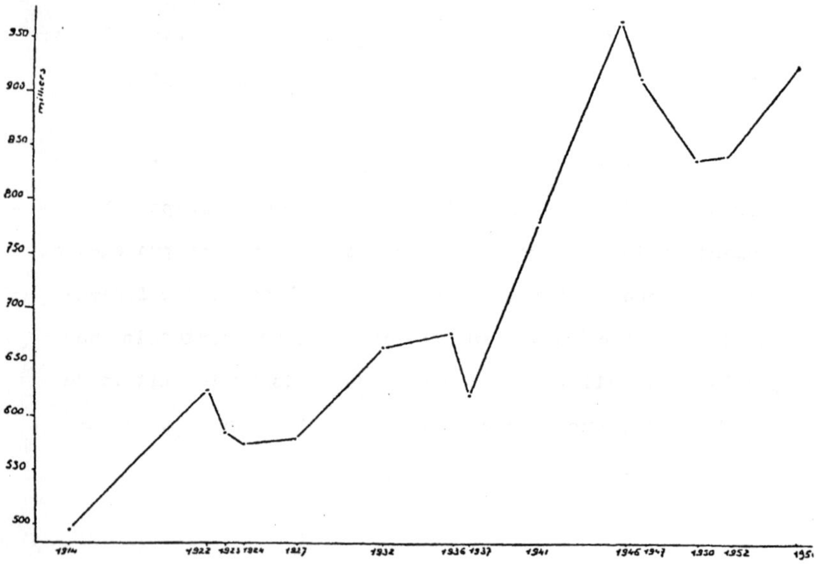

ANNEXE 12. EXPOSÉ DES MOTIFS ET PREMIERS ARTICLES DU STATUT DES FONCTIONNAIRES DU 14 SEPTEMBRE 1941

LOIS

RAPPORT

au Maréchal de France, chef de l'Etat français, sur le statut des fonctionnaires.

Vichy, le 14 septembre 1941.

Monsieur le Maréchal,

« Nous avons à restaurer la France » déclariez-vous dans l'un de vos premiers appels à la nation éprouvée par la défaite.

Cette œuvre de restauration, vous avez estimé qu'elle devait comprendre l'élaboration d'un statut des fonctionnaires.

L'administration française, en effet, a joué dans notre histoire un rôle déterminant. Après les souverains et les grands serviteurs du pays, qui ont assemblé les terres et donné à la nation une âme collective, ardente et entreprenante, l'administration française s'est montrée l'ouvrière principale de la continuité et de la pérennité de l'Etat. Etroitement associée à toutes les grandeurs nationales, son prestige a été tel, pendant des siècles, que la plupart des Etats d'Europe en voie de constitution l'ont prise pour modèle.

Au cours des plus graves vicissitudes de la patrie, c'est l'administration française qui a permis les merveilleuses reprises et les prodigieux essors. Dans un silence et avec un zèle qui contrastaient avec les bruits et les agitations de la rue, toujours elle a su prendre une part décisive aux efforts des gouvernements et du pays pour atténuer ou enrayer les conséquences de nos défaites.

L'heure est donc revenue où l'administration française doit retrouver ses traditions d'ardeur et d'honneur pour participer à la révolution nationale, reconstruire l'Etat effondré et fonder le régime qui donnera à la France, avec de nouvelles raisons de vivre, une foi invincible dans son propre avenir.

Un Etat fort doit disposer d'une administration puissamment ordonnée, ferme dans le devoir, et dont les services mériteront la considération et la reconnaissance du pays. Le statut des fonctionnaires procède de cette pensée, de cette volonté, de cette nécessité. Il prend place parmi les grandes lois organiques qui, dans le cadre de la constitution, donneront à l'Etat nouveau ses traits définitifs.

Par la mise en vigueur de ce statut, vous tiendrez la promesse ancienne faite aux fonctionnaires par les gouvernements précédents. Il était nécessaire de définir en une charte solennelle les grandes règles applicables à l'ensemble des fonctions publiques, pour remédier aux incertitudes, aux divergences et à la dispersion qui régnaient en la matière. Il fallait que cette charte mît un terme aux effets désastreux qu'avait produits dans l'administration française l'affaiblissement de nos institutions: éparpillement des responsabilités, intervention abusive des personnalités politiques, omnipotence des syndicats illégaux et, chez les individus, recherche exclusive de l'intérêt personnel au détriment de l'intérêt général.

Bien que n'ayant pas atteint tous les rouages des services publics — dans beaucoup d'administrations on a gardé le sens traditionnel de la conscience professionnelle mise au service du bien public — ces maux rendaient indispensable un redressement vigoureux. Un tel redressement est, avant tout, affaire de volonté. Mais cette opération de la volonté doit s'appuyer sur des textes inspirés des principes de la révolution nationale.

Affirmer l'autorité de l'Etat, en faire découler la responsabilité des chefs, restaurer la dignité de la fonction publique, telles sont les fins précises auxquelles devaient tendre toutes les dispositions du statut des fonctionnaires.

L'autorité de l'Etat s'y affirme dans l'énoncé des devoirs particuliers qu'imposent au fonctionnaire les nécessités supérieures du service public auquel il est appelé à collaborer. Le fonctionnaire saura que ces devoirs s'étendent même à sa vie privée, dans laquelle il devra s'abstenir de toute attitude qui compromettrait le prestige de sa fonction; dans l'exercice de celle-ci, il ne devra pas perdre de vue un instant son devoir le plus essentiel, qui est d'assurer la continuité des services publics indispensable à la vie de la nation. Tout manquement à ce devoir, non seulement la grève, mais tout ralentissement concerté du travail, même par l'application volontairement trop étroite des règlements — en violation de leur esprit — placera le coupable en dehors du statut et l'exposera à des sanctions immédiates, sans qu'il puisse invoquer les garanties de la procédure disciplinaire.

En revanche, ces garanties sont minutieusement organisées pour concilier les exigences de la discipline avec la protection qu'il convient d'assurer au serviteur loyal et attaché à ses devoirs.

L'autorité se trouve également fortifiée par la règle absolue de l'avancement au choix, du moins pour l'avancement de grade.

Enfin, et c'est là une innovation essentielle du statut, l'autorité pourra se manifester à tout moment par le droit de licencier le fonctionnaire faisant preuve d'insuffisance professionnelle, alors même qu'aucune faute de nature à justifier la révocation n'a été relevée contre lui. Ce licenciement est toutefois entouré de garanties et comporte une indemnité, puisqu'il n'est pas motivé par une faute contre la discipline.

La responsabilité des chefs, corollaire de leur autorité, est affirmée en toutes circonstances. Le chef, après s'être éclairé, décide; il décide seul en toute liberté, mais au grand jour. Ainsi en est-il en particulier en matière disciplinaire: le chef n'est pas lié par l'avis du conseil de discipline, mais il doit donner des motifs quand il applique une sanction plus grave que celle qui lui est proposée.

Tel est, dans le statut des fonctionnaires, le sens des dispositions qui doivent faire à la France une administration où, selon votre formule, monsieur le Maréchal, « la discipline du subordonné répond à l'autorité des chefs, dans la justice pour tous ».

Le statut devait encore restaurer la dignité de la fonction publique. Celle-ci tenait traditionnellement dans notre vie sociale une place de choix. Le fonctionnaire, même placé à un rang modeste, était honoré et respecté. Cet état de chose doit revenir. A cette fin, une protection est assurée au fonctionnaire contre la pratique démoralisante des recommandations: ces dernières sont formellement prohibées; le fonctionnaire, ne devant son avancement qu'au seul mérite, saura qu'il n'a pas à retirer d'avantages d'une activité politique ou extérieure quelconque.

Le fonctionnaire sera également protégé contre lui-même, puisqu'il devra rester au service de l'administration pendant un certain délai, fixé à huit ans, et puisqu'il ne pourra plus, après avoir quitté le service, utiliser contre l'administration les connaissances acquises dans l'exercice de ses fonctions. Ainsi ne verra-t-on plus un fonctionnaire, chargé du contrôle d'un marché de l'Etat, quitter le service pour entrer dans l'entreprise qu'il contrôlait précédemment.

Le fonctionnaire sera enfin protégé contre les difficultés de la vie par la garantie d'un traitement lui permettant de tenir honorablement son rang, quelles que puissent être ses charges de famille. A cet égard, le statut contient une très importante innovation: celle du traitement familial. Jusqu'ici le traitement était, à grade égal, le même pour tous. Désormais, le traitement de base sera celui d'un fonctionnaire marié et père de deux enfants. Celui qui, âgé de trente-cinq ans, n'a qu'un enfant subira une réduction de 5 p. 100; s'il n'a pas d'enfant, la réduction est portée à 15 p. 100. Si, au contraire, il a trois enfants, le traitement est majoré de 15 p. 100; il l'est de 10 p. 100 par enfant en sus de trois.

Ainsi doit disparaître la vieille notion individualiste qui voulait que le traitement normal fût celui d'un célibataire. Ce traitement normal doit être, au contraire, celui d'un Français marié et père de deux enfants, famille constituant la famille française minimum; amorce du futur salaire familial, la réforme ainsi décidée pour les fonctionnaires constitue une importante application de la politique familiale de la Révolution nationale.

Bien entendu, les circonstances s'opposent à ce que les fonctionnaires visés par les réductions prévues subissent actuellement une réduction de leurs émoluments. C'est pourquoi il est prévu qu'en aucun cas le traitement d'un fonctionnaire ne pourra être inférieur à celui dont il bénéficiait au jour de la publication de la loi.

Ainsi assuré d'une vie à l'abri des difficultés matérielles, sachant que le développement de sa carrière dépend uniquement de son propre mérite, le fonctionnaire se consacrera à la chose publique. Il retrouvera le sens de la noblesse et de la grandeur de ce mot bien français: « servir ».

A côté de la loi sur le statut des fonctionnaires civils, trouve place une seconde loi, complément indispensable de la première et relative à l'organisation des cadres des services publics de l'Etat.

L'objet de ce texte est double; d'une part, il vise à assurer la conformité des règlements particuliers de chaque administration avec le statut général; d'autre part, il organise un contrôle strict des effectifs en vue de la suppression de tous les emplois reconnus inutiles et du reclassement des fonctionnaires qui les occupent.

Mais la loi sur l'organisation des cadres a aussi pour objet de déterminer dans quelle mesure les services publics doivent être assurés par des fonctionnaires, et de créer une seconde catégorie d'agents: les employés de l'Etat. Il est nécessaire, en effet, que, parmi les agents collaborant à divers titres à la marche des services, la qualité de fonctionnaire soit seulement reconnue à ceux qui occupent des emplois permanents correspondant à l'objet propre du service public, à l'exclusion de ceux dont les emplois sont analogues aux emplois privés.

Il n'existera plus ainsi que deux catégories d'agents des administrations publiques: les fonctionnaires et les employés. Ces derniers échapperont aux garanties, comme d'ailleurs aux sujétions, du statut. Ils relèveront du droit privé: contrat de travail, régime des assurances sociales, etc., et jouiront du salaire normal de leur profession (salaire régional). Ainsi disparaîtra, par incorporation dans la catégorie des employés, celle des auxiliaires qui, sans avoir la garantie de stabilité ni les autres avantages reconnus aux fonctionnaires titulaires, n'avaient cependant pas en contrepartie la jouissance de tous les avantages des salariés.

Cette seconde loi, en reclassant les fonctionnaires à leur véritable rang, contribue, comme la première, à rétablir la dignité de la fonction publique.

Toutefois, la création d'une catégorie d'employés de l'Etat échappant aux règles du statut et soumis au droit commun devait nécessairement s'accompagner d'une restriction sur le plan du droit d'association.

En effet, les raisons qui conduisent à soustraire le fonctionnaire au droit commun pour la défense de ses intérêts, ces mêmes raisons tenant à la nécessité d'assurer la régularité et la continuité du service public, valent également pour tous ceux qui assurent le fonctionnement de ce service, quelle que soit leur qualité.

C'est pourquoi il était indispensable de soustraire expressément tous les agents non fonctionnaires des services publics de l'Etat, à l'exception de ceux de ces services qui ne sont pas exploités en régie, au droit commun syndical, pour les soumettre au régime d'association institué pour les fonctionnaires: des associations professionnelles pourront donc se constituer dans chaque administration ou établissement pour représenter les intérêts professionnels des agents qui y sont employés; elles pourront former des unions dans le cadre de la même administration ou du même établissement. Mais les rapports qui s'établiront entre les dirigeants de ces groupements et les chefs responsables, rapports qu'il faut souhaiter aussi fréquents et confiants que possible, resteront, encore une fois, dominés par l'intérêt prééminent du service public.

Tel est l'objet principal de la troisième loi. Celle-ci, en outre, étend le régime des associations professionnelles des fonctionnaires de l'Etat aux fonctionnaires des départements, communes et établissements publics. Cette extension était nécessaire, puisque le statut, qui comprend les dispositions relatives au droit d'association, n'est applicable qu'aux fonctionnaires de l'Etat.

Il restait à fixer la date à laquelle le statut devait entrer en vigueur. Il est évident que les règles de principes, celles qui définissent les droits et devoirs généraux des fonctionnaires, sont applicables immédiatement. Mais les divers statuts particuliers doivent nécessairement subsister, sous peine de paralyser le fonctionnement des administrations, jusqu'à ce que soient établis les nouveaux règlements destinés à les remplacer: il s'agit là, d'ailleurs, d'un travail considérable que le Gouvernement est fermement décidé à poursuivre sans désemparer.

Cette nécessité entraîne également le maintien en vigueur dans chaque administration, jusqu'à ce que les nouveaux règlements soient publiés, des dispositions exceptionnelles de la loi du 17 juillet 1940 permettant de relever les fonctionnaires sans formalités. Imposé par les circonstances, ce maintien provisoire ne saurait être redouté des fonctionnaires qui adhèrent pleinement et sans arrière-pensée à l'œuvre de salut public conduite par le Maréchal, et sont décidés, à l'exemple de leur chef, à mettre toutes leurs facultés, et aussi tout leur cœur, au service de la patrie.

Telles sont, monsieur le Maréchal, les dispositions que nous avons l'honneur de soumettre à votre haute approbation.

L'amiral de la flotte,
ministre vice-président du conseil,

N° 3981. — LOI du 14 septembre 1941 portant statut général des fonctionnaires civils de l'Etat et des établissements publics de l'Etat.

Nous, Maréchal de France, chef de l'Etat français,

Après avis du conseil d'Etat,

Le conseil des ministres entendu,

Décrétons:

Art. 1er. — La présente loi a pour objet de déterminer les règles relatives au statut des fonctionnaires civils de l'Etat et des établissements publics de l'Etat, à l'exception de ceux qui, antérieurement au 15 juillet 1940, constituaient un personnel militaire et à qui des lois spéciales ont maintenu leur ancien statut.

Art. 2. — Sont fonctionnaires:

1° Celui qui est investi d'un emploi permanent compris dans un cadre, organisé en vertu de l'article 2 de la loi du 14 septembre 1941, d'un service public non industriel ni commercial assuré par l'Etat ou un établissement public de l'Etat;

2° Celui qui est investi de fonctions de direction dans les services publics industriels ou commerciaux exploités en régie;

3° Le comptable de ces mêmes services lorsqu'il est soumis aux règles essentielles applicables aux comptables publics;

4° Celui qui, dans les cas exceptionnels où l'administration est amenée à assurer un service non industriel ni commercial par le moyen d'un engagement contractuel de droit public, est lié par un tel contrat à la personne publique dont il dépend.

TITRE Ier

PRINCIPES GÉNÉRAUX

Art. 3. — Le caractère éminent de la fonction publique ainsi que les garanties qu'elle comporte imposent à celui qui en est investi des devoirs spéciaux.

Art. 4. — Le fonctionnaire est soumis, dès son entrée dans les cadres, aux dispositions législatives et réglementaires régissant la fonction publique. Les modifications ultérieures lui sont applicables dès leur publication, sans que l'intéressé puisse se prévaloir de prétendus droits acquis résultant des textes antérieurement en vigueur.

Art. 5. — Le fonctionnaire doit, dans le service comme dans sa vie privée, éviter tout ce qui serait de nature à compromettre la dignité de la fonction publique. Il doit, en toutes circonstances, respecter et faire respecter l'autorité de l'Etat.

Art. 6. — Les règlements propres à chaque administration peuvent, dans l'intérêt du service, subordonner le mariage des fonctionnaires à l'autorisation du secrétaire d'Etat.

Art. 7. — Le fonctionnaire ne peut se livrer, dans l'exercice de ses fonctions, et de façon quelconque, à aucune manifestation ayant un objet étranger à l'exécution du service.

Même en dehors de l'exercice de ses fonctions, toute activité qui serait incompatible, soit avec le maintien des institutions existantes, soit avec l'objet même ou les nécessités du service lui est également interdite.

Le libre exercice des cultes, garanti par la loi, n'est en aucun cas visé par cette interdiction.

Art. 8. — Sous réserve des dispositions de l'article 69 ci-après, le fonctionnaire titulaire est tenu de rester pendant 8 ans au service de l'Etat ou des autres collectivités publiques.

Il ne peut être dégagé de cette obligation que dans des cas exceptionnels, par décision du secrétaire d'Etat dont il relève, pour des motifs impérieux tirés soit de son état de santé, soit de nécessités d'ordre familial.

Tout fonctionnaire qui méconnaît cette obligation est passible de sanctions disciplinaires. Il perd tout droit au remboursement des retenues pour pensions civiles subies sur son traitement et doit, en outre, verser au budget qui aurait supporté la charge de son traitement une indemnité égale au traitement qu'il aurait perçu pendant les années restant à courir jusqu'à l'expiration de la période visée à l'alinéa premier.

La procédure de l'arrêté de débet est applicable au recouvrement de ladite indemnité.

Art. 9. — Un fonctionnaire ne peut occuper, pendant les cinq années qui suivent la cessation de ses fonctions, à moins d'avoir obtenu au préalable l'autorisation du secrétaire d'Etat dont il relevait, aucun emploi, de quelque nature que ce soit, dans une entreprise privée en relation avec son service.

Art. 10. — Le fonctionnaire est tenu à une discrétion absolue quant aux affaires ou aux faits dont il n'a pu avoir connaissance qu'en raison de ses fonctions.

Il lui est interdit de communiquer, sous quelque forme que ce soit, à une personne non qualifiée pour en avoir connaissance, tous renseignements ou pièces concernant le service.

Il ne peut, sauf autorisation préalable de ses chefs, et même dans le cas où il s'agit de compte rendu de voyages ou de missions à l'étranger, publier des écrits ou donner des conférences qui fassent état des informations recueillies par lui.

Art. 11. — Les fonctionnaires sont astreints à l'obligation de résider dans les conditions qui sont fixées, dans l'intérêt du service, par les règlements propres aux administrations dont ils dépendent.

Art. 12. — Dans le cadre d'une administration, les fonctionnaires sont normalement subordonnés les uns aux autres suivant l'ordre hiérarchique.

Cette règle comporte des exceptions, d'une part, dans la mesure prévue par les règlements propres à chaque administration, d'autre part, à l'égard des fonctionnaires qui sont, soit investis de fonctions comportant par leur nature une indépendance personnelle, soit chargés directement par le secrétaire d'Etat, et sous son autorité immédiate, de missions spéciales.

Art. 13. — Les fonctionnaires, à tous les rangs de la hiérarchie, sont soumis à une discipline fondée sur l'autorité des chefs, l'obéissance et la fidélité des subordonnés.

La discipline se manifeste par une soumission constante aux lois, décrets et règlements en vigueur, et par l'obéissance des subordonnés aux ordres de leurs supérieurs dans l'exercice de leur autorité.

Cette obéissance doit être entière. Toutefois, dans le cas où l'ordre reçu leur paraîtrait entaché d'irrégularité, ou s'ils estiment que son exécution pourrait entraîner des inconvénients graves, les subordonnés doivent exprimer leur manière de voir à leurs supérieurs. Si l'ordre donné est maintenu, il doit être exécuté.

Art. 14. — Le fonctionnaire chargé d'assurer la marche d'un service est responsable, à l'égard de ses chefs, de l'autorité qui lui a été conférée pour cet objet et de l'exécution des ordres qu'il a donnés.

Il n'est dégagé d'aucune des responsabilités qui lui incombent par la responsabilité propre de ses subordonnés.

Art. 15. — Le subordonné est responsable à l'égard de ses supérieurs de l'exécution des ordres qu'il reçoit.

Il doit rendre compte de cette exécution ou des motifs qui ont pu l'empêcher.

Art. 16. — Le fonctionnaire est responsable disciplinairement, envers l'administration, tant de ses fautes de service que des fautes personnelles commises à l'occasion de ses fonctions. Il est responsable personnellement, à l'égard des tiers, dans les conditions du droit commun, des fautes qui se détachent de l'exercice de la fonction.

Il n'est en rien dérogé aux règles spéciales concernant la responsabilité des comptables.

Art. 17. — Tout acte d'un fonctionnaire portant atteinte à la continuité indispensable à la marche normale du service public qu'il a reçu mission d'assurer constitue à sa charge le manquement le plus grave à ses devoirs essentiels.

Lorsqu'un acte de cette nature résulte d'une action collective ou concertée, il a pour effet de priver le fonctionnaire des garanties prévues par le présent statut en matière disciplinaire.

Art. 18. — Tout fonctionnaire qui a sollicité ou provoqué une recommandation à son profit est passible d'une sanction disciplinaire.

Art. 19. — Il est interdit à tout fonctionnaire d'exercer une profession industrielle ou commerciale, d'occuper un emploi privé rétribué, ou d'effectuer à titre privé un travail moyennant rémunération.

L'interdiction s'étend à toute expertise, consultation ou enseignement, sauf autorisation de l'autorité hiérarchique dans les conditions fixées par les règlements propres à chaque administration.

Elle ne s'applique pas à la production des œuvres scientifiques, littéraires ou artistiques. Toutefois, le fonctionnaire ne pourra faire suivre son nom sur lesdites œuvres de la mention de sa qualité ou de son titre qu'avec l'autorisation de l'autorité hiérarchique.

D'autre part, les membres du personnel enseignant, technique ou scientifique, des établissements d'enseignement et de l'administration des beaux-arts pourront exercer les professions libérales qui découlent de la nature de leurs fonctions.

Art. 20. — Sans préjudice de l'application de l'article 175 du code pénal, le fonctionnaire qui, pour quelque cause que ce soit, a quitté le service, reste soumis aux prescriptions des articles 9 et 10 de la présente loi et ne peut, contre l'Etat ou les collectivités publiques, ni consulter ni plaider pour autrui.

En cas d'infractions et indépendamment des poursuites pénales qui, le cas échéant, peuvent être engagées contre lui, sa pension peut être suspendue ou supprimée par décision du secrétaire d'Etat dont il relevait, après observation des formalités prévues par le titre IV ci-après. Pour la composition du conseil de discipline, le fonctionnaire sera réputé être remis en activité avec son dernier grade.

Art. 21. — Aucun chef ne peut faire pression ou laisser faire pression sur ses subordonnés en vue de les amener à participer d'une manière quelconque à des activités ou à des propagandes étrangères par leur nature ou par leur objet aux devoirs des fonctionnaires envers l'Etat.

Aucun préjudice de carrière ne peut résulter du refus du subordonné. Tout fonctionnaire a droit au contraire, en pareille circonstance, à la protection du secrétaire d'Etat dont il relève.

Art. 22. — Les fonctionnaires peuvent, dans les conditions fixées au titre VIII ci-après, se grouper en vue d'assurer dans le respect de l'autorité de l'Etat et dans la mesure compatible avec l'intérêt général la représentation de leurs intérêts professionnels.

Art. 23. — Les fonctionnaires ont droit, conformément aux règles fixées par le code pénal et les lois spéciales, à une protection contre les menaces, outrages, injures ou diffamations dont ils peuvent être l'objet.

Ils ont droit, d'autre part, à la protection immédiate de leurs chefs en cas d'attaques qui, sous quelque forme que ce soit, seraient dirigées contre eux dans l'exercice de leurs fonctions.

Art. 24. — Dans le cas où un fonctionnaire a été poursuivi par un tiers, pour fautes de service, et où le conflit d'attributions n'a pas été élevé, la collectivité publique doit couvrir le fonctionnaire des condamnations civiles prononcées contre lui.

TITRE II

RECRUTEMENT

CHAPITRE Ier

Dispositions générales.

Art. 25. — Nul ne peut être nommé à un emploi public s'il ne satisfait aux conditions suivantes :

1° Etre Français, sans préjudice des dispositions législatives relatives à la nationalité d'origine ;

2° Jouir de ses droits civiques, compte tenu des lois portant statut des juifs et des dispositions spéciales concernant les indigènes non citoyens ;

3° Satisfaire aux prescriptions des lois sur les sociétés secrètes ;

4° Avoir satisfait aux obligations des lois imposant un service national obligatoire ;

5° Présenter des garanties de moralité et de bonne tenue et remplir les conditions d'aptitude physique ainsi que les autres conditions particulières nécessaires pour l'exercice de certaines fonctions.

Art. 26. — Les femmes ont accès aux emplois publics dans la mesure où leur présence dans l'administration est justifiée par l'intérêt du service. Des lois particulières et les règlements propres à chaque administration fixent les limites dans lesquelles cet accès est autorisé.

ANNEXE 13. *LE TEMPS* JUGE LA FONCTION PUBLIQUE (décembre 1940)

LA FONCTION PUBLIQUE

I. LE ROLE DES FONCTIONNAIRES

Le problème de la fonction publique se rattache étroitement au problème des élites récemment traité ici même (1). Il n'y a point de doute, en effet, que, sous le nouveau régime, les fonctionnaires, à tous les degrés de la hiérarchie, peuvent et par suite doivent être recrutés parmi les meilleurs éléments de la collectivité nationale, les plus aptes à la gestion d'intérêts publics. Le gouvernement est entièrement maître de ce recrutement; personne n'a suggéré ni ne suggère, que nous sachions, de revenir à la théorie de la fonction « en titre d'office » dont, sous l'ancienne monarchie, les inconvénients dépassèrent si largement les avantages, ni au principe aberrant de l'élection des fonctionnaires auquel la Révolution elle-même dut renoncer après un décisif échec. Le pouvoir n'a donc qu'à puiser librement dans les élites que la nation, enfin arrachée aux jeux délétères et stérilisants de la politique, lui fournira avec une inépuisable abondance, pour constituer ou plus exactement reconstituer sans grands efforts ce corps de fonctionnaires imbus des traditions de l'an VIII que vraiment l'Europe nous envia, et dont l'action silencieuse et continue pallia pendant un siècle et plus les ravages du romantisme politique en France.

Le rôle de ces fonctionnaires passera certainement en importance, et de beaucoup, celui qui fut dévolu sous le régime d'hier à leurs prédécesseurs. La disparition du personnel politique qui, sous l'empire de la démagogie électorale, constituait les équipes dirigeantes et accaparait l'essentiel de la vie publique en monopolisant les leviers de commande, laisse le champ libre aux administrateurs professionnels investis de la confiance du gouvernement et participant à l'autorité de celui-ci. D'autre part les attributions croissantes de l'Etat vont faire peser sur les épaules des détenteurs de la fonction publique une charge de plus en plus lourde, exigeant d'eux une compétence, une assiduité, une indépendance de plus en plus grandes. Solidement intégrés désormais aux cadres de la nation, jouissant d'une influence qui les rendra, chacun pour sa part même infime, dépositaires du prestige de l'Etat, ils devront faire face à de nouveaux devoirs auxquels, nous en exprimons la certitude, ils ne se montreront pas inégaux.

Que les devoirs des fonctionnaires aient pour contre-partie certains droits, c'est ce dont nous sommes fort loin de disconvenir. Mais ces droits, d'ordre strictement professionnel, et qui tendent à assurer la « défense du titre » par la garantie d'un recrutement opéré conformément à la loi, la protection contre l'arbitraire en matière d'avancement et de discipline, la jouissance d'une rémunération équitable et d'un régime convenable de retraites, résulteront une fois pour toutes de leur statut dont le Conseil d'Etat saura, le cas échéant, assurer le respect. Ces points, importants mais secondaires en regard de l'éminente dignité du rôle des fonctionnaires, étant ainsi définitivement réglés, il n'y aura plus place, dans l'esprit des collaborateurs de la puissance publique, pour autre chose que pour l'intérêt collectif dont ils ne sont rien de moins, mais rien de plus, que les serviteurs.

Ceci posé, il est clair que le premier et le plus impératif devoir qui leur est imposé est un dévouement total à la chose publique, sans référence à des intérêts individuels ou corporatifs. Nous tenterons de dégager, dans un prochain article, les conséquences, à ce point de vue, de la subordination nécessaire du fonctionnaire aux « fins » de la fonction.

(1) Voir le *Temps* des 24 et 29 novembre et 2 décembre.

LA FONCTION PUBLIQUE

II

Les « commandements » du fonctionnaire

Nous avons vu ([1]) que le rôle éminent qui doit être réservé à la fonction publique dans l'Etat, s'il donne aux fonctionnaires certains droits, leur crée aussi des devoirs, dont le premier et le plus impératif est avant tout et par-dessus tout un dévouement entier à la chose publique, sans référence aucune à ses intérêts individuels ou corporatifs. A cet égard l'odieux syndicalisme administratif de naguère, qui dressait les serviteurs de la nation contre le gouvernement légal du pays et tendait littéralement à faire de la fonction la chose du fonctionnaire alors qu'elle ne doit exister que pour la satisfaction des besoins de l'ensemble des citoyens, a décidément vécu. Les fonctionnaires ne forment plus un Etat dans l'Etat; ils sont au service de l'Etat, auquel il appartient de leur imposer la plus exacte discipline. Les revendications comminatoires de groupements illégaux, qui ont été l'un des aspects les plus insupportables de l'anarchie d'hier, ne sont plus de saison, — pas plus que le particularisme de certains corps assurément intègres et compétents, mais trop portés peut-être à s'ériger en coteries fermées ou en offices d'avancement mutuel. Entière subordination du fonctionnaire aux « fins » de la fonction impliquant dévouement total et inconditionnel au bien public, tel est le devoir essentiel du personnel administratif au service de l'Etat hiérarchique et national.

Mais ce devoir et la rigoureuse subordination qu'il commande n'entraînent ni passivité ni automatisme dans l'accomplissement de la fonction. Bien au contraire — et là est très certainement l'un des traits les plus originaux du nouveau régime — la restauration de la notion de responsabilité à tous les degrés de la hiérarchie française vaut « à plein » pour les collaborateurs de la puissance publique, qui doivent faire preuve de toute l'initiative nécessaire et donner, comme on dit, de leur personne pour accomplir avec le maximum d'efficacité la mission à eux dévolue. Il n'y a pas lieu, à cet égard, de reprendre la fameuse distinction, d'ailleurs passablement désuète, entre les fonctions d'« autorité » et les fonctions de « gestion », *tous* les fonctionnaires devant, dans la limite des lois et règlements et sous l'autorité de leurs chefs, faire ce qu'il faut pour *servir au mieux*. L'étroit et maussade formalisme d'une bureaucratie sans vie et sans chaleur doit faire place à l'*action* souple et intelligente d'une administration réalisatrice ayant le sens et le goût des responsabilités.

Enfin le fonctionnaire doit avoir conscience de la dignité de sa fonction, de la place que son utilité d'une part, d'autre part son dévouement à la chose publique, lui donnent dans l'Etat nouveau. Acceptant sans arrière-pensée ni rancœur une situation matérielle que les nécessités budgétaires font et feront toujours relativement modeste, il doit tirer de son désintéressement même des motifs de croire à la valeur morale de sa mission, et calquer sa conduite sur la haute idée qu'il s'en fait. Les cadres administratifs de la nation seront ainsi pleinement dignes des élites dans le sein desquelles ils doivent être recrutés et qu'ils contribueront à renforcer pour le plus grand bien de tous.

Tels sont, à notre sens, les principaux « commandements » du détenteur de la fonction publique; nous envisagerons prochainement, dans cet ordre d'idées, les devoirs du gouvernement.

(1) *Le Temps* du 24 décembre.

LA FONCTION PUBLIQUE

III
LES DEVOIRS DE L'ÉTAT

Nous avons en de précédents articles (1), exposant notre conception de la fonction publique sous un régime hiérarchique et national, indiqué quelques-uns des principaux devoirs des fonctionnaires : dévouement entier à la collectivité sans référence à aucun intérêt personnel ou corporatif, discipline exacte n'excluant ni le sens de l'initiative ni le goût des responsabilités, conscience de l'éminente dignité de la mission dévolue aux serviteurs de l'Etat. Il nous reste à montrer quels sont, à notre sens, les devoirs du gouvernement envers les fonctionnaires placés sous ses ordres, définissant ainsi ce qu'on pourrait appeler la politique générale de l'Etat à l'égard de la fonction publique.

Il importe avant tout et par-dessus tout que le prestige de cette fonction et l'autorité de son titulaire soient portés et maintenus au niveau le plus élevé possible. Les fonctionnaires, recrutés, comme nous l'avons déjà marqué, au sein des élites nationales, doivent occuper dans la collectivité française, chacun à son rang, la place honorable qui leur revient. Délivrés du syndicalisme révolutionnaire qui avait réduit trop d'entre eux, sous le régime d'hier, à la situation d'humbles serviteurs de comités politiques ou de maniaques de la revendication comminatoire, ils ne tendent plus à former un Etat dans l'Etat, et sont maintenant, dans le sens plein du terme, des représentants de l'Etat, l'autorité dont ils bénéficient à ce titre ne pouvant que faciliter leur mission au mieux des intérêts de l'Etat lui-même.

A cet effet s'impose tout d'abord au gouvernement l'obligation d'assurer un bon recrutement de toutes les fonctions publiques, de la plus humble à la plus élevée. Le favoritisme politique et électoral ayant vécu, le pouvoir est désormais libre de choisir ses collaborateurs parmi les meilleurs sujets de chaque spécialité en réservant la préférence à ceux qui paraissent particulièrement aptes aux missions de direction et plus spécialement indiqués pour assurer la gestion d'intérêts collectifs. Ces sujets d'élite, c'est à l'enseignement à tous ses degrés qu'il appartient de les lui fournir, et l'on peut, sans risquer de tomber dans le mandarinat, poser en principe que tous les corps de fonctionnaires doivent être, à la base, recrutés au concours, des interpénétrations de services et des nominations « au titre de l'extérieur » permettant d'éviter l'écueil de corps trop fermés, et le choix étant de règle pour les avancements.

Une telle conception du recrutement comporte des modalités diverses sur lesquelles nous ne saurions songer à nous étendre ; on peut choisir, par exemple, entre la spécialisation immédiate des fonctionnaires et le système anglais d'un « civil service » se recrutant par la voie d'un concours dont le programme est à base d'humanités classiques, l'affectation à tel ou tel service n'intervenant que plus tard. L'essentiel est, nous le répétons, que le recrutement porte sur *les meilleurs*, et que les candidats, les fonctionnaires eux-mêmes, l'opinion tout entière, *sachent* qu'il en est ainsi.

(1) Voir *Le Temps* des 24 et 26 décembre 1940.

LA FONCTION PUBLIQUE

IV

HIÉRARCHIE ET PRESTIGE

Pour que le prestige de la fonction publique soit porté et maintenu au niveau le plus élevé possible, il importe, nous l'avons dit (1), que le recrutement des serviteurs de l'Etat porte sur les sujets d'élite.

Ce recrutement irréprochable assuré, il s'agit de maintenir entre les divers corps de fonctionnaires et, dans chacun de ces corps, entre les différentes catégories et les grades, une hiérarchie aussi parfaite que possible. Nulle part le principe hiérarchique, qui est l'un des fondements essentiels de l'Etat nouveau, ne saurait trouver plus naturellement et plus légitimement son application que dans l'organisation du personnel des administrations publiques. Si tous les fonctionnaires sont égaux et d'égale dignité en tant que dépositaires de l'autorité publique, l'égalité entre ceux qui sont chargés de diriger, contrôler ou commander et ceux auxquels il n'incombe que d'exécuter et d'obéir ne saurait à tous autres égards se concevoir qu'aux dépens de la discipline, tout de même que dans l'armée l'égalité de tous devant le devoir et l'honneur militaires ne fait que rendre plus nécessaire une exacte subordination. Le syndicalisme révolutionnaire, en opposant les « petits » fonctionnaires aux « gros », savait ce qu'il faisait : il cherchait à saper l'autorité et y réussissait, hélas ! bien souvent. La vérité est qu'il n'y a pas de « petits » ni de « gros » fonctionnaires, mais des chefs et des subordonnés, le pouvoir, tout en assurant à tous l'exercice de leurs droits statutaires, devant mettre les états-majors administratifs à même d'exercer toujours et dans tous les cas, sous son contrôle souverain, l'autorité qui leur appartient.

Enfin — et nous insistons sur cet aspect capital de la question — le nouveau régime doit s'attacher à donner à la fonction publique le maximum de *prestige*, en veillant à ce que son « standing », si l'on nous permet cet anglicisme passé à tort ou à raison dans le langage courant, non seulement ne souffre aucune nouvelle atteinte, mais encore (car il y a beaucoup à faire en ce sens) redevienne ce qu'il fut si longtemps dans la société comme dans l'Etat. On y parviendra, notamment, en rendant la fonction plus rare et en la valorisant d'autant, l'avilissement, ici comme ailleurs, étant en raison directe de l'inflation. Il y a trop, beaucoup trop de fonctionnaires ; qu'il y en ait moins, beaucoup moins, et la considération qu'on leur porte s'accroîtra d'autant plus qu'ils pourront être mieux rémunérés et que la perspective d'entrer dans leurs rangs suscitera, à tous les points de vue, l'émulation des meilleurs — ce à quoi le recrutement ne pourra que gagner.

Sous le régime d'anarchie parlementaire, la fonction publique exerçait bien cet effet attractif, mais dans des conditions très différentes: tout le monde voulait devenir fonctionnaire pour acquérir l'une de ces prébendes médiocres que la politique des assemblées et des partis multipliait à l'infini à l'usage des clientèles électorales ; des centaines de milliers de fonctions peu payées, moins utiles encore le plus souvent, faisaient de nos campagnes de vastes déserts, tout en surchargeant sans mesure le budget : le pays y perdait sur deux tableaux. Désormais, un nombre aussi réduit que possible de fonctionnaires aussi bien rémunérés que possible et entourés de toute la considération possible doivent attirer une partie de ce qu'il y a de meilleur dans la jeunesse française, la difficulté d'accéder à la fonction publique laissant à la terre, aux professions libérales, au commerce, à l'industrie, les bons sujets qui leur sont indispensables.

Le gouvernement, absorbé par des devoirs plus urgents, ne manquera pas d'entreprendre cette nécessaire compression, laquelle est une condition *sine qua non* de la revalorisation qui s'impose, et que rendent d'ailleurs inévitable d'autres raisons sur lesquelles il n'est pas besoin d'insister. Nul doute que cela ne soit, pour nos dirigeants actuels, l'une des principales tâches de demain.

(1) Voir *Le Temps* des 24, 26 et 30 décembre.

ANNEXE 14. « LE MALAISE DES FONCTIONNAIRES DE L'ÉTAT [1] » (27 février 1942) [2]

Un gouvernement ne peut être fort que si l'administration de l'État est bien servie par un corps de fonctionnaires au loyalisme, au dévouement, à la conscience professionnelle éprouvés. C'est la force de l'administration de l'État qui a permis à l'Allemagne de surmonter ses convulsions de 1919 à 1923, c'est la solidité de l'administration française qui a permis une remise en place rapide des hommes et des choses après les journées sinistres de juin 1940.

Ce serait une faiblesse pour le gouvernement, un malheur pour le pays si l'administration française s'affaiblissait, si les fonctionnaires éprouvaient moins impérieusement leur goût de servir, si leur zèle, leur vocation s'atténuaient. Or, un grand malaise pèse actuellement sur une partie importante des fonctionnaires de l'État ; ce malaise tient à des causes morales, à des causes matérielles. Il convient de le dissiper sans retard, pour que la fonction publique retrouve confiance et allant.

I. *Causes morales*

Ce n'est sans doute pas la dissolution de leurs syndicats qui a le plus frappé les fonctionnaires, mais le fait que rien, ou presque rien, n'a remplacé ces syndicats. Les associations professionnelles autorisées en remplacement par la loi du 15 octobre 1940 n'ont ni ampleur, ni vitalité, ni activité véritable [3]. Leur naissance a coïncidé avec de nombreuses mesures répressives contre les dirigeants syndicalistes d'avant-guerre, même si ceux-ci n'avaient manifesté aucune activité politique [4]. Lorsque des sanctions réelles ne les ont pas frappés, ces dirigeants ont été l'objet d'une véritable réprobation consécutive à la condamnation générale du syndicalisme des fonctionnaires [5]. Ainsi ces militants, qui n'ont rien perdu de leur qualité personnelle, excellente souvent, éminente parfois et conservent l'autorité naturelle que leur confère cette qualité, se sont-ils trouvés exclus [6] de le direction des nouvelles associations dont les responsables apparaissent à leurs collègues plus aptes à une docilité sans grandeur qu'à l'expression mesurée et digne des intérêts et des désirs collectifs.

Pour mesurer la gravité du mal, il faut se rappeler que les organisations syndicales de fonctionnaires avaient, en somme, un triple but : donner des garanties

1. On trouvera en note les remarques manuscrites portées (sauf la première) par Maurice Lagrange en marge du document.

2. *[à traiter par] M. Lagrange ; le secrétaire général ne connaît plus l'origine de ce papier* (annotation de Brian).

3. *Si les administrations voulaient bien suivre mes directives, cela ne se produirait pas.*

4. *Très exagéré.*

5. *Excessif ; on a passé l'éponge sur le passé (aussi bien associations que syndicats).*

6. *L'exclusion systématique est contraire aux instructions de la VP [vice-présidence du Conseil].*

aux cas individuels, exprimer et défendre les intérêts généraux d'une catégorie ou de l'ensemble de la fonction publique, fournir les moyens de documentation et de perfectionnement professionnels. C'est dans une réaction contre le népotisme qui faisait du fonctionnaire monnaie de ministre dans un régime où la relation, le service personnel d'une personnalité parlementaire ou gouvernementale prévalaient sur le mérite [et] la qualité des services rendus dans la fonction que s'est manifesté, en velléités, le syndicalisme des fonctionnaires avant 1914. L'indifférence totale ou relative des pouvoirs publics de 1919 à 1927 à l'endroit de leur rémunération a vu l'éclosion de la plupart des syndicats de la fonction publique dans une période où le décalage des salaire entre les activités privées et les activités au service de l'État a suscité de nombreuses évasions hors les cadres, de sérieuses difficultés de recrutement à tous les échelons, tout en réduisant les fidèles à une situation misérable pour les petits, humiliée pour les autres. Cette carence des pouvoirs publics de l'époque a fait bien davantage pour le recrutement des syndicats de fonctionnaires que toute leur propagande. C'est elle qui les a conduits à ces manifestations bruyantes destinées à émouvoir le pouvoir législatif quand l'exécutif s'avérait incapable, manifestations bruyantes qu'un pouvoir conscient et fort eût pu facilement éviter s'il s'était seulement appliqué à maintenir les syndicats des services publics dans l'activité heureuse et utile dont ils témoignaient: culture professionnelle de leurs adhérents, perfectionnement des rouages administratifs dans l'intérêt général, liens établis entre l'administration et les exécutants par leur représentation, leur expression au sein de divers conseils ou comités.

Est-ce timidité, manque d'hommes hormis les cadres réprouvés des anciennes formations, réticences du personnel, les associations prévues par la loi d'octobre 1940 ne se sont pas constituées ou se sont jusqu'ici révélées inaptes à continuer l'activité des syndicats dans ce qu'elle avait d'heureux au point de vue corporatif, d'utile du point de vue général. Cette situation laisse le personnel dans l'impression qu'il a perdu toute garantie contre l'arbitraire, contre les erreurs, les maladresses d'administrateurs dont quelques-uns sont improvisés et ne sont pas des chefs. À quinze mois de sa promulgation, la loi du 15 octobre 1940 s'avère inopérante [7].

Le gouvernement ne peut pas être indifférent à la situation de fait aujourd'hui constatée. S'il veut que les associations soient des réalités vivantes, il doit leur donner de l'influence, leur donner la faculté de représenter le personnel aux comités ou conseils où son avis est utile, alors que le statut des fonctionnaires confie cette mission au seul jeu du hasard. Il doit également revenir sur les sanctions qui ont frappé certains militants pour le seul fait qu'ils étaient militants [8]; le militant était fréquemment le résultat d'une sélection professionnelle et morale, d'où son prestige, son autorité. Il semble que, dans bien des cas, il aurait suffi d'autoriser la transformation des syndicats existants en associations, en écartant simplement certaines personnes de la direction des nouveaux organismes et en maintenant l'interdiction d'une Fédération générale. Il n'est pas douteux que les associations ainsi réalisées avec des dirigeants dont le désintéressement personnel, le sens du bien public et le patriotisme sont éprouvés, avec leurs publications, circulaires et

7. *Lenteur mise par les administrations à appliquer la loi malgré nos efforts.*
8. *À voir ?*

journaux, auraient été de magnifiques moyens de diffusion des principes nouveaux d'éducation civique, pratiquement appréciables en zone occupée où les moyens du gouvernement sur l'opinion seraient ainsi considérablement améliorés.

Il serait souhaitable que ces transformations soient autorisées pour les organisations qui existent encore chez les ouvriers d'État et qui ont fait preuve d'un parfait loyalisme : travailleurs des Tabacs, cantonniers, travailleurs de l'État[9]. La dévolution des biens acquis par les cotisations des syndiqués se ferait sans difficultés. Les travailleurs de l'État soulignent tout ce qui sépare leur condition de celle des fonctionnaires et constatent qu'ils bénéficièrent rarement des avantages accordés à ceux-ci ; ils demandent à ne pas être assimilés aux fonctionnaires quand il y va de la suppression des organisations syndicales.

Pour l'ancien régime, la désagrégation du pouvoir s'était peu à peu accompagnée d'une déchéance de la fonction publique. L'État rénové doit pouvoir s'appuyer sur un corps de fonctionnaires loyaux et dévoués. Pour que règne cette cohésion, il ne faut plus, certes, que s'affrontent les intérêts privés et les passions partisanes, mais il est esentiel de lutter contre l'isolement stérile où germent la rancœur, les découragements et l'esprit de passivité.

II. *Causes matérielles*

Jusqu'en 1914, la fonction publique jouissait en France d'une considération qui tenait partie du prestige que conférait le service de l'État, partie du standing qui supposait la rémunération. Cette rémunération assurait à l'État une faculté de recrutement convenable en nombre et en qualité.

Dès 1918, les événements monétaires, les secousses de l'économie ont bousculé les hiérarchies sociales et singulièrement défavorisé les fonctionnaires. Une revalorisation des traitements effectuée par paliers, dont le dernier date d'octobre 1930, n'eut qu'une conséquence éphémère du point de vue du reclassement de la fonction publique.

Les aménagements de salaires intervenus en 1936 n'eurent pour les fonctionnaires d'autre effet que d'accroitre l'intervalle des courbes mesurant l'une la progression des salaires privés, l'autre la progression des salaire servis par l'État. Contrairement à une opinion répandue, le régime du Front populaire a accentué le déclassement des fonctionnaires dans les hiérarchies sociales : une « indemnité spéciale temporaire » est venue soulager la situation précaire des fonctionnaires devant l'élévation croisante du coût de la vie, mais normalement les traitements de 1942 sont ceux du 1er octobre 1930. Les fonctionnaires comparent amèrement leurs émoluments avec les salaires privés, avec les rémunérations du personnel des nouveaux organismes publics ou privés.

En dépit des augmentations consécutives à l'application des lois du 23 mai 1941 et du 31 octobre 1941, la rémunération d'un fonctionnaire (instituteur : traitement de base : 13 000) est notablement inférieure à celle d'un ouvrier qualifié. Celui-ci perçoit le salaire de sa catégorie dès que sa qualification est reconnue, le traitement du fonctionnaire se traîne lamentablement d'échelon en échelon,

9. *Il ne s'agit plus des fonctionnaires.*
10. *C'est cependant là que la différence est la plus grande.*

durant de longues années : un facteur met 21 ans pour passer de 9 000 F à 11 500 F, un instituteur passe dans sa carrière de 11 500 F à 19 000 F en 5 échelons de 3 ou 4 ans (3 ans grand choix). Les années du début sont celles des grands besoins, installation en ménage, enfants jeunes.

La notion de sécurité qui accompagnait la fonction publique s'est elle-même évanouie, aussi bien par les effets de loi du 17 juillet 1940 que par ceux des dispositions rétroagissantes (sociétés secrètes, juifs) qui ont créé des interdictions, des réprobations.

Une comparaison de leurs traitements avec les émolument servis dans les organismes semi-publics, jeunes offices ou récents comités, dont s'entoure l'État, indique aux fonctionnaires placés dans l'échelle 20 000 F - 30 000 F que les services assimilables y sont rémunérés de 50 000 F à 80 000.F L'administration elle-même, dans les cadres qu'elle a établis depuis peu, doit appliquer des barèmes mieux adaptés aux nécessités vitales actuelles. Dans les Centres de Jeunesse, le commissaire de centre de dernière classe, à l'échelon inférieur, reçoit 45 000 F ; le traitement de base d'un inspecteur primaire dans les départements est de 22 000 F. Un commissaire de centre de 1re classe touche annuellement 80 000 F, la première classe d'un inspecteur primaire est de 42 000 F.

Si l'on n'évoque pas les services de la police [10], on peut cependant noter que les candidatures qui se manifestent joignent aujourd'hui des ouvriers qualifiés d'usine, où le chômage n'est pas à craindre, aux petits fonctionnaires (facteurs des PTT) qui, hier, postulaient l'emploi de gardien de la paix à Paris.

On peut signaler la véritable concurrence pour le recrutement du personnel à quoi se livrent de nouveaux services, ou même de vieilles administrations : tel collaborateur de l'Equipement national passe aux Affaires juives à raison d'une rémunération très supérieure, l'Agriculture incorpore dans ses cadres au titre de commis d'ordre une sténo-dactylo du Travail. On doit signaler comme un abus infiniment regrettable, pernicieux pour le bon esprit des fonctionnaires et le service de l'État les avancements de grade obtenus au cours de carrières en zig-zag, d'administration à administration, de service à service ; tel rédacteur se retrouve en moins de deux ans chef de bureau pour avoir sans raison de service seulement changé d'administration. Les agents sans vocation bénéficient d'avantages immenses, les consciencieux amoureux de leur métier, de leur technique, piétinent et fatalement se découragent ou s'irritent. Le fonctionnaire se résigne plus facilement à la médiocrité qu'à l'injustice [11].

Les formes de la rémunération sont complexes et gagneraient à être simplifiées [12]. Dans certains cas, très ordinaires, le traitement proprement dit ne représente qu'un pourcentage faible de la rémunération où rentrent des éléments très divers. Un facteur, au traitement moyen de 10 500 F, marié et père d'un enfant, reçoit à Paris :

11. *V. 932* (?) *cherche à y mettre bon ordre. Il y a dans ces jeunes administrations une précarité qui fait que, tout en protestant, beaucoup ne veulent pas y aller. Il y a aussi des « embêtements » dus à l'impopularité du rôle de certaines de ces administrations (Juifs, ravitaillement, contrôle des prix). Malgré les avantages offerts, il y a crise de recrutement un peu partout (sauf à la Police).*

12. *Oui.*

Traitement	10 000 F
Supplément temporaire de traitement	5 000 F
Résidence	7 000 F
Allocation de salaire unique	4 080 F
Indemnité de responsabilité	900 F
Indemnité de chaussures	250 F
Total	27 730 F

Le traitement ne représente pas 40 % du total des émoluments. Ce traitement sert de base au calcul de la retraite [13]. Cette retraite était jadis un élément d'attrait vers la fonction publique, cet élément s'est évanoui depuis la généralisation heureuse de régimes de retraites dans les activités privées, depuis l'institution des retraites des assurances sociales [14]. Pour retrouver sa faculté d'attraction, la retraite du fonctionnaire devrait être revalorisée par un calcul qui fondrait dans le traitement le « supplément temporaire », dont l'épithète revêt un sens dérisoire dans la conjecture *(sic)* monétaire.

Conclusions

Il est nécessaire, pour le prestige du gouvernement et la force de l'État, que la situation se renverse dans le délai le plus rapproché possible.

Diverses mesures peuvent favoriser ce redressement, revaloir à la fonction publique son attrait, son prestige et, partant, un recrutement de qualité.

A - Associations professionnelles. Hâter leur création, en appelant, pour cette action, certains anciens dirigeants [15] qui n'ont guère contre eux que d'avoir été en opposition avec de hauts fonctionnaires toujours en place. Il conviendrait de fournir une activité aux groupements professionnels, en les faisant participer à des études techniques où l'expérience du praticien a sa valeur, en les associant aux travaux de conseils et de commissions (discipline) [16].

B - Faciliter la création de deux ou trois périodiques spécialisés pour les fonctionnaires (un pour chaque grande catégorie).

C - Modifier la loi du 17 juillet 1940, en rendant obligatoire par exemple un exposé des motifs, en ouvrant une faculté d'appel [17].

D - Améliorer et simplifier la rémunération. Revaloriser les retraites en fonction des émoluments réels [18].

E - Éviter tout favoritisme ou même son apparence. C'est le favoritisme parlementaire qui a suscité les syndicats de fonctionnaires.

13. (Triple trait dans la marge).
14. *Les fonctionnaires y tiennent encore beaucoup.*
15. *Oui, avec modération.*
16. *Oui.*
17. *Elle doit disparaître si l'on applique le statut.*
18. *Oui.*

Annexe 15. Le notable moyen vu par le régime (janvier 1942)

1°) Nom, prénoms	DURAND Gustave, Charles
2°) Age, situation de famille	56 ans, marié, trois enfants, dont un fils prisonnier
3°) Domicile	....
4°) Profession actuelle	Industriel, fabricant de machines agricoles. Occupe ...... ouvriers et ...... employés
Profession précédente	Représentant
5°) Situation militaire	Ancien combattant de la guerre 14-18, Croix de guerre, Officier de réserve
6°) Situation de fortune	Propriétaire aisé possédant une importante exploitation agricole, ... ha, Cheptel ...
Intérêts détenus dans des sociétés	Administrateur de ....
7°) Décorations françaises	Chevalier de la Légion d'Honneur en ..., à titre ...., pour ....
8°) Confession religieuse	Catholique
9°) Mandats publics	Député élu sous étiquette radical-socialiste aux élections de 1924, battu en 1928 Conseiller général, membre de la commission départementale, Maire, Président de la Chambre d'Agriculture de ....
10°) Partis auxquels l'intéressé a appartenu, avant le 11 juillet 1940, fonctions exercées, rôle joué, tendances manifestées	Radical-socialiste, Vice Président du comité radical de ...., a combattu en 1936 contre le Front Populaire
11°) Partis auxquels l'intéressé a appartenu, depuis le 11 juillet 1940, fonctions exercées, rôle joué, tendances manifestées	Ne milite en faveur d'aucun parti, Membre de la Légion française des combattants
12°) Mandats publics depuis le 11 juillet 1940	Membre de la Commission administrative. Maintenu Maire de ....
13°) Loyalisme à l'égard du Maréchal	Très dévoué à la personne du Maréchal
14°) Position à l'égard du Gouvernement	
a) sur le plan intérieur	Soutient la politique du Gouvernement
b) sur le plan extérieur	Réserves
15°) Rapports avec le Préfet	Rapports courtois, vient peu à la Préfecture
16°) Influence conservée à l'intérieur du département	Respecté et honoré par tous. Conserve encore une très grande influence dans les milieux ruraux
17°) Observations générales	....

ANNEXE 16. « L'ŒUVRE DU GOUVERNEMENT DEPUIS LE 13 DÉCEMBRE 1940
Extraits d'une note de la vice-présidence du Conseil, 6 mai 1941.

A - Politique générale

13 décembre 1940 - 8 février 1941

a) Associer les forces vives du pays à l'œuvre générale
- Conseil National (loi du 22 janvier 1941)

b) Affermir l'autorité de l'État en renforçant l'autorité de ses hauts fonctionnaires tout en cherchant à rendre effective leur responsabilité
- acte constitutionnel n° 7, du 27 janvier 1941 sur serment de fidélité des hauts fonctionnaires (resté jusqu'ici lettre morte faute de textes d'application ; ceux-ci ont été préparés en leur temps par la présidence du Conseil)
- loi du 23 décembre 1940 sur les pouvoirs des préfets

c) Faire participer le Conseil d'État à l'œuvre législative du Gouvernement
- loi du 18 décembre 1940 (article 19)

8 février 1941 - 1er mai 1941

a) Renforcement de l'autorité gouvernementale
- loi du 23 février 1941 (réduction sensible du nombre de ministres)
- loi du 10 février 1941 (pouvoirs de décision du ministre vice-président du Conseil)

b) Concentration entre les mains d'un seul responsable des problèmes d'une nature déterminée mais ressortissant par eux-mêmes à plusieurs ministères
- rattachement aux Finances de l'Économie nationale
- délégué général Équipement national
- délégué aux relations économiques franco-allemandes
- secrétariat d'État Famille - Santé
- commissariat général aux questions juives

c) Retour en arrière par rapport à la première période en ce qui concerne le Conseil national
- décret du 22 mars 1941 sur le fonctionnement du Conseil

d) Amorce du régionalisme, dans un sens d'ailleurs tout empirique (ravitaillement) et ne préjugeant pas des réformes futures (provinces)
- loi du 19 avril 1941 instituant des préfets régionaux.

B - Administration générale

Plus difficile de faire une distinction nette entre les deux périodes.
Tendances générales dans l'administration

1°) *Étatisation marquée* des services et cadres locaux
a) Nombreuses polices municipales
b) Rattachement de la voirie départementale et vicinale à l'administration des Ponts et Chaussées (décret du 26 décembre 1940)

c) Statut des agents des préfectures, devenus agents de l'État (décret du 27 février 1941)

2°) *Poursuite de l'œuvre « d'épuration » dans le service public*

a) Prorogation de la loi du 17 juillet 1940, relèvement de fonctions (loi du 29 mars 1941)

b) Loi du 11 mars 1941 complétant la loi du 13 août 1940 sur les associations secrètes

c) Institution de nombreuses délégations spéciales municipales, dissolution des conseils municipaux, révocation de maires

3°) *Tendance à « normaliser », dans le cadre de l'esprit nouveau, les rapports entre l'État et ses fonctionnaires*

a) Étude du statut des fonctionnaires promise par gouvernement dans le rapport qui précède la loi du 29 mars 1941, récemment envoyée au Conseil d'État

b) Question des associations professionnelles de fonctionnaires :

– application de la loi du 15 octobre 1940

– études spéciales sur le point d'aboutir (textes demandés au Conseil d'État) pour les agents des services publics non fonctionnaires

L'idée dominante est ici la restauration de l'autorité de l'État.

C - Statut des personnes

1°) *Politique juive*

On paraît s'orienter actuellement vers un certain assouplissement de la législation, de manière à tenir plus compte des titres de guerre et du degré de « francisation ».

Orientation vers une législation plus souple et dynamique, plus réaliste aussi

But: parvenir à l'établissement par le gouvernement français de mesures communes aux deux zones et dont il puisse suivre lui-même l'exécution.

[...]

ANNEXE 17. « DIFFUSION DES NOTES DESTINÉES À MM. LES MINISTRES ET SECRÉTAIRES D'ÉTAT » (décembre 1941)

VICE-PRESIDENCE DU CONSEIL

Secrétariat Général

VICHY, le Ier Décembre 1941

DIFFUSION GENERALE des NOTES destinées
à MM. les MINISTRES et SECRETAIRES d'ETAT

- Le Général d'Armée, Secrétaire Général du Chef de l'Etat.
- Le Directeur du Cabinet du Chef de l'Etat.
- L'Ambassadeur de France, Délégué Général du Gouvernement Français dans les Territoires Occupés.
- Le Délégué Général aux Relations Economiques Franco-Allemandes.
- Le Secrétaire Général Permanent en Afrique Française.
- Le Vice Président du Conseil d'Etat.
- Le Secrétaire Général du Conseil National.
- Le Secrétaire Général à l'Information.
- Le Commissaire Général au Reclassement des Prisonniers de Guerre Rapatriés.
- Le Commissaire Général au Pouvoir.
- Le Général ROUX - Centre d'Information Gouvernemental s/c du C/Amiral DUPRE, Secrétaire Général Adjoint de la Vice-Présidence du Conseil.
- Le Chef de la Section d'Etudes Générales de la Vice-Présidence du Conseil.
- Le Commissaire en Chef de la Marine FATOU Délégué du Vice-Président du Conseil } Hotel Matignon 57 rue de Varenne PARIS 7
- M. RICHARD (Vice-Présidence du Conseil) } Hotel Matignon 57 rue de Varenne PARIS 7
- Courrier : 4 exemplaires.

Il appartient au Chargé de mission auteur de la note, de préciser les ampliations à faire taper pour chacun des destinataires ci-dessus ou d'en référer éventuellement au Colonel POINCIGNON.

Annexe 18. Deux visions de la cérémonie de prestation de serment des préfets (19 février 1942)

A. L'hagiographie maréchaliste : La cérémonie vue par René Benjamin

Le Maréchal n'avait jamais désiré que cette prestation de serment fût *un spectacle.*

La foule n'y avait pas été conviée, mais il avait l'espoir qu'elle serait une manifestation de l'esprit. Et c'est ce qu'elle fût.

Dès qu'il fût entré, majestueux et simple, on eut dit qu'il absorbait tout. Restait-il des choses médiocres, des cœurs sans flammes ?

Tout disparut en lui, qui venait redonner – chacun le sentait – toute son importance au serment humain.

Importance infinie. Ces petits rois que sont les préfets se trouvaient devant lui, rangés, dressés, l'âme au garde à vous.

Qui peut savoir jusqu'où va le serment, comme il entraîne, comme il s'impose, comme il engage ?

On les appelle par région. L'huissier d'un nom évoqua une province libre ou meurtrie, avec ses gloires, avec ses peines, et celui qui en avait la charge s'avançait, montait une marche, mettait ses yeux dans ceux du maréchal, tendait le bras, disait : « Je le jure ! » - et *se donnait.* Il offrait sa personne et sa foi. Le Maréchal le regardait longuement, puis de la tête remerciait, en ayant confiance.

Toute la salle était debout, immobile. Toute la France, Cité par Cité, venait dire à son Chef : « Nous sommes avec vous ! ». C'était l'image de l'unité, de l'union d'une patrie qui prétend travailler dans l'ordre. Il n'y avait pas d'oriflammes. Il n'y avait pas de fanfare. Il y avait le souffle des âmes et la musique de l'esprit. On comprenait ce que le Maréchal avait dit un jour en disant, et qui avait fait sourire ses convives, quoiqu'il l'eût dit avec un grand sérieux : « Si je n'avais pas la "Mission" que j'ai... je voudrais être préfet ! »

*
* *

B - Le regard des collaborationnistes : Georges Suarez, *Aujourd'hui,* 23 février 1942

Jeudi dernier, les préfets de France ont été convoqués à Vichy pour prêter serment de fidélité au chef de l'État. Cette réunion ne comprenait pas seulement les titulaires des quatre-vingt-douze préfectures qui existaient en 1940, mais aussi trente préfets nouveaux affectés comme adjoints aux préfets.

La Révolution nationale s'est ainsi admirablement symbolisée. Elle n'a pas augmenté la situation morale de ses fonctionnaires, mais elle a accru leurs effectifs. Elle ne s'est pas bornée à bourrer les cadres déjà créés, elle en a inventé d'autres. Par exemple ces intendants de police placés à la tête de ce qu'on pourrait appeler les brigades de sécurité d'un régime instable.

Cette prestation de serment de tous les fonctionnaires détenant une parcelle de l'autorité gouvernementale ne manquera pas de frapper les esprits, surtout ceux qui se demandent avec angoisse ou scepticisme quel peut bien être l'objet d'une manifestation dont la solennité ne parvient pas à cacher toute l'hypocrisie.

La liste des préfets est connue. Il suffit de la consulter pour se persuader que l'efficacité de cette cérémonie ne peut être faite, d'une part, que d'apostasie – ce qui n'est pas rassurant – et d'autre part de duplicité – ce qui n'est pas honorable.

Comme on recrute le militaire dans le civil, on recrute les préfets parmi les anciens sous-préfets. La carrière de chacun d'entre eux est donc marquée au coin des mêmes influences parlementaires qui les ont fait grandir de sous-préfecture en sous-préfecture jusqu'à la consécration que devait leur réserver le régime qui a renversé la République.

On peut, parmi ceux-ci, relever un ancien chef de cabinet et un collaborateur de M. Mandel, un ancien chef de cabinet d'un ministre néo-socialiste, un radical franc-maçon marquant, un ancien directeur général de la Sûreté à l'époque héroïque du Front populaire, un familier de M. Chautemps, un ancien préfet qui connut un avancement particulièrement rapide pour avoir défilé le poing levé au bras de M. Pierre Cot, un sous-préfet qui avait troqué l'espace d'un lustre les agréments administratifs si joliment fêtés par Alphonse Daudet contre l'envers du music hall... Bref, M. Dormoy lui-même n'eût pas fait mieux.

Trois ou quatre marins, un quarteron d'anciens députés recrutés parmi les plus inodores, quelques militaires, un couple du conseil d'État dont la rapidité dans l'avancement supplée à l'insuffisance dans les titres, peu ou pas du tout d'anciens combattants de l'ancienne et de la dernière guerre complètent ce carrousel de chevaux de retour.

Tous ces hommes ont donc prêté, jeudi, serment de fidélité. Seront-ils touchés par la grâce ? Reviendront-ils dans leur fief avec une force et une foi plus grandes ? Suffit-il d'un serment pour faire une révolution ? Suffit-il d'un geste pour témoigner de la sincérité d'une conversion, pour faire d'un adversaire un néophyte et des créatures de M. Dormoy des admirateurs du Maréchal ?

Imagine-t-on que les représentants de la Convention qui partaient en mission dans nos départements aient subi la nécessité d'affirmer leur fidélité pour témoigner de leur sincérité ? Sans remonter très loin dans notre Histoire, [...] au serment des prêtres constitutionnels, ces cérémonies ont-elles jamais grandi le régime qui les exigeait et les hommes qui s'y prêtaient ?

Souhaitons que les préfets assermentés de 1942 n'aient jamais à éprouver les hostilités vengeresses qui s'acharnèrent contre les prêtres jureurs quand, après les batailles religieuses, refleurit la paix du Concordat.

Annexe 19. Appel du Conseil national de la résistance aux fonctionnaires

En cette cinquième année de lutte, alors que la France, à la veille de sa libération, attend de tous ses enfants un suprême effort pour achever la défaite de l'oppresseur, le Conseil national de la résistance rappelle l'ensemble des fonctionnaires publics à l'accomplissement de leur premier et plus essentiel devoir.

Administrés de tous grades, officiers magistrats, professeurs, voués par vos fonctions au service permanent de l'intérêt du pays, votre place est parmi les soldats de la résistance à l'avant garde du combat. Le Conseil national de la résistance connaît et salue le dévouement silencieux et tenace de tous ceux d'entre vous qui, fidèles à la France et à la République se sont, à leur poste officiel, proposé pour unique ambition de consacrer toutes leurs prérogatives, toutes les possibilités d'action ou d'influence que leur donnait leur mandat à mieux assurer, en face de l'occupant, la défense des intérêts de la nation, à mieux préserver leurs concitoyens contre les entreprises de l'ennemi.

À tous ceux qui, incarnant la tradition des grands serviteurs de l'État, ont ainsi maintenu au travers de l'oppression et malgré l'abdication de l'assemblée nationale, la continuité de l'administration française pour la défense quotidienne des intérêts français, le pays dans un proche avenir saura manifester sa reconnaissance.

Le Conseil national de la résistance escompte avec confiance que dans les jours prochains durant la période difficile et peut-être dramatique qui préludera à la libération, le corps des fonctionnaires français, dans son immense majorité, saura faire son devoir qui est d'aider par tous les moyens les combattants de la République et de paralyser par tous les moyens l'action de l'envahisseur et de ses valets. Les fonctionnaires français savent où est le gouvernement légitime, où est la volonté du pays, où est le devoir national.

Aucune considération tirée de la peur des responsabilités ou d'une prétendue loyauté à l'égard d'un pouvoir d'usurpation ne peut empêcher les fonctionnaires français d'accomplir ce qui n'est pas seulement une tâche méritoire, mais ce qui est, au sens strict du mot, un devoir professionnel en même temps que national auquel il ne leur est pas loisible de se dérober.

La nation se souviendra de ceux qui l'auront bien servie au temps de son malheur. Elle se souviendra aussi, pour leur réserver ses plus sévères rigueurs, des fonctionnaires indignes qui, traîtres à leur mandat et sous prétexte d'obéir à un prétendu gouvernement sans qualité pour obtenir l'obéissance, se sont servilement transformés en complice de l'oppresseur et, mettant à la disposition de l'ennemi les moyens en leur pouvoir, ont contribué à rendre plus pesante et plus cruelle la tyrannie des vainqueurs provisoires.

Le Conseil national de la résistance adresse un dernier avertissement à tous les détenteurs de la puissance publique pour qu'ils prennent conscience de la gravité des actes commis par ceux d'entre eux qui portent la responsabilité d'être venus en aide à l'ennemi :

– soit en privant de sa liberté ou de sa vie quelque Français que ce soit, à quel que parti, à quelle que confession, à quelle que race qu'il appartienne ;

– soit en facilitant ou en encourageant la déportation des Français ;

– soit en favorisant volontairement par ses paroles, ses écrits ou ses exemples, les manoeuvres de l'ennemi, notamment en propageant la politique dite de collaboration ;

– soit en dénonçant à l'ennemi des citoyens français ou alliés,

sans qu'aucun cas de discipline alléguée à l'égard du gouvernement usurpateur de Vichy puisse être considérée comme une excuse.

Le Conseil national de la résistance informe les Français de tous ordres qui se sont rendus coupables ou se rendraient encore coupables de tels agissements qu'ils auront à en répondre, dès la libération de la France, devant les tribunaux de la République et que bonne justice sera faite.

ANNEXE 20. MÉMORANDUM DE *COLLEONE* (V. ABEILLE) SUR LE NOYAUTAGE DE L'ADMINISTRATION PRÉFECTORALE

Source : COLLEONE Col 1/1 bis

TRES SECRET

LE NOYAUTAGE DE L'ADMINISTRATION PREFECTORALE

Pour exposer les conditions qui dominent le noyautage de l'administration préfectorale, qui est un des aspects du noyautage des administrations publiques, il me paraît nécessaire de souligner, dès le début de ce rapport, combien différents sont les milieux que recouvre ce terme général d'administrations publiques, car ces différences nécessitent l'obligation de diversifier les moyens pour toucher les fonctionnaires et en outre imposent de ne pas employer ces agents dans des conditions identiques.

Sous le terme d'administrations publiques on comprend indistinctement tous les corps de fonctionnaires et agents participants à la vie publique : Conseil d'Etat, Cour des Comptes, Inspection des Finances, Administration Préfectorale, Enseignement dans ses trois degrés, Ministères, fonctionnaires départementaux des finances, des préfectures, des sous-préfectures et des mairies, Administration des P.T.T.; Ponts et Chaussées, Eaux et Forêts, Douanes, Police sous tous ses aspects, Gendarmerie, Garde-mobile et même certaines grandes compagnies privées ou semi-privées au premier rang desquelles se trouve la Société Nationale des Chemins de Fer (S.N.C.F.)

Cette simple énumération qui est loin d'être complète, suffit à faire saisir que leur diversité de fonctions et d'attributions impose pour prendre contact avec ces fonctionnaires, de rangs et de milieux si dissemblables, des méthodes et des hommes différents pour chacune des catégories. La même personne ne peut pas circonvenir un préfet et un cheminot, un postier et un recteur, un gardien de la paix et un conseiller d'état - chacun d'eux, si convaincu soit-il, n'ira pas courir des risques, qu'il sait certains et graves, s'il ne découvre pas chez celui qui vient solliciter son adhésion active des qualités qui sont pour lui une garantie indispensable (à ce sujet je dois dire que le fonctionnaire subalterne est infiniment plus accessible que le supérieur). Cette constatation, qui parait d'évidence, a en mesure toute la force au moment de la réalisation, lorsque l'on cherche à recruter - C'est là un rôle qui a été laissé à un échelon subalterne, sans aucune préparation ni spécialisation = on confie à chaque chef de département le soin de procéder au noyautage des administrations de son territoire, on ne lui donne aucun conseil de principe, parfois on lui indique qu'il parait bien que tel ou tel peut être touché. Or l'individu qui est pressenti, quel que soit son désir et sa volonté de prendre part à la résistance, a toujours cette première question sur les livres "qui est le chef"?. L'agent recruteur ne peut ni ne doit répondre, il faut donc que sa parole, sa caution morale, sa personnalité suffisent pour engager la nouvelle recrue - il faut qu'il sache engendrer la confiance pas l'estime que donne sa valeur et par la sympathie que suscite sa façon d'être - il doit donc travailler à visage découvert.

Voilà les conditions qui dominent tout travail de recrutement clandestin - et ce plus particulièrement pour le noyautage, car le fonctionnaire de par sa déformation professionnelle aime réunir le maximum de garanties avant de s'engager où que ce soit.

Or il est de fait -, par suite de la pauvreté où notre pays se trouve en hommes - que les chefs des mouvements clandestins des départements, si leur bonne volonté et leur courage sont indéniables, ne représentent pas en moyenne un niveau intellectuel ni social très élevé - il est de fait aussi qu'ils n'ont pas toujours auprès d'eux la personne désirable pour faire ces démarches auprès des fonctionnaires d'un certain rang. Cette constatation est une première difficulté.

Il en est une seconde. Certains fonctionnaires, particulièrement ceux de l'administration préfectorale, sont fort bien placés pour savoir les risques graves que courent tous les membres des mouvements clandestins par suite d'imprudences de tous ordres, en particulier absence de discrétion de certains agents et insuffisance notoire dans la rédactionet la mise à l'abri des archives, qu'il savent être indispensables. Pour ces raisons, ces fonctionnaires, souvent extrêmement bien disposés, se refusent à prendre contact avec ces mouvements - ils s'efforcent seuls, sans directives, dans une obscurité qui limite grandement l'efficacité de leur action, mais qui est indispensable à leur sécurité, d'éviter la casse dans tous les domaines, ils sont les premiers à déplorer que leur activité soit ainsi réduite à un état presque larvaire. Cela, certains membres de l'administration préfectorale, tels que Bezagu, préfet délégué de la Haute-Garonne et Laporte, Secrétaire Général de la Haute-Vienne me l'ont dit, ajoutant qu'ils accepteraient de travailler par mon intermédiaire ou par le joint de toute autre personne dont ils connaîtraient tout le sérieux, et à la condition expresse de relever, non d'une organisation clandestine mais directement du Général de Gaulle, c'est-à-dire du pouvoir qui le représente en France. Je puis illustrer mon affirmation d'un exemple très net. J'ai travaillé dans le Jura en complet accord avec le Secrétaire Général de la Préfecture. Depuis mon départ, après les arrestations massives opérées par la Gestapo, ce fonctionnaire n'a plus eu de lien direct avec l'organisation de son département - et l'un des chefs responsables, placé sur ma proposition à son poste, m'a dit qu'il lui paraissait que le Secrétaire Général devenait très craintif et s'abstenait maintenant de toute activité. Je me suis contenté de le rassurer en me portant garant des sentiments de ce fonctionnaire - mais je ne pouvais pas lui dire que, venant de Lyon, divers émissaires, accrédités par des lettres de moi, avaient été reçus par le Secrétaire Général, que c'était grâce à ces contacts que tous les fils de l'organisation avaient toujours été renoués et que lui-même avait été investi de ses fonctions.

Ayant travaillé depuis l'armistice à la résistance et comme fonctionnaire et comme agent d'un mouvement clandestin, j'estime que ces fonctionnaires sont tout à fait fondés à adopter une telle attitude - agir autrement équivaudrait pour eux, avec la certitude la plus absolue, à un sacrifice inutile pour des résultats médiocres. Je ne pense pas qu'on ait le droit d'exposer dans de telles conditions des hommes dont très certainement la compétence et l'expérience sont précieuses - car il est de fait qu'on ne saurait rien bâtir de solide sans ces deux qualités. La France doit être avare de son sang et de son intelligence - elle n'a de trop ni de l'un ni de l'autre. Actuellement le courage et le patriotisme demandent à certains poste le silence et l'absence de toute témérité.

Le désir exprimé par ces fonctionnaires de relever d'une organisation nationale répond chez eux à une idée de sécurité - mais correspond aussi au caractère de leurs fonctions. Ce sont en effet des agents du pouvoir central essentiellement instables, appelés à exercer leur autorité successivement en des points très divers du territoire - les liaisons entre groupes clandestins sont ou très médiocres ou même inexistantes, il leur est donc impossible de maintenir le contact qui s'impose avec ces fonctionnaires lorsqu'ils changent de poste. C'est ainsi que je connais le cas du Commissaire Spécial Castaing qui a travaillé en liaison avec moi dans le Jura et qui m'a aidé énormément; il a été déplacé et nommé dans la Creuse, et bien que signalé aux groupements clandestins de ce département ces derniers n'ont voulu établir aucun contact, car ils n'ont pas confiance, se privant ainsi d'un agent de tout premier ordre. L'exemple vaut pour la préfectorale.

Quel rôle peuvent assumer les fonctionnaires de l'administration préfectorale pris comme agents dans une organisation nationale indépendante des groupements clandestins locaux?

Le travail qu'ils doivent remplir revêt un double caractère, suivant qu'il répond aux nécessités immédiates ou qu'il est la préparation à l'installation en France d'un gouvernement libre.

A. - Pour les nécessités immédiates les fonctionnaires de la préfectorale doivent:

a) renseigner
b) boycotter les décisions gouvernementales et les ordres des occupants
c) assurer la sécurité des patriotes
d) noyauter les administrations.

a) le renseignement comporte les affaires de caractère militaire, économique, politique, policier, administratif, personnel qui de près ou de loin touchent à la vie publique et par conséquent intéressent la France Combattante.

b) le boycottage est l'arrêt ou au moins la suspension dans l'exécution des mesures gouvernementales de caractère général ou particulier, contraires à l'intérêt du pays;

c) la sécurité des patriotes consiste d'une part à donner l'alarme lorsqu'une expédition policière générale ou particulière est à leur connaissance décidée par la Sûreté française ou par la Gestapo, et d'autre part, c'est l'établissement d'un service de délivrance de divers papiers authentiques : cartes d'identité françaises ou étrangères, passeports, permis de conduire, cartes d'alimentation, certificats d'indigence, etc... etc... sous de fausses identités;

d) le noyautage des administrations c'est exercer leur influence personnelle à donner le courage d'oser aux fonctionnaires qui placés sous leurs ordres ont des sentiments sûrs, mais qui craignent de s'engager; c'est aussi et surtout couvrir les fonctionnaires résistants de leur autorité et assurer leur nomination à des postes clefs.

B. - Pour la préparation de la prise du pouvoir le travail de la préfectorale demande que ces fonctionnaires soient instruits des mesures générales, surtout politiques et économiques, que les autorités libres entendront prendre en s'emparant du pouvoir - ces fonctionnaires devront donc susciter des décisions en soumettant des suggestions motivées - et dès qu'ils auront connaissance des mesures qui seront prises, assurer sans plus attendre l'application de ces ordres par des consignes exécutoires ou préparatoires suivant les possibilités du moment.

Bien que ce soit là une remarque subsidiaire - il me paraît que si sont données des consignes générales pour le jour de la prise de pouvoir, il y aurait avantage que ces consignes soient des directives et non des ordres formels - nous ignorons en effet totalement si des raisons locales particulières ne s'y opposeront pas. Il faudrait donc que ces fonctionnaires sachent qu'ils doivent s'appliquer plus à l'esprit qu'à la lettre des instructions - en fait qu'ils se révèlent dignes de leur poste en sachant faire preuve d'initiative et en ne manquant pas d'oser prendre des responsabilités.

Ce simple énoncé du travail que doit fournir l'administration préfectorale prouve qu'il n'y a qu'un cas où il semble indispensable que soit établie une liaison avec les groupes clandestins locaux, c'est celui de la sécurité, et dans cette éventualité il parait bien que seule la menace policière soit à envisager - car les fausses pièces d'identité auront toujours avantage, après avoir été revêtues de tous les cachets et signatures nécessaires, à n'être pas délivrées à des personnes habitant la région où elles ont été émises. Or pour parer à la menace policière, la liaison à établir peut être unilatérale - le fonctionnaire connait l'endroit, la boite postale où faire déposer la note dactylographiée prévenant du danger. L'organe récepteur n'a pas à savoir l'origine du papier - seule sa rédaction avec termes convenus lui fait comprendre l'importance de l'avis donné. Pour toutes les autres questions, le fonctionnaire a un système de liaisons particulier avec le centre national, au besoin avec un code chiffré ou un code de termes conventionnels pour les messages urgents, la liaison ordinaire se faisant plutôt par des messages sûrs, au besoin de leur choix, passant à des dates fixes.

Je crois qu'ainsi par cette méthode, somme toute assez simple, il serait possible de faire du très bon travail, - et j'ai la conviction - j'espère point trop optimiste - que par des contacts successifs, procédé de la boule de neige, un fonctionnaire sûr indiquant un autre collègue et ainsi de l'un à l'autre, on peut parvenir sans trop de peine et assez rapidement à établir un réseau étoffé sur tout le territoire de la France.

Je pense en outre que nous avons ainsi un moyen d'éprouver dès maintenant la sincérité et aussi la capacité de ces fonctionnaires, dont les meilleurs formeront de toute évidence des cadres précieux parce que tout à fait expérimentés.

ANNEXE 21. LOI DU 20 JANVIER 1944 INSTITUANT LES COURS MARTIALES

LOI n° 33 du 20 janvier 1944 instituant des cours martiales.

Le chef du Gouvernement,

Vu les actes constitutionnels nos 12 et 12 *bis*;

Le conseil des ministres entendu,

Décrète :

Art. 1er. — Le secrétaire général au maintien de l'ordre est autorisé à créer par arrêtés une ou plusieurs cours martiales.

Art. 2. — Sont déférés aux cours martiales les individus, agissant isolément ou en groupes, arrêtés en flagrant délit d'assassinat ou de meurtre, de tentative d'assassinat ou de meurtre, commis au moyen d'armes ou d'explosifs, pour favoriser une activité terroriste.

Art. 3. — Tout individu arrêté dans les conditions prévues à l'article précédent est mis immédiatement à la disposition de l'intendant de police de la préfecture régionale du lieu de l'arrestation.

L'intendant de police le place sous mandat de dépôt et prend toutes dispositions utiles pour le traduire sur-le-champ devant la cour martiale.

Art. 4. — Les cours martiales se composent de trois membres désignés par arrêté du secrétaire général au maintien de l'ordre.

Art. 5. — L'application des lois sur l'instruction criminelle est suspendue à l'égard des individus déférés aux cours martiales.

Si la cour martiale constate que les conditions prévues à l'article 2 de la présente loi sont réalisées et que la culpabilité est nettement établie, les coupables sont immédiatement passés par les armes.

Dans le cas contraire, les inculpés sont mis à la disposition du procureur de la République afin qu'il soit requis par lui ce qu'il appartiendra.

Art. 6. — La procédure et les conditions de fonctionnement des cours martiales ainsi que toutes les mesures d'exécution de la présente loi, seront réglées par arrêtés du secrétaire général au maintien de l'ordre.

Art. 7. — La présente loi est applicable jusqu'au 30 juin 1944.

Art. 8. — Le présent décret sera publié au *Journal officiel* et exécuté comme loi de l'Etat.

Fait à Vichy, le 20 janvier 1944.

PIERRE LAVAL.

Par le chef du Gouvernement :

Le garde des sceaux, ministre secrétaire d'Etat à la justice,

MAURICE GABOLDE.

Sources d'archives

Instruments de travail

Les Archives nationales, État général des fonds, t. V, 1940-1958, Fonds conservés à Paris, 1988.

La Seconde Guerre mondiale, guide des sources conservées en France, Blanc (Brigitte), Rousso (Henry), de Tourtier-Bonazzi (Chantal) (dir.), direction des archives de France, 1994.

Archives nationales

F1a : Ministère de l'Intérieur, administration générale

Délégation du ministère de l'Intérieur en zone occupée : F1a 3630-3632, F1a 3647, F1a 3649, F1a 3655, F1a 3677-3679.

Ministère de l'Intérieur à Vichy : F1a 3646, F1a 3680, F1a 3683, F1a 3685-3696.

Commissariat à l'Intérieur d'Alger : F1a 3802.

Inspection générale des services administratifs : F1a 4513.

F1bI : Ministère de l'Intérieur, personnel administratif, objets généraux

Organisation administrative, fonction publique : F1bI 915, F1bI 919-923, F1bI 939, F1bI 981-982.

F1cIII : Esprit public et élections

Rapports des préfets de Vichy : F1 cIII 1137, F1 cIII 1198.

F7 : Renseignements généraux

Circulaires du secrétariat général à la police, puis au maintien de l'ordre : F7 14907-14909.

Bulletin d'informations générales du ministère de l'Intérieur (1941 - 1944) : F7 15165.

Ministères du gouvernement de Vichy : F7 15286-1528.

F17 : Instruction publique

Circulaires ministérielles : F17 13318-13324.

Cabinet du ministre (avril 1942 - août 1944) : F17 13336-F17 13361, F17 13367, F17 13369.

Relations avec les autorités allemandes : F17 13373-F17 13377.

Dossiers personnels de fonctionnaires de l'Éducation nationale : 44 dossiers cotés entre F17 21894 et F17 28000.

F60 : Secrétariat général du gouvernement

Textes non publiés au *Journal officiel* : F60 7.

Minutes du courrier départ : F60 50-52, F60 88-89, F60 108-109.

Situation des fonctionnaires : F60 244-245, F60 272, F60 277-289.
Repliement, installation à Vichy, retour à Paris : F60 290-291.
Secrétaires généraux : F60 29.
Constitution, serment des fonctionnaires : F60 359.
Conseil national : F60 36.
Ministère de l'Éducation nationale : F60 426-42.
Questions budgétaires : F60 45.
Préfets et préfets régionaux : F60 478-479.
Contrôle des étrangers : F60 49.
Contrôles techniques, Milice : F60 51.
Organisation de la présidence du Conseil et du travail gouvernemental : F60 577, F60 580, F60 585, F60 58.
Propagande : F60 59.
Comité de réorganisation administrative : F60 97.
Affaires nord-africaines : F60 99.
Questions administratives, statut des fonctionnaires : F60 1428, F60 143.
Délégation générale du gouvernement dans les territoires occupés : F60 1485, F60 1501, F60 1554-1555.
France Libre (documentation) : F60 1666, F60 1753.

3W : Haute Cour de justice
Procès Bonnard (1945) : 3W 77-81.
Procès Bonnard (1959) : 3W 8.
Procès Guérard (1955-1956) : 3W 18.

2AG : État français (1940-1944)
Secrétariat général : 2AG 24-29.
Dossiers du docteur Ménétrel : 2AG 75, 2AG 79-80.
Dossiers thématiques du cabinet civil : 2AG 440-441, 2AG 458-461, 2AG 496, 2AG 500-503, 2AG 514, 2AG 520.
Correspondance Jardel et Brian : 2AG 536-543.
Dossiers Baudry : 2AG 570, 2AG 576-585.
Cabinet militaire : 2AG 607-613.
Malle Pétain : 2AG 618.
Conseil national : 2AG 637-639, 2AG 654.

3AG 2 : Bureau central de renseignements et d'action (BCRA)
Gouvernement de Vichy : 3AG2 324-325.
Organisation de la Résistance : 3AG2 409.

AJ16 : Académie de Paris
Circulaires rectorales (1940-1945) : AJ16 2544-2547.

AJ38 : Commissariat général aux questions juives
Organisation : AJ38 1.
Cabinet Vichy : AJ38 58, AJ38 64.
Service de la législation et du contentieux (fonctionnaires) : AJ38 119.
Direction du statut des personnes (dossiers divers) : AJ38 146.
Reclassement des fonctionnaires juifs : AJ38 1145.

AJ40 : Archives allemandes de la Seconde Guerre mondiale
Contrôle général de l'administration française : AJ40 539-540.
Contrôle de la nomination des fonctionnaires français : AJ40 541.
Dossiers des préfets : AJ40 542.
Inspections académiques : AJ40 565.

72AJ : Comité d'histoire de la Seconde Guerre mondiale
Documentation générale : 72AJ 1.
Enseignement, Résistance universitaire : 72AJ 78, 72AJ 251-252
Presse collaborationniste : 72AJ 1819, 72AJ 1825.

Archives privées

Papiers Abraham : 312AP 8.

Archives du cabinet Bluet (comptes rendus sténographiques des procès en Haute Cour) : 334AP 32, 334AP 37, 334AP 38.

Papiers du Moulin de Labarthète : 474AP 2.

Service des archives économiques et financières

Rapports de l'inspection des Finances

Organismes divers : 4A 04.

Situation des fonctionnaires : 4A 05.

Direction du budget

Effectifs de la fonction publique : B 10494.

Pelurier du directeur du budget (juillet 1940-juin 1942) : B 11793, B 11854-11860, B 42061-42062.

Prisonniers de guerre, révision des nominations : B 15186.

Bureau des personnels civils et militaires : B 18414, B 18477-18482.

Effectifs du ministère des Finances : B 28215-28216.

Organisation de l'administration française : B 33443- 33454.

Direction du personnel et du matériel

Organisation du ministère des Finances : B 48374-48375.

Traitements et indemnités des fonctionnaires : B 48405-48407, B 48410.

Questions de personnel : B 48411, B 48414, B 48428.

Dégagement des cadres : B 48433.

Fonctionnaires résistants : B 48478.

Direction générale des douanes

Relèvement de fonctions : B 53030-B 53032.

Situation matérielle des agents : B 53033.

Sociétés secrètes, israélites : B 53034.

Épuration (textes) : B 53035.

Épuration 1944 - 1946 (agents) : B 53036- 53040.

Archives du Conseil d'État

Commissions spéciales, registre de la section de l'Intérieur, relations avec les ministères.

Bibliographie *

I. ANNUAIRES ET PRESSE

A selected Who's Who in Vichy, 1944.
Almanach de la Légion française des Combattants pour 1941, Vichy, 1940.
Annuaire de l'inspection générale des Finances, 1947.
Annuaire de la presse française et étrangère, 1942-1943.
Annuaire des anciens élèves de l'École normale supérieure.
Annuaire du Conseil d'État, Royat, 1942.
Annuaire du corps préfectoral et de l'administration centrale, 1943, 1947.
Annuaire général des finances, 1938, 1942.
BARGETON (René), *Dictionnaire biographique des préfets (septembre 1870-mai 1982)*, Archives nationales, 1994.
Bottin administratif, 1942, 1943.
Bottin mondain, 1936, 1942.
Bulletin de l'Équipe, 1941-1942.
Bulletin hebdomadaire du ministère de l'Intérieur, 1940-1943.
Bulletin officiel de l'Éducation nationale, 1944-1945.
Les Documents français, revue des hautes études politiques, sociales économiques et financières, Clermont-Ferrand, 1940-1944.
L'État moderne, 1935-1940.
France, revue de l'État nouveau, 1942-1943.
L'Information universitaire, 1939-1944.
Journal officiel de l'État français, 1940-1944.
Journal officiel de la France libre, 1941-1943, réédition, éditions du *Journal officiel*, 1995.
Journal officiel de la République française, 1932-1940.
Journal officiel de la République française, édition d'Alger de juin 1943 à août 1944, réédition, éditions du *Journal officiel*, 1996.
Combat, La Tribune des fonctionnaires, La Voix de la France, Bibliothèque nationale, Rés. G 1470.

* Sauf indication contraire, le lieu d'édition est Paris.

II. RECUEILS DE DOCUMENTS

BARBAS (Jean-Claude), voir PÉTAIN (Philippe).

BRAIBANT (Guy), LONG (Marceau), WEIL (Prosper), avec la collaboration de DELVOLVÉ (Pierre) et GENEVOIS (Bruno), *Les Grands Arrêts de la jurisprudence administrative*, Dalloz, onzième édition, 1996.

CRÉMIEUX-BRILHAC (Jean-Louis) (dir.), *Les Voix de la Liberté, Ici Londres 1940-1944*, 5 volumes, La Documentation française, 1975.

DARLAN (François), *Lettres et notes de l'amiral Darlan*, réunies par Hervé Coutau-Bégarie et Claude Huan, Economica, 1992.

La Délégation française auprès de la Commission allemande d'armistice, recueil de documents publiés par le gouvernement français, Paris, Alfred Costes et Imprimerie nationale, 5 volumes, 1947-1959.

DUVERGER (Maurice), *Constitutions et documents politiques*, PUF, 1957.

GAULLE (Charles De), *Discours et Messages*, t. I, *Pendant la guerre, juin 1940-janvier 1946*, Plon, 1970, réédition Le Livre de Poche, 1974.

GRANET (Marie), *Le Journal «Défense de la France»*, PUF, «Esprit de la Résistance», 1961.

LAFERRIÈRE (Julien), *Le Nouveau Droit public de la France. Recueil méthodique des textes constitutionnels et administratifs*, Sirey 1941.

— , *Le Nouveau Gouvernement de la France, les actes constitutionnels de 1940-1942*, Sirey, 1942.

LUBETZKI (Joseph), *La Condition des Juifs en France sous l'occupation allemande, la législation raciale*, éditions du CDJC, 1945.

«Mémorial des fonctionnaires du corps préfectoral et de l'administration centrale morts pour la France», *Administration*, n° 140, 15 juillet 1988, pp. 7-39.

MICHEL (Henri) et MIRKINE-GUETZÉVITCH (Boris), *Les Idées politiques et sociales de la Résistance*, PUF, «Esprit de la Résistance», 1954.

NOAKES (Jeremy) et PRIDHAM (Geoffrey), *Documents on Nazism*, Londres, Jonathan Cape, 1974.

ORY (Pascal), *La France allemande. Paroles du collaborationnisme français (1933-1945)*, Gallimard-Julliard, «Archives», 1977, réédition Gallimard, «Folio», 1995.

PESCHANSKI (Denis) (dir.), *Vichy 1940-1944, Archives de guerre d'Angelo Tasca*, Paris-Milan, éditions du CNRS, Feltrinelli, 1986.

PESCHANSKI (Denis) et BIDUSSA (David) (dir.), *La France de Vichy, archives inédites d'Angelo Tasca*, Milan, Feltrinelli, 1996.

PÉTAIN (Philippe), *Discours aux Français 17 juin 1940-20 août 1944*, collectés et annotés par Jean-Claude Barbas, Albin Michel, 1989.

— , *Paroles aux Français*, Lyon, Lardanchet, 1941.

— , *La France nouvelle, Principes de la Communauté suivis des Appels et Messages du Maréchal Pétain*, Fasquelle, 1941.

[PÉTAIN (Philippe)], *La Doctrine du Maréchal classée par thèmes*, sl [Vichy], sd [1943].

RÉMY (Dominique), *Les Lois de Vichy. Actes dits «lois» de l'autorité de fait se prétendant «gouvernement de l'État français»*, Romillat, 1992.

SECRÉTARIAT GÉNÉRAL DU GOUVERNEMENT PROVISOIRE DE LA RÉPUBLIQUE FRANÇAISE, *Recueil des ordonnances et décrets d'intérêt général (juin 1943-juin 1944)*, Alger, 1944.

Le Statut des juifs de Vichy. Documentation, textes rassemblés et présentés par Serge Klarsfeld, Les Fils et Filles de déportés Juifs de France (FFDJF), 1990.

La Vérité (1940-1944), édition fac-simile, Études et documentation internationales, 1978.

III. SOUVENIRS, MÉMOIRES ET TÉMOIGNAGES

Cinquante-Huit Récits de la résistance universitaire, recueillis par l'Association des anciens combattants de la résistance de l'éducation nationale (ACREEN), 1948.
ASTIER (Emmanuel d'), *Sept Fois sept jours*, éditions de Minuit, 1947.
ARON (Raymond), *Chroniques de guerre, la France libre 1940-1945*, Gallimard, 1990.
BARDOUX (Jacques), *La Délivrance de Paris*, Fayard, 1958.
BARTHÉLEMY (Joseph), *Ministre de la Justice, Vichy 1941-1943*, Pygmalion, 1989.
BAUDOUIN (Paul), *Neuf Mois au gouvernement*, La Table ronde, 1948.
BELIN (René), *Du secrétariat de la CGT au gouvernement de Vichy*, Albatros, 1978.
BENOIST-MÉCHIN (Jacques), *De la défaite au désastre*, 2 tomes, Albin Michel, 1984-1985.
BERTHELOT (Jean), *Sur les rails du pouvoir*, Robert Laffont, 1968.
BLOCH (Marc), *L'Étrange Défaite*, éditions Franc-Tireur, 1946, réédition Gallimard « Folio », 1990.
BLOCH-LAINÉ (François), *Profession fonctionnaire, entretiens avec Françoise Carrière*, Le Seuil, 1976.
– et GRUSON (Claude), *Hauts Fonctionnaires sous l'Occupation*, Odile Jacob, 1996.
BOEGNER (Philippe), *Carnets du Pasteur Boegner*, Fayard, 1992.
BOURDET (Claude), *L'Aventure incertaine*, Stock, 1975.
BOUTHILLIER (Yves), *Le Drame de Vichy*, tome II, *Finances sous la contrainte*, Plon, 1951.
BRAIBANT (Charles), *La Guerre à Paris (8 novembre 1942 - 27 août 1944)*, Corréa, 1945.
CARCOPINO (Jérôme), *Souvenirs de sept ans (1937-1944)*, Flammarion, 1953.
CASSIN (René), *Les Hommes partis de rien*, Plon, 1975.
CASSOU (Jean), *La Mémoire courte*, éditions de Minuit, 1953.
CATHALA (Pierre), *Face aux réalités, La direction des finances françaises sous l'Occupation*, éditions du Triolet, 1948.
CHARPENTIER (Jacques), *Au service de la Liberté*, Fayard, 1949.
CHATENAY (Victor), *Mon journal du temps du malheur*, éditions du Courrier de l'Ouest, 1967.
CHAUVEL (Jean), *Commentaire*, t. I, *De Vienne à Alger (1938-1944)*, Fayard, 1971.
CLERMONT (Julien) [HILAIRE (Georges)], *L'homme qu'il fallait tuer, Pierre Laval*, Les actes des apôtres, 1949.
CLOSON (Francis), *Le Temps des passions*, Presses de la Cité, 1974.
COURTIN (René), *De la clandestinité au pouvoir, Journal de la libération de Paris*, éditions de Paris, 1994.
CULMANN (Henri), *À Paris sous Vichy*, éditions La Bruyère, 1985.
DÉAT (Marcel), *Mémoires politiques*, édités par Laurent Theis, Denoël, 1989.
DEBRÉ (Michel), *Trois Républiques pour une France*, Albin Michel, 1984.
DELMAS (André), *Mémoires d'un instituteur syndicaliste*, Albatros, 1979.
DELOUVRIER (Paul), *Paul Delouvrier ou la passion d'agir*, entretiens avec Roselyne Chenu, Le Seuil, 1994.
DUBOIS (André-Louis), *À travers trois républiques*, t. I, *Sous le signe de l'amitié*, Plon, 1972.
DUMÉRIL (Edmond), *Journal d'un honnête homme pendant l'occupation juin 1940-août 1944*, présenté et annoté par Jean Bourgeon, L'Albaron, 1990.
ERLANGER (Philippe), *La France sans Étoile*, Plon, 1974.
FERNET (Jean), *Aux côtés du Maréchal Pétain, souvenirs (1940-1944)*, Plon, 1953.
FOUCHIER (Jacques de), *Le Goût de l'improbable*, Fayard, 1984.
GAULLE (Charles De), *Mémoires de guerre*, Plon, 1954-1959, réédition Le Livre de poche, 1961-1963.
GEORGES-PICOT (Jacques), *Souvenirs d'une longue carrière : de la rue de Rivoli à la Compagnie de Suez, 1920-1971*, introduction et notes par Nathalie Carré de Malberg et Hubert Bonin, Comité d'histoire économique et financière de la France, 1993.

GILLOUIN (René), *J'étais l'ami du Maréchal Pétain.*, Plon, 1966.

GIRARD (Louis-Dominique), *Montoire, Verdun diplomatique*, éditions André Bonne, 1948.

GŒTZE (Roger), *Haut Fonctionnaire des finances, Rivoli-Alger-Rivoli, 1937-1958*, introduction et notes par Nathalie Carré de Malberg, Comité d'histoire économique et financière de la France, 1997.

GUÉHENNO (Jean), *Journal des années noires*, Gallimard, 1947, réédition «Folio», 1973.

GUÉRARD (Jacques), *Criminel de paix*, Nouvelles Éditions latines, 1953.

HOOVER INSTITUTE, *La Vie de la France sous l'Occupation*, 3 volumes, Plon, 1957.

Il y a 45 ans : l'année 1942, témoignages pour l'histoire, actes de la journée du 8 novembre 1987, Fondation pour les études de défense nationale et secrétariat d'État chargé des anciens combattants et de victimes de guerre, sd.

JEANNENEY (Jules), *Journal politique septembre 1939 - juillet 1942*, Armand Colin, 1972.

LAROQUE (Pierre), *Au service de l'homme et du droit. Souvenirs et Réflexions*, Association pour l'histoire de la sécurité sociale, 1993.

LAURENT (Jacques) [avec la collaboration de JEANTET (Gabriel)], *Année 40, Londres, de Gaulle, Vichy*, La Table ronde, 1966.

LECA (Dominique), *La Rupture de 1940*, Fayard, 1978.

LECORNU (Bernard), *Un préfet sous l'occupation allemande, Chateaubriant, Saint-Nazaire, Tulle*, France-Empire, 1984.

LIMAGNE (Pierre), *Éphémérides de quatre années tragiques*, éditions de la Bonne Presse, 1946, réédition éditions de Candide, 3 volumes, Villeneuve de Berg, 1987.

MALRAUX (André), *Les Chênes qu'on abat*, Gallimard, 1971.

MARTIN DU GARD (Maurice), *La Chronique de Vichy 1940-1944*, Flammarion, 1948.

MILHAUD (Jean), *Chemins faisant (Tranches de vie)*, éditions Hommes et Techniques, 1956.

MOCH (Jules), *Une si longue vie*, Robert Laffont, 1976.

MOULIN DE LABARTHÈTE (Henri du), *Le Temps des illusions, Souvenirs (juillet 40-avril 1942)*, Genève, éditions du cheval ailé, 1946.

NICOLLE (Pierre), *Cinquante Mois d'armistice, Vichy 2 juillet 1940-26 août 1944, Journal d'un témoin*, deux volumes, éditions André Bonne, 1947.

PEYROUTON (Marcel), *Du service public à la prison commune*, Plon, 1950.

PINEAU (Christian), *La Simple Vérité*, Julliard, 1960, réédition *La Résistance*, Presses Pocket, 1969.

PLANTÉ (Louis), *Au 110 rue de Grenelle. Souvenirs, scènes et aspects du ministère de l'IP-Education nationale*, Raymond Clavreuil, 1967.

PUCHEU (Pierre), *Ma vie*, Amiot-Dumont, 1948.

QUEUILLE (Henri), *Journal de guerre 1943-1944*, annoté par Hervé Bastien et Olivier Dard, Plon et Fondation Charles-de-Gaulle, 1995.

RIST (Charles), *Une saison gâtée, Journal de la guerre et de l'occupation 1939-1945*, établi, présenté et annoté par Jean-Noël Jeanneney, Fayard, 1983.

SARRAZ-BOURNET (Eugène), *Témoignage d'un silencieux*, SELF, 1948.

SOUSTELLE (Jacques), *De Londres à Alger*, t. I, Robert Laffont, 1947.

STÉPHANE (Roger), *Chaque homme est lié au monde, Carnets (août 1939-août 1944)*, Le Sagittaire, 1946.

STUCKI (Walter), *La Fin du régime de Vichy*, Neuchâtel, La Baconnière, 1947.

TRACOU (Jean), *Le Maréchal aux liens*, André Bonne éditeur, 1948.

TROUILLÉ (Pierre), *Journal d'un préfet pendant l'Occupation (Corrèze 1944)*, Gallimard, 1964, réédition J'ai lu, 1968.

VALLAT (Xavier), *Le Nez de Cléopatre, souvenirs d'un homme de droite, 1918-1945*, éditions Les Quatre Fils Aymon, 1957.

Vie et mort des Français 1939-1945, Tallandier, 1980.

VOLDMAN (Danièle) (dir.), *La Bouche de vérité ? La recherche historique et les sources orales*, Cahiers de l'IHTP, n° 21, novembre 1992.

WERTH (Léon), *Déposition, journal d'un témoin 1940-1944*, présentation et notes par Jean-Pierre Azéma, éditions Viviane Hamy, 1992 (première édition Grasset, 1946).
WIEVIORKA (Olivier), *Nous entrerons dans la carrière. De la Résistance à l'exercice du pouvoir*, Le Seuil, 1994.
ZAY (Jean), *Souvenirs et Solitude*, Julliard, 1945.

IV. ÉTUDES

1. VICHY, L'OCCUPATION, LA COLLABORATION

ABRIBAT (Jean-Paul) et MATISSON (Maurice-David), *Psychanalyse de la collaboration, le syndrome de Bordeaux : 1940-1945*, Marseille, éditions Hommes et Perspectives, 1991.
ALARY (Éric), *La Ligne de démarcation*, PUF, « Que-sais-je ? », 1996.
ARON (Robert), *Histoire de Vichy*, Fayard, 1954.
AUBERT (Pierre), « Le Nord sous l'Occupation », *Administration*, n° 137, octobre 1987, pp. 27-34.
AUBERT (Pierre), « Les circulaires de Vichy et de sa délégation générale à Paris », *Administration*, n° 138, 15 janvier 1988, pp. 134-144.
AZÉMA (Jean-Pierre), *La Collaboration*, PUF, 1975.
— , *De Munich à la Libération*, Le Seuil, « Points », 1979.
— , *L'Année terrible*, Le Seuil, 1990.
— , « Vichy dans la mémoire des Français », SOFRES, *État de l'opinion 96*, Le Seuil, 1996.
— et BÉDARIDA (François) (dir.), *Vichy et les Français*, Fayard, 1992.
— et — (dir.), *La France des années noires*, Le Seuil, 1993.
— et WIEVIORKA (Olivier), *Vichy 1940-1944*, Perrin, 1997.
BARUCH (Marc Olivier), *Le Régime de Vichy*, La Découverte, « Repères », 1996.
BENJAMIN (René), *Le Maréchal et son Peuple*, Plon, 1941.
BERTIN MAGHIT (Jean-Pierre), « Trois historiens en quête d'images », *Vingtième Siècle, revue d'histoire*, n° 32, octobre-décembre 1991, pp. 85-91.
BLAUDEAU (Lionel), « Les Ministres et les membres des cabinets ministériels du gouvernement de Vichy », mémoire de DEA de sociologie politique, université de Paris-I, 1986.
BRICE (Catherine), « Le Groupe "Collaboration" », mémoire de maîtrise, université de Paris-I, 1978.
BROGLY (Médard), *La Grande Épreuve, l'Alsace sous l'Occupation*, éditions du Cerf, 1945.
BURRIN (Philippe), « La France dans le champ magnétique des fascismes », *Le Débat*, n° 32, novembre 1984, pp. 52-72.
— , *La Dérive fasciste, Doriot, Déat, Bergery*, Le Seuil, 1986.
— , « Vichy », dans NORA (Pierre) (dir.), *Les Lieux de mémoire, III. Les France*, vol. I, Gallimard, 1992, pp. 320-345.
— , *La France à l'heure allemande*, Le Seuil, 1995, réédition « Points », 1997.
CLERC (Henri), *La Collaboration, ce que c'est, ce que la France peut en attendre*, Fernand Sorlot, 1941.
COBB (Richard), *Vivre avec l'ennemi : la France sous deux occupations 1914-18 et 1940-44*, éditions du Sorbier, 1989 (édition en langue anglaise 1983).
COINTET (Jean-Paul), « Marcel Déat et le Parti unique (été 1940) », *Revue d'histoire de la Deuxième Guerre mondiale*, n° 91, juillet 1973, pp. 1-23.
— , *Pierre Laval*, Fayard, 1993.
— , *La Légion française des combattants 1940-1944, la tentation du fascisme*, Albin Michel, 1995.
— , *Histoire de Vichy*, Plon 1996.
COINTET-LABROUSSE (Michèle), *Vichy et le fascisme*, Bruxelles, Complexe, 1987.

CONAN (Éric) et ROUSSO (Henry), *Vichy, un passé qui ne passe pas*, Fayard, 1994, réédition Gallimard, « Folio », 1996.
COTTA (Michèle), *La Collaboration*, Armand Colin, « Kiosque », 1965.
CRÉMIEUX-BRILHAC (Jean-Louis), *Les Français de l'an 40*, t. I, *La guerre, oui ou non ?*, Gallimard, 1990.
DELPLA (François), *Montoire*, Albin Michel, 1996.
DHERS (Pierre), *Regards nouveaux sur les années quarante*, Flammarion, 1958.
DREYFUS (François-Georges), *Histoire de Vichy*, Perrin, 1990.
DURAND (Yves), *Vichy, 1940-1944*, Bordas, 1972.
— , *La France dans la Deuxième Guerre mondiale 1939-1945*, Armand Colin, « Cursus », 1989.
— , *Le Nouvel Ordre européen nazi*, Bruxelles, Complexe, 1990.
DUROSELLE (Jean-Baptiste), *Politique étrangère de la France, L'abîme, 1939-1944*, Imprimerie nationale, 1986, réédition Le Seuil, « Points », 1990.
ESTÈBE (Jean), *Toulouse 1940-1944*, Perrin, 1996.
FABRE-LUCE (Alfred), *Journal de la France*, Imprimerie IEP, 1942.
FERRO (Marc), *Pétain*, Fayard, 1987.
France 1941. La Révolution nationale constructive, un bilan et un programme, Alsatia, 1941.
GÉRARD-LIBOIS (Jules) et GOTOVITCH (José), *L'an 40. La Belgique occupée*, Bruxelles, CRISP, 1971.
GORDON (Bertram), « Un soldat du fascisme : L'évolution politique de Joseph Darnand », *Revue d'histoire de la Deuxième Guerre mondiale*, n° 108, octobre 1977, pp. 43-70.
Le Gouvernement de Vichy 1940-1942, institutions et politiques, Armand Colin, 1972.
GRIFFITHS (Richard), *Pétain et les Français*, Calmann-Lévy, 1974 (première édition anglaise, *Marshal Pétain*, Constable, 1970, réédition 1994).
HANDOURTZEL (Rémy) et Buffet (Cyrille), *La Collaboration, à gauche aussi*, Perrin, 1989.
HIRSCHFELD (Gerhard), *Nazi Rule and Dutch Collaboration, The Netherlands under German Occupation 1940-1945*, Oxford-New York-Hambourg, Berg éditeur, 1988 (édition allemande, 1984).
— et MARSH (Patrick S.) (dir.), *Collaboration in France : Politics and Culture during the nazi occupation, 1940-1944*, Oxford-New York-Munich, Berg éditeur, 1989.
HOFFMANN (Stanley), *Essais sur la France, Déclin ou renouveau ?*, Le Seuil, 1974.
— , « Cinquante ans après, quelques conclusions essentielles », *Esprit*, « Que faire de Vichy ? », mai 1992, pp. 38-42.
HOFFMANN (Stanley) *et al.*, *À la recherche de la France*, Le Seuil, 1963.
Images de la France de Vichy, La Documentation française, 1988.
JÄCKEL (Eberhard), *La France dans l'Europe de Hitler*, Fayard, 1968 (édition allemande, 1966).
KERSHAW (Ian), *Qu'est-ce-que le nazisme ?*, Gallimard, « Folio », 1992.
KUPFERMAN (Fred), *Pierre Laval*, Masson, 1976.
— , *Laval*, Balland, 1987, réédition Flammarion, « Champs », 1988.
La Libération de la France, actes du colloque international tenu à Paris du 28 au 31 octobre 1974, éditions du CNRS, 1976.
LABORIE (Pierre), *Résistants, vichyssois et autres. L'évolution de l'opinion et des comportements dans le Lot de 1939 à 1944*, éditions du CNRS, 1980.
— , *L'Opinion publique sous Vichy*, Le Seuil, 1990.
LINDEPERG (Sylvie), *Les Écrans de l'ombre. La Seconde Guerre mondiale dans le cinéma français (1944-1969)*, CNRS éditions, 1997.
MAURRAS (Charles), *La Seule France, Chronique des Jours d'Épreuve*, Lyon, Lardanchet, 1941.
MICHEL (Henri) *Vichy année 40*, Laffont, 1966.
— , *Pétain, Laval, Darlan, trois politiques ?*, Flammarion, « Questions d'histoire », 1972.
— , *Pétain et le régime de Vichy*, PUF, « Que sais-je ? », 1978.

– , *Paris allemand*, Albin Michel, 1981.
– , *et al.*, *La France sous l'Occupation*, PUF, « Esprit de la Résistance », 1959.
MIÈVRE (Jean), « L'évolution politique d'Abel Bonnard (jusqu'au printemps 1942) », *Revue d'histoire de la deuxième guerre mondiale*, n° 108, octobre 1977, pp. 1-26.
MILLER (Gérard), *Les Pousse-au-jouir du Maréchal Pétain*, Le Seuil, 1975 et édition revue, Le Livre de poche, 1988.
MONZIE (Anatole de), *Ci-devant*, Flammarion, 1941.
– , *La Saison des juges*, Flammarion, 1943.
MONTIGNY (Jean), *Toute la vérité sur un mois dramatique de notre histoire*, Clermont-Ferrand, Imprimerie Mont-Louis, 1940.
OGÉ (Frédéric), *Le Journal* L'Action française *et la politique intérieure du gouvernement de Vichy*, Toulouse, 1983.
ORY (Pascal), *Les Collaborateurs 1940-1945*, Le Seuil, 1976, réédition « Points », 1980.
PAXTON (Robert), *La France de Vichy 1940-1944*, Le Seuil, 1973 (édition américaine, 1972), réédition « Points », 1974.
PESCHANSKI (Denis), « Le régime de Vichy a existé. Gouvernants et gouvernés dans la France de Vichy : juillet 1940-avril 1942 », dans *Vichy 1940-1944, Archives de guerre d'Angelo Tasca*, Paris-Milan, éditions du CNRS, Feltrinelli, 1986.
PLANCHAIS (Jean), *Une histoire politique de l'armée*, t. II, *1940-1967*, Le Seuil, 1967.
QUEVAL (Jean), *Première Page, cinquième colonne*, Fayard, 1945.
REBATET (Lucien), *Les Décombres*, Denoël, 1942.
ROUSSEAU (Dominique), « Vichy a-t-il existé ? », *Le Monde des débats*, novembre 1992.
ROUSSO (Henry), *Le Syndrôme de Vichy 1944-198...*, Le Seuil, 1987, réédition « Points », 1990.
SALZBERG (Marc), « Les interlocuteurs allemands du gouvernement de Vichy : les organisations parisiennes », contribution (non publiée) au colloque de la FNSP, mars 1970.
SARTRE (Jean-Paul), « Qu'est-ce qu'un collaborateur ? », *Situations III*, Gallimard, 1949, pp. 43-61.
SERVENT (Pierre), *Le Mythe Pétain, Verdun ou les Tranchées de la Mémoire*, Payot, 1992.
SIEGFRIED (André), « Le Vichy de Pétain, le Vichy de Laval », *Revue française de science politique*, vol. VI, n° 4, octobre-décembre 1956, pp.737-749.
SLAMA (Alain-Gérard), « Vichy était-il fasciste ? », *Vingtième Siècle, revue d'histoire*, n° 11, juillet-septembre 1986, pp. 41-53.
TISSIER (Pierre), *The Governement of Vichy*, Londres, George Harrap and Co, 1942.
VEILLON (Dominique), *La Collaboration, Textes et débats, Vivre et survivre en France, 1939-1947*, Payot, 1995.
VIDALENC (Jean), *L'Exode de mai-juin 1940*, PUF, « Esprit de la Résistance », 1957.
VINGTIÈME SIÈCLE, REVUE D'HISTOIRE, n° 5, janvier-mars 1985, « Les guerres franco-françaises ».
WIEVIORKA (Olivier), « Vichy a-t-il été libéral ? le sens de l'intermède Flandin », *Vingtième Siècle, revue d'histoire*, n° 11, juillet-septembre 1986, pp. 55-65.
WILLEQUET (Jacques), *La Belgique sous la botte, résistances et collaborations 1940-1945*, éditions universitaires, 1986.
WORMSER (Olivier), *Les Origines doctrinales de la Révolution nationale (Vichy 10 juillet 1940-31 mars 1941)*, Plon, 1971.

2. L'ÉTAT, L'ADMINISTRATION, LA FONCTION PUBLIQUE

ASSOCIATION DU CORPS PRÉFECTORAL ET DES HAUTS FONCTIONNAIRES DU MINISTÈRE DE L'INTÉRIEUR, *Histoire du ministère de l'intérieur de 1790 à nos jours*, La Documentation française, 1993.
BADIE (Bertrand) et BIRNBAUM (Pierre), *Sociologie de l'État*, Grasset, 1979, nouvelle édition augmentée, Hachette, « Pluriel », 1991.
BODIGUEL (Jean-Luc), *Le Fonctionnaire détrôné ? L'État au risque de la modernisation*, Presses de la FNSP, 1991.

BONINI (Francesco), « L'Histoire d'une institution coutumière, le secrétariat général du gouvernement de la République française, 1934-1986 », thèse pour le doctorat d'État de science politique, Institut d'études politiques de Paris, 1987.

BONNARD (Roger), *Précis de droit administratif*, LGDJ, 1943.

BURDEAU (François), *Histoire de l'administration française, du 18e au 20e siècle*, Montchrestien, 1989.

BURDEAU (Georges), *Cours de droit constitutionnel*, 2e édition, LGDJ,, 1943.

BUSINO (Giovanni), *Les Théories de la bureaucratie*, PUF, « Que-sais-je ? », 1993.

CAHEN (Georges), *Les Fonctionnaires, leur action corporative*, Armand Colin, 1911.

CARCASSONNE (Guy), « Typologie des cabinets », *Pouvoirs*, n° 36, 1986, pp. 85-91.

CARRÉ DE MALBERG (Nathalie), « Le recrutement des inspecteurs des Finances de 1892 à 1946 », *Vingtième Siècle, revue d'histoire*, n° 8, octobre-décembre 1985, pp. 67-91.

CATHERINE (Robert) et THUILLIER (Guy), *Introduction à une philosophie de l'administration*, Armand Colin, 1969.

CHAGNOLLAUD (Dominique), *Le Premier des ordres, les hauts fonctionnaires XVIIIe-XXe siècle*, Fayard, 1991.

CHARDON (Henri), *Le Pouvoir administratif*, Perrin et Cie, 1912.

CHARLE (Christophe), *Les Hauts Fonctionnaires en France au XIXe siècle*, Gallimard-Julliard, « Archives », 1980.

— , *Les Élites de la République 1880-1900*, Fayard, 1987.

— , « Le pantouflage en France (vers 1880-vers 1980) », *Annales Économie, société, culture*, septembre-octobre 1987, n° 5, pp. 1115-1137.

CHENOT (Bernard), *Services publics et institutions corporatives*, cours professé à l'École libre des sciences politiques, 1942-1943.

— , « Le ministre, chef d'une administration », *Pouvoirs*, n° 36, 1986, pp. 79-84.

CHEVALLIER (Jacques) et LOCHAK (Danièle), *La Science administrative*, PUF, « Que-sais-je ? », 1987.

CROZIER (Michel), *Le Phénomène bureaucratique*, Le Seuil, 1963.

— , « Pour une théorie sociologique de l'action administrative », dans LANGROD (Gérard) (dir.), *Traité de science administrative*, Paris-La Haye, Mouton, 1966, pp. 759-780.

DESMONS (Éric), « Le droit de résistance du fonctionnaire », *Droits*, n° 15, avril 1992, pp. 101-111.

DUPEYROUX (Olivier), « L'indépendance du Conseil d'État jugeant au contentieux », *Revue du Droit public*, 1983, n° 3, pp. 565-629.

DUPUY (François) et THOENIG (Jean-Claude), *Sociologie de l'administration française*, Armand Colin, 1983.

FAYOL (Henri), *Administration industrielle et générale*, Dunod et Pinat, 1917.

GIRARDET (Raoul), *Mythes et mythologies politiques*, Le Seuil, 1986.

GRÉGOIRE (Roger), *La Fonction publique*, Armand Colin, 1954.

GRÉMION (Pierre), *Le Pouvoir périphérique*, Le Seuil, 1976.

HALBECQ (Michel), *L'État, son autorité, son pouvoir (1880-1962)*, LGDJ, 1965.

HIRSCHMANN (Albert), *Défection et prise de parole*, Fayard, 1995 (édition américaine 1970).

Histoire de l'administration française depuis 1800, Problèmes et méthodes, Genève, Droz, 1975.

JOUVENEL (Robert de), *La République des camarades*, Grasset, 1914.

KOUBI (Geneviève), « Le for intérieur du fonctionnaire », dans *Le For intérieur*, CURAPP-PUF, 1995, pp. 235-248.

LEGENDRE (Pierre), « Histoire de la pensée administrative française », dans LANGROD (Gérard) (dir.), *Traité de science administrative*, Paris-La Haye, Mouton, 1966, pp. 6-79.

— , *Histoire de l'administration 1750-1950*, PUF, 1967, réédité et complété sous le titre *Trésor historique de l'État en France : l'administration classique*, Fayard, 1992.

— , *Jouir du pouvoir. Traité de la bureaucratie patriote*, éditions de Minuit, 1976.

Les Épurations administratives XIXe-XXe siècles, Genève, Droz, 1977.
MER (Georges), *Le Syndicalisme des fonctionnaires*, Librairie Valois, 1926.
MESTRE (Achille), *Répétitions écrites de droit administratif, rédigées d'après le cours et avec l'autorisation de M. Mestre*, Les cours de droit, année universitaire 1938-1939.
PICHAT (Louis), *Ligue politique: la vie politique et l'organisation administrative*, cours professé à l'École libre des sciences politiques, 1940-1941.
QUERMONNE (Jean-Louis), *L'Appareil administratif de l'État*, Le Seuil, « Points », 1991.
RÉMOND (René) (dir.), *Quarante Ans de cabinets ministériels, de Léon Blum à Georges Pompidou*, Presses de la FNSP, 1982.
ROSANVALLON (Pierre), *L'État en France*, Le Seuil, 1990, réédition « Points », 1993.
ROUBAN (Luc), *La Fonction publique*, La Découverte, « Repères », 1995.
SHARP (Walter Rice), *The French Civil Service: bureaucracy in transition*, New York, Macmillan, 1931.
— , *The Governement of the French Republic*, New York, Van Nostrand Company, 1939.
SIWEK-POUYDESSEAU (Jeanne), *Le Corps préfectoral sous la Troisième et la Quatrième République*, Armand Colin, 1969.
— , *Le Syndicalisme des fonctionnaires jusqu'à la guerre froide*, Lille, Presses universitaires de Lille, 1989.
— , « Le syndicalisme des fonctionnaires (1900-1981) », *Vingtième Siècle, revue d'histoire*, n° 37, janvier-mars 1993, pp. 115-126.
SULEIMAN (Ezra), *Les Hauts Fonctionnaires et la politique*, Le Seuil, 1976 (édition américaine, 1974).
THOMAS (Yves), *Histoire de l'administration*, La Découverte, « Repères », 1995.
THUILLIER (Guy), *Bureaucratie et bureaucrates au XIXe siècle*, Genève, Droz, 1980.
— , *La Bureaucratie en France aux XIXe et XXe siècles*, Economica, 1987.
— et TULARD (Jean), *Histoire de l'administration française*, PUF, « Que sais-je ? », 1984, deuxième édition 1994.
TIANO (André), *Les Traitements des fonctionnaires et leur détermination (1930-1957)*, éditions Marie-Thérèse Génin, 1957.
TIMSIT (Gérard), *Théorie de l'administration*, Economica, 1986.
WEBER (Max), *Le Savant et le politique*, Plon, 1959, réédition « 10-18 », 1963.
WORMS (Jean-Pierre), « Le préfet et ses notables », *Sociologie du travail*, 1966, n° 3, pp. 249-275.

3. ACTEURS ET POLITIQUES

ADDED (Serge), *Le Théâtre dans les années Vichy*, Ramsay, 1992.
ANDRIEU (Claire), *La Banque sous l'Occupation, paradoxes de l'histoire d'une profession*, Presses de la FNSP, 1990.
ASSOULINE (Pierre), *Une éminence grise*, Balland, 1986.
BAGARRY (Adrien), « En écoutant Pierre Laval », *France, revue de l'État nouveau*, n° IV, novembre 1942, pp. 483-491.
BARRAL (Pierre), « Idéal et pratique du régionalisme dans le régime de Vichy », *Revue française de science politique*, vol. XXIV, n° 5, octobre 1974, pp. 911-939.
— , « Un préfet régional sous l'Occupation: Jean Schmidt », *Revue d'histoire de la Deuxième Guerre mondiale*, n° 144, octobre 1986, pp. 61-78.
BARUCH (Marc Olivier), « Servir l'État français. L'administration en France de 1940 à 1944 », thèse de doctorat d'histoire, Institut d'études politiques de Paris, 1995.
BELLANGER (Claude), MICHEL (Henri) et LÉVY, (Claude), *Histoire générale de la presse française*, t. IV, *1940-1958*, PUF, 1975.
BELTRAN (Alain), FRANK (Robert) et ROUSSO (Henry) (dir.), *La Vie des entreprises sous l'Occupation*, Belin, 1994.

BERTIN MAGHIT (Jean-Pierre), *Le Cinéma sous l'Occupation. Le monde du cinéma français de 1940 à 1946*, Olivier Orban, 1989.

BERTRAND DORLÉAC (Laurence), *L'Art de la défaite, 1940-1944*, Le Seuil, 1993.

BONNARD (Abel), *Pensées dans l'action*, Grasset, 1941.

BOUSSARD (Isabel), *Vichy et la Corporation paysanne*, Presses de la FNSP, 1980.

CÉPÈDE (Michel), *Agriculture et alimentation en France durant la Deuxième Guerre mondiale*, éditions M.-Th. Génin, 1961.

COINTET (Michèle), *Vichy capitale*, Perrin, 1993.

COMTE (Bernard), *Une utopie combattante, L'École des cadres d'Uriage 1940-1942*, Fayard, 1991.

DROUARD (Alain), *Une inconnue des sciences sociales, la Fondation Alexis Carrel, 1941-1945*, éditions de la Maison des sciences de l'homme, 1992.

DUQUESNE (Jacques), *Les Catholiques français sous l'Occupation*, Grasset, 1966, réédition Le Seuil, « Points », 1996.

DURAND (Paul), *La SNCF pendant la guerre*, PUF, 1968.

DURAND (Yves), *La Captivité. Histoire des prisonniers de guerre français 1939-1945*, éditions de la Fédération nationale des Combattants et Prisonniers de guerre et Combattants d'Algérie, Tunisie, Maroc, 1980.

Édouard Daladier, chef de gouvernement, Presses de la FNSP, 1977.

EHRMANN (Henry), *La Politique du patronat français, 1936-1955*, Armand Colin, 1959 (édition américaine, 1957).

FAURE (Christian), *Le Projet culturel de Vichy. Folklore et Révolution nationale*, Presses universitaires de Lyon, 1989.

FOUCHÉ (Pascal), *L'Édition française sous l'Occupation, 1940-1944*, Bibliothèque de littérature française de l'université Paris-VII, 1987.

FOUILLOUX (Étienne), « Fille aînée de l'Église ou "pays de mission"?, (1926-1958) », dans R. RÉMOND et J. LE GOFF (dir.), *Histoire de la France religieuse*, t. IV, *XXe siècle*, Le Seuil, 1992, pp. 129-252.

GAY-LESCOT (Jean-Louis), *Sport et éducation sous Vichy (1940-1944)*, Presses universitaires de Lyon, 1991.

GERVEREAU (Laurent) et PESCHANSKI (Denis) (dir.), *La Propagande sous Vichy, 1940-1944*, BDIC, 1990.

GIOLITTO (Pierre), *Histoire de la jeunesse sous Vichy*, Perrin, 1991.

GORGUES (André), « Les grandes réformes administratives du régime de Vichy », thèse pour le doctorat d'État en droit, université de Poitiers, 1969.

GUESLIN (André) (dir.), *Les Facs sous Vichy*, Clermont-Ferrand, publications de l'Institut d'études du Massif central, 1994, pp. 157-168.

HALLS (Wilfred D.), *Les Jeunes et la politique de Vichy*, Syros 1988 (édition anglaise 1981).

HANDOURTZEL (Rémy), « La Révolution nationale contre l'école républicaine, été 1940-automne 1942 », mémoire de maîtrise, université de Paris-X, 1982.

HAZERA (Jean-Claude) et de ROCHEBRUNE (Renaud), *Les Patrons sous l'Occupation*, Odile Jacob, 1995.

HENRY (Pierre), *Histoire des préfets, cent cinquante ans d'administration provinciale, 1800-1950*, Nouvelles Éditions latines, 1950.

ISRAËL (Stéphane), *Les Études et la guerre. L'École normale supérieure et ses élèves 1938-1946*, Presses de l'ENS, 1997.

KUISEL (Richard), « The Legend of Vichy synarchy », *French historical studies*, volume n° VI-3, printemps 1970, pp. 365-398.

— , *Le Capitalisme et l'État en France. Modernisation et dirigisme au XXe siècle*, Gallimard, 1984 (édition américaine, 1981).

LE CROM (Jean-Pierre), « L'Organisation des relations professionnelles en France (1940-1944), Corporatisme et charte du travail », thèse pour le doctorat d'État en droit, université de Nantes, 1992.

— , *Syndicats nous voilà*, éditions de l'Atelier, 1994.

Marcou (Jean), « Le Conseil d'État sous Vichy », thèse pour le doctorat d'État en droit, université de Grenoble-II, 1984.
Margairaz (Michel), *L'État, les finances et l'économie. Histoire d'une conversion, 1932-1952*, Comité pour l'histoire économique et financière de la France, 1991.
Paxton (Robert), *Parades and Politics at Vichy: the French Officer Corps under Marshal Pétain*, Princeton University Press, 1966.
Péan (Pierre), *Une jeunesse française*, Fayard, 1994, réédition Le Livre de poche, 1995.
Prost (Antoine), *Histoire de l'enseignement en France 1800-1967*, Armand Colin, 1968.
Rials (Stéphane), « L'administration de l'enseignement de 1936 à 1944 », dans *Histoire de l'administration de l'enseignement en France, 1789-1981*, Genève, Droz, 1983, pp. 57-106.
Rioux (Jean-Pierre) (dir.), *La Vie culturelle sous Vichy*, Bruxelles, Complexe, 1990.
Rossignol (Dominique), *Histoire de la propagande en France de 1940 à 1944. L'utopie Pétain*, PUF, 1991.
Rouquet (François), « Une administration française face à la Deuxième Guerre mondiale : les PTT », thèse de doctorat d'histoire, université de Toulouse-Le Mirail, 1988.
Rousso (Henry) « Les paradoxes de Vichy et de l'Occupation. Contraintes, archaïsmes et modernité », dans Fridenson (Patrick) et Strauss (André) (dir.), *Le Capitalisme français 19e-20e siècles, Blocages et dynamisme d'une croissance*, Fayard, 1987, pp. 67-82.
Sabin (Guy), *Jean Bichelonne 1904-1944*, France-Empire, 1991.
Slama (Alain-Gérard), « Un quotidien républicain sous Vichy : *Le Temps* (juin 1940-novembre 1942) », *Revue française de science politique*, vol. XXII, n° 4, août 1972, pp. 719-749.
Thalmann (Rita), *La Mise au pas. Idéologie et stratégie sécuritaire dans la France occupée*, Fayard, 1991.
Van den Wijngaert (Marc), « La politique du moindre mal. La politique du Comité des secrétaires généraux en Belgique sous l'occupation allemande, 1940-1944 », *Revue du Nord*, n° 2 spécial hors-série, 1987, pp. 63-72.
Vinen (Richard), *The Politics of French Business* 1936-1945, Cambridge, Cambridge University Press, 1991.
Voldman (Danièle), *La Reconstruction des villes françaises de 1940 à 1954. Histoire d'une politique*, L'Harmattan, 1997.

4. Réformer l'État

***, « La Révolution nationale et les bureaux », *France, revue de l'État nouveau*, n° 2, août 1942, pp. 238-244.
Bardoux (Jacques) (dir.), *La France de demain. Son gouvernement, ses assemblées, sa justice. Textes du Comité technique pour la Réforme de l'État*, Sirey, 1936.
Bardoux (Jacques), *Destin de France*, éditions Médicis, 1945.
Barthélemy (Joseph), *Provinces. Pour construire la France de demain*, Grasset, 1941.
Baruch (Marc Olivier), « Les revues de l'État français », *La Revue des revues*, n° 23, automne 1997.
Bauchard (Philippe), *Les Technocrates et le pouvoir*, Arthaud, 1966.
Baudouï (Rémi), *Raoul Dautry, 1880-1951. Le technocrate de la République*, Balland, 1992.
Belot (Robert), « Les enjeux politiques du contrôle budgétaire. Quelques aspects du fonctionnement de l'État français sous l'occupation », *Revue française de finances publiques*, 1996, n° 53, pp. 179-196.
Blum (Léon), *La Réforme gouvernementale*, Grasset, 1936.
Bonnard (Roger), *Syndicalisme, corporatisme et État corporatiste*, LGDJ, 1937.
Bonnefous (Édouard), *La Réforme administrative*, PUF, 1958.
Bouvier-Ajam (Maurice), *La Doctrine corporative*, 5e édition, Sirey et Institut d'études corporatives et sociales, 1943.
Broszat (Martin), *L'État hitlérien*, Fayard, 1985 (édition allemande, 1970).

BRUN (Gérard), *Technocrates et technocratie en France (1914-1945)*, Albatros, 1985.
BRUNSCHVICG (Léon), *Un ministère de l'Éducation nationale*, Plon-Nourrit et Cie, 1922.
BURRIN (Philippe), « Politique et société : les structures du pouvoir dans l'Italie fasciste et dans l'Allemagne nazie », *Annales ESC*, mai-juin 1988, n° 3.
CAPLAN (Jane), « Recreating the Civil Service : Issues and Ideas in the Nazi Regime » dans NOAKES (Jeremy) (ed.), *Government, Party and People in nazi Germany*, université d'Exeter, 1980.
COINTET (Michèle), *Le Conseil national de Vichy 1940-1944*, Aux amateurs de livres, 1989.
COMITÉ DU PLAN, *Une nouvelle France, ses principes et ses institutions*, Fasquelle, 1936.
COMITÉ NATIONAL DE L'ORGANISATION FRANÇAISE, *Le Facteur « organisation » dans les administrations publiques*, études et rapports présentés lors de la journée d'études du 25 novembre 1936, Delmas éditeur, 1937.
DARD (Olivier), *La Synarchie ou le mythe du complot permanent*, Perrin, 1997.
– , « Les novations intellectuelles des années trente : l'exemple de Jean Coutrot », thèse de doctorat d'histoire, Institut d'études politiques de Paris, 1994.
DIOUDONNAT (P.-M.) et PHILIPPET (J.), « Les « technocrates » du gouvernement de Vichy », contribution (non publiée) au colloque de la FNSP, mars 1970.
DOUEIL (Pierre), *L'Administration locale à l'épreuve de la guerre (1939-1949)*, Librairie du recueil Sirey, 1950.
DUVERGER (Maurice), *La Situation des fonctionnaires depuis la Révolution de 1940*, LGDJ, 1941.
GAY (Pierre) *Le Préfet régional*, Librairie du recueil Sirey, 1942.
GICQUEL (Jean), *Le Problème de la réforme de l'État en France en 1934*, PUF, 1965.
JACQUIER-BRUÈRE [DEBRÉ (Michel) et MONICK (Emmanuel)], *Refaire la France, l'effort d'une génération*, Plon, 1945.
JOUANLANNE (Pierre), « Du contrôle des administrations publiques », *France, revue de l'État nouveau*, n° 5, décembre 1942, pp. 743-757 et n° 6, janvier 1943, pp. 67-82.
LAGRANGE (Maurice), « L'État nouveau et les fonctionnaires », *Revue des Deux Mondes*, CXIV^e année, 1944.
LÉONARD (Yves), *Salazarisme et fascisme*, Chandeigne, 1996.
LEROY (Maxime), *Les Tendances du pouvoir et de la liberté en France au XXe siècle*, Sirey, 1937.
LINDEBERG (Daniel), *Les Années souterraines*, 1937-1947, La Découverte, 1990.
LOCHAK (Danièle), « Le Conseil d'État sous Vichy et le Consiglio di Stato sous le fascisme », dans *Le Droit administratif en mutation*, CURAPP-PUF, 1993, pp. 51-95.
LOUBET DEL BAYLE (Jean-Louis), *Les Non-Conformistes des années trente*, Le Seuil, 1969, réédition 1987.
MER (Georges), *La Réforme de l'État en action*, Librairie du recueil Sirey, 1936.
MOMMSEN (Hans), *Beamtentum im Dritten Reich*, Deutsche Verlags-Anstalt, Stuttgart, 1966.
MONNET (François), *Refaire la République. André Tardieu, une dérive réactionnaire (1876-1945)*, Fayard, 1993.
MONZIE (Anatole de), PUGET (Henri), TISSIER (Pierre) (dir.), *Encyclopédie française*, t. X, *L'État moderne : aménagement, crise, transformations*, 1935.
NESMES-DESMARETS (Robert de), « Le statut des fonctionnaires », dans *Les Lois nouvelles, revue de législation et de jurisprudence*, n° 7 et 8, 1943.
NOAKES (Jeremy) (dir.), *Government, Party and People in nazi Germany*, université d'Exeter, 1980.
Plan du 9 juillet, Gallimard, 1934.
RIALS (Stéphane), *Administration et organisation (1910-1930)*, Beauchesne, 1977.
ROUSSELLIER (Nicolas), « La contestation du modèle républicain dans les années 30 : la réforme de l'État », dans BERSTEIN (Serge) et RUDELLE (Odile), (dir.), *Le Modèle républicain*, PUF, 1992, pp. 319-335.
SALAZAR (Antonio de Oliveira), *Comment on relève un État*, Flammarion, 1937.
– , *Une révolution dans la paix*, Flammarion, 1937.

TARDIEU (André), *L'Heure de la décision*, Flammarion, 1934.

– , *La Révolution à refaire, La profession parlementaire*, Flammarion, 1936 et 1937.

VALLAR (Christian), « Vichy : traditionalisme et technocratie », thèse pour le doctorat d'État en droit, université de Nice, 1990.

WIEVIORKA (Olivier), « Conceptions politiques, options économiques, choix diplomatiques de la droite libérale en régime autoritaire : le sens de l'intermède Flandin », mémoire de DEA d'histoire, Institut d'études politiques de Paris, 1985.

5. EXCLUSIONS ET RÉPRESSIONS

ABITBOL (Michel), *Les Juifs d'Afrique du Nord sous Vichy*, Maisonneuve et Larose, 1983.

ARENDT (Hannah), *Eichmann à Jérusalem, rapport sur la banalité du mal*, Gallimard, 1966, réédition « Folio », 1991 (édition américaine, 1963).

AZÉMA (Jean-Pierre), « La Milice », *Vingtième Siècle, revue d'histoire*, n° 28, oct.- déc. 1990, pp. 83-105.

AZÉMA (Jean-Pierre), RACINE-FURLAUD (Nicole) et VEILLON (Dominique), « Certitudes et hésitations des préfets de Vichy », dans AZÉMA (Jean-Pierre), PROST (Antoine) et RIOUX (Jean-Pierre) (dir.), *Le Parti communiste français des années sombres, 1938-1941*, Le Seuil, 1986, pp. 150-173.

BADINTER (Robert), *Un antisémitisme ordinaire. Vichy et les avocats juifs*, Fayard, 1997.

BANCAUD (Alain), « La haute magistrature sous Vichy », *Vingtième Siècle, revue d'histoire*, n° 49, janvier-mars 1996, pp. 45-62.

– , « La magistrature et la répression politique de Vichy ou l'histoire d'un demi-échec », *Droit et Société*, n° 34, 1996, pp. 557-574.

BAUDRY (Henri) et AMBRE (Joannès), *La Condition publique et privée du juif en France (le statut des juifs), étude théorique et pratique*, Lyon, Joannès Desvigne éditeur, 1942.

BERLIÈRE (Jean-Marc), « 1944-1945 : l'épuration de la police parisienne », *Vingtième Siècle, revue d'histoire*, n° 49, janvier 1996, pp. 63-81.

– , *Le Monde de la police, France XIXe-XXe siècles*, Bruxelles, Complexe, 1996.

BILLIG (Joseph), *Le Commissariat général aux questions juives*, éditions du Centre, trois volumes, 1955, 1957 et 1960.

BIRNBAUM (Pierre), *Un mythe politique : « la République juive »*, Fayard, 1988, réédition Gallimard, 1995.

– , *Les Fous de la République, histoire politique des juifs d'État de Gambette à Vichy*, Fayard, 1992.

– , *« La France aux Français », Histoire des haines nationalistes*, Le Seuil, 1993.

BOTREL (Lucien), *Histoire de la franc-maçonnerie française sous l'Occupation*, éditions Detrad, sd [vers 1985].

BOULANGER (Gérard), *Maurice Papon, un technocrate dans la collaboration*, Le Seuil, 1994.

BURRIN (Philippe), *Hitler et les Juifs. Genèse d'un Génocide*, Le Seuil, 1989, réédition « Points », 1995.

CAZALS (Pierre), *La Gendarmerie sous l'Occupation*, éditions la Musse, 1994.

CHEVALLIER (Pierre), *Histoire de la franc-maçonnerie française*, t. III, Fayard, 1975.

COURTOIS (Stéphane) et RAYSKI (Adam) (dir.), *Qui savait quoi ? L'extermination des juifs, 1941-1945*, La Découverte, 1987.

COURTOIS (Stéphane), PESCHANSKI (Denis) et RAYSKI (Adam), *Le Sang de l'étranger, les immigrés de la MOI dans la Résistance*, Fayard, 1989.

D'HOOP (Jean Marie), « La main-d'œuvre française au service de l'Allemagne », *Revue d'histoire de la Deuxième Guerre mondiale*, n° 81, janvier 1971, pp. 73-88.

DELPERRIÉ DE BAYAC (Jacques), *Histoire de la Milice, 1918-1945*, Fayard, 1969, réédition 1994.

Le Droit antisémite de Vichy, actes du colloque tenu à Dijon les 19 et 20 décembre 1994, *Le Genre humain*, n° 30-31.

ECK (Hélène), « Les Françaises sous Vichy, femmes du désastre, citoyennes par le désastre ? » dans PERROT (Michelle) et THÉBAUT (Françoise) (dir.), *Histoire des femmes*, t. V, Plon, 1991, pp. 184-211.

EVRARD (Jacques), *La Déportation des travailleurs français dans le IIIe Reich*, Fayard, 1971.

FIRMIN (Joseph) et PASCAL (François), *Ce que doit savoir l'agent de l'autorité, guide théorique et pratique*, Dalloz, 1943.

FROMENT (Pascale), *René Bousquet*, Stock, 1994.

GIOLITTO (Pierre), *Histoire de la Milice*, Perrin, 1997.

GIRAUDOUX (Jean), *Pleins Pouvoirs*, Gallimard, 1933.

GROS (Dominique), « Le statut des juifs et les manuels en usage dans les facultés de droit (1940-1944) : de la description à la légitimation », dans BRAUD (Philippe) (dir.), *La Violence politique dans les démocraties européennes*, L'Harmattan, 1993.

HILBERG (Raul), *La Destruction des Juifs d'Europe*, Fayard, 1988, réédition Gallimard, « Folio », 1992 (édition américaine, 1985).

HUSSON (Jean-Pierre), « Un préfet de la région de Champagne à l'époque de Vichy: René Bousquet (1941-1942) », dans CLAUSE (Georges), GUILBERT (Sylvette) et VAÏSSE (Maurice), *La Champagne et ses administrations à travers le temps*, La Manufacture, 1990, pp. 413-453.

Juger sous Vichy, actes de la journée d'études du 29 novembre 1993, *Le Genre humain*, n° 28, novembre 1994.

KASPI (André) *Les Juifs pendant l'Occupation*, Le Seuil, 1991, réédition « Points », 1997.

— , KLARSFELD (Serge) et WELLERS (Georges) (dir.), *La France et la question juive, 1940-1944*, actes du colloque des 10-12 mars 1979, Sylvie Messinger, 1981.

KLARSFELD (Serge), *Vichy-Auschwitz : le rôle de Vichy dans la solution finale*, Fayard, 1983 et 1985.

— , « Juillet-septembre 1942. Les divergences dans l'appareil policier nazi et la réalisation de la solution finale en France », *Annales Économie, société, culture*, mai-juin 1993, n° 3, pp. 545-555.

— , *Le Calendrier de la persécution des Juifs en France*, FFDJF et The Beate Klarsfeld Foundation, 1993.

LAGUERRE (Bernard), « Les dénaturalisés de Vichy », *Vingtième Siècle, revue d'histoire*, n° 20, octobre-décembre 1988, pp. 3-15.

LAURENS (André), « Le STO dans le département de l'Ariège », thèse de doctorat de troisième cycle d'histoire, université de Toulouse-le Mirail, sd [1975].

LEFÉBURE (Antoine), *Les Conversations secrètes des Français sous l'Occupation*, Plon, 1993.

LIGOU (Daniel), *Histoire des francs-maçons en France*, Toulouse, Privat, 1981.

LOCHAK (Danièle), « Les mésaventures du positivisme ou la doctrine sous Vichy », dans *Les Usages sociaux du droit*, CURAPP-PUF, 1989, pp. 252-285.

LONGUECHAUD (Henri), *« Conformément à l'ordre de nos chefs... » Le drame des forces de l'ordre sous l'Occupation, 1940-1944*, Plon, 1985.

MARRUS (Michael) et PAXTON (Robert), *Vichy et les Juifs*, Calmann-Lévy, 1981, réédition Le Livre de poche-Biblio, 1990 (édition américaine, 1983)

MUEL-DREYFUS (Françoise), *Vichy et l'éternel féminin*, Le Seuil, 1996.

MULLER (Jean-Marie), *Désobéir à Vichy. La résistance civile de fonctionnaires de police*, Nancy, Presses universitaires de Nancy, 1994.

PESCHANSKI (Denis), « Du régime d'exception à l'« assainissement national », dans AZÉMA (Jean-Pierre), PROST (Antoine) et RIOUX (Jean-Pierre) (dir.), *Les Communistes français de Munich à Chateaubriant (1938-1941)*, Presses de la FNSP, 1987, pp. 145-166.

— , « Vichy au singulier, Vichy au pluriel, une tentative avortée d'encadrement de la société, (1941-1942) », *Annales Économie, société, culture*, mai-juin 1988, n° 3, pp. 639-661.

PINEL (Alain), « Contribution à la socio-genèse des forces civiles de maintien de l'ordre : les GMR sous Vichy », DEA de science politique de l'université de Paris-I, 1994.

POZNANSKI (Renée), *Être juif en France pendant la Seconde Guerre mondiale,* Hachette, 1994, réédition, *Les Juifs en France pendant la Seconde Guerre mondiale,* Hachette, 1997.
RÉMOND (René) (dir.), *Le «Fichier juif»,* Plon, 1996.
ROSENGART (Laurence), «L'originalité du statut du juif en France dans l'Europe hitlérienne», *Communauté nouvelle,* n° 47, 1989.
– , «Qui est Juif? l'œuvre législative du régime de Vichy», mémoire de DEA, IEP de Paris, 1990.
ROSSIGNOL (Dominique), *Vichy et les francs-maçons, la liquidation des sociétés secrètes,* éditions Jean-Claude Lattès, 1981.
SABAH (Lucien), *Une police politique de Vichy: le service des sociétés secrètes,* Klincksieck, 1996.
SCHOR (Ralph), *L'Antisémitisme en France pendant les années trente,* Bruxelles, Complexe, 1992.
SINGER (Claude), *Vichy, l'Université et les Juifs,* Belles-Lettres, 1992, réédition Hachette, «Références», 1996.
VERDEAU (Simone), *L'Accession des femmes aux fonctions publiques,* thèse de doctorat en droit, Toulouse, Imprimerie moderne Paillès et Chataigner, 1942.
VINGTIÈME SIÈCLE, REVUE D'HISTOIRE, n° 28, octobre-décembre 1990, «Vichy, propagande et répression».
WEISBERG (Richard H.), *Vichy law and the Holocaust in France,* New York University Press, 1996.

6. DISSENSIONS ET RÉSISTANCES

AZÉMA (Jean-Pierre), BÉDARIDA (François) et FRANK (Robert) (dir.), «Jean Moulin et la Résistance en 1943», *Cahiers de l'IHTP,* n° 27, juin 1994.
BASTIEN (Hervé), «Les ordonnances d'Alger», *Espoir,* n° 95, «De Gaulle et les préparatifs de la Libération», janvier 1994, pp. 16-24.
BÉDARIDA (François), «L'histoire de la Résistance, lectures d'hier, chantiers de demain», *Vingtième Siècle, revue d'histoire,* n° 11, juillet-septembre 1986, pp. 75-89.
BELLESCIZE (Diane de), *Les Neuf Sages de la Résistance, le Comité général d'études dans la clandestinité,* Plon, 1979.
– , «La Résistance face à la réforme», dans *1945-1946, Les Fondements d'une nouvelle fonction publique,* actes du colloque du 23 février 1995, *Revue administrative,* numéro spécial, 1995, pp. 20-24.
BERNANOS (Georges), *Lettre aux Anglais,* Gallimard, 1946.
– , *Le Chemin de la Croix des Âmes,* Gallimard, 1948, édition complète, Monaco, éditions du Rocher, 1987.
BLOCQ-MASCART (Maxime), *Chroniques de la Résistance,* suivies de *Études pour une nouvelle Révolution française par les groupes de l'OCM,* Corréa, 1945.
BUTON (Philippe), *Les Lendemains qui déchantent: le parti communiste français à la Libération,* Presses de la FNSP, 1993.
CALMETTE (Arthur), *L'« OCM », Histoire d'un mouvement de résistance,* PUF, «Esprit de la Résistance», 1961.
CASSIN (René), *Un coup d'État, la soi-disant Constitution de Vichy,* sd, (après avril 1942).
CORDIER (Daniel), *Jean Moulin, l'Inconnu du Panthéon,* 3 volumes publiés, Lattès, 1989-1993.
CRÉMIEUX-BRILHAC (Jean-Louis), *La France Libre, du 18 juin à la Libération,* Gallimard, 1996.
DENIS (Henri), *Le Comité parisien de la Libération,* PUF, «Esprit de la Résistance», 1963.
DOUZOU (Laurent) et PESCHANSKI (Denis), «La Résistance française face à l'hypothèque Vichy», dans BIDUSSA (David) et PESCHANSKI (Denis), *La France de Vichy, archives inédites d'Angelo Tasca,* Milan, Feltrinelli, 1996, pp. 3-42.
– , FRANK (Robert), PESCHANSKI (Denis) et VEILLON (Dominique) (dir.), *La Résistance et les Français: villes, centres et logiques de décision,* actes du colloque de Cachan, 16-18 novembre 1995, CNRS-IHTP, 1995.

FOULON (Charles-Louis), *Le Pouvoir en province à la Libération*, Presses de la FNSP, 1975.
– , « La préparation civile de la Libération », *Espoir*, n° 95, janvier 1994, « De Gaulle et les préparatifs de la Libération », pp. 42-51.
GUILLON (Jean-Marie) et LABORIE (Pierre) (dir.), *Mémoire et histoire : la Résistance*, Toulouse, Privat, 1995.
HÆSTRUP (Jorgen), *Le Mouvement de la Résistance danoise*, Royaume du Danemark, ministère des Affaires étrangères, 1970.
KEDWARD (Harry R.), *Naissance de la Résistance dans la France de Vichy*, Seyssel, Champ Vallon, 1989 (édition anglaise, 1978).
KERSHAW (Ian), *L'Opinion allemande sous le nazisme, Bavière 1933-1945*, CNRS éditions, 1995 (édition anglaise, 1983).
LACOUTURE (Jean), *De Gaulle*, t. I, *Le rebelle*, Le Seuil, 1984, réédition « Points », 1990.
NOVICK (Peter), *L'Épuration française*, Balland, 1985 (édition anglaise, 1968).
La Résistance européenne, actes de la première conférence internationale sur l'histoire de la Résistance, (Bruxelles, 14-17 septembre 1958), Gauthier-Villars et Pergamon Press, 1960.
Le Rétablissement de la légalité républicaine (1944), actes du colloque organisé par la Fondation Charles-De-Gaulle, la Fondation nationale des sciences politiques, l'Association française des constitutionnalistes, 6, 7, 8 octobre 1994, Bruxelles, Complexe, 1996.
ROUQUET (François), *L'Épuration dans l'administration française, agents de l'État et collaboration ordinaire*, CNRS éditions, 1993.
SADOUN (Marc), *Les Socialistes sous l'occupation, résistance et collaboration*, Presses de la FNSP, 1982.
SÉMELIN (Jacques), *Sans armes face à Hitler, la résistance civile en Europe (1939-1943)*, Payot, 1989.
– , « Qu'est ce que "résister" ? », *Esprit*, janvier 1994, pp. 50-63.
WIEVIORKA (Olivier), *Une certaine idée de la Résistance : Défense de la France 1940-1949*, Le Seuil, 1995.

Index des noms de personnes

NB : Les noms de Darlan, Laval et Pétain, très fréquemment cités dans l'ouvrage, ne figurent pas dans cet index. Les noms cités en note apparaissent en italique.

D

H

I

J

R

S

Index thématique

N. B. Les chiffres en italique renvoient aux notes en bas de page.

Table des matières

COMPOSITION EN CARACTÈRE BASKERVILLE
ET MISE EN PAGES
PAR ATELIER FJLP.

Siret 326 132 024 (02)

Impression réalisée sur CAMERON par
BRODARD ET TAUPIN
La Flèche

pour le compte des Éditions Fayard
en août 1997

Imprimé en France
Dépôt légal : septembre 1997
N° d'édition : 4216 – N° d'impression : 6566S-5
ISBN : 2-213-59930-0
35-11-0130-01/1